מחזור קורן ליום הכיפורים • נוסח ספרד

קוֹרֵן ירושלים

מחזור קורן
ליום הכיפורים

ויאמר
ה׳
סלחתי
כדברך

ערוך ומוגה בידי
הרב דוד פוקס

•

הוצאת קורן ירושלים

מחזור קורן ליום הכיפורים
מהדורה רביעית © 2015
הוצאת קורן ירושלים
ת״ד 4044 ירושלים 91040
www.korenpub.com

ספרד, מהדורה אישית, כריכה קשה, מסת״ב: 978-965-301-781-8.
ספרד, מהדורה אישית, כריכת עור בהיר, מסת״ב: 978-965-301-790-0
ספרד, מהדורה אישית, כריכת עור כהה, מסת״ב: 978-965-301-796-2

יכצא1

תוכן

מבוא למהדורה הראשונה

במהדורה זאת של המחזור לימים הנוראים השתדלנו לחדש כמה דברים שהמתפלל צריך להם מאוד:

נוסח תפילות הקבע הוא כנוסח התפילות בסידור התפילה "דע לפני מי אתה עומד" שבהוצאתנו. נוסח זה סודר מתוך יחס מיוחד לתפילה ולתכניה בעזרתו ובהדרכתו של ר' מאיר מדן הי"ו. ידיעותיו המרובות בענייני תפילה ולשונותיה עשו את הנוסח למושלם, עד כמה שהיד מגעת.

הפיוטים ופירושם במחזור זה סודרו מחדש בהתאם למחזור המדעי שיצא לאור בהוצאתנו עבור מכון ליאו בק בניו־יורק בעריכת ד' גולדשמידט ז"ל. נוסח זה נקבע, כידוע, לאחר בדיקה בעשרות כתבי יד ודפוסים עתיקים. ד' גולדשמידט ז"ל פירש פירוש ממצה את כל פיוטי הימים הנוראים במהדורתו הנ"ל ואנו הבאנו פירוש זה לפיוטים שבמהדורתנו.

ניקוד הפיוטים עבר הגהה נוספת בידי ש' בהט. אברהם פרנקל בדק את הפירוש כדי להתאימו למהדורה זאת. בעריכת המחזור לפי הנהוג היום בקהילות ישראל השתתף יונה פרנקל. תודתנו נתונה להם על עבודתם הרבה.

המחזור סודר באות קוֹרֵן, הידועה במקוריותה, אשר בה נדפס התנ"ך והסידור במהדורת קוֹרֵן.

עניין מיוחד הראוי להדגשה הוא דרך הדפסתם של הפיוטים:

יש פיוטים, אשר יש בהם שני חלקים בכל בית. פיוטים כאלה מתאימים להיאמר על ידי החזן והציבור בחילופין – החזן פותח בטור הראשון והקהל עונה בטור השני, כגון: החזן פותח "אתה הוא אלהינו" והקהל עונה את סוף המשפט "בשמים ובארץ", וכן צריך להיות בכל שאר בתי הפיוט.

בגלל ענייני ניגון וסיבות אחרות נשתבשה צורת אמירה זאת ונהגו היום, כמעט בכל בתי הכנסת, שהקהל אומר את סופו של הבית עם תחילתו של הבית הבא (כגון "בשמים ובארץ גיבור ונערץ"), דבר שמנוגד להיגיון, כי כך מצרפים את הטעון הפרדה ומפרידים את הטעון צירוף (וכן קרה, לדאבוננו, גם בפיוטים אחרים כגון, "לאל עורך דין" או "האוחז ביד מדת משפט"). כדי לתקן

פגמים אלה ערכנו את הפיוטים כשסדר הדפסתם יבהיר כיצד על הציבור והחזן לאומרם.

פיוטים רבים אינם נאמרים היום בשלמותם. יש פיוטים שפגעה בהם הצנזורה הנוצרית (או שפחד מפני מלשינים גרם לקהילות להשמיט קטעים המדברים על הגויים) ויש פיוטים שקוצרו מטעמים אחרים. במהדורה זאת הבאנו פיוטים אלה בשלמותם (על פי מהדורת גולדשמידט, כאמור לעיל). כדי לא לבלבל את המתפלל, הדפסנו על רקע אפור את הקטעים שנהגו להשמיטם, וכך יוכל המתפלל לדלג ולמצוא בקלות את הנאמר על פי המנהג המקובל בבתי הכנסת בימינו.

אליהו קוֹרֵן
ירושלים, ה׳תשכ״ב

מבוא למהדורה החדשה

אֲשֶׁר הִרְאִיתַנִי צָרוֹת רַבּוֹת וְרָעוֹת
תָּשׁוּב תְּחַיֵּנִי וּמִתְּהוֹמוֹת הָאָרֶץ תָּשׁוּב תַּעֲלֵנִי (תהלים עא, כ)
מָחִיתִי כָעָב פְּשָׁעֶיךָ וְכֶעָנָן חַטֹּאותֶיךָ
שׁוּבָה אֵלַי כִּי גְאַלְתִּיךָ (ישעיה מד, כב)

ביום זה כל קהילות ישראל ניצבות נוכח פני ה׳ כמלאכים, וגם מייחלות לרחמיו. יום זה הוא גם היום שבו משה ירד בפעם האחרונה מהר סיני ובישר לעם ישראל, שנתכפר עוונם ושהם רצויים ואהובים לפני המקום ברוך הוא. אם גם אנו נזכה לרחמים אלו, נוכל להתחיל שנה חדשה מלאים בתקווה ושמחים בקשר המחוזק עם ה׳.

הכפרה אינה באה מאליה ועיצומו של יום אינו מכפר בלי תשובה. בזמן שבית המקדש עמד על תִלו, היו שנים שבהן חוט השני שהיה תלוי ביום הכיפורים מעל ההיכל, נשאר אדום. האם ביכולתו של בשר ודם לחזור ולהתקרב לה׳ אחרי שהתרחק ממנו? אם אדם התמקד שנה שלמה בצרכיו האישיים ולא ברצון האלוהי, האם בכוחו לשוב ולהיות שליח ה׳ עלי אדמות? אלמלא הפתח שפתח לנו ה׳ אחרי שהאדם חטא, לא הייתה לו רשות להמשיך ולהתקיים. אך לאדם ישנו כוח התפילה שניתן לו מאת ה׳, כדברי ה׳ לעמו במדרש (שמות רבה לח, ד): ״דברים אני מבקש! שנאמר ׳קחו עמכם דברים ושובו אל ה׳׳, ואני מוחל על כל עונותיכם!״ מילים פשוטות שאומרים מכל הלב עשויות לחולל מהפכות בעולם ובאדם. עלינו אפוא להיות ערים לכוח שבפינו, נחושים להפוך את חוט השני ללבן, ומסוגלים להשיג חנינה לעצמנו ולעמנו.

הוצאת קורן קיבלה על עצמה את האחריות הכבדה לערוך את מילות התפילה בעלות הכוח הרוחני הכביר, למי שעומד לאומרן ביום הכיפורים לפני בוראו. מלאכות רבות כרוכות בהכנת מחזור תפילה – בירור קפדני של נוסח התפילות, הגהה מדוקדקת, תכנון המבנה ועימוד מחושב. מטרתם של כל אלה לשרת את המתפלל. כמובן, אין בזה כדי להחליף את כוונת הלב, אך בהחלט עשינו את מרב המאמצים בכלים שברשותנו, להעצים את המעמד הרם הזה.

על עיקר עריכת נוסח התפילות ותוכן ההערות שקד שעות רבות הרב דוד פוקס בכישרונו הייחודי, והרב חנן בניהו סייע וייעץ לו. את המחזור עימדה אסתר באר על פי העקרונות שקבע אליהו קורן ז״ל. למלאכת ההגהה נרתמו הרב ברוך ברנר, הרב ישראל אליצור ואפרת גרוס, ועל עיצוב הכריכה עמל אליהו משגב.

מן הראוי לציין כמה הבדלים בין המהדורה הקודמת של המחזור ובין מהדורה זו:

- שיפרנו את העריכה ואת העיצוב, והוספנו הנחיות רבות הפותחות את קטעי התפילה.
- אין פירוש או ביאור לפיוטים.
- את כל הפיוטים וחלקי הפיוטים שאומרים בקצת קהילות והופיעו בעבר באפור, העברנו לסוף המחזור.
- במקומות שיש בהם הבדלים בין נוסח אשכנז ונוסח ספרד, הוספנו הנחיות והשלמנו את חלקי התפילה, כדי לסייע למתפלל להתמצא בתפילה גם כששליח הציבור מתפלל בנוסח שאינו שלו. לדוגמה, בנוסח אשכנז הוספנו בפסוקי דזמרה מזמורים שאומרים רק בנוסח ספרד.

הוצאת קורן עשתה את מרב המאמצים כדי שישראל ׳לא ייכשלו בלשונם... ואל יאמר פיהם דבר שלא ברצונך׳. אנו תקווה שלא נפלה תקלה מתחת ידינו, ושסייענו למחלים פני ה׳, שאמרי פיהם יהיו לרצון.

׳אֶת לַחֲשִׁי עֲנֵה נָא. זַעֲקִי רְצֵה נָא. הָאֵל קָדוֹשׁ׳
׳קָרְבֵנוּ לְתוֹרָתֶךָ, לַמְּדֵנוּ מִצְוֹתֶיךָ, הוֹרֵנוּ דְּרָכֶיךָ,
הַט לִבֵּנוּ לְיִרְאָה אֶת שְׁמֶךָ, וּמוֹל אֶת לְבָבֵנוּ לְאַהֲבָתֶךָ
וְנָשׁוּב אֵלֶיךָ בֶּאֱמֶת וּבְלֵב שָׁלֵם׳

יהושע מילר, עורך ראשי
ירושלים, ר״ח אלול ה׳תשע״ה

ערב יום הכיפורים

סדר כפרות

בערב יום הכיפורים רבים נוהגים לקיים סדר כפרות (תשובות הגאונים).

יש הלוקחים תרנגול לזכר ותרנגולת לנקבה,
ויש הנוהגים לקיים את סדר הכפרות במעות ולתתם לצדקה ('חיי אדם' קמד, ד).

אומרים (מהרי"ל):

בְּנֵי אָדָם יֹשְׁבֵי חֹשֶׁךְ וְצַלְמָוֶת, אֲסִירֵי עֳנִי וּבַרְזֶל: תהלים קז
יוֹצִיאֵם מֵחֹשֶׁךְ וְצַלְמָוֶת, וּמוֹסְרוֹתֵיהֶם יְנַתֵּק:
אֱוִלִים מִדֶּרֶךְ פִּשְׁעָם, וּמֵעֲוֹנֹתֵיהֶם יִתְעַנּוּ:
כָּל־אֹכֶל תְּתַעֵב נַפְשָׁם, וַיַּגִּיעוּ עַד־שַׁעֲרֵי מָוֶת:
וַיִּזְעֲקוּ אֶל־יהוה בַּצַּר לָהֶם, מִמְּצֻקוֹתֵיהֶם יוֹשִׁיעֵם:
יִשְׁלַח דְּבָרוֹ וְיִרְפָּאֵם, וִימַלֵּט מִשְּׁחִיתוֹתָם:
יוֹדוּ לַיהוה חַסְדּוֹ, וְנִפְלְאוֹתָיו לִבְנֵי אָדָם:
אִם־יֵשׁ עָלָיו מַלְאָךְ מֵלִיץ אֶחָד מִנִּי־אָלֶף, לְהַגִּיד לְאָדָם יָשְׁרוֹ: איוב לג
וַיְחֻנֶּנּוּ, וַיֹּאמֶר פְּדָעֵהוּ מֵרֶדֶת שַׁחַת, מָצָאתִי כֹפֶר:

מסובב את התרנגול סביב ראשו ואומר:

זֶה חֲלִיפָתִי, זֶה תְּמוּרָתִי, זֶה כַּפָּרָתִי.
זֶה הַתַּרְנְגוֹל יֵלֵךְ לְמִיתָה
וַאֲנִי אֵלֵךְ וְאֶכָּנֵס לְחַיִּים טוֹבִים אֲרֻכִּים וּלְשָׁלוֹם.

מסובבת את התרנגולת סביב ראשה ואומרת:

זֹאת חֲלִיפָתִי, זֹאת תְּמוּרָתִי, זֹאת כַּפָּרָתִי.
זֹאת הַתַּרְנְגֹלֶת תֵּלֵךְ לְמִיתָה
וַאֲנִי אֵלֵךְ וְאֶכָּנֵס לְחַיִּים טוֹבִים אֲרֻכִּים וּלְשָׁלוֹם.

הנוהגים לקיים את סדר הכפרות במעות ולתתם לצדקה,
מסובבים את הכסף סביב הראש ואומרים:

אֵלּוּ חֲלִיפָתִי, אֵלּוּ תְּמוּרָתִי, אֵלּוּ כַּפָּרָתִי.
אֵלּוּ הַמָּעוֹת יֵלְכוּ לִצְדָקָה
וַאֲנִי אֵלֵךְ וְאֶכָּנֵס לְחַיִּים טוֹבִים אֲרֻכִּים וּלְשָׁלוֹם.

התרת נדרים

נוהגים להתיר נדרים בערב ראש השנה. מי שלא עלה בידו, יתיר בערב יום הכיפורים.
המבקש התרה, עומד לפני שלושה אנשים (ויש הנוהגים לפני עשרה)
ואומר 'שִׁמְעוּ נָא רַבּוֹתַי', ויש המשמיטים את המופיע בסוגריים.

נשים יאמרו תפילה זו בלשון נקבה.

שִׁמְעוּ נָא רַבּוֹתַי (דַּיָּנִים מֻמְחִים), כָּל נֶדֶר אוֹ שְׁבוּעָה אוֹ אִסָּר אוֹ קוֹנָם אוֹ חֵרֶם שֶׁנָּדַרְתִּי אוֹ נִשְׁבַּעְתִּי בְּהָקִיץ אוֹ בַחֲלוֹם, אוֹ נִשְׁבַּעְתִּי בְּשֵׁמוֹת הַקְּדוֹשִׁים שֶׁאֵינָם נִמְחָקִים וּבְשֵׁם הוי"ה בָּרוּךְ הוּא, וְכָל מִינֵי נְזִירוּת שֶׁקִּבַּלְתִּי עָלַי (וַאֲפִלּוּ נְזִירוּת שִׁמְשׁוֹן), וְכָל שׁוּם אִסּוּר וַאֲפִלּוּ אִסּוּר הֲנָאָה שֶׁאָסַרְתִּי עָלַי אוֹ עַל אֲחֵרִים בְּכָל לָשׁוֹן שֶׁל אִסּוּר בֵּין בִּלְשׁוֹן אִסּוּר אוֹ חֵרֶם אוֹ קוֹנָם, וְכָל שׁוּם קַבָּלָה אֲפִלּוּ שֶׁל מִצְוָה שֶׁקִּבַּלְתִּי עָלַי בֵּין בִּלְשׁוֹן נֶדֶר בֵּין בִּלְשׁוֹן נְדָבָה בֵּין בִּלְשׁוֹן שְׁבוּעָה בֵּין בִּלְשׁוֹן נְזִירוּת בֵּין בְּכָל לָשׁוֹן, וְגַם הַנַּעֲשֶׂה בִתְקִיעַת כָּף. בֵּין כָּל נֶדֶר וּבֵין כָּל נְדָבָה וּבֵין שׁוּם מִנְהָג שֶׁל מִצְוָה שֶׁנָּהַגְתִּי אֶת עַצְמִי, וְכָל מוֹצָא שְׂפָתַי שֶׁיָּצָא מִפִּי אוֹ שֶׁנָּדַרְתִּי וְגָמַרְתִּי בְלִבִּי לַעֲשׂוֹת שׁוּם מִצְוָה מֵהַמִּצְוֹת אוֹ אֵיזוֹ הַנְהָגָה טוֹבָה אוֹ אֵיזֶה דָבָר טוֹב שֶׁנָּהַגְתִּי שָׁלֹשׁ פְּעָמִים, וְלֹא הִתְנֵיתִי שֶׁיְּהֵא בְּלִי נֶדֶר. הֵן דָּבָר שֶׁעָשִׂיתִי, הֵן עַל עַצְמִי הֵן עַל אֲחֵרִים, הֵן אוֹתָן הַיְדוּעִים לִי הֵן אוֹתָן שֶׁכְּבָר שָׁכַחְתִּי. בְּכֻלְּהוֹן אִתְחֲרַטְנָא בְהוֹן מֵעִקָּרָא, וְשׁוֹאֵל וּמְבַקֵּשׁ אֲנִי מִמַּעֲלַתְכֶם הַתָּרָה עֲלֵיהֶם, כִּי יָרֵאתִי פֶּן אֶכָּשֵׁל וְנִלְכַּדְתִּי, חַס וְשָׁלוֹם, בַּעֲוֹן נְדָרִים וּשְׁבוּעוֹת וּנְזִירוּת וַחֲרָמוֹת וְאִסּוּרִין וְקוֹנָמוֹת וְהַסְכָּמוֹת. וְאֵין אֲנִי תוֹהֵא, חַס וְשָׁלוֹם, עַל קִיּוּם הַמַּעֲשִׂים הַטּוֹבִים הָהֵם שֶׁעָשִׂיתִי, רַק אֲנִי מִתְחָרֵט עַל קַבָּלַת הָעִנְיָנִים בִּלְשׁוֹן נֶדֶר אוֹ שְׁבוּעָה אוֹ נְזִירוּת אוֹ אִסּוּר אוֹ חֵרֶם אוֹ קוֹנָם אוֹ הַסְכָּמָה אוֹ קַבָּלָה בְלֵב, וּמִתְחָרֵט אֲנִי עַל זֶה שֶׁלֹּא אָמַרְתִּי הִנְנִי עוֹשֶׂה דָבָר זֶה בְּלִי נֶדֶר וּשְׁבוּעָה וּנְזִירוּת וְחֵרֶם וְאִסּוּר וְקוֹנָם וְקַבָּלָה בְלֵב.

לָכֵן אֲנִי שׁוֹאֵל הַתָּרָה בְּכֻלְּהוֹן.

אֲנִי מִתְחָרֵט עַל כָּל הַנִּזְכָּר, בֵּין אִם הָיוּ הַמַּעֲשִׂים מִדְּבָרִים הַנּוֹגְעִים בְּמָמוֹן, בֵּין מֵהַדְּבָרִים הַנּוֹגְעִים בְּגוּף, בֵּין מֵהַדְּבָרִים הַנּוֹגְעִים אֶל הַנְּשָׁמָה.

בְּכֻלְּהוֹן אֲנִי מִתְחָרֵט עַל לְשׁוֹן נֶדֶר וּשְׁבוּעָה וּנְזִירוּת וְאִסּוּר וְחֵרֶם וְקוֹנָם וְקַבָּלָה בְּלֵב.

וְהִנֵּה מִצַּד הַדִּין הַמִּתְחָרֵט וְהַמְבַקֵּשׁ הַתָּרָה צָרִיךְ לִפְרֹט הַנֶּדֶר, אַךְ דְּעוּ נָא רַבּוֹתַי, כִּי אִי אֶפְשָׁר לְפָרְטָם, כִּי רַבִּים הֵם. וְאֵין אֲנִי מְבַקֵּשׁ הַתָּרָה עַל אוֹתָם הַנְּדָרִים שֶׁאֵין לְהַתִּיר אוֹתָם, עַל כֵּן יִהְיוּ נָא בְעֵינֵיכֶם כְּאִלּוּ הָיִיתִי פוֹרְטָם.

הדיינים אומרים שלוש פעמים:

הַכֹּל יִהְיוּ מֻתָּרִים לָךְ, הַכֹּל מְחוּלִים לָךְ, הַכֹּל שְׁרוּיִים לָךְ. אֵין כָּאן לֹא נֶדֶר וְלֹא שְׁבוּעָה וְלֹא נְזִירוּת וְלֹא חֵרֶם וְלֹא אִסּוּר וְלֹא קוֹנָם וְלֹא נִדּוּי וְלֹא שַׁמְתָּא וְלֹא אָרוּר. אֲבָל יֵשׁ כָּאן מְחִילָה וּסְלִיחָה וְכַפָּרָה. וּכְשֵׁם שֶׁמַּתִּירִים בְּבֵית דִּין שֶׁל מַטָּה, כָּךְ יִהְיוּ מֻתָּרִים מִבֵּית דִּין שֶׁל מַעְלָה.

המבקש התרה, אומר:

הֲרֵי אֲנִי מוֹסֵר מוֹדָעָה לִפְנֵיכֶם, וַאֲנִי מְבַטֵּל מִכָּאן וּלְהַבָּא כָּל הַנְּדָרִים וְכָל שְׁבוּעוֹת וּנְזִירוֹת וְאִסּוּרִין וְקוֹנָמוֹת וַחֲרָמוֹת וְהַסְכָּמוֹת וְקַבָּלָה בְּלֵב שֶׁאֲקַבֵּל עָלַי בְּעַצְמִי, הֵן בְּהָקִיץ הֵן בַּחֲלוֹם, חוּץ מִנִּדְרֵי תַּעֲנִית בִּשְׁעַת מִנְחָה. וּבְאִם אֶשְׁכַּח לִתְנַאי מוֹדָעָה הַזֹּאת וְאֶדֹּר מֵהַיּוֹם עוֹד, מֵעַתָּה אֲנִי מִתְחָרֵט עֲלֵיהֶם וּמַתְנֶה עֲלֵיהֶם שֶׁיִּהְיוּ כֻּלָּן בְּטֵלִין וּמְבֻטָּלִין, לָא שְׁרִירִין וְלָא קַיָּמִין, וְלָא יְהוֹן חָלִין כְּלָל וּכְלָל. בְּכֻלָּן אִתְחֲרַטְנָא בְּהוֹן מֵעַתָּה וְעַד עוֹלָם.

עירוב תחומין

"וּמַדֹּתֶם מִחוּץ לָעִיר אֶת־פְּאַת־קֵדְמָה אַלְפַּיִם בָּאַמָּה... וְהָעִיר בַּתָּוֶךְ, זֶה יִהְיֶה לָהֶם מִגְרְשֵׁי הֶעָרִים" (במדבר לה, ה). מכאן למדו חכמים (עירובין נא ע"א) שלכל מקום יישוב ישנו תחום של אלפיים אמה, ואין לצאת ממנו בשבת וביום טוב. אך אדם יכול להגדיר מקום אחר כמקום שביתתו, וכך לשנות את גבולות התחום שבו הוא רשאי ללכת (רמב"ם, עירובין פ"ו ה"א). פעולה זו נקראת 'עירוב תחומין'.

מניח מזון המספיק לשתי סעודות, במרחק פחות מאלפיים אמה
מהמקום שיקבל בו שבת או יום טוב ומהמקום שרוצה להגיע אליו, ומברך:

בָּרוּךְ אַתָּה יהוה אֱלֹהֵינוּ מֶלֶךְ הָעוֹלָם
אֲשֶׁר קִדְּשָׁנוּ בְּמִצְוֹתָיו וְצִוָּנוּ עַל מִצְוַת עֵרוּב.

ואומר:

בארמית: **בְּדֵין עֵרוּבָא יְהֵא שְׁרֵא לִי לְמֵיזַל מֵאַתְרָא הָדֵין תְּרֵין אַלְפִין אַמִּין לְכָל רוּחָא.**

או בעברית: **בְּעֵרוּב זֶה יְהֵא מֻתָּר לִי לָלֶכֶת מִמָּקוֹם זֶה אַלְפַּיִם אַמָּה לְכָל רוּחַ.**

עירוב חצרות (בשבת)

מדין תורה, בשבת אסור להוציא חפץ מרשות היחיד לרשות הרבים ולהפך או לטלטלו ארבע אמות בתחום רשות הרבים (שבת צו ע"ב). וחכמים אסרו לטלטל גם ברשות היחיד, המשותפת לכמה יהודים, אם לא השתתפו לפני שבת ב'עירוב חצרות' (רמב"ם, עירובין פ"א ה"ב–ה"ו). ודין יום הכיפורים כשבת (כריתות יד ע"א; תוספות, שבת קב ע"א).

במקומות רבים נוהגים שהרב המקומי מערב לכל תושבי השכונה או העיר,
ויש שמערערים על המנהג.

במקום שאין בו עירוב תקין, אדם הבקי בהלכות עירובין מערב לכולם ומברך:

בָּרוּךְ אַתָּה יהוה אֱלֹהֵינוּ מֶלֶךְ הָעוֹלָם
אֲשֶׁר קִדְּשָׁנוּ בְּמִצְוֹתָיו וְצִוָּנוּ עַל מִצְוַת עֵרוּב.

ואומר:

בארמית: **בְּדֵין עֵרוּבָא יְהֵא שְׁרֵא לַנָא לְטַלְטוּלֵי וּלְאַפּוּקֵי וּלְעַיּוּלֵי מִן הַבָּתִּים לֶחָצֵר וּמִן הֶחָצֵר לַבָּתִּים וּמִבַּיִת לְבַיִת לְכָל הַבָּתִּים שֶׁבֶּחָצֵר.**

או בעברית: **בְּעֵרוּב זֶה יְהֵא מֻתָּר לָנוּ לְטַלְטֵל לְהַכְנִיס וּלְהוֹצִיא מִן הַבָּתִּים לֶחָצֵר וּמִן הֶחָצֵר לַבָּתִּים וּמִבַּיִת לְבַיִת לְכָל הַבָּתִּים שֶׁבֶּחָצֵר.**

מנחה לערב יום הכיפורים

"וַיְהִי בַּעֲלוֹת הַמִּנְחָה וַיִּגַּשׁ אֵלִיָּהוּ הַנָּבִיא וַיֹּאמַר" (מלכים א׳ יח, לו).

מתפללים תפילת מנחה לפני הסעודה המפסקת.

ראוי לומר גם לפני תפילת מנחה את פרשת קרבן התמיד (איגרת התשובה לר׳ יונה, ע).
רבים נוהגים לומר את סדר הקרבנות שלפני תפילת שחרית (עמ׳ 142-145),
פרט לפרשת תרומת הדשן ולסדר המערכה.

אַשְׁרֵי יוֹשְׁבֵי בֵיתֶךָ, עוֹד יְהַלְלוּךָ סֶּלָה: תהלים פד
אַשְׁרֵי הָעָם שֶׁכָּכָה לּוֹ, אַשְׁרֵי הָעָם שֶׁיהוה אֱלֹהָיו: תהלים קמד
תְּהִלָּה לְדָוִד תהלים קמה
אֲרוֹמִמְךָ אֱלוֹהַי הַמֶּלֶךְ, וַאֲבָרְכָה שִׁמְךָ לְעוֹלָם וָעֶד:
בְּכָל־יוֹם אֲבָרְכֶךָּ, וַאֲהַלְלָה שִׁמְךָ לְעוֹלָם וָעֶד:
גָּדוֹל יהוה וּמְהֻלָּל מְאֹד, וְלִגְדֻלָּתוֹ אֵין חֵקֶר:
דּוֹר לְדוֹר יְשַׁבַּח מַעֲשֶׂיךָ, וּגְבוּרֹתֶיךָ יַגִּידוּ:
הֲדַר כְּבוֹד הוֹדֶךָ, וְדִבְרֵי נִפְלְאֹתֶיךָ אָשִׂיחָה:
וֶעֱזוּז נוֹרְאֹתֶיךָ יֹאמֵרוּ, וּגְדוּלָּתְךָ אֲסַפְּרֶנָּה:
זֵכֶר רַב־טוּבְךָ יַבִּיעוּ, וְצִדְקָתְךָ יְרַנֵּנוּ:
חַנּוּן וְרַחוּם יהוה, אֶרֶךְ אַפַּיִם וּגְדָל־חָסֶד:
טוֹב־יהוה לַכֹּל, וְרַחֲמָיו עַל־כָּל־מַעֲשָׂיו:
יוֹדוּךָ יהוה כָּל־מַעֲשֶׂיךָ, וַחֲסִידֶיךָ יְבָרְכוּכָה:
כְּבוֹד מַלְכוּתְךָ יֹאמֵרוּ, וּגְבוּרָתְךָ יְדַבֵּרוּ:
לְהוֹדִיעַ לִבְנֵי הָאָדָם גְּבוּרֹתָיו, וּכְבוֹד הֲדַר מַלְכוּתוֹ:
מַלְכוּתְךָ מַלְכוּת כָּל־עֹלָמִים, וּמֶמְשַׁלְתְּךָ בְּכָל־דּוֹר וָדֹר:
סוֹמֵךְ יהוה לְכָל־הַנֹּפְלִים, וְזוֹקֵף לְכָל־הַכְּפוּפִים:
עֵינֵי־כֹל אֵלֶיךָ יְשַׂבֵּרוּ, וְאַתָּה נוֹתֵן־לָהֶם אֶת־אָכְלָם בְּעִתּוֹ:

פּוֹתֵחַ אֶת־יָדֶךָ, וּמַשְׂבִּיעַ לְכָל־חַי רָצוֹן:
צַדִּיק יהוה בְּכָל־דְּרָכָיו, וְחָסִיד בְּכָל־מַעֲשָׂיו:
קָרוֹב יהוה לְכָל־קֹרְאָיו, לְכֹל אֲשֶׁר יִקְרָאֻהוּ בֶאֱמֶת:
רְצוֹן־יְרֵאָיו יַעֲשֶׂה, וְאֶת־שַׁוְעָתָם יִשְׁמַע, וְיוֹשִׁיעֵם:
שׁוֹמֵר יהוה אֶת־כָּל־אֹהֲבָיו, וְאֵת כָּל־הָרְשָׁעִים יַשְׁמִיד:
‹ תְּהִלַּת יהוה יְדַבֶּר פִּי, וִיבָרֵךְ כָּל־בָּשָׂר שֵׁם קָדְשׁוֹ לְעוֹלָם וָעֶד:
תהלים קטו וַאֲנַחְנוּ נְבָרֵךְ יָהּ מֵעַתָּה וְעַד־עוֹלָם, הַלְלוּיָהּ:

חצי קדיש

ש״ץ: יִתְגַּדַּל וְיִתְקַדַּשׁ שְׁמֵהּ רַבָּא (קהל: אָמֵן)
בְּעָלְמָא דִּי בְרָא כִרְעוּתֵהּ
וְיַמְלִיךְ מַלְכוּתֵהּ
וְיַצְמַח פֻּרְקָנֵהּ וִיקָרֵב מְשִׁיחֵהּ (קהל: אָמֵן)
בְּחַיֵּיכוֹן וּבְיוֹמֵיכוֹן וּבְחַיֵּי דְכָל בֵּית יִשְׂרָאֵל
בַּעֲגָלָא וּבִזְמַן קָרִיב
וְאִמְרוּ אָמֵן. (קהל: אָמֵן)

קהל וש״ץ: יְהֵא שְׁמֵהּ רַבָּא מְבָרַךְ לְעָלַם וּלְעָלְמֵי עָלְמַיָּא.

ש״ץ: יִתְבָּרַךְ וְיִשְׁתַּבַּח וְיִתְפָּאַר וְיִתְרוֹמַם וְיִתְנַשֵּׂא
וְיִתְהַדָּר וְיִתְעַלֶּה וְיִתְהַלָּל
שְׁמֵהּ דְּקֻדְשָׁא בְּרִיךְ הוּא (קהל: אָמֵן)
לְעֵלָּא לְעֵלָּא מִכָּל בִּרְכָתָא
וְשִׁירָתָא תֻּשְׁבְּחָתָא וְנֶחֱמָתָא
דַּאֲמִירָן בְּעָלְמָא
וְאִמְרוּ אָמֵן. (קהל: אָמֵן)

עמידה

״המתפלל צריך שיכוין בלבו פירוש המלות שמוציא בשפתיו; ויחשוב כאלו שכינה כנגדו ויסיר כל המחשבות הטורדות אותו עד שתשאר מחשבתו וכוונתו זכה בתפלתו״ (שו״ע צח, א).

פוסע שלוש פסיעות לפנים כמי שנכנס לפני המלך. עומד ומתפלל בלחש מכאן ועד ׳וּכְשָׁנִים קַדְמֹנִיּוֹת׳ בעמ׳ 22. בסוף תפילת לחש, לאחר ׳הַמְבָרֵךְ אֶת עַמּוֹ יִשְׂרָאֵל בַּשָּׁלוֹם׳, כל יחיד אומר וידוי. אך שליח הציבור אינו אומר וידוי, ומסיים כבכל השנה.

כורע במקומות המסומנים ב׳, קד לפנים במילה הבאה וזוקף בשם (סידור השל״ה).

כִּי שֵׁם יהוה אֶקְרָא, הָבוּ גֹדֶל לֵאלֹהֵינוּ: דברים לב
אֲדֹנָי, שְׂפָתַי תִּפְתָּח, וּפִי יַגִּיד תְּהִלָּתֶךָ: תהלים נא

אבות

׳בָּרוּךְ אַתָּה יהוה, אֱלֹהֵינוּ וֵאלֹהֵי אֲבוֹתֵינוּ
אֱלֹהֵי אַבְרָהָם, אֱלֹהֵי יִצְחָק, וֵאלֹהֵי יַעֲקֹב
הָאֵל הַגָּדוֹל הַגִּבּוֹר וְהַנּוֹרָא, אֵל עֶלְיוֹן
גּוֹמֵל חֲסָדִים טוֹבִים, קוֹנֵה הַכֹּל, וְזוֹכֵר חַסְדֵי אָבוֹת
וּמֵבִיא גוֹאֵל לִבְנֵי בְנֵיהֶם, לְמַעַן שְׁמוֹ בְּאַהֲבָה.

זָכְרֵנוּ לְחַיִּים, מֶלֶךְ חָפֵץ בַּחַיִּים
וְכָתְבֵנוּ בְּסֵפֶר הַחַיִּים, לְמַעַנְךָ אֱלֹהִים חַיִּים.

מֶלֶךְ עוֹזֵר וּמוֹשִׁיעַ וּמָגֵן.
׳בָּרוּךְ אַתָּה יהוה, מָגֵן אַבְרָהָם.

אם שכח לומר ׳זָכְרֵנוּ לְחַיִּים׳, אינו חוזר.

גבורות

אַתָּה גִּבּוֹר לְעוֹלָם, אֲדֹנָי
מְחַיֵּה מֵתִים אַתָּה, רַב לְהוֹשִׁיעַ
בארץ ישראל: מוֹרִיד הַטָּל
מְכַלְכֵּל חַיִּים בְּחֶסֶד, מְחַיֵּה מֵתִים בְּרַחֲמִים רַבִּים
סוֹמֵךְ נוֹפְלִים, וְרוֹפֵא חוֹלִים, וּמַתִּיר אֲסוּרִים
וּמְקַיֵּם אֱמוּנָתוֹ לִישֵׁנֵי עָפָר.

מִי כָמְוֹךָ, בַּעַל גְּבוּרוֹת, וּמִי דּוֹמֶה לָּךְ
מֶלֶךְ, מֵמִית וּמְחַיֶּה וּמַצְמִיחַ יְשׁוּעָה.

מִי כָמְוֹךָ אָב הָרַחֲמָן, זוֹכֵר יְצוּרָיו לְחַיִּים בְּרַחֲמִים.

וְנֶאֱמָן אַתָּה לְהַחֲיוֹת מֵתִים.

בָּרוּךְ אַתָּה יהוה, מְחַיֵּה הַמֵּתִים.

אם שכח לומר 'מִי כָמְוֹךָ אַב הָרַחֲמָן', אינו חוזר.

בתפילת לחש ממשיך 'אַתָּה קָדוֹשׁ' בעמוד הבא.

קדושה

בחזרת הש"ץ הקהל עומד ואומר קדושה.
במקומות המסומנים ב·, המתפלל מתרומם על קצות אצבעותיו.

קהל ואחריו שליח הציבור:

נַקְדִּישְׁךָ וְנַעֲרִיצְךָ כְּנְעַם שִׂיחַ סוֹד שַׂרְפֵי קֹדֶשׁ
הַמְשַׁלְּשִׁים לְךָ קְדֻשָּׁה
כַּכָּתוּב עַל יַד נְבִיאֶךָ, וְקָרָא זֶה אֶל־זֶה וְאָמַר ישעיה ו

קהל ואחריו שליח הציבור:

·קָדוֹשׁ, ·קָדוֹשׁ, ·קָדוֹשׁ, יהוה צְבָאוֹת, מְלֹא כָל־הָאָרֶץ כְּבוֹדוֹ:
לְעֻמָּתָם מְשַׁבְּחִים וְאוֹמְרִים

קהל ואחריו שליח הציבור:

·בָּרוּךְ כְּבוֹד־יהוה מִמְּקוֹמוֹ: יחזקאל ג
וּבְדִבְרֵי קָדְשְׁךָ כָּתוּב לֵאמֹר

קהל ואחריו שליח הציבור:

·יִמְלֹךְ יהוה לְעוֹלָם, אֱלֹהַיִךְ צִיּוֹן לְדֹר וָדֹר, הַלְלוּיָהּ: תהלים קמו

שליח הציבור ממשיך 'אַתָּה קָדוֹשׁ' בעמוד הבא.

בבתי כנסת המתפללים בנוסח אשכנז, שליח הציבור אומר 'לְדוֹר וָדוֹר'.

לְדוֹר וָדוֹר נַגִּיד גָּדְלֶךָ, וּלְנֵצַח נְצָחִים קְדֻשָּׁתְךָ נַקְדִּישׁ
וְשִׁבְחֲךָ אֱלֹהֵינוּ מִפִּינוּ לֹא יָמוּשׁ לְעוֹלָם וָעֶד
כִּי אֵל מֶלֶךְ גָּדוֹל וְקָדוֹשׁ אָתָּה.
בָּרוּךְ אַתָּה יהוה, הַמֶּלֶךְ הַקָּדוֹשׁ.

בנוסח אשכנז שליח הציבור ממשיך 'אַתָּה חוֹנֵן' בעמוד הבא.

קדושת השם

אַתָּה קָדוֹשׁ וְשִׁמְךָ קָדוֹשׁ, וּקְדוֹשִׁים בְּכָל יוֹם יְהַלְלוּךָ סֶּלָה
כִּי אֵל מֶלֶךְ גָּדוֹל וְקָדוֹשׁ אָתָּה.
בָּרוּךְ אַתָּה יהוה, הַמֶּלֶךְ הַקָּדוֹשׁ.

אם חתם ׳הָאֵל הַקָּדוֹשׁ׳, כברוב ימות השנה, חוזר לראש.

דעת

אַתָּה חוֹנֵן לְאָדָם דַּעַת, וּמְלַמֵּד לֶאֱנוֹשׁ בִּינָה.
חָנֵּנוּ מֵאִתְּךָ חָכְמָה בִּינָה וָדָעַת.
בָּרוּךְ אַתָּה יהוה, חוֹנֵן הַדָּעַת.

תשובה

הֲשִׁיבֵנוּ אָבִינוּ לְתוֹרָתֶךָ
וְקָרְבֵנוּ מַלְכֵּנוּ לַעֲבוֹדָתֶךָ
וְהַחֲזִירֵנוּ בִּתְשׁוּבָה שְׁלֵמָה לְפָנֶיךָ.
בָּרוּךְ אַתָּה יהוה, הָרוֹצֶה בִּתְשׁוּבָה.

סליחה

נוהגים להכות כנגד הלב במקומות המסומנים ב° (סידור יעב״ץ).

סְלַח לָנוּ אָבִינוּ כִּי °חָטָאנוּ
מְחַל לָנוּ מַלְכֵּנוּ כִּי °פָשָׁעְנוּ
כִּי אֵל טוֹב וְסַלָּח אָתָּה.
בָּרוּךְ אַתָּה יהוה, חַנּוּן הַמַּרְבֶּה לִסְלֹחַ.

גאולה

רְאֵה נָא בְעָנְיֵנוּ, וְרִיבָה רִיבֵנוּ
וּגְאָלֵנוּ גְּאֻלָּה שְׁלֵמָה מְהֵרָה לְמַעַן שְׁמֶךָ
כִּי אֵל גּוֹאֵל חָזָק אָתָּה.
בָּרוּךְ אַתָּה יהוה, גּוֹאֵל יִשְׂרָאֵל.

רפואה

רְפָאֵנוּ יהוה וְנֵרָפֵא
הוֹשִׁיעֵנוּ וְנִוָּשֵׁעָה, כִּי תְהִלָּתֵנוּ אָתָּה
וְהַעֲלֵה אֲרוּכָה וּמַרְפֵּא לְכָל תַּחֲלוּאֵינוּ וּלְכָל מַכְאוֹבֵינוּ
וּרְפוּאָה שְׁלֵמָה לְכָל מַכּוֹתֵינוּ

המתפלל על חולה מוסיף:

יְהִי רָצוֹן מִלְּפָנֶיךָ יהוה אֱלֹהַי וֵאלֹהֵי אֲבוֹתַי, שֶׁתִּשְׁלַח מְהֵרָה רְפוּאָה שְׁלֵמָה מִן הַשָּׁמַיִם רְפוּאַת הַנֶּפֶשׁ וּרְפוּאַת הַגּוּף לְחוֹלֶה פלוני בֶּן פלונית/ לַחוֹלָה פלונית בַּת פלונית בְּתוֹךְ שְׁאָר חוֹלֵי יִשְׂרָאֵל

כִּי אֵל מֶלֶךְ רוֹפֵא נֶאֱמָן וְרַחֲמָן אָתָּה.
בָּרוּךְ אַתָּה יהוה, רוֹפֵא חוֹלֵי עַמּוֹ יִשְׂרָאֵל.

ברכת השנים

בָּרֵךְ עָלֵינוּ יהוה אֱלֹהֵינוּ אֶת הַשָּׁנָה הַזֹּאת
וְאֶת כָּל מִינֵי תְבוּאָתָהּ, לְטוֹבָה
וְתֵן בְּרָכָה עַל פְּנֵי הָאֲדָמָה
וְשַׂבְּעֵנוּ מִטּוּבָהּ
וּבָרֵךְ שְׁנָתֵנוּ כַּשָּׁנִים הַטּוֹבוֹת לִבְרָכָה
כִּי אֵל טוֹב וּמֵטִיב אַתָּה וּמְבָרֵךְ הַשָּׁנִים.
בָּרוּךְ אַתָּה יהוה, מְבָרֵךְ הַשָּׁנִים.

קיבוץ גלויות

תְּקַע בְּשׁוֹפָר גָּדוֹל לְחֵרוּתֵנוּ, וְשָׂא נֵס לְקַבֵּץ גָּלֻיּוֹתֵינוּ
וְקַבְּצֵנוּ יַחַד מְהֵרָה מֵאַרְבַּע כַּנְפוֹת הָאָרֶץ לְאַרְצֵנוּ.
בָּרוּךְ אַתָּה יהוה, מְקַבֵּץ נִדְחֵי עַמּוֹ יִשְׂרָאֵל.

השבת המשפט

הָשִׁיבָה שׁוֹפְטֵינוּ כְּבָרִאשׁוֹנָה, וְיוֹעֲצֵינוּ כְּבַתְּחִלָּה
וְהָסֵר מִמֶּנּוּ יָגוֹן וַאֲנָחָה
וּמְלֹךְ עָלֵינוּ מְהֵרָה אַתָּה יהוה לְבַדְּךָ
בְּחֶסֶד וּבְרַחֲמִים, בְּצֶדֶק וּבְמִשְׁפָּט.
בָּרוּךְ אַתָּה יהוה, הַמֶּלֶךְ הַמִּשְׁפָּט.

אם חתם ׳מֶלֶךְ אוֹהֵב צְדָקָה וּמִשְׁפָּט׳, כברוב ימות השנה, אינו חוזר.

ברכת המינים

וְלַמַּלְשִׁינִים אַל תְּהִי תִקְוָה
וְכָל הַמִּינִים כְּרֶגַע יֹאבֵדוּ, וְכָל אוֹיְבֵי עַמְּךָ מְהֵרָה יִכָּרֵתוּ
וְהַזֵּדִים מְהֵרָה תְעַקֵּר וּתְשַׁבֵּר וּתְמַגֵּר
וּתְכַלֵּם וְתַשְׁפִּילֵם וְתַכְנִיעֵם בִּמְהֵרָה בְיָמֵינוּ.
בָּרוּךְ אַתָּה יהוה, שׁוֹבֵר אוֹיְבִים וּמַכְנִיעַ זֵדִים.

על הצדיקים

עַל הַצַּדִּיקִים וְעַל הַחֲסִידִים
וְעַל זִקְנֵי שְׁאֵרִית עַמְּךָ בֵּית יִשְׂרָאֵל
וְעַל פְּלֵיטַת בֵּית סוֹפְרֵיהֶם
וְעַל גֵּרֵי הַצֶּדֶק, וְעָלֵינוּ
יֶהֱמוּ נָא רַחֲמֶיךָ, יהוה אֱלֹהֵינוּ
וְתֵן שָׂכָר טוֹב לְכָל הַבּוֹטְחִים בְּשִׁמְךָ בֶּאֱמֶת
וְשִׂים חֶלְקֵנוּ עִמָּהֶם
וּלְעוֹלָם לֹא נֵבוֹשׁ, כִּי בְךָ בָּטָחְנוּ
וְעַל חַסְדְּךָ הַגָּדוֹל בֶּאֱמֶת נִשְׁעָנְנוּ.
בָּרוּךְ אַתָּה יהוה, מִשְׁעָן וּמִבְטָח לַצַּדִּיקִים.

בניין ירושלים

וְלִירוּשָׁלַיִם עִירְךָ בְּרַחֲמִים תָּשׁוּב, וְתִשְׁכֹּן בְּתוֹכָהּ כַּאֲשֶׁר דִּבַּרְתָּ
וּבְנֵה אוֹתָהּ בְּקָרוֹב בְּיָמֵינוּ בִּנְיַן עוֹלָם
וְכִסֵּא דָוִד עַבְדְּךָ מְהֵרָה לְתוֹכָהּ תָּכִין.
בָּרוּךְ אַתָּה יהוה, בּוֹנֵה יְרוּשָׁלָיִם.

מלכות בית דוד

אֶת צֶמַח דָּוִד עַבְדְּךָ מְהֵרָה תַצְמִיחַ, וְקַרְנוֹ תָּרוּם בִּישׁוּעָתֶךָ
כִּי לִישׁוּעָתְךָ קִוִּינוּ כָּל הַיּוֹם.
בָּרוּךְ אַתָּה יהוה, מַצְמִיחַ קֶרֶן יְשׁוּעָה.

שומע תפילה

אָב הָרַחֲמָן
שְׁמַע קוֹלֵנוּ יהוה אֱלֹהֵינוּ
חוּס וְרַחֵם עָלֵינוּ, וְקַבֵּל בְּרַחֲמִים וּבְרָצוֹן אֶת תְּפִלָּתֵנוּ
כִּי אֵל שׁוֹמֵעַ תְּפִלּוֹת וְתַחֲנוּנִים אָתָּה
וּמִלְּפָנֶיךָ מַלְכֵּנוּ רֵיקָם אַל תְּשִׁיבֵנוּ
חָנֵּנוּ וַעֲנֵנוּ וּשְׁמַע תְּפִלָּתֵנוּ, כִּי אַתָּה שׁוֹמֵעַ תְּפִלַּת כָּל פֶּה.
בָּרוּךְ אַתָּה יהוה, שׁוֹמֵעַ תְּפִלָּה.

עבודה

רְצֵה יהוה אֱלֹהֵינוּ בְּעַמְּךָ יִשְׂרָאֵל, וְלִתְפִלָּתָם שְׁעֵה
וְהָשֵׁב אֶת הָעֲבוֹדָה לִדְבִיר בֵּיתֶךָ
וְאִשֵּׁי יִשְׂרָאֵל וּתְפִלָּתָם, מְהֵרָה בְּאַהֲבָה תְקַבֵּל בְּרָצוֹן
וּתְהִי לְרָצוֹן תָּמִיד עֲבוֹדַת יִשְׂרָאֵל עַמֶּךָ.
וְתֶחֱזֶינָה עֵינֵינוּ בְּשׁוּבְךָ לְצִיּוֹן בְּרַחֲמִים.
בָּרוּךְ אַתָּה יהוה, הַמַּחֲזִיר שְׁכִינָתוֹ לְצִיּוֹן.

הודאה

כורע ב׳מוֹדִים׳ ואינו זוקף עד אמירת השם (סידור השל״ה).

ימוֹדִים אֲנַחְנוּ לָךְ

שָׁאַתָּה הוּא יהוה אֱלֹהֵינוּ

וֵאלֹהֵי אֲבוֹתֵינוּ לְעוֹלָם וָעֶד.

צוּר חַיֵּינוּ, מָגֵן יִשְׁעֵנוּ

אַתָּה הוּא לְדוֹר וָדוֹר.

נוֹדֶה לְּךָ וּנְסַפֵּר תְּהִלָּתֶךָ

עַל חַיֵּינוּ הַמְּסוּרִים בְּיָדֶךָ

וְעַל נִשְׁמוֹתֵינוּ הַפְּקוּדוֹת לָךְ

וְעַל נִסֶּיךָ שֶׁבְּכָל יוֹם עִמָּנוּ

וְעַל נִפְלְאוֹתֶיךָ וְטוֹבוֹתֶיךָ

שֶׁבְּכָל עֵת, עֶרֶב וָבֹקֶר וְצָהֳרָיִם.

הַטּוֹב, כִּי לֹא כָלוּ רַחֲמֶיךָ

וְהַמְרַחֵם, כִּי לֹא תַמּוּ חֲסָדֶיךָ

כִּי מֵעוֹלָם קִוִּינוּ לָךְ.

כששליח הציבור אומר ׳מוֹדִים׳, הקהל אומר בלחש (סוטה מ ע״א):

ימוֹדִים אֲנַחְנוּ לָךְ

שָׁאַתָּה הוּא יהוה אֱלֹהֵינוּ

וֵאלֹהֵי אֲבוֹתֵינוּ

אֱלֹהֵי כָל בָּשָׂר

יוֹצְרֵנוּ, יוֹצֵר בְּרֵאשִׁית.

בְּרָכוֹת וְהוֹדָאוֹת

לְשִׁמְךָ הַגָּדוֹל וְהַקָּדוֹשׁ

עַל שֶׁהֶחֱיִיתָנוּ וְקִיַּמְתָּנוּ.

כֵּן תְּחַיֵּנוּ וּתְקַיְּמֵנוּ

וְתֶאֱסֹף גָּלֻיּוֹתֵינוּ

לְחַצְרוֹת קָדְשֶׁךָ

לִשְׁמֹר חֻקֶּיךָ וְלַעֲשׂוֹת רְצוֹנֶךָ

וּלְעָבְדְּךָ בְּלֵבָב שָׁלֵם

עַל שֶׁאֲנוּ מוֹדִים לָךְ.

בָּרוּךְ אֵל הַהוֹדָאוֹת.

וְעַל כֻּלָּם יִתְבָּרַךְ וְיִתְרוֹמַם וְיִתְנַשֵּׂא שִׁמְךָ מַלְכֵּנוּ תָּמִיד לְעוֹלָם וָעֶד.

וּכְתֹב לְחַיִּים טוֹבִים כָּל בְּנֵי בְרִיתֶךָ.

וְכֹל הַחַיִּים יוֹדוּךָ סֶּלָה

וִיהַלְלוּ וִיבָרְכוּ אֶת שִׁמְךָ הַגָּדוֹל בֶּאֱמֶת לְעוֹלָם כִּי טוֹב הָאֵל יְשׁוּעָתֵנוּ וְעֶזְרָתֵנוּ סֶלָה, הָאֵל הַטּוֹב.

יבָּרוּךְ אַתָּה יהוה, הַטּוֹב שִׁמְךָ וּלְךָ נָאֶה לְהוֹדוֹת.

אם שכח לומר ׳וּכְתֹב לְחַיִּים טוֹבִים׳, אינו חוזר.

שלום

שִׂים שָׁלוֹם טוֹבָה וּבְרָכָה
חַיִּים חֵן וָחֶסֶד וְרַחֲמִים עָלֵינוּ וְעַל כָּל יִשְׂרָאֵל עַמֶּךָ.
בָּרְכֵנוּ אָבִינוּ כֻּלָּנוּ כְּאֶחָד בְּאוֹר פָּנֶיךָ
כִּי בְאוֹר פָּנֶיךָ נָתַתָּ לָּנוּ יהוה אֱלֹהֵינוּ תּוֹרַת חַיִּים וְאַהֲבַת חֶסֶד
וּצְדָקָה וּבְרָכָה וְרַחֲמִים וְחַיִּים וְשָׁלוֹם.
וְטוֹב יִהְיֶה בְּעֵינֶיךָ לְבָרְכֵנוּ וּלְבָרֵךְ אֶת כָּל עַמְּךָ יִשְׂרָאֵל
בְּכָל עֵת וּבְכָל שָׁעָה בִּשְׁלוֹמֶךָ.

בְּסֵפֶר חַיִּים, בְּרָכָה וְשָׁלוֹם, וּפַרְנָסָה טוֹבָה
וּגְזֵרוֹת טוֹבוֹת, יְשׁוּעוֹת וְנֶחָמוֹת
נִזָּכֵר וְנִכָּתֵב לְפָנֶיךָ אֲנַחְנוּ וְכָל עַמְּךָ בֵּית יִשְׂרָאֵל
לְחַיִּים טוֹבִים וּלְשָׁלוֹם.

בָּרוּךְ אַתָּה יהוה, הַמְבָרֵךְ אֶת עַמּוֹ יִשְׂרָאֵל בַּשָּׁלוֹם.

אם שכח לומר 'בְּסֵפֶר חַיִּים', אינו חוזר.

שליח הציבור מסיים באמירת הפסוק הבא בלחש, ויש הנוהגים שגם יחיד אומרו כאן:

יִהְיוּ לְרָצוֹן אִמְרֵי־פִי וְהֶגְיוֹן לִבִּי לְפָנֶיךָ, יהוה צוּרִי וְגֹאֲלִי: תהלים יט

היחיד בתפילת לחש ממשיך למטה.

וידוי

אֱלֹהֵינוּ וֵאלֹהֵי אֲבוֹתֵינוּ
תָּבוֹא לְפָנֶיךָ תְּפִלָּתֵנוּ, וְאַל תִּתְעַלַּם מִתְּחִנָּתֵנוּ.
שֶׁאֵין אָנוּ עַזֵּי פָנִים וּקְשֵׁי עֹרֶף לוֹמַר לְפָנֶיךָ
יהוה אֱלֹהֵינוּ וֵאלֹהֵי אֲבוֹתֵינוּ
צַדִּיקִים אֲנַחְנוּ וְלֹא חָטָאנוּ.
אֲבָל אֲנַחְנוּ וַאֲבוֹתֵינוּ חָטָאנוּ.

כשמתוודה, מכה באגרופו על החזה כנגד הלב (מג"א תרז, ג, בשם מדרש קהלת).

אָשַׁמְנוּ, בָּגַדְנוּ, גָּזַלְנוּ, דִּבַּרְנוּ דֹפִי
הֶעֱוִינוּ, וְהִרְשַׁעְנוּ, זַדְנוּ, חָמַסְנוּ, טָפַלְנוּ שֶׁקֶר
יָעַצְנוּ רָע, כִּזַּבְנוּ, לַצְנוּ, מָרַדְנוּ, נִאַצְנוּ, סָרַרְנוּ
עָוִינוּ, פָּשַׁעְנוּ, צָרַרְנוּ, קִשִּׁינוּ עֹרֶף
רָשַׁעְנוּ, שִׁחַתְנוּ, תִּעַבְנוּ, תָּעִינוּ, תִּעְתָּעְנוּ.

סַרְנוּ מִמִּצְוֹתֶיךָ וּמִמִּשְׁפָּטֶיךָ הַטּוֹבִים, וְלֹא שָׁוָה לָנוּ.
וְאַתָּה צַדִּיק עַל כָּל־הַבָּא עָלֵינוּ, כִּי־אֱמֶת עָשִׂיתָ, וַאֲנַחְנוּ הִרְשָׁעְנוּ: נחמיה ט

מַה נֹּאמַר לְפָנֶיךָ יוֹשֵׁב מָרוֹם, וּמַה נְּסַפֵּר לְפָנֶיךָ שׁוֹכֵן שְׁחָקִים
הֲלֹא כָּל הַנִּסְתָּרוֹת וְהַנִּגְלוֹת אַתָּה יוֹדֵעַ.

אַתָּה יוֹדֵעַ רָזֵי עוֹלָם וְתַעֲלוּמוֹת סִתְרֵי כָּל חָי.
אַתָּה חוֹפֵשׂ כָּל חַדְרֵי בָטֶן וּבוֹחֵן כְּלָיוֹת וָלֵב.
אֵין דָּבָר נֶעְלָם מִמֶּךָּ וְאֵין נִסְתָּר מִנֶּגֶד עֵינֶיךָ.
וּבְכֵן, יְהִי רָצוֹן מִלְּפָנֶיךָ, יהוה אֱלֹהֵינוּ וֵאלֹהֵי אֲבוֹתֵינוּ
שֶׁתְּכַפֵּר לָנוּ עַל כָּל חַטֹּאתֵינוּ
וְתִסְלַח לָנוּ עַל כָּל עֲוֹנוֹתֵינוּ
וְתִמְחַל לָנוּ עַל כָּל פְּשָׁעֵינוּ.

על כל חטא שמונה, מכה באגרופו על החזה כנגד הלב.

עַל חֵטְא שֶׁחָטָאנוּ לְפָנֶיךָ בְּאֹנֶס וּבְרָצוֹן
וְעַל חֵטְא שֶׁחָטָאנוּ לְפָנֶיךָ בְּאִמּוּץ הַלֵּב

עַל חֵטְא שֶׁחָטָאנוּ לְפָנֶיךָ בִּבְלִי דָעַת
וְעַל חֵטְא שֶׁחָטָאנוּ לְפָנֶיךָ בְּבִטּוּי שְׂפָתָיִם

עַל חֵטְא שֶׁחָטָאנוּ לְפָנֶיךָ בְּגִלּוּי עֲרָיוֹת
וְעַל חֵטְא שֶׁחָטָאנוּ לְפָנֶיךָ בְּגָלוּי וּבַסָּתֶר

עַל חֵטְא שֶׁחָטָאנוּ לְפָנֶיךָ בְּדַעַת וּבְמִרְמָה
וְעַל חֵטְא שֶׁחָטָאנוּ לְפָנֶיךָ בְּדִבּוּר פֶּה

עַל חֵטְא שֶׁחָטָאנוּ לְפָנֶיךָ בְּהוֹנָאַת רֵעַ
וְעַל חֵטְא שֶׁחָטָאנוּ לְפָנֶיךָ בְּהִרְהוּר הַלֵּב

עַל חֵטְא שֶׁחָטָאנוּ לְפָנֶיךָ בִּוְעִידַת זְנוּת
וְעַל חֵטְא שֶׁחָטָאנוּ לְפָנֶיךָ בְּוִדּוּי פֶּה

עַל חֵטְא שֶׁחָטָאנוּ לְפָנֶיךָ בְּזִלְזוּל הוֹרִים וּמוֹרִים
וְעַל חֵטְא שֶׁחָטָאנוּ לְפָנֶיךָ בְּזָדוֹן וּבִשְׁגָגָה

עַל חֵטְא שֶׁחָטָאנוּ לְפָנֶיךָ בְּחֹזֶק יָד
וְעַל חֵטְא שֶׁחָטָאנוּ לְפָנֶיךָ בְּחִלּוּל הַשֵּׁם

עַל חֵטְא שֶׁחָטָאנוּ לְפָנֶיךָ בְּטֻמְאַת שְׂפָתָיִם
וְעַל חֵטְא שֶׁחָטָאנוּ לְפָנֶיךָ בְּטִפְשׁוּת פֶּה

עַל חֵטְא שֶׁחָטָאנוּ לְפָנֶיךָ בְּיֵצֶר הָרָע
וְעַל חֵטְא שֶׁחָטָאנוּ לְפָנֶיךָ בְּיוֹדְעִים וּבְלֹא יוֹדְעִים

וְעַל כֻּלָּם אֱלוֹהַּ סְלִיחוֹת סְלַח לָנוּ, מְחַל לָנוּ, כַּפֶּר לָנוּ.

עַל חֵטְא שֶׁחָטָאנוּ לְפָנֶיךָ בְּכַחַשׁ וּבְכָזָב
וְעַל חֵטְא שֶׁחָטָאנוּ לְפָנֶיךָ בְּכַפַּת שֹׁחַד

עַל חֵטְא שֶׁחָטָאנוּ לְפָנֶיךָ בְּלָצוֹן
וְעַל חֵטְא שֶׁחָטָאנוּ לְפָנֶיךָ בְּלָשׁוֹן הָרָע

עַל חֵטְא שֶׁחָטָאנוּ לְפָנֶיךָ בְּמַשָּׂא וּבְמַתָּן
וְעַל חֵטְא שֶׁחָטָאנוּ לְפָנֶיךָ בְּמַאֲכָל וּבְמִשְׁתֶּה

עַל חֵטְא שֶׁחָטָאנוּ לְפָנֶיךָ בְּנֶשֶׁךְ וּבְמַרְבִּית
וְעַל חֵטְא שֶׁחָטָאנוּ לְפָנֶיךָ בִּנְטִיַּת גָּרוֹן

עַל חֵטְא שֶׁחָטָאנוּ לְפָנֶיךָ בְּשִׂיחַ שִׂפְתוֹתֵינוּ
וְעַל חֵטְא שֶׁחָטָאנוּ לְפָנֶיךָ בְּשִׂקּוּר עָיִן

עַל חֵטְא שֶׁחָטָאנוּ לְפָנֶיךָ בְּעֵינַיִם רָמוֹת
וְעַל חֵטְא שֶׁחָטָאנוּ לְפָנֶיךָ בְּעַזּוּת מֶצַח

וְעַל כֻּלָּם אֱלוֹהַּ סְלִיחוֹת סְלַח לָנוּ, מְחַל לָנוּ, כַּפֶּר לָנוּ.

עַל חֵטְא שֶׁחָטָאנוּ לְפָנֶיךָ בִּפְרִיקַת עֹל
וְעַל חֵטְא שֶׁחָטָאנוּ לְפָנֶיךָ בִּפְלִילוּת

עַל חֵטְא שֶׁחָטָאנוּ לְפָנֶיךָ בִּצְדִיַּת רֵעַ
וְעַל חֵטְא שֶׁחָטָאנוּ לְפָנֶיךָ בְּצָרוּת עָיִן

עַל חֵטְא שֶׁחָטָאנוּ לְפָנֶיךָ בְּקַלּוּת רֹאשׁ
וְעַל חֵטְא שֶׁחָטָאנוּ לְפָנֶיךָ בְּקַשְׁיוּת עֹרֶף

עַל חֵטְא שֶׁחָטָאנוּ לְפָנֶיךָ בְּרִיצַת רַגְלַיִם לְהָרַע
וְעַל חֵטְא שֶׁחָטָאנוּ לְפָנֶיךָ בִּרְכִילוּת

עַל חֵטְא שֶׁחָטָאנוּ לְפָנֶיךָ בִּשְׁבוּעַת שָׁוְא
וְעַל חֵטְא שֶׁחָטָאנוּ לְפָנֶיךָ בְּשִׂנְאַת חִנָּם

עַל חֵטְא שֶׁחָטָאנוּ לְפָנֶיךָ בִּתְשׂוּמֶת יָד
וְעַל חֵטְא שֶׁחָטָאנוּ לְפָנֶיךָ בְּתִמְהוֹן לֵבָב

וְעַל כֻּלָּם אֱלוֹהַּ סְלִיחוֹת סְלַח לָנוּ, מְחַל לָנוּ, כַּפֶּר לָנוּ.

וְעַל חֲטָאִים שֶׁאָנוּ חַיָּבִים עֲלֵיהֶם עוֹלָה
וְעַל חֲטָאִים שֶׁאָנוּ חַיָּבִים עֲלֵיהֶם חַטָּאת
וְעַל חֲטָאִים שֶׁאָנוּ חַיָּבִים עֲלֵיהֶם קָרְבָּן עוֹלֶה וְיוֹרֵד
וְעַל חֲטָאִים שֶׁאָנוּ חַיָּבִים עֲלֵיהֶם אָשָׁם וַדַּאי וְתָלוּי
וְעַל חֲטָאִים שֶׁאָנוּ חַיָּבִים עֲלֵיהֶם מַכַּת מַרְדּוּת
וְעַל חֲטָאִים שֶׁאָנוּ חַיָּבִים עֲלֵיהֶם מַלְקוּת אַרְבָּעִים
וְעַל חֲטָאִים שֶׁאָנוּ חַיָּבִים עֲלֵיהֶם מִיתָה בִּידֵי שָׁמָיִם
וְעַל חֲטָאִים שֶׁאָנוּ חַיָּבִים עֲלֵיהֶם כָּרֵת וַעֲרִירִי
וְעַל חֲטָאִים שֶׁאָנוּ חַיָּבִים עֲלֵיהֶם אַרְבַּע מִיתוֹת בֵּית דִּין
סְקִילָה, שְׂרֵפָה, הֶרֶג, וְחֶנֶק.

עַל מִצְוַת עֲשֵׂה
וְעַל מִצְוַת לֹא תַעֲשֶׂה.
בֵּין שֶׁיֵּשׁ בָּהּ קוּם עֲשֵׂה
וּבֵין שֶׁאֵין בָּהּ קוּם עֲשֵׂה.
אֶת הַגְּלוּיִים לָנוּ וְאֶת שֶׁאֵינָם גְּלוּיִים לָנוּ
אֶת הַגְּלוּיִים לָנוּ,
כְּבָר אֲמַרְנוּם לְפָנֶיךָ, וְהוֹדִינוּ לְךָ עֲלֵיהֶם
וְאֶת שֶׁאֵינָם גְּלוּיִים לָנוּ
לְפָנֶיךָ הֵם גְּלוּיִים וִידוּעִים
כַּדָּבָר שֶׁנֶּאֱמַר
הַנִּסְתָּרֹת לַיהוה אֱלֹהֵינוּ דברים כט
וְהַנִּגְלֹת לָנוּ וּלְבָנֵינוּ עַד־עוֹלָם
לַעֲשׂוֹת אֶת־כָּל־דִּבְרֵי הַתּוֹרָה הַזֹּאת:
כִּי אַתָּה סָלְחָן לְיִשְׂרָאֵל וּמָחֳלָן לְשִׁבְטֵי יְשֻׁרוּן בְּכָל דּוֹר וָדוֹר
וּמִבַּלְעָדֶיךָ אֵין לָנוּ מֶלֶךְ מוֹחֵל וְסוֹלֵחַ אֶלָּא אָתָּה.

אֱלֹהַי
עַד שֶׁלֹּא נוֹצַרְתִּי אֵינִי כְדַאי
וְעַכְשָׁיו שֶׁנּוֹצַרְתִּי, כְּאִלּוּ לֹא נוֹצַרְתִּי
עָפָר אֲנִי בְּחַיַּי, קַל וָחֹמֶר בְּמִיתָתִי.
הֲרֵי אֲנִי לְפָנֶיךָ כִּכְלִי מָלֵא בּוּשָׁה וּכְלִמָּה.
יְהִי רָצוֹן מִלְּפָנֶיךָ, יהוה אֱלֹהַי וֵאלֹהֵי אֲבוֹתַי
שֶׁלֹּא אֶחֱטָא עוֹד.
וּמַה שֶּׁחָטָאתִי לְפָנֶיךָ, מְחֹק בְּרַחֲמֶיךָ הָרַבִּים
אֲבָל לֹא עַל יְדֵי יִסּוּרִים וָחֳלָיִם רָעִים.

אֱלֹהַי ברכות יז.
נְצֹר לְשׁוֹנִי מֵרָע וּשְׂפָתַי מִדַּבֵּר מִרְמָה
וְלִמְקַלְלַי נַפְשִׁי תִדֹּם, וְנַפְשִׁי כֶּעָפָר לַכֹּל תִּהְיֶה.
פְּתַח לִבִּי בְּתוֹרָתֶךָ
וְאַחֲרֵי מִצְוֹתֶיךָ תִּרְדֹּף נַפְשִׁי.
וְכָל הַקָּמִים וְהַחוֹשְׁבִים עָלַי רָעָה
מְהֵרָה הָפֵר עֲצָתָם וְקַלְקֵל מַחֲשַׁבְתָּם.

יש המוסיפים תחינה זו (קיצור של״ה, ׳אור הישר׳):
יְהִי רָצוֹן מִלְּפָנֶיךָ, יהוה אֱלֹהַי וֵאלֹהֵי אֲבוֹתַי
שֶׁלֹּא תַעֲלֶה קִנְאַת אָדָם עָלַי, וְלֹא קִנְאָתִי עַל אֲחֵרִים
וְשֶׁלֹּא אֶכְעֹס הַיּוֹם, וְשֶׁלֹּא אַכְעִיסֶךָ
וְתַצִּילֵנִי מִיֵּצֶר הָרָע
וְתֵן בְּלִבִּי הַכְנָעָה וַעֲנָוָה.
מַלְכֵּנוּ וֵאלֹהֵינוּ, יַחֵד שִׁמְךָ בְּעוֹלָמֶךָ
בְּנֵה עִירְךָ, יַסֵּד בֵּיתְךָ וְשַׁכְלֵל הֵיכָלֶךָ
וְקַבֵּץ קִבּוּץ גָּלֻיּוֹת, וּפְדֵה צֹאנְךָ וְשַׂמַּח עֲדָתֶךָ.

עֲשֵׂה לְמַעַן שְׁמֶךָ, עֲשֵׂה לְמַעַן יְמִינֶךָ
עֲשֵׂה לְמַעַן תּוֹרָתֶךָ, עֲשֵׂה לְמַעַן קְדֻשָּׁתֶךָ.
לְמַעַן יֵחָלְצוּן יְדִידֶיךָ, הוֹשִׁיעָה יְמִינְךָ וַעֲנֵנִי: תהלים ס
יִהְיוּ לְרָצוֹן אִמְרֵי פִי וְהֶגְיוֹן לִבִּי לְפָנֶיךָ, יהוה צוּרִי וְגֹאֲלִי: תהלים יט

כורע ופוסע שלוש פסיעות לאחור. קד לשמאל, לימין ולפנים באמירת:

עֹשֶׂה הַשָּׁלוֹם בִּמְרוֹמָיו
הוּא יַעֲשֶׂה שָׁלוֹם, עָלֵינוּ וְעַל כָּל יִשְׂרָאֵל, וְאִמְרוּ אָמֵן.

יְהִי רָצוֹן מִלְּפָנֶיךָ יהוה אֱלֹהֵינוּ וֵאלֹהֵי אֲבוֹתֵינוּ
שֶׁיִּבָּנֶה בֵּית הַמִּקְדָּשׁ בִּמְהֵרָה בְיָמֵינוּ, וְתֵן חֶלְקֵנוּ בְּתוֹרָתֶךָ
וְשָׁם נַעֲבָדְךָ בְּיִרְאָה כִּימֵי עוֹלָם וּכְשָׁנִים קַדְמֹנִיּוֹת.
וְעָרְבָה לַיהוה מִנְחַת יְהוּדָה וִירוּשָׁלָםִ כִּימֵי עוֹלָם וּכְשָׁנִים קַדְמֹנִיּוֹת: מלאכי ג

שליח הציבור חוזר על התפילה עד ׳יִהְיוּ לְרָצוֹן אִמְרֵי־פִי׳ בעמ׳ 16.

קדיש שלם

ש״ץ: יִתְגַּדַּל וְיִתְקַדַּשׁ שְׁמֵהּ רַבָּא (קהל: אָמֵן)
בְּעָלְמָא דִּי בְרָא כִרְעוּתֵהּ
וְיַמְלִיךְ מַלְכוּתֵהּ וְיַצְמַח פֻּרְקָנֵהּ וִיקָרֵב מְשִׁיחֵהּ (קהל: אָמֵן)
בְּחַיֵּיכוֹן וּבְיוֹמֵיכוֹן וּבְחַיֵּי דְכָל בֵּית יִשְׂרָאֵל
בַּעֲגָלָא וּבִזְמַן קָרִיב
וְאִמְרוּ אָמֵן. (קהל: אָמֵן)

קהל וש״ץ: יְהֵא שְׁמֵהּ רַבָּא מְבָרַךְ לְעָלַם וּלְעָלְמֵי עָלְמַיָּא.

ש״ץ: יִתְבָּרַךְ וְיִשְׁתַּבַּח וְיִתְפָּאַר וְיִתְרוֹמַם וְיִתְנַשֵּׂא
וְיִתְהַדָּר וְיִתְעַלֶּה וְיִתְהַלָּל
שְׁמֵהּ דְּקֻדְשָׁא בְּרִיךְ הוּא (קהל: אָמֵן)
לְעֵלָּא לְעֵלָּא מִכָּל בִּרְכָתָא וְשִׁירָתָא, תֻּשְׁבְּחָתָא וְנֶחֱמָתָא
דַּאֲמִירָן בְּעָלְמָא
וְאִמְרוּ אָמֵן. (קהל: אָמֵן)

תִּתְקַבַּל צְלוֹתְהוֹן וּבָעוּתְהוֹן דְּכָל בֵּית יִשְׂרָאֵל
קֳדָם אֲבוּהוֹן דִּי בִשְׁמַיָּא
וְאִמְרוּ אָמֵן. (קהל: אָמֵן)

יְהֵא שְׁלָמָא רַבָּא מִן שְׁמַיָּא
וְחַיִּים טוֹבִים עָלֵינוּ וְעַל כָּל יִשְׂרָאֵל
וְאִמְרוּ אָמֵן. (קהל: אָמֵן)

כורע ופוסע שלוש פסיעות לאחור. קד לשמאל, לימין ולפנים באמירת:
עֹשֶׂה הַשָּׁלוֹם בִּמְרוֹמָיו
הוּא יַעֲשֶׂה שָׁלוֹם, עָלֵינוּ וְעַל כָּל יִשְׂרָאֵל
וְאִמְרוּ אָמֵן. (קהל: אָמֵן)

אומרים ׳עָלֵינוּ׳ בעמידה ומשתחווים במקום המסומן ב*.
עָלֵינוּ לְשַׁבֵּחַ לַאֲדוֹן הַכֹּל, לָתֵת גְּדֻלָּה לְיוֹצֵר בְּרֵאשִׁית
שֶׁלֹּא עָשָׂנוּ כְּגוֹיֵי הָאֲרָצוֹת, וְלֹא שָׂמָנוּ כְּמִשְׁפְּחוֹת הָאֲדָמָה
שֶׁלֹּא שָׂם חֶלְקֵנוּ כָּהֶם וְגוֹרָלֵנוּ כְּכָל הֲמוֹנָם.
שֶׁהֵם מִשְׁתַּחֲוִים לְהֶבֶל וָרִיק וּמִתְפַּלְלִים אֶל אֵל לֹא יוֹשִׁיעַ.
*וַאֲנַחְנוּ כּוֹרְעִים וּמִשְׁתַּחֲוִים וּמוֹדִים
לִפְנֵי מֶלֶךְ מַלְכֵי הַמְּלָכִים, הַקָּדוֹשׁ בָּרוּךְ הוּא
שֶׁהוּא נוֹטֶה שָׁמַיִם וְיוֹסֵד אָרֶץ
וּמוֹשַׁב יְקָרוֹ בַּשָּׁמַיִם מִמַּעַל
וּשְׁכִינַת עֻזּוֹ בְּגָבְהֵי מְרוֹמִים.
הוּא אֱלֹהֵינוּ, אֵין עוֹד.
אֱמֶת מַלְכֵּנוּ, אֶפֶס זוּלָתוֹ
כַּכָּתוּב בְּתוֹרָתוֹ, וְיָדַעְתָּ הַיּוֹם וַהֲשֵׁבֹתָ אֶל־לְבָבֶךָ דברים ד
כִּי יהוה הוּא הָאֱלֹהִים בַּשָּׁמַיִם מִמַּעַל וְעַל־הָאָרֶץ מִתָּחַת
אֵין עוֹד:

וְעַל כֵּן נְקַוֶּה לְּךָ יהוה אֱלֹהֵינוּ, לִרְאוֹת מְהֵרָה בְּתִפְאֶרֶת עֻזֶּךָ
לְהַעֲבִיר גִּלּוּלִים מִן הָאָרֶץ, וְהָאֱלִילִים כָּרוֹת יִכָּרֵתוּן
לְתַקֵּן עוֹלָם בְּמַלְכוּת שַׁדַּי.
וְכָל בְּנֵי בָשָׂר יִקְרְאוּ בִשְׁמֶךָ, לְהַפְנוֹת אֵלֶיךָ כָּל רִשְׁעֵי אָרֶץ.
יַכִּירוּ וְיֵדְעוּ כָּל יוֹשְׁבֵי תֵבֵל
כִּי לְךָ תִּכְרַע כָּל בֶּרֶךְ, תִּשָּׁבַע כָּל לָשׁוֹן.
לְפָנֶיךָ יהוה אֱלֹהֵינוּ יִכְרְעוּ וְיִפֹּלוּ, וְלִכְבוֹד שִׁמְךָ יְקָר יִתֵּנוּ
וִיקַבְּלוּ כֻלָּם אֶת עֹל מַלְכוּתֶךָ, וְתִמְלֹךְ עֲלֵיהֶם מְהֵרָה לְעוֹלָם וָעֶד.
כִּי הַמַּלְכוּת שֶׁלְּךָ הִיא וּלְעוֹלְמֵי עַד תִּמְלֹךְ בְּכָבוֹד
שמות טו כַּכָּתוּב בְּתוֹרָתֶךָ, יהוה יִמְלֹךְ לְעֹלָם וָעֶד:
זכריה יד ◄ וְנֶאֱמַר, וְהָיָה יהוה לְמֶלֶךְ עַל־כָּל־הָאָרֶץ
בַּיּוֹם הַהוּא יִהְיֶה יהוה אֶחָד וּשְׁמוֹ אֶחָד:

יש מוסיפים:

משלי ג אַל־תִּירָא מִפַּחַד פִּתְאֹם וּמִשֹּׁאַת רְשָׁעִים כִּי תָבֹא:
ישעיה ח עֻצוּ עֵצָה וְתֻפָר, דַּבְּרוּ דָבָר וְלֹא יָקוּם, כִּי עִמָּנוּ אֵל:
ישעיה מו וְעַד־זִקְנָה אֲנִי הוּא, וְעַד־שֵׂיבָה אֲנִי אֶסְבֹּל אֲנִי עָשִׂיתִי וַאֲנִי אֶשָּׂא וַאֲנִי אֶסְבֹּל וַאֲמַלֵּט:

קדיש יתום

אבל: יִתְגַּדַּל וְיִתְקַדַּשׁ שְׁמֵהּ רַבָּא (קהל: אָמֵן)
בְּעָלְמָא דִּי בְרָא כִרְעוּתֵהּ
וְיַמְלִיךְ מַלְכוּתֵהּ וְיַצְמַח פֻּרְקָנֵהּ וִיקָרֵב מְשִׁיחֵהּ (קהל: אָמֵן)
בְּחַיֵּיכוֹן וּבְיוֹמֵיכוֹן וּבְחַיֵּי דְכָל בֵּית יִשְׂרָאֵל
בַּעֲגָלָא וּבִזְמַן קָרִיב, וְאִמְרוּ אָמֵן. (קהל: אָמֵן)

קהל ואבל: יְהֵא שְׁמֵהּ רַבָּא מְבָרַךְ לְעָלַם וּלְעָלְמֵי עָלְמַיָּא.

אבל: יִתְבָּרַךְ וְיִשְׁתַּבַּח וְיִתְפָּאַר וְיִתְרוֹמַם וְיִתְנַשֵּׂא
וְיִתְהַדָּר וְיִתְעַלֶּה וְיִתְהַלָּל
שְׁמֵהּ דְּקֻדְשָׁא בְּרִיךְ הוּא (קהל: אָמֵן)

לְעֵלָּא לְעֵלָּא מִכָּל בִּרְכָתָא
וְשִׁירָתָא תֻּשְׁבְּחָתָא וְנֶחֱמָתָא
דַּאֲמִירָן בְּעָלְמָא, וְאִמְרוּ אָמֵן. (קהל: אָמֵן)

יְהֵא שְׁלָמָא רַבָּא מִן שְׁמַיָּא
וְחַיִּים טוֹבִים עָלֵינוּ וְעַל כָּל יִשְׂרָאֵל, וְאִמְרוּ אָמֵן. (קהל: אָמֵן)

כורע ופוסע שלוש פסיעות לאחור. קד לשמאל, לימין ולפנים באמירת:
עֹשֶׂה הַשָּׁלוֹם בִּמְרוֹמָיו
הוּא יַעֲשֶׂה שָׁלוֹם עָלֵינוּ
וְעַל כָּל יִשְׂרָאֵל, וְאִמְרוּ אָמֵן. (קהל: אָמֵן)

יש האומרים 'לְדָוִד, ה' אוֹרִי וְיִשְׁעִי' בערבית ולא במנחה, כנוסח אשכנז.

לְדָוִד, יהוה אוֹרִי וְיִשְׁעִי, מִמִּי אִירָא, יהוה מָעוֹז־חַיַּי, מִמִּי אֶפְחָד: תהלים כז
בִּקְרֹב עָלַי מְרֵעִים לֶאֱכֹל אֶת־בְּשָׂרִי, צָרַי וְאֹיְבַי לִי, הֵמָּה כָשְׁלוּ
וְנָפָלוּ: אִם־תַּחֲנֶה עָלַי מַחֲנֶה, לֹא־יִירָא לִבִּי, אִם־תָּקוּם עָלַי מִלְחָמָה,
בְּזֹאת אֲנִי בוֹטֵחַ: אַחַת שָׁאַלְתִּי מֵאֵת־יהוה, אוֹתָהּ אֲבַקֵּשׁ, שִׁבְתִּי
בְּבֵית־יהוה כָּל־יְמֵי חַיַּי, לַחֲזוֹת בְּנֹעַם־יהוה, וּלְבַקֵּר בְּהֵיכָלוֹ: כִּי
יִצְפְּנֵנִי בְּסֻכֹּה בְּיוֹם רָעָה, יַסְתִּרֵנִי בְּסֵתֶר אָהֳלוֹ, בְּצוּר יְרוֹמְמֵנִי:
וְעַתָּה יָרוּם רֹאשִׁי עַל אֹיְבַי סְבִיבוֹתַי, וְאֶזְבְּחָה בְאָהֳלוֹ זִבְחֵי תְרוּעָה,
אָשִׁירָה וַאֲזַמְּרָה לַיהוה: שְׁמַע־יהוה קוֹלִי אֶקְרָא, וְחָנֵּנִי וַעֲנֵנִי:
לְךָ אָמַר לִבִּי בַּקְּשׁוּ פָנָי, אֶת־פָּנֶיךָ יהוה אֲבַקֵּשׁ: אַל־תַּסְתֵּר פָּנֶיךָ
מִמֶּנִּי, אַל תַּט־בְּאַף עַבְדֶּךָ, עֶזְרָתִי הָיִיתָ, אַל־תִּטְּשֵׁנִי וְאַל־תַּעַזְבֵנִי,
אֱלֹהֵי יִשְׁעִי: כִּי־אָבִי וְאִמִּי עֲזָבוּנִי, וַיהוה יַאַסְפֵנִי: הוֹרֵנִי יהוה דַּרְכֶּךָ,
וּנְחֵנִי בְּאֹרַח מִישׁוֹר, לְמַעַן שׁוֹרְרָי: אַל־תִּתְּנֵנִי בְּנֶפֶשׁ צָרָי, כִּי קָמוּ־
בִי עֵדֵי־שֶׁקֶר, וִיפֵחַ חָמָס: ◂ לוּלֵא הֶאֱמַנְתִּי לִרְאוֹת בְּטוּב־יהוה
בְּאֶרֶץ חַיִּים: קַוֵּה אֶל־יהוה, חֲזַק וְיַאֲמֵץ לִבֶּךָ, וְקַוֵּה אֶל־יהוה:

קדיש יתום (בעמוד הקודם)

ערב יום הכיפורים

הדלקת נרות

לפני הדלקת הנרות ראוי להדליק נר נשמה,
כדי שיהיה 'נר ששבת' להבדלה במוצאי יום הכיפורים (שו"ע תרכד, ד).

בשבת יש להוסיף את המילים בסוגריים.

בָּרוּךְ אַתָּה יהוה אֱלֹהֵינוּ מֶלֶךְ הָעוֹלָם
אֲשֶׁר קִדְּשָׁנוּ בְּמִצְוֹתָיו
וְצִוָּנוּ לְהַדְלִיק נֵר שֶׁל (שַׁבָּת וְשֶׁל) יוֹם הַכִּפּוּרִים.

בָּרוּךְ אַתָּה יהוה אֱלֹהֵינוּ מֶלֶךְ הָעוֹלָם
שֶׁהֶחֱיָנוּ וְקִיְּמָנוּ, וְהִגִּיעָנוּ לַזְּמַן הַזֶּה.

תפילה לאישה אחרי שהדליקה נרות:

יְהִי רָצוֹן מִלְּפָנֶיךָ יהוה אֱלֹהַי וֵאלֹהֵי אֲבוֹתַי, שֶׁתְּחוֹנֵן אוֹתִי (אישה נשואה מוסיפה: וְאֶת אִישִׁי / אם הוריה חיים: וְאֶת אָבִי / וְאֶת אִמִּי / אם יש לה ילדים: וְאֶת בָּנַי וְאֶת בְּנוֹתַי) וְאֶת כָּל קְרוֹבַי, וְתִתֶּן לָנוּ וּלְכָל יִשְׂרָאֵל חַיִּים טוֹבִים וַאֲרוּכִים, וְתִזְכְּרֵנוּ בְּזִכְרוֹן טוֹבָה וּבְרָכָה, וְתִפְקְדֵנוּ בִּפְקֻדַּת יְשׁוּעָה וְרַחֲמִים, וּתְבָרְכֵנוּ בְּרָכוֹת גְּדוֹלוֹת, וְתַשְׁלִים בָּתֵּינוּ וְתַשְׁכֵּן שְׁכִינָתְךָ בֵּינֵינוּ. וְזַכֵּנִי לְגַדֵּל בָּנִים וּבְנֵי בָנִים חֲכָמִים וּנְבוֹנִים, אוֹהֲבֵי יהוה יִרְאֵי אֱלֹהִים, אַנְשֵׁי אֱמֶת זֶרַע קֹדֶשׁ, בַּיהוה דְּבֵקִים וּמְאִירִים אֶת הָעוֹלָם בַּתּוֹרָה וּבְמַעֲשִׂים טוֹבִים וּבְכָל מְלֶאכֶת עֲבוֹדַת הַבּוֹרֵא. אָנָּא שְׁמַע אֶת תְּחִנָּתִי בָּעֵת הַזֹּאת בִּזְכוּת שָׂרָה וְרִבְקָה וְרָחֵל וְלֵאָה אִמּוֹתֵינוּ, וְהָאֵר נֵרֵנוּ שֶׁלֹּא יִכְבֶּה לְעוֹלָם וָעֶד, וְהָאֵר פָּנֶיךָ וְנִוָּשֵׁעָה. אָמֵן.

ברכת הבנים

מנהג יפה הוא לברך את הילדים לפני ההליכה לבית הכנסת בערב יום הכיפורים (׳מטה אפרים׳ תריט, ב). ויש מוסיפים את התפילה ׳יְהִי רָצוֹן׳ (׳חיי אדם׳ קמד, יט).

לזכר:	לנקבה:	
יְשִׂמְךָ אֱלֹהִים	**יְשִׂימֵךְ אֱלֹהִים**	בראשית מח
כְּאֶפְרַיִם וְכִמְנַשֶּׁה:	**כְּשָׂרָה רִבְקָה רָחֵל וְלֵאָה.**	

יְבָרֶכְךָ יהוה וְיִשְׁמְרֶךָ: במדבר ו

יָאֵר יהוה פָּנָיו אֵלֶיךָ וִיחֻנֶּךָּ:

יִשָּׂא יהוה פָּנָיו אֵלֶיךָ וְיָשֵׂם לְךָ שָׁלוֹם:

יש מוסיפים לזכר:

וִיהִי רָצוֹן מִלִּפְנֵי אָבִינוּ שֶׁבַּשָּׁמַיִם, שֶׁיִּתֵּן בְּלִבְּךָ אַהֲבָתוֹ וְיִרְאָתוֹ, וְתִהְיֶה יִרְאַת הַשֵּׁם עַל פָּנֶיךָ כָּל יָמֶיךָ שֶׁלֹּא תֶחֱטָא, וּתְהִי חֶשְׁקְךָ בַּתּוֹרָה וּבַמִּצְוֹת, עֵינֶיךָ לְנֹכַח יַבִּיטוּ, פִּיךָ יְדַבֵּר חָכְמוֹת וְלִבְּךָ יֶהְגֶּה אֵימוֹת, יָדֶיךָ יַעַסְקוּ בְּמִצְוֹת, רַגְלֶיךָ יָרוּצוּ לַעֲשׂוֹת רְצוֹן אָבִיךָ שֶׁבַּשָּׁמַיִם. יִתֵּן לְךָ בָּנִים וּבָנוֹת צַדִּיקִים וְצִדְקָנִיּוֹת, עוֹסְקִים בַּתּוֹרָה וּבַמִּצְוֹת כָּל יְמֵיהֶם, וִיהִי מְקוֹרְךָ בָּרוּךְ, וְיַזְמִין לְךָ פַּרְנָסָתְךָ בְּהֶתֵּר בְּנַחַת וּבְרֶוַח מִתַּחַת יָדוֹ הָרְחָבָה וְלֹא עַל יְדֵי מַתְּנַת בָּשָׂר וָדָם כְּדֵי שֶׁתִּהְיֶה פָּנוּי לַעֲבוֹדַת הַשֵּׁם, וְתִכָּתֵב וְתֵחָתֵם לְחַיִּים טוֹבִים וַאֲרֻכִּים בְּתוֹךְ כָּל צַדִּיקֵי יִשְׂרָאֵל, אָמֵן.

יש מוסיפים לנקבה:

וִיהִי רָצוֹן מִלִּפְנֵי אָבִינוּ שֶׁבַּשָּׁמַיִם, שֶׁיִּתֵּן בְּלִבֵּךְ אַהֲבָתוֹ וְיִרְאָתוֹ, וְתִהְיֶה יִרְאַת הַשֵּׁם עַל פָּנַיִךְ כָּל יָמַיִךְ שֶׁלֹּא תֶחֶטְאִי, וּתְהִי חֶשְׁקֵךְ בַּתּוֹרָה וּבַמִּצְוֹת, עֵינַיִךְ לְנֹכַח יַבִּיטוּ, פִּיךְ יְדַבֵּר חָכְמוֹת וְלִבֵּךְ יֶהְגֶּה אֵימוֹת, יָדַיִךְ יַעַסְקוּ בְּמִצְוֹת, רַגְלַיִךְ יָרוּצוּ לַעֲשׂוֹת רְצוֹן אָבִיךְ שֶׁבַּשָּׁמַיִם. יִתֵּן לָךְ בָּנִים וּבָנוֹת צַדִּיקִים וְצִדְקָנִיּוֹת, עוֹסְקִים בַּתּוֹרָה וּבַמִּצְוֹת כָּל יְמֵיהֶם, וִיהִי מְקוֹרֵךְ בָּרוּךְ, וְיַזְמִין לָךְ פַּרְנָסָתֵךְ בְּהֶתֵּר, בְּנַחַת וּבְרֶוַח מִתַּחַת יָדוֹ הָרְחָבָה וְלֹא עַל יְדֵי מַתְּנַת בָּשָׂר וָדָם כְּדֵי שֶׁתִּהְיִי פְּנוּיָה לַעֲבוֹדַת הַשֵּׁם, וְתִכָּתְבִי וְתֵחָתְמִי לְחַיִּים טוֹבִים וַאֲרֻכִּים בְּתוֹךְ כָּל צַדִּיקֵי יִשְׂרָאֵל, אָמֵן.

עטיפת טלית

לפני עטיפה בטלית גדול נוהגים לומר:

תהלים קד

בָּרְכִי נַפְשִׁי אֶת־יהוה
יהוה אֱלֹהַי גָּדַלְתָּ מְּאֹד, הוֹד וְהָדָר לָבָשְׁתָּ:
עֹטֶה־אוֹר כַּשַּׂלְמָה
נוֹטֶה שָׁמַיִם כַּיְרִיעָה:

יש אומרים:

לְשֵׁם יִחוּד קֻדְשָׁא בְּרִיךְ הוּא וּשְׁכִינְתֵהּ בִּדְחִילוּ וּרְחִימוּ, לְיַחֵד שֵׁם י״ה בו״ה בְּיִחוּדָא שְׁלִים בְּשֵׁם כָּל יִשְׂרָאֵל.

הֲרֵינִי מִתְעַטֵּף בַּצִּיצִית. כֵּן תִּתְעַטֵּף נִשְׁמָתִי וּרְמַ״ח אֵבָרַי וּשְׁסָ״ה גִידַי בְּאוֹר הַצִּיצִית הָעוֹלָה תַּרְיַ״ג. וּכְשֵׁם שֶׁאֲנִי מִתְכַּסֶּה בְּטַלִּית בָּעוֹלָם הַזֶּה, כָּךְ אֶזְכֶּה לַחֲלוּקָא דְרַבָּנָן וּלְטַלִּית נָאָה לָעוֹלָם הַבָּא בְּגַן עֵדֶן. וְעַל יְדֵי מִצְוַת צִיצִית תִּנָּצֵל נַפְשִׁי רוּחִי וְנִשְׁמָתִי וּתְפִלָּתִי מִן הַחִיצוֹנִים. וְהַטַּלִּית תִּפְרֹשׂ כְּנָפֶיהָ עֲלֵיהֶם
דברים לב וְתַצִּילֵם, כְּנֶשֶׁר יָעִיר קִנּוֹ עַל־גּוֹזָלָיו יְרַחֵף: וּתְהֵא חֲשׁוּבָה מִצְוַת צִיצִית לִפְנֵי הַקָּדוֹשׁ בָּרוּךְ הוּא, כְּאִלּוּ קִיַּמְתִּיהָ בְּכָל פְּרָטֶיהָ וְדִקְדּוּקֶיהָ וְכַוָּנוֹתֶיהָ וְתַרְיַ״ג מִצְוֹת הַתְּלוּיוֹת בָּהּ, אָמֵן סֶלָה.

עומד ומברך:

בָּרוּךְ אַתָּה יהוה אֱלֹהֵינוּ מֶלֶךְ הָעוֹלָם
אֲשֶׁר קִדְּשָׁנוּ בְּמִצְוֹתָיו וְצִוָּנוּ לְהִתְעַטֵּף בַּצִּיצִית.

נוהגים להתעטף בטלית אחר הברכה.

מתעטף ואומר (סידור השל״ה):

תהלים לו

מַה־יָּקָר חַסְדְּךָ אֱלֹהִים, וּבְנֵי אָדָם בְּצֵל כְּנָפֶיךָ יֶחֱסָיוּן:
יִרְוְיֻן מִדֶּשֶׁן בֵּיתֶךָ, וְנַחַל עֲדָנֶיךָ תַשְׁקֵם:
כִּי־עִמְּךָ מְקוֹר חַיִּים, בְּאוֹרְךָ נִרְאֶה־אוֹר:
מְשֹׁךְ חַסְדְּךָ לְיֹדְעֶיךָ, וְצִדְקָתְךָ לְיִשְׁרֵי־לֵב:

וּבֶעָשׂוֹר לַחֹדֶשׁ הַשְּׁבִיעִי הַזֶּה
מִקְרָא־קֹדֶשׁ יִהְיֶה לָכֶם

במדבר כט, ז

כִּי
יוֹם כִּפֻּרִים
הוּא
לְכַפֵּר עֲלֵיכֶם
לִפְנֵי יְהוָה אֱלֹהֵיכֶם

ויקרא כג, כח

ליל יום הכיפורים

תפילה זכה

"מצות וידוי של ערב יום הכיפורים, שצריך להתוודות כדי שיכנס ליום בתשובה, הוא עם חשיכה סמוך ליום עצמו... ואף על פי שהתוודה קודם אכילה, חוזר ומתוודה בזמנו עם חשיכה" (רמב"ן, יומא פז ע"ב). אף ששיטת הרמב"ן לא נפסקה להלכה, רבים מקפידים לומר 'תפילה זכה' שבה וידוי לפני חשכה. מקורו של הנוסח המקובל ב'חיי אדם' קמד, כ.

נשים אומרות תפילה זו בלשון נקבה, ומשמיטות את המילים שבסוגריים.

רִבּוֹן כָּל הָעוֹלָמִים, אַב הָרַחֲמִים וְהַסְּלִיחוֹת, אֲשֶׁר יְמִינְךָ פְּשׁוּטָה לְקַבֵּל שָׁבִים, וְאַתָּה בָּרָאתָ אֶת הָאָדָם לְהֵיטִיב לוֹ בְּאַחֲרִיתוֹ, וּבָרָאתָ לוֹ שְׁנֵי יְצָרִים, יֵצֶר טוֹב וְיֵצֶר רָע, כְּדֵי שֶׁתִּהְיֶה הַבְּחִירָה בְּיָדוֹ לִבְחֹר בַּטּוֹב אוֹ בָּרָע וּכְדֵי לִתֵּן לוֹ שָׂכָר טוֹב עַל טוֹב בְּחִירָתוֹ, כִּי כֵן גָּזְרָה חָכְמָתֶךָ, כְּמוֹ שֶׁכָּתוּב: רְאֵה נָתַתִּי לְפָנֶיךָ הַיּוֹם אֶת־הַחַיִּים וְאֶת־הַטּוֹב, וְאֶת־הַמָּוֶת דברים ל
וְאֶת־הָרָע: וּבָחַרְתָּ בַּחַיִּים:

וְעַתָּה, אֱלֹהַי, לֹא שָׁמַעְתִּי לְקוֹלֶךָ, וְהָלַכְתִּי בַּעֲצַת יֵצֶר הָרָע וּבְדַרְכֵי לִבִּי, וּמָאַסְתִּי בְּטוֹב וּבָחַרְתִּי בָּרָע, וְלֹא דַי לִי שֶׁלֹּא קִדַּשְׁתִּי אֶת אֵבָרַי אֶלָּא טִמֵּאתִי אוֹתָם.

בָּרָאתָ בִּי מֹחַ וָלֵב וּבָהֶם חוּשׁ הַמַּחֲשָׁבָה לַחְשֹׁב מַחֲשָׁבוֹת טוֹבוֹת וְהִרְהוּרִים טוֹבִים, וָלֵב לְהָבִין דִּבְרֵי קָדְשֶׁךָ, וּלְהִתְפַּלֵּל וּלְבָרֵךְ כָּל הַבְּרָכוֹת בְּמַחֲשָׁבָה טְהוֹרָה, וַאֲנִי טִמֵּאתִי אוֹתָם בְּהִרְהוּרִים רָעִים וּמַחֲשָׁבוֹת זָרוֹת. (וְלֹא דַי בָּזֶה, אֶלָּא שֶׁעַל יְדֵי הִרְהוּרִים רָעִים בָּאתִי לִידֵי הוֹצָאוֹת זֶרַע לְבַטָּלָה, פַּעַם בְּרָצוֹן וּפַעַם בְּאֹנֶס, בְּטֻמְאַת קֶרִי הַמְטַמֵּא אֶת כָּל הַגּוּף, וּמֵהֶם בָּרָאתִי מַשְׁחִיתִים וּמְחַבְּלִים הַנִּקְרָאִים נִגְעֵי בְּנֵי אָדָם. אוֹי לִי כִּי תַּחַת מַחֲשָׁבוֹת טוֹבוֹת שֶׁיָּכֹלְתִּי לִבְרֹא עַל יְדֵיהֶן מַלְאָכִים קְדוֹשִׁים, שֶׁיִּהְיוּ סַנֵּגוֹרִים וּפְרַקְלִיטִים טוֹבִים עָלַי, תַּחְתֵּיהֶם בָּרָאתִי מַשְׁחִיתִים לְחַבֵּל בְּעַצְמִי, כְּמוֹ שֶׁכָּתוּב: וְהֹכַחְתִּיו שמואל ב׳ ז
בְּשֵׁבֶט אֲנָשִׁים וּבְנִגְעֵי בְּנֵי אָדָם:)

בָּרָאתָ בִּי עֵינַיִם וּבָהֶן חוּשׁ הָרְאוּת לִרְאוֹת בָּהֶן מַה שֶּׁכָּתוּב בַּתּוֹרָה, וּלְקַדֵּשׁ אוֹתָן בִּרְאִיַּת כָּל דָּבָר שֶׁבִּקְדֻשָּׁה. הִזְהַרְתָּ בְּתוֹרָתֶךָ: וְלֹא במדבר טו

תָתוּרוּ אַחֲרֵי לְבַבְכֶם וְאַחֲרֵי עֵינֵיכֶם: אוֹי לִי כִּי הָלַכְתִּי אַחֲרֵי עֵינַי וְטִמֵּאתִי אוֹתָן לְהִסְתַּכֵּל בְּכָל דְּבַר טֻמְאָה.

בָּרָאתָ בִּי אָזְנַיִם לִשְׁמֹעַ דִּבְרֵי קְדֻשָּׁה וְדִבְרֵי תּוֹרָה, אוֹי לִי כִּי טִמֵּאתִי אוֹתָן לִשְׁמֹעַ דִּבְרֵי נְבָלָה וְלָשׁוֹן הָרָע וּדְבָרִים אֲסוּרִים. אוֹי לְאָזְנַיִם שֶׁכָּךְ שׁוֹמְעוֹת.

בָּרָאתָ בִּי פֶּה וְלָשׁוֹן וְשִׁנַּיִם וְחֵיךְ וְגָרוֹן, וְנָתַתָּ בָּהֶם כֹּחַ לְדַבֵּר בָּהֶם חָמֵשׁ מוֹצְאוֹת הָאוֹתִיּוֹת הַקְּדוֹשׁוֹת שֶׁל אָלֶף בֵּית, אֲשֶׁר בָּהֶן בָּרָאתָ שָׁמַיִם וָאָרֶץ וּמְלוֹאָם, וּבָהֶן אָרַגְתָּ תּוֹרָתְךָ הַקְּדוֹשָׁה, וּבְכֹחַ הַדִּבּוּר הִבְדַּלְתָּ אֶת הָאָדָם מִן הַבְּהֵמָה, וַאֲפִלּוּ כִּבְהֵמָה לֹא הָיִיתִי, כִּי טִמֵּאתִי פִּי בְּדִבְרֵי נְבָלָה, בְּלָשׁוֹן הָרָע, בִּשְׁקָרִים, לֵיצָנוּת, רְכִילוּת, מַחֲלֹקֶת, מַלְבִּין פְּנֵי חֲבֵרוֹ, מְקַלֵּל אֶת חֲבֵרוֹ, מִתְכַּבֵּד בִּקְלוֹן חֲבֵרוֹ, דִּבְרֵי מַשָּׂא וּמַתָּן בְּשַׁבָּת וְיוֹם טוֹב, בִּשְׁבוּעוֹת וּנְדָרִים.

בָּרָאתָ בִּי יָדַיִם וְחוּשׁ הַמִּשּׁוּשׁ לַעֲסֹק בָּהֶן בְּמִצְוֹת, וַאֲנִי טִמֵּאתִי אוֹתָן בְּמִשְׁמוּשִׁין שֶׁל אִסּוּר, לְהַכּוֹת בְּאֶגְרוֹף רֶשַׁע וּלְהָרִים יָד לְהַכּוֹת בֶּן אָדָם וּלְטַלְטֵל דְּבָרִים הַמֻּקְצִים בְּשַׁבָּת וְיוֹם טוֹב.

בָּרָאתָ בִּי רַגְלַיִם לַהֲלֹךְ לְכָל דְּבַר מִצְוָה, וַאֲנִי טִמֵּאתִי אוֹתָן בְּרַגְלַיִם מְמַהֲרוֹת לָרוּץ לָרָעָה.

מִשַּׁשְׁתִּי אֶת כָּל אֵבָרַי וּמָצָאתִי אוֹתָם בַּעֲלֵי מוּמִין, מִכַּף רַגְלִי וְעַד רֹאשִׁי אֵין בִּי מְתֹם. בֹּשְׁתִּי וְנִכְלַמְתִּי לְהָרִים אֱלֹהַי פָּנַי אֵלֶיךָ, כִּי בְּאֵלֶּה הָאֵבָרִים וְהַחוּשִׁים שֶׁחֲנַנְתַּנִי בָּהֶם, וּבְכֹחַ הַחַיִּים שֶׁהִשְׁפַּעְתָּ עֲלֵיהֶם תָּמִיד, בָּהֶם נִשְׁתַּמַּשְׁתִּי לַעֲשׂוֹת הָרָע בְּעֵינֶיךָ וְלַעֲבֹר עַל רְצוֹנֶךָ. אוֹי לִי וְאוֹי לְנַפְשִׁי.

וּלְהְיוֹת שֶׁיָּדַעְתִּי שֶׁכִּמְעַט אֵין צַדִּיק בָּאָרֶץ אֲשֶׁר לֹא יֶחֱטָא בֵּין אָדָם לַחֲבֵרוֹ בְּמָמוֹן אוֹ בְּגוּפוֹ, בְּמַעֲשֶׂה אוֹ בְּדִבּוּר פֶּה, וְעַל זֶה דָּוֶה לִבִּי בְּקִרְבִּי, כִּי עַל חֵטְא שֶׁבֵּין אָדָם לַחֲבֵרוֹ אֵין יוֹם הַכִּפּוּרִים מְכַפֵּר עַד

שֶׁיִּרְצֶה אֶת חֲבֵרוֹ, וְעַל זֶה נִשְׁבַּר לִבִּי בְּקִרְבִּי וְרָחֲפוּ עַצְמוֹתַי, כִּי אֲפִלּוּ
יוֹם הַמִּיתָה אֵינוֹ מְכַפֵּר. לָכֵן אֲנִי מַפִּיל תְּחִנָּתִי לְפָנֶיךָ שֶׁתְּרַחֵם עָלַי,
וְתִתְּנֵנִי לְחֵן וּלְחֶסֶד וּלְרַחֲמִים בְּעֵינֶיךָ וּבְעֵינֵי כָּל בְּנֵי אָדָם. וְהִנְנִי מוֹחֵל
בִּמְחִילָה גְּמוּרָה לְכָל מִי שֶׁחָטָא נֶגְדִּי, בֵּין בְּגוּפוֹ וּבֵין בְּמָמוֹנוֹ אוֹ שֶׁדִּבֵּר
עָלַי לְשׁוֹן הָרָע, וַאֲפִלּוּ הוֹצָאַת שֵׁם רָע, וְכֵן לְכָל מִי שֶׁהִזִּיק לִי בְּגוּפִי
אוֹ בְּמָמוֹנִי, וּלְכָל חַטֹּאת הָאָדָם אֲשֶׁר בֵּין אָדָם לַחֲבֵרוֹ, חוּץ מִמָּמוֹן
אֲשֶׁר אוּכַל לְהוֹצִיא עַל פִּי דִין, וְחוּץ מִמִּי שֶׁחָטָא כְּנֶגְדִּי וְאָמַר: אֶחֱטָא
לוֹ וְהוּא יִמְחַל לִי. חוּץ מֵאֵלּוּ, אֲנִי מוֹחֵל בִּמְחִילָה גְּמוּרָה, וְלֹא יֵעָנֵשׁ
שׁוּם אָדָם בְּסִבָּתִי. וּכְשֵׁם שֶׁאֲנִי מוֹחֵל לְכָל אָדָם, כֵּן תִּתֵּן אֶת חִנִּי
בְּעֵינֵי כָּל אָדָם, שֶׁיִּמְחֲלוּ לִי בִּמְחִילָה גְּמוּרָה.

וְעַתָּה יהוה אֱלֹהַי, גָּלוּי וְיָדוּעַ לְפָנֶיךָ, שֶׁלֹּא נִתְכַּוַּנְתִּי בְּכָל הַחֲטָאִים
וְהָעֲוֹנוֹת לְהַכְעִיסְךָ וְלִמְרֹד כְּנֶגְדְּךָ, אַךְ הָלַכְתִּי בַּעֲצַת יִצְרִי הָרָע, אֲשֶׁר
תָּמִיד בְּכָל יוֹם פּוֹרֵשׂ רֶשֶׁת לְרַגְלַי לְלָכְדֵנִי. וַאֲנִי עָנִי וְאֶבְיוֹן תּוֹלַעַת וְלֹא
אִישׁ, כָּשַׁל כֹּחִי לַעֲמֹד כְּנֶגְדּוֹ, וַעֲמַל הַפַּרְנָסָה לְפַרְנֵס אֶת בְּנֵי בֵיתִי
וְטִרְדַּת הַזְּמַן וּמִקְרָיו הֵם הָיוּ בְּעוֹכְרָי. וּלְפִי שֶׁכָּל זֶה גָּלוּי וְיָדוּעַ לְפָנֶיךָ,
כִּי אָדָם אֵין צַדִּיק בָּאָרֶץ, אֲשֶׁר יַעֲשֶׂה־טּוֹב וְלֹא יֶחֱטָא: לָכֵן בְּרַחֲמֶיךָ קהלת ז
הָרַבִּים נָתַתָּ לָנוּ יוֹם אֶחָד בַּשָּׁנָה, יוֹם אַדִּיר וְקָדוֹשׁ, יוֹם הַכִּפּוּרִים הַזֶּה
הַבָּא עָלֵינוּ לְטוֹבָה, לָשׁוּב לְפָנֶיךָ וּלְכַפֵּר אֶת כָּל עֲוֹנוֹתֵינוּ וּלְטַהֵר אוֹתָנוּ
מִטֻּמְאוֹתֵינוּ, כְּמוֹ שֶׁכָּתוּב: כִּי־בַיּוֹם הַזֶּה יְכַפֵּר עֲלֵיכֶם לְטַהֵר אֶתְכֶם, ויקרא טז
מִכֹּל חַטֹּאתֵיכֶם לִפְנֵי יהוה תִּטְהָרוּ:

וְעַתָּה רְאֵה עַמְּךָ יִשְׂרָאֵל אֲשֶׁר לָקַחְתָּ אוֹתָם לְךָ לְעָם, מִי כְּעַמְּךָ יִשְׂרָאֵל
טְהוֹרִים וּקְדוֹשִׁים הַמְיַחֲלִים וּמְצַפִּים לִמְחִילָתֶךָ. בָּאנוּ בְּלֵב נִשְׁבָּר
וְנִדְכֶּה, כַּעֲנִיִּים וְדַלִּים וָרָשִׁים, לְבַקֵּשׁ מִמְּךָ מְחִילָה וּסְלִיחָה וְכַפָּרָה
עַל כָּל מַה שֶּׁחָטָאנוּ וְעָוִינוּ וּפָשַׁעְנוּ לְפָנֶיךָ. יָדַעְנוּ יהוה רִשְׁעֵנוּ וַעֲוֹן
אֲבוֹתֵינוּ. בֹּשְׁנוּ וְנִכְלַמְנוּ לְהָרִים פָּנֵינוּ אֵלֶיךָ, כְּבֹשֶׁת גַּנָּב כִּי יִמָּצֵא: ירמיה ב
וְאֵיךְ נִפְתַּח פֶּה וְנָרִים רֹאשׁ, כִּי בְּרֹב עֲוֹנֵינוּ הֶעֱבַרְנוּ מֵעָלֵינוּ הַצֶּלֶם

הַקָּדוֹשׁ אֲשֶׁר הוּא מַלְבִּישׁ אוֹתָנוּ, אֲשֶׁר כָּל הַמַּזִּיקִים וְהַמְקַטְרְגִים
אֵינָם יְכוֹלִים לְהַבִּיט בְּפָנָיו, כְּמָה שֶׁכָּתוּב: וְרָאוּ כָּל־עַמֵּי הָאָרֶץ, כִּי שֵׁם דברים כח
יהוה נִקְרָא עָלֶיךָ, וְיָרְאוּ מִמֶּךָּ: וְהֶחֱלַפְנוּ אוֹתוֹ בְּצֶלֶם טָמֵא, וְלָבַשְׁנוּ
בְּגָדִים צוֹאִים, וְאֵיךְ נָבוֹא בְּשַׁעַר הַמֶּלֶךְ בִּלְבוּשׁ שַׂק מְלֻכְלָךְ בְּצוֹאָה.
מַתְמִיהִים אֲנַחְנוּ עַל נַפְשֵׁנוּ אֵיךְ נַעֲשְׂתָה הַתּוֹעֵבָה הַזֹּאת, כִּי הוֹצֵאנוּ
נַפְשֵׁנוּ וְרוּחֵנוּ מֵהָעוֹלָם הַקָּדוֹשׁ וּבָרַחְנוּ לִמְקוֹם מִדְבָּר צִיָּה וְצַלְמָוֶת,
לִמְקוֹם טֻמְאַת הַקְּלִפּוֹת.

וְאַתָּה יהוה אֱלֹהֵינוּ, הָרוֹצֶה בִּתְשׁוּבַת רְשָׁעִים, כְּמָה שֶׁכָּתוּב: שׁוּבוּ יחזקאל לג
שׁוּבוּ מִדַּרְכֵיכֶם הָרָעִים, וְלָמָּה תָמוּתוּ בֵּית יִשְׂרָאֵל: וְנֶאֱמַר: הֶחָפֹץ יחזקאל יח
אֶחְפֹּץ מוֹת רָשָׁע, נְאֻם אֲדֹנָי יֱהוִֹה, הֲלוֹא בְּשׁוּבוֹ מִדְּרָכָיו וְחָיָה: עַתָּה
שַׂמְנוּ אֶל לִבֵּנוּ לָשׁוּב, וְלָבוֹא לְפָנֶיךָ בְּבֹשֶׁת פָּנִים. אָבִינוּ מַלְכֵּנוּ, רַחֵם
עָלֵינוּ כְּרַחֵם אָב עַל בְּנוֹ שֶׁמָּרַד בְּאָבִיו וְיָצָא מִבֵּיתוֹ, וּבְשׁוּבוֹ אֶל אָבִיו
בְּבֹשֶׁת פָּנִים וּבְכִי וּצְעָקָה וּמִתְנַפֵּל לְפָנָיו, מִדֶּרֶךְ הָאָב לְרַחֵם עַל בְּנוֹ.
וְאִם עֲבָדִים אֲנַחְנוּ, הַמַּכֶּה אֶת עַבְדּוֹ בְּיִסּוּרִים כְּשֶׁמָּרַד בּוֹ, הִנֵּה כְּבָר
לָקִינוּ בְּשִׁעְבּוּד מַלְכֻיּוֹת וְיִסּוּרִין שֶׁבְּגוּף, אוֹ עֲנִיּוּת וְצַעַר גִּדּוּל בָּנִים
וּשְׁאָר מַכְאוֹבִים. יַסְּרֵנוּ יהוה אַךְ בְּמִשְׁפָּט, אַל בְּאַפְּךָ פֶּן תַּמְעִטֵנוּ.
רַחֵם עָלֵינוּ וְצַוֵּה לְמַלְאָכֶיךָ הַקְּדוֹשִׁים הַמְמֻנִּים עַל הַטָּהֳרָה, לְהַפְשִׁיט
אֶת הַבְּגָדִים הַצּוֹאִים מֵעָלֵינוּ וּלְטַהֲרֵנוּ מִכָּל חַטֹּאתֵינוּ, כְּמָה שֶׁכָּתוּב:
הָסִירוּ הַבְּגָדִים הַצֹּאִים מֵעָלָיו: וְהַלְבֵּשׁ אוֹתָנוּ מַחֲלָצוֹת. וְכִתְפִלַּת דָּוִד זכריה ג
הַמֶּלֶךְ עָלָיו הַשָּׁלוֹם: הָשִׁיבָה לִּי שְׂשׂוֹן יִשְׁעֶךָ, וְרוּחַ נְדִיבָה תִסְמְכֵנִי: תהלים נא
לֵב טָהוֹר בְּרָא לָנוּ אֱלֹהִים, וְרוּחַ חֲדָשָׁה תִּתֵּן בְּקִרְבֵּנוּ. וְאִם פָּשַׁעְנוּ
וּמָרַדְנוּ כְּמִדַּת בָּשָׂר וָדָם, אַתָּה עֲשֵׂה כְּמִדָּתְךָ לִמְחֹל וְלִסְלֹחַ. וְאַל
יְעַכְּבוּ עֲוֹנוֹתֵינוּ מִלָּשׁוּב לְפָנֶיךָ, כְּמִדָּתְךָ לְקַבֵּל שָׁבִים. וְחַזֵּק לִבֵּנוּ
בְּתוֹרָתְךָ וּבְיִרְאָתֶךָ, שֶׁתִּהְיֶה יִרְאָתְךָ תָּמִיד קְבוּעָה בְּלִבֵּנוּ. וְטַהֵר
רַעְיוֹנֵינוּ וּמַחְשְׁבוֹתֵינוּ לַעֲבוֹדָתֶךָ. וּרְאֵה בְּשִׁבְרוֹן לִבִּי, כִּי מִתְנַחֵם אֲנִי
עַל מַעֲשַׂי הָרָעִים שֶׁעָשִׂיתִי עַד הַיּוֹם הַזֶּה, וּבוֹכֶה וּמִתְאוֹנֵן וּמִתְוַדֶּה

עֲלֵיהֶם, וְאוֹמֵר: חָטָאתִי עָוִיתִי פָּשַׁעְתִּי לְפָנֶיךָ. וְקַבֵּל תְּשׁוּבָתִי בְּתוֹךְ תְּשׁוּבַת כָּל עַמְּךָ יִשְׂרָאֵל הַשָּׁבִים לְפָנֶיךָ בְּכָל לִבָּם, כִּי גַם אֲנִי מִבְּנֵי אַבְרָהָם יִצְחָק וְיַעֲקֹב. וְאַל יְעַכְּבוּ עֲוֹנוֹתַי הָרַבִּים מִלָּשׁוּב לְפָנֶיךָ בְּכָל לֵב. וְזַכֵּנִי שֶׁאָשׁוּב לְפָנֶיךָ בְּלֵב שָׁלֵם וּלְהִתְחָרֵט עַל עֲוֹנוֹתַי חֲרָטָה גְּמוּרָה, וְלַעֲזֹב מַעֲשַׂי הָרָעִים עֲזִיבָה עוֹלָמִית. וְרַחֵם עָלַי וְהַצִּילֵנִי עַד עוֹלָם מִכָּל חֵטְא וְעָוֹן, כִּי לוּלֵא רַחֲמֶיךָ וַחֲסָדֶיךָ אִי אֶפְשָׁר לַעֲמֹד נֶגֶד הַיֵּצֶר הָרָע, אֲשֶׁר הוּא בּוֹעֵר כָּאֵשׁ בְּעַצְמוֹתַי, וְלָכֵן רַחֵם עָלַי וְתֵן בִּי כֹּחַ לַעֲמֹד כְּנֶגְדּוֹ. כְּמוֹ שֶׁאָמְרוּ הַחֲכָמִים וְהַצַּדִּיקִים בְּדִבְרֵי קָדְשָׁם, הַבָּא לִטָּהֵר מְסַיְּעִין אוֹתוֹ.

וְהִנֵּה אֲנִי מְקַבֵּל עָלַי קְדֻשַּׁת יוֹם הַכִּפּוּרִים, וּלְהִתְעַנּוֹת בּוֹ בַּחֲמִשָּׁה עִנּוּיִים שֶׁצִּוִּיתָ לָנוּ עַל יְדֵי מֹשֶׁה עַבְדְּךָ בְּתוֹרָתְךָ הַקְּדוֹשָׁה: אֲכִילָה וּשְׁתִיָּה, רְחִיצָה, סִיכָה, נְעִילַת הַסַּנְדָּל, תַּשְׁמִישׁ הַמִּטָּה, וְלִשְׁבֹּת בַּיּוֹם הַקָּדוֹשׁ הַזֶּה מִכָּל מְלָאכָה. וְעַל יְדֵי עִנּוּי מֵאֲכִילָה וּשְׁתִיָּה, תְּכַפֵּר לָנוּ מַה שֶּׁחָטָאנוּ בַּאֲכִילוֹת וּשְׁתִיּוֹת אֲסוּרוֹת. וְעַל יְדֵי עִנּוּי מֵרְחִיצָה וְסִיכָה, תְּכַפֵּר לָנוּ מַה שֶּׁחָטָאנוּ בְּתַעֲנוּגִים בִּימֵי הַחֹל, וּבִפְרָט תַּעֲנוּגִים הָאֲסוּרִים. וְעַל יְדֵי עִנּוּי מִנְּעִילַת הַסַּנְדָּל, תְּכַפֵּר לָנוּ מַה שֶּׁחָטָאנוּ בְּרַגְלַיִם הַמְמַהֲרוֹת לָרוּץ לָרָע, וְאֵת אֲשֶׁר עָבַרְנוּ עַל עֶשְׂרִים וְאַרְבָּעָה דְּבָרִים שֶׁבֵּית דִּין מְנַדִּין עֲלֵיהֶם, וְנִתְחַיַּבְנוּ לִהְיוֹת יְחֵפֵי רַגְלַיִם כִּמְנֻדִּים. וְעַל יְדֵי עִנּוּי מִתַּשְׁמִישׁ הַמִּטָּה, תְּכַפֵּר לָנוּ מַה שֶּׁחָטָאנוּ (וּפָגַמְנוּ בִּבְרִית קֹדֶשׁ בְּטֻמְאַת קֶרִי וּבְהוֹצָאַת זֶרַע לְבַטָּלָה, וּמַה שֶּׁבָּעַלְנוּ בְּעִילוֹת אֲסוּרוֹת). וְעַל יְדֵי חָמֵשׁ תְּפִלּוֹת וּתְחִנּוֹת וּבַקָּשׁוֹת, יְתֻקַּן מַה שֶּׁפָּגַמְנוּ בְּחָמֵשׁ מוֹצָאוֹת הַפֶּה: הַחֵיךְ, וְהַגָּרוֹן, וְהַלָּשׁוֹן, וְהַשִּׁנַּיִם, וְהַשְּׂפָתַיִם, שֶׁמֵּהֶם יוֹצֵא הַדִּבּוּר, וְטִמֵּאתִי אוֹתָם בְּכָל הַדְּבָרִים הָאֲסוּרִים וּנְדָרִים וּשְׁבוּעוֹת. וְעַל יְדֵי חִבּוּק וְנִשּׁוּק סֵפֶר הַתּוֹרָה, וְעַל יְדֵי זְכוּת הַתְּפִלּוֹת שֶׁנִּתְפַּלֵּל בַּיּוֹם הַקָּדוֹשׁ הַזֶּה, יַעֲלוּ וְיָבוֹאוּ וְיַגִּיעוּ וְיִצְטָרְפוּ עִמָּהֶן כָּל הַתְּפִלּוֹת שֶׁהִתְפַּלַּלְנוּ בְּכָל הַשָּׁנָה בְּלֹא כַוָּנָה, וְיִהְיוּ כֻּלָּן נִכְלָלוֹת

בִּתְפִלּוֹת הַיּוֹם הַזֶּה, וְיַגִּיעוּ לְרֹאשְׁךָ לִהְיוֹת עֲטָרָה לְרֹאשְׁךָ בִּכְלַל תְּפִלּוֹת יִשְׂרָאֵל. וְעַל יְדֵי דִּמְעוֹת עֵינַי, יְתֻקַּן מַה שֶּׁפְּגַמְנוּ בִּרְאִיַּת עֵינַיִם בְּכָל דָּבָר טָמֵא. וְעַל יְדֵי רְתִיחַת גּוּפֵנוּ עַל יְדֵי הַתַּעֲנִית וְהַתְּפִלּוֹת, יְתֻקַּן מַה שֶּׁהִרְתַּחְנוּ רמ״ח אֵבָרֵינוּ וּשְׁסָ״ה גִּידֵינוּ בָּאֵשׁ שֶׁל יֵצֶר הָרָע. וּבְמִעוּט חֶלְבֵּנוּ וְדָמֵנוּ עַל יְדֵי הַתַּעֲנִית, יְכֻפַּר כָּל מַה שֶּׁחָטָאנוּ וְשֶׁעָוִינוּ וְשֶׁפָּשַׁעְנוּ לְפָנֶיךָ, וְתִהְיֶה נֶחְשֶׁבֶת לְפָנֶיךָ הַתַּעֲנִית כְּאִלּוּ הִקְרַבְנוּ אֶת גּוּפֵנוּ עַל גַּבֵּי הַמִּזְבֵּחַ, וּתְקַבֵּל לְפָנֶיךָ לְרֵיחַ נִיחוֹחַ כְּקָרְבָּן וּכְעוֹלָה.

וְהִנֵּה יָדַעְנוּ כִּי אֲנַחְנוּ מְחֻיָּבִים לְהִתְעַנּוֹת עַל פִּי תִּקּוּנֵי הַתְּשׁוּבָה עַל כָּל חֵטְא, וּלְסַגֵּף אֶת גּוּפֵנוּ בִּתְשׁוּבַת הַמִּשְׁקָל נֶגֶד מַה שֶּׁהִתְעַנַּגְנוּ בַּעֲבֵרוֹת. אַךְ גָּלוּי וְיָדוּעַ לְפָנֶיךָ, שֶׁאֵין בָּנוּ כֹּחַ לְהִתְעַנּוֹת אֲפִלּוּ עַל חֵטְא אֶחָד וּמִכָּל שֶׁכֵּן עַל כָּל עָוֹן וְעָוֹן, כִּי רַבּוּ עֲוֹנוֹתֵינוּ מִלִּסְפֹּר וְכָשַׁל כֹּחֵנוּ. וְלָכֵן יְהִי רָצוֹן מִלְּפָנֶיךָ יהוה אֱלֹהֵינוּ, שֶׁיִּהְיֶה צוֹם הַתַּעֲנִית בַּיּוֹם הַקָּדוֹשׁ הַזֶּה, יוֹם הַכִּפּוּרִים הַבָּא עָלֵינוּ לְטוֹבָה, כַּפָּרָה עַל כָּל עֲוֹנוֹתֵינוּ.

יְהִי רָצוֹן מִלְּפָנֶיךָ, אֵל מֶלֶךְ יוֹשֵׁב עַל כִּסֵּא רַחֲמִים, הָרוֹצֶה בִּתְשׁוּבַת רְשָׁעִים, שֶׁתִּתֵּן בְּלִבֵּנוּ וּבְלֵב כָּל עַמְּךָ בֵּית יִשְׂרָאֵל אַהֲבָתְךָ וְיִרְאָתְךָ לְיִרְאָה אוֹתְךָ כָּל הַיָּמִים. וּבְתוֹכָם תְּרַחֵם עַל פּוֹשְׁעֵי עַמְּךָ בֵּית יִשְׂרָאֵל, וְתֵן בְּלִבָּם פַּחַד הֲדַר גְּאוֹנֶךָ, וְהַכְנַע לִבָּם הָאֶבֶן וְיָשׁוּבוּ לְפָנֶיךָ בְּלֵב שָׁלֵם, כְּמוֹ שֶׁהִבְטַחְתָּ עַל יְדֵי נְבִיאֶיךָ, לְבַל יִדַּח מִמֶּנּוּ נִדָּח. גַּם כִּי הִרְבּוּ אַשְׁמָה לְפָנֶיךָ עַד שֶׁנִּנְעֲלוּ בִּפְנֵיהֶם דַּרְכֵי תְּשׁוּבָה, אַתָּה בְּרַחֲמֶיךָ הָרַבִּים חֲתֹר לָהֶם חֲתִירָה מִתַּחַת כִּסֵּא כְבוֹדֶךָ וְקַבְּלֵם בִּתְשׁוּבָה. וְרַחֵם עָלֵינוּ וְתֵן בָּנוּ כֹּחַ לַעֲבֹד אוֹתְךָ כָּל הַיָּמִים, וְהָסֵר מִמֶּנּוּ כָּל הַמְּנִיעוֹת וְהַסִּבּוֹת הַמּוֹנְעוֹת אוֹתָנוּ מִלַּעֲבֹד אוֹתָךְ, כִּי אַתָּה יְצַרְתָּנוּ וְתֵדַע כָּל מַחְסוֹרֵי בְּנֵי אָדָם וְטִבְעָם הַמְּבַלְבְּלִים אוֹתָם מֵעֲבוֹדָתְךָ, וּבְיָדְךָ לַהֲסִירָם וּלְמָנְעָם. וְלֹא תִטְרֹף עָלֵינוּ אֶת הַשָּׁעָה עַד שֶׁנָּשׁוּב לְפָנֶיךָ בְּלֵב שָׁלֵם, וְנִהְיֶה כָּל יָמֵינוּ בִּתְשׁוּבָה וּמַעֲשִׂים טוֹבִים, עַד סוֹף הָרֶגַע

הָאַחֲרוֹן, אֲשֶׁר יִהְיֶה לְרָצוֹן לְפָנֶיךָ לֶאֱסֹף אֶת נִשְׁמוֹתֵינוּ אֵלֶיךָ, אָז יִהְיוּ כָּל מַחְשְׁבוֹתֵינוּ דְּבוּקוֹת בַּשֵּׁם, וְאָז תֵּצֵא נִשְׁמָתֵנוּ בִּקְדֻשָּׁה וּבְטָהֳרָה, וְאָז נִזְכֶּה לַעֲלוֹת מִמַּטָּה לְמַעְלָה וּלְהַשְׁפִּיעַ שֶׁפַע בְּכָל הָעוֹלָמוֹת מִמַּעְלָה לְמַטָּה. וְתֵן בָּנוּ כֹּחַ לְהִתְעַנּוֹת בַּיּוֹם הַקָּדוֹשׁ הַזֶּה, וּלְהַשְׁלִים הַתַּעֲנִית בְּכָל חֲמֵשֶׁת הָעִנּוּיִים, וְשֶׁלֹּא יִגְרְמוּ מַעֲשֵׂינוּ לִהְיוֹת נִכְשָׁלִים חַס וְשָׁלוֹם בְּשׁוּם אֶחָד מִן חֲמֵשֶׁת הָעִנּוּיִים, כִּי כֻלָּנוּ בְּנֵי אַבְרָהָם יִצְחָק וְיַעֲקֹב יְדִידֶיךָ. וְזַכֵּנוּ לְגַדֵּל בָּנֵינוּ לְתוֹרָה וּלְמַעֲשִׂים טוֹבִים, וְלֹא יִתָּפְסוּ חַס וְשָׁלוֹם בַּעֲוֹנוֹתֵינוּ. וְחָתְמֵנוּ בְּסֵפֶר חַיִּים טוֹבִים שֶׁל יִרְאֵי שְׁמֶךָ, חַיִּים שֶׁנַּעֲבֹד אוֹתְךָ בְּלֵב שָׁלֵם, חַיִּים שֶׁלֹּא נִכָּשֵׁל חַס וְשָׁלוֹם בְּשׁוּם חֵטְא וְעָוֹן וְאַשְׁמָה, חַיִּים שֶׁל פַּרְנָסָה בְּנַחַת וּבְכָבוֹד וּבְהֶתֵּר, וְלֹא תַטְרִידֵנוּ הַפַּרְנָסָה בְּטִרְדַּת הַזְּמַן, וְתֵן לָנוּ פַּרְנָסָה בְּהַשְׁקֵט וְשַׁלְוָה, כְּדֵי שֶׁיִּהְיֶה לִבֵּנוּ פָּנוּי לַעֲבוֹדָתֶךָ. וְטַהֵר רַעְיוֹנֵינוּ וּמַחְשְׁבוֹתֵינוּ כְּדֵי שֶׁנִּהְיֶה דְּבוּקִים בְּךָ תָּמִיד.

וּבְכֵן יַעֲלוּ וְיָבוֹאוּ וְיַגִּיעוּ וְיֵרָאוּ וְיֵרָצוּ וְיִשָּׁמְעוּ תְּפִלּוֹתֵינוּ. קַבֵּל רִנַּת עַמְּךָ, שַׂגְּבֵנוּ טַהֲרֵנוּ נוֹרָא. וְתוֹצִיא כָּל הַנִּיצוֹצוֹת הַקְּדוֹשִׁים שֶׁנָּפְלוּ לַקְּלִפָּה עַל יְדֵי חַטֹּאתֵינוּ. וְעַל יְדֵי קְדֻשַּׁת יוֹם הַכִּפּוּרִים יִתְעוֹרְרוּ מִדּוֹתֶיךָ,
הַגְּדֻלָּה וְהַגְּבוּרָה וְהַתִּפְאֶרֶת וְהַנֵּצַח וְהַהוֹד כִּי־כֹל בַּשָּׁמַיִם וּבָאָרֶץ, לְךָ דברי הימים א׳ כט
יהוה הַמַּמְלָכָה: אוֹר זָרֻעַ לַצַּדִּיק וּלְיִשְׁרֵי־לֵב שִׂמְחָה: וְתִתְפַּשֵּׁט עֲלֵיהֶם תהלים צז
קְדֻשַּׁת יוֹם הַכִּפּוּרִים לְכַפֵּר עָלֵינוּ, כְּמָה שֶׁכָּתוּב בְּתוֹרַת מֹשֶׁה עַבְדֶּךָ:
כִּי־בַיּוֹם הַזֶּה יְכַפֵּר עֲלֵיכֶם לְטַהֵר אֶתְכֶם, מִכֹּל חַטֹּאתֵיכֶם לִפְנֵי יהוה ויקרא טז
תִּטְהָרוּ: וִיהִי נֹעַם אֲדֹנָי אֱלֹהֵינוּ עָלֵינוּ, וּמַעֲשֵׂה יָדֵינוּ כּוֹנְנָה עָלֵינוּ, תהלים צ
וּמַעֲשֵׂה יָדֵינוּ כּוֹנְנֵהוּ: וְתַעֲבִיר מֶמְשֶׁלֶת זָדוֹן מִן הָאָרֶץ, וּמְלֹךְ עַל כָּל הָעוֹלָם כֻּלּוֹ בִּכְבוֹדֶךָ וְהִנָּשֵׂא עַל כָּל הָאָרֶץ בִּיקָרֶךָ, וְתֵן שִׂמְחָה לְאַרְצֶךָ וְשָׂשׂוֹן לְעִירֶךָ וּצְמִיחַת קֶרֶן לְדָוִד עַבְדֶּךָ.

יִהְיוּ לְרָצוֹן אִמְרֵי־פִי וְהֶגְיוֹן לִבִּי לְפָנֶיךָ, יהוה צוּרִי וְגֹאֲלִי: תהלים יט
אָמֵן, כֵּן יְהִי רָצוֹן.

יש המוסיפים גם את 'סדר וידוי הגדול' לרבי נסי אלנהרואני מתקופת הגאונים (הנוסח על פי מחזור 'אהלי יעקב').

רִבּוֹנוֹ שֶׁל עוֹלָם, קֹדֶם כָּל דָּבָר, אֵין לִי פֶּה לְהָשִׁיב וְלֹא מֵצַח לְהָרִים רֹאשׁ. כִּי מִפְּנֵי שֶׁעֲוֹנוֹתַי רַבּוּ מִלִּמְנוֹת, וְחַטֹּאתַי עָצְמוּ מִסַּפֵּר, וּכְמַשָּׂא כָבֵד יִכְבְּדוּ מִמֶּנִּי, מִתְוַדֶּה אֲנִי לְפָנֶיךָ יהוה אֱלֹהַי בִּכְפִיפַת רֹאשׁ, בִּכְפִיפַת קוֹמָה, בִּכְנִיעַת חַיִל, בַּחֲלִישׁוּת כֹּחַ, בִּשְׁבִירוּת לֵב, בִּנְמִיכוּת רוּחַ, בְּקִדָּה, בִּכְרִיעָה, בְּהִשְׁתַּחֲוָיָה, בְּאֵימָה, בִּבְעָתָה, בְּרֶתֶת, בְּזִיעַ, בְּחַלְחוּל, בְּיִרְאָה, בְּמוֹרָא. אוֹמֵר אֲנִי לְפָנֶיךָ יהוה אֱלֹהַי מִקְצָת מַעֲשַׂי הָרָעִים, וּמִדְּרָכַי הַמְכֹעָרִים וּמִמַּעֲלָלַי הַמְקֻלְקָלִים. לְאָמְרָם אִי אֶפְשָׁר, לְבָרְרָם אֵין בִּי כֹּחַ, לְגַלּוֹתָם לֹא אֶעֱצָר חַיִל, לְדַבְּרָם לֹא אֵדָעֵם, לְהַגִּידָם אֵינִי כְדַאי, וְלִתְבֹּעַ עֲלֵיהֶם סְלִיחָה וּמְחִילָה וְכַפָּרָה. מָה אֲנִי מֶה חַיַּי, אֲנִי הֶבֶל וָרִיק, אֲנִי רִמָּה וְתוֹלֵעָה, אֲנִי עָפָר וָאֵפֶר. בּוֹשׁ אֲנִי מֵחֲטָאַי, וּמִכֻּלָּם אֲנִי מִפְּשָׁעַי. אֵין לִי פִּתְחוֹן פֶּה לְהִתְוַדּוֹת לְפָנֶיךָ, גָּדוֹל עֲוֹנִי מִנְּשֹׂא, עָצְמוּ פְשָׁעַי מִסַּפֵּר. בֹּשְׁתִּי וְגַם נִכְלַמְתִּי, כְּגַנָּב הַנִּמְצָא בַּמַּחְתֶּרֶת.

רִבּוֹנוֹ שֶׁל עוֹלָם, אִם עָמַדְתִּי לְפָרֵשׁ אֶת חֲטָאַי וּלְבָאֲרָם, יִכְלֶה הַזְּמַן וְהֵם לֹא יִכְלוּ. עַל אֵיזֶה מֵהֶם אֶתְבַּע, וְעַל אֵיזֶה מֵהֶם אֲבַקֵּשׁ, וְעַל אֵיזֶה מֵהֶם אֶתְוַדֶּה. עַל הַכְּלָל אוֹ עַל הַפְּרָט, עַל הַנִּסְתָּרוֹת אוֹ עַל הַנִּגְלוֹת, עַל הָרִאשׁוֹנוֹת אוֹ עַל הָאַחֲרוֹנוֹת, עַל הַחֲדָשׁוֹת אוֹ עַל הַיְשָׁנוֹת, עַל הַטְּמוּנוֹת אוֹ עַל הַנּוֹדָעוֹת, עַל הַנִּזְכָּרוֹת אוֹ עַל הַנִּשְׁכָּחוֹת מִמֶּנִּי. יוֹדֵעַ אֲנִי בְּעַצְמִי שֶׁאֵין בִּי לֹא תוֹרָה וְלֹא חָכְמָה, לֹא דַעַת וְלֹא תְבוּנָה, לֹא צְדָקָה וְלֹא יְשָׁרוּת וְלֹא גְמִילוּת חֲסָדִים. אֲבָל אֲנִי סָכָל וְלֹא יוֹדֵעַ, בַּעַר וְלֹא מֵבִין, גַּזְלָן וְלֹא נֶאֱמָן, חַיָּב וְלֹא זַכַּאי, רָשָׁע וְלֹא צַדִּיק, רַע וְלֹא טוֹב. וְכָל מַעֲשִׂים רָעִים עָשִׂיתִי, וְגַם עֲבֵרוֹת רָעוֹת עָשִׂיתִי. וְאִם אַתָּה דָּן אוֹתִי כְּמַעֲשַׂי, אוֹי לִי, וַי לִי, אֲהָהּ עָלַי, אוֹיָה עַל נַפְשִׁי. וְאִם תְּבַקֵּשׁ לְנַקּוֹתִי כְּמִטַּהֵר וְכִמְצָרֵף כֶּסֶף, לֹא יִשָּׁאֵר מִמֶּנִּי מְאוּמָה. כִּי אֲנִי כְּקַשׁ לִפְנֵי אֵשׁ, וּכְעֵצִים יְבֵשִׁים לִפְנֵי הָאוּר, כֶּסֶף סִיגִים מְצֻפֶּה עַל חֶרֶשׂ, הֲבֵל הֲבָלִים אֵין בּוֹ מַמָּשׁ.

בַּמָּה אֲקַדֵּם, אוֹ מָה רְפוּאָה אֲבַקֵּשׁ. כְּבֵן סוֹרֵר וּמוֹרֶה הָיִיתִי, כְּעֶבֶד מוֹרֵד עַל אֲדוֹנָיו, כְּתַלְמִיד חוֹלֵק עַל רַבּוֹ. אֶת אֲשֶׁר טִהַרְתָּ טִמֵּאתִי וַאֲשֶׁר טִמֵּאתָ טִהַרְתִּי, אֶת אֲשֶׁר הִתַּרְתָּ אָסַרְתִּי וַאֲשֶׁר אָסַרְתָּ הִתַּרְתִּי, אֶת אֲשֶׁר אָהַבְתָּ

שָׂנֵאתִי וַאֲשֶׁר שָׂנֵאתָ אָהַבְתִּי, אֶת אֲשֶׁר הֵקַלְתָּ הֶחֱמַרְתִּי וַאֲשֶׁר הֶחֱמַרְתָּ הֵקַלֹּתִי, אֶת אֲשֶׁר קֵרַבְתָּ רִחַקְתִּי וַאֲשֶׁר רִחַקְתָּ קֵרַבְתִּי. אַךְ לֹא לְהַכְעִיסְךָ נִתְכַּוַּנְתִּי, וּבְעַזּוּת מֵצַח בָּאתִי לְבַקֵּשׁ סְלִיחָה מִלְּפָנֶיךָ. שַׂמְתִּי פָּנַי כַּכֶּלֶב, הֵעֵזּוֹתִי מֵצַח כְּזוֹנָה, וְגַשְׁתִּי לְפָנֶיךָ בְּבֹשֶׁת פָּנִים. וְכֵן כָּתוּב: וּמֵצַח אִשָּׁה זוֹנָה הָיָה לָךְ, מֵאַנְתְּ הִכָּלֵם: ירמיה ג

רִבּוֹנוֹ שֶׁל עוֹלָם, לֹא עַל עַצְמִי בִּלְבַד אֲנִי מִתְפַּלֵּל וּמִתְוַדֶּה, כִּי אִם בַּעֲדִי וּבְעַד קְהָלֶיךָ הָעוֹמְדִים לְפָנֶיךָ, וְאַף עַל פִּי שֶׁאֵינִי רָאוּי וְלֹא זַכַּאי לְהִתְוַדּוֹת עַל עַצְמִי, וְכָל שֶׁכֵּן עַל אֲחֵרִים. אֲבָל כִּי דַרְכְּךָ לְהַאֲרִיךְ אַפֶּךָ, וּמִדָּתְךָ לְהַעֲבִיר קִצְפֶּךָ, וּמִנְהָגְךָ לְרַחֵם עַל בְּרִיּוֹתֶיךָ, וּבְיוֹתֵר לַשָּׁבִים אֵלֶיךָ וּמוֹדִים לְפָנֶיךָ, וְעוֹזְבִים וּמִתְנַחֲמִים עַל פִּשְׁעֵיהֶם, וְלֹא מְכַסִּים אוֹתָם. שֶׁכֵּן כָּתוּב: מְכַסֶּה פְשָׁעָיו לֹא יַצְלִיחַ, וּמוֹדֶה וְעֹזֵב יְרֻחָם: וּמַצִּיל אֶת נַפְשׁוֹ מִדִּינָהּ שֶׁל גֵּיהִנֹּם. משלי כח

רִבּוֹנוֹ שֶׁל עוֹלָם, מִנְהַג בֵּית דִּינְךָ הַצֶּדֶק לֹא כְּמִנְהַג בָּתֵּי דִּינִין שֶׁל בְּנֵי אָדָם. שֶׁמִּדַּת בְּנֵי אָדָם, כְּשֶׁהוּא תּוֹבֵעַ אֶת חֲבֵרוֹ בְּמָמוֹן אֶל הַבֵּית דִּין אוֹ אֶל הַשּׁוֹפֵט, אִם יִכְפֹּר יִנָּצֵל מִן הַמָּמוֹן, וְאִם יוֹדֶה מִתְחַיֵּב לִתֵּן. וּבֵית דִּינְךָ הַצֶּדֶק לֹא כֵן הוּא, אֶלָּא אִם יִכְפֹּר אָדָם אוֹי לוֹ וְאוֹי לְנַפְשׁוֹ, וְאִם מוֹדֶה וְעוֹזֵב אַתָּה מְרַחֲמֵהוּ.

רִבּוֹנוֹ שֶׁל עוֹלָם, לוּלֵי חֲטָאֵינוּ וּפְשָׁעֵינוּ, לֹא הָיִינוּ בּוֹשִׁים וְנִכְלָמִים, וְעַל מָה הָיִינוּ מִתְוַדִּים, כִּי אִי אֶפְשָׁר לוֹ לְאָדָם לְבַקֵּשׁ עַל חֵטְא וְהוּא לֹא חָטָא, וְלֹא יָוַדַע עֹז רַחֲמֶיךָ אֶלָּא בְּהַעֲבִירְךָ חַטֹּאת יְרֵאֶיךָ. וְלֹא עַל עַצְמִי בִּלְבַד אֲנִי מִתְוַדֶּה, כִּי אִם בַּעֲדִי וּבְעַד כָּל קְהָלֶיךָ.

יְהִי רָצוֹן מִלְּפָנֶיךָ, יהוה אֱלֹהֵינוּ וֵאלֹהֵי אֲבוֹתֵינוּ, שֶׁתִּסְלַח וְתִמְחַל לָנוּ עַל כָּל עֲוֹנוֹתֵינוּ וּפְשָׁעֵינוּ, וּתְכַפֵּר לָנוּ עַל כָּל חַטֹּאתֵינוּ.

כל נדרי

״טוֹב אֲשֶׁר לֹא־תִדֹּר מִשֶּׁתִּדּוֹר וְלֹא תְשַׁלֵּם״ (קהלת ה, ד).

מוציאים שני ספרי תורה ומוסרים אותם לשני אנשים המתייצבים משני צדי שליח הציבור. שליח הציבור אומר ׳אוֹר זָרֻעַ׳ שלוש פעמים (קיצור של״ה; ויש המוסיפים על מספר זה).

אוֹר זָרֻעַ לַצַּדִּיק וּלְיִשְׁרֵי־לֵב שִׂמְחָה: תהלים צז

שליח הציבור אומר שלוש פעמים (׳כלבו׳, סח):

עַל דַּעַת הַמָּקוֹם, וְעַל דַּעַת הַקָּהָל
בִּישִׁיבָה שֶׁל מַעְלָה וּבִישִׁיבָה שֶׁל מַטָּה
אָנוּ מַתִּירִין לְהִתְפַּלֵּל עִם הָעֲבַרְיָנִים.

שליח הציבור אומר שלוש פעמים:

כָּל נִדְרֵי

וֶאֱסָרֵי וּשְׁבוּעֵי וַחֲרָמֵי וְקוֹנָמֵי וְקִנּוּסֵי וְכִנּוּיֵי
דְּאִנְדַּרְנָא, וּדְאִשְׁתַּבַּעְנָא, וּדְאַחֲרִימְנָא וּדְאָסַרְנָא עַל נַפְשָׁתָנָא
(מִיּוֹם כִּפּוּרִים שֶׁעָבַר עַד יוֹם כִּפּוּרִים זֶה
וּ)מִיּוֹם כִּפּוּרִים זֶה עַד יוֹם כִּפּוּרִים הַבָּא עָלֵינוּ לְטוֹבָה.
בְּכֻלְּהוֹן אִחֲרַטְנָא בְהוֹן, כֻּלְּהוֹן יְהוֹן שָׁרָן.
שְׁבִיקִין, שְׁבִיתִין, בְּטֵלִין וּמְבֻטָּלִין
לָא שְׁרִירִין, וְלָא קַיָּמִין.
נִדְרָנָא לָא נִדְרֵי
וֶאֱסָרָנָא לָא אֱסָרֵי
וּשְׁבוּעָתָנָא לָא שְׁבוּעוֹת.

שליח הציבור אומר שלוש פעמים, ואחריו הקהל:

וְנִסְלַח לְכָל־עֲדַת בְּנֵי יִשְׂרָאֵל, וְלַגֵּר הַגָּר בְּתוֹכָם כִּי לְכָל־הָעָם בִּשְׁגָגָה: במדבר טו

שליח הציבור:

סְלַח־נָא לַעֲוֹן הָעָם הַזֶּה כְּגֹדֶל חַסְדֶּךָ וְכַאֲשֶׁר נָשָׂאתָה לָעָם הַזֶּה מִמִּצְרַיִם וְעַד־הֵנָּה: במדבר יד

וְשָׁם נֶאֱמַר

והקהל אומר שלוש פעמים:

וַיֹּאמֶר יהוה, סָלַחְתִּי כִּדְבָרֶךָ:

שליח הציבור מברך 'שֶׁהֶחֱיָנוּ' בקול, וכל יחיד מברך בלחש ומסיים לפני שליח הציבור כדי להספיק לענות אמן. נשים שכבר בירכו 'שֶׁהֶחֱיָנוּ' בזמן ההדלקה, לא יברכו שנית ('שער הציון' תריט, ז).

בָּרוּךְ אַתָּה יהוה אֱלֹהֵינוּ מֶלֶךְ הָעוֹלָם שֶׁהֶחֱיָנוּ וְקִיְּמָנוּ, וְהִגִּיעָנוּ לַזְּמַן הַזֶּה.

אם יום הכיפורים חל ביום חול, ממשיכים 'בָּרְכוּ' בעמ' 47.

קבלת שבת

בשבת מתחילים כאן קבלת שבת מקוצרת.

בבתי כנסת המתפללים בנוסח אשכנז, מתחילים 'מִזְמוֹר שִׁיר לְיוֹם הַשַּׁבָּת' בעמ' 45.

עומדים ואומרים:

מִזְמוֹר לְדָוִד, הָבוּ לַיהוה בְּנֵי אֵלִים, הָבוּ לַיהוה כָּבוֹד וָעֹז: הָבוּ תהלים כט
לַיהוה כְּבוֹד שְׁמוֹ, הִשְׁתַּחֲווּ לַיהוה בְּהַדְרַת־קֹדֶשׁ: קוֹל יהוה עַל־
הַמָּיִם, אֵל־הַכָּבוֹד הִרְעִים, יהוה עַל־מַיִם רַבִּים: קוֹל־יהוה בַּכֹּחַ, קוֹל
יהוה בֶּהָדָר: קוֹל יהוה שֹׁבֵר אֲרָזִים, וַיְשַׁבֵּר יהוה אֶת־אַרְזֵי הַלְּבָנוֹן:
וַיַּרְקִידֵם כְּמוֹ־עֵגֶל, לְבָנוֹן וְשִׂרְיוֹן כְּמוֹ בֶן־רְאֵמִים: קוֹל־יהוה חֹצֵב
לַהֲבוֹת אֵשׁ: קוֹל יהוה יָחִיל מִדְבָּר, יָחִיל יהוה מִדְבַּר קָדֵשׁ: • קוֹל
יהוה יְחוֹלֵל אַיָּלוֹת וַיֶּחֱשֹׂף יְעָרוֹת, וּבְהֵיכָלוֹ, כֻּלּוֹ אֹמֵר כָּבוֹד: יהוה
לַמַּבּוּל יָשָׁב, וַיֵּשֶׁב יהוה מֶלֶךְ לְעוֹלָם: יהוה עֹז לְעַמּוֹ יִתֵּן, יהוה יְבָרֵךְ
אֶת־עַמּוֹ בַשָּׁלוֹם:

המקובלים הנהיגו לומר פיוט זה, מכיוון ששבע השורות שבו מקבילות לשבע הפעמים ש׳קול ה׳׳ נזכר במזמור שבעמוד הקודם (פרי עץ חיים).

אָנָּא, בְּכֹחַ גְּדֻלַּת יְמִינְךָ, תַּתִּיר צְרוּרָה.
קַבֵּל רִנַּת עַמְּךָ, שַׂגְּבֵנוּ, טַהֲרֵנוּ, נוֹרָא.
נָא גִבּוֹר, דּוֹרְשֵׁי יִחוּדְךָ כְּבָבַת שָׁמְרֵם.
בָּרְכֵם, טַהֲרֵם, רַחֲמֵי, צִדְקָתְךָ תָּמִיד גָּמְלֵם.
חֲסִין קָדוֹשׁ, בְּרֹב טוּבְךָ נַהֵל עֲדָתֶךָ.
יָחִיד גֵּאֶה, לְעַמְּךָ פְּנֵה, זוֹכְרֵי קְדֻשָּׁתֶךָ.
שַׁוְעָתֵנוּ קַבֵּל וּשְׁמַע צַעֲקָתֵנוּ, יוֹדֵעַ תַּעֲלוּמוֹת.
בָּרוּךְ שֵׁם כְּבוֹד מַלְכוּתוֹ לְעוֹלָם וָעֶד.

אומרים נוסח מקוצר של ׳לְכָה דוֹדִי׳: שני הבתים הראשונים ושני האחרונים.

לְכָה דוֹדִי לִקְרַאת כַּלָּה, פְּנֵי שַׁבָּת נְקַבְּלָה.

לְכָה דוֹדִי לִקְרַאת כַּלָּה, פְּנֵי שַׁבָּת נְקַבְּלָה.

שָׁמוֹר וְזָכוֹר בְּדִבּוּר אֶחָד
הִשְׁמִיעָנוּ אֵל הַמְיֻחָד
יהוה אֶחָד וּשְׁמוֹ אֶחָד
לְשֵׁם וּלְתִפְאֶרֶת וְלִתְהִלָּה.

לְכָה דוֹדִי לִקְרַאת כַּלָּה, פְּנֵי שַׁבָּת נְקַבְּלָה.

לִקְרַאת שַׁבָּת לְכוּ וְנֵלְכָה
כִּי הִיא מְקוֹר הַבְּרָכָה
מֵרֹאשׁ מִקֶּדֶם נְסוּכָה
סוֹף מַעֲשֶׂה בְּמַחֲשָׁבָה תְּחִלָּה.

לְכָה דוֹדִי לִקְרַאת כַּלָּה, פְּנֵי שַׁבָּת נְקַבְּלָה.

יָמִין וּשְׂמֹאל תִּפְרֹֽצִי
וְאֶת יהוה תַּעֲרִֽיצִי
עַל יַד אִישׁ בֶּן פַּרְצִי
וְנִשְׂמְחָה וְנָגִֽילָה.
לְכָה דוֹדִי לִקְרַאת כַּלָּה, פְּנֵי שַׁבָּת נְקַבְּלָה.

הקהל עומד ופונה אל פתח בית הכנסת כדי לקבל את פני הכלה (משנ״ב רסב, י).
באמירת ׳בּוֹאִי כַלָּה׳ הראשון קד לשמאל ובשני לימין (סידור יעב״ץ בשם אביו).

בּוֹאִי בְשָׁלוֹם עֲטֶרֶת בַּעְלָהּ
גַּם בְּרִנָּה וּבְצָהֳלָה
תּוֹךְ אֱמוּנֵי עַם סְגֻלָּה
בּוֹאִי כַלָּה, בּוֹאִי כַלָּה
בּוֹאִי כַלָּה, שַׁבָּת מַלְכְּתָא.
לְכָה דוֹדִי לִקְרַאת כַּלָּה, פְּנֵי שַׁבָּת נְקַבְּלָה.

מִזְמוֹר שִׁיר לְיוֹם הַשַּׁבָּת: טוֹב לְהֹדוֹת לַיהוה, וּלְזַמֵּר לְשִׁמְךָ עֶלְיוֹן: תהלים צב
לְהַגִּיד בַּבֹּקֶר חַסְדֶּךָ, וֶאֱמוּנָתְךָ בַּלֵּילוֹת: עֲלֵי־עָשׂוֹר וַעֲלֵי־נָבֶל,
עֲלֵי הִגָּיוֹן בְּכִנּוֹר: כִּי שִׂמַּחְתַּנִי יהוה בְּפָעֳלֶךָ, בְּמַעֲשֵׂי יָדֶיךָ אֲרַנֵּן:
מַה־גָּדְלוּ מַעֲשֶׂיךָ יהוה, מְאֹד עָמְקוּ מַחְשְׁבֹתֶיךָ: אִישׁ־בַּעַר לֹא
יֵדָע, וּכְסִיל לֹא־יָבִין אֶת־זֹאת: בִּפְרֹחַ רְשָׁעִים כְּמוֹ עֵשֶׂב, וַיָּצִיצוּ
כָּל־פֹּעֲלֵי אָוֶן, לְהִשָּׁמְדָם עֲדֵי־עַד: וְאַתָּה מָרוֹם לְעֹלָם יהוה: כִּי הִנֵּה
אֹיְבֶיךָ יהוה, כִּי־הִנֵּה אֹיְבֶיךָ יֹאבֵדוּ, יִתְפָּרְדוּ כָּל־פֹּעֲלֵי אָוֶן: וַתָּרֶם
כִּרְאֵים קַרְנִי, בַּלֹּתִי בְּשֶׁמֶן רַעֲנָן: וַתַּבֵּט עֵינִי בְּשׁוּרָי, בַּקָּמִים עָלַי
מְרֵעִים תִּשְׁמַעְנָה אָזְנָי: ◂ צַדִּיק כַּתָּמָר יִפְרָח, כְּאֶרֶז בַּלְּבָנוֹן יִשְׂגֶּה:
שְׁתוּלִים בְּבֵית יהוה, בְּחַצְרוֹת אֱלֹהֵינוּ יַפְרִיחוּ: עוֹד יְנוּבוּן בְּשֵׂיבָה,
דְּשֵׁנִים וְרַעֲנַנִּים יִהְיוּ: לְהַגִּיד כִּי־יָשָׁר יהוה, צוּרִי, וְלֹא־עַוְלָתָה בּוֹ:

תהלים צג יהוה מָלָךְ, גֵּאוּת לָבֵשׁ, לָבֵשׁ יהוה עֹז הִתְאַזָּר, אַף־תִּכּוֹן תֵּבֵל
בַּל־תִּמּוֹט: נָכוֹן כִּסְאֲךָ מֵאָז, מֵעוֹלָם אָתָּה: נָשְׂאוּ נְהָרוֹת יהוה,
נָשְׂאוּ נְהָרוֹת קוֹלָם, יִשְׂאוּ נְהָרוֹת דָּכְיָם: ◂ מִקֹּלוֹת מַיִם רַבִּים,
אַדִּירִים מִשְׁבְּרֵי־יָם, אַדִּיר בַּמָּרוֹם יהוה: עֵדֹתֶיךָ נֶאֶמְנוּ מְאֹד,
לְבֵיתְךָ נַאֲוָה־קֹדֶשׁ, יהוה לְאֹרֶךְ יָמִים:

קדיש יתום

אבל: יִתְגַּדַּל וְיִתְקַדַּשׁ שְׁמֵהּ רַבָּא (קהל: אָמֵן)
בְּעָלְמָא דִּי בְרָא כִרְעוּתֵהּ
וְיַמְלִיךְ מַלְכוּתֵהּ
וְיַצְמַח פֻּרְקָנֵהּ וִיקָרֵב מְשִׁיחֵהּ (קהל: אָמֵן)
בְּחַיֵּיכוֹן וּבְיוֹמֵיכוֹן וּבְחַיֵּי דְכָל בֵּית יִשְׂרָאֵל
בַּעֲגָלָא וּבִזְמַן קָרִיב, וְאִמְרוּ אָמֵן. (קהל: אָמֵן)

קהל ואבל: יְהֵא שְׁמֵהּ רַבָּא מְבָרַךְ לְעָלַם וּלְעָלְמֵי עָלְמַיָּא.

אבל: יִתְבָּרַךְ וְיִשְׁתַּבַּח וְיִתְפָּאַר וְיִתְרוֹמַם וְיִתְנַשֵּׂא
וְיִתְהַדָּר וְיִתְעַלֶּה וְיִתְהַלָּל
שְׁמֵהּ דְּקֻדְשָׁא בְּרִיךְ הוּא (קהל: אָמֵן)
לְעֵלָּא לְעֵלָּא מִכָּל בִּרְכָתָא
וְשִׁירָתָא תֻּשְׁבְּחָתָא וְנֶחֱמָתָא
דַּאֲמִירָן בְּעָלְמָא, וְאִמְרוּ אָמֵן. (קהל: אָמֵן)

יְהֵא שְׁלָמָא רַבָּא מִן שְׁמַיָּא
וְחַיִּים טוֹבִים עָלֵינוּ וְעַל כָּל יִשְׂרָאֵל, וְאִמְרוּ אָמֵן. (קהל: אָמֵן)

כורע ופוסע שלוש פסיעות לאחור. קד לשמאל, לימין ולפנים באמירת:

עֹשֶׂה הַשָּׁלוֹם בִּמְרוֹמָיו
הוּא יַעֲשֶׂה שָׁלוֹם, עָלֵינוּ וְעַל כָּל יִשְׂרָאֵל, וְאִמְרוּ אָמֵן. (קהל: אָמֵן)

ערבית ליום הכיפורים

"מֵעֶרֶב עַד־עֶרֶב תִּשְׁבְּתוּ שַׁבַּתְּכֶם" (ויקרא כג, לב).

קריאת שמע וברכותיה

שליח הציבור כורע בתיבת 'בָּרְכוּ' וזוקף בשם. הקהל כורע בתיבת 'בָּרוּךְ' וזוקף בשם, ושליח הציבור כורע שוב כאשר הוא חוזר אחריהם.

ש"ץ: **בָּרְכוּ**

אֶת יהוה הַמְבֹרָךְ.

קהל: **בָּרוּךְ יהוה הַמְבֹרָךְ לְעוֹלָם וָעֶד.**

ש"ץ: **בָּרוּךְ יהוה הַמְבֹרָךְ לְעוֹלָם וָעֶד.**

'בְּחָכְמָה פּוֹתֵחַ שְׁעָרִים' – כמו שכתוב (ישעיה כו, ב):
"פִּתְחוּ שְׁעָרִים וְיָבֹא גוֹי־צַדִּיק" (אבודרהם).

בָּרוּךְ אַתָּה יהוה אֱלֹהֵינוּ מֶלֶךְ הָעוֹלָם
אֲשֶׁר בִּדְבָרוֹ מַעֲרִיב עֲרָבִים
בְּחָכְמָה פּוֹתֵחַ שְׁעָרִים
וּבִתְבוּנָה מְשַׁנֶּה עִתִּים וּמַחֲלִיף אֶת הַזְּמַנִּים
וּמְסַדֵּר אֶת הַכּוֹכָבִים בְּמִשְׁמְרוֹתֵיהֶם בָּרָקִיעַ כִּרְצוֹנוֹ.
בּוֹרֵא יוֹם וָלָיְלָה, גּוֹלֵל אוֹר מִפְּנֵי חֹשֶׁךְ וְחֹשֶׁךְ מִפְּנֵי אוֹר
◂ וּמַעֲבִיר יוֹם וּמֵבִיא לָיְלָה, וּמַבְדִּיל בֵּין יוֹם וּבֵין לָיְלָה
יהוה צְבָאוֹת שְׁמוֹ.
אֵל חַי וְקַיָּם תָּמִיד, יִמְלֹךְ עָלֵינוּ לְעוֹלָם וָעֶד.
בָּרוּךְ אַתָּה יהוה, הַמַּעֲרִיב עֲרָבִים.

אַהֲבַת עוֹלָם בֵּית יִשְׂרָאֵל עַמְּךָ אָהָבְתָּ
תּוֹרָה וּמִצְוֹת, חֻקִּים וּמִשְׁפָּטִים, אוֹתָנוּ לִמַּדְתָּ
עַל כֵּן יהוה אֱלֹהֵינוּ בְּשָׁכְבֵנוּ וּבְקוּמֵנוּ נָשִׂיחַ בְּחֻקֶּיךָ
וְנִשְׂמַח בְּדִבְרֵי תַלְמוּד תּוֹרָתֶךָ וּבְמִצְוֹתֶיךָ לְעוֹלָם וָעֶד
◂ כִּי הֵם חַיֵּינוּ וְאֹרֶךְ יָמֵינוּ, וּבָהֶם נֶהְגֶּה יוֹמָם וָלָיְלָה.
וְאַהֲבָתְךָ אַל תָּסִיר מִמֶּנּוּ לְעוֹלָמִים.
בָּרוּךְ אַתָּה יהוה, אוֹהֵב עַמּוֹ יִשְׂרָאֵל.

״יקרא קריאת שמע בכוונה – באימה, ביראה, ברתת וזיע״ (שו״ע סא, א).

קריאת שמע צריכה כוונה מיוחדת בכל שלוש פרשיותיה. מי שאינו יכול לכוון בכולן חייב לכוון בפסוק הראשון, ואם לא התכוון צריך לחזור ולקרוא שוב.

בקריאת שמע שלוש פרשיות: ׳שְׁמַע׳, שעניינה קבלת עול מלכות שמים; ׳וְהָיָה אִם־שָׁמֹעַ׳, שעניינה קבלת עול מצוות; ׳ציצית׳, שיש בה הזכרת יציאת מצרים ובחירת ה׳ בעם ישראל (משנה, ברכות יג ע״א).

המתפלל ביחידות אומר:

אֵל מֶלֶךְ נֶאֱמָן

מכסה את עיניו בידו ואומר בכוונה ובקול רם:

דברים ו
שְׁמַע יִשְׂרָאֵל, יהוה אֱלֹהֵינוּ, יהוה | אֶחָד:

בקול רם: בָּרוּךְ שֵׁם כְּבוֹד מַלְכוּתוֹ לְעוֹלָם וָעֶד.

דברים ו
וְאָהַבְתָּ אֵת יהוה אֱלֹהֶיךָ, בְּכָל־לְבָבְךָ וּבְכָל־נַפְשְׁךָ וּבְכָל־
מְאֹדֶךָ: וְהָיוּ הַדְּבָרִים הָאֵלֶּה, אֲשֶׁר אָנֹכִי מְצַוְּךָ הַיּוֹם, עַל־לְבָבֶךָ:
וְשִׁנַּנְתָּם לְבָנֶיךָ וְדִבַּרְתָּ בָּם, בְּשִׁבְתְּךָ בְּבֵיתֶךָ וּבְלֶכְתְּךָ בַדֶּרֶךְ,
וּבְשָׁכְבְּךָ וּבְקוּמֶךָ: וּקְשַׁרְתָּם לְאוֹת עַל־יָדֶךָ וְהָיוּ לְטֹטָפֹת בֵּין
עֵינֶיךָ: וּכְתַבְתָּם עַל־מְזֻזוֹת בֵּיתֶךָ וּבִשְׁעָרֶיךָ:

דברים יא
וְהָיָה אִם־שָׁמֹעַ תִּשְׁמְעוּ אֶל־מִצְוֹתַי אֲשֶׁר אָנֹכִי מְצַוֶּה אֶתְכֶם
הַיּוֹם, לְאַהֲבָה אֶת־יהוה אֱלֹהֵיכֶם וּלְעָבְדוֹ, בְּכָל־לְבַבְכֶם וּבְכָל־

נַפְשְׁכֶם: וְנָתַתִּי מְטַר־אַרְצְכֶם בְּעִתּוֹ, יוֹרֶה וּמַלְקוֹשׁ, וְאָסַפְתָּ
דְגָנֶךָ וְתִירֹשְׁךָ וְיִצְהָרֶךָ: וְנָתַתִּי עֵשֶׂב בְּשָׂדְךָ לִבְהֶמְתֶּךָ, וְאָכַלְתָּ
וְשָׂבָעְתָּ: הִשָּׁמְרוּ לָכֶם פֶּן־יִפְתֶּה לְבַבְכֶם, וְסַרְתֶּם וַעֲבַדְתֶּם
אֱלֹהִים אֲחֵרִים וְהִשְׁתַּחֲוִיתֶם לָהֶם: וְחָרָה אַף־יהוה בָּכֶם, וְעָצַר
אֶת־הַשָּׁמַיִם וְלֹא־יִהְיֶה מָטָר, וְהָאֲדָמָה לֹא תִתֵּן אֶת־יְבוּלָהּ,
וַאֲבַדְתֶּם מְהֵרָה מֵעַל הָאָרֶץ הַטֹּבָה אֲשֶׁר יהוה נֹתֵן לָכֶם:
וְשַׂמְתֶּם אֶת־דְּבָרַי אֵלֶּה עַל־לְבַבְכֶם וְעַל־נַפְשְׁכֶם, וּקְשַׁרְתֶּם
אֹתָם לְאוֹת עַל־יֶדְכֶם, וְהָיוּ לְטוֹטָפֹת בֵּין עֵינֵיכֶם: וְלִמַּדְתֶּם
אֹתָם אֶת־בְּנֵיכֶם לְדַבֵּר בָּם, בְּשִׁבְתְּךָ בְּבֵיתֶךָ, וּבְלֶכְתְּךָ בַדֶּרֶךְ
וּבְשָׁכְבְּךָ וּבְקוּמֶךָ: וּכְתַבְתָּם עַל־מְזוּזוֹת בֵּיתֶךָ וּבִשְׁעָרֶיךָ: לְמַעַן
יִרְבּוּ יְמֵיכֶם וִימֵי בְנֵיכֶם עַל הָאֲדָמָה אֲשֶׁר נִשְׁבַּע יהוה לַאֲבֹתֵיכֶם
לָתֵת לָהֶם, כִּימֵי הַשָּׁמַיִם עַל־הָאָרֶץ:

וַיֹּאמֶר יהוה אֶל־מֹשֶׁה לֵּאמֹר: דַּבֵּר אֶל־בְּנֵי יִשְׂרָאֵל וְאָמַרְתָּ במדבר טו
אֲלֵהֶם, וְעָשׂוּ לָהֶם צִיצִת עַל־כַּנְפֵי בִגְדֵיהֶם לְדֹרֹתָם, וְנָתְנוּ עַל־
צִיצִת הַכָּנָף פְּתִיל תְּכֵלֶת: וְהָיָה לָכֶם לְצִיצִת, וּרְאִיתֶם אֹתוֹ,
וּזְכַרְתֶּם אֶת־כָּל־מִצְוֹת יהוה וַעֲשִׂיתֶם אֹתָם, וְלֹא תָתוּרוּ אַחֲרֵי
לְבַבְכֶם וְאַחֲרֵי עֵינֵיכֶם, אֲשֶׁר־אַתֶּם זֹנִים אַחֲרֵיהֶם: לְמַעַן תִּזְכְּרוּ
וַעֲשִׂיתֶם אֶת־כָּל־מִצְוֹתָי, וִהְיִיתֶם קְדֹשִׁים לֵאלֹהֵיכֶם: אֲנִי יהוה
אֱלֹהֵיכֶם, אֲשֶׁר הוֹצֵאתִי אֶתְכֶם מֵאֶרֶץ מִצְרַיִם, לִהְיוֹת לָכֶם
לֵאלֹהִים, אֲנִי יהוה אֱלֹהֵיכֶם:

אֱמֶת

שליח הציבור חוזר ואומר:

◂ יהוה אֱלֹהֵיכֶם אֱמֶת

״כל שלא אמר אמת ויציב שחרית ואמת ואמונה ערבית – לא יצא ידי חובתו, שנאמר (תהלים צב, ג): ׳לְהַגִּיד בַּבֹּקֶר חַסְדֶּךָ וֶאֱמוּנָתְךָ בַּלֵּילוֹת׳״ (ברכות יב ע״א).

״ברכת אמת ויציב כולה על חסד שעשה עם אבותינו היא, שהוציאם ממצרים ובקע להם הים והעבירם, וברכת אמת ואמונה מדבר בה אף על העתידות, שאנו מצפים שיקיים לנו הבטחתו ואמונתו לגאלנו מיד מלכים ומיד עריצים ולשום נפשנו בחיים, ולהדריכנו על במות אויבינו, כל אלה הנסים התדירים תמיד״ (רש״י שם).

וֶאֱמוּנָה כָּל זֹאת וְקַיָּם עָלֵינוּ
כִּי הוּא יהוה אֱלֹהֵינוּ וְאֵין זוּלָתוֹ
וַאֲנַחְנוּ יִשְׂרָאֵל עַמּוֹ.
הַפּוֹדֵנוּ מִיַּד מְלָכִים
מַלְכֵּנוּ הַגּוֹאֲלֵנוּ מִכַּף כָּל הֶעָרִיצִים.
הָאֵל הַנִּפְרָע לָנוּ מִצָּרֵינוּ
הַמְשַׁלֵּם גְּמוּל לְכָל אוֹיְבֵי נַפְשֵׁנוּ.
הָעוֹשֶׂה גְדוֹלוֹת עַד אֵין חֵקֶר
נִסִּים וְנִפְלָאוֹת עַד אֵין מִסְפָּר.
הַשָּׂם נַפְשֵׁנוּ בַּחַיִּים, וְלֹא־נָתַן לַמּוֹט רַגְלֵנוּ: תהלים סו
הַמַּדְרִיכֵנוּ עַל בָּמוֹת אוֹיְבֵינוּ
וַיָּרֶם קַרְנֵנוּ עַל כָּל שׂוֹנְאֵינוּ.
הָעוֹשֶׂה לָּנוּ נִסִּים וּנְקָמָה בְּפַרְעֹה
אוֹתוֹת וּמוֹפְתִים בְּאַדְמַת בְּנֵי חָם.
הַמַּכֶּה בְעֶבְרָתוֹ כָּל בְּכוֹרֵי מִצְרָיִם
וַיּוֹצֵא אֶת עַמּוֹ יִשְׂרָאֵל מִתּוֹכָם לְחֵרוּת עוֹלָם.
◂ הַמַּעֲבִיר בָּנָיו בֵּין גִּזְרֵי יַם סוּף
אֶת רוֹדְפֵיהֶם וְאֶת שׂוֹנְאֵיהֶם בִּתְהוֹמוֹת טִבַּע
וְרָאוּ בָנָיו גְּבוּרָתוֹ
שִׁבְּחוּ וְהוֹדוּ לִשְׁמוֹ
וּמַלְכוּתוֹ בְּרָצוֹן קִבְּלוּ עֲלֵיהֶם.

מֹשֶׁה וּבְנֵי יִשְׂרָאֵל, לְךָ עָנוּ שִׁירָה בְּשִׂמְחָה רַבָּה
וְאָמְרוּ כֻלָּם
מִי־כָמֹכָה בָּאֵלִם יהוה שמות טו
מִי כָּמֹכָה נֶאְדָּר בַּקֹּדֶשׁ
נוֹרָא תְהִלֹּת עֹשֵׂה פֶלֶא:

◂ מַלְכוּתְךָ רָאוּ בָנֶיךָ, בּוֹקֵעַ יָם לִפְנֵי מֹשֶׁה
זֶה אֵלִי עָנוּ, וְאָמְרוּ
יהוה יִמְלֹךְ לְעֹלָם וָעֶד: שמות טו
◂ וְנֶאֱמַר
כִּי־פָדָה יהוה אֶת־יַעֲקֹב, וּגְאָלוֹ מִיַּד חָזָק מִמֶּנּוּ: ירמיה לא
בָּרוּךְ אַתָּה יהוה, גָּאַל יִשְׂרָאֵל.

בשבתות ובימים טובים אומרים ברכות קריאת שמע כביום חול בשינוי החתימה של ברכת ׳הַשְׁכִּיבֵנוּ׳ (סדר רב עמרם גאון), מפני שהשבת שומרת ומגנה, ואין צורך בשמירה נוספת מלבדה (טור, רסז):

הַשְׁכִּיבֵנוּ יהוה אֱלֹהֵינוּ לְשָׁלוֹם
וְהַעֲמִידֵנוּ מַלְכֵּנוּ לְחַיִּים טוֹבִים וּלְשָׁלוֹם
וּפְרֹשׂ עָלֵינוּ סֻכַּת שְׁלוֹמֶךָ
וְתַקְּנֵנוּ בְּעֵצָה טוֹבָה מִלְּפָנֶיךָ, וְהוֹשִׁיעֵנוּ מְהֵרָה לְמַעַן שְׁמֶךָ.
וְהָגֵן בַּעֲדֵנוּ
וְהָסֵר מֵעָלֵינוּ אוֹיֵב, דֶּבֶר וְחֶרֶב וְרָעָב וְיָגוֹן
וְהָסֵר שָׂטָן מִלְּפָנֵינוּ וּמֵאַחֲרֵינוּ, וּבְצֵל כְּנָפֶיךָ תַּסְתִּירֵנוּ
כִּי אֵל שׁוֹמְרֵנוּ וּמַצִּילֵנוּ אָתָּה, כִּי אֵל מֶלֶךְ חַנּוּן וְרַחוּם אָתָּה.
◂ וּשְׁמֹר צֵאתֵנוּ וּבוֹאֵנוּ לְחַיִּים וּלְשָׁלוֹם, מֵעַתָּה וְעַד עוֹלָם.
וּפְרֹשׂ עָלֵינוּ סֻכַּת רַחֲמִים וְחַיִּים וְשָׁלוֹם.
בָּרוּךְ אַתָּה יהוה
הַפּוֹרֵשׂ סֻכַּת שָׁלוֹם עָלֵינוּ וְעַל כָּל עַמּוֹ יִשְׂרָאֵל וְעַל יְרוּשָׁלָיִם.

נוהגים שהקהל עומד ואומר פסוקים אלה.

בשבת:

שמות לא וְשָׁמְרוּ בְנֵי־יִשְׂרָאֵל אֶת־הַשַּׁבָּת
לַעֲשׂוֹת אֶת־הַשַּׁבָּת לְדֹרֹתָם בְּרִית עוֹלָם:
בֵּינִי וּבֵין בְּנֵי יִשְׂרָאֵל, אוֹת הִוא לְעֹלָם
כִּי־שֵׁשֶׁת יָמִים עָשָׂה יהוה אֶת־הַשָּׁמַיִם וְאֶת־הָאָרֶץ
וּבַיּוֹם הַשְּׁבִיעִי שָׁבַת וַיִּנָּפַשׁ:

הקהל ואחריו שליח הציבור:

ויקרא טז כִּי־בַיּוֹם הַזֶּה יְכַפֵּר עֲלֵיכֶם לְטַהֵר אֶתְכֶם
מִכֹּל חַטֹּאתֵיכֶם לִפְנֵי יהוה תִּטְהָרוּ:

חצי קדיש

ש״ץ: יִתְגַּדַּל וְיִתְקַדַּשׁ שְׁמֵהּ רַבָּא (קהל: אָמֵן)
בְּעָלְמָא דִּי בְרָא כִרְעוּתֵהּ
וְיַמְלִיךְ מַלְכוּתֵהּ
וְיַצְמַח פֻּרְקָנֵהּ וִיקָרֵב מְשִׁיחֵהּ (קהל: אָמֵן)
בְּחַיֵּיכוֹן וּבְיוֹמֵיכוֹן וּבְחַיֵּי דְכָל בֵּית יִשְׂרָאֵל
בַּעֲגָלָא וּבִזְמַן קָרִיב
וְאִמְרוּ אָמֵן. (קהל: אָמֵן)

קהל וש״ץ: יְהֵא שְׁמֵהּ רַבָּא מְבָרַךְ לְעָלַם וּלְעָלְמֵי עָלְמַיָּא.

ש״ץ: יִתְבָּרַךְ וְיִשְׁתַּבַּח וְיִתְפָּאַר וְיִתְרוֹמַם וְיִתְנַשֵּׂא
וְיִתְהַדָּר וְיִתְעַלֶּה וְיִתְהַלָּל
שְׁמֵהּ דְּקֻדְשָׁא בְּרִיךְ הוּא (קהל: אָמֵן)
לְעֵלָּא לְעֵלָּא מִכָּל בִּרְכָתָא
וְשִׁירָתָא תֻּשְׁבְּחָתָא וְנֶחֱמָתָא
דַּאֲמִירָן בְּעָלְמָא
וְאִמְרוּ אָמֵן. (קהל: אָמֵן)

עמידה

״המתפלל צריך שיכוין בלבו פירוש המלות שמוציא בשפתיו; ויחשוב כאלו שכינה כנגדו ויסיר כל המחשבות הטורדות אותו עד שתשאר מחשבתו וכוונתו זכה בתפלתו״ (שו״ע צח, א).

פוסע שלוש פסיעות לפנים כמי שנכנס לפני המלך.
עומד ומתפלל בלחש מכאן ועד ׳וּכְשָׁנִים קַדְמֹנִיּוֹת׳ בעמ׳ 64.

כורע במקומות המסומנים ב׳, קד לפנים במילה הבאה וזוקף בשם.

אֲדֹנָי, שְׂפָתַי תִּפְתָּח, וּפִי יַגִּיד תְּהִלָּתֶךָ: תהלים נא

אבות

׳בָּרוּךְ אַתָּה יהוה, אֱלֹהֵינוּ וֵאלֹהֵי אֲבוֹתֵינוּ
אֱלֹהֵי אַבְרָהָם, אֱלֹהֵי יִצְחָק, וֵאלֹהֵי יַעֲקֹב
הָאֵל הַגָּדוֹל הַגִּבּוֹר וְהַנּוֹרָא, אֵל עֶלְיוֹן
גּוֹמֵל חֲסָדִים טוֹבִים, קוֹנֵה הַכֹּל
וְזוֹכֵר חַסְדֵי אָבוֹת
וּמֵבִיא גוֹאֵל לִבְנֵי בְנֵיהֶם, לְמַעַן שְׁמוֹ בְּאַהֲבָה.

זָכְרֵנוּ לְחַיִּים, מֶלֶךְ חָפֵץ בַּחַיִּים
וְכָתְבֵנוּ בְּסֵפֶר הַחַיִּים, לְמַעַנְךָ אֱלֹהִים חַיִּים.

מֶלֶךְ עוֹזֵר וּמוֹשִׁיעַ וּמָגֵן.
׳בָּרוּךְ אַתָּה יהוה, מָגֵן אַבְרָהָם.

אם שכח לומר ׳זָכְרֵנוּ לְחַיִּים׳, אינו חוזר.

גבורות

אַתָּה גִּבּוֹר לְעוֹלָם, אֲדֹנָי
מְחַיֵּה מֵתִים אַתָּה, רַב לְהוֹשִׁיעַ
בארץ ישראל: מוֹרִיד הַטָּל
מְכַלְכֵּל חַיִּים בְּחֶסֶד, מְחַיֵּה מֵתִים בְּרַחֲמִים רַבִּים
סוֹמֵךְ נוֹפְלִים, וְרוֹפֵא חוֹלִים, וּמַתִּיר אֲסוּרִים
וּמְקַיֵּם אֱמוּנָתוֹ לִישֵׁנֵי עָפָר.

מִי כָמְוֹךָ, בַּעַל גְּבוּרוֹת, וּמִי דְּוֹמֶה לָּךְ
מֶלֶךְ, מֵמִית וּמְחַיֶּה וּמַצְמִיחַ יְשׁוּעָה.

מִי כָמְוֹךָ אָב הָרַחֲמָן
זוֹכֵר יְצוּרָיו לְחַיִּים בְּרַחֲמִים.

וְנֶאֱמָן אַתָּה לְהַחֲיוֹת מֵתִים.
בָּרוּךְ אַתָּה יהוה, מְחַיֵּה הַמֵּתִים.

אם שכח לומר 'מִי כָמְוֹךָ אַב הָרַחֲמָן', אינו חוזר.

קדושת השם

אַתָּה קָדוֹשׁ וְשִׁמְךָ קָדוֹשׁ, וּקְדוֹשִׁים בְּכָל יוֹם יְהַלְלְוּךָ סֶּלָה.
כִּי אֵל מֶלֶךְ גָּדוֹל וְקָדוֹשׁ אָתָּה.

לְדוֹר וָדוֹר הַמְלִיכוּ לָאֵל
כִּי הוּא לְבַדּוֹ מָרוֹם וְקָדוֹשׁ.

וּבְכֵן יִתְקַדַּשׁ שִׁמְךָ יהוה אֱלֹהֵינוּ עַל יִשְׂרָאֵל עַמֶּךָ
וְעַל יְרוּשָׁלַיִם עִירֶךָ, וְעַל צִיּוֹן מִשְׁכַּן כְּבוֹדֶךָ
וְעַל מַלְכוּת בֵּית דָּוִד מְשִׁיחֶךָ, וְעַל מְכוֹנְךָ וְהֵיכָלֶךָ.

וּבְכֵן תֵּן פַּחְדְּךָ יהוה אֱלֹהֵינוּ עַל כָּל מַעֲשֶׂיךָ
וְאֵימָתְךָ עַל כָּל מַה שֶּׁבָּרֵאתָ
וְיִירָאוּךָ כָּל הַמַּעֲשִׂים, וְיִשְׁתַּחֲווּ לְפָנֶיךָ כָּל הַבְּרוּאִים
וְיֵעָשׂוּ כֻלָּם אֲגֻדָּה אֶחָת לַעֲשׂוֹת רְצוֹנְךָ בְּלֵבָב שָׁלֵם
כְּמוֹ שֶׁיָּדַעְנוּ יהוה אֱלֹהֵינוּ שֶׁהַשָּׁלְטָן לְפָנֶיךָ
עֹז בְּיָדְךָ וּגְבוּרָה בִּימִינֶךָ
וְשִׁמְךָ נוֹרָא עַל כָּל מַה שֶּׁבָּרֵאתָ.

וּבְכֵן תֵּן כָּבוֹד יהוה לְעַמֶּךָ
תְּהִלָּה לִירֵאֶיךָ וְתִקְוָה טוֹבָה לְדוֹרְשֶׁיךָ
וּפִתְחוֹן פֶּה לַמְיַחֲלִים לָךְ
שִׂמְחָה לְאַרְצֶךָ, וְשָׂשׂוֹן לְעִירֶךָ
וּצְמִיחַת קֶרֶן לְדָוִד עַבְדֶּךָ
וַעֲרִיכַת נֵר לְבֶן יִשַׁי מְשִׁיחֶךָ בִּמְהֵרָה בְיָמֵינוּ.

וּבְכֵן צַדִּיקִים יִרְאוּ וְיִשְׂמָחוּ, וִישָׁרִים יַעֲלֹזוּ
וַחֲסִידִים בְּרִנָּה יָגִילוּ, וְעוֹלָתָה תִּקְפָּץ פִּיהָ
וְכָל הָרִשְׁעָה כֻּלָּהּ כְּעָשָׁן תִּכְלֶה
כִּי תַעֲבִיר מֶמְשֶׁלֶת זָדוֹן מִן הָאָרֶץ.

וְתִמְלֹךְ אַתָּה הוּא יהוה אֱלֹהֵינוּ
מְהֵרָה לְבַדֶּךָ עַל כָּל מַעֲשֶׂיךָ
בְּהַר צִיּוֹן מִשְׁכַּן כְּבוֹדֶךָ
וּבִירוּשָׁלַיִם עִיר קָדְשֶׁךָ
כַּכָּתוּב בְּדִבְרֵי קָדְשֶׁךָ
יִמְלֹךְ יהוה לְעוֹלָם, אֱלֹהַיִךְ צִיּוֹן לְדֹר וָדֹר, הַלְלוּיָהּ: תהלים קמו

קָדוֹשׁ אַתָּה וְנוֹרָא שְׁמֶךָ
וְאֵין אֱלוֹהַּ מִבַּלְעָדֶיךָ
כַּכָּתוּב, וַיִּגְבַּהּ יהוה צְבָאוֹת בַּמִּשְׁפָּט ישעיה ה
וְהָאֵל הַקָּדוֹשׁ נִקְדַּשׁ בִּצְדָקָה:
בָּרוּךְ אַתָּה יהוה, הַמֶּלֶךְ הַקָּדוֹשׁ.

אם שכח לומר את הפיסקאות המתחילות ׳לְדוֹר וָדוֹר׳, אינו חוזר,
אך אם חתם ׳הָאֵל הַקָּדוֹשׁ׳ כברוב ימות השנה, חוזר לראש.

קדושת היום

אַתָּה בְחַרְתָּנוּ מִכָּל הָעַמִּים
אָהַבְתָּ אוֹתָנוּ וְרָצִיתָ בָּנוּ, וְרוֹמַמְתָּנוּ מִכָּל הַלְּשׁוֹנוֹת
וְקִדַּשְׁתָּנוּ בְּמִצְוֹתֶיךָ, וְקֵרַבְתָּנוּ מַלְכֵּנוּ לַעֲבוֹדָתֶךָ
וְשִׁמְךָ הַגָּדוֹל וְהַקָּדוֹשׁ עָלֵינוּ קָרָאתָ.

בשבת מוסיפים את המילים שבסוגריים.

וַתִּתֶּן לָנוּ יהוה אֱלֹהֵינוּ בְּאַהֲבָה אֶת יוֹם
(הַשַּׁבָּת הַזֶּה לִקְדֻשָּׁה וְלִמְנוּחָה, וְאֶת יוֹם)
הַכִּפּוּרִים הַזֶּה, לִמְחִילָה וְלִסְלִיחָה וּלְכַפָּרָה
וְלִמְחָל בּוֹ אֶת כָּל עֲווֹנוֹתֵינוּ
(בְּאַהֲבָה) מִקְרָא קֹדֶשׁ, זֵכֶר לִיצִיאַת מִצְרָיִם.

אֱלֹהֵינוּ וֵאלֹהֵי אֲבוֹתֵינוּ
יַעֲלֶה וְיָבוֹא וְיַגִּיעַ, וְיֵרָאֶה וְיֵרָצֶה וְיִשָּׁמַע
וְיִפָּקֵד וְיִזָּכֵר זִכְרוֹנֵנוּ וּפִקְדוֹנֵנוּ
וְזִכְרוֹן אֲבוֹתֵינוּ
וְזִכְרוֹן מָשִׁיחַ בֶּן דָּוִד עַבְדֶּךָ
וְזִכְרוֹן יְרוּשָׁלַיִם עִיר קָדְשֶׁךָ
וְזִכְרוֹן כָּל עַמְּךָ בֵּית יִשְׂרָאֵל, לְפָנֶיךָ
לִפְלֵיטָה, לְטוֹבָה, לְחֵן וּלְחֶסֶד וּלְרַחֲמִים
לְחַיִּים וּלְשָׁלוֹם בְּיוֹם הַכִּפּוּרִים הַזֶּה.
זָכְרֵנוּ יהוה אֱלֹהֵינוּ בּוֹ לְטוֹבָה, וּפָקְדֵנוּ בוֹ לִבְרָכָה
וְהוֹשִׁיעֵנוּ בוֹ לְחַיִּים טוֹבִים.
וּבִדְבַר יְשׁוּעָה וְרַחֲמִים חוּס וְחָנֵּנוּ, וְרַחֵם עָלֵינוּ וְהוֹשִׁיעֵנוּ
כִּי אֵלֶיךָ עֵינֵינוּ, כִּי אֵל מֶלֶךְ חַנּוּן וְרַחוּם אָתָּה.

בשבת מוסיפים את המילים שבסוגריים.

אֱלֹהֵינוּ וֵאלֹהֵי אֲבוֹתֵינוּ
מְחַל לַעֲווֹנוֹתֵינוּ בְּיוֹם (הַשַּׁבָּת הַזֶּה וּבְיוֹם) הַכִּפּוּרִים הַזֶּה
מְחֵה וְהַעֲבֵר פְּשָׁעֵינוּ וְחַטֹּאתֵינוּ מִנֶּגֶד עֵינֶיךָ
כָּאָמוּר
אָנֹכִי אָנֹכִי הוּא מֹחֶה פְשָׁעֶיךָ לְמַעֲנִי ישעיה מג
וְחַטֹּאתֶיךָ לֹא אֶזְכֹּר:
וְנֶאֱמַר
מָחִיתִי כָעָב פְּשָׁעֶיךָ וְכֶעָנָן חַטֹּאותֶיךָ ישעיה מד
שׁוּבָה אֵלַי כִּי גְאַלְתִּיךָ:
וְנֶאֱמַר
כִּי־בַיּוֹם הַזֶּה יְכַפֵּר עֲלֵיכֶם לְטַהֵר אֶתְכֶם ויקרא טז
מִכֹּל חַטֹּאתֵיכֶם לִפְנֵי יהוה תִּטְהָרוּ:

(אֱלֹהֵינוּ וֵאלֹהֵי אֲבוֹתֵינוּ, רְצֵה נָא בִמְנוּחָתֵנוּ)
קַדְּשֵׁנוּ בְּמִצְוֹתֶיךָ וְתֵן חֶלְקֵנוּ בְּתוֹרָתֶךָ
שַׂבְּעֵנוּ מִטּוּבֶךָ, וְשַׂמַּח נַפְשֵׁנוּ בִּישׁוּעָתֶךָ
(וְהַנְחִילֵנוּ יהוה אֱלֹהֵינוּ בְּאַהֲבָה וּבְרָצוֹן שַׁבַּת קָדְשֶׁךָ
וְיָנוּחוּ בָהּ כָּל יִשְׂרָאֵל מְקַדְּשֵׁי שְׁמֶךָ)
וְטַהֵר לִבֵּנוּ לְעָבְדְּךָ בֶּאֱמֶת.
כִּי אַתָּה סָלְחָן לְיִשְׂרָאֵל וּמָחֳלָן לְשִׁבְטֵי יְשֻׁרוּן בְּכָל דּוֹר וָדוֹר
וּמִבַּלְעָדֶיךָ אֵין לָנוּ מֶלֶךְ מוֹחֵל וְסוֹלֵחַ אֶלָּא אָתָּה.
בָּרוּךְ אַתָּה יהוה
מֶלֶךְ מוֹחֵל וְסוֹלֵחַ לַעֲווֹנוֹתֵינוּ, וְלַעֲווֹנוֹת עַמּוֹ בֵּית יִשְׂרָאֵל
וּמַעֲבִיר אַשְׁמוֹתֵינוּ בְּכָל שָׁנָה וְשָׁנָה
מֶלֶךְ עַל כָּל הָאָרֶץ, מְקַדֵּשׁ (הַשַּׁבָּת וְ)יִשְׂרָאֵל וְיוֹם הַכִּפּוּרִים.

עבודה

רְצֵה יהוה אֱלֹהֵינוּ בְּעַמְּךָ יִשְׂרָאֵל, וְלִתְפִלָּתָם שְׁעֵה
וְהָשֵׁב אֶת הָעֲבוֹדָה לִדְבִיר בֵּיתֶךָ
וְאִשֵּׁי יִשְׂרָאֵל וּתְפִלָּתָם, מְהֵרָה בְּאַהֲבָה תְקַבֵּל בְּרָצוֹן
וּתְהִי לְרָצוֹן תָּמִיד עֲבוֹדַת יִשְׂרָאֵל עַמֶּךָ.
וְתֶחֱזֶינָה עֵינֵינוּ בְּשׁוּבְךָ לְצִיּוֹן בְּרַחֲמִים.
בָּרוּךְ אַתָּה יהוה, הַמַּחֲזִיר שְׁכִינָתוֹ לְצִיּוֹן.

הודאה

כורע ב׳מוֹדִים׳ ואינו זוקף עד אמירת השם (סידור השל״ה).

ימוֹדִים אֲנַחְנוּ לָךְ
שָׁאַתָּה הוּא יהוה אֱלֹהֵינוּ וֵאלֹהֵי אֲבוֹתֵינוּ לְעוֹלָם וָעֶד.
צוּר חַיֵּינוּ, מָגֵן יִשְׁעֵנוּ אַתָּה הוּא לְדוֹר וָדוֹר.
נוֹדֶה לְּךָ וּנְסַפֵּר תְּהִלָּתֶךָ עַל חַיֵּינוּ הַמְּסוּרִים בְּיָדֶךָ
וְעַל נִשְׁמוֹתֵינוּ הַפְּקוּדוֹת לָךְ, וְעַל נִסֶּיךָ שֶׁבְּכָל יוֹם עִמָּנוּ
וְעַל נִפְלְאוֹתֶיךָ וְטוֹבוֹתֶיךָ שֶׁבְּכָל עֵת, עֶרֶב וָבֹקֶר וְצָהֳרָיִם.
הַטּוֹב, כִּי לֹא כָלוּ רַחֲמֶיךָ, וְהַמְרַחֵם, כִּי לֹא תַמּוּ חֲסָדֶיךָ
כִּי מֵעוֹלָם קִוִּינוּ לָךְ.
וְעַל כֻּלָּם יִתְבָּרַךְ וְיִתְרוֹמַם וְיִתְנַשֵּׂא שִׁמְךָ מַלְכֵּנוּ
תָּמִיד לְעוֹלָם וָעֶד.

וּכְתֹב לְחַיִּים טוֹבִים כָּל בְּנֵי בְרִיתֶךָ.

וְכֹל הַחַיִּים יוֹדְוּךָ סֶּלָה
וִיהַלְלוּ וִיבָרְכוּ אֶת שִׁמְךָ הַגָּדוֹל בֶּאֱמֶת לְעוֹלָם כִּי טוֹב
הָאֵל יְשׁוּעָתֵנוּ וְעֶזְרָתֵנוּ סֶלָה, הָאֵל הַטּוֹב.
יבָּרוּךְ אַתָּה יהוה, הַטּוֹב שִׁמְךָ וּלְךָ נָאֶה לְהוֹדוֹת.

אם שכח לומר ׳וּכְתֹב לְחַיִּים טוֹבִים׳, אינו חוזר.

שלום

רבים נוהגים לומר 'שָׁלוֹם רָב' (ליקוטי מהרי"ח),
ויש הנוהגים לומר גם בערבית 'שִׂים שָׁלוֹם' (סידור בעל ה'תניא', וכן מנהג הספרדים).

שָׁלוֹם רָב	שִׂים שָׁלוֹם טוֹבָה וּבְרָכָה
עַל יִשְׂרָאֵל עַמְּךָ	חַיִּים חֵן וָחֶסֶד וְרַחֲמִים
תָּשִׂים לְעוֹלָם	עָלֵינוּ וְעַל כָּל יִשְׂרָאֵל עַמֶּךָ.
כִּי אַתָּה הוּא	בָּרְכֵנוּ אָבִינוּ כֻּלָּנוּ כְּאֶחָד בְּאוֹר פָּנֶיךָ
מֶלֶךְ אָדוֹן	כִּי בְאוֹר פָּנֶיךָ נָתַתָּ לָּנוּ יהוה אֱלֹהֵינוּ
	תּוֹרַת חַיִּים וְאַהֲבַת חֶסֶד וּצְדָקָה וּבְרָכָה
לְכָל הַשָּׁלוֹם.	וְרַחֲמִים וְחַיִּים וְשָׁלוֹם.

וְטוֹב יִהְיֶה בְעֵינֶיךָ לְבָרְכֵנוּ וּלְבָרֵךְ אֶת כָּל עַמְּךָ יִשְׂרָאֵל
בְּכָל עֵת וּבְכָל שָׁעָה בִּשְׁלוֹמֶךָ.

בְּסֵפֶר חַיִּים, בְּרָכָה וְשָׁלוֹם, וּפַרְנָסָה טוֹבָה
וּגְזֵרוֹת טוֹבוֹת, יְשׁוּעוֹת וְנֶחָמוֹת
נִזָּכֵר וְנִכָּתֵב לְפָנֶיךָ אֲנַחְנוּ וְכָל עַמְּךָ בֵּית יִשְׂרָאֵל
לְחַיִּים טוֹבִים וּלְשָׁלוֹם.

בָּרוּךְ אַתָּה יהוה, הַמְבָרֵךְ אֶת עַמּוֹ יִשְׂרָאֵל בַּשָּׁלוֹם.

אם שכח לומר 'בְּסֵפֶר חַיִּים', אינו חוזר.

יש מוסיפים:

יִהְיוּ לְרָצוֹן אִמְרֵי־פִי וְהֶגְיוֹן לִבִּי לְפָנֶיךָ, יהוה צוּרִי וְגֹאֲלִי: תהלים יט

אֱלֹהֵינוּ וֵאלֹהֵי אֲבוֹתֵינוּ
תָּבוֹא לְפָנֶיךָ תְּפִלָּתֵנוּ, וְאַל תִּתְעַלַּם מִתְּחִנָּתֵנוּ.
שֶׁאֵין אָנוּ עַזֵּי פָנִים וּקְשֵׁי עֹרֶף לוֹמַר לְפָנֶיךָ
יהוה אֱלֹהֵינוּ וֵאלֹהֵי אֲבוֹתֵינוּ
צַדִּיקִים אֲנַחְנוּ וְלֹא חָטָאנוּ.
אֲבָל אֲנַחְנוּ וַאֲבוֹתֵינוּ חָטָאנוּ.

כשמתוודה, מכה באגרופו על החזה כנגד הלב (מג״א תרז, ג, בשם מדרש קהלת).

אָשַׁמְנוּ, בָּגַדְנוּ, גָּזַלְנוּ, דִּבַּרְנוּ דֹפִי
הֶעֱוִינוּ, וְהִרְשַׁעְנוּ, זַדְנוּ, חָמַסְנוּ, טָפַלְנוּ שֶׁקֶר
יָעַצְנוּ רָע, כִּזַּבְנוּ, לַצְנוּ, מָרַדְנוּ, נִאַצְנוּ, סָרַרְנוּ
עָוִינוּ, פָּשַׁעְנוּ, צָרַרְנוּ, קִשִּׁינוּ עֹרֶף
רָשַׁעְנוּ, שִׁחַתְנוּ, תִּעַבְנוּ, תָּעִינוּ, תִּעְתָּעְנוּ.

סַרְנוּ מִמִּצְוֹתֶיךָ וּמִמִּשְׁפָּטֶיךָ הַטּוֹבִים, וְלֹא שָׁוָה לָנוּ.
וְאַתָּה צַדִּיק עַל כָּל־הַבָּא עָלֵינוּ, כִּי־אֱמֶת עָשִׂיתָ, וַאֲנַחְנוּ הִרְשָׁעְנוּ: נחמיה ט

מַה נֹּאמַר לְפָנֶיךָ יוֹשֵׁב מָרוֹם, וּמַה נְּסַפֵּר לְפָנֶיךָ שׁוֹכֵן שְׁחָקִים
הֲלֹא כָּל הַנִּסְתָּרוֹת וְהַנִּגְלוֹת אַתָּה יוֹדֵעַ.

אַתָּה יוֹדֵעַ רָזֵי עוֹלָם וְתַעֲלוּמוֹת סִתְרֵי כָּל חָי.
אַתָּה חוֹפֵשׂ כָּל חַדְרֵי בָטֶן וּבוֹחֵן כְּלָיוֹת וָלֵב.
אֵין דָּבָר נֶעְלָם מִמָּךְ וְאֵין נִסְתָּר מִנֶּגֶד עֵינֶיךָ.
וּבְכֵן, יְהִי רָצוֹן מִלְּפָנֶיךָ, יהוה אֱלֹהֵינוּ וֵאלֹהֵי אֲבוֹתֵינוּ
שֶׁתְּכַפֵּר לָנוּ עַל כָּל חַטֹּאתֵינוּ
וְתִסְלַח לָנוּ עַל כָּל עֲוֹנוֹתֵינוּ
וְתִמְחַל לָנוּ עַל כָּל פְּשָׁעֵינוּ.

על כל חטא שמונה, מכה באגרופו על החזה כנגד הלב.

עַל חֵטְא שֶׁחָטָאנוּ לְפָנֶיךָ בְּאֹנֶס וּבְרָצוֹן
וְעַל חֵטְא שֶׁחָטָאנוּ לְפָנֶיךָ בְּאִמּוּץ הַלֵּב

עַל חֵטְא שֶׁחָטָאנוּ לְפָנֶיךָ בִּבְלִי דָעַת
וְעַל חֵטְא שֶׁחָטָאנוּ לְפָנֶיךָ בְּבִטּוּי שְׂפָתָיִם

עַל חֵטְא שֶׁחָטָאנוּ לְפָנֶיךָ בְּגִלּוּי עֲרָיוֹת
וְעַל חֵטְא שֶׁחָטָאנוּ לְפָנֶיךָ בְּגָלוּי וּבַסָּתֶר

עַל חֵטְא שֶׁחָטָאנוּ לְפָנֶיךָ בְּדַעַת וּבְמִרְמָה
וְעַל חֵטְא שֶׁחָטָאנוּ לְפָנֶיךָ בְּדִבּוּר פֶּה

עַל חֵטְא שֶׁחָטָאנוּ לְפָנֶיךָ בְּהוֹנָאַת רֵעַ
וְעַל חֵטְא שֶׁחָטָאנוּ לְפָנֶיךָ בְּהִרְהוּר הַלֵּב

עַל חֵטְא שֶׁחָטָאנוּ לְפָנֶיךָ בְּוְעִידַת זְנוּת
וְעַל חֵטְא שֶׁחָטָאנוּ לְפָנֶיךָ בְּוִדּוּי פֶּה

עַל חֵטְא שֶׁחָטָאנוּ לְפָנֶיךָ בְּזִלְזוּל הוֹרִים וּמוֹרִים
וְעַל חֵטְא שֶׁחָטָאנוּ לְפָנֶיךָ בְּזָדוֹן וּבִשְׁגָגָה

עַל חֵטְא שֶׁחָטָאנוּ לְפָנֶיךָ בְּחֹזֶק יָד
וְעַל חֵטְא שֶׁחָטָאנוּ לְפָנֶיךָ בְּחִלּוּל הַשֵּׁם

עַל חֵטְא שֶׁחָטָאנוּ לְפָנֶיךָ בְּטֻמְאַת שְׂפָתָיִם
וְעַל חֵטְא שֶׁחָטָאנוּ לְפָנֶיךָ בְּטִפְשׁוּת פֶּה

עַל חֵטְא שֶׁחָטָאנוּ לְפָנֶיךָ בְּיֵצֶר הָרָע
וְעַל חֵטְא שֶׁחָטָאנוּ לְפָנֶיךָ בְּיוֹדְעִים וּבְלֹא יוֹדְעִים

וְעַל כֻּלָּם אֱלוֹהַּ סְלִיחוֹת סְלַח לָנוּ, מְחַל לָנוּ, כַּפֶּר לָנוּ.

עַל חֵטְא שֶׁחָטָאנוּ לְפָנֶיךָ בְּכַחַשׁ וּבְכָזָב
וְעַל חֵטְא שֶׁחָטָאנוּ לְפָנֶיךָ בְּכַפַּת שֹׁחַד

עַל חֵטְא שֶׁחָטָאנוּ לְפָנֶיךָ בְּלָצוֹן
וְעַל חֵטְא שֶׁחָטָאנוּ לְפָנֶיךָ בְּלָשׁוֹן הָרָע

עַל חֵטְא שֶׁחָטָאנוּ לְפָנֶיךָ בְּמַשָּׂא וּבְמַתָּן
וְעַל חֵטְא שֶׁחָטָאנוּ לְפָנֶיךָ בְּמַאֲכָל וּבְמִשְׁתֶּה

עַל חֵטְא שֶׁחָטָאנוּ לְפָנֶיךָ בְּנֶשֶׁךְ וּבְמַרְבִּית
וְעַל חֵטְא שֶׁחָטָאנוּ לְפָנֶיךָ בִּנְטִיַּת גָּרוֹן

עַל חֵטְא שֶׁחָטָאנוּ לְפָנֶיךָ בְּשִׂיחַ שִׂפְתוֹתֵינוּ
וְעַל חֵטְא שֶׁחָטָאנוּ לְפָנֶיךָ בְּשִׂקּוּר עָיִן

עַל חֵטְא שֶׁחָטָאנוּ לְפָנֶיךָ בְּעֵינַיִם רָמוֹת
וְעַל חֵטְא שֶׁחָטָאנוּ לְפָנֶיךָ בְּעַזּוּת מֶצַח

וְעַל כֻּלָּם אֱלוֹהַּ סְלִיחוֹת סְלַח לָנוּ, מְחַל לָנוּ, כַּפֶּר לָנוּ.

עַל חֵטְא שֶׁחָטָאנוּ לְפָנֶיךָ בִּפְרִיקַת עֹל
וְעַל חֵטְא שֶׁחָטָאנוּ לְפָנֶיךָ בִּפְלִילוּת

עַל חֵטְא שֶׁחָטָאנוּ לְפָנֶיךָ בִּצְדִיַּת רֵעַ
וְעַל חֵטְא שֶׁחָטָאנוּ לְפָנֶיךָ בְּצָרוּת עָיִן

עַל חֵטְא שֶׁחָטָאנוּ לְפָנֶיךָ בְּקַלּוּת רֹאשׁ
וְעַל חֵטְא שֶׁחָטָאנוּ לְפָנֶיךָ בְּקַשְׁיוּת עֹרֶף

עַל חֵטְא שֶׁחָטָאנוּ לְפָנֶיךָ בְּרִיצַת רַגְלַיִם לְהָרַע
וְעַל חֵטְא שֶׁחָטָאנוּ לְפָנֶיךָ בִּרְכִילוּת

עַל חֵטְא שֶׁחָטָאנוּ לְפָנֶיךָ בִּשְׁבוּעַת שָׁוְא
וְעַל חֵטְא שֶׁחָטָאנוּ לְפָנֶיךָ בְּשִׂנְאַת חִנָּם

עַל חֵטְא שֶׁחָטָאנוּ לְפָנֶיךָ בִּתְשׂוּמֶת יָד
וְעַל חֵטְא שֶׁחָטָאנוּ לְפָנֶיךָ בְּתִמְהוֹן לֵבָב

וְעַל כֻּלָּם אֱלוֹהַּ סְלִיחוֹת סְלַח לָנוּ, מְחַל לָנוּ, כַּפֶּר לָנוּ.

וְעַל חֲטָאִים שֶׁאָנוּ חַיָּבִים עֲלֵיהֶם עוֹלָה
וְעַל חֲטָאִים שֶׁאָנוּ חַיָּבִים עֲלֵיהֶם חַטָּאת
וְעַל חֲטָאִים שֶׁאָנוּ חַיָּבִים עֲלֵיהֶם קָרְבַּן עוֹלֶה וְיוֹרֵד
וְעַל חֲטָאִים שֶׁאָנוּ חַיָּבִים עֲלֵיהֶם אָשָׁם וַדַּאי וְתָלוּי
וְעַל חֲטָאִים שֶׁאָנוּ חַיָּבִים עֲלֵיהֶם מַכַּת מַרְדּוּת
וְעַל חֲטָאִים שֶׁאָנוּ חַיָּבִים עֲלֵיהֶם מַלְקוּת אַרְבָּעִים
וְעַל חֲטָאִים שֶׁאָנוּ חַיָּבִים עֲלֵיהֶם מִיתָה בִּידֵי שָׁמָיִם
וְעַל חֲטָאִים שֶׁאָנוּ חַיָּבִים עֲלֵיהֶם כָּרֵת וַעֲרִירִי
וְעַל חֲטָאִים שֶׁאָנוּ חַיָּבִים עֲלֵיהֶם אַרְבַּע מִיתוֹת בֵּית דִּין
סְקִילָה, שְׂרֵפָה, הֶרֶג, וְחֶנֶק.
עַל מִצְוַת עֲשֵׂה וְעַל מִצְוַת לֹא תַעֲשֶׂה.
בֵּין שֶׁיֵּשׁ בָּהּ קוּם עֲשֵׂה וּבֵין שֶׁאֵין בָּהּ קוּם עֲשֵׂה.
אֶת הַגְּלוּיִים לָנוּ וְאֶת שֶׁאֵינָם גְּלוּיִים לָנוּ
אֶת הַגְּלוּיִים לָנוּ, כְּבָר אֲמַרְנוּם לְפָנֶיךָ, וְהוֹדִינוּ לְךָ עֲלֵיהֶם
וְאֶת שֶׁאֵינָם גְּלוּיִים לָנוּ, לְפָנֶיךָ הֵם גְּלוּיִים וִידוּעִים
כַּדָּבָר שֶׁנֶּאֱמַר
הַנִּסְתָּרֹת לַיהוה אֱלֹהֵינוּ, וְהַנִּגְלֹת לָנוּ וּלְבָנֵינוּ עַד־עוֹלָם דברים כט
לַעֲשׂוֹת אֶת־כָּל־דִּבְרֵי הַתּוֹרָה הַזֹּאת:
כִּי אַתָּה סָלְחָן לְיִשְׂרָאֵל וּמָחֳלָן לְשִׁבְטֵי יְשֻׁרוּן בְּכָל דּוֹר וָדוֹר
וּמִבַּלְעָדֶיךָ אֵין לָנוּ מֶלֶךְ מוֹחֵל וְסוֹלֵחַ אֶלָּא אָתָּה.

אֱלֹהַי
עַד שֶׁלֹּא נוֹצַרְתִּי אֵינִי כְדַאי, וְעַכְשָׁיו שֶׁנּוֹצַרְתִּי, כְּאִלּוּ לֹא נוֹצַרְתִּי
עָפָר אֲנִי בְּחַיָּי, קַל וָחֹמֶר בְּמִיתָתִי.
הֲרֵי אֲנִי לְפָנֶיךָ כִּכְלִי מָלֵא בוּשָׁה וּכְלִמָּה.

יְהִי רָצוֹן מִלְּפָנֶיךָ, יהוה אֱלֹהַי וֵאלֹהֵי אֲבוֹתַי, שֶׁלֹּא אֶחֱטָא עוֹד.
וּמַה שֶּׁחָטָאתִי לְפָנֶיךָ, מְחֹק בְּרַחֲמֶיךָ הָרַבִּים
אֲבָל לֹא עַל יְדֵי יִסּוּרִים וָחֳלָיִים רָעִים.

אֱלֹהַי ברכות יז.
נְצֹר לְשׁוֹנִי מֵרָע וּשְׂפָתַי מִדַּבֵּר מִרְמָה
וְלִמְקַלְלַי נַפְשִׁי תִדֹּם, וְנַפְשִׁי כֶּעָפָר לַכֹּל תִּהְיֶה.
פְּתַח לִבִּי בְּתוֹרָתֶךָ, וְאַחֲרֵי מִצְוֹתֶיךָ תִּרְדֹּף נַפְשִׁי.
וְכָל הַקָּמִים וְהַחוֹשְׁבִים עָלַי רָעָה
מְהֵרָה הָפֵר עֲצָתָם וְקַלְקֵל מַחֲשַׁבְתָּם.

יש המוסיפים תחינה זו (קיצור של״ה, ׳אור הישר׳):
יְהִי רָצוֹן מִלְּפָנֶיךָ, יהוה אֱלֹהַי וֵאלֹהֵי אֲבוֹתַי
שֶׁלֹּא תַעֲלֶה קִנְאַת אָדָם עָלַי, וְלֹא קִנְאָתִי עַל אֲחֵרִים
וְשֶׁלֹּא אֶכְעֹס הַיּוֹם, וְשֶׁלֹּא אַכְעִיסֶךָ
וְתַצִּילֵנִי מִיֵּצֶר הָרָע, וְתֵן בְּלִבִּי הַכְנָעָה וַעֲנָוָה.
מַלְכֵּנוּ וֵאלֹהֵינוּ, יַחֵד שִׁמְךָ בְּעוֹלָמֶךָ
בְּנֵה עִירָךְ, יַסֵּד בֵּיתְךָ וְשַׁכְלֵל הֵיכָלֶךָ
וְקַבֵּץ קִבּוּץ גָּלֻיּוֹת, וּפְדֵה צֹאנְךָ וְשַׂמַּח עֲדָתֶךָ.

עֲשֵׂה לְמַעַן שְׁמֶךָ, עֲשֵׂה לְמַעַן יְמִינֶךָ
עֲשֵׂה לְמַעַן תּוֹרָתֶךָ, עֲשֵׂה לְמַעַן קְדֻשָּׁתֶךָ.
לְמַעַן יֵחָלְצוּן יְדִידֶיךָ, הוֹשִׁיעָה יְמִינְךָ וַעֲנֵנִי: תהלים ס
יִהְיוּ לְרָצוֹן אִמְרֵי פִי וְהֶגְיוֹן לִבִּי לְפָנֶיךָ, יהוה צוּרִי וְגֹאֲלִי: תהלים יט

כורע ופוסע שלוש פסיעות לאחור. קד לשמאל, לימין ולפנים באמירת:
עֹשֶׂה הַשָּׁלוֹם בִּמְרוֹמָיו
הוּא יַעֲשֶׂה שָׁלוֹם, עָלֵינוּ וְעַל כָּל יִשְׂרָאֵל, וְאִמְרוּ אָמֵן.

יְהִי רָצוֹן מִלְּפָנֶיךָ יהוה אֱלֹהֵינוּ וֵאלֹהֵי אֲבוֹתֵינוּ
שֶׁיִּבָּנֶה בֵּית הַמִּקְדָּשׁ בִּמְהֵרָה בְיָמֵינוּ, וְתֵן חֶלְקֵנוּ בְּתוֹרָתֶךָ
וְשָׁם נַעֲבָדְךָ בְּיִרְאָה כִּימֵי עוֹלָם וּכְשָׁנִים קַדְמֹנִיּוֹת.
וְעָרְבָה לַיהוה מִנְחַת יְהוּדָה וִירוּשָׁלָםִ כִּימֵי עוֹלָם וּכְשָׁנִים קַדְמֹנִיּוֹת: מלאכי ג

אם יום הכיפורים חל בשבת אומרים ׳וַיְכֻלּוּ׳ וברכה מעין שבע (למטה).
כשחל בחול, ממשיכים ׳יַעֲלֶה תַּחֲנוּנֵנוּ׳ בעמוד הבא.

הקהל עומד ואומר:

וַיְכֻלּוּ הַשָּׁמַיִם וְהָאָרֶץ וְכָל־צְבָאָם: בראשית ב
וַיְכַל אֱלֹהִים בַּיּוֹם הַשְּׁבִיעִי מְלַאכְתּוֹ אֲשֶׁר עָשָׂה
וַיִּשְׁבֹּת בַּיּוֹם הַשְּׁבִיעִי מִכָּל־מְלַאכְתּוֹ אֲשֶׁר עָשָׂה:
וַיְבָרֶךְ אֱלֹהִים אֶת־יוֹם הַשְּׁבִיעִי, וַיְקַדֵּשׁ אֹתוֹ
כִּי בוֹ שָׁבַת מִכָּל־מְלַאכְתּוֹ, אֲשֶׁר־בָּרָא אֱלֹהִים, לַעֲשׂוֹת:

ברכה מעין שבע

שליח הציבור:

בָּרוּךְ אַתָּה יהוה, אֱלֹהֵינוּ וֵאלֹהֵי אֲבוֹתֵינוּ
אֱלֹהֵי אַבְרָהָם, אֱלֹהֵי יִצְחָק, וֵאלֹהֵי יַעֲקֹב
הָאֵל הַגָּדוֹל הַגִּבּוֹר וְהַנּוֹרָא, אֵל עֶלְיוֹן, קֹנֵה שָׁמַיִם וָאָרֶץ.

הקהל ואחריו שליח הציבור:

מָגֵן אָבוֹת בִּדְבָרוֹ
מְחַיֵּה מֵתִים בְּמַאֲמָרוֹ
הַמֶּלֶךְ הַקָּדוֹשׁ שֶׁאֵין כָּמְוֹהוּ
הַמֵּנִיחַ לְעַמּוֹ בְּיוֹם שַׁבַּת קָדְשׁוֹ
כִּי בָם רָצָה לְהָנִיחַ לָהֶם
לְפָנָיו נַעֲבֹד בְּיִרְאָה וָפַחַד
וְנוֹדֶה לִשְׁמוֹ בְּכָל יוֹם תָּמִיד, מֵעֵין הַבְּרָכוֹת
אֵל הַהוֹדָאוֹת, אֲדוֹן הַשָּׁלוֹם
מְקַדֵּשׁ הַשַּׁבָּת וּמְבָרֵךְ שְׁבִיעִי
וּמֵנִיחַ בִּקְדֻשָּׁה לְעַם מְדֻשְּׁנֵי עֹנֶג
זֵכֶר לְמַעֲשֵׂה בְרֵאשִׁית.

שליח הציבור ממשיך:

אֱלֹהֵינוּ וֵאלֹהֵי אֲבוֹתֵינוּ, רְצֵה נָא בִמְנוּחָתֵנוּ.
קַדְּשֵׁנוּ בְּמִצְוֹתֶיךָ וְתֵן חֶלְקֵנוּ בְּתוֹרָתֶךָ
שַׂבְּעֵנוּ מִטּוּבֶךָ וְשַׂמַּח נַפְשֵׁנוּ בִּישׁוּעָתֶךָ, וְטַהֵר לִבֵּנוּ לְעָבְדְּךָ בֶּאֱמֶת.
וְהַנְחִילֵנוּ יהוה אֱלֹהֵינוּ בְּאַהֲבָה וּבְרָצוֹן שַׁבַּת קָדְשֶׁךָ
וְיָנוּחוּ בָהּ כָּל יִשְׂרָאֵל מְקַדְּשֵׁי שְׁמֶךָ.
בָּרוּךְ אַתָּה יהוה, מְקַדֵּשׁ הַשַּׁבָּת.

סליחות

"לְדָוִד, בָּרְכִי נַפְשִׁי אֶת־ה׳, וְכָל־קְרָבַי אֶת־שֵׁם קָדְשׁוֹ.
בָּרְכִי נַפְשִׁי אֶת־ה׳, וְאַל־תִּשְׁכְּחִי כָּל־גְּמוּלָיו.
הַסֹּלֵחַ לְכָל־עֲוֺנֵכִי, הָרֹפֵא לְכָל־תַּחֲלוּאָיְכִי" (תהלים קג, א-ג).

פותחים את ארון הקודש.

׳יַעֲלֶה תַּחֲנוּנֵנוּ׳ הוא פיוט פתיחה לסליחות, המרמז ל׳יַעֲלֶה וְיָבוֹא׳ שבתפילת העמידה. בקהילות שונות נאמרו נוסחים שונים לפיוט. הנוסח שלפנינו הוא שנתקבל ברוב הקהילות היום.

הקהל אומר שורה שורה, ושליח הציבור חוזר אחריו בקול.

סימן תשר"ק

יַעֲלֶה תַּחֲנוּנֵנוּ מֵעֶרֶב / וְיָבוֹא שַׁוְעָתֵנוּ מִבֹּקֶר / וְיֵרָאֶה רִנּוּנֵנוּ עַד עָרֶב.
יַעֲלֶה קוֹלֵנוּ מֵעֶרֶב / וְיָבֹא צִדְקָתֵנוּ מִבֹּקֶר / וְיֵרָאֶה פִּדְיוֹנֵנוּ עַד עָרֶב.
יַעֲלֶה עִנּוּיֵנוּ מֵעֶרֶב / וְיָבֹא סְלִיחָתֵנוּ מִבֹּקֶר / וְיֵרָאֶה נַאֲקָתֵנוּ עַד עָרֶב.
יַעֲלֶה מְנוּסֵנוּ מֵעֶרֶב / וְיָבֹא לְמַעֲנוֹ מִבֹּקֶר / וְיֵרָאֶה כִּפּוּרֵנוּ עַד עָרֶב.
יַעֲלֶה יִשְׁעֵנוּ מֵעֶרֶב / וְיָבֹא טָהֳרֵנוּ מִבֹּקֶר / וְיֵרָאֶה חִנּוּנֵנוּ עַד עָרֶב.
יַעֲלֶה זִכְרוֹנֵנוּ מֵעֶרֶב / וְיָבֹא וְעוּדֵנוּ מִבֹּקֶר / וְיֵרָאֶה הַדְרָתֵנוּ עַד עָרֶב.
יַעֲלֶה דָּפְקֵנוּ מֵעֶרֶב / וְיָבֹא גִּילֵנוּ מִבֹּקֶר / וְיֵרָאֶה בַּקָּשָׁתֵנוּ עַד עָרֶב.
יַעֲלֶה אֶנְקָתֵנוּ מֵעֶרֶב / וְיָבֹא אֵלֶיךָ מִבֹּקֶר / וְיֵרָאֶה אֵלֵינוּ עַד עָרֶב.

סוגרים את ארון הקודש.

אומרים בלחש פסוקי פתיחה לסליחות.

שֹׁמֵעַ תְּפִלָּה, עָדֶיךָ כָּל־בָּשָׂר יָבֹאוּ: תהלים סה

יָבוֹא כָל בָּשָׂר לְהִשְׁתַּחֲוֹת לְפָנֶיךָ יהוה.

יָבוֹאוּ וְיִשְׁתַּחֲווּ לְפָנֶיךָ אֲדֹנָי, וִיכַבְּדוּ לִשְׁמֶךָ: תהלים פו

בֹּאוּ נִשְׁתַּחֲוֶה וְנִכְרָעָה, נִבְרְכָה לִפְנֵי־יהוה עֹשֵׂנוּ: תהלים צה

בֹּאוּ שְׁעָרָיו בְּתוֹדָה, חֲצֵרֹתָיו בִּתְהִלָּה הוֹדוּ לוֹ בָּרְכוּ שְׁמוֹ: תהלים ק

הִנֵּה בָּרְכוּ אֶת־יהוה כָּל־עַבְדֵי יהוה, הָעֹמְדִים בְּבֵית־יהוה בַּלֵּילוֹת: תהלים קלד

שְׂאוּ־יְדֵכֶם קֹדֶשׁ, וּבָרְכוּ אֶת־יהוה:

נָבוֹאָה לְמִשְׁכְּנוֹתָיו, נִשְׁתַּחֲוֶה לַהֲדֹם רַגְלָיו: תהלים קלב

רוֹמְמוּ יהוה אֱלֹהֵינוּ וְהִשְׁתַּחֲווּ לַהֲדֹם רַגְלָיו, קָדוֹשׁ הוּא: תהלים צט

רוֹמְמוּ יהוה אֱלֹהֵינוּ וְהִשְׁתַּחֲווּ לְהַר קָדְשׁוֹ, כִּי־קָדוֹשׁ יהוה אֱלֹהֵינוּ: שם

הִשְׁתַּחֲווּ לַיהוה בְּהַדְרַת־קֹדֶשׁ, חִילוּ מִפָּנָיו כָּל־הָאָרֶץ: תהלים צו

וַאֲנַחְנוּ בְּרֹב חַסְדְּךָ נָבוֹא בֵיתֶךָ, נִשְׁתַּחֲוֶה אֶל הֵיכַל קָדְשְׁךָ בְּיִרְאָתֶךָ.

נִשְׁתַּחֲוֶה אֶל הֵיכַל קָדְשְׁךָ, וְנוֹדֶה אֶת שְׁמֶךָ עַל חַסְדְּךָ וְעַל אֲמִתֶּךָ

כִּי הִגְדַּלְתָּ עַל כָּל שִׁמְךָ אִמְרָתֶךָ.

יהוה אֱלֹהֵי צְבָאוֹת מִי־כָמוֹךָ חֲסִין יָהּ, וֶאֱמוּנָתְךָ סְבִיבוֹתֶיךָ: תהלים פט

כִּי מִי בַשַּׁחַק יַעֲרֹךְ לַיהוה, יִדְמֶה לַיהוה בִּבְנֵי אֵלִים: שם

כִּי־גָדוֹל אַתָּה וְעֹשֵׂה נִפְלָאוֹת, אַתָּה אֱלֹהִים לְבַדֶּךָ: תהלים פו

כִּי־גָדוֹל מֵעַל־שָׁמַיִם חַסְדֶּךָ, וְעַד־שְׁחָקִים אֲמִתֶּךָ: תהלים קח

גָּדוֹל יהוה וּמְהֻלָּל מְאֹד, וְלִגְדֻלָּתוֹ אֵין חֵקֶר: תהלים קמה

כִּי גָדוֹל יהוה וּמְהֻלָּל מְאֹד, וְנוֹרָא הוּא עַל־כָּל־אֱלֹהִים: דברי הימים א׳ טז

כִּי אֵל גָּדוֹל יהוה, וּמֶלֶךְ גָּדוֹל עַל־כָּל־אֱלֹהִים: תהלים צה

אֲשֶׁר מִי־אֵל בַּשָּׁמַיִם וּבָאָרֶץ אֲשֶׁר־יַעֲשֶׂה כְמַעֲשֶׂיךָ וְכִגְבוּרֹתֶךָ: דברים ג

מִי לֹא יִרָאֲךָ מֶלֶךְ הַגּוֹיִם, כִּי לְךָ יָאָתָה ירמיה י

כִּי בְכָל־חַכְמֵי הַגּוֹיִם וּבְכָל־מַלְכוּתָם מֵאֵין כָּמוֹךָ:

מֵאֵין כָּמוֹךָ יהוה, גָּדוֹל אַתָּה וְגָדוֹל שִׁמְךָ בִּגְבוּרָה:

לְךָ זְרוֹעַ עִם־גְּבוּרָה, תָּעֹז יָדְךָ תָּרוּם יְמִינֶךָ: תהלים פט

תהלים עד לְךָ יוֹם אַף־לְךָ לָיְלָה, אַתָּה הֲכִינוֹתָ מָאוֹר וָשָׁמֶשׁ:

תהלים צה אֲשֶׁר בְּיָדוֹ מֶחְקְרֵי־אָרֶץ, וְתוֹעֲפוֹת הָרִים לוֹ:

תהלים קו מִי יְמַלֵּל גְּבוּרוֹת יהוה, יַשְׁמִיעַ כָּל־תְּהִלָּתוֹ:

דברי הימים א׳ כט לְךָ יהוה הַגְּדֻלָּה וְהַגְּבוּרָה וְהַתִּפְאֶרֶת וְהַנֵּצַח וְהַהוֹד
כִּי־כֹל בַּשָּׁמַיִם וּבָאָרֶץ, לְךָ יהוה הַמַּמְלָכָה וְהַמִּתְנַשֵּׂא לְכֹל לְרֹאשׁ:

תהלים פט לְךָ שָׁמַיִם אַף־לְךָ אָרֶץ, תֵּבֵל וּמְלֹאָהּ אַתָּה יְסַדְתָּם:

תהלים עד אַתָּה הִצַּבְתָּ כָּל־גְּבוּלוֹת אָרֶץ, קַיִץ וָחֹרֶף אַתָּה יְצַרְתָּם:
אַתָּה רִצַּצְתָּ רָאשֵׁי לִוְיָתָן, תִּתְּנֶנּוּ מַאֲכָל לְעָם לְצִיִּים:
אַתָּה בָקַעְתָּ מַעְיָן וָנָחַל, אַתָּה הוֹבַשְׁתָּ נַהֲרוֹת אֵיתָן:
אַתָּה פוֹרַרְתָּ בְעָזְּךָ יָם, שִׁבַּרְתָּ רָאשֵׁי תַנִּינִים עַל־הַמָּיִם:

תהלים פט אַתָּה מוֹשֵׁל בְּגֵאוּת הַיָּם, בְּשׂוֹא גַלָּיו אַתָּה תְשַׁבְּחֵם:

תהלים מח גָּדוֹל יהוה וּמְהֻלָּל מְאֹד, בְּעִיר אֱלֹהֵינוּ הַר־קָדְשׁוֹ:

ישעיה לז יהוה צְבָאוֹת אֱלֹהֵי יִשְׂרָאֵל יֹשֵׁב הַכְּרֻבִים
אַתָּה־הוּא הָאֱלֹהִים לְבַדֶּךָ:

תהלים פט אֵל נַעֲרָץ בְּסוֹד־קְדֹשִׁים רַבָּה, וְנוֹרָא עַל־כָּל־סְבִיבָיו:
וְיוֹדוּ שָׁמַיִם פִּלְאֲךָ יהוה, אַף־אֱמוּנָתְךָ בִּקְהַל קְדֹשִׁים:

תהלים צה לְכוּ נְרַנְּנָה לַיהוה, נָרִיעָה לְצוּר יִשְׁעֵנוּ:
נְקַדְּמָה פָנָיו בְּתוֹדָה, בִּזְמִרוֹת נָרִיעַ לוֹ:

תהלים פט ◂ צֶדֶק וּמִשְׁפָּט מְכוֹן כִּסְאֶךָ, חֶסֶד וֶאֱמֶת יְקַדְּמוּ פָנֶיךָ:

תהלים נה אֲשֶׁר יַחְדָּו נַמְתִּיק סוֹד, בְּבֵית אֱלֹהִים נְהַלֵּךְ בְּרָגֶשׁ:

תהלים צה אֲשֶׁר־לוֹ הַיָּם וְהוּא עָשָׂהוּ, וְיַבֶּשֶׁת יָדָיו יָצָרוּ:

איוב יב אֲשֶׁר בְּיָדוֹ נֶפֶשׁ כָּל־חָי, וְרוּחַ כָּל־בְּשַׂר־אִישׁ:

שליח הציבור:

הַנְּשָׁמָה לָךְ / וְהַגּוּף פָּעֳלָךְ / חוּסָה עַל עֲמָלָךְ.
הַנְּשָׁמָה לָךְ / וְהַגּוּף שֶׁלָּךְ / יהוה עֲשֵׂה לְמַעַן שְׁמֶךָ.
אָתָאנוּ עַל שִׁמְךָ יהוה / עֲשֵׂה לְמַעַן שְׁמֶךָ.
בַּעֲבוּר כְּבוֹד שִׁמְךָ / כִּי אֵל חַנּוּן וְרַחוּם שְׁמֶךָ.
לְמַעַן שִׁמְךָ יהוה / וְסָלַחְתָּ לַעֲוֹנֵנוּ כִּי רַב הוּא.

בעבר נהגו לפתוח את הסליחות לליל יום הכיפורים כמו שפתחו את הסליחות לעשרת ימי תשובה: פיסקת הפתיחה הרגילה לכל השנה: ׳אֵל אֶרֶךְ אַפַּיִם אַתָּה׳, י״ג מידות, ׳סְלַח־נָא לַעֲוֹן הָעָם הַזֶּה׳ ופיוט פתיחה.
היום נוהגים לומר רק את שתי שורות הפזמון ואת הבית ׳תַּעֲלֶה אֲרוּכָה׳ מתוך פיוט הפתיחה ׳אָמְנָם אֲשָׁמֵינוּ׳, שנהגו לומר בקהילות מזרח אירופה (הפיוט המלא בעמ׳ 499).

שליח הציבור והקהל אומרים שורה שורה:

דַּרְכְּךָ אֱלֹהֵינוּ לְהַאֲרִיךְ אַפֶּךָ, לָרָעִים וְלַטּוֹבִים, וְהִיא תְהִלָּתֶךָ.

לְמַעַנְךָ אֱלֹהֵינוּ עֲשֵׂה, וְלֹא לָנוּ, רְאֵה עֲמִידָתֵנוּ דַּלִּים וְרֵיקִים.

תַּעֲלֶה אֲרוּכָה לְעָלֶה נִדָּף, תְּנַחֵם עַל עָפָר וָאֵפֶר
תַּשְׁלִיךְ חֲטָאֵינוּ, וְתָחֹן מַעֲשֶׂיךָ
תֵּרֶא כִּי אֵין אִישׁ, עֲשֵׂה עִמָּנוּ צְדָקָה.

״כיוון שרואה שנתחייב העולם כליה
עומד מכסא הדין ויושב על כסא רחמים״ (עבודה זרה ג ע״ב).

התפילה ׳אֵל מֶלֶךְ יוֹשֵׁב עַל כִּסֵּא רַחֲמִים׳ כפתיחה לי״ג מידות הנאמרות בימי הסליחות, נזכרת כבר בסידורי הגאונים. במחזורי ראשוני אשכנז נקבע שלפני הפעם הראשונה שאומרים י״ג מידות, במקום ׳אֵל מֶלֶךְ יוֹשֵׁב׳ אומרים ׳אֵל אֶרֶךְ אַפַּיִם אַתָּה׳ מתפילת תחנון שבכל יום. משפסקו לומר את הפיוט ׳אָמְנָם אֲשָׁמֵינוּ׳ בערבית, וסליחות בתפילות שחרית, מוסף ומנחה, נקבע המנהג שביום הכיפורים אומרים רק ׳אֵל מֶלֶךְ׳.

שליח הציבור והקהל:

אֵל מֶלֶךְ יוֹשֵׁב עַל כִּסֵּא רַחֲמִים, מִתְנַהֵג בַּחֲסִידוּת.
מוֹחֵל עֲוֹנוֹת עַמּוֹ, מַעֲבִיר רִאשׁוֹן רִאשׁוֹן.
מַרְבֶּה מְחִילָה לְחַטָּאִים, וּסְלִיחָה לְפוֹשְׁעִים.
עֹשֶׂה צְדָקוֹת עִם כָּל בָּשָׂר וָרוּחַ, לֹא כְרָעָתָם תִּגְמֹל.
◂ אֵל, הוֹרֵיתָ לָּנוּ לוֹמַר שְׁלֹשׁ עֶשְׂרֵה
זְכָר לָנוּ הַיּוֹם בְּרִית שְׁלֹשׁ עֶשְׂרֵה
כְּהוֹדַעְתָּ לֶעָנָו מִקֶּדֶם, כְּמוֹ שֶׁכָּתוּב:
וַיֵּרֶד יהוה בֶּעָנָן, וַיִּתְיַצֵּב עִמּוֹ שָׁם שמות לד
וַיִּקְרָא בְשֵׁם, יהוה:

קהל ואחריו שליח הציבור:

וַיַּעֲבֹר יהוה עַל־פָּנָיו וַיִּקְרָא שמות לד

שליח הציבור והקהל אומרים בקול:

יהוה, יהוה, אֵל רַחוּם וְחַנּוּן, אֶרֶךְ אַפַּיִם, וְרַב־חֶסֶד וֶאֱמֶת: נֹצֵר חֶסֶד לָאֲלָפִים, נֹשֵׂא עָוֹן וָפֶשַׁע וְחַטָּאָה, וְנַקֵּה:

וְסָלַחְתָּ לַעֲוֹנֵנוּ וּלְחַטָּאתֵנוּ, וּנְחַלְתָּנוּ:
סְלַח לָנוּ אָבִינוּ כִּי חָטָאנוּ
מְחַל לָנוּ מַלְכֵּנוּ כִּי פָשָׁעְנוּ.
כִּי־אַתָּה אֲדֹנָי טוֹב וְסַלָּח תהלים פו
וְרַב־חֶסֶד לְכָל־קֹרְאֶיךָ:

הסליחות בנויות בסדר מחזורי עד הפזמון: פיסקת פתיחה, י״ג מידות, פסוקים הקשורים לנושא הפיוט (לעתים תכופות בשינוי לשון הפסוק ללשון רבים) וסיום בבקשה ׳כְּרַחֵם אָב עַל בָּנִים׳ ובעקבותיה ארבעה פסוקים קבועים מתהלים, הפסוקים ׳סְלַח־נָא לַעֲוֹן הָעָם הַזֶּה׳ ו׳הַטֵּה אֱלֹהַי אָזְנְךָ וּשְׁמָע׳, ולאחריהם פיוט הסליחה. בקהילות רבות נוהגים לומר את הפסוקים ׳סְלַח־נָא׳ ו׳הַטֵּה׳ רק לאחר הסליחה הראשונה.

שליח הציבור והקהל:

הַאֲזִינָה יהוה תְּפִלָּתֵנוּ, וְהַקְשִׁיבָה בְּקוֹל תַּחֲנוּנוֹתֵינוּ.
הַקְשִׁיבָה לְקוֹל שַׁוְעֵנוּ מַלְכֵּנוּ וֵאלֹהֵינוּ כִּי אֵלֶיךָ נִתְפַּלָּל.
תְּהִי נָא אָזְנְךָ קַשֶּׁבֶת וְעֵינֶיךָ פְּתוּחוֹת
לִשְׁמֹעַ אֶל תְּפִלַּת עֲבָדֶיךָ עַמְּךָ יִשְׂרָאֵל.
וְשָׁמַעְתָּ הַשָּׁמַיִם מְכוֹן שִׁבְתֶּךָ אֶת־תְּפִלָּתָם וְאֶת־תְּחִנָּתָם מלכים א׳ ח
וְעָשִׂיתָ מִשְׁפָּטָם:
וְסָלַחְתָּ לְעַמְּךָ אֲשֶׁר חָטְאוּ־לָךְ:

כְּרַחֵם אָב עַל בָּנִים, כֵּן תְּרַחֵם יהוה עָלֵינוּ.
לַיהוה הַיְשׁוּעָה, עַל־עַמְּךָ בִרְכָתֶךָ סֶּלָה: תהלים ג
יהוה צְבָאוֹת עִמָּנוּ, מִשְׂגָּב לָנוּ אֱלֹהֵי יַעֲקֹב סֶלָה: תהלים מו
יהוה צְבָאוֹת, אַשְׁרֵי אָדָם בֹּטֵחַ בָּךְ: תהלים פד
יהוה הוֹשִׁיעָה, הַמֶּלֶךְ יַעֲנֵנוּ בְיוֹם־קָרְאֵנוּ: תהלים כ

שליח הציבור:

במדבר יד
סְלַח־נָא לַעֲוֹן הָעָם הַזֶּה כְּגֹדֶל חַסְדֶּךָ
וְכַאֲשֶׁר נָשָׂאתָה לָעָם הַזֶּה מִמִּצְרַיִם וְעַד־הֵנָּה:
וְשָׁם נֶאֱמַר

קהל ואחריו שליח הציבור:

וַיֹּאמֶר יהוה, סָלַחְתִּי כִּדְבָרֶךָ:

וממשיכים:

דניאל ט
הַטֵּה אֱלֹהַי אָזְנְךָ וּשְׁמָע
פְּקַח עֵינֶיךָ וּרְאֵה שֹׁמְמֹתֵינוּ וְהָעִיר אֲשֶׁר־נִקְרָא שִׁמְךָ עָלֶיהָ
כִּי לֹא עַל־צִדְקֹתֵינוּ אֲנַחְנוּ מַפִּילִים תַּחֲנוּנֵינוּ לְפָנֶיךָ
כִּי עַל־רַחֲמֶיךָ הָרַבִּים:
אֲדֹנָי שְׁמָעָה, אֲדֹנָי סְלָחָה, אֲדֹנָי הַקְשִׁיבָה וַעֲשֵׂה אַל־תְּאַחַר
לְמַעַנְךָ אֱלֹהַי, כִּי־שִׁמְךָ נִקְרָא עַל־עִירְךָ וְעַל־עַמֶּךָ:

פותחים את ארון הקודש.

אֱלֹהֵינוּ וֵאלֹהֵי אֲבוֹתֵינוּ

סליחה זו מבוססת על הפסוק 'סְלַח־נָא לַעֲוֹן' שנאמר לעיל.

סימן א"ב

סְלַח נָא אֲשָׁמוֹת וּפְשָׁעֵי לְאֻמֶּךָ
לַעֲוֹן בָּנֶיךָ כָּל יֶחֱרֶה זַעְמֶךָ.

סְלַח נָא גְּעוּלָם וְיִחְיוּ מִמְּקוֹר עִמֶּךָ
לַעֲוֹן דְּגָלֶיךָ שָׂא וְתִנָּחֵם כְּנָאֳמֶךָ.

סְלַח נָא הֶבֶל מוֹדִים וְעוֹזְבִים כְּרִשּׁוּמֶךָ
לַעֲוֹן וָפֶשַׁע מְחֹל לְמַעַן שְׁמֶךָ.

סְלַח נָא זְדוֹנוֹת וּשְׁגָגוֹת לִבְרוּאֵי לִשְׁמֶךָ
לַעֲוֹן חֲטָאֵימוֹ חַטֵּא בִּנְדִיבַת גִּשְׁמֶךָ.

סְלַח נָא טֶפֶשׁ טִפְלוּת רִשְׁעֵי אֻמֶּךָ
לַעֲוֹן יְדִידֶיךָ יְבַקֵּשׁ וְאֵינֶנּוּ כְּנַאֲמֶךָ.
סְלַח נָא כַּחַשׁ כּוֹרְעִים וּמִשְׁתַּחֲוִים לְעָמֶּךָ
לַעֲוֹן לְקוֹחֶיךָ כַּפֵּר בְּטוּב טַעְמֶךָ.
סְלַח נָא מְרִי מְיַחֲלֶיךָ וּמְיַחֲדֶיךָ בְּעוֹלָמֶךָ
לַעֲוֹן נִדָּחִים מְחֵה וּבְנֵה אוּלַמֶּךָ.
סְלַח נָא סִלּוּפָם וְגוֹנְנֵם בְּסֻכַּת שְׁלוֹמֶךָ
לַעֲוֹן עֲבָדֶיךָ עַלֵּם וּכְבֹשׁ בְּעִלּוּמֶךָ.
סְלַח נָא פֶּן יֵעָנְשׁוּ מִמְּרוֹמֶךָ
לַעֲוֹן צֹאנְךָ שְׁכַח וְהִיא תְהִלָּתְךָ וְרוֹמְמֶךָ.
סְלַח נָא קְלוֹנָם וַחֲמוֹל עָלֵימוֹ מִמְּרוֹמֶךָ
לַעֲוֹן רְחוּמֶיךָ תִּשָּׂא מִלְּצוֹדָם בְּחֶרְמֶךָ.
סְלַח נָא שֶׁמֶץ תַּעְתּוּעַ תְּעוּב רְחוּמֶיךָ
לַעֲוֹן תְּמִימֶיךָ הַעֲבֵר כְּגֹדֶל רַחֲמֶיךָ.

סוגרים את ארון הקודש.

אֵל מֶלֶךְ יוֹשֵׁב עַל כִּסֵּא רַחֲמִים, מִתְנַהֵג בַּחֲסִידוּת.
מוֹחֵל עֲוֹנוֹת עַמּוֹ, מַעֲבִיר רִאשׁוֹן רִאשׁוֹן.
מַרְבֶּה מְחִילָה לְחַטָּאִים, וּסְלִיחָה לְפוֹשְׁעִים.
עֹשֶׂה צְדָקוֹת עִם כָּל בָּשָׂר וָרוּחַ, לֹא כְרָעָתָם תִּגְמֹל.
› אֵל, הוֹרֵיתָ לָּנוּ לוֹמַר שְׁלֹשׁ עֶשְׂרֵה
זְכָר לָנוּ הַיּוֹם בְּרִית שְׁלֹשׁ עֶשְׂרֵה
כְּהוֹדַעְתָּ לֶעָנָו מִקֶּדֶם, כְּמוֹ שֶׁכָּתוּב:
וַיֵּרֶד יהוה בֶּעָנָן, וַיִּתְיַצֵּב עִמּוֹ שָׁם, וַיִּקְרָא בְשֵׁם, יהוה: שמות לד

קהל ואחריו שליח הציבור:

וַיַּעֲבֹר יהוה עַל־פָּנָיו וַיִּקְרָא שמות לד

שליח הציבור והקהל אומרים בקול:

יהוה, יהוה, אֵל רַחוּם וְחַנּוּן, אֶרֶךְ אַפַּיִם, וְרַב־חֶסֶד וֶאֱמֶת:
נֹצֵר חֶסֶד לָאֲלָפִים, נֹשֵׂא עָוֹן וָפֶשַׁע וְחַטָּאָה, וְנַקֵּה:

וְסָלַחְתָּ לַעֲוֹנֵנוּ וּלְחַטָּאתֵנוּ, וּנְחַלְתָּנוּ:
סְלַח לָנוּ אָבִינוּ כִּי חָטָאנוּ
מְחַל לָנוּ מַלְכֵּנוּ כִּי פָשָׁעְנוּ.
כִּי־אַתָּה אֲדֹנָי טוֹב וְסַלָּח תהלים פו
וְרַב־חֶסֶד לְכָל־קֹרְאֶיךָ:

אַל תָּבוֹא בְמִשְׁפָּט עִמָּנוּ
כִּי לֹא יִצְדַּק לְפָנֶיךָ כָל חָי.
מַה נֹּאמַר לְפָנֶיךָ יהוה אֱלֹהֵינוּ
מַה נְּדַבֵּר וּמַה נִּצְטַדָּק.
אֱלֹהֵינוּ, בֹּשְׁנוּ בְּמַעֲשֵׂינוּ וְנִכְלַמְנוּ בַּעֲוֹנֵינוּ.
אֱלֹהֵינוּ, בֹּשְׁנוּ וְנִכְלַמְנוּ, לְהָרִים אֱלֹהֵינוּ פָּנֵינוּ אֵלֶיךָ.
יָדַעְנוּ כִּי חָטָאנוּ וְאֵין מִי יַעֲמֹד בַּעֲדֵנוּ
שִׁמְךָ הַגָּדוֹל יַעֲמָד לָנוּ בְּעֵת צָרָה.

כְּרַחֵם אָב עַל בָּנִים, כֵּן תְּרַחֵם יהוה עָלֵינוּ.
לַיהוה הַיְשׁוּעָה, עַל־עַמְּךָ בִרְכָתֶךָ סֶּלָה: תהלים ג
יהוה צְבָאוֹת עִמָּנוּ, מִשְׂגָּב לָנוּ אֱלֹהֵי יַעֲקֹב סֶלָה: תהלים מו
יהוה צְבָאוֹת, אַשְׁרֵי אָדָם בֹּטֵחַ בָּךְ: תהלים פד
יהוה הוֹשִׁיעָה, הַמֶּלֶךְ יַעֲנֵנוּ בְיוֹם־קָרְאֵנוּ: תהלים כ

פותחים את ארון הקודש.

בקהילות רבות נוהגים להשמיט את הבית הפותח, ומתחילים 'אָמְנָם כֵּן'.

יוֹם יוֹם / יִדְרְשׁוּן / לָךְ / טוּב לְמָעוֹז / יְהִי עֹז / מִלּוּלָךְ סָלַחְתִּי.

סימן א״ב

אֱלֹהֵינוּ וֵאלֹהֵי אֲבוֹתֵינוּ

אָמְנָם כֵּן / יֵצֶר סוֹכֵן / בָּנוּ
בָּךְ לְהַצְדִּיק / רַב צֶדֶק / וַעֲנֵנוּ סָלַחְתִּי.

גְּעַל מְרַגֵּל / וְגַם פִּגֵּל / סִפְרוֹ
דּוֹד שׁוֹאֵג בְּקוֹל / יִתֵּן קוֹל / דְּבָרוֹ סָלַחְתִּי.

הַס קָטֵגוֹר / וְקַח סָנֵגוֹר / מְקוֹמוֹ
וִיהִי יהוה לְמִשְׁעָן / לוֹ, לְמַעַן / נְאֻמוֹ סָלַחְתִּי.

זְכוּת אֶזְרָח / גַּם יִפְרַח / לְשׁוֹשַׁנָּה
חֵטְא הֶעָבֵר / וְקוֹל הַגְּבֵר / מִמְּעוֹנָה סָלַחְתִּי.

טוֹב וְסַלָּח / מְחַל וּסְלַח / אֲשָׁמִים
יָהּ הַקְשֵׁב / וְגַם הָשֵׁב / מִמְּרוֹמִים סָלַחְתִּי.

כְּאָב תַּחֲבֹשׁ / וּבְצוּל תִּכְבֹּשׁ / עֲוֹנִי
לְךָ תְהִלָּה / אֱמֹר מִלָּה / לְמַעֲנִי סָלַחְתִּי.

מְחֵה פֶשַׁע / וְגַם רֶשַׁע / בְּנֵי בְרִית
נְהַג חַסְדְּךָ / וְתֵן הוֹדְךָ / לִשְׁאֵרִית סָלַחְתִּי.

סְכֹת רַחֲשִׁי / וְגַם לַחֲשִׁי / תִּרְצֶה
עָוֹן נוֹשֵׂא / לְמַעַנְךָ עֲשֵׂה / וְתִפְצֶה סָלַחְתִּי.

פְּנֵה לְעֶלְבּוֹן / מְקוֹם עָוֹן / לְהָשִׂים
צַחַן הָסֵר / וְגַם תְּבַשֵּׂר / לְבָךְ חוֹסִים סָלַחְתִּי.

קוֹלִי שְׁמַע / וּרְאֵה דֶמַע / עֵינַי
רִיב רִיבִי / שְׁעֵה נִיבִי / וַהֲשִׁיבֵנִי סָלַחְתִּי.

שֶׁמֶץ טַהֵר / כְּעָב מַהֵר / כְּנֶאֱמַר
תִּמְחֶה פֶשַׁע / לְעַם נוֹשָׁע / וְתֹאמַר סָלַחְתִּי.

סוגרים את ארון הקודש.

אֵל מֶלֶךְ יוֹשֵׁב עַל כִּסֵּא רַחֲמִים, מִתְנַהֵג בַּחֲסִידוּת.
מוֹחֵל עֲוֹנוֹת עַמּוֹ, מַעֲבִיר רִאשׁוֹן רִאשׁוֹן.
מַרְבֶּה מְחִילָה לְחַטָּאִים, וּסְלִיחָה לְפוֹשְׁעִים.
עֹשֶׂה צְדָקוֹת עִם כָּל בָּשָׂר וָרוּחַ, לֹא כְרָעָתָם תִּגְמֹל.
◂ אֵל, הוֹרֵיתָ לָּנוּ לוֹמַר שְׁלֹשׁ עֶשְׂרֵה
זְכָר לָנוּ הַיּוֹם בְּרִית שְׁלֹשׁ עֶשְׂרֵה
כְּהוֹדַעְתָּ לֶעָנָו מִקֶּדֶם, כְּמוֹ שֶׁכָּתוּב:
וַיֵּרֶד יהוה בֶּעָנָן, וַיִּתְיַצֵּב עִמּוֹ שָׁם, וַיִּקְרָא בְשֵׁם, יהוה: שמות לד

קהל ואחריו שליח הציבור:

וַיַּעֲבֹר יהוה עַל־פָּנָיו וַיִּקְרָא שמות לד

שליח הציבור והקהל אומרים בקול:

יהוה, יהוה, אֵל רַחוּם וְחַנּוּן, אֶרֶךְ אַפַּיִם, וְרַב־חֶסֶד וֶאֱמֶת:
נֹצֵר חֶסֶד לָאֲלָפִים, נֹשֵׂא עָוֹן וָפֶשַׁע וְחַטָּאָה, וְנַקֵּה:

וְסָלַחְתָּ לַעֲוֹנֵנוּ וּלְחַטָּאתֵנוּ, וּנְחַלְתָּנוּ:
סְלַח לָנוּ אָבִינוּ כִּי חָטָאנוּ, מְחַל לָנוּ מַלְכֵּנוּ כִּי פָשָׁעְנוּ.
כִּי־אַתָּה אֲדֹנָי טוֹב וְסַלָּח, וְרַב־חֶסֶד לְכָל־קֹרְאֶיךָ: תהלים פו

פותחים את ארון הקודש.

בקהילות אשכנז פיוטי הסליחות מסתיימים בפזמון – פיוט בעל מבנה קבוע, שכל בית בו נחתם בשורה חוזרת. אין אומרים לפני הפזמון פסוקים הקשורים לנושאו. מסתבר שבמקור שליח הציבור אמר את הבתים והקהל חזר על הפזמון. היום מקובל לשיר את כל הפיוט יחד.

כִּי הִנֵּה כַּחֹמֶר בְּיַד הַיּוֹצֵר / בִּרְצוֹתוֹ מַרְחִיב וּבִרְצוֹתוֹ מְקַצֵּר
כֵּן אֲנַחְנוּ בְיָדְךָ, חֶסֶד נוֹצֵר / לַבְּרִית הַבֵּט, וְאַל תֵּפֶן לַיֵּצֶר.

כִּי הִנֵּה כָאֶבֶן בְּיַד הַמְסַתֵּת / בִּרְצוֹתוֹ אוֹחֵז וּבִרְצוֹתוֹ מְכַתֵּת
כֵּן אֲנַחְנוּ בְיָדְךָ, מְחַיֶּה וּמְמוֹתֵת / לַבְּרִית הַבֵּט, וְאַל תֵּפֶן לַיֵּצֶר.

כִּי הִנֵּה כַגַּרְזֶן בְּיַד הֶחָרָשׁ / בִּרְצוֹתוֹ דִּבֵּק לָאוּר וּבִרְצוֹתוֹ פֵּרַשׁ
כֵּן אֲנַחְנוּ בְיָדְךָ, תּוֹמֵךְ עָנִי וָרָשׁ / לַבְּרִית הַבֵּט, וְאַל תֵּפֶן לַיֵּצֶר.

כִּי הִנֵּה כַּהֶגֶה בְּיַד הַמַּלָּח / בִּרְצוֹתוֹ אוֹחֵז וּבִרְצוֹתוֹ שִׁלַּח
כֵּן אֲנַחְנוּ בְיָדְךָ, אֵל טוֹב וְסַלָּח / לַבְּרִית הַבֵּט, וְאַל תֵּפֶן לַיֵּצֶר.

כִּי הִנֵּה כִּזְכוּכִית בְּיַד הַמְזַגֵּג / בִּרְצוֹתוֹ חוֹגֵג וּבִרְצוֹתוֹ מְמוֹגֵג
כֵּן אֲנַחְנוּ בְיָדְךָ, מַעֲבִיר זָדוֹן וָשֶׁגֶג / לַבְּרִית הַבֵּט, וְאַל תֵּפֶן לַיֵּצֶר.

כִּי הִנֵּה כַּיְרִיעָה בְּיַד הָרוֹקֵם / בִּרְצוֹתוֹ מְיַשֵּׁר וּבִרְצוֹתוֹ מְעַקֵּם
כֵּן אֲנַחְנוּ בְיָדְךָ, אֵל קַנֹּא וְנוֹקֵם / לַבְּרִית הַבֵּט, וְאַל תֵּפֶן לַיֵּצֶר.

כִּי הִנֵּה כַּכֶּסֶף בְּיַד הַצּוֹרֵף / בִּרְצוֹתוֹ מְסַגְסֵג וּבִרְצוֹתוֹ מְצָרֵף
כֵּן אֲנַחְנוּ בְיָדְךָ, מַמְצִיא לְמָזוֹר תֶּרֶף / לַבְּרִית הַבֵּט וְאַל תֵּפֶן לַיֵּצֶר.

סוגרים את ארון הקודש.

אֵל מֶלֶךְ יוֹשֵׁב עַל כִּסֵּא רַחֲמִים, מִתְנַהֵג בַּחֲסִידוּת.
מוֹחֵל עֲוֹנוֹת עַמּוֹ, מַעֲבִיר רִאשׁוֹן רִאשׁוֹן.
מַרְבֶּה מְחִילָה לְחַטָּאִים, וּסְלִיחָה לְפוֹשְׁעִים.
עֹשֶׂה צְדָקוֹת עִם כָּל בָּשָׂר וָרוּחַ, לֹא כְרָעָתָם תִּגְמֹל.
› אֵל, הוֹרֵיתָ לָּנוּ לוֹמַר שְׁלֹשׁ עֶשְׂרֵה
זְכֹר לָנוּ הַיּוֹם בְּרִית שְׁלֹשׁ עֶשְׂרֵה
כְּהוֹדַעְתָּ לֶעָנָו מִקֶּדֶם, כְּמוֹ שֶׁכָּתוּב:
וַיֵּרֶד יהוה בֶּעָנָן, וַיִּתְיַצֵּב עִמּוֹ שָׁם שמות לד
וַיִּקְרָא בְשֵׁם, יהוה:

קהל ואחריו שליח הציבור:

וַיַּעֲבֹר יהוה עַל־פָּנָיו וַיִּקְרָא שמות לד

שליח הציבור והקהל אומרים בקול:

יהוה, יהוה, אֵל רַחוּם וְחַנּוּן, אֶרֶךְ אַפַּיִם, וְרַב־חֶסֶד וֶאֱמֶת:
נֹצֵר חֶסֶד לָאֲלָפִים, נֹשֵׂא עָוֹן וָפֶשַׁע וְחַטָּאָה, וְנַקֵּה:

וְסָלַחְתָּ לַעֲוֹנֵנוּ וּלְחַטָּאתֵנוּ, וּנְחַלְתָּנוּ:
סְלַח לָנוּ אָבִינוּ כִּי חָטָאנוּ, מְחַל לָנוּ מַלְכֵּנוּ כִּי פָשָׁעְנוּ.
כִּי־אַתָּה אֲדֹנָי טוֹב וְסַלָּח, וְרַב־חֶסֶד לְכָל־קֹרְאֶיךָ: תהלים פו

הפעם האחרונה שבה אומרים י״ג מידות (לפי המנהג היום, הרביעית),
אינה פתיחה לפיוט, אלא לפסוקי סליחות. לאחר שביקשנו ׳זְכָר לָנוּ הַיּוֹם
בְּרִית שְׁלֹשׁ עֶשְׂרֵה׳, אנו מבקשים מהקב״ה שיזכור את חסדי ישראל בעבר,
ולבסוף את זכות האבות. הזכרת זכות האבות נותנת לנו את
הביטחון לבקש ׳אַל־נָא תָשֵׁת עָלֵינוּ חַטָּאת׳.

הכול:

זְכֹר־רַחֲמֶיךָ יהוה וַחֲסָדֶיךָ, כִּי מֵעוֹלָם הֵמָּה: תהלים כה
אַל־תִּזְכָּר־לָנוּ עֲוֹנֹת רִאשֹׁנִים, מַהֵר יְקַדְּמוּנוּ רַחֲמֶיךָ כִּי דַלּוֹנוּ מְאֹד: תהלים עט
זָכְרֵנוּ יהוה בִּרְצוֹן עַמֶּךָ, פָּקְדֵנוּ בִּישׁוּעָתֶךָ.
זְכֹר עֲדָתְךָ קָנִיתָ קֶּדֶם, גָּאַלְתָּ שֵׁבֶט נַחֲלָתֶךָ, הַר־צִיּוֹן זֶה שָׁכַנְתָּ בּוֹ: תהלים עד
זְכֹר יהוה חִבַּת יְרוּשָׁלָיִם, אַהֲבַת צִיּוֹן אַל תִּשְׁכַּח לָנֶצַח.
זְכֹר יהוה לִבְנֵי אֱדוֹם אֵת יוֹם יְרוּשָׁלָםִ תהלים קלז
הָאֹמְרִים עָרוּ עָרוּ, עַד הַיְסוֹד בָּהּ:
אַתָּה תָקוּם תְּרַחֵם צִיּוֹן, כִּי־עֵת לְחֶנְנָהּ, כִּי־בָא מוֹעֵד: תהלים קב
זְכֹר לְאַבְרָהָם לְיִצְחָק וּלְיִשְׂרָאֵל עֲבָדֶיךָ שמות לב
אֲשֶׁר נִשְׁבַּעְתָּ לָהֶם בָּךְ וַתְּדַבֵּר אֲלֵהֶם
אַרְבֶּה אֶת־זַרְעֲכֶם כְּכוֹכְבֵי הַשָּׁמָיִם
וְכָל־הָאָרֶץ הַזֹּאת אֲשֶׁר אָמַרְתִּי אֶתֵּן לְזַרְעֲכֶם, וְנָחֲלוּ לְעֹלָם:
זְכֹר לַעֲבָדֶיךָ לְאַבְרָהָם לְיִצְחָק וּלְיַעֲקֹב דברים ט
אַל־תֵּפֶן אֶל־קְשִׁי הָעָם הַזֶּה וְאֶל־רִשְׁעוֹ וְאֶל־חַטָּאתוֹ:

קהל ואחריו שליח הציבור:

אַל־נָא תָשֵׁת עָלֵינוּ חַטָּאת אֲשֶׁר נוֹאַלְנוּ וַאֲשֶׁר חָטָאנוּ: במדבר יב
חָטָאנוּ צוּרֵנוּ, סְלַח לָנוּ יוֹצְרֵנוּ.

לאחר פסוקי ׳זְכֹר־רַחֲמֶיךָ׳ הקהל אומר כמה בקשות לקב״ה שיישא פניו אל המתפללים ברחמים, ׳זְכָר לָנוּ בְּרִית אָבוֹת׳. לפניה נהגו לומר פיוט ׳חָטָאנוּ׳, הקרוי כך על שם השורה החוזרת ׳חָטָאנוּ צוּרֵנוּ׳. בערבית ליום הכיפורים אומרים את הפיוט ׳אוֹתְךָ אֶדְרֹשׁ׳. היום נוהגים לומר רק את השורה האחרונה. הפיוט המלא בעמ׳ 502.

קהל ואחריו שליח הציבור:

במדבר טו הֵן יַעֲבִיר זָדוֹן לִמְשׁוּגָה / כִּי לְכָל־הָעָם בִּשְׁגָגָה:

חָטָאנוּ צוּרֵנוּ, סְלַח לָנוּ יוֹצְרֵנוּ.

הכול:

זְכָר לָנוּ בְּרִית אָבוֹת כַּאֲשֶׁר אָמַרְתָּ:

ויקרא כו וְזָכַרְתִּי אֶת־בְּרִיתִי יַעֲקוֹב
וְאַף אֶת־בְּרִיתִי יִצְחָק, וְאַף אֶת־בְּרִיתִי אַבְרָהָם אֶזְכֹּר
וְהָאָרֶץ אֶזְכֹּר:

זְכָר לָנוּ בְּרִית רִאשׁוֹנִים כַּאֲשֶׁר אָמַרְתָּ:

ויקרא כו וְזָכַרְתִּי לָהֶם בְּרִית רִאשֹׁנִים
אֲשֶׁר הוֹצֵאתִי־אֹתָם מֵאֶרֶץ מִצְרַיִם לְעֵינֵי הַגּוֹיִם
לִהְיוֹת לָהֶם לֵאלֹהִים, אֲנִי יהוה:

עֲשֵׂה עִמָּנוּ כְּמָה שֶׁהִבְטַחְתָּנוּ:

ויקרא כו וְאַף גַּם־זֹאת בִּהְיוֹתָם בְּאֶרֶץ אֹיְבֵיהֶם
לֹא־מְאַסְתִּים וְלֹא־גְעַלְתִּים לְכַלֹּתָם, לְהָפֵר בְּרִיתִי אִתָּם
כִּי אֲנִי יהוה אֱלֹהֵיהֶם:

הָשֵׁב שְׁבוּתֵנוּ וְרַחֲמֵנוּ כְּמָה שֶׁכָּתוּב:

דברים ל וְשָׁב יהוה אֱלֹהֶיךָ אֶת־שְׁבוּתְךָ וְרִחֲמֶךָ
וְשָׁב וְקִבֶּצְךָ מִכָּל־הָעַמִּים אֲשֶׁר הֱפִיצְךָ יהוה אֱלֹהֶיךָ שָׁמָּה:

קַבֵּץ נִדָּחֵינוּ כְּמָה שֶׁכָּתוּב:

דברים ל אִם־יִהְיֶה נִדַּחֲךָ בִּקְצֵה הַשָּׁמָיִם
מִשָּׁם יְקַבֶּצְךָ יהוה אֱלֹהֶיךָ וּמִשָּׁם יִקָּחֶךָ:

מְחֵה פְשָׁעֵינוּ כָּעָב וְכֶעָנָן כְּמָה שֶׁכָּתוּב:
מָחִיתִי כָעָב פְּשָׁעֶיךָ וְכֶעָנָן חַטֹּאותֶיךָ ישעיה מד
שׁוּבָה אֵלַי כִּי גְאַלְתִּיךָ:

מְחֵה פְשָׁעֵינוּ לְמַעַנְךָ כַּאֲשֶׁר אָמַרְתָּ:
אָנֹכִי אָנֹכִי הוּא מֹחֶה פְשָׁעֶיךָ לְמַעֲנִי ישעיה מג
וְחַטֹּאתֶיךָ לֹא אֶזְכֹּר:

הַלְבֵּן חֲטָאֵינוּ כַּשֶּׁלֶג וְכַצֶּמֶר כְּמָה שֶׁכָּתוּב:
לְכוּ־נָא וְנִוָּכְחָה יֹאמַר יהוה ישעיה א
אִם־יִהְיוּ חֲטָאֵיכֶם כַּשָּׁנִים כַּשֶּׁלֶג יַלְבִּינוּ
אִם־יַאְדִּימוּ כַתּוֹלָע כַּצֶּמֶר יִהְיוּ:

זְרֹק עָלֵינוּ מַיִם טְהוֹרִים וְטַהֲרֵנוּ כְּמָה שֶׁכָּתוּב:
וְזָרַקְתִּי עֲלֵיכֶם מַיִם טְהוֹרִים וּטְהַרְתֶּם יחזקאל לו
מִכֹּל טֻמְאוֹתֵיכֶם וּמִכָּל־גִּלּוּלֵיכֶם אֲטַהֵר אֶתְכֶם:

כַּפֵּר חֲטָאֵינוּ בַּיּוֹם הַזֶּה וְטַהֲרֵנוּ, כְּמָה שֶׁכָּתוּב:
כִּי־בַיּוֹם הַזֶּה יְכַפֵּר עֲלֵיכֶם לְטַהֵר אֶתְכֶם ויקרא טז
מִכֹּל חַטֹּאתֵיכֶם לִפְנֵי יהוה תִּטְהָרוּ:

רַחֵם עָלֵינוּ וְאַל תַּשְׁחִיתֵנוּ כְּמָה שֶׁכָּתוּב:
כִּי אֵל רַחוּם יהוה אֱלֹהֶיךָ דברים ד
לֹא יַרְפְּךָ וְלֹא יַשְׁחִיתֶךָ
וְלֹא יִשְׁכַּח אֶת־בְּרִית אֲבוֹתֶיךָ אֲשֶׁר נִשְׁבַּע לָהֶם:

מוֹל אֶת לְבָבֵנוּ לְאַהֲבָה אֶת שְׁמֶךָ כְּמָה שֶׁכָּתוּב:
וּמָל יהוה אֱלֹהֶיךָ אֶת־לְבָבְךָ וְאֶת־לְבַב זַרְעֶךָ דברים ל
לְאַהֲבָה אֶת־יהוה אֱלֹהֶיךָ בְּכָל־לְבָבְךָ וּבְכָל־נַפְשְׁךָ
לְמַעַן חַיֶּיךָ:

הִמָּצֵא לָנוּ בְּבַקָּשָׁתֵנוּ כְּמָה שֶׁכָּתוּב:

וּבִקַּשְׁתֶּם מִשָּׁם אֶת־יהוה אֱלֹהֶיךָ וּמָצָאתָ דברים ד

כִּי תִדְרְשֶׁנּוּ בְּכָל־לְבָבְךָ וּבְכָל־נַפְשֶׁךָ:

תְּבִיאֵנוּ אֶל הַר קָדְשֶׁךָ, וְשַׂמְּחֵנוּ בְּבֵית תְּפִלָּתֶךָ כְּמָה שֶׁכָּתוּב:

וַהֲבִיאוֹתִים אֶל־הַר קָדְשִׁי, וְשִׂמַּחְתִּים בְּבֵית תְּפִלָּתִי ישעיה נו

עוֹלֹתֵיהֶם וְזִבְחֵיהֶם לְרָצוֹן עַל־מִזְבְּחִי

כִּי בֵיתִי בֵּית־תְּפִלָּה יִקָּרֵא לְכָל־הָעַמִּים:

פותחים את ארון הקודש.

יש קהילות שבהן נוהגים לומר את הפסוקים בסדר הבא:
׳שְׁמַע קוֹלֵנוּ׳, ׳הֲשִׁיבֵנוּ׳, ׳אַל תַּשְׁלִיכֵנוּ מִלְּפָנֶיךָ׳, ׳אַל תַּשְׁלִיכֵנוּ לְעֵת זִקְנָה׳ בקול.
שליח הציבור אומר פסוק פסוק והקהל עונה אחריו. את הפסוקים ׳אַל תַּעַזְבֵנוּ׳,
׳עֲשֵׂה עִמָּנוּ׳ ׳אֲמָרֵינוּ הַאֲזִינָה׳, ׳יִהְיוּ לְרָצוֹן׳, ׳כִּי לְךָ ה׳׳ אומרים בלחש.

הקהל ואחריו שליח הציבור אומרים פסוק פסוק עד ׳אַל תַּעַזְבֵנוּ׳.

שְׁמַע קוֹלֵנוּ, יהוה אֱלֹהֵינוּ, חוּס וְרַחֵם עָלֵינוּ

וְקַבֵּל בְּרַחֲמִים וּבְרָצוֹן אֶת תְּפִלָּתֵנוּ.

הֲשִׁיבֵנוּ יהוה אֵלֶיךָ וְנָשׁוּבָה, חַדֵּשׁ יָמֵינוּ כְּקֶדֶם: איכה ה

אֲמָרֵינוּ הַאֲזִינָה יהוה, בִּינָה הֲגִיגֵנוּ.

יִהְיוּ לְרָצוֹן אִמְרֵי פִינוּ וְהֶגְיוֹן לִבֵּנוּ לְפָנֶיךָ, יהוה צוּרֵנוּ וְגוֹאֲלֵנוּ.

אַל תַּשְׁלִיכֵנוּ מִלְּפָנֶיךָ, וְרוּחַ קָדְשְׁךָ אַל תִּקַּח מִמֶּנּוּ.

אַל תַּשְׁלִיכֵנוּ לְעֵת זִקְנָה, כִּכְלוֹת כֹּחֵנוּ אַל תַּעַזְבֵנוּ.

אַל תַּעַזְבֵנוּ יהוה, אֱלֹהֵינוּ אַל תִּרְחַק מִמֶּנּוּ.

עֲשֵׂה עִמָּנוּ אוֹת לְטוֹבָה, וְיִרְאוּ שׂוֹנְאֵינוּ וְיֵבֹשׁוּ

כִּי אַתָּה יהוה עֲזַרְתָּנוּ וְנִחַמְתָּנוּ.

כִּי לְךָ יהוה הוֹחָלְנוּ, אַתָּה תַעֲנֶה אֲדֹנָי אֱלֹהֵינוּ.

סוגרים את ארון הקודש.

שליח הציבור:

אֱלֹהֵינוּ וֵאלֹהֵי אֲבוֹתֵינוּ
אַל תַּעַזְבֵנוּ, וְאַל תִּטְּשֵׁנוּ, וְאַל תַּכְלִימֵנוּ
וְאַל תָּפֵר בְּרִיתְךָ אִתָּנוּ
קָרְבֵנוּ לְתוֹרָתֶךָ, לַמְּדֵנוּ מִצְוֹתֶיךָ
הוֹרֵנוּ דְרָכֶיךָ, הַט לִבֵּנוּ לְיִרְאָה אֶת שְׁמֶךָ
וּמוֹל אֶת לְבָבֵנוּ לְאַהֲבָתֶךָ
וְנָשׁוּב אֵלֶיךָ בֶּאֱמֶת וּבְלֵב שָׁלֵם
וּלְמַעַן שִׁמְךָ הַגָּדוֹל תִּמְחֹל וְתִסְלַח לַעֲוֹנֵינוּ
כַּכָּתוּב בְּדִבְרֵי קָדְשֶׁךָ
לְמַעַן־שִׁמְךָ יהוה, וְסָלַחְתָּ לַעֲוֹנִי כִּי רַב־הוּא: תהלים כה

הכול:

אֱלֹהֵינוּ וֵאלֹהֵי אֲבוֹתֵינוּ
סְלַח לָנוּ, מְחַל לָנוּ, כַּפֶּר לָנוּ.

כִּי אָנוּ עַמֶּךָ וְאַתָּה אֱלֹהֵינוּ אָנוּ בָנֶיךָ וְאַתָּה אָבִינוּ
אָנוּ עֲבָדֶיךָ וְאַתָּה אֲדוֹנֵינוּ אָנוּ קְהָלֶךָ וְאַתָּה חֶלְקֵנוּ
אָנוּ נַחֲלָתֶךָ וְאַתָּה גוֹרָלֵנוּ אָנוּ צֹאנֶךָ וְאַתָּה רוֹעֵנוּ
אָנוּ כַרְמֶךָ וְאַתָּה נוֹטְרֵנוּ אָנוּ פְעֻלָּתֶךָ וְאַתָּה יוֹצְרֵנוּ
אָנוּ רַעְיָתֶךָ וְאַתָּה דוֹדֵנוּ אָנוּ סְגֻלָּתֶךָ וְאַתָּה אֱלֹהֵינוּ
אָנוּ עַמֶּךָ וְאַתָּה מַלְכֵּנוּ אָנוּ מַאֲמִירֶיךָ וְאַתָּה מַאֲמִירֵנוּ.

שליח הציבור אומר שורה, והקהל חוזר אחריו:

אָנוּ עַזֵּי פָנִים וְאַתָּה רַחוּם וְחַנּוּן
אָנוּ קְשֵׁי עֹרֶף וְאַתָּה אֶרֶךְ אַפַּיִם
אָנוּ מְלֵאֵי עָוֹן וְאַתָּה מָלֵא רַחֲמִים
אָנוּ יָמֵינוּ כְּצֵל עוֹבֵר וְאַתָּה־הוּא וּשְׁנוֹתֶיךָ לֹא יִתָּמּוּ: תהלים קב

שליח הציבור:

אֱלֹהֵינוּ וֵאלֹהֵי אֲבוֹתֵינוּ
תָּבוֹא לְפָנֶיךָ תְּפִלָּתֵנוּ, וְאַל תִּתְעַלַּם מִתְּחִנָּתֵנוּ.
שֶׁאֵין אָנוּ עַזֵּי פָנִים וּקְשֵׁי עֹרֶף לוֹמַר לְפָנֶיךָ
יהוה אֱלֹהֵינוּ וֵאלֹהֵי אֲבוֹתֵינוּ
צַדִּיקִים אֲנַחְנוּ וְלֹא חָטָאנוּ.
אֲבָל אֲנַחְנוּ וַאֲבוֹתֵינוּ חָטָאנוּ.

כשמתוודה, מכה באגרופו על החזה כנגד הלב
(מג״א תרז, ג, בשם מדרש קהלת).

שליח הציבור אומר, והקהל אומר אתו בלחש:

אָשַׁמְנוּ, בָּגַדְנוּ, גָּזַלְנוּ, דִּבַּרְנוּ דֹפִי
הֶעֱוִינוּ, וְהִרְשַׁעְנוּ, זַדְנוּ, חָמַסְנוּ, טָפַלְנוּ שֶׁקֶר
יָעַצְנוּ רָע, כִּזַּבְנוּ, לַצְנוּ, מָרַדְנוּ, נִאַצְנוּ, סָרַרְנוּ
עָוִינוּ, פָּשַׁעְנוּ, צָרַרְנוּ, קִשִּׁינוּ עֹרֶף
רָשַׁעְנוּ, שִׁחַתְנוּ, תִּעַבְנוּ, תָּעִינוּ, תִּעְתָּעְנוּ.

סַרְנוּ מִמִּצְוֹתֶיךָ וּמִמִּשְׁפָּטֶיךָ הַטּוֹבִים
וְלֹא שָׁוָה לָנוּ.
נחמיה ט וְאַתָּה צַדִּיק עַל כָּל־הַבָּא עָלֵינוּ
כִּי־אֱמֶת עָשִׂיתָ, וַאֲנַחְנוּ הִרְשָׁעְנוּ:

הִרְשַׁעְנוּ וּפָשַׁעְנוּ, לָכֵן לֹא נוֹשָׁעְנוּ
וְתֵן בְּלִבֵּנוּ לַעֲזֹב דֶּרֶךְ רֶשַׁע, וְחִישׁ לָנוּ יֶשַׁע
כַּכָּתוּב עַל יַד נְבִיאֶךָ
ישעיה נה יַעֲזֹב רָשָׁע דַּרְכּוֹ, וְאִישׁ אָוֶן מַחְשְׁבֹתָיו
וְיָשֹׁב אֶל־יהוה וִירַחֲמֵהוּ
וְאֶל־אֱלֹהֵינוּ כִּי־יַרְבֶּה לִסְלוֹחַ:

שליח הציבור:

אֱלֹהֵינוּ וֵאלֹהֵי אֲבוֹתֵינוּ
סְלַח וּמְחַל לַעֲוֹנוֹתֵינוּ בְּיוֹם (בשבת: הַשַּׁבָּת הַזֶּה וּבְיוֹם) הַכִּפּוּרִים הַזֶּה
וְהֵעָתֵר לָנוּ בִּתְפִלָּתֵנוּ
מְחֵה וְהַעֲבֵר פְּשָׁעֵינוּ וְחַטֹּאתֵינוּ מִנֶּגֶד עֵינֶיךָ
וְכֹף אֶת יִצְרֵנוּ לְהִשְׁתַּעְבֶּד לָךְ
וְהַכְנַע עָרְפֵּנוּ לָשׁוּב אֵלֶיךָ בֶּאֱמֶת
וְחַדֵּשׁ כִּלְיוֹתֵינוּ לִשְׁמֹר פִּקּוּדֶיךָ
וּמוֹל אֶת לְבָבֵנוּ לְאַהֲבָה וּלְיִרְאָה אֶת שְׁמֶךָ
כַּכָּתוּב בְּתוֹרָתֶךָ
וּמָל יהוה אֱלֹהֶיךָ אֶת־לְבָבְךָ וְאֶת־לְבַב זַרְעֶךָ דברים ל
לְאַהֲבָה אֶת־יהוה אֱלֹהֶיךָ בְּכָל־לְבָבְךָ וּבְכָל־נַפְשְׁךָ, לְמַעַן חַיֶּיךָ:
הַזְּדוֹנוֹת וְהַשְּׁגָגוֹת אַתָּה מַכִּיר
הָרָצוֹן וְהָאֹנֶס, הַגְּלוּיִים וְהַנִּסְתָּרִים
לְפָנֶיךָ הֵם גְּלוּיִים וִידוּעִים.
מָה אָנוּ, מֶה חַיֵּינוּ, מֶה חַסְדֵּנוּ, מַה צִּדְקוֹתֵינוּ
מַה יְּשׁוּעָתֵנוּ, מַה כֹּחֵנוּ, מַה גְּבוּרָתֵנוּ
מַה נֹּאמַר לְפָנֶיךָ, יהוה אֱלֹהֵינוּ וֵאלֹהֵי אֲבוֹתֵינוּ
הֲלֹא כָּל הַגִּבּוֹרִים כְּאַיִן לְפָנֶיךָ, וְאַנְשֵׁי הַשֵּׁם כְּלֹא הָיוּ
וַחֲכָמִים כִּבְלִי מַדָּע, וּנְבוֹנִים כִּבְלִי הַשְׂכֵּל
כִּי רֹב מַעֲשֵׂיהֶם תֹּהוּ, וִימֵי חַיֵּיהֶם הֶבֶל לְפָנֶיךָ
וּמוֹתַר הָאָדָם מִן־הַבְּהֵמָה אָיִן קהלת ג
כִּי הַכֹּל הָבֶל:

מַה נֹּאמַר לְפָנֶיךָ יוֹשֵׁב מָרוֹם, וּמַה נְּסַפֵּר לְפָנֶיךָ שׁוֹכֵן שְׁחָקִים
הֲלֹא כָּל הַנִּסְתָּרוֹת וְהַנִּגְלוֹת אַתָּה יוֹדֵעַ.

הפיוט 'אַתָּה מֵבִין' (עמ' 504), הוא הרחבה של הפיסקה 'אַתָּה יוֹדֵעַ רָזֵי עוֹלָם' למטה.
היום נוהגים לומר רק את שני הבתים האחרונים.

שליח הציבור ואחריו הקהל:

שִׁמְךָ מֵעוֹלָם עוֹבֵר עַל פֶּשַׁע
שַׁוְעָתֵנוּ תַּאֲזִין, בְּעָמְדֵנוּ לְפָנֶיךָ בִּתְפִלָּה

תַּעֲבֹר עַל פֶּשַׁע לְעַם שָׁבֵי פֶשַׁע
תִּמְחֶה פְשָׁעֵינוּ מִנֶּגֶד עֵינֶיךָ.

שליח הציבור אומר, והקהל אומר אתו בלחש:

אַתָּה יוֹדֵעַ רָזֵי עוֹלָם וְתַעֲלוּמוֹת סִתְרֵי כָּל חָי.
אַתָּה חוֹפֵשׂ כָּל חַדְרֵי בָטֶן וּבוֹחֵן כְּלָיוֹת וָלֵב.
אֵין דָּבָר נֶעְלָם מִמֶּךָּ וְאֵין נִסְתָּר מִנֶּגֶד עֵינֶיךָ.
וּבְכֵן, יְהִי רָצוֹן מִלְּפָנֶיךָ, יהוה אֱלֹהֵינוּ וֵאלֹהֵי אֲבוֹתֵינוּ
שֶׁתְּכַפֵּר לָנוּ עַל כָּל חַטֹּאתֵינוּ
וְתִסְלַח לָנוּ עַל כָּל עֲוֹנוֹתֵינוּ
וְתִמְחַל לָנוּ עַל כָּל פְּשָׁעֵינוּ.

על כל חטא שמונה, מכה באגרופו על החזה כנגד הלב.

עַל חֵטְא שֶׁחָטָאנוּ לְפָנֶיךָ בְּאֹנֶס וּבְרָצוֹן
וְעַל חֵטְא שֶׁחָטָאנוּ לְפָנֶיךָ בְּאִמּוּץ הַלֵּב

עַל חֵטְא שֶׁחָטָאנוּ לְפָנֶיךָ בִּבְלִי דָעַת
וְעַל חֵטְא שֶׁחָטָאנוּ לְפָנֶיךָ בְּבִטּוּי שְׂפָתָיִם

עַל חֵטְא שֶׁחָטָאנוּ לְפָנֶיךָ בְּגִלּוּי עֲרָיוֹת
וְעַל חֵטְא שֶׁחָטָאנוּ לְפָנֶיךָ בְּגָלוּי וּבַסָּתֶר

עַל חֵטְא שֶׁחָטָאנוּ לְפָנֶיךָ בְּדַעַת וּבְמִרְמָה
וְעַל חֵטְא שֶׁחָטָאנוּ לְפָנֶיךָ בְּדִבּוּר פֶּה

עַל חֵטְא שֶׁחָטָאנוּ לְפָנֶיךָ בְּהוֹנָאַת רֵעַ
וְעַל חֵטְא שֶׁחָטָאנוּ לְפָנֶיךָ בְּהַרְהוֹר הַלֵּב

עַל חֵטְא שֶׁחָטָֽאנוּ לְפָנֶֽיךָ בִּוְעִידַת זְנוּת
וְעַל חֵטְא שֶׁחָטָֽאנוּ לְפָנֶֽיךָ בְּוִדּוּי פֶּה

עַל חֵטְא שֶׁחָטָֽאנוּ לְפָנֶֽיךָ בְּזִלְזוּל הוֹרִים וּמוֹרִים
וְעַל חֵטְא שֶׁחָטָֽאנוּ לְפָנֶֽיךָ בְּזָדוֹן וּבִשְׁגָגָה

עַל חֵטְא שֶׁחָטָֽאנוּ לְפָנֶֽיךָ בְּחֹֽזֶק יָד
וְעַל חֵטְא שֶׁחָטָֽאנוּ לְפָנֶֽיךָ בְּחִלּוּל הַשֵּׁם

עַל חֵטְא שֶׁחָטָֽאנוּ לְפָנֶֽיךָ בְּטֻמְאַת שְׂפָתָֽיִם
וְעַל חֵטְא שֶׁחָטָֽאנוּ לְפָנֶֽיךָ בְּטִפְשׁוּת פֶּה

עַל חֵטְא שֶׁחָטָֽאנוּ לְפָנֶֽיךָ בְּיֵֽצֶר הָרָע
וְעַל חֵטְא שֶׁחָטָֽאנוּ לְפָנֶֽיךָ בְּיוֹדְעִים וּבְלֹא יוֹדְעִים

וְעַל כֻּלָּם אֱלֽוֹהַּ סְלִיחוֹת סְלַח לָֽנוּ, מְחַל לָֽנוּ, כַּפֶּר לָֽנוּ.

עַל חֵטְא שֶׁחָטָֽאנוּ לְפָנֶֽיךָ בְּכַֽחַשׁ וּבְכָזָב
וְעַל חֵטְא שֶׁחָטָֽאנוּ לְפָנֶֽיךָ בְּכַפַּת שֹֽׁחַד

עַל חֵטְא שֶׁחָטָֽאנוּ לְפָנֶֽיךָ בְּלָצוֹן
וְעַל חֵטְא שֶׁחָטָֽאנוּ לְפָנֶֽיךָ בְּלָשׁוֹן הָרָע

עַל חֵטְא שֶׁחָטָֽאנוּ לְפָנֶֽיךָ בְּמַשָּׂא וּבְמַתָּן
וְעַל חֵטְא שֶׁחָטָֽאנוּ לְפָנֶֽיךָ בְּמַאֲכָל וּבְמִשְׁתֶּה

עַל חֵטְא שֶׁחָטָֽאנוּ לְפָנֶֽיךָ בְּנֶֽשֶׁךְ וּבְמַרְבִּית
וְעַל חֵטְא שֶׁחָטָֽאנוּ לְפָנֶֽיךָ בִּנְטִיַּת גָּרוֹן

עַל חֵטְא שֶׁחָטָֽאנוּ לְפָנֶֽיךָ בְּשִֽׂיחַ שִׂפְתוֹתֵֽינוּ
וְעַל חֵטְא שֶׁחָטָֽאנוּ לְפָנֶֽיךָ בְּשִׂקּוּר עָֽיִן

עַל חֵטְא שֶׁחָטָֽאנוּ לְפָנֶֽיךָ בְּעֵינַֽיִם רָמוֹת
וְעַל חֵטְא שֶׁחָטָֽאנוּ לְפָנֶֽיךָ בְּעַזּוּת מֶֽצַח

וְעַל כֻּלָּם אֱלֽוֹהַּ סְלִיחוֹת סְלַח לָֽנוּ, מְחַל לָֽנוּ, כַּפֶּר לָֽנוּ.

עַל חֵטְא שֶׁחָטָאנוּ לְפָנֶיךָ בִּפְרִיקַת עֹל
וְעַל חֵטְא שֶׁחָטָאנוּ לְפָנֶיךָ בִּפְלִילוּת

עַל חֵטְא שֶׁחָטָאנוּ לְפָנֶיךָ בִּצְדִיַּת רֵעַ
וְעַל חֵטְא שֶׁחָטָאנוּ לְפָנֶיךָ בְּצָרוּת עָיִן

עַל חֵטְא שֶׁחָטָאנוּ לְפָנֶיךָ בְּקַלּוּת רֹאשׁ
וְעַל חֵטְא שֶׁחָטָאנוּ לְפָנֶיךָ בְּקַשְׁיוּת עֹרֶף

עַל חֵטְא שֶׁחָטָאנוּ לְפָנֶיךָ בְּרִיצַת רַגְלַיִם לְהָרַע
וְעַל חֵטְא שֶׁחָטָאנוּ לְפָנֶיךָ בִּרְכִילוּת

עַל חֵטְא שֶׁחָטָאנוּ לְפָנֶיךָ בִּשְׁבוּעַת שָׁוְא
וְעַל חֵטְא שֶׁחָטָאנוּ לְפָנֶיךָ בְּשִׂנְאַת חִנָּם

עַל חֵטְא שֶׁחָטָאנוּ לְפָנֶיךָ בִּתְשׂוּמֶת יָד
וְעַל חֵטְא שֶׁחָטָאנוּ לְפָנֶיךָ בְּתִמְהוֹן לֵבָב

וְעַל כֻּלָּם אֱלוֹהַּ סְלִיחוֹת סְלַח לָנוּ, מְחַל לָנוּ, כַּפֶּר לָנוּ.

וְעַל חֲטָאִים שֶׁאָנוּ חַיָּבִים עֲלֵיהֶם עוֹלָה
וְעַל חֲטָאִים שֶׁאָנוּ חַיָּבִים עֲלֵיהֶם חַטָּאת
וְעַל חֲטָאִים שֶׁאָנוּ חַיָּבִים עֲלֵיהֶם קָרְבָּן עוֹלֶה וְיוֹרֵד
וְעַל חֲטָאִים שֶׁאָנוּ חַיָּבִים עֲלֵיהֶם אָשָׁם וַדַּאי וְתָלוּי
וְעַל חֲטָאִים שֶׁאָנוּ חַיָּבִים עֲלֵיהֶם מַכַּת מַרְדּוּת
וְעַל חֲטָאִים שֶׁאָנוּ חַיָּבִים עֲלֵיהֶם מַלְקוּת אַרְבָּעִים
וְעַל חֲטָאִים שֶׁאָנוּ חַיָּבִים עֲלֵיהֶם מִיתָה בִּידֵי שָׁמָיִם
וְעַל חֲטָאִים שֶׁאָנוּ חַיָּבִים עֲלֵיהֶם כָּרֵת וַעֲרִירִי
וְעַל חֲטָאִים שֶׁאָנוּ חַיָּבִים עֲלֵיהֶם אַרְבַּע מִיתוֹת בֵּית דִּין
סְקִילָה, שְׂרֵפָה, הֶרֶג, וְחֶנֶק.

עַל מִצְוַת עֲשֵׂה וְעַל מִצְוַת לֹא תַעֲשֶׂה.
בֵּין שֶׁיֵּשׁ בָּהּ קוּם עֲשֵׂה וּבֵין שֶׁאֵין בָּהּ קוּם עֲשֵׂה.
אֶת הַגְּלוּיִים לָנוּ וְאֶת שֶׁאֵינָם גְּלוּיִים לָנוּ
אֶת הַגְּלוּיִים לָנוּ, כְּבָר אֲמַרְנוּם לְפָנֶיךָ, וְהוֹדִינוּ לְךָ עֲלֵיהֶם
וְאֶת שֶׁאֵינָם גְּלוּיִים לָנוּ, לְפָנֶיךָ הֵם גְּלוּיִים וִידוּעִים
כַּדָּבָר שֶׁנֶּאֱמַר
הַנִּסְתָּרֹת לַיהוה אֱלֹהֵינוּ, וְהַנִּגְלֹת לָנוּ וּלְבָנֵינוּ עַד־עוֹלָם דברים כט
לַעֲשׂוֹת אֶת־כָּל־דִּבְרֵי הַתּוֹרָה הַזֹּאת:

וְאַתָּה רַחוּם מְקַבֵּל שָׁבִים
עַל הַתְּשׁוּבָה מֵרֹאשׁ הִבְטַחְתָּנוּ
וְעַל הַתְּשׁוּבָה עֵינֵינוּ מְיַחֲלוֹת לָךְ.

פסוקי תחינה לחתימת הווידוי

וְדָוִד עַבְדְּךָ אָמַר לְפָנֶיךָ
שְׁגִיאוֹת מִי־יָבִין, מִנִּסְתָּרוֹת נַקֵּנִי: תהלים יט
נַקֵּנוּ יהוה אֱלֹהֵינוּ מִכָּל פְּשָׁעֵינוּ, וְטַהֲרֵנוּ מִכָּל טֻמְאוֹתֵינוּ
וּזְרֹק עָלֵינוּ מַיִם טְהוֹרִים וְטַהֲרֵנוּ, כַּכָּתוּב עַל יַד נְבִיאֶךָ
וְזָרַקְתִּי עֲלֵיכֶם מַיִם טְהוֹרִים, וּטְהַרְתֶּם יחזקאל לו
מִכֹּל טֻמְאוֹתֵיכֶם וּמִכָּל־גִּלּוּלֵיכֶם אֲטַהֵר אֶתְכֶם:

מִיכָה עַבְדְּךָ אָמַר לְפָנֶיךָ
מִי־אֵל כָּמוֹךָ נֹשֵׂא עָוֹן וְעֹבֵר עַל־פֶּשַׁע לִשְׁאֵרִית נַחֲלָתוֹ מיכה ז
לֹא־הֶחֱזִיק לָעַד אַפּוֹ כִּי־חָפֵץ חֶסֶד הוּא:
יָשׁוּב יְרַחֲמֵנוּ, יִכְבֹּשׁ עֲוֹנֹתֵינוּ, וְתַשְׁלִיךְ בִּמְצֻלוֹת יָם כָּל־חַטֹּאתָם:
וְכָל חַטֹּאת עַמְּךָ בֵּית יִשְׂרָאֵל תַּשְׁלִיךְ
בִּמְקוֹם אֲשֶׁר לֹא יִזָּכְרוּ וְלֹא יִפָּקְדוּ וְלֹא יַעֲלוּ עַל לֵב לְעוֹלָם.
תִּתֵּן אֱמֶת לְיַעֲקֹב, חֶסֶד לְאַבְרָהָם שם
אֲשֶׁר־נִשְׁבַּעְתָּ לַאֲבֹתֵינוּ מִימֵי קֶדֶם:

דָּנִיֵּאל אִישׁ חֲמוּדוֹת שִׁוַּע לְפָנֶיךָ
הַטֵּה אֱלֹהַי אָזְנְךָ וּשֲׁמָע דניאל ט
פְּקַח עֵינֶיךָ וּרְאֵה שֹׁמְמֹתֵינוּ
וְהָעִיר אֲשֶׁר־נִקְרָא שִׁמְךָ עָלֶיהָ
כִּי לֹא עַל־צִדְקֹתֵינוּ אֲנַחְנוּ מַפִּילִים תַּחֲנוּנֵינוּ לְפָנֶיךָ
כִּי עַל־רַחֲמֶיךָ הָרַבִּים:
אֲדֹנָי שְׁמָעָה
אֲדֹנָי סְלָחָה
אֲדֹנָי הַקְשִׁיבָה וַעֲשֵׂה אַל־תְּאַחַר
לְמַעַנְךָ אֱלֹהַי, כִּי־שִׁמְךָ נִקְרָא עַל־עִירְךָ וְעַל־עַמֶּךָ:

עֶזְרָא הַסּוֹפֵר אָמַר לְפָנֶיךָ
אֱלֹהַי, בֹּשְׁתִּי וְנִכְלַמְתִּי לְהָרִים אֱלֹהַי פָּנַי אֵלֶיךָ עזרא ט
כִּי עֲוֹנֹתֵינוּ רָבוּ לְמַעְלָה רֹּאשׁ, וְאַשְׁמָתֵנוּ גָדְלָה עַד לַשָּׁמָיִם:
וְאַתָּה אֱלוֹהַּ סְלִיחוֹת חַנּוּן וְרַחוּם
אֶרֶךְ אַפַּיִם וְרַב חֶסֶד, וְלֹא עֲזַבְתָּנוּ.

אַל תַּעַזְבֵנוּ אָבִינוּ
וְאַל תִּטְּשֵׁנוּ בּוֹרְאֵנוּ
וְאַל תַּזְנִיחֵנוּ יוֹצְרֵנוּ
וְאַל תַּעַשׂ עִמָּנוּ כָּלָה כְּחַטֹּאתֵינוּ
וְקַיֶּם לָנוּ יהוה אֱלֹהֵינוּ אֶת הַדָּבָר שֶׁהִבְטַחְתָּנוּ בְּקַבָּלָה
עַל יְדֵי יִרְמְיָהוּ חוֹזָךְ, כָּאָמוּר
בַּיָּמִים הָהֵם וּבָעֵת הַהִיא נְאֻם־יהוה יְבֻקַּשׁ אֶת־עֲוֹן יִשְׂרָאֵל, וְאֵינֶנּוּ ירמיה נ
וְאֶת־חַטֹּאת יְהוּדָה, וְלֹא תִמָּצֶאינָה, כִּי אֶסְלַח לַאֲשֶׁר אַשְׁאִיר:

עַמְּךָ וְנַחֲלָתְךָ, רְעֵבֵי טוּבְךָ, צְמֵאֵי חַסְדֶּךָ, תְּאֵבֵי יִשְׁעֶךָ
יַכִּירוּ וְיֵדְעוּ, כִּי לַיהוה אֱלֹהֵינוּ הָרַחֲמִים וְהַסְּלִיחוֹת.

כשיום הכיפורים חל בשבת ממשיכים ׳לְדָוִד מִזְמוֹר׳ בעמ׳ 94.

תחינות לחתימת הסליחות מסדר רב עמרם גאון

נוהגים שהקהל אומר את כל התחינות יחד, ושליח הציבור אומר בקול את השורה האחרונה בכל תחינה (ויש שליחי ציבור שאינם אומרים בקול עד 'אָבִינוּ מַלְכֵּנוּ' בעמ' 92).

אֵל רַחוּם שְׁמֶךָ. אֵל חַנּוּן שְׁמֶךָ.
בָּנוּ נִקְרָא שְׁמֶךָ. יהוה עֲשֵׂה לְמַעַן שְׁמֶךָ.

סימן א״ב

עֲשֵׂה לְמַעַן אֲמִתָּךְ. עֲשֵׂה לְמַעַן בְּרִיתָךְ.
עֲשֵׂה לְמַעַן גָּדְלָךְ וְתִפְאַרְתָּךְ. עֲשֵׂה לְמַעַן דָּתָךְ.
עֲשֵׂה לְמַעַן הוֹדָךְ. עֲשֵׂה לְמַעַן וִעוּדָךְ.
עֲשֵׂה לְמַעַן זִכְרָךְ. עֲשֵׂה לְמַעַן חַסְדָּךְ.
עֲשֵׂה לְמַעַן טוּבָךְ. עֲשֵׂה לְמַעַן יִחוּדָךְ.
עֲשֵׂה לְמַעַן כְּבוֹדָךְ. עֲשֵׂה לְמַעַן לִמּוּדָךְ.
עֲשֵׂה לְמַעַן מַלְכוּתָךְ. עֲשֵׂה לְמַעַן נִצְחָךְ.
עֲשֵׂה לְמַעַן סוֹדָךְ. עֲשֵׂה לְמַעַן עֻזָּךְ.
עֲשֵׂה לְמַעַן פְּאֵרָךְ. עֲשֵׂה לְמַעַן צִדְקָתָךְ.
עֲשֵׂה לְמַעַן קְדֻשָּׁתָךְ. עֲשֵׂה לְמַעַן רַחֲמֶיךָ הָרַבִּים.
עֲשֵׂה לְמַעַן שְׁכִינָתָךְ. עֲשֵׂה לְמַעַן תְּהִלָּתָךְ.

עֲשֵׂה לְמַעַן אוֹהֲבֶיךָ שׁוֹכְנֵי עָפָר.
עֲשֵׂה לְמַעַן אַבְרָהָם יִצְחָק וְיַעֲקֹב.
עֲשֵׂה לְמַעַן מֹשֶׁה וְאַהֲרֹן.
עֲשֵׂה לְמַעַן דָּוִד וּשְׁלֹמֹה.
עֲשֵׂה לְמַעַן יְרוּשָׁלַיִם עִיר קָדְשֶׁךָ.
עֲשֵׂה לְמַעַן צִיּוֹן מִשְׁכַּן כְּבוֹדֶךָ.
עֲשֵׂה לְמַעַן שִׁמְמוֹת הֵיכָלֶךָ.
עֲשֵׂה לְמַעַן הֲרִיסוּת מִזְבְּחֶךָ.
עֲשֵׂה לְמַעַן הֲרוּגִים עַל שֵׁם קָדְשֶׁךָ.
עֲשֵׂה לְמַעַן טְבוּחִים עַל יִחוּדֶךָ.
עֲשֵׂה לְמַעַן בָּאֵי בָאֵשׁ וּבַמַּיִם עַל קִדּוּשׁ שְׁמֶךָ.

עֲשֵׂה לְמַעַן יוֹנְקֵי שָׁדַיִם שֶׁלֹּא חָטְאוּ.
עֲשֵׂה לְמַעַן גְּמוּלֵי חָלָב שֶׁלֹּא פָשְׁעוּ.
עֲשֵׂה לְמַעַן תִּינוֹקוֹת שֶׁל בֵּית רַבָּן.
עֲשֵׂה לְמַעַנְךָ אִם לֹא לְמַעֲנֵנוּ.
עֲשֵׂה לְמַעַנְךָ וְהוֹשִׁיעֵנוּ.

עֲנֵנוּ יהוה עֲנֵנוּ. עֲנֵנוּ אֱלֹהֵינוּ עֲנֵנוּ.

סימן א״ב

עֲנֵנוּ אָבִינוּ עֲנֵנוּ. עֲנֵנוּ בּוֹרְאֵנוּ עֲנֵנוּ.
עֲנֵנוּ גּוֹאֲלֵנוּ עֲנֵנוּ. עֲנֵנוּ דּוֹרְשֵׁנוּ עֲנֵנוּ.
עֲנֵנוּ הָאֵל הַנֶּאֱמָן עֲנֵנוּ. עֲנֵנוּ וָתִיק וְחָסִיד עֲנֵנוּ.
עֲנֵנוּ זַךְ וְיָשָׁר עֲנֵנוּ. עֲנֵנוּ חַי וְקַיָּם עֲנֵנוּ.
עֲנֵנוּ טוֹב וּמֵטִיב עֲנֵנוּ. עֲנֵנוּ יוֹדֵעַ יֵצֶר עֲנֵנוּ.
עֲנֵנוּ כּוֹבֵשׁ כְּעָסִים עֲנֵנוּ. עֲנֵנוּ לוֹבֵשׁ צְדָקוֹת עֲנֵנוּ.
עֲנֵנוּ מֶלֶךְ מַלְכֵי הַמְּלָכִים עֲנֵנוּ. עֲנֵנוּ נוֹרָא וְנִשְׂגָּב עֲנֵנוּ.
עֲנֵנוּ סוֹלֵחַ וּמוֹחֵל עֲנֵנוּ. עֲנֵנוּ עוֹנֶה בְּעֵת צָרָה עֲנֵנוּ.
עֲנֵנוּ פּוֹדֶה וּמַצִּיל עֲנֵנוּ. עֲנֵנוּ צַדִּיק וְיָשָׁר עֲנֵנוּ.
עֲנֵנוּ קָרוֹב לְקוֹרְאָיו עֲנֵנוּ. עֲנֵנוּ רַחוּם וְחַנּוּן עֲנֵנוּ.
עֲנֵנוּ שׁוֹמֵעַ אֶל אֶבְיוֹנִים עֲנֵנוּ. עֲנֵנוּ תּוֹמֵךְ תְּמִימִים עֲנֵנוּ.
עֲנֵנוּ אֱלֹהֵי אֲבוֹתֵינוּ עֲנֵנוּ. עֲנֵנוּ אֱלֹהֵי אַבְרָהָם עֲנֵנוּ.
עֲנֵנוּ פַּחַד יִצְחָק עֲנֵנוּ. עֲנֵנוּ אֲבִיר יַעֲקֹב עֲנֵנוּ.
עֲנֵנוּ עֶזְרַת הַשְּׁבָטִים עֲנֵנוּ. עֲנֵנוּ מִשְׂגַּב אִמָּהוֹת עֲנֵנוּ.
עֲנֵנוּ קָשֶׁה לִכְעֹס עֲנֵנוּ. עֲנֵנוּ רַךְ לִרְצוֹת עֲנֵנוּ.
עֲנֵנוּ עוֹנֶה בְּעֵת רָצוֹן עֲנֵנוּ. עֲנֵנוּ אֲבִי יְתוֹמִים עֲנֵנוּ.
עֲנֵנוּ דַּיַּן אַלְמָנוֹת עֲנֵנוּ.

מִי שֶׁעָנָה לְאַבְרָהָם אָבִינוּ בְּהַר הַמּוֹרִיָּה, הוּא יַעֲנֵנוּ.
מִי שֶׁעָנָה לְיִצְחָק בְּנוֹ כְּשֶׁנֶּעֱקַד עַל גַּבֵּי הַמִּזְבֵּחַ, הוּא יַעֲנֵנוּ.
מִי שֶׁעָנָה לְיַעֲקֹב בְּבֵית אֵל, הוּא יַעֲנֵנוּ.

מִי שֶׁעָנָה לְיוֹסֵף בְּבֵית הָאֲסוּרִים, הוּא יַעֲנֵנוּ.
מִי שֶׁעָנָה לַאֲבוֹתֵינוּ עַל יַם סוּף, הוּא יַעֲנֵנוּ.
מִי שֶׁעָנָה לְמֹשֶׁה בְּחוֹרֵב, הוּא יַעֲנֵנוּ.
מִי שֶׁעָנָה לְאַהֲרֹן בַּמַּחְתָּה, הוּא יַעֲנֵנוּ.
מִי שֶׁעָנָה לְפִינְחָס בְּקוּמוֹ מִתּוֹךְ הָעֵדָה, הוּא יַעֲנֵנוּ.
מִי שֶׁעָנָה לִיהוֹשֻׁעַ בַּגִּלְגָּל, הוּא יַעֲנֵנוּ.
מִי שֶׁעָנָה לִשְׁמוּאֵל בַּמִּצְפָּה, הוּא יַעֲנֵנוּ.
מִי שֶׁעָנָה לְדָוִד וּשְׁלֹמֹה בְנוֹ בִּירוּשָׁלַיִם, הוּא יַעֲנֵנוּ.
מִי שֶׁעָנָה לְאֵלִיָּהוּ בְּהַר הַכַּרְמֶל, הוּא יַעֲנֵנוּ.
מִי שֶׁעָנָה לֶאֱלִישָׁע בִּירִיחוֹ, הוּא יַעֲנֵנוּ.
מִי שֶׁעָנָה לְיוֹנָה בִּמְעֵי הַדָּגָה, הוּא יַעֲנֵנוּ.
מִי שֶׁעָנָה לְחִזְקִיָּהוּ מֶלֶךְ יְהוּדָה בְּחָלְיוֹ, הוּא יַעֲנֵנוּ.
מִי שֶׁעָנָה לַחֲנַנְיָה מִישָׁאֵל וַעֲזַרְיָה בְּתוֹךְ כִּבְשַׁן הָאֵשׁ, הוּא יַעֲנֵנוּ.
מִי שֶׁעָנָה לְדָנִיֵּאל בְּגוֹב הָאֲרָיוֹת, הוּא יַעֲנֵנוּ.
מִי שֶׁעָנָה לְמָרְדְּכַי וְאֶסְתֵּר בְּשׁוּשַׁן הַבִּירָה, הוּא יַעֲנֵנוּ.
מִי שֶׁעָנָה לְעֶזְרָא בַּגּוֹלָה, הוּא יַעֲנֵנוּ.
מִי שֶׁעָנָה לְכָל הַצַּדִּיקִים וְהַחֲסִידִים וְהַתְּמִימִים וְהַיְשָׁרִים, הוּא יַעֲנֵנוּ.

רַחֲמָנָא דְּעָנֵי לַעֲנִיֵּי עֲנֵינָן.
רַחֲמָנָא דְּעָנֵי לִתְבִירֵי לִבָּא עֲנֵינָן.
רַחֲמָנָא דְּעָנֵי לְמַכִּיכֵי רוּחָא עֲנֵינָן.
רַחֲמָנָא עֲנֵינָן.
רַחֲמָנָא חוּס
רַחֲמָנָא פְּרֻק
רַחֲמָנָא שֵׁיזִב.
רַחֲמָנָא רַחֵם עֲלָן
הַשְׁתָּא בַּעֲגָלָא וּבִזְמַן קָרִיב.

בשבת אין אומרים ׳אָבִינוּ מַלְכֵּנוּ׳ (מהרי״ל).

פותחים את ארון הקודש.

אָבִינוּ מַלְכֵּנוּ, חָטָאנוּ לְפָנֶיךָ.
אָבִינוּ מַלְכֵּנוּ, אֵין לָנוּ מֶלֶךְ אֶלָּא אָתָּה.
אָבִינוּ מַלְכֵּנוּ, עֲשֵׂה עִמָּנוּ לְמַעַן שְׁמֶךָ.
אָבִינוּ מַלְכֵּנוּ, חַדֵּשׁ עָלֵינוּ שָׁנָה טוֹבָה.
אָבִינוּ מַלְכֵּנוּ, בַּטֵּל מֵעָלֵינוּ כָּל גְּזֵרוֹת קָשׁוֹת.
אָבִינוּ מַלְכֵּנוּ, בַּטֵּל מַחְשְׁבוֹת שׂוֹנְאֵינוּ.
אָבִינוּ מַלְכֵּנוּ, הָפֵר עֲצַת אוֹיְבֵינוּ.
אָבִינוּ מַלְכֵּנוּ, כַּלֵּה כָּל צַר וּמַשְׂטִין מֵעָלֵינוּ.
אָבִינוּ מַלְכֵּנוּ, סְתֹם פִּיּוֹת מַשְׂטִינֵנוּ וּמְקַטְרְגֵינוּ.
אָבִינוּ מַלְכֵּנוּ, כַּלֵּה דֶּבֶר וְחֶרֶב וְרָעָב וּשְׁבִי וּמַשְׁחִית וְעָוֹן וּשְׁמַד מִבְּנֵי בְרִיתֶךָ.
אָבִינוּ מַלְכֵּנוּ, מְנַע מַגֵּפָה מִנַּחֲלָתֶךָ.
אָבִינוּ מַלְכֵּנוּ, סְלַח וּמְחַל לְכָל עֲוֹנוֹתֵינוּ.
אָבִינוּ מַלְכֵּנוּ, מְחֵה וְהַעֲבֵר פְּשָׁעֵינוּ וְחַטֹּאתֵינוּ מִנֶּגֶד עֵינֶיךָ.
אָבִינוּ מַלְכֵּנוּ, מְחֹק בְּרַחֲמֶיךָ הָרַבִּים כָּל שִׁטְרֵי חוֹבוֹתֵינוּ.

מכאן עד ׳סְלִיחָה וּמְחִילָה׳ שליח הציבור אומר כל משפט בקול רם, והקהל אחריו:

אָבִינוּ מַלְכֵּנוּ, הַחֲזִירֵנוּ בִּתְשׁוּבָה שְׁלֵמָה לְפָנֶיךָ.
אָבִינוּ מַלְכֵּנוּ, שְׁלַח רְפוּאָה שְׁלֵמָה לְחוֹלֵי עַמֶּךָ.
אָבִינוּ מַלְכֵּנוּ, קְרַע רֹעַ גְּזַר דִּינֵנוּ.
אָבִינוּ מַלְכֵּנוּ, זָכְרֵנוּ בְּזִכְרוֹן טוֹב לְפָנֶיךָ.
אָבִינוּ מַלְכֵּנוּ, כָּתְבֵנוּ בְּסֵפֶר חַיִּים טוֹבִים.
אָבִינוּ מַלְכֵּנוּ, כָּתְבֵנוּ בְּסֵפֶר גְּאֻלָּה וִישׁוּעָה.
אָבִינוּ מַלְכֵּנוּ, כָּתְבֵנוּ בְּסֵפֶר פַּרְנָסָה וְכַלְכָּלָה.

אָבִינוּ מַלְכֵּנוּ, כָּתְבֵנוּ בְּסֵפֶר זְכֻיּוֹת.

אָבִינוּ מַלְכֵּנוּ, כָּתְבֵנוּ בְּסֵפֶר סְלִיחָה וּמְחִילָה. עד כאן בקול.

אָבִינוּ מַלְכֵּנוּ, הַצְמַח לָנוּ יְשׁוּעָה בְּקָרוֹב.

אָבִינוּ מַלְכֵּנוּ, הָרֵם קֶרֶן יִשְׂרָאֵל עַמֶּךָ.

אָבִינוּ מַלְכֵּנוּ, הָרֵם קֶרֶן מְשִׁיחֶךָ.

אָבִינוּ מַלְכֵּנוּ, מַלֵּא יָדֵינוּ מִבִּרְכוֹתֶיךָ.

אָבִינוּ מַלְכֵּנוּ, מַלֵּא אֲסָמֵינוּ שָׂבָע.

אָבִינוּ מַלְכֵּנוּ, שְׁמַע קוֹלֵנוּ, חוּס וְרַחֵם עָלֵינוּ.

אָבִינוּ מַלְכֵּנוּ, קַבֵּל בְּרַחֲמִים וּבְרָצוֹן אֶת תְּפִלָּתֵנוּ.

אָבִינוּ מַלְכֵּנוּ, פְּתַח שַׁעֲרֵי שָׁמַיִם לִתְפִלָּתֵנוּ.

אָבִינוּ מַלְכֵּנוּ, זְכֹר כִּי עָפָר אֲנָחְנוּ.

אָבִינוּ מַלְכֵּנוּ, נָא אַל תְּשִׁיבֵנוּ רֵיקָם מִלְּפָנֶיךָ.

אָבִינוּ מַלְכֵּנוּ, תְּהֵא הַשָּׁעָה הַזֹּאת שְׁעַת רַחֲמִים וְעֵת רָצוֹן מִלְּפָנֶיךָ.

אָבִינוּ מַלְכֵּנוּ, חֲמֹל עָלֵינוּ וְעַל עוֹלָלֵינוּ וְטַפֵּנוּ.

אָבִינוּ מַלְכֵּנוּ, עֲשֵׂה לְמַעַן הֲרוּגִים עַל שֵׁם קָדְשֶׁךָ.

אָבִינוּ מַלְכֵּנוּ, עֲשֵׂה לְמַעַן טְבוּחִים עַל יִחוּדֶךָ.

אָבִינוּ מַלְכֵּנוּ, עֲשֵׂה לְמַעַן בָּאֵי בָאֵשׁ וּבַמַּיִם עַל קִדּוּשׁ שְׁמֶךָ.

אָבִינוּ מַלְכֵּנוּ, נְקֹם לְעֵינֵינוּ נִקְמַת דַּם עֲבָדֶיךָ הַשָּׁפוּךְ.

אָבִינוּ מַלְכֵּנוּ, עֲשֵׂה לְמַעַנְךָ אִם לֹא לְמַעֲנֵנוּ.

אָבִינוּ מַלְכֵּנוּ, עֲשֵׂה לְמַעַנְךָ וְהוֹשִׁיעֵנוּ.

אָבִינוּ מַלְכֵּנוּ, עֲשֵׂה לְמַעַן רַחֲמֶיךָ הָרַבִּים.

אָבִינוּ מַלְכֵּנוּ, עֲשֵׂה לְמַעַן שִׁמְךָ הַגָּדוֹל הַגִּבּוֹר וְהַנּוֹרָא
שֶׁנִּקְרָא עָלֵינוּ.

◂ אָבִינוּ מַלְכֵּנוּ, חָנֵּנוּ וַעֲנֵנוּ, כִּי אֵין בָּנוּ מַעֲשִׂים
עֲשֵׂה עִמָּנוּ צְדָקָה וָחֶסֶד וְהוֹשִׁיעֵנוּ.

תפילה לפרנסה

שליח הציבור והקהל אומרים פסוק פסוק:

לְדָוִד מִזְמוֹר, לַיהוה הָאָרֶץ וּמְלוֹאָהּ, תֵּבֵל וְיֹשְׁבֵי בָהּ: תהלים כד
כִּי־הוּא עַל־יַמִּים יְסָדָהּ, וְעַל־נְהָרוֹת יְכוֹנְנֶהָ:
מִי־יַעֲלֶה בְהַר־יהוה, וּמִי־יָקוּם בִּמְקוֹם קָדְשׁוֹ:
נְקִי כַפַּיִם וּבַר־לֵבָב, אֲשֶׁר לֹא־נָשָׂא לַשָּׁוְא נַפְשִׁי
וְלֹא נִשְׁבַּע לְמִרְמָה:
יִשָּׂא בְרָכָה מֵאֵת יהוה, וּצְדָקָה מֵאֱלֹהֵי יִשְׁעוֹ:
זֶה דּוֹר דֹּרְשָׁו, מְבַקְשֵׁי פָנֶיךָ יַעֲקֹב סֶלָה:
שְׂאוּ שְׁעָרִים רָאשֵׁיכֶם, וְהִנָּשְׂאוּ פִּתְחֵי עוֹלָם
וְיָבוֹא מֶלֶךְ הַכָּבוֹד:
מִי זֶה מֶלֶךְ הַכָּבוֹד, יהוה עִזּוּז וְגִבּוֹר, יהוה גִּבּוֹר מִלְחָמָה:
שְׂאוּ שְׁעָרִים רָאשֵׁיכֶם, וּשְׂאוּ פִּתְחֵי עוֹלָם, וְיָבֹא מֶלֶךְ הַכָּבוֹד:
מִי הוּא זֶה מֶלֶךְ הַכָּבוֹד, יהוה צְבָאוֹת הוּא מֶלֶךְ הַכָּבוֹד סֶלָה:

יש מהחסידים המוסיפים בלחש תפילה זו, המובאת בספרי החיד״א (׳כף אחת׳ טו).
אין מבטאים את השמות המובאים בסוגריים.

יְהִי רָצוֹן מִלְּפָנֶיךָ, יהוה אֱלֹהֵינוּ, הָאֵל הַגָּדוֹל הַגִּבּוֹר וְהַנּוֹרָא, שֶׁתִּתְמַלֵּא רַחֲמִים, וְתָחֹן
עָלֵינוּ לְמַעַנְךָ וּלְמַעַן קְדֻשַּׁת הַמִּזְמוֹר הַזֶּה, וְהַשֵּׁמוֹת הַקְּדוֹשִׁים הַנִּזְכָּרִים בּוֹ, וּקְדֻשַּׁת
פְּסוּקָיו וְתֵבוֹתָיו וְאוֹתִיּוֹתָיו וּטְעָמָיו וְסוֹדוֹתָיו, וּקְדֻשַּׁת הַשֵּׁם הַקָּדוֹשׁ [דיקרנוסא] הַיּוֹצֵא
מִפָּסוּק: וַהֲרִיקֹתִי לָכֶם בְּרָכָה עַד־בְּלִי־דָי: וּמִפָּסוּק: נְסָה־עָלֵינוּ אוֹר פָּנֶיךָ יהוה: וְכָתְבֵנוּ מלאכי ג תהלים ד
בְּסֵפֶר פַּרְנָסָה טוֹבָה וְכַלְכָּלָה שָׁנָה זוֹ וְכָל שָׁנָה וְשָׁנָה, לָנוּ וּלְכָל בְּנֵי בֵיתֵנוּ כָּל יְמֵי חַיֵּינוּ,
בְּמִלּוּי וּבְרֶוַח, בְּהֶתֵּר וְלֹא בְאִסּוּר, בְּנַחַת וְלֹא בְצַעַר, וְלֹא בְעָמָל וָטֹרַח, בְּשַׁלְוָה וְהַשְׁקֵט
וָבֶטַח, בְּלִי שׁוּם עַיִן הָרָע. וּתְזַכֵּנוּ לַעֲבֹד עֲבוֹדַת הַקֹּדֶשׁ בְּלִי שׁוּם טִרְדָּה. וּתְפַרְנְסֵנוּ
פַּרְנָסָה שֶׁלֹּא יִהְיֶה בָהּ שׁוּם בּוּשָׁה וּכְלִמָּה. וְלֹא נִצְטָרֵךְ לְמַתְּנַת בָּשָׂר וָדָם, כִּי אִם מִיָּדְךָ
הַמְּלֵאָה וְהָרְחָבָה. וְתַצְלִיחֵנוּ וְתַרְוִיחֵנוּ בְּכָל לִמּוּדֵנוּ וּבְכָל מַעֲשֵׂה יָדֵינוּ וַעֲסָקֵינוּ. וְיִהְיֶה
בֵּיתֵנוּ מָלֵא בִּרְכַּת יהוה. וְנִשְׂבַּע לֶחֶם וְנִהְיֶה טוֹבִים. רַחוּם חַנּוּן שׁוֹמֵר תּוֹמֵךְ מַצִּיל
יָשָׁר פּוֹדֶה [רח״ש תמי״ף] רַחֵם עָלֵינוּ וּשְׁמַע תְּפִלָּתֵנוּ, כִּי אַתָּה שׁוֹמֵעַ תְּפִלַּת כָּל פֶּה.
בָּרוּךְ שׁוֹמֵעַ תְּפִלָּה [אוכף אראריתא כוז״ו אזבוגא].

סוגרים את ארון הקודש.

קדיש שלם

ש״ץ: יִתְגַּדַּל וְיִתְקַדַּשׁ שְׁמֵהּ רַבָּא (קהל: אָמֵן)
בְּעָלְמָא דִּי בְרָא כִרְעוּתֵהּ
וְיַמְלִיךְ מַלְכוּתֵהּ
וְיַצְמַח פֻּרְקָנֵהּ וִיקָרֵב מְשִׁיחֵהּ (קהל: אָמֵן)
בְּחַיֵּיכוֹן וּבְיוֹמֵיכוֹן וּבְחַיֵּי דְכָל בֵּית יִשְׂרָאֵל
בַּעֲגָלָא וּבִזְמַן קָרִיב
וְאִמְרוּ אָמֵן. (קהל: אָמֵן)

קהל וש״ץ: יְהֵא שְׁמֵהּ רַבָּא מְבָרַךְ לְעָלַם וּלְעָלְמֵי עָלְמַיָּא.

ש״ץ: יִתְבָּרַךְ וְיִשְׁתַּבַּח וְיִתְפָּאַר וְיִתְרוֹמַם וְיִתְנַשֵּׂא
וְיִתְהַדָּר וְיִתְעַלֶּה וְיִתְהַלָּל
שְׁמֵהּ דְּקֻדְשָׁא בְּרִיךְ הוּא (קהל: אָמֵן)
לְעֵלָּא לְעֵלָּא מִכָּל בִּרְכָתָא וְשִׁירָתָא, תֻּשְׁבְּחָתָא וְנֶחֱמָתָא
דַּאֲמִירָן בְּעָלְמָא
וְאִמְרוּ אָמֵן. (קהל: אָמֵן)

תִּתְקַבַּל צְלוֹתְהוֹן וּבָעוּתְהוֹן דְּכָל בֵּית יִשְׂרָאֵל
קֳדָם אֲבוּהוֹן דִּי בִשְׁמַיָּא
וְאִמְרוּ אָמֵן. (קהל: אָמֵן)

יְהֵא שְׁלָמָא רַבָּא מִן שְׁמַיָּא
וְחַיִּים טוֹבִים עָלֵינוּ וְעַל כָּל יִשְׂרָאֵל
וְאִמְרוּ אָמֵן. (קהל: אָמֵן)

כורע ופוסע שלוש פסיעות לאחור. קד לשמאל, לימין ולפנים באמירת:

עֹשֶׂה הַשָּׁלוֹם בִּמְרוֹמָיו
הוּא יַעֲשֶׂה שָׁלוֹם, עָלֵינוּ וְעַל כָּל יִשְׂרָאֵל
וְאִמְרוּ אָמֵן. (קהל: אָמֵן)

תפילת 'עָלֵינוּ' מסיימת את התפילות גם בימות החול, אך היא מיוחדת בימים הנוראים, שכן במקורה הייתה חלק מסדר מלכיות ונאמרה רק בהם, ומאוחר יותר הועתקה לשאר ימות השנה ('עָלֵינוּ' בסיום התפילה מוזכרת לראשונה במחזור ויטרי צט, ואינה מוזכרת בסידורי הגאונים והרמב"ם).

אומרים 'עָלֵינוּ' בעמידה ומשתחווים במקום המסומן ב־'.

עָלֵינוּ לְשַׁבֵּחַ לַאֲדוֹן הַכֹּל, לָתֵת גְּדֻלָּה לְיוֹצֵר בְּרֵאשִׁית
שֶׁלֹּא עָשָׂנוּ כְּגוֹיֵי הָאֲרָצוֹת, וְלֹא שָׂמָנוּ כְּמִשְׁפְּחוֹת הָאֲדָמָה
שֶׁלֹּא שָׂם חֶלְקֵנוּ כָּהֶם וְגוֹרָלֵנוּ כְּכָל הֲמוֹנָם.
שֶׁהֵם מִשְׁתַּחֲוִים לְהֶבֶל וָרִיק וּמִתְפַּלְלִים אֶל אֵל לֹא יוֹשִׁיעַ.
'וַאֲנַחְנוּ כּוֹרְעִים וּמִשְׁתַּחֲוִים וּמוֹדִים
לִפְנֵי מֶלֶךְ מַלְכֵי הַמְּלָכִים, הַקָּדוֹשׁ בָּרוּךְ הוּא
שֶׁהוּא נוֹטֶה שָׁמַיִם וְיוֹסֵד אָרֶץ, וּמוֹשַׁב יְקָרוֹ בַּשָּׁמַיִם מִמַּעַל
וּשְׁכִינַת עֻזּוֹ בְּגָבְהֵי מְרוֹמִים.
הוּא אֱלֹהֵינוּ, אֵין עוֹד.
אֱמֶת מַלְכֵּנוּ, אֶפֶס זוּלָתוֹ
כַּכָּתוּב בְּתוֹרָתוֹ, וְיָדַעְתָּ הַיּוֹם וַהֲשֵׁבֹתָ אֶל־לְבָבֶךָ דברים ד
כִּי יהוה הוּא הָאֱלֹהִים בַּשָּׁמַיִם מִמַּעַל וְעַל־הָאָרֶץ מִתָּחַת
אֵין עוֹד:

וְעַל כֵּן נְקַוֶּה לְּךָ יהוה אֱלֹהֵינוּ, לִרְאוֹת מְהֵרָה בְּתִפְאֶרֶת עֻזֶּךָ
לְהַעֲבִיר גִּלּוּלִים מִן הָאָרֶץ, וְהָאֱלִילִים כָּרוֹת יִכָּרֵתוּן
לְתַקֵּן עוֹלָם בְּמַלְכוּת שַׁדַּי.
וְכָל בְּנֵי בָשָׂר יִקְרְאוּ בִשְׁמֶךָ, לְהַפְנוֹת אֵלֶיךָ כָּל רִשְׁעֵי אָרֶץ.
יַכִּירוּ וְיֵדְעוּ כָּל יוֹשְׁבֵי תֵבֵל
כִּי לְךָ תִּכְרַע כָּל בֶּרֶךְ, תִּשָּׁבַע כָּל לָשׁוֹן.
לְפָנֶיךָ יהוה אֱלֹהֵינוּ יִכְרְעוּ וְיִפֹּלוּ, וְלִכְבוֹד שִׁמְךָ יְקָר יִתֵּנוּ
וִיקַבְּלוּ כֻלָּם אֶת עֹל מַלְכוּתֶךָ, וְתִמְלֹךְ עֲלֵיהֶם מְהֵרָה לְעוֹלָם וָעֶד.
כִּי הַמַּלְכוּת שֶׁלְּךָ הִיא וּלְעוֹלְמֵי עַד תִּמְלֹךְ בְּכָבוֹד
כַּכָּתוּב בְּתוֹרָתֶךָ, יהוה יִמְלֹךְ לְעֹלָם וָעֶד: שמות טו

◂ וְנֶאֱמַר, וְהָיָה יהוה לְמֶלֶךְ עַל־כָּל־הָאָרֶץ זכריה יד
בַּיּוֹם הַהוּא יִהְיֶה יהוה אֶחָד וּשְׁמוֹ אֶחָד:

יש מוסיפים:

אַל־תִּירָא מִפַּחַד פִּתְאֹם וּמִשֹּׁאַת רְשָׁעִים כִּי תָבֹא: משלי ג
עֻצוּ עֵצָה וְתֻפָר, דַּבְּרוּ דָבָר וְלֹא יָקוּם, כִּי עִמָּנוּ אֵל: ישעיה ח
וְעַד־זִקְנָה אֲנִי הוּא, וְעַד־שֵׂיבָה אֲנִי אֶסְבֹּל, אֲנִי עָשִׂיתִי וַאֲנִי אֶשָּׂא וַאֲנִי אֶסְבֹּל וַאֲמַלֵּט: ישעיה מו

קדיש יתום

אם יש מניין, האבלים עומדים ואומרים קדיש יתום.

אבל: יִתְגַּדַּל וְיִתְקַדַּשׁ שְׁמֵהּ רַבָּא (קהל: אָמֵן)
בְּעָלְמָא דִּי בְרָא כִרְעוּתֵהּ, וְיַמְלִיךְ מַלְכוּתֵהּ
וְיַצְמַח פֻּרְקָנֵהּ וִיקָרֵב מְשִׁיחֵהּ (קהל: אָמֵן)
בְּחַיֵּיכוֹן וּבְיוֹמֵיכוֹן וּבְחַיֵּי דְכָל בֵּית יִשְׂרָאֵל
בַּעֲגָלָא וּבִזְמַן קָרִיב, וְאִמְרוּ אָמֵן. (קהל: אָמֵן)

קהל ואבל: יְהֵא שְׁמֵהּ רַבָּא מְבָרַךְ לְעָלַם וּלְעָלְמֵי עָלְמַיָּא.

אבל: יִתְבָּרַךְ וְיִשְׁתַּבַּח וְיִתְפָּאַר וְיִתְרוֹמַם וְיִתְנַשֵּׂא
וְיִתְהַדָּר וְיִתְעַלֶּה וְיִתְהַלָּל
שְׁמֵהּ דְּקֻדְשָׁא בְּרִיךְ הוּא (קהל: אָמֵן)
לְעֵלָּא לְעֵלָּא מִכָּל בִּרְכָתָא וְשִׁירָתָא,
תֻּשְׁבְּחָתָא וְנֶחֱמָתָא, דַּאֲמִירָן בְּעָלְמָא, וְאִמְרוּ אָמֵן. (קהל: אָמֵן)

יְהֵא שְׁלָמָא רַבָּא מִן שְׁמַיָּא
וְחַיִּים טוֹבִים עָלֵינוּ וְעַל כָּל יִשְׂרָאֵל, וְאִמְרוּ אָמֵן. (קהל: אָמֵן)

כורע ופוסע שלוש פסיעות לאחור. קד לשמאל, לימין ולפנים באמירת:

עֹשֶׂה הַשָּׁלוֹם בִּמְרוֹמָיו
הוּא יַעֲשֶׂה שָׁלוֹם עָלֵינוּ
וְעַל כָּל יִשְׂרָאֵל, וְאִמְרוּ אָמֵן. (קהל: אָמֵן)

בבתי כנסת המתפללים בנוסח אשכנז, נוהגים להוסיף כאן
את המזמור ׳לְדָוִד, ה׳ אוֹרִי וְיִשְׁעִי׳ (עמ׳ 25) וקדיש יתום.

יש השרים כאן ׳יִגְדַּל׳, יש השרים ׳אֲדוֹן עוֹלָם׳, ויש קהילות שבהן שרים את שניהם.

יִגְדַּל אֱלֹהִים חַי וְיִשְׁתַּבַּח, נִמְצָא וְאֵין עֵת אֶל מְצִיאוּתוֹ.
אֶחָד וְאֵין יָחִיד כְּיִחוּדוֹ, נֶעְלָם וְגַם אֵין סוֹף לְאַחְדוּתוֹ.
אֵין לוֹ דְּמוּת הַגּוּף וְאֵינוֹ גוּף, לֹא נַעֲרֹךְ אֵלָיו קְדֻשָּׁתוֹ.
קַדְמוֹן לְכָל דָּבָר אֲשֶׁר נִבְרָא, רִאשׁוֹן וְאֵין רֵאשִׁית לְרֵאשִׁיתוֹ.
הִנּוֹ אֲדוֹן עוֹלָם, וְכָל נוֹצָר יוֹרֶה גְדֻלָּתוֹ וּמַלְכוּתוֹ.
שֶׁפַע נְבוּאָתוֹ נְתָנוֹ אֶל־אַנְשֵׁי סְגֻלָּתוֹ וְתִפְאַרְתּוֹ.
לֹא קָם בְּיִשְׂרָאֵל כְּמֹשֶׁה עוֹד נָבִיא וּמַבִּיט אֶת תְּמוּנָתוֹ.
תּוֹרַת אֱמֶת נָתַן לְעַמּוֹ אֵל עַל יַד נְבִיאוֹ נֶאֱמַן בֵּיתוֹ.
לֹא יַחֲלִיף הָאֵל וְלֹא יָמִיר דָּתוֹ לְעוֹלָמִים לְזוּלָתוֹ.
צוֹפֶה וְיוֹדֵעַ סְתָרֵינוּ, מַבִּיט לְסוֹף דָּבָר בְּקַדְמָתוֹ.
גּוֹמֵל לְאִישׁ חֶסֶד כְּמִפְעָלוֹ, נוֹתֵן לְרָשָׁע רָע כְּרִשְׁעָתוֹ.
יִשְׁלַח לְקֵץ יָמִין מְשִׁיחֵנוּ לִפְדּוֹת מְחַכֵּי קֵץ יְשׁוּעָתוֹ.
מֵתִים יְחַיֶּה אֵל בְּרֹב חַסְדּוֹ, בָּרוּךְ עֲדֵי עַד שֵׁם תְּהִלָּתוֹ.

אֲדוֹן עוֹלָם אֲשֶׁר מָלַךְ בְּטֶרֶם כָּל־יְצִיר נִבְרָא.
לְעֵת נַעֲשָׂה בְחֶפְצוֹ כֹּל אֲזַי מֶלֶךְ שְׁמוֹ נִקְרָא.
וְאַחֲרֵי כִּכְלוֹת הַכֹּל לְבַדּוֹ יִמְלֹךְ נוֹרָא.
וְהוּא הָיָה וְהוּא הֹוֶה וְהוּא יִהְיֶה בְּתִפְאָרָה.
וְהוּא אֶחָד וְאֵין שֵׁנִי לְהַמְשִׁיל לוֹ לְהַחְבִּירָה.
בְּלִי רֵאשִׁית בְּלִי תַכְלִית וְלוֹ הָעֹז וְהַמִּשְׂרָה.
וְהוּא אֵלִי וְחַי גּוֹאֲלִי וְצוּר חֶבְלִי בְּעֵת צָרָה.
וְהוּא נִסִּי וּמָנוֹס לִי מְנָת כּוֹסִי בְּיוֹם אֶקְרָא.
בְּיָדוֹ אַפְקִיד רוּחִי בְּעֵת אִישַׁן וְאָעִירָה.
וְעִם רוּחִי גְּוִיָּתִי יהוה לִי וְלֹא אִירָא.

יש נוהגים לומר מזמורים אלו (של״ה).

אַשְׁרֵי־הָאִישׁ אֲשֶׁר לֹא הָלַךְ בַּעֲצַת רְשָׁעִים, וּבְדֶרֶךְ חַטָּאִים לֹא עָמָד, תהלים א
וּבְמוֹשַׁב לֵצִים לֹא יָשָׁב: כִּי אִם בְּתוֹרַת יהוה חֶפְצוֹ, וּבְתוֹרָתוֹ יֶהְגֶּה יוֹמָם
וָלָיְלָה: וְהָיָה כְּעֵץ שָׁתוּל עַל־פַּלְגֵי מָיִם, אֲשֶׁר פִּרְיוֹ יִתֵּן בְּעִתּוֹ, וְעָלֵהוּ לֹא־
יִבּוֹל, וְכֹל אֲשֶׁר־יַעֲשֶׂה יַצְלִיחַ: לֹא־כֵן הָרְשָׁעִים, כִּי אִם־כַּמֹּץ אֲשֶׁר־תִּדְּפֶנּוּ
רוּחַ: עַל־כֵּן לֹא־יָקֻמוּ רְשָׁעִים בַּמִּשְׁפָּט, וְחַטָּאִים בַּעֲדַת צַדִּיקִים: כִּי־יוֹדֵעַ
יהוה דֶּרֶךְ צַדִּיקִים, וְדֶרֶךְ רְשָׁעִים תֹּאבֵד:

לָמָּה רָגְשׁוּ גוֹיִם, וּלְאֻמִּים יֶהְגּוּ־רִיק: יִתְיַצְּבוּ מַלְכֵי־אֶרֶץ וְרוֹזְנִים נוֹסְדוּ־יָחַד, תהלים ב
עַל־יהוה וְעַל־מְשִׁיחוֹ: נְנַתְּקָה אֶת־מוֹסְרוֹתֵימוֹ, וְנַשְׁלִיכָה מִמֶּנּוּ עֲבֹתֵימוֹ:
יוֹשֵׁב בַּשָּׁמַיִם יִשְׂחָק, אֲדֹנָי יִלְעַג־לָמוֹ: אָז יְדַבֵּר אֵלֵימוֹ בְאַפּוֹ, וּבַחֲרוֹנוֹ
יְבַהֲלֵמוֹ: וַאֲנִי נָסַכְתִּי מַלְכִּי עַל־צִיּוֹן הַר־קָדְשִׁי: אֲסַפְּרָה אֶל חֹק, יהוה אָמַר
אֵלַי בְּנִי אַתָּה, אֲנִי הַיּוֹם יְלִדְתִּיךָ: שְׁאַל מִמֶּנִּי וְאֶתְּנָה גוֹיִם נַחֲלָתֶךָ, וַאֲחֻזָּתְךָ
אַפְסֵי־אָרֶץ: תְּרֹעֵם בְּשֵׁבֶט בַּרְזֶל, כִּכְלִי יוֹצֵר תְּנַפְּצֵם: וְעַתָּה מְלָכִים הַשְׂכִּילוּ,
הִוָּסְרוּ שֹׁפְטֵי אָרֶץ: עִבְדוּ אֶת־יהוה בְּיִרְאָה, וְגִילוּ בִּרְעָדָה: נַשְּׁקוּ־בַר פֶּן־יֶאֱנַף
וְתֹאבְדוּ דֶרֶךְ, כִּי־יִבְעַר כִּמְעַט אַפּוֹ, אַשְׁרֵי כָּל־חוֹסֵי בוֹ:

מִזְמוֹר לְדָוִד בְּבָרְחוֹ מִפְּנֵי אַבְשָׁלוֹם בְּנוֹ: יהוה מָה־רַבּוּ צָרָי, רַבִּים קָמִים עָלָי: תהלים ג
רַבִּים אֹמְרִים לְנַפְשִׁי, אֵין יְשׁוּעָתָה לּוֹ בֵאלֹהִים סֶלָה: וְאַתָּה יהוה מָגֵן בַּעֲדִי,
כְּבוֹדִי וּמֵרִים רֹאשִׁי: קוֹלִי אֶל־יהוה אֶקְרָא, וַיַּעֲנֵנִי מֵהַר קָדְשׁוֹ סֶלָה: אֲנִי
שָׁכַבְתִּי וָאִישָׁנָה, הֱקִיצוֹתִי כִּי יהוה יִסְמְכֵנִי: לֹא־אִירָא מֵרִבְבוֹת עָם, אֲשֶׁר
סָבִיב שָׁתוּ עָלָי: קוּמָה יהוה, הוֹשִׁיעֵנִי אֱלֹהַי, כִּי־הִכִּיתָ אֶת־כָּל־אֹיְבַי לֶחִי,
שִׁנֵּי רְשָׁעִים שִׁבַּרְתָּ: לַיהוה הַיְשׁוּעָה, עַל־עַמְּךָ בִרְכָתֶךָ סֶּלָה:

לַמְנַצֵּחַ בִּנְגִינוֹת מִזְמוֹר לְדָוִד: בְּקָרְאִי עֲנֵנִי אֱלֹהֵי צִדְקִי, בַּצָּר הִרְחַבְתָּ לִּי, תהלים ד
חָנֵּנִי וּשְׁמַע תְּפִלָּתִי: בְּנֵי־אִישׁ עַד־מֶה כְבוֹדִי לִכְלִמָּה תֶּאֱהָבוּן רִיק, תְּבַקְשׁוּ
כָזָב סֶלָה: וּדְעוּ כִּי־הִפְלָה יהוה חָסִיד לוֹ, יהוה יִשְׁמַע בְּקָרְאִי אֵלָיו: רִגְזוּ
וְאַל־תֶּחֱטָאוּ אִמְרוּ בִלְבַבְכֶם עַל־מִשְׁכַּבְכֶם וְדֹמּוּ סֶלָה: זִבְחוּ זִבְחֵי־צֶדֶק,
וּבִטְחוּ אֶל־יהוה: רַבִּים אֹמְרִים מִי־יַרְאֵנוּ טוֹב, נְסָה־עָלֵינוּ אוֹר פָּנֶיךָ יהוה:
נָתַתָּה שִׂמְחָה בְלִבִּי, מֵעֵת דְּגָנָם וְתִירוֹשָׁם רָבּוּ: בְּשָׁלוֹם יַחְדָּו אֶשְׁכְּבָה וְאִישָׁן,
כִּי־אַתָּה יהוה לְבָדָד לָבֶטַח תּוֹשִׁיבֵנִי:

קדיש יתום

אם יש מניין, האבלים עומדים ואומרים קדיש יתום.

אבל: **יִתְגַּדַּל וְיִתְקַדַּשׁ שְׁמֵהּ רַבָּא** (קהל: אָמֵן)
בְּעָלְמָא דִּי בְרָא כִרְעוּתֵהּ
וְיַמְלִיךְ מַלְכוּתֵהּ
וְיַצְמַח פֻּרְקָנֵהּ וִיקָרֵב מְשִׁיחֵהּ (קהל: אָמֵן)
בְּחַיֵּיכוֹן וּבְיוֹמֵיכוֹן וּבְחַיֵּי דְכָל בֵּית יִשְׂרָאֵל
בַּעֲגָלָא וּבִזְמַן קָרִיב
וְאִמְרוּ אָמֵן. (קהל: אָמֵן)

קהל ואבל: **יְהֵא שְׁמֵהּ רַבָּא מְבָרַךְ לְעָלַם וּלְעָלְמֵי עָלְמַיָּא.**

אבל: **יִתְבָּרַךְ וְיִשְׁתַּבַּח וְיִתְפָּאַר וְיִתְרוֹמַם וְיִתְנַשֵּׂא**
וְיִתְהַדָּר וְיִתְעַלֶּה וְיִתְהַלָּל
שְׁמֵהּ דְּקֻדְשָׁא בְּרִיךְ הוּא (קהל: אָמֵן)
לְעֵלָּא לְעֵלָּא מִכָּל בִּרְכָתָא
וְשִׁירָתָא תֻּשְׁבְּחָתָא וְנֶחֱמָתָא
דַּאֲמִירָן בְּעָלְמָא
וְאִמְרוּ אָמֵן. (קהל: אָמֵן)

יְהֵא שְׁלָמָא רַבָּא מִן שְׁמַיָּא
וְחַיִּים טוֹבִים עָלֵינוּ וְעַל כָּל יִשְׂרָאֵל
וְאִמְרוּ אָמֵן. (קהל: אָמֵן)

כורע ופוסע שלוש פסיעות לאחור, קד לשמאל, לימין ולפנים באמירת:

עֹשֶׂה הַשָּׁלוֹם בִּמְרוֹמָיו
הוּא יַעֲשֶׂה שָׁלוֹם
עָלֵינוּ וְעַל כָּל יִשְׂרָאֵל
וְאִמְרוּ אָמֵן. (קהל: אָמֵן)

שיר הייחוד

ליום ראשון

ש״ץ: אָשִֽׁירָה וַאֲזַמְּרָה לֵאלֹהַי בְּעוֹדִי: / הָאֱלֹהִים הָרֹעֶה אֹתִי מֵעוֹדִי: תהלים קד בראשית מח

קהל: עַד הַיּוֹם הַזֶּה הֶחֱזַֽקְתָּ בְּיָדִי / חַיִּים וָחֶֽסֶד עָשִֽׂיתָ עִמָּדִי: איוב י

ש״ץ: בָּרוּךְ יהוה וּבָרוּךְ שֵׁם כְּבוֹדוֹ / כִּי עַל עַבְדּוֹ הִפְלִיא חַסְדּוֹ.

קהל: אֱלֹהֵי מָרוֹם בַּמָּה אֲקַדֵּם / וּבַמָּה אִכַּף לֵאלֹהֵי קֶֽדֶם.

ש״ץ: אִלּוּ הָרִים הֵם לְמַעֲרָכָה / וְכָל עֲצֵי לְבָנוֹן, בְּכָל עֲרוּכָה.

קהל: וְאִם כָּל בְּהֵמוֹת וְחַיּוֹת קְרוּצִים / נְתָחִים עֲרוּכִים עַל הָעֵצִים.

ש״ץ: וְאַף זָוִיּוֹת מִזְבֵּֽחַ מְבוּסִים / דָּם, כַּמַּֽיִם לַיָּם מְכַסִּים: ישעיה יא

קהל: וְכַחוֹל סֹֽלֶת דָּשֵׁן וְשָׁמֵן / בָּלוּל בְּרִבְבוֹת נַחֲלֵי שָֽׁמֶן: מיכה ו

ש״ץ: וּלְאַזְכָּרָה לְבוֹנָה וְסַמִּים / לִקְטֹֽרֶת וְכָל רָאשֵׁי בְשָׂמִים.

קהל: וְאִלּוּ נֵרוֹת עַל הַמְּנוֹרוֹת / יִהְיוּ מְאִירוֹת כִּשְׁנֵי הַמְּאוֹרוֹת.

ש״ץ: וּכְהַרְרֵי אֵל, לֶֽחֶם הַפָּנִים / עַל שֻׁלְחָנוֹת עֲרוּכִים בִּפְנִים.

קהל: וְיַֽיִן כְּמוֹ מְטַר הַשָּׁמַֽיִם / וְשֵׁכָר לְנֶֽסֶךְ כְּעֵינוֹת מָֽיִם.

ש״ץ: וְאִלּוּ כָּל בְּנֵי אָדָם כֹּהֲנִים / לְוִיִּם מְשׁוֹרְרִים כִּכְנַף רְנָנִים.

קהל: וְכָל עֲצֵי עֵֽדֶן, וְכָל עֲצֵי יְעָרִים / כִּנּוֹרוֹת וּנְבָלִים לְשָׁרִים.

ש״ץ: וְכָל בְּנֵי אֱלֹהִים בְּקוֹל תְּרוּעָתָם / וְהַכּוֹכָבִים מִמְּסִלּוֹתָם.

קהל: וְכָל הַלְּבָנוֹן וְחַיָּה כֻּלָּהּ / אֵין דֵּי בָעֵר, וְאֵין דֵּי עוֹלָה.

ש״ץ: הֵן בְּכָל אֵֽלֶּה אֵין דֵּי לַעֲבֹד / וְאֵין דֵּי לְקַדֵּם אֵל הַכָּבוֹד.

קהל: כִּי נִכְבַּֽדְתָּ מְאֹד מַלְכֵּֽנוּ / וּבַמֶּה נְכַף לַאֲדוֹנֵֽנוּ.

ש״ץ: אָמְנָם לֹא יוּכְלוּ כַּבְּדֶֽךָ / כָּל חַי, אַף כִּי אֲנִי עַבְדֶּֽךָ.

קהל: וַאֲנִי נִבְזֶה וַחֲדַל אִישִׁים / נִמְאָס בְּעֵינַי וּשְׁפַל אֲנָשִׁים.

ש״ץ: וְאֵין לְעַבְדְּךָ כֹּל לְכַבְּדֶֽךָ / לְהָשִׁיב לְךָ גְּמוּל עַל חֲסָדֶֽיךָ.

קהל: כִּי הִרְבֵּֽיתָ טוֹבוֹת אֵלַי / כִּי הִגְדַּֽלְתָּ חַסְדְּךָ עָלָי.

ש״ץ: וְרַב שְׁלוֹמִים, לְךָ חִיַּבְתִּי / כִּי עָשִׂיתָ טוֹבוֹת אִתִּי.
קהל: וְלֹא חִיַּבְתָּ לִי גְּמוּלֶיךָ / כָּל טוֹבָתִי בַּל עָלֶיךָ.

ש״ץ: עַל הַטּוֹבוֹת לֹא עֲבַדְתִּיךָ / אַחַת לְרִבֹּא לֹא גְמַלְתִּיךָ.
קהל: אִם אָמַרְתִּי אֲסַפְּרָה נָּא, כְּמוֹ / לֹא יָדַעְתִּי סְפֹרוֹת לָמוֹ.

ש״ץ: וּמָה אָשִׁיב לְךָ, וְהַכֹּל שֶׁלָּךְ / לְךָ שָׁמַיִם, אַף אֶרֶץ לָךְ.
קהל: יַמִּים וְכָל אֲשֶׁר בָּם, בְּיָדֶךָ / וְכֻלָּם יִשְׂבְּעוּן מִיָּדֶךָ.

ש״ץ: וַאֲנַחְנוּ עַמְּךָ וְצֹאנֶךָ / וַחֲפֵצִים לַעֲשׂוֹת רְצוֹנֶךָ.
קהל: וְאֵיךְ נַעֲבֹד וְאֵין לְאֵל יָדֵנוּ / וְלִשְׂרֵפַת אֵשׁ, בֵּית קָדְשֵׁנוּ.

ש״ץ: וְאֵיךְ נַעֲבֹד, וְאֵין זֶבַח וּמִנְחָה / כִּי לֹא בָאנוּ אֶל הַמְּנוּחָה.
קהל: וּמַיִם אַיִן לְהַעֲבִיר טֻמְאָה / וַאֲנַחְנוּ עַל אֲדָמָה טְמֵאָה.

ש״ץ: שָׂשׂ אָנֹכִי עַל אֲמָרֶיךָ / וַאֲנִי בָאתִי בִּדְבָרֶיךָ.
תהלים נ קהל: כִּי כָתוּב, לֹא עַל זְבָחֶיךָ / וְעוֹלֹתֶיךָ אוֹכִיחֶךָ.

ש״ץ: עַל דְּבַר זֶבַח, וְעוֹלוֹתֵיכֶם / לֹא צִוִּיתִי אֶת אֲבוֹתֵיכֶם.
קהל: מַה שָּׁאַלְתִּי וּמַה דָּרַשְׁתִּי / מִמְּךָ, כִּי אִם לְיִרְאָה אוֹתִי.

שמואל א׳ טו ש״ץ: לַעֲבוֹד בְּשִׂמְחָה וּבְלֵבָב טוֹב / הִנֵּה שְׁמֹעַ מִזֶּבַח טוֹב:
תהלים נא קהל: וְלֵב נִשְׁבָּר, מִמִּנְחָה טְהוֹרָה / זִבְחֵי אֱלֹהִים רוּחַ נִשְׁבָּרָה:

תהלים מ ש״ץ: זֶבַח וּמִנְחָה לֹא־חָפַצְתָּ: / חַטָּאת וְעוֹלָה לֹא שָׁאָלְתָּ.
קהל: מִזְבֵּחַ אֶבְנֶה בְּשִׁבְרוֹן לִבִּי / וַאֲשַׁבְּרָה אַף רוּחִי בְּקִרְבִּי.

ש״ץ: רוּם לֵב אַשְׁפִּיל, וְאֶת רוּם עֵינַי / וְאֶקְרַע לְבָבִי לְמַעַן אֲדֹנָי.
קהל: שִׁבְרֵי רוּחִי הֵם זְבָחֶיךָ / יַעֲלוּ לְרָצוֹן עַל מִזְבְּחֶךָ.

ש״ץ: וְאַשְׁמִיעַ בְּקוֹל הוֹדָיוֹתֶיךָ / וַאֲסַפְּרָה כָּל נִפְלְאוֹתֶיךָ.
קהל: אֲשֶׁר יָדְעָה נַפְשִׁי אַחְבִּירָה / אֲמַלֵּל גְּבוּרוֹת וַאֲדַבֵּרָה.

במדבר כב ש״ץ: וּמָה אֶעֱרֹךְ, וְלֹא יָדַעְתִּי מָה / הֲיָכֹל אוּכַל דַּבֵּר מְאוּמָה:
קהל: כִּי אֵין חֵקֶר לִגְדֻלָּתוֹ / וְגַם אֵין מִסְפָּר לִתְבוּנָתוֹ.

ש״ץ: חֲכַם לֵבָב הוּא, מִי כָמוֹהוּ / שַׂגִּיא כֹחַ, לֹא מְצָאנֻהוּ. איוב לז
קהל: עוֹשֶׂה גְדוֹלוֹת וְרַב נוֹרָאוֹת / גָּדוֹל אַתָּה וְעֹשֵׂה נִפְלָאוֹת: תהלים פו

ש״ץ: עַד אֵין מִסְפָּר וְעַד אֵין חֵקֶר / וְלֹא נוֹדַע כִּי לֹא יֵחָקֵר.
קהל: אֵיזוֹ עַיִן אֲשֶׁר תְּעִידֶךָ / וְאֵיזֶה פֶּה אֲשֶׁר יַגִּידֶךָ.

ש״ץ: חַי לֹא רָאֲךָ וְלֵב לֹא יְדָעֲךָ / וְאֵיזֶה שֶׁבַח אֲשֶׁר יַגִּיעֲךָ.
קהל: גַּם מְשָׁרְתֶיךָ לֹא רָאוּךָ / וְכָל חַכְמֵי לֵב לֹא מְצָאוּךָ.

ש״ץ: אַתָּה לְבַדְּךָ מַכִּיר שִׁבְחֲךָ / וְאֵין זוּלָתְךָ יוֹדֵעַ כֹּחֲךָ.
קהל: וְאֵין יוֹדֵעַ בִּלְעָדֶיךָ / שְׁבָחוֹת רְאוּיוֹת לִכְבוֹדֶךָ.

ש״ץ: עַל כֵּן תְּבֹרַךְ כָּרָאוּי לָךְ / כְּפִי קָדְשֶׁךָ, כִּבוֹדְךָ וְגָדְלָךְ.
קהל: וּמִפִּי הַכֹּל, בְּכָל אֱיָלוּתָם / כְּפִי מַדָּע אֲשֶׁר אַתָּה חֲנַנְתָּם.

ש״ץ: יוֹדוּ פִלְאֲךָ הַשָּׁמַיִם / וִיאַדְּרוּךָ קוֹלוֹת מַיִם.
קהל: וְיָרִיעוּ לְךָ כָּל הָאָרֶץ / יוֹדוּךָ כָּל מַלְכֵי אָרֶץ.

ש״ץ: אַף יוֹדוּךָ כָּל הָעַמִּים / וִישַׁבְּחוּךָ כָּל הָאֻמִּים.
קהל: כָּל זֶרַע יַעֲקֹב עֲבָדֶיךָ / כִּי עֲלֵיהֶם גָּבְרוּ חֲסָדֶיךָ.

ש״ץ: אֶת שֵׁם יהוה יְהַלְלוּ כֻלָּם / אֵל אֱלֹהִים אֱמֶת, וּמֶלֶךְ עוֹלָם.
קהל: בָּרוּךְ אַתָּה יָחִיד וּמְיֻחָד / יהוה אֶחָד וּשְׁמוֹ אֶחָד: זכריה יד

ליום שני

ש״ץ: וַאֲנִי עַבְדְּךָ בֶּן אֲמָתֶךָ / אֲדַבֵּר, אֲמַלֵּל גְּבוּרוֹתֶיךָ.
קהל: דַּרְכֵי שִׁבְחֲךָ, קְצָתָם אֲסַפְּרָה / מַעֲשֶׂיךָ מַה נּוֹרָא, אוֹמְרָה.

ש״ץ: אֵין אֵלֶיךָ עֲרֹךְ בְּסֵפֶר / אַגִּידָה, עָצְמוּ מִסַּפֵּר.
קהל: חֵקֶר אֱלוֹהַּ לֹא יִמָּצֵא / וְתַכְלִית שַׁדַּי לֹא תִקָּצֶה.

ש״ץ: וְלִתְבוּנָתוֹ הֲלֹא אֵין חֵקֶר / וּמִסְפַּר שָׁנָיו לֹא יֵחָקֵר.
קהל: וְגַם אֵין מִסְפָּר לִגְדוּדֶיךָ / בְּצִבְאוֹתֶיךָ, אוֹת כְּבוֹדֶךָ.

ש״ץ: אֵיזוֹ עַיִן אֲשֶׁר תְּעִידֶךָ / וְחַי לֹא רָאָה פְּנֵי כְבוֹדֶךָ.
קהל: נָבוֹן וְחָכָם הֵן לֹא יָדַע / וְאֵיךְ אֶעֱרֹךְ, עַל אֲשֶׁר לֹא אֵדָע.

ש״ץ: וְאִם יֹאמַר אִישׁ, עַד תַּכְלִיתוֹ / אֶעֱרֹךְ אֵלָיו, וּבְמַתְכֻּנְתּוֹ.
תהלים עח קהל: אָבֹא וְאֶמְצָא תַּכְלִית שִׁבְחוֹ / לֹא־נֶאֶמְנָה אֶת־אֵל רוּחוֹ:

ש״ץ: יְבֻלַּע כִּי לֹא יֵדַע עֶרְכּוֹ / אַחֲרִית פִּיהוּ וְרֵאשִׁית דַּרְכּוֹ.
קהל: וְעָמְדִי לֹא כֵן אָנֹכִי / וּפִי לֹא אֶתֵּן לַחֲטֹא, וְחִכִּי.

במדבר כג ש״ץ: אֲסַפְּרָה לְאַחַי קְצוֹת דַּרְכֵי אֵל / וּלְיִשְׂרָאֵל מַה־פָּעַל אֵל:
תהלים סו קהל: כַּכָּתוּב, אִמְרוּ לֵאלֹהִים / מַה־נּוֹרָא מַעֲשֶׂיךָ, אֱלֹהִים.

ישעיה מג ש״ץ: וְאָמַרְתָּ, עַם־זוּ יָצַרְתִּי לִי: / יְסַפְּרוּ שְׁמִי וּתְהִלָּתִי.
קהל: בְּמִצְרַיִם שַׂמְתִּי עֲלִילוֹתַי / לְמַעַן תְּסַפֵּר אֶת אוֹתוֹתָי.

ש״ץ: וַאֲנִי עַבְדְּךָ, עַל כֵּן אֲסַפֵּר / כַּאֲשֶׁר אֶדְרֹשׁ מֵעַל סֵפֶר.
קהל: תְּהַלֵּל נַפְשִׁי כֹּחַ מַעֲשֶׂיךָ / וְכָל קְרָבַי אֶת שֵׁם קָדְשֶׁךָ.

ש״ץ: וַאֲבָרְכֶכָּה בְּכָל עִנְיָנַי / וּבְכָל לִבִּי אוֹדֶה אֶת אֲדֹנָי.
קהל: גַּם בִּגְרוֹנִי רוֹמְמוֹתֶיךָ / וְאֶת פִּי אֲמַלֵּא תְּהִלָּתֶךָ.

ש״ץ: כִּי פִי יַגִּיד תְּהִלָּתֶךָ / כָּל הַיּוֹם אֶת תִּפְאַרְתֶּךָ.
קהל: וְאֹמְרָה נָּא עֱזוּז נוֹרְאוֹתֶיךָ / וְאָשִׂיחָה דִּבְרֵי נִפְלְאוֹתֶיךָ.

ש״ץ: וְאַזְכִּיר טוּבְךָ וְצִדְקוֹתֶיךָ / חֲסָדֶיךָ וּגְבוּרוֹתֶיךָ.
קהל: יָדַעְתִּי כִּי גָדוֹל אַתָּה / עַל כָּל אֱלֹהִים, מְאֹד גָּדַלְתָּ.

ש״ץ: כִּי כָל אֱלֹהֵי הָעַמִּים הֵם / אֱלִילִים אִלְּמִים, רוּחַ אֵין בָּהֶם.
קהל: הֵן לְעוֹבְדֵיהֶם גְּמוּל אֵין מְשִׁיבִים / וְלָמָּה לָהֶם, הֵמָּה מֵיטִיבִים.

ש״ץ: וּבְעֵת צָרָה אָז יִתְפַּלְּלוּ / וְלֹא יַעֲנוּם, כִּי לֹא יוֹעִילוּ.
קהל: דּוֹרְשִׁים בְּכָל לֵב לְרוּחַ אֵין בּוֹ / וְקָרוֹב יהוה אֶל עַם קְרוֹבוֹ.

ש״ץ: הַיּוֹצֵר כֹּל הוּא אֱלֹהֵינוּ / הוּא עָשָׂנוּ, וְלוֹ לְבַד אֲנָחְנוּ.
קהל: עַם מַרְעִיתוֹ וְצֹאן יָדוֹ / נְבָרֵךְ שְׁמוֹ כִּי לְעוֹלָם חַסְדּוֹ.

ש״ץ: בְּצַר לָנוּ מְאֹד נִמְצֵאתָ / כִּי דֹרְשֶׁיךָ לֹא עָזָבְתָּ.
קהל: וְתָמִיד בְּפִינוּ תְּהִלָּתֶךָ / וּמְהַלְלִים לְשֵׁם תִּפְאַרְתֶּךָ: דברי הימים א׳ כט

ש״ץ: עַד אַתָּה בְּךָ וּבִכְבוֹדֶךָ / וּמְשָׁרְתֶיךָ אַף עֲבָדֶיךָ.
קהל: אֲשֶׁר כְּבוֹדְךָ מְלֹא כָל הָאָרֶץ / וּכְבוֹדְךָ עַל כָּל הָאָרֶץ.

ש״ץ: וַאֲבוֹתֵינוּ בָּחֲרוּ אוֹתְךָ / לְבַדְּךָ לַעֲבֹד, וְאֵין לְזָר אִתָּךְ.
קהל: גַּם אֲנַחְנוּ אוֹתְךָ לְבַדֶּךָ / נַעֲבֹד, כְּבֵן אֶת אָב נְכַבְּדֶךָ.

ש״ץ: וְהִנְנוּ עַל יִחוּדֶךָ / יוֹמָם וָלַיְלָה עֵדֶיךָ.
קהל: בְּפִי כֻלָּנוּ וּבִלְבָבֵנוּ / שֶׁאַתָּה לְבַדְּךָ אֱלֹהֵינוּ.

ש״ץ: אֱלֹהֵינוּ עַל יִחוּדֶךָ / עֵדִים אֲנַחְנוּ וַעֲבָדֶיךָ.
קהל: אֵין תְּחִלָּה אֶל רֵאשִׁיתֶךָ / וְאֵין קֵץ וְתִכְלָה לְאַחֲרִיתֶךָ.

ש״ץ: רִאשׁוֹן וְאַחֲרוֹן מִבְּלִי רֵאשִׁית / וּמִבְּלִי אַחֲרִית, וְאֵין לֵב לְהָשִׁית.
קהל: אֵין קֶצֶה אֶל גַּבְהוּתֶךָ / וְאֵין סוֹף לְעֹמֶק מִדּוֹתֶיךָ.

ש״ץ: אֵין לְךָ סוֹבֵב וְאֵין לְךָ פֵּאָה / עַל כֵּן אוֹתְךָ, חַי לֹא רָאָה.
קהל: אֵין צַד וְצֶלַע יַצְלִיעוּךָ / וְרֹחַב וְאֹרֶךְ לֹא יְמַצְעוּךָ.

ש״ץ: אֵין פֵּאָה לִסְבִיבוֹתֶיךָ / וְאֵין תּוֹךְ מַבְדִּיל בֵּינוֹתֶיךָ.
קהל: אֵין חָכְמָה אֲשֶׁר תֵּדָעֶךָ / וְאֵין מַדָּע אֲשֶׁר יַגִּיעֶךָ.

ש״ץ: וְלֹא יַשִּׂיג אוֹתְךָ כָּל מַדָּע / וְאֵין שֵׂכֶל אֲשֶׁר יָבִין וְיֵדָע.
קהל: מִמְּךָ מְאוּמָה וְאֵיכָה אַתָּה / וְאֵיךְ בְּלִי מְאוּמָה כֹּל בָּרָאתָ.

ליום שלישי

ש״ץ: אָמְנָם יָדַעְתִּי, כִּי אַתָּה / אֱלֹהֵי יַעֲקֹב, כֹּל יָצַרְתָּ.
קהל: אַתָּה בוֹרֵא וְלֹא נִבְרֵאתָ / אַתָּה יוֹצֵר וְלֹא נוֹצַרְתָּ.

ש״ץ: אַתָּה מֵמִית, וְאֶת כֹּל תְּבַלֶּה / אַתָּה מוֹרִיד שְׁאוֹל וְאַף תַּעֲלֶה.
קהל: וְנֶאֱמָן לְהַחֲיוֹת מֵתִים אָתָּה / וְעַל יְדֵי נְבִיאֶךָ כֵּן הוֹדַעְתָּ.

ש״ץ: וְלֹא תָמוּת אֵל חַי, וְלֹא מֻתָּה / מֵעוֹלָם וְעַד עוֹלָם אָתָּה.
קהל: מַשְׁבִּיר וּמוֹלִיד וְלֹא נוֹלַדְתָּ / מוֹחֵץ וְרוֹפֵא וְלֹא חָלֵיתָ.

ש״ץ: מָוֶת וּמַדְוֶה אֵין לְפָנֶיךָ / תְּנוּמָה וְשֵׁנָה אֵין לְעֵינֶיךָ.
קהל: הֲלֹא מִקֶּדֶם, אֵל חַי אַתָּה / מֵאֲשֶׁר בְּךָ לֹא נִשְׁתַּנֵּיתָ.

ש״ץ: וְעַד הָעוֹלָם לֹא תִשְׁתַּנֶּה / מֵאֱלָהוּתְךָ לֹא תִתְגַּנֶּה.
קהל: חָדָשׁ וְנוֹשָׁן לֹא נִמְצֵאתָ / חֲדַשְׁתָּ כֹּל וְלֹא חֻדַּשְׁתָּ.

ש״ץ: לֹא יָחוּלוּ זִקְנָה וּבַחֲרוּת / עָלֶיךָ, גַּם שֵׂיבָה וְשַׁחֲרוּת.
קהל: וְלֹא חָלוּ בְךָ שִׂמְחָה וָעֶצֶב / וְדִמְיוֹן נוֹצָר, וְכָל דְּבַר קֶצֶב.

ש״ץ: כִּי לֹא יְסוֹבֵב אוֹתְךָ גֶשֶׁם / אַף לֹא תִדְמֶה אֶל כָּל נֶשֶׁם.
קהל: כָּל הַיְצוּרִים גְּבוּל סִבָּתָם / אֶל רֵאשִׁיתָם וְלַאֲחֲרִיתָם.

ש״ץ: כִּי הַבְּרוּאִים בִּגְבוּל שַׁמְתָּם / וְלִימֵי צְבָאָם, גְּבוּל הִקַּפְתָּם.
קהל: וּלְךָ אֵין גְּבוּל וּלְיָמֶיךָ / וְלִשְׁנוֹתֶיךָ וּלְעָצְמֶךָ.

ש״ץ: עַל כֵּן אֵינְךָ צָרִיךְ לַכֹּל / לְיָדְךָ וּלְחַסְדְּךָ צְרִיכִים הַכֹּל.
קהל: הַכֹּל צְרִיכִים לְצִדְקוֹתֶיךָ / וְאֵינְךָ צָרִיךְ לִבְרִיּוֹתֶיךָ.

ש״ץ: כִּי טֶרֶם כָּל יְצִיר הָיִיתָ / לְבַדְּךָ, מְאוּמָה לֹא נִצְרַכְתָּ.
קהל: רֵאשִׁית וְאַחֲרִית, בְּיָדְךָ עֲרוּכִים / אַתָּה בָם, וְהֵם בְּרוּחֲךָ שְׂרוּכִים.

ש״ץ: כֹּל אֲשֶׁר הָיָה בָרִאשׁוֹנָה / וַאֲשֶׁר יִהְיֶה בָּאַחֲרוֹנָה.
קהל: כָּל הַיְצוּרִים וְכָל מַעֲשֵׂיהֶם / וְכָל דִּבְרֵיהֶם וּמַחְשְׁבוֹתֵיהֶם.

ש״ץ: מֵרֹאשׁ וְעַד סוֹף תֵּדַע כֻּלָּם / וְלֹא תִשְׁכַּח, כִּי אַתָּה אֶצְלָם.
קהל: אַתָּה בְרָאתָם וּבִלְבָבְךָ עֲרַכְתָּם / לְבַדְּךָ תֵּדַע מְקוֹמָם וְדַרְכָּם.

ש״ץ: הֵן אֵין דָּבָר מִמְּךָ נֶעְלָם / כִּי לְפָנֶיךָ נְכוֹנִים כֻּלָּם.
קהל: אֵין חֹשֶׁךְ וְאֵין מָנוֹס וָסֵתֶר / לָנוּס שָׁמָּה וּלְהִסָּתֵר.

ש״ץ: אֵת אֲשֶׁר תְּבַקֵּשׁ אַתָּה מוֹצֵא /
בְּלִי נְטוֹת אֲלֵיהֶם בְּעֵת שֶׁתִּרְצֶה.
קהל: כִּי אֶת הַכֹּל כְּאַחַת תִּרְאֶה / לְבַדְּךָ תַעֲשֶׂה וְאֵינְךָ נִלְאֶה.

ש״ץ: כִּי עַל גּוֹי וְעַל אָדָם יַחַד / עַל כֹּל תְּדַבֵּר בְּרֶגַע אֶחָד.
קהל: תִּשְׁמַע בְּרֶגַע כָּל הַקּוֹלוֹת / זַעַק וְלַחַשׁ וְכָל הַתְּפִלּוֹת.

ש״ץ: אַף תָּבִין אֶל כָּל מַעֲשֵׂיהֶם / בְּרֶגַע תַּחְקֹר כָּל לְבָבֵיהֶם.
קהל: וְלֹא תַאֲרִיךְ עַל מַחְשְׁבוֹתֶיךָ / וְלֹא תִתְמַהְמַהּ עַל עֲצָתֶךָ.

ש״ץ: אֵצֶל עֲצָתְךָ גְּזֵרָתֶךָ / לְקֵץ וּלְמוֹעֵד קְרִיאָתֶךָ.
קהל: וְכֻלָּם בֶּאֱמֶת בְּתֹם וּבְיֹשֶׁר / מִבְּלִי עֹדֶף וּמִבְּלִי חֹסֶר.

ש״ץ: מִמְּךָ דָּבָר לֹא יֹאבַד / וְדָבָר מִמְּךָ לֹא יִכָּבֵד.
קהל: כֹּל אֲשֶׁר תַּחְפֹּץ תּוּכַל לַעֲשׂוֹת / וְאֵין מִי מוֹחֶה בְּיָדְךָ מֵעֲשׂוֹת.

ש״ץ: יְכֹלֶת יהוה בְּחֶפְצוֹ קְשׁוּרָה / וּבִרְצוֹת יהוה לֹא אַחֶרֶת.
קהל: אֵין דְּבַר סֵתֶר מִמְּךָ נִכְחָד / עֲתִידוֹת וְעוֹבְרוֹת לְךָ הֵם יַחַד.

ש״ץ: אֲשֶׁר מֵעוֹלָם וְעַד הָעוֹלָם / הֵם כֻּלָּם בְּךָ, וְאַתָּה בְּכֻלָּם.
קהל: חֲדָשׁוֹת תַּגִּיד וְסוֹד דְּרָכֶיךָ / אֶל עֲבָדֶיךָ וּמַלְאָכֶיךָ.

ש״ץ: וְאֵינְךָ צָרִיךְ לְהַשְׁמִיעֶךָ / דְּבַר סוֹד וְסֵתֶר לְהוֹדִיעֶךָ.
קהל: כִּי מִמְּךָ כָּל סוֹד יִגָּלֶה / בְּטֶרֶם עַל לֵב כָּל יְצִיר יַעֲלֶה.

ש״ץ: בְּלֵב כָּל נִבְרָא לֹא תִמָּצֵא / מִפִּינוּ עָתָק לֹא יֵצֵא.
קהל: בְּאֵין לוֹ קָצֶה וְלֹא יֵחָצֶה / לֵב לֹא יָתוּר וְאֵין פֶּה פּוֹצֶה.

ש״ץ: בְּאֵין לוֹ רוּחוֹת וְאֵין בּוֹ רְוָחוֹת / אֵין לוֹ שִׂיחוֹת, בּוֹ מוֹכִיחוֹת.
קהל: לְמֵרָחוֹק מִי יִשָּׂא דֵעוֹ / לְלֹא תְחִלָּה וְלֹא סוֹף לְהַגִּיעוֹ.

ש״ץ: אֲגוּדִים אֲחוּדִים תּוֹךְ וָסוֹף וָרֹאשׁ /
פֶּה וָלֵב אֶבְלֹם מִדְּרֹשׁ וּמֵחֲרֹשׁ.
קהל: גֹּבַהּ וְעֹמֶק נְעוּצִים כְּסוֹבֵב / חֲכַם לֵב וְנָבוֹן לֹא יְלַבֵּב.

ש״ץ: סוֹבֵב הַכֹּל וּמָלֵא אֶת כֹּל / וּבִהְיוֹת הַכֹּל אַתָּה בַכֹּל.
קהל: אֵין עָלֶיךָ וְאֵין תַּחְתֶּיךָ / אֵין חוּץ וְאֵין בֵּינוֹתֶיךָ.

ש״ץ: אֵין מַרְאֶה וְגַב לְאִחוּדֶךָ / וְאֵין גּוּף לְעֹצֶם יִחוּדֶךָ.
קהל: וְאֵין בְּתָוֶךְ מִמְּךָ נִבְדָּל / וְאֵין מָקוֹם דַּק, מִמְּךָ נֶחְדָּל.

ש״ץ: וְאֵינְךָ נֶאֱצָל מִכֹּל וְנִבְדָּל / וְאֵין מָקוֹם רֵיק מִמְּךָ וְנֶחְדָּל.

קהל: מִקְרֶה וְשִׁנּוּי אֵין בְּךָ נִמְצָא / וְלֹא זְמַן וְעֵרְעֵר, וְלֹא כָל שִׁמְצָה.

ש״ץ: כָּל זְמַן וְכָל עֵת אַתָּה מְכִינָם / אַתָּה עוֹרְכָם וְאַתָּה מְשַׁנָּם.

קהל: כָּל מַדָּע לֹא יַשִּׂיג אוֹתָךְ / אֵין שֵׂכֶל אֲשֶׁר יִמְצָא אוֹתָךְ.

ש״ץ: כְּמִדָּתְךָ כֵּן חָכְמָתֶךָ / כְּגָדְלָתְךָ תְּבוּנָתֶךָ.

קהל: חָכָם אַתָּה מֵאֵלֶיךָ / חַי מֵעַצְמְךָ, וְאֵין כְּגִילֶךָ.

ש״ץ: זוּלַת חָכְמָתְךָ אֵין חָכְמָה / בִּלְתִּי בִינָתְךָ אֵין מְזִמָּה.

קהל: חֲלַקְתָּ בְּלֵב חֲכָמִים שֵׂכֶל / וְרוּחֲךָ תְּמַלְּאֵם וְדַעְתָּם תַּשְׂכֵּל.

ש״ץ: מִבַּלְעֲדֵי כֹּחֲךָ אֵין גְּבוּרָה / וּמִבַּלְעֲדֵי עֻזְּךָ אֵין עֶזְרָה.

קהל: אֵין נִכְבָּד כִּי אִם כִּבַּדְתּוֹ / וְאֵין גָּדוֹל כִּי אִם גִּדַּלְתּוֹ.

ש״ץ: כָּל יְקָר וְכָל טוּב מִיָּדֶךָ / לַאֲשֶׁר תַּחְפֹּץ לַעֲשׂוֹת חֲסָדֶיךָ.

קהל: אֵין חֵקֶר לִגְדֻלָּתֶךָ / וְאֵין מִסְפָּר לִתְבוּנָתֶךָ.

ש״ץ: אֵין עוֹד זוּלַת הֲוָיוֹתֶיךָ / חַי וְכֹל תּוּכַל, וְאֵין בִּלְתֶּךָ.

קהל: וְלִפְנֵי הַכֹּל כֹּל הָיִיתָ / וּבִהְיוֹת הַכֹּל, כֹּל מִלֵּאתָ.

ש״ץ: לֹא לְחַצּוּךָ וְלֹא הִטּוּךָ / יְצוּרֶיךָ, אַף לֹא מִעֲטוּךָ.

קהל: בַּעֲשׂוֹתְךָ כֹּל לֹא נִבְדַּלְתָּ / מִתּוֹךְ מְלַאכְתְּךָ לֹא נֶחְדַּלְתָּ.

ש״ץ: בַּעֲשׂוֹתְךָ אֶת הַשָּׁמַיִם / וְאֶת הָאָרֶץ וְאֶת הַמָּיִם.

קהל: לֹא קֵרְבוּךָ וְלֹא רִחֲקוּךָ / כִּי כָל קִירוֹת לֹא יְחַלְּקוּךָ.

ש״ץ: זֶרֶם מַיִם לֹא יִשְׁטְפֶךָ / וְרוּחַ כַּבִּיר לֹא יֶהְדְּפֶךָ.

קהל: אַף כָּל טִנֹּפֶת לֹא תְטַנְּפֶךָ / אֵשׁ אֹכְלָה, אֵשׁ לֹא תִשְׂרְפֶךָ.

ש״ץ: לַהֲוָיָתְךָ אֵין חִסָּרוֹן / וּלְיִחוּדְךָ אֵין יִתָּרוֹן.

קהל: כְּמוֹ הָיִיתָ לְעוֹלָם תִּהְיֶה / חָסֵר וְעֹדֵף בְּךָ לֹא יִהְיֶה.

ש״ץ: וְשִׁמְךָ מְעִידְךָ כִּי הָיִיתָ / וְהֹוֶה וְתִהְיֶה וּבַכֹּל אָתָּה.

קהל: הֹוֶה לְעוֹלָם וְכֵן נוֹדַעְתָּ / נְעִידְךָ וְכֵן בְּךָ הַעִידוֹתָ.

ש״ץ: שָׁאַתָּה הוּא, וְהֹוֶה בַּכֹּל / שֶׁלְּךָ הַכֹּל וּמִמְּךָ הַכֹּל.
קהל: שְׁמוֹת יְקָרְךָ יַעֲנוּ וְיָעִידוּ / בְּתֹקֶף יְקָרְךָ בְּךָ יִסְהִידוּ.

ליום רביעי

ש״ץ: אֲרוֹמֵם אֱלֹהֵי אָבִי, וְאֵלִי / אַנְוֵהוּ אֱלֹהַי, צוּרִי וְגוֹאֲלִי.
קהל: אֲיַחֵד אֱלֹהֵי הַשָּׁמַיִם / וְהָאָרֶץ, בְּכָל יוֹם פַּעֲמַיִם.

ש״ץ: אֵל חַי אֶחָד הוּא בְּרָאָנוּ / אֲבִיר יִשְׂרָאֵל אָב לְכֻלָּנוּ.
קהל: אֲדוֹנֵנוּ, אֲדוֹן כָּל הָאָרֶץ / אַדִּיר שִׁמְךָ בְּכָל־הָאָרֶץ: תהלים ח

ש״ץ: אֵין כָּאֵל אֵשׁ אֹכְלָה וְקַנָּא / לְעוֹלָם יהוה אֱמֶת, אֵל אֱמוּנָה.
קהל: אוֹרִי וְיִשְׁעִי, מָעוֹז חַיַּי / עָלָיו תְּלוּיִים כָּל מַאֲוַיַּי.

ש״ץ: אֱלֹהִים אֱמֶת הוּא, אֱלֹהִים חַיִּים / לֹא יָכִילוּ זַעְמוֹ גּוֹיִם.
קהל: אַדִּיר וְאַמִּיץ כֹּחַ וְרַב אוֹנִים / אֱלֹהֵי הָאֱלֹהִים וַאֲדֹנֵי הָאֲדֹנִים: דברים י

ש״ץ: אֱלוֹהַּ עוֹשִׂי, אִישִׁי וּבוֹעֲלִי / אַלּוּף נְעוּרַי, שׁוֹמְרִי וְצִלִּי.
קהל: בּוֹרֵא כֹל, וְיִשְׂרָאֵל גּוֹאֵל / בָּרוּךְ אֱלֹהִים אֱלֹהֵי יִשְׂרָאֵל: תהלים עב

ש״ץ: בּוֹרֵא רוּחַ, הָרִים יוֹצֵר / מִמְּךָ מְזִמָּה לֹא יִבָּצֵר.
קהל: גֵּאֶה, מֵשִׁיב גְּמוּל עַל גֵּאִים / עַל הָרָמִים וְעַל הַנִּשָּׂאִים.

ש״ץ: גִּבּוֹר בְּקוּמוֹ לַעֲרֹץ בְּעֶבְרָה / מֵהֲדַר גְּאוֹנוֹ, מִי לֹא יִירָא.
קהל: גָּבֹהַּ, כָּל אֲשֶׁר תַּחְתָּיו נוֹשֵׂא / וּגְדָל כֹּחַ, גְּדוֹלוֹת עוֹשֶׂה.

ש״ץ: גָּדוֹל הוּא וּשְׁמוֹ בִּגְבוּרָה / אַרְיֵה שָׁאָג, מִי לֹא יִירָא: עמוס ג
קהל: דּוֹדִי, דָּגוּל הוּא מֵרְבָבָה / אֵל נַעֲרָץ בְּסוֹד־קְדֹשִׁים רַבָּה: שיר השירים ה / תהלים פט

ש״ץ: דַּיָּן, יָתִיב כְּעַתִּיק יוֹמִין / וּצְבָאוֹ עַל שְׂמֹאל וְעַל יָמִין.
קהל: הֲדָרוֹ וְהוֹדוֹ עַל בְּנֵי עֲבָדָיו / הָדוּר, הָדָר הוּא לְכָל חֲסִידָיו.

ש״ץ: הוּא אֵל אֱלֹהֵי הָרוּחוֹת לְכָל / בָּשָׂר, שׁוֹמֵעַ תְּפִלָּה מִכֹּל.
קהל: וַדַּאי, וָתִיק, יוֹדֵעַ וָעֵד / יהוה יִמְלֹךְ לְעֹלָם וָעֶד: שמות טו

ש״ץ: **וַאֲשֶׁר חֶרֶב גַּאֲוָתֵנוּ / עֶזְרֵנוּ וּמָגִנֵּנוּ.**
קהל: זוֹכֵר לְעוֹלָם בְּרִית רִאשׁוֹנִים / כְּיוֹם אֶתְמוֹל לוֹ, אֶלֶף שָׁנִים.

ש״ץ: **זֶה אֱלֹהֵינוּ וְלוֹ קִוִּינוּ / וְזִמְרָת יָהּ, הוּא יוֹשִׁיעֵנוּ.**
קהל: חֵלֶק יַעֲקֹב, יוֹצֵר הַכֹּל / חַנּוּן יהוה וְחָסִיד בַּכֹּל.

ש״ץ: **חֵי הָעוֹלָם יהוה חֶלְקִי / חֲכַם הָרָזִים יהוה חִזְקִי.**
קהל: טוֹב וּמֵטִיב, הַמְלַמֵּד דֵּעָה / טְהוֹר עֵינַיִם מֵרְאוֹת בְּרָעָה.

ש״ץ: **יָשָׁר יהוה וְיָשָׁר דְּבָרוֹ / יְדִידֵי יְדִידוּת, מִשְׁכְּנוֹת דְּבִירוֹ.**
קהל: יוֹעֵץ וְגוֹזֵר, מִי יְפִירֶנָּה / וַיַּחְתֹּף וְיִפְעַל, מִי יְשִׁיבֶנָּה.

ש״ץ: **יָפֶה דוֹדִי, יָפְיוֹ וְטוּבוֹ / יִרְאוּ, וְיֶחֱזוּ צִיּוֹן בְּשׁוּבוֹ.**
קהל: כַּגִּבּוֹר יֵצֵא כְּאִישׁ מִלְחָמוֹת / יָעִיר קִנְאָה לַעֲשׂוֹת נְקָמוֹת.

ש״ץ: **כְּנֶשֶׁר, עַל כַּנְפֵי נְשָׁרִים / נָשָׂא עֲבָדָיו, וְיִשֵּׁר הֲדוּרִים.**
קהל: כְּדֹב שַׁכּוּל וּכְנָמֵר שַׁחַל / כְּרָקָב וּכְעָשׁ, וְרוּחוֹ כַּנָּחַל.

ש״ץ: **כְּדֹב שַׁכּוּל וּכְנָמֵר שׁוֹקֵד / דְּבָרוֹ לַעֲשׂוֹת כְּמַקֵּל שָׁקֵד.**
קהל: כַּבִּיר כֹּחַ, לֵב כְּמוֹ שָׁחַל / כְּלָבִיא וְכַאֲרִי, וְרוּחוֹ כְּנָחַל.

ש״ץ: **כְּאֶרֶז בָּחוּר בִּגְדֻלָּתוֹ / כִּבְרוֹשׁ רַעֲנָן עַנְוְתָנוּתוֹ.**
קהל: כְּתַפּוּחַ בְּרֵיחוֹ, עֹז אַהֲבָתוֹ / עַל עַם יִשְׂרָאֵל גַּאֲוָתוֹ.

שיר השירים ב ש״ץ: **כְּתַפּוּחַ בַּעֲצֵי הַיַּעַר / כֵּן דּוֹדִי עִם יוֹשְׁבֵי שָׁעַר.**
קהל: כַּבִּיר כֹּחַ, לְמַרְגִּיזֵי אֵל / נוֹקֵם, וְכַטַּל הוּא לְיִשְׂרָאֵל.

ש״ץ: **כּוֹסִי, מְנָת חֶלְקִי וְגוֹרָלִי / אֲנִי לְדוֹדִי נַחֲלָה וְדוֹדִי לִי.**
קהל: כְּבוֹדִי יהוה לֹא אֲמִירֶנוּ / הֶאֱמַרְנוּהוּ וְהֶאֱמִירָנוּ.

ש״ץ: **כְּאַרְיֵה יִשְׁאַג וְכַכְּפִיר יִנְהֹם / אַל יִהְיֶה כְּגֵר, וּכְאִישׁ נִדְהָם.**
קהל: כְּרוֹעֶה גִּבּוֹר, אֲשֶׁר לֹא יוּכַל / צֹאנוֹ לְהַצִּיל, וְהָיָה לְמַאֲכָל.

ש״ץ: **כְּגִבּוֹר אֵין אֱיָל, וּכְאוֹרֵחַ / נָס וּבוֹרֵחַ, מַר צוֹרֵחַ.**
קהל: כְּאַרְיֵה מַשְׁחִית וְכַכְּפִיר לְעָזְבָיו / כְּרָקָב גַּם כְּעָשׁ לְאוֹיְבָיו.

ש״ץ: כַּבִּיר כֹּחַ כְּשָׁמִיר וָשַׁיִת / וְלֹא יַשְׁאִיר כְּנֹקֶף זַיִת.
קהל: כְּשָׁמִיר וָשַׁיִת, צָרִים יְמַגֵּן / כְּצִפֳּרִים עָפוֹת לְעִירוֹ יָגֵן.

ש״ץ: כְּגִשְׁמֵי נְדָבָה לָנוּ יָבֹא / כְּמַלְקוֹשׁ וְכַטַּל לַדְּבֵקִים בּוֹ.
קהל: כְּנֶשֶׁר יְרַחֵף עַל גּוֹזָלָיו / וּבְצֵל כְּנָפָיו יֶחֱסוּ מְיַחֲלָיו.

ש״ץ: כְּצִפֳּרִים, עַל עִירוֹ יָגֵן / וּבְצֵל כְּנָפָיו רְנָנוֹת נְנַגֵּן.
קהל: לְבַדּוֹ הוּא, וְנִפְלָאוֹת גְּדוֹלוֹת / עוֹשֶׂה אֵל נוֹרָא עֲלִילוֹת.

ש״ץ: לִצְבִי וְעֹפֶר דּוֹמֶה דוֹדִי / כִּי יְקַדְּמֵנִי אֱלֹהֵי חַסְדִּי.
קהל: לִפְנֵי עַמּוֹ יְיַשֵּׁר הֲדוּרִים / וִינַשְּׂאֵם עַל כַּנְפֵי נְשָׁרִים.

ש״ץ: לְעוֹלָם חֶלְקִי הוּא, וְצוּר לְבָבִי / כָּלָה שְׁאֵרִי לְךָ וּלְבָבִי.
קהל: לְבַדּוֹ יהוה הוּא, וְנִפְלָאוֹת / גְּדוֹלוֹת עוֹשֶׂה, וְרַב נוֹרָאוֹת.

ש״ץ: מָקוֹם וּמָעוֹן לְעוֹלָמֶךָ / וְאֵין יוֹדֵעַ אֶת מְקוֹמֶךָ.
קהל: מוֹרָאִי, אֵל רוֹעִי וְיוֹצְרִי / צוּר יְלָדַנִי, מְחוֹלְלִי וְצוּרִי.

ש״ץ: מָרוֹם וּמָעוֹז הוּא לִי, וּמַחְסִי / מִגְדַּל עֹז שֵׁם יהוה, מְנוּסִי.
קהל: מֶלֶךְ יַעֲקֹב, מִשְׂגָּב לָנוּ / הוּא מְחוֹקְקֵנוּ וּמוֹשִׁיעֵנוּ.

ש״ץ: מִגְדּוֹל יְשׁוּעוֹת, מִשְׁעָן יְהִי לִי / מִבְטָח, אֱלֹהִים יהוה חֵילִי.
קהל: מוֹשֵׁל עוֹלָם מַלְכוּתֶךָ / בְּכָל דּוֹר וָדוֹר מֶמְשַׁלְתֶּךָ.

ש״ץ: מִי יִתֶּנְךָ כְּאָח לִי, לְצָרָה / הוֹשַׁע, כִּי יָדְךָ לֹא קָצְרָה.
קהל: מְקוֹר חַיִּים, מִקְוֵה יִשְׂרָאֵל / לֹא אֶעֱזֹב כִּי מָעֻזִּי אֵל.

ש״ץ: מָגֵן יִשְׁעִי, וְחֶרֶב גַּאֲוָה / לְשִׁמְךָ וּלְזִכְרְךָ נֶפֶשׁ תַּאֲוָה.
קהל: מָגֵן הוּא לְכֹל הַחוֹסִים בּוֹ: / אַשְׁרֵי אָדָם אֲשֶׁר עוֹז לוֹ בוֹ. תהלים יח

ש״ץ: נָדָר וְנָעִים, נָאוֹר וְנוֹרָא / נֶאְדָּר וְנֶאְזָר שְׁמוֹ בִּגְבוּרָה.
קהל: נֶאֱמָן, נֵצַח יִשְׂרָאֵל וְגוֹאֲלוֹ / לֹא יְשַׁקֵּר, אַשְׁרֵי כָּל־חוֹכֵי לוֹ: ישעיה ל

ש״ץ: נֵצַח יְשֻׁרוּן, הָאֵל הַנֶּאֱמָן / מֵאֱלֹהָיו יְהוּדָה לֹא אַלְמָן.
קהל: נִפְלָא עַל כָּל הַנִּפְלָאִים / וּמִתְנַשֵּׂא לְכָל הַנִּשָּׂאִים.

ש״ץ: נִקְדָּשׁ וְנַעֲרָץ, אֱלֹהַי קְדוֹשִׁי / נָכוֹן וְנִשְׂגָּב, יהוה נִסִּי.
קהל: נוֹקֵם וְנוֹטֵר וּבַעַל חֵמָה / לְצָרָיו, לְאוֹיְבָיו אִישׁ מִלְחָמָה.

ש״ץ: נֵרִי יהוה, בְּהִלּוֹ נֵרוֹ / עֲלֵי רֹאשִׁי, וְנֵר לְרַגְלִי דְּבָרוֹ.
קהל: סוֹמֵךְ וְסוֹעֵד, יהוה סַלְעִי / סוֹבֵל וְסוֹלֵחַ וְנוֹשֵׂא פִשְׁעִי.

ש״ץ: סַהֲדִי יהוה, סַלְעִי וְסִתְרִי / סוֹלֵחַ וְסוֹבֵל, סַעֲדִי וְסִבְרִי.
קהל: סַלְעֵנוּ וּמְצוּדָתֵנוּ / עֶזְרָתֵנוּ וּמְפַלְטֵנוּ.

ש״ץ: עִזּוּז וְגִבּוֹר, עֻזִּי וְעֶזְרִי / עֶלְיוֹן, עֹז לִי, אַל יְהִי עָרִי.
קהל: עִיר וְקַדִּישׁ שָׁת סְבִיבָיו סֵתֶר / אָכֵן אַתָּה אֵל מִסְתַּתֵּר: ישעיה מה

ש״ץ: עֵד מְמַהֵר לְשַׁלֵּם גְּמוּל לְאוֹיְבָיו / שֹׁמֵר הַבְּרִית וְהַחֶסֶד לְאֹהֲבָיו.
קהל: פָּדָה אֶת אַבְרָהָם יְדִידוֹ / הוּא יִפְדֶּה יִשְׂרָאֵל עַבְדּוֹ.

ש״ץ: פַּחַד יִצְחָק יִתֵּן פַּחְדּוֹ / עַל צָרֵי בְּנֵי יַעֲקֹב עַבְדּוֹ.
קהל: פּוֹעֲלִי חוֹקֵר וְדוֹרֵשׁ וּבוֹדֵק / כָּל לְבָבוֹת, לוֹ אֶתֵּן צֶדֶק.

ש״ץ: צְרוֹר הַמֹּר, אֶשְׁכּוֹל הַכֹּפֶר / נוֹתֵן לְעַמּוֹ צָרָיו כֹּפֶר.
קהל: צַח וְאָדוֹם, דּוֹד בִּצְבָאָיו אוֹת / עַל כֵּן נִקְרָא יהוה צְבָאוֹת.

ש״ץ: צַדִּיק יהוה הַצּוּר תָּמִים / אֶבְטַח עֲדֵי עַד בְּצוּר עוֹלָמִים.
קהל: צְבָא הַשָּׁמַיִם מִשְׁתַּחֲוִים לוֹ / שְׂרָפִים עֹמְדִים מִמַּעַל לוֹ: ישעיה ו

ש״ץ: קָדוֹשׁ הוּא בְּכָל מִינֵי קְדֻשּׁוֹת / כִּתּוֹת שָׁלֹשׁ, קָדוֹשׁ מְשַׁלְּשׁוֹת.
קהל: קַיָּם לְעָלְמִין אֱלָהָא חַיָּא / מָרֵא דִי אַרְעָא וְדִי שְׁמַיָּא.

ש״ץ: קוֹנִי מְרַחֵם, מְקַנֵּא לְשׂוֹנְאָיו / קֶרֶן יִשְׁעִי, קָרוֹב לְקוֹרְאָיו.
קהל: רָחוֹק מִכֹּל, וְאֶת כֹּל רוֹאֶה / כִּי רָם יהוה וְשָׁפָל יִרְאֶה.

ש״ץ: רוֹעִי יהוה, לֹא אֶחְסַר כֹּל / וְרַב כֹּחַ וְרַב חֶסֶד לַכֹּל.
קהל: רַחוּם יהוה, רוֹפֵא וּמְחַבֵּשׁ / לִשְׁבוּרֵי לֵב, וְעָוֹן כּוֹבֵשׁ.

ש״ץ: רֵעִי כֻּלּוֹ הוּא מַחֲמַדִּים / מִשְׁפָּטָיו אֱמֶת, מְתוּקִים וַחֲמוּדִים.
קהל: רִאשׁוֹן וְאַחֲרוֹן, מֵעוֹלָם וְעַד / עוֹלָם, אַתָּה אֵל שׁוֹכֵן עַד.

ש״ץ: שַׁלִּיט, מֶלֶךְ שְׁמַיָּא, בְּכָל דָּר וְדָר /
לָהּ אֲנָא מְשַׁבַּח, מְרוֹמֵם וּמְהַדַּר.

קהל: שֶׁמֶשׁ וּמָגֵן יהוה אֱלֹהִים: / שׁוֹפֵט צֶדֶק וּמַשְׁפִּיל גְּבוֹהִים. תהלים פד

ש״ץ: שַׂגִּיא כֹחַ, לֹא מְצָאנֻהוּ / יַשְׂגִּיב בְּכֹחוֹ, וּמִי כָמֹהוּ.

קהל: שְׁלֹמֹה שְׁמוֹ, כִּי שֶׁלּוֹ שָׁלוֹם / כִּי יְדַבֵּר אֶל חֲסִידָיו שָׁלוֹם.

ש״ץ: שֵׁם יהוה אֶהְיֶה אֲשֶׁר אֶהְיֶה /
כְּתוֹעֲפֹת רְאֵם לוֹ, כַּכְּפִיר וְכָאַרְיֵה.

קהל: שַׁדַּי מְאוֹרִי, מַלְכִּי וְאֵלִי / הַלְלוּיָהּ שְׁמוֹ נַפְשִׁי הַלְלִי.

ש״ץ: תִּתַּמָּם עִם יוֹשְׁבֵי נְטָעִים / הַשָּׁרִיגִים שְׁלֹשֶׁת הָרוֹעִים.

קהל: תִּתְחַסַּד, תִּתָּבַר עִמָּם / וְעִם עִקְּשִׁים תִּתַּפַּל לְהֻמָּם.

ש״ץ: תָּמִים דַּרְכְּךָ, תַּקִּיף מִכֹּל / תּוּכַל לְבַדְּךָ לַעֲשׂוֹת אֶת כֹּל.

קהל: תּוֹחַלְתִּי וְסִבְרִי וְתִקְוָתִי / תַּאֲוַת נַפְשִׁי וּתְשׁוּקָתִי.

ש״ץ: תְּהִלָּתִי וְתִפְאַרְתִּי וְעֻזִּי / מִמְּעֵי אִמִּי גּוֹחִי וְגוֹזִי.

קהל: תְּמִים דֵּעִים, אֵל דֵּעוֹת אֶחָד / כָּל הַלְּבָבוֹת דּוֹרֵשׁ יָחַד.

ליום חמישי

ש״ץ: מִי כָמוֹךָ, דֵּעָה מוֹרֶה / נִיב שְׂפָתַיִם אַתָּה בוֹרֵא.

קהל: מַחְשְׁבֹתֶיךָ עָמְקוּ וָרָמוּ / וּשְׁנוֹתֶיךָ לֹא יִתָּמּוּ: תהלים קב

ש״ץ: לֹא לִמְדוּךָ חָכְמָתֶךָ / וְלֹא הֱבִינוּךָ תְּבוּנָתֶךָ.

קהל: לֹא קִבַּלְתָּ מַלְכוּתֶךָ / וְלֹא יָרַשְׁתָּ מֶמְשַׁלְתֶּךָ.

ש״ץ: לְעוֹלָם יְהִי לְךָ לְבַדֶּךָ / וְלֹא לַאֲחֵרִים, כְּבוֹד הוֹדֶךָ.

קהל: וְלֹא תִתֵּן לֵאלֹהִים אֲחֵרִים / תְּהִלָּתְךָ, לַפְּסִילִים וְזָרִים.

ש״ץ: וְכָבוֹד וְגַם כָּל יְקָר מֵאִתָּךְ / וּכְבוֹדְךָ לֹא לְזָרִים אִתָּךְ.

קהל: אַתָּה תָּעִיד בְּיִחוּדֶךָ / וְתוֹרָתֶךָ וַעֲבָדֶיךָ.

ש״ץ: אֱלֹהֵינוּ, עַל יִחוּדְךָ / אַתָּה עֵד אֱמֶת, וַאֲנַחְנוּ עֲבָדֶיךָ.
קהל: לְפָנֶיךָ, לֹא אֵל הִקְדִּימְךָ / וּבִמְלַאכְתְּךָ אֵין זָר עִמְּךָ.

ש״ץ: לֹא נוֹעַצְתָּ וְלֹא לָמַדְתָּ / בְּחַדֶּשְׁךָ בְּרִיּוֹת, כִּי נְבוֹנוֹתָ.
קהל: מִמַּעֲמַקֵּי מַחְשְׁבוֹתֶיךָ / וּמִלִּבְּךָ, כָּל פְּעֻלּוֹתֶיךָ.

ש״ץ: קְצוֹת דְּרָכֶיךָ הֲלֹא הִכַּרְנוּ / וּמִמַּעֲשֶׂיךָ הֵן יָדָעְנוּ.
קהל: שֶׁאַתָּה אֵל, כֹּל יָצַרְתָּ / לְבַדְּךָ, מְאוּמָה לֹא נִגְרָעְתָּ.

ש״ץ: לַעֲשׂוֹת מְלַאכְתְּךָ, לֹא לְחַצְתָּ / וְגַם לְעֵזֶר לֹא נִצְרַכְתָּ.
קהל: כִּי הָיִיתָ לִפְנֵי הַכֹּל / וְאָז בְּאֵין כֹּל, לֹא נִצְרַכְתָּ כֹּל.

ש״ץ: כִּי מֵאַהֲבָתְךָ עֲבָדֶיךָ / כֹּל בָּרָאתָ לִכְבוֹדֶךָ.
קהל: וְלֹא נוֹדַע אֵל זוּלָתֶךָ / וְאֵין כָּמוֹךָ וְאֵין בִּלְתֶּךָ.

ש״ץ: וְלֹא נִשְׁמַע מִן אָז וְהָלְאָה / וְלֹא קָם וְלֹא נִהְיָה וְלֹא נִרְאָה.
קהל: וְגַם אַחֲרֶיךָ לֹא יִהְיֶה אֵל / רִאשׁוֹן וְאַחֲרוֹן, אֵל יִשְׂרָאֵל.

זכריה יד ש״ץ: בָּרוּךְ אַתָּה, יָחִיד וּמְיֻחָד / יהוה אֶחָד וּשְׁמוֹ אֶחָד:
קהל: אֲשֶׁר מִי יַעֲשֶׂה כְּמַלְאֲכְתֶּךָ / כְּמַעֲשֶׂיךָ וְכִגְבוּרֹתֶךָ.

ש״ץ: אֵין יְצִיר זוּלַת יְצִירָתֶךָ / וְאֵין בְּרִיאָה כִּי אִם בְּרִיאָתֶךָ.
קהל: כָּל אֲשֶׁר תַּחְפֹּץ, תַּעֲשֶׂה בַכֹּל / כִּי אַתָּה נַעֲלֵיתָ עַל כֹּל.

ש״ץ: אֵין כָּמוֹךָ וְאֵין בִּלְתֶּךָ / כִּי אֵין אֱלֹהִים זוּלָתֶךָ.
תהלים עז קהל: אַתָּה הָאֵל עֹשֵׂה פֶלֶא: וְדָבָר מִמְּךָ לֹא יִפָּלֵא.

ש״ץ: מִי כָמוֹךָ נוֹרָא תְהִלּוֹת / אֱלֹהִים לְבַדְּךָ עוֹשֶׂה גְדוֹלוֹת.
קהל: אֵין אוֹתוֹת כְּמוֹ אוֹתוֹתֶיךָ / אַף אֵין מוֹפֵת כְּמוֹ מוֹפְתֶיךָ.

ש״ץ: אֵין תְּבוּנָה כִּתְבוּנָתֶךָ / אֵין גְּדֻלָּה כִּגְדֻלָּתֶךָ.
קהל: כִּי מְאֹד עָמְקוּ מַחְשְׁבוֹתֶיךָ / וְגָבְהוּ דַּרְכֵי אָרְחוֹתֶיךָ.

ש״ץ: אֵין גַּאֲוָה כְּמוֹ גַאֲוָתֶךָ / אַף אֵין עֲנָוָה כְּעַנְוָתֶךָ.
קהל: אֵין קְדֻשָּׁה כִּקְדֻשָּׁתֶךָ / אֵין קְרֵבוּת כְּמוֹ קְרֵבוּתֶךָ.

ש״ץ: אֵין צְדָקָה כְּמוֹ צִדְקָתֶךָ / אֵין תְּשׁוּעָה כִּתְשׁוּעָתֶךָ.
קהל: אֵין זְרוֹעַ כִּזְרוֹעוֹתֶיךָ / אֵין קוֹל כְּרַעַם גְּבוּרוֹתֶיךָ.

ש״ץ: אֵין רַחֲמִים כְּרַחֲמָנוּתֶךָ / אֵין חֲנִינוּת כַּחֲנִינוּתֶךָ.
קהל: אֵין אֱלָהוּת כֵּאלָהוּתֶךָ / וְאֵין מַפְלִיא כְּשֵׁם תִּפְאַרְתֶּךָ.

ש״ץ: כִּי שְׁמוּעוֹתֶיךָ אֵלִים מְרוּצִים / בְּזָכְרְךָ לְחוּצִים, לְהַפְלִיא נְחוּצִים.
קהל: וְאַשָּׁף וְחַרְטֹם לֹא יְלַחֲצוּךָ / וְכָל שֵׁם וְלַהַט לֹא יְנַצְּחוּךָ.

ש״ץ: לֹא יְנַצְּחוּךָ כָּל הַחֲכָמִים / כָּל הַקּוֹסְמִים וְהַחַרְטֻמִּים.
קהל: אַתָּה מֵשִׁיב לְאָחוֹר חֲכָמִים / לֹא יוּכְלוּ לְךָ עֲרוּמִים וְקוֹסְמִים.

ש״ץ: לְהָשִׁיב לְאָחוֹר מְזִמּוֹתֶיךָ / לְהָפֵר עֲצַת סוֹד גְּזֵרָתֶךָ.
קהל: מֵרְצוֹנְךָ לֹא יַעֲבִירוּךָ / לֹא יְמַהֲרוּךָ וְלֹא יְאַחֲרוּךָ.

ש״ץ: עֲצָתְךָ תָּפֵר עֲצַת כָּל יוֹעֲצִים / וְעֻזְּךָ מַחֲלִישׁ לֵב אַמִּיצִים.
קהל: אַתָּה מְצַוֶּה, וּפַחְדְּךָ מַשְׁוֶה / וְאֵין עָלֶיךָ פָּקִיד וּמְצַוֶּה.

ש״ץ: אַתָּה מִקְוֶה וְאֵינְךָ מְקַוֶּה / לְךָ כָּל מְקַוֶּה נֶפֶשׁ תִּרְוֶה.
קהל: וְכָל הַיְצוּרִים וְכָל עִנְיָנָם / וְכָל יְקָר אֲשֶׁר בְּךָ, אֵין דִּמְיוֹנָם.

ש״ץ: לֹא מַחְשְׁבוֹתָם מַחְשְׁבוֹתֶיךָ / כִּי אֵין בּוֹרֵא זוּלָתֶךָ.
קהל: לְאֵין דִּמְיוֹן, נִפְלָא אֱלֹהֵינוּ / לְאֵין חֵקֶר, נִשְׂגָּב אֲדוֹנֵנוּ.

ש״ץ: סָתוּר מִכָּל סָתוּר, וְעָמוֹס / מִכָּל עָמוֹס, וּמִכָּל כָּמוּס.
קהל: דַּק מִכָּל דַּק, וְצָפוּן מִכָּל / צָפוּן, וְיָכוֹל מִכָּל יָכוֹל.

ש״ץ: נִשְׂגָּב מִכָּל נִשְׂגָּב, וְנֶעְלָם / מִכָּל נֶעְלָם, וּשְׁמוֹ לְעוֹלָם.
קהל: גָּבוֹהַּ מִכָּל גָּבוֹהַּ, וְעֶלְיוֹן / מִכָּל עֶלְיוֹן וּמִכָּל חֶבְיוֹן.

ש״ץ: חָבוּי וְעָמוֹק מִכָּל עָמוֹק / לֵב כָּל דַּעַת עָלָיו חָמוֹק.
קהל: שֶׁאֵין שֵׂכֶל וּמַדָּע וְחָכְמָה / יְכוֹלִים לְהַשְׁווֹת לוֹ כָּל מְאוּמָה.

ש״ץ: לֹא מַשִּׂיגִים לוֹ אֵיךְ וְכַמָּה / לֹא מוֹצְאִים לוֹ דָּבָר דּוֹמֶה.

קהל: מִקְרֶה וְרַעַר וְשִׁנּוּי וְטָפֵל / וְחֵבֶר וּמִסְמָךְ, אוֹר וְגַם אֹפֶל.

ש״ץ: וְלֹא מוֹצְאִים לוֹ מַרְאֶה וְצֶבַע /
וְלֹא כָל טֶבַע אֲשֶׁר שֵׁשׁ וָשֶׁבַע.

קהל: לָכֵן נְבוּכוֹת כָּל עֶשְׁתּוֹנוֹת / וְנִבְהָלוֹת כָּל הַחֶשְׁבּוֹנוֹת.

ש״ץ: וְכָל שַׂרְעַפִּים וְכָל הַרְהוֹרִים / נִלְאִים לָשׂוּם בּוֹ שִׁעוּרִים.

קהל: מִלְּשַׁעֲרֵהוּ וּמִלְּהַגְבִּילֵהוּ / מִלְּתָאֲרֵהוּ וּמִלְּפַרְסְמֵהוּ.

ש״ץ: בְּכָל שִׂכְלֵנוּ חִפַּשְׂנוּהוּ / בְּמַדָּעֵנוּ, לִמְצֹא מַה הוּא.

קהל: לֹא מְצָאנוּהוּ וְלֹא יְדַעְנוּהוּ / אַךְ מִמַּעֲשָׂיו הִכַּרְנוּהוּ.

ש״ץ: שֶׁהוּא לְבַדּוֹ יוֹצֵר אֶחָד / חַי וְכֹל יוּכַל וְחָכָם מְיֻחָד.

קהל: כִּי הוּא הָיָה לַכֹּל קֹדֶם / עַל כֵּן נִקְרָא אֱלֹהֵי קֶדֶם.

ש״ץ: בַּעֲשׂוֹתוֹ בְּלִי כֹל אֶת הַכֹּל / יָדַעְנוּ כִּי הוּא כֹּל יָכוֹל.

קהל: בַּאֲשֶׁר מַעֲשָׂיו, בְּחָכְמָה כֻּלָּם / יָדַעְנוּ כִּי בְּבִינָה פְּעָלָם.

ש״ץ: בְּכָל יוֹם וָיוֹם, בְּחַדְּשׁוֹ כֻּלָּם / יָדַעְנוּ כִּי הוּא אֱלֹהֵי עוֹלָם.

קהל: בַּאֲשֶׁר הָיָה קֹדֶם לְכֻלָּם / יָדַעְנוּ כִּי הוּא חַי לְעוֹלָם.

ש״ץ: וְאֵין לְהַרְהֵר אַחַר יוֹצְרֵנוּ / בְּלִבֵּנוּ, וְלֹא בְּסִפּוּרֵנוּ.

קהל: לְמַמָּשׁ וְגֹדֶשׁ לֹא נְשַׁעֲרֵהוּ / לְטָפֵל וְתֹאַר לֹא נְדַמֵּהוּ.

ש״ץ: וְלֹא נַחְשְׁבֵהוּ לְעִקָּר וְנִצָּב / וְלֹא לְמִין וְכָל אוֹן, וּלְכָל נִקְצָב.

קהל: כָּל הַנִּרְאִים וְהַנִּשְׂכָּלִים / וְהַמַּדָּעִים בְּעֶשֶׂר כְּלוּלִים.

ש״ץ: וְשֶׁבַע כַּמָּיוֹת וְשֵׁשֶׁת נִדּוֹת / וְשָׁלֹשׁ גְּזֵרוֹת וְעִתּוֹת וּמִדּוֹת.

קהל: הֵן בְּבוֹרֵא אֵין גַּם אֶחָד / כִּי הוּא בְרָאָם כֻּלָּם יָחַד.

ש״ץ: כֻּלָּם יִבְלוּ, אַף יַחֲלוֹפוּ / הֵם יֹאבֵדוּ וְאַף יָסוּפוּ.

קהל: וְאַתָּה תַעֲמֹד וּתְבַלֶּה כֻּלָּם / כִּי חַי וְקַיָּם אַתָּה לְעוֹלָם.

ליום ששי

ש״ץ: אַתָּה לְבַדְּךָ, יוֹצֵר כֹּל הוּא / וְלֹא יִדְמֶה מַעֲשֶׂה לְעוֹשֵׂהוּ.
קהל: כָּל הָאֲרָצוֹת לֹא יְכִילְוּךָ / וְאַף שָׁמַיִם לֹא יְכַלְכְּלוּךָ.

ש״ץ: אָז יָחִילוּ מַיִם חַיִּים / מִפָּנֶיךָ אֱלֹהִים חַיִּים.
קהל: רָעֲשָׁה אֶרֶץ, וְנָסוּ מַיִם / וְנָטְפוּ מַיִם אַף שָׁמָיִם.

ש״ץ: נוֹטֶה לְבַדְּךָ הַשָּׁמַיִם / רֹקַע הָאָרֶץ עַל־הַמָּיִם: תהלים קלו
קהל: עָשִׂיתָ כָּל חֶפְצְךָ לְבַדְּךָ / וְלֹא נִצְרַכְתָּ עֵזֶר כְּנֶגְדְּךָ.

ש״ץ: סוֹעֵד, אֵין מִי יִסְעָדֶךָ / הַכֹּל מִמְּךָ וּמִיָּדֶךָ.
קהל: כְּכֹחֲךָ אָז כֵּן עַתָּה, וְדַעְתְּךָ / וּלְעוֹלָם כָּל כְּבוֹדְךָ אִתָּךְ.

ש״ץ: וְלֹא יָעַפְתָּ וְלֹא יָגַעְתָּ / כִּי בִמְלַאכְתְּךָ לֹא עָמַלְתָּ.
קהל: כִּי בִדְבָרְךָ כָּל יְצוּרֶיךָ / וּמַעֲשֵׂה חֶפְצְךָ בְּמַאֲמָרֶיךָ.

ש״ץ: וְלֹא אִחַרְתּוֹ וְלֹא מִהַרְתּוֹ / הַכֹּל עֲשִׂיתוֹ יָפֶה בְעִתּוֹ.
קהל: מִבְּלִי מְאוּמָה כֹּל חִדַּשְׁתָּ / וְאֶת הַכֹּל בְּלִי כְלִי פָּעָלְתָּ.

ש״ץ: וְעַל לֹא יְסוֹד, הַכֹּל יָסַדְתָּ / בִּרְצוֹן רוּחֲךָ כֹּל תָּלִיתָ.
קהל: זְרוֹעוֹת עוֹלָם אֶת כֹּל נוֹשְׂאוֹת / מֵרֹאשׁ וְעַד סוֹף וְאֵינָם נִלְאוֹת.

ש״ץ: בְּעֵינֶיךָ לֹא דָבָר הִקְשָׁה / רְצוֹנְךָ כָּל דָּבָר, רוּחֲךָ עוֹשָׂה.
קהל: לִפְעֻלָּתְךָ לֹא דִמִּיתָ / אֶל כָּל תֹּאַר לֹא שִׁוִּיתָ.

ש״ץ: וְלֹא קָדְמָה לִמְלַאכְתְּךָ מְלָאכָה / חָכְמָתְךָ הִיא הַכֹּל עָרְכָה.
קהל: לִרְצוֹנְךָ לֹא קִדְּמוּ וְאֵחֲרוּ / וְעַל חֶפְצְךָ לֹא נוֹסְפוּ וְחָסְרוּ.

ש״ץ: מִכָּל חֶפְצְךָ לֹא שָׁכַחְתָּ / וְדָבָר אֶחָד לֹא חִסַּרְתָּ.
קהל: לֹא הֶחֱסַרְתָּ וְלֹא הֶעֱדַפְתָּ / וְדָבָר רֵיק בָּם לֹא פָּעָלְתָּ.

ש״ץ: אַתָּה תְשַׁבְּחֵם וּמִי הִתְעִיבָם / וְשֵׁמֶץ דָּבָר לֹא נִמְצָא בָם.
קהל: הַחִלּוֹתָ בְּחָכְמָה, עֲשִׂיתָם / בִּתְבוּנָה, וּבְדַעַת כִּלִּיתָם.

ש״ץ: מֵרֵאשִׁית וְעַד אַחֲרִית עֲשׂוּיִים / בֶּאֱמֶת וּבְיֹשֶׁר, וְטוֹב רְאוּיִים.
קהל: הִקְדַּמְתָּ בְּמַעֲשֵׂי יָדֶיךָ / רֹב רַחֲמֶיךָ וַחֲסָדֶיךָ.

ש״ץ: כִּי רַחֲמֶיךָ וַחֲסָדֶיךָ / הֲלֹא מֵעוֹלָם עַל עֲבָדֶיךָ.
קהל: וְעַד לֹא כָּל חַי הוּכַן לְכַלְכֵּל / לִפְנֵי אוֹכֵל תִּתֵּן אֹכֶל.

ש״ץ: וּמָזוֹן וּמָכוֹן תַּעֲשֶׂה בְּפִי כֹל / צָרְכֵי הַכֹּל, כַּאֲשֶׁר לַכֹּל.
קהל: שְׁלֹשֶׁת יָמִים הָרִאשׁוֹנִים / אָז הֱכִינוֹתָם לָאַחֲרוֹנִים.

ש״ץ: אָז עָטִיתָ אוֹר כַּשַּׂלְמָה / אֶדֶר מְאוֹרוֹת מִמּוּל שַׂלְמָה.
קהל: בְּטֶרֶם כָּל יְצוּר, מְאֹד גָּדַלְתָּ / וְאַחַר כֹּל, מְאֹד נִתְגַּדַּלְתָּ.

ש״ץ: אָז בְּאֵין לְבוּשׁ, הוֹד וְהָדָר לוֹבֵשׁ / עַד לֹא אָרַג, גֵּאוּת לָבֵשׁ.
קהל: אוֹר כַּשַּׂלְמָה וְכַמְעִיל עֹטֶה / שָׁמַיִם כַּיְרִיעָה נוֹטֶה.

ש״ץ: עָשִׂיתָ בָם לְאוֹרִים דְּרָכִים / וָרָצוֹא וָשׁוֹב בְּנַחַת מַהֲלָכִים.
קהל: הִבְדַּלְתָּ בֵּין מַיִם לְמַיִם / בִּמְתִיחַת רְקִיעַ הַשָּׁמָיִם.

ש״ץ: מְזוֹנוֹת מְעוֹנוֹת לְשֶׁרֶץ מַיִם / וְעוֹף יְעוֹפֵף עַל הַשָּׁמָיִם.
קהל: עֵשֶׂב וְחָצִיר לְבִשָּׂה אֲדָמָה / מַאֲכָל לְחַיָּה וּלְכָל בְּהֵמָה.

ש״ץ: בְּקֶרֶן שֶׁמֶן גַּן נָטַעְתָּ / אֶל הָאָדָם אֲשֶׁר עָשִׂיתָ.
קהל: עֵזֶר כְּנֶגְדּוֹ עָשִׂיתָ לּוֹ / דֵּי מַחְסֹרוֹ אֲשֶׁר יֶחְסַר לוֹ.

ש״ץ: כָּל מַעֲשֶׂיךָ, בְּיָדוֹ תִּתָּה / וְתַחַת רַגְלָיו הַכֹּל שַׁתָּה.
קהל: לְהַעֲלוֹת מֵהֶם בָּקָר וָצֹאן / עַל מִזְבַּחֲךָ יַעֲלוּ לְרָצוֹן.

ש״ץ: עָשִׂיתָ לּוֹ כְּתֹנֶת לְשָׁרֵת / לְהַדְרַת קֹדֶשׁ וּלְתִפְאֶרֶת.
קהל: שַׂמְתָּ בְּקִרְבּוֹ חָכְמַת אֱלֹהִים / כִּי יְצַרְתּוֹ לְךָ בְּצֶלֶם אֱלֹהִים.

ש״ץ: לֹא מָנַעְתָּ עַל פְּנֵי אֲדָמָה / צָרְכֵי אָדָם, וְכֻלָּם בְּחָכְמָה.
קהל: מַעֲשֶׂיךָ מְאֹד רַבּוּ וְגָדְלוּ / וְשִׁמְךָ יהוה, כֻּלָּם יְהַלְלוּ.

ש״ץ: רַבּוּ וְגָדְלוּ מְאֹד מַעֲשֶׂיךָ / יוֹדוּךָ יהוה כָּל־מַעֲשֶׂיךָ: תהלים קמה
קהל: כֹּל פָּעַלְתָּ לְמַעֲנֶךָ / וְלִכְבוֹדְךָ כָּל קִנְיָנֶךָ.

לשבת

ש״ץ: אָז בַּיּוֹם הַשְּׁבִיעִי נַחְתָּ / יוֹם הַשַּׁבָּת, עַל כֵּן בֵּרַכְתָּ.
קהל: וְעַל כָּל פֹּעַל תְּהִלָּה עֲרוּכָה / חֲסִידֶיךָ בְּכָל עֵת יְבָרְכוּכָה.

ש״ץ: בָּרוּךְ יהוה יוֹצֵר כֻּלָּם / אֱלֹהִים חַיִּים וּמֶלֶךְ עוֹלָם: ירמיה י
קהל: כִּי מֵעוֹלָם עַל עֲבָדֶיךָ / רֹב רַחֲמֶיךָ וַחֲסָדֶיךָ.

ש״ץ: וּבְמִצְרַיִם הַחִלּוֹתָ / לְהוֹדִיעַ, כִּי מְאֹד נַעֲלֵיתָ.
קהל: עַל כָּל אֱלֹהִים, בַּעֲשׂוֹת בָּהֶם / שְׁפָטִים גְּדֹלִים, וּבֵאלֹהֵיהֶם.

ש״ץ: בְּבָקְעֲךָ יַם סוּף, עַמְּךָ רָאוּ / הַיָּד הַגְּדוֹלָה, וַיִּירָאוּ.
קהל: נִהַגְתָּ עַמְּךָ, לַעֲשׂוֹת לָךְ / שֵׁם תִּפְאֶרֶת, לְהַרְאוֹת גָּדְלָךְ.

ש״ץ: וְדִבַּרְתָּ עִמָּם מִן הַשָּׁמַיִם / וְגַם הֶעָבִים נָטְפוּ מָיִם.
קהל: יָדַעְתָּ לֶכְתָּם הַמִּדְבָּר / בְּאֶרֶץ צִיָּה, אִישׁ לֹא עָבָר.

ש״ץ: תַּתָּה לְעַמְּךָ דְּגַן שָׁמַיִם / וְכֶעָפָר שְׁאֵר, וּמִצּוּר מָיִם.
קהל: תְּגָרֵשׁ גּוֹיִם רַבִּים, עַמִּים / יִירְשׁוּ אַרְצָם, וַעֲמַל לְאֻמִּים.

ש״ץ: בַּעֲבוּר יִשְׁמְרוּ חֻקִּים וְתוֹרוֹת / אִמְרוֹת יהוה אֲמָרוֹת טְהֹרוֹת: תהלים יב
קהל: וַיִּתְעַדְּנוּ בְּמִרְעֶה שָׁמֵן / וּמֵחַלְמִישׁ צוּר פַּלְגֵי שָׁמֶן.

ש״ץ: בְּנוּחָם בָּנוּ עִיר קָדְשֶׁךָ / וַיְפָאֲרוּ בֵּית מִקְדָּשֶׁךָ.
קהל: וַתֹּאמֶר, פֹּה אֵשֵׁב לְאֹרֶךְ / יָמִים, צֵידָהּ בָּרֵךְ אֲבָרֵךְ: תהלים קלב

ש״ץ: כִּי שָׁם יִזְבְּחוּ זִבְחֵי צֶדֶק / אַף כֹּהֲנֶיךָ יִלְבְּשׁוּ צֶדֶק.
קהל: וּבֵית הַלֵּוִי נְעִימוֹת יְזַמֵּרוּ / לְךָ יִתְרוֹעֲעוּ אַף יָשִׁירוּ.

ש״ץ: בֵּית יִשְׂרָאֵל וְיִרְאֵי יהוה / יְכַבְּדוּ וְיוֹדוּ שִׁמְךָ יהוה.
קהל: הֵטִיבוֹתָ מְאֹד לָרִאשׁוֹנִים / כֵּן תֵּיטִיב גַּם לָאַחֲרוֹנִים.

ש״ץ: יהוה תָּשִׂישׂ נָא עָלֵינוּ / כַּאֲשֶׁר שַׂשְׂתָּ עַל אֲבוֹתֵינוּ.
קהל: אוֹתָנוּ לְהַרְבּוֹת וּלְהֵיטִיב / וְנוֹדֶה לְּךָ לְעוֹלָם כִּי תֵיטִיב.

ש״ץ: יהוה תִּבָּנֶה עִירְךָ מְהֵרָה / כִּי עָלֶיהָ שִׁמְךָ נִקְרָא.
קהל: וְקֶרֶן דָּוִד תַּצְמִיחַ בָּהּ / וְתִשְׁכֹּן לְעוֹלָם יהוה בְּקִרְבָּהּ.

ש״ץ: זִבְחֵי צֶדֶק שָׁמָּה נִזְבְּחָה / וְכִימֵי קֶדֶם תֶּעֱרַב מִנְחָה.
קהל: וּבָרֵךְ עַמְּךָ בְּאוֹר פָּנֶיךָ / כִּי חֲפֵצִים לַעֲשׂוֹת רְצוֹנֶךָ.

ישעיה סד ש״ץ: וּבִרְצוֹנְךָ תַעֲשֶׂה חֶפְצֵנוּ / הַבֶּט־נָא עַמְּךָ כֻלָּנוּ:
תהלים ג קהל: בְּחַרְתָּנוּ הֱיוֹת לְךָ לְעַם סְגֻלָּה / עַל־עַמְּךָ בִרְכָתֶךָ סֶּלָה:

ש״ץ: וְתָמִיד נְסַפֵּר תְּהִלָּתֶךָ / וּנְהַלֵּל לְשֵׁם תִּפְאַרְתֶּךָ.
קהל: וּמִבִּרְכָתְךָ עַמְּךָ יְבֹרַךְ / כִּי אֶת כֹּל אֲשֶׁר תְּבָרֵךְ מְבֹרָךְ.

ש״ץ: וַאֲנִי בְּעוֹדִי אֲהַלְלָה בּוֹרְאִי / וַאֲבָרְכֵהוּ כָּל יְמֵי צְבָאִי.
תהלים קו קהל: יְהִי שֵׁם יהוה מְבֹרָךְ לְעוֹלָם / מִן־הָעוֹלָם וְעַד הָעוֹלָם:

כַּכָּתוּב

דברי הימים א׳ טז
בָּרוּךְ יהוה אֱלֹהֵי יִשְׂרָאֵל מִן־הָעוֹלָם וְעַד־הָעֹלָם
וַיֹּאמְרוּ כָל־הָעָם אָמֵן, וְהַלֵּל לַיהוה:

דניאל ב
עָנֵה דָנִיֵּאל וְאָמַר
לֶהֱוֵא שְׁמֵהּ דִּי־אֱלָהָא מְבָרַךְ מִן־עָלְמָא וְעַד־עָלְמָא
דִּי חָכְמְתָא וּגְבוּרְתָא דִּי־לֵהּ הִיא:

וְנֶאֱמַר

נחמיה ט
וַיֹּאמְרוּ הַלְוִיִּם
יֵשׁוּעַ וְקַדְמִיאֵל בָּנִי חֲשַׁבְנְיָה שֵׁרֵבְיָה הוֹדִיָּה שְׁבַנְיָה פְתַחְיָה
קוּמוּ בָּרְכוּ אֶת־יהוה אֱלֹהֵיכֶם מִן־הָעוֹלָם עַד־הָעוֹלָם
וִיבָרְכוּ שֵׁם כְּבֹדֶךָ, וּמְרוֹמַם עַל־כָּל־בְּרָכָה וּתְהִלָּה:

וְנֶאֱמַר

תהלים קו
בָּרוּךְ יהוה אֱלֹהֵי יִשְׂרָאֵל מִן־הָעוֹלָם וְעַד הָעוֹלָם
וְאָמַר כָּל־הָעָם אָמֵן, הַלְלוּיָהּ:

וְנֶאֱמַר

דברי הימים א׳ כט
וַיְבָרֶךְ דָּוִיד אֶת־יהוה לְעֵינֵי כָּל־הַקָּהָל
וַיֹּאמֶר דָּוִיד
בָּרוּךְ אַתָּה יהוה אֱלֹהֵי יִשְׂרָאֵל אָבִינוּ, מֵעוֹלָם וְעַד־עוֹלָם:

שיר הכבוד

פותחים את ארון הקודש והקהל עומד.

שְׂאוּ שְׁעָרִים רָאשֵׁיכֶם, וְהִנָּשְׂאוּ פִּתְחֵי עוֹלָם, וְיָבוֹא מֶלֶךְ הַכָּבוֹד: תהלים כד
מִי זֶה מֶלֶךְ הַכָּבוֹד, יהוה עִזּוּז וְגִבּוֹר, יהוה גִּבּוֹר מִלְחָמָה:
שְׂאוּ שְׁעָרִים רָאשֵׁיכֶם, וּשְׂאוּ פִּתְחֵי עוֹלָם, וְיָבֹא מֶלֶךְ הַכָּבוֹד:
מִי הוּא זֶה מֶלֶךְ הַכָּבוֹד, יהוה צְבָאוֹת הוּא מֶלֶךְ הַכָּבוֹד סֶלָה:

ש״ץ: אַנְעִים זְמִירוֹת וְשִׁירִים אֶאֱרֹג, כִּי אֵלֶיךָ נַפְשִׁי תַעֲרֹג.
קהל: נַפְשִׁי חִמְּדָה בְּצֵל יָדֶךָ, לָדַעַת כָּל רָז סוֹדֶךָ.

ש״ץ: מִדֵּי דַבְּרִי בִּכְבוֹדֶךָ, הוֹמֶה לִבִּי אֶל דּוֹדֶיךָ.
קהל: עַל כֵּן אֲדַבֵּר בְּךָ נִכְבָּדוֹת, וְשִׁמְךָ אֲכַבֵּד בְּשִׁירֵי יְדִידוֹת.

ש״ץ: אֲסַפְּרָה כְבוֹדְךָ וְלֹא רְאִיתִיךָ, אֲדַמְּךָ אֲכַנְּךָ וְלֹא יְדַעְתִּיךָ.
קהל: בְּיַד נְבִיאֶיךָ בְּסוֹד עֲבָדֶיךָ, דִּמִּיתָ הֲדַר כְּבוֹד הוֹדֶךָ.

ש״ץ: גְּדֻלָּתְךָ וּגְבוּרָתֶךָ, כִּנּוּ לְתֹקֶף פְּעֻלָּתֶךָ.
קהל: דִּמּוּ אוֹתְךָ וְלֹא כְפִי יֶשְׁךָ, וַיְשַׁוּוּךָ לְפִי מַעֲשֶׂיךָ.

ש״ץ: הִמְשִׁילוּךָ בְּרֹב חֶזְיוֹנוֹת, הִנְּךָ אֶחָד בְּכָל דִּמְיוֹנוֹת.
קהל: וַיֶּחֱזוּ בְךָ זִקְנָה וּבַחֲרוּת, וּשְׂעַר רֹאשְׁךָ בְּשֵׂיבָה וְשַׁחֲרוּת.

ש״ץ: זִקְנָה בְּיוֹם דִּין וּבַחֲרוּת בְּיוֹם קְרָב, כְּאִישׁ מִלְחָמוֹת יָדָיו לוֹ רָב.
קהל: חָבַשׁ כּוֹבַע יְשׁוּעָה בְּרֹאשׁוֹ, הוֹשִׁיעָה לּוֹ יְמִינוֹ וּזְרוֹעַ קָדְשׁוֹ.

ש״ץ: טַלְלֵי אוֹרוֹת רֹאשׁוֹ נִמְלָא, קְוֻצּוֹתָיו רְסִיסֵי לָיְלָה.
קהל: יִתְפָּאֵר בִּי כִּי חָפֵץ בִּי, וְהוּא יִהְיֶה לִּי לַעֲטֶרֶת צְבִי.

ש״ץ: כֶּתֶם טָהוֹר פָּז דְּמוּת רֹאשׁוֹ, וְחַק עַל מֵצַח כְּבוֹד שֵׁם קָדְשׁוֹ.
קהל: לְחֵן וּלְכָבוֹד צְבִי תִפְאָרָה, אֻמָּתוֹ לוֹ עִטְּרָה עֲטָרָה.

ש״ץ: מַחְלְפוֹת רֹאשׁוֹ כְּבִימֵי בְחוּרוֹת, קְוֻצּוֹתָיו תַּלְתַּלִּים שְׁחוֹרוֹת.

קהל: נְוֵה הַצֶּדֶק צְבִי תִפְאַרְתּוֹ, יַעֲלֶה נָּא עַל רֹאשׁ שִׂמְחָתוֹ.

ש״ץ: סְגֻלָּתוֹ תְּהִי בְיָדוֹ עֲטֶרֶת, וּצְנִיף מְלוּכָה צְבִי תִפְאֶרֶת.

קהל: עֲמוּסִים נְשָׂאָם, עֲטֶרֶת עִנְּדָם, מֵאֲשֶׁר יָקְרוּ בְעֵינָיו כִּבְּדָם.

ש״ץ: פְּאֵרוֹ עָלַי וּפְאֵרִי עָלָיו, וְקָרוֹב אֵלַי בְּקָרְאִי אֵלָיו.

קהל: צַח וְאָדֹם לִלְבוּשׁוֹ אָדֹם, פּוּרָה בְדָרְכוֹ בְּבוֹאוֹ מֵאֱדוֹם.

ש״ץ: קֶשֶׁר תְּפִלִּין הֶרְאָה לֶעָנָו, תְּמוּנַת יהוה לְנֶגֶד עֵינָיו.

קהל: רוֹצֶה בְעַמּוֹ עֲנָוִים יְפָאֵר, יוֹשֵׁב תְּהִלּוֹת בָּם לְהִתְפָּאֵר.

ש״ץ: רֹאשׁ דְּבָרְךָ אֱמֶת קוֹרֵא מֵרֹאשׁ דּוֹר וָדוֹר, עַם דּוֹרֶשְׁךָ דְּרֹשׁ.

קהל: שִׁית הֲמוֹן שִׁירַי נָא עָלֶיךָ, וְרִנָּתִי תִּקְרַב אֵלֶיךָ.

ש״ץ: תְּהִלָּתִי תְּהִי לְרֹאשְׁךָ עֲטֶרֶת, וּתְפִלָּתִי תִּכּוֹן קְטֹרֶת.

קהל: תִּיקַר שִׁירַת רָשׁ בְּעֵינֶיךָ, כַּשִּׁיר יוּשַׁר עַל קָרְבָּנֶיךָ.

ש״ץ: בִּרְכָתִי תַעֲלֶה לְרֹאשׁ מַשְׁבִּיר, מְחוֹלֵל וּמוֹלִיד, צַדִּיק כַּבִּיר.

קהל: וּבְבִרְכָתִי תְנַעַנַע לִי רֹאשׁ, וְאוֹתָהּ קַח לְךָ כִּבְשָׂמִים רֹאשׁ.

ש״ץ: יֶעֱרַב נָא שִׂיחִי עָלֶיךָ, כִּי נַפְשִׁי תַעֲרֹג אֵלֶיךָ.

סוגרים את ארון הקודש.

דברי הימים א׳ כט

לְךָ יהוה הַגְּדֻלָּה וְהַגְּבוּרָה וְהַתִּפְאֶרֶת וְהַנֵּצַח וְהַהוֹד

כִּי־כֹל בַּשָּׁמַיִם וּבָאָרֶץ

לְךָ יהוה הַמַּמְלָכָה וְהַמִּתְנַשֵּׂא לְכֹל לְרֹאשׁ:

תהלים קו

› מִי יְמַלֵּל גְּבוּרוֹת יהוה

יַשְׁמִיעַ כָּל־תְּהִלָּתוֹ:

קדיש יתום

אם יש מניין, האבלים עומדים ואומרים קדיש יתום.

אבל: יִתְגַּדַּל וְיִתְקַדַּשׁ שְׁמֵהּ רַבָּא (קהל: אָמֵן)
בְּעָלְמָא דִּי בְרָא כִרְעוּתֵהּ
וְיַמְלִיךְ מַלְכוּתֵהּ
וְיַצְמַח פֻּרְקָנֵהּ וִיקָרֵב מְשִׁיחֵהּ (קהל: אָמֵן)
בְּחַיֵּיכוֹן וּבְיוֹמֵיכוֹן וּבְחַיֵּי דְכָל בֵּית יִשְׂרָאֵל
בַּעֲגָלָא וּבִזְמַן קָרִיב
וְאִמְרוּ אָמֵן. (קהל: אָמֵן)

קהל ואבל: יְהֵא שְׁמֵהּ רַבָּא מְבָרַךְ לְעָלַם וּלְעָלְמֵי עָלְמַיָּא.

אבל: יִתְבָּרַךְ וְיִשְׁתַּבַּח וְיִתְפָּאַר וְיִתְרוֹמַם וְיִתְנַשֵּׂא
וְיִתְהַדָּר וְיִתְעַלֶּה וְיִתְהַלָּל
שְׁמֵהּ דְּקֻדְשָׁא בְּרִיךְ הוּא (קהל: אָמֵן)
לְעֵלָּא לְעֵלָּא מִכָּל בִּרְכָתָא
וְשִׁירָתָא תֻּשְׁבְּחָתָא וְנֶחֱמָתָא
דַּאֲמִירָן בְּעָלְמָא
וְאִמְרוּ אָמֵן. (קהל: אָמֵן)

יְהֵא שְׁלָמָא רַבָּא מִן שְׁמַיָּא
וְחַיִּים טוֹבִים עָלֵינוּ וְעַל כָּל יִשְׂרָאֵל
וְאִמְרוּ אָמֵן. (קהל: אָמֵן)

כורע ופוסע שלוש פסיעות לאחור. קד לשמאל, לימין ולפנים באמירת:

עֹשֶׂה הַשָּׁלוֹם בִּמְרוֹמָיו
הוּא יַעֲשֶׂה שָׁלוֹם
עָלֵינוּ וְעַל כָּל יִשְׂרָאֵל
וְאִמְרוּ אָמֵן. (קהל: אָמֵן)

תפילת שחרית

תפילת שחרית

"ה', בֹּקֶר תִּשְׁמַע קוֹלִי, בֹּקֶר אֶעֱרָךְ־לְךָ וַאֲצַפֶּה" (תהלים ה, ד).

השכמת הבוקר

"יתגבר כארי לעמוד בבוקר לעבודת בוראו" (שו"ע א, א).

מיד כשמתעורר אדם משנתו, עוד בטרם נוטל את ידיו,
כשעדיין אינו יכול לברך או לומר פסוקים, אומר:

מוֹדֶה/ נשים אומרות: מוֹדָה/ אֲנִי לְפָנֶיךָ מֶלֶךְ חַי וְקַיָּם
שֶׁהֶחֱזַרְתָּ בִּי נִשְׁמָתִי בְּחֶמְלָה
רַבָּה אֱמוּנָתֶךָ.

אחרי שנטל את ידיו, מברך:

בָּרוּךְ אַתָּה יהוה אֱלֹהֵינוּ מֶלֶךְ הָעוֹלָם
אֲשֶׁר קִדְּשָׁנוּ בְּמִצְוֹתָיו
וְצִוָּנוּ עַל נְטִילַת יָדָיִם.

בָּרוּךְ אַתָּה יהוה אֱלֹהֵינוּ מֶלֶךְ הָעוֹלָם
אֲשֶׁר יָצַר אֶת הָאָדָם בְּחָכְמָה
וּבָרָא בוֹ נְקָבִים נְקָבִים, חֲלוּלִים חֲלוּלִים.
גָּלוּי וְיָדוּעַ לִפְנֵי כִסֵּא כְבוֹדֶךָ
שֶׁאִם יִפָּתֵחַ אֶחָד מֵהֶם אוֹ יִסָּתֵם אֶחָד מֵהֶם
אִי אֶפְשַׁר לְהִתְקַיֵּם וְלַעֲמֹד לְפָנֶיךָ אֲפִלּוּ שָׁעָה אֶחָת.
בָּרוּךְ אַתָּה יהוה, רוֹפֵא כָל בָּשָׂר וּמַפְלִיא לַעֲשׂוֹת.

הגמרא בברכות ס ע"ב מזכירה ברכה זו שצריך לאומרה מיד כשמתעורר. הגאונים תיקנו לאומרה אחרי ברכת 'אֲשֶׁר יָצַר', כיוון שאינה פותחת בתיבות 'בָּרוּךְ אַתָּה ה'' (רב נטרונאי גאון).

אֱלֹהַי
נְשָׁמָה שֶׁנָּתַתָּ בִּי טְהוֹרָה הִיא.
אַתָּה בְרָאתָהּ, אַתָּה יְצַרְתָּהּ, אַתָּה נְפַחְתָּהּ בִּי
וְאַתָּה מְשַׁמְּרָהּ בְּקִרְבִּי
וְאַתָּה עָתִיד לִטְּלָהּ מִמֶּנִּי
וּלְהַחֲזִירָהּ בִּי לֶעָתִיד לָבוֹא.
כָּל זְמַן שֶׁהַנְּשָׁמָה בְקִרְבִּי, מוֹדֶה/ נשים אומרות: **מוֹדָה/ אֲנִי לְפָנֶיךָ**
יהוה אֱלֹהַי וֵאלֹהֵי אֲבוֹתַי
רִבּוֹן כָּל הַמַּעֲשִׂים, אֲדוֹן כָּל הַנְּשָׁמוֹת.
בָּרוּךְ אַתָּה יהוה, הַמַּחֲזִיר נְשָׁמוֹת לִפְגָרִים מֵתִים.

לבישת ציצית

לפני שלובש טלית קטן, מברך 'עַל מִצְוַת צִיצִית'. ואם תכף יתעטף בטלית, לא יברך.

בָּרוּךְ אַתָּה יהוה אֱלֹהֵינוּ מֶלֶךְ הָעוֹלָם
אֲשֶׁר קִדְּשָׁנוּ בְּמִצְוֹתָיו וְצִוָּנוּ עַל מִצְוַת צִיצִית.

אחרי שלבש, אומר:

יְהִי רָצוֹן מִלְּפָנֶיךָ, יהוה אֱלֹהַי וֵאלֹהֵי אֲבוֹתַי, שֶׁתְּהֵא חֲשׁוּבָה מִצְוַת צִיצִית לְפָנֶיךָ, כְּאִלּוּ קִיַּמְתִּיהָ בְּכָל פְּרָטֶיהָ וְדִקְדּוּקֶיהָ וְכַוָּנוֹתֶיהָ, וְתַרְיַ"ג מִצְוֹת הַתְּלוּיוֹת בָּהּ, אָמֵן סֶלָה.

ברכות התורה

"ברכת התורה צריך ליזהר בה מאד" (שו"ע מז, א).

בָּרוּךְ אַתָּה יהוה אֱלֹהֵינוּ מֶלֶךְ הָעוֹלָם
אֲשֶׁר קִדְּשָׁנוּ בְּמִצְוֹתָיו וְצִוָּנוּ לַעֲסֹק בְּדִבְרֵי תוֹרָה.
וְהַעֲרֶב נָא יהוה אֱלֹהֵינוּ אֶת דִּבְרֵי תוֹרָתְךָ
בְּפִינוּ וּבְפִיּוֹת עַמְּךָ בֵּית יִשְׂרָאֵל

וְנִהְיֶה אֲנַחְנוּ וְצֶאֱצָאֵינוּ וְצֶאֱצָאֵי צֶאֱצָאֵינוּ
וְצֶאֱצָאֵי עַמְּךָ בֵּית יִשְׂרָאֵל
כֻּלָּנוּ יוֹדְעֵי שְׁמֶךָ וְלוֹמְדֵי תוֹרָתְךָ לִשְׁמָהּ.
בָּרוּךְ אַתָּה יהוה, הַמְלַמֵּד תּוֹרָה לְעַמּוֹ יִשְׂרָאֵל.

בָּרוּךְ אַתָּה יהוה אֱלֹהֵינוּ מֶלֶךְ הָעוֹלָם
אֲשֶׁר בָּחַר בָּנוּ מִכָּל הָעַמִּים וְנָתַן לָנוּ אֶת תּוֹרָתוֹ.
בָּרוּךְ אַתָּה יהוה, נוֹתֵן הַתּוֹרָה.

וַיְדַבֵּר יהוה אֶל־מֹשֶׁה לֵּאמֹר: במדבר ו
דַּבֵּר אֶל־אַהֲרֹן וְאֶל־בָּנָיו לֵאמֹר
כֹּה תְבָרְכוּ אֶת־בְּנֵי יִשְׂרָאֵל, אָמוֹר לָהֶם:
יְבָרֶכְךָ יהוה וְיִשְׁמְרֶךָ:
יָאֵר יהוה פָּנָיו אֵלֶיךָ וִיחֻנֶּךָּ:
יִשָּׂא יהוה פָּנָיו אֵלֶיךָ וְיָשֵׂם לְךָ שָׁלוֹם:
וְשָׂמוּ אֶת־שְׁמִי עַל־בְּנֵי יִשְׂרָאֵל, וַאֲנִי אֲבָרְכֵם:

אֵלּוּ דְבָרִים שֶׁאֵין לָהֶם שִׁעוּר משנה פאה א, א
הַפֵּאָה וְהַבִּכּוּרִים וְהָרֵאָיוֹן, וּגְמִילוּת חֲסָדִים וְתַלְמוּד תּוֹרָה.

אֵלּוּ דְבָרִים שֶׁאָדָם אוֹכֵל פֵּרוֹתֵיהֶם בָּעוֹלָם הַזֶּה שבת קכז.
וְהַקֶּרֶן קַיֶּמֶת לוֹ לָעוֹלָם הַבָּא, וְאֵלּוּ הֵן
כִּבּוּד אָב וָאֵם, וּגְמִילוּת חֲסָדִים
וְהַשְׁכָּמַת בֵּית הַמִּדְרָשׁ שַׁחֲרִית וְעַרְבִית
וְהַכְנָסַת אוֹרְחִים, וּבִקּוּר חוֹלִים, וְהַכְנָסַת כַּלָּה
וּלְוָיַת הַמֵּת, וְעִיּוּן תְּפִלָּה
וַהֲבָאַת שָׁלוֹם בֵּין אָדָם לַחֲבֵרוֹ, וּבֵין אִישׁ לְאִשְׁתּוֹ
וְתַלְמוּד תּוֹרָה כְּנֶגֶד כֻּלָּם.

עטיפת טלית

לפני עטיפה בטלית גדול נוהגים לומר:

תהלים קד
בָּרְכִי נַפְשִׁי אֶת־יהוה, יהוה אֱלֹהַי גָּדַלְתָּ מְּאֹד, הוֹד וְהָדָר לָבָשְׁתָּ:
עֹטֶה־אוֹר כַּשַּׂלְמָה, נוֹטֶה שָׁמַיִם כַּיְרִיעָה:

יש אומרים:

לְשֵׁם יִחוּד קֻדְשָׁא בְּרִיךְ הוּא וּשְׁכִינְתֵּהּ בִּדְחִילוּ וּרְחִימוּ, לְיַחֵד שֵׁם י״ה בו״ה בְּיִחוּדָא שְׁלִים בְּשֵׁם כָּל יִשְׂרָאֵל.

הֲרֵינִי מִתְעַטֵּף בְּצִיצִית. כֵּן תִּתְעַטֵּף נִשְׁמָתִי וּרְמַ״ח אֵבָרַי וּשְׁסָ״ה גִּידַי בְּאוֹר הַצִּיצִית הָעוֹלֶה תַּרְיַ״ג. וּכְשֵׁם שֶׁאֲנִי מִתְכַּסֶּה בְּטַלִּית בָּעוֹלָם הַזֶּה, כָּךְ אֶזְכֶּה לַחֲלוּקָא דְרַבָּנָן וּלְטַלִּית נָאָה לָעוֹלָם הַבָּא בְּגַן עֵדֶן. וְעַל יְדֵי מִצְוַת צִיצִית תִּנָּצֵל נַפְשִׁי רוּחִי וְנִשְׁמָתִי וּתְפִלָּתִי מִן הַחִיצוֹנִים.
דברים לב
וְהַטַּלִּית תִּפְרֹשׂ כְּנָפֶיהָ עֲלֵיהֶם וְתַצִּילֵם, כְּנֶשֶׁר יָעִיר קִנּוֹ עַל־גּוֹזָלָיו יְרַחֵף: וּתְהֵא חֲשׁוּבָה מִצְוַת צִיצִית לִפְנֵי הַקָּדוֹשׁ בָּרוּךְ הוּא, כְּאִלּוּ קִיַּמְתִּיהָ בְּכָל פְּרָטֶיהָ וְדִקְדּוּקֶיהָ וְכַוָּנוֹתֶיהָ וְתַרְיַ״ג מִצְוֹת הַתְּלוּיוֹת בָּהּ, אָמֵן סֶלָה.

עומד ומברך:

בָּרוּךְ אַתָּה יהוה אֱלֹהֵינוּ מֶלֶךְ הָעוֹלָם
אֲשֶׁר קִדְּשָׁנוּ בְּמִצְוֹתָיו וְצִוָּנוּ לְהִתְעַטֵּף בַּצִּיצִית.

נוהגים להתעטף בטלית אחר הברכה.

מתעטף ואומר (סידור השל״ה):

תהלים לו
מַה־יָּקָר חַסְדְּךָ אֱלֹהִים, וּבְנֵי אָדָם בְּצֵל כְּנָפֶיךָ יֶחֱסָיוּן:
יִרְוְיֻן מִדֶּשֶׁן בֵּיתֶךָ, וְנַחַל עֲדָנֶיךָ תַשְׁקֵם:
כִּי־עִמְּךָ מְקוֹר חַיִּים, בְּאוֹרְךָ נִרְאֶה־אוֹר:
מְשֹׁךְ חַסְדְּךָ לְיֹדְעֶיךָ, וְצִדְקָתְךָ לְיִשְׁרֵי־לֵב:

הכנה לתפילה

"יִכנס שיעור שני פתחים ואחר כך יתפלל" (שו"ע צ, כ).
כאשר נכנס לבית הכנסת אומר:

מַה־טֹּבוּ
אֹהָלֶיךָ יַעֲקֹב, מִשְׁכְּנֹתֶיךָ יִשְׂרָאֵל: במדבר כד
וַאֲנִי בְּרֹב חַסְדְּךָ אָבוֹא בֵיתֶךָ תהלים ה
אֶשְׁתַּחֲוֶה אֶל־הֵיכַל־קָדְשְׁךָ
בְּיִרְאָתֶךָ:
יהוה אָהַבְתִּי מְעוֹן בֵּיתֶךָ תהלים כו
וּמְקוֹם מִשְׁכַּן כְּבוֹדֶךָ:

וַאֲנִי אֶשְׁתַּחֲוֶה
וְאֶכְרָעָה
אֶבְרְכָה לִפְנֵי יהוה עֹשִׂי.

וַאֲנִי תְפִלָּתִי־לְךָ יהוה תהלים סט
עֵת רָצוֹן
אֱלֹהִים בְּרָב־חַסְדֶּךָ
עֲנֵנִי בֶּאֱמֶת יִשְׁעֶךָ:

יש קהילות שבהן נוהגים להתחיל בשיר של יום (עמ׳ 242) ו׳לְדָוִד ה׳ אוֹרִי וְיִשְׁעִי׳ (עמ׳ 246), ואחרי כל אחד מהם אומרים קדיש יתום.

״לְהַגִּיד בַּבֹּקֶר חַסְדֶּךָ וֶאֱמוּנָתְךָ בַּלֵּילוֹת״ (תהלים צב, ג).
פיוט עתיק זה מיוחס לר׳ שלמה אבן גבירול (ויש המקדימים את זמנו לתקופת הגאונים).

אֲדוֹן עוֹלָם

אֲשֶׁר מָלַךְ בְּטֶרֶם כָּל־יְצִיר נִבְרָא.
לְעֵת נַעֲשָׂה בְחֶפְצוֹ כֹּל אֲזַי מֶלֶךְ שְׁמוֹ נִקְרָא.
וְאַחֲרֵי כִּכְלוֹת הַכֹּל לְבַדּוֹ יִמְלֹךְ נוֹרָא.
וְהוּא הָיָה וְהוּא הֹוֶה וְהוּא יִהְיֶה בְּתִפְאָרָה.
וְהוּא אֶחָד וְאֵין שֵׁנִי לְהַמְשִׁיל לוֹ לְהַחְבִּירָה.
בְּלִי רֵאשִׁית בְּלִי תַכְלִית וְלוֹ הָעֹז וְהַמִּשְׂרָה.
וְהוּא אֵלִי וְחַי גּוֹאֲלִי וְצוּר חֶבְלִי בְּעֵת צָרָה.
וְהוּא נִסִּי וּמָנוֹס לִי מְנָת כּוֹסִי בְּיוֹם אֶקְרָא.
בְּיָדוֹ אַפְקִיד רוּחִי בְּעֵת אִישַׁן וְאָעִירָה.
וְעִם רוּחִי גְּוִיָּתִי יהוה לִי וְלֹא אִירָא.

׳יִגְדַּל׳ מיוסד על שלושה עשר עיקרי האמונה שמנה הרמב״ם.

יִגְדַּל

אֱלֹהִים חַי וְיִשְׁתַּבַּח, נִמְצָא וְאֵין עֵת אֶל מְצִיאוּתוֹ.

אֶחָד וְאֵין יָחִיד כְּיִחוּדוֹ, נֶעְלָם וְגַם אֵין סוֹף לְאַחְדּוּתוֹ.

אֵין לוֹ דְּמוּת הַגּוּף וְאֵינוֹ גוּף, לֹא נַעֲרֹךְ אֵלָיו קְדֻשָּׁתוֹ.

קַדְמוֹן לְכָל דָּבָר אֲשֶׁר נִבְרָא, רִאשׁוֹן וְאֵין רֵאשִׁית לְרֵאשִׁיתוֹ.

הִנּוֹ אֲדוֹן עוֹלָם, וְכָל נוֹצָר יוֹרֶה גְדֻלָּתוֹ וּמַלְכוּתוֹ.

שֶׁפַע נְבוּאָתוֹ נְתָנוֹ אֶל־אַנְשֵׁי סְגֻלָּתוֹ וְתִפְאַרְתּוֹ.

לֹא קָם בְּיִשְׂרָאֵל כְּמֹשֶׁה עוֹד נָבִיא וּמַבִּיט אֶת תְּמוּנָתוֹ.

תּוֹרַת אֱמֶת נָתַן לְעַמּוֹ אֵל עַל יַד נְבִיאוֹ נֶאֱמַן בֵּיתוֹ.

לֹא יַחֲלִיף הָאֵל וְלֹא יָמִיר דָּתוֹ לְעוֹלָמִים לְזוּלָתוֹ.

צוֹפֶה וְיוֹדֵעַ סְתָרֵינוּ, מַבִּיט לְסוֹף דָּבָר בְּקַדְמָתוֹ.

גּוֹמֵל לְאִישׁ חֶסֶד כְּמִפְעָלוֹ, נוֹתֵן לְרָשָׁע רָע כְּרִשְׁעָתוֹ.

יִשְׁלַח לְקֵץ יָמִין מְשִׁיחֵנוּ לִפְדּוֹת מְחַכֵּי קֵץ יְשׁוּעָתוֹ.

מֵתִים יְחַיֶּה אֵל בְּרֹב חַסְדּוֹ, בָּרוּךְ עֲדֵי עַד שֵׁם תְּהִלָּתוֹ.

ברכות השחר

ברכות השחר נתקנו כדי שהאדם יאמרן במקביל למעשיו הראשונים כשמתעורר בבוקר (ברכות ס ע״ב). אך כבר בימי הראשונים נהגו שהציבור כולו אומרן יחד בבית הכנסת (פתיחה לסדר רב עמרם גאון).

בבתי כנסת רבים שליח הציבור מתחיל כאן.
ויש מקומות שנוהגים ששליח הציבור מתחיל בברייתא דרבי ישמעאל (עמ׳ 148) או בתפילות השחר (עמ׳ 151).

בָּרוּךְ אַתָּה יהוה אֱלֹהֵינוּ מֶלֶךְ הָעוֹלָם
אֲשֶׁר נָתַן לַשֶּׂכְוִי בִינָה
לְהַבְחִין בֵּין יוֹם וּבֵין לָיְלָה.

בָּרוּךְ אַתָּה יהוה אֱלֹהֵינוּ מֶלֶךְ הָעוֹלָם
שֶׁלֹּא עָשַׂנִי גּוֹי.

בָּרוּךְ אַתָּה יהוה אֱלֹהֵינוּ מֶלֶךְ הָעוֹלָם
שֶׁלֹּא עָשַׂנִי עָבֶד.

בָּרוּךְ אַתָּה יהוה אֱלֹהֵינוּ מֶלֶךְ הָעוֹלָם
גברים: שֶׁלֹּא עָשַׂנִי אִשָּׁה. / נשים: שֶׁעָשַׂנִי כִּרְצוֹנוֹ.

בָּרוּךְ אַתָּה יהוה אֱלֹהֵינוּ מֶלֶךְ הָעוֹלָם
פּוֹקֵחַ עִוְרִים.

בָּרוּךְ אַתָּה יהוה אֱלֹהֵינוּ מֶלֶךְ הָעוֹלָם
מַלְבִּישׁ עֲרֻמִּים.

בָּרוּךְ אַתָּה יהוה אֱלֹהֵינוּ מֶלֶךְ הָעוֹלָם
מַתִּיר אֲסוּרִים.

בָּרוּךְ אַתָּה יהוה אֱלֹהֵינוּ מֶלֶךְ הָעוֹלָם
זוֹקֵף כְּפוּפִים.

בָּרוּךְ אַתָּה יהוה אֱלֹהֵינוּ מֶלֶךְ הָעוֹלָם
רוֹקַע הָאָרֶץ עַל הַמָּיִם.

בָּרוּךְ אַתָּה יהוה אֱלֹהֵינוּ מֶלֶךְ הָעוֹלָם
הַמֵּכִין מִצְעֲדֵי גָבֶר.
בָּרוּךְ אַתָּה יהוה אֱלֹהֵינוּ מֶלֶךְ הָעוֹלָם
שֶׁעָשָׂה לִי כָּל צָרְכִּי.
בָּרוּךְ אַתָּה יהוה אֱלֹהֵינוּ מֶלֶךְ הָעוֹלָם
אוֹזֵר יִשְׂרָאֵל בִּגְבוּרָה.
בָּרוּךְ אַתָּה יהוה אֱלֹהֵינוּ מֶלֶךְ הָעוֹלָם
עוֹטֵר יִשְׂרָאֵל בְּתִפְאָרָה.
בָּרוּךְ אַתָּה יהוה אֱלֹהֵינוּ מֶלֶךְ הָעוֹלָם
הַנּוֹתֵן לַיָּעֵף כֹּחַ.

בָּרוּךְ אַתָּה יהוה אֱלֹהֵינוּ מֶלֶךְ הָעוֹלָם, הַמַּעֲבִיר שֵׁנָה מֵעֵינַי וּתְנוּמָה מֵעַפְעַפָּי. וִיהִי רָצוֹן מִלְּפָנֶיךָ יהוה אֱלֹהֵינוּ וֵאלֹהֵי אֲבוֹתֵינוּ, שֶׁתַּרְגִּילֵנוּ בְּתוֹרָתֶךָ, וְדַבְּקֵנוּ בְּמִצְוֹתֶיךָ, וְאַל תְּבִיאֵנוּ לֹא לִידֵי חֵטְא, וְלֹא לִידֵי עֲבֵרָה וְעָוֹן, וְלֹא לִידֵי נִסָּיוֹן וְלֹא לִידֵי בִזָּיוֹן, וְאַל תַּשְׁלֶט בָּנוּ יֵצֶר הָרָע, וְהַרְחִיקֵנוּ מֵאָדָם רָע וּמֵחָבֵר רָע, וְדַבְּקֵנוּ בְּיֵצֶר הַטּוֹב וּבְמַעֲשִׂים טוֹבִים, וְכֹף אֶת יִצְרֵנוּ לְהִשְׁתַּעְבֶּד לָךְ, וּתְנֵנוּ הַיּוֹם וּבְכָל יוֹם לְחֵן וּלְחֶסֶד וּלְרַחֲמִים, בְּעֵינֶיךָ, וּבְעֵינֵי כָל רוֹאֵינוּ, וְתִגְמְלֵנוּ חֲסָדִים טוֹבִים. בָּרוּךְ אַתָּה יהוה, גּוֹמֵל חֲסָדִים טוֹבִים לְעַמּוֹ יִשְׂרָאֵל.

ברכות טז: יְהִי רָצוֹן מִלְּפָנֶיךָ יהוה אֱלֹהַי וֵאלֹהֵי אֲבוֹתַי, שֶׁתַּצִּילֵנִי הַיּוֹם וּבְכָל יוֹם מֵעַזֵּי פָנִים וּמֵעַזּוּת פָּנִים, מֵאָדָם רָע, מִיֵּצֶר רָע, וּמֵחָבֵר רָע, וּמִשָּׁכֵן רָע, וּמִפֶּגַע רָע, מֵעַיִן הָרָע, מִלָּשׁוֹן הָרָע, מִמַּלְשִׁינוּת, מֵעֵדוּת שֶׁקֶר, מִשִּׂנְאַת הַבְּרִיּוֹת, מֵעֲלִילָה, מִמִּיתָה מְשֻׁנָּה, מֵחֳלָיִים רָעִים, מִמִּקְרִים רָעִים, וּמִשָּׂטָן הַמַּשְׁחִית, מִדִּין קָשֶׁה, וּמִבַּעַל דִּין קָשֶׁה בֵּין שֶׁהוּא בֶן בְּרִית וּבֵין שֶׁאֵינוֹ בֶן בְּרִית, וּמִדִּינָהּ שֶׁל גֵּיהִנֹּם.

פרשת העקדה

עקדת יצחק הייתה הניסיון העיקרי שעמדו בו אבותינו.
רבים נוהגים לקרוא בכל בוקר את פרשת העקדה
כדי לזכור את מסירות הנפש של האבות ולהזכיר את זכותם.

לפני פרשה זו ואחריה נוהגים לומר תחינה המבוססת על ברכת ׳זיכרונות׳ בתפילת מוסף לראש השנה. ולדעת רוב הפוסקים, אין אומרים אותה בשבת וביום טוב. ויש שכתבו שגם מי שבדרך כלל אינו אומר, רשאי לומר ביום הכיפורים (׳מטה אפרים׳ תריט, לד).

אֱלֹהֵינוּ וֵאלֹהֵי אֲבוֹתֵינוּ, זָכְרֵנוּ בְּזִכְרוֹן טוֹב לְפָנֶיךָ, וּפָקְדֵנוּ בִּפְקֻדַּת יְשׁוּעָה וְרַחֲמִים מִשְּׁמֵי שְׁמֵי קֶדֶם, וּזְכָר לָנוּ יהוה אֱלֹהֵינוּ, אַהֲבַת הַקַּדְמוֹנִים אַבְרָהָם יִצְחָק וְיִשְׂרָאֵל עֲבָדֶיךָ, אֶת הַבְּרִית וְאֶת הַחֶסֶד וְאֶת הַשְּׁבוּעָה שֶׁנִּשְׁבַּעְתָּ לְאַבְרָהָם אָבִינוּ בְּהַר הַמּוֹרִיָּה, וְאֶת הָעֲקֵדָה שֶׁעָקַד אֶת יִצְחָק בְּנוֹ עַל גַּבֵּי הַמִּזְבֵּחַ, כַּכָּתוּב בְּתוֹרָתֶךָ:

בראשית כב

וַיְהִי אַחַר הַדְּבָרִים הָאֵלֶּה, וְהָאֱלֹהִים נִסָּה אֶת־אַבְרָהָם, וַיֹּאמֶר אֵלָיו אַבְרָהָם, וַיֹּאמֶר הִנֵּנִי: וַיֹּאמֶר קַח־נָא אֶת־בִּנְךָ אֶת־יְחִידְךָ אֲשֶׁר־אָהַבְתָּ, אֶת־יִצְחָק, וְלֶךְ־לְךָ אֶל־אֶרֶץ הַמֹּרִיָּה, וְהַעֲלֵהוּ שָׁם לְעֹלָה עַל אַחַד הֶהָרִים אֲשֶׁר אֹמַר אֵלֶיךָ: וַיַּשְׁכֵּם אַבְרָהָם בַּבֹּקֶר, וַיַּחֲבֹשׁ אֶת־חֲמֹרוֹ, וַיִּקַּח אֶת־שְׁנֵי נְעָרָיו אִתּוֹ וְאֵת יִצְחָק בְּנוֹ, וַיְבַקַּע עֲצֵי עֹלָה, וַיָּקָם וַיֵּלֶךְ אֶל־הַמָּקוֹם אֲשֶׁר־אָמַר־לוֹ הָאֱלֹהִים: בַּיּוֹם הַשְּׁלִישִׁי וַיִּשָּׂא אַבְרָהָם אֶת־עֵינָיו וַיַּרְא אֶת־הַמָּקוֹם מֵרָחֹק: וַיֹּאמֶר אַבְרָהָם אֶל־נְעָרָיו, שְׁבוּ־לָכֶם פֹּה עִם־הַחֲמוֹר, וַאֲנִי וְהַנַּעַר נֵלְכָה עַד־כֹּה, וְנִשְׁתַּחֲוֶה וְנָשׁוּבָה אֲלֵיכֶם: וַיִּקַּח אַבְרָהָם אֶת־עֲצֵי הָעֹלָה וַיָּשֶׂם עַל־יִצְחָק בְּנוֹ, וַיִּקַּח בְּיָדוֹ אֶת־הָאֵשׁ וְאֶת־הַמַּאֲכֶלֶת, וַיֵּלְכוּ שְׁנֵיהֶם יַחְדָּו: וַיֹּאמֶר יִצְחָק אֶל־אַבְרָהָם אָבִיו, וַיֹּאמֶר אָבִי, וַיֹּאמֶר הִנֶּנִּי בְנִי, וַיֹּאמֶר, הִנֵּה הָאֵשׁ וְהָעֵצִים, וְאַיֵּה הַשֶּׂה לְעֹלָה: וַיֹּאמֶר אַבְרָהָם,

אֱלֹהִים יִרְאֶה־לּוֹ הַשֶּׂה לְעֹלָה, בְּנִי, וַיֵּלְכוּ שְׁנֵיהֶם יַחְדָּו: וַיָּבֹאוּ
אֶל־הַמָּקוֹם אֲשֶׁר אָמַר־לוֹ הָאֱלֹהִים, וַיִּבֶן שָׁם אַבְרָהָם אֶת־
הַמִּזְבֵּחַ וַיַּעֲרֹךְ אֶת־הָעֵצִים, וַיַּעֲקֹד אֶת־יִצְחָק בְּנוֹ, וַיָּשֶׂם אֹתוֹ
עַל־הַמִּזְבֵּחַ מִמַּעַל לָעֵצִים: וַיִּשְׁלַח אַבְרָהָם אֶת־יָדוֹ, וַיִּקַּח
אֶת־הַמַּאֲכֶלֶת, לִשְׁחֹט אֶת־בְּנוֹ: וַיִּקְרָא אֵלָיו מַלְאַךְ יהוה מִן־
הַשָּׁמַיִם, וַיֹּאמֶר אַבְרָהָם אַבְרָהָם, וַיֹּאמֶר הִנֵּנִי: וַיֹּאמֶר אַל־
תִּשְׁלַח יָדְךָ אֶל־הַנַּעַר, וְאַל־תַּעַשׂ לוֹ מְאוּמָה, כִּי עַתָּה יָדַעְתִּי
כִּי־יְרֵא אֱלֹהִים אַתָּה, וְלֹא חָשַׂכְתָּ אֶת־בִּנְךָ אֶת־יְחִידְךָ מִמֶּנִּי:
וַיִּשָּׂא אַבְרָהָם אֶת־עֵינָיו, וַיַּרְא וְהִנֵּה־אַיִל, אַחַר נֶאֱחַז בַּסְּבַךְ
בְּקַרְנָיו, וַיֵּלֶךְ אַבְרָהָם וַיִּקַּח אֶת־הָאַיִל, וַיַּעֲלֵהוּ לְעֹלָה תַּחַת
בְּנוֹ: וַיִּקְרָא אַבְרָהָם שֵׁם־הַמָּקוֹם הַהוּא יהוה יִרְאֶה, אֲשֶׁר
יֵאָמֵר הַיּוֹם בְּהַר יהוה יֵרָאֶה: וַיִּקְרָא מַלְאַךְ יהוה אֶל־אַבְרָהָם
שֵׁנִית מִן־הַשָּׁמָיִם: וַיֹּאמֶר, בִּי נִשְׁבַּעְתִּי נְאֻם־יהוה, כִּי יַעַן אֲשֶׁר
עָשִׂיתָ אֶת־הַדָּבָר הַזֶּה, וְלֹא חָשַׂכְתָּ אֶת־בִּנְךָ אֶת־יְחִידֶךָ: כִּי־
בָרֵךְ אֲבָרֶכְךָ, וְהַרְבָּה אַרְבֶּה אֶת־זַרְעֲךָ כְּכוֹכְבֵי הַשָּׁמַיִם, וְכַחוֹל
אֲשֶׁר עַל־שְׂפַת הַיָּם, וְיִרַשׁ זַרְעֲךָ אֵת שַׁעַר אֹיְבָיו: וְהִתְבָּרְכוּ
בְזַרְעֲךָ כֹּל גּוֹיֵי הָאָרֶץ, עֵקֶב אֲשֶׁר שָׁמַעְתָּ בְּקֹלִי: וַיָּשָׁב אַבְרָהָם
אֶל־נְעָרָיו, וַיָּקֻמוּ וַיֵּלְכוּ יַחְדָּו אֶל־בְּאֵר שָׁבַע, וַיֵּשֶׁב אַבְרָהָם
בִּבְאֵר שָׁבַע:

יש מדלגים.

רִבּוֹנוֹ שֶׁל עוֹלָם, כְּמוֹ שֶׁכָּבַשׁ אַבְרָהָם אָבִינוּ אֶת רַחֲמָיו לַעֲשׂוֹת רְצוֹנְךָ בְּלֵבָב שָׁלֵם, כֵּן יִכְבְּשׁוּ רַחֲמֶיךָ אֶת כַּעַסְךָ מֵעָלֵינוּ וְיִגֹּלּוּ רַחֲמֶיךָ עַל מִדּוֹתֶיךָ. וְתִתְנַהֵג עִמָּנוּ יהוה אֱלֹהֵינוּ בְּמִדַּת הַחֶסֶד וּבְמִדַּת הָרַחֲמִים, וּבְטוּבְךָ הַגָּדוֹל יָשׁוּב חֲרוֹן אַפְּךָ מֵעַמְּךָ וּמֵעִירְךָ וּמֵאַרְצְךָ וּמִנַּחֲלָתֶךָ. וְקַיֶּם לָנוּ יהוה אֱלֹהֵינוּ אֶת הַדָּבָר שֶׁהִבְטַחְתָּנוּ בְּתוֹרָתֶךָ עַל יְדֵי מֹשֶׁה עַבְדֶּךָ, כָּאָמוּר: וְזָכַרְתִּי אֶת־בְּרִיתִי ויקרא כו
יַעֲקוֹב וְאַף אֶת־בְּרִיתִי יִצְחָק, וְאַף אֶת־בְּרִיתִי אַבְרָהָם אֶזְכֹּר, וְהָאָרֶץ אֶזְכֹּר:

ויקרא כו וְנֶאֱמַר: וְאַף גַּם־זֹאת בִּהְיוֹתָם בְּאֶרֶץ אֹיְבֵיהֶם, לֹא־מְאַסְתִּים וְלֹא־גְעַלְתִּים
לְכַלֹּתָם, לְהָפֵר בְּרִיתִי אִתָּם, כִּי אֲנִי יהוה אֱלֹהֵיהֶם: וְנֶאֱמַר: וְזָכַרְתִּי לָהֶם
בְּרִית רִאשֹׁנִים, אֲשֶׁר הוֹצֵאתִי־אֹתָם מֵאֶרֶץ מִצְרַיִם לְעֵינֵי הַגּוֹיִם, לִהְיוֹת
דברים ל לָהֶם לֵאלֹהִים, אֲנִי יהוה: וְנֶאֱמַר: וְשָׁב יהוה אֱלֹהֶיךָ אֶת־שְׁבוּתְךָ וְרִחֲמֶךָ,
וְשָׁב וְקִבֶּצְךָ מִכָּל־הָעַמִּים, אֲשֶׁר הֱפִיצְךָ יהוה אֱלֹהֶיךָ שָׁמָּה: אִם־יִהְיֶה נִדַּחֲךָ
בִּקְצֵה הַשָּׁמָיִם, מִשָּׁם יְקַבֶּצְךָ יהוה אֱלֹהֶיךָ, וּמִשָּׁם יִקָּחֶךָ: וְנֶאֱמַר: וֶהֱבִיאֲךָ
יהוה אֱלֹהֶיךָ אֶל־הָאָרֶץ אֲשֶׁר־יָרְשׁוּ אֲבֹתֶיךָ וִירִשְׁתָּהּ, וְהֵיטִבְךָ וְהִרְבְּךָ
ישעיה לג מֵאֲבֹתֶיךָ: וְנֶאֱמַר עַל יְדֵי נְבִיאֶךָ: יהוה חָנֵּנוּ, לְךָ קִוִּינוּ, הֱיֵה זְרֹעָם לַבְּקָרִים
ירמיה ל אַף־יְשׁוּעָתֵנוּ בְּעֵת צָרָה: וְנֶאֱמַר: וְעֵת־צָרָה הִיא לְיַעֲקֹב וּמִמֶּנָּה יִוָּשֵׁעַ: וְנֶאֱמַר:
ישעיה סג בְּכָל־צָרָתָם לוֹ צָר, וּמַלְאַךְ פָּנָיו הוֹשִׁיעָם, בְּאַהֲבָתוֹ וּבְחֶמְלָתוֹ הוּא גְאָלָם,
מיכה ז וַיְנַטְּלֵם וַיְנַשְּׂאֵם כָּל־יְמֵי עוֹלָם: וְנֶאֱמַר: מִי־אֵל כָּמוֹךָ נֹשֵׂא עָוֹן וְעֹבֵר עַל־פֶּשַׁע
לִשְׁאֵרִית נַחֲלָתוֹ, לֹא־הֶחֱזִיק לָעַד אַפּוֹ, כִּי־חָפֵץ חֶסֶד הוּא: יָשׁוּב יְרַחֲמֵנוּ
יִכְבֹּשׁ עֲוֺנֹתֵינוּ, וְתַשְׁלִיךְ בִּמְצֻלוֹת יָם כָּל־חַטֹּאתָם: תִּתֵּן אֱמֶת לְיַעֲקֹב, חֶסֶד
ישעיה נו לְאַבְרָהָם, אֲשֶׁר־נִשְׁבַּעְתָּ לַאֲבֹתֵינוּ מִימֵי קֶדֶם: וְנֶאֱמַר: וַהֲבִיאוֹתִים אֶל־הַר
קָדְשִׁי, וְשִׂמַּחְתִּים בְּבֵית תְּפִלָּתִי, עוֹלֹתֵיהֶם וְזִבְחֵיהֶם לְרָצוֹן עַל־מִזְבְּחִי, כִּי
בֵיתִי בֵּית־תְּפִלָּה יִקָּרֵא לְכָל־הָעַמִּים:

קבלת עול מלכות שמים

תפילה לאומית, הפותחת בחולשת ההווה, ממשיכה בקריאת שמע
ומסיימת בתפילה לגאולה ובהכרה כלל עולמית במלכות ה׳ (רש״ר הירש).

תפילה זו נזכרה כבר ב׳תנא דבי אליהו׳ (כא, ו) ככל הנראה נקבעה בתקופת הרדיפות,
כאשר היה אסור לקרוא קריאת שמע בציבור (ספר הפרדס, ׳שיבולי הלקט׳).

לְעוֹלָם יְהֵא אָדָם יְרֵא שָׁמַיִם בְּסֵתֶר וּבְגָלוּי
וּמוֹדֶה עַל הָאֱמֶת, וְדוֹבֵר אֱמֶת בִּלְבָבוֹ
וְיַשְׁכֵּם וְיֹאמַר

רִבּוֹן כָּל הָעוֹלָמִים וַאֲדוֹנֵי הָאֲדוֹנִים
דניאל ט לֹא עַל־צִדְקוֹתֵינוּ אֲנַחְנוּ מַפִּילִים תַּחֲנוּנֵינוּ לְפָנֶיךָ
כִּי עַל־רַחֲמֶיךָ הָרַבִּים:

מָה אָנוּ, מֶה חַיֵּינוּ
מֶה חַסְדֵּנוּ, מַה צִּדְקוֹתֵינוּ
מַה יְשׁוּעָתֵנוּ, מַה כֹּחֵנוּ, מַה גְּבוּרָתֵנוּ
מַה נֹּאמַר לְפָנֶיךָ יהוה אֱלֹהֵינוּ וֵאלֹהֵי אֲבוֹתֵינוּ
הֲלֹא כָּל הַגִּבּוֹרִים כְּאַיִן לְפָנֶיךָ
וְאַנְשֵׁי הַשֵּׁם כְּלֹא הָיוּ
וַחֲכָמִים כִּבְלִי מַדָּע
וּנְבוֹנִים כִּבְלִי הַשְׂכֵּל
כִּי רֹב מַעֲשֵׂיהֶם תֹּהוּ
וִימֵי חַיֵּיהֶם הֶבֶל לְפָנֶיךָ
וּמוֹתַר הָאָדָם מִן־הַבְּהֵמָה אָיִן   קהלת ג
כִּי הַכֹּל הָבֶל:
לְבַד הַנְּשָׁמָה הַטְּהוֹרָה
שֶׁהִיא עֲתִידָה לִתֵּן דִּין וְחֶשְׁבּוֹן לִפְנֵי כִּסֵּא כְבוֹדֶךָ.
וְכָל הַגּוֹיִם כְּאַיִן נֶגְדֶּךָ
שֶׁנֶּאֱמַר
הֵן גּוֹיִם כְּמַר מִדְּלִי, וּכְשַׁחַק מֹאזְנַיִם נֶחְשָׁבוּ   ישעיה מ
הֵן אִיִּים כַּדַּק יִטּוֹל:

אֲבָל אֲנַחְנוּ עַמְּךָ בְּנֵי בְרִיתֶךָ
בְּנֵי אַבְרָהָם אֹהַבְךָ שֶׁנִּשְׁבַּעְתָּ לּוֹ בְּהַר הַמּוֹרִיָּה
זֶרַע יִצְחָק יְחִידוֹ שֶׁנֶּעֱקַד עַל גַּבֵּי הַמִּזְבֵּחַ
עֲדַת יַעֲקֹב בִּנְךָ בְכוֹרֶךָ
שֶׁמֵּאַהֲבָתְךָ שֶׁאָהַבְתָּ אוֹתוֹ, וּמִשִּׂמְחָתְךָ שֶׁשָּׂמַחְתָּ בּוֹ
קָרָאתָ אֶת שְׁמוֹ יִשְׂרָאֵל וִישֻׁרוּן.

לְפִיכָךְ אֲנַחְנוּ חַיָּבִים
לְהוֹדוֹת לְךָ וּלְשַׁבֵּחֲךָ וּלְפָאֶרְךָ
וּלְבָרֵךְ וּלְקַדֵּשׁ וְלִתֵּן שֶׁבַח וְהוֹדָיָה לִשְׁמֶךָ.
אַשְׁרֵינוּ, מַה טּוֹב חֶלְקֵנוּ, וּמַה נָּעִים גּוֹרָלֵנוּ, וּמַה יָּפָה יְרֻשָּׁתֵנוּ.

אַשְׁרֵינוּ, שֶׁאֲנוּ מַשְׁכִּימִים וּמַעֲרִיבִים
בְּבָתֵּי כְנֵסִיּוֹת וּבְבָתֵּי מִדְרָשׁוֹת
וּמְיַחֲדִים שִׁמְךָ בְּכָל יוֹם תָּמִיד
וְאוֹמְרִים פַּעֲמַיִם בְּאַהֲבָה

דברים ו שְׁמַע יִשְׂרָאֵל, יהוה אֱלֹהֵינוּ, יהוה אֶחָד:
בקול: בָּרוּךְ שֵׁם כְּבוֹד מַלְכוּתוֹ לְעוֹלָם וָעֶד.

נוהגים לקרוא את הפרשה הראשונה של קריאת שמע (מהרש"ל),
ויש הממשיכים 'אַתָּה הוּא עַד שֶׁלֹּא נִבְרָא הָעוֹלָם'.

אם חושש שיעבור זמן קריאת שמע, קורא את כל שלוש הפרשות (עמ' 184).

דברים ו וְאָהַבְתָּ אֵת יהוה אֱלֹהֶיךָ, בְּכָל־לְבָבְךָ, וּבְכָל־נַפְשְׁךָ, וּבְכָל־
מְאֹדֶךָ: וְהָיוּ הַדְּבָרִים הָאֵלֶּה, אֲשֶׁר אָנֹכִי מְצַוְּךָ הַיּוֹם, עַל־לְבָבֶךָ:
וְשִׁנַּנְתָּם לְבָנֶיךָ, וְדִבַּרְתָּ בָּם, בְּשִׁבְתְּךָ בְּבֵיתֶךָ, וּבְלֶכְתְּךָ בַדֶּרֶךְ,
וּבְשָׁכְבְּךָ וּבְקוּמֶךָ: וּקְשַׁרְתָּם לְאוֹת עַל־יָדֶךָ וְהָיוּ לְטֹטָפֹת בֵּין
עֵינֶיךָ: וּכְתַבְתָּם עַל־מְזֻזוֹת בֵּיתֶךָ וּבִשְׁעָרֶיךָ:

אַתָּה הוּא עַד שֶׁלֹּא נִבְרָא הָעוֹלָם
אַתָּה הוּא מִשֶּׁנִּבְרָא הָעוֹלָם.
אַתָּה הוּא בָּעוֹלָם הַזֶּה
וְאַתָּה הוּא לָעוֹלָם הַבָּא.
קַדֵּשׁ אֶת שִׁמְךָ עַל מַקְדִּישֵׁי שְׁמֶךָ
וְקַדֵּשׁ אֶת שִׁמְךָ בְּעוֹלָמֶךָ

וּבִישׁוּעָתְךָ תָּרוּם וְתַגְבִּיהַּ קַרְנֵנוּ לְמַעְלָה
וְהוֹשִׁיעֵנוּ בְּקָרוֹב לְמַעַן שְׁמֶךָ.
בָּרוּךְ הַמְקַדֵּשׁ שְׁמוֹ בָּרַבִּים.

אַתָּה הוּא יהוה אֱלֹהֵינוּ בַּשָּׁמַיִם וּבָאָרֶץ
וּבִשְׁמֵי הַשָּׁמַיִם הָעֶלְיוֹנִים.
אֱמֶת, אַתָּה הוּא רִאשׁוֹן וְאַתָּה הוּא אַחֲרוֹן
וּמִבַּלְעָדֶיךָ אֵין אֱלֹהִים.
קַבֵּץ נְפוּצוֹת קֹוֶיךָ מֵאַרְבַּע כַּנְפוֹת הָאָרֶץ.
יַכִּירוּ וְיֵדְעוּ כָּל בָּאֵי עוֹלָם
כִּי אַתָּה־הוּא הָאֱלֹהִים לְבַדֶּךָ, עֶלְיוֹן לְכֹל מַמְלְכוֹת הָאָרֶץ מלכים ב׳ יט
אַתָּה עָשִׂיתָ אֶת־הַשָּׁמַיִם וְאֶת־הָאָרֶץ:
אֶת־הַיָּם וְאֶת־כָּל־אֲשֶׁר־בָּם: שמות כ
וּמִי בְּכָל מַעֲשֵׂי יָדֶיךָ בָּעֶלְיוֹנִים וּבַתַּחְתּוֹנִים
שֶׁיֹּאמַר לְךָ מַה תַּעֲשֶׂה וּמַה תִּפְעָל.

אָבִינוּ שֶׁבַּשָּׁמַיִם, חַי וְקַיָּם
עֲשֵׂה עִמָּנוּ צְדָקָה וָחֶסֶד
בַּעֲבוּר שִׁמְךָ הַגָּדוֹל הַגִּבּוֹר וְהַנּוֹרָא שֶׁנִּקְרָא עָלֵינוּ
וְקַיֶּם לָנוּ יהוה אֱלֹהֵינוּ אֶת הַדָּבָר
שֶׁהִבְטַחְתָּנוּ עַל יְדֵי צְפַנְיָה חוֹזָךְ
כָּאָמוּר
בָּעֵת הַהִיא אָבִיא אֶתְכֶם, וּבָעֵת קַבְּצִי אֶתְכֶם צפניה ג
כִּי־אֶתֵּן אֶתְכֶם לְשֵׁם וְלִתְהִלָּה בְּכֹל עַמֵּי הָאָרֶץ
בְּשׁוּבִי אֶת־שְׁבוּתֵיכֶם לְעֵינֵיכֶם
אָמַר יהוה:

סדר הקרבנות

״אמר אברהם: רבונו של עולם! שמא ישראל חוטאין לפניך... בזמן שאין בית המקדש קיים, מה תהא עליהם? – אמר לו: כבר תקנתי להם סדר קרבנות, בזמן שקוראין בהן לפני – מעלה אני עליהם כאילו הקריבום לפני, ואני מוחל להם על כל עונותיהם״ (תענית כז ע״ב).

יש לומר את פרשת קרבן התמיד (בעמוד הבא) בכל יום.

ונוהגים לומר לפניה את פרשות הכיור ותרומת הדשן, ולאחריה את פרשת הקטורת (שו״ע א, ט).

פרשת הכיור

וַיְדַבֵּר יהוה אֶל־מֹשֶׁה לֵּאמֹר: וְעָשִׂיתָ כִּיּוֹר נְחֹשֶׁת וְכַנּוֹ נְחֹשֶׁת שמות ל
לְרָחְצָה, וְנָתַתָּ אֹתוֹ בֵּין־אֹהֶל מוֹעֵד וּבֵין הַמִּזְבֵּחַ, וְנָתַתָּ שָׁמָּה מָיִם:
וְרָחֲצוּ אַהֲרֹן וּבָנָיו מִמֶּנּוּ אֶת־יְדֵיהֶם וְאֶת־רַגְלֵיהֶם: בְּבֹאָם אֶל־אֹהֶל
מוֹעֵד יִרְחֲצוּ־מַיִם, וְלֹא יָמֻתוּ, אוֹ בְגִשְׁתָּם אֶל־הַמִּזְבֵּחַ לְשָׁרֵת,
לְהַקְטִיר אִשֶּׁה לַיהוה: וְרָחֲצוּ יְדֵיהֶם וְרַגְלֵיהֶם וְלֹא יָמֻתוּ, וְהָיְתָה
לָהֶם חָק־עוֹלָם, לוֹ וּלְזַרְעוֹ לְדֹרֹתָם:

פרשת תרומת הדשן

וַיְדַבֵּר יהוה אֶל־מֹשֶׁה לֵּאמֹר: צַו אֶת־אַהֲרֹן וְאֶת־בָּנָיו לֵאמֹר, זֹאת ויקרא ו
תּוֹרַת הָעֹלָה, הִוא הָעֹלָה עַל מוֹקְדָה עַל־הַמִּזְבֵּחַ כָּל־הַלַּיְלָה עַד־
הַבֹּקֶר, וְאֵשׁ הַמִּזְבֵּחַ תּוּקַד בּוֹ: וְלָבַשׁ הַכֹּהֵן מִדּוֹ בַד, וּמִכְנְסֵי־בַד
יִלְבַּשׁ עַל־בְּשָׂרוֹ, וְהֵרִים אֶת־הַדֶּשֶׁן אֲשֶׁר תֹּאכַל הָאֵשׁ אֶת־הָעֹלָה,
עַל־הַמִּזְבֵּחַ, וְשָׂמוֹ אֵצֶל הַמִּזְבֵּחַ: וּפָשַׁט אֶת־בְּגָדָיו, וְלָבַשׁ בְּגָדִים
אֲחֵרִים, וְהוֹצִיא אֶת־הַדֶּשֶׁן אֶל־מִחוּץ לַמַּחֲנֶה, אֶל־מָקוֹם טָהוֹר:
וְהָאֵשׁ עַל־הַמִּזְבֵּחַ תּוּקַד־בּוֹ, לֹא תִכְבֶּה, וּבִעֵר עָלֶיהָ הַכֹּהֵן עֵצִים
בַּבֹּקֶר בַּבֹּקֶר, וְעָרַךְ עָלֶיהָ הָעֹלָה, וְהִקְטִיר עָלֶיהָ חֶלְבֵי הַשְּׁלָמִים:
אֵשׁ, תָּמִיד תּוּקַד עַל־הַמִּזְבֵּחַ, לֹא תִכְבֶּה:

יש מדלגים על הפיסקה הבאה.

יְהִי רָצוֹן מִלְּפָנֶיךָ יהוה אֱלֹהֵינוּ וֵאלֹהֵי אֲבוֹתֵינוּ, שֶׁתְּרַחֵם עָלֵינוּ, וְתִמְחָל לָנוּ עַל כָּל חַטֹּאתֵינוּ וּתְכַפֵּר לָנוּ עַל כָּל עֲוֹנוֹתֵינוּ וְתִסְלַח לָנוּ עַל כָּל פְּשָׁעֵינוּ, וְשֶׁיִּבָּנֶה בֵּית הַמִּקְדָּשׁ בִּמְהֵרָה בְיָמֵינוּ, וְנַקְרִיב לְפָנֶיךָ קָרְבַּן הַתָּמִיד שֶׁיְּכַפֵּר בַּעֲדֵנוּ, כְּמוֹ שֶׁכָּתַבְתָּ עָלֵינוּ בְּתוֹרָתֶךָ עַל יְדֵי מֹשֶׁה עַבְדֶּךָ מִפִּי כְבוֹדֶךָ, כָּאָמוּר

פרשת קרבן התמיד

וַיְדַבֵּר יהוה אֶל־מֹשֶׁה לֵּאמֹר: צַו אֶת־בְּנֵי יִשְׂרָאֵל וְאָמַרְתָּ במדבר כח
אֲלֵהֶם, אֶת־קָרְבָּנִי לַחְמִי לְאִשַּׁי, רֵיחַ נִיחֹחִי, תִּשְׁמְרוּ
לְהַקְרִיב לִי בְּמוֹעֲדוֹ: וְאָמַרְתָּ לָהֶם, זֶה הָאִשֶּׁה אֲשֶׁר
תַּקְרִיבוּ לַיהוה, כְּבָשִׂים בְּנֵי־שָׁנָה תְמִימִם שְׁנַיִם לַיּוֹם,
עֹלָה תָמִיד: אֶת־הַכֶּבֶשׂ אֶחָד תַּעֲשֶׂה בַבֹּקֶר, וְאֵת הַכֶּבֶשׂ
הַשֵּׁנִי תַּעֲשֶׂה בֵּין הָעַרְבָּיִם: וַעֲשִׂירִית הָאֵיפָה סֹלֶת לְמִנְחָה,
בְּלוּלָה בְּשֶׁמֶן כָּתִית רְבִיעִת הַהִין: עֹלַת תָּמִיד, הָעֲשֻׂיָה
בְּהַר סִינַי, לְרֵיחַ נִיחֹחַ אִשֶּׁה לַיהוה: וְנִסְכּוֹ רְבִיעִת הַהִין
לַכֶּבֶשׂ הָאֶחָד, בַּקֹּדֶשׁ הַסֵּךְ נֶסֶךְ שֵׁכָר לַיהוה: וְאֵת הַכֶּבֶשׂ
הַשֵּׁנִי תַּעֲשֶׂה בֵּין הָעַרְבָּיִם, כְּמִנְחַת הַבֹּקֶר וּכְנִסְכּוֹ תַּעֲשֶׂה,
אִשֵּׁה רֵיחַ נִיחֹחַ לַיהוה:

וְשָׁחַט אֹתוֹ עַל יֶרֶךְ הַמִּזְבֵּחַ צָפֹנָה לִפְנֵי יהוה, וְזָרְקוּ בְּנֵי ויקרא א
אַהֲרֹן הַכֹּהֲנִים אֶת־דָּמוֹ עַל־הַמִּזְבֵּחַ, סָבִיב:

יְהִי רָצוֹן מִלְּפָנֶיךָ, יהוה אֱלֹהֵינוּ וֵאלֹהֵי אֲבוֹתֵינוּ, שֶׁתְּהֵא אֲמִירָה זוֹ חֲשׁוּבָה וּמְקֻבֶּלֶת וּמְרֻצָּה לְפָנֶיךָ, כְּאִלּוּ הִקְרַבְנוּ קָרְבַּן הַתָּמִיד בְּמוֹעֲדוֹ וּבִמְקוֹמוֹ וּכְהִלְכָתוֹ.

אַתָּה הוּא יהוה אֱלֹהֵינוּ שֶׁהִקְטִירוּ אֲבוֹתֵינוּ לְפָנֶיךָ אֶת קְטֹרֶת הַסַּמִּים בִּזְמַן שֶׁבֵּית הַמִּקְדָּשׁ הָיָה קַיָּם, כַּאֲשֶׁר צִוִּיתָ אוֹתָם עַל יְדֵי מֹשֶׁה נְבִיאֶךָ, כַּכָּתוּב בְּתוֹרָתֶךָ:

פרשת הקטורת

וַיֹּאמֶר יהוה אֶל־מֹשֶׁה, קַח־לְךָ סַמִּים נָטָף וּשְׁחֵלֶת וְחֶלְבְּנָה, סַמִּים שמות ל
וּלְבֹנָה זַכָּה, בַּד בְּבַד יִהְיֶה: וְעָשִׂיתָ אֹתָהּ קְטֹרֶת, רֹקַח מַעֲשֵׂה רוֹקֵחַ,
מְמֻלָּח, טָהוֹר קֹדֶשׁ: וְשָׁחַקְתָּ מִמֶּנָּה הָדֵק, וְנָתַתָּה מִמֶּנָּה לִפְנֵי הָעֵדֻת
בְּאֹהֶל מוֹעֵד אֲשֶׁר אִוָּעֵד לְךָ שָׁמָּה, קֹדֶשׁ קָדָשִׁים תִּהְיֶה לָכֶם:

וְנֶאֱמַר
וְהִקְטִיר עָלָיו אַהֲרֹן קְטֹרֶת סַמִּים, בַּבֹּקֶר בַּבֹּקֶר בְּהֵיטִיבוֹ אֶת־הַנֵּרֹת יַקְטִירֶנָּה: וּבְהַעֲלֹת אַהֲרֹן אֶת־הַנֵּרֹת בֵּין הָעַרְבַּיִם יַקְטִירֶנָּה, קְטֹרֶת תָּמִיד לִפְנֵי יהוה לְדֹרֹתֵיכֶם:

כריתות ו. תָּנוּ רַבָּנָן: פִּטּוּם הַקְּטֹרֶת כֵּיצַד, שְׁלֹשׁ מֵאוֹת וְשִׁשִּׁים וּשְׁמוֹנָה מָנִים הָיוּ בָהּ. שְׁלֹשׁ מֵאוֹת וְשִׁשִּׁים וַחֲמִשָּׁה כְּמִנְיַן יְמוֹת הַחַמָּה, מָנֶה לְכָל יוֹם, פְּרָס בְּשַׁחֲרִית וּפְרָס בֵּין הָעַרְבַּיִם, וּשְׁלֹשָׁה מָנִים יְתֵרִים שֶׁמֵּהֶם מַכְנִיס כֹּהֵן גָּדוֹל מְלֹא חָפְנָיו בְּיוֹם הַכִּפּוּרִים, וּמַחֲזִירָן לְמַכְתֶּשֶׁת בְּעֶרֶב יוֹם הַכִּפּוּרִים וְשׁוֹחֲקָן יָפֶה יָפֶה, כְּדֵי שֶׁתְּהֵא דַקָּה מִן הַדַּקָּה. וְאַחַד עָשָׂר סַמָּנִים הָיוּ בָהּ, וְאֵלּוּ הֵן: הַצֳּרִי, וְהַצִּפֹּרֶן, וְהַחֶלְבְּנָה, וְהַלְּבוֹנָה מִשְׁקַל שִׁבְעִים שִׁבְעִים מָנֶה, מֹר, וּקְצִיעָה, שִׁבֹּלֶת נֵרְדְּ, וְכַרְכֹּם מִשְׁקַל שִׁשָּׁה עָשָׂר שִׁשָּׁה עָשָׂר מָנֶה, הַקֹּשְׁטְ שְׁנֵים עָשָׂר, קִלּוּפָה שְׁלֹשָׁה וְקִנָּמוֹן תִּשְׁעָה, בֹּרִית כַּרְשִׁינָה תִּשְׁעָה קַבִּין, יֵין קַפְרִיסִין סְאִין תְּלָת וְקַבִּין תְּלָתָא, וְאִם אֵין לוֹ יֵין קַפְרִיסִין, מֵבִיא חֲמַר חִוַּרְיָן עַתִּיק. מֶלַח סְדוֹמִית רֹבַע, מַעֲלֶה עָשָׁן כָּל שֶׁהוּא. רַבִּי נָתָן הַבַּבְלִי אוֹמֵר: אַף כִּפַּת הַיַּרְדֵּן כָּל שֶׁהוּא, וְאִם נָתַן בָּהּ דְּבַשׁ פְּסָלָהּ, וְאִם חִסַּר אֶחָד מִכָּל סַמָּנֶיהָ, חַיָּב מִיתָה.

רַבָּן שִׁמְעוֹן בֶּן גַּמְלִיאֵל אוֹמֵר: הַצֳּרִי אֵינוֹ אֶלָּא שְׂרָף הַנּוֹטֵף מֵעֲצֵי הַקְּטָף. בֹּרִית כַּרְשִׁינָה שֶׁשָּׁפִין בָּהּ אֶת הַצִּפֹּרֶן כְּדֵי שֶׁתְּהֵא נָאָה, יֵין קַפְרִיסִין שֶׁשּׁוֹרִין בּוֹ אֶת הַצִּפֹּרֶן כְּדֵי שֶׁתְּהֵא עַזָּה, וַהֲלֹא מֵי רַגְלַיִם יָפִין לָהּ, אֶלָּא שֶׁאֵין מַכְנִיסִין מֵי רַגְלַיִם בַּמִּקְדָּשׁ מִפְּנֵי הַכָּבוֹד.

תַּנְיָא, רַבִּי נָתָן אוֹמֵר: כְּשֶׁהוּא שׁוֹחֵק אוֹמֵר, הָדֵק הֵיטֵב הֵיטֵב הָדֵק, מִפְּנֵי שֶׁהַקּוֹל יָפֶה לַבְּשָׂמִים. פִּטְּמָהּ לַחֲצָאִין כְּשֵׁרָה, לִשְׁלִישׁ וְלִרְבִיעַ לֹא שָׁמַעְנוּ. אָמַר רַבִּי יְהוּדָה: זֶה הַכְּלָל, אִם כְּמִדָּתָהּ כְּשֵׁרָה לַחֲצָאִין, וְאִם חִסַּר אֶחָד מִכָּל סַמָּנֶיהָ חַיָּב מִיתָה.

ירושלמי יומא ד, הלכה ה תַּנְיָא, בַּר קַפָּרָא אוֹמֵר: אַחַת לְשִׁשִּׁים אוֹ לְשִׁבְעִים שָׁנָה הָיְתָה בָאָה שֶׁל שִׁירַיִם לַחֲצָאִין. וְעוֹד תָּנֵי בַּר קַפָּרָא: אִלּוּ הָיָה נוֹתֵן בָּהּ קוֹרְטוֹב שֶׁל דְּבַשׁ אֵין אָדָם
ויקרא ב יָכוֹל לַעֲמֹד מִפְּנֵי רֵיחָהּ, וְלָמָּה אֵין מְעָרְבִין בָּהּ דְּבַשׁ, מִפְּנֵי שֶׁהַתּוֹרָה אָמְרָה: כִּי כָל־שְׂאֹר וְכָל־דְּבַשׁ לֹא־תַקְטִירוּ מִמֶּנּוּ אִשֶּׁה לַיהוה:

נוהגים לומר שלושה פסוקים אלה אחרי פרשת הקטורת (׳שער הכוונות׳, על פי הירושלמי במסכת ברכות). והשל״ה כתב לומר כל פסוק שלוש פעמים.

יהוה צְבָאוֹת עִמָּנוּ, מִשְׂגָּב לָנוּ אֱלֹהֵי יַעֲקֹב סֶלָה: תהלים מו

יהוה צְבָאוֹת, אַשְׁרֵי אָדָם בֹּטֵחַ בָּךְ: תהלים פד

יהוה הוֹשִׁיעָה, הַמֶּלֶךְ יַעֲנֵנוּ בְיוֹם־קָרְאֵנוּ: תהלים כ

אַתָּה סֵתֶר לִי, מִצַּר תִּצְּרֵנִי, רָנֵּי פַלֵּט תְּסוֹבְבֵנִי סֶלָה: תהלים לב

וְעָרְבָה לַיהוה מִנְחַת יְהוּדָה וִירוּשָׁלָםִ מלאכי ג

כִּימֵי עוֹלָם וּכְשָׁנִים קַדְמֹנִיּוֹת:

סדר המערכה

אַבַּיֵי הֲוָה מְסַדֵּר סֵדֶר הַמַּעֲרָכָה מִשְּׁמָא דִּגְמָרָא, וְאַלִּבָּא דְאַבָּא שָׁאוּל: מַעֲרָכָה גְדוֹלָה קוֹדֶמֶת לְמַעֲרָכָה שְׁנִיָּה שֶׁל קְטֹרֶת, וּמַעֲרָכָה שְׁנִיָּה שֶׁל קְטֹרֶת קוֹדֶמֶת לְסִדּוּר שְׁנֵי גִזְרֵי עֵצִים, וְסִדּוּר שְׁנֵי גִזְרֵי עֵצִים קוֹדֵם לְדִשּׁוּן מִזְבֵּחַ הַפְּנִימִי, וְדִשּׁוּן מִזְבֵּחַ הַפְּנִימִי קוֹדֵם לַהֲטָבַת חָמֵשׁ נֵרוֹת, וַהֲטָבַת חָמֵשׁ נֵרוֹת קוֹדֶמֶת לְדַם הַתָּמִיד, וְדַם הַתָּמִיד קוֹדֵם לַהֲטָבַת שְׁתֵּי נֵרוֹת, וַהֲטָבַת שְׁתֵּי נֵרוֹת קוֹדֶמֶת לִקְטֹרֶת, וּקְטֹרֶת קוֹדֶמֶת לְאֵבָרִים, וְאֵבָרִים לְמִנְחָה, וּמִנְחָה לַחֲבִתִּין, וַחֲבִתִּין לִנְסָכִין, וּנְסָכִין לְמוּסָפִין, וּמוּסָפִין לְבָזִיכִין, וּבָזִיכִין קוֹדְמִין לְתָמִיד שֶׁל בֵּין הָעַרְבָּיִם. שֶׁנֶּאֱמַר: וְעָרַךְ עָלֶיהָ הָעֹלָה, וְהִקְטִיר עָלֶיהָ חֶלְבֵי הַשְּׁלָמִים: עָלֶיהָ הַשְׁלֵם כָּל הַקָּרְבָּנוֹת כֻּלָּם. יומא לג. ויקרא ו

המקובלים הנהיגו לומר פיוט עתיק זה המיוחס לתנא ר׳ נחוניה בן הקנה, כהכנה לתפילה (שער הכוונות).

אָנָּא, בְּכֹחַ גְּדֻלַּת יְמִינְךָ, תַּתִּיר צְרוּרָה.
קַבֵּל רִנַּת עַמְּךָ, שַׂגְּבֵנוּ, טַהֲרֵנוּ, נוֹרָא.
נָא גִבּוֹר, דּוֹרְשֵׁי יִחוּדְךָ כְּבָבַת שָׁמְרֵם.
בָּרְכֵם, טַהֲרֵם, רַחֲמֵי צִדְקָתְךָ תָּמִיד גָּמְלֵם.
חֲסִין קָדוֹשׁ, בְּרֹב טוּבְךָ נַהֵל עֲדָתֶךָ.
יָחִיד גֵּאֶה, לְעַמְּךָ פְּנֵה, זוֹכְרֵי קְדֻשָּׁתֶךָ.
שַׁוְעָתֵנוּ קַבֵּל וּשְׁמַע צַעֲקָתֵנוּ, יוֹדֵעַ תַּעֲלוּמוֹת.
בָּרוּךְ שֵׁם כְּבוֹד מַלְכוּתוֹ לְעוֹלָם וָעֶד.

יש המדלגים על התחינה הבאה.

רִבּוֹן הָעוֹלָמִים, אַתָּה צִוִּיתָנוּ לְהַקְרִיב קָרְבַּן הַתָּמִיד בְּמוֹעֲדוֹ וְלִהְיוֹת כֹּהֲנִים בַּעֲבוֹדָתָם וּלְוִיִּם בְּדוּכָנָם וְיִשְׂרָאֵל בְּמַעֲמָדָם. וְעַתָּה בַּעֲוֹנוֹתֵינוּ חָרַב בֵּית הַמִּקְדָּשׁ וּבָטַל הַתָּמִיד וְאֵין לָנוּ לֹא כֹהֵן בַּעֲבוֹדָתוֹ וְלֹא לֵוִי בְּדוּכָנוֹ וְלֹא יִשְׂרָאֵל
(הושע יד) בְּמַעֲמָדוֹ. וְאַתָּה אָמַרְתָּ: וּנְשַׁלְּמָה פָרִים שְׂפָתֵינוּ:

לָכֵן יְהִי רָצוֹן מִלְּפָנֶיךָ יהוה אֱלֹהֵינוּ וֵאלֹהֵי אֲבוֹתֵינוּ, שֶׁיְּהֵא שִׂיחַ שִׂפְתוֹתֵינוּ חָשׁוּב וּמְקֻבָּל וּמְרֻצֶּה לְפָנֶיךָ כְּאִלּוּ הִקְרַבְנוּ קָרְבַּן הַתָּמִיד בְּמוֹעֲדוֹ וְעָמַדְנוּ עַל מַעֲמָדוֹ.

(ויקרא ז) וְנֶאֱמַר: זֹאת הַתּוֹרָה לָעֹלָה לַמִּנְחָה וְלַחַטָּאת וְלָאָשָׁם וְלַמִּלּוּאִים וּלְזֶבַח הַשְּׁלָמִים:

בשבת מוסיפים את פסוקי מוסף היום כהשלמה לפסוקי התמיד (שו״ע מח, א).

(במדבר כח) וּבְיוֹם הַשַּׁבָּת, שְׁנֵי־כְבָשִׂים בְּנֵי־שָׁנָה תְּמִימִם
וּשְׁנֵי עֶשְׂרֹנִים סֹלֶת מִנְחָה בְּלוּלָה בַשֶּׁמֶן, וְנִסְכּוֹ:
עֹלַת שַׁבַּת בְּשַׁבַּתּוֹ, עַל־עֹלַת הַתָּמִיד וְנִסְכָּהּ:

לאחר פסוקי הקרבנות אומרים פרק משנה ואת הברייתא הפותחת את מדרש תורת כוהנים כדי ללמוד בכל יום מקרא, משנה וגמרא (תוספות, קידושין ל ע״א).

חכמים בחרו את פרק ה במסכת זבחים, כיוון שכולו הלכה פסוקה בלי מחלוקת (משנ״ב נ, ב).

דיני זבחים

(זבחים פרק ה) אֵיזֶהוּ מְקוֹמָן שֶׁל זְבָחִים. קָדְשֵׁי קָדָשִׁים שְׁחִיטָתָן בַּצָּפוֹן. פַּר וְשָׂעִיר שֶׁל יוֹם הַכִּפּוּרִים, שְׁחִיטָתָן בַּצָּפוֹן, וְקִבּוּל דָּמָן בִּכְלִי שָׁרֵת בַּצָּפוֹן, וְדָמָן טָעוּן הַזָּיָה עַל בֵּין הַבַּדִּים, וְעַל הַפָּרֹכֶת, וְעַל מִזְבַּח הַזָּהָב. מַתָּנָה אַחַת מֵהֶן מְעַכָּבֶת. שְׁיָרֵי הַדָּם הָיָה שׁוֹפֵךְ עַל יְסוֹד מַעֲרָבִי שֶׁל מִזְבֵּחַ הַחִיצוֹן, אִם לֹא נָתַן לֹא עִכֵּב.

פָּרִים הַנִּשְׂרָפִים וּשְׂעִירִים הַנִּשְׂרָפִים, שְׁחִיטָתָן בַּצָּפוֹן, וְקִבּוּל דָּמָן בִּכְלִי שָׁרֵת בַּצָּפוֹן, וְדָמָן טָעוּן הַזָּיָה עַל הַפָּרֹכֶת וְעַל מִזְבַּח הַזָּהָב. מַתָּנָה אַחַת מֵהֶן מְעַכָּבֶת. שְׁיָרֵי הַדָּם הָיָה שׁוֹפֵךְ עַל יְסוֹד מַעֲרָבִי שֶׁל מִזְבֵּחַ הַחִיצוֹן, אִם לֹא נָתַן לֹא עִכֵּב. אֵלּוּ וָאֵלּוּ נִשְׂרָפִין בְּבֵית הַדָּשֶׁן.

חַטֹּאת הַצִּבּוּר וְהַיָּחִיד. אֵלּוּ הֵן חַטֹּאת הַצִּבּוּר: שְׂעִירֵי רָאשֵׁי חֳדָשִׁים וְשֶׁל מוֹעֲדוֹת. שְׁחִיטָתָן בַּצָּפוֹן, וְקִבּוּל דָּמָן בִּכְלִי שָׁרֵת בַּצָּפוֹן, וְדָמָן

טָעוּן אַרְבַּע מַתָּנוֹת עַל אַרְבַּע קְרָנוֹת. כֵּיצַד, עָלָה בַכֶּבֶשׁ, וּפָנָה לַסּוֹבֵב, וּבָא לוֹ לְקֶרֶן דְּרוֹמִית מִזְרָחִית, מִזְרָחִית צְפוֹנִית, צְפוֹנִית מַעֲרָבִית, מַעֲרָבִית דְּרוֹמִית. שְׁיָרֵי הַדָּם הָיָה שׁוֹפֵךְ עַל יְסוֹד דְּרוֹמִי. וְנֶאֱכָלִין לִפְנִים מִן הַקְּלָעִים, לְזִכְרֵי כְהֻנָּה, בְּכָל מַאֲכָל, לְיוֹם וָלַיְלָה עַד חֲצוֹת.

הָעוֹלָה קֹדֶשׁ קָדָשִׁים. שְׁחִיטָתָהּ בַּצָּפוֹן, וְקִבּוּל דָּמָהּ בִּכְלִי שָׁרֵת בַּצָּפוֹן, וְדָמָהּ טָעוּן שְׁתֵּי מַתָּנוֹת שֶׁהֵן אַרְבַּע, וּטְעוּנָה הֶפְשֵׁט וְנִתּוּחַ, וְכָלִיל לָאִשִּׁים.

זִבְחֵי שַׁלְמֵי צִבּוּר וַאֲשָׁמוֹת. אֵלּוּ הֵן אֲשָׁמוֹת: אֲשַׁם גְּזֵלוֹת, אֲשַׁם מְעִילוֹת, אֲשַׁם שִׁפְחָה חֲרוּפָה, אֲשַׁם נָזִיר, אֲשַׁם מְצֹרָע, אָשָׁם תָּלוּי. שְׁחִיטָתָן בַּצָּפוֹן, וְקִבּוּל דָּמָן בִּכְלִי שָׁרֵת בַּצָּפוֹן, וְדָמָן טָעוּן שְׁתֵּי מַתָּנוֹת שֶׁהֵן אַרְבַּע. וְנֶאֱכָלִין לִפְנִים מִן הַקְּלָעִים, לְזִכְרֵי כְהֻנָּה, בְּכָל מַאֲכָל, לְיוֹם וָלַיְלָה עַד חֲצוֹת.

הַתּוֹדָה וְאֵיל נָזִיר קָדָשִׁים קַלִּים. שְׁחִיטָתָן בְּכָל מָקוֹם בָּעֲזָרָה, וְדָמָן טָעוּן שְׁתֵּי מַתָּנוֹת שֶׁהֵן אַרְבַּע, וְנֶאֱכָלִין בְּכָל הָעִיר, לְכָל אָדָם, בְּכָל מַאֲכָל, לְיוֹם וָלַיְלָה עַד חֲצוֹת. הַמּוּרָם מֵהֶם כַּיּוֹצֵא בָהֶם, אֶלָּא שֶׁהַמּוּרָם נֶאֱכָל לַכֹּהֲנִים, לִנְשֵׁיהֶם, וְלִבְנֵיהֶם וּלְעַבְדֵיהֶם.

שְׁלָמִים קָדָשִׁים קַלִּים. שְׁחִיטָתָן בְּכָל מָקוֹם בָּעֲזָרָה, וְדָמָן טָעוּן שְׁתֵּי מַתָּנוֹת שֶׁהֵן אַרְבַּע, וְנֶאֱכָלִין בְּכָל הָעִיר, לְכָל אָדָם, בְּכָל מַאֲכָל, לִשְׁנֵי יָמִים וְלַיְלָה אֶחָד. הַמּוּרָם מֵהֶם כַּיּוֹצֵא בָהֶם, אֶלָּא שֶׁהַמּוּרָם נֶאֱכָל לַכֹּהֲנִים, לִנְשֵׁיהֶם, וְלִבְנֵיהֶם וּלְעַבְדֵיהֶם.

הַבְּכוֹר וְהַמַּעֲשֵׂר וְהַפֶּסַח קָדָשִׁים קַלִּים. שְׁחִיטָתָן בְּכָל מָקוֹם בָּעֲזָרָה, וְדָמָן טָעוּן מַתָּנָה אֶחָת, וּבִלְבַד שֶׁיִּתֵּן כְּנֶגֶד הַיְסוֹד. שִׁנָּה בַאֲכִילָתָן, הַבְּכוֹר נֶאֱכָל לַכֹּהֲנִים וְהַמַּעֲשֵׂר לְכָל אָדָם, וְנֶאֱכָלִין בְּכָל הָעִיר, בְּכָל מַאֲכָל, לִשְׁנֵי יָמִים וְלַיְלָה אֶחָד. הַפֶּסַח אֵינוֹ נֶאֱכָל אֶלָּא בַלַּיְלָה, וְאֵינוֹ נֶאֱכָל אֶלָּא עַד חֲצוֹת, וְאֵינוֹ נֶאֱכָל אֶלָּא לִמְנוּיָו, וְאֵינוֹ נֶאֱכָל אֶלָּא צָלִי.

יש בתי כנסת המתחילים את התפילה בציבור כאן.

ברייתא דרבי ישמעאל

רַבִּי יִשְׁמָעֵאל אוֹמֵר: בִּשְׁלֹשׁ עֶשְׂרֵה מִדּוֹת הַתּוֹרָה נִדְרֶשֶׁת

א מִקַּל וָחֹמֶר

ב וּמִגְּזֵרָה שָׁוָה

ג מִבִּנְיַן אָב מִכָּתוּב אֶחָד, וּמִבִּנְיַן אָב מִשְּׁנֵי כְתוּבִים

ד מִכְּלָל וּפְרָט

ה מִפְּרָט וּכְלָל

ו כְּלָל וּפְרָט וּכְלָל, אִי אַתָּה דָן אֶלָּא כְּעֵין הַפְּרָט

ז מִכְּלָל שֶׁהוּא צָרִיךְ לִפְרָט, וּמִפְּרָט שֶׁהוּא צָרִיךְ לִכְלָל

ח כָּל דָּבָר שֶׁהָיָה בִּכְלָל, וְיָצָא מִן הַכְּלָל לְלַמֵּד
לֹא לְלַמֵּד עַל עַצְמוֹ יָצָא
אֶלָּא לְלַמֵּד עַל הַכְּלָל כֻּלּוֹ יָצָא

ט כָּל דָּבָר שֶׁהָיָה בִּכְלָל, וְיָצָא לִטְעֹן טֹעַן אֶחָד שֶׁהוּא כְעִנְיָנוֹ
יָצָא לְהָקֵל וְלֹא לְהַחֲמִיר

י כָּל דָּבָר שֶׁהָיָה בִּכְלָל, וְיָצָא לִטְעֹן טֹעַן אַחֵר שֶׁלֹּא כְעִנְיָנוֹ
יָצָא לְהָקֵל וּלְהַחֲמִיר

יא כָּל דָּבָר שֶׁהָיָה בִּכְלָל, וְיָצָא לִדּוֹן בַּדָּבָר הֶחָדָשׁ
אִי אַתָּה יָכוֹל לְהַחֲזִירוֹ לִכְלָלוֹ
עַד שֶׁיַּחֲזִירֶנּוּ הַכָּתוּב לִכְלָלוֹ בְּפֵרוּשׁ

◂ יב דָּבָר הַלָּמֵד מֵעִנְיָנוֹ, וְדָבָר הַלָּמֵד מִסּוֹפוֹ

יג וְכֵן שְׁנֵי כְתוּבִים הַמַּכְחִישִׁים זֶה אֶת זֶה
עַד שֶׁיָּבוֹא הַכָּתוּב הַשְּׁלִישִׁי וְיַכְרִיעַ בֵּינֵיהֶם.

יְהִי רָצוֹן מִלְּפָנֶיךָ, יהוה אֱלֹהֵינוּ וֵאלֹהֵי אֲבוֹתֵינוּ, שֶׁיִּבָּנֶה בֵּית הַמִּקְדָּשׁ בִּמְהֵרָה בְיָמֵינוּ, וְתֵן חֶלְקֵנוּ בְּתוֹרָתֶךָ, וְשָׁם נַעֲבָדְךָ בְּיִרְאָה כִּימֵי עוֹלָם וּכְשָׁנִים קַדְמוֹנִיּוֹת.

קדיש דרבנן

אם יש מניין, האבלים עומדים ואומרים קדיש דרבנן.

אבל:

יִתְגַּדַּל וְיִתְקַדַּשׁ שְׁמֵהּ רַבָּא (קהל: אָמֵן)	יתגדל ויתקדש שמו הגדול
בְּעָלְמָא דִּי בְרָא כִרְעוּתֵהּ	בעולם אשר ברא כרצונו
וְיַמְלִיךְ מַלְכוּתֵהּ	וימליך מלכותו
וְיַצְמַח פֻּרְקָנֵהּ וִיקָרֵב מְשִׁיחֵהּ (קהל: אָמֵן)	ויצמיח ישועתו ויקרב משיחו
בְּחַיֵּיכוֹן וּבְיוֹמֵיכוֹן	בחייכם ובימיכם
וּבְחַיֵּי דְכָל בֵּית יִשְׂרָאֵל	ובחיי כל בית ישראל
בַּעֲגָלָא וּבִזְמַן קָרִיב	במהרה ובזמן קרוב
וְאִמְרוּ אָמֵן. (קהל: אָמֵן)	ואמרו אמן.

קהל ואבל:

יְהֵא שְׁמֵהּ רַבָּא מְבָרַךְ	יהא שמו הגדול מבורך
לְעָלַם וּלְעָלְמֵי עָלְמַיָּא.	לעולם ולעולמי עולמים

אבל:

יִתְבָּרַךְ וְיִשְׁתַּבַּח וְיִתְפָּאַר	יתברך וישתבח ויתפאר
וְיִתְרוֹמַם וְיִתְנַשֵּׂא	ויתרומם ויתנשא
וְיִתְהַדָּר וְיִתְעַלֶּה וְיִתְהַלָּל	ויתהדר ויתעלה ויתהלל
שְׁמֵהּ דְּקֻדְשָׁא בְּרִיךְ הוּא (קהל: אָמֵן)	שמו של הקדוש ברוך הוא
לְעֵלָּא לְעֵלָּא מִכָּל בִּרְכָתָא	למעלה למעלה מכל הברכות
וְשִׁירָתָא, תֻּשְׁבְּחָתָא וְנֶחֱמָתָא	והשירות, התשבחות והנחמות
דַּאֲמִירָן בְּעָלְמָא	האמורות בעולם
וְאִמְרוּ אָמֵן. (קהל: אָמֵן)	ואמרו אמן.

עַל יִשְׂרָאֵל וְעַל רַבָּנָן	על ישראל ועל רבותינו
וְעַל תַּלְמִידֵיהוֹן	ועל תלמידיהם
וְעַל כָּל תַּלְמִידֵי תַלְמִידֵיהוֹן	ועל כל תלמידי תלמידיהם
וְעַל כָּל מָאן דְּעָסְקִין בְּאוֹרַיְתָא	ועל כל מי שעוסקים בתורה
דִּי בְּאַתְרָא קַדִּישָׁא הָדֵין	שבמקום הקדוש הזה
וְדִי בְּכָל אֲתַר וַאֲתַר	ושבכל מקום ומקום
יְהֵא לְהוֹן וּלְכוֹן שְׁלָמָא רַבָּא	יהא להם ולכם שלום רב
חִנָּא וְחִסְדָּא, וְרַחֲמֵי	חן וחסד, ורחמים
וְחַיֵּי אֲרִיכֵי, וּמְזוֹנֵי רְוִיחֵי	וחיים ארוכים, ומזונות רווחים
וּפֻרְקָנָא מִן קֳדָם אֲבוּהוֹן	וישועה מלפני אביהם
דִּי בִשְׁמַיָּא וְאַרְעָא	שבשמים ובארץ
וְאִמְרוּ אָמֵן. (קהל: אָמֵן)	ואמרו אמן.

יְהֵא שְׁלָמָא רַבָּא מִן שְׁמַיָּא	יהא שלום רב מן השמים
וְחַיִּים טוֹבִים עָלֵינוּ	וחיים טובים עלינו
וְעַל כָּל יִשְׂרָאֵל	ועל כל ישראל
וְאִמְרוּ אָמֵן. (קהל: אָמֵן)	ואמרו אמן

כורע ופוסע שלוש פסיעות לאחור.
קד לשמאל, לימין ולפנים באמירת:

עֹשֶׂה הַשָּׁלוֹם בִּמְרוֹמָיו
הוּא בְּרַחֲמָיו יַעֲשֶׂה שָׁלוֹם
עָלֵינוּ וְעַל כָּל יִשְׂרָאֵל
וְאִמְרוּ אָמֵן. (קהל: אָמֵן)

תפילות השחר

בבתי כנסת המתפללים בנוסח אשכנז, הסדר הוא:
׳מִזְמוֹר שִׁיר־חֲנֻכַּת הַבַּיִת לְדָוִד׳ (עמ׳ 153), קדיש יתום (עמ׳ 123), ׳בָּרוּךְ שֶׁאָמַר׳ (עמ׳ 162),
׳הוֹדוּ לַה׳ קִרְאוּ בִשְׁמוֹ׳ (למטה), וממשיכים ׳לַמְנַצֵּחַ מִזְמוֹר לְדָוִד׳ (עמ׳ 153).

דברי הימים א׳ טז

הוֹדוּ לַיהוה קִרְאוּ בִשְׁמוֹ, הוֹדִיעוּ בָעַמִּים עֲלִילֹתָיו: שִׁירוּ לוֹ, זַמְּרוּ־לוֹ, שִׂיחוּ בְּכָל־נִפְלְאוֹתָיו: הִתְהַלְלוּ בְּשֵׁם קָדְשׁוֹ, יִשְׂמַח לֵב מְבַקְשֵׁי יהוה: דִּרְשׁוּ יהוה וְעֻזּוֹ, בַּקְּשׁוּ פָנָיו תָּמִיד: זִכְרוּ נִפְלְאֹתָיו אֲשֶׁר עָשָׂה, מֹפְתָיו וּמִשְׁפְּטֵי־פִיהוּ: זֶרַע יִשְׂרָאֵל עַבְדּוֹ, בְּנֵי יַעֲקֹב בְּחִירָיו: הוּא יהוה אֱלֹהֵינוּ בְּכָל־הָאָרֶץ מִשְׁפָּטָיו: זִכְרוּ לְעוֹלָם בְּרִיתוֹ, דָּבָר צִוָּה לְאֶלֶף דּוֹר: אֲשֶׁר כָּרַת אֶת־אַבְרָהָם, וּשְׁבוּעָתוֹ לְיִצְחָק: וַיַּעֲמִידֶהָ לְיַעֲקֹב לְחֹק, לְיִשְׂרָאֵל בְּרִית עוֹלָם: לֵאמֹר, לְךָ אֶתֵּן אֶרֶץ־כְּנָעַן, חֶבֶל נַחֲלַתְכֶם: בִּהְיוֹתְכֶם מְתֵי מִסְפָּר, כִּמְעַט וְגָרִים בָּהּ: וַיִּתְהַלְּכוּ מִגּוֹי אֶל־גּוֹי, וּמִמַּמְלָכָה אֶל־עַם אַחֵר: לֹא־הִנִּיחַ לְאִישׁ לְעָשְׁקָם, וַיּוֹכַח עֲלֵיהֶם מְלָכִים: אַל־תִּגְּעוּ בִּמְשִׁיחָי, וּבִנְבִיאַי אַל־תָּרֵעוּ: שִׁירוּ לַיהוה כָּל־הָאָרֶץ, בַּשְּׂרוּ מִיּוֹם־אֶל־יוֹם יְשׁוּעָתוֹ: סַפְּרוּ בַגּוֹיִם אֶת־כְּבוֹדוֹ, בְּכָל־הָעַמִּים נִפְלְאֹתָיו: כִּי גָדוֹל יהוה וּמְהֻלָּל מְאֹד, וְנוֹרָא הוּא עַל־כָּל־אֱלֹהִים: ◂ כִּי כָּל־אֱלֹהֵי הָעַמִּים אֱלִילִים, וַיהוה שָׁמַיִם עָשָׂה:

הוֹד וְהָדָר לְפָנָיו, עֹז וְחֶדְוָה בִּמְקֹמוֹ: הָבוּ לַיהוה מִשְׁפְּחוֹת עַמִּים, הָבוּ לַיהוה כָּבוֹד וָעֹז: הָבוּ לַיהוה כְּבוֹד שְׁמוֹ, שְׂאוּ מִנְחָה וּבֹאוּ לְפָנָיו, הִשְׁתַּחֲווּ לַיהוה בְּהַדְרַת־קֹדֶשׁ: חִילוּ מִלְּפָנָיו כָּל־הָאָרֶץ, אַף־תִּכּוֹן תֵּבֵל בַּל־תִּמּוֹט: יִשְׂמְחוּ הַשָּׁמַיִם וְתָגֵל הָאָרֶץ, וְיֹאמְרוּ בַגּוֹיִם יהוה מָלָךְ: יִרְעַם הַיָּם וּמְלוֹאוֹ, יַעֲלֹץ הַשָּׂדֶה וְכָל־אֲשֶׁר־בּוֹ: אָז יְרַנְּנוּ עֲצֵי הַיָּעַר, מִלִּפְנֵי יהוה, כִּי־בָא לִשְׁפּוֹט אֶת־הָאָרֶץ: הוֹדוּ לַיהוה כִּי טוֹב, כִּי לְעוֹלָם חַסְדּוֹ: וְאִמְרוּ,

הוֹשִׁיעֵנוּ אֱלֹהֵי יִשְׁעֵנוּ, וְקַבְּצֵנוּ וְהַצִּילֵנוּ מִן־הַגּוֹיִם, לְהֹדוֹת
לְשֵׁם קָדְשֶׁךָ, לְהִשְׁתַּבֵּחַ בִּתְהִלָּתֶךָ: בָּרוּךְ יהוה אֱלֹהֵי יִשְׂרָאֵל
מִן־הָעוֹלָם וְעַד־הָעֹלָם, וַיֹּאמְרוּ כָל־הָעָם אָמֵן, וְהַלֵּל לַיהוה:

רוֹמְמוּ יהוה אֱלֹהֵינוּ וְהִשְׁתַּחֲווּ לַהֲדֹם רַגְלָיו, קָדוֹשׁ הוּא: תהלים צט
רוֹמְמוּ יהוה אֱלֹהֵינוּ וְהִשְׁתַּחֲווּ לְהַר קָדְשׁוֹ, כִּי־קָדוֹשׁ יהוה
אֱלֹהֵינוּ:

וְהוּא רַחוּם, יְכַפֵּר עָוֹן וְלֹא־יַשְׁחִית, וְהִרְבָּה לְהָשִׁיב אַפּוֹ, תהלים עח
וְלֹא־יָעִיר כָּל־חֲמָתוֹ: אַתָּה יהוה לֹא־תִכְלָא רַחֲמֶיךָ מִמֶּנִּי, חַסְדְּךָ תהלים מ
וַאֲמִתְּךָ תָּמִיד יִצְּרוּנִי: זְכֹר־רַחֲמֶיךָ יהוה וַחֲסָדֶיךָ, כִּי מֵעוֹלָם תהלים כה
הֵמָּה: תְּנוּ עֹז לֵאלֹהִים, עַל־יִשְׂרָאֵל גַּאֲוָתוֹ, וְעֻזּוֹ בַּשְּׁחָקִים: תהלים סח
נוֹרָא אֱלֹהִים מִמִּקְדָּשֶׁיךָ, אֵל יִשְׂרָאֵל הוּא נֹתֵן עֹז וְתַעֲצֻמוֹת
לָעָם, בָּרוּךְ אֱלֹהִים: אֵל־נְקָמוֹת יהוה, אֵל נְקָמוֹת הוֹפִיעַ: תהלים צד
הִנָּשֵׂא שֹׁפֵט הָאָרֶץ, הָשֵׁב גְּמוּל עַל־גֵּאִים: לַיהוה הַיְשׁוּעָה, תהלים ג
עַל־עַמְּךָ בִרְכָתֶךָ סֶּלָה: › יהוה צְבָאוֹת עִמָּנוּ, מִשְׂגָּב לָנוּ אֱלֹהֵי תהלים מו
יַעֲקֹב סֶלָה: יהוה צְבָאוֹת, אַשְׁרֵי אָדָם בֹּטֵחַ בָּךְ: יהוה הוֹשִׁיעָה, תהלים פד תהלים כ
הַמֶּלֶךְ יַעֲנֵנוּ בְיוֹם־קָרְאֵנוּ:

הוֹשִׁיעָה אֶת־עַמֶּךָ, וּבָרֵךְ אֶת־נַחֲלָתֶךָ, וּרְעֵם וְנַשְּׂאֵם עַד־ תהלים כח
הָעוֹלָם: נַפְשֵׁנוּ חִכְּתָה לַיהוה, עֶזְרֵנוּ וּמָגִנֵּנוּ הוּא: כִּי־בוֹ יִשְׂמַח תהלים לג
לִבֵּנוּ, כִּי בְשֵׁם קָדְשׁוֹ בָטָחְנוּ: יְהִי־חַסְדְּךָ יהוה עָלֵינוּ, כַּאֲשֶׁר
יִחַלְנוּ לָךְ: הַרְאֵנוּ יהוה חַסְדֶּךָ, וְיֶשְׁעֲךָ תִּתֶּן־לָנוּ: קוּמָה עֶזְרָתָה תהלים פה תהלים מד
לָּנוּ, וּפְדֵנוּ לְמַעַן חַסְדֶּךָ: אָנֹכִי יהוה אֱלֹהֶיךָ הַמַּעַלְךָ מֵאֶרֶץ תהלים פא
מִצְרָיִם, הַרְחֶב־פִּיךָ וַאֲמַלְאֵהוּ: › אַשְׁרֵי הָעָם שֶׁכָּכָה לּוֹ, אַשְׁרֵי תהלים קמד
הָעָם שֶׁיהוה אֱלֹהָיו: וַאֲנִי בְּחַסְדְּךָ בָטַחְתִּי, יָגֵל לִבִּי בִּישׁוּעָתֶךָ, תהלים יג
אָשִׁירָה לַיהוה, כִּי גָמַל עָלָי:

מִזְמוֹר שִׁיר־חֲנֻכַּת הַבַּיִת לְדָוִד: אֲרוֹמִמְךָ יהוה כִּי דִלִּיתָנִי, תהלים ל
וְלֹא־שִׂמַּחְתָּ אֹיְבַי לִי: יהוה אֱלֹהָי, שִׁוַּעְתִּי אֵלֶיךָ וַתִּרְפָּאֵנִי:
יהוה, הֶעֱלִיתָ מִן־שְׁאוֹל נַפְשִׁי, חִיִּיתַנִי מִיָּרְדִי־בוֹר: זַמְּרוּ
לַיהוה חֲסִידָיו, וְהוֹדוּ לְזֵכֶר קָדְשׁוֹ: כִּי רֶגַע בְּאַפּוֹ, חַיִּים
בִּרְצוֹנוֹ, בָּעֶרֶב יָלִין בֶּכִי וְלַבֹּקֶר רִנָּה: וַאֲנִי אָמַרְתִּי בְשַׁלְוִי,
בַּל־אֶמּוֹט לְעוֹלָם: יהוה, בִּרְצוֹנְךָ הֶעֱמַדְתָּה לְהַרְרִי עֹז,
הִסְתַּרְתָּ פָנֶיךָ הָיִיתִי נִבְהָל: אֵלֶיךָ יהוה אֶקְרָא, וְאֶל־אֲדֹנָי
אֶתְחַנָּן: מַה־בֶּצַע בְּדָמִי, בְּרִדְתִּי אֶל שָׁחַת, הֲיוֹדְךָ עָפָר,
הֲיַגִּיד אֲמִתֶּךָ: שְׁמַע־יהוה וְחָנֵּנִי, יהוה הֱיֵה־עֹזֵר לִי:
› הָפַכְתָּ מִסְפְּדִי לְמָחוֹל לִי, פִּתַּחְתָּ שַׂקִּי, וַתְּאַזְּרֵנִי שִׂמְחָה:
לְמַעַן יְזַמֶּרְךָ כָבוֹד וְלֹא יִדֹּם, יהוה אֱלֹהַי, לְעוֹלָם אוֹדֶךָּ:

עומדים ואומרים:

יהוה מֶלֶךְ, יהוה מָלָךְ, יהוה יִמְלֹךְ לְעֹלָם וָעֶד.
יהוה מֶלֶךְ, יהוה מָלָךְ, יהוה יִמְלֹךְ לְעֹלָם וָעֶד.

וְהָיָה יהוה לְמֶלֶךְ עַל־כָּל־הָאָרֶץ זכריה יד
בַּיּוֹם הַהוּא יִהְיֶה יהוה אֶחָד וּשְׁמוֹ אֶחָד:

הוֹשִׁיעֵנוּ יהוה אֱלֹהֵינוּ, וְקַבְּצֵנוּ מִן־הַגּוֹיִם, לְהוֹדוֹת לְשֵׁם קָדְשֶׁךָ, לְהִשְׁתַּבֵּחַ תהלים קו
בִּתְהִלָּתֶךָ: בָּרוּךְ יהוה אֱלֹהֵי יִשְׂרָאֵל מִן־הָעוֹלָם וְעַד הָעוֹלָם, וְאָמַר כָּל־
הָעָם אָמֵן, הַלְלוּיָהּ: כֹּל הַנְּשָׁמָה תְּהַלֵּל יָהּ, הַלְלוּיָהּ: תהלים קנ

לַמְנַצֵּחַ מִזְמוֹר לְדָוִד: הַשָּׁמַיִם מְסַפְּרִים כְּבוֹד־אֵל, וּמַעֲשֵׂה תהלים יט
יָדָיו מַגִּיד הָרָקִיעַ: יוֹם לְיוֹם יַבִּיעַ אֹמֶר, וְלַיְלָה לְּלַיְלָה יְחַוֶּה־
דָּעַת: אֵין־אֹמֶר וְאֵין דְּבָרִים, בְּלִי נִשְׁמָע קוֹלָם: בְּכָל־הָאָרֶץ
יָצָא קַוָּם, וּבִקְצֵה תֵבֵל מִלֵּיהֶם, לַשֶּׁמֶשׁ שָׂם־אֹהֶל בָּהֶם: וְהוּא

כְּחָתָן יֹצֵא מֵחֻפָּתוֹ, יָשִׂישׂ כְּגִבּוֹר לָרוּץ אֹרַח: מִקְצֵה הַשָּׁמַיִם
מוֹצָאוֹ, וּתְקוּפָתוֹ עַל־קְצוֹתָם, וְאֵין נִסְתָּר מֵחַמָּתוֹ: תּוֹרַת יהוה
תְּמִימָה, מְשִׁיבַת נָפֶשׁ, עֵדוּת יהוה נֶאֱמָנָה, מַחְכִּימַת פֶּתִי:
פִּקּוּדֵי יהוה יְשָׁרִים, מְשַׂמְּחֵי־לֵב, מִצְוַת יהוה בָּרָה, מְאִירַת
עֵינָיִם: יִרְאַת יהוה טְהוֹרָה, עוֹמֶדֶת לָעַד, מִשְׁפְּטֵי־יהוה אֱמֶת,
צָדְקוּ יַחְדָּו: הַנֶּחֱמָדִים מִזָּהָב וּמִפַּז רָב, וּמְתוּקִים מִדְּבַשׁ וְנֹפֶת
צוּפִים: גַּם־עַבְדְּךָ נִזְהָר בָּהֶם, בְּשָׁמְרָם עֵקֶב רָב: › שְׁגִיאוֹת מִי־
יָבִין, מִנִּסְתָּרוֹת נַקֵּנִי: גַּם מִזֵּדִים חֲשֹׂךְ עַבְדֶּךָ, אַל־יִמְשְׁלוּ־בִי
אָז אֵיתָם, וְנִקֵּיתִי מִפֶּשַׁע רָב: יִהְיוּ לְרָצוֹן אִמְרֵי־פִי וְהֶגְיוֹן לִבִּי
לְפָנֶיךָ, יהוה, צוּרִי וְגֹאֲלִי:

בבתי כנסת המתפללים בנוסח אשכנז, הסדר הוא:
מזמורים לד, צ, צא (עמ' 155–157), שני מזמורי הלל הגדול (עמ' 159–160),
'רַנְּנוּ צַדִּיקִים' (למטה) וממשיכים 'מִזְמוֹר שִׁיר לְיוֹם הַשַּׁבָּת' (עמ' 163).

תהלים לג רַנְּנוּ צַדִּיקִים בַּיהוה, לַיְשָׁרִים נָאוָה תְהִלָּה: הוֹדוּ לַיהוה בְּכִנּוֹר,
בְּנֵבֶל עָשׂוֹר זַמְּרוּ־לוֹ: שִׁירוּ־לוֹ שִׁיר חָדָשׁ, הֵיטִיבוּ נַגֵּן בִּתְרוּעָה:
כִּי־יָשָׁר דְּבַר־יהוה, וְכָל־מַעֲשֵׂהוּ בֶּאֱמוּנָה: אֹהֵב צְדָקָה וּמִשְׁפָּט,
חֶסֶד יהוה מָלְאָה הָאָרֶץ: בִּדְבַר יהוה שָׁמַיִם נַעֲשׂוּ, וּבְרוּחַ פִּיו
כָּל־צְבָאָם: כֹּנֵס כַּנֵּד מֵי הַיָּם, נֹתֵן בְּאוֹצָרוֹת תְּהוֹמוֹת: יִירְאוּ
מֵיהוה כָּל־הָאָרֶץ, מִמֶּנּוּ יָגוּרוּ כָּל־יֹשְׁבֵי תֵבֵל: כִּי הוּא אָמַר וַיֶּהִי,
הוּא־צִוָּה וַיַּעֲמֹד: יהוה הֵפִיר עֲצַת־גּוֹיִם, הֵנִיא מַחְשְׁבוֹת עַמִּים:
עֲצַת יהוה לְעוֹלָם תַּעֲמֹד, מַחְשְׁבוֹת לִבּוֹ לְדֹר וָדֹר: אַשְׁרֵי הַגּוֹי
אֲשֶׁר־יהוה אֱלֹהָיו, הָעָם בָּחַר לְנַחֲלָה לוֹ: מִשָּׁמַיִם הִבִּיט יהוה,
רָאָה אֶת־כָּל־בְּנֵי הָאָדָם: מִמְּכוֹן־שִׁבְתּוֹ הִשְׁגִּיחַ, אֶל כָּל־יֹשְׁבֵי
הָאָרֶץ: הַיֹּצֵר יַחַד לִבָּם, הַמֵּבִין אֶל־כָּל־מַעֲשֵׂיהֶם: אֵין־הַמֶּלֶךְ
נוֹשָׁע בְּרָב־חָיִל, גִּבּוֹר לֹא־יִנָּצֵל בְּרָב־כֹּחַ: שֶׁקֶר הַסּוּס לִתְשׁוּעָה,

וּבְרֹב חֵילוֹ לֹא יְמַלֵּט: הִנֵּה עֵין יהוה אֶל־יְרֵאָיו, לַמְיַחֲלִים לְחַסְדּוֹ: לְהַצִּיל מִמָּוֶת נַפְשָׁם, וּלְחַיּוֹתָם בָּרָעָב: ◂ נַפְשֵׁנוּ חִכְּתָה לַיהוה, עֶזְרֵנוּ וּמָגִנֵּנוּ הוּא: כִּי־בוֹ יִשְׂמַח לִבֵּנוּ, כִּי בְשֵׁם קָדְשׁוֹ בָטָחְנוּ: יְהִי־חַסְדְּךָ יהוה עָלֵינוּ, כַּאֲשֶׁר יִחַלְנוּ לָךְ:

מזמור זה, שנאמר בו 'אֲבָרְכָה אֶת־ה' בְּכָל־עֵת', היה ראוי להיאמר בכל יום,
אך משום שחכמים חששו לטורח הציבור,
תיקנו לומר אותו רק בשבתות ובימים טובים (סידור ר״ש מגרמייזא).

תהלים לד לְדָוִד, בְּשַׁנּוֹתוֹ אֶת־טַעְמוֹ לִפְנֵי אֲבִימֶלֶךְ, וַיְגָרְשֵׁהוּ וַיֵּלַךְ: אֲבָרְכָה אֶת־יהוה בְּכָל־עֵת, תָּמִיד תְּהִלָּתוֹ בְּפִי: בַּיהוה תִּתְהַלֵּל נַפְשִׁי, יִשְׁמְעוּ עֲנָוִים וְיִשְׂמָחוּ: גַּדְּלוּ לַיהוה אִתִּי, וּנְרוֹמְמָה שְׁמוֹ יַחְדָּו: דָּרַשְׁתִּי אֶת־יהוה וְעָנָנִי, וּמִכָּל־מְגוּרוֹתַי הִצִּילָנִי: הִבִּיטוּ אֵלָיו וְנָהָרוּ, וּפְנֵיהֶם אַל־יֶחְפָּרוּ: זֶה עָנִי קָרָא, וַיהוה שָׁמֵעַ, וּמִכָּל־צָרוֹתָיו הוֹשִׁיעוֹ: חֹנֶה מַלְאַךְ־יהוה סָבִיב לִירֵאָיו, וַיְחַלְּצֵם: טַעֲמוּ וּרְאוּ כִּי־טוֹב יהוה, אַשְׁרֵי הַגֶּבֶר יֶחֱסֶה־בּוֹ: יְראוּ אֶת־יהוה קְדֹשָׁיו, כִּי־אֵין מַחְסוֹר לִירֵאָיו: כְּפִירִים רָשׁוּ וְרָעֵבוּ, וְדֹרְשֵׁי יהוה לֹא־יַחְסְרוּ כָל־טוֹב: לְכוּ־בָנִים שִׁמְעוּ־לִי, יִרְאַת יהוה אֲלַמֶּדְכֶם: מִי־הָאִישׁ הֶחָפֵץ חַיִּים, אֹהֵב יָמִים לִרְאוֹת טוֹב: נְצֹר לְשׁוֹנְךָ מֵרָע, וּשְׂפָתֶיךָ מִדַּבֵּר מִרְמָה: סוּר מֵרָע וַעֲשֵׂה־טוֹב, בַּקֵּשׁ שָׁלוֹם וְרָדְפֵהוּ: עֵינֵי יהוה אֶל־צַדִּיקִים, וְאָזְנָיו אֶל־שַׁוְעָתָם: פְּנֵי יהוה בְּעֹשֵׂי רָע, לְהַכְרִית מֵאֶרֶץ זִכְרָם: צָעֲקוּ וַיהוה שָׁמֵעַ, וּמִכָּל־צָרוֹתָם הִצִּילָם: קָרוֹב יהוה לְנִשְׁבְּרֵי־לֵב, וְאֶת־דַּכְּאֵי־רוּחַ יוֹשִׁיעַ: רַבּוֹת רָעוֹת צַדִּיק, וּמִכֻּלָּם יַצִּילֶנּוּ יהוה: שֹׁמֵר כָּל־עַצְמוֹתָיו, אַחַת מֵהֵנָּה לֹא נִשְׁבָּרָה: ◂ תְּמוֹתֵת רָשָׁע רָעָה, וְשׂנְאֵי צַדִּיק יֶאְשָׁמוּ: פּוֹדֶה יהוה נֶפֶשׁ עֲבָדָיו, וְלֹא יֶאְשְׁמוּ כָּל־הַחֹסִים בּוֹ:

מזמור זה הוא הראשון מאחד עשר מזמורים בספר תהלים, צ-ק, המיוחסים למשה (רש״י בתהלים). ממזמור זה למדו חכמים (פסחים נד ע״א; נדרים לט ע״ב) שהתשובה קדמה לעולם, מסמיכות הפסוקים ׳בְּטֶרֶם הָרִים יֻלָּדוּ, וַתְּחוֹלֵל אֶרֶץ וְתֵבֵל׳ ו׳תָּשֵׁב אֱנוֹשׁ עַד־דַּכָּא, וַתֹּאמֶר שׁוּבוּ בְנֵי־אָדָם׳ – כלומר, שהאפשרות שיש לאדם לחזור בתשובה ולהתקבל ברצון לפני הקב״ה היא מהדברים העומדים ביסוד הבריאה, ועל מנת כן ברא הקב״ה את העולם (ריקנטי, דברים לא, כ).

תהלים צ תְּפִלָּה לְמֹשֶׁה אִישׁ־הָאֱלֹהִים, אֲדֹנָי, מָעוֹן אַתָּה הָיִיתָ לָּנוּ בְּדֹר
וָדֹר: בְּטֶרֶם הָרִים יֻלָּדוּ, וַתְּחוֹלֵל אֶרֶץ וְתֵבֵל, וּמֵעוֹלָם עַד־עוֹלָם
אַתָּה אֵל: תָּשֵׁב אֱנוֹשׁ עַד־דַּכָּא, וַתֹּאמֶר שׁוּבוּ בְנֵי־אָדָם: כִּי
אֶלֶף שָׁנִים בְּעֵינֶיךָ, כְּיוֹם אֶתְמוֹל כִּי יַעֲבֹר, וְאַשְׁמוּרָה בַלָּיְלָה:
זְרַמְתָּם, שֵׁנָה יִהְיוּ, בַּבֹּקֶר כֶּחָצִיר יַחֲלֹף: בַּבֹּקֶר יָצִיץ וְחָלָף,
לָעֶרֶב יְמוֹלֵל וְיָבֵשׁ: כִּי־כָלִינוּ בְאַפֶּךָ, וּבַחֲמָתְךָ נִבְהָלְנוּ: שַׁתָּ
עֲוֹנֹתֵינוּ לְנֶגְדֶּךָ, עֲלֻמֵנוּ לִמְאוֹר פָּנֶיךָ: כִּי כָל־יָמֵינוּ פָּנוּ בְעֶבְרָתֶךָ,
כִּלִּינוּ שָׁנֵינוּ כְמוֹ־הֶגֶה: יְמֵי־שְׁנוֹתֵינוּ בָהֶם שִׁבְעִים שָׁנָה, וְאִם
בִּגְבוּרֹת שְׁמוֹנִים שָׁנָה, וְרָהְבָּם עָמָל וָאָוֶן, כִּי־גָז חִישׁ וַנָּעֻפָה:
מִי־יוֹדֵעַ עֹז אַפֶּךָ, וּכְיִרְאָתְךָ עֶבְרָתֶךָ: לִמְנוֹת יָמֵינוּ כֵּן הוֹדַע,
וְנָבִא לְבַב חָכְמָה: שׁוּבָה יהוה עַד־מָתָי, וְהִנָּחֵם עַל־עֲבָדֶיךָ:
שַׂבְּעֵנוּ בַבֹּקֶר חַסְדֶּךָ, וּנְרַנְּנָה וְנִשְׂמְחָה בְּכָל־יָמֵינוּ: שַׂמְּחֵנוּ
כִּימוֹת עִנִּיתָנוּ, שְׁנוֹת רָאִינוּ רָעָה: יֵרָאֶה אֶל־עֲבָדֶיךָ פָעֳלֶךָ,
וַהֲדָרְךָ עַל־בְּנֵיהֶם: ◂ וִיהִי נֹעַם אֲדֹנָי אֱלֹהֵינוּ עָלֵינוּ, וּמַעֲשֵׂה
יָדֵינוּ כּוֹנְנָה עָלֵינוּ, וּמַעֲשֵׂה יָדֵינוּ כּוֹנְנֵהוּ:

מזמור זה מכונה ׳שיר של פגעים׳, מפני שהוא עוסק בשמירה של הקב״ה על האדם ובמידת הביטחון (שבועות טו ע״ב).

תהלים צא יֹשֵׁב בְּסֵתֶר עֶלְיוֹן, בְּצֵל שַׁדַּי יִתְלוֹנָן: אֹמַר לַיהוה מַחְסִי וּמְצוּדָתִי,
אֱלֹהַי אֶבְטַח־בּוֹ: כִּי הוּא יַצִּילְךָ מִפַּח יָקוּשׁ, מִדֶּבֶר הַוּוֹת:
בְּאֶבְרָתוֹ יָסֶךְ לָךְ, וְתַחַת־כְּנָפָיו תֶּחְסֶה, צִנָּה וְסֹחֵרָה אֲמִתּוֹ:

לֹא־תִירָא מִפַּחַד לָיְלָה, מֵחֵץ יָעוּף יוֹמָם: מִדֶּבֶר בָּאֹפֶל יַהֲלֹךְ, מִקֶּטֶב יָשׁוּד צָהֳרָיִם: יִפֹּל מִצִּדְּךָ אֶלֶף, וּרְבָבָה מִימִינֶךָ, אֵלֶיךָ לֹא יִגָּשׁ: רַק בְּעֵינֶיךָ תַבִּיט, וְשִׁלֻּמַת רְשָׁעִים תִּרְאֶה: כִּי־אַתָּה יהוה מַחְסִי, עֶלְיוֹן שַׂמְתָּ מְעוֹנֶךָ: לֹא־תְאֻנֶּה אֵלֶיךָ רָעָה, וְנֶגַע לֹא־יִקְרַב בְּאָהֳלֶךָ: כִּי מַלְאָכָיו יְצַוֶּה־לָּךְ, לִשְׁמָרְךָ בְּכָל־דְּרָכֶיךָ: עַל־כַּפַּיִם יִשָּׂאוּנְךָ, פֶּן־תִּגֹּף בָּאֶבֶן רַגְלֶךָ: עַל־שַׁחַל וָפֶתֶן תִּדְרֹךְ, תִּרְמֹס כְּפִיר וְתַנִּין: כִּי בִי חָשַׁק וַאֲפַלְּטֵהוּ, אֲשַׂגְּבֵהוּ כִּי־יָדַע שְׁמִי: יִקְרָאֵנִי וְאֶעֱנֵהוּ, עִמּוֹ אָנֹכִי בְצָרָה, אֲחַלְּצֵהוּ וַאֲכַבְּדֵהוּ: ◂ אֹרֶךְ יָמִים אַשְׂבִּיעֵהוּ, וְאַרְאֵהוּ בִּישׁוּעָתִי:

אֹרֶךְ יָמִים אַשְׂבִּיעֵהוּ, וְאַרְאֵהוּ בִּישׁוּעָתִי:

"וַיִּשַּׁרְנָה הַפָּרוֹת בַּדֶּרֶךְ עַל־דֶּרֶךְ בֵּית שֶׁמֶשׁ" (שמו"א ו, יב) –
"א"ר יוחנן בשם ר' מאיר: שאמרו שירה" (עבודה זרה כד ע"ב).
בזוהר (חיי שרה, קכג ע"א) מבואר שהפרות שהעלו את הארון מידי הפלישתים
אמרו את מזמור צח, ולכן נהגו לאומרו בשבת בבוקר (סידור ר' חיים ויטל).

בבתי כנסת המתפללים בנוסח אשכנז, אין אומרים מזמור זה,
ולא את שירי המעלות שאחריו, אלא ממשיכים
'הַלְלוּיָהּ, הַלְלוּ אֶת־שֵׁם ה'' (עמ' 159).

מִזְמוֹר, שִׁירוּ לַיהוה שִׁיר חָדָשׁ, כִּי־נִפְלָאוֹת עָשָׂה, הוֹשִׁיעָה־ תהלים צח
לּוֹ יְמִינוֹ וּזְרוֹעַ קָדְשׁוֹ: הוֹדִיעַ יהוה יְשׁוּעָתוֹ, לְעֵינֵי הַגּוֹיִם גִּלָּה צִדְקָתוֹ: זָכַר חַסְדּוֹ וֶאֱמוּנָתוֹ לְבֵית יִשְׂרָאֵל, רָאוּ כָל־אַפְסֵי־אָרֶץ אֵת יְשׁוּעַת אֱלֹהֵינוּ: הָרִיעוּ לַיהוה כָּל־הָאָרֶץ, פִּצְחוּ וְרַנְּנוּ וְזַמֵּרוּ: זַמְּרוּ לַיהוה בְּכִנּוֹר, בְּכִנּוֹר וְקוֹל זִמְרָה: בַּחֲצֹצְרוֹת וְקוֹל שׁוֹפָר, הָרִיעוּ לִפְנֵי הַמֶּלֶךְ יהוה: יִרְעַם הַיָּם וּמְלֹאוֹ, תֵּבֵל וְיֹשְׁבֵי בָהּ: ◂ נְהָרוֹת יִמְחֲאוּ־כָף, יַחַד הָרִים יְרַנֵּנוּ: לִפְנֵי יהוה כִּי בָא לִשְׁפֹּט הָאָרֶץ, יִשְׁפֹּט־תֵּבֵל בְּצֶדֶק, וְעַמִּים בְּמֵישָׁרִים:

באבודרהם מובא שבשבת מוסיפים לפני פסוקי דזמרה עשרה מזמורים כנגד עשרה מאמרות שבהם נברא העולם, והוא מונה את מזמור קכא ומזמור קכד. ובסידורים שאחריו הוסיפו את מזמורים קכב וקכג, כדי ליצור רצף פרקים (סידור הרמ"ק).

תהלים קכא שִׁיר לַמַּעֲלוֹת, אֶשָּׂא עֵינַי אֶל־הֶהָרִים, מֵאַיִן יָבֹא עֶזְרִי: עֶזְרִי מֵעִם יהוה, עֹשֵׂה שָׁמַיִם וָאָרֶץ: אַל־יִתֵּן לַמּוֹט רַגְלֶךָ, אַל־יָנוּם שֹׁמְרֶךָ: הִנֵּה לֹא־יָנוּם וְלֹא יִישָׁן, שׁוֹמֵר יִשְׂרָאֵל: יהוה שֹׁמְרֶךָ, יהוה צִלְּךָ עַל־יַד יְמִינֶךָ: יוֹמָם הַשֶּׁמֶשׁ לֹא־יַכֶּכָּה, וְיָרֵחַ בַּלָּיְלָה: ◂ יהוה יִשְׁמָרְךָ מִכָּל־רָע, יִשְׁמֹר אֶת־נַפְשֶׁךָ: יהוה יִשְׁמָר־צֵאתְךָ וּבוֹאֶךָ, מֵעַתָּה וְעַד־עוֹלָם:

תהלים קכב שִׁיר הַמַּעֲלוֹת לְדָוִד, שָׂמַחְתִּי בְּאֹמְרִים לִי בֵּית יהוה נֵלֵךְ: עֹמְדוֹת הָיוּ רַגְלֵינוּ, בִּשְׁעָרַיִךְ יְרוּשָׁלָםִ: יְרוּשָׁלַםִ הַבְּנוּיָה, כְּעִיר שֶׁחֻבְּרָה־לָּהּ יַחְדָּו: שֶׁשָּׁם עָלוּ שְׁבָטִים שִׁבְטֵי־יָהּ, עֵדוּת לְיִשְׂרָאֵל, לְהֹדוֹת לְשֵׁם יהוה: כִּי שָׁמָּה יָשְׁבוּ כִסְאוֹת לְמִשְׁפָּט, כִּסְאוֹת לְבֵית דָּוִד: שַׁאֲלוּ שְׁלוֹם יְרוּשָׁלָםִ, יִשְׁלָיוּ אֹהֲבָיִךְ: יְהִי־שָׁלוֹם בְּחֵילֵךְ, שַׁלְוָה בְּאַרְמְנוֹתָיִךְ: ◂ לְמַעַן אַחַי וְרֵעָי, אֲדַבְּרָה־נָּא שָׁלוֹם בָּךְ: לְמַעַן בֵּית־יהוה אֱלֹהֵינוּ, אֲבַקְשָׁה טוֹב לָךְ:

תהלים קכג שִׁיר הַמַּעֲלוֹת, אֵלֶיךָ נָשָׂאתִי אֶת־עֵינַי, הַיֹּשְׁבִי בַּשָּׁמָיִם: הִנֵּה כְעֵינֵי עֲבָדִים אֶל־יַד אֲדוֹנֵיהֶם, כְּעֵינֵי שִׁפְחָה אֶל־יַד גְּבִרְתָּהּ, כֵּן עֵינֵינוּ אֶל־יהוה אֱלֹהֵינוּ, עַד שֶׁיְּחָנֵּנוּ: ◂ חָנֵּנוּ יהוה חָנֵּנוּ, כִּי־רַב שָׂבַעְנוּ בוּז: רַבַּת שָׂבְעָה־לָּהּ נַפְשֵׁנוּ, הַלַּעַג הַשַּׁאֲנַנִּים, הַבּוּז לִגְאֵי־יוֹנִים:

תהלים קכד שִׁיר הַמַּעֲלוֹת לְדָוִד, לוּלֵי יהוה שֶׁהָיָה לָנוּ, יֹאמַר־נָא יִשְׂרָאֵל: לוּלֵי יהוה שֶׁהָיָה לָנוּ, בְּקוּם עָלֵינוּ אָדָם: אֲזַי חַיִּים בְּלָעוּנוּ,

בַּחֲרוֹת אַפָּם בָּנוּ: אֲזַי הַמַּיִם שְׁטָפוּנוּ, נַחְלָה עָבַר עַל־נַפְשֵׁנוּ: אֲזַי עָבַר עַל־נַפְשֵׁנוּ, הַמַּיִם הַזֵּידוֹנִים: בָּרוּךְ יהוה, שֶׁלֹּא נְתָנָנוּ טֶרֶף לְשִׁנֵּיהֶם: › נַפְשֵׁנוּ כְּצִפּוֹר נִמְלְטָה מִפַּח יוֹקְשִׁים, הַפַּח נִשְׁבָּר וַאֲנַחְנוּ נִמְלָטְנוּ: עֶזְרֵנוּ בְּשֵׁם יהוה, עֹשֵׂה שָׁמַיִם וָאָרֶץ:

במזמור זה המשורר פונה לכוהנים וללוויים שיהללו את ה',
ובמזמור הבא, המקביל לו, הוא פונה לישראל שיעשו כן אף הם (ראב"ע).

הַלְלוּיָהּ, הַלְלוּ אֶת־שֵׁם יהוה, הַלְלוּ עַבְדֵי יהוה: שֶׁעֹמְדִים בְּבֵית יהוה, בְּחַצְרוֹת בֵּית אֱלֹהֵינוּ: הַלְלוּיָהּ כִּי־טוֹב יהוה, זַמְּרוּ לִשְׁמוֹ כִּי נָעִים: כִּי־יַעֲקֹב בָּחַר לוֹ יָהּ, יִשְׂרָאֵל לִסְגֻלָּתוֹ: כִּי אֲנִי יָדַעְתִּי כִּי־גָדוֹל יהוה, וַאֲדֹנֵינוּ מִכָּל־אֱלֹהִים: כֹּל אֲשֶׁר־חָפֵץ יהוה עָשָׂה, בַּשָּׁמַיִם וּבָאָרֶץ, בַּיַּמִּים וְכָל־תְּהוֹמוֹת: מַעֲלֶה נְשִׂאִים מִקְצֵה הָאָרֶץ, בְּרָקִים לַמָּטָר עָשָׂה, מוֹצֵא־רוּחַ מֵאוֹצְרוֹתָיו: שֶׁהִכָּה בְּכוֹרֵי מִצְרָיִם, מֵאָדָם עַד־בְּהֵמָה: שָׁלַח אוֹתֹת וּמֹפְתִים בְּתוֹכֵכִי מִצְרָיִם, בְּפַרְעֹה וּבְכָל־עֲבָדָיו: שֶׁהִכָּה גּוֹיִם רַבִּים, וְהָרַג מְלָכִים עֲצוּמִים: לְסִיחוֹן מֶלֶךְ הָאֱמֹרִי, וּלְעוֹג מֶלֶךְ הַבָּשָׁן, וּלְכֹל מַמְלְכוֹת כְּנָעַן: וְנָתַן אַרְצָם נַחֲלָה, נַחֲלָה לְיִשְׂרָאֵל עַמּוֹ: יהוה שִׁמְךָ לְעוֹלָם, יהוה זִכְרְךָ לְדֹר־וָדֹר: כִּי־יָדִין יהוה עַמּוֹ, וְעַל־עֲבָדָיו יִתְנֶחָם: עֲצַבֵּי הַגּוֹיִם כֶּסֶף וְזָהָב, מַעֲשֵׂה יְדֵי אָדָם: פֶּה־לָהֶם וְלֹא יְדַבֵּרוּ, עֵינַיִם לָהֶם וְלֹא יִרְאוּ: אָזְנַיִם לָהֶם וְלֹא יַאֲזִינוּ, אַף אֵין־יֶשׁ־רוּחַ בְּפִיהֶם: כְּמוֹהֶם יִהְיוּ עֹשֵׂיהֶם, כֹּל אֲשֶׁר־בֹּטֵחַ בָּהֶם: › בֵּית יִשְׂרָאֵל בָּרְכוּ אֶת־יהוה, בֵּית אַהֲרֹן בָּרְכוּ אֶת־יהוה: בֵּית הַלֵּוִי בָּרְכוּ אֶת־יהוה, יִרְאֵי יהוה בָּרְכוּ אֶת־יהוה: בָּרוּךְ יהוה מִצִּיּוֹן, שֹׁכֵן יְרוּשָׁלָםִ, הַלְלוּיָהּ: תהלים קלה

מזמור זה מכונה בגמרא 'הלל הגדול' (פסחים קיח ע"א), מפני שהוא משבח את ה' על הבריאה, על הנסים שעשה לישראל ועל הפרנסה היום־יומית (סידור חסידי אשכנז).

נוהגים לומר אותו בעמידה.

תהלים קלו הוֹדוּ לַיהוה כִּי־טוֹב כִּי לְעוֹלָם חַסְדּוֹ:

הוֹדוּ לֵאלֹהֵי הָאֱלֹהִים כִּי לְעוֹלָם חַסְדּוֹ:

הוֹדוּ לַאֲדֹנֵי הָאֲדֹנִים כִּי לְעוֹלָם חַסְדּוֹ:

לְעֹשֵׂה נִפְלָאוֹת גְּדֹלוֹת לְבַדּוֹ כִּי לְעוֹלָם חַסְדּוֹ:

לְעֹשֵׂה הַשָּׁמַיִם בִּתְבוּנָה כִּי לְעוֹלָם חַסְדּוֹ:

לְרֹקַע הָאָרֶץ עַל־הַמָּיִם כִּי לְעוֹלָם חַסְדּוֹ:

לְעֹשֵׂה אוֹרִים גְּדֹלִים כִּי לְעוֹלָם חַסְדּוֹ:

אֶת־הַשֶּׁמֶשׁ לְמֶמְשֶׁלֶת בַּיּוֹם כִּי לְעוֹלָם חַסְדּוֹ:

אֶת־הַיָּרֵחַ וְכוֹכָבִים לְמֶמְשְׁלוֹת בַּלָּיְלָה כִּי לְעוֹלָם חַסְדּוֹ:

לְמַכֵּה מִצְרַיִם בִּבְכוֹרֵיהֶם כִּי לְעוֹלָם חַסְדּוֹ:

וַיּוֹצֵא יִשְׂרָאֵל מִתּוֹכָם כִּי לְעוֹלָם חַסְדּוֹ:

בְּיָד חֲזָקָה וּבִזְרוֹעַ נְטוּיָה כִּי לְעוֹלָם חַסְדּוֹ:

לְגֹזֵר יַם־סוּף לִגְזָרִים כִּי לְעוֹלָם חַסְדּוֹ:

וְהֶעֱבִיר יִשְׂרָאֵל בְּתוֹכוֹ כִּי לְעוֹלָם חַסְדּוֹ:

וְנִעֵר פַּרְעֹה וְחֵילוֹ בְיַם־סוּף כִּי לְעוֹלָם חַסְדּוֹ:

לְמוֹלִיךְ עַמּוֹ בַּמִּדְבָּר כִּי לְעוֹלָם חַסְדּוֹ:

לְמַכֵּה מְלָכִים גְּדֹלִים כִּי לְעוֹלָם חַסְדּוֹ:

וַיַּהֲרֹג מְלָכִים אַדִּירִים כִּי לְעוֹלָם חַסְדּוֹ:

לְסִיחוֹן מֶלֶךְ הָאֱמֹרִי כִּי לְעוֹלָם חַסְדּוֹ:

וּלְעוֹג מֶלֶךְ הַבָּשָׁן כִּי לְעוֹלָם חַסְדּוֹ:

וְנָתַן אַרְצָם לְנַחֲלָה כִּי לְעוֹלָם חַסְדּוֹ:

נַחֲלָה לְיִשְׂרָאֵל עַבְדּוֹ כִּי לְעוֹלָם חַסְדּוֹ:

שֶׁבְּשִׁפְלֵנוּ זָכַר לָנוּ כִּי לְעוֹלָם חַסְדּוֹ:

וַיִּפְרְקֵנוּ מִצָּרֵינוּ כִּי לְעוֹלָם חַסְדּוֹ:

‹ נֹתֵן לֶחֶם לְכָל־בָּשָׂר כִּי לְעוֹלָם חַסְדּוֹ:
הוֹדוּ לְאֵל הַשָּׁמָיִם כִּי לְעוֹלָם חַסְדּוֹ:

בבתי כנסת המתפללים בנוסח אשכנז, אין אומרים פיוט זה
וממשיכים ׳רַנְּנוּ צַדִּיקִים׳ (עמ׳ 154).

הָאַדֶּרֶת וְהָאֱמוּנָה לְחַי עוֹלָמִים
הַבִּינָה וְהַבְּרָכָה לְחַי עוֹלָמִים
הַגַּאֲוָה וְהַגְּדֻלָּה לְחַי עוֹלָמִים
הַדֵּעָה וְהַדִּבּוּר לְחַי עוֹלָמִים
הַהוֹד וְהֶהָדָר לְחַי עוֹלָמִים
הַוַּעַד וְהַוָּתִיקוּת לְחַי עוֹלָמִים
הַזַּךְ וְהַזֹּהַר לְחַי עוֹלָמִים
הַחַיִל וְהַחֹסֶן לְחַי עוֹלָמִים
הַטֶּכֶס וְהַטֹּהַר לְחַי עוֹלָמִים
הַיִּחוּד וְהַיִּרְאָה לְחַי עוֹלָמִים
הַכֶּתֶר וְהַכָּבוֹד לְחַי עוֹלָמִים
הַלֶּקַח וְהַלִּבּוּב לְחַי עוֹלָמִים
הַמְּלוּכָה וְהַמֶּמְשָׁלָה לְחַי עוֹלָמִים
הַנּוֹי וְהַנֵּצַח לְחַי עוֹלָמִים
הַסִּגּוּי וְהַשֶּׂגֶב לְחַי עוֹלָמִים
הָעֹז וְהָעֲנָוָה לְחַי עוֹלָמִים
הַפְּדוּת וְהַפְּאֵר לְחַי עוֹלָמִים
הַצְּבִי וְהַצֶּדֶק לְחַי עוֹלָמִים
הַקְּרִיאָה וְהַקְּדֻשָּׁה לְחַי עוֹלָמִים
הָרֹן וְהָרוֹמֵמוּת לְחַי עוֹלָמִים
‹ הַשִּׁיר וְהַשֶּׁבַח לְחַי עוֹלָמִים
הַתְּהִלָּה וְהַתִּפְאֶרֶת לְחַי עוֹלָמִים

פסוקי דזמרה

מ׳בָּרוּךְ שֶׁאָמַר׳ ואילך אסור לדבר עד סוף התפילה.
נהוג לומר ׳בָּרוּךְ שֶׁאָמַר׳ בעמידה, והמתפלל אוחז שתי ציציות לפניו.

הֲרֵינִי מְזַמֵּן אֶת פִּי לְהוֹדוֹת וּלְהַלֵּל וּלְשַׁבֵּחַ אֶת בּוֹרְאִי, לְשֵׁם יִחוּד קֻדְשָׁא בְּרִיךְ הוּא וּשְׁכִינְתֵהּ עַל יְדֵי הַהוּא טָמִיר וְנֶעְלָם בְּשֵׁם כָּל יִשְׂרָאֵל.

בָּרוּךְ שֶׁאָמַר
וְהָיָה הָעוֹלָם, בָּרוּךְ הוּא.
בָּרוּךְ אוֹמֵר וְעוֹשֶׂה
בָּרוּךְ גּוֹזֵר וּמְקַיֵּם
בָּרוּךְ עוֹשֶׂה בְרֵאשִׁית
בָּרוּךְ מְרַחֵם עַל הָאָרֶץ
בָּרוּךְ מְרַחֵם עַל הַבְּרִיּוֹת
בָּרוּךְ מְשַׁלֵּם שָׂכָר טוֹב לִירֵאָיו
בָּרוּךְ חַי לָעַד וְקַיָּם לָנֶצַח
בָּרוּךְ פּוֹדֶה וּמַצִּיל
בָּרוּךְ שְׁמוֹ
בָּרוּךְ אַתָּה יהוה אֱלֹהֵינוּ מֶלֶךְ הָעוֹלָם
הָאֵל הָאָב הָרַחֲמָן הַמְהֻלָּל בְּפֶה עַמּוֹ
מְשֻׁבָּח וּמְפֹאָר בִּלְשׁוֹן חֲסִידָיו וַעֲבָדָיו
וּבְשִׁירֵי דָוִד עַבְדֶּךָ, נְהַלֶּלְךָ יהוה אֱלֹהֵינוּ.

בִּשְׁבָחוֹת וּבִזְמִירוֹת נְגַדֶּלְךָ וּנְשַׁבֵּחֲךָ וּנְפָאֶרְךָ
וְנַמְלִיכְךָ וְנַזְכִּיר שִׁמְךָ מַלְכֵּנוּ אֱלֹהֵינוּ • יָחִיד חֵי הָעוֹלָמִים
מֶלֶךְ, מְשֻׁבָּח וּמְפֹאָר עֲדֵי עַד שְׁמוֹ הַגָּדוֹל
בָּרוּךְ אַתָּה יהוה, מֶלֶךְ מְהֻלָּל בַּתִּשְׁבָּחוֹת.

"'כִּי שִׂמַּחְתַּנִי' – ביום השבת שמחתני בהתבונני בפעלך ובמעשה ידיך שהוא העולם ואשר בו, כי ביום זה יש לי פנאי להתבונן בהם ואז אשמח כשאשיג מהם וזה מנהג כל חכם כשמתבונן במעשה בראשית" (סידור תלמידי ר' יונה).

תהלים צב מִזְמוֹר שִׁיר לְיוֹם הַשַּׁבָּת: טוֹב לְהֹדוֹת לַיהוה, וּלְזַמֵּר לְשִׁמְךָ עֶלְיוֹן: לְהַגִּיד בַּבֹּקֶר חַסְדֶּךָ, וֶאֱמוּנָתְךָ בַּלֵּילוֹת: עֲלֵי־עָשׂוֹר וַעֲלֵי־נָבֶל, עֲלֵי הִגָּיוֹן בְּכִנּוֹר: כִּי שִׂמַּחְתַּנִי יהוה בְּפָעֳלֶךָ, בְּמַעֲשֵׂי יָדֶיךָ אֲרַנֵּן: מַה־גָּדְלוּ מַעֲשֶׂיךָ יהוה, מְאֹד עָמְקוּ מַחְשְׁבֹתֶיךָ: אִישׁ־בַּעַר לֹא יֵדָע, וּכְסִיל לֹא־יָבִין אֶת־זֹאת: בִּפְרֹחַ רְשָׁעִים כְּמוֹ עֵשֶׂב, וַיָּצִיצוּ כָּל־פֹּעֲלֵי אָוֶן, לְהִשָּׁמְדָם עֲדֵי־עַד: וְאַתָּה מָרוֹם לְעֹלָם יהוה: כִּי הִנֵּה אֹיְבֶיךָ יהוה, כִּי־הִנֵּה אֹיְבֶיךָ יֹאבֵדוּ, יִתְפָּרְדוּ כָּל־פֹּעֲלֵי אָוֶן: וַתָּרֶם כִּרְאֵים קַרְנִי, בַּלֹּתִי בְּשֶׁמֶן רַעֲנָן: וַתַּבֵּט עֵינִי בְּשׁוּרָי, בַּקָּמִים עָלַי מְרֵעִים תִּשְׁמַעְנָה אָזְנָי: • צַדִּיק כַּתָּמָר יִפְרָח, כְּאֶרֶז בַּלְּבָנוֹן יִשְׂגֶּה: שְׁתוּלִים בְּבֵית יהוה, בְּחַצְרוֹת אֱלֹהֵינוּ יַפְרִיחוּ: עוֹד יְנוּבוּן בְּשֵׂיבָה, דְּשֵׁנִים וְרַעֲנַנִּים יִהְיוּ: לְהַגִּיד כִּי־יָשָׁר יהוה, צוּרִי, וְלֹא־עַוְלָתָה בּוֹ:

"'עֵדֹתֶיךָ נֶאֶמְנוּ מְאֹד' – עדות שכל העולם מעידים בשירתם כי אתה אלהים" (סידור הרוקח).

תהלים צג יהוה מָלָךְ, גֵּאוּת לָבֵשׁ, לָבֵשׁ יהוה עֹז הִתְאַזָּר, אַף־תִּכּוֹן תֵּבֵל בַּל־תִּמּוֹט: נָכוֹן כִּסְאֲךָ מֵאָז, מֵעוֹלָם אָתָּה: נָשְׂאוּ נְהָרוֹת יהוה, נָשְׂאוּ נְהָרוֹת קוֹלָם, יִשְׂאוּ נְהָרוֹת דָּכְיָם: • מִקֹּלוֹת מַיִם רַבִּים, אַדִּירִים מִשְׁבְּרֵי־יָם, אַדִּיר בַּמָּרוֹם יהוה: עֵדֹתֶיךָ נֶאֶמְנוּ מְאֹד לְבֵיתְךָ נַאֲוָה־קֹדֶשׁ, יהוה לְאֹרֶךְ יָמִים:

הגמרא בחולין ס ע״א מייחסת את הפסוק ׳יְהִי כְבוֹד ה׳ לְעוֹלָם׳ לשר העולם,
שאמרו לאחר הבריאה. לאחר אמירת שני המזמורים הקודמים על השלמת הבריאה
ממשיכים באמירת פסוקי דזמרה שבכל יום.

יְהִי כְבוֹד יהוה לְעוֹלָם, יִשְׂמַח יהוה בְּמַעֲשָׂיו: יְהִי שֵׁם יהוה מְבֹרָךְ, תהלים קד תהלים קיג
מֵעַתָּה וְעַד־עוֹלָם: מִמִּזְרַח־שֶׁמֶשׁ עַד־מְבוֹאוֹ, מְהֻלָּל שֵׁם יהוה:
רָם עַל־כָּל־גּוֹיִם יהוה, עַל הַשָּׁמַיִם כְּבוֹדוֹ: יהוה שִׁמְךָ לְעוֹלָם, יהוה תהלים קלה
זִכְרְךָ לְדֹר־וָדֹר: יהוה בַּשָּׁמַיִם הֵכִין כִּסְאוֹ, וּמַלְכוּתוֹ בַּכֹּל מָשָׁלָה: תהלים קג
יִשְׂמְחוּ הַשָּׁמַיִם וְתָגֵל הָאָרֶץ, וְיֹאמְרוּ בַגּוֹיִם יהוה מָלָךְ: יהוה דברי הימים א׳ טז
מֶלֶךְ, יהוה מָלָךְ, יהוה יִמְלֹךְ לְעוֹלָם וָעֶד. יהוה מֶלֶךְ עוֹלָם וָעֶד, תהלים י
אָבְדוּ גוֹיִם מֵאַרְצוֹ: יהוה הֵפִיר עֲצַת־גּוֹיִם, הֵנִיא מַחְשְׁבוֹת עַמִּים: תהלים לג
רַבּוֹת מַחֲשָׁבוֹת בְּלֶב־אִישׁ, וַעֲצַת יהוה הִיא תָקוּם: עֲצַת יהוה משלי יט תהלים לג
לְעוֹלָם תַּעֲמֹד, מַחְשְׁבוֹת לִבּוֹ לְדֹר וָדֹר: כִּי הוּא אָמַר וַיֶּהִי, הוּא־
צִוָּה וַיַּעֲמֹד: כִּי־בָחַר יהוה בְּצִיּוֹן, אִוָּהּ לְמוֹשָׁב לוֹ: כִּי־יַעֲקֹב בָּחַר תהלים קלב תהלים קלה
לוֹ יָהּ, יִשְׂרָאֵל לִסְגֻלָּתוֹ: כִּי לֹא־יִטֹּשׁ יהוה עַמּוֹ, וְנַחֲלָתוֹ לֹא יַעֲזֹב: תהלים צד
◂ וְהוּא רַחוּם, יְכַפֵּר עָוֹן וְלֹא־יַשְׁחִית, וְהִרְבָּה לְהָשִׁיב אַפּוֹ, וְלֹא־ תהלים עח
יָעִיר כָּל־חֲמָתוֹ: יהוה הוֹשִׁיעָה, הַמֶּלֶךְ יַעֲנֵנוּ בְיוֹם־קָרְאֵנוּ: תהלים כ

״כל האומר תהלה לדוד בכל יום שלש פעמים – מובטח לו שהוא בן העולם הבא...
משום דאית ביה ׳פּוֹתֵחַ אֶת־יָדֶךָ׳״ (ברכות ד ע״ב), ויש לכוון במיוחד בפסוק זה,
ואם לא התכוון צריך לחזור ולאומרו שנית.

אַשְׁרֵי יוֹשְׁבֵי בֵיתֶךָ, עוֹד יְהַלְלוּךָ סֶּלָה: תהלים פד
אַשְׁרֵי הָעָם שֶׁכָּכָה לּוֹ, אַשְׁרֵי הָעָם שֶׁיהוה אֱלֹהָיו: תהלים קמד
תְּהִלָּה לְדָוִד תהלים קמה
אֲרוֹמִמְךָ אֱלוֹהַי הַמֶּלֶךְ, וַאֲבָרְכָה שִׁמְךָ לְעוֹלָם וָעֶד:
בְּכָל־יוֹם אֲבָרְכֶךָּ, וַאֲהַלְלָה שִׁמְךָ לְעוֹלָם וָעֶד:
גָּדוֹל יהוה וּמְהֻלָּל מְאֹד, וְלִגְדֻלָּתוֹ אֵין חֵקֶר:
דּוֹר לְדוֹר יְשַׁבַּח מַעֲשֶׂיךָ, וּגְבוּרֹתֶיךָ יַגִּידוּ:
הֲדַר כְּבוֹד הוֹדֶךָ, וְדִבְרֵי נִפְלְאֹתֶיךָ אָשִׂיחָה:

וֶעֱזוּז נוֹרְאֹתֶיךָ יֹאמֵרוּ, וּגְדוּלָּתְךָ אֲסַפְּרֶנָּה:
זֵכֶר רַב־טוּבְךָ יַבִּיעוּ, וְצִדְקָתְךָ יְרַנֵּנוּ:
חַנּוּן וְרַחוּם יהוה, אֶרֶךְ אַפַּיִם וּגְדָל־חָסֶד:
טוֹב־יהוה לַכֹּל, וְרַחֲמָיו עַל־כָּל־מַעֲשָׂיו:
יוֹדוּךָ יהוה כָּל־מַעֲשֶׂיךָ, וַחֲסִידֶיךָ יְבָרְכוּכָה:
כְּבוֹד מַלְכוּתְךָ יֹאמֵרוּ, וּגְבוּרָתְךָ יְדַבֵּרוּ:
לְהוֹדִיעַ לִבְנֵי הָאָדָם גְּבוּרֹתָיו, וּכְבוֹד הֲדַר מַלְכוּתוֹ:
מַלְכוּתְךָ מַלְכוּת כָּל־עֹלָמִים, וּמֶמְשַׁלְתְּךָ בְּכָל־דּוֹר וָדֹר:
סוֹמֵךְ יהוה לְכָל־הַנֹּפְלִים, וְזוֹקֵף לְכָל־הַכְּפוּפִים:
עֵינֵי־כֹל אֵלֶיךָ יְשַׂבֵּרוּ, וְאַתָּה נוֹתֵן־לָהֶם אֶת־אָכְלָם בְּעִתּוֹ:
פּוֹתֵחַ אֶת־יָדֶךָ, וּמַשְׂבִּיעַ לְכָל־חַי רָצוֹן:
צַדִּיק יהוה בְּכָל־דְּרָכָיו, וְחָסִיד בְּכָל־מַעֲשָׂיו:
קָרוֹב יהוה לְכָל־קֹרְאָיו, לְכֹל אֲשֶׁר יִקְרָאֻהוּ בֶאֱמֶת:
רְצוֹן־יְרֵאָיו יַעֲשֶׂה, וְאֶת־שַׁוְעָתָם יִשְׁמַע, וְיוֹשִׁיעֵם:
שׁוֹמֵר יהוה אֶת־כָּל־אֹהֲבָיו, וְאֵת כָּל־הָרְשָׁעִים יַשְׁמִיד:
◂ תְּהִלַּת יהוה יְדַבֶּר פִּי, וִיבָרֵךְ כָּל־בָּשָׂר שֵׁם קָדְשׁוֹ לְעוֹלָם וָעֶד:
וַאֲנַחְנוּ נְבָרֵךְ יָהּ מֵעַתָּה וְעַד־עוֹלָם, הַלְלוּיָהּ: תהלים קטו

מזמור ׳הַלְלוּיָהּ, הַלְלִי נַפְשִׁי׳ משבח את ה׳ על עצם החיים.

״׳הַלְלוּיָהּ, הַלְלִי נַפְשִׁי׳ – הנפש שהיא העיקר הללי את ה׳ אשר בראך... הנה אנחנו ברחנו בעיר מינצברק בתתקמ״ח באדר השיני מפני הגוים אשר רצו לטבוח אותנו כצאן טבחה, והנחנו כל אשר לנו בין הגוים את ספרי התורה וספרים וערבונות, והשם ישמרנו מכף כל אויבינו, וכל בני העיירות ברחו בעיר מצור, ועל כל זאת אנחנו מהללים שמו״ (סידור הרוקח).

הַלְלוּיָהּ, הַלְלִי נַפְשִׁי אֶת־יהוה: אֲהַלְלָה יהוה בְּחַיָּי, אֲזַמְּרָה תהלים קמו
לֵאלֹהַי בְּעוֹדִי: אַל־תִּבְטְחוּ בִנְדִיבִים, בְּבֶן־אָדָם שֶׁאֵין לוֹ
תְשׁוּעָה: תֵּצֵא רוּחוֹ, יָשֻׁב לְאַדְמָתוֹ, בַּיּוֹם הַהוּא אָבְדוּ עֶשְׁתֹּנֹתָיו:
אַשְׁרֵי שֶׁאֵל יַעֲקֹב בְּעֶזְרוֹ, שִׂבְרוֹ עַל־יהוה אֱלֹהָיו: עֹשֶׂה שָׁמַיִם

וָאָרֶץ, אֶת־הַיָּם וְאֶת־כָּל־אֲשֶׁר־בָּם, הַשֹּׁמֵר אֱמֶת לְעוֹלָם: עֹשֶׂה
מִשְׁפָּט לַעֲשׁוּקִים, נֹתֵן לֶחֶם לָרְעֵבִים, יהוה מַתִּיר אֲסוּרִים:
יהוה פֹּקֵחַ עִוְרִים, יהוה זֹקֵף כְּפוּפִים, יהוה אֹהֵב צַדִּיקִים: יהוה
שֹׁמֵר אֶת־גֵּרִים, יָתוֹם וְאַלְמָנָה יְעוֹדֵד, וְדֶרֶךְ רְשָׁעִים יְעַוֵּת:
‹ יִמְלֹךְ יהוה לְעוֹלָם, אֱלֹהַיִךְ צִיּוֹן לְדֹר וָדֹר, הַלְלוּיָהּ:

המשורר מהלל את ה׳ על הטובה העתידית, גאולת ישראל (רד״ק).

תהלים קמז הַלְלוּיָהּ, כִּי־טוֹב זַמְּרָה אֱלֹהֵינוּ, כִּי־נָעִים נָאוָה תְהִלָּה: בּוֹנֵה
יְרוּשָׁלַםִ יהוה, נִדְחֵי יִשְׂרָאֵל יְכַנֵּס: הָרוֹפֵא לִשְׁבוּרֵי לֵב, וּמְחַבֵּשׁ
לְעַצְּבוֹתָם: מוֹנֶה מִסְפָּר לַכּוֹכָבִים, לְכֻלָּם שֵׁמוֹת יִקְרָא: גָּדוֹל
אֲדוֹנֵינוּ וְרַב־כֹּחַ, לִתְבוּנָתוֹ אֵין מִסְפָּר: מְעוֹדֵד עֲנָוִים יהוה,
מַשְׁפִּיל רְשָׁעִים עֲדֵי־אָרֶץ: עֱנוּ לַיהוה בְּתוֹדָה, זַמְּרוּ לֵאלֹהֵינוּ
בְכִנּוֹר: הַמְכַסֶּה שָׁמַיִם בְּעָבִים, הַמֵּכִין לָאָרֶץ מָטָר, הַמַּצְמִיחַ
הָרִים חָצִיר: נוֹתֵן לִבְהֵמָה לַחְמָהּ, לִבְנֵי עֹרֵב אֲשֶׁר יִקְרָאוּ: לֹא
בִגְבוּרַת הַסּוּס יֶחְפָּץ, לֹא־בְשׁוֹקֵי הָאִישׁ יִרְצֶה: רוֹצֶה יהוה אֶת־
יְרֵאָיו, אֶת־הַמְיַחֲלִים לְחַסְדּוֹ: שַׁבְּחִי יְרוּשָׁלַםִ אֶת־יהוה, הַלְלִי
אֱלֹהַיִךְ צִיּוֹן: כִּי־חִזַּק בְּרִיחֵי שְׁעָרָיִךְ, בֵּרַךְ בָּנַיִךְ בְּקִרְבֵּךְ: הַשָּׂם־
גְּבוּלֵךְ שָׁלוֹם, חֵלֶב חִטִּים יַשְׂבִּיעֵךְ: הַשֹּׁלֵחַ אִמְרָתוֹ אָרֶץ, עַד־
מְהֵרָה יָרוּץ דְּבָרוֹ: הַנֹּתֵן שֶׁלֶג כַּצָּמֶר, כְּפוֹר כָּאֵפֶר יְפַזֵּר: מַשְׁלִיךְ
קַרְחוֹ כְפִתִּים, לִפְנֵי קָרָתוֹ מִי יַעֲמֹד: יִשְׁלַח דְּבָרוֹ וְיַמְסֵם, יַשֵּׁב
רוּחוֹ יִזְּלוּ־מָיִם: ‹ מַגִּיד דְּבָרָו לְיַעֲקֹב, חֻקָּיו וּמִשְׁפָּטָיו לְיִשְׂרָאֵל:
לֹא עָשָׂה כֵן לְכָל־גּוֹי, וּמִשְׁפָּטִים בַּל־יְדָעוּם, הַלְלוּיָהּ:

מזמור המתאר את גדולת ה׳ כפי שהיא בעולם הנברא (ראב״ע).

תהלים קמח הַלְלוּיָהּ, הַלְלוּ אֶת־יהוה מִן־הַשָּׁמַיִם, הַלְלוּהוּ בַּמְּרוֹמִים:
הַלְלוּהוּ כָל־מַלְאָכָיו, הַלְלוּהוּ כָּל־צְבָאָו: הַלְלוּהוּ שֶׁמֶשׁ וְיָרֵחַ,

הַלְלְוּהוּ כָּל־כּוֹכְבֵי אוֹר: הַלְלְוּהוּ שְׁמֵי הַשָּׁמָיִם, וְהַמַּיִם אֲשֶׁר מֵעַל
הַשָּׁמָיִם: יְהַלְלוּ אֶת־שֵׁם יהוה, כִּי הוּא צִוָּה וְנִבְרָאוּ: וַיַּעֲמִידֵם
לָעַד לְעוֹלָם, חָק־נָתַן וְלֹא יַעֲבוֹר: הַלְלוּ אֶת־יהוה מִן־הָאָרֶץ,
תַּנִּינִים וְכָל־תְּהֹמוֹת: אֵשׁ וּבָרָד שֶׁלֶג וְקִיטוֹר, רוּחַ סְעָרָה עֹשָׂה
דְבָרוֹ: הֶהָרִים וְכָל־גְּבָעוֹת, עֵץ פְּרִי וְכָל־אֲרָזִים: הַחַיָּה וְכָל־
בְּהֵמָה, רֶמֶשׂ וְצִפּוֹר כָּנָף: מַלְכֵי־אֶרֶץ וְכָל־לְאֻמִּים, שָׂרִים וְכָל־
שֹׁפְטֵי אָרֶץ: בַּחוּרִים וְגַם־בְּתוּלוֹת, זְקֵנִים עִם־נְעָרִים: › יְהַלְלוּ
אֶת־שֵׁם יהוה, כִּי־נִשְׂגָּב שְׁמוֹ לְבַדּוֹ, הוֹדוֹ עַל־אֶרֶץ וְשָׁמָיִם: וַיָּרֶם
קֶרֶן לְעַמּוֹ, תְּהִלָּה לְכָל־חֲסִידָיו, לִבְנֵי יִשְׂרָאֵל עַם קְרֹבוֹ, הַלְלוּיָהּ:

לקראת סוף ספר תהלים המשורר קורא שלא להסתפק במזמורים אלו,
אלא להמשיך ולחדש שירות לה׳ על כל גאולה וגאולה (רד״ק).

תהלים קמט הַלְלוּיָהּ, שִׁירוּ לַיהוה שִׁיר חָדָשׁ, תְּהִלָּתוֹ בִּקְהַל חֲסִידִים: יִשְׂמַח
יִשְׂרָאֵל בְּעֹשָׂיו, בְּנֵי־צִיּוֹן יָגִילוּ בְמַלְכָּם: יְהַלְלוּ שְׁמוֹ בְמָחוֹל, בְּתֹף
וְכִנּוֹר יְזַמְּרוּ־לוֹ: כִּי־רוֹצֶה יהוה בְּעַמּוֹ, יְפָאֵר עֲנָוִים בִּישׁוּעָה:
יַעְלְזוּ חֲסִידִים בְּכָבוֹד, יְרַנְּנוּ עַל־מִשְׁכְּבוֹתָם: רוֹמְמוֹת אֵל
בִּגְרוֹנָם, וְחֶרֶב פִּיפִיּוֹת בְּיָדָם: לַעֲשׂוֹת נְקָמָה בַּגּוֹיִם, תּוֹכֵחוֹת
בַּלְאֻמִּים: › לֶאְסֹר מַלְכֵיהֶם בְּזִקִּים, וְנִכְבְּדֵיהֶם בְּכַבְלֵי בַרְזֶל:
לַעֲשׂוֹת בָּהֶם מִשְׁפָּט כָּתוּב, הָדָר הוּא לְכָל־חֲסִידָיו, הַלְלוּיָהּ:

״אמר ר׳ מאיר: על כל נשימה ונשימה שאדם מעלה, חייב לקלס
את יוצרו... שנאמר ׳כֹּל הַנְּשָׁמָה תְּהַלֵּל יָהּ, הַלְלוּיָהּ׳״ (דברים רבה ב, לז).
חוזרים על הפסוק האחרון פעמיים, מפני שהוא סוף ה׳הלל שבכל יום׳ (סידור רש״י).

תהלים קנ הַלְלוּיָהּ, הַלְלוּ־אֵל בְּקָדְשׁוֹ, הַלְלוּהוּ בִּרְקִיעַ עֻזּוֹ: הַלְלוּהוּ
בִגְבוּרֹתָיו, הַלְלוּהוּ כְּרֹב גֻּדְלוֹ: הַלְלוּהוּ בְּתֵקַע שׁוֹפָר, הַלְלוּהוּ
בְּנֵבֶל וְכִנּוֹר: הַלְלוּהוּ בְתֹף וּמָחוֹל, הַלְלוּהוּ בְּמִנִּים וְעוּגָב:
› הַלְלוּהוּ בְצִלְצְלֵי־שָׁמַע, הַלְלוּהוּ בְּצִלְצְלֵי תְרוּעָה: כֹּל
הַנְּשָׁמָה תְּהַלֵּל יָהּ, הַלְלוּיָהּ: כֹּל הַנְּשָׁמָה תְּהַלֵּל יָהּ, הַלְלוּיָהּ:

ספר תהלים נחלק לחמישה ספרים כנגד חמישה חומשי תורה (מדרש שוחר טוב).
לאחר סיום הספר החמישי חוזרים ואומרים את פסוקי הסיום של שאר ספרי תהלים
פרט לספר הראשון והרביעי, כיוון שהם נאמרו כברכות במקדש (סידור יעב״ץ).

בָּרוּךְ יהוה לְעוֹלָם, אָמֵן וְאָמֵן: תהלים פט

בָּרוּךְ יהוה מִצִּיּוֹן, שֹׁכֵן יְרוּשָׁלָֽםִ, הַלְלוּיָהּ: תהלים קלה

בָּרוּךְ יהוה אֱלֹהִים אֱלֹהֵי יִשְׂרָאֵל, עֹשֵׂה נִפְלָאוֹת לְבַדּוֹ: תהלים עב

◂ וּבָרוּךְ שֵׁם כְּבוֹדוֹ לְעוֹלָם

וְיִמָּלֵא כְבוֹדוֹ אֶת־כָּל־הָאָֽרֶץ, אָמֵן וְאָמֵן:

פסוקי דזמרה מסתיימים בשלושה מעמדות מרכזיים בחיי העם: ברכת דוד כאשר נאספו
הנדבות לבניין המקדש, הברית שכרתו עולי הגולה בימי עזרא ונחמיה, ושירת הים (הרב זקס).
נוהגים לומר פרשות אלה, מכאן ועד 'נִשְׁמַת' (עמ' 171), בעמידה ('דרך החיים', קיצור שו״ע).

וַיְבָֽרֶךְ דָּוִיד אֶת־יהוה לְעֵינֵי כָּל־הַקָּהָל, וַיֹּֽאמֶר דָּוִיד, בָּרוּךְ דברי הימים א׳ כט
אַתָּה יהוה, אֱלֹהֵי יִשְׂרָאֵל אָבִֽינוּ, מֵעוֹלָם וְעַד־עוֹלָם: לְךָ יהוה
הַגְּדֻלָּה וְהַגְּבוּרָה וְהַתִּפְאֶֽרֶת וְהַנֵּֽצַח וְהַהוֹד, כִּי־כֹל בַּשָּׁמַֽיִם
וּבָאָֽרֶץ, לְךָ יהוה הַמַּמְלָכָה וְהַמִּתְנַשֵּׂא לְכֹל לְרֹאשׁ: וְהָעֹֽשֶׁר
וְהַכָּבוֹד מִלְּפָנֶֽיךָ, וְאַתָּה מוֹשֵׁל בַּכֹּל, וּבְיָדְךָ כֹּֽחַ וּגְבוּרָה, וּבְיָדְךָ
לְגַדֵּל וּלְחַזֵּק לַכֹּל: וְעַתָּה אֱלֹהֵֽינוּ מוֹדִים אֲנַֽחְנוּ לָךְ, וּמְהַלְלִים
לְשֵׁם תִּפְאַרְתֶּֽךָ: אַתָּה־הוּא יהוה לְבַדֶּֽךָ, אַתָּ עָשִֽׂיתָ נחמיה ט
אֶת־הַשָּׁמַֽיִם, שְׁמֵי הַשָּׁמַֽיִם וְכָל־צְבָאָם, הָאָֽרֶץ וְכָל־אֲשֶׁר עָלֶֽיהָ,
הַיַּמִּים וְכָל־אֲשֶׁר בָּהֶם, וְאַתָּה מְחַיֶּה אֶת־כֻּלָּם, וּצְבָא הַשָּׁמַֽיִם
לְךָ מִשְׁתַּחֲוִים: ◂ אַתָּה הוּא יהוה הָאֱלֹהִים אֲשֶׁר בָּחַֽרְתָּ בְּאַבְרָם,
וְהוֹצֵאתוֹ מֵאוּר כַּשְׂדִּים, וְשַֽׂמְתָּ שְּׁמוֹ אַבְרָהָם: וּמָצָֽאתָ אֶת־
לְבָבוֹ נֶאֱמָן לְפָנֶֽיךָ, ◂ וְכָרוֹת עִמּוֹ הַבְּרִית לָתֵת אֶת־אֶֽרֶץ הַכְּנַעֲנִי
הַחִתִּי הָאֱמֹרִי וְהַפְּרִזִּי וְהַיְבוּסִי וְהַגִּרְגָּשִׁי, לָתֵת לְזַרְעוֹ, וַתָּֽקֶם
אֶת־דְּבָרֶֽיךָ, כִּי צַדִּיק אָֽתָּה: וַתֵּֽרֶא אֶת־עֳנִי אֲבֹתֵֽינוּ בְּמִצְרָֽיִם,
וְאֶת־זַעֲקָתָם שָׁמַֽעְתָּ עַל־יַם־סוּף: וַתִּתֵּן אֹתֹת וּמֹפְתִים בְּפַרְעֹה
וּבְכָל־עֲבָדָיו וּבְכָל־עַם אַרְצוֹ, כִּי יָדַֽעְתָּ כִּי הֵזִֽידוּ עֲלֵיהֶם, וַתַּֽעַשׂ־

לְךָ שֵׁם כְּהַיּוֹם הַזֶּה: • וְהַיָּם בָּקַעְתָּ לִפְנֵיהֶם, וַיַּעַבְרוּ בְתוֹךְ־הַיָּם
בַּיַּבָּשָׁה, וְאֶת־רֹדְפֵיהֶם הִשְׁלַכְתָּ בִמְצוֹלֹת כְּמוֹ־אֶבֶן, בְּמַיִם עַזִּים:

״והראשונים תיקנו לומר השירה בכל יום אחר פסוקי דזמרה כדי להזכיר נסים ונפלאות שעשה עמנו בעבור שמו הגדול ומתחילין מ׳וַיּוֹשַׁע׳ שמשם עיקר הנס״ (ספר הפרדס).

וַיּוֹשַׁע יְהוָה בַּיּוֹם הַהוּא אֶת־יִשְׂרָאֵל מִיַּד מִצְרָיִם וַיַּרְא יִשְׂרָאֵל שמות יד
אֶת־מִצְרַיִם מֵת עַל־שְׂפַת הַיָּם: • וַיַּרְא יִשְׂרָאֵל אֶת־הַיָּד הַגְּדֹלָה
אֲשֶׁר עָשָׂה יְהוָה בְּמִצְרַיִם וַיִּירְאוּ הָעָם אֶת־יְהוָה וַיַּאֲמִינוּ בַּיהוָה
וּבְמֹשֶׁה עַבְדּוֹ:

הפסוק ׳ה׳ יִמְלֹךְ לְעֹלָם וָעֶד׳ מסכם את פסוקי דזמרה, ולכן חוזרים עליו פעמיים (אבודרהם).
והאר״י נהג לומר גם את התרגום לפסוק.

אחרי השירה מוסיפים שלושה פסוקים מפסוקי מלכיות בתפילת מוסף,
כדי לחתום במלכות ה׳ על העולם כולו (סידור חסידי אשכנז).

אָז יָשִׁיר־מֹשֶׁה וּבְנֵי יִשְׂרָאֵל אֶת־הַשִּׁירָה הַזֹּאת לַיהוָה, וַיֹּאמְרוּ שמות טו
לֵאמֹר, אָשִׁירָה לַיהוָה כִּי־גָאֹה גָּאָה, סוּס
וְרֹכְבוֹ רָמָה בַיָּם: עָזִּי וְזִמְרָת יָהּ וַיְהִי־לִי
לִישׁוּעָה, זֶה אֵלִי וְאַנְוֵהוּ, אֱלֹהֵי
אָבִי וַאֲרֹמְמֶנְהוּ: יְהוָה אִישׁ מִלְחָמָה, יְהוָה
שְׁמוֹ: מַרְכְּבֹת פַּרְעֹה וְחֵילוֹ יָרָה בַיָּם, וּמִבְחַר
שָׁלִשָׁיו טֻבְּעוּ בְיַם־סוּף: תְּהֹמֹת יְכַסְיֻמוּ, יָרְדוּ בִמְצוֹלֹת כְּמוֹ־
אָבֶן: יְמִינְךָ יְהוָה נֶאְדָּרִי בַּכֹּחַ, יְמִינְךָ
יְהוָה תִּרְעַץ אוֹיֵב: וּבְרֹב גְּאוֹנְךָ תַּהֲרֹס
קָמֶיךָ, תְּשַׁלַּח חֲרֹנְךָ יֹאכְלֵמוֹ כַּקַּשׁ: וּבְרוּחַ
אַפֶּיךָ נֶעֶרְמוּ מַיִם, נִצְּבוּ כְמוֹ־נֵד
נֹזְלִים, קָפְאוּ תְהֹמֹת בְּלֶב־יָם: אָמַר
אוֹיֵב אֶרְדֹּף, אַשִּׂיג, אֲחַלֵּק שָׁלָל, תִּמְלָאֵמוֹ
נַפְשִׁי, אָרִיק חַרְבִּי תּוֹרִישֵׁמוֹ יָדִי: נָשַׁפְתָּ

בְּרוּחֲךָ כִּסָּמוֹ יָם, צָלְלוּ כַּעוֹפֶרֶת בְּמַיִם
אַדִּירִים: מִי־כָמֹכָה בָּאֵלִם יהוה, מִי
כָּמֹכָה נֶאְדָּר בַּקֹּדֶשׁ, נוֹרָא תְהִלֹּת עֹשֵׂה
פֶלֶא: נָטִיתָ יְמִינְךָ תִּבְלָעֵמוֹ אָרֶץ: נָחִיתָ
בְחַסְדְּךָ עַם־זוּ גָּאָלְתָּ, נֵהַלְתָּ בְעָזְּךָ אֶל־נְוֵה
קָדְשֶׁךָ: שָׁמְעוּ עַמִּים יִרְגָּזוּן, חִיל
אָחַז יֹשְׁבֵי פְּלָשֶׁת: אָז נִבְהֲלוּ אַלּוּפֵי
אֱדוֹם, אֵילֵי מוֹאָב יֹאחֲזֵמוֹ רָעַד, נָמֹגוּ
כֹּל יֹשְׁבֵי כְנָעַן: תִּפֹּל עֲלֵיהֶם אֵימָתָה
וָפַחַד, בִּגְדֹל זְרוֹעֲךָ יִדְּמוּ כָּאָבֶן, עַד־
יַעֲבֹר עַמְּךָ יהוה, עַד־יַעֲבֹר עַם־זוּ
קָנִיתָ: תְּבִאֵמוֹ וְתִטָּעֵמוֹ בְּהַר נַחֲלָתְךָ, מָכוֹן
לְשִׁבְתְּךָ פָּעַלְתָּ יהוה, מִקְּדָשׁ אֲדֹנָי כּוֹנְנוּ
יָדֶיךָ: יהוה ׀ יִמְלֹךְ לְעֹלָם וָעֶד:

יהוה יִמְלֹךְ לְעֹלָם וָעֶד.
יהוה מַלְכוּתֵהּ קָאֵם לְעָלַם וּלְעָלְמֵי עָלְמַיָּא.

כִּי
בָא סוּס פַּרְעֹה בְּרִכְבּוֹ וּבְפָרָשָׁיו בַּיָּם, וַיָּשֶׁב יהוה עֲלֵהֶם אֶת־מֵי
הַיָּם, וּבְנֵי יִשְׂרָאֵל הָלְכוּ בַיַּבָּשָׁה בְּתוֹךְ הַיָּם:

◂ כִּי לַיהוה הַמְּלוּכָה וּמֹשֵׁל בַּגּוֹיִם: תהלים כב
וְעָלוּ מוֹשִׁעִים בְּהַר צִיּוֹן לִשְׁפֹּט אֶת־הַר עֵשָׂו עובדיה א
וְהָיְתָה לַיהוה הַמְּלוּכָה:
וְהָיָה יהוה לְמֶלֶךְ עַל־כָּל־הָאָרֶץ זכריה יד
בַּיּוֹם הַהוּא יִהְיֶה יהוה אֶחָד וּשְׁמוֹ אֶחָד:

'נִשְׁמַת' הוא פיוט עתיק, ור' יוחנן כינהו 'ברכת השיר' (פסחים קיח ע"א).
בתשובות הגאונים הוא מיוחס לחכמי התלמוד, ויש שהקדימו את זמן חיבורו
וייחסו אותו לאנשי הכנסת הגדולה (מרדכי, פסחים תריא).

נִשְׁמַת

כָּל חַי תְּבָרֵךְ אֶת שִׁמְךָ, יהוה אֱלֹהֵינוּ
וְרוּחַ כָּל בָּשָׂר תְּפָאֵר וּתְרוֹמֵם זִכְרְךָ מַלְכֵּנוּ תָּמִיד
מִן הָעוֹלָם וְעַד הָעוֹלָם אַתָּה אֵל.
וּמִבַּלְעָדֶיךָ אֵין לָנוּ מֶלֶךְ גּוֹאֵל וּמוֹשִׁיעַ
פּוֹדֶה וּמַצִּיל וּמְפַרְנֵס וְעוֹנֶה וּמְרַחֵם
בְּכָל עֵת צָרָה וְצוּקָה אֵין לָנוּ מֶלֶךְ עוֹזֵר וְסוֹמֵךְ אֶלָּא אָתָּה.
אֱלֹהֵי הָרִאשׁוֹנִים וְהָאַחֲרוֹנִים
אֱלוֹהַּ כָּל בְּרִיּוֹת, אֲדוֹן כָּל תּוֹלָדוֹת
הַמְהֻלָּל בְּרֹב הַתִּשְׁבָּחוֹת
הַמְנַהֵג עוֹלָמוֹ בְּחֶסֶד וּבְרִיּוֹתָיו בְּרַחֲמִים.
וַיהוה עֵר, הִנֵּה לֹא־יָנוּם וְלֹא יִישָׁן: תהלים קכא
הַמְעוֹרֵר יְשֵׁנִים וְהַמֵּקִיץ נִרְדָּמִים
וְהַמֵּשִׂיחַ אִלְּמִים וְהַמַּתִּיר אֲסוּרִים
וְהַסּוֹמֵךְ נוֹפְלִים וְהַזּוֹקֵף כְּפוּפִים וְהַמְפַעְנֵחַ נֶעְלָמִים
וּלְךָ לְבַדְּךָ אֲנַחְנוּ מוֹדִים
וְאִלּוּ פִינוּ מָלֵא שִׁירָה כַּיָּם, וּלְשׁוֹנֵנוּ רִנָּה כַּהֲמוֹן גַּלָּיו
וְשִׂפְתוֹתֵינוּ שֶׁבַח כְּמֶרְחֲבֵי רָקִיעַ, וְעֵינֵינוּ מְאִירוֹת כַּשֶּׁמֶשׁ וְכַיָּרֵחַ
וְיָדֵינוּ פְרוּשׂוֹת כְּנִשְׁרֵי שָׁמָיִם, וְרַגְלֵינוּ קַלּוֹת כָּאַיָּלוֹת
אֵין אֲנַחְנוּ מַסְפִּיקִים לְהוֹדוֹת לְךָ, יהוה אֱלֹהֵינוּ וֵאלֹהֵי אֲבוֹתֵינוּ
וּלְבָרֵךְ אֶת שִׁמְךָ, מַלְכֵּנוּ
עַל אַחַת מֵאֶלֶף אֶלֶף אַלְפֵי אֲלָפִים וְרִבֵּי רְבָבוֹת פְּעָמִים
הַטּוֹבוֹת, נִסִּים וְנִפְלָאוֹת שֶׁעָשִׂיתָ עִם אֲבוֹתֵינוּ וְעִמָּנוּ

מִלְּפָנִים מִמִּצְרַיִם גְּאַלְתָּנוּ, יהוה אֱלֹהֵינוּ, וּמִבֵּית עֲבָדִים פְּדִיתָנוּ
בְּרָעָב זַנְתָּנוּ וּבְשָׂבָע כִּלְכַּלְתָּנוּ, מֵחֶרֶב הִצַּלְתָּנוּ וּמִדֶּבֶר מִלַּטְתָּנוּ
וּמֵחֳלָיִים רָעִים וְרַבִּים וְנֶאֱמָנִים דִּלִּיתָנוּ.
עַד הֵנָּה עֲזָרוּנוּ רַחֲמֶיךָ
וְלֹא עֲזָבוּנוּ חֲסָדֶיךָ, יהוה אֱלֹהֵינוּ
וְאַל תִּטְּשֵׁנוּ, יהוה אֱלֹהֵינוּ, לָנֶצַח.
עַל כֵּן אֵבָרִים שֶׁפִּלַּגְתָּ בָּנוּ, וְרוּחַ וּנְשָׁמָה שֶׁנָּפַחְתָּ בְּאַפֵּינוּ
וְלָשׁוֹן אֲשֶׁר שַׂמְתָּ בְּפִינוּ
הֵן הֵם יוֹדוּ וִיבָרְכוּ וִישַׁבְּחוּ וִיפָאֲרוּ וִישׁוֹרְרוּ
וִירוֹמְמוּ וְיַעֲרִיצוּ וְיַקְדִּישׁוּ וְיַמְלִיכוּ אֶת שִׁמְךָ מַלְכֵּנוּ תָּמִיד
כִּי כָל פֶּה לְךָ יוֹדֶה וְכָל לָשׁוֹן לְךָ תִשָּׁבַע וְכָל עַיִן לְךָ תְצַפֶּה
וְכָל בֶּרֶךְ לְךָ תִכְרַע וְכָל קוֹמָה לְפָנֶיךָ תִשְׁתַּחֲוֶה
וְכָל הַלְּבָבוֹת יִירָאוּךָ וְכָל קֶרֶב וּכְלָיוֹת יְזַמְּרוּ לִשְׁמֶךָ
כַּדָּבָר שֶׁכָּתוּב
תהלים לה כָּל עַצְמֹתַי תֹּאמַרְנָה יהוה מִי כָמוֹךָ
מַצִּיל עָנִי מֵחָזָק מִמֶּנּוּ, וְעָנִי וְאֶבְיוֹן מִגֹּזְלוֹ:

שַׁוְעַת עֲנִיִּים אַתָּה תִשְׁמַע, צַעֲקַת הַדַּל תַּקְשִׁיב וְתוֹשִׁיעַ.
מִי יִדְמֶה לָּךְ וּמִי יִשְׁוֶה לָּךְ וּמִי יַעֲרָךְ לָךְ
הָאֵל הַגָּדוֹל, הַגִּבּוֹר וְהַנּוֹרָא, אֵל עֶלְיוֹן, קֹנֵה שָׁמַיִם וָאָרֶץ.
◄ נְהַלֶּלְךָ וּנְשַׁבֵּחֲךָ וּנְפָאֶרְךָ וּנְבָרֵךְ אֶת שֵׁם קָדְשֶׁךָ
כָּאָמוּר
תהלים קג לְדָוִד, בָּרְכִי נַפְשִׁי אֶת־יהוה, וְכָל־קְרָבַי אֶת־שֵׁם קָדְשׁוֹ:

הָאֵל בְּתַעֲצוּמוֹת עֻזֶּךָ
הַגָּדוֹל בִּכְבוֹד שְׁמֶךָ
הַגִּבּוֹר לָנֶצַח וְהַנּוֹרָא בְּנוֹרְאוֹתֶיךָ

שליח הציבור מתחיל כאן:

הַמֶּלֶךְ

יוֹשֵׁב עַל כִּסֵּא, רָם וְנִשָּׂא

שׁוֹכֵן עַד, מָרוֹם וְקָדוֹשׁ שְׁמוֹ

וְכָתוּב

רַנְּנוּ צַדִּיקִים בַּיהוה תהלים לג

לַיְשָׁרִים נָאוָה תְהִלָּה:

◂ בְּפִי	יְשָׁרִים	תִּתְרוֹמָם
וּבְשִׂפְתֵי	צַדִּיקִים	תִּתְבָּרַךְ
וּבִלְשׁוֹן	חֲסִידִים	תִּתְקַדָּשׁ
וּבְקֶרֶב	קְדוֹשִׁים	תִּתְהַלָּל

וּבְמַקְהֲלוֹת רִבְבוֹת עַמְּךָ בֵּית יִשְׂרָאֵל

בְּרִנָּה יִתְפָּאַר שִׁמְךָ מַלְכֵּנוּ בְּכָל דּוֹר וָדוֹר

◂ שֶׁכֵּן חוֹבַת כָּל הַיְצוּרִים

לְפָנֶיךָ יהוה אֱלֹהֵינוּ וֵאלֹהֵי אֲבוֹתֵינוּ

לְהוֹדוֹת, לְהַלֵּל, לְשַׁבֵּחַ, לְפָאֵר, לְרוֹמֵם

לְהַדֵּר וּלְנַצֵּחַ, לְבָרֵךְ לְעַלֵּה וּלְקַלֵּס

עַל כָּל דִּבְרֵי שִׁירוֹת וְתִשְׁבְּחוֹת

דָּוִד בֶּן יִשַׁי עַבְדְּךָ מְשִׁיחֶךָ.

נוהגים לעמוד מכאן עד 'בָּרְכוּ' (עמ' 176).

וּבְכֵן יִשְׁתַּבַּח שִׁמְךָ לָעַד מַלְכֵּנוּ
הָאֵל, הַמֶּלֶךְ, הַגָּדוֹל וְהַקָּדוֹשׁ בַּשָּׁמַיִם וּבָאָרֶץ
כִּי לְךָ נָאֶה, יהוה אֱלֹהֵינוּ וֵאלֹהֵי אֲבוֹתֵינוּ
שִׁיר וּשְׁבָחָה, הַלֵּל וְזִמְרָה
עֹז וּמֶמְשָׁלָה, נֶצַח, גְּדֻלָּה וּגְבוּרָה
תְּהִלָּה וְתִפְאֶרֶת, קְדֻשָּׁה וּמַלְכוּת
◄ בְּרָכוֹת וְהוֹדָאוֹת לְשִׁמְךָ הַגָּדוֹל וְהַקָּדוֹשׁ
וּמֵעוֹלָם וְעַד עוֹלָם אַתָּה אֵל.
בָּרוּךְ אַתָּה יהוה
אֵל מֶלֶךְ גָּדוֹל וּמְהֻלָּל בַּתִּשְׁבָּחוֹת
אֵל הַהוֹדָאוֹת
אֲדוֹן הַנִּפְלָאוֹת
בּוֹרֵא כָּל הַנְּשָׁמוֹת, רִבּוֹן כָּל הַמַּעֲשִׂים
הַבּוֹחֵר בְּשִׁירֵי זִמְרָה
מֶלֶךְ, יָחִיד, אֵל, חֵי הָעוֹלָמִים.

פותחים את ארון הקודש,
ושליח הציבור והקהל אומרים פסוק פסוק (שער הכוונות):

שִׁיר הַמַּעֲלוֹת, מִמַּעֲמַקִּים קְרָאתִיךָ יהוה: תהלים קל
אֲדֹנָי שִׁמְעָה בְקוֹלִי
תִּהְיֶינָה אָזְנֶיךָ קַשֻּׁבוֹת לְקוֹל תַּחֲנוּנָי:
אִם־עֲוֹנוֹת תִּשְׁמָר־יָהּ, אֲדֹנָי מִי יַעֲמֹד:
כִּי־עִמְּךָ הַסְּלִיחָה, לְמַעַן תִּוָּרֵא:

קִוִּיתִי יהוה קִוְּתָה נַפְשִׁי, וְלִדְבָרוֹ הוֹחָלְתִּי:
נַפְשִׁי לַאדֹנָי, מִשֹּׁמְרִים לַבֹּקֶר, שֹׁמְרִים לַבֹּקֶר:
יַחֵל יִשְׂרָאֵל אֶל־יהוה, כִּי־עִם־יהוה הַחֶסֶד
וְהַרְבֵּה עִמּוֹ פְדוּת:
וְהוּא יִפְדֶּה אֶת־יִשְׂרָאֵל, מִכֹּל עֲוֹנוֹתָיו:

סוגרים את ארון הקודש.

חצי קדיש

ש״ץ: יִתְגַּדַּל וְיִתְקַדַּשׁ שְׁמֵהּ רַבָּא (קהל: אָמֵן)
בְּעָלְמָא דִּי בְרָא כִרְעוּתֵהּ
וְיַמְלִיךְ מַלְכוּתֵהּ
וְיַצְמַח פֻּרְקָנֵהּ וִיקָרֵב מְשִׁיחֵהּ (קהל: אָמֵן)
בְּחַיֵּיכוֹן וּבְיוֹמֵיכוֹן וּבְחַיֵּי דְכָל בֵּית יִשְׂרָאֵל
בַּעֲגָלָא וּבִזְמַן קָרִיב
וְאִמְרוּ אָמֵן. (קהל: אָמֵן)

קהל וש״ץ: יְהֵא שְׁמֵהּ רַבָּא מְבָרַךְ לְעָלַם וּלְעָלְמֵי עָלְמַיָּא.

ש״ץ: יִתְבָּרַךְ וְיִשְׁתַּבַּח וְיִתְפָּאַר וְיִתְרוֹמַם וְיִתְנַשֵּׂא
וְיִתְהַדָּר וְיִתְעַלֶּה וְיִתְהַלָּל
שְׁמֵהּ דְּקֻדְשָׁא בְּרִיךְ הוּא (קהל: אָמֵן)
לְעֵלָּא לְעֵלָּא מִכָּל בִּרְכָתָא
וְשִׁירָתָא תֻּשְׁבְּחָתָא וְנֶחֱמָתָא
דַּאֲמִירָן בְּעָלְמָא
וְאִמְרוּ אָמֵן. (קהל: אָמֵן)

קריאת שמע וברכותיה

שליח הציבור כורע בתיבת 'בָּרְכוּ' וזוקף בשם. הקהל כורע בתיבת 'בָּרוּךְ' וזוקף בשם,
ושליח הציבור כורע שוב כאשר הוא חוזר אחריהם.

ש״ץ: **בָּרְכוּ**

אֶת יהוה הַמְבֹרָךְ.

קהל: **בָּרוּךְ יהוה הַמְבֹרָךְ לְעוֹלָם וָעֶד.**

ש״ץ: **בָּרוּךְ יהוה הַמְבֹרָךְ לְעוֹלָם וָעֶד.**

"בשחר מברך שתים לפניה ואחת לאחריה" (משנה, ברכות יא ע"א).
הברכה הראשונה היא על האור, שהוא תחילת הבריאה, עם זאת מזכירים גם את
בריאת החושך להודיע שבורא אחד ברא הכול (תלמידי רבינו יונה, ברכות יא ע"ב)
ומטיל שלום ביניהם, שכן "אם אין שלום אין כלום" (רש"י, ויקרא כו, ו).

נוהגים לשבת בקריאת שמע וברכותיה (זוהר חדש תרומה, ח"א סט ע"ב).

אין להפסיק בדיבור מ'בָּרְכוּ' ועד סוף תפילת העמידה פרט לדברים שבקדושה.

פותחים את ארון הקודש.

בָּרוּךְ אַתָּה יהוה אֱלֹהֵינוּ מֶלֶךְ הָעוֹלָם
הַפּוֹתֵחַ לָנוּ שַׁעֲרֵי רַחֲמִים
וּמֵאִיר עֵינֵי הַמְחַכִּים לִסְלִיחָתוֹ
יוֹצֵר אוֹר וּבוֹרֵא חֹשֶׁךְ
עֹשֶׂה שָׁלוֹם וּבוֹרֵא אֶת הַכֹּל.

אוֹר עוֹלָם בְּאוֹצַר חַיִּים, אוֹרוֹת מֵאֹפֶל אָמַר וַיֶּהִי.

סוגרים את ארון הקודש.

בקהילות שבהן נוהגים לומר 'יוצרות', אומרים את הפיוט 'אָז בְּיוֹם כִּפּוּר' בעמ' 506.

אם יום הכיפורים חל בשבת, אומרים ׳הַכֹּל יוֹדְוּךָ׳ בעמוד הבא.
ביום הכיפורים שאינו חל בשבת אומרים ׳הַמֵּאִיר לָאָרֶץ׳ (סידור הרוקח).

הַמֵּאִיר לָאָרֶץ וְלַדָּרִים עָלֶיהָ בְּרַחֲמִים
וּבְטוּבוֹ מְחַדֵּשׁ בְּכָל יוֹם תָּמִיד מַעֲשֵׂה בְרֵאשִׁית.
מָה־רַבּוּ מַעֲשֶׂיךָ יהוה, כֻּלָּם בְּחָכְמָה עָשִׂיתָ תהלים קד
מָלְאָה הָאָרֶץ קִנְיָנֶךָ:
הַמֶּלֶךְ הַמְרוֹמָם לְבַדּוֹ מֵאָז
הַמְשֻׁבָּח וְהַמְפֹאָר וְהַמִּתְנַשֵּׂא מִימוֹת עוֹלָם.
אֱלֹהֵי עוֹלָם
בְּרַחֲמֶיךָ הָרַבִּים רַחֵם עָלֵינוּ
אֲדוֹן עֻזֵּנוּ, צוּר מִשְׂגַּבֵּנוּ
מָגֵן יִשְׁעֵנוּ, מִשְׂגָּב בַּעֲדֵנוּ.
אֵל בָּרוּךְ גְּדוֹל דֵּעָה
הֵכִין וּפָעַל זָהֳרֵי חַמָּה
טוֹב יָצַר כָּבוֹד לִשְׁמוֹ
מְאוֹרוֹת נָתַן סְבִיבוֹת עֻזּוֹ
פִּנּוֹת צְבָאָיו קְדוֹשִׁים
רוֹמְמֵי שַׁדַּי
תָּמִיד מְסַפְּרִים כְּבוֹד אֵל וּקְדֻשָּׁתוֹ.
◂ תִּתְבָּרַךְ יהוה אֱלֹהֵינוּ
בַּשָּׁמַיִם מִמַּעַל וְעַל הָאָרֶץ מִתָּחַת
עַל כָּל שֶׁבַח מַעֲשֵׂה יָדֶיךָ
וְעַל מְאוֹרֵי אוֹר שֶׁיָּצַרְתָּ
הֵמָּה יְפָאֲרוּךָ סֶּלָה.

וממשיכים ׳תִּתְבָּרַךְ לָנֶצַח׳ בעמ׳ 180.

בשבת אומרים ׳הַכֹּל יוֹדוּךָ׳ (מחזור ויטרי, קסא):

הַכֹּל יוֹדְוּךָ וְהַכֹּל יְשַׁבְּחְוּךָ
וְהַכֹּל יֹאמְרוּ אֵין קָדוֹשׁ כַּיהוה
הַכֹּל יְרוֹמְמְוּךָ סֶּלָה, יוֹצֵר הַכֹּל.
הָאֵל הַפּוֹתֵחַ בְּכָל יוֹם דַּלְתוֹת שַׁעֲרֵי מִזְרָח וּבוֹקֵעַ חַלּוֹנֵי רָקִיעַ
מוֹצִיא חַמָּה מִמְּקוֹמָהּ וּלְבָנָה מִמְּכוֹן שִׁבְתָּהּ
וּמֵאִיר לָעוֹלָם כֻּלּוֹ וּלְיוֹשְׁבָיו, שֶׁבָּרָא בְּמִדַּת הָרַחֲמִים.
הַמֵּאִיר לָאָרֶץ וְלַדָּרִים עָלֶיהָ בְּרַחֲמִים
וּבְטוּבוֹ מְחַדֵּשׁ בְּכָל יוֹם תָּמִיד מַעֲשֵׂה בְרֵאשִׁית.
מָה־רַבּוּ מַעֲשֶׂיךָ יהוה, כֻּלָּם בְּחָכְמָה עָשִׂיתָ תהלים קד
מָלְאָה הָאָרֶץ קִנְיָנֶךָ:
הַמֶּלֶךְ הַמְרוֹמָם לְבַדּוֹ מֵאָז
הַמְשֻׁבָּח וְהַמְפֹאָר וְהַמִּתְנַשֵּׂא מִימוֹת עוֹלָם.
אֱלֹהֵי עוֹלָם, בְּרַחֲמֶיךָ הָרַבִּים רַחֵם עָלֵינוּ
אֲדוֹן עֻזֵּנוּ, צוּר מִשְׂגַּבֵּנוּ, מָגֵן יִשְׁעֵנוּ, מִשְׂגָּב בַּעֲדֵנוּ.

אֵין עֲרוֹךְ לְךָ
וְאֵין זוּלָתֶךָ
אֶפֶס בִּלְתֶּךָ
וּמִי דּוֹמֶה לָּךְ.

◂ אֵין עֲרוֹךְ לְךָ, יהוה אֱלֹהֵינוּ, בָּעוֹלָם הַזֶּה
וְאֵין זוּלָתְךָ, מַלְכֵּנוּ, לְחַיֵּי הָעוֹלָם הַבָּא
אֶפֶס בִּלְתְּךָ, גּוֹאֲלֵנוּ, לִימוֹת הַמָּשִׁיחַ
וְאֵין דּוֹמֶה לְּךָ, מוֹשִׁיעֵנוּ, לִתְחִיַּת הַמֵּתִים.

אֵל אָדוֹן עַל כָּל הַמַּעֲשִׂים
בָּרוּךְ וּמְבֹרָךְ בְּפִי כָּל הַנְּשָׁמָה
גָּדְלוֹ וְטוּבוֹ מָלֵא עוֹלָם
דַּעַת וּתְבוּנָה סוֹבְבִים הוֹדוֹ.

הַמִּתְגָּאֶה עַל חַיּוֹת הַקֹּדֶשׁ
וְנֶהְדָּר בְּכָבוֹד עַל הַמֶּרְכָּבָה
זְכוּת וּמִישׁוֹר לִפְנֵי כִסְאוֹ
חֶסֶד וְרַחֲמִים מָלֵא כְבוֹדוֹ.

טוֹבִים מְאוֹרוֹת שֶׁבָּרָא אֱלֹהֵינוּ
יְצָרָם בְּדַעַת בְּבִינָה וּבְהַשְׂכֵּל
כֹּחַ וּגְבוּרָה נָתַן בָּהֶם
לִהְיוֹת מוֹשְׁלִים בְּקֶרֶב תֵּבֵל.

מְלֵאִים זִיו וּמְפִיקִים נֹגַהּ
נָאֶה זִיוָם בְּכָל הָעוֹלָם
שְׂמֵחִים בְּצֵאתָם וְשָׂשִׂים בְּבוֹאָם
עוֹשִׂים בְּאֵימָה רְצוֹן קוֹנָם.

פְּאֵר וְכָבוֹד נוֹתְנִים לִשְׁמוֹ
צָהֳלָה וְרִנָּה לְזֵכֶר מַלְכוּתוֹ
קָרָא לַשֶּׁמֶשׁ וַיִּזְרַח אוֹר
רָאָה וְהִתְקִין צוּרַת הַלְּבָנָה.

שֶׁבַח נוֹתְנִים לוֹ כָּל צְבָא מָרוֹם
תִּפְאֶרֶת וּגְדֻלָּה, שְׂרָפִים וְחַיּוֹת וְאוֹפַנֵּי הַקֹּדֶשׁ.

לָאֵל אֲשֶׁר שָׁבַת מִכָּל הַמַּעֲשִׂים
בַּיּוֹם הַשְּׁבִיעִי נִתְעַלָּה וְיָשַׁב עַל כִּסֵּא כְבוֹדוֹ.
תִּפְאֶרֶת עָטָה לְיוֹם הַמְּנוּחָה
עֹנֶג קָרָא לְיוֹם הַשַּׁבָּת.
זֶה שִׁיר שֶׁבַח שֶׁל יוֹם הַשְּׁבִיעִי
שֶׁבּוֹ שָׁבַת אֵל מִכָּל מְלַאכְתּוֹ
וְיוֹם הַשְּׁבִיעִי מְשַׁבֵּחַ וְאוֹמֵר
מִזְמוֹר שִׁיר לְיוֹם הַשַּׁבָּת, טוֹב לְהֹדוֹת לַיהוה: תהלים צב
לְפִיכָךְ יְפָאֲרוּ וִיבָרְכוּ לָאֵל כָּל יְצוּרָיו
שֶׁבַח יְקָר וּגְדֻלָּה וְכָבוֹד יִתְּנוּ לָאֵל מֶלֶךְ יוֹצֵר כֹּל
הַמַּנְחִיל מְנוּחָה לְעַמּוֹ יִשְׂרָאֵל בִּקְדֻשָּׁתוֹ בְּיוֹם שַׁבַּת קֹדֶשׁ.
שִׁמְךָ יהוה אֱלֹהֵינוּ יִתְקַדַּשׁ, וְזִכְרְךָ מַלְכֵּנוּ יִתְפָּאַר
בַּשָּׁמַיִם מִמַּעַל וְעַל הָאָרֶץ מִתָּחַת.
תִּתְבָּרַךְ מוֹשִׁיעֵנוּ עַל כָּל שֶׁבַח מַעֲשֵׂה יָדֶיךָ
וְעַל מְאוֹרֵי אוֹר שֶׁיָּצַרְתָּ
הֵמָּה יְפָאֲרוּךָ סֶּלָה.

תִּתְבָּרַךְ לָנֶצַח
צוּרֵנוּ מַלְכֵּנוּ וְגוֹאֲלֵנוּ, בּוֹרֵא קְדוֹשִׁים
יִשְׁתַּבַּח שִׁמְךָ לָעַד
מַלְכֵּנוּ, יוֹצֵר מְשָׁרְתִים
וַאֲשֶׁר מְשָׁרְתָיו כֻּלָּם עוֹמְדִים בְּרוּם עוֹלָם
וּמַשְׁמִיעִים בְּיִרְאָה יַחַד בְּקוֹל
דִּבְרֵי אֱלֹהִים חַיִּים וּמֶלֶךְ עוֹלָם.

◂ כֻּלָּם אֲהוּבִים
כֻּלָּם בְּרוּרִים
כֻּלָּם גִּבּוֹרִים
כֻּלָּם קְדוֹשִׁים
וְכֻלָּם עוֹשִׂים בְּאֵימָה וּבְיִרְאָה רְצוֹן קוֹנָם
וְכֻלָּם פּוֹתְחִים אֶת פִּיהֶם בִּקְדֻשָּׁה וּבְטָהֳרָה
בְּשִׁירָה וּבְזִמְרָה
וּמְבָרְכִין וּמְשַׁבְּחִין וּמְפָאֲרִין
וּמַעֲרִיצִין וּמַקְדִּישִׁין וּמַמְלִיכִין
אֶת שֵׁם הָאֵל
הַמֶּלֶךְ הַגָּדוֹל הַגִּבּוֹר וְהַנּוֹרָא
קָדוֹשׁ הוּא.
◂ וְכֻלָּם מְקַבְּלִים עֲלֵיהֶם עֹל מַלְכוּת שָׁמַיִם זֶה מִזֶּה
וְנוֹתְנִים בְּאַהֲבָה רְשׁוּת זֶה לָזֶה
לְהַקְדִּישׁ לְיוֹצְרָם בְּנַחַת רוּחַ
בְּשָׂפָה בְרוּרָה וּבִנְעִימָה.
קְדֻשָּׁה כֻּלָּם כְּאֶחָד
עוֹנִים בְּאֵימָה
וְאוֹמְרִים בְּיִרְאָה

יש פוסקים הסבורים שיחיד אינו אומר את הפסוקים ׳קָדוֹשׁ׳ ו׳בָּרוּךְ׳ אלא רק ציבור (רס״ג), ולכן ראוי שיחיד יאמר אותם בטעמים (שו״ע נט, ג; משנ״ב שם, יא).

הקהל עונה יחד בקול רם (׳אליה רבה׳ נט, ד):

קָד֧וֹשׁ ׀ קָד֛וֹשׁ, קָד֖וֹשׁ יְהֹוָ֣ה צְבָא֑וֹת ישעיה ו
מְלֹ֥א כׇל־הָאָ֖רֶץ כְּבוֹדֽוֹ׃

בקהילות שבהן אומרים 'יוצרות', אומרים את ה'אופן' 'מַלְכוּתוֹ בִּקְהַל עֲדָתִי' בעמ' 508, וממשיכים 'וְהַחַיּוֹת יְשׁוֹרֵרוּ'.

המנהג הנפוץ הוא שאם אין אומרים 'אופן', אומרים 'וְהָאוֹפַנִּים' כבכל יום.

◂ וְהָאוֹפַנִּים וְחַיּוֹת הַקֹּדֶשׁ
בְּרַעַשׁ גָּדוֹל מִתְנַשְּׂאִים
לְעֻמַּת שְׂרָפִים
לְעֻמָּתָם מְשַׁבְּחִים וְאוֹמְרִים

וְהַחַיּוֹת יְשׁוֹרֵרוּ / וּכְרוּבִים יְפָאֵרוּ
וּשְׂרָפִים יָרֹנּוּ / וְאֶרְאֶלִּים יְבָרֵכוּ
פְּנֵי כָל חַיָּה וְאוֹפָן וּכְרוּב
לְעֻמַּת שְׂרָפִים
לְעֻמָּתָם מְשַׁבְּחִים וְאוֹמְרִים.

הקהל עונה יחד בקול רם (אליה רבה):

יחזקאל ג
בָּרוּךְ כְּבוֹד־יהוה מִמְּקוֹמוֹ:

לָאֵל בָּרוּךְ נְעִימוֹת יִתֵּנוּ
לַמֶּלֶךְ אֵל חַי וְקַיָּם
זְמִירוֹת יֹאמֵרוּ וְתִשְׁבָּחוֹת יַשְׁמִיעוּ
כִּי הוּא לְבַדּוֹ מָרוֹם וְקָדוֹשׁ
פּוֹעֵל גְּבוּרוֹת, עוֹשֶׂה חֲדָשׁוֹת
בַּעַל מִלְחָמוֹת, זוֹרֵעַ צְדָקוֹת
מַצְמִיחַ יְשׁוּעוֹת, בּוֹרֵא רְפוּאוֹת
נוֹרָא תְהִלּוֹת, אֲדוֹן הַנִּפְלָאוֹת
הַמְחַדֵּשׁ בְּטוּבוֹ בְּכָל יוֹם תָּמִיד מַעֲשֵׂה בְרֵאשִׁית
כָּאָמוּר
תהלים קלו
לְעֹשֵׂה אוֹרִים גְּדֹלִים
כִּי לְעוֹלָם חַסְדּוֹ:
◂ אוֹר חָדָשׁ עַל צִיּוֹן תָּאִיר
וְנִזְכֶּה כֻלָּנוּ מְהֵרָה לְאוֹרוֹ.
בָּרוּךְ אַתָּה יהוה, יוֹצֵר הַמְּאוֹרוֹת.

בברכות יא ע״ב נחלקו התנאים, אם נוסח הברכה השנייה לפני קריאת שמע הוא ׳אַהֲבָה רַבָּה׳ או ׳אַהֲבַת עוֹלָם׳, וראשוני ספרד פסקו שיש לומר ׳אַהֲבַת עוֹלָם׳ כהכרעת הרי״ף (ברכות ה ע״ב).

אַהֲבַת עוֹלָם אֲהַבְתָּנוּ, יהוה אֱלֹהֵינוּ
חֶמְלָה גְדוֹלָה וִיתֵרָה חָמַלְתָּ עָלֵינוּ.
אָבִינוּ מַלְכֵּנוּ
בַּעֲבוּר שִׁמְךָ הַגָּדוֹל, וּבַעֲבוּר אֲבוֹתֵינוּ שֶׁבָּטְחוּ בְךָ
וַתְּלַמְּדֵם חֻקֵּי חַיִּים לַעֲשׂוֹת רְצוֹנְךָ בְּלֵבָב שָׁלֵם
כֵּן תְּחָנֵּנוּ וּתְלַמְּדֵנוּ.
אָבִינוּ, אָב הָרַחֲמָן, הַמְרַחֵם
רַחֵם נָא עָלֵינוּ
וְתֵן בְּלִבֵּנוּ בִּינָה לְהָבִין וּלְהַשְׂכִּיל
לִשְׁמֹעַ, לִלְמֹד וּלְלַמֵּד, לִשְׁמֹר וְלַעֲשׂוֹת
וּלְקַיֵּם אֶת כָּל דִּבְרֵי תַלְמוּד תּוֹרָתֶךָ בְּאַהֲבָה.
וְהָאֵר עֵינֵינוּ בְּתוֹרָתֶךָ, וְדַבֵּק לִבֵּנוּ בְּמִצְוֹתֶיךָ
וְיַחֵד לְבָבֵנוּ לְאַהֲבָה וּלְיִרְאָה אֶת שְׁמֶךָ
לְמַעַן לֹא נֵבוֹשׁ וְלֹא נִכָּלֵם וְלֹא נִכָּשֵׁל לְעוֹלָם וָעֶד.
כִּי בְשֵׁם קָדְשְׁךָ הַגָּדוֹל הַגִּבּוֹר וְהַנּוֹרָא בָּטָחְנוּ
נָגִילָה וְנִשְׂמְחָה בִּישׁוּעָתֶךָ.
וְרַחֲמֶיךָ יהוה אֱלֹהֵינוּ וַחֲסָדֶיךָ הָרַבִּים
אַל יַעַזְבוּנוּ נֶצַח סֶלָה וָעֶד.

״מצוה לאחוז הציצית ביד שמאלית כנגד לבו בשעת קריאת שמע״ (שו״ע כד, ב על פי ר׳ יונה וה׳מרדכי׳). נוהגים לקבץ כאן את ארבע הציציות ולאוחזן ביד שמאל עד פרשת ציצית (שער הכוונות).

מַהֵר וְהָבֵא עָלֵינוּ בְּרָכָה וְשָׁלוֹם
מְהֵרָה מֵאַרְבַּע כַּנְפוֹת כָּל הָאָרֶץ
וּשְׁבֹר עֹל הַגּוֹיִם מֵעַל צַוָּארֵנוּ וְתוֹלִיכֵנוּ מְהֵרָה קוֹמְמִיּוּת לְאַרְצֵנוּ.

◄ כִּי אֵל פּוֹעֵל יְשׁוּעוֹת אָתָּה וּבָנוּ בָחַרְתָּ מִכָּל עַם וְלָשׁוֹן וְקֵרַבְתָּנוּ מַלְכֵּנוּ לְשִׁמְךָ הַגָּדוֹל סֶלָה בֶּאֱמֶת בְּאַהֲבָה לְהוֹדוֹת לְךָ וּלְיַחֶדְךָ בְּאַהֲבָה, וּלְאַהֲבָה אֶת שְׁמֶךָ.
בָּרוּךְ אַתָּה יהוה, הַבּוֹחֵר בְּעַמּוֹ יִשְׂרָאֵל בְּאַהֲבָה.

״יקרא קריאת שמע בכוונה – באימה, ביראה, ברתת וזיע״ (שו״ע סא, א).
קריאת שמע צריכה כוונה מיוחדת בכל שלוש פרשיותיה. מי שאינו יכול לכוון בכולן חייב לכוון בפסוק הראשון, ואם לא התכוון צריך לחזור ולקרוא שוב (שו״ע סג, ד).
בקריאת שמע שלוש פרשיות: ׳שְׁמַע׳, שעניינה קבלת עול מלכות שמים; ׳וְהָיָה אִם־שָׁמֹעַ׳, שעניינה קבלת עול מצוות; ׳ציצית׳, שיש בה הזכרת יציאת מצרים ובחירת ה׳ בעם ישראל (עיינו במשנה, ברכות יג ע״א).

המתפלל ביחידות אומר (רמ״א סא, ג על פי מהרי״ק ואגור):

אֵל מֶלֶךְ נֶאֱמָן

מכסה את עיניו בידו ואומר בכוונה ובקול רם:

דברים ו
שְׁמַע יִשְׂרָאֵל, יהוָה אֱלֹהֵינוּ, יהוָה ׀ אֶחָד:

בקול רם: בָּרוּךְ שֵׁם כְּבוֹד מַלְכוּתוֹ לְעוֹלָם וָעֶד.

דברים ו
וְאָהַבְתָּ אֵת יהוָה אֱלֹהֶיךָ, בְּכָל־לְבָבְךָ וּבְכָל־נַפְשְׁךָ וּבְכָל־
מְאֹדֶךָ: וְהָיוּ הַדְּבָרִים הָאֵלֶּה, אֲשֶׁר אָנֹכִי מְצַוְּךָ הַיּוֹם, עַל־לְבָבֶךָ:
וְשִׁנַּנְתָּם לְבָנֶיךָ וְדִבַּרְתָּ בָּם, בְּשִׁבְתְּךָ בְּבֵיתֶךָ וּבְלֶכְתְּךָ בַדֶּרֶךְ,
וּבְשָׁכְבְּךָ וּבְקוּמֶךָ: וּקְשַׁרְתָּם לְאוֹת עַל־יָדֶךָ וְהָיוּ לְטֹטָפֹת בֵּין
עֵינֶיךָ: וּכְתַבְתָּם עַל־מְזֻזוֹת בֵּיתֶךָ וּבִשְׁעָרֶיךָ:

דברים יא
וְהָיָה אִם־שָׁמֹעַ תִּשְׁמְעוּ אֶל־מִצְוֹתַי אֲשֶׁר אָנֹכִי מְצַוֶּה אֶתְכֶם
הַיּוֹם, לְאַהֲבָה אֶת־יהוָה אֱלֹהֵיכֶם וּלְעָבְדוֹ, בְּכָל־לְבַבְכֶם וּבְכָל־
נַפְשְׁכֶם: וְנָתַתִּי מְטַר־אַרְצְכֶם בְּעִתּוֹ, יוֹרֶה וּמַלְקוֹשׁ, וְאָסַפְתָּ

דְגָנֶךָ וְתִירֹשְׁךָ וְיִצְהָרֶךָ: וְנָתַתִּי עֵשֶׂב בְּשָׂדְךָ לִבְהֶמְתֶּךָ, וְאָכַלְתָּ
וְשָׂבָעְתָּ: הִשָּׁמְרוּ לָכֶם פֶּן־יִפְתֶּה לְבַבְכֶם, וְסַרְתֶּם וַעֲבַדְתֶּם
אֱלֹהִים אֲחֵרִים וְהִשְׁתַּחֲוִיתֶם לָהֶם: וְחָרָה אַף־יהוה בָּכֶם, וְעָצַר
אֶת־הַשָּׁמַיִם וְלֹא־יִהְיֶה מָטָר, וְהָאֲדָמָה לֹא תִתֵּן אֶת־יְבוּלָהּ,
וַאֲבַדְתֶּם מְהֵרָה מֵעַל הָאָרֶץ הַטֹּבָה אֲשֶׁר יהוה נֹתֵן לָכֶם:
וְשַׂמְתֶּם אֶת־דְּבָרַי אֵלֶּה עַל־לְבַבְכֶם וְעַל־נַפְשְׁכֶם, וּקְשַׁרְתֶּם
אֹתָם לְאוֹת עַל־יֶדְכֶם, וְהָיוּ לְטוֹטָפֹת בֵּין עֵינֵיכֶם: וְלִמַּדְתֶּם
אֹתָם אֶת־בְּנֵיכֶם לְדַבֵּר בָּם, בְּשִׁבְתְּךָ בְּבֵיתֶךָ וּבְלֶכְתְּךָ בַדֶּרֶךְ,
וּבְשָׁכְבְּךָ וּבְקוּמֶךָ: וּכְתַבְתָּם עַל־מְזוּזוֹת בֵּיתֶךָ וּבִשְׁעָרֶיךָ: לְמַעַן
יִרְבּוּ יְמֵיכֶם וִימֵי בְנֵיכֶם עַל הָאֲדָמָה אֲשֶׁר נִשְׁבַּע יהוה לַאֲבֹתֵיכֶם
לָתֵת לָהֶם, כִּימֵי הַשָּׁמַיִם עַל־הָאָרֶץ:

נוהגים להעביר את הציציות ליד ימין ולנשקן במקומות המסומנים ב°.

וַיֹּאמֶר יהוה אֶל־מֹשֶׁה לֵּאמֹר: דַּבֵּר אֶל־בְּנֵי יִשְׂרָאֵל וְאָמַרְתָּ במדבר טו
אֲלֵהֶם, וְעָשׂוּ לָהֶם °צִיצִת עַל־כַּנְפֵי בִגְדֵיהֶם לְדֹרֹתָם, וְנָתְנוּ
°עַל־צִיצִת הַכָּנָף פְּתִיל תְּכֵלֶת: וְהָיָה לָכֶם °לְצִיצִת, וּרְאִיתֶם אֹתוֹ
וּזְכַרְתֶּם אֶת־כָּל־מִצְוֹת יהוה, וַעֲשִׂיתֶם אֹתָם, וְלֹא תָתֻרוּ אַחֲרֵי
לְבַבְכֶם וְאַחֲרֵי עֵינֵיכֶם, אֲשֶׁר־אַתֶּם זֹנִים אַחֲרֵיהֶם: לְמַעַן תִּזְכְּרוּ
וַעֲשִׂיתֶם אֶת־כָּל־מִצְוֹתָי, וִהְיִיתֶם קְדֹשִׁים לֵאלֹהֵיכֶם: אֲנִי יהוה
אֱלֹהֵיכֶם, אֲשֶׁר הוֹצֵאתִי אֶתְכֶם מֵאֶרֶץ מִצְרַיִם, לִהְיוֹת לָכֶם
לֵאלֹהִים, אֲנִי יהוה אֱלֹהֵיכֶם:

°אֱמֶת

שליח הציבור חוזר ואומר:

◄ **יהוה אֱלֹהֵיכֶם אֱמֶת**

וְיַצִּיב, וְנָכוֹן וְקַיָּם, וְיָשָׁר וְנֶאֱמָן
וְאָהוּב וְחָבִיב, וְנֶחְמָד וְנָעִים
וְנוֹרָא וְאַדִּיר, וּמְתֻקָּן וּמְקֻבָּל, וְטוֹב וְיָפֶה
הַדָּבָר הַזֶּה עָלֵינוּ לְעוֹלָם וָעֶד.

אֱמֶת אֱלֹהֵי עוֹלָם מַלְכֵּנוּ
צוּר יַעֲקֹב מָגֵן יִשְׁעֵנוּ
לְדוֹר וָדוֹר הוּא קַיָּם וּשְׁמוֹ קַיָּם
וְכִסְאוֹ נָכוֹן
וּמַלְכוּתוֹ וֶאֱמוּנָתוֹ לָעַד קַיָּמֶת.

במקום המסומן ב°, מנשק את הציציות ומניחן (שער הכוונות).

וּדְבָרָיו חָיִים וְקַיָּמִים, נֶאֱמָנִים וְנֶחֱמָדִים
°לָעַד וּלְעוֹלְמֵי עוֹלָמִים
עַל אֲבוֹתֵינוּ וְעָלֵינוּ, עַל בָּנֵינוּ וְעַל דּוֹרוֹתֵינוּ
וְעַל כָּל דּוֹרוֹת זֶרַע יִשְׂרָאֵל עֲבָדֶיךָ.
עַל הָרִאשׁוֹנִים וְעַל הָאַחֲרוֹנִים
דָּבָר טוֹב וְקַיָּם לְעוֹלָם וָעֶד

אֱמֶת וֶאֱמוּנָה, חֹק וְלֹא יַעֲבֹר
אֱמֶת שָׁאַתָּה הוּא יהוה
אֱלֹהֵינוּ וֵאלֹהֵי אֲבוֹתֵינוּ
מַלְכֵּנוּ מֶלֶךְ אֲבוֹתֵינוּ
גּוֹאֲלֵנוּ גּוֹאֵל אֲבוֹתֵינוּ
יוֹצְרֵנוּ צוּר יְשׁוּעָתֵנוּ
◂ פּוֹדֵנוּ וּמַצִּילֵנוּ מֵעוֹלָם הוּא שְׁמֶךָ
וְאֵין לָנוּ עוֹד אֱלֹהִים זוּלָתְךָ סֶלָה.

עֶזְרַת אֲבוֹתֵינוּ אַתָּה הוּא מֵעוֹלָם
מָגֵן וּמוֹשִׁיעַ לָהֶם וְלִבְנֵיהֶם אַחֲרֵיהֶם בְּכָל דּוֹר וָדוֹר.
בְּרוּם עוֹלָם מוֹשָׁבֶךָ
וּמִשְׁפָּטֶיךָ וְצִדְקָתְךָ עַד אַפְסֵי אָרֶץ.

אֱמֶת אַשְׁרֵי אִישׁ שֶׁיִּשְׁמַע לְמִצְוֹתֶיךָ
וְתוֹרָתְךָ וּדְבָרְךָ יָשִׂים עַל לִבּוֹ.

אֱמֶת אַתָּה הוּא אָדוֹן לְעַמֶּךָ
וּמֶלֶךְ גִּבּוֹר לָרִיב רִיבָם לְאָבוֹת וּבָנִים.

אֱמֶת אַתָּה הוּא רִאשׁוֹן
וְאַתָּה הוּא אַחֲרוֹן
וּמִבַּלְעָדֶיךָ אֵין לָנוּ מֶלֶךְ גּוֹאֵל וּמוֹשִׁיעַ.

אֱמֶת מִמִּצְרַיִם גְּאַלְתָּנוּ, יהוה אֱלֹהֵינוּ
וּמִבֵּית עֲבָדִים פְּדִיתָנוּ
כָּל בְּכוֹרֵיהֶם הָרָגְתָּ, וּבְכוֹרְךָ יִשְׂרָאֵל גָּאָלְתָּ
וְיַם סוּף לָהֶם בָּקַעְתָּ
וְזֵדִים טִבַּעְתָּ
וִידִידִים הֶעֱבַרְתָּ
וַיְכַסּוּ מַיִם צָרֵיהֶם, אֶחָד מֵהֶם לֹא נוֹתָר.

עַל זֹאת שִׁבְּחוּ אֲהוּבִים, וְרוֹמְמוּ לָאֵל
וְנָתְנוּ יְדִידִים זְמִירוֹת, שִׁירוֹת וְתִשְׁבָּחוֹת
בְּרָכוֹת וְהוֹדָאוֹת
לַמֶּלֶךְ אֵל חַי וְקַיָּם
רָם וְנִשָּׂא, גָּדוֹל וְנוֹרָא

מַשְׁפִּיל גֵּאִים עֲדֵי אָרֶץ
וּמַגְבִּיהַּ שְׁפָלִים עֲדֵי מָרוֹם
מוֹצִיא אֲסִירִים
וּפוֹדֶה עֲנָוִים וְעוֹזֵר דַּלִּים
וְעוֹנֶה לְעַמּוֹ יִשְׂרָאֵל בְּעֵת שַׁוְּעָם אֵלָיו.

כאן נוהגים לעמוד כהכנה לתפילת העמידה (׳דרך החיים׳ על פי מהר״ל) ולפסוע שלוש פסיעות לאחור (׳אליה רבה׳ סו, ט).

◂ תְּהִלּוֹת לְאֵל עֶלְיוֹן גּוֹאֲלָם, בָּרוּךְ הוּא וּמְבֹרָךְ
מֹשֶׁה וּבְנֵי יִשְׂרָאֵל
לְךָ עָנוּ שִׁירָה בְּשִׂמְחָה רַבָּה
וְאָמְרוּ כֻלָּם

שמות טו מִי־כָמֹכָה בָּאֵלִם, יהוה
מִי כָּמֹכָה נֶאְדָּר בַּקֹּדֶשׁ
נוֹרָא תְהִלֹּת, עֹשֵׂה פֶלֶא:

◂ שִׁירָה חֲדָשָׁה שִׁבְּחוּ גְאוּלִים
לְשִׁמְךָ הַגָּדוֹל עַל שְׂפַת הַיָּם
יַחַד כֻּלָּם הוֹדוּ וְהִמְלִיכוּ
וְאָמְרוּ

שמות טו יהוה יִמְלֹךְ לְעֹלָם וָעֶד:

רבים נוהגים לסיים את ברכת ׳גָּאַל יִשְׂרָאֵל׳ עם שליח הציבור כדי לצאת מהמחלוקת אם לענות אמן אחר ברכתו (מג״א סו, יא).

◂ צוּר יִשְׂרָאֵל, קוּמָה בְּעֶזְרַת יִשְׂרָאֵל
וּפְדֵה כִנְאֻמֶךָ יְהוּדָה וְיִשְׂרָאֵל
וְנֶאֱמַר

ישעיה מז גֹּאֲלֵנוּ יהוה צְבָאוֹת שְׁמוֹ, קְדוֹשׁ יִשְׂרָאֵל:
בָּרוּךְ אַתָּה יהוה, גָּאַל יִשְׂרָאֵל.

עמידה

"המתפלל צריך שיכוין בלבו פירוש המלות שמוציא בשפתיו; ויחשוב כאלו שכינה כנגדו ויסיר כל המחשבות הטורדות אותו עד שתשאר מחשבתו וכוונתו זכה בתפלתו" (שו"ע צח, א).

פוסע שלוש פסיעות לפנים כמי שנכנס לפני המלך (רמ"א צה, א בשם הרוקח).
עומד ומתפלל בלחש מכאן ועד 'וּכְשָׁנִים קַדְמֹנִיּוֹת' בעמ' 200.

כורע במקומות המסומנים ב', קד לפנים במילה הבאה וזוקף בשם.

אֲדֹנָי, שְׂפָתַי תִּפְתָּח, וּפִי יַגִּיד תְּהִלָּתֶךָ: תהלים נא

אבות

'בָּרוּךְ אַתָּה יהוה, אֱלֹהֵינוּ וֵאלֹהֵי אֲבוֹתֵינוּ
אֱלֹהֵי אַבְרָהָם, אֱלֹהֵי יִצְחָק, וֵאלֹהֵי יַעֲקֹב
הָאֵל הַגָּדוֹל הַגִּבּוֹר וְהַנּוֹרָא, אֵל עֶלְיוֹן
גּוֹמֵל חֲסָדִים טוֹבִים, קוֹנֵה הַכֹּל
וְזוֹכֵר חַסְדֵי אָבוֹת
וּמֵבִיא גוֹאֵל לִבְנֵי בְנֵיהֶם, לְמַעַן שְׁמוֹ בְּאַהֲבָה.

זָכְרֵנוּ לְחַיִּים, מֶלֶךְ חָפֵץ בַּחַיִּים
וְכָתְבֵנוּ בְּסֵפֶר הַחַיִּים, לְמַעַנְךָ אֱלֹהִים חַיִּים.

מֶלֶךְ עוֹזֵר וּמוֹשִׁיעַ וּמָגֵן.
'בָּרוּךְ אַתָּה יהוה, מָגֵן אַבְרָהָם.

אם שכח לומר 'זָכְרֵנוּ לְחַיִּים', אינו חוזר.

גבורות

אַתָּה גִּבּוֹר לְעוֹלָם, אֲדֹנָי
מְחַיֵּה מֵתִים אַתָּה, רַב לְהוֹשִׁיעַ
בארץ ישראל: מוֹרִיד הַטָּל
מְכַלְכֵּל חַיִּים בְּחֶסֶד, מְחַיֵּה מֵתִים בְּרַחֲמִים רַבִּים
סוֹמֵךְ נוֹפְלִים, וְרוֹפֵא חוֹלִים, וּמַתִּיר אֲסוּרִים
וּמְקַיֵּם אֱמוּנָתוֹ לִישֵׁנֵי עָפָר.

מִי כָמְוֹךָ, בַּעַל גְּבוּרוֹת, וּמִי דְּוֹמֶה לָּךְ
מֶלֶךְ, מֵמִית וּמְחַיֶּה וּמַצְמְיחַ יְשׁוּעָה.

מִי כָמְוֹךָ אָב הָרַחֲמָן
זוֹכֵר יְצוּרָיו לְחַיִּים בְּרַחֲמִים.

וְנֶאֱמָן אַתָּה לְהַחֲיוֹת מֵתִים.
בָּרוּךְ אַתָּה יהוה, מְחַיֵּה הַמֵּתִים.

אם שכח לומר 'מִי כָמְוֹךָ אַב הָרַחֲמָן', אינו חוזר.

קדושת השם

אַתָּה קָדוֹשׁ וְשִׁמְךָ קָדוֹשׁ
וּקְדוֹשִׁים בְּכָל יוֹם יְהַלְלְוּךָ סֶּלָה
כִּי אֵל מֶלֶךְ גָּדוֹל וְקָדוֹשׁ אָתָּה.

לְדוֹר וָדוֹר הַמְלִיכוּ לָאֵל, כִּי הוּא לְבַדּוֹ מָרוֹם וְקָדוֹשׁ.

וּבְכֵן יִתְקַדַּשׁ שִׁמְךָ יהוה אֱלֹהֵינוּ עַל יִשְׂרָאֵל עַמֶּךָ
וְעַל יְרוּשָׁלַיִם עִירֶךָ, וְעַל צִיּוֹן מִשְׁכַּן כְּבוֹדֶךָ
וְעַל מַלְכוּת בֵּית דָּוִד מְשִׁיחֶךָ, וְעַל מְכוֹנְךָ וְהֵיכָלֶךָ.

וּבְכֵן תֵּן פַּחְדְּךָ יהוה אֱלֹהֵינוּ עַל כָּל מַעֲשֶׂיךָ
וְאֵימָתְךָ עַל כָּל מַה שֶּׁבָּרָאתָ
וְיִירָאְוּךָ כָּל הַמַּעֲשִׂים, וְיִשְׁתַּחֲווּ לְפָנֶיךָ כָּל הַבְּרוּאִים
וְיֵעָשׂוּ כֻלָּם אֲגֻדָּה אֶחָת לַעֲשׂוֹת רְצוֹנְךָ בְּלֵבָב שָׁלֵם
כְּמוֹ שֶׁיָּדַעְנוּ יהוה אֱלֹהֵינוּ שֶׁהַשִּׁלְטָן לְפָנֶיךָ
עֹז בְּיָדְךָ וּגְבוּרָה בִּימִינֶךָ
וְשִׁמְךָ נוֹרָא עַל כָּל מַה שֶּׁבָּרָאתָ.

וּבְכֵן תֵּן כָּבוֹד יהוה לְעַמֶּךָ
תְּהִלָּה לִירֵאֶיךָ וְתִקְוָה טוֹבָה לְדוֹרְשֶׁיךָ
וּפִתְחוֹן פֶּה לַמְיַחֲלִים לָךְ
שִׂמְחָה לְאַרְצֶךָ, וְשָׂשׂוֹן לְעִירֶךָ
וּצְמִיחַת קֶרֶן לְדָוִד עַבְדֶּךָ
וַעֲרִיכַת נֵר לְבֶן יִשַׁי מְשִׁיחֶךָ בִּמְהֵרָה בְיָמֵינוּ.

וּבְכֵן צַדִּיקִים יִרְאוּ וְיִשְׂמָחוּ, וִישָׁרִים יַעֲלֹזוּ
וַחֲסִידִים בְּרִנָּה יָגִילוּ
וְעוֹלָתָה תִּקְפָּץ פִּיהָ
וְכָל הָרִשְׁעָה כֻּלָּהּ כְּעָשָׁן תִּכְלֶה
כִּי תַעֲבִיר מֶמְשֶׁלֶת זָדוֹן מִן הָאָרֶץ.

וְתִמְלֹךְ אַתָּה הוּא יהוה אֱלֹהֵינוּ
מְהֵרָה לְבַדֶּךָ עַל כָּל מַעֲשֶׂיךָ
בְּהַר צִיּוֹן מִשְׁכַּן כְּבוֹדֶךָ
וּבִירוּשָׁלַיִם עִיר קָדְשֶׁךָ
כַּכָּתוּב בְּדִבְרֵי קָדְשֶׁךָ
יִמְלֹךְ יהוה לְעוֹלָם, אֱלֹהַיִךְ צִיּוֹן לְדֹר וָדֹר, הַלְלוּיָהּ: תהלים קמו

קָדוֹשׁ אַתָּה וְנוֹרָא שְׁמֶךָ, וְאֵין אֱלוֹהַּ מִבַּלְעָדֶיךָ
כַּכָּתוּב, וַיִּגְבַּהּ יהוה צְבָאוֹת בַּמִּשְׁפָּט ישעיה ה
וְהָאֵל הַקָּדוֹשׁ נִקְדַּשׁ בִּצְדָקָה:
בָּרוּךְ אַתָּה יהוה, הַמֶּלֶךְ הַקָּדוֹשׁ.

אם שכח לומר את הפיסקאות המתחילות ׳לְדוֹר וָדוֹר׳, אינו חוזר,
אך אם חתם ׳הָאֵל הַקָּדוֹשׁ׳ כברוב ימות השנה, חוזר לראש.

קדושת היום

אַתָּה בְחַרְתָּנוּ מִכָּל הָעַמִּים
אָהַבְתָּ אוֹתָנוּ וְרָצִיתָ בָּנוּ, וְרוֹמַמְתָּנוּ מִכָּל הַלְּשׁוֹנוֹת
וְקִדַּשְׁתָּנוּ בְּמִצְוֹתֶיךָ, וְקֵרַבְתָּנוּ מַלְכֵּנוּ לַעֲבוֹדָתֶךָ
וְשִׁמְךָ הַגָּדוֹל וְהַקָּדוֹשׁ עָלֵינוּ קָרָאתָ.

בשבת מוסיפים את המילים שבסוגריים.

וַתִּתֶּן לָנוּ יהוה אֱלֹהֵינוּ בְּאַהֲבָה אֶת יוֹם
(הַשַּׁבָּת הַזֶּה לִקְדֻשָּׁה וְלִמְנוּחָה, וְאֶת יוֹם)
הַכִּפּוּרִים הַזֶּה, לִמְחִילָה וְלִסְלִיחָה וּלְכַפָּרָה
וְלִמְחָל בּוֹ אֶת כָּל עֲוֹנוֹתֵינוּ
(בְּאַהֲבָה) מִקְרָא קֹדֶשׁ, זֵכֶר לִיצִיאַת מִצְרָיִם.

אֱלֹהֵינוּ וֵאלֹהֵי אֲבוֹתֵינוּ
יַעֲלֶה וְיָבוֹא וְיַגִּיעַ, וְיֵרָאֶה וְיֵרָצֶה וְיִשָּׁמַע
וְיִפָּקֵד וְיִזָּכֵר זִכְרוֹנֵנוּ וּפִקְדוֹנֵנוּ וְזִכְרוֹן אֲבוֹתֵינוּ
וְזִכְרוֹן מָשִׁיחַ בֶּן דָּוִד עַבְדֶּךָ
וְזִכְרוֹן יְרוּשָׁלַיִם עִיר קָדְשֶׁךָ
וְזִכְרוֹן כָּל עַמְּךָ בֵּית יִשְׂרָאֵל, לְפָנֶיךָ, לִפְלֵיטָה לְטוֹבָה
לְחֵן וּלְחֶסֶד וּלְרַחֲמִים, לְחַיִּים וּלְשָׁלוֹם
בְּיוֹם הַכִּפּוּרִים הַזֶּה.
זָכְרֵנוּ יהוה אֱלֹהֵינוּ בּוֹ לְטוֹבָה, וּפָקְדֵנוּ בוֹ לִבְרָכָה
וְהוֹשִׁיעֵנוּ בוֹ לְחַיִּים טוֹבִים.
וּבִדְבַר יְשׁוּעָה וְרַחֲמִים חוּס וְחָנֵּנוּ וְרַחֵם עָלֵינוּ וְהוֹשִׁיעֵנוּ
כִּי אֵלֶיךָ עֵינֵינוּ, כִּי אֵל מֶלֶךְ חַנּוּן וְרַחוּם אָתָּה.

אֱלֹהֵינוּ וֵאלֹהֵי אֲבוֹתֵינוּ
מְחַל לַעֲוֹנוֹתֵינוּ בְּיוֹם (הַשַּׁבָּת הַזֶּה וּבְיוֹם) הַכִּפּוּרִים הַזֶּה
מְחֵה וְהַעֲבֵר פְּשָׁעֵינוּ וְחַטֹּאתֵינוּ מִנֶּגֶד עֵינֶיךָ
כָּאָמוּר
אָנֹכִי אָנֹכִי הוּא מֹחֶה פְשָׁעֶיךָ לְמַעֲנִי ישעיה מג
וְחַטֹּאתֶיךָ לֹא אֶזְכֹּר:
וְנֶאֱמַר
מָחִיתִי כָעָב פְּשָׁעֶיךָ וְכֶעָנָן חַטֹּאותֶיךָ ישעיה מד
שׁוּבָה אֵלַי כִּי גְאַלְתִּיךָ:
וְנֶאֱמַר
כִּי־בַיּוֹם הַזֶּה יְכַפֵּר עֲלֵיכֶם לְטַהֵר אֶתְכֶם ויקרא טז
מִכֹּל חַטֹּאתֵיכֶם לִפְנֵי יהוה תִּטְהָרוּ:

(אֱלֹהֵינוּ וֵאלֹהֵי אֲבוֹתֵינוּ, רְצֵה נָא בִמְנוּחָתֵנוּ)
קַדְּשֵׁנוּ בְּמִצְוֹתֶיךָ וְתֵן חֶלְקֵנוּ בְּתוֹרָתֶךָ
שַׂבְּעֵנוּ מִטּוּבֶךָ, וְשַׂמַּח נַפְשֵׁנוּ בִּישׁוּעָתֶךָ
(וְהַנְחִילֵנוּ יהוה אֱלֹהֵינוּ בְּאַהֲבָה וּבְרָצוֹן שַׁבַּת קָדְשֶׁךָ
וְיָנוּחוּ בוֹ כָּל יִשְׂרָאֵל מְקַדְּשֵׁי שְׁמֶךָ)
וְטַהֵר לִבֵּנוּ לְעָבְדְּךָ בֶּאֱמֶת.
כִּי אַתָּה סָלְחָן לְיִשְׂרָאֵל וּמָחֳלָן לְשִׁבְטֵי יְשֻׁרוּן בְּכָל דּוֹר וָדוֹר
וּמִבַּלְעָדֶיךָ אֵין לָנוּ מֶלֶךְ מוֹחֵל וְסוֹלֵחַ אֶלָּא אָתָּה.
בָּרוּךְ אַתָּה יהוה
מֶלֶךְ מוֹחֵל וְסוֹלֵחַ לַעֲוֹנוֹתֵינוּ, וְלַעֲוֹנוֹת עַמּוֹ בֵּית יִשְׂרָאֵל
וּמַעֲבִיר אַשְׁמוֹתֵינוּ בְּכָל שָׁנָה וְשָׁנָה
מֶלֶךְ עַל כָּל הָאָרֶץ, מְקַדֵּשׁ (הַשַּׁבָּת וְ)יִשְׂרָאֵל וְיוֹם הַכִּפּוּרִים.

עבודה

רְצֵה יהוה אֱלֹהֵינוּ בְּעַמְּךָ יִשְׂרָאֵל, וְלִתְפִלָּתָם שְׁעֵה
וְהָשֵׁב אֶת הָעֲבוֹדָה לִדְבִיר בֵּיתֶךָ
וְאִשֵּׁי יִשְׂרָאֵל וּתְפִלָּתָם, מְהֵרָה בְּאַהֲבָה תְקַבֵּל בְּרָצוֹן
וּתְהִי לְרָצוֹן תָּמִיד עֲבוֹדַת יִשְׂרָאֵל עַמֶּךָ.
וְתֶחֱזֶינָה עֵינֵינוּ בְּשׁוּבְךָ לְצִיּוֹן בְּרַחֲמִים.
בָּרוּךְ אַתָּה יהוה, הַמַּחֲזִיר שְׁכִינָתוֹ לְצִיּוֹן.

הודאה

כורע ב׳מודים׳ ואינו זוקף עד אמירת השם (סידור השל״ה).

ּמוֹדִים אֲנַחְנוּ לָךְ
שָׁאַתָּה הוּא יהוה אֱלֹהֵינוּ וֵאלֹהֵי אֲבוֹתֵינוּ לְעוֹלָם וָעֶד.
צוּר חַיֵּינוּ, מָגֵן יִשְׁעֵנוּ אַתָּה הוּא לְדוֹר וָדוֹר.
נוֹדֶה לְּךָ וּנְסַפֵּר תְּהִלָּתֶךָ, עַל חַיֵּינוּ הַמְּסוּרִים בְּיָדֶךָ
וְעַל נִשְׁמוֹתֵינוּ הַפְּקוּדוֹת לָךְ, וְעַל נִסֶּיךָ שֶׁבְּכָל יוֹם עִמָּנוּ
וְעַל נִפְלְאוֹתֶיךָ וְטוֹבוֹתֶיךָ, שֶׁבְּכָל עֵת, עֶרֶב וָבֹקֶר וְצָהֳרָיִם.
הַטּוֹב, כִּי לֹא כָלוּ רַחֲמֶיךָ, וְהַמְרַחֵם, כִּי לֹא תַמּוּ חֲסָדֶיךָ
כִּי מֵעוֹלָם קִוִּינוּ לָךְ.
וְעַל כֻּלָּם יִתְבָּרַךְ וְיִתְרוֹמַם וְיִתְנַשֵּׂא שִׁמְךָ מַלְכֵּנוּ
תָּמִיד לְעוֹלָם וָעֶד.
וּכְתֹב לְחַיִּים טוֹבִים כָּל בְּנֵי בְרִיתֶךָ.
וְכֹל הַחַיִּים יוֹדוּךָ סֶּלָה
וִיהַלְלוּ וִיבָרְכוּ אֶת שִׁמְךָ הַגָּדוֹל בֶּאֱמֶת לְעוֹלָם כִּי טוֹב
הָאֵל יְשׁוּעָתֵנוּ וְעֶזְרָתֵנוּ סֶלָה, הָאֵל הַטּוֹב.
ּבָּרוּךְ אַתָּה יהוה, הַטּוֹב שִׁמְךָ וּלְךָ נָאֶה לְהוֹדוֹת.

אם שכח לומר ׳וּכְתֹב לְחַיִּים טוֹבִים׳, אינו חוזר.

שלום

שִׂים שָׁלוֹם טוֹבָה וּבְרָכָה
חַיִּים חֵן וָחֶסֶד וְרַחֲמִים
עָלֵינוּ וְעַל כָּל יִשְׂרָאֵל עַמֶּךָ.
בָּרְכֵנוּ אָבִינוּ כֻּלָּנוּ כְּאֶחָד בְּאוֹר פָּנֶיךָ
כִּי בְאוֹר פָּנֶיךָ נָתַתָּ לָּנוּ יהוה אֱלֹהֵינוּ
תּוֹרַת חַיִּים וְאַהֲבַת חֶסֶד
וּצְדָקָה וּבְרָכָה וְרַחֲמִים וְחַיִּים וְשָׁלוֹם.
וְטוֹב יִהְיֶה בְּעֵינֶיךָ לְבָרְכֵנוּ וּלְבָרֵךְ אֶת כָּל עַמְּךָ יִשְׂרָאֵל
בְּכָל עֵת וּבְכָל שָׁעָה בִּשְׁלוֹמֶךָ.

בְּסֵפֶר חַיִּים, בְּרָכָה וְשָׁלוֹם, וּפַרְנָסָה טוֹבָה
וּגְזֵרוֹת טוֹבוֹת, יְשׁוּעוֹת וְנֶחָמוֹת
נִזָּכֵר וְנִכָּתֵב לְפָנֶיךָ
אֲנַחְנוּ וְכָל עַמְּךָ בֵּית יִשְׂרָאֵל
לְחַיִּים טוֹבִים וּלְשָׁלוֹם.

בָּרוּךְ אַתָּה יהוה, הַמְבָרֵךְ אֶת עַמּוֹ יִשְׂרָאֵל בַּשָּׁלוֹם.

אם שכח לומר ׳בְּסֵפֶר חַיִּים׳, אינו חוזר.

יש מוסיפים:

יִהְיוּ לְרָצוֹן אִמְרֵי־פִי וְהֶגְיוֹן לִבִּי לְפָנֶיךָ, יהוה צוּרִי וְגֹאֲלִי: תהלים יט

אֱלֹהֵינוּ וֵאלֹהֵי אֲבוֹתֵינוּ
תָּבוֹא לְפָנֶיךָ תְּפִלָּתֵנוּ, וְאַל תִּתְעַלַּם מִתְּחִנָּתֵנוּ.
שֶׁאֵין אָנוּ עַזֵּי פָנִים וּקְשֵׁי עֹרֶף לוֹמַר לְפָנֶיךָ
יהוה אֱלֹהֵינוּ וֵאלֹהֵי אֲבוֹתֵינוּ
צַדִּיקִים אֲנַחְנוּ וְלֹא חָטָאנוּ.
אֲבָל אֲנַחְנוּ וַאֲבוֹתֵינוּ חָטָאנוּ.

כשמתוודה, מכה באגרופו על החזה כנגד הלב (מג״א תרז, ג, בשם מדרש קהלת).

אָשַׁמְנוּ, בָּגַדְנוּ, גָּזַלְנוּ, דִּבַּרְנוּ דֹפִי
הֶעֱוִינוּ, וְהִרְשַׁעְנוּ, זַדְנוּ, חָמַסְנוּ, טָפַלְנוּ שֶׁקֶר
יָעַצְנוּ רָע, כִּזַּבְנוּ, לַצְנוּ, מָרַדְנוּ, נִאַצְנוּ, סָרַרְנוּ
עָוִינוּ, פָּשַׁעְנוּ, צָרַרְנוּ, קִשִּׁינוּ עֹרֶף
רָשַׁעְנוּ, שִׁחַתְנוּ, תִּעַבְנוּ, תָּעִינוּ, תִּעְתָּעְנוּ.

סַרְנוּ מִמִּצְוֹתֶיךָ וּמִמִּשְׁפָּטֶיךָ הַטּוֹבִים, וְלֹא שָׁוָה לָנוּ.
וְאַתָּה צַדִּיק עַל כָּל־הַבָּא עָלֵינוּ כִּי־אֱמֶת עָשִׂיתָ נחמיה ט
וַאֲנַחְנוּ הִרְשָׁעְנוּ:

מַה נֹּאמַר לְפָנֶיךָ יוֹשֵׁב מָרוֹם
וּמַה נְּסַפֵּר לְפָנֶיךָ שׁוֹכֵן שְׁחָקִים
הֲלֹא כָּל הַנִּסְתָּרוֹת וְהַנִּגְלוֹת אַתָּה יוֹדֵעַ.

אַתָּה יוֹדֵעַ רָזֵי עוֹלָם וְתַעֲלוּמוֹת סִתְרֵי כָּל חָי.
אַתָּה חוֹפֵשׂ כָּל חַדְרֵי בָטֶן וּבוֹחֵן כְּלָיוֹת וָלֵב.
אֵין דָּבָר נֶעְלָם מִמֶּךָּ וְאֵין נִסְתָּר מִנֶּגֶד עֵינֶיךָ.
וּבְכֵן, יְהִי רָצוֹן מִלְּפָנֶיךָ, יהוה אֱלֹהֵינוּ וֵאלֹהֵי אֲבוֹתֵינוּ
שֶׁתְּכַפֵּר לָנוּ עַל כָּל חַטֹּאתֵינוּ
וְתִסְלַח לָנוּ עַל כָּל עֲוֹנוֹתֵינוּ
וְתִמְחַל לָנוּ עַל כָּל פְּשָׁעֵינוּ.

על כל חטא שמונה, מכה באגרופו על החזה כנגד הלב.

עַל חֵטְא שֶׁחָטָאנוּ לְפָנֶיךָ בְּאֹנֶס וּבְרָצוֹן
וְעַל חֵטְא שֶׁחָטָאנוּ לְפָנֶיךָ בְּאִמּוּץ הַלֵּב

עַל חֵטְא שֶׁחָטָאנוּ לְפָנֶיךָ בִּבְלִי דָעַת
וְעַל חֵטְא שֶׁחָטָאנוּ לְפָנֶיךָ בְּבִטּוּי שְׂפָתָיִם

עַל חֵטְא שֶׁחָטָאנוּ לְפָנֶיךָ בְּגִלּוּי עֲרָיוֹת
וְעַל חֵטְא שֶׁחָטָאנוּ לְפָנֶיךָ בְּגָלוּי וּבַסָּתֶר

עַל חֵטְא שֶׁחָטָאנוּ לְפָנֶיךָ בְּדַעַת וּבְמִרְמָה
וְעַל חֵטְא שֶׁחָטָאנוּ לְפָנֶיךָ בְּדִבּוּר פֶּה

עַל חֵטְא שֶׁחָטָאנוּ לְפָנֶיךָ בְּהוֹנָאַת רֵעַ
וְעַל חֵטְא שֶׁחָטָאנוּ לְפָנֶיךָ בְּהִרְהוּר הַלֵּב

עַל חֵטְא שֶׁחָטָאנוּ לְפָנֶיךָ בִּוְעִידַת זְנוּת
וְעַל חֵטְא שֶׁחָטָאנוּ לְפָנֶיךָ בְּוִדּוּי פֶּה

עַל חֵטְא שֶׁחָטָאנוּ לְפָנֶיךָ בְּזִלְזוּל הוֹרִים וּמוֹרִים
וְעַל חֵטְא שֶׁחָטָאנוּ לְפָנֶיךָ בְּזָדוֹן וּבִשְׁגָגָה

עַל חֵטְא שֶׁחָטָאנוּ לְפָנֶיךָ בְּחֹזֶק יָד
וְעַל חֵטְא שֶׁחָטָאנוּ לְפָנֶיךָ בְּחִלּוּל הַשֵּׁם

עַל חֵטְא שֶׁחָטָאנוּ לְפָנֶיךָ בְּטֻמְאַת שְׂפָתָיִם
וְעַל חֵטְא שֶׁחָטָאנוּ לְפָנֶיךָ בְּטִפְשׁוּת פֶּה

עַל חֵטְא שֶׁחָטָאנוּ לְפָנֶיךָ בְּיֵצֶר הָרָע
וְעַל חֵטְא שֶׁחָטָאנוּ לְפָנֶיךָ בְּיוֹדְעִים וּבְלֹא יוֹדְעִים

וְעַל כֻּלָּם אֱלוֹהַּ סְלִיחוֹת סְלַח לָנוּ, מְחַל לָנוּ, כַּפֶּר לָנוּ.

עַל חֵטְא שֶׁחָטָאנוּ לְפָנֶיךָ בְּכַחַשׁ וּבְכָזָב
וְעַל חֵטְא שֶׁחָטָאנוּ לְפָנֶיךָ בְּכַפַּת שֹׁחַד

עַל חֵטְא שֶׁחָטָאנוּ לְפָנֶיךָ בְּלָצוֹן
וְעַל חֵטְא שֶׁחָטָאנוּ לְפָנֶיךָ בְּלָשׁוֹן הָרָע

עַל חֵטְא שֶׁחָטָאנוּ לְפָנֶיךָ בְּמַשָּׂא וּבְמַתָּן
וְעַל חֵטְא שֶׁחָטָאנוּ לְפָנֶיךָ בְּמַאֲכָל וּבְמִשְׁתֶּה

עַל חֵטְא שֶׁחָטָאנוּ לְפָנֶיךָ בְּנֶשֶׁךְ וּבְמַרְבִּית
וְעַל חֵטְא שֶׁחָטָאנוּ לְפָנֶיךָ בִּנְטִיַּת גָּרוֹן

עַל חֵטְא שֶׁחָטָאנוּ לְפָנֶיךָ בְּשִׂיחַ שִׂפְתוֹתֵינוּ
וְעַל חֵטְא שֶׁחָטָאנוּ לְפָנֶיךָ בְּשִׂקּוּר עָיִן

עַל חֵטְא שֶׁחָטָאנוּ לְפָנֶיךָ בְּעֵינַיִם רָמוֹת
וְעַל חֵטְא שֶׁחָטָאנוּ לְפָנֶיךָ בְּעַזּוּת מֵצַח

וְעַל כֻּלָּם אֱלוֹהַּ סְלִיחוֹת סְלַח לָנוּ, מְחַל לָנוּ, כַּפֶּר לָנוּ.

עַל חֵטְא שֶׁחָטָאנוּ לְפָנֶיךָ בִּפְרִיקַת עֹל
וְעַל חֵטְא שֶׁחָטָאנוּ לְפָנֶיךָ בִּפְלִילוּת

עַל חֵטְא שֶׁחָטָאנוּ לְפָנֶיךָ בִּצְדִיַּת רֵעַ
וְעַל חֵטְא שֶׁחָטָאנוּ לְפָנֶיךָ בְּצָרוּת עָיִן

עַל חֵטְא שֶׁחָטָאנוּ לְפָנֶיךָ בְּקַלּוּת רֹאשׁ
וְעַל חֵטְא שֶׁחָטָאנוּ לְפָנֶיךָ בְּקַשְׁיוּת עֹרֶף

עַל חֵטְא שֶׁחָטָאנוּ לְפָנֶיךָ בְּרִיצַת רַגְלַיִם לְהָרַע
וְעַל חֵטְא שֶׁחָטָאנוּ לְפָנֶיךָ בִּרְכִילוּת

עַל חֵטְא שֶׁחָטָאנוּ לְפָנֶיךָ בִּשְׁבוּעַת שָׁוְא
וְעַל חֵטְא שֶׁחָטָאנוּ לְפָנֶיךָ בְּשִׂנְאַת חִנָּם

עַל חֵטְא שֶׁחָטָאנוּ לְפָנֶיךָ בִּתְשׂוּמֶת יָד
וְעַל חֵטְא שֶׁחָטָאנוּ לְפָנֶיךָ בְּתִמְהוֹן לֵבָב

וְעַל כֻּלָּם אֱלוֹהַּ סְלִיחוֹת סְלַח לָנוּ, מְחַל לָנוּ, כַּפֶּר לָנוּ.

וְעַל חֲטָאִים שֶׁאָנוּ חַיָּבִים עֲלֵיהֶם עוֹלָה
וְעַל חֲטָאִים שֶׁאָנוּ חַיָּבִים עֲלֵיהֶם חַטָּאת
וְעַל חֲטָאִים שֶׁאָנוּ חַיָּבִים עֲלֵיהֶם קָרְבַּן עוֹלֶה וְיוֹרֵד
וְעַל חֲטָאִים שֶׁאָנוּ חַיָּבִים עֲלֵיהֶם אָשָׁם וַדַּאי וְתָלוּי
וְעַל חֲטָאִים שֶׁאָנוּ חַיָּבִים עֲלֵיהֶם מַכַּת מַרְדּוּת
וְעַל חֲטָאִים שֶׁאָנוּ חַיָּבִים עֲלֵיהֶם מַלְקוּת אַרְבָּעִים
וְעַל חֲטָאִים שֶׁאָנוּ חַיָּבִים עֲלֵיהֶם מִיתָה בִּידֵי שָׁמָיִם
וְעַל חֲטָאִים שֶׁאָנוּ חַיָּבִים עֲלֵיהֶם כָּרֵת וַעֲרִירִי
וְעַל חֲטָאִים שֶׁאָנוּ חַיָּבִים עֲלֵיהֶם אַרְבַּע מִיתוֹת בֵּית דִּין
סְקִילָה, שְׂרֵפָה, הֶרֶג, וְחֶנֶק.
עַל מִצְוַת עֲשֵׂה וְעַל מִצְוַת לֹא תַעֲשֶׂה.
בֵּין שֶׁיֵּשׁ בָּהּ קוּם עֲשֵׂה וּבֵין שֶׁאֵין בָּהּ קוּם עֲשֵׂה.
אֶת הַגְּלוּיִים לָנוּ וְאֶת שֶׁאֵינָם גְּלוּיִים לָנוּ
אֶת הַגְּלוּיִים לָנוּ, כְּבָר אֲמַרְנוּם לְפָנֶיךָ, וְהוֹדִינוּ לְךָ עֲלֵיהֶם
וְאֶת שֶׁאֵינָם גְּלוּיִים לָנוּ, לְפָנֶיךָ הֵם גְּלוּיִים וִידוּעִים
כַּדָּבָר שֶׁנֶּאֱמַר
הַנִּסְתָּרֹת לַיהוה אֱלֹהֵינוּ, וְהַנִּגְלֹת לָנוּ וּלְבָנֵינוּ עַד־עוֹלָם דברים כט
לַעֲשׂוֹת אֶת־כָּל־דִּבְרֵי הַתּוֹרָה הַזֹּאת:
כִּי אַתָּה סָלְחָן לְיִשְׂרָאֵל וּמָחֳלָן לְשִׁבְטֵי יְשֻׁרוּן בְּכָל דּוֹר וָדוֹר
וּמִבַּלְעָדֶיךָ אֵין לָנוּ מֶלֶךְ מוֹחֵל וְסוֹלֵחַ אֶלָּא אָתָּה.

אֱלֹהַי
עַד שֶׁלֹּא נוֹצַרְתִּי אֵינִי כְדַאי
וְעַכְשָׁיו שֶׁנּוֹצַרְתִּי, כְּאִלּוּ לֹא נוֹצַרְתִּי
עָפָר אֲנִי בְּחַיָּי, קַל וָחֹמֶר בְּמִיתָתִי.
הֲרֵי אֲנִי לְפָנֶיךָ כִּכְלִי מָלֵא בוּשָׁה וּכְלִמָּה.

יְהִי רָצוֹן מִלְּפָנֶיךָ, יהוה אֱלֹהַי וֵאלֹהֵי אֲבוֹתַי, שֶׁלֹּא אֶחֱטָא עוֹד.
וּמַה שֶּׁחָטָאתִי לְפָנֶיךָ, מְחֹק בְּרַחֲמֶיךָ הָרַבִּים
אֲבָל לֹא עַל יְדֵי יִסּוּרִים וָחֳלָיִם רָעִים.

ברכות יז. אֱלֹהַי
נְצֹר לְשׁוֹנִי מֵרָע וּשְׂפָתַי מִדַּבֵּר מִרְמָה
וְלִמְקַלְלַי נַפְשִׁי תִדֹּם, וְנַפְשִׁי כֶּעָפָר לַכֹּל תִּהְיֶה.
פְּתַח לִבִּי בְּתוֹרָתֶךָ, וְאַחֲרֵי מִצְוֹתֶיךָ תִּרְדֹּף נַפְשִׁי.
וְכָל הַקָּמִים וְהַחוֹשְׁבִים עָלַי רָעָה
מְהֵרָה הָפֵר עֲצָתָם וְקַלְקֵל מַחֲשַׁבְתָּם.

יש המוסיפים תחינה זו (קיצור של״ה, ׳אור הישר׳):

יְהִי רָצוֹן מִלְּפָנֶיךָ, יהוה אֱלֹהַי וֵאלֹהֵי אֲבוֹתַי
שֶׁלֹּא תַעֲלֶה קִנְאַת אָדָם עָלַי, וְלֹא קִנְאָתִי עַל אֲחֵרִים
וְשֶׁלֹּא אֶכְעֹס הַיּוֹם, וְשֶׁלֹּא אַכְעִיסֶךָ
וְתַצִּילֵנִי מִיֵּצֶר הָרָע, וְתֵן בְּלִבִּי הַכְנָעָה וַעֲנָוָה.
מַלְכֵּנוּ וֵאלֹהֵינוּ, יַחֵד שִׁמְךָ בְּעוֹלָמֶךָ
בְּנֵה עִירְךָ, יַסֵּד בֵּיתְךָ וְשַׁכְלֵל הֵיכָלֶךָ
וְקַבֵּץ קִבּוּץ גָּלֻיּוֹת, וּפְדֵה צֹאנֶךָ וְשַׂמַּח עֲדָתֶךָ.

עֲשֵׂה לְמַעַן שְׁמֶךָ, עֲשֵׂה לְמַעַן יְמִינֶךָ
עֲשֵׂה לְמַעַן תּוֹרָתֶךָ, עֲשֵׂה לְמַעַן קְדֻשָּׁתֶךָ.
תהלים ס לְמַעַן יֵחָלְצוּן יְדִידֶיךָ, הוֹשִׁיעָה יְמִינְךָ וַעֲנֵנִי:
תהלים יט יִהְיוּ לְרָצוֹן אִמְרֵי פִי וְהֶגְיוֹן לִבִּי לְפָנֶיךָ, יהוה צוּרִי וְגוֹאֲלִי:

כורע ופוסע שלוש פסיעות לאחור. קד לשמאל, לימין ולפנים באמירת:

עֹשֶׂה הַשָּׁלוֹם בִּמְרוֹמָיו
הוּא יַעֲשֶׂה שָׁלוֹם, עָלֵינוּ וְעַל כָּל יִשְׂרָאֵל, וְאִמְרוּ אָמֵן.

יְהִי רָצוֹן מִלְּפָנֶיךָ יהוה אֱלֹהֵינוּ וֵאלֹהֵי אֲבוֹתֵינוּ
שֶׁיִּבָּנֶה בֵּית הַמִּקְדָּשׁ בִּמְהֵרָה בְיָמֵינוּ, וְתֵן חֶלְקֵנוּ בְּתוֹרָתֶךָ
וְשָׁם נַעֲבָדְךָ בְּיִרְאָה כִּימֵי עוֹלָם וּכְשָׁנִים קַדְמוֹנִיּוֹת.
מלאכי ג וְעָרְבָה לַיהוה מִנְחַת יְהוּדָה וִירוּשָׁלָםִ כִּימֵי עוֹלָם וּכְשָׁנִים קַדְמוֹנִיּוֹת:

חזרת הש״ץ לשחרית

״לְמִשְׁפָּטֶיךָ עָמְדוּ הַיּוֹם, כִּי הַכֹּל עֲבָדֶיךָ״ (תהלים קיט, צא).

פותחים את ארון הקודש.

שליח הציבור פוסע שלוש פסיעות לפנים וחוזר על התפילה בקול רם.
כורע במקומות המסומנים ב°, קד לפנים במילה הבאה וזוקף בשם.

אֲדֹנָי, שְׂפָתַי תִּפְתָּח, וּפִי יַגִּיד תְּהִלָּתֶךָ: תהלים נא

אבות

°בָּרוּךְ אַתָּה יהוה, אֱלֹהֵינוּ וֵאלֹהֵי אֲבוֹתֵינוּ
אֱלֹהֵי אַבְרָהָם, אֱלֹהֵי יִצְחָק, וֵאלֹהֵי יַעֲקֹב
הָאֵל הַגָּדוֹל הַגִּבּוֹר וְהַנּוֹרָא, אֵל עֶלְיוֹן
גּוֹמֵל חֲסָדִים טוֹבִים, וְקוֹנֵה הַכֹּל
וְזוֹכֵר חַסְדֵי אָבוֹת
וּמֵבִיא גוֹאֵל לִבְנֵי בְנֵיהֶם, לְמַעַן שְׁמוֹ בְּאַהֲבָה.

נוסח זה מוסיפים לפני כל ׳קרובה׳ (מערכת פיוטים לחזרת הש״ץ)
שאומרים ביום הכיפורים. בשחרית אומרים אחריה גם פיוט ׳רשות׳.

מִסּוֹד חֲכָמִים וּנְבוֹנִים
וּמִלֶּמֶד דַּעַת מְבִינִים
אֶפְתְּחָה פִּי בִּתְפִלָּה וּבְתַחֲנוּנִים
לְחַלּוֹת וּלְחַנֵּן פְּנֵי מֶלֶךְ מַלְכֵי הַמְּלָכִים וַאֲדוֹנֵי הָאֲדוֹנִים.

את ה׳קרובה׳ לשחרית של יום הכיפורים חיבר ר׳ משולם בן קלונימוס, רב ופייטן מלוקא
באיטליה שהיגר למגנצא במאה העשירית לסה״נ והיה ראשון הפייטנים באשכנז.
ה׳קרובה׳ נוצקה באותה תבנית שטבע הקליר ב׳קרובה׳ ׳שׁוֹשַׁן עֵמֶק אֲיֻמָּה׳
לתפילת מוסף, בהבדלים צורניים מעטים.
גם פיוט ה׳רשות׳ ׳אֵימֶיךָ נָשָׂאתִי׳ מיוחס לר׳ משולם עצמו.

רשות ל׳קרובה׳ ׳אִמַּצְתָּ עָשׂוֹר לְכַפּוּר תַּמָּה׳ – סימן א״ב

אֵימֶיךָ נָשָׂאתִי חִין בְּעָרְכִי / בְּמַלְאֲכוּת עַמְּךָ בֶּרֶךְ בְּבָרְכִי
גּוֹחִי מִבֶּטֶן, הַגִּיהָ חָשְׁכִּי / דַּבֵּר צָחוֹת, וּבַאֲמִתְּךָ הַדְרִיכִי.

הוֹרֵנִי שְׁפֹךְ שִׂיחַ עָרֵב / וְלוֹנְנִי בְּצִלְּךָ אוֹתִי לְקָרֵב
זַעַק יוּפַק בְּכִוּוּן קֶרֶב / חַלּוֹתִי פָּנֶיךָ צִדְקָתְךָ תְּקָרֵב.

טְהוֹר עֵינַיִם, מְאֹד נַעֲלָה / יְדַעֵנִי בֵּין עֶרֶךְ תְּפִלָּה
כַּדָּת לְחַנֵּן, בְּלִי תִפְלָה / לְהַמְצִיא שׁוֹלְחַי אֶרֶךְ וּתְעָלָה.

מִפְתַּח שְׂפָתַי תְּבָרֵר וּתְיַשֵּׁר / נִדְבוֹת פִּי רְצֵה וְהַכְשֵׁר
סֵדֶר הֲגִיגִי כְּשַׁי יִתְיַשֵּׁר / עֶתֶר פִּצְחִי כְּזִילַת חֵשֶׁר.

פְּעָמַי הָכֵן, פְּצוֹתִי מִכֶּשֶׁל / צוּר תְּמֹךְ אֲשׁוּרַי מֵהִנָּשֵׁל
קוֹמְמֵנִי וְחַזְּקֵנִי מֵרִפְיוֹן וָחֵשֶׁל / רְצוֹת אֲמָרַי, וְלֹא אֶכָּשֵׁל.

שָׁמְרֵנִי כְּאִישׁוֹן מִפֶּלֶץ וּבְעָתָה / שׁוּר שִׁפְלוּתִי, וּלְכָה לִישׁוּעָתָה
תָּחֹן דִּכְאוּתִי כִּלְחוֹזָךְ פַּצְתָּ / תְּרַחֵם עַל בֵּן אִמַּצְתָּ.

סוגרים את ארון הקודש.

עיקר ה׳קרובה׳ הוא שלושת הפיוטים הראשונים – ה׳מגן׳ הנאמר בברכת ׳מָגֵן אַבְרָהָם׳, ה׳מחיה׳ הנאמר בברכת ׳מְחַיֵּה מֵתִים׳, וה׳משלש׳ הפותח את הפיוטים המובילים לקדושה. בדרך כלל, שלושת הפיוטים עוסקים בנושא אחד. הקרובה של שחרית ליום הכיפורים מתארת את סערת הרגשות שבה אנו מצויים – מצד אחד חרדת הדין, כיוון שאנו מלוכלכים בעוונות, ומצד שני הביטחון שהקב״ה יסלח לנו ויושיע אותנו.

נוהגים שהקהל אומר את שלושת הפיוטים הראשונים, ושליח הציבור אומר בקול רק את השורות המסומנות ב▸. יש קהילות שבהן אין אומרים את ה׳מגן׳, וממשיכים ׳זָכְרֵנוּ לְחַיִּים׳ בעמוד הבא (ויש האומרים את הבית האחרון: ׳כַּצָּהֳרַיִם מִשְׁפָּטֵנוּ הָאֵר׳).

מגן – סימן א״ב

אִמַּצְתָּ עָשׂוֹר לְכִפּוּר תַּמָּה / בּוֹ לְצַחְצֵחַ צֵאוּי כִּתְמָה
גֹּהַץ צַחֲנָהּ, עִוּוּיָהּ לְהִתַּמָּה / דִּינָהּ לְהָאִיר, לְתֵחִי לְחָתְמָה.

הַחֲרָדָה מִתֹּקַע יוֹם תְּרוּעָה / וּדְבָרִים קָחָה, סַרְעַף לְקָרְעָה
זֶה אֵלִי, לְצֶדֶק הַכְרִיעָה / חַי חַי יוֹדְךָ בְּהָרִיעָה.

טַפֶּיהָ וִישִׁישֶׁיהָ בְּעִנּוּי עֲיֵפִים / יְצִיגָתָם שׁוּר בְּיַחַף יְחֵפִים
כֻּלָּם צָגִים וְלֹבֶן מְצֻעָפִים / לְאַדֶּרְךָ בַּקֹּדֶשׁ כִּשְׂרָפִים עָפִים.

מָגֵן עִקְּרֵמוֹ בְּךָ חוֹסִים / נִשְׁעָנִים בְּתֻמָּם וּבְצִלְּךָ חָסִים
סְמוּכִים בִּבְרִית שְׁלֹשֶׁת יְחוּסִים / עוֹדְדֵם הֱיוֹת שׁוֹטְנֵימוֹ הָסִים.

פְּנֵה בְּצִדְקַת אֵת מֵעֵבֶר / צֹאנְךָ תַּחַת שֵׁבֶט, כְּהַעֲבֵר
קַדְּמֵם רַחֲמֶיךָ בְּלִי הִתְעַבֵּר / רַחוּם עַל פֶּשַׁע עוֹבֵר.

שֶׁמֶץ זְדוֹנָם תְּכַבֵּס וּתְטַהֵר / שׁוֹעָם קְשֹׁב וְאַל תְּאַחֵר
◂ תְּמוּכֵי יְמִינְךָ, פְּנֵיהֶם נַהֵר / תַּעְתּוּעַ חֶטְאָם תְּכַפֵּר לְטַהֵר.

הכול:

כְּצָהֳרַיִם מִשְׁפָּטֵנוּ הָאֵר / חוֹכֶיךָ לְטוֹב תְּשָׁאֵר
◂ צִדְקֵנוּ תְּחַפֵּשׂ וּתְבָאֵר / בְּמָגִנְּךָ נִתְגּוֹנֵן לְהִתְפָּאֵר.

יש נוהגים שהקהל אומר בקול, ושליח הציבור חוזר אחריו:

זָכְרֵנוּ לְחַיִּים, מֶלֶךְ חָפֵץ בַּחַיִּים
וְכָתְבֵנוּ בְּסֵפֶר הַחַיִּים, לְמַעַנְךָ אֱלֹהִים חַיִּים.

שליח הציבור ממשיך:

מֶלֶךְ עוֹזֵר וּמוֹשִׁיעַ וּמָגֵן.
ׄבָּרוּךְ אַתָּה יהוה, מָגֵן אַבְרָהָם.

גבורות

אַתָּה גִּבּוֹר לְעוֹלָם, אֲדֹנָי
מְחַיֵּה מֵתִים אַתָּה, רַב לְהוֹשִׁיעַ
בארץ ישראל: מוֹרִיד הַטָּל
מְכַלְכֵּל חַיִּים בְּחֶסֶד, מְחַיֵּה מֵתִים בְּרַחֲמִים רַבִּים
סוֹמֵךְ נוֹפְלִים, וְרוֹפֵא חוֹלִים, וּמַתִּיר אֲסוּרִים
וּמְקַיֵּם אֱמוּנָתוֹ לִישֵׁנֵי עָפָר.
מִי כָמוֹךָ, בַּעַל גְּבוּרוֹת, וּמִי דּוֹמֶה לָּךְ
מֶלֶךְ, מֵמִית וּמְחַיֶּה וּמַצְמִיחַ יְשׁוּעָה.

ה'מחיה' לשחרית מיוסד על הפסוק "לְשִׁמְךָ וּלְזִכְרְךָ תַּאֲוַת־נָפֶשׁ" (ישעיה כו, ח).
יש קהילות שבהן אין אומרים את ה'מחיה', וממשיכים 'עַד יוֹם מוֹתוֹ' למטה
(ויש האומרים את הבית האחרון: 'נֶפֶשׁ נַעֲנָה תְּבַשֵּׂר סְלִיחָה').

מחיה - סימן תשר"ק

תַּאֲוַת נֶפֶשׁ לְשִׁמְךָ וּלְזִכְרְךָ / שְׁקֹד לְרַחֵם מְבָרְכֵי זִכְרְךָ
רְצוּיֵי אֲהַב כְּנַעַר וָרַךְ / קְרוּאִים וּנְקוּבִים בְּנָךְ בְּכוֹרָךְ.

צְבָאוֹת הוֹצֵאתָ מִכּוּר אוֹנִים / פְּדוּתָם מִפֶּרֶךְ הָלְכוּ שַׁאֲנַנִּים
עֲמוּסִים מִבֶּטֶן פְּצֵם מִשְּׁאוֹנִים / סְעָדֵם בַּל לָמֹד כִּסְאוֹנִים.

נְתוּנָה בְּרִיתְךָ חֹק בִּשְׁאֵרָם / מִמַּחֲצֶבֶת צוּרָם מוֹלֶדֶת שֶׁאוֹרָם
לִבְרִית הַבֵּט וְתַדִּיחַ כְּאוּרָם / כְּבַסֵּם הֶרֶב וְתַבְהִיק אוֹרָם.

יֵרָאֶה לְפָנֶיךָ עֵקֶד מְיֻחָד / טוֹבֵחַ וְטָבוּחַ מִדְּבָרְךָ פָּחַד
חֲנִיטָיו חַלֵּץ מֵאֵימָתָה וָפַחַד / זְבוּחוֹ וְדִשּׁוּנוֹ לְפָנֶיךָ יִתְיַחַד.

וְאִם הֶעֱוּוּ אֹרַח לְסַלֵּף / הִזָּכֵר רַחֲמֶיךָ חֹק מִלְּחַלֵּף
דְּרִישַׁת צֶדֶק מֵלִיץ יְאַלֵּף / גְּנוּנֶיךָ לְחַזֵּק בְּמָגִנַּת אֶלֶף.

בַּדֵּי יְדִידֶיךָ, הֲגִיגָם בִּין / בְּצוּרָם תֶּשַׁע וְחֵטְא תַּלְבִּין
› אֹוֶן מִתְחַנְּנֶיךָ בְּלִי תָבִין / אֶנֶק שְׁמַע וְלַחַשׁ הָבִין.

הכול:

נֶפֶשׁ נַעֲנָה תְּבַשֵּׂר סְלִיחָה / פַּלְּטֵם מֵעֵמֶק שׁוּחָה
› מִתְקוֹמְמֵינוּ יְהוּ כַּסּוּחָה / הַחֲיֵינוּ בְּטַל אֱמוּנָתְךָ לְשׂוּחָה.

בקהילות אשכנז נהגו לומר פיוט תוכחה 'אֱנוֹשׁ מַה יִּזְכֶּה' (בעמ' 511) לאחר ה'מחיה',
והיום נוהגים לומר רק את הפזמון 'עַד יוֹם מוֹתוֹ', לפני חתימת הברכה 'מְחַיֵּה הַמֵּתִים'.

שליח הציבור והקהל אומרים:

עַד יוֹם מוֹתוֹ תְּחַכֶּה לּוֹ לִתְשׁוּבָה / לְהַטּוֹתוֹ לִתְחִיָּה.

יש נוהגים שהקהל אומר בקול, ושליח הציבור חוזר אחריו:

מִי כָמוֹךָ אָב הָרַחֲמָן
זוֹכֵר יְצוּרָיו לְחַיִּים בְּרַחֲמִים.

שליח הציבור ממשיך:

וְנֶאֱמָן אַתָּה לְהַחֲיוֹת מֵתִים.
בָּרוּךְ אַתָּה יהוה, מְחַיֵּה הַמֵּתִים.

יש קהילות שבהן אין אומרים את ה׳משלש׳, וממשיכים ׳יִמְלֹךְ ה׳ לְעוֹלָם׳ למטה
(ויש האומרים את הבית האחרון: ׳כְּלוּלַת אֲהָבִים אָנָּא זְכֹר׳).

משלש – סימן א״ת ב״ש

אִחַדְתָּ יוֹם זֶה בַּשָּׁנָה · תְּרוּפָה וּצְרִי שַׂמְתּוֹ לַשּׁוֹשַׁנָּה
בְּשָׁלֵם בִּהְיוֹת סֻכְּךָ בָּרִאשׁוֹנָה · שֵׁרוּתוֹ כַּפֵּר פִּשְׁעֵי יְשֵׁנָה.

גּוֹלִים מִנָּוְךָ זְרוּיִם מֵהֲלְאָה · רֹן מְפִיקִים לְחַתֵּל תְּלָאָה
דִּכְאוּת רוּחַ וְשֶׁבֶר נַהֲלָאָה · קָדוֹשׁ, חֲשֹׁב כְּזִבְחֵי הָעֲלָאָה.

הָתְמַם מֵרֶחֶם יוֹשֵׁב אֹהָלִים · צוּרָתוֹ בְּכִסְאֲךָ חֲקַקְתָּה בְּהִלִּים
וְלָדָיו חֹן, בְּעֹצֶר נִקְהָלִים · פְּאֵרְךָ מַבִּיעִים וְשִׁמְךָ מְהַלְלִים.

זֶבֶד שִׁמְךָ שִׁתַּפְתָּ בִּשְׁמָם · עֲמוּתִים לְךָ כַּחוֹתָם לְשׂוּמָם
חָשְׁכֵם מֵאֶנֶף, בְּלִי לְהַאֲשִׁימָם · סֵפֶר חַיִּים יְהִי רְשׁוּמָם.

טֹרַח עָוֹן וְכֹבֶד מַשָּׂא · נַעַר בְּצוּל, מְחוֹת בְּהַמְסָה
יֶעֱרַב שִׂיחַ עֲנִיָּה וּמוּסָה · מְנִיחוֹחֵי כָלִיל בְּאֶבֶן מַעֲמָסָה.

כְּלוּלַת אֲהָבִים אָנָּא זְכֹר · כְּלִמַּת נְעוּרִים עוֹד מִלִּזְכֹּר
◂ לְבֵן יַקִּירְךָ זָכוֹר תִּזְכֹּר · לְמַעַן חִלָּךְ, לַעֲבָדֶיךָ זְכֹר.

במחזורים הישנים משולבים במערכות ה׳קרובות׳ הפסוקים שעליהם מבוססים פיוטי ה׳קרובה׳. היום נוהגים לומר רק את שני הפסוקים ׳יִמְלֹךְ׳ ו׳וְאַתָּה קָדוֹשׁ׳, ומסיימים ׳אֵל נָא׳ כפתיחה לפיוטים הבאים, המובילים אל הקדושה.

קהל ואחריו שליח הציבור:

יִמְלֹךְ יהוה לְעוֹלָם, אֱלֹהַיִךְ צִיּוֹן לְדֹר וָדֹר, הַלְלוּיָהּ: תהלים קמו

וְאַתָּה קָדוֹשׁ, יוֹשֵׁב תְּהִלּוֹת יִשְׂרָאֵל: תהלים כב

אֵל נָא.

פותחים את ארון הקודש.

פיוט זה נוסף ל׳קרובה׳ בתקופת הראשונים.
סגנונו מעיד עליו שהוא עתיק מאוד, כנראה קודם לקליר.

סימן א״ב

אַתָּה הוּא אֱלֹהֵינוּ בַּשָּׁמַיִם וּבָאָרֶץ.
גִּבּוֹר וְנַעֲרָץ דָּגוּל מֵרְבָבָה.
הוּא שָׂח וַיֶּהִי וְצִוָּה וְנִבְרָאוּ.
זִכְרוֹ לָנֶצַח חַי עוֹלָמִים.
טְהוֹר עֵינַיִם יוֹשֵׁב סֵתֶר.
כִּתְרוֹ יְשׁוּעָה לְבוּשׁוֹ צְדָקָה.
מַעֲטֵהוּ קִנְאָה נֶאְפַּד נְקָמָה.
סִתְרוֹ יֹשֶׁר עֲצָתוֹ אֱמוּנָה.
פְּעֻלָּתוֹ אֱמֶת צַדִּיק וְיָשָׁר.
קָרוֹב לְקוֹרְאָיו בֶּאֱמֶת רָם וּמִתְנַשֵּׂא.
שׁוֹכֵן שְׁחָקִים תּוֹלֶה אֶרֶץ עַל בְּלִימָה.

הקהל ושליח הציבור אומרים:

חַי וְקַיָּם נוֹרָא וּמָרוֹם וְקָדוֹשׁ.

סוגרים את ארון הקודש.

שליח הציבור אומר את ארבעת החרוזים הבאים, והקהל חוזר אחרי כל אחד מהם.
חרוזים אלה הם שורות הפזמון של הפיוטים ׳מוֹרֵה חַטָּאִים׳ (עמ׳ 512)
ו׳אֶדֶר יְקַר אֵלִי׳ (עמ׳ 515).

אָנָּא סְלַח נָא
פֶּשַׁע וְעָוֹן שָׂא נָא / וְכֹחֲךָ יִגְדַּל נָא.
קָדוֹשׁ.

אָנָּא רַחוּם כַּפֵּר
עֲוֹן צָגִים, תְּהִלָּתְךָ לְסַפֵּר / וְיָחֵקוּ לְחַיִּים בַּסֵּפֶר.
קָדוֹשׁ.

מֶלֶךְ שׁוֹכֵן עַד / לְבַדְּךָ מְלֹךְ עֲדֵי עַד
הָאֵל קָדוֹשׁ.

מֶלֶךְ מַאֲזִין שַׁוְעָה / לְעַמּוֹ מֵחִישׁ יְשׁוּעָה
נוֹרָא וְקָדוֹשׁ.

בדורות האחרונים פשט המנהג שלא לומר את שלושת הפיוטים הבאים במחזור: ׳אָנָּא אֱלֹהִים חַיִּים׳, ׳אֵימָה בָּחַר׳ ו׳אַךְ אָתִים בְּחִין לְפָנֶיךָ׳ (עמ׳ 517-520), אלא רק ׳הַיּוֹם יִכָּתֵב׳, שהוא הפזמון של הפיוט ׳אֵימָה בָּחַר׳.

שליח הציבור אומר, והקהל חוזר אחריו:

הַיּוֹם יִכָּתֵב / בְּסֵפֶר הַזִּכְרוֹנוֹת
הַחַיִּים וְהַמָּוֶת.
אָנָּא כַּנָּה
עוּרִי נָא / הִתְעוֹרְרִי נָא
עִמְדִי נָא / הִתְיַצְּבִי נָא
קוּמִי נָא / חַלִּי נָא
בְּעַד הַנֶּפֶשׁ חַנִּי נָא
פְּנֵי דָר עֶלְיוֹן.

לאחר ה׳קיקלרים׳ – פיוטים המתאפיינים בפזמון חוזר (או בכמה פזמונות חוזרים) – אומרים שורת פיוטים המכונים ׳רהיטים׳, המובילים מעיקר ה׳קרובה׳ אל הקדשה. לפני כל אחד מפיוטים אלה, אומרים שורת פתיחה המתחילה במילה ׳וּבְכֵן׳, ומציגה את הנושא המרכזי שהפיוט מפתח בהרחבה.

פותחים את ארון הקודש.

וּבְכֵן, אִמְרוּ לֵאלֹהִים, מַה־נּוֹרָא מַעֲשֶׂיךָ: תהלים סו

סימן א״ב

אִמְרוּ לֵאלֹהִים
אֶרֶךְ אַפַּיִם וּגְדָל־כֹּחַ / מֵכִין הָרִים בְּכֹחַ נחום א
חֲכַם לֵבָב וְאַמִּיץ כֹּחַ / נֹתֵן לַיָּעֵף כֹּחַ איוב ט / ישעיה מ
לָכֵן יִתְגָּאֶה, גָּדוֹל אֲדוֹנֵינוּ וְרַב־כֹּחַ: תהלים קמז

אִמְרוּ לֵאלֹהִים

בּוֹנֶה בַשָּׁמַיִם מַעֲלוֹתָו / מַשְׁקֶה הָרִים מֵעֲלִיּוֹתָיו עמוס ט / תהלים קד

זֵכֶר עָשָׂה לְנִפְלְאוֹתָיו / וְלוֹ נִתְכְּנוּ עֲלִלוֹתָיו תהלים קיא

לָכֵן יִתְגָּאֶה, הַמְקָרֶה בַמַּיִם עֲלִיּוֹתָיו: תהלים קד

אִמְרוּ לֵאלֹהִים

גֵּאֶה וְגָבֹהַּ בִּשְׁמֵי מַעְלָה / עֹטֶה אוֹר כַּשַּׂלְמָה

לוֹ הַגְּבוּרָה וְהַגְּדֻלָּה / וְהָעֹז וְהַמֶּמְשָׁלָה

לָכֵן יִתְגָּאֶה, וּמַלְכוּתוֹ בַּכֹּל מָשָׁלָה: תהלים קג

אִמְרוּ לֵאלֹהִים

דָּגוּל מֵרִבְבוֹת קֹדֶשׁ / וְנֶאְדָּר בַּקֹּדֶשׁ

דַּרְכּוֹ בַקֹּדֶשׁ / וּמִשְׁתַּחֲוִים לוֹ בְּהַדְרַת קֹדֶשׁ

לָכֵן יִתְגָּאֶה, הֲלִיכוֹת אֵלִי מַלְכִּי בַקֹּדֶשׁ: תהלים סח

אִמְרוּ לֵאלֹהִים

הוֹדוֹ כִּסָּה שָׁמַיִם / וְהָאָרֶץ רוֹקַע עַל הַמָּיִם

יַרְעֵם מִשָּׁמַיִם / לְקוֹל תִּתּוֹ הֲמוֹן מַיִם ירמיה נא

לָכֵן יִתְגָּאֶה, הַנּוֹטֶה כַדֹּק שָׁמָיִם: ישעיה מ

אִמְרוּ לֵאלֹהִים

וְכָל בַּשָּׁלִשׁ עֲפַר הָאָרֶץ / יָדוֹ יָסְדָה אָרֶץ ישעיה מ

וִימִינוֹ טִפְּחָה שְׁמֵי עֶרֶץ / וְהֶעֱמִידָם בְּלִי פֶרֶץ

לָכֵן יִתְגָּאֶה, הַיֹּשֵׁב עַל־חוּג הָאָרֶץ: שם

אִמְרוּ לֵאלֹהִים

זֹהַר כִּסְאוֹ שְׁבִיבֵי אֵשׁ / מְשָׁרְתָיו לֹהֵט אֵשׁ

נֹגַהּ לָאֵשׁ וּמַבְרִיק הָאֵשׁ / לְפָנָיו נִמְשָׁכִים נַהֲרֵי אֵשׁ

לָכֵן יִתְגָּאֶה, אֵשׁ אֹכְלָה אֵשׁ.

אִמְרוּ לֵאלֹהִים
חַי עוֹלָמִים / צָר בְּיָהּ עוֹלָמִים
אִוָּה בֵּית עוֹלָמִים / מָכוֹן לְשִׁבְתּוֹ עוֹלָמִים
לָכֵן יִתְגָּאֶה, עַתִּיק יוֹמִין.

אִמְרוּ לֵאלֹהִים
טְהוֹר עֵינַיִם / סְבִיבוֹתָיו חַשְׁרַת מַיִם
עָבֵי שַׁחַק חֶשְׁכַת מַיִם / טוֹעֲנֵי מֶרְכַּבְתּוֹ, גַּבּוֹתָם מְלֵאוֹת עֵינַיִם
לָכֵן יִתְגָּאֶה, מִצְוַת יהוה בָּרָה מְאִירַת עֵינָיִם: תהלים יט

אִמְרוּ לֵאלֹהִים
יוֹדֵעַ מַה בְּסִתְרֵי חֹשֶׁךְ / לֹא יַחְשִׁיךְ מֶנּוּ חֹשֶׁךְ
קֵץ שָׂם לַחֹשֶׁךְ / הֹפֵךְ לַבֹּקֶר צַלְמָוֶת וְחֹשֶׁךְ איוב כח
לָכֵן יִתְגָּאֶה, יוֹצֵר אוֹר וּבוֹרֵא חֹשֶׁךְ: ישעיה מה

אִמְרוּ לֵאלֹהִים
כּוֹנֵן כִּסְאוֹ לַמִּשְׁפָּט / מְכוֹן כִּסְאוֹ צֶדֶק וּמִשְׁפָּט
אֱלֹהֵי הַמִּשְׁפָּט / תֹּאחֵז יָדוֹ בְּמִשְׁפָּט
לָכֵן יִתְגָּאֶה, וַיִּגְבַּהּ יהוה צְבָאוֹת בַּמִּשְׁפָּט: ישעיה ה

אִמְרוּ לֵאלֹהִים
לוֹ יָאֲתָה מְלוּכָה / שׁוֹכֵן עַד, וְאֶת דַּכָּא
מֵשִׁיב אֱנוֹשׁ עַד דַּכָּא / וְאוֹמֵר, שׁוּבוּ בְּרוּחַ נְמוּכָה
לָכֵן יִתְגָּאֶה, כִּי לַיהוה הַמְּלוּכָה: תהלים כב

אִמְרוּ לֵאלֹהִים
מֹשֵׁל בִּגְבוּרָתוֹ עוֹלָם / הַכֹּל צָפוּי וְלֹא נֶעְלָם תהלים סו
זֶה שְּׁמוֹ לְעוֹלָם / חַסְדּוֹ מֵעוֹלָם וְעַד עוֹלָם
לָכֵן יִתְגָּאֶה, בָּרוּךְ יהוה אֱלֹהֵי יִשְׂרָאֵל, מֵהָעוֹלָם וְעַד־הָעוֹלָם: תהלים מא

אִמְרוּ לֵאלֹהִים
נוֹצֵר חֶסֶד לָאֲלָפִים דּוֹר / לוֹחֵם קָמָיו מִדּוֹר לְדוֹר
מֵקִים סֻכַּת מְשִׁיחוֹ לִגְדֹּר / הָאוֹר חוֹנֶה עִמּוֹ בְּמָדוֹר
לָכֵן יִתְגָּאֶה, וְזֶה זִכְרִי לְדֹר דֹּר: שמות ג

אִמְרוּ לֵאלֹהִים
סוֹבֵל עֶלְיוֹנִים וְתַחְתּוֹנִים / שֹׁמֵעַ אֶל־אֶבְיוֹנִים תהלים סט
מַאֲזִין שִׂיחַ חִנּוּנִים / מַקְשִׁיב שֶׁוַע רְנָנִים
לָכֵן יִתְגָּאֶה, אֱלֹהֵי הָאֱלֹהִים וַאֲדֹנֵי הָאֲדֹנִים: דברים י

אִמְרוּ לֵאלֹהִים
עִזּוּז וְגִבּוֹר מִלְחָמָה / נוֹקֵם לְצָרָיו וּבַעַל חֵמָה
מַכְרִית קָמִים בִּמְהוּמָה / נוֹהֵם עֲלֵיהֶם בִּנְהִימָה
לָכֵן יִתְגָּאֶה, יהוה אִישׁ מִלְחָמָה: שמות טו

אִמְרוּ לֵאלֹהִים
פּוֹעֵל וְעוֹשֶׂה הַכֹּל / בְּיָדוֹ לְגַדֵּל וּלְחַזֵּק לַכֹּל
אֵלָיו יְשַׂבְּרוּ עֵינֵי כֹל / עֵינָיו מְשׁוֹטְטוֹת בַּכֹּל
לָכֵן יִתְגָּאֶה, עֶלְיוֹן עַל־כֹּל: תהלים פג

אִמְרוּ לֵאלֹהִים
צַדִּיק בְּכָל דְּרָכָיו / יָשָׁר מֵצִיץ מֵחֲרַכָּיו
חָפֵץ בְּעַם מַמְלִיכָיו / יִירְשׁוּ אֶרֶץ מְבֹרָכָיו
לָכֵן יִתְגָּאֶה, בָּרְכוּ יהוה מַלְאָכָיו: תהלים קג

אִמְרוּ לֵאלֹהִים
קֹרֵא הַדֹּרוֹת מֵרֹאשׁ / מַגִּיד אַחֲרִית מֵרֹאשׁ ישעיה מא
בָּחַר בְּאֹם דַּלַּת רֹאשׁ / עֻזּוֹ יוֹם יוֹם לִדְרֹשׁ
לָכֵן יִתְגָּאֶה, וְהַמִּתְנַשֵּׂא לְכֹל לְרֹאשׁ: דברי הימים א׳ כט

אֱמְרוּ לֵאלֹהִים

רָם וְנִשָּׂא, שֹׁכֵן עַד / בִּטְחוּ בוֹ עֲדֵי עַד ישעיה נז

כְּבוֹדוֹ בְּסוֹד קְדוֹשִׁים וָעַד / וּלְעַם קְדוֹשׁוֹ נוֹעַד

לָכֵן יִתְגָּאֶה, הַמַּבִּיט לָאָרֶץ וַתִּרְעָד: תהלים קד

אֱמְרוּ לֵאלֹהִים

שְׁבִילוֹ בְּמַיִם רַבִּים / שָׁמָיו מַרְעִיף רְבִיבִים

שְׁמוֹ מְיַחֲדִים שַׁחַר וַעֲרָבִים / בְּשַׁעַר בַּת רַבִּים

לָכֵן יִתְגָּאֶה, יהוה צְבָאוֹת יֹשֵׁב הַכְּרֻבִים: שמואל א׳ ד

אֱמְרוּ לֵאלֹהִים

תְּהִלָּתוֹ מָלְאָה הָאָרֶץ / מַעֲבִיר כִּלָּיוֹן וְחָרֶץ חבקוק ג

מֵשִׁיב חֲרוֹן אַף וָקֶרֶץ / שֶׁוַע מְחַנְנָיו יֶרֶץ

לָכֵן יִתְגָּאֶה, יהוה אֲדֹנֵינוּ, מָה־אַדִּיר שִׁמְךָ בְּכָל־הָאָרֶץ: תהלים ח

כמו בפיוטי ׳מֶלֶךְ עֶלְיוֹן׳ הנאמרים בראש השנה, גם לפיוטי ׳מַעֲשֵׂה אֱלֹהֵינוּ׳ המאפיינים את ׳קדושתאות׳ (מערכות פיוטים לחזרת הש״ץ) יום הכיפורים, נכתבו פיוטים משלימים, ׳מַעֲשֵׂה אֱנוֹשׁ׳, המדגישים את הניגוד בין הקב״ה לבשר ודם. כבר מימות הראשונים השמיטו את בתי הפיוט המשלים, פרט לבית האחרון שלו, שאומרים לפני הבית החותם.

הפיוט השלם על שני חלקיו מובא בעמ׳ 521.

וּבְכֵן, גְּדוֹלִים מַעֲשֵׂי אֱלֹהֵינוּ.

סימן א״ב

מַעֲשֵׂה אֱלֹהֵינוּ

אֵין מִי בַשַּׁחַק יַעֲרֹךְ לוֹ / בִּבְנֵי אֵלִים יִדְמֶה לוֹ

גְּבֹהִים עִלָּה לְמוֹשָׁב לוֹ / דָּרֵי גֵיא כַּחֲגָבִים לְמוּלוֹ

לָכֵן יִתְגָּאֶה, הַצּוּר תָּמִים פָּעֳלוֹ: דברים לב

מַעֲשֵׂה אֱלֹהֵינוּ

הַמְשֵׁל וָפַחַד עִמּוֹ / וְהַרְבֵּה פְדוּת עִמּוֹ איוב כה

זַעַק וְלַחַשׁ עַמּוֹ / חָשׁ וּמַאֲזִין מִמְּרוֹמוֹ

לָכֵן יִתְגָּאֶה, יהוה צְבָאוֹת שְׁמוֹ: ישעיה מח

מַעֲשֵׂה אֱלֹהֵינוּ

טֶרֶף נָתַן לִירֵאָיו / יֹבִילוּ שַׁי לְמוֹרָאָיו תהלים קיא

כִּתֵּי גְדוּדֵי צְבָאָיו / לֹא יְשׁוּרוּ כְּבוֹד מַרְאָיו

לָכֵן יִתְגָּאֶה, הִנֵּה עֵין יהוה אֶל־יְרֵאָיו: תהלים לג

מַעֲשֵׂה אֱלֹהֵינוּ

מַלְאָכָיו עוֹשֶׂה רוּחוֹת / נִקְדָּשׁ בְּשִׁירוֹת וְתִשְׁבָּחוֹת

סוֹכֵת שְׁפִיכַת שִׂיחוֹת / עוֹנֶה וּמַעֲמִיד רְוָחוֹת

לָכֵן יִתְגָּאֶה, אֱלֹהֵי הָרוּחֹת: במדבר טז

מַעֲשֵׂה אֱלֹהֵינוּ

פּוֹדֶה מִשַּׁחַת עֲמוּסָיו / צוּר יוֹדֵעַ חוֹסָיו

קָדוֹשׁ מַפְלִיא נִסָּיו / רַחוּם לִמְרַצָּיו וּמַכְעִיסָיו

לָכֵן יִתְגָּאֶה, וְרַחֲמָיו עַל־כָּל־מַעֲשָׂיו: תהלים קמה

סוגרים את ארון הקודש.

מַעֲשֵׂה אֱנוֹשׁ

תַּחְבּוּלוֹתָיו מְזִמָּה / שִׁבְתּוֹ בְּתוֹךְ מִרְמָה

רְפִידָתוֹ רִמָּה / קָבוּר בִּסְעִיף אֲדָמָה

וְאֵיךְ יִתְגָּאֶה, אָדָם לַהֶבֶל דָּמָה: תהלים קמד

פותחים את ארון הקודש.

אֲבָל מַעֲשֵׂה אֱלֹהֵינוּ

שׁוֹמֵעַ שַׁוְעוֹת / שׁוֹעֶה עֶרֶךְ שׁוּעוֹת

תּוֹרוֹתָיו מְשַׁעַשְׁעוֹת / תָּכְסִיסוֹ כּוֹבַע יְשׁוּעוֹת

לָכֵן יִתְגָּאֶה, הָאֵל לָנוּ אֵל לְמוֹשָׁעוֹת: תהלים סח

סוגרים את ארון הקודש.

לאחר הפיוט ׳מַעֲשֵׂה אֱלֹהֵינוּ׳ המתאר את עליונותו האינסופית של הקב״ה מעל האדם, הפייטן מתאר את הפרדוקס, שעם כל גדולתו של הקב״ה, הניכרת בפמליה של מעלה (ומתוארת בהרחבה בפיוט הקודם), הוא רוצה דווקא בשבח מפיהם של בני האדם.

כיום יש קהילות שאינן אומרות פיוט זה, ואפשר שכאשר אין אומרים את הבתים ׳מַעֲשֵׂה אֱנוֹשׁ׳, הפרדוקס חד פחות.

וּבְכֵן, לְנוֹרָא עֲלֵיהֶם בְּאֵימָה יַעֲרִיצוּ.

סימן א״ב

אֲשֶׁר אֹמֶץ תְּהִלָּתֶךָ בְּאֵילֵי שַׁחַק / בְּבִרְקֵי נֹגַהּ
בִּגְדוּדֵי גֹבַהּ / בִּדְמָמָה דַקָּה וּקְדֻשָּׁתְךָ בְּפִיהֶם.

וְרָצִיתָ שֶׁבַח מֵהוֹמֵי רֶגֶשׁ / וְעוֹרְכֵי שֶׁוַע
זוֹעֲקֵי תְחִנָּה / חוֹכֵי חֲנִינָה וְהִיא כְבוֹדֶךָ.

אֲשֶׁר אֹמֶץ תְּהִלָּתֶךָ בְּטַפְסְרֵי טֹהַר / בִּידִידוּן יְדִידוּן
בִּכְרוּבֵי כָבוֹד / בְּלִגְיוֹנֵי לַהַב וּקְדֻשָּׁתְךָ בְּפִיהֶם.

וְרָצִיתָ שֶׁבַח מִמְּעוּטֵי יָמִים / נְשׂוּיֵי טוֹבָה
שְׂבֵעֵי רֹגֶז / עֲגוּמֵי נֶפֶשׁ וְהִיא כְבוֹדֶךָ.

אֲשֶׁר אֹמֶץ תְּהִלָּתֶךָ בִּפְלִיאֵי שֵׁמוֹת / בְּצִבְאוֹת עִירִין
בִּקְדוֹשֵׁי קֶדֶם / בְּרֶכֶב רִבֹּתַיִם וּקְדֻשָּׁתְךָ בְּפִיהֶם.

וְרָצִיתָ שֶׁבַח מִשּׁוֹקְדֵי דְלָתוֹת / שׁוֹפְכֵי שִׂיחַ
תּוֹבְעֵי סְלִיחָה / תְּאֵבֵי כַפָּרָה וְהִיא כְבוֹדֶךָ.

שני ה׳רהיטים׳ ׳עַל יִשְׂרָאֵל אֱמוּנָתוֹ׳ ו׳אַפְסֵי אֶרֶץ בִּדְבָרוֹ הֵקִים׳ מבוססים על תהלים סח, לה. פסוק זה מדגים את אותו העיקרון שהובא בפיוט הקודם. ה׳רהיט׳ ׳עַל יִשְׂרָאֵל אֱמוּנָתוֹ׳ מקביל לבתים המתחילים ׳וְרָצִיתָ שֶׁבַח׳ למעלה – הואיל והקב״ה רצה שבח דווקא מבשר ודם, הרי שכבודו תלוי בהם, ובפרט בישראל. שלושת הפיוטים שמדלגים עליהם, ׳אַפְסֵי אֶרֶץ בִּדְבָרוֹ הֵקִים׳, ׳מִי כָמוֹךָ אַדִּיר בַּמְּרוֹמִים׳ ו׳אֵין כָּמוֹךָ בְּאַדִּירֵי מַעְלָה׳, משבחים את הקב״ה על הבריאה (ומקבילים לבתים המתחילים ׳אֲשֶׁר אֹמֶץ תְּהִלָּתֶךָ׳). היום נוהגים ברוב הקהילות שלא לאומרם.

וּבְכֵן, תְּנוּ עֹז לֵאלֹהִים, עַל־יִשְׂרָאֵל גַּאֲוָתוֹ: תהלים סח

סימן א״ב

עַל יִשְׂרָאֵל אֱמוּנָתוֹ עַל יִשְׂרָאֵל בִּרְכָתוֹ
עַל יִשְׂרָאֵל גַּאֲוָתוֹ עַל יִשְׂרָאֵל דִּבְרָתוֹ

עַל יִשְׂרָאֵל הֲדָרָתוֹ עַל יִשְׂרָאֵל וְעִידָתוֹ
עַל יִשְׂרָאֵל זְכִירָתוֹ עַל יִשְׂרָאֵל חֶמְלָתוֹ
עַל יִשְׂרָאֵל טַהֲרָתוֹ עַל יִשְׂרָאֵל יְשָׁרָתוֹ
עַל יִשְׂרָאֵל כַּנָּתוֹ עַל יִשְׂרָאֵל לְאֻמָּתוֹ
עַל יִשְׂרָאֵל מַלְכוּתוֹ עַל יִשְׂרָאֵל נְעִימָתוֹ
עַל יִשְׂרָאֵל סְגֻלָּתוֹ עַל יִשְׂרָאֵל עֲדָתוֹ
עַל יִשְׂרָאֵל פְּעֻלָּתוֹ עַל יִשְׂרָאֵל צִדְקָתוֹ
עַל יִשְׂרָאֵל קְדֻשָּׁתוֹ עַל יִשְׂרָאֵל רוֹמְמוּתוֹ
עַל יִשְׂרָאֵל שְׁכִינָתוֹ עַל יִשְׂרָאֵל תִּפְאַרְתּוֹ.

הפיוטים ׳אַפְסֵי אֶרֶץ בִּדְבָרוֹ הֵקִים׳, ׳מִי כָמוֹךָ אַדִּיר בַּמְּרוֹמִים׳ ו׳אֵין כָּמוֹךָ בְּאַדִּירֵי מַעְלָה׳ בעמ׳ 523-524.

פותחים את ארון הקודש.

מקורו של הפיוט ׳הָאַדֶּרֶת וְהָאֱמוּנָה׳ בספרות ההיכלות. חסידי אשכנז החשיבו אותו מאוד, וראו בו תיאור לשירת המלאכים (סידור הרוקח, יד).

וּבְכֵן, נַאַדִּרְךָ חַי עוֹלָמִים.

סימן א״ב כפול

הָאַדֶּרֶת וְהָאֱמוּנָה לְחַי עוֹלָמִים
הַבִּינָה וְהַבְּרָכָה לְחַי עוֹלָמִים
הַגַּאֲוָה וְהַגְּדֻלָּה לְחַי עוֹלָמִים
הַדֵּעָה וְהַדִּבּוּר לְחַי עוֹלָמִים
הַהוֹד וְהֶהָדָר לְחַי עוֹלָמִים
הַוַּעַד וְהַוָּתִיקוּת לְחַי עוֹלָמִים
הַזּוֹךְ וְהַזֹּהַר לְחַי עוֹלָמִים
הַחַיִל וְהַחֹסֶן לְחַי עוֹלָמִים
הַטֶּכֶס וְהַטֹּהַר לְחַי עוֹלָמִים
הַיִּחוּד וְהַיִּרְאָה לְחַי עוֹלָמִים
הַכֶּתֶר וְהַכָּבוֹד לְחַי עוֹלָמִים
הַלֶּקַח וְהַלִּבּוּב לְחַי עוֹלָמִים

הַמְּלוּכָה וְהַמֶּמְשָׁלָה לְחַי עוֹלָמִים
הַנּוֹי וְהַנֵּצַח לְחַי עוֹלָמִים
הַסִּגּוּי וְהַשֶּׂגֶב לְחַי עוֹלָמִים
הָעֹז וְהָעֲנָוָה לְחַי עוֹלָמִים
הַפְּדוּת וְהַפְּאֵר לְחַי עוֹלָמִים
הַצְּבִי וְהַצֶּדֶק לְחַי עוֹלָמִים
הַקְּרִיאָה וְהַקְּדֻשָּׁה לְחַי עוֹלָמִים
הָרֹן וְהָרוֹמֵמוּת לְחַי עוֹלָמִים
◂ הַשִּׁיר וְהַשֶּׁבַח לְחַי עוֹלָמִים
הַתְּהִלָּה וְהַתִּפְאֶרֶת לְחַי עוֹלָמִים

סוגרים את ארון הקודש.

הפיוטים 'נַאֲמִירְךָ בְּאֵימָה', 'רוֹמְמוּ אֵל מֶלֶךְ נֶאֱמָן', 'רוֹמְמוּ אַדִּיר וְנוֹרָא', 'אֱמוּנָתְךָ בָּעֶלְיוֹנִים' וְ'הַנִּקְדָּשׁ בְּאַלְפֵי אֲלָפִים' בעמ' 525-527.

הקרובה לשחרית מסתיימת בשני פיוטים מורכבים יותר מה'רהיטים' שקדמו להם, 'אֵילֵי שַׁחַק חֲצוּבֵי לְהָבִים' וְ'אֵין מִסְפָּר לִגְדוּדֵי צְבָא חֵילוֹ' בעמ' 528-532.
היום בקהילות רבות נוהגים לומר רק את הפזמונות של שני הפיוטים.

שליח הציבור אומר, והקהל חוזר אחריו:

לְיוֹשֵׁב תְּהִלּוֹת / לְרוֹכֵב עֲרָבוֹת
קָדוֹשׁ וּבָרוּךְ.

שליח הציבור:

וּבְכֵן, שְׂרָפִים עֹמְדִים מִמַּעַל לוֹ: ישעיה ו

שליח הציבור אומר, והקהל חוזר אחריו:

זֶה אֶל זֶה שׁוֹאֲלִים
אַיֵּה אֵל אֵלִים
אָנָה שׁוֹכֵן מְעָלִים
וְכֻלָּם מַעֲרִיצִים וּמַקְדִּישִׁים וּמְהַלְּלִים.

פותחים את ארון הקודש.

וּבְכֵן, לְךָ הַכֹּל יַכְתִּירוּ.

סימן א״ב

לְאֵל עוֹרֵךְ דִּין   לְבוֹחֵן לְבָבוֹת בְּיוֹם דִּין.
לְגוֹלֶה עֲמֻקּוֹת בַּדִּין   לְדוֹבֵר מֵישָׁרִים בְּיוֹם דִּין.
לְהוֹגֶה דֵעוֹת בַּדִּין   לְוָתִיק וְעוֹשֶׂה חֶסֶד בְּיוֹם דִּין.
לְזוֹכֵר בְּרִיתוֹ בַּדִּין   לְחוֹמֵל מַעֲשָׂיו בְּיוֹם דִּין.
לְטַהֵר חוֹסָיו בַּדִּין   לְיוֹדֵעַ מַחֲשָׁבוֹת בְּיוֹם דִּין.
לְכוֹבֵשׁ כַּעְסוֹ בַּדִּין   לְלוֹבֵשׁ צְדָקוֹת בְּיוֹם דִּין.
לְמוֹחֵל עֲוֹנוֹת בַּדִּין   לְנוֹרָא תְהִלּוֹת בְּיוֹם דִּין.
לְסוֹלֵחַ לַעֲמוּסָיו בַּדִּין   לְעוֹנֶה לְקוֹרְאָיו בְּיוֹם דִּין.
לְפוֹעֵל רַחֲמָיו בַּדִּין   לְצוֹפֶה נִסְתָּרוֹת בְּיוֹם דִּין.
לְקוֹנֶה עֲבָדָיו בַּדִּין   לְרַחֵם עַמּוֹ בְּיוֹם דִּין.
לְשׁוֹמֵר אֹהֲבָיו בַּדִּין   לְתוֹמֵךְ תְּמִימָיו בְּיוֹם דִּין.

סוגרים את ארון הקודש.

וּבְכֵן לְךָ תַעֲלֶה קְדֻשָּׁה, כִּי אַתָּה אֱלֹהֵינוּ מֶלֶךְ מוֹחֵל וְסוֹלֵחַ.

הסילוק ׳מִי יְתַנֶּה׳ בעמ׳ 532.

קדושה

בבתי כנסת המתפללים בנוסח אשכנז, אומרים כאן:

נַעֲרִיצְךָ וְנַקְדִּישְׁךָ כְּסוֹד שִׂיחַ שַׂרְפֵי קֹדֶשׁ, הַמַּקְדִּישִׁים שִׁמְךָ בַּקֹּדֶשׁ, כַּכָּתוּב עַל יַד
ישעיה ו נְבִיאֶךָ: וְקָרָא זֶה אֶל־זֶה וְאָמַר   וממשיכים ׳קָדוֹשׁ, קָדוֹשׁ, קָדוֹשׁ׳ בעמוד הבא.

בחזרת הש״ץ הקהל עומד ואומר קדושה. ביום הכיפורים נוהגים לומר בכל תפילות היום את הקדושה הארוכה של מוסף (ראבי״ה, תקל). במקומות המסומנים ב׳, המתפלל מתרומם על קצות אצבעותיו.

קהל ואחריו שליח הציבור:

כֶּתֶר יִתְּנוּ לְךָ, יהוה אֱלֹהֵינוּ, מַלְאָכִים הֲמוֹנֵי מַעְלָה
עִם עַמְּךָ יִשְׂרָאֵל קְבוּצֵי מַטָּה
יַחַד כֻּלָּם קְדֻשָּׁה לְךָ יְשַׁלֵּשׁוּ כַּדָּבָר הָאָמוּר עַל יַד נְבִיאֶךָ
ישעיה ו וְקָרָא זֶה אֶל־זֶה וְאָמַר

קהל ואחריו שליח הציבור:

ּקָדוֹשׁ, ּקָדוֹשׁ, ּקָדוֹשׁ, יהוה צְבָאוֹת, מְלֹא כָל־הָאָרֶץ כְּבוֹדוֹ:

כְּבוֹדוֹ מָלֵא עוֹלָם, מְשָׁרְתָיו שׁוֹאֲלִים זֶה לָזֶה

אַיֵּה מְקוֹם כְּבוֹדוֹ לְהַעֲרִיצוֹ

לְעֻמָּתָם מְשַׁבְּחִים וְאוֹמְרִים

קהל ואחריו שליח הציבור:

ּבָּרוּךְ כְּבוֹד־יהוה מִמְּקוֹמוֹ: יחזקאל ג

מִמְּקוֹמוֹ הוּא יִפֶן בְּרַחֲמָיו לְעַמּוֹ

וְיָחֹן עַם הַמְיַחֲדִים שְׁמוֹ עֶרֶב וָבֹקֶר בְּכָל יוֹם תָּמִיד

פַּעֲמַיִם בְּאַהֲבָה שְׁמַע אוֹמְרִים

קהל ואחריו שליח הציבור:

שְׁמַע יִשְׂרָאֵל, יהוה אֱלֹהֵינוּ, יהוה אֶחָד: דברים ו

הוּא אֱלֹהֵינוּ, הוּא אָבִינוּ, הוּא מַלְכֵּנוּ, הוּא מוֹשִׁיעֵנוּ

וְהוּא יוֹשִׁיעֵנוּ וְיִגְאָלֵנוּ שֵׁנִית, וְיַשְׁמִיעֵנוּ בְּרַחֲמָיו לְעֵינֵי כָּל חַי לֵאמֹר

הֵן גָּאַלְתִּי אֶתְכֶם אַחֲרִית כְּרֵאשִׁית

לִהְיוֹת לָכֶם לֵאלֹהִים, אֲנִי יהוה אֱלֹהֵיכֶם: במדבר טו

קהל ואחריו שליח הציבור:

אַדִּיר אַדִּירֵנוּ, יהוה אֲדֹנֵינוּ, מָה־אַדִּיר שִׁמְךָ בְּכָל־הָאָרֶץ: תהלים ח

וְהָיָה יהוה לְמֶלֶךְ עַל־כָּל־הָאָרֶץ זכריה יד

בַּיּוֹם הַהוּא יִהְיֶה יהוה אֶחָד וּשְׁמוֹ אֶחָד:

שליח הציבור:

וּבְדִבְרֵי קָדְשְׁךָ כָּתוּב לֵאמֹר

קהל ואחריו שליח הציבור:

ּיִמְלֹךְ יהוה לְעוֹלָם, אֱלֹהַיִךְ צִיּוֹן לְדֹר וָדֹר, הַלְלוּיָהּ: תהלים קמו

שליח הציבור:

לְדוֹר וָדוֹר נַגִּיד גָּדְלֶךָ, וּלְנֵצַח נְצָחִים קְדֻשָּׁתְךָ נַקְדִּישׁ

וְשִׁבְחֲךָ אֱלֹהֵינוּ מִפִּינוּ לֹא יָמוּשׁ לְעוֹלָם וָעֶד

כִּי אֵל מֶלֶךְ גָּדוֹל וְקָדוֹשׁ אָתָּה.

יש האומרים כאן את פיוטי הקדושה שבעמ׳ 540.

בבתי כנסת המתפללים בנוסח אשכנז, אין אומרים ׳לְדוֹר וָדוֹר׳.

לְדוֹר וָדוֹר הַמְלִיכוּ לָאֵל, כִּי הוּא לְבַדּוֹ מָרוֹם וְקָדוֹשׁ.

קהל ושליח הציבור אומרים יחד:

חֲמֹל עַל מַעֲשֶׂיךָ / וְתִשְׂמַח בְּמַעֲשֶׂיךָ
וְיֹאמְרוּ לְךָ חוֹסֶיךָ / בְּצַדֶּקְךָ עֲמוּסֶיךָ
תֻּקְדַּשׁ אָדוֹן עַל כָּל מַעֲשֶׂיךָ

כִּי מַקְדִּישֶׁיךָ בִּקְדֻשָּׁתְךָ קִדַּשְׁתָּ
נָאֶה לְקָדוֹשׁ פְּאֵר מִקְּדוֹשִׁים.

שליח הציבור ממשיך:

בְּאֵין מֵלִיץ יֹשֶׁר / מוּל מַגִּיד פֶּשַׁע
תַּגִּיד לְיַעֲקֹב דָּבָר, חֹק וּמִשְׁפָּט
וְצַדְּקֵנוּ בַּמִּשְׁפָּט, הַמֶּלֶךְ הַמִּשְׁפָּט.

עוֹד יִזְכֹּר לָנוּ אַהֲבַת אֵיתָן, אֲדוֹנֵינוּ
וּבַבֵּן הַנֶּעֱקָד יַשְׁבִּית מְדַיְּנֵינוּ
וּבִזְכוּת הַתָּם יוֹצִיא הַיּוֹם לְצֶדֶק דִּינֵנוּ
כִּי־קָדוֹשׁ הַיּוֹם לַאֲדֹנֵינוּ: נחמיה ח

וּבְכֵן יִתְקַדַּשׁ שִׁמְךָ יהוה אֱלֹהֵינוּ
עַל יִשְׂרָאֵל עַמֶּךָ
וְעַל יְרוּשָׁלַיִם עִירֶךָ
וְעַל צִיּוֹן מִשְׁכַּן כְּבוֹדֶךָ
וְעַל מַלְכוּת בֵּית דָּוִד מְשִׁיחֶךָ
וְעַל מְכוֹנְךָ וְהֵיכָלֶךָ.

במחזורי אשכנז נוסף כאן סדר ׳רהיטים׳ (עמ׳ 546-559).

וּבְכֵן תֵּן פַּחְדְּךָ יהוה אֱלֹהֵינוּ עַל כָּל מַעֲשֶׂיךָ
וְאֵימָתְךָ עַל כָּל מַה שֶּׁבָּרָאתָ
וְיִירָאוּךָ כָּל הַמַּעֲשִׂים, וְיִשְׁתַּחֲווּ לְפָנֶיךָ כָּל הַבְּרוּאִים
וְיֵעָשׂוּ כֻלָּם אֲגֻדָּה אֶחָת לַעֲשׂוֹת רְצוֹנְךָ בְּלֵבָב שָׁלֵם
כְּמוֹ שֶׁיָּדַעְנוּ יהוה אֱלֹהֵינוּ שֶׁהַשָּׁלְטָן לְפָנֶיךָ
עֹז בְּיָדְךָ וּגְבוּרָה בִּימִינֶךָ
וְשִׁמְךָ נוֹרָא עַל כָּל מַה שֶּׁבָּרָאתָ.

וּבְכֵן תֵּן כָּבוֹד יהוה לְעַמֶּךָ
תְּהִלָּה לִירֵאֶיךָ וְתִקְוָה טוֹבָה לְדוֹרְשֶׁיךָ
וּפִתְחוֹן פֶּה לַמְיַחֲלִים לָךְ
שִׂמְחָה לְאַרְצֶךָ, וְשָׂשׂוֹן לְעִירֶךָ
וּצְמִיחַת קֶרֶן לְדָוִד עַבְדֶּךָ
וַעֲרִיכַת נֵר לְבֶן יִשַׁי מְשִׁיחֶךָ בִּמְהֵרָה בְיָמֵינוּ.

וּבְכֵן צַדִּיקִים יִרְאוּ וְיִשְׂמָחוּ, וִישָׁרִים יַעֲלֹזוּ
וַחֲסִידִים בְּרִנָּה יָגִילוּ, וְעוֹלָתָה תִּקְפָּץ פִּיהָ
וְכָל הָרִשְׁעָה כֻּלָּהּ כְּעָשָׁן תִּכְלֶה
כִּי תַעֲבִיר מֶמְשֶׁלֶת זָדוֹן מִן הָאָרֶץ.

וְתִמְלֹךְ אַתָּה הוּא יהוה אֱלֹהֵינוּ
מְהֵרָה לְבַדֶּךָ עַל כָּל מַעֲשֶׂיךָ
בְּהַר צִיּוֹן מִשְׁכַּן כְּבוֹדֶךָ, וּבִירוּשָׁלַיִם עִיר קָדְשֶׁךָ
כַּכָּתוּב בְּדִבְרֵי קָדְשֶׁךָ
יִמְלֹךְ יהוה לְעוֹלָם, אֱלֹהַיִךְ צִיּוֹן לְדֹר וָדֹר, הַלְלוּיָהּ: תהלים קמו

קָדוֹשׁ אַתָּה וְנוֹרָא שְׁמֶךָ, וְאֵין אֱלוֹהַּ מִבַּלְעָדֶיךָ
כַּכָּתוּב, וַיִּגְבַּהּ יהוה צְבָאוֹת בַּמִּשְׁפָּט ישעיה ה
וְהָאֵל הַקָּדוֹשׁ נִקְדַּשׁ בִּצְדָקָה:
בָּרוּךְ אַתָּה יהוה, הַמֶּלֶךְ הַקָּדוֹשׁ.

קדושת היום

אַתָּה בְחַרְתָּנוּ מִכָּל הָעַמִּים
אָהַבְתָּ אוֹתָנוּ וְרָצִיתָ בָּנוּ, וְרוֹמַמְתָּנוּ מִכָּל הַלְּשׁוֹנוֹת
וְקִדַּשְׁתָּנוּ בְּמִצְוֹתֶיךָ, וְקֵרַבְתָּנוּ מַלְכֵּנוּ לַעֲבוֹדָתֶךָ
וְשִׁמְךָ הַגָּדוֹל וְהַקָּדוֹשׁ עָלֵינוּ קָרָאתָ.

בשבת מוסיפים את המילים שבסוגריים.

וַתִּתֶּן לָנוּ יהוה אֱלֹהֵינוּ בְּאַהֲבָה אֶת יוֹם
(הַשַּׁבָּת הַזֶּה לִקְדֻשָּׁה וְלִמְנוּחָה, וְאֶת יוֹם)
הַכִּפּוּרִים הַזֶּה, לִמְחִילָה וְלִסְלִיחָה וּלְכַפָּרָה
וְלִמְחָל בּוֹ אֶת כָּל עֲוֹנוֹתֵינוּ
(בְּאַהֲבָה) מִקְרָא קֹדֶשׁ, זֵכֶר לִיצִיאַת מִצְרָיִם.

אֱלֹהֵינוּ וֵאלֹהֵי אֲבוֹתֵינוּ
יַעֲלֶה וְיָבוֹא וְיַגִּיעַ, וְיֵרָאֶה וְיֵרָצֶה וְיִשָּׁמַע
וְיִפָּקֵד וְיִזָּכֵר זִכְרוֹנֵנוּ וּפִקְדּוֹנֵנוּ וְזִכְרוֹן אֲבוֹתֵינוּ
וְזִכְרוֹן מָשִׁיחַ בֶּן דָּוִד עַבְדֶּךָ, וְזִכְרוֹן יְרוּשָׁלַיִם עִיר קָדְשֶׁךָ
וְזִכְרוֹן כָּל עַמְּךָ בֵּית יִשְׂרָאֵל, לְפָנֶיךָ, לִפְלֵיטָה לְטוֹבָה
לְחֵן וּלְחֶסֶד וּלְרַחֲמִים, לְחַיִּים וּלְשָׁלוֹם
בְּיוֹם הַכִּפּוּרִים הַזֶּה.
זָכְרֵנוּ יהוה אֱלֹהֵינוּ בּוֹ לְטוֹבָה, וּפָקְדֵנוּ בוֹ לִבְרָכָה
וְהוֹשִׁיעֵנוּ בוֹ לְחַיִּים טוֹבִים.

וּבִדְבַר יְשׁוּעָה וְרַחֲמִים
חוּס וְחָנֵּנוּ וְרַחֵם עָלֵינוּ וְהוֹשִׁיעֵנוּ
כִּי אֵלֶיךָ עֵינֵינוּ, כִּי אֵל מֶלֶךְ חַנּוּן וְרַחוּם אָתָּה.

בימות הראשונים נהגו לומר סליחות ווידוי לפני חתימת הברכה הרביעית (סידור רס״ג). במאתיים השנים האחרונות הפסיקו בקהילות אשכנז לומר פיוטים וי״ג מידות (פרט לתפילות ערבית ונעילה), ומתחילים מיד בפסוקי סליחות.

הכול:

זְכֹר־רַחֲמֶיךָ יהוה וַחֲסָדֶיךָ, כִּי מֵעוֹלָם הֵמָּה: תהלים כה
אַל־תִּזְכָּר־לָנוּ עֲוֹנֹת רִאשֹׁנִים תהלים עט
מַהֵר יְקַדְּמוּנוּ רַחֲמֶיךָ כִּי דַלּוֹנוּ מְאֹד:
זָכְרֵנוּ יהוה בִּרְצוֹן עַמֶּךָ, פָּקְדֵנוּ בִּישׁוּעָתֶךָ.
זְכֹר עֲדָתְךָ קָנִיתָ קֶּדֶם תהלים עד
גָּאַלְתָּ שֵׁבֶט נַחֲלָתֶךָ, הַר־צִיּוֹן זֶה שָׁכַנְתָּ בּוֹ:
זְכֹר יהוה חִבַּת יְרוּשָׁלָיִם, אַהֲבַת צִיּוֹן אַל תִּשְׁכַּח לָנֶצַח.
זְכֹר יהוה לִבְנֵי אֱדוֹם אֵת יוֹם יְרוּשָׁלָיִם תהלים קלז
הָאֹמְרִים עָרוּ עָרוּ, עַד הַיְסוֹד בָּהּ:
אַתָּה תָקוּם תְּרַחֵם צִיּוֹן תהלים קב
כִּי־עֵת לְחֶנְנָהּ, כִּי־בָא מוֹעֵד:
זְכֹר לְאַבְרָהָם לְיִצְחָק וּלְיִשְׂרָאֵל עֲבָדֶיךָ שמות לב
אֲשֶׁר נִשְׁבַּעְתָּ לָהֶם בָּךְ וַתְּדַבֵּר אֲלֵהֶם
אַרְבֶּה אֶת־זַרְעֲכֶם כְּכוֹכְבֵי הַשָּׁמָיִם
וְכָל־הָאָרֶץ הַזֹּאת אֲשֶׁר אָמַרְתִּי אֶתֵּן לְזַרְעֲכֶם, וְנָחֲלוּ לְעֹלָם:
זְכֹר לַעֲבָדֶיךָ לְאַבְרָהָם לְיִצְחָק וּלְיַעֲקֹב דברים ט
אַל־תֵּפֶן אֶל־קְשִׁי הָעָם הַזֶּה וְאֶל־רִשְׁעוֹ וְאֶל־חַטָּאתוֹ:

קהל ואחריו שליח הציבור:

אַל־נָא תָשֵׁת עָלֵינוּ חַטָּאת אֲשֶׁר נוֹאַלְנוּ וַאֲשֶׁר חָטָאנוּ: במדבר יב
חָטָאנוּ צוּרֵנוּ, סְלַח לָנוּ יוֹצְרֵנוּ.

לאחר פסוקי ׳זְכֹר־רַחֲמֶיךָ׳ הקהל אומר שורת בקשות שהקב״ה ינהג עמנו ברחמים, ׳זְכָר לָנוּ בְּרִית אָבוֹת׳. לפני כן, נהגו לומר פיוט ׳חָטָאנוּ׳ על שם השורה החוזרת ׳חָטָאנוּ צוּרֵנוּ׳. בשחרית ליום הכיפורים אומרים את הפיוט ׳אֲדַבְּרָה תַחֲנוּנִים׳. היום נוהגים לומר רק את השורה האחרונה ׳קוֹל גָּדוֹל׳. הפיוט המלא בעמ׳ 560.

קהל ואחריו שליח הציבור:

קוֹל גָּדוֹל כְּהַשְׁמִיעַ לִרְחוּמִים / קַבְּלוּ מַלְכוּתִי מִמְּקוֹרֵי רְחָמִים
יִזְכֹּר הַיּוֹם לְסָבִיב מִתְחָמִים / אֵל מֶלֶךְ יוֹשֵׁב עַל כִּסֵּא רַחֲמִים.

חָטָאנוּ צוּרֵנוּ, סְלַח לָנוּ יוֹצְרֵנוּ.

הכול:

זְכָר לָנוּ בְּרִית אָבוֹת כַּאֲשֶׁר אָמַרְתָּ:
ויקרא כו וְזָכַרְתִּי אֶת־בְּרִיתִי יַעֲקוֹב
וְאַף אֶת־בְּרִיתִי יִצְחָק, וְאַף אֶת־בְּרִיתִי אַבְרָהָם אֶזְכֹּר
וְהָאָרֶץ אֶזְכֹּר:

זְכָר לָנוּ בְּרִית רִאשׁוֹנִים כַּאֲשֶׁר אָמַרְתָּ:
ויקרא כו וְזָכַרְתִּי לָהֶם בְּרִית רִאשֹׁנִים
אֲשֶׁר הוֹצֵאתִי־אֹתָם מֵאֶרֶץ מִצְרַיִם לְעֵינֵי הַגּוֹיִם
לִהְיוֹת לָהֶם לֵאלֹהִים, אֲנִי יהוה:

עֲשֵׂה עִמָּנוּ כְּמָה שֶׁהִבְטַחְתָּנוּ:
ויקרא כו וְאַף גַּם־זֹאת בִּהְיוֹתָם בְּאֶרֶץ אֹיְבֵיהֶם
לֹא־מְאַסְתִּים וְלֹא־גְעַלְתִּים לְכַלֹּתָם, לְהָפֵר בְּרִיתִי אִתָּם
כִּי אֲנִי יהוה אֱלֹהֵיהֶם:

הָשֵׁב שְׁבוּתֵנוּ וְרַחֲמֵנוּ כְּמָה שֶׁכָּתוּב:
דברים ל וְשָׁב יהוה אֱלֹהֶיךָ אֶת־שְׁבוּתְךָ וְרִחֲמֶךָ
וְשָׁב וְקִבֶּצְךָ מִכָּל־הָעַמִּים אֲשֶׁר הֱפִיצְךָ יהוה אֱלֹהֶיךָ שָׁמָּה:

קַבֵּץ נִדָּחֵינוּ כְּמָה שֶׁכָּתוּב:
דברים ל אִם־יִהְיֶה נִדַּחֲךָ בִּקְצֵה הַשָּׁמָיִם
מִשָּׁם יְקַבֶּצְךָ יהוה אֱלֹהֶיךָ וּמִשָּׁם יִקָּחֶךָ:

מְחֵה פְשָׁעֵינוּ כָּעָב וְכֶעָנָן כְּמָה שֶׁכָּתוּב:
מָחִיתִי כָעָב פְּשָׁעֶיךָ וְכֶעָנָן חַטֹּאותֶיךָ ישעיה מד
שׁוּבָה אֵלַי כִּי גְאַלְתִּיךָ:

מְחֵה פְשָׁעֵינוּ לְמַעַנְךָ כַּאֲשֶׁר אָמַרְתָּ:
אָנֹכִי אָנֹכִי הוּא מֹחֶה פְשָׁעֶיךָ לְמַעֲנִי ישעיה מג
וְחַטֹּאתֶיךָ לֹא אֶזְכֹּר:

הַלְבֵּן חֲטָאֵינוּ כַּשֶּׁלֶג וְכַצֶּמֶר כְּמָה שֶׁכָּתוּב:
לְכוּ־נָא וְנִוָּכְחָה יֹאמַר יהוה ישעיה א
אִם־יִהְיוּ חֲטָאֵיכֶם כַּשָּׁנִים כַּשֶּׁלֶג יַלְבִּינוּ
אִם־יַאְדִּימוּ כַתּוֹלָע כַּצֶּמֶר יִהְיוּ:

זְרֹק עָלֵינוּ מַיִם טְהוֹרִים וְטַהֲרֵנוּ כְּמָה שֶׁכָּתוּב:
וְזָרַקְתִּי עֲלֵיכֶם מַיִם טְהוֹרִים וּטְהַרְתֶּם יחזקאל לו
מִכֹּל טֻמְאוֹתֵיכֶם וּמִכָּל־גִּלּוּלֵיכֶם אֲטַהֵר אֶתְכֶם:

כַּפֵּר חֲטָאֵינוּ בַּיּוֹם הַזֶּה וְטַהֲרֵנוּ, כְּמָה שֶׁכָּתוּב:
כִּי־בַיּוֹם הַזֶּה יְכַפֵּר עֲלֵיכֶם לְטַהֵר אֶתְכֶם ויקרא טז
מִכֹּל חַטֹּאתֵיכֶם לִפְנֵי יהוה תִּטְהָרוּ:

רַחֵם עָלֵינוּ וְאַל תַּשְׁחִיתֵנוּ כְּמָה שֶׁכָּתוּב:
כִּי אֵל רַחוּם יהוה אֱלֹהֶיךָ, לֹא יַרְפְּךָ וְלֹא יַשְׁחִיתֶךָ דברים ד
וְלֹא יִשְׁכַּח אֶת־בְּרִית אֲבֹתֶיךָ אֲשֶׁר נִשְׁבַּע לָהֶם:

מוֹל אֶת לְבָבֵנוּ לְאַהֲבָה אֶת שְׁמֶךָ כְּמָה שֶׁכָּתוּב:
וּמָל יהוה אֱלֹהֶיךָ אֶת־לְבָבְךָ וְאֶת־לְבַב זַרְעֶךָ דברים ל
לְאַהֲבָה אֶת־יהוה אֱלֹהֶיךָ בְּכָל־לְבָבְךָ וּבְכָל־נַפְשְׁךָ, לְמַעַן חַיֶּיךָ:

הִמָּצֵא לָנוּ בְּבַקָּשָׁתֵנוּ כְּמָה שֶׁכָּתוּב:
וּבִקַּשְׁתֶּם מִשָּׁם אֶת־יהוה אֱלֹהֶיךָ וּמָצָאתָ דברים ד
כִּי תִדְרְשֶׁנּוּ בְּכָל־לְבָבְךָ וּבְכָל־נַפְשֶׁךָ:

תְּבִיאֵנוּ אֶל הַר קָדְשֶׁךָ, וְשַׂמְּחֵנוּ בְּבֵית תְּפִלָּתֶךָ כְּמָה שֶׁכָּתוּב:

וַהֲבִיאוֹתִים אֶל־הַר קָדְשִׁי ישעיה נו

וְשִׂמַּחְתִּים בְּבֵית תְּפִלָּתִי

עוֹלֹתֵיהֶם וְזִבְחֵיהֶם לְרָצוֹן עַל־מִזְבְּחִי

כִּי בֵיתִי בֵּית־תְּפִלָּה יִקָּרֵא לְכָל־הָעַמִּים:

פותחים את ארון הקודש.

יש קהילות שבהן אומרים את הפסוקים בסדר הבא:
׳שְׁמַע קוֹלֵנוּ׳, ׳הֲשִׁיבֵנוּ׳, ׳אַל תַּשְׁלִיכֵנוּ מִלְּפָנֶיךָ׳, ׳אַל תַּשְׁלִיכֵנוּ לְעֵת זִקְנָה׳ בקול –
שליח הציבור אומר פסוק פסוק ואחריו הקהל;
׳אַל תַּעַזְבֵנוּ׳, ׳עֲשֵׂה עִמָּנוּ׳, ׳אֲמָרֵינוּ הַאֲזִינָה׳, ׳יִהְיוּ לְרָצוֹן׳, ׳כִּי לְךָ ה׳׳ בלחש.

הקהל ואחריו שליח הציבור אומרים פסוק פסוק עד ׳אַל תַּעַזְבֵנוּ׳:

שְׁמַע קוֹלֵנוּ, יהוה אֱלֹהֵינוּ, חוּס וְרַחֵם עָלֵינוּ

וְקַבֵּל בְּרַחֲמִים וּבְרָצוֹן אֶת תְּפִלָּתֵנוּ.

הֲשִׁיבֵנוּ יהוה אֵלֶיךָ וְנָשׁוּבָה, חַדֵּשׁ יָמֵינוּ כְּקֶדֶם: איכה ה

אֲמָרֵינוּ הַאֲזִינָה יהוה, בִּינָה הֲגִיגֵנוּ.

יִהְיוּ לְרָצוֹן אִמְרֵי פִינוּ וְהֶגְיוֹן לִבֵּנוּ לְפָנֶיךָ, יהוה צוּרֵנוּ וְגוֹאֲלֵנוּ.

אַל תַּשְׁלִיכֵנוּ מִלְּפָנֶיךָ, וְרוּחַ קָדְשְׁךָ אַל תִּקַּח מִמֶּנּוּ.

אַל תַּשְׁלִיכֵנוּ לְעֵת זִקְנָה, כִּכְלוֹת כֹּחֵנוּ אַל תַּעַזְבֵנוּ.

אַל תַּעַזְבֵנוּ יהוה, אֱלֹהֵינוּ אַל תִּרְחַק מִמֶּנּוּ.

עֲשֵׂה עִמָּנוּ אוֹת לְטוֹבָה, וְיִרְאוּ שׂוֹנְאֵינוּ וְיֵבֹשׁוּ

כִּי אַתָּה יהוה עֲזַרְתָּנוּ וְנִחַמְתָּנוּ.

כִּי לְךָ יהוה הוֹחָלְנוּ, אַתָּה תַעֲנֶה אֲדֹנָי אֱלֹהֵינוּ.

סוגרים את ארון הקודש.

שליח הציבור:

אֱלֹהֵינוּ וֵאלֹהֵי אֲבוֹתֵינוּ
אַל תַּעַזְבֵנוּ, וְאַל תִּטְּשֵׁנוּ, וְאַל תַּכְלִימֵנוּ, וְאַל תָּפֵר בְּרִיתְךָ אִתָּנוּ
קָרְבֵנוּ לְתוֹרָתֶךָ, לַמְּדֵנוּ מִצְוֹתֶיךָ
הוֹרֵנוּ דְרָכֶיךָ, הַט לִבֵּנוּ לְיִרְאָה אֶת שְׁמֶךָ
וּמוֹל אֶת לְבָבֵנוּ לְאַהֲבָתֶךָ
וְנָשׁוּב אֵלֶיךָ בֶּאֱמֶת וּבְלֵב שָׁלֵם
וּלְמַעַן שִׁמְךָ הַגָּדוֹל תִּמְחֹל וְתִסְלַח לַעֲוֹנֵינוּ
כַּכָּתוּב בְּדִבְרֵי קָדְשֶׁךָ
לְמַעַן־שִׁמְךָ יהוה, וְסָלַחְתָּ לַעֲוֹנִי כִּי רַב־הוּא: תהלים כה

הכול:

אֱלֹהֵינוּ וֵאלֹהֵי אֲבוֹתֵינוּ
סְלַח לָנוּ, מְחַל לָנוּ, כַּפֶּר לָנוּ.

כִּי אָנוּ עַמֶּךָ וְאַתָּה אֱלֹהֵינוּ אָנוּ בָנֶיךָ וְאַתָּה אָבִינוּ
אָנוּ עֲבָדֶיךָ וְאַתָּה אֲדוֹנֵינוּ אָנוּ קְהָלֶךָ וְאַתָּה חֶלְקֵנוּ
אָנוּ נַחֲלָתֶךָ וְאַתָּה גוֹרָלֵנוּ אָנוּ צֹאנֶךָ וְאַתָּה רוֹעֵנוּ
אָנוּ כַרְמֶךָ וְאַתָּה נוֹטְרֵנוּ אָנוּ פְעֻלָּתֶךָ וְאַתָּה יוֹצְרֵנוּ
אָנוּ רַעְיָתֶךָ וְאַתָּה דוֹדֵנוּ אָנוּ סְגֻלָּתֶךָ וְאַתָּה אֱלֹהֵינוּ
אָנוּ עַמֶּךָ וְאַתָּה מַלְכֵּנוּ אָנוּ מַאֲמִירֶיךָ וְאַתָּה מַאֲמִירֵנוּ.

שליח הציבור אומר שורה שורה, והקהל חוזר אחריו:

אָנוּ עַזֵּי פָנִים וְאַתָּה רַחוּם וְחַנּוּן
אָנוּ קְשֵׁי עֹרֶף וְאַתָּה אֶרֶךְ אַפַּיִם
אָנוּ מְלֵאֵי עָוֹן וְאַתָּה מָלֵא רַחֲמִים
אָנוּ יָמֵינוּ כְּצֵל עוֹבֵר וְאַתָּה־הוּא וּשְׁנוֹתֶיךָ לֹא יִתָּמּוּ: תהלים קב

שליח הציבור:

אֱלֹהֵינוּ וֵאלֹהֵי אֲבוֹתֵינוּ
תָּבוֹא לְפָנֶיךָ תְּפִלָּתֵנוּ, וְאַל תִּתְעַלַּם מִתְּחִנָּתֵנוּ.
שֶׁאֵין אָנוּ עַזֵּי פָנִים וּקְשֵׁי עֹרֶף לוֹמַר לְפָנֶיךָ
יהוה אֱלֹהֵינוּ וֵאלֹהֵי אֲבוֹתֵינוּ
צַדִּיקִים אֲנַחְנוּ וְלֹא חָטָאנוּ.
אֲבָל אֲנַחְנוּ וַאֲבוֹתֵינוּ חָטָאנוּ.

כשמתוודה, מכה באגרופו על החזה כנגד הלב
(מג״א תרז, ג, בשם מדרש קהלת).

שליח הציבור אומר, והקהל אומר אתו בלחש:

אָשַׁמְנוּ, בָּגַדְנוּ, גָּזַלְנוּ, דִּבַּרְנוּ דֹפִי
הֶעֱוִינוּ, וְהִרְשַׁעְנוּ, זַדְנוּ, חָמַסְנוּ, טָפַלְנוּ שֶׁקֶר
יָעַצְנוּ רָע, כִּזַּבְנוּ, לַצְנוּ, מָרַדְנוּ, נִאַצְנוּ, סָרַרְנוּ
עָוִינוּ, פָּשַׁעְנוּ, צָרַרְנוּ, קִשִּׁינוּ עֹרֶף
רָשַׁעְנוּ, שִׁחַתְנוּ, תִּעַבְנוּ, תָּעִינוּ, תִּעְתָּעְנוּ.

סַרְנוּ מִמִּצְוֹתֶיךָ וּמִמִּשְׁפָּטֶיךָ הַטּוֹבִים
וְלֹא שָׁוָה לָנוּ.
וְאַתָּה צַדִּיק עַל כָּל־הַבָּא עָלֵינוּ נחמיה ט
כִּי־אֱמֶת עָשִׂיתָ, וַאֲנַחְנוּ הִרְשָׁעְנוּ:

הִרְשַׁעְנוּ וּפָשַׁעְנוּ, לָכֵן לֹא נוֹשָׁעְנוּ
וְתֵן בְּלִבֵּנוּ לַעֲזֹב דֶּרֶךְ רֶשַׁע, וְחִישׁ לָנוּ יֶשַׁע
כַּכָּתוּב עַל יַד נְבִיאֶךָ
יַעֲזֹב רָשָׁע דַּרְכּוֹ, וְאִישׁ אָוֶן מַחְשְׁבֹתָיו ישעיה נה
וְיָשֹׁב אֶל־יהוה וִירַחֲמֵהוּ
וְאֶל־אֱלֹהֵינוּ כִּי־יַרְבֶּה לִסְלוֹחַ:

שליח הציבור:

אֱלֹהֵינוּ וֵאלֹהֵי אֲבוֹתֵינוּ
סְלַח וּמְחַל לַעֲוֹנוֹתֵינוּ בְּיוֹם (בשבת: הַשַּׁבָּת הַזֶּה וּבְיוֹם) הַכִּפּוּרִים הַזֶּה
וְהֵעָתֵר לָנוּ בִּתְפִלָּתֵנוּ, מְחֵה וְהַעֲבֵר פְּשָׁעֵינוּ וְחַטֹּאתֵינוּ מִנֶּגֶד עֵינֶיךָ
וְכֹף אֶת יִצְרֵנוּ לְהִשְׁתַּעְבֶּד לָךְ, וְהַכְנַע עָרְפֵּנוּ לָשׁוּב אֵלֶיךָ בֶּאֱמֶת
וְחַדֵּשׁ כִּלְיוֹתֵינוּ לִשְׁמֹר פִּקּוּדֶיךָ
וּמוֹל אֶת לְבָבֵנוּ לְאַהֲבָה וּלְיִרְאָה אֶת שְׁמֶךָ
כַּכָּתוּב בְּתוֹרָתֶךָ
וּמָל יהוה אֱלֹהֶיךָ אֶת־לְבָבְךָ וְאֶת־לְבַב זַרְעֶךָ דברים ל
לְאַהֲבָה אֶת־יהוה אֱלֹהֶיךָ בְּכָל־לְבָבְךָ וּבְכָל־נַפְשְׁךָ, לְמַעַן חַיֶּיךָ:
הַזְּדוֹנוֹת וְהַשְּׁגָגוֹת אַתָּה מַכִּיר
הָרָצוֹן וְהָאֹנֶס, הַגְּלוּיִים וְהַנִּסְתָּרִים, לְפָנֶיךָ הֵם גְּלוּיִים וִידוּעִים.
מָה אָנוּ, מֶה חַיֵּינוּ
מֶה חַסְדֵּנוּ, מַה צִּדְקוֹתֵינוּ, מַה יְּשׁוּעָתֵנוּ, מַה כֹּחֵנוּ, מַה גְּבוּרָתֵנוּ
מַה נֹּאמַר לְפָנֶיךָ, יהוה אֱלֹהֵינוּ וֵאלֹהֵי אֲבוֹתֵינוּ
הֲלֹא כָּל הַגִּבּוֹרִים כְּאַיִן לְפָנֶיךָ, וְאַנְשֵׁי הַשֵּׁם כְּלֹא הָיוּ
וַחֲכָמִים כִּבְלִי מַדָּע, וּנְבוֹנִים כִּבְלִי הַשְׂכֵּל
כִּי רֹב מַעֲשֵׂיהֶם תֹּהוּ, וִימֵי חַיֵּיהֶם הֶבֶל לְפָנֶיךָ
וּמוֹתַר הָאָדָם מִן־הַבְּהֵמָה אָיִן, כִּי הַכֹּל הָבֶל: קהלת ג

מַה נֹּאמַר לְפָנֶיךָ יוֹשֵׁב מָרוֹם, וּמַה נְּסַפֵּר לְפָנֶיךָ שׁוֹכֵן שְׁחָקִים
הֲלֹא כָּל הַנִּסְתָּרוֹת וְהַנִּגְלוֹת אַתָּה יוֹדֵעַ.

הפיוט ׳אַתָּה מֵבִין׳ (עמ׳ 504) הוא הרחבה של הפיסקה ׳אַתָּה יוֹדֵעַ רָזֵי עוֹלָם׳ (בעמוד הבא).
היום נוהגים לומר רק את שני הבתים האחרונים שבו.

שליח הציבור ואחריו הקהל:

שִׁמְךָ מֵעוֹלָם עוֹבֵר עַל פֶּשַׁע / שַׁוְעָתֵנוּ תַּאֲזִין, בְּעָמְדֵנוּ לְפָנֶיךָ בִּתְפִלָּה
תַּעֲבֹר עַל פֶּשַׁע לְעַם שָׁבֵי פֶשַׁע / תִּמְחֶה פְשָׁעֵינוּ מִנֶּגֶד עֵינֶיךָ.

שליח הציבור אומר, והקהל אומר אתו בלחש:

אַתָּה יוֹדֵעַ רָזֵי עוֹלָם וְתַעֲלוּמוֹת סִתְרֵי כָּל חָי.
אַתָּה חוֹפֵשׂ כָּל חַדְרֵי בָטֶן וּבוֹחֵן כְּלָיוֹת וָלֵב.
אֵין דָּבָר נֶעְלָם מִמֶּךָּ וְאֵין נִסְתָּר מִנֶּגֶד עֵינֶיךָ.
וּבְכֵן, יְהִי רָצוֹן מִלְּפָנֶיךָ, יהוה אֱלֹהֵינוּ וֵאלֹהֵי אֲבוֹתֵינוּ
שֶׁתְּכַפֵּר לָנוּ עַל כָּל חַטֹּאתֵינוּ
וְתִסְלַח לָנוּ עַל כָּל עֲוֹנוֹתֵינוּ
וְתִמְחַל לָנוּ עַל כָּל פְּשָׁעֵינוּ.

על כל חטא שמונה, מכה באגרופו על החזה כנגד הלב.

עַל חֵטְא שֶׁחָטָאנוּ לְפָנֶיךָ בְּאֹנֶס וּבְרָצוֹן
וְעַל חֵטְא שֶׁחָטָאנוּ לְפָנֶיךָ בְּאִמּוּץ הַלֵּב

עַל חֵטְא שֶׁחָטָאנוּ לְפָנֶיךָ בִּבְלִי דָעַת
וְעַל חֵטְא שֶׁחָטָאנוּ לְפָנֶיךָ בְּבִטּוּי שְׂפָתָיִם

עַל חֵטְא שֶׁחָטָאנוּ לְפָנֶיךָ בְּגִלּוּי עֲרָיוֹת
וְעַל חֵטְא שֶׁחָטָאנוּ לְפָנֶיךָ בְּגָלוּי וּבַסָּתֶר

עַל חֵטְא שֶׁחָטָאנוּ לְפָנֶיךָ בְּדַעַת וּבְמִרְמָה
וְעַל חֵטְא שֶׁחָטָאנוּ לְפָנֶיךָ בְּדִבּוּר פֶּה

עַל חֵטְא שֶׁחָטָאנוּ לְפָנֶיךָ בְּהוֹנָאַת רֵעַ
וְעַל חֵטְא שֶׁחָטָאנוּ לְפָנֶיךָ בְּהִרְהוּר הַלֵּב

עַל חֵטְא שֶׁחָטָאנוּ לְפָנֶיךָ בִּוְעִידַת זְנוּת
וְעַל חֵטְא שֶׁחָטָאנוּ לְפָנֶיךָ בְּוִדּוּי פֶה

עַל חֵטְא שֶׁחָטָאנוּ לְפָנֶיךָ בִּזְלְזוּל הוֹרִים וּמוֹרִים
וְעַל חֵטְא שֶׁחָטָאנוּ לְפָנֶיךָ בְּזָדוֹן וּבִשְׁגָגָה

עַל חֵטְא שֶׁחָטָאנוּ לְפָנֶיךָ בְּחֹזֶק יָד
וְעַל חֵטְא שֶׁחָטָאנוּ לְפָנֶיךָ בְּחִלּוּל הַשֵּׁם

עַל חֵטְא שֶׁחָטָאנוּ לְפָנֶיךָ בְּטֻמְאַת שְׂפָתָיִם
וְעַל חֵטְא שֶׁחָטָאנוּ לְפָנֶיךָ בְּטִפְשׁוּת פֶּה

עַל חֵטְא שֶׁחָטָאנוּ לְפָנֶיךָ בְּיֵצֶר הָרָע
וְעַל חֵטְא שֶׁחָטָאנוּ לְפָנֶיךָ בְּיוֹדְעִים וּבְלֹא יוֹדְעִים

וְעַל כֻּלָּם אֱלוֹהַּ סְלִיחוֹת סְלַח לָנוּ, מְחַל לָנוּ, כַּפֶּר לָנוּ.

עַל חֵטְא שֶׁחָטָאנוּ לְפָנֶיךָ בְּכַחַשׁ וּבְכָזָב
וְעַל חֵטְא שֶׁחָטָאנוּ לְפָנֶיךָ בְּכַפַּת שֹׁחַד

עַל חֵטְא שֶׁחָטָאנוּ לְפָנֶיךָ בְּלָצוֹן
וְעַל חֵטְא שֶׁחָטָאנוּ לְפָנֶיךָ בְּלָשׁוֹן הָרָע

עַל חֵטְא שֶׁחָטָאנוּ לְפָנֶיךָ בְּמַשָּׂא וּבְמַתָּן
וְעַל חֵטְא שֶׁחָטָאנוּ לְפָנֶיךָ בְּמַאֲכָל וּבְמִשְׁתֶּה

עַל חֵטְא שֶׁחָטָאנוּ לְפָנֶיךָ בְּנֶשֶׁךְ וּבְמַרְבִּית
וְעַל חֵטְא שֶׁחָטָאנוּ לְפָנֶיךָ בִּנְטִיַּת גָּרוֹן

עַל חֵטְא שֶׁחָטָאנוּ לְפָנֶיךָ בְּשִׂיחַ שִׂפְתוֹתֵינוּ
וְעַל חֵטְא שֶׁחָטָאנוּ לְפָנֶיךָ בְּשִׂקּוּר עָיִן

עַל חֵטְא שֶׁחָטָאנוּ לְפָנֶיךָ בְּעֵינַיִם רָמוֹת
וְעַל חֵטְא שֶׁחָטָאנוּ לְפָנֶיךָ בְּעַזּוּת מֵצַח

וְעַל כֻּלָּם אֱלוֹהַּ סְלִיחוֹת סְלַח לָנוּ, מְחַל לָנוּ, כַּפֶּר לָנוּ.

עַל חֵטְא שֶׁחָטָאנוּ לְפָנֶיךָ בִּפְרִיקַת עֹל
וְעַל חֵטְא שֶׁחָטָאנוּ לְפָנֶיךָ בִּפְלִילוּת

עַל חֵטְא שֶׁחָטָאנוּ לְפָנֶיךָ בִּצְדִיַּת רֵעַ
וְעַל חֵטְא שֶׁחָטָאנוּ לְפָנֶיךָ בְּצָרוּת עָיִן

עַל חֵטְא שֶׁחָטָאנוּ לְפָנֶיךָ בְּקַלּוּת רֹאשׁ
וְעַל חֵטְא שֶׁחָטָאנוּ לְפָנֶיךָ בְּקַשְׁיוּת עֹרֶף

עַל חֵטְא שֶׁחָטָאנוּ לְפָנֶיךָ בְּרִיצַת רַגְלַיִם לְהָרַע
וְעַל חֵטְא שֶׁחָטָאנוּ לְפָנֶיךָ בִּרְכִילוּת

עַל חֵטְא שֶׁחָטָאנוּ לְפָנֶיךָ בִּשְׁבוּעַת שָׁוְא
וְעַל חֵטְא שֶׁחָטָאנוּ לְפָנֶיךָ בְּשִׂנְאַת חִנָּם

עַל חֵטְא שֶׁחָטָאנוּ לְפָנֶיךָ בִּתְשׂוּמֶת יָד
וְעַל חֵטְא שֶׁחָטָאנוּ לְפָנֶיךָ בְּתִמְהוֹן לֵבָב

וְעַל כֻּלָּם אֱלוֹהַּ סְלִיחוֹת סְלַח לָנוּ, מְחַל לָנוּ, כַּפֶּר לָנוּ.

וְעַל חֲטָאִים שֶׁאָנוּ חַיָּבִים עֲלֵיהֶם עוֹלָה
וְעַל חֲטָאִים שֶׁאָנוּ חַיָּבִים עֲלֵיהֶם חַטָּאת
וְעַל חֲטָאִים שֶׁאָנוּ חַיָּבִים עֲלֵיהֶם קָרְבָּן עוֹלֶה וְיוֹרֵד
וְעַל חֲטָאִים שֶׁאָנוּ חַיָּבִים עֲלֵיהֶם אָשָׁם וַדַּאי וְתָלוּי
וְעַל חֲטָאִים שֶׁאָנוּ חַיָּבִים עֲלֵיהֶם מַכַּת מַרְדּוּת
וְעַל חֲטָאִים שֶׁאָנוּ חַיָּבִים עֲלֵיהֶם מַלְקוּת אַרְבָּעִים
וְעַל חֲטָאִים שֶׁאָנוּ חַיָּבִים עֲלֵיהֶם מִיתָה בִּידֵי שָׁמָיִם
וְעַל חֲטָאִים שֶׁאָנוּ חַיָּבִים עֲלֵיהֶם כָּרֵת וַעֲרִירִי
וְעַל חֲטָאִים שֶׁאָנוּ חַיָּבִים עֲלֵיהֶם אַרְבַּע מִיתוֹת בֵּית דִּין
סְקִילָה, שְׂרֵפָה, הֶרֶג, וְחֶנֶק.
עַל מִצְוַת עֲשֵׂה וְעַל מִצְוַת לֹא תַעֲשֶׂה.
בֵּין שֶׁיֵּשׁ בָּהּ קוּם עֲשֵׂה וּבֵין שֶׁאֵין בָּהּ קוּם עֲשֵׂה.
אֶת הַגְּלוּיִים לָנוּ וְאֶת שֶׁאֵינָם גְּלוּיִים לָנוּ
אֶת הַגְּלוּיִים לָנוּ, כְּבָר אֲמַרְנוּם לְפָנֶיךָ, וְהוֹדִינוּ לְךָ עֲלֵיהֶם
וְאֶת שֶׁאֵינָם גְּלוּיִים לָנוּ, לְפָנֶיךָ הֵם גְּלוּיִים וִידוּעִים
כַּדָּבָר שֶׁנֶּאֱמַר
הַנִּסְתָּרֹת לַיהוה אֱלֹהֵינוּ, וְהַנִּגְלֹת לָנוּ וּלְבָנֵינוּ עַד־עוֹלָם דברים כט
לַעֲשׂוֹת אֶת־כָּל־דִּבְרֵי הַתּוֹרָה הַזֹּאת:

רצף פסוקים זה עוסק בסליחת עוונות.
במחזורים עתיקים שולבו פיוטים בין פסוק לפסוק, אך כבר מאות
בשנים שנוהגים לומר רק את משפטי המעבר שבין הפסוקים.

שליח הציבור ממשיך:

וְדָוִד עַבְדְּךָ אָמַר לְפָנֶיךָ
שְׁגִיאוֹת מִי־יָבִין, מִנִּסְתָּרוֹת נַקֵּנִי: תהלים יט
נַקֵּנוּ יהוה אֱלֹהֵינוּ מִכָּל פְּשָׁעֵינוּ
וְטַהֲרֵנוּ מִכָּל טֻמְאוֹתֵינוּ
וּזְרֹק עָלֵינוּ מַיִם טְהוֹרִים וְטַהֲרֵנוּ
כַּכָּתוּב עַל יַד נְבִיאֶךָ
וְזָרַקְתִּי עֲלֵיכֶם מַיִם טְהוֹרִים, וּטְהַרְתֶּם יחזקאל לו
מִכֹּל טֻמְאוֹתֵיכֶם וּמִכָּל־גִּלּוּלֵיכֶם אֲטַהֵר אֶתְכֶם:

אַל תִּירָא יַעֲקֹב
שׁוּבוּ בָנִים שׁוֹבָבִים, שׁוּבָה יִשְׂרָאֵל.
הִנֵּה לֹא־יָנוּם וְלֹא יִישָׁן, שׁוֹמֵר יִשְׂרָאֵל: תהלים קכא
כַּכָּתוּב עַל יַד נְבִיאֶךָ
שׁוּבָה יִשְׂרָאֵל עַד יהוה אֱלֹהֶיךָ, כִּי כָשַׁלְתָּ בַּעֲוֹנֶךָ: הושע יד
וְנֶאֱמַר
קְחוּ עִמָּכֶם דְּבָרִים, וְשׁוּבוּ אֶל־יהוה הושע יד
אִמְרוּ אֵלָיו, כָּל־תִּשָּׂא עָוֹן וְקַח־טוֹב, וּנְשַׁלְּמָה פָרִים שְׂפָתֵינוּ:

וְאַתָּה רַחוּם מְקַבֵּל שָׁבִים
וְעַל הַתְּשׁוּבָה מֵרֹאשׁ הִבְטַחְתָּנוּ, וְעַל הַתְּשׁוּבָה עֵינֵינוּ מְיַחֲלוֹת לָךְ.

וּמֵאַהֲבָתְךָ יהוה אֱלֹהֵינוּ, שֶׁאָהַבְתָּ אֶת יִשְׂרָאֵל עַמֶּךָ
וּמֵחֶמְלָתְךָ מַלְכֵּנוּ, שֶׁחָמַלְתָּ עַל בְּנֵי בְרִיתֶךָ
נָתַתָּ לָּנוּ יהוה אֱלֹהֵינוּ אֶת יוֹם
(בשבת: הַשַּׁבָּת הַזֶּה לִקְדֻשָּׁה וְלִמְנוּחָה, וְאֶת יוֹם) צוֹם הַכִּפּוּרִים הַזֶּה
לִמְחִילַת חֵטְא וְלִסְלִיחַת עָוֹן וּלְכַפָּרַת פֶּשַׁע.

הסליחות והווידוי עומדים במרכז ברכת קדושת היום, אך לקראת חתימת הברכה מוסיפים פיוט מורכב העוסק במעלת יום הכיפורים. בפיוט אחד עשר בתים, ולכל בית שלושה חלקים: צלע הפותחת במילה 'יוֹם' ומתארת את יום הכיפורים; צלע הפותחת במילה 'הַיּוֹם' ובה תפילה ובקשת סליחה; פסוק המתאר כיצד הקב״ה מרחם על עמו.
הפיוט מחולק לשלושה חלקים, וכל אחד מהם נחתם בבית קצר המתחיל 'בַּעֲבוּר כְּבוֹד שִׁמְךָ'. בקהילות רבות נוהגים לדלג על החלק האמצעי.
הפיוט המלא מובא בעמ' 563.

מקובל ששליח הציבור אומר את הפיוט, והקהל אומר עמו את הפסוקים ואת הבית המתחיל 'בַּעֲבוּר כְּבוֹד שִׁמְךָ'.

סימן א״ת ב״ש

יוֹם אֲשֶׁר אֲשָׁמֵינוּ יְצֻלַּל וְיֻסְגַּר
הַיּוֹם תִּסְלַח לְכָל עֲדַת בְּנֵי יִשְׂרָאֵל, וְלַגֵּר הַגָּר.
כַּכָּתוּב בְּתוֹרָתֶךָ
במדבר טו וְנִסְלַח לְכָל־עֲדַת בְּנֵי יִשְׂרָאֵל וְלַגֵּר הַגָּר בְּתוֹכָם
כִּי לְכָל־הָעָם בִּשְׁגָגָה:

יוֹם בָּגַדְנוּ תִּשָּׂא וְתִסְלַח / הַיּוֹם שִׁמְךָ יֵאָמֵן, אֵל טוֹב וְסַלָּח.
כַּכָּתוּב בְּדִבְרֵי קָדְשֶׁךָ
תהלים פו כִּי־אַתָּה אֲדֹנָי טוֹב וְסַלָּח
וְרַב־חֶסֶד לְכָל־קֹרְאֶיךָ:

יוֹם גָּעַלְנוּ חֻקֶּיךָ, שַׁכַּח וַעֲזֹב / הַיּוֹם רַחֲמֵנוּ וְנָשׁוּב וְדֶרֶךְ רֶשַׁע נַעֲזֹב.
כַּכָּתוּב עַל יַד נְבִיאֶךָ
ישעיה נה יַעֲזֹב רָשָׁע דַּרְכּוֹ, וְאִישׁ אָוֶן מַחְשְׁבֹתָיו
וְיָשֹׁב אֶל־יהוה וִירַחֲמֵהוּ, וְאֶל־אֱלֹהֵינוּ כִּי־יַרְבֶּה לִסְלוֹחַ:

יוֹם דְּפִינוּ אָנָּא שָׂא נָא / הַיּוֹם קְשֹׁב תַּחֲנוּנֵינוּ, וּבְתַחֲנוּן סְלַח נָא.
כַּכָּתוּב בְּתוֹרָתֶךָ
במדבר יד סְלַח־נָא לַעֲוֹן הָעָם הַזֶּה כְּגֹדֶל חַסְדֶּךָ
וְכַאֲשֶׁר נָשָׂאתָה לָעָם הַזֶּה מִמִּצְרַיִם וְעַד־הֵנָּה:
וְשָׁם נֶאֱמַר, וַיֹּאמֶר יהוה, סָלַחְתִּי כִּדְבָרֶךָ:

בַּעֲבוּר כְּבוֹד שִׁמְךָ
הִמָּצֵא לָנוּ מוֹחֵל וְסוֹלֵחַ / סְלַח נָא לְמַעַן שְׁמֶךָ.

יום חִנְּנָךְ עָנוּ, בַּעֲדֵנוּ תִּזְכֹּר / הַיּוֹם סְלַח לַעֲוֹנֵנוּ, וְחֵטְא אַל תִּזְכֹּר.

כַּכָּתוּב בְּדִבְרֵי קָדְשֶׁךָ

תהלים עט אַל־תִּזְכָּר־לָנוּ עֲוֹנֹת רִאשֹׁנִים

מַהֵר יְקַדְּמוּנוּ רַחֲמֶיךָ, כִּי דַלּוֹנוּ מְאֹד:

יום טָעוּתֵנוּ יְבֻקַּשׁ וָאַיִן / הַיּוֹם נְאֻם הַקֵּם, יְבֻקַּשׁ עָוֹן וָאַיִן.

כַּכָּתוּב עַל יַד נְבִיאֶךָ

ירמיה נ בַּיָּמִים הָהֵם וּבָעֵת הַהִיא, נְאֻם־יהוה

יְבֻקַּשׁ אֶת־עֲוֹן יִשְׂרָאֵל וְאֵינֶנּוּ

וְאֶת־חַטֹּאת יְהוּדָה, וְלֹא תִמָּצֶאינָה

כִּי אֶסְלַח לַאֲשֶׁר אַשְׁאִיר:

יום יִדְרְשׁוּן מְצָרֵף וּמְטַהֵר / הַיּוֹם מִכָּל חַטֹּאתֵינוּ אוֹתָנוּ תְּטַהֵר.

כַּכָּתוּב בְּתוֹרָתֶךָ

ויקרא טז כִּי־בַיּוֹם הַזֶּה יְכַפֵּר עֲלֵיכֶם לְטַהֵר אֶתְכֶם

מִכֹּל חַטֹּאתֵיכֶם לִפְנֵי יהוה תִּטְהָרוּ:

יום כָּל תִּשָּׂא עָוֹן, בְּתַחֲנוּן אֲבַטֵּא / הַיּוֹם לְשַׁוְעָתֵנוּ אֹזֶן הַטֵּה.

כַּכָּתוּב בְּדִבְרֵי קָדְשֶׁךָ

דניאל ט הַטֵּה אֱלֹהַי אָזְנְךָ וּשְׁמָע

פְּקַח עֵינֶיךָ וּרְאֵה שֹׁמְמֹתֵינוּ

וְהָעִיר אֲשֶׁר־נִקְרָא שִׁמְךָ עָלֶיהָ

כִּי לֹא עַל־צִדְקֹתֵינוּ אֲנַחְנוּ מַפִּילִים תַּחֲנוּנֵינוּ לְפָנֶיךָ

כִּי עַל־רַחֲמֶיךָ הָרַבִּים:

אֲדֹנָי שְׁמָעָה

אֲדֹנָי סְלָחָה

אֲדֹנָי הַקְשִׁיבָה וַעֲשֵׂה אַל־תְּאַחַר

לְמַעַנְךָ אֱלֹהַי, כִּי־שִׁמְךָ נִקְרָא עַל־עִירְךָ וְעַל־עַמֶּךָ:

בַּעֲבוּר כְּבוֹד שְׁמֶךָ

הַמְצֵא לָנוּ שׁוֹמֵעַ תְּפִלָּה / שְׁמַע תְּפִלָּתֵנוּ לְמַעַן שְׁמֶךָ.

שורות הפיוט 'מִי אֵל כָּמְוֹךָ' בנויות משתי צלעות מתחרזות.
נוהגים שאחר כל שורה ששליח הציבור אומר, הקהל עונה 'מִי אֵל כָּמְוֹךָ'.
בדומה לבתי הפיוט הקודם, פיוט זה מסתיים בפסוקי הסליחה
החותמים את ספר מיכה – אפשר לראות בו חתימה לפיוט
'יוֹם אֲשֶׁר', ומעבר לפיסקת החתימה של הברכה 'מֹחֵל לַעֲוֹנוֹתֵינוּ'.
בקהילות רבות נוהגים לדלג על חלק מהפיוט. הפיוט המלא מובא בעמ' 566.

סימן א״ב

מִי אֵל כָּמְוֹךָ.

אֲהַלֶּלְךָ בְּקוֹל רָם / מָגֵן אַבְרָהָם מִי אֵל כָּמְוֹךָ
בְּיָדְךָ מְמִתִים / מְחַיֵּה הַמֵּתִים מִי אֵל כָּמְוֹךָ
גָּדְלְךָ אֶדְרֹשׁ / הַמֶּלֶךְ הַקָּדוֹשׁ מִי אֵל כָּמְוֹךָ
דּוֹרֵשׁ אִמְרֵי דַעַת / חוֹנֵן הַדָּעַת מִי אֵל כָּמְוֹךָ
הָאוֹמֵר שׁוּבָה / הָרוֹצֶה בִּתְשׁוּבָה מִי אֵל כָּמְוֹךָ
וּמוֹחֵל וְסוֹלֵחַ / הַמַּרְבֶּה לִסְלְחַ מִי אֵל כָּמְוֹךָ
קוֹל רִנָּה וְתוֹדוֹת / הַטּוֹב לְךָ לְהוֹדוֹת מִי אֵל כָּמְוֹךָ
רָם בָּרֵךְ קְהַל הֲמוֹנַי / יְבָרֶכְךָ יהוה מִי אֵל כָּמְוֹךָ
שְׁכִינָתְךָ שָׁלוֹם / עוֹשֵׂה הַשָּׁלוֹם מִי אֵל כָּמְוֹךָ
תָּבֹא בְרָכָה אֲלֵיכֶם / וְנֹאמַר תְּפִלָּה עֲלֵיכֶם מִי אֵל כָּמְוֹךָ
תַּעֲבֹר עַל פֶּשַׁע / לְעַם שָׁבֵי פֶשַׁע מִי אֵל כָּמְוֹךָ

שליח הציבור אומר, והקהל אומר אתו בלחש:

כַּכָּתוּב עַל יַד נְבִיאֶךָ
מיכה ז מִי־אֵל כָּמְוֹךָ, נֹשֵׂא עָוֹן וְעֹבֵר עַל־פֶּשַׁע לִשְׁאֵרִית נַחֲלָתוֹ
לֹא־הֶחֱזִיק לָעַד אַפּוֹ כִּי־חָפֵץ חֶסֶד הוּא:
יָשׁוּב יְרַחֲמֵנוּ, יִכְבֹּשׁ עֲוֹנֹתֵינוּ, וְתַשְׁלִיךְ בִּמְצֻלוֹת יָם כָּל־חַטֹּאתָם:
וְכָל חַטֹּאת עַמְּךָ בֵּית יִשְׂרָאֵל תַּשְׁלִיךְ
בִּמְקוֹם אֲשֶׁר לֹא יִזָּכְרוּ וְלֹא יִפָּקְדוּ
וְלֹא יַעֲלוּ עַל לֵב לְעוֹלָם.
שם תִּתֵּן אֱמֶת לְיַעֲקֹב, חֶסֶד לְאַבְרָהָם
אֲשֶׁר־נִשְׁבַּעְתָּ לַאֲבֹתֵינוּ מִימֵי קֶדֶם:

בשבת מוסיפים את המילים שבסוגריים.

אֱלֹהֵינוּ וֵאלֹהֵי אֲבוֹתֵינוּ
מְחַל לַעֲווֹנוֹתֵינוּ בְּיוֹם (הַשַּׁבָּת הַזֶּה וּבְיוֹם) הַכִּפּוּרִים הַזֶּה
מְחֵה וְהַעֲבֵר פְּשָׁעֵינוּ וְחַטֹּאתֵינוּ מִנֶּגֶד עֵינֶיךָ
כָּאָמוּר
אָנֹכִי אָנֹכִי הוּא מֹחֶה פְשָׁעֶיךָ לְמַעֲנִי ישעיה מג
וְחַטֹּאתֶיךָ לֹא אֶזְכֹּר:
וְנֶאֱמַר
מָחִיתִי כָעָב פְּשָׁעֶיךָ וְכֶעָנָן חַטֹּאותֶיךָ ישעיה מד
שׁוּבָה אֵלַי כִּי גְאַלְתִּיךָ:
וְנֶאֱמַר
כִּי־בַיּוֹם הַזֶּה יְכַפֵּר עֲלֵיכֶם לְטַהֵר אֶתְכֶם ויקרא טז
מִכֹּל חַטֹּאתֵיכֶם לִפְנֵי יהוה תִּטְהָרוּ:

(אֱלֹהֵינוּ וֵאלֹהֵי אֲבוֹתֵינוּ, רְצֵה נָא בִמְנוּחָתֵנוּ)
קַדְּשֵׁנוּ בְּמִצְוֹתֶיךָ וְתֵן חֶלְקֵנוּ בְּתוֹרָתֶךָ
שַׂבְּעֵנוּ מִטּוּבֶךָ, וְשַׂמַּח נַפְשֵׁנוּ בִּישׁוּעָתֶךָ
(וְהַנְחִילֵנוּ יהוה אֱלֹהֵינוּ בְּאַהֲבָה וּבְרָצוֹן שַׁבַּת קָדְשֶׁךָ
וְיָנוּחוּ בוֹ כָּל יִשְׂרָאֵל מְקַדְּשֵׁי שְׁמֶךָ)
וְטַהֵר לִבֵּנוּ לְעָבְדְּךָ בֶּאֱמֶת.
כִּי אַתָּה סָלְחָן לְיִשְׂרָאֵל וּמָחֳלָן לְשִׁבְטֵי יְשֻׁרוּן בְּכָל דּוֹר וָדוֹר
וּמִבַּלְעָדֶיךָ אֵין לָנוּ מֶלֶךְ מוֹחֵל וְסוֹלֵחַ אֶלָּא אָתָּה.
בָּרוּךְ אַתָּה יהוה
מֶלֶךְ מוֹחֵל וְסוֹלֵחַ לַעֲווֹנוֹתֵינוּ, וְלַעֲווֹנוֹת עַמּוֹ בֵּית יִשְׂרָאֵל
וּמַעֲבִיר אַשְׁמוֹתֵינוּ בְּכָל שָׁנָה וְשָׁנָה
מֶלֶךְ עַל כָּל הָאָרֶץ, מְקַדֵּשׁ (הַשַּׁבָּת וְ)יִשְׂרָאֵל וְיוֹם הַכִּפּוּרִים.

עבודה

רְצֵה יהוה אֱלֹהֵינוּ בְּעַמְּךָ יִשְׂרָאֵל, וְלִתְפִלָּתָם שְׁעֵה
וְהָשֵׁב אֶת הָעֲבוֹדָה לִדְבִיר בֵּיתֶךָ
וְאִשֵּׁי יִשְׂרָאֵל וּתְפִלָּתָם, מְהֵרָה בְּאַהֲבָה תְקַבֵּל בְּרָצוֹן
וּתְהִי לְרָצוֹן תָּמִיד עֲבוֹדַת יִשְׂרָאֵל עַמֶּךָ.
וְתֶחֱזֶינָה עֵינֵינוּ בְּשׁוּבְךָ לְצִיּוֹן בְּרַחֲמִים.
בָּרוּךְ אַתָּה יהוה, הַמַּחֲזִיר שְׁכִינָתוֹ לְצִיּוֹן.

הודאה

כורע ב׳מודים׳ ואינו זוקף עד אמירת השם.

מוֹדִים אֲנַחְנוּ לָךְ
שָׁאַתָּה הוּא יהוה אֱלֹהֵינוּ
וֵאלֹהֵי אֲבוֹתֵינוּ לְעוֹלָם וָעֶד.
צוּר חַיֵּינוּ, מָגֵן יִשְׁעֵנוּ
אַתָּה הוּא לְדוֹר וָדוֹר.
נוֹדֶה לְּךָ וּנְסַפֵּר תְּהִלָּתֶךָ
עַל חַיֵּינוּ הַמְּסוּרִים בְּיָדֶךָ
וְעַל נִשְׁמוֹתֵינוּ הַפְּקוּדוֹת לָךְ
וְעַל נִסֶּיךָ שֶׁבְּכָל יוֹם עִמָּנוּ
וְעַל נִפְלְאוֹתֶיךָ וְטוֹבוֹתֶיךָ
שֶׁבְּכָל עֵת, עֶרֶב וָבֹקֶר וְצָהֳרָיִם.
הַטּוֹב, כִּי לֹא כָלוּ רַחֲמֶיךָ
וְהַמְרַחֵם, כִּי לֹא תַמּוּ חֲסָדֶיךָ
כִּי מֵעוֹלָם קִוִּינוּ לָךְ.

כששליח הציבור אומר ׳מודים׳, הקהל אומר בלחש (סוטה מ ע״א):

מוֹדִים אֲנַחְנוּ לָךְ
שָׁאַתָּה הוּא יהוה אֱלֹהֵינוּ
וֵאלֹהֵי אֲבוֹתֵינוּ
אֱלֹהֵי כָל בָּשָׂר
יוֹצְרֵנוּ, יוֹצֵר בְּרֵאשִׁית.
בְּרָכוֹת וְהוֹדָאוֹת
לְשִׁמְךָ הַגָּדוֹל וְהַקָּדוֹשׁ
עַל שֶׁהֶחֱיִיתָנוּ וְקִיַּמְתָּנוּ.
כֵּן תְּחַיֵּנוּ וּתְקַיְּמֵנוּ
וְתֶאֱסֹף גָּלֻיּוֹתֵינוּ
לְחַצְרוֹת קָדְשֶׁךָ
לִשְׁמֹר חֻקֶּיךָ וְלַעֲשׂוֹת רְצוֹנֶךָ
וּלְעָבְדְּךָ בְּלֵבָב שָׁלֵם
עַל שֶׁאָנוּ מוֹדִים לָךְ
בָּרוּךְ אֵל הַהוֹדָאוֹת.

וְעַל כֻּלָּם יִתְבָּרַךְ וְיִתְרוֹמַם וְיִתְנַשֵּׂא שִׁמְךָ מַלְכֵּנוּ
תָּמִיד לְעוֹלָם וָעֶד.

קהל ואחריו שליח הציבור:

אָבִינוּ מַלְכֵּנוּ, זְכֹר רַחֲמֶיךָ וּכְבֹשׁ כַּעַסְךָ
וְכַלֵּה דֶּבֶר, וְחֶרֶב, וְרָעָב, וּשְׁבִי, וּמַשְׁחִית, וְעָוֹן
וּמַגֵּפָה, וּפֶגַע רַע, וְכָל מַחֲלָה, וְכָל תַּקָּלָה, וְכָל קְטָטָה
וְכָל מִינֵי פֻרְעָנִיּוֹת, וְכָל גְּזֵרָה רָעָה, וְשִׂנְאַת חִנָּם
מֵעָלֵינוּ וּמֵעַל כָּל בְּנֵי בְרִיתֶךָ.

קהל ואחריו שליח הציבור:

וּכְתֹב לְחַיִּים טוֹבִים כָּל בְּנֵי בְרִיתֶךָ.

שליח הציבור ממשיך:

וְכֹל הַחַיִּים יוֹדְוּךָ סֶּלָה
וִיהַלְלוּ וִיבָרְכוּ אֶת שִׁמְךָ הַגָּדוֹל בֶּאֱמֶת לְעוֹלָם כִּי טוֹב
הָאֵל יְשׁוּעָתֵנוּ וְעֶזְרָתֵנוּ סֶלָה, הָאֵל הַטּוֹב.
בָּרוּךְ אַתָּה יהוה, הַטּוֹב שִׁמְךָ וּלְךָ נָאֶה לְהוֹדוֹת.

ברכת כוהנים

אם יותר מכוהן אחד עולה לדוכן, הגבאי קורא:

כֹּהֲנִים

הכוהנים מברכים:

בָּרוּךְ אַתָּה יהוה אֱלֹהֵינוּ מֶלֶךְ הָעוֹלָם, אֲשֶׁר קִדְּשָׁנוּ בִּקְדֻשָּׁתוֹ שֶׁל אַהֲרֹן, וְצִוָּנוּ לְבָרֵךְ אֶת עַמּוֹ יִשְׂרָאֵל בְּאַהֲבָה.

שליח הציבור מקריא מילה במילה, והכוהנים אחריו:

יְבָרֶכְךָ יהוה וְיִשְׁמְרֶךָ: קהל: אָמֵן במדבר ו
יָאֵר יהוה פָּנָיו אֵלֶיךָ וִיחֻנֶּךָּ: קהל: אָמֵן
יִשָּׂא יהוה פָּנָיו אֵלֶיךָ וְיָשֵׂם לְךָ שָׁלוֹם: קהל: אָמֵן

שליח הציבור ממשיך ׳שִׂים שָׁלוֹם׳.

הקהל אומר:

אַדִּיר בַּמָּרוֹם שׁוֹכֵן בִּגְבוּרָה, אַתָּה שָׁלוֹם וְשִׁמְךָ שָׁלוֹם. יְהִי רָצוֹן שֶׁתָּשִׂים עָלֵינוּ וְעַל כָּל עַמְּךָ בֵּית יִשְׂרָאֵל חַיִּים וּבְרָכָה לְמִשְׁמֶרֶת שָׁלוֹם.

הכוהנים אומרים:

רִבּוֹנוֹ שֶׁל עוֹלָם, עָשִׂינוּ מַה שֶּׁגָּזַרְתָּ עָלֵינוּ, אַף אַתָּה עֲשֵׂה עִמָּנוּ כְּמוֹ שֶׁהִבְטַחְתָּנוּ. הַשְׁקִיפָה מִמְּעוֹן קָדְשְׁךָ מִן־הַשָּׁמַיִם, וּבָרֵךְ אֶת־עַמְּךָ אֶת־יִשְׂרָאֵל, וְאֵת הָאֲדָמָה אֲשֶׁר נָתַתָּה לָנוּ, כַּאֲשֶׁר נִשְׁבַּעְתָּ לַאֲבֹתֵינוּ, אֶרֶץ זָבַת חָלָב וּדְבָשׁ: דברים כו

אם אין כוהנים העולים לדוכן, שליח הציבור אומר:

אֱלֹהֵינוּ וֵאלֹהֵי אֲבוֹתֵינוּ, בָּרְכֵנוּ בַּבְּרָכָה הַמְשֻׁלֶּשֶׁת בַּתּוֹרָה, הַכְּתוּבָה עַל יְדֵי מֹשֶׁה עַבְדֶּךָ, הָאֲמוּרָה מִפִּי אַהֲרֹן וּבָנָיו כֹּהֲנִים עַם קְדוֹשֶׁיךָ, כָּאָמוּר

במדבר ו
יְבָרֶכְךָ יהוה וְיִשְׁמְרֶךָ: קהל: כֵּן יְהִי רָצוֹן
יָאֵר יהוה פָּנָיו אֵלֶיךָ וִיחֻנֶּךָּ: קהל: כֵּן יְהִי רָצוֹן
יִשָּׂא יהוה פָּנָיו אֵלֶיךָ וְיָשֵׂם לְךָ שָׁלוֹם: קהל: כֵּן יְהִי רָצוֹן

שלום

שִׂים שָׁלוֹם טוֹבָה וּבְרָכָה
חַיִּים חֵן וָחֶסֶד וְרַחֲמִים
עָלֵינוּ וְעַל כָּל יִשְׂרָאֵל עַמֶּךָ.
בָּרְכֵנוּ אָבִינוּ כֻּלָּנוּ כְּאֶחָד בְּאוֹר פָּנֶיךָ
כִּי בְאוֹר פָּנֶיךָ נָתַתָּ לָּנוּ יהוה אֱלֹהֵינוּ
תּוֹרַת חַיִּים וְאַהֲבַת חֶסֶד
וּצְדָקָה וּבְרָכָה וְרַחֲמִים וְחַיִּים וְשָׁלוֹם.
וְטוֹב יִהְיֶה בְעֵינֶיךָ לְבָרְכֵנוּ וּלְבָרֵךְ אֶת כָּל עַמְּךָ יִשְׂרָאֵל
בְּכָל עֵת וּבְכָל שָׁעָה בִּשְׁלוֹמֶךָ.

קהל ואחריו שליח הציבור:

בְּסֵפֶר חַיִּים, בְּרָכָה וְשָׁלוֹם, וּפַרְנָסָה טוֹבָה
וּגְזֵרוֹת טוֹבוֹת, יְשׁוּעוֹת וְנֶחָמוֹת
נִזָּכֵר וְנִכָּתֵב לְפָנֶיךָ
אֲנַחְנוּ וְכָל עַמְּךָ בֵּית יִשְׂרָאֵל, לְחַיִּים טוֹבִים וּלְשָׁלוֹם.

שליח הציבור ממשיך:

בָּרוּךְ אַתָּה יהוה, הַמְבָרֵךְ אֶת עַמּוֹ יִשְׂרָאֵל בַּשָּׁלוֹם.

שליח הציבור מסיים את חזרת הש״ץ בלחש:

תהלים יט
יִהְיוּ לְרָצוֹן אִמְרֵי־פִי וְהֶגְיוֹן לִבִּי לְפָנֶיךָ, יהוה צוּרִי וְגֹאֲלִי:

בשבת אין אומרים 'אָבִינוּ מַלְכֵּנוּ' (מהרי"ל). ממשיכים קדיש שלם בעמ' 241.

פותחים את ארון הקודש.

אָבִינוּ מַלְכֵּנוּ, חָטָאנוּ לְפָנֶיךָ.

אָבִינוּ מַלְכֵּנוּ, אֵין לָנוּ מֶלֶךְ אֶלָּא אָתָּה.

אָבִינוּ מַלְכֵּנוּ, עֲשֵׂה עִמָּנוּ לְמַעַן שְׁמֶךָ.

אָבִינוּ מַלְכֵּנוּ, חַדֵּשׁ עָלֵינוּ שָׁנָה טוֹבָה.

אָבִינוּ מַלְכֵּנוּ, בַּטֵּל מֵעָלֵינוּ כָּל גְּזֵרוֹת קָשׁוֹת.

אָבִינוּ מַלְכֵּנוּ, בַּטֵּל מַחְשְׁבוֹת שׂוֹנְאֵינוּ.

אָבִינוּ מַלְכֵּנוּ, הָפֵר עֲצַת אוֹיְבֵינוּ.

אָבִינוּ מַלְכֵּנוּ, כַּלֵּה כָּל צַר וּמַשְׂטִין מֵעָלֵינוּ.

אָבִינוּ מַלְכֵּנוּ, סְתֹם פִּיּוֹת מַשְׂטִינֵנוּ וּמְקַטְרְגֵינוּ.

אָבִינוּ מַלְכֵּנוּ, כַּלֵּה דֶּבֶר וְחֶרֶב וְרָעָב וּשְׁבִי וּמַשְׁחִית וְעָוֹן וּשְׁמַד מִבְּנֵי בְרִיתֶךָ.

אָבִינוּ מַלְכֵּנוּ, מְנַע מַגֵּפָה מִנַּחֲלָתֶךָ.

אָבִינוּ מַלְכֵּנוּ, סְלַח וּמְחַל לְכָל עֲוֹנוֹתֵינוּ.

אָבִינוּ מַלְכֵּנוּ, מְחֵה וְהַעֲבֵר פְּשָׁעֵינוּ וְחַטֹּאתֵינוּ מִנֶּגֶד עֵינֶיךָ.

אָבִינוּ מַלְכֵּנוּ, מְחֹק בְּרַחֲמֶיךָ הָרַבִּים כָּל שִׁטְרֵי חוֹבוֹתֵינוּ.

מכאן עד 'סְלִיחָה וּמְחִילָה' שליח הציבור אומר כל משפט בקול רם, והקהל אחריו:

אָבִינוּ מַלְכֵּנוּ, הַחֲזִירֵנוּ בִּתְשׁוּבָה שְׁלֵמָה לְפָנֶיךָ.

אָבִינוּ מַלְכֵּנוּ, שְׁלַח רְפוּאָה שְׁלֵמָה לְחוֹלֵי עַמֶּךָ.

אָבִינוּ מַלְכֵּנוּ, קְרַע רֹעַ גְּזַר דִּינֵנוּ.

אָבִינוּ מַלְכֵּנוּ, זָכְרֵנוּ בְּזִכָּרוֹן טוֹב לְפָנֶיךָ.

אָבִינוּ מַלְכֵּנוּ, כָּתְבֵנוּ בְּסֵפֶר חַיִּים טוֹבִים.

אָבִינוּ מַלְכֵּנוּ, כָּתְבֵנוּ בְּסֵפֶר גְּאֻלָּה וִישׁוּעָה.

אָבִינוּ מַלְכֵּנוּ, כָּתְבֵנוּ בְּסֵפֶר פַּרְנָסָה וְכַלְכָּלָה.

אָבִינוּ מַלְכֵּנוּ, כָּתְבֵנוּ בְּסֵפֶר זְכֻיּוֹת.
אָבִינוּ מַלְכֵּנוּ, כָּתְבֵנוּ בְּסֵפֶר סְלִיחָה וּמְחִילָה.

עד כאן בקול.

אָבִינוּ מַלְכֵּנוּ, הַצְמַח לָנוּ יְשׁוּעָה בְּקָרוֹב.
אָבִינוּ מַלְכֵּנוּ, הָרֵם קֶרֶן יִשְׂרָאֵל עַמֶּךָ.
אָבִינוּ מַלְכֵּנוּ, הָרֵם קֶרֶן מְשִׁיחֶךָ.
אָבִינוּ מַלְכֵּנוּ, מַלֵּא יָדֵינוּ מִבִּרְכוֹתֶיךָ.
אָבִינוּ מַלְכֵּנוּ, מַלֵּא אֲסָמֵינוּ שָׂבָע.
אָבִינוּ מַלְכֵּנוּ, שְׁמַע קוֹלֵנוּ, חוּס וְרַחֵם עָלֵינוּ.
אָבִינוּ מַלְכֵּנוּ, קַבֵּל בְּרַחֲמִים וּבְרָצוֹן אֶת תְּפִלָּתֵנוּ.
אָבִינוּ מַלְכֵּנוּ, פְּתַח שַׁעֲרֵי שָׁמַיִם לִתְפִלָּתֵנוּ.
אָבִינוּ מַלְכֵּנוּ, זְכֹר כִּי עָפָר אֲנָחְנוּ.
אָבִינוּ מַלְכֵּנוּ, נָא אַל תְּשִׁיבֵנוּ רֵיקָם מִלְּפָנֶיךָ.
אָבִינוּ מַלְכֵּנוּ, תְּהֵא הַשָּׁעָה הַזֹּאת שְׁעַת רַחֲמִים
וְעֵת רָצוֹן מִלְּפָנֶיךָ.
אָבִינוּ מַלְכֵּנוּ, חֲמֹל עָלֵינוּ וְעַל עוֹלָלֵינוּ וְטַפֵּנוּ.
אָבִינוּ מַלְכֵּנוּ, עֲשֵׂה לְמַעַן הֲרוּגִים עַל שֵׁם קָדְשֶׁךָ.
אָבִינוּ מַלְכֵּנוּ, עֲשֵׂה לְמַעַן טְבוּחִים עַל יִחוּדֶךָ.
אָבִינוּ מַלְכֵּנוּ, עֲשֵׂה לְמַעַן בָּאֵי בָאֵשׁ וּבַמַּיִם עַל קִדּוּשׁ שְׁמֶךָ.
אָבִינוּ מַלְכֵּנוּ, נְקֹם לְעֵינֵינוּ נִקְמַת דַּם עֲבָדֶיךָ הַשָּׁפוּךְ.
אָבִינוּ מַלְכֵּנוּ, עֲשֵׂה לְמַעַנְךָ אִם לֹא לְמַעֲנֵנוּ.
אָבִינוּ מַלְכֵּנוּ, עֲשֵׂה לְמַעַנְךָ וְהוֹשִׁיעֵנוּ.
אָבִינוּ מַלְכֵּנוּ, עֲשֵׂה לְמַעַן רַחֲמֶיךָ הָרַבִּים.
אָבִינוּ מַלְכֵּנוּ, עֲשֵׂה לְמַעַן שִׁמְךָ הַגָּדוֹל הַגִּבּוֹר וְהַנּוֹרָא
שֶׁנִּקְרָא עָלֵינוּ.

◂ אָבִינוּ מַלְכֵּנוּ, חָנֵּנוּ וַעֲנֵנוּ, כִּי אֵין בָּנוּ מַעֲשִׂים
עֲשֵׂה עִמָּנוּ צְדָקָה וָחֶסֶד וְהוֹשִׁיעֵנוּ.

סוגרים את ארון הקודש.

קדיש שלם

ש״ץ: יִתְגַּדַּל וְיִתְקַדַּשׁ שְׁמֵהּ רַבָּא (קהל: אָמֵן)
בְּעָלְמָא דִּי בְרָא כִרְעוּתֵהּ
וְיַמְלִיךְ מַלְכוּתֵהּ
וְיַצְמַח פֻּרְקָנֵהּ וִיקָרֵב מְשִׁיחֵהּ (קהל: אָמֵן)
בְּחַיֵּיכוֹן וּבְיוֹמֵיכוֹן וּבְחַיֵּי דְכָל בֵּית יִשְׂרָאֵל
בַּעֲגָלָא וּבִזְמַן קָרִיב, וְאִמְרוּ אָמֵן. (קהל: אָמֵן)

קהל וש״ץ: יְהֵא שְׁמֵהּ רַבָּא מְבָרַךְ לְעָלַם וּלְעָלְמֵי עָלְמַיָּא.

ש״ץ: יִתְבָּרַךְ וְיִשְׁתַּבַּח וְיִתְפָּאַר וְיִתְרוֹמַם וְיִתְנַשֵּׂא
וְיִתְהַדָּר וְיִתְעַלֶּה וְיִתְהַלָּל
שְׁמֵהּ דְּקֻדְשָׁא בְּרִיךְ הוּא (קהל: אָמֵן)
לְעֵלָּא לְעֵלָּא מִכָּל בִּרְכָתָא וְשִׁירָתָא תֻּשְׁבְּחָתָא וְנֶחֱמָתָא
דַּאֲמִירָן בְּעָלְמָא, וְאִמְרוּ אָמֵן. (קהל: אָמֵן)

תִּתְקַבַּל צְלוֹתְהוֹן וּבָעוּתְהוֹן דְּכָל בֵּית יִשְׂרָאֵל
קֳדָם אֲבוּהוֹן דִּי בִשְׁמַיָּא, וְאִמְרוּ אָמֵן. (קהל: אָמֵן)

יְהֵא שְׁלָמָא רַבָּא מִן שְׁמַיָּא
וְחַיִּים טוֹבִים עָלֵינוּ וְעַל כָּל יִשְׂרָאֵל, וְאִמְרוּ אָמֵן. (קהל: אָמֵן)

כורע ופוסע שלוש פסיעות לאחור. קד לשמאל, לימין ולפנים באמירת:

עֹשֶׂה הַשָּׁלוֹם בִּמְרוֹמָיו
הוּא יַעֲשֶׂה שָׁלוֹם עָלֵינוּ
וְעַל כָּל יִשְׂרָאֵל, וְאִמְרוּ אָמֵן. (קהל: אָמֵן)

שִׁיר שֶׁל יוֹם

חלק ממצוות זיכרון השבת היא קריאת כל ימות השבוע על שמה
(מכילתא, מובא ברמב״ן שמות כ, ח).

נוהגים לומר אחרי חזרת הש״ץ לשחרית את השיר שאמרו הלוויים במקדש באותו יום (סדר רב עמרם גאון), ולאחריו קדיש יתום (עמ׳ 245). והנוהגים כדעת הגר״א, אומרים תמיד את מזמור לב בעמ׳ 245 (׳מעשה רב׳ רטז), פרט לשבת.

ביום שני אומרים את מזמור מח, כיוון שהבחירה בירושלים מקבילה להבדלה בין המים העליונים למים התחתונים ביום השני לבריאה (ר״ח, ראש השנה לא ע״א).

ליום ב׳ **הַיּוֹם יוֹם שֵׁנִי בְּשַׁבָּת, שֶׁבּוֹ הָיוּ הַלְוִיִּם אוֹמְרִים בְּבֵית הַמִּקְדָּשׁ:**

תהלים מח **שִׁיר מִזְמוֹר לִבְנֵי־קֹֽרַח: גָּדוֹל יהוה וּמְהֻלָּל מְאֹד, בְּעִיר אֱלֹהֵינוּ, הַר־קָדְשׁוֹ: יְפֵה נוֹף מְשׂוֹשׂ כָּל־הָאָֽרֶץ, הַר־צִיּוֹן יַרְכְּתֵי צָפוֹן, קִרְיַת מֶֽלֶךְ רָב: אֱלֹהִים בְּאַרְמְנוֹתֶֽיהָ נוֹדַע לְמִשְׂגָּב: כִּי־הִנֵּה הַמְּלָכִים נוֹעֲדוּ, עָבְרוּ יַחְדָּו: הֵֽמָּה רָאוּ כֵּן תָּמָֽהוּ, נִבְהֲלוּ נֶחְפָּֽזוּ: רְעָדָה אֲחָזָֽתַם שָׁם, חִיל כַּיּוֹלֵדָה: בְּרֽוּחַ קָדִים תְּשַׁבֵּר אֳנִיּוֹת תַּרְשִׁישׁ: כַּאֲשֶׁר שָׁמַֽעְנוּ כֵּן רָאִֽינוּ, בְּעִיר־יהוה צְבָאוֹת, בְּעִיר אֱלֹהֵֽינוּ, אֱלֹהִים יְכוֹנְנֶֽהָ עַד־עוֹלָם סֶֽלָה: דִּמִּֽינוּ אֱלֹהִים חַסְדֶּֽךָ, בְּקֶֽרֶב הֵיכָלֶֽךָ: כְּשִׁמְךָ אֱלֹהִים כֵּן תְּהִלָּתְךָ עַל־קַצְוֵי־אֶֽרֶץ, צֶֽדֶק מָלְאָה יְמִינֶֽךָ: יִשְׂמַח הַר־צִיּוֹן, תָּגֵֽלְנָה בְּנוֹת יְהוּדָה, לְמַֽעַן מִשְׁפָּטֶֽיךָ: סֹֽבּוּ צִיּוֹן וְהַקִּיפֽוּהָ, סִפְרוּ מִגְדָּלֶֽיהָ: שִֽׁיתוּ לִבְּכֶם לְחֵילָה, פַּסְּגוּ אַרְמְנוֹתֶֽיהָ, לְמַֽעַן תְּסַפְּרוּ לְדוֹר אַחֲרוֹן: ◂ כִּי זֶה אֱלֹהִים אֱלֹהֵֽינוּ עוֹלָם וָעֶד, הוּא יְנַהֲגֵֽנוּ עַל־מוּת:**

קדיש יתום (בעמ׳ 245)

מזמור זה אומרים ביום הרביעי, כיוון שהוא מתאר את הנקמה בעובדי הכוכבים, שנבראו ביום הרביעי (ראש השנה לא ע״א).
רבים נוהגים לסיים בפתיחה לקבלת שבת (בשלושת הפסוקים המתחילים את הפרק הבא), מפני שיום רביעי נחשב מכין לשבת הבאה (שפת אמת).

ליום ד׳ **הַיּוֹם יוֹם רְבִיעִי בְּשַׁבָּת, שֶׁבּוֹ הָיוּ הַלְוִיִּם אוֹמְרִים בְּבֵית הַמִּקְדָּשׁ:**

תהלים צד **אֵל־נְקָמוֹת יהוה, אֵל נְקָמוֹת הוֹפִֽיעַ: הִנָּשֵׂא שֹׁפֵט הָאָֽרֶץ, הָשֵׁב גְּמוּל עַל־גֵּאִים: עַד־מָתַי רְשָׁעִים, יהוה, עַד־מָתַי רְשָׁעִים יַעֲלֹֽזוּ: יַבִּֽיעוּ**

יְדַבְּרוּ עָתָק, יִתְאַמְּרוּ כָּל־פֹּעֲלֵי אָוֶן: עַמְּךָ יהוה יְדַכְּאוּ, וְנַחֲלָתְךָ יְעַנּוּ: אַלְמָנָה וְגֵר יַהֲרֹגוּ, וִיתוֹמִים יְרַצֵּחוּ: וַיֹּאמְרוּ לֹא יִרְאֶה־יָּהּ, וְלֹא־יָבִין אֱלֹהֵי יַעֲקֹב: בִּינוּ בֹּעֲרִים בָּעָם, וּכְסִילִים מָתַי תַּשְׂכִּילוּ: הֲנֹטַע אֹזֶן הֲלֹא יִשְׁמָע, אִם־יֹצֵר עַיִן הֲלֹא יַבִּיט: הֲיֹסֵר גּוֹיִם הֲלֹא יוֹכִיחַ, הַמְלַמֵּד אָדָם דָּעַת: יהוה יֹדֵעַ מַחְשְׁבוֹת אָדָם, כִּי־הֵמָּה הָבֶל: אַשְׁרֵי הַגֶּבֶר אֲשֶׁר־תְּיַסְּרֶנּוּ יָּהּ, וּמִתּוֹרָתְךָ תְלַמְּדֶנּוּ: לְהַשְׁקִיט לוֹ מִימֵי רָע, עַד יִכָּרֶה לָרָשָׁע שָׁחַת: כִּי לֹא־יִטֹּשׁ יהוה עַמּוֹ, וְנַחֲלָתוֹ לֹא יַעֲזֹב: כִּי־עַד־צֶדֶק יָשׁוּב מִשְׁפָּט, וְאַחֲרָיו כָּל־יִשְׁרֵי־לֵב: מִי־יָקוּם לִי עִם־מְרֵעִים, מִי־יִתְיַצֵּב לִי עִם־פֹּעֲלֵי אָוֶן: לוּלֵי יהוה עֶזְרָתָה לִּי, כִּמְעַט שָׁכְנָה דוּמָה נַפְשִׁי: אִם־אָמַרְתִּי מָטָה רַגְלִי, חַסְדְּךָ יהוה יִסְעָדֵנִי: בְּרֹב שַׂרְעַפַּי בְּקִרְבִּי, תַּנְחוּמֶיךָ יְשַׁעַשְׁעוּ נַפְשִׁי: הַיְחָבְרְךָ כִּסֵּא הַוּוֹת, יֹצֵר עָמָל עֲלֵי־חֹק: יָגוֹדּוּ עַל־נֶפֶשׁ צַדִּיק, וְדָם נָקִי יַרְשִׁיעוּ: וַיְהִי יהוה לִי לְמִשְׂגָּב, וֵאלֹהַי לְצוּר מַחְסִי: וַיָּשֶׁב עֲלֵיהֶם אֶת־אוֹנָם, וּבְרָעָתָם יַצְמִיתֵם, יַצְמִיתֵם יהוה אֱלֹהֵינוּ:

תהלים צה ◂ לְכוּ נְרַנְּנָה לַיהוה, נָרִיעָה לְצוּר יִשְׁעֵנוּ: נְקַדְּמָה פָנָיו בְּתוֹדָה, בִּזְמִרוֹת נָרִיעַ לוֹ: כִּי אֵל גָּדוֹל יהוה, וּמֶלֶךְ גָּדוֹל עַל־כָּל־אֱלֹהִים:

קדיש יתום (בעמ׳ 245)

מזמור זה אומרים ביום חמישי, כיוון שבו הקב״ה התחיל בבריאת
בעלי החיים, והיופי והגיוון בבריאה מעוררים את האדם לשבח את הבורא
(רש״י, ראש השנה לא ע״א).

ליום ה׳ הַיּוֹם יוֹם חֲמִישִׁי בְּשַׁבָּת, שֶׁבּוֹ הָיוּ הַלְוִיִּם אוֹמְרִים בְּבֵית הַמִּקְדָּשׁ:

תהלים פא לַמְנַצֵּחַ עַל־הַגִּתִּית לְאָסָף: הַרְנִינוּ לֵאלֹהִים עוּזֵּנוּ, הָרִיעוּ לֵאלֹהֵי יַעֲקֹב: שְׂאוּ־זִמְרָה וּתְנוּ־תֹף, כִּנּוֹר נָעִים עִם־נָבֶל: תִּקְעוּ בַחֹדֶשׁ שׁוֹפָר, בַּכֵּסֶה לְיוֹם חַגֵּנוּ: כִּי חֹק לְיִשְׂרָאֵל הוּא, מִשְׁפָּט לֵאלֹהֵי יַעֲקֹב: עֵדוּת בִּיהוֹסֵף שָׂמוֹ, בְּצֵאתוֹ עַל־אֶרֶץ מִצְרָיִם, שְׂפַת לֹא־

יָדַעְתִּי אֶשְׁמָע: הֲסִירוֹתִי מִסֵּבֶל שִׁכְמוֹ, כַּפָּיו מִדּוּד תַּעֲבֹרְנָה: בַּצָּרָה קָרָאתָ וָאֲחַלְּצֶךָּ, אֶעֶנְךָ בְּסֵתֶר רַעַם, אֶבְחָנְךָ עַל־מֵי מְרִיבָה סֶלָה: שְׁמַע עַמִּי וְאָעִידָה בָּךְ, יִשְׂרָאֵל אִם־תִּשְׁמַע־לִי: לֹא־יִהְיֶה בְךָ אֵל זָר, וְלֹא תִשְׁתַּחֲוֶה לְאֵל נֵכָר: אָנֹכִי יהוה אֱלֹהֶיךָ, הַמַּעַלְךָ מֵאֶרֶץ מִצְרָיִם, הַרְחֶב־פִּיךָ וַאֲמַלְאֵהוּ: וְלֹא־שָׁמַע עַמִּי לְקוֹלִי, וְיִשְׂרָאֵל לֹא־אָבָה לִי: וָאֲשַׁלְּחֵהוּ בִּשְׁרִירוּת לִבָּם, יֵלְכוּ בְּמוֹעֲצוֹתֵיהֶם: לוּ עַמִּי שֹׁמֵעַ לִי, יִשְׂרָאֵל בִּדְרָכַי יְהַלֵּכוּ: כִּמְעַט אוֹיְבֵיהֶם אַכְנִיעַ, וְעַל־צָרֵיהֶם אָשִׁיב יָדִי: מְשַׂנְאֵי יהוה יְכַחֲשׁוּ־לוֹ, וִיהִי עִתָּם לְעוֹלָם: › וַיַּאֲכִילֵהוּ מֵחֵלֶב חִטָּה, וּמִצּוּר, דְּבַשׁ אַשְׂבִּיעֶךָ:

קדיש יתום (בעמוד הבא)

״אמרינן באגדה: ׳מִזְמוֹר שִׁיר לְיוֹם הַשַּׁבָּת׳ – אמר הקב״ה: פנים חדשות באו לכאן, נאמר שירה״ (תוספות, כתובות ז ע״ב).

לשבת הַיּוֹם יוֹם שַׁבַּת קֹדֶשׁ, שֶׁבּוֹ הָיוּ הַלְוִיִּם אוֹמְרִים בְּבֵית הַמִּקְדָּשׁ:

תהלים צב מִזְמוֹר שִׁיר לְיוֹם הַשַּׁבָּת: טוֹב לְהֹדוֹת לַיהוה, וּלְזַמֵּר לְשִׁמְךָ עֶלְיוֹן: לְהַגִּיד בַּבֹּקֶר חַסְדֶּךָ, וֶאֱמוּנָתְךָ בַּלֵּילוֹת: עֲלֵי־עָשׂוֹר וַעֲלֵי־נָבֶל, עֲלֵי הִגָּיוֹן בְּכִנּוֹר: כִּי שִׂמַּחְתַּנִי יהוה בְּפָעֳלֶךָ, בְּמַעֲשֵׂי יָדֶיךָ אֲרַנֵּן: מַה־גָּדְלוּ מַעֲשֶׂיךָ יהוה, מְאֹד עָמְקוּ מַחְשְׁבֹתֶיךָ: אִישׁ־בַּעַר לֹא יֵדָע, וּכְסִיל לֹא־יָבִין אֶת־זֹאת: בִּפְרֹחַ רְשָׁעִים כְּמוֹ עֵשֶׂב, וַיָּצִיצוּ כָּל־פֹּעֲלֵי אָוֶן, לְהִשָּׁמְדָם עֲדֵי־עַד: וְאַתָּה מָרוֹם לְעֹלָם יהוה: כִּי הִנֵּה אֹיְבֶיךָ יהוה, כִּי־הִנֵּה אֹיְבֶיךָ יֹאבֵדוּ, יִתְפָּרְדוּ כָּל־פֹּעֲלֵי אָוֶן: וַתָּרֶם כִּרְאֵים קַרְנִי, בַּלֹּתִי בְּשֶׁמֶן רַעֲנָן: וַתַּבֵּט עֵינִי בְּשׁוּרָי, בַּקָּמִים עָלַי מְרֵעִים תִּשְׁמַעְנָה אָזְנָי: צַדִּיק כַּתָּמָר יִפְרָח, כְּאֶרֶז בַּלְּבָנוֹן יִשְׂגֶּה: שְׁתוּלִים בְּבֵית יהוה, בְּחַצְרוֹת אֱלֹהֵינוּ יַפְרִיחוּ: › עוֹד יְנוּבוּן בְּשֵׂיבָה, דְּשֵׁנִים וְרַעֲנַנִּים יִהְיוּ: לְהַגִּיד כִּי־יָשָׁר יהוה, צוּרִי, וְלֹא־עַוְלָתָה בּוֹ:

קדיש יתום (בעמוד הבא)

לדעת הגר״א, אומרים בכל יום מזמור זה. ויש נוהגים לאומרו בנוסף לשיר של יום.

לְדָוִד מַשְׂכִּיל, אַשְׁרֵי נְשׂוּי־פֶּשַׁע כְּסוּי חֲטָאָה: אַשְׁרֵי־אָדָם לֹא יַחְשֹׁב תהלים לב
יהוה לוֹ עָוֺן, וְאֵין בְּרוּחוֹ רְמִיָּה: כִּי־הֶחֱרַשְׁתִּי בָּלוּ עֲצָמָי, בְּשַׁאֲגָתִי
כָּל־הַיּוֹם: כִּי יוֹמָם וָלַיְלָה תִּכְבַּד עָלַי יָדֶךָ, נֶהְפַּךְ לְשַׁדִּי בְּחַרְבֹנֵי
קַיִץ סֶלָה: חַטָּאתִי אוֹדִיעֲךָ וַעֲוֺנִי לֹא־כִסִּיתִי, אָמַרְתִּי אוֹדֶה עֲלֵי
פְשָׁעַי לַיהוה, וְאַתָּה נָשָׂאתָ עֲוֺן חַטָּאתִי סֶלָה: עַל־זֹאת יִתְפַּלֵּל
כָּל־חָסִיד אֵלֶיךָ לְעֵת מְצֹא, רַק לְשֵׁטֶף מַיִם רַבִּים, אֵלָיו לֹא יַגִּיעוּ:
אַתָּה סֵתֶר לִי, מִצַּר תִּצְּרֵנִי, רָנֵּי פַלֵּט, תְּסוֹבְבֵנִי סֶלָה: אַשְׂכִּילְךָ וְאוֹרְךָ
בְּדֶרֶךְ־זוּ תֵלֵךְ, אִיעֲצָה עָלֶיךָ עֵינִי: אַל־תִּהְיוּ כְּסוּס, כְּפֶרֶד אֵין הָבִין,
בְּמֶתֶג־וָרֶסֶן עֶדְיוֹ לִבְלוֹם, בַּל קְרֹב אֵלֶיךָ: רַבִּים מַכְאוֹבִים לָרָשָׁע,
וְהַבּוֹטֵחַ בַּיהוה חֶסֶד יְסוֹבְבֶנּוּ: › שִׂמְחוּ בַיהוה וְגִילוּ צַדִּיקִים, וְהַרְנִינוּ
כָּל־יִשְׁרֵי־לֵב:

קדיש יתום

אם יש מניין, האבלים עומדים ואומרים קדיש יתום.

אבל: יִתְגַּדַּל וְיִתְקַדַּשׁ שְׁמֵהּ רַבָּא (קהל: אָמֵן)
בְּעָלְמָא דִּי בְרָא כִרְעוּתֵהּ
וְיַמְלִיךְ מַלְכוּתֵהּ
וְיַצְמַח פֻּרְקָנֵהּ וִיקָרֵב מְשִׁיחֵהּ (קהל: אָמֵן)
בְּחַיֵּיכוֹן וּבְיוֹמֵיכוֹן וּבְחַיֵּי דְכָל בֵּית יִשְׂרָאֵל
בַּעֲגָלָא וּבִזְמַן קָרִיב, וְאִמְרוּ אָמֵן. (קהל: אָמֵן)

קהל ואבל: יְהֵא שְׁמֵהּ רַבָּא מְבָרַךְ לְעָלַם וּלְעָלְמֵי עָלְמַיָּא.

אבל: יִתְבָּרַךְ וְיִשְׁתַּבַּח וְיִתְפָּאַר וְיִתְרוֹמַם וְיִתְנַשֵּׂא
וְיִתְהַדָּר וְיִתְעַלֶּה וְיִתְהַלָּל
שְׁמֵהּ דְּקֻדְשָׁא בְּרִיךְ הוּא (קהל: אָמֵן)

לְעֵלָּא לְעֵלָּא מִכָּל בִּרְכָתָא
וְשִׁירָתָא תֻּשְׁבְּחָתָא וְנֶחֱמָתָא
דַּאֲמִירָן בְּעָלְמָא, וְאִמְרוּ אָמֵן. (קהל: אָמֵן)

יְהֵא שְׁלָמָא רַבָּא מִן שְׁמַיָּא
וְחַיִּים טוֹבִים עָלֵינוּ וְעַל כָּל יִשְׂרָאֵל, וְאִמְרוּ אָמֵן. (קהל: אָמֵן)

כורע ופוסע שלוש פסיעות לאחור. קד לשמאל, לימין ולפנים באמירת:
עֹשֶׂה הַשָּׁלוֹם בִּמְרוֹמָיו
הוּא יַעֲשֶׂה שָׁלוֹם עָלֵינוּ
וְעַל כָּל יִשְׂרָאֵל, וְאִמְרוּ אָמֵן. (קהל: אָמֵן)

לְדָוִד, יהוה אוֹרִי וְיִשְׁעִי, מִמִּי אִירָא, יהוה מָעוֹז־חַיַּי, מִמִּי אֶפְחָד: תהלים כז
בִּקְרֹב עָלַי מְרֵעִים לֶאֱכֹל אֶת־בְּשָׂרִי, צָרַי וְאֹיְבַי לִי, הֵמָּה כָשְׁלוּ
וְנָפָלוּ: אִם־תַּחֲנֶה עָלַי מַחֲנֶה, לֹא־יִירָא לִבִּי, אִם־תָּקוּם עָלַי מִלְחָמָה,
בְּזֹאת אֲנִי בוֹטֵחַ: אַחַת שָׁאַלְתִּי מֵאֵת־יהוה, אוֹתָהּ אֲבַקֵּשׁ, שִׁבְתִּי
בְּבֵית־יהוה כָּל־יְמֵי חַיַּי, לַחֲזוֹת בְּנֹעַם־יהוה, וּלְבַקֵּר בְּהֵיכָלוֹ: כִּי
יִצְפְּנֵנִי בְּסֻכֹּה בְּיוֹם רָעָה, יַסְתִּרֵנִי בְּסֵתֶר אָהֳלוֹ, בְּצוּר יְרוֹמְמֵנִי:
וְעַתָּה יָרוּם רֹאשִׁי עַל אֹיְבַי סְבִיבוֹתַי, וְאֶזְבְּחָה בְאָהֳלוֹ זִבְחֵי תְרוּעָה,
אָשִׁירָה וַאֲזַמְּרָה לַיהוה: שְׁמַע־יהוה קוֹלִי אֶקְרָא, וְחָנֵּנִי וַעֲנֵנִי: לְךָ
אָמַר לִבִּי בַּקְּשׁוּ פָנָי, אֶת־פָּנֶיךָ יהוה אֲבַקֵּשׁ: אַל־תַּסְתֵּר פָּנֶיךָ מִמֶּנִּי,
אַל תַּט־בְּאַף עַבְדֶּךָ, עֶזְרָתִי הָיִיתָ, אַל־תִּטְּשֵׁנִי וְאַל־תַּעַזְבֵנִי, אֱלֹהֵי
יִשְׁעִי: כִּי־אָבִי וְאִמִּי עֲזָבוּנִי, וַיהוה יַאַסְפֵנִי: הוֹרֵנִי יהוה דַּרְכֶּךָ, וּנְחֵנִי
בְּאֹרַח מִישׁוֹר, לְמַעַן שׁוֹרְרָי: אַל־תִּתְּנֵנִי בְּנֶפֶשׁ צָרָי, כִּי קָמוּ־בִי עֵדֵי־
שֶׁקֶר, וִיפֵחַ חָמָס: ‹ לוּלֵא הֶאֱמַנְתִּי לִרְאוֹת בְּטוּב־יהוה בְּאֶרֶץ חַיִּים:
קַוֵּה אֶל־יהוה, חֲזַק וְיַאֲמֵץ לִבֶּךָ, וְקַוֵּה אֶל־יהוה:

קדיש יתום בעמוד הקודם

הוצאת ספר תורה

"וכהן גדול עומד ומקבל וקורא 'אַחֲרֵי מוֹת' וְ'אַךְ בֶּעָשׂוֹר'. וגולל את התורה ומניחה בחיקו ואומר: יותר ממה שקראתי לפניכם כתוב כאן" (משנה, יומא פ"ז מ"א).

לפני קריאת התורה אומרים 'אַתָּה הָרְאֵתָ' ('אור זרוע' ח"ב, מב). בבתי כנסת המתפללים בנוסח אשכנז, מתחילים 'אֵין־כָּמְוֹךָ'.

אַתָּה הָרְאֵתָ לָדַעַת, כִּי יהוה הוּא הָאֱלֹהִים, אֵין עוֹד מִלְּבַדּוֹ: דברים ד

אֵין־כָּמְוֹךָ בָאֱלֹהִים, אֲדֹנָי, וְאֵין כְּמַעֲשֶׂיךָ: תהלים פו

מַלְכוּתְךָ מַלְכוּת כָּל־עֹלָמִים, וּמֶמְשַׁלְתְּךָ בְּכָל־דּוֹר וָדֹר: תהלים קמה

יהוה מֶלֶךְ, יהוה מָלָךְ, יהוה יִמְלֹךְ לְעֹלָם וָעֶד.

יהוה עֹז לְעַמּוֹ יִתֵּן, יהוה יְבָרֵךְ אֶת־עַמּוֹ בַשָּׁלוֹם: תהלים כט

אַב הָרַחֲמִים, הֵיטִיבָה בִרְצוֹנְךָ אֶת־צִיּוֹן תִּבְנֶה חוֹמוֹת יְרוּשָׁלָםִ: תהלים נא
כִּי בְךָ לְבַד בָּטָחְנוּ, מֶלֶךְ אֵל רָם וְנִשָּׂא, אֲדוֹן עוֹלָמִים.

פותחים את ארון הקודש. הקהל עומד על רגליו.

וַיְהִי בִּנְסֹעַ הָאָרֹן וַיֹּאמֶר מֹשֶׁה במדבר י
קוּמָה יהוה וְיָפֻצוּ אֹיְבֶיךָ וְיָנֻסוּ מְשַׂנְאֶיךָ מִפָּנֶיךָ:
כִּי מִצִּיּוֹן תֵּצֵא תוֹרָה וּדְבַר־יהוה מִירוּשָׁלָםִ: ישעיה ב
בָּרוּךְ שֶׁנָּתַן תּוֹרָה לְעַמּוֹ יִשְׂרָאֵל בִּקְדֻשָּׁתוֹ.

יש אומרים י"ג מידות ו'רִבּוֹנוֹ שֶׁל עוֹלָם', גם כשיום הכיפורים חל בשבת.

אומרים שלוש פעמים:

יהוה, יהוה, אֵל רַחוּם וְחַנּוּן, אֶרֶךְ אַפַּיִם וְרַב־חֶסֶד וֶאֱמֶת: שמות לד
נֹצֵר חֶסֶד לָאֲלָפִים, נֹשֵׂא עָוֹן וָפֶשַׁע וְחַטָּאָה, וְנַקֵּה:

רִבּוֹנוֹ שֶׁל עוֹלָם, מַלֵּא מִשְׁאֲלוֹתַי לְטוֹבָה, וְהָפֵק רְצוֹנִי וְתֵן שְׁאֵלָתִי, וּמְחַל לִי עַל כָּל עֲוֹנוֹתַי וְעַל כָּל עֲוֹנוֹת אַנְשֵׁי בֵיתִי, מְחִילָה בְּחֶסֶד מְחִילָה בְּרַחֲמִים, וְטַהֲרֵנוּ מֵחֲטָאֵינוּ וּמֵעֲוֹנוֹתֵינוּ וּמִפְּשָׁעֵינוּ, וְזָכְרֵנוּ בְּזִכָּרוֹן טוֹב לְפָנֶיךָ, וּפָקְדֵנוּ

בִּפְקֻדַּת יְשׁוּעָה וְרַחֲמִים. וְזָכְרֵנוּ לְחַיִּים טוֹבִים וּלְשָׁלוֹם, וּפַרְנָסָה וְכַלְכָּלָה, וְלֶחֶם לֶאֱכֹל וּבֶגֶד לִלְבֹּשׁ, וְעֹשֶׁר וְכָבוֹד, וְאֹרֶךְ יָמִים לַהֲגוֹת בְּתוֹרָתֶךָ וּלְקַיֵּם מִצְוֹתֶיהָ, וְשֵׂכֶל וּבִינָה לְהָבִין וּלְהַשְׂכִּיל עִמְקֵי סוֹדוֹתֶיהָ. וְהָפֵק רְפוּאָה לְכָל מַכְאוֹבֵינוּ, וּבָרֵךְ כָּל מַעֲשֵׂה יָדֵינוּ, וּגְזֹר עָלֵינוּ גְּזֵרוֹת טוֹבוֹת יְשׁוּעוֹת וְנֶחָמוֹת, וּבַטֵּל מֵעָלֵינוּ כָּל גְּזֵרוֹת קָשׁוֹת וְרָעוֹת, וְתֵן בְּלֵב שָׂרֵינוּ וְיוֹעֲצֵיהֶם (בחו״ל: וְתֵן בְּלֵב הַמַּלְכוּת וְיוֹעֲצֶיהָ וְשָׂרֶיהָ) עָלֵינוּ לְטוֹבָה. אָמֵן וְכֵן יְהִי רָצוֹן.

תהלים יט
יִהְיוּ לְרָצוֹן אִמְרֵי־פִי וְהֶגְיוֹן לִבִּי לְפָנֶיךָ, יהוה צוּרִי וְגֹאֲלִי:

אומרים שלוש פעמים:

תהלים סט
וַאֲנִי תְפִלָּתִי־לְךָ יהוה, עֵת רָצוֹן, אֱלֹהִים בְּרָב־חַסְדֶּךָ עֲנֵנִי בֶּאֱמֶת יִשְׁעֶךָ:

זוהר ויקהל
בְּרִיךְ שְׁמֵהּ דְּמָרֵא עָלְמָא, בְּרִיךְ כִּתְרָךְ וְאַתְרָךְ. יְהֵא רְעוּתָךְ עִם עַמָּךְ יִשְׂרָאֵל לְעָלַם, וּפֻרְקַן יְמִינָךְ אַחֲזֵי לְעַמָּךְ בְּבֵית מַקְדְּשָׁךְ, וּלְאַמְטוּיֵי לָנָא מִטּוּב נְהוֹרָךְ, וּלְקַבֵּל צְלוֹתָנָא בְּרַחֲמִין. יְהֵא רַעֲוָא קֳדָמָךְ דְּתוֹרִיךְ לָן חַיִּין בְּטִיבוּ, וְלֶהֱוֵי אֲנָא פְּקִידָא בְּגוֹ צַדִּיקַיָּא, לְמִרְחַם עָלַי וּלְמִנְטַר יָתִי וְיַת כָּל דִּי לִי וְדִי לְעַמָּךְ יִשְׂרָאֵל. אַנְתְּ הוּא זָן לְכֹלָּא וּמְפַרְנֵס לְכֹלָּא, אַנְתְּ הוּא שַׁלִּיט עַל כֹּלָּא, אַנְתְּ הוּא דְּשַׁלִּיט עַל מַלְכַיָּא, וּמַלְכוּתָא דִּילָךְ הִיא. אֲנָא עַבְדָּא דְקֻדְשָׁא בְּרִיךְ הוּא, דְּסָגֵדְנָא קַמֵּהּ וּמִקַּמֵּי דִּיקַר אוֹרַיְתֵהּ בְּכָל עִדָּן וְעִדָּן. לָא עַל אֱנָשׁ רָחִיצְנָא וְלָא עַל בַּר אֱלָהִין

תרגום

ברוך שמו של אדון העולם, ברוך כתרך ומקומך. יהי רצונך עם עמך ישראל לעולם, וישועת ימינך הראה לעמך בבית מקדשך, ולהביא לנו מטוב אורך, ולקבל תפילותינו ברחמים. יהי רצון מלפניך שתאריך לנו חיים בטוב, ואהיה אני נמנה בתוך הצדיקים, לרחם עלי ולשמור אותי ואת כל אשר לי ואשר לעמך ישראל. אתה הוא זן לכול ומפרנס לכול, אתה הוא שליט על הכול, אתה הוא השליט על המלכים, והמלכות שלך היא. אני עבדו של הקדוש ברוך הוא, משתחוה לפניו ולפני כבוד תורתו בכל עת ועת. לא על אדם אני בטוח ולא על מלאך אני סמוך,

סְמֵיכְנָא, אֶלָּא בֵּאלָהָא דִשְׁמַיָּא, דְּהוּא אֱלָהָא קְשׁוֹט, וְאוֹרַיְתֵהּ קְשׁוֹט, וּנְבִיאוֹהִי קְשׁוֹט, וּמַסְגֵּא לְמֶעְבַּד טָבְוָן וּקְשׁוֹט. · בֵּהּ אֲנָא רָחִיץ, וְלִשְׁמֵהּ קַדִּישָׁא יַקִּירָא אֲנָא אֵמַר תֻּשְׁבְּחָן. יְהֵא רַעֲוָא קֳדָמָךְ דְּתִפְתַּח לִבַּאי בְּאוֹרַיְתָא, וְתַשְׁלִים מִשְׁאֲלִין דְּלִבַּאי וְלִבָּא דְכָל עַמָּךְ יִשְׂרָאֵל לְטָב וּלְחַיִּין וְלִשְׁלָם.

שליח הציבור מקבל את ספר התורה בימינו,
פונה לקהל ואומר (מסכת סופרים פי״ד), ואחריו הקהל:

שְׁמַע יִשְׂרָאֵל, יהוה אֱלֹהֵינוּ, יהוה אֶחָד: דברים ו

שליח הציבור ואחריו הקהל:

אֶחָד אֱלֹהֵינוּ, גָּדוֹל אֲדוֹנֵינוּ, קָדוֹשׁ וְנוֹרָא שְׁמוֹ.

שליח הציבור פונה לעבר ארון הקודש, קד, מגביה את ספר התורה
ואומר (משנ״ב קלד, יג על פי מסכת סופרים):

גַּדְּלוּ לַיהוה אִתִּי וּנְרוֹמְמָה שְׁמוֹ יַחְדָּו: תהלים לד

סוגרים את ארון הקודש. כאשר שליח הציבור הולך אל הבימה, הקהל אומר:

לְךָ יהוה הַגְּדֻלָּה וְהַגְּבוּרָה וְהַתִּפְאֶרֶת וְהַנֵּצַח וְהַהוֹד, כִּי־כֹל בַּשָּׁמַיִם דברי הימים א׳ כט
וּבָאָרֶץ, לְךָ יהוה הַמַּמְלָכָה וְהַמִּתְנַשֵּׂא לְכֹל לְרֹאשׁ: רוֹמְמוּ יהוה אֱלֹהֵינוּ תהלים צט
וְהִשְׁתַּחֲווּ לַהֲדֹם רַגְלָיו, קָדוֹשׁ הוּא: רוֹמְמוּ יהוה אֱלֹהֵינוּ וְהִשְׁתַּחֲווּ שם
לְהַר קָדְשׁוֹ, כִּי־קָדוֹשׁ יהוה אֱלֹהֵינוּ:

הקהל אומר בלחש (מחזור ויטרי, קסה):

עַל הַכֹּל יִתְגַּדַּל וְיִתְקַדַּשׁ וְיִשְׁתַּבַּח וְיִתְפָּאַר וְיִתְרוֹמַם וְיִתְנַשֵּׂא שְׁמוֹ שֶׁל מֶלֶךְ מַלְכֵי הַמְּלָכִים הַקָּדוֹשׁ בָּרוּךְ הוּא בָּעוֹלָמוֹת שֶׁבָּרָא, הָעוֹלָם הַזֶּה

אלא באלהי השמים, שהוא אלהים אמת, ותורתו אמת, ונביאיו אמת, ומרבה לעשות חסד ואמת. בו אני בטוח, ולשמו הקדוש הנכבד אני אומר תשבחות. יהי רצון מלפניך שתפתח לבי בתורה, ותמלא משאלות לבי ולב כל עמך ישראל לטובה ולחיים ולשלום.

וְהָעוֹלָם הַבָּא, כִּרְצוֹנוֹ וְכִרְצוֹן יְרֵאָיו וְכִרְצוֹן כָּל בֵּית יִשְׂרָאֵל. צוּר הָעוֹלָמִים,
אֲדוֹן כָּל הַבְּרִיּוֹת, אֱלוֹהַּ כָּל הַנְּפָשׁוֹת, הַיּוֹשֵׁב בְּמֶרְחֲבֵי מָרוֹם, הַשּׁוֹכֵן
בִּשְׁמֵי שְׁמֵי קֶדֶם, קְדֻשָּׁתוֹ עַל הַחַיּוֹת, וּקְדֻשָּׁתוֹ עַל כִּסֵּא הַכָּבוֹד. וּבְכֵן
יִתְקַדַּשׁ שִׁמְךָ בָּנוּ יהוה אֱלֹהֵינוּ לְעֵינֵי כָּל חָי, וְנֹאמַר לְפָנָיו שִׁיר חָדָשׁ,
תהלים סח כַּכָּתוּב: שִׁירוּ לֵאלֹהִים זַמְּרוּ שְׁמוֹ, סֹלּוּ לָרֹכֵב בָּעֲרָבוֹת, בְּיָהּ שְׁמוֹ, וְעִלְזוּ
ישעיה נב לְפָנָיו: וְנִרְאֵהוּ עַיִן בְּעַיִן בְּשׁוּבוֹ אֶל נָוֵהוּ, כַּכָּתוּב: כִּי עַיִן בְּעַיִן יִרְאוּ בְּשׁוּב
ישעיה מ יהוה צִיּוֹן: וְנֶאֱמַר: וְנִגְלָה כְּבוֹד יהוה, וְרָאוּ כָל־בָּשָׂר יַחְדָּו כִּי פִּי יהוה דִּבֵּר:

אַב הָרַחֲמִים הוּא יְרַחֵם עַם עֲמוּסִים, וְיִזְכֹּר בְּרִית אֵיתָנִים, וְיַצִּיל נַפְשׁוֹתֵינוּ
מִן הַשָּׁעוֹת הָרָעוֹת, וְיִגְעַר בְּיֵצֶר הָרָע מִן הַנְּשׂוּאִים, וְיָחֹן אוֹתָנוּ לִפְלֵיטַת
עוֹלָמִים, וִימַלֵּא מִשְׁאֲלוֹתֵינוּ בְּמִדָּה טוֹבָה יְשׁוּעָה וְרַחֲמִים.

מניח את ספר התורה על הבימה, והגבאי מכריז (מחזור ויטרי):

וְיַעֲזֹר וְיָגֵן וְיוֹשִׁיעַ לְכָל הַחוֹסִים בּוֹ, וְנֹאמַר אָמֵן. הַכֹּל הָבוּ גֹדֶל לֵאלֹהֵינוּ וּתְנוּ
כָבוֹד לַתּוֹרָה. *כֹּהֵן קְרַב, יַעֲמֹד (פלוני בֶּן פלוני) הַכֹּהֵן.

*אם אין כוהן, הגבאי קורא ללוי או לישראל ואומר:

/אֵין כָּאן כֹּהֵן, יַעֲמֹד (פלוני בֶּן פלוני) בִּמְקוֹם כֹּהֵן./

בָּרוּךְ שֶׁנָּתַן תּוֹרָה לְעַמּוֹ יִשְׂרָאֵל בִּקְדֻשָּׁתוֹ.

הקהל ואחריו הגבאי:

דברים ד וְאַתֶּם הַדְּבֵקִים בַּיהוה אֱלֹהֵיכֶם חַיִּים כֻּלְּכֶם הַיּוֹם:

קריאת התורה בעמ׳ 253.

קודם הברכה על העולה לראות היכן קוראים ולנשק את ספר התורה.
בשעת הברכה אוחז בעמודי הספר.

עולה: בָּרְכוּ אֶת יהוה הַמְבֹרָךְ.

קהל: בָּרוּךְ יהוה הַמְבֹרָךְ לְעוֹלָם וָעֶד.

עולה: בָּרוּךְ יהוה הַמְבֹרָךְ לְעוֹלָם וָעֶד.
בָּרוּךְ אַתָּה יהוה אֱלֹהֵינוּ מֶלֶךְ הָעוֹלָם
אֲשֶׁר בָּחַר בָּנוּ מִכָּל הָעַמִּים וְנָתַן לָנוּ אֶת תּוֹרָתוֹ.
בָּרוּךְ אַתָּה יהוה, נוֹתֵן הַתּוֹרָה.

לאחר הקריאה העולה מנשק את ספר התורה ומברך:

עולה: **בָּרוּךְ אַתָּה יהוה אֱלֹהֵינוּ מֶלֶךְ הָעוֹלָם**
אֲשֶׁר נָתַן לָנוּ תּוֹרַת אֱמֶת
וְחַיֵּי עוֹלָם נָטַע בְּתוֹכֵנוּ.
בָּרוּךְ אַתָּה יהוה, נוֹתֵן הַתּוֹרָה.

מי שהיה בסכנה וניצל ממנה, מברך ׳הַגּוֹמֵל׳:

בָּרוּךְ אַתָּה יהוה אֱלֹהֵינוּ מֶלֶךְ הָעוֹלָם
הַגּוֹמֵל לְחַיָּבִים טוֹבוֹת
שֶׁגְּמָלַנִי כָּל טוֹב.

הקהל עונה:

אָמֵן. מִי שֶׁגְּמָלְךָ כָּל טוֹב
הוּא יִגְמָלְךָ כָּל טוֹב
סֶלָה.

כאן אומרים ׳מִי שֶׁבֵּרַךְ׳ לפי הצורך.

מי שברך לעולה לתורה

מִי שֶׁבֵּרַךְ אֲבוֹתֵינוּ אַבְרָהָם יִצְחָק וְיַעֲקֹב, הוּא יְבָרֵךְ אֶת (פלוני בֶּן פלוני)**, בַּעֲבוּר שֶׁעָלָה לִכְבוֹד הַמָּקוֹם וְלִכְבוֹד הַתּוֹרָה** (בשבת: **וְלִכְבוֹד הַשַּׁבָּת**) **וְלִכְבוֹד יוֹם הַדִּין. בִּשְׂכַר זֶה הַקָּדוֹשׁ בָּרוּךְ הוּא יִשְׁמְרֵהוּ וְיַצִּילֵהוּ מִכָּל צָרָה וְצוּקָה וּמִכָּל נֶגַע וּמַחֲלָה, וְיִשְׁלַח בְּרָכָה וְהַצְלָחָה בְּכָל מַעֲשֵׂה יָדָיו, וְיִכְתְּבֵהוּ וְיַחְתְּמֵהוּ לְחַיִּים טוֹבִים בְּיוֹם הַדִּין הַזֶּה עִם כָּל יִשְׂרָאֵל אֶחָיו, וְנֹאמַר אָמֵן.**

מי שברך לחולֶה

מִי שֶׁבֵּרַךְ אֲבוֹתֵינוּ אַבְרָהָם יִצְחָק וְיַעֲקֹב, מֹשֶׁה וְאַהֲרֹן דָּוִד וּשְׁלֹמֹה הוּא יְבָרֵךְ וִירַפֵּא אֶת הַחוֹלֶה (פלוני בֶּן פלונית) **בַּעֲבוּר שֶׁ**(פלוני בֶּן פלוני) **נוֹדֵר צְדָקָה בַּעֲבוּרוֹ. בִּשְׂכַר זֶה הַקָּדוֹשׁ בָּרוּךְ הוּא יִמָּלֵא רַחֲמִים עָלָיו לְהַחֲלִימוֹ**

וּלְרַפְּאתוֹ וּלְהַחֲזִיקוֹ וּלְהַחֲיוֹתוֹ וְיִשְׁלַח לוֹ מְהֵרָה רְפוּאָה שְׁלֵמָה מִן הַשָּׁמַיִם לִרְמַ״ח אֵבָרָיו וּשְׁסָ״ה גִּידָיו בְּתוֹךְ שְׁאָר חוֹלֵי יִשְׂרָאֵל, רְפוּאַת הַנֶּפֶשׁ וּרְפוּאַת הַגּוּף (בשבת: שַׁבָּת הִיא מִלִּזְעֹק וּרְפוּאָה קְרוֹבָה לָבוֹא), הַשְׁתָּא בַּעֲגָלָא וּבִזְמַן קָרִיב, וְנֹאמַר אָמֵן.

מי שברך לחולה

מִי שֶׁבֵּרַךְ אֲבוֹתֵינוּ אַבְרָהָם יִצְחָק וְיַעֲקֹב, מֹשֶׁה וְאַהֲרֹן דָּוִד וּשְׁלֹמֹה הוּא יְבָרֵךְ וִירַפֵּא אֶת הַחוֹלָה (פלונית בַּת פלונית) בַּעֲבוּר שֶׁ(פלוני בֶּן פלוני) נוֹדֵר צְדָקָה בַּעֲבוּרָהּ. בִּשְׂכַר זֶה הַקָּדוֹשׁ בָּרוּךְ הוּא יִמָּלֵא רַחֲמִים עָלֶיהָ לְהַחֲלִימָהּ וּלְרַפְּאתָהּ וּלְהַחֲזִיקָהּ וּלְהַחֲיוֹתָהּ וְיִשְׁלַח לָהּ מְהֵרָה רְפוּאָה שְׁלֵמָה מִן הַשָּׁמַיִם לְכָל אֵבָרֶיהָ וּלְכָל גִּידֶיהָ בְּתוֹךְ שְׁאָר חוֹלֵי יִשְׂרָאֵל, רְפוּאַת הַנֶּפֶשׁ וּרְפוּאַת הַגּוּף (בשבת: שַׁבָּת הִיא מִלִּזְעֹק וּרְפוּאָה קְרוֹבָה לָבוֹא), הַשְׁתָּא בַּעֲגָלָא וּבִזְמַן קָרִיב, וְנֹאמַר אָמֵן.

מי שברך ליולדת בן

מִי שֶׁבֵּרַךְ אֲבוֹתֵינוּ אַבְרָהָם יִצְחָק וְיַעֲקֹב, מֹשֶׁה וְאַהֲרֹן דָּוִד וּשְׁלֹמֹה, שָׂרָה רִבְקָה רָחֵל וְלֵאָה הוּא יְבָרֵךְ אֶת הָאִשָּׁה הַיּוֹלֶדֶת (פלונית בַּת פלוני) וְאֶת בְּנָהּ שֶׁנּוֹלַד לָהּ לְמַזָּל טוֹב בַּעֲבוּר שֶׁבַּעְלָהּ וְאָבִיו נוֹדֵר צְדָקָה בַּעֲדָם. בִּשְׂכַר זֶה יִזְכּוּ אָבִיו וְאִמּוֹ לְהַכְנִיסוֹ בִּבְרִיתוֹ שֶׁל אַבְרָהָם אָבִינוּ וּלְגַדְּלוֹ לְתוֹרָה וּלְחֻפָּה וּלְמַעֲשִׂים טוֹבִים, וְיִכָּתְבוּ וְיֵחָתְמוּ לְחַיִּים טוֹבִים בְּיוֹם הַדִּין הַזֶּה עִם כָּל יִשְׂרָאֵל אֲחֵיהֶם, וְנֹאמַר אָמֵן.

מי שברך ליולדת בת

מִי שֶׁבֵּרַךְ אֲבוֹתֵינוּ אַבְרָהָם יִצְחָק וְיַעֲקֹב, מֹשֶׁה וְאַהֲרֹן דָּוִד וּשְׁלֹמֹה, שָׂרָה רִבְקָה רָחֵל וְלֵאָה הוּא יְבָרֵךְ אֶת הָאִשָּׁה הַיּוֹלֶדֶת (פלונית בַּת פלוני) וְאֶת בִּתָּהּ שֶׁנּוֹלְדָה לָהּ לְמַזָּל טוֹב וְיִקָּרֵא שְׁמָהּ בְּיִשְׂרָאֵל (פלונית בַּת פלוני), בַּעֲבוּר שֶׁבַּעְלָהּ וְאָבִיהָ נוֹדֵר צְדָקָה בַּעֲדָן. בִּשְׂכַר זֶה יִזְכּוּ אָבִיהָ וְאִמָּהּ לְגַדְּלָהּ לְתוֹרָה וּלְחֻפָּה וּלְמַעֲשִׂים טוֹבִים, וְיִכָּתְבוּ וְיֵחָתְמוּ לְחַיִּים טוֹבִים בְּיוֹם הַדִּין הַזֶּה עִם כָּל יִשְׂרָאֵל אֲחֵיהֶן, וְנֹאמַר אָמֵן.

קריאת התורה

ויקרא טז, א–לד

וַיְדַבֵּר יהוה אֶל־מֹשֶׁה אַחֲרֵי מוֹת שְׁנֵי בְּנֵי אַהֲרֹן בְּקָרְבָתָם
לִפְנֵי־יהוה וַיָּמֻתוּ׃ וַיֹּאמֶר יהוה אֶל־מֹשֶׁה דַּבֵּר אֶל־אַהֲרֹן
אָחִיךָ וְאַל־יָבֹא בְכָל־עֵת אֶל־הַקֹּדֶשׁ מִבֵּית לַפָּרֹכֶת אֶל־פְּנֵי
הַכַּפֹּרֶת אֲשֶׁר עַל־הָאָרֹן וְלֹא יָמוּת כִּי בֶּעָנָן אֵרָאֶה עַל־הַכַּפֹּרֶת׃
בְּזֹאת יָבֹא אַהֲרֹן אֶל־הַקֹּדֶשׁ בְּפַר בֶּן־בָּקָר לְחַטָּאת וְאַיִל
לְעֹלָה׃ כְּתֹנֶת־בַּד קֹדֶשׁ יִלְבָּשׁ וּמִכְנְסֵי־בַד יִהְיוּ עַל־בְּשָׂרוֹ (בשבת שני)
וּבְאַבְנֵט בַּד יַחְגֹּר וּבְמִצְנֶפֶת בַּד יִצְנֹף בִּגְדֵי־קֹדֶשׁ הֵם וְרָחַץ
בַּמַּיִם אֶת־בְּשָׂרוֹ וּלְבֵשָׁם׃ וּמֵאֵת עֲדַת בְּנֵי יִשְׂרָאֵל יִקַּח שְׁנֵי־
שְׂעִירֵי עִזִּים לְחַטָּאת וְאַיִל אֶחָד לְעֹלָה׃ וְהִקְרִיב אַהֲרֹן אֶת־
פַּר הַחַטָּאת אֲשֶׁר־לוֹ וְכִפֶּר בַּעֲדוֹ וּבְעַד בֵּיתוֹ׃ וְלָקַח אֶת־שְׁנֵי (שני / בשבת שלישי)
הַשְּׂעִירִם וְהֶעֱמִיד אֹתָם לִפְנֵי יהוה פֶּתַח אֹהֶל מוֹעֵד׃ וְנָתַן
אַהֲרֹן עַל־שְׁנֵי הַשְּׂעִירִם גֹּרָלוֹת גּוֹרָל אֶחָד לַיהוה וְגוֹרָל אֶחָד
לַעֲזָאזֵל׃ וְהִקְרִיב אַהֲרֹן אֶת־הַשָּׂעִיר אֲשֶׁר עָלָה עָלָיו הַגּוֹרָל
לַיהוה וְעָשָׂהוּ חַטָּאת׃ וְהַשָּׂעִיר אֲשֶׁר עָלָה עָלָיו הַגּוֹרָל לַעֲזָאזֵל
יָעֳמַד־חַי לִפְנֵי יהוה לְכַפֵּר עָלָיו לְשַׁלַּח אֹתוֹ לַעֲזָאזֵל הַמִּדְבָּרָה׃
וְהִקְרִיב אַהֲרֹן אֶת־פַּר הַחַטָּאת אֲשֶׁר־לוֹ וְכִפֶּר בַּעֲדוֹ וּבְעַד
בֵּיתוֹ וְשָׁחַט אֶת־פַּר הַחַטָּאת אֲשֶׁר־לוֹ׃ וְלָקַח מְלֹא־הַמַּחְתָּה (שלישי / בשבת רביעי)
גַּחֲלֵי־אֵשׁ מֵעַל הַמִּזְבֵּחַ מִלִּפְנֵי יהוה וּמְלֹא חָפְנָיו קְטֹרֶת סַמִּים
דַּקָּה וְהֵבִיא מִבֵּית לַפָּרֹכֶת׃ וְנָתַן אֶת־הַקְּטֹרֶת עַל־הָאֵשׁ לִפְנֵי
יהוה וְכִסָּה ׀ עֲנַן הַקְּטֹרֶת אֶת־הַכַּפֹּרֶת אֲשֶׁר עַל־הָעֵדוּת וְלֹא
יָמוּת׃ וְלָקַח מִדַּם הַפָּר וְהִזָּה בְאֶצְבָּעוֹ עַל־פְּנֵי הַכַּפֹּרֶת קֵדְמָה
וְלִפְנֵי הַכַּפֹּרֶת יַזֶּה שֶׁבַע־פְּעָמִים מִן־הַדָּם בְּאֶצְבָּעוֹ׃ וְשָׁחַט
אֶת־שְׂעִיר הַחַטָּאת אֲשֶׁר לָעָם וְהֵבִיא אֶת־דָּמוֹ אֶל־מִבֵּית

לַפָּרֹכֶת וְעָשָׂה אֶת־דָּמוֹ כַּאֲשֶׁר עָשָׂה לְדַם הַפָּר וְהִזָּה אֹתוֹ
עַל־הַכַּפֹּרֶת וְלִפְנֵי הַכַּפֹּרֶת: וְכִפֶּר עַל־הַקֹּדֶשׁ מִטֻּמְאֹת בְּנֵי
יִשְׂרָאֵל וּמִפִּשְׁעֵיהֶם לְכָל־חַטֹּאתָם וְכֵן יַעֲשֶׂה לְאֹהֶל מוֹעֵד הַשֹּׁכֵן
אִתָּם בְּתוֹךְ טֻמְאֹתָם: וְכָל־אָדָם לֹא־יִהְיֶה ׀ בְּאֹהֶל מוֹעֵד בְּבֹאוֹ
לְכַפֵּר בַּקֹּדֶשׁ עַד־צֵאתוֹ וְכִפֶּר בַּעֲדוֹ וּבְעַד בֵּיתוֹ וּבְעַד כָּל־קְהַל
יִשְׂרָאֵל: וְיָצָא אֶל־הַמִּזְבֵּחַ אֲשֶׁר לִפְנֵי־יְהוָה וְכִפֶּר עָלָיו וְלָקַח רביעי בשבת חמישי
מִדַּם הַפָּר וּמִדַּם הַשָּׂעִיר וְנָתַן עַל־קַרְנוֹת הַמִּזְבֵּחַ סָבִיב: וְהִזָּה
עָלָיו מִן־הַדָּם בְּאֶצְבָּעוֹ שֶׁבַע פְּעָמִים וְטִהֲרוֹ וְקִדְּשׁוֹ מִטֻּמְאֹת
בְּנֵי יִשְׂרָאֵל: וְכִלָּה מִכַּפֵּר אֶת־הַקֹּדֶשׁ וְאֶת־אֹהֶל מוֹעֵד וְאֶת־
הַמִּזְבֵּחַ וְהִקְרִיב אֶת־הַשָּׂעִיר הֶחָי: וְסָמַךְ אַהֲרֹן אֶת־שְׁתֵּי יָדָו
עַל־רֹאשׁ הַשָּׂעִיר הַחַי וְהִתְוַדָּה עָלָיו אֶת־כָּל־עֲוֹנֹת בְּנֵי יִשְׂרָאֵל
וְאֶת־כָּל־פִּשְׁעֵיהֶם לְכָל־חַטֹּאתָם וְנָתַן אֹתָם עַל־רֹאשׁ הַשָּׂעִיר
וְשִׁלַּח בְּיַד־אִישׁ עִתִּי הַמִּדְבָּרָה: וְנָשָׂא הַשָּׂעִיר עָלָיו אֶת־כָּל־
עֲוֹנֹתָם אֶל־אֶרֶץ גְּזֵרָה וְשִׁלַּח אֶת־הַשָּׂעִיר בַּמִּדְבָּר: וּבָא אַהֲרֹן
אֶל־אֹהֶל מוֹעֵד וּפָשַׁט אֶת־בִּגְדֵי הַבָּד אֲשֶׁר לָבַשׁ בְּבֹאוֹ אֶל־
הַקֹּדֶשׁ וְהִנִּיחָם שָׁם: וְרָחַץ אֶת־בְּשָׂרוֹ בַמַּיִם בְּמָקוֹם קָדוֹשׁ וְלָבַשׁ
אֶת־בְּגָדָיו וְיָצָא וְעָשָׂה אֶת־עֹלָתוֹ וְאֶת־עֹלַת הָעָם וְכִפֶּר בַּעֲדוֹ
וּבְעַד הָעָם: *וְאֵת חֵלֶב הַחַטָּאת יַקְטִיר הַמִּזְבֵּחָה: וְהַמְשַׁלֵּחַ חמישי בשבת שישי
אֶת־הַשָּׂעִיר לַעֲזָאזֵל יְכַבֵּס בְּגָדָיו וְרָחַץ אֶת־בְּשָׂרוֹ בַּמָּיִם וְאַחֲרֵי־
כֵן יָבוֹא אֶל־הַמַּחֲנֶה: וְאֵת פַּר הַחַטָּאת וְאֵת ׀ שְׂעִיר הַחַטָּאת
אֲשֶׁר הוּבָא אֶת־דָּמָם לְכַפֵּר בַּקֹּדֶשׁ יוֹצִיא אֶל־מִחוּץ לַמַּחֲנֶה
וְשָׂרְפוּ בָאֵשׁ אֶת־עֹרֹתָם וְאֶת־בְּשָׂרָם וְאֶת־פִּרְשָׁם: וְהַשֹּׂרֵף
אֹתָם יְכַבֵּס בְּגָדָיו וְרָחַץ אֶת־בְּשָׂרוֹ בַּמָּיִם וְאַחֲרֵי־כֵן יָבוֹא אֶל־
הַמַּחֲנֶה: וְהָיְתָה לָכֶם לְחֻקַּת עוֹלָם בַּחֹדֶשׁ הַשְּׁבִיעִי בֶּעָשׂוֹר

לַחֹ֗דֶשׁ תְּעַנּ֣וּ אֶת־נַפְשֹֽׁתֵיכֶ֔ם וְכָל־מְלָאכָה֙ לֹ֣א תַעֲשׂ֔וּ הָֽאֶזְרָ֔ח
וְהַגֵּ֖ר הַגָּ֥ר בְּתוֹכְכֶֽם׃ כִּֽי־בַיּ֥וֹם הַזֶּ֛ה יְכַפֵּ֥ר עֲלֵיכֶ֖ם לְטַהֵ֣ר אֶתְכֶ֑ם
מִכֹּל֙ חַטֹּ֣אתֵיכֶ֔ם לִפְנֵ֥י יְהֹוָ֖ה תִּטְהָֽרוּ׃ שַׁבַּ֨ת שַׁבָּת֥וֹן הִיא֙ לָכֶ֔ם שישי / בשבת שביעי
וְעִנִּיתֶ֖ם אֶת־נַפְשֹׁתֵיכֶ֑ם חֻקַּ֖ת עוֹלָֽם׃ וְכִפֶּ֨ר הַכֹּהֵ֜ן אֲשֶׁר־יִמְשַׁ֣ח
אֹת֗וֹ וַאֲשֶׁ֤ר יְמַלֵּא֙ אֶת־יָד֔וֹ לְכַהֵ֖ן תַּ֣חַת אָבִ֑יו וְלָבַ֛שׁ אֶת־בִּגְדֵ֥י
הַבָּ֖ד בִּגְדֵ֥י הַקֹּֽדֶשׁ׃ וְכִפֶּר֙ אֶת־מִקְדַּ֣שׁ הַקֹּ֔דֶשׁ וְאֶת־אֹ֥הֶל מוֹעֵ֖ד
וְאֶת־הַמִּזְבֵּ֣חַ יְכַפֵּ֑ר וְעַ֧ל הַכֹּהֲנִ֛ים וְעַל־כָּל־עַ֥ם הַקָּהָ֖ל יְכַפֵּֽר׃
וְהָֽיְתָה־זֹּ֨את לָכֶ֜ם לְחֻקַּ֣ת עוֹלָ֗ם לְכַפֵּ֞ר עַל־בְּנֵ֤י יִשְׂרָאֵל֙ מִכָּל־
חַטֹּאתָ֔ם אַחַ֖ת בַּשָּׁנָ֑ה וַיַּ֕עַשׂ כַּאֲשֶׁ֛ר צִוָּ֥ה יְהֹוָ֖ה אֶת־מֹשֶֽׁה׃

חצי קדיש

לפני שקוראים למפטיר, בעל הקורא אומר חצי קדיש (רמב״ם, תפילה פי״ב ה״כ).

ש״ץ: יִתְגַּדַּל וְיִתְקַדַּשׁ שְׁמֵהּ רַבָּא (קהל: אָמֵן)
בְּעָלְמָא דִּי בְרָא כִרְעוּתֵהּ
וְיַמְלִיךְ מַלְכוּתֵהּ וְיַצְמַח פֻּרְקָנֵהּ וִיקָרֵב מְשִׁיחֵהּ (קהל: אָמֵן)
בְּחַיֵּיכוֹן וּבְיוֹמֵיכוֹן וּבְחַיֵּי דְכָל בֵּית יִשְׂרָאֵל
בַּעֲגָלָא וּבִזְמַן קָרִיב, וְאִמְרוּ אָמֵן. (קהל: אָמֵן)

קהל וש״ץ: יְהֵא שְׁמֵהּ רַבָּא מְבָרַךְ לְעָלַם וּלְעָלְמֵי עָלְמַיָּא.

ש״ץ: יִתְבָּרַךְ וְיִשְׁתַּבַּח וְיִתְפָּאַר וְיִתְרוֹמַם וְיִתְנַשֵּׂא
וְיִתְהַדָּר וְיִתְעַלֶּה וְיִתְהַלָּל
שְׁמֵהּ דְּקֻדְשָׁא בְּרִיךְ הוּא (קהל: אָמֵן)
לְעֵלָּא לְעֵלָּא מִכָּל בִּרְכָתָא
וְשִׁירָתָא תֻּשְׁבְּחָתָא וְנֶחֱמָתָא
דַּאֲמִירָן בְּעָלְמָא, וְאִמְרוּ אָמֵן. (קהל: אָמֵן)

הגבהה וגלילה

כאשר מגביהים את ספר התורה, הקהל אומר:

דברים ד **וְזֹאת הַתּוֹרָה אֲשֶׁר־שָׂם מֹשֶׁה לִפְנֵי בְּנֵי יִשְׂרָאֵל:**

במדבר ט **עַל־פִּי יהוה בְּיַד מֹשֶׁה:**

משלי ג ויש מוסיפים: **עֵץ־חַיִּים הִיא לַמַּחֲזִיקִים בָּהּ וְתֹמְכֶיהָ מְאֻשָּׁר:**
דְּרָכֶיהָ דַרְכֵי־נֹעַם וְכָל־נְתִיבוֹתֶיהָ שָׁלוֹם:
אֹרֶךְ יָמִים בִּימִינָהּ, בִּשְׂמֹאולָהּ עֹשֶׁר וְכָבוֹד:

ישעיה מב **יהוה חָפֵץ לְמַעַן צִדְקוֹ יַגְדִּיל תּוֹרָה וְיַאְדִּיר:**

מפטיר

קוראים למפטיר בספר שני.

במדבר כט, ז–יא **וּבֶעָשׂוֹר לַחֹדֶשׁ הַשְּׁבִיעִי הַזֶּה מִקְרָא־קֹדֶשׁ יִהְיֶה לָכֶם וְעִנִּיתֶם אֶת־נַפְשֹׁתֵיכֶם כָּל־מְלָאכָה לֹא תַעֲשׂוּ: וְהִקְרַבְתֶּם עֹלָה לַיהוה רֵיחַ נִיחֹחַ פַּר בֶּן־בָּקָר אֶחָד אַיִל אֶחָד כְּבָשִׂים בְּנֵי־שָׁנָה שִׁבְעָה תְּמִימִם יִהְיוּ לָכֶם: וּמִנְחָתָם סֹלֶת בְּלוּלָה בַשָּׁמֶן שְׁלֹשָׁה עֶשְׂרֹנִים לַפָּר שְׁנֵי עֶשְׂרֹנִים לָאַיִל הָאֶחָד: עִשָּׂרוֹן עִשָּׂרוֹן לַכֶּבֶשׂ הָאֶחָד לְשִׁבְעַת הַכְּבָשִׂים: שְׂעִיר־עִזִּים אֶחָד חַטָּאת מִלְּבַד חַטַּאת הַכִּפֻּרִים וְעֹלַת הַתָּמִיד וּמִנְחָתָהּ וְנִסְכֵּיהֶם:**

הגבהה וגלילה

מגביהים את ספר התורה השני, והקהל אומר:

דברים ד **וְזֹאת הַתּוֹרָה אֲשֶׁר־שָׂם מֹשֶׁה לִפְנֵי בְּנֵי יִשְׂרָאֵל:**

במדבר ט **עַל־פִּי יהוה בְּיַד מֹשֶׁה:**

משלי ג ויש מוסיפים: **עֵץ־חַיִּים הִיא לַמַּחֲזִיקִים בָּהּ וְתֹמְכֶיהָ מְאֻשָּׁר:**
דְּרָכֶיהָ דַרְכֵי־נֹעַם וְכָל־נְתִיבוֹתֶיהָ שָׁלוֹם:
אֹרֶךְ יָמִים בִּימִינָהּ, בִּשְׂמֹאולָהּ עֹשֶׁר וְכָבוֹד:

ישעיה מב **יהוה חָפֵץ לְמַעַן צִדְקוֹ יַגְדִּיל תּוֹרָה וְיַאְדִּיר:**

ברכות ההפטרה

לפני קריאת ההפטרה בנביא, המפטיר מברך:

בָּרוּךְ אַתָּה יהוה אֱלֹהֵינוּ מֶלֶךְ הָעוֹלָם אֲשֶׁר בָּחַר בִּנְבִיאִים טוֹבִים, וְרָצָה בְדִבְרֵיהֶם הַנֶּאֱמָרִים בֶּאֱמֶת. בָּרוּךְ אַתָּה יהוה, הַבּוֹחֵר בַּתּוֹרָה וּבְמֹשֶׁה עַבְדּוֹ וּבְיִשְׂרָאֵל עַמּוֹ וּבִנְבִיאֵי הָאֱמֶת וָצֶדֶק.

הפטרה

וְאָמַר סֹלּוּ־סֹלּוּ פַּנּוּ־דָרֶךְ הָרִימוּ מִכְשׁוֹל מִדֶּרֶךְ עַמִּי: כִּי ישעיה נז, יד – נח, יד
כֹה אָמַר רָם וְנִשָּׂא שֹׁכֵן עַד וְקָדוֹשׁ שְׁמוֹ מָרוֹם וְקָדוֹשׁ אֶשְׁכּוֹן
וְאֶת־דַּכָּא וּשְׁפַל־רוּחַ לְהַחֲיוֹת רוּחַ שְׁפָלִים וּלְהַחֲיוֹת לֵב
נִדְכָּאִים: כִּי לֹא לְעוֹלָם אָרִיב וְלֹא לָנֶצַח אֶקְּצוֹף כִּי־רוּחַ מִלְּפָנַי
יַעֲטוֹף וּנְשָׁמוֹת אֲנִי עָשִׂיתִי: בַּעֲוֺן בִּצְעוֹ קָצַפְתִּי וְאַכֵּהוּ הַסְתֵּר
וְאֶקְצֹף וַיֵּלֶךְ שׁוֹבָב בְּדֶרֶךְ לִבּוֹ: דְּרָכָיו רָאִיתִי וְאֶרְפָּאֵהוּ וְאַנְחֵהוּ
וַאֲשַׁלֵּם נִחֻמִים לוֹ וְלַאֲבֵלָיו: בּוֹרֵא נוּב שְׂפָתָיִם שָׁלוֹם ׀ שָׁלוֹם נִיב
לָרָחוֹק וְלַקָּרוֹב אָמַר יהוה וּרְפָאתִיו: וְהָרְשָׁעִים כַּיָּם נִגְרָשׁ כִּי
הַשְׁקֵט לֹא יוּכָל וַיִּגְרְשׁוּ מֵימָיו רֶפֶשׁ וָטִיט: אֵין שָׁלוֹם אָמַר אֱלֹהַי
לָרְשָׁעִים: קְרָא בְגָרוֹן אַל־תַּחְשֹׂךְ כַּשּׁוֹפָר הָרֵם קוֹלֶךָ
וְהַגֵּד לְעַמִּי פִּשְׁעָם וּלְבֵית יַעֲקֹב חַטֹּאתָם: וְאוֹתִי יוֹם יוֹם יִדְרֹשׁוּן
וְדַעַת דְּרָכַי יֶחְפָּצוּן כְּגוֹי אֲשֶׁר־צְדָקָה עָשָׂה וּמִשְׁפַּט אֱלֹהָיו לֹא
עָזָב יִשְׁאָלוּנִי מִשְׁפְּטֵי־צֶדֶק קִרְבַת אֱלֹהִים יֶחְפָּצוּן: לָמָּה צַּמְנוּ
וְלֹא רָאִיתָ עִנִּינוּ נַפְשֵׁנוּ וְלֹא תֵדָע הֵן בְּיוֹם צֹמְכֶם תִּמְצְאוּ־חֵפֶץ
וְכָל־עַצְּבֵיכֶם תִּנְגֹּשׂוּ: הֵן לְרִיב וּמַצָּה תָּצוּמוּ וּלְהַכּוֹת בְּאֶגְרֹף
רֶשַׁע לֹא־תָצוּמוּ כַיּוֹם לְהַשְׁמִיעַ בַּמָּרוֹם קוֹלְכֶם: הֲכָזֶה יִהְיֶה צוֹם
אֶבְחָרֵהוּ יוֹם עַנּוֹת אָדָם נַפְשׁוֹ הֲלָכֹף כְּאַגְמֹן רֹאשׁוֹ וְשַׂק וָאֵפֶר
יַצִּיעַ הֲלָזֶה תִּקְרָא־צוֹם וְיוֹם רָצוֹן לַיהוה: הֲלוֹא זֶה צוֹם אֶבְחָרֵהוּ

פַּתֵּחַ חַרְצֻבּוֹת רֶשַׁע הַתֵּר אֲגֻדּוֹת מוֹטָה וְשַׁלַּח רְצוּצִים חָפְשִׁים וְכָל־מוֹטָה תְּנַתֵּקוּ: הֲלוֹא פָרֹס לָרָעֵב לַחְמֶךָ וַעֲנִיִּים מְרוּדִים תָּבִיא בָיִת כִּי־תִרְאֶה עָרֹם וְכִסִּיתוֹ וּמִבְּשָׂרְךָ לֹא תִתְעַלָּם: אָז יִבָּקַע כַּשַּׁחַר אוֹרֶךָ וַאֲרֻכָתְךָ מְהֵרָה תִצְמָח וְהָלַךְ לְפָנֶיךָ צִדְקֶךָ כְּבוֹד יהוה יַאַסְפֶךָ: אָז תִּקְרָא וַיהוה יַעֲנֶה תְּשַׁוַּע וְיֹאמַר הִנֵּנִי אִם־תָּסִיר מִתּוֹכְךָ מוֹטָה שְׁלַח אֶצְבַּע וְדַבֶּר־אָוֶן: וְתָפֵק לָרָעֵב נַפְשֶׁךָ וְנֶפֶשׁ נַעֲנָה תַּשְׂבִּיעַ וְזָרַח בַּחֹשֶׁךְ אוֹרֶךָ וַאֲפֵלָתְךָ כַּצָּהֳרָיִם: וְנָחֲךָ יהוה תָּמִיד וְהִשְׂבִּיעַ בְּצַחְצָחוֹת נַפְשֶׁךָ וְעַצְמֹתֶיךָ יַחֲלִיץ וְהָיִיתָ כְּגַן רָוֶה וּכְמוֹצָא מַיִם אֲשֶׁר לֹא־יְכַזְּבוּ מֵימָיו: וּבָנוּ מִמְּךָ חָרְבוֹת עוֹלָם מוֹסְדֵי דוֹר־וָדוֹר תְּקוֹמֵם וְקֹרָא לְךָ גֹּדֵר פֶּרֶץ מְשֹׁבֵב נְתִיבוֹת לָשָׁבֶת: אִם־תָּשִׁיב מִשַּׁבָּת רַגְלֶךָ עֲשׂוֹת חֲפָצֶךָ בְּיוֹם קָדְשִׁי וְקָרָאתָ לַשַּׁבָּת עֹנֶג לִקְדוֹשׁ יהוה מְכֻבָּד וְכִבַּדְתּוֹ מֵעֲשׂוֹת דְּרָכֶיךָ מִמְּצוֹא חֶפְצְךָ וְדַבֵּר דָּבָר: אָז תִּתְעַנַּג עַל־יהוה
בָּמֳתֵי וְהִרְכַּבְתִּיךָ עַל־בָּמוֹתֵי אָרֶץ וְהַאֲכַלְתִּיךָ נַחֲלַת יַעֲקֹב אָבִיךָ כִּי פִּי יהוה דִּבֵּר:

ברכות לאחר ההפטרה

אחר קריאת ההפטרה המפטיר מברך:

בָּרוּךְ אַתָּה יהוה אֱלֹהֵינוּ מֶלֶךְ הָעוֹלָם, צוּר כָּל הָעוֹלָמִים, צַדִּיק בְּכָל הַדּוֹרוֹת, הָאֵל הַנֶּאֱמָן, הָאוֹמֵר וְעוֹשֶׂה, הַמְדַבֵּר וּמְקַיֵּם, שֶׁכָּל דְּבָרָיו אֱמֶת וָצֶדֶק. נֶאֱמָן אַתָּה הוּא יהוה אֱלֹהֵינוּ וְנֶאֱמָנִים דְּבָרֶיךָ, וְדָבָר אֶחָד מִדְּבָרֶיךָ אָחוֹר לֹא יָשׁוּב רֵיקָם, כִּי אֵל מֶלֶךְ נֶאֱמָן וְרַחֲמָן אָתָּה. בָּרוּךְ אַתָּה יהוה, הָאֵל הַנֶּאֱמָן בְּכָל דְּבָרָיו.

רַחֵם עַל צִיּוֹן כִּי הִיא בֵּית חַיֵּינוּ, וְלַעֲלוּבַת נֶפֶשׁ תּוֹשִׁיעַ בִּמְהֵרָה בְיָמֵינוּ. בָּרוּךְ אַתָּה יהוה, מְשַׂמֵּחַ צִיּוֹן בְּבָנֶיהָ.

שַׂמְּחֵנוּ יהוה אֱלֹהֵינוּ בְּאֵלִיָּהוּ הַנָּבִיא עַבְדֶּךָ, וּבְמַלְכוּת בֵּית דָּוִד מְשִׁיחֶךָ, בִּמְהֵרָה יָבוֹא וְיָגֵל לִבֵּנוּ. עַל כִּסְאוֹ לֹא יֵשֶׁב זָר, וְלֹא יִנְחֲלוּ עוֹד אֲחֵרִים אֶת כְּבוֹדוֹ, כִּי בְשֵׁם קָדְשְׁךָ נִשְׁבַּעְתָּ לּוֹ שֶׁלֹּא יִכְבֶּה נֵרוֹ לְעוֹלָם וָעֶד. בָּרוּךְ אַתָּה יהוה, מָגֵן דָּוִד.

בשבת מוסיפים את המילים שבסוגריים.

עַל הַתּוֹרָה וְעַל הָעֲבוֹדָה וְעַל הַנְּבִיאִים (וְעַל יוֹם הַשַּׁבָּת הַזֶּה) וְעַל יוֹם הַכִּפּוּרִים הַזֶּה, שֶׁנָּתַתָּ לָּנוּ, יהוה אֱלֹהֵינוּ (לִקְדֻשָּׁה וְלִמְנוּחָה), לִמְחִילָה וְלִסְלִיחָה וּלְכַפָּרָה, וְלִמְחָל בּוֹ אֶת כָּל עֲוֹנוֹתֵינוּ, לְכָבוֹד וּלְתִפְאָרֶת. עַל הַכֹּל יהוה אֱלֹהֵינוּ אֲנַחְנוּ מוֹדִים לָךְ וּמְבָרְכִים אוֹתָךְ, יִתְבָּרַךְ שִׁמְךָ בְּפִי כָּל חַי תָּמִיד לְעוֹלָם וָעֶד, וּדְבָרְךָ אֱמֶת וְקַיָּם לָעַד. בָּרוּךְ אַתָּה יהוה, מֶלֶךְ מוֹחֵל וְסוֹלֵחַ לַעֲוֹנוֹתֵינוּ וְלַעֲוֹנוֹת עַמּוֹ בֵּית יִשְׂרָאֵל, וּמַעֲבִיר אַשְׁמוֹתֵינוּ בְּכָל שָׁנָה וְשָׁנָה, מֶלֶךְ עַל כָּל הָאָרֶץ, מְקַדֵּשׁ (הַשַּׁבָּת וְ)יִשְׂרָאֵל וְיוֹם הַכִּפּוּרִים.

ביום הכיפורים שחל בשבת, אומרים ׳יְקוּם פֻּרְקָן׳.
אם אינו חל בשבת, ממשיכים בתפילה לשלום המדינה (עמ׳ 261).

במקום שיש בו מניין השכינה שורה, ולכן אומרים ברכה לקהל. ואין אומרים אותה ביחידות (׳אור זרוע׳ ח״ב, נ), ויש שנוהגים לומר את הפיסקה הראשונה גם ביחידות (שערי אפרים).

יְקוּם פֻּרְקָן מִן שְׁמַיָּא, חִנָּא וְחִסְדָּא וְרַחֲמֵי וְחַיֵּי אֲרִיכֵי וּמְזוֹנֵי רְוִיחֵי, וְסִיַּעְתָּא דִשְׁמַיָּא, וּבַרְיוּת גּוּפָא וּנְהוֹרָא מְעַלְיָא, זַרְעָא חַיָּא וְקַיָּמָא, זַרְעָא דִּי לָא יִפְסֻק וְדִי לָא יִבְטֻל מִפִּתְגָּמֵי אוֹרַיְתָא, לְמָרָנָן וְרַבָּנָן חֲבוּרָתָא קַדִּישָׁתָא דִּי בְאַרְעָא דְיִשְׂרָאֵל וְדִי בְּבָבֶל, לְרֵישֵׁי כַלָּה, וּלְרֵישֵׁי גַלְוָתָא, וּלְרֵישֵׁי מְתִיבָתָא, וּלְדַיָּנֵי דְבָבָא, לְכָל תַּלְמִידֵיהוֹן, וּלְכָל תַּלְמִידֵי

תרגום

יקום פורקן מן השמים, חן וחסד ורחמים וחיים ארוכים ומזונות רווחים וסיוע מן השמים, ובריאות הגוף ואור מעולה, זרע חי וקיים, זרע שלא יפסוק ושלא יבטל מדברי תורה, למורינו ורבותינו החבורות הקדושות אשר בארץ ישראל ואשר בבבל, לראשי כלה ולראשי גלויות ולראשי הישיבות ולדייני השער, לכל תלמידיהם, ולכל

תַּלְמִידֵיהוֹן, וּלְכָל מָאן דְּעָסְקִין בְּאוֹרַיְתָא. מַלְכָּא דְעָלְמָא יְבָרֵךְ יָתְהוֹן, יַפֵּשׁ חַיֵּיהוֹן וְיַסְגֵּא יוֹמֵיהוֹן, וְיִתֵּן אַרְכָא לִשְׁנֵיהוֹן, וְיִתְפָּרְקוּן וְיִשְׁתֵּיזְבוּן מִן כָּל עָקָא וּמִן כָּל מַרְעִין בִּישִׁין. מָרַן דִּי בִשְׁמַיָּא יְהֵא בְסַעְדְּהוֹן כָּל זְמַן וְעִדָּן, וְנֹאמַר אָמֵן.

יְקוּם פֻּרְקָן מִן שְׁמַיָּא, חִנָּא וְחִסְדָּא וְרַחֲמֵי וְחַיֵּי אֲרִיכֵי וּמְזוֹנֵי רְוִיחֵי, וְסִיַּעְתָּא דִשְׁמַיָּא, וּבַרְיוּת גּוּפָא וּנְהוֹרָא מְעַלְיָא, זַרְעָא חַיָּא וְקַיָּמָא, זַרְעָא דִּי לָא יִפְסֻק וְדִי לָא יִבְטֻל מִפִּתְגָּמֵי אוֹרַיְתָא, לְכָל קְהָלָא קַדִּישָׁא הָדֵין, רַבְרְבַיָּא עִם זְעֵרַיָּא, טַפְלָא וּנְשַׁיָּא. מַלְכָּא דְעָלְמָא יְבָרֵךְ יָתְכוֹן, יַפֵּשׁ חַיֵּיכוֹן וְיַסְגֵּא יוֹמֵיכוֹן, וְיִתֵּן אַרְכָא לִשְׁנֵיכוֹן, וְתִתְפָּרְקוּן וְתִשְׁתֵּיזְבוּן מִן כָּל עָקָא וּמִן כָּל מַרְעִין בִּישִׁין. מָרַן דִּי בִשְׁמַיָּא יְהֵא בְסַעְדְּכוֹן כָּל זְמַן וְעִדָּן, וְנֹאמַר אָמֵן.

מִי שֶׁבֵּרַךְ אֲבוֹתֵינוּ אַבְרָהָם יִצְחָק וְיַעֲקֹב, הוּא יְבָרֵךְ אֶת כָּל הַקָּהָל הַקָּדוֹשׁ הַזֶּה עִם כָּל קְהִלּוֹת הַקֹּדֶשׁ, הֵם וּנְשֵׁיהֶם וּבְנֵיהֶם וּבְנוֹתֵיהֶם וְכָל אֲשֶׁר לָהֶם, וּמִי שֶׁמְּיַחֲדִים בָּתֵּי כְנֵסִיּוֹת לִתְפִלָּה, וּמִי שֶׁבָּאִים בְּתוֹכָם לְהִתְפַּלֵּל, וּמִי שֶׁנּוֹתְנִים נֵר לַמָּאוֹר וְיַיִן לְקִדּוּשׁ וּלְהַבְדָּלָה וּפַת לָאוֹרְחִים וּצְדָקָה לָעֲנִיִּים, וְכָל מִי שֶׁעוֹסְקִים בְּצָרְכֵי צִבּוּר בֶּאֱמוּנָה. הַקָּדוֹשׁ בָּרוּךְ הוּא יְשַׁלֵּם שְׂכָרָם, וְיָסִיר מֵהֶם כָּל מַחֲלָה, וְיִרְפָּא לְכָל גּוּפָם, וְיִסְלַח לְכָל עֲוֹנָם, וְיִשְׁלַח בְּרָכָה וְהַצְלָחָה בְּכָל מַעֲשֵׂי יְדֵיהֶם עִם כָּל יִשְׂרָאֵל אֲחֵיהֶם, וְנֹאמַר אָמֵן.

תלמידי תלמידיהם, ולכל מי שעוסקים בתורה. מלך העולם יברך אותם, ירבה חייהם ויגדיל ימיהם ויתן אריכות לשנותיהם. ויִוָּשעו ויינצלו מכל צרה ומכל חוליים רעים. אדוננו שבשמים יהיה בעזרתם בכל זמן ועת, ונאמר אמן.

יקום פורקן מן השמים, חן וחסד ורחמים וחיים ארוכים ומזונות רווחים וסיוע מן השמים, ובריאות הגוף ואור מעולה, זרע חי וקיים, זרע שלא יפסוק ושלא ייבטל מדברי תורה, לכל הקהל הקדוש הזה, הגדולים עם הקטנים, הטף והנשים. מלך העולם יברך אתכם, ירבה חייכם ויגדיל ימיכם ויתן אריכות לשנותיכם. ותיוָשעו ותינצלו מכל צרה ומכל חוליים רעים. אדוננו שבשמים יהיה בעזרתכם בכל זמן ועת, ונאמר אמן.

תפילה לשלום המדינה

אָבִינוּ שֶׁבַּשָּׁמַיִם, צוּר יִשְׂרָאֵל וְגוֹאֲלוֹ, בָּרֵךְ אֶת מְדִינַת יִשְׂרָאֵל, רֵאשִׁית צְמִיחַת גְּאֻלָּתֵנוּ. הָגֵן עָלֶיהָ בְּאֶבְרַת חַסְדֶּךָ וּפְרֹשׂ עָלֶיהָ סֻכַּת שְׁלוֹמֶךָ וּשְׁלַח אוֹרְךָ וַאֲמִתְּךָ לְרָאשֶׁיהָ, שָׂרֶיהָ וְיוֹעֲצֶיהָ, וְתַקְּנֵם בְּעֵצָה טוֹבָה מִלְּפָנֶיךָ.

חַזֵּק אֶת יְדֵי מְגִנֵּי אֶרֶץ קָדְשֵׁנוּ, וְהַנְחִילֵם אֱלֹהֵינוּ יְשׁוּעָה וַעֲטֶרֶת נִצָּחוֹן תְּעַטְּרֵם, וְנָתַתָּ שָׁלוֹם בָּאָרֶץ וְשִׂמְחַת עוֹלָם לְיוֹשְׁבֶיהָ.

וְאֶת אַחֵינוּ כָּל בֵּית יִשְׂרָאֵל, פְּקָד נָא בְּכָל אַרְצוֹת פְּזוּרֵיהֶם, וְתוֹלִיכֵם מְהֵרָה קוֹמְמִיּוּת לְצִיּוֹן עִירֶךָ וְלִירוּשָׁלַיִם מִשְׁכַּן שְׁמֶךָ, כַּכָּתוּב בְּתוֹרַת מֹשֶׁה עַבְדֶּךָ: אִם־יִהְיֶה נִדַּחֲךָ בִּקְצֵה דברים ל
הַשָּׁמָיִם, מִשָּׁם יְקַבֶּצְךָ יהוה אֱלֹהֶיךָ וּמִשָּׁם יִקָּחֶךָ: וֶהֱבִיאֲךָ יהוה אֱלֹהֶיךָ אֶל־הָאָרֶץ אֲשֶׁר־יָרְשׁוּ אֲבֹתֶיךָ וִירִשְׁתָּהּ, וְהֵיטִבְךָ וְהִרְבְּךָ מֵאֲבֹתֶיךָ: וּמָל יהוה אֱלֹהֶיךָ אֶת־לְבָבְךָ וְאֶת־לְבַב זַרְעֶךָ, לְאַהֲבָה אֶת־יהוה אֱלֹהֶיךָ בְּכָל־לְבָבְךָ וּבְכָל־נַפְשְׁךָ, לְמַעַן חַיֶּיךָ:

וְיַחֵד לְבָבֵנוּ לְאַהֲבָה וּלְיִרְאָה אֶת שְׁמֶךָ, וְלִשְׁמֹר אֶת כָּל דִּבְרֵי תוֹרָתֶךָ, וּשְׁלַח לָנוּ מְהֵרָה בֶּן דָּוִד מְשִׁיחַ צִדְקֶךָ, לִפְדּוֹת מְחַכֵּי קֵץ יְשׁוּעָתֶךָ.

וְהוֹפַע בַּהֲדַר גְּאוֹן עֻזֶּךָ עַל כָּל יוֹשְׁבֵי תֵבֵל אַרְצֶךָ וְיֹאמַר כֹּל אֲשֶׁר נְשָׁמָה בְאַפּוֹ, יהוה אֱלֹהֵי יִשְׂרָאֵל מֶלֶךְ וּמַלְכוּתוֹ בַּכֹּל מָשָׁלָה, אָמֵן סֶלָה.

מי שברך לחיילי צה״ל

מִי שֶׁבֵּרַךְ אֲבוֹתֵינוּ אַבְרָהָם יִצְחָק וְיַעֲקֹב הוּא יְבָרֵךְ אֶת חַיָּלֵי
צְבָא הַהֲגָנָה לְיִשְׂרָאֵל וְאַנְשֵׁי כֹּחוֹת הַבִּטָּחוֹן, הָעוֹמְדִים עַל
מִשְׁמַר אַרְצֵנוּ וְעָרֵי אֱלֹהֵינוּ, מִגְּבוּל הַלְּבָנוֹן וְעַד מִדְבַּר מִצְרַיִם
וּמִן הַיָּם הַגָּדוֹל עַד לְבוֹא הָעֲרָבָה וּבְכָל מָקוֹם שֶׁהֵם, בַּיַּבָּשָׁה,
בָּאֲוִיר וּבַיָּם. יִתֵּן יהוה אֶת אוֹיְבֵינוּ הַקָּמִים עָלֵינוּ נִגָּפִים לִפְנֵיהֶם.
הַקָּדוֹשׁ בָּרוּךְ הוּא יִשְׁמֹר וְיַצִּיל אֶת חַיָּלֵינוּ מִכָּל צָרָה וְצוּקָה
וּמִכָּל נֶגַע וּמַחֲלָה, וְיִשְׁלַח בְּרָכָה וְהַצְלָחָה בְּכָל מַעֲשֵׂי יְדֵיהֶם.
יַדְבֵּר שׂוֹנְאֵינוּ תַּחְתֵּיהֶם וִיעַטְּרֵם בְּכֶתֶר יְשׁוּעָה וּבַעֲטֶרֶת נִצָּחוֹן.
וִיקֻיַּם בָּהֶם הַכָּתוּב: כִּי יהוה אֱלֹהֵיכֶם הַהֹלֵךְ עִמָּכֶם לְהִלָּחֵם דברים כ
לָכֶם עִם־אֹיְבֵיכֶם לְהוֹשִׁיעַ אֶתְכֶם: וְנֹאמַר אָמֵן.

מי שברך לשבויים

מִי שֶׁבֵּרַךְ אֲבוֹתֵינוּ אַבְרָהָם יִצְחָק וְיַעֲקֹב, יוֹסֵף מֹשֶׁה וְאַהֲרֹן,
דָּוִד וּשְׁלֹמֹה, הוּא יְבָרֵךְ וְיִשְׁמֹר וְיִנְצֹר אֶת נֶעְדְּרֵי צְבָא הַהֲגָנָה
לְיִשְׂרָאֵל וּשְׁבוּיָו, וְאֶת כָּל אַחֵינוּ הַנְּתוּנִים בְּצָרָה וּבְשִׁבְיָה,
בַּעֲבוּר שֶׁכָּל הַקָּהָל הַקָּדוֹשׁ הַזֶּה מִתְפַּלֵּל בַּעֲבוּרָם. הַקָּדוֹשׁ
בָּרוּךְ הוּא יִמָּלֵא רַחֲמִים עֲלֵיהֶם, וְיוֹצִיאֵם מֵחֹשֶׁךְ וְצַלְמָוֶת,
וּמוֹסְרוֹתֵיהֶם יְנַתֵּק, וּמִמְּצוּקוֹתֵיהֶם יוֹשִׁיעֵם, וִישִׁיבֵם מְהֵרָה
לְחֵיק מִשְׁפְּחוֹתֵיהֶם. יוֹדוּ לַיהוה חַסְדּוֹ וְנִפְלְאוֹתָיו לִבְנֵי אָדָם: תהלים קז
וִיקֻיַּם בָּהֶם מִקְרָא שֶׁכָּתוּב: וּפְדוּיֵי יהוה יְשֻׁבוּן, וּבָאוּ צִיּוֹן ישעיה לה
בְּרִנָּה, וְשִׂמְחַת עוֹלָם עַל־רֹאשָׁם, שָׂשׂוֹן וְשִׂמְחָה יַשִּׂיגוּ, וְנָסוּ
יָגוֹן וַאֲנָחָה: וְנֹאמַר אָמֵן.

סדר הזכרת נשמות

"וַיַּקְשֵׁב ה׳ וַיִּשְׁמָע, וַיִּכָּתֵב סֵפֶר זִכָּרוֹן לְפָנָיו לְיִרְאֵי ה׳ וּלְחֹשְׁבֵי שְׁמוֹ" (מלאכי ג, טז).

נהגו ישראל להזכיר את נשמות המתים ולידור צדקה בעדם
ביום הכיפורים (שו"ע ורמ"א תרכא, ו).
במקומות רבים נוהגים שמי שהוריו בחיים
יוצא מבית הכנסת בשעת הזכרת נשמות ('שערי אפרים' י).

לזכרון אב

יִזְכֹּר אֱלֹהִים נִשְׁמַת אָבִי מוֹרִי (פלוני בֶּן פלוני) שֶׁהָלַךְ לְעוֹלָמוֹ, בַּעֲבוּר שֶׁבְּלִי נֶדֶר אֶתֵּן צְדָקָה בַּעֲדוֹ. בִּשְׂכַר זֶה תְּהֵא נַפְשׁוֹ צְרוּרָה בִּצְרוֹר הַחַיִּים עִם נִשְׁמוֹת אַבְרָהָם יִצְחָק וְיַעֲקֹב, שָׂרָה רִבְקָה רָחֵל וְלֵאָה, וְעִם שְׁאָר צַדִּיקִים וְצִדְקָנִיּוֹת שֶׁבְּגַן עֵדֶן, וְנֹאמַר אָמֵן.

לזכרון אם

יִזְכֹּר אֱלֹהִים נִשְׁמַת אִמִּי מוֹרָתִי (פלונית בַּת פלוני) שֶׁהָלְכָה לְעוֹלָמָהּ, בַּעֲבוּר שֶׁבְּלִי נֶדֶר אֶתֵּן צְדָקָה בַּעֲדָהּ. בִּשְׂכַר זֶה תְּהֵא נַפְשָׁהּ צְרוּרָה בִּצְרוֹר הַחַיִּים עִם נִשְׁמוֹת אַבְרָהָם יִצְחָק וְיַעֲקֹב, שָׂרָה רִבְקָה רָחֵל וְלֵאָה, וְעִם שְׁאָר צַדִּיקִים וְצִדְקָנִיּוֹת שֶׁבְּגַן עֵדֶן, וְנֹאמַר אָמֵן.

לזכרון קדושים

יִזְכֹּר אֱלֹהִים נִשְׁמַת (לזכר: פלוני בֶּן פלוני / לנקבה: פלונית בַּת פלוני) וְנִשְׁמוֹת כָּל קְרוֹבַי וּקְרוֹבוֹתַי, הֵן מִצַּד אָבִי הֵן מִצַּד אִמִּי, שֶׁהוּמְתוּ וְשֶׁנֶּהֶרְגוּ וְשֶׁנִּשְׁחֲטוּ וְשֶׁנִּשְׂרְפוּ וְשֶׁנִּטְבְּעוּ וְשֶׁנֶּחְנְקוּ עַל קִדּוּשׁ הַשֵּׁם, בַּעֲבוּר שֶׁבְּלִי נֶדֶר אֶתֵּן צְדָקָה בְּעַד הַזְכָּרַת נִשְׁמוֹתֵיהֶם. בִּשְׂכַר זֶה תִּהְיֶינָה נַפְשׁוֹתֵיהֶם צְרוּרוֹת בִּצְרוֹר הַחַיִּים עִם נִשְׁמוֹת אַבְרָהָם יִצְחָק וְיַעֲקֹב, שָׂרָה רִבְקָה רָחֵל וְלֵאָה, וְעִם שְׁאָר צַדִּיקִים וְצִדְקָנִיּוֹת שֶׁבְּגַן עֵדֶן, וְנֹאמַר אָמֵן.

לזכרון קרוב

אֵל מָלֵא רַחֲמִים, שׁוֹכֵן בַּמְּרוֹמִים, הַמְצֵא מְנוּחָה נְכוֹנָה עַל כַּנְפֵי הַשְּׁכִינָה, בְּמַעֲלוֹת קְדוֹשִׁים וּטְהוֹרִים, כְּזֹהַר הָרָקִיעַ מַזְהִירִים, לְנִשְׁמַת (פלוני בֶּן פלוני) שֶׁהָלַךְ לְעוֹלָמוֹ, בַּעֲבוּר שֶׁבְּלִי נֶדֶר אֶתֵּן צְדָקָה בְּעַד הַזְכָּרַת נִשְׁמָתוֹ, בְּגַן עֵדֶן תְּהֵא מְנוּחָתוֹ. לָכֵן, בַּעַל הָרַחֲמִים יַסְתִּירֵהוּ בְּסֵתֶר כְּנָפָיו לְעוֹלָמִים, וְיִצְרֹר בִּצְרוֹר הַחַיִּים אֶת נִשְׁמָתוֹ, יהוה הוּא נַחֲלָתוֹ, וְיָנוּחַ בְּשָׁלוֹם עַל מִשְׁכָּבוֹ, וְנֹאמַר אָמֵן.

לזכרון קרובה

אֵל מָלֵא רַחֲמִים, שׁוֹכֵן בַּמְּרוֹמִים, הַמְצֵא מְנוּחָה נְכוֹנָה עַל כַּנְפֵי הַשְּׁכִינָה, בְּמַעֲלוֹת קְדוֹשִׁים וּטְהוֹרִים, כְּזֹהַר הָרָקִיעַ מַזְהִירִים, לְנִשְׁמַת (פלונית בַּת פלוני) שֶׁהָלְכָה לְעוֹלָמָהּ, בַּעֲבוּר שֶׁבְּלִי נֶדֶר אֶתֵּן צְדָקָה בְּעַד הַזְכָּרַת נִשְׁמָתָהּ, בְּגַן עֵדֶן תְּהֵא מְנוּחָתָהּ. לָכֵן, בַּעַל הָרַחֲמִים יַסְתִּירֶהָ בְּסֵתֶר כְּנָפָיו לְעוֹלָמִים, וְיִצְרֹר בִּצְרוֹר הַחַיִּים אֶת נִשְׁמָתָהּ, יהוה הוּא נַחֲלָתָהּ, וְתָנוּחַ בְּשָׁלוֹם עַל מִשְׁכָּבָהּ, וְנֹאמַר אָמֵן.

אזכרה לחיילי צה״ל

אֵל מָלֵא רַחֲמִים, שׁוֹכֵן בַּמְּרוֹמִים, הַמְצֵא מְנוּחָה נְכוֹנָה עַל כַּנְפֵי הַשְּׁכִינָה, בְּמַעֲלוֹת קְדוֹשִׁים טְהוֹרִים וְגִבּוֹרִים, כְּזֹהַר הָרָקִיעַ מַזְהִירִים, לְנִשְׁמוֹת הַקְּדוֹשִׁים שֶׁנִּלְחֲמוּ בְּכָל מַעַרְכוֹת יִשְׂרָאֵל, בַּמַּחְתֶּרֶת וּבִצְבָא הַהֲגָנָה לְיִשְׂרָאֵל, וְשֶׁנָּפְלוּ בְּמִלְחַמְתָּם וּמָסְרוּ נַפְשָׁם עַל קְדֻשַּׁת הַשֵּׁם, הָעָם וְהָאָרֶץ, בַּעֲבוּר שֶׁאָנוּ מִתְפַּלְּלִים לְעִלּוּי נִשְׁמוֹתֵיהֶם. לָכֵן, בַּעַל הָרַחֲמִים יַסְתִּירֵם בְּסֵתֶר כְּנָפָיו לְעוֹלָמִים, וְיִצְרֹר בִּצְרוֹר הַחַיִּים אֶת נִשְׁמוֹתֵיהֶם, יהוה הוּא נַחֲלָתָם, בְּגַן עֵדֶן תְּהֵא מְנוּחָתָם, וְיָנוּחוּ בְּשָׁלוֹם עַל מִשְׁכְּבוֹתֵיהֶם וְתַעֲמֹד לְכָל יִשְׂרָאֵל זְכוּתָם, וְיַעַמְדוּ לְגוֹרָלָם לְקֵץ הַיָּמִין, וְנֹאמַר אָמֵן.

אזכרה לקדושי השואה

אֵל מָלֵא רַחֲמִים, דַּיַּן אַלְמָנוֹת וַאֲבִי יְתוֹמִים, אַל נָא תֶחֱשֶׁה וְתִתְאַפַּק לְדַם יִשְׂרָאֵל שֶׁנִּשְׁפַּךְ כַּמַּיִם. הַמְצֵא מְנוּחָה נְכוֹנָה עַל כַּנְפֵי הַשְּׁכִינָה, בְּמַעֲלוֹת קְדוֹשִׁים וּטְהוֹרִים, כְּזֹהַר הָרָקִיעַ מְאִירִים וּמַזְהִירִים, לְנִשְׁמוֹתֵיהֶם שֶׁל רִבְבוֹת אַלְפֵי יִשְׂרָאֵל, אֲנָשִׁים וְנָשִׁים, יְלָדִים וִילָדוֹת, שֶׁנֶּהֶרְגוּ וְנִשְׁחֲטוּ וְנִשְׂרְפוּ וְנֶחְנְקוּ וְנִקְבְּרוּ חַיִּים, בָּאֲרָצוֹת אֲשֶׁר נָגְעָה בָהֶן יַד הַצּוֹרֵר הַגֶּרְמָנִי וּגְרוּרָיו. כֻּלָּם קְדוֹשִׁים וּטְהוֹרִים, וּבָהֶם גְּאוֹנִים וְצַדִּיקִים, אַרְזֵי הַלְּבָנוֹן אַדִּירֵי הַתּוֹרָה. בְּגַן עֵדֶן תְּהֵא מְנוּחָתָם. לָכֵן, בַּעַל הָרַחֲמִים יַסְתִּירֵם בְּסֵתֶר כְּנָפָיו לְעוֹלָמִים, וְיִצְרֹר בִּצְרוֹר הַחַיִּים אֶת נִשְׁמָתָם, יהוה הוּא נַחֲלָתָם, וְיָנְוּחוּ בְשָׁלוֹם עַל מִשְׁכָּבָם, וְנֹאמַר אָמֵן.

הקהל ושליח הציבור אומרים:

אַב הָרַחֲמִים שׁוֹכֵן מְרוֹמִים, בְּרַחֲמָיו הָעֲצוּמִים הוּא יִפְקֹד בְּרַחֲמִים
הַחֲסִידִים וְהַיְשָׁרִים וְהַתְּמִימִים, קְהִלּוֹת הַקֹּדֶשׁ שֶׁמָּסְרוּ נַפְשָׁם עַל
קְדֻשַּׁת הַשֵּׁם, הַנֶּאֱהָבִים וְהַנְּעִימִים בְּחַיֵּיהֶם, וּבְמוֹתָם לֹא נִפְרָדוּ,
מִנְּשָׁרִים קַלּוּ וּמֵאֲרָיוֹת גָּבֵרוּ לַעֲשׂוֹת רְצוֹן קוֹנָם וְחֵפֶץ צוּרָם. יִזְכְּרֵם
אֱלֹהֵינוּ לְטוֹבָה עִם שְׁאָר צַדִּיקֵי עוֹלָם, וְיִנְקֹם לְעֵינֵינוּ נִקְמַת דַּם
עֲבָדָיו הַשָּׁפוּךְ, כַּכָּתוּב בְּתוֹרַת מֹשֶׁה אִישׁ הָאֱלֹהִים, הַרְנִינוּ גוֹיִם דברים לב
עַמּוֹ, כִּי דַם־עֲבָדָיו יִקּוֹם, וְנָקָם יָשִׁיב לְצָרָיו, וְכִפֶּר אַדְמָתוֹ עַמּוֹ:
וְעַל יְדֵי עֲבָדֶיךָ הַנְּבִיאִים כָּתוּב לֵאמֹר, וְנִקֵּיתִי, דָּמָם לֹא־נִקֵּיתִי, יואל ד
וַיהוה שֹׁכֵן בְּצִיּוֹן: וּבְכִתְבֵי הַקֹּדֶשׁ נֶאֱמַר, לָמָּה יֹאמְרוּ הַגּוֹיִם אַיֵּה תהלים עט
אֱלֹהֵיהֶם, יִוָּדַע בַּגּוֹיִם לְעֵינֵינוּ נִקְמַת דַּם־עֲבָדֶיךָ הַשָּׁפוּךְ: וְאוֹמֵר, כִּי־ תהלים ט
דֹרֵשׁ דָּמִים אוֹתָם זָכָר, לֹא־שָׁכַח צַעֲקַת עֲנָוִים: וְאוֹמֵר, יָדִין בַּגּוֹיִם תהלים קי
מָלֵא גְוִיּוֹת, מָחַץ רֹאשׁ עַל־אֶרֶץ רַבָּה: מִנַּחַל בַּדֶּרֶךְ יִשְׁתֶּה, עַל־כֵּן
יָרִים רֹאשׁ:

אם יש תינוק למול, מלים אותו כאן. ראה עמ׳ 493.

"אמר רבי אלעזר אמר רבי אבינא:
כל האומר 'תְּהִלָּה לְדָוִד' בכל יום שלש פעמים – מובטח
לו שהוא בן העולם הבא" (ברכות ד ע"ב).

אַשְׁרֵי יוֹשְׁבֵי בֵיתֶךָ, עוֹד יְהַלְלוּךָ סֶּלָה: תהלים פד

אַשְׁרֵי הָעָם שֶׁכָּכָה לּוֹ, אַשְׁרֵי הָעָם שֶׁיהוה אֱלֹהָיו: תהלים קמד

תְּהִלָּה לְדָוִד תהלים קמה

אֲרוֹמִמְךָ אֱלוֹהַי הַמֶּלֶךְ, וַאֲבָרְכָה שִׁמְךָ לְעוֹלָם וָעֶד:
בְּכָל־יוֹם אֲבָרְכֶךָּ, וַאֲהַלְלָה שִׁמְךָ לְעוֹלָם וָעֶד:
גָּדוֹל יהוה וּמְהֻלָּל מְאֹד, וְלִגְדֻלָּתוֹ אֵין חֵקֶר:
דּוֹר לְדוֹר יְשַׁבַּח מַעֲשֶׂיךָ, וּגְבוּרֹתֶיךָ יַגִּידוּ:
הֲדַר כְּבוֹד הוֹדֶךָ, וְדִבְרֵי נִפְלְאֹתֶיךָ אָשִׂיחָה:
וֶעֱזוּז נוֹרְאוֹתֶיךָ יֹאמֵרוּ, וּגְדוּלָּתְךָ אֲסַפְּרֶנָּה:
זֵכֶר רַב־טוּבְךָ יַבִּיעוּ, וְצִדְקָתְךָ יְרַנֵּנוּ:
חַנּוּן וְרַחוּם יהוה, אֶרֶךְ אַפַּיִם וּגְדָל־חָסֶד:
טוֹב־יהוה לַכֹּל, וְרַחֲמָיו עַל־כָּל־מַעֲשָׂיו:
יוֹדוּךָ יהוה כָּל־מַעֲשֶׂיךָ, וַחֲסִידֶיךָ יְבָרְכוּכָה:
כְּבוֹד מַלְכוּתְךָ יֹאמֵרוּ, וּגְבוּרָתְךָ יְדַבֵּרוּ:
לְהוֹדִיעַ לִבְנֵי הָאָדָם גְּבוּרֹתָיו, וּכְבוֹד הֲדַר מַלְכוּתוֹ:
מַלְכוּתְךָ מַלְכוּת כָּל־עֹלָמִים, וּמֶמְשַׁלְתְּךָ בְּכָל־דּוֹר וָדֹר:
סוֹמֵךְ יהוה לְכָל־הַנֹּפְלִים, וְזוֹקֵף לְכָל־הַכְּפוּפִים:
עֵינֵי־כֹל אֵלֶיךָ יְשַׂבֵּרוּ, וְאַתָּה נוֹתֵן־לָהֶם אֶת־אָכְלָם בְּעִתּוֹ:
פּוֹתֵחַ אֶת־יָדֶךָ, וּמַשְׂבִּיעַ לְכָל־חַי רָצוֹן:
צַדִּיק יהוה בְּכָל־דְּרָכָיו, וְחָסִיד בְּכָל־מַעֲשָׂיו:
קָרוֹב יהוה לְכָל־קֹרְאָיו, לְכֹל אֲשֶׁר יִקְרָאֻהוּ בֶאֱמֶת:
רְצוֹן־יְרֵאָיו יַעֲשֶׂה, וְאֶת־שַׁוְעָתָם יִשְׁמַע, וְיוֹשִׁיעֵם:

שׁוֹמֵר יהוה אֶת־כָּל־אֹהֲבָיו, וְאֵת כָּל־הָרְשָׁעִים יַשְׁמִיד:
› תְּהִלַּת יהוה יְדַבֶּר פִּי, וִיבָרֵךְ כָּל־בָּשָׂר שֵׁם קָדְשׁוֹ לְעוֹלָם וָעֶד:
תהלים קטו וַאֲנַחְנוּ נְבָרֵךְ יָהּ מֵעַתָּה וְעַד־עוֹלָם, הַלְלוּיָהּ:

הכנסת ספר תורה

פותחים את ארון הקודש, והקהל עומד על רגליו.
שליח הציבור נוטל את ספר התורה ואומר:

תהלים קמח יְהַלְלוּ אֶת־שֵׁם יהוה, כִּי־נִשְׂגָּב שְׁמוֹ, לְבַדּוֹ

הקהל אומר:

הוֹדוֹ עַל־אֶרֶץ וְשָׁמָיִם:
וַיָּרֶם קֶרֶן לְעַמּוֹ
תְּהִלָּה לְכָל־חֲסִידָיו
לִבְנֵי יִשְׂרָאֵל עַם קְרֹבוֹ
הַלְלוּיָהּ:

ביום הכיפורים שחל בשבת, מלווים את ספר התורה לארון הקודש באמירת מזמור זה:

תהלים כט מִזְמוֹר לְדָוִד, הָבוּ לַיהוה בְּנֵי אֵלִים, הָבוּ לַיהוה כָּבוֹד וָעֹז: הָבוּ לַיהוה כְּבוֹד שְׁמוֹ, הִשְׁתַּחֲווּ לַיהוה בְּהַדְרַת־קֹדֶשׁ: קוֹל יהוה עַל־הַמָּיִם, אֵל־הַכָּבוֹד הִרְעִים, יהוה עַל־מַיִם רַבִּים: קוֹל־יהוה בַּכֹּחַ, קוֹל יהוה בֶּהָדָר: קוֹל יהוה שֹׁבֵר אֲרָזִים, וַיְשַׁבֵּר יהוה אֶת־אַרְזֵי הַלְּבָנוֹן: וַיַּרְקִידֵם כְּמוֹ־עֵגֶל, לְבָנוֹן וְשִׂרְיוֹן כְּמוֹ בֶן־רְאֵמִים: קוֹל־יהוה חֹצֵב לַהֲבוֹת אֵשׁ: קוֹל יהוה יָחִיל מִדְבָּר, יָחִיל יהוה מִדְבַּר קָדֵשׁ: קוֹל יהוה יְחוֹלֵל אַיָּלוֹת וַיֶּחֱשֹׂף יְעָרוֹת, וּבְהֵיכָלוֹ,

כֻּלּוֹ אֹמֵר כָּבוֹד: ◂ יהוה לַמַּבּוּל יָשָׁב, וַיֵּשֶׁב יהוה מֶלֶךְ לְעוֹלָם:
יהוה עֹז לְעַמּוֹ יִתֵּן, יהוה יְבָרֵךְ אֶת־עַמּוֹ בַשָּׁלוֹם:

ביום הכיפורים שאינו חל בשבת, מלווים את ספר התורה לארון הקודש באמירת מזמור זה:

תהלים כד
לְדָוִד מִזְמוֹר, לַיהוה הָאָרֶץ וּמְלוֹאָהּ, תֵּבֵל וְיֹשְׁבֵי בָהּ: כִּי־הוּא עַל־
יַמִּים יְסָדָהּ, וְעַל־נְהָרוֹת יְכוֹנְנֶהָ: מִי־יַעֲלֶה בְהַר־יהוה, וּמִי־יָקוּם
בִּמְקוֹם קָדְשׁוֹ: נְקִי כַפַּיִם וּבַר־לֵבָב, אֲשֶׁר לֹא־נָשָׂא לַשָּׁוְא נַפְשִׁי
וְלֹא נִשְׁבַּע לְמִרְמָה: יִשָּׂא בְרָכָה מֵאֵת יהוה, וּצְדָקָה מֵאֱלֹהֵי יִשְׁעוֹ:
זֶה דּוֹר דֹּרְשָׁו, מְבַקְשֵׁי פָנֶיךָ, יַעֲקֹב, סֶלָה: שְׂאוּ שְׁעָרִים רָאשֵׁיכֶם,
וְהִנָּשְׂאוּ פִּתְחֵי עוֹלָם, וְיָבוֹא מֶלֶךְ הַכָּבוֹד: מִי זֶה מֶלֶךְ הַכָּבוֹד, יהוה
עִזּוּז וְגִבּוֹר, יהוה גִּבּוֹר מִלְחָמָה: שְׂאוּ שְׁעָרִים רָאשֵׁיכֶם, וּשְׂאוּ
פִּתְחֵי עוֹלָם, וְיָבֹא מֶלֶךְ הַכָּבוֹד: ◂ מִי הוּא זֶה מֶלֶךְ הַכָּבוֹד, יהוה
צְבָאוֹת הוּא מֶלֶךְ הַכָּבוֹד, סֶלָה:

מכניסים את ספר התורה לארון הקודש ואומרים
(ספר המחכים, סידור ׳מלאה הארץ דעה׳):

במדבר י
וּבְנֻחֹה יֹאמַר, שׁוּבָה יהוה רִבְבוֹת אַלְפֵי יִשְׂרָאֵל:

תהלים קלב
קוּמָה יהוה לִמְנוּחָתֶךָ, אַתָּה וַאֲרוֹן עֻזֶּךָ:
כֹּהֲנֶיךָ יִלְבְּשׁוּ־צֶדֶק, וַחֲסִידֶיךָ יְרַנֵּנוּ:
בַּעֲבוּר דָּוִד עַבְדֶּךָ אַל־תָּשֵׁב פְּנֵי מְשִׁיחֶךָ:

משלי ד
כִּי לֶקַח טוֹב נָתַתִּי לָכֶם, תּוֹרָתִי אַל־תַּעֲזֹבוּ:

משלי ג
עֵץ־חַיִּים הִיא לַמַּחֲזִיקִים בָּהּ, וְתֹמְכֶיהָ מְאֻשָּׁר:
דְּרָכֶיהָ דַרְכֵי־נֹעַם וְכָל־נְתִיבוֹתֶיהָ שָׁלוֹם:

איכה ה
◂ הֲשִׁיבֵנוּ יהוה אֵלֶיךָ וְנָשׁוּבָה, חַדֵּשׁ יָמֵינוּ כְּקֶדֶם:

סוגרים את ארון הקודש.

מוסף ליום הכיפורים

תפילת מוסף

לפני תפילת מוסף שליח הציבור אומר תחינה זו:

הִנְנִי הֶעָנִי מִמַּעַשׂ, נִרְעָשׁ וְנִפְחָד מִפַּחַד יוֹשֵׁב תְּהִלּוֹת יִשְׂרָאֵל, בָּאתִי לַעֲמֹד וּלְהִתְחַנֵּן לְפָנֶיךָ עַל עַמְּךָ יִשְׂרָאֵל אֲשֶׁר שְׁלָחוּנִי, וְאַף עַל פִּי שֶׁאֵינִי כְדַאי וְהָגוּן לְכָךְ. עַל כֵּן אֲבַקֶּשְׁךָ אֱלֹהֵי אַבְרָהָם אֱלֹהֵי יִצְחָק וֵאלֹהֵי יַעֲקֹב, יהוה יהוה, אֵל רַחוּם וְחַנּוּן, אֱלֹהִים, שַׁדַּי אָיֹם וְנוֹרָא, הֱיֵה נָא מַצְלִיחַ דַּרְכִּי אֲשֶׁר אָנֹכִי הוֹלֵךְ לַעֲמֹד לְבַקֵּשׁ רַחֲמִים עָלַי וְעַל שׁוֹלְחַי. וְנָא אַל תַּפְשִׁיעֵם בְּחַטֹּאתַי וְאַל תְּחַיְּבֵם בַּעֲוֹנוֹתַי, כִּי חוֹטֵא וּפוֹשֵׁעַ אָנִי, וְאַל יִכָּלְמוּ בִּפְשָׁעַי, וְאַל יֵבֹשׁוּ בִּי וְאַל אֵבוֹשָׁה בָהֶם. וְקַבֵּל תְּפִלָּתִי כִּתְפִלַּת זָקֵן וְרָגִיל, וּפִרְקוֹ נָאֶה וּזְקָנוֹ מְגֻדָּל וְקוֹלוֹ נָעִים, וּמְעֹרָב בְּדַעַת עִם הַבְּרִיּוֹת. וְתִגְעַר בְּשָׂטָן לְבַל יַשְׂטִינֵנִי. וִיהִי נָא דִגְלֵנוּ עָלֶיךָ אַהֲבָה, וְכָל פְּשָׁעִים תְּכַסֶּה בְּאַהֲבָה, וְכָל צוֹמוֹתֵינוּ וְעִנּוּיֵינוּ הֲפֹךְ לָנוּ וּלְכָל יִשְׂרָאֵל לְשָׂשׂוֹן וּלְשִׂמְחָה לְחַיִּים וּלְשָׁלוֹם, הָאֱמֶת וְהַשָּׁלוֹם אֱהָבוּ, וְאַל יְהִי שׁוּם מִכְשׁוֹל בִּתְפִלָּתִי.

וִיהִי רָצוֹן מִלְּפָנֶיךָ יהוה אֱלֹהֵי אַבְרָהָם אֱלֹהֵי יִצְחָק וֵאלֹהֵי יַעֲקֹב, הָאֵל הַגָּדוֹל הַגִּבּוֹר וְהַנּוֹרָא אֵל עֶלְיוֹן אֶהְיֶה אֲשֶׁר אֶהְיֶה, שֶׁכָּל הַמַּלְאָכִים שֶׁהֵם בַּעֲלֵי תְפִלּוֹת יָבִיאוּ תְפִלָּתִי לִפְנֵי כִסֵּא כְבוֹדֶךָ וְיָפִיצוּ אוֹתָהּ לְפָנֶיךָ, בַּעֲבוּר כָּל הַצַּדִּיקִים וְהַחֲסִידִים הַתְּמִימִים וְהַיְשָׁרִים, וּבַעֲבוּר כְּבוֹד שִׁמְךָ הַגָּדוֹל הַגִּבּוֹר וְהַנּוֹרָא. כִּי אַתָּה שׁוֹמֵעַ תְּפִלַּת עַמְּךָ יִשְׂרָאֵל בְּרַחֲמִים, בָּרוּךְ אַתָּה שׁוֹמֵעַ תְּפִלָּה.

חצי קדיש

ש״ץ: יִתְגַּדַּל וְיִתְקַדַּשׁ שְׁמֵהּ רַבָּא (קהל: אָמֵן)
בְּעָלְמָא דִּי בְרָא כִרְעוּתֵהּ
וְיַמְלִיךְ מַלְכוּתֵהּ
וְיַצְמַח פֻּרְקָנֵהּ וִיקָרֵב מְשִׁיחֵהּ (קהל: אָמֵן)
בְּחַיֵּיכוֹן וּבְיוֹמֵיכוֹן וּבְחַיֵּי דְכָל בֵּית יִשְׂרָאֵל
בַּעֲגָלָא וּבִזְמַן קָרִיב, וְאִמְרוּ אָמֵן. (קהל: אָמֵן)

קהל וש״ץ: יְהֵא שְׁמֵהּ רַבָּא מְבָרַךְ לְעָלַם וּלְעָלְמֵי עָלְמַיָּא.

ש״ץ: יִתְבָּרַךְ וְיִשְׁתַּבַּח וְיִתְפָּאַר וְיִתְרוֹמַם וְיִתְנַשֵּׂא
וְיִתְהַדָּר וְיִתְעַלֶּה וְיִתְהַלָּל
שְׁמֵהּ דְּקֻדְשָׁא בְּרִיךְ הוּא (קהל: אָמֵן)
לְעֵלָּא לְעֵלָּא מִכָּל בִּרְכָתָא
וְשִׁירָתָא תֻּשְׁבְּחָתָא וְנֶחֱמָתָא
דַּאֲמִירָן בְּעָלְמָא, וְאִמְרוּ אָמֵן. (קהל: אָמֵן)

עמידה

״המתפלל צריך שיכוין בלבו פירוש המלות שמוציא בשפתיו; ויחשוב כאלו שכינה כנגדו ויסיר כל המחשבות הטורדות אותו עד שתשאר מחשבתו וכוונתו זכה בתפלתו״ (שו״ע צח, א).

פוסע שלוש פסיעות לפנים כמי שנכנס לפני המלך.

עומד ומתפלל בלחש מכאן ועד ׳וּכְשָׁנִים קַדְמֹנִיּוֹת׳ בעמ׳ 286.

כורע במקומות המסומנים ב°, קד לפנים במילה הבאה וזוקף בשם.

כִּי שֵׁם יהוה אֶקְרָא, הָבוּ גֹדֶל לֵאלֹהֵינוּ: דברים לב
אֲדֹנָי, שְׂפָתַי תִּפְתָּח, וּפִי יַגִּיד תְּהִלָּתֶךָ: תהלים נא

אבות

°בָּרוּךְ אַתָּה יהוה, אֱלֹהֵינוּ וֵאלֹהֵי אֲבוֹתֵינוּ
אֱלֹהֵי אַבְרָהָם, אֱלֹהֵי יִצְחָק, וֵאלֹהֵי יַעֲקֹב
הָאֵל הַגָּדוֹל הַגִּבּוֹר וְהַנּוֹרָא, אֵל עֶלְיוֹן

גּוֹמֵל חֲסָדִים טוֹבִים, קוֹנֵה הַכֹּל
וְזוֹכֵר חַסְדֵי אָבוֹת
וּמֵבִיא גוֹאֵל לִבְנֵי בְנֵיהֶם, לְמַעַן שְׁמוֹ בְּאַהֲבָה.

זָכְרֵנוּ לְחַיִּים, מֶלֶךְ חָפֵץ בַּחַיִּים
וְכָתְבֵנוּ בְּסֵפֶר הַחַיִּים
לְמַעַנְךָ אֱלֹהִים חַיִּים.

מֶלֶךְ עוֹזֵר וּמוֹשִׁיעַ וּמָגֵן.
בָּרוּךְ אַתָּה יהוה, מָגֵן אַבְרָהָם.

אם שכח לומר ׳זָכְרֵנוּ לְחַיִּים׳, אינו חוזר.

גבורות

אַתָּה גִּבּוֹר לְעוֹלָם, אֲדֹנָי
מְחַיֵּה מֵתִים אַתָּה, רַב לְהוֹשִׁיעַ
בארץ ישראל: מוֹרִיד הַטָּל
מְכַלְכֵּל חַיִּים בְּחֶסֶד, מְחַיֵּה מֵתִים בְּרַחֲמִים רַבִּים
סוֹמֵךְ נוֹפְלִים, וְרוֹפֵא חוֹלִים, וּמַתִּיר אֲסוּרִים
וּמְקַיֵּם אֱמוּנָתוֹ לִישֵׁנֵי עָפָר.
מִי כָמוֹךָ, בַּעַל גְּבוּרוֹת, וּמִי דּוֹמֶה לָּךְ
מֶלֶךְ, מֵמִית וּמְחַיֶּה וּמַצְמִיחַ יְשׁוּעָה.

מִי כָמוֹךָ אָב הָרַחֲמָן
זוֹכֵר יְצוּרָיו לְחַיִּים בְּרַחֲמִים.

וְנֶאֱמָן אַתָּה לְהַחֲיוֹת מֵתִים.
בָּרוּךְ אַתָּה יהוה, מְחַיֵּה הַמֵּתִים.

אם שכח לומר ׳מִי כָמוֹךָ אַב הָרַחֲמָן׳, אינו חוזר.

קדושת השם

אַתָּה קָדוֹשׁ וְשִׁמְךָ קָדוֹשׁ
וּקְדוֹשִׁים בְּכָל יוֹם יְהַלְלוּךָ סֶּלָה
כִּי אֵל מֶלֶךְ גָּדוֹל וְקָדוֹשׁ אָתָּה.

לְדוֹר וָדוֹר הַמְלִיכוּ לָאֵל
כִּי הוּא לְבַדּוֹ מָרוֹם וְקָדוֹשׁ.

וּבְכֵן יִתְקַדַּשׁ שִׁמְךָ יהוה אֱלֹהֵינוּ עַל יִשְׂרָאֵל עַמֶּךָ
וְעַל יְרוּשָׁלַיִם עִירֶךָ, וְעַל צִיּוֹן מִשְׁכַּן כְּבוֹדֶךָ
וְעַל מַלְכוּת בֵּית דָּוִד מְשִׁיחֶךָ, וְעַל מְכוֹנְךָ וְהֵיכָלֶךָ.

וּבְכֵן תֵּן פַּחְדְּךָ יהוה אֱלֹהֵינוּ עַל כָּל מַעֲשֶׂיךָ
וְאֵימָתְךָ עַל כָּל מַה שֶּׁבָּרָאתָ
וְיִירָאוּךָ כָּל הַמַּעֲשִׂים, וְיִשְׁתַּחֲווּ לְפָנֶיךָ כָּל הַבְּרוּאִים
וְיֵעָשׂוּ כֻלָּם אֲגֻדָּה אֶחָת לַעֲשׂוֹת רְצוֹנְךָ בְּלֵבָב שָׁלֵם
כְּמוֹ שֶׁיָּדַעְנוּ יהוה אֱלֹהֵינוּ שֶׁהַשָּׁלְטָן לְפָנֶיךָ
עֹז בְּיָדְךָ וּגְבוּרָה בִּימִינֶךָ
וְשִׁמְךָ נוֹרָא עַל כָּל מַה שֶּׁבָּרָאתָ.

וּבְכֵן תֵּן כָּבוֹד יהוה לְעַמֶּךָ
תְּהִלָּה לִירֵאֶיךָ וְתִקְוָה טוֹבָה לְדוֹרְשֶׁיךָ
וּפִתְחוֹן פֶּה לַמְיַחֲלִים לָךְ
שִׂמְחָה לְאַרְצֶךָ, וְשָׂשׂוֹן לְעִירֶךָ
וּצְמִיחַת קֶרֶן לְדָוִד עַבְדֶּךָ
וַעֲרִיכַת נֵר לְבֶן יִשַׁי מְשִׁיחֶךָ בִּמְהֵרָה בְיָמֵינוּ.

וּבְכֵן צַדִּיקִים יִרְאוּ וְיִשְׂמָחוּ, וִישָׁרִים יַעֲלֹזוּ
וַחֲסִידִים בְּרִנָּה יָגִילוּ, וְעוֹלָתָה תִּקְפָּץ פִּיהָ
וְכָל הָרִשְׁעָה כֻּלָּהּ כְּעָשָׁן תִּכְלֶה
כִּי תַעֲבִיר מֶמְשֶׁלֶת זָדוֹן מִן הָאָרֶץ.

וְתִמְלֹךְ אַתָּה הוּא יהוה אֱלֹהֵינוּ
מְהֵרָה לְבַדֶּךָ עַל כָּל מַעֲשֶׂיךָ
בְּהַר צִיּוֹן מִשְׁכַּן כְּבוֹדֶךָ
וּבִירוּשָׁלַיִם עִיר קָדְשֶׁךָ
כַּכָּתוּב בְּדִבְרֵי קָדְשֶׁךָ
יִמְלֹךְ יהוה לְעוֹלָם, אֱלֹהַיִךְ צִיּוֹן לְדֹר וָדֹר, הַלְלוּיָהּ: תהלים קמו

קָדוֹשׁ אַתָּה וְנוֹרָא שְׁמֶךָ, וְאֵין אֱלוֹהַּ מִבַּלְעָדֶיךָ
כַּכָּתוּב, וַיִּגְבַּהּ יהוה צְבָאוֹת בַּמִּשְׁפָּט ישעיה ה
וְהָאֵל הַקָּדוֹשׁ נִקְדַּשׁ בִּצְדָקָה:
בָּרוּךְ אַתָּה יהוה, הַמֶּלֶךְ הַקָּדוֹשׁ.

אם שכח לומר את הפיסקאות המתחילות 'לְדוֹר וָדוֹר', אינו חוזר,
אך אם חתם 'הָאֵל הַקָּדוֹשׁ' כברוב ימות השנה, חוזר לראש.

קדושת היום

אַתָּה בְחַרְתָּנוּ מִכָּל הָעַמִּים
אָהַבְתָּ אוֹתָנוּ וְרָצִיתָ בָּנוּ
וְרוֹמַמְתָּנוּ מִכָּל הַלְּשׁוֹנוֹת
וְקִדַּשְׁתָּנוּ בְּמִצְוֹתֶיךָ
וְקֵרַבְתָּנוּ מַלְכֵּנוּ לַעֲבוֹדָתֶךָ
וְשִׁמְךָ הַגָּדוֹל וְהַקָּדוֹשׁ עָלֵינוּ קָרָאתָ.

בשבת מוסיפים את המילים שבסוגריים.

וַתִּתֶּן לָנוּ יהוה אֱלֹהֵינוּ בְּאַהֲבָה אֶת יוֹם
(הַשַּׁבָּת הַזֶּה לִקְדֻשָּׁה וְלִמְנוּחָה, וְאֶת יוֹם)
הַכִּפּוּרִים הַזֶּה, לִמְחִילָה וְלִסְלִיחָה וּלְכַפָּרָה
וְלִמְחָל בּוֹ אֶת כָּל עֲוֹנוֹתֵינוּ
(בְּאַהֲבָה) מִקְרָא קֹדֶשׁ, זֵכֶר לִיצִיאַת מִצְרָיִם.

וּמִפְּנֵי חֲטָאֵינוּ גָּלִינוּ מֵאַרְצֵנוּ
וְנִתְרַחַקְנוּ מֵעַל אַדְמָתֵנוּ
וְאֵין אֲנוּ יְכוֹלִים לַעֲשׂוֹת חוֹבוֹתֵינוּ בְּבֵית בְּחִירָתֶךָ
בַּבַּיִת הַגָּדוֹל וְהַקָּדוֹשׁ שֶׁנִּקְרָא שִׁמְךָ עָלָיו
מִפְּנֵי הַיָּד שֶׁנִּשְׁתַּלְּחָה בְּמִקְדָּשֶׁךָ.
יְהִי רָצוֹן מִלְּפָנֶיךָ יהוה אֱלֹהֵינוּ וֵאלֹהֵי אֲבוֹתֵינוּ
מֶלֶךְ רַחֲמָן
שֶׁתָּשׁוּב וּתְרַחֵם עָלֵינוּ וְעַל מִקְדָּשְׁךָ בְּרַחֲמֶיךָ הָרַבִּים
וְתִבְנֵהוּ מְהֵרָה וּתְגַדֵּל כְּבוֹדוֹ.
אָבִינוּ מַלְכֵּנוּ, גַּלֵּה כְּבוֹד מַלְכוּתְךָ עָלֵינוּ מְהֵרָה
וְהוֹפַע וְהִנָּשֵׂא עָלֵינוּ לְעֵינֵי כָּל חָי
וְקָרֵב פְּזוּרֵינוּ מִבֵּין הַגּוֹיִם, וּנְפוּצוֹתֵינוּ כַּנֵּס מִיַּרְכְּתֵי אָרֶץ.

וַהֲבִיאֵנוּ לְצִיּוֹן עִירְךָ בְּרִנָּה
וְלִירוּשָׁלַיִם בֵּית מִקְדָּשְׁךָ בְּשִׂמְחַת עוֹלָם
וְשָׁם נַעֲשֶׂה לְפָנֶיךָ אֶת קָרְבְּנוֹת חוֹבוֹתֵינוּ
תְּמִידִים כְּסִדְרָם וּמוּסָפִים כְּהִלְכָתָם

וְאֶת מוּסַף יוֹם /וְאֶת מוּסְפֵי יוֹם הַשַּׁבָּת הַזֶּה וְיוֹם/ הַכִּפּוּרִים הַזֶּה
נַעֲשֶׂה וְנַקְרִיב לְפָנֶיךָ בְּאַהֲבָה כְּמִצְוַת רְצוֹנֶךָ
כְּמוֹ שֶׁכָּתַבְתָּ עָלֵינוּ בְּתוֹרָתֶךָ
עַל יְדֵי מֹשֶׁה עַבְדֶּךָ מִפִּי כְבוֹדֶךָ, כָּאָמוּר

בשבת מוסיפים:

וּבְיוֹם הַשַּׁבָּת, שְׁנֵי־כְבָשִׂים בְּנֵי־שָׁנָה תְּמִימִם במדבר כח
וּשְׁנֵי עֶשְׂרֹנִים סֹלֶת מִנְחָה בְּלוּלָה בַשֶּׁמֶן וְנִסְכּוֹ:
עֹלַת שַׁבַּת בְּשַׁבַּתּוֹ, עַל־עֹלַת הַתָּמִיד וְנִסְכָּהּ:

וּבֶעָשׂוֹר לַחֹדֶשׁ הַשְּׁבִיעִי הַזֶּה, מִקְרָא־קֹדֶשׁ יִהְיֶה לָכֶם במדבר כט
וְעִנִּיתֶם אֶת־נַפְשֹׁתֵיכֶם, כָּל־מְלָאכָה לֹא תַעֲשׂוּ:
וְהִקְרַבְתֶּם עֹלָה לַיהוה רֵיחַ נִיחֹחַ
פַּר בֶּן־בָּקָר אֶחָד, אַיִל אֶחָד
כְּבָשִׂים בְּנֵי־שָׁנָה שִׁבְעָה, תְּמִימִם יִהְיוּ לָכֶם:
וּמִנְחָתָם וְנִסְכֵּיהֶם כִּמְדֻבָּר
שְׁלֹשָׁה עֶשְׂרֹנִים לַפָּר וּשְׁנֵי עֶשְׂרֹנִים לָאָיִל
וְעִשָּׂרוֹן לַכֶּבֶשׂ, וְיַיִן כְּנִסְכּוֹ, וּשְׁנֵי שְׂעִירִים לְכַפֵּר
וּשְׁנֵי תְמִידִים כְּהִלְכָתָם.

בשבת מוסיפים:

יִשְׂמְחוּ בְמַלְכוּתְךָ שׁוֹמְרֵי שַׁבָּת וְקוֹרְאֵי עֹנֶג.
עַם מְקַדְּשֵׁי שְׁבִיעִי
כֻּלָּם יִשְׂבְּעוּ וְיִתְעַנְּגוּ מִטּוּבֶךָ
וּבַשְּׁבִיעִי רָצִיתָ בּוֹ וְקִדַּשְׁתּוֹ
חֶמְדַּת יָמִים אוֹתוֹ קָרָאתָ, זֵכֶר לְמַעֲשֵׂה בְרֵאשִׁית.

אֱלֹהֵינוּ וֵאלֹהֵי אֲבוֹתֵינוּ
מְחַל לַעֲוֹנוֹתֵינוּ בְּיוֹם (הַשַּׁבָּת הַזֶּה וּבְיוֹם) הַכִּפּוּרִים הַזֶּה
מְחֵה וְהַעֲבֵר פְּשָׁעֵינוּ וְחַטֹּאתֵינוּ מִנֶּגֶד עֵינֶיךָ
כָּאָמוּר
ישעיה מג אָנֹכִי אָנֹכִי הוּא מֹחֶה פְשָׁעֶיךָ לְמַעֲנִי
וְחַטֹּאתֶיךָ לֹא אֶזְכֹּר:
וְנֶאֱמַר
ישעיה מד מָחִיתִי כָעָב פְּשָׁעֶיךָ וְכֶעָנָן חַטֹּאותֶיךָ
שׁוּבָה אֵלַי כִּי גְאַלְתִּיךָ:
וְנֶאֱמַר
ויקרא טז כִּי־בַיּוֹם הַזֶּה יְכַפֵּר עֲלֵיכֶם לְטַהֵר אֶתְכֶם
מִכֹּל חַטֹּאתֵיכֶם לִפְנֵי יהוה תִּטְהָרוּ:

(אֱלֹהֵינוּ וֵאלֹהֵי אֲבוֹתֵינוּ, רְצֵה נָא בִמְנוּחָתֵנוּ)
קַדְּשֵׁנוּ בְּמִצְוֹתֶיךָ וְתֵן חֶלְקֵנוּ בְּתוֹרָתֶךָ
שַׂבְּעֵנוּ מִטּוּבֶךָ, וְשַׂמַּח נַפְשֵׁנוּ בִּישׁוּעָתֶךָ
(וְהַנְחִילֵנוּ יהוה אֱלֹהֵינוּ בְּאַהֲבָה וּבְרָצוֹן שַׁבַּת קָדְשֶׁךָ
וְיָנוּחוּ בוֹ כָּל יִשְׂרָאֵל מְקַדְּשֵׁי שְׁמֶךָ)
וְטַהֵר לִבֵּנוּ לְעָבְדְּךָ בֶּאֱמֶת.
כִּי אַתָּה סָלְחָן לְיִשְׂרָאֵל וּמָחֳלָן לְשִׁבְטֵי יְשֻׁרוּן בְּכָל דּוֹר וָדוֹר
וּמִבַּלְעָדֶיךָ אֵין לָנוּ מֶלֶךְ מוֹחֵל וְסוֹלֵחַ אֶלָּא אָתָּה.
בָּרוּךְ אַתָּה יהוה
מֶלֶךְ מוֹחֵל וְסוֹלֵחַ לַעֲווֹנוֹתֵינוּ, וְלַעֲווֹנוֹת עַמּוֹ בֵּית יִשְׂרָאֵל
וּמַעֲבִיר אַשְׁמוֹתֵינוּ בְּכָל שָׁנָה וְשָׁנָה
מֶלֶךְ עַל כָּל הָאָרֶץ
מְקַדֵּשׁ (הַשַּׁבָּת וְ)יִשְׂרָאֵל וְיוֹם הַכִּפּוּרִים.

עבודה

רְצֵה יהוה אֱלֹהֵינוּ בְּעַמְּךָ יִשְׂרָאֵל, וְלִתְפִלָּתָם שְׁעֵה
וְהָשֵׁב אֶת הָעֲבוֹדָה לִדְבִיר בֵּיתֶךָ
וְאִשֵּׁי יִשְׂרָאֵל וּתְפִלָּתָם, מְהֵרָה בְּאַהֲבָה תְקַבֵּל בְּרָצוֹן
וּתְהִי לְרָצוֹן תָּמִיד עֲבוֹדַת יִשְׂרָאֵל עַמֶּךָ.
וְתֶחֱזֶינָה עֵינֵינוּ בְּשׁוּבְךָ לְצִיּוֹן בְּרַחֲמִים.
בָּרוּךְ אַתָּה יהוה, הַמַּחֲזִיר שְׁכִינָתוֹ לְצִיּוֹן.

הודאה

כורע ב׳מוֹדִים׳ ואינו זוקף עד אמירת השם.

מוֹדִים אֲנַחְנוּ לָךְ
שָׁאַתָּה הוּא יהוה אֱלֹהֵינוּ וֵאלֹהֵי אֲבוֹתֵינוּ לְעוֹלָם וָעֶד.
צוּר חַיֵּינוּ, מָגֵן יִשְׁעֵנוּ אַתָּה הוּא לְדוֹר וָדוֹר.
נוֹדֶה לְּךָ וּנְסַפֵּר תְּהִלָּתֶךָ, עַל חַיֵּינוּ הַמְּסוּרִים בְּיָדֶךָ
וְעַל נִשְׁמוֹתֵינוּ הַפְּקוּדוֹת לָךְ, וְעַל נִסֶּיךָ שֶׁבְּכָל יוֹם עִמָּנוּ
וְעַל נִפְלְאוֹתֶיךָ וְטוֹבוֹתֶיךָ, שֶׁבְּכָל עֵת, עֶרֶב וָבֹקֶר וְצָהֳרָיִם.
הַטּוֹב, כִּי לֹא כָלוּ רַחֲמֶיךָ, וְהַמְרַחֵם, כִּי לֹא תַמּוּ חֲסָדֶיךָ
כִּי מֵעוֹלָם קִוִּינוּ לָךְ.
וְעַל כֻּלָּם יִתְבָּרַךְ וְיִתְרוֹמַם וְיִתְנַשֵּׂא שִׁמְךָ מַלְכֵּנוּ
תָּמִיד לְעוֹלָם וָעֶד.
וּכְתֹב לְחַיִּים טוֹבִים כָּל בְּנֵי בְרִיתֶךָ.
וְכֹל הַחַיִּים יוֹדוּךָ סֶּלָה
וִיהַלְלוּ וִיבָרְכוּ אֶת שִׁמְךָ הַגָּדוֹל בֶּאֱמֶת לְעוֹלָם כִּי טוֹב
הָאֵל יְשׁוּעָתֵנוּ וְעֶזְרָתֵנוּ סֶלָה, הָאֵל הַטּוֹב.
בָּרוּךְ אַתָּה יהוה, הַטּוֹב שִׁמְךָ וּלְךָ נָאֶה לְהוֹדוֹת.

אם שכח לומר ׳וּכְתֹב לְחַיִּים טוֹבִים׳, אינו חוזר.

שלום

שִׂים שָׁלוֹם טוֹבָה וּבְרָכָה, חַיִּים חֵן וָחֶסֶד וְרַחֲמִים
עָלֵינוּ וְעַל כָּל יִשְׂרָאֵל עַמֶּךָ.
בָּרְכֵנוּ אָבִינוּ כֻּלָּנוּ כְּאֶחָד בְּאוֹר פָּנֶיךָ
כִּי בְאוֹר פָּנֶיךָ נָתַתָּ לָּנוּ יהוה אֱלֹהֵינוּ
תּוֹרַת חַיִּים וְאַהֲבַת חֶסֶד
וּצְדָקָה וּבְרָכָה וְרַחֲמִים וְחַיִּים וְשָׁלוֹם.
וְטוֹב יִהְיֶה בְּעֵינֶיךָ לְבָרְכֵנוּ וּלְבָרֵךְ אֶת כָּל עַמְּךָ יִשְׂרָאֵל
בְּכָל עֵת וּבְכָל שָׁעָה בִּשְׁלוֹמֶךָ.

בְּסֵפֶר חַיִּים, בְּרָכָה וְשָׁלוֹם, וּפַרְנָסָה טוֹבָה
וּגְזֵרוֹת טוֹבוֹת, יְשׁוּעוֹת וְנֶחָמוֹת
נִזָּכֵר וְנִכָּתֵב לְפָנֶיךָ אֲנַחְנוּ וְכָל עַמְּךָ בֵּית יִשְׂרָאֵל
לְחַיִּים טוֹבִים וּלְשָׁלוֹם.

בָּרוּךְ אַתָּה יהוה, הַמְבָרֵךְ אֶת עַמּוֹ יִשְׂרָאֵל בַּשָּׁלוֹם.

אם שכח לומר 'בְּסֵפֶר חַיִּים', אינו חוזר.

יש מוסיפים:

תהלים יט יִהְיוּ לְרָצוֹן אִמְרֵי־פִי וְהֶגְיוֹן לִבִּי לְפָנֶיךָ, יהוה צוּרִי וְגֹאֲלִי:

אֱלֹהֵינוּ וֵאלֹהֵי אֲבוֹתֵינוּ
תָּבוֹא לְפָנֶיךָ תְּפִלָּתֵנוּ, וְאַל תִּתְעַלַּם מִתְּחִנָּתֵנוּ.
שֶׁאֵין אָנוּ עַזֵּי פָנִים וּקְשֵׁי עֹרֶף לוֹמַר לְפָנֶיךָ
יהוה אֱלֹהֵינוּ וֵאלֹהֵי אֲבוֹתֵינוּ
צַדִּיקִים אֲנַחְנוּ וְלֹא חָטָאנוּ.
אֲבָל אֲנַחְנוּ וַאֲבוֹתֵינוּ חָטָאנוּ.

כשמתוודה, מכה באגרופו על החזה כנגד הלב (מג"א תרז, ג, בשם מדרש קהלת).

אָשַׁמְנוּ, בָּגַדְנוּ, גָּזַלְנוּ, דִּבַּרְנוּ דֹפִי
הֶעֱוִינוּ, וְהִרְשַׁעְנוּ, זַדְנוּ, חָמַסְנוּ, טָפַלְנוּ שֶׁקֶר
יָעַצְנוּ רָע, כִּזַּבְנוּ, לַצְנוּ, מָרַדְנוּ, נִאַצְנוּ, סָרַרְנוּ
עָוִינוּ, פָּשַׁעְנוּ, צָרַרְנוּ, קִשִּׁינוּ עֹרֶף
רָשַׁעְנוּ, שִׁחַתְנוּ, תִּעַבְנוּ, תָּעִינוּ, תִּעְתָּעְנוּ.

סַרְנוּ מִמִּצְוֹתֶיךָ וּמִמִּשְׁפָּטֶיךָ הַטּוֹבִים, וְלֹא שָׁוָה לָנוּ.
וְאַתָּה צַדִּיק עַל כָּל־הַבָּא עָלֵינוּ כִּי־אֱמֶת עָשִׂיתָ נחמיה ט
וַאֲנַחְנוּ הִרְשָׁעְנוּ:

מַה נֹּאמַר לְפָנֶיךָ יוֹשֵׁב מָרוֹם
וּמַה נְּסַפֵּר לְפָנֶיךָ שׁוֹכֵן שְׁחָקִים
הֲלֹא כָּל הַנִּסְתָּרוֹת וְהַנִּגְלוֹת אַתָּה יוֹדֵעַ.

אַתָּה יוֹדֵעַ רָזֵי עוֹלָם וְתַעֲלוּמוֹת סִתְרֵי כָּל חָי.
אַתָּה חוֹפֵשׂ כָּל חַדְרֵי בֶטֶן וּבוֹחֵן כְּלָיוֹת וָלֵב.
אֵין דָּבָר נֶעְלָם מִמֶּךָּ וְאֵין נִסְתָּר מִנֶּגֶד עֵינֶיךָ.
וּבְכֵן, יְהִי רָצוֹן מִלְּפָנֶיךָ, יהוה אֱלֹהֵינוּ וֵאלֹהֵי אֲבוֹתֵינוּ
שֶׁתְּכַפֵּר לָנוּ עַל כָּל חַטֹּאתֵינוּ
וְתִסְלַח לָנוּ עַל כָּל עֲוֹנוֹתֵינוּ
וְתִמְחַל לָנוּ עַל כָּל פְּשָׁעֵינוּ.

על כל חטא שמונה, מכה באגרופו על החזה כנגד הלב.

עַל חֵטְא שֶׁחָטָאנוּ לְפָנֶיךָ בְּאֹנֶס וּבְרָצוֹן
וְעַל חֵטְא שֶׁחָטָאנוּ לְפָנֶיךָ בְּאִמּוּץ הַלֵּב

עַל חֵטְא שֶׁחָטָאנוּ לְפָנֶיךָ בִּבְלִי דָעַת
וְעַל חֵטְא שֶׁחָטָאנוּ לְפָנֶיךָ בְּבִטּוּי שְׂפָתָיִם

עַל חֵטְא שֶׁחָטָאנוּ לְפָנֶיךָ בְּגִלּוּי עֲרָיוֹת
וְעַל חֵטְא שֶׁחָטָאנוּ לְפָנֶיךָ בְּגָלוּי וּבַסָּתֶר

עַל חֵטְא שֶׁחָטָאנוּ לְפָנֶיךָ בְּדַעַת וּבְמִרְמָה
וְעַל חֵטְא שֶׁחָטָאנוּ לְפָנֶיךָ בְּדִבּוּר פֶּה

עַל חֵטְא שֶׁחָטָאנוּ לְפָנֶיךָ בְּהוֹנָאַת רֵעַ
וְעַל חֵטְא שֶׁחָטָאנוּ לְפָנֶיךָ בְּהַרְהוֹר הַלֵּב

עַל חֵטְא שֶׁחָטָאנוּ לְפָנֶיךָ בִּוְעִידַת זְנוּת
וְעַל חֵטְא שֶׁחָטָאנוּ לְפָנֶיךָ בְּוִדּוּי פֶּה

עַל חֵטְא שֶׁחָטָאנוּ לְפָנֶיךָ בְּזִלְזוּל הוֹרִים וּמוֹרִים
וְעַל חֵטְא שֶׁחָטָאנוּ לְפָנֶיךָ בְּזָדוֹן וּבִשְׁגָגָה

עַל חֵטְא שֶׁחָטָאנוּ לְפָנֶיךָ בְּחֹזֶק יָד
וְעַל חֵטְא שֶׁחָטָאנוּ לְפָנֶיךָ בְּחִלּוּל הַשֵּׁם

עַל חֵטְא שֶׁחָטָאנוּ לְפָנֶיךָ בְּטֻמְאַת שְׂפָתָיִם
וְעַל חֵטְא שֶׁחָטָאנוּ לְפָנֶיךָ בְּטִפְשׁוּת פֶּה

עַל חֵטְא שֶׁחָטָאנוּ לְפָנֶיךָ בְּיֵצֶר הָרָע
וְעַל חֵטְא שֶׁחָטָאנוּ לְפָנֶיךָ בְּיוֹדְעִים וּבְלֹא יוֹדְעִים

וְעַל כֻּלָּם אֱלוֹהַּ סְלִיחוֹת סְלַח לָנוּ, מְחַל לָנוּ, כַּפֶּר לָנוּ.

עַל חֵטְא שֶׁחָטָאנוּ לְפָנֶיךָ בְּכַחַשׁ וּבְכָזָב
וְעַל חֵטְא שֶׁחָטָאנוּ לְפָנֶיךָ בְּכַפַּת שֹׁחַד

עַל חֵטְא שֶׁחָטָאנוּ לְפָנֶיךָ בְּלָצוֹן
וְעַל חֵטְא שֶׁחָטָאנוּ לְפָנֶיךָ בְּלָשׁוֹן הָרָע

עַל חֵטְא שֶׁחָטָאנוּ לְפָנֶיךָ בְּמַשָּׂא וּבְמַתָּן
וְעַל חֵטְא שֶׁחָטָאנוּ לְפָנֶיךָ בְּמַאֲכָל וּבְמִשְׁתֶּה

עַל חֵטְא שֶׁחָטָאנוּ לְפָנֶיךָ בְּנֶשֶׁךְ וּבְמַרְבִּית
וְעַל חֵטְא שֶׁחָטָאנוּ לְפָנֶיךָ בִּנְטִיַּת גָּרוֹן

עַל חֵטְא שֶׁחָטָאנוּ לְפָנֶיךָ בְּשִׂיחַ שִׂפְתוֹתֵינוּ
וְעַל חֵטְא שֶׁחָטָאנוּ לְפָנֶיךָ בְּשִׂקּוּר עָיִן

עַל חֵטְא שֶׁחָטָאנוּ לְפָנֶיךָ בְּעֵינַיִם רָמוֹת
וְעַל חֵטְא שֶׁחָטָאנוּ לְפָנֶיךָ בְּעַזּוּת מֶצַח

וְעַל כֻּלָּם אֱלוֹהַּ סְלִיחוֹת סְלַח לָנוּ, מְחַל לָנוּ, כַּפֶּר לָנוּ.

עַל חֵטְא שֶׁחָטָאנוּ לְפָנֶיךָ בִּפְרִיקַת עֹל
וְעַל חֵטְא שֶׁחָטָאנוּ לְפָנֶיךָ בִּפְלִילוּת

עַל חֵטְא שֶׁחָטָאנוּ לְפָנֶיךָ בִּצְדִיַּת רֵעַ
וְעַל חֵטְא שֶׁחָטָאנוּ לְפָנֶיךָ בְּצָרוּת עָיִן

עַל חֵטְא שֶׁחָטָאנוּ לְפָנֶיךָ בְּקַלּוּת רֹאשׁ
וְעַל חֵטְא שֶׁחָטָאנוּ לְפָנֶיךָ בְּקַשְׁיוּת עֹרֶף

עַל חֵטְא שֶׁחָטָאנוּ לְפָנֶיךָ בְּרִיצַת רַגְלַיִם לְהָרַע
וְעַל חֵטְא שֶׁחָטָאנוּ לְפָנֶיךָ בִּרְכִילוּת

עַל חֵטְא שֶׁחָטָאנוּ לְפָנֶיךָ בִּשְׁבוּעַת שָׁוְא
וְעַל חֵטְא שֶׁחָטָאנוּ לְפָנֶיךָ בְּשִׂנְאַת חִנָּם

עַל חֵטְא שֶׁחָטָאנוּ לְפָנֶיךָ בִּתְשׂוּמֶת יָד
וְעַל חֵטְא שֶׁחָטָאנוּ לְפָנֶיךָ בְּתִמְהוֹן לֵבָב

וְעַל כֻּלָּם אֱלוֹהַּ סְלִיחוֹת סְלַח לָנוּ, מְחַל לָנוּ, כַּפֶּר לָנוּ.

וְעַל חֲטָאִים שֶׁאָנוּ חַיָּבִים עֲלֵיהֶם עוֹלָה
וְעַל חֲטָאִים שֶׁאָנוּ חַיָּבִים עֲלֵיהֶם חַטָּאת
וְעַל חֲטָאִים שֶׁאָנוּ חַיָּבִים עֲלֵיהֶם קָרְבָּן עוֹלֶה וְיוֹרֵד
וְעַל חֲטָאִים שֶׁאָנוּ חַיָּבִים עֲלֵיהֶם אָשָׁם וַדַּאי וְתָלוּי
וְעַל חֲטָאִים שֶׁאָנוּ חַיָּבִים עֲלֵיהֶם מַכַּת מַרְדּוּת
וְעַל חֲטָאִים שֶׁאָנוּ חַיָּבִים עֲלֵיהֶם מַלְקוּת אַרְבָּעִים
וְעַל חֲטָאִים שֶׁאָנוּ חַיָּבִים עֲלֵיהֶם מִיתָה בִּידֵי שָׁמָיִם
וְעַל חֲטָאִים שֶׁאָנוּ חַיָּבִים עֲלֵיהֶם כָּרֵת וַעֲרִירִי
וְעַל חֲטָאִים שֶׁאָנוּ חַיָּבִים עֲלֵיהֶם אַרְבַּע מִיתוֹת בֵּית דִּין
סְקִילָה, שְׂרֵפָה, הֶרֶג, וְחֶנֶק.

עַל מִצְוַת עֲשֵׂה וְעַל מִצְוַת לֹא תַעֲשֶׂה.
בֵּין שֶׁיֵּשׁ בָּהּ קוּם עֲשֵׂה וּבֵין שֶׁאֵין בָּהּ קוּם עֲשֵׂה.
אֶת הַגְּלוּיִים לָנוּ וְאֶת שֶׁאֵינָם גְּלוּיִים לָנוּ
אֶת הַגְּלוּיִים לָנוּ
כְּבָר אֲמַרְנוּם לְפָנֶיךָ
וְהוֹדִינוּ לְךָ עֲלֵיהֶם
וְאֶת שֶׁאֵינָם גְּלוּיִים לָנוּ
לְפָנֶיךָ הֵם גְּלוּיִים וִידוּעִים
כַּדָּבָר שֶׁנֶּאֱמַר
דברים כט הַנִּסְתָּרֹת לַיהוה אֱלֹהֵינוּ
וְהַנִּגְלֹת לָנוּ וּלְבָנֵינוּ עַד־עוֹלָם
לַעֲשׂוֹת אֶת־כָּל־דִּבְרֵי הַתּוֹרָה הַזֹּאת:
כִּי אַתָּה סָלְחָן לְיִשְׂרָאֵל וּמָחֳלָן לְשִׁבְטֵי יְשֻׁרוּן בְּכָל דּוֹר וָדוֹר
וּמִבַּלְעָדֶיךָ אֵין לָנוּ מֶלֶךְ מוֹחֵל וְסוֹלֵחַ אֶלָּא אָתָּה.

אֱלֹהַי
עַד שֶׁלֹּא נוֹצַרְתִּי אֵינִי כְדַאי
וְעַכְשָׁיו שֶׁנּוֹצַרְתִּי, כְּאִלּוּ לֹא נוֹצַרְתִּי
עָפָר אֲנִי בְּחַיָּי, קַל וָחֹמֶר בְּמִיתָתִי.
הֲרֵי אֲנִי לְפָנֶיךָ כִּכְלִי מָלֵא בוּשָׁה וּכְלִמָּה.
יְהִי רָצוֹן מִלְּפָנֶיךָ, יהוה אֱלֹהַי וֵאלֹהֵי אֲבוֹתַי
שֶׁלֹּא אֶחֱטָא עוֹד.
וּמַה שֶּׁחָטָאתִי לְפָנֶיךָ, מְחֹק בְּרַחֲמֶיךָ הָרַבִּים
אֲבָל לֹא עַל יְדֵי יִסּוּרִים וָחֳלָיִם רָעִים.

ברכות יז.

אֱלֹהַי
נְצֹר לְשׁוֹנִי מֵרָע וּשְׂפָתַי מִדַּבֵּר מִרְמָה
וְלִמְקַלְלַי נַפְשִׁי תִדֹּם
וְנַפְשִׁי כֶּעָפָר לַכֹּל תִּהְיֶה.
פְּתַח לִבִּי בְּתוֹרָתֶךָ
וְאַחֲרֵי מִצְוֹתֶיךָ תִּרְדֹּף נַפְשִׁי.
וְכָל הַקָּמִים וְהַחוֹשְׁבִים עָלַי רָעָה
מְהֵרָה הָפֵר עֲצָתָם וְקַלְקֵל מַחֲשַׁבְתָּם.

יש המוסיפים תחינה זו (קיצור של״ה, ׳אור הישר׳):

יְהִי רָצוֹן מִלְּפָנֶיךָ, יהוה אֱלֹהַי וֵאלֹהֵי אֲבוֹתַי
שֶׁלֹּא תַעֲלֶה קִנְאַת אָדָם עָלַי, וְלֹא קִנְאָתִי עַל אֲחֵרִים
וְשֶׁלֹּא אֶכְעֹס הַיּוֹם, וְשֶׁלֹּא אַכְעִיסֶךָ
וְתַצִּילֵנִי מִיֵּצֶר הָרָע, וְתֵן בְּלִבִּי הַכְנָעָה וַעֲנָוָה.
מַלְכֵּנוּ וֵאלֹהֵינוּ, יַחֵד שִׁמְךָ בְּעוֹלָמֶךָ
בְּנֵה עִירֶךָ, יַסֵּד בֵּיתֶךָ וְשַׁכְלֵל הֵיכָלֶךָ
וְקַבֵּץ קִבּוּץ גָּלֻיּוֹת, וּפְדֵה צֹאנֶךָ וְשַׂמַּח עֲדָתֶךָ.

עֲשֵׂה לְמַעַן שְׁמֶךָ, עֲשֵׂה לְמַעַן יְמִינֶךָ
עֲשֵׂה לְמַעַן תּוֹרָתֶךָ, עֲשֵׂה לְמַעַן קְדֻשָּׁתֶךָ.

לְמַעַן יֵחָלְצוּן יְדִידֶיךָ, הוֹשִׁיעָה יְמִינְךָ וַעֲנֵנִי: תהלים ס

יִהְיוּ לְרָצוֹן אִמְרֵי פִי וְהֶגְיוֹן לִבִּי לְפָנֶיךָ, יהוה צוּרִי וְגֹאֲלִי: תהלים יט

כורע ופוסע שלוש פסיעות לאחור. קד לשמאל, לימין ולפנים באמירת:

עֹשֶׂה הַשָּׁלוֹם בִּמְרוֹמָיו
הוּא יַעֲשֶׂה שָׁלוֹם, עָלֵינוּ וְעַל כָּל יִשְׂרָאֵל
וְאִמְרוּ אָמֵן.

יְהִי רָצוֹן מִלְּפָנֶיךָ יהוה אֱלֹהֵינוּ וֵאלֹהֵי אֲבוֹתֵינוּ
שֶׁיִּבָּנֶה בֵּית הַמִּקְדָּשׁ בִּמְהֵרָה בְיָמֵינוּ
וְתֵן חֶלְקֵנוּ בְּתוֹרָתֶךָ
וְשָׁם נַעֲבָדְךָ בְּיִרְאָה כִּימֵי עוֹלָם וּכְשָׁנִים קַדְמוֹנִיּוֹת.

וְעָרְבָה לַיהוה מִנְחַת יְהוּדָה וִירוּשָׁלָיִם כִּימֵי עוֹלָם וּכְשָׁנִים קַדְמוֹנִיּוֹת: מלאכי ג

חזרת הש״ץ למוסף

״יָדַעְתִּי ה׳ כִּי־צֶדֶק מִשְׁפָּטֶיךָ, וֶאֱמוּנָה עִנִּיתָנִי״ (תהלים קיט, עה).
״הַקְשִׁיבָה לִּי וַעֲנֵנִי, אָרִיד בְּשִׂיחִי וְאָהִימָה״ (שם נה, ג).
״וְנַפְשִׁי תָּגִיל בַּה׳, תָּשִׂישׂ בִּישׁוּעָתוֹ״ (שם לה, ט).
״הַנּוֹתֵן תְּשׁוּעָה לַמְּלָכִים, הַפּוֹצֶה אֶת־דָּוִד עַבְדּוֹ מֵחֶרֶב רָעָה״ (שם קמד, י).

פותחים את ארון הקודש.

שליח הציבור פוסע שלוש פסיעות לפנים כמי שנכנס לפני המלך.
כורע במקומות המסומנים ב׳, קד לפנים במילה הבאה וזוקף בשם.

יש אומרים בלחש: **כִּי שֵׁם יהוה אֶקְרָא, הָבוּ גֹדֶל לֵאלֹהֵינוּ:** דברים לב

אֲדֹנָי, שְׂפָתַי תִּפְתָּח, וּפִי יַגִּיד תְּהִלָּתֶךָ: תהלים נא

אבות

׳בָּרוּךְ אַתָּה יהוה, אֱלֹהֵינוּ וֵאלֹהֵי אֲבוֹתֵינוּ
אֱלֹהֵי אַבְרָהָם, אֱלֹהֵי יִצְחָק, וֵאלֹהֵי יַעֲקֹב
הָאֵל הַגָּדוֹל הַגִּבּוֹר וְהַנּוֹרָא, אֵל עֶלְיוֹן
גּוֹמֵל חֲסָדִים טוֹבִים, קוֹנֵה הַכֹּל
וְזוֹכֵר חַסְדֵי אָבוֹת
וּמֵבִיא גוֹאֵל לִבְנֵי בְנֵיהֶם, לְמַעַן שְׁמוֹ בְּאַהֲבָה.

לפני הקרובה של מוסף אין אומרים פיוט ׳רשות׳ ארוך.

שליח הציבור אומר ׳מִסּוֹד חֲכָמִים וּנְבוֹנִים׳ וממשיך ׳שׁוֹשַׁן עֵמֶק אֲיֻמָּה׳.

מִסּוֹד חֲכָמִים וּנְבוֹנִים
וּמִלֶּמֶד דַּעַת מְבִינִים
אֶפְתְּחָה פִּי בִּתְפִלָּה וּבְתַחֲנוּנִים
לְחַלּוֹת וּלְחַנֵּן פְּנֵי מֶלֶךְ מוֹחֵל וְסוֹלֵחַ לַעֲוֹנִים.

סוגרים את ארון הקודש.

את ה׳קרובה׳ למוסף של יום הכיפורים חיבר ר׳ אלעזר הקליר. הנושא המאפיין את שלושת הפיוטים הראשונים הוא שמות היום (הנרמזים באקרוסטיכון ראשי הבתים). כל שם מבטא צד אחר באופיו של היום – השביתה מכל ענייני החולין, היותו יום סליחה וכפרה, ומעמדו כתענית.
נוהגים שהקהל אומר את שלושת הפיוטים הראשונים, ושליח הציבור אומר בקול רק את השורות המסומנות ב›. יש קהילות שבהן אין אומרים את ה׳מגן׳, וממשיכים ׳זָכְרֵנוּ לְחַיִּים׳ בעמוד הבא (ויש האומרים את הבית האחרון: ׳שְׂפָתֵינוּ מְדוֹבְבוֹת יְשֵׁנִים׳).

מגן – סימן שבת שבתון (מרובע)

שׁוֹשַׁן עֵמֶק אֲיֻמָּה / שַׁבַּת שַׁבָּתוֹן לְקַיְּמָה
שֹׁרֶשׁ וְעָנָף סִימָה / שָׁוִים יַחַד לְצִימָה.

בְּעֵת מָטוּ יְסוֹדוֹתֶיהָ / בָּטְחָה בְּחִין מוֹסְדוֹתֶיהָ
בָּם תָּקְעָה יִתְדוֹתֶיהָ / בְּכֵפֶל לְהַשְׁעִין יְדוֹתֶיהָ.

תָּמְכָה פֹּעַל צוּרִים / תְּמַת הֶמָּה הַיּוֹצְרִים
תְּרוּפָה תֵּת לַעֲצוּרִים / תֵּבֵל לְהַאֲפִיל לְצָרִים.

שְׁתִילֵי גְּבָעוֹת אַרְבַּע / שֵׁאַג סֵפֶר הַמְרֻבָּע
שֶׁוַע פְּגִיעוֹת אַרְבַּע / שְׁעֵה צִדְקָם לִתְבַּע.

בִּיטָה בְּמִתְהַלֵּךְ תָּמִים / בְּמוּסַר לְחָמוּ חֲתוּמִים
בְּצִדְקוֹ תָּדִיחַ כְּתָמִים / בְּאֶפֶס אוּרִים וְתֻמִּים.

תְּמוּר תַּשְׁלוּמֵי פָר / תֶּאֱבַן הֶגֶה הַמְסֻפָּר
תּוֹקְעֵי בַחֹדֶשׁ שׁוֹפָר / תַּלְאוּבָם בְּכִפּוּר יְכֻפָּר.

וְשַׁכֵּךְ חֲמַת זַעְמָךְ / וְתָחֹן שְׂרִידֵי עַמָּךְ
וְעָלֵינוּ יְהִי נֹעֲמָךְ / וְנִחְיֶה מִמְּקוֹר עִמָּךְ.

נָאוֹר עִמְּךָ הַסְּלִיחָה / נָכוֹן מַהֵר לִסְלָחָה
› נִיב שְׂפָתֵינוּ הַצְלִיחָה / נָאַק שִׁמְעָה וּסְלָחָה.

הקהל:

שְׂפָתֵינוּ מְדוֹבְבוֹת יְשֵׁנִים / יְנַצְּחוּךְ כְּבַעַל שׁוֹשַׁנִּים
› חֲדָשִׁים גַּם יְשָׁנִים / בְּמָגִנַּת אָב נִשְׁעָנִים.

יש נוהגים שהקהל אומר בקול, ושליח הציבור חוזר אחריו:

זָכְרֵנוּ לְחַיִּים, מֶלֶךְ חָפֵץ בַּחַיִּים
וְכָתְבֵנוּ בְּסֵפֶר הַחַיִּים, לְמַעַנְךָ אֱלֹהִים חַיִּים.

שליח הציבור ממשיך:

מֶלֶךְ עוֹזֵר וּמוֹשִׁיעַ וּמָגֵן.
בָּרוּךְ אַתָּה יהוה, מָגֵן אַבְרָהָם.

גבורות

אַתָּה גִּבּוֹר לְעוֹלָם, אֲדֹנָי
מְחַיֵּה מֵתִים אַתָּה, רַב לְהוֹשִׁיעַ
בארץ ישראל: **מוֹרִיד הַטָּל**
מְכַלְכֵּל חַיִּים בְּחֶסֶד, מְחַיֵּה מֵתִים בְּרַחֲמִים רַבִּים
סוֹמֵךְ נוֹפְלִים, וְרוֹפֵא חוֹלִים, וּמַתִּיר אֲסוּרִים
וּמְקַיֵּם אֱמוּנָתוֹ לִישֵׁנֵי עָפָר.
מִי כָמוֹךָ, בַּעַל גְּבוּרוֹת, וּמִי דּוֹמֶה לָּךְ
מֶלֶךְ, מֵמִית וּמְחַיֶּה וּמַצְמִיחַ יְשׁוּעָה.

יש קהילות שבהן אין אומרים את ה׳מחיה׳, וממשיכים ׳עוֹד בּוֹ נִשְׁמָתוֹ׳ בעמוד הבא (ויש האומרים את הבית האחרון: ׳כֹּפֶר פִּדְיוֹן נֶפֶשׁ׳).

מחיה - סימן יום כפורים (מרובע)

יוֹם מִיָּמִים הוּחָס / יוֹם כִּפּוּר הַמְיֻחָס
יוֹדְעָיו חֲמֹל וְחַס / יוֹקְשָׁיו לְפוֹעֶרֶת הַס.

וּבוֹ בְּתַחְבּוּלוֹת יוֹעָצוּ / וִדּוּי בְּתַחַן יָאִיצוּ
וְשׁוֹכְנֵי עָפָר יָקִיצוּ / וּמֵרֹאשׁ הָרִים יָלִיצוּ.

מִפְעֲלוֹת עוֹקֵד וְעָקוּד / מֵאָז בְּיָדָם פָּקוּד
מוֹפֵת הַכָּמוּס לִפְקוֹד / מוֹקֵשׁ לְהַבְעִית בְּסִקּוּד.

כְּהַבְטָחַת סְבִיכַת אַיִל / כָּפְרוֹ הַנָּצוּר לְחַיִל
כֵּן תַּעֲצִים חַיִל / כּוֹרְעֶיךָ בְּעֶצֶם וָלַיִל.

פַּחְדוֹ יָחִיל שׁוֹטְמִים / פִּיּוֹתָם הֱיוֹת אֲטוּמִים
פְּרָחָיו בְּמִשְׁעֲנוֹתָם חֲטוּמִים / פַּלְּטֵם מֵרֶכֶל פְּטוּמִים.

וְאִם אֵין מַעֲשִׂים / וְזֶבַח מִבְּלִי מֵשִׂים
וְזָכְרָה לִנְבִזִים וּמְאוּסִים / וּמִגְּזְעָם הָפֵר כְּעָסִים.

רָם קְשֹׁט מַעְבָּדֶיךָ / רְאֵה תִרְאֶה עוֹבְדֶיךָ
רֵעִים בָּאֵי עָדֶיךָ / רַחוּם זְכֹר לַעֲבָדֶיךָ.

יְבֻקַּשׁ עָוֹן וְאֵינֶנּוּ / יָמָּה בִּמְצוּלוֹת תְּנֶנּוּ
יֶלֶד בְּשַׁעֲשׁוּעָיו תַּעֲנֶנּוּ / יֹשֶׁר מֵלִיץ יְחָנְנֶנּוּ.

מִבְּרַק חֶרֶב הַשָּׁנוּן / מַלֵּט מַאֲרִיכֵי רִנּוּן
› מַלֵּא מִשְׁאֲלוֹתָם בְּתַחֲנוּן / מֶלֶךְ רַחוּם וְחַנּוּן.

הכול:

כֹּפֶר פִּדְיוֹן נֶפֶשׁ / פְּדֵה מִטְּבִיעַת רֶפֶשׁ
› מְיַחֲלֶיךָ בְּעִנּוּי וְכֹפֶשׁ / הַחַיִּים בְּטַלְלֵי נֹפֶשׁ.

בקהילות אשכנז נהגו לומר פיוט תוכחה ׳אֱנוֹשׁ אֵיךְ יִצְדַּק׳ (בעמ׳ 567) לאחר ה׳מחיה׳, והיום נוהגים לומר רק את הפזמון ׳עוֹד בּוֹ נִשְׁמָתוֹ׳ לפני חתימת הברכה ׳מְחַיֵּה הַמֵּתִים׳.

שליח הציבור והקהל אומרים:

עוֹד בּוֹ נִשְׁמָתוֹ / יְקַו תְּשׁוּבַת יְצִיר אַדְמָתוֹ
לְהַחֲיוֹתוֹ לְהֵיטִיב אַחֲרִיתוֹ.

יש נוהגים שהקהל אומר בקול, ושליח הציבור חוזר אחריו:

מִי כָמוֹךָ אָב הָרַחֲמָן
זוֹכֵר יְצוּרָיו לְחַיִּים בְּרַחֲמִים.

שליח הציבור ממשיך:

וְנֶאֱמָן אַתָּה לְהַחֲיוֹת מֵתִים.
בָּרוּךְ אַתָּה יהוה, מְחַיֵּה הַמֵּתִים.

יש קהילות שבהן אין אומרים את ה׳משלש׳,
וממשיכים ׳יִמְלֹךְ ה׳ לְעוֹלָם׳ בעמוד הבא.

משלש – סימן צום העשור (מרובע)

צָפָה בְּבַת תְּמוּתָהּ / צוֹם הֶעָשׂוֹר עֲמוּתָהּ
צֹאן בְּהֵעָנְשָׁהּ מִיתָה / צְדָקָה מִמֶּוֶת צְמִיתָה.

וּבְבֹא שׂוֹטֵן לִנְקֹב / וְלַחֲשׂף שַׂרְעַף עָקֹב
וּבַל יֶרֶשֶׁה לִקֹּב / וְכֹחַ תּוֹלְדוֹת יַעֲקֹב.

מָכוֹן לְשִׁבְתְּךָ בְּשׁוּמְךָ / מֵאָז חֲקַקְתּוֹ בְּרִשּׁוּמְךָ
מוֹלְדוֹתָיו הַכְּלוּלִים בִּשְׁמֶךָ / מַלְּטֵם לְמַעַן שְׁמֶךָ.

הִזָּכֵר יְשִׁיבַת אֹהֶל / הַמְּאַבֵּק לְשַׂר גַּחַל
הַצִּילָה שְׁאוֹנוֹ מִבַּהַל / הַצָּגִים לְהַרְטוֹת מַחַל.

עִנּוּי נֶפֶשׁ שׁוּר / עָוֹן בְּלִי תָּשׁוּר
עוֹרְכֵי שֶׁוַע בְּיִשּׁוּר / עֲנֵם בֶּאֱמֶת וְאִשּׁוּר.

סְלַח לְשָׁבֵי פֶשַׁע / סְלִיחָה תַּכְרִיעַ רֶשַׁע
סִדּוּר תְּשׁוּבָה תֵּשַׁע / שֶׁבֶר פְּדוּת לְיֶשַׁע.

וְאִם הֵמָּה כְּאָדָם / וּמוּעָדָה וּמַטָּה יָדָם
וְאַתָּה נוֹצֵר הָאָדָם / וְיִתְרוֹן תְּנָה לְעוֹדְדָם.

רְעָבָם וּצְמָאָם חֲזֵה / רָעָתָם בְּלִי תֶחֱזֶה
› רֶגֶשׁ רַחֲשָׁם מִלְּבַזֶּה / רוֹנְנִים, סְלַח נָא לַעֲוֹן הָעָם הַזֶּה.

במחזורים הישנים משולבים במערכות ה׳קרובות׳ הפסוקים שעליהם מבוססים פיוטי ה׳קרובה׳. היום נוהגים לומר רק את שני הפסוקים ׳יִמְלֹךְ׳ וְ׳וְאַתָּה קָדוֹשׁ׳, ומסיימים ׳אֵל נָא׳ כפתיחה לפיוטים הבאים, המובילים אל הקדושה.

קהל ואחריו שליח הציבור:

יִמְלֹךְ יהוה לְעוֹלָם תהלים קמו

אֱלֹהַיִךְ צִיּוֹן לְדֹר וָדֹר

הַלְלוּיָהּ:

וְאַתָּה קָדוֹשׁ יוֹשֵׁב תְּהִלּוֹת יִשְׂרָאֵל: תהלים כב

אֵל נָא.

שליח הציבור אומר את שלושת החרוזים הבאים, והקהל חוזר אחרי כל אחד מהם. חרוזים אלה הם שורות הפזמון של הפיוט ׳אֶשָּׂא דֵעִי לְמֵרָחוֹק׳ (עמ׳ 568).

שליח הציבור והקהל אומרים:

נֶחְשַׁב כְּצָג בְּאֵיתוֹן / דְּחוֹת בִּפְלְלִי עֲקַלְתוֹן

וְנַקְדִּישְׁךָ בְּשַׁבַּת שַׁבָּתוֹן / קָדוֹשׁ.

הַיּוֹם בְּפָתְחֲךָ סְפָרִים / חֹן אֹם שִׁמְךָ מְפָאֲרִים

וְנַקְדִּישְׁךָ בְּיוֹם הַכִּפּוּרִים / קָדוֹשׁ.

מַשְׂטִין בְּכֶבֶל אֱסֹר / וְתִקְוַת אֲסִירֵי בְּשֹׂר

וְנַקְדִּישְׁךָ בְּצוֹם הֶעָשׂוֹר / קָדוֹשׁ.

שני החרוזים הבאים הם שורות הפזמון של הפיוט ׳אֵין עֲרֹךְ אֵלֶיךָ׳ (עמ׳ 570).

שליח הציבור והקהל אומרים:

אֶת לַחֲשִׁי עֲנֵה נָא / זַעֲקִי רְצֵה נָא

הָאֵל קָדוֹשׁ.

אָדוֹן לְקוֹל עַמֶּךָ / זְכֹר רַחֲמֶיךָ

נוֹרָא וְקָדוֹשׁ.

בדורות האחרונים פשט המנהג שלא לומר את שני הפיוטים ׳אַל תִּזְכָּר לָנוּ׳ בעמ׳ 571, ו׳אַךְ אוֹמְרִים בְּחִין לְפָנֶיךָ׳ בעמ׳ 573.

פותחים את ארון הקודש.

תהלים סו

וּבְכֵן, אִמְרוּ לֵאלֹהִים, מַה־נּוֹרָא מַעֲשֶׂיךָ:

סדרת פיוטי ה׳רהיטים׳ לחזרת הש״ץ של מוסף מקבילה לזו הנאמרת בשחרית – למעשה, ר׳ משולם בן קלונימוס (מחבר מערכת הפיוטים לשחרית) ביסס את ה׳קרובה׳ שכתב, על ה׳קרובה׳ של הקליר למוסף. הפיוט ׳אִמְרוּ לֵאלֹהִים׳ שחיבר הקליר ארוך מאוד, והמנהג המקובל הוא לומר רק את עשרת הבתים הראשונים ואת הבית האחרון. הפיוט המלא בעמ׳ 574.

אִמְרוּ לֵאלֹהִים

אֵל מֶלֶךְ בְּעוֹלָמוֹ / מֵחִישׁ פְּדוּת עַמּוֹ
לְקַיֵּם אֶת דְּבַר נְאֻמוֹ / כִּי סְלִיחָה עִמּוֹ
הוֹדוּ לַיהוה קִרְאוּ בִשְׁמוֹ:

דברי הימים א׳ טז

אִמְרוּ לֵאלֹהִים

בָּרוּךְ וּמְהֻלָּל בְּרֹב גָּדְלוֹ / מֵחִישׁ סְלִיחָה לִקְהָלוֹ
לְהַרְאוֹת לַכֹּל גָּדְלוֹ / מָדַד מַיִם בְּשָׁעֳלוֹ
שִׁירוּ לוֹ זַמְּרוּ־לוֹ:

אִמְרוּ לֵאלֹהִים

גּוֹאֵל עַם קְדוֹשׁוֹ / בִּסְלִיחָה לְהַקְדִּישׁוֹ
לְכוֹנֵן בֵּית מִקְדָּשׁוֹ / לָכֵן זֶרַע אַבְרָהָם קְדוֹשׁוֹ
הִתְהַלְלוּ בְּשֵׁם קָדְשׁוֹ:

אִמְרוּ לֵאלֹהִים

דָּגוּל וּמְהֻלָּל בִּרְקִיעַ עֻזּוֹ / סוֹלֵחַ לְעַם זוּ בְּזוֹ
בִּדְבַר עֻזּוֹ וּמָעֻזּוֹ / לָכֵן אַתֶּם עַם עֲדַת מָעֻזּוֹ
דִּרְשׁוּ יהוה וְעֻזּוֹ:

אִמְרוּ לֵאלֹהִים

הַכֹּל בְּמַאֲמָר עָשָׂה / וְהוּא פָעַל וְעָשָׂה
סוֹלֵחַ לְאֹם עֲמוּסָה / לָכֵן עַם בּוֹ חָסָה
זִכְרוּ נִפְלְאֹתָיו אֲשֶׁר עָשָׂה:

אִמְרוּ לֵאלֹהִים

וּמֵקִים דְּבַר עַבְדּוֹ / עַל אֶרֶץ וְשָׁמַיִם הוֹדוֹ
סוֹלֵחַ לְעַם מְיַחֲדוֹ / אֲשֶׁר נִקְרָאוּ בִּדְבַר סוֹדוֹ
זֶרַע יִשְׂרָאֵל עַבְדּוֹ:

אִמְרוּ לֵאלֹהִים

זֶה רֹקַע הָאָרֶץ / הַיּוֹשֵׁב עַל חוּג הָאָרֶץ
סוֹלֵחַ לְגוֹי אֶחָד בָּאָרֶץ / לָכֵן אִמְרוּ לְיוֹסֵד אָרֶץ
הוּא יהוה אֱלֹהֵינוּ, בְּכָל־הָאָרֶץ:

אִמְרוּ לֵאלֹהִים

חַי בִּמְעוֹנָתוֹ / חַנּוּן וְחוֹנֵן עֲדָתוֹ
יָשׁוּב בְּרַחֲמִים לְבֵיתוֹ / לָכֵן בָּאֵי בִבְרִיתוֹ
זִכְרוּ לְעוֹלָם בְּרִיתוֹ:

אִמְרוּ לֵאלֹהִים

טַפֵּי נַחֲלָתוֹ / טְלָאֵי יְרֻשָּׁתוֹ
יְקַיֵּם עָלֵימוֹ אִמְרָתוֹ / כְּחָקוּק בְּתוֹרָתוֹ
אֲשֶׁר כָּרַת אֶת־אַבְרָהָם, וּשְׁבוּעָתוֹ:

אִמְרוּ לֵאלֹהִים

יוֹעֵץ מֵישָׁרִים לְחֹק / יְרֵאָיו לְחַיִּים לָחֹק
סוֹלֵחַ חֵטְא הַנִּחוּק / כְּנִשְׁמַע לָרוֹעֶה מֵרָחוֹק
וַיַּעֲמִידֶהָ לְיַעֲקֹב לְחֹק:

אִמְרוּ לֵאלֹהִים

תַּקִּיף אֱלֹהֵי עוֹלָם / דְּבָרוֹ נִצָּב לְעוֹלָם
וְהוּא מִכֹּל נֶעְלָם / וַאֲנוּ מְהַלְלִים שְׁמוֹ לְעוֹלָם
בָּרוּךְ יהוה אֱלֹהֵי יִשְׂרָאֵל מִן־הָעוֹלָם וְעַד־הָעֹלָם:

לפיוטי ׳מַעֲשֵׂה אֱלֹהֵינוּ׳ ב׳קדושתאות׳ יום הכיפורים נכתבו פיוטים משלימים, ׳מַעֲשֵׂה אֱנוֹשׁ׳, המדגישים את הניגוד בין הקב״ה לבשר ודם. כבר מימות הראשונים השמיטו את בתי הפיוט המשלים, פרט לבית האחרון שלו, שלפני הבית החותם.
הפיוט השלם על שני חלקיו מובא בעמ׳ 579.

וּבְכֵן, גְּדוֹלִים מַעֲשֵׂי אֱלֹהֵינוּ.

סימן א״ב

מַעֲשֵׂה אֱלֹהֵינוּ
אַדִּיר בְּוּעוּדוֹ / בְּרוּם וּבְתַחַת הוֹדוֹ
גִּלָּה אוֹר לְעוֹבְדוֹ / דְּבָרוֹ מֵקִים לְעַבְדּוֹ
לָכֵן יִתְגָּאֶה, אֵין עוֹד מִלְּבַדּוֹ: דברים ד

מַעֲשֵׂה אֱלֹהֵינוּ
הַמַּכִּיר עוֹלְמֵי עַד / וְסוֹפֵר וּמוֹנֶה עֲדֵי עַד
זִיו מוֹשָׁבוֹ נוֹעַד / חֶלֶד צוֹפֶה בְּמִסְעָד
לָכֵן יִתְגָּאֶה, הַמַּבִּיט לָאָרֶץ וַתִּרְעָד: תהלים קד

מַעֲשֵׂה אֱלֹהֵינוּ
טוֹעֵן הֲדוֹמוֹ / יוֹדֵעַ עוֹלָמוֹ
כְּלָלוֹ בְּנָאֳמוֹ / לָעַד לַהֲקִימוֹ
לָכֵן יִתְגָּאֶה, יהוה צְבָאוֹת שְׁמוֹ: ישעיה מז

מַעֲשֵׂה אֱלֹהֵינוּ
מוֹשֵׁל בְּמִפְעָלוֹ / נוֹרָא עַל זְבוּלוֹ
סִלּוּדוֹ כְּגָדְלוֹ / עֻזּוֹ בְּרֹב חֵילוֹ
לָכֵן יִתְגָּאֶה, שְׂרָפִים עֹמְדִים מִמַּעַל לוֹ: ישעיה ו

מַעֲשֵׂה אֱלֹהֵינוּ
פְּאֵרוֹ בִּשְׁמֵי מְעוֹנַי / צוֹפֶה וּמַבִּיט לְעֵינַי
קִלּוּס שְׁמוֹ בַּהֲמוֹנַי / רוֹדֶה בְּקֶרֶב מוֹנַי
לָכֵן יִתְגָּאֶה, גְּדֹלִים מַעֲשֵׂי יהוה: תהלים קיא

סוגרים את ארון הקודש.

מַעֲשֵׂה אֱנוֹשׁ

תַּחְבּוּלוֹתָיו מְזִמָּה / שִׁבְתּוֹ בְּתוֹךְ מִרְמָה

וְפִידָתוֹ רִמָּה / קָבוּר בִּסְעִיף אֲדָמָה

וְאֵיךְ יִתְגָּאֶה, אָדָם לַהֶבֶל דָּמָה: תהלים קמד

פותחים את ארון הקודש.

אֲבָל מַעֲשֵׂה אֱלֹהֵינוּ

שַׁדַּי רוֹקַע אֶרֶץ עַל בְּלִימָה / שׁוֹכְנֶיהָ בְּלִי הֱיוֹת לְשַׁמָּה

תִּכֵּן עַל מַיִם אֲדָמָה / תֹּקֶף שְׁמוֹ לְרוֹמְמָה

לָכֵן יִתְגָּאֶה, עֹטֶה־אוֹר כַּשַּׂלְמָה: תהלים קד

סוגרים את ארון הקודש.

ישנן קהילות המשמיטות פיוט זה.

וּבְכֵן, לְנוֹרָא עֲלֵיהֶם בְּאֵימָה יַעֲרִיצוּ.

סימן א״ב כפול

אֲשֶׁר אֵימָתֶךָ בְּאֶרְאֶלֵּי אֹמֶן / בְּאַבִּירֵי אֹמֶץ

בִּבְלוּלֵי קֶרַח / בִּבְדוּדֵי קֶדַח וּמוֹרָאֲךָ עֲלֵיהֶם.

וְדָאֵיתָ תְהִלָּה מִגְּלוּמֵי גוּשׁ / מִגָּרֵי גַיְא

מִדְּלוּלֵי פֹעַל / מִדַּלֵּי מַעַשׂ וְהִיא תְהִלָּתֶךָ.

אֲשֶׁר אֵימָתֶךָ בַּהֲמוֹן מַלְאָכִים / בְּהִלּוּךְ מַחֲנוֹת

בְּוַעַד אֲלָפִים / בְּוֹכַח רְבָבוֹת וּמוֹרָאֲךָ עֲלֵיהֶם.

וְדָאֵיתָ תְהִלָּה מִזִּיו שׁוֹנֶה / מִזֹּהַר כָּבֶה

מֵחַסְרֵי שֵׂכֶל / מֵחוֹרְשֵׁי רֶשַׁע וְהִיא תְהִלָּתֶךָ.

אֲשֶׁר אֵימָתֶךָ בְּטִפּוּחַ עֲרָבוֹת / בְּטִכּוּס שְׁחָקִים

בִּישְׁרַת עֲרָפֶל / בִּירִיעַת מְעוֹנָה וּמוֹרָאֲךָ עֲלֵיהֶם.

וְדָאֵיתָ תְהִלָּה מִכְּתוּמֵי שֶׁמֶץ / מִכְּמוּסֵי כֶתֶם

מִלְּכוּדֵי פַח / מִלְּעוּנֵי מַר וְהִיא תְהִלָּתֶךָ.

אֲשֶׁר אֵימָתְךָ בְּמַסְלוּלֵי זְבוּל / בִּמְרוֹמֵי שְׁפַר
בִּנְטִיַּת דֹּק / בְּנִחְיַת עָבִים וּמוֹרָאֲךָ עֲלֵיהֶם.

וְאָבִיתָ תְּהִלָּה מִסְּרוּחֵי מַעַשׂ / מִשְּׂבֵעֵי רֹגֶז
מֵעֲדוּרֵי אֲמַת / מֵעֲמוּסֵי בֶטֶן וְהִיא תְהִלָּתֶךָ.

אֲשֶׁר אֵימָתְךָ בְּפוֹתְחֵי קָדוֹשׁ / בְּפוֹצְחֵי בָרוּךְ
בִּצְדוּדֵי אַרְבַּע / בְּצִנּוּפֵי שֵׁשׁ שֵׁשׁ וּמוֹרָאֲךָ עֲלֵיהֶם.

וְאָבִיתָ תְּהִלָּה מִקְּרוּאֵי עַיִן / מִקּוֹרְאֵי בְחִנּוּן
מֵרְחֵקֵי אֱמֶת / מֵרֵיקֵי צֶדֶק וְהִיא תְהִלָּתֶךָ.

אֲשֶׁר אֵימָתְךָ בִּשְׁבִיבֵי אֵשׁ / בִּשְׁבִילֵי מַיִם
בְּתִלּוּלֵי רוּם / בְּתַלְתַּלֵּי גֹבַהּ וּמוֹרָאֲךָ עֲלֵיהֶם.

וְאָבִיתָ תְּהִלָּה מִבְּשַׂר וָדָם / מֵהֶבֶל וָתֹהוּ
מֵחָצִיר יָבֵשׁ / מִצֵּל עוֹבֵר / וּמִצִּיץ נוֹבֵל
מַשְׁלִימֵי נֶפֶשׁ / מַפְרִיחֵי רוּחַ / וּמְעִיפֵי חַיָּה
וַחֲנִיטֵי נְשָׁמָה / וּמוֹצִיאֵי יְחִידָה
וְנִשְׁמָעִים בַּדִּין / וּמֵתִים בַּמִּשְׁפָּט
וְחַיִּים בְּרַחֲמִים / וְנוֹתְנִים לְךָ פְּאֵר חַי עוֹלָמִים
וְתִפְאַרְתְּךָ עֲלֵיהֶם.

ה׳קרובה׳ לשחרית מסתיימת בשני פיוטים מורכבים יותר מה׳רהיטים׳ שקדמו להם, ׳אַמִּיצֵי שְׁחָקִים מִמַּעַל׳ ו׳אֵילֵי מָרוֹם אוֹמְרִים הִלּוּלוֹ׳ בעמ׳ 581-585.
היום בקהילות רבות נוהגים לומר רק את הפזמונות של שני הפיוטים.

שליח הציבור אומר, והקהל חוזר אחריו:

לְיוֹשֵׁב תְּהִלּוֹת / לְרוֹכֵב עֲרָבוֹת / קָדוֹשׁ וּבָרוּךְ.

שליח הציבור:

וּבְכֵן, שְׂרָפִים עֹמְדִים מִמַּעַל לוֹ: ישעיה ו

שליח הציבור אומר, והקהל חוזר אחריו:

זֶה אֶל זֶה שׁוֹאֲלִים / אַיֵּה אֵל אֵלִים / אָנָה שׁוֹכֵן מְעֻלִּים
וְכֻלָּם מַעֲרִיצִים וּמַקְדִּישִׁים וּמְהַלְלִים.

הפיוט האחרון לפני הקדושה נקרא ׳סילוק׳, והוא פיוט ארוך ומורכב. בקהילות אשכנז פשט המנהג לומר כ׳סילוק׳ למוספי הימים הנוראים את הפיוט ׳וּנְתַנֶּה תֹּקֶף׳, ופיוטי ה׳סילוק׳ המקוריים של ה׳קדושתאות׳ נדחו מפניו.

לפיוט ׳וּנְתַנֶּה תֹּקֶף׳ נקשרה הילה מיוחדת בשל סיפורו של ר׳ אמנון ממגנצא, שאמָרוֹ ביום הכיפורים לפני שמת בעינויים קשים על קידוש השם (או״ז ח״ב, רעו). הפיוט מצוי כבר בקטעים שנמצאו בגניזה, ונראה מסגנונו שהוא קדום לר׳ אלעזר קליר. יש שייחסו אותו לינאי.

פותחים את ארון הקודש.

וּבְכֵן, לְךָ תַעֲלֶה קְדֻשָּׁה, כִּי אַתָּה אֱלֹהֵינוּ מֶלֶךְ מוֹחֵל וְסוֹלֵחַ.

סילוק

הקהל ושליח הציבור אומרים:

וּנְתַנֶּה תֹּקֶף קְדֻשַּׁת הַיּוֹם / כִּי הוּא נוֹרָא וְאָיֹם
וּבוֹ תִנָּשֵׂא מַלְכוּתֶךָ / וְיִכּוֹן בְּחֶסֶד כִּסְאֶךָ
וְתֵשֵׁב עָלָיו בֶּאֱמֶת.
אֱמֶת, כִּי אַתָּה הוּא דַיָּן וּמוֹכִיחַ, וְיוֹדֵעַ וָעֵד
וְכוֹתֵב וְחוֹתֵם וְסוֹפֵר וּמוֹנֶה
וְתִזְכֹּר כָּל הַנִּשְׁכָּחוֹת / וְתִפְתַּח אֶת סֵפֶר הַזִּכְרוֹנוֹת
וּמֵאֵלָיו יִקָּרֵא / וְחוֹתַם יַד כָּל אָדָם בּוֹ.

וּבְשׁוֹפָר גָּדוֹל יִתָּקַע / וְקוֹל דְּמָמָה דַקָּה יִשָּׁמַע
וּמַלְאָכִים יֵחָפֵזוּן / וְחִיל וּרְעָדָה יֹאחֵזוּן
וְיֹאמְרוּ, הִנֵּה יוֹם הַדִּין / לִפְקֹד עַל צְבָא מָרוֹם בַּדִּין
כִּי לֹא יִזְכּוּ בְעֵינֶיךָ בַּדִּין
וְכָל בָּאֵי עוֹלָם יַעַבְרוּן לְפָנֶיךָ כִּבְנֵי מָרוֹן.

כְּבַקָּרַת רוֹעֶה עֶדְרוֹ / מַעֲבִיר צֹאנוֹ תַּחַת שִׁבְטוֹ
כֵּן תַּעֲבִיר וְתִסְפֹּר וְתִמְנֶה / וְתִפְקֹד נֶפֶשׁ כָּל חָי
וְתַחְתֹּךְ קִצְבָה לְכָל בְּרִיָּה / וְתִכְתֹּב אֶת גְּזַר דִּינָם.

קהל ושליח הציבור אחריו:

בְּרֹאשׁ הַשָּׁנָה יִכָּתֵבוּן / וּבְיוֹם צוֹם כִּפּוּר יֵחָתֵמוּן.
כַּמָּה יַעַבְרוּן וְכַמָּה יִבָּרֵאוּן
מִי יִחְיֶה וּמִי יָמוּת / מִי בְקִצּוֹ וּמִי לֹא בְקִצּוֹ
מִי בַמַּיִם וּמִי בָאֵשׁ / מִי בַחֶרֶב וּמִי בַחַיָּה / מִי בָרָעָב וּמִי בַצָּמָא
מִי בָרַעַשׁ וּמִי בַמַּגֵּפָה / מִי בַחֲנִיקָה וּמִי בַסְּקִילָה.
מִי יָנְוּחַ וּמִי יָנְוּעַ / מִי יַשְׁקִיט וּמִי יְטֹּרָף
מִי יִשָּׁלֵו וּמִי יִתְיַסָּר / מִי יֵעָנִי וּמִי יַעֲשִׁיר
מִי יִשָּׁפֵל וּמִי יָרוּם.

הקהל אומר בקול ושליח הציבור אחריו:

צום קול ממון

וּתְשׁוּבָה וּתְפִלָּה וּצְדָקָה / מַעֲבִירִין אֶת רֹעַ הַגְּזֵרָה.

הכול:

כִּי כְּשִׁמְךָ כֵּן תְּהִלָּתֶךָ / קָשֶׁה לִכְעֹס וְנְוֹחַ לִרְצוֹת
כִּי לֹא תַחְפֹּץ בְּמוֹת הַמֵּת / כִּי אִם בְּשׁוּבוֹ מִדַּרְכּוֹ, וְחָיָה
וְעַד יוֹם מוֹתוֹ תְּחַכֶּה לּוֹ / אִם יָשׁוּב, מִיַּד תְּקַבְּלוֹ.

שליח הציבור:

אֱמֶת, כִּי אַתָּה הוּא יוֹצְרָם / וְיוֹדֵעַ יִצְרָם
כִּי הֵם בָּשָׂר וָדָם.

אָדָם יְסוֹדוֹ מֵעָפָר / וְסוֹפוֹ לֶעָפָר
בְּנַפְשׁוֹ יָבִיא לַחְמוֹ / מָשׁוּל כַּחֶרֶס הַנִּשְׁבָּר
כְּחָצִיר יָבֵשׁ, וּכְצִיץ נוֹבֵל / כְּצֵל עוֹבֵר, וּכְעָנָן כָּלֶה
וּכְרְוּחַ נוֹשָׁבֶת, וּכְאָבָק פּוֹרֵחַ, וְכַחֲלוֹם יָעוּף.

הקהל אומר בקול ושליח הציבור אחריו:

וְאַתָּה הוּא מֶלֶךְ, אֵל חַי וְקַיָּם.

סוגרים את ארון הקודש.

הקהל ושליח הציבור אחריו:

אֵין קִצְבָה לִשְׁנוֹתֶיךָ / וְאֵין קֵץ לְאֹרֶךְ יָמֶיךָ
וְאֵין לְשַׁעֵר מַרְכְּבוֹת כְּבוֹדֶךָ / וְאֵין לְפָרֵשׁ עֵילוֹם שְׁמֶךָ.
שִׁמְךָ נָאֶה לְךָ / וְאַתָּה נָאֶה לִשְׁמֶךָ / וּשְׁמֵנוּ קָרָאתָ בִשְׁמֶךָ.
עֲשֵׂה לְמַעַן שְׁמֶךָ, וְקַדֵּשׁ אֶת שִׁמְךָ עַל מַקְדִּישֵׁי שְׁמֶךָ
בַּעֲבוּר כְּבוֹד שִׁמְךָ הַנַּעֲרָץ וְהַנִּקְדָּשׁ
כְּסוֹד שִׂיחַ שַׂרְפֵי קֹדֶשׁ, הַמַּקְדִּישִׁים שִׁמְךָ בַּקֹּדֶשׁ
דָּרֵי מַעְלָה עִם דָּרֵי מַטָּה
קוֹרְאִים וּמְשַׁלְּשִׁים בְּשִׁלּוּשׁ קְדֻשָּׁה בַּקֹּדֶשׁ.

קדושה

בבתי כנסת המתפללים בנוסח אשכנז, אומרים כאן:

כַּכָּתוּב עַל יַד נְבִיאֶךָ: וְקָרָא זֶה אֶל־זֶה וְאָמַר ישעיה ו

וממשיכים 'קָדוֹשׁ, קָדוֹשׁ, קָדוֹשׁ' למטה.

במקומות המסומנים ב־ˆ, המתפלל מתרומם על קצות אצבעותיו.

קהל ואחריו שליח הציבור:

כֶּתֶר יִתְּנוּ לְךָ, יהוה אֱלֹהֵינוּ, מַלְאָכִים הֲמוֹנֵי מַעְלָה
עִם עַמְּךָ יִשְׂרָאֵל קְבוּצֵי מַטָּה

קהל ואחריו שליח הציבור:

יַחַד כֻּלָּם קְדֻשָּׁה לְךָ יְשַׁלֵּשׁוּ כַּדָּבָר הָאָמוּר עַל יַד נְבִיאֶךָ
וְקָרָא זֶה אֶל־זֶה וְאָמַר ישעיה ו

קהל ואחריו שליח הציבור:

ˆקָדוֹשׁ, ˆקָדוֹשׁ, ˆקָדוֹשׁ, יהוה צְבָאוֹת, מְלֹא כָל הָאָרֶץ כְּבוֹדוֹ:

יש האומרים כאן פיוטי קדושה בעמ' 586.

כְּבוֹדוֹ מָלֵא עוֹלָם, מְשָׁרְתָיו שׁוֹאֲלִים זֶה לָזֶה
אַיֵּה מְקוֹם כְּבוֹדוֹ לְהַעֲרִיצוֹ
לְעֻמָּתָם מְשַׁבְּחִים וְאוֹמְרִים

קהל ואחריו שליח הציבור:

יחזקאל ג
בָּרוּךְ כְּבוֹד־יהוה מִמְּקוֹמוֹ:
מִמְּקוֹמוֹ הוּא יִפֶן בְּרַחֲמָיו לְעַמּוֹ, וְיָחֹן עַם הַמְיַחֲדִים שְׁמוֹ
עֶרֶב וָבֹקֶר בְּכָל יוֹם תָּמִיד
פַּעֲמַיִם בְּאַהֲבָה שְׁמַע אוֹמְרִים

קהל ואחריו שליח הציבור:

דברים ו
שְׁמַע יִשְׂרָאֵל, יהוה אֱלֹהֵינוּ, יהוה אֶחָד:
הוּא אֱלֹהֵינוּ, הוּא אָבִינוּ, הוּא מַלְכֵּנוּ, הוּא מוֹשִׁיעֵנוּ
וְהוּא יוֹשִׁיעֵנוּ וְיִגְאָלֵנוּ שֵׁנִית
וְיַשְׁמִיעֵנוּ בְּרַחֲמָיו לְעֵינֵי כָּל חַי לֵאמֹר
במדבר טו
הֵן גָּאַלְתִּי אֶתְכֶם אַחֲרִית כְּרֵאשִׁית, לִהְיוֹת לָכֶם לֵאלֹהִים
אֲנִי יהוה אֱלֹהֵיכֶם:

קהל ואחריו שליח הציבור:

תהלים ח
אַדִּיר אַדִּירֵנוּ, יהוה אֲדֹנֵינוּ, מָה־אַדִּיר שִׁמְךָ בְּכָל־הָאָרֶץ:
זכריה יד
וְהָיָה יהוה לְמֶלֶךְ עַל־כָּל־הָאָרֶץ
בַּיּוֹם הַהוּא יִהְיֶה יהוה אֶחָד וּשְׁמוֹ אֶחָד:

שליח הציבור:

וּבְדִבְרֵי קָדְשְׁךָ כָּתוּב לֵאמֹר

קהל ואחריו שליח הציבור:

תהלים קמו
יִמְלֹךְ יהוה לְעוֹלָם, אֱלֹהַיִךְ צִיּוֹן לְדֹר וָדֹר, הַלְלוּיָהּ:

יש האומרים כאן פיוטי קדושה בעמ׳ 586.

שליח הציבור:

לְדוֹר וָדוֹר נַגִּיד גָּדְלֶךָ, וּלְנֵצַח נְצָחִים קְדֻשָּׁתְךָ נַקְדִּישׁ
וְשִׁבְחֲךָ אֱלֹהֵינוּ מִפִּינוּ לֹא יָמוּשׁ לְעוֹלָם וָעֶד
כִּי אֵל מֶלֶךְ גָּדוֹל וְקָדוֹשׁ אָתָּה.

בבתי כנסת המתפללים בנוסח אשכנז, אין אומרים ׳לְדוֹר וָדוֹר׳.

לְדוֹר וָדוֹר הַמְלִיכוּ לָאֵל, כִּי הוּא לְבַדּוֹ מָרוֹם וְקָדוֹשׁ.

חֲמוֹל עַל מַעֲשֶׂיךָ
וְתִשְׂמַח בְּמַעֲשֶׂיךָ
וְיֹאמְרוּ לְךָ חוֹסֶיךָ
בְּצַדֶּקְךָ עֲמוּסֶיךָ
תֻּקְדַּשׁ אָדוֹן עַל כָּל מַעֲשֶׂיךָ

כִּי מַקְדִּישֶׁיךָ בִּקְדֻשָּׁתְךָ קִדַּשְׁתָּ
נָאֶה לְקָדוֹשׁ פְּאֵר מִקְּדוֹשִׁים.

וּבְכֵן יִתְקַדַּשׁ שִׁמְךָ יהוה אֱלֹהֵינוּ
עַל יִשְׂרָאֵל עַמֶּךָ
וְעַל יְרוּשָׁלַיִם עִירֶךָ
וְעַל צִיּוֹן מִשְׁכַּן כְּבוֹדֶךָ
וְעַל מַלְכוּת בֵּית דָּוִד מְשִׁיחֶךָ
וְעַל מְכוֹנְךָ וְהֵיכָלֶךָ.

עוֹד יִזְכֹּר לָנוּ אַהֲבַת אֵיתָן, אֲדוֹנֵינוּ
וּבַבֵּן הַנֶּעֱקַד יַשְׁבִּית מְדַיְּנֵינוּ
וּבִזְכוּת הַתָּם יוֹצִיא הַיּוֹם לְצֶדֶק דִּינֵנוּ
כִּי־קָדוֹשׁ הַיּוֹם לַאֲדֹנֵינוּ: נחמיה ח

בְּאֵין מֵלִיץ יֹשֶׁר
מוּל מַגִּיד פֶּשַׁע
תַּגִּיד לְיַעֲקֹב דְּבַר, חֹק וּמִשְׁפָּט
וְצַדְּקֵנוּ בַּמִּשְׁפָּט, הַמֶּלֶךְ הַמִּשְׁפָּט.

נוהגים ששליח הציבור מצרף את השורה הראשונה בפיוט לסוף המשפט הקודם, ואומר ׳הַמֶּלֶךְ הַמִּשְׁפָּט. הָאוֹחֵז בְּיַד מִדַּת מִשְׁפָּט׳ בנשימה אחת (מהרי״ל).

סימן א״ב

פותחים את ארון הקודש.

הָאוֹחֵז בְּיַד מִדַּת מִשְׁפָּט
וְכֹל מַאֲמִינִים שֶׁהוּא אֵל אֱמוּנָה.

הַבּוֹחֵן וּבוֹדֵק גִּנְזֵי נִסְתָּרוֹת
וְכֹל מַאֲמִינִים שֶׁהוּא בּוֹחֵן כְּלָיוֹת.

הַגּוֹאֵל מִמָּוֶת וּפוֹדֶה מִשַּׁחַת
וְכֹל מַאֲמִינִים שֶׁהוּא גּוֹאֵל חָזָק.

הַדָּן יְחִידִי לְבָאֵי עוֹלָם
וְכֹל מַאֲמִינִים שֶׁהוּא דַּיַּן אֱמֶת.

הֶהָגוּי בְּאֶהְיֶה אֲשֶׁר אֶהְיֶה
וְכֹל מַאֲמִינִים שֶׁהוּא הָיָה וְהֹוֶה וְיִהְיֶה.

הַוַּדַּאי, כִּשְׁמוֹ כֵּן תְּהִלָּתוֹ
וְכֹל מַאֲמִינִים שֶׁהוּא וְאֵין בִּלְתּוֹ.

הַזּוֹכֵר לְמַזְכִּירָיו טוֹבוֹת זִכְרוֹנוֹת
וְכֹל מַאֲמִינִים שֶׁהוּא זוֹכֵר הַבְּרִית.

הַחוֹתֵךְ חַיִּים לְכָל חָי
וְכֹל מַאֲמִינִים שֶׁהוּא חַי וְקַיָּם.

הַטּוֹב וּמֵטִיב לָרָעִים וְלַטּוֹבִים
וְכֹל מַאֲמִינִים שֶׁהוּא טוֹב לַכֹּל.

הַיּוֹדֵעַ יֵצֶר כָּל יְצוּרִים
וְכֹל מַאֲמִינִים שֶׁהוּא יוֹצְרָם בַּבָּטֶן.

הַכֹּל יָכוֹל, וְכוֹלְלָם יַחַד
וְכֹל מַאֲמִינִים שֶׁהוּא כֹּל יָכוֹל.

הַלָּן בְּסֵתֶר בְּצֵל שַׁדַּי
וְכֹל מַאֲמִינִים שֶׁהוּא לְבַדּוֹ הוּא.

הַמַּמְלִיךְ מְלָכִים, וְלוֹ הַמְּלוּכָה
וְכֹל מַאֲמִינִים שֶׁהוּא מֶלֶךְ עוֹלָם.

הַנּוֹהֵג בְּחַסְדּוֹ עִם כָּל דּוֹר
וְכֹל מַאֲמִינִים שֶׁהוּא נוֹצֵר חֶסֶד.

הַסּוֹבֵל, וּמַעֲלִים עַיִן מִסּוֹרְרִים
וְכֹל מַאֲמִינִים שֶׁהוּא סוֹלֵחַ סֶלָה.

הָעֶלְיוֹן, וְעֵינָיו עַל יְרֵאָיו
וְכֹל מַאֲמִינִים שֶׁהוּא עוֹנֶה לָחַשׁ.

הַפּוֹתֵחַ שַׁעַר לְדוֹפְקֵי בִּתְשׁוּבָה
וְכֹל מַאֲמִינִים שֶׁהוּא פְּתוּחָה יָדוֹ.

הַצּוֹפֶה רָשָׁע, וְחָפֵץ לְהַצְדִּיקוֹ
וְכֹל מַאֲמִינִים שֶׁהוּא צַדִּיק וְיָשָׁר.

הַקָּצַר בְּזַעַם, וּמַאֲרִיךְ אַף
וְכֹל מַאֲמִינִים שֶׁהוּא קָשֶׁה לִכְעֹס.

הָרַחוּם, וּמַקְדִּים רַחֲמִים לְרֹגֶז
וְכֹל מַאֲמִינִים שֶׁהוּא רַךְ לִרְצוֹת.

הַשָּׁוֶה, וּמַשְׁוֶה קָטֹן וְגָדוֹל
וְכֹל מַאֲמִינִים שֶׁהוּא שׁוֹפֵט צֶדֶק.

הַתָּם, וּמִתַּמֵּם עִם תְּמִימִים
וְכֹל מַאֲמִינִים שֶׁהוּא תָּמִים פָּעֳלוֹ.

סוגרים את ארון הקודש
(ויש קהילות שבהן סוגרים את ארון הקודש בסוף הפיסקה הבאה).

תִּשְׂגַּב לְבַדֶּךָ, וְתִמְלֹךְ עַל כֹּל בְּיִחוּד
כַּכָּתוּב עַל יַד נְבִיאֶךָ
וְהָיָה יהוה לְמֶלֶךְ עַל־כָּל־הָאָרֶץ זכריה יד
בַּיּוֹם הַהוּא יִהְיֶה יהוה אֶחָד וּשְׁמוֹ אֶחָד:

שליח הציבור ממשיך ואומר:

וּבְכֵן תֵּן פַּחְדְּךָ יהוה אֱלֹהֵינוּ עַל כָּל מַעֲשֶׂיךָ
וְאֵימָתְךָ עַל כָּל מַה שֶּׁבָּרָאתָ
וְיִירָאוּךָ כָּל הַמַּעֲשִׂים, וְיִשְׁתַּחֲווּ לְפָנֶיךָ כָּל הַבְּרוּאִים
וְיֵעָשׂוּ כֻלָּם אֲגֻדָּה אַחַת לַעֲשׂוֹת רְצוֹנְךָ בְּלֵבָב שָׁלֵם
כְּמוֹ שֶׁיָּדַעְנוּ יהוה אֱלֹהֵינוּ שֶׁהַשָּׁלְטָן לְפָנֶיךָ
עֹז בְּיָדְךָ וּגְבוּרָה בִּימִינֶךָ
וְשִׁמְךָ נוֹרָא עַל כָּל מַה שֶּׁבָּרָאתָ.

וּבְכֵן תֵּן כָּבוֹד יהוה לְעַמֶּךָ
תְּהִלָּה לִירֵאֶיךָ
וְתִקְוָה טוֹבָה לְדוֹרְשֶׁיךָ
וּפִתְחוֹן פֶּה לַמְיַחֲלִים לָךְ
שִׂמְחָה לְאַרְצֶךָ, וְשָׂשׂוֹן לְעִירֶךָ
וּצְמִיחַת קֶרֶן לְדָוִד עַבְדֶּךָ
וַעֲרִיכַת נֵר לְבֶן יִשַׁי מְשִׁיחֶךָ בִּמְהֵרָה בְיָמֵינוּ.

וּבְכֵן צַדִּיקִים יִרְאוּ וְיִשְׂמָחוּ, וִישָׁרִים יַעֲלֹזוּ
וַחֲסִידִים בְּרִנָּה יָגִילוּ, וְעוֹלָתָה תִּקְפָּץ פִּיהָ
וְכָל הָרִשְׁעָה כֻּלָּהּ כְּעָשָׁן תִּכְלֶה
כִּי תַעֲבִיר מֶמְשֶׁלֶת זָדוֹן מִן הָאָרֶץ.

סימן א״ב

וְיֶאֱתָיוּ כֹל לְעָבְדֶךָ / וִיבָרְכוּ שֵׁם כְּבוֹדֶךָ
וְיַגִּידוּ בָאִיִּים צִדְקֶךָ / וְיִדְרְשׁוּךָ עַמִּים לֹא יְדָעוּךָ
וִיהַלְלוּךָ כָּל אַפְסֵי אָרֶץ / וְיֹאמְרוּ תָמִיד יִגְדַּל יהוה
וְיִזְנְחוּ אֶת עֲצַבֵּיהֶם / וְיַחְפְּרוּ עִם פְּסִילֵיהֶם
וְיַטּוּ שְׁכֶם אֶחָד לְעָבְדֶךָ / וְיִירָאוּךָ עִם שֶׁמֶשׁ מְבַקְשֵׁי פָנֶיךָ
וְיַכִּירוּ כֹּחַ מַלְכוּתֶךָ / וִילַמְּדוּ תוֹעִים בִּינָה
וִימַלְּלוּ אֶת גְּבוּרָתֶךָ / וִינַשְּׂאוּךָ, מִתְנַשֵּׂא לְכֹל לְרֹאשׁ
וִיסַלְּדוּ בְחִילָה פָּנֶיךָ / וִיעַטְּרוּךָ נֵזֶר תִּפְאָרָה
וְיִפְצְחוּ הָרִים רִנָּה / וְיִצְהֲלוּ אִיִּים בְּמָלְכֶךָ
וִיקַבְּלוּ עֹל מַלְכוּתְךָ עֲלֵיהֶם / וִירוֹמְמוּךָ בִּקְהַל עָם
וְיִשְׁמְעוּ רְחוֹקִים וְיָבוֹאוּ / וְיִתְּנוּ לְךָ כֶּתֶר מְלוּכָה.

וְתִמְלֹךְ אַתָּה הוּא יהוה אֱלֹהֵינוּ מְהֵרָה לְבַדֶּךָ עַל כָּל מַעֲשֶׂיךָ
בְּהַר צִיּוֹן מִשְׁכַּן כְּבוֹדֶךָ
וּבִירוּשָׁלַיִם עִיר קָדְשֶׁךָ
כַּכָּתוּב בְּדִבְרֵי קָדְשֶׁךָ
יִמְלֹךְ יהוה לְעוֹלָם, אֱלֹהַיִךְ צִיּוֹן לְדֹר וָדֹר, הַלְלוּיָהּ: תהלים קמו

קָדוֹשׁ אַתָּה וְנוֹרָא שְׁמֶךָ
וְאֵין אֱלוֹהַּ מִבַּלְעָדֶיךָ
כַּכָּתוּב
וַיִּגְבַּהּ יהוה צְבָאוֹת בַּמִּשְׁפָּט ישעיה ה
וְהָאֵל הַקָּדוֹשׁ נִקְדַּשׁ בִּצְדָקָה:
בָּרוּךְ אַתָּה יהוה, הַמֶּלֶךְ הַקָּדוֹשׁ.

קדושת היום

אַתָּה בְחַרְתָּנוּ מִכָּל הָעַמִּים
אָהַבְתָּ אוֹתָנוּ וְרָצִיתָ בָּנוּ, וְרוֹמַמְתָּנוּ מִכָּל הַלְּשׁוֹנוֹת
וְקִדַּשְׁתָּנוּ בְּמִצְוֹתֶיךָ, וְקֵרַבְתָּנוּ מַלְכֵּנוּ לַעֲבוֹדָתֶךָ
וְשִׁמְךָ הַגָּדוֹל וְהַקָּדוֹשׁ עָלֵינוּ קָרָאתָ.

בשבת מוסיפים את המילים שבסוגריים.

וַתִּתֶּן לָנוּ יהוה אֱלֹהֵינוּ בְּאַהֲבָה אֶת יוֹם
(הַשַּׁבָּת הַזֶּה לִקְדֻשָּׁה וְלִמְנוּחָה, וְאֶת יוֹם)
הַכִּפּוּרִים הַזֶּה, לִמְחִילָה וְלִסְלִיחָה וּלְכַפָּרָה
וְלִמְחָל בּוֹ אֶת כָּל עֲוֹנוֹתֵינוּ
(בְּאַהֲבָה) מִקְרָא קֹדֶשׁ, זֵכֶר לִיצִיאַת מִצְרָיִם.

וּמִפְּנֵי חֲטָאֵינוּ גָּלִינוּ מֵאַרְצֵנוּ
וְנִתְרַחַקְנוּ מֵעַל אַדְמָתֵנוּ
וְאֵין אֲנוּ יְכוֹלִים לַעֲשׂוֹת חוֹבוֹתֵינוּ בְּבֵית בְּחִירָתֶךָ
בַּבַּיִת הַגָּדוֹל וְהַקָּדוֹשׁ שֶׁנִּקְרָא שִׁמְךָ עָלָיו
מִפְּנֵי הַיָּד שֶׁנִּשְׁתַּלְּחָה בְּמִקְדָּשֶׁךָ.
יְהִי רָצוֹן מִלְּפָנֶיךָ יהוה אֱלֹהֵינוּ וֵאלֹהֵי אֲבוֹתֵינוּ
מֶלֶךְ רַחֲמָן
שֶׁתָּשׁוּב וּתְרַחֵם עָלֵינוּ וְעַל מִקְדָּשְׁךָ בְּרַחֲמֶיךָ הָרַבִּים
וְתִבְנֵהוּ מְהֵרָה וּתְגַדֵּל כְּבוֹדוֹ.
אָבִינוּ מַלְכֵּנוּ, גַּלֵּה כְּבוֹד מַלְכוּתְךָ עָלֵינוּ מְהֵרָה
וְהוֹפַע וְהִנָּשֵׂא עָלֵינוּ לְעֵינֵי כָּל חָי
וְקָרֵב פְּזוּרֵינוּ מִבֵּין הַגּוֹיִם, וּנְפוּצוֹתֵינוּ כַּנֵּס מִיַּרְכְּתֵי אָרֶץ.

וַהֲבִיאֵנוּ לְצִיּוֹן עִירְךָ בְּרִנָּה
וְלִירוּשָׁלַיִם בֵּית מִקְדָּשְׁךָ בְּשִׂמְחַת עוֹלָם
וְשָׁם נַעֲשֶׂה לְפָנֶיךָ אֶת קָרְבְּנוֹת חוֹבוֹתֵינוּ
תְּמִידִים כְּסִדְרָם וּמוּסָפִים כְּהִלְכָתָם
וְאֶת מוּסַף יוֹם /וְאֶת מוּסְפֵי יוֹם הַשַּׁבָּת הַזֶּה וְיוֹם/ הַכִּפּוּרִים הַזֶּה
נַעֲשֶׂה וְנַקְרִיב לְפָנֶיךָ בְּאַהֲבָה כְּמִצְוַת רְצוֹנֶךָ
כְּמוֹ שֶׁכָּתַבְתָּ עָלֵינוּ בְּתוֹרָתֶךָ
עַל יְדֵי מֹשֶׁה עַבְדֶּךָ מִפִּי כְבוֹדֶךָ, כָּאָמוּר

במדבר כח בשבת: וּבְיוֹם הַשַּׁבָּת, שְׁנֵי־כְבָשִׂים בְּנֵי־שָׁנָה תְּמִימִם
וּשְׁנֵי עֶשְׂרֹנִים סֹלֶת מִנְחָה בְּלוּלָה בַשֶּׁמֶן וְנִסְכּוֹ:
עֹלַת שַׁבַּת בְּשַׁבַּתּוֹ, עַל־עֹלַת הַתָּמִיד וְנִסְכָּהּ:

במדבר כט וּבֶעָשׂוֹר לַחֹדֶשׁ הַשְּׁבִיעִי הַזֶּה, מִקְרָא־קֹדֶשׁ יִהְיֶה לָכֶם
וְעִנִּיתֶם אֶת־נַפְשֹׁתֵיכֶם, כָּל־מְלָאכָה לֹא תַעֲשׂוּ:
וְהִקְרַבְתֶּם עֹלָה לַיהוה רֵיחַ נִיחֹחַ
פַּר בֶּן־בָּקָר אֶחָד, אַיִל אֶחָד
כְּבָשִׂים בְּנֵי־שָׁנָה שִׁבְעָה, תְּמִימִם יִהְיוּ לָכֶם:

וּמִנְחָתָם וְנִסְכֵּיהֶם כִּמְדֻבָּר
שְׁלֹשָׁה עֶשְׂרֹנִים לַפָּר וּשְׁנֵי עֶשְׂרֹנִים לָאָיִל, וְעִשָּׂרוֹן לַכֶּבֶשׂ
וְיַיִן כְּנִסְכּוֹ, וּשְׁנֵי שְׂעִירִים לְכַפֵּר, וּשְׁנֵי תְמִידִים כְּהִלְכָתָם.

בשבת: יִשְׂמְחוּ בְמַלְכוּתְךָ שׁוֹמְרֵי שַׁבָּת וְקוֹרְאֵי עֹנֶג.
עַם מְקַדְּשֵׁי שְׁבִיעִי
כֻּלָּם יִשְׂבְּעוּ וְיִתְעַנְּגוּ מִטּוּבֶךָ, וּבַשְּׁבִיעִי רָצִיתָ בּוֹ וְקִדַּשְׁתּוֹ
חֶמְדַּת יָמִים אוֹתוֹ קָרֵאתָ, זֵכֶר לְמַעֲשֵׂה בְרֵאשִׁית.

פותחים את ארון הקודש.

עָלֵינוּ לְשַׁבֵּחַ לַאֲדוֹן הַכֹּל, לָתֵת גְּדֻלָּה לְיוֹצֵר בְּרֵאשִׁית
שֶׁלֹּא עָשָׂנוּ כְּגוֹיֵי הָאֲרָצוֹת, וְלֹא שָׂמָנוּ כְּמִשְׁפְּחוֹת הָאֲדָמָה
שֶׁלֹּא שָׂם חֶלְקֵנוּ כָּהֶם וְגוֹרָלֵנוּ כְּכָל הֲמוֹנָם.

סוגרים את ארון הקודש.

שֶׁהֵם מִשְׁתַּחֲוִים לְהֶבֶל וָרִיק וּמִתְפַּלְלִים אֶל אֵל לֹא יוֹשִׁיעַ.

פותחים את ארון הקודש.
הקהל כורע במילה ׳כּוֹרְעִים׳, ויש קהילות שבהן רק שליח הציבור כורע.

וַאֲנַחְנוּ כּוֹרְעִים וּמִשְׁתַּחֲוִים וּמוֹדִים
לִפְנֵי מֶלֶךְ מַלְכֵי הַמְּלָכִים, הַקָּדוֹשׁ בָּרוּךְ הוּא
שֶׁהוּא נוֹטֶה שָׁמַיִם וְיוֹסֵד אָרֶץ
וּמוֹשַׁב יְקָרוֹ בַּשָּׁמַיִם מִמַּעַל
וּשְׁכִינַת עֻזּוֹ בְּגָבְהֵי מְרוֹמִים.

כשהקהל אומר ׳הוּא אֱלֹהֵינוּ׳, שליח הציבור אומר ׳אַתָּה הָרְאֵתָ׳ (למטה).

הוּא אֱלֹהֵינוּ, אֵין עוֹד.
אֱמֶת מַלְכֵּנוּ, אֶפֶס זוּלָתוֹ, כַּכָּתוּב בְּתוֹרָתוֹ
וְיָדַעְתָּ הַיּוֹם וַהֲשֵׁבֹתָ אֶל־לְבָבֶךָ דברים ד
כִּי יהוה הוּא הָאֱלֹהִים בַּשָּׁמַיִם מִמַּעַל וְעַל־הָאָרֶץ מִתָּחַת
אֵין עוֹד:

שליח הציבור אומר:

אַתָּה הָרְאֵתָ לָדַעַת, כִּי יהוה הוּא הָאֱלֹהִים, אֵין עוֹד מִלְּבַדּוֹ: דברים ד
וְיָדַעְתָּ הַיּוֹם וַהֲשֵׁבֹתָ אֶל־לְבָבֶךָ, כִּי יהוה הוּא הָאֱלֹהִים בַּשָּׁמַיִם
מִמַּעַל וְעַל־הָאָרֶץ מִתָּחַת, אֵין עוֹד: שְׁמַע יִשְׂרָאֵל, יהוה אֱלֹהֵינוּ, דברים ו
יהוה אֶחָד: הֵן לַיהוה אֱלֹהֶיךָ הַשָּׁמַיִם וּשְׁמֵי הַשָּׁמָיִם, הָאָרֶץ דברים י
וְכָל־אֲשֶׁר־בָּהּ: כִּי יהוה אֱלֹהֵיכֶם הוּא אֱלֹהֵי הָאֱלֹהִים וַאֲדֹנֵי שם

הָאֲדֹנִים, הָאֵל הַגָּדֹל הַגִּבֹּר וְהַנּוֹרָא אֲשֶׁר לֹא־יִשָּׂא פָנִים וְלֹא
יִקַּח שֹׁחַד: כִּי שֵׁם יהוה אֶקְרָא, הָבוּ גֹדֶל לֵאלֹהֵינוּ: יְהִי שֵׁם דברים לב תהלים קיג
יהוה מְבֹרָךְ, מֵעַתָּה וְעַד־עוֹלָם:

סוגרים את ארון הקודש.

אֱלֹהֵינוּ וֵאלֹהֵי אֲבוֹתֵינוּ

'רשות' לסדר העבודה

הֱיֵה עִם פִּיפִיּוֹת שְׁלוּחֵי עַמְּךָ בֵּית יִשְׂרָאֵל
הָעוֹמְדִים לְבַקֵּשׁ תְּפִלָּה וְתַחֲנוּנִים מִלְּפָנֶיךָ עַל עַמְּךָ בֵּית יִשְׂרָאֵל.

הוֹרֵם מַה שֶּׁיֹּאמְרוּ / הֲבִינֵם מַה שֶּׁיְּדַבֵּרוּ
הֲשִׁיבֵם מַה שֶּׁיִּשְׁאֲלוּ / יַדְּעֵם הֵיךְ יְפָאֵרוּ.

בְּאוֹר פָּנֶיךָ יְהַלֵּכוּן: / בֶּרֶךְ לְךָ יִבְרְכוּן תהלים פט
עַמְּךָ בְּפִיהֶם יְבָרְכוּן / וּמִבִּרְכוֹת פִּיךָ כֻּלָּם יִתְבָּרְכוּן.

עַמְּךָ לְפָנֶיךָ יַעֲבִירוּן / וְהֵם בַּתָּוֶךְ יַעֲבֹרוּן
עֵינֵי עַמְּךָ בָּם תְּלוּיוֹת / וְעֵינֵיהֶם לְךָ מְיַחֲלוֹת.

גָּשִׁים מוּל אֲרוֹן הַקֹּדֶשׁ בְּאֵימָה / לְשַׁכֵּךְ כַּעַס וְחֵמָה
וְעַמְּךָ מַסְבִּיבִים אוֹתָם כַּחוֹמָה /
וְאַתָּה מִן הַשָּׁמַיִם תַּשְׁגִּיחַ, אוֹתָם לְרַחֲמָה.

עַיִן נוֹשְׂאִים לְךָ לַשָּׁמַיִם / לֵב שׁוֹפְכִים נִכְחֲךָ כַּמַּיִם
וְאַתָּה תִּשְׁמַע מִן הַשָּׁמַיִם. דברי הימים ב, ו

יש קהילות שבהן נוהגים שהקהל אומר בלחש עד 'אֱלֹהֵי יִשְׂרָאֵל'.

שֶׁלֹּא יִכָּשְׁלוּ בִלְשׁוֹנָם / וְלֹא יִנָּקְשׁוּ בְשִׁנּוּנָם
וְלֹא יֵבוֹשׁוּ בְּמַשְׁעֵנָם / וְלֹא יִכָּלְמוּ בָם שְׁאוֹנָם
וְאַל יֹאמַר פִּיהֶם דָּבָר שֶׁלֹּא כִרְצוֹנֶךָ.
כִּי חֲנוּנֶיךָ יהוה אֱלֹהֵינוּ הֵמָּה חֲנוּנִים / וּמְלֻמָּדֶיךָ הֵמָּה מְלֻמָּדִים.

כְּמָה שֶׁיִּדַּעְנוּ יהוה אֱלֹהֵינוּ
אֶת אֲשֶׁר תָּחֹן יוּחָן
וְאֶת אֲשֶׁר תְּרַחֵם יְרֻחָם.
כַּכָּתוּב בְּתוֹרָתֶךָ

שמות לג
וַיֹּאמֶר, אֲנִי אַעֲבִיר כָּל־טוּבִי עַל־פָּנֶיךָ
וְקָרָאתִי בְשֵׁם יהוה לְפָנֶיךָ
וְחַנֹּתִי אֶת־אֲשֶׁר אָחֹן
וְרִחַמְתִּי אֶת־אֲשֶׁר אֲרַחֵם:

וְנֶאֱמַר

תהלים סט
אַל־יֵבֹשׁוּ בִי קֹוֶיךָ, אֲדֹנָי יֱהֹוִה צְבָאוֹת
אַל־יִכָּלְמוּ בִי מְבַקְשֶׁיךָ, אֱלֹהֵי יִשְׂרָאֵל:

פותחים את ארון הקודש.

המשך ה׳רשות׳: הבקשה ׳הֱיֵה עִם פִּיפִיּוֹת׳ לעיל, הייתה עבור שליחי ציבור בכלל.
׳אוֹחִילָה לָאֵל׳ היא בקשה אישית של שליח הציבור.

סימן א מרובע

אוֹחִילָה לָאֵל, אֲחַלֶּה פָנָיו
אֶשְׁאֲלָה מִמֶּנּוּ מַעֲנֵה לָשׁוֹן.
אֲשֶׁר בִּקְהַל עָם אָשִׁירָה עֻזּוֹ
אַבִּיעָה רְנָנוֹת בְּעַד מִפְעָלָיו.

משלי טז
לְאָדָם מַעַרְכֵי־לֵב וּמֵיהוה מַעֲנֵה לָשׁוֹן:

תהלים נא
אֲדֹנָי, שְׂפָתַי תִּפְתָּח, וּפִי יַגִּיד תְּהִלָּתֶךָ:

יש שליחי ציבור האומרים פסוק זה בקול, ויש האומרים בלחש:

תהלים יט
יִהְיוּ לְרָצוֹן אִמְרֵי־פִי וְהֶגְיוֹן לִבִּי לְפָנֶיךָ, יהוה צוּרִי וְגֹאֲלִי:

סוגרים את ארון הקודש.

סדר העבודה

"כַּאֲשֶׁר עָשָׂה בַּיּוֹם הַזֶּה, צִוָּה ה' לַעֲשֹׂת לְכַפֵּר עֲלֵיכֶם" (ויקרא ח, לד).

שיאה של ברכת קדושת היום הוא פיוט המתאר את עבודת יום הכיפורים שנעשתה במקדש. בקהילות הספרדים אומרים את הפיוט העתיק 'אַתָּה כּוֹנַנְתָּ', וכן ברוב הקהילות המתפללות בנוסח ספרד. ויש האומרים את הפיוט 'אַמִּיץ כֹּחַ' שכתב ר' משולם בן קלונימוס, כמנהג אשכנז (עמ' 611).

נוהגים שהקהל כולו אומר את הפיוט יחד, ושליח הציבור אומר בקול רק את השורות המסומנות ב◂.

סימן א"ב

אַתָּה כּוֹנַנְתָּ עוֹלָם מֵרֹאשׁ / יָסַדְתָּ תֵּבֵל וְהַכֹּל פָּעַלְתָּ, וּבְרִיּוֹת בּוֹ יָצַרְתָּ.

בְּשׁוּרְךָ עוֹלָם תֹּהוּ וָבֹהוּ, וְחֹשֶׁךְ עַל פְּנֵי תְהוֹם

גֵּרַשְׁתָּ אֹפֶל וְהִצַּבְתָּ נֹגַהּ.

גֹּלֶם תַּבְנִיתְךָ מִן הָאֲדָמָה יָצַרְתָּ / וְעַל עֵץ הַדַּעַת אוֹתוֹ הִפְקַדְתָּ.

דְּבָרְךָ זָנַח, וְנִזְנַח מֵעֵדֶן / וְלֹא כִלִּיתוֹ, לְמַעַן יְגִיעַ כַּפֶּיךָ.

הִגְדַּלְתָּ פִּרְיוֹ וּבֵרַכְתָּ זַרְעוֹ / וְהִפְרִיתָם בְּטוּבְךָ וְהוֹשַׁבְתָּם שָׁקֶט.

וַיִּפְרְקוּ עֹל, וַיֹּאמְרוּ לָאֵל סוּר מִמֶּנּוּ

וַהֲסִירוֹתָ יָד, כְּרֶגַע אֻמְלְלוּ כֶּחָצִיר.

זָכַרְתָּ בְּרִית לְתָמִים בְּדוֹרוֹ / וּבְשָׂכְרוֹ שַׂמְתָּ לְעוֹלָם שְׁאֵרִית.

חֹק בְּרִית קֶשֶׁת לְמַעֲנוֹ כָּרַתָּ / וּבְאַהֲבַת נִיחוֹחוֹ בָּנָיו בֵּרַכְתָּ.

טָעוּ בְעָשְׁרָם וַיִּבְנוּ מִגְדָּל

וַיֹּאמְרוּ לְכוּ וְנַעֲלֶה וְנִבְקַע הָרָקִיעַ לְהִלָּחֵם בּוֹ.

יָחִיד אַב הֲמוֹן, פִּתְאוֹם כְּכוֹכָב

זָרַח מֵאוּר כַּשְׂדִּים לְהָאִיר בַּחֹשֶׁךְ.

כַּעַסְךָ הֵפֵרְתָּ בְּשׁוּרְךָ פָּעֳלוֹ / וּלְעֵת שֵׂיבָתוֹ לְבָבוֹ חָקַרְתָּ.

לְוִיַת חֵן מִמֶּנּוּ הוֹצֵאתָ / טָלֶה טָהוֹר מִכֶּבֶשׂ נִבְחָר.

מִגִּזְעוֹ אִישׁ תָּם הוֹצֵאתָ / חָתוּם בִּבְרִיתְךָ מֵרֶחֶם לָקַח.

נָתַתָּ לוֹ שְׁנֵים עָשָׂר שְׁבָטִים / אֲהוּבֵי עֶלְיוֹן מִבֶּטֶן נִקְרָאוּ.

שַׂמְתָּ עַל לֵוִי לִוְיַת חֵן וָחֶסֶד / וּמִכָּל אֶחָיו כֶּתֶר לוֹ עִטַּרְתָּ.
עַמְרָם נִבְחַר מִזֶּרַע לֵוִי / אַהֲרֹן קְדוֹשׁ יהוה מִשָּׁרָשָׁיו קִדַּשְׁתָּ.
פְּאֵרְתוֹ בְּבִגְדֵי שְׂרָד / וּבְקָרְבְּנוֹתָיו הֵפֵר כַּעְסָךְ.
צִיץ וּמְעִיל, חֹשֶׁן וְאֵפוֹד / כְּתֹנֶת וּמִכְנְסֵי בַד, מִצְנֶפֶת וְאַבְנֵט.
קָרְבְּנוֹת פָּרִים וְעוֹלוֹת כְּבָשִׂים / וּשְׁחִיטַת שְׂעִירִים וְנִיחוֹחַ אֵילִים.
רֵיחַ קְטֹרֶת, מִרְקַחַת וּבִעוּר גֶּחָלִים / וּזְרִיקַת דָּם וּסְפִירַת יֹשֶׁר.
שַׁוְעַת קְטֹרֶת וּתְפִלַּת אֱמֶת / וּקְדֻשָּׁתוֹ מְכַפֶּרֶת עֲוֹנוֹתֵינוּ.
תֹּכֶן בּוּץ וַעֲרִיכַת אֶבֶן / מְחֻגָּר בְּכֻלָּם, כְּמַלְאַךְ מִיכָאֵל מְשָׁרֵת.
◂ תִּכַּנְתָּ כָּל אֵלֶּה לִכְבוֹד אַהֲרֹן / כְּלִי כַפָּרָה לְיִשְׂרָאֵל שַׂמְתּוֹ
וְעַל יָדוֹ סְלִיחַת הֶעָוֹן נָתַתָּ.

הכול:

סימן תשר״ק

תַּחַת אַהֲרֹן מִגִּזְעוֹ יַעֲמֹד / לְשָׁרֵת לְפָנֶיךָ בְּיוֹם הַסְּלִיחָה.
תּוֹרַת מַעֲשֶׂה וַעֲבוֹדַת הַיּוֹם, שִׁבְעַת יָמִים בִּזְבוּלֵנוּ יִלְמֹד
וּמַזִּין עָלָיו שְׁלִישִׁי וּשְׁבִיעִי.
שְׁלוּמֵי זִקְנֵי עָם, וְחַכְמֵי אֶחָיו הַכֹּהֲנִים
תָּמִיד יְסוֹבְבוּהוּ עַד בֹּא יוֹם הֶעָשׂוֹר, וְאוֹמְרִים לוֹ.
רְאֵה לִפְנֵי מִי אַתָּה נִכְנָס / לִמְקוֹם אֵשׁ, לֶהָבֶת, שַׁלְהֶבֶת.
קְהַל עֲדָתֵנוּ עָלֶיךָ יִסְמֹכוּ / וְעַל יָדְךָ תְּהֵא סְלִיחָתֵנוּ.
צִוּוּהוּ וְהִרְגִּילוּהוּ עַד בֹּא יוֹם הֶעָשׂוֹר
כְּדֵי שֶׁיְּהֵא מְרֻגָּל בְּסֵדֶר עֲבוֹדָה.
פֵּרְשׂוּ לוֹ סָדִין שֶׁל בּוּץ, בְּהַגִּיעַ עֵת שְׁחִיטַת כֶּבֶשׂ הַתָּמִיד
לַעֲשׂוֹת מְחִצָּה בֵּינוֹ וּבֵין הָעָם.
עוֹשֶׂה מִצְוָה בְּאֵימָה וּבְיִרְאָה / וּבוֹדֵק עַצְמוֹ מֵחוֹצְצֵי טְבִילָה.
שָׂשׂ עַל מִצְוָה לְקַיֵּם דָּתוֹ, וּפָשַׁט בִּגְדֵי חֹל
וְיָרַד וְטָבַל וְעָלָה וְנִסְתַּפַּג כְּמוֹ שֶׁהֻזְהַר.

נָתְנוּ לוֹ בִּגְדֵי זָהָב וְלָבַשׁ / וְקִדֵּשׁ יָדָיו וְרַגְלָיו מִקִּיתוֹן שֶׁל זָהָב.
מִיָּד מְקַבֵּל אֶת כֶּבֶשׂ הַתָּמִיד
וְשׁוֹחֵט בּוֹ רֹב שְׁנַיִם
וּמַנִּיחַ לְאַחֵר לִגְמֹר הַשְּׁחִיטָה
וּמְקַבֵּל אֶת הַדָּם
וְזוֹרְקוֹ עַל הַמִּזְבֵּחַ כְּמִצְוָתוֹ.
לִפְנִים יִכָּנֵס לְהֵיטִיב חָמֵשׁ נֵרוֹת וּלְהַקְטִיר קְטֹרֶת הַבֹּקֶר
וּלְהֵיטִיב אֶת שְׁתֵּי הַנֵּרוֹת הַנִּשְׁאָרוֹת
וְיָצָא וְהִקְרִיב אֶת הָרֹאשׁ וְאֶת הָאֵבָרִים כְּמִצְוָתָן.
כְּכָל יוֹם, יַעֲשֶׂה מִנְחַת חֲבִתִּין
וִינַסֵּךְ אֶת הַיַּיִן בְּכָל כְּלִי יֹשֶׁר
• וְאַחַר הַתָּמִיד מַקְרִיב פַּר הָעוֹלָה
וְשִׁבְעַת הַכְּבָשִׂים שֶׁל מוּסַף הַיּוֹם
וּמִנְחָתָם וְנִסְכֵּיהֶם כְּמִשְׁפָּטָם.

בשבת:

• וּבְיוֹם הַשַּׁבָּת מַקְרִיב קֹדֶם מוּסַף הַיּוֹם
שְׁנֵי כְבָשִׂים שֶׁל מוּסַף שַׁבָּת וּמִנְחָתָם
וְאַחַר כָּךְ מְסַדֵּר לֶחֶם הַפָּנִים
וּמַקְרִיב שְׁנֵי בְזִיכֵי לְבוֹנָה
וּמְנַסֵּךְ הַיַּיִן כְּהִלְכָתוֹ.

הכול:

יָבֹא מִיָּד לְבֵית הַפַּרְוָה, וּבַקֹּדֶשׁ הָיְתָה
וְיִפְרְשׂוּ לוֹ סָדִין שֶׁל בּוּץ בֵּינוֹ לְבֵין הָעָם כְּבָרִאשׁוֹנָה.
טֶרֶם יִפְשֹׁט בִּגְדֵי זָהָב / מְקַדֵּשׁ בִּנְקִיּוּת יָדָיו וְרַגְלָיו.
חָל וּפָשַׁט בִּגְדֵי זָהָב / יָרַד וְטָבַל כְּמוֹ שֶׁהֻזְהַר, וְעָלָה וְנִסְתַּפָּג.
זְהָבִים מַעֲבִיר, וּלְבָנִים לוֹבֵשׁ / שֶׁעֲבוֹדַת הַיּוֹם בְּבִגְדֵי לָבָן.

וּמִהֵר וְקִדֵּשׁ יָדָיו וְרַגְלָיו, וּבָא לוֹ תְּחִלָּה אֵצֶל פָּרוֹ
וּפָרוֹ הָיָה עוֹמֵד בַּצָּפוֹן כְּנֶגֶד בֵּין הָאוּלָם וְלַמִּזְבֵּחַ
רֹאשׁוֹ לַדָּרוֹם וּפָנָיו לַמַּעֲרָב, וְהַכֹּהֵן עוֹמֵד בַּמִּזְרָח וּפָנָיו לַמַּעֲרָב.
‹ הוּא עוֹמֵד בְּאֵימָה לִפְנֵי אֵל עֶלְיוֹן, וְאוֹמֵר עָלָיו דִּבְרֵי וִדּוּי
וְסָמַךְ שְׁתֵּי יָדָיו עָלָיו, וְהִתְוַדָּה.

שליח הציבור אומר, והקהל אומר אתו בלחש:

וְכָךְ הָיָה אוֹמֵר
אָנָּא הַשֵּׁם / חָטָאתִי, עָוִיתִי, פָּשַׁעְתִּי לְפָנֶיךָ אֲנִי וּבֵיתִי.
אָנָּא בַשֵּׁם / כַּפֶּר נָא לַחֲטָאִים וְלַעֲוֹנוֹת וְלַפְּשָׁעִים
שֶׁחָטָאתִי וְשֶׁעָוִיתִי וְשֶׁפָּשַׁעְתִּי לְפָנֶיךָ אֲנִי וּבֵיתִי.
כַּכָּתוּב בְּתוֹרַת מֹשֶׁה עַבְדֶּךָ מִפִּי כְבוֹדֶךָ
כִּי־בַיּוֹם הַזֶּה יְכַפֵּר עֲלֵיכֶם לְטַהֵר אֶתְכֶם ויקרא טז
מִכֹּל חַטֹּאתֵיכֶם לִפְנֵי יהוה

וְהַכֹּהֲנִים וְהָעָם הָעוֹמְדִים בָּעֲזָרָה
כְּשֶׁהָיוּ שׁוֹמְעִים אֶת הַשֵּׁם הַנִּכְבָּד וְהַנּוֹרָא
מְפֹרָשׁ יוֹצֵא מִפִּי כֹהֵן גָּדוֹל, בִּקְדֻשָּׁה וּבְטָהֳרָה

הקהל ושליח הציבור כורעים ומשתחווים.

הָיוּ כּוֹרְעִים וּמִשְׁתַּחֲוִים, וְנוֹפְלִים עַל פְּנֵיהֶם
וְאוֹמְרִים
בָּרוּךְ שֵׁם כְּבוֹד מַלְכוּתוֹ לְעוֹלָם וָעֶד.

הכול קמים על רגליהם, ושליח הציבור אומר:

וְאַף הוּא הָיָה מִתְכַּוֵּן לִגְמֹר אֶת הַשֵּׁם כְּנֶגֶד הַמְבָרְכִים
וְאוֹמֵר לָהֶם, תִּטְהָרוּ:
וְאַתָּה בְּטוּבְךָ מְעוֹרֵר רַחֲמֶיךָ, וְסוֹלֵחַ לְאִישׁ חֲסִידֶךָ.

הכול:

דָּרַךְ וּבָא לוֹ לְמִזְרַח הָעֲזָרָה לִצְפוֹן הַמִּזְבֵּחַ
הַסְּגָן מִימִינוֹ וְרֹאשׁ בֵּית אָב מִשְּׂמֹאלוֹ
וְשָׁם שְׁנֵי שְׂעִירִים, פְּנֵיהֶם לְמַעֲרָב וַאֲחוֹרֵיהֶם לְמִזְרָח
אֶחָד לִימִינוֹ וְאֶחָד לִשְׂמֹאלוֹ
טָרַף בְּקַלְפִּי, וְהֶעֱלָה שְׁנֵי גוֹרָלוֹת.
◂ גּוֹרָל יָמִין כְּשֶׁהוּא שֶׁל שֵׁם
יִתְּנֵהוּ עַל הַשָּׂעִיר וְאוֹמֵר, לַיהוה חַטָּאת.

ברוב הקהילות נוהגים שלא לכרוע כאן. הכול אומרים:

וְהַכֹּהֲנִים וְהָעָם הָעוֹמְדִים בָּעֲזָרָה
כְּשֶׁהָיוּ שׁוֹמְעִים אֶת הַשֵּׁם הַנִּכְבָּד וְהַנּוֹרָא
מְפֹרָשׁ יוֹצֵא מִפִּי כֹהֵן גָּדוֹל
בִּקְדֻשָּׁה וּבְטָהֳרָה
הָיוּ כּוֹרְעִים וּמִשְׁתַּחֲוִים וְנוֹפְלִים עַל פְּנֵיהֶם
וְאוֹמְרִים
בָּרוּךְ שֵׁם כְּבוֹד מַלְכוּתוֹ לְעוֹלָם וָעֶד.

בִּשְׂעִיר עֲזָאזֵל לְשׁוֹן זְהוֹרִית מִשְׁקַל שְׁתֵּי סְלָעִים, בֵּין קַרְנָיו יִקְשֹׁר
וְיַעֲמִידֵהוּ בְּשַׁעַר הַמִּזְרָח כְּנֶגֶד בֵּית שִׁלּוּחוֹ.
אַף בְּשָׂעִיר שֶׁהוּא שֶׁל שֵׁם
יִקְשֹׁר לָשׁוֹן שֶׁל זְהוֹרִית כְּנֶגֶד בֵּית שְׁחִיטָתוֹ בְּצַוָּאר
◂ וּבָא לוֹ שֵׁנִית אֵצֶל פָּרוֹ
וְאוֹמֵר עָלָיו וִדּוּי בֵּיתוֹ וְוִדּוּי אֶחָיו הַכֹּהֲנִים.
וְסָמַךְ שְׁתֵּי יָדָיו עָלָיו, וְהִתְוַדָּה.

שליח הציבור אומר, והקהל אומר אתו בלחש:

וְכָךְ הָיָה אוֹמֵר

אָנָּא הַשֵּׁם / חָטָאתִי, עָוִיתִי, פָּשַׁעְתִּי לְפָנֶיךָ

אֲנִי וּבֵיתִי וּבְנֵי אַהֲרֹן עַם קְדוֹשֶׁךָ.

אָנָּא בַּשֵּׁם / כַּפֶּר נָא לַחֲטָאִים וְלַעֲוֹנוֹת וְלַפְּשָׁעִים

שֶׁחָטָאתִי וְשֶׁעָוִיתִי וְשֶׁפָּשַׁעְתִּי לְפָנֶיךָ

אֲנִי וּבֵיתִי וּבְנֵי אַהֲרֹן עַם קְדוֹשֶׁךָ.

כַּכָּתוּב בְּתוֹרַת מֹשֶׁה עַבְדֶּךָ מִפִּי כְבוֹדֶךָ

כִּי־בַיּוֹם הַזֶּה יְכַפֵּר עֲלֵיכֶם לְטַהֵר אֶתְכֶם ויקרא טז

מִכֹּל חַטֹּאתֵיכֶם לִפְנֵי יהוה

וְהַכֹּהֲנִים וְהָעָם הָעוֹמְדִים בָּעֲזָרָה

כְּשֶׁהָיוּ שׁוֹמְעִים אֶת הַשֵּׁם הַנִּכְבָּד וְהַנּוֹרָא

מְפֹרָשׁ יוֹצֵא מִפִּי כֹהֵן גָּדוֹל

בִּקְדֻשָּׁה וּבְטָהֳרָה

הקהל ושליח הציבור כורעים ומשתחווים.

הָיוּ כּוֹרְעִים וּמִשְׁתַּחֲוִים וּמוֹדִים, וְנוֹפְלִים עַל פְּנֵיהֶם

וְאוֹמְרִים

בָּרוּךְ שֵׁם כְּבוֹד מַלְכוּתוֹ לְעוֹלָם וָעֶד.

הכול קמים על רגליהם, ושליח הציבור אומר:

וְאַף הוּא הָיָה מִתְכַּוֵּן כְּנֶגֶד הַמְבָרְכִים לִגְמֹר אֶת הַשֵּׁם

וְאוֹמֵר, תִּטְהָרוּ.

וְאַתָּה בְּטוּבְךָ מְעוֹרֵר רַחֲמֶיךָ, וְסוֹלֵחַ לְשֵׁבֶט מְשָׁרְתֶךָ.

הכול:

סימן א״ב

אַחַר וִדּוּי שָׁקַד בְּעָצְמָה / לַעֲשׂוֹת חַטָּאתוֹ וְחַטַּאת הָעָם.

בָּדַק סַכִּין, וְשָׁחַט פָּרוֹ רֹב שְׁנַיִם, וּמֵרַק אַחֵר אֶת הַשְּׁחִיטָה

וְקִבֵּל דָּמוֹ בְּמִזְרָק טָהוֹר.

גַּם לַחֲבֵרוֹ יִתֵּן מִיָּד, לְמָרֵס בְּדָמוֹ כְּדֵי שֶׁלֹּא יִקְרֹשׁ.

דָּם זֶה הִנִּיחוּ בְּיַד מִי שֶׁמְּמָרֵס בּוֹ בָּעֲזָרָה

עַל הָרֹבֶד הָרְבִיעִי שֶׁמִּן הַהֵיכָל וְלַחוּץ

וְנָטַל מַחְתָּה שֶׁל זָהָב אָדֹם קַלָּה

מַחֲזֶקֶת שְׁלֹשָׁה קַבִּין, וְיָדָהּ אֲרוּכָה

וְעָלָה לְרֹאשׁ הַמִּזְבֵּחַ, וּפִנָּה גֶּחָלִים

שֶׁמֶּחֱצִיתָן גַּחֶלֶת וּמֶחֱצִיתָן שַׁלְהֶבֶת, אֵילָךְ וְאֵילָךְ

וְחָתָה מִן הַלּוֹחֲשׁוֹת מִצַּד מַעֲרַב הַמִּזְבֵּחַ.

הוֹרִידָהּ מְלֵאָה גַּחֲלֵי אֵשׁ לוֹחֲשׁוֹת

וְהִנִּיחָהּ עַל הָרֹבֶד הָרְבִיעִי שֶׁבָּעֲזָרָה

הוֹצִיאוּ לוֹ כַּף רֵיקָן, וּמַחְתָּה מְלֵאָה קְטֹרֶת דַּקָּה מִן הַדַּקָּה.

וְחָפַן מִמֶּנָּה מְלֹא חָפְנָיו

לֹא מְחוּקוֹת וְלֹא גְדוּשׁוֹת, אֶלָּא טְפוּפוֹת

וְנָתַן לְתוֹךְ הַכַּף

וְנוֹתֵן בִּימִינוֹ הַמַּחְתָּה שֶׁל גֶּחָלִים

וּבִשְׂמֹאלוֹ הַכַּף שֶׁל קְטֹרֶת.

זֵרֵז עַצְמוֹ וְנִכְנַס לְקֹדֶשׁ הַקֳּדָשִׁים עַד שֶׁמַּגִּיעַ לָאָרוֹן

וְהִנִּיחַ הַמַּחְתָּה בֵּין בַּדֵּי הָאָרוֹן

וּבְבַיִת שֵׁנִי מַנִּיחַ עַל אֶבֶן הַשְּׁתִיָּה.

חָפַן כָּל הַקְּטֹרֶת שֶׁבַּכַּף בְּחָפְנָיו

וְנָתַן עַל הַגֶּחָלִים לְצַד מַעֲרָב

וּמַמְתִּין שָׁם עַד שֶׁנִּתְמַלֵּא הַבַּיִת כֻּלּוֹ עָשָׁן.

· טָהוֹר לֵב פָּסַע וְשָׁב לַאֲחוֹרָיו
פָּנָיו לַקֹּדֶשׁ וַאֲחוֹרָיו לַהֵיכָל, עַד שֶׁיָּצָא מִן הַפָּרֹכֶת
וּמִתְפַּלֵּל בְּהֵיכָל תְּפִלָּה קְצָרָה סָמוּךְ לַפָּרֹכֶת.

וְכָךְ הָיְתָה תְּפִלָּתוֹ שֶׁל כֹּהֵן גָּדוֹל

הכול:

יְהִי רָצוֹן מִלְּפָנֶיךָ יהוה אֱלֹהֵינוּ וֵאלֹהֵי אֲבוֹתֵינוּ
שֶׁתְּהֵא שָׁנָה זוֹ הַבָּאָה עָלֵינוּ
וְעַל כָּל עַמְּךָ בֵּית יִשְׂרָאֵל
בְּכָל מָקוֹם שֶׁהֵם
אִם שְׁחוּנָה גְּשׁוּמָה
וְאַל יִכָּנֵס לְפָנֶיךָ תְּפִלַּת עוֹבְרֵי דְרָכִים לְעִנְיַן הַגֶּשֶׁם
בְּשָׁעָה שֶׁהָעוֹלָם צָרִיךְ לוֹ
וְשֶׁלֹּא יִצְטָרְכוּ עַמְּךָ בֵּית יִשְׂרָאֵל בְּפַרְנָסָה זֶה לָזֶה
וְלֹא לְעַם אַחֵר.
שָׁנָה שֶׁלֹּא תַפִּיל אִשָּׁה פְּרִי בִטְנָהּ
וְשֶׁיִּתְּנוּ עֲצֵי הַשָּׂדֶה אֶת תְּנוּבָתָם
וְלֹא יָעֲדֵי עָבֵד שָׁלְטָן מִדְּבֵית יְהוּדָה.

שליח הציבור:

יָצָא וְנָטַל דַּם הַפָּר מִמִּי שֶׁמְּמָרֵס בּוֹ
וְנִכְנַס לְמָקוֹם שֶׁנִּכְנַס, וְעָמַד בְּמָקוֹם שֶׁעָמַד
וְהִזָּה מִמֶּנּוּ לִפְנֵי הַכַּפֹּרֶת בֵּין בַּדֵּי הָאָרוֹן
אַחַת לְמַעְלָה וְשֶׁבַע לְמַטָּה
וְלֹא הָיָה מִתְכַּוֵּן לְהַזּוֹת
לֹא לְמַעְלָה וְלֹא לְמַטָּה
אֶלָּא כְּמַצְלִיף.

שליח הציבור מונה, והקהל מונה אחריו:

וְכָךְ הָיָה מוֹנֶה

אַחַת	אַחַת וְאַחַת
אַחַת וּשְׁתַּיִם	אַחַת וְשָׁלֹשׁ
אַחַת וְאַרְבַּע	אַחַת וְחָמֵשׁ
אַחַת וָשֵׁשׁ	אַחַת וָשֶׁבַע.

שליח הציבור:

כְּצֵאתוֹ הֵבִיאוּ לוֹ שְׂעִיר חַטָּאת
שְׁחָטוֹ וְקִבֵּל דָּמוֹ בְּמִזְרָק טָהוֹר.
לִפְנִים יִכָּנֵס לְהַזּוֹת מִדָּמוֹ בֵּין שְׁנֵי בַדֵּי הָאָרוֹן, כְּסֵדֶר דַּם הַפָּר
אַחַת לְמַעְלָה וְשֶׁבַע לְמַטָּה
וְלֹא הָיָה מִתְכַּוֵּן לְהַזּוֹת לֹא לְמַעְלָה וְלֹא לְמַטָּה, אֶלָּא כְּמַצְלִיף.

שליח הציבור מונה, והקהל מונה אחריו:

וְכָךְ הָיָה מוֹנֶה

אַחַת	אַחַת וְאַחַת
אַחַת וּשְׁתַּיִם	אַחַת וְשָׁלֹשׁ
אַחַת וְאַרְבַּע	אַחַת וְחָמֵשׁ
אַחַת וָשֵׁשׁ	אַחַת וָשֶׁבַע.

שליח הציבור:

יָצָא וְהִנִּיחוֹ עַל כַּן הַזָּהָב הַשֵּׁנִי שֶׁהָיָה בְּהֵיכָל.

מִהֵר וְנָטַל דַּם הַפָּר מִן הַכֵּן שֶׁהִנִּיחַ עָלָיו
וְטוֹבֵל אֶצְבָּעוֹ עַל כָּל הַזָּיָה
וְהִזָּה מִמֶּנּוּ עַל הַפָּרֹכֶת כְּנֶגֶד הָאָרוֹן מִבַּחוּץ
אַחַת לְמַעְלָה וְשֶׁבַע לְמַטָּה
וְלֹא הָיָה מִתְכַּוֵּן לְהַזּוֹת לֹא לְמַעְלָה וְלֹא לְמַטָּה, אֶלָּא כְּמַצְלִיף.

שליח הציבור מונה, והקהל מונה אחריו:

וְכָךְ הָיָה מוֹנֶה

אַחַת	אַחַת וְאַחַת
אַחַת וּשְׁתַּיִם	אַחַת וְשָׁלֹשׁ
אַחַת וְאַרְבַּע	אַחַת וְחָמֵשׁ
אַחַת וָשֵׁשׁ	אַחַת וָשֶׁבַע.

שליח הציבור:

נָחַץ וְהִנִּיחַ דַּם הַפָּר וְנָטַל דַּם הַשָּׂעִיר
וְעָשָׂה לְדָמוֹ כַּאֲשֶׁר עָשָׂה לְדַם הַפָּר
וְהִזָּה עַל הַפָּרֹכֶת כְּנֶגֶד הָאָרוֹן מִבַּחוּץ
אַחַת לְמַעְלָה וְשֶׁבַע לְמַטָּה
וְלֹא הָיָה מִתְכַּוֵּן לְהַזּוֹת לֹא לְמַעְלָה וְלֹא לְמַטָּה, אֶלָּא כְּמַצְלִיף.

שליח הציבור מונה, והקהל מונה אחריו:

וְכָךְ הָיָה מוֹנֶה

אַחַת	אַחַת וְאַחַת
אַחַת וּשְׁתַּיִם	אַחַת וְשָׁלֹשׁ
אַחַת וְאַרְבַּע	אַחַת וְחָמֵשׁ
אַחַת וָשֵׁשׁ	אַחַת וָשֶׁבַע.

הכול:

שָׁשׁ וְעֵרָה דַּם הַפָּר לְתוֹךְ הַמִּזְרָק שֶׁבּוֹ דַּם הַשָּׂעִיר
וְנָתַן הַמָּלֵא בְּרֵיקָן, כְּדֵי שֶׁיִּתְעָרְבוּ יָפֶה יָפֶה זֶה בָּזֶה
וְעָמַד לִפְנִים מִמִּזְבַּח הַזָּהָב בֵּין הַמִּזְבֵּחַ וְהַמְּנוֹרָה
וּמַתְחִיל לְהַזּוֹת מִדַּם הַתַּעֲרֹבֶת.

עַל אַרְבַּע קַרְנוֹתָיו יִתֵּן כְּסִדְרָן
מַתְחִיל מִקֶּרֶן מִזְרָחִית צְפוֹנִית, וּמְסַיֵּם בְּקֶרֶן דְּרוֹמִית מִזְרָחִית
וְחוֹתֶה הַגֶּחָלִים וְהָאֵפֶר בְּמִזְבַּח הַזָּהָב
אֵילָךְ וְאֵילָךְ, עַד שֶׁמְּגַלֶּה זְהָבוֹ
וּמַזֶּה מִדַּם הַתַּעֲרֹבֶת עַל טָהֳרוֹ שֶׁל מִזְבֵּחַ שֶׁבַע פְּעָמִים.
פָּסַע וְיָצָא לְצַד דָּרוֹם, חוּץ לָאוּלָם
וְשָׁפַךְ אֶת הַשִּׁירַיִם עַל יְסוֹד מַעֲרָבִי שֶׁל מִזְבֵּחַ הַחִיצוֹן.
צָעַד וּבָא לוֹ אֵצֶל הַשָּׂעִיר הַמִּשְׁתַּלֵּחַ לַעֲזָאזֵל ◂
לְהִתְוַדּוֹת עָלָיו אַשְׁמַת קְהָלוֹ
וְסָמַךְ שְׁתֵּי יָדָיו עָלָיו, וְהִתְוַדָּה.

שליח הציבור אומר, והקהל אומר אתו בלחש:

וְכָךְ הָיָה אוֹמֵר
אָנָּא הַשֵּׁם / חָטְאוּ, עָווּ, פָּשְׁעוּ לְפָנֶיךָ עַמְּךָ בֵּית יִשְׂרָאֵל.
אָנָּא בַשֵּׁם / כַּפֶּר נָא לַחֲטָאִים וְלַעֲוֹנוֹת וְלַפְּשָׁעִים
שֶׁחָטְאוּ וְשֶׁעָווּ וְשֶׁפָּשְׁעוּ לְפָנֶיךָ עַמְּךָ בֵּית יִשְׂרָאֵל.
כַּכָּתוּב בְּתוֹרַת מֹשֶׁה עַבְדֶּךָ מִפִּי כְבוֹדֶךָ
כִּי־בַיּוֹם הַזֶּה יְכַפֵּר עֲלֵיכֶם לְטַהֵר אֶתְכֶם ויקרא טז
מִכֹּל חַטֹּאתֵיכֶם לִפְנֵי יהוה

וְהַכֹּהֲנִים וְהָעָם הָעוֹמְדִים בָּעֲזָרָה
כְּשֶׁהָיוּ שׁוֹמְעִים אֶת הַשֵּׁם הַנִּכְבָּד וְהַנּוֹרָא
מְפֹרָשׁ יוֹצֵא מִפִּי כֹהֵן גָּדוֹל, בִּקְדֻשָּׁה וּבְטָהֳרָה

הקהל ושליח הציבור כורעים ומשתחווים.

הָיוּ כוֹרְעִים וּמִשְׁתַּחֲוִים וּמוֹדִים, וְנוֹפְלִים עַל פְּנֵיהֶם
וְאוֹמְרִים
בָּרוּךְ שֵׁם כְּבוֹד מַלְכוּתוֹ לְעוֹלָם וָעֶד.

הכול קמים על רגליהם, ושליח הציבור אומר:

וְאַף הוּא הָיָה מִתְכַּוֵּן כְּנֶגֶד הַמְבָרְכִים לִגְמֹר אֶת הַשֵּׁם
וְאוֹמֵר, תִּטְהָרוּ.
וְאַתָּה בְּטוּבְךָ מְעוֹרֵר רַחֲמֶיךָ, וְסוֹלֵחַ לַעֲדַת יְשֻׁרוּן.

הכול:

קָרָא לְאֶחָד מִן הַכֹּהֲנִים הַמְזֻמָּן מֵאֶתְמוֹל לְהוֹלִיכוֹ, וּמְסָרוֹ לוֹ
וְהוֹלִיכוֹ אֶל אֶרֶץ גְּזֵרָה לְמִדְבַּר שָׁמֵם
וּכְשֶׁהִגִּיעַ לַצּוּק חוֹלֵק לָשׁוֹן שֶׁל זְהוֹרִית שֶׁבְּקַרְנָיו
חֶצְיוֹ קוֹשֵׁר בְּסֶלַע, וְחֶצְיוֹ בֵּין קַרְנָיו
וּדְחָפוֹ בִּשְׁתֵּי יָדָיו לַאֲחוֹרָיו, וְהוּא הָיָה מִתְגַּלְגֵּל וְיוֹרֵד
וְלֹא הָיָה מַגִּיעַ לַחֲצִי הָהָר, עַד שֶׁנַּעֲשָׂה אֵבָרִים אֵבָרִים
וְאוֹמֵר, כָּךְ יִמָּחוּ עֲוֹנוֹת עַמְּךָ בֵּית יִשְׂרָאֵל.
רָץ לוֹ אֵצֶל הַפָּר וְאֵצֶל הַשָּׂעִיר הַנִּשְׂרָפִים, וּקְרָעָן
וְהוֹצִיא אֵמוּרֵיהֶם
וּנְתָנָם בְּמָגֵס לְהַקְטִירָם עַל גַּבֵּי הַמִּזְבֵּחַ
וּבְשָׂרָן קְלָעָן בְּמִקְלָעוֹת
וּמְשַׁלְּחָן בְּיַד אֲחֵרִים, לְהוֹצִיאָן לְבֵית הַשְּׂרֵפָה.
שָׁב וּבָא לְעֶזְרַת נָשִׁים, אַחַר שֶׁהִגִּיעַ הַשָּׂעִיר לַמִּדְבָּר
לִקְרוֹת בְּתוֹרַת כֹּהֲנִים פָּרָשַׁת אַחֲרֵי מוֹת וְאַךְ בֶּעָשׂוֹר
וְגוֹלֵל הַסֵּפֶר תּוֹרָה, וּמַנִּיחוֹ בְּחֵיקוֹ, וְאוֹמֵר
יוֹתֵר מִמַּה שֶּׁקָּרִיתִי לִפְנֵיכֶם כָּתוּב כָּאן
וּבֶעָשׂוֹר שֶׁבְּחֻמַּשׁ הַפְּקוּדִים קוֹרֵא עַל פֶּה
◄ וּמְבָרֵךְ לַאֲחֲרֵיהֶם שְׁמוֹנֶה בְּרָכוֹת
עַל הַתּוֹרָה וְעַל הָעֲבוֹדָה
וְעַל הַהוֹדָאָה וְעַל מְחִילַת הֶעָוֹן
וְעַל הַמִּקְדָּשׁ וְעַל יִשְׂרָאֵל
וְעַל הַכֹּהֲנִים וְעַל שְׁאָר הַתְּפִלָּה.

הכול:

תִּכֵּן צְעָדָיו וּבָא לְבֵית הַטְּבִילָה, וְקִדֵּשׁ יָדָיו וְרַגְלָיו
וּפָשַׁט בִּגְדֵי לָבָן, וְיָרַד וְטָבַל, עָלָה וְנִסְתַּפָּג
הֵבִיאוּ לוֹ בִּגְדֵי זָהָב וְלָבַשׁ, וְקִדֵּשׁ יָדָיו וְרַגְלָיו
וְעָשָׂה שָׂעִיר הַנַּעֲשָׂה בַחוּץ, שֶׁהוּא מִמּוּסַף הַיּוֹם
וְאַחַר כָּךְ מַקְרִיב אֶת אֵילוֹ וְאֶת אֵיל הָעָם
וּמִנְחָתָם וְנִסְכֵּיהֶם כְּמִשְׁפָּטָם
וּמַקְטִיר הָאֵמוּרִים שֶׁל פַּר וְשָׂעִיר הַנִּשְׂרָפִים
◂ וְאַחַר כָּךְ מַקְרִיב תָּמִיד שֶׁל בֵּין הָעַרְבַּיִם כְּהִלְכָתוֹ.

הכול:

אַחַר כַּלּוֹתוֹ מֵעֲשׂוֹת כָּל אֵלֶּה, עוֹד בָּא לוֹ לְבֵית הַטְּבִילָה
מַהֵר וְקִדֵּשׁ יָדָיו וְרַגְלָיו
וּפָשַׁט בִּגְדֵי זָהָב, וְיָרַד וְטָבַל, עָלָה וְנִסְתַּפָּג
הֵבִיאוּ לוֹ בִּגְדֵי לָבָן, לָבַשׁ וְקִדֵּשׁ יָדָיו וְרַגְלָיו
נִכְנַס לְבֵית קֹדֶשׁ הַקֳּדָשִׁים
לְהוֹצִיא אֶת הַכַּף וְאֶת הַמַּחְתָּה שֶׁהִכְנִיס בְּשַׁחֲרִית
וְעוֹד בָּא לוֹ לְבֵית הַטְּבִילָה, וְקִדֵּשׁ יָדָיו וְרַגְלָיו
וּפָשַׁט בִּגְדֵי לָבָן, וְיָרַד וְטָבַל, עָלָה וְנִסְתַּפָּג
הֵבִיאוּ לוֹ בִּגְדֵי זָהָב, לָבַשׁ וְקִדֵּשׁ יָדָיו וְרַגְלָיו
נִכְנַס לְהֵיכָל לְהַקְטִיר אֶת הַקְּטֹרֶת שֶׁל בֵּין הָעַרְבַּיִם
וּלְהַדְלִיק אֶת הַנֵּרוֹת כִּשְׁאָר יָמִים
וְיָצָא וְהִקְרִיב מִנְחַת הַתָּמִיד, וּמוֹתַר מִנְחַת חֲבִתִּין
וּמְנַסֵּךְ הַיַּיִן בְּכָל כְּלֵי שִׁיר כְּהִלְכָתוֹ
וְקִדֵּשׁ יָדָיו וְרַגְלָיו, וּפָשַׁט בִּגְדֵי זָהָב
◂ הֵבִיאוּ לוֹ בִּגְדֵי עַצְמוֹ וְלָבַשׁ, וּמְלַוִּין אוֹתוֹ עַד בֵּיתוֹ

וְיוֹם טוֹב הָיָה עוֹשֶׂה בְּצֵאתוֹ בְּשָׁלוֹם מִן הַקֹּדֶשׁ.
תהלים קמד אַשְׁרֵי הָעָם שֶׁכָּכָה לּוֹ, אַשְׁרֵי הָעָם שֶׁיהוה אֱלֹהָיו:

הכול:

וּבְכֵן, כְּמוֹ שֶׁשָּׁמַעְתָּ תְּפִלַּת כֹּהֵן גָּדוֹל בְּהֵיכָל
כְּמוֹ כֵן מִפִּינוּ תִּשְׁמַע וְתוֹשִׁיעַ.

יְהִי רָצוֹן מִלְּפָנֶיךָ יהוה אֱלֹהֵינוּ וֵאלֹהֵי אֲבוֹתֵינוּ
שֶׁתְּהֵא הַשָּׁנָה הַזֹּאת הַבָּאָה עָלֵינוּ
וְעַל כָּל עַמְּךָ בֵּית יִשְׂרָאֵל, בְּכָל מָקוֹם שֶׁהֵם

סימן א״ב

שְׁנַת אוֹרָה שְׁנַת בְּרָכָה
שְׁנַת גִּילָה שְׁנַת דִּיצָה
שְׁנַת הוֹד שְׁנַת וַעַד טוֹב
שְׁנַת זִמְרָה שְׁנַת חֶדְוָה
שְׁנַת טוֹבָה שְׁנַת יְשׁוּעָה
שְׁנַת כַּלְכָּלָה שְׁנַת לִמּוּד
שְׁנַת מְנוּחָה שְׁנַת נֶחָמָה
שְׁנַת שָׂשׂוֹן שְׁנַת עֶלְצוֹן
שְׁנַת פְּדוּת שְׁנַת צָהֳלָה
שְׁנַת קוֹמְמִיּוּת שְׁנַת קִבּוּץ גָּלֻיּוֹת
שְׁנַת קִבּוּל תְּפִלּוֹת שְׁנַת רָצוֹן
שְׁנַת שָׁלוֹם שָׁנָה טְלוּלָה, גְּשׁוּמָה אִם שְׁחוּנָה
שְׁנַת שֹׂבַע שָׁנָה שֶׁתּוֹלִיכֵנוּ בָהּ קוֹמְמִיּוּת לְאַרְצֵנוּ
שָׁנָה שֶׁתְּדַבֵּר בָּהּ עַמִּים תַּחְתֵּינוּ
שָׁנָה שֶׁתִּכְתְּבֵנוּ בָהּ לְחַיִּים טוֹבִים
שָׁנָה שֶׁלֹּא יִצְטָרְכוּ עַמְּךָ בֵּית יִשְׂרָאֵל לְפַרְנָסָה זֶה לָזֶה
וְלֹא לְעַם אַחֵר
שָׁנָה שֶׁתַּעֲצֹר הַמַּגֵּפָה וְהַמַּשְׁחִית מֵעָלֵינוּ
וּמֵעַל כָּל עַמְּךָ בֵּית יִשְׂרָאֵל
שָׁנָה שֶׁלֹּא תַפִּיל אִשָּׁה פְּרִי בִטְנָהּ.

שליח הציבור:

וּבְכֵן, וְעַתָּה יהוה אֱלֹהֵינוּ, עַל רַחֲמֶיךָ הָרַבִּים אָנוּ בְטוּחִים
וְעַל חֲסָדֶיךָ אָנוּ נִשְׁעָנִים, וְלִסְלִיחוֹתֶיךָ אָנוּ מְקַוִּים
כִּי אַתָּה אֵל רַחוּם וְחַנּוּן, אֶרֶךְ אַפַּיִם וְרַב חֶסֶד
וּמַרְבֶּה לְהֵיטִיב
וּמַנְהִיג אֶת הָעוֹלָם כֻּלּוֹ בְּמִדַּת הַחֶסֶד וּבְמִדַּת הָרַחֲמִים.
כַּכָּתוּב בְּתוֹרַת מֹשֶׁה עַבְדֶּךָ:
וַיֹּאמֶר, אֲנִי אַעֲבִיר כָּל־טוּבִי עַל־פָּנֶיךָ, וְקָרָאתִי בְשֵׁם יהוה לְפָנֶיךָ שמות לג
וְחַנֹּתִי אֶת־אֲשֶׁר אָחֹן, וְרִחַמְתִּי אֶת־אֲשֶׁר אֲרַחֵם:

לאחר סדר העבודה אומרים כמה פיוטי מעבר לסליחות. הפיוטים פותחים בגעגוע לעבודת המקדש, ממשיכים בתיאור ההווה הקודר, בבקשת מחילה על עוונות ישראל, ומסיימים בתפילה לגאולה.

ראוי ששליח הציבור יאמר פיוטים אלה כחלק מחזרת הש״ץ. עם זאת, ברוב הקהילות נוהגים שהקהל אומר את כל הפיוטים יחד, ושליח הציבור אומר בקול את השורה האחרונה בכל תחינה (ויש שליחי ציבור שאינם אומרים בקול עד ׳מַה נְּדַבֵּר׳ בעמ׳ 336).

וּבְכֵן, מַה נֶּהְדָּר הָיָה כֹּהֵן גָּדוֹל, בְּצֵאתוֹ בְּשָׁלוֹם מִן הַקֹּדֶשׁ.

מבין הפיוטים שלאחר סדר העבודה, הפיוט ׳מַרְאֵה כֹהֵן׳ היה היחיד שבמרוצת הדורות נהגו לקצרו. בדורות האחרונים הוא קיבל מעמד מיוחד, בשל הלחן הקליט שהותאם לו. היום נוהגים ברוב הקהילות לשיר את כולו.

סימן א״ב

כְּאֹהֶל הַנִּמְתָּח בְּדָרֵי מַעְלָה — מַרְאֵה כֹהֵן
כִּבְרָקִים הַיּוֹצְאִים מִזִּיו הַחַיּוֹת — מַרְאֵה כֹהֵן
כְּגֹדֶל גְּדִילִים בְּאַרְבַּע קְצָווֹת — מַרְאֵה כֹהֵן
כִּדְמוּת הַקֶּשֶׁת בְּתוֹךְ הֶעָנָן — מַרְאֵה כֹהֵן
כְּהוֹד אֲשֶׁר הִלְבִּישׁ צוּר לִיצוּרִים — מַרְאֵה כֹהֵן
כְּוֶרֶד הַנָּתוּן בְּתוֹךְ גִּנַּת חֶמֶד — מַרְאֵה כֹהֵן
כְּזֵר הַנָּתוּן עַל מֵצַח מֶלֶךְ — מַרְאֵה כֹהֵן
כְּחֶסֶד הַנִּתָּן עַל פְּנֵי חָתָן — מַרְאֵה כֹהֵן
כְּטֹהַר הַנָּתוּן בְּצָנִיף טָהוֹר — מַרְאֵה כֹהֵן

כְּיוֹשֵׁב בְּסֵתֶר לְחַלּוֹת פְּנֵי מֶלֶךְ מַרְאֵה כֹהֵן
כְּכוֹכַב הַנֹּגַהּ בִּגְבוּל מִזְרָח מַרְאֵה כֹהֵן

יש קהילות שבהן אין אומרים את המשך הפיוט.

כִּלְבוּשׁ מְעִיל וּכְשִׁרְיַן צְדָקָה מַרְאֵה כֹהֵן
כְּמַלְאָךְ הַנִּצָּב עַל רֹאשׁ דֶּרֶךְ מַרְאֵה כֹהֵן
כְּנֵר הַמֵּצִיץ מִבֵּין הַחַלּוֹנוֹת מַרְאֵה כֹהֵן
כְּשָׂרֵי צְבָאוֹת בְּרֹאשׁ עַם קֹדֶשׁ מַרְאֵה כֹהֵן
כְּעֹז אֲשֶׁר הִלְבִּישׁ טָהוֹר לַמִּטַּהֵר מַרְאֵה כֹהֵן
כְּפַעֲמוֹנֵי זָהָב בְּשׁוּלֵי הַמְּעִיל מַרְאֵה כֹהֵן
כְּצוּרַת הַבַּיִת וּפָרֹכֶת הָעֵדוּת מַרְאֵה כֹהֵן
כִּקְהִלָּה מְכֻסָּה תְּכֵלֶת וְאַרְגָּמָן מַרְאֵה כֹהֵן
כְּרוֹאֵי זְרִיחַת שֶׁמֶשׁ עַל הָאָרֶץ מַרְאֵה כֹהֵן
כְּשׁוֹשַׁנַּת גַּן מִבֵּין הַחוֹחִים מַרְאֵה כֹהֵן
כְּתַבְנִית כְּסִיל וְכִימָה מִתֵּימָן מַרְאֵה כֹהֵן

שליח הציבור:

כָּל אֵלֶּה בִּהְיוֹת הַהֵיכָל עַל יְסוֹדוֹתָיו, וּמִקְדַּשׁ הַקֹּדֶשׁ עַל מְכוֹנוֹתָיו
וְכֹהֵן גָּדוֹל עוֹמֵד וּמְשָׁרֵת, דּוֹרוֹ רָאוּ וְשָׂמֵחוּ.

אַשְׁרֵי עַיִן רָאֲתָה כָּל אֵלֶּה
הֲלֹא לְמִשְׁמַע אֹזֶן דָּאֲבָה נַפְשֵׁנוּ.

הכול:

סימן א״ב

אַשְׁרֵי עַיִן רָאֲתָה אָהֳלֵנוּ / בְּשִׂמְחַת קְהָלֵנוּ
הֲלֹא לְמִשְׁמַע אֹזֶן דָּאֲבָה נַפְשֵׁנוּ.

אַשְׁרֵי עַיִן רָאֲתָה גִּילֵנוּ / דִּיצַת צַהֲלֵנוּ
הֲלֹא לְמִשְׁמַע אֹזֶן דָּאֲבָה נַפְשֵׁנוּ.

אַשְׁרֵי עַיִן רָאֲתָה הַמְשׁוֹרְרִים / וְכָל מִינֵי שִׁירִים
הֲלֹא לְמִשְׁמַע אֹזֶן דָּאֲבָה נַפְשֵׁנוּ.

אַשְׁרֵי עַיִן רָאֲתָה זְבוּל הַמִּתְכָּן / חַי בּוֹ שָׁכַן
הֲלֹא לְמִשְׁמַע אֹזֶן דָּאֲבָה נַפְשֵׁנוּ.

אַשְׁרֵי עַיִן רָאֲתָה טִירוֹת כְּגֶלֶף / יוֹנְקֵי כֹהֲנִים, עֶשְׂרִים וְאַרְבָּעָה אֶלֶף
הֲלֹא לְמִשְׁמַע אֹזֶן דָּאֲבָה נַפְשֵׁנוּ.

אַשְׁרֵי עַיִן רָאֲתָה כְּבוֹד מְנוֹרוֹת / לְאֶחָד וַעֲשָׂרָה כִּיּוֹרוֹת
הֲלֹא לְמִשְׁמַע אֹזֶן דָּאֲבָה נַפְשֵׁנוּ.

אַשְׁרֵי עַיִן רָאֲתָה מִזְבַּח מִקְטַר קְטֹרֶת / נֵזֶר עָלָיו כַּעֲטֶרֶת
הֲלֹא לְמִשְׁמַע אֹזֶן דָּאֲבָה נַפְשֵׁנוּ.

אַשְׁרֵי עַיִן רָאֲתָה שִׂמְחַת בֵּית הַשּׁוֹאֵבָה
עִם שׁוֹאֶבֶת רוּחַ הַקֹּדֶשׁ, רוּחַ נְדִיבָה
הֲלֹא לְמִשְׁמַע אֹזֶן דָּאֲבָה נַפְשֵׁנוּ.

אַשְׁרֵי עַיִן רָאֲתָה פְּרִישַׁת כֹּהֵן בְּרֶשֶׁם / צוֹעֵק אָנָּא הַשֵּׁם
הֲלֹא לְמִשְׁמַע אֹזֶן דָּאֲבָה נַפְשֵׁנוּ.

אַשְׁרֵי עַיִן רָאֲתָה קְהַל קְדוֹשִׁים / רוֹגְשִׁים בְּבֵית קֹדֶשׁ הַקֳּדָשִׁים
הֲלֹא לְמִשְׁמַע אֹזֶן דָּאֲבָה נַפְשֵׁנוּ.

אַשְׁרֵי עַיִן רָאֲתָה שָׁנִי הַמְּלֻבָּן / מִשְּׂעִיר הַקָּרְבָּן
הֲלֹא לְמִשְׁמַע אֹזֶן דָּאֲבָה נַפְשֵׁנוּ.

אַשְׁרֵי עַיִן רָאֲתָה תְּמִידִים קְרֵבִים / בְּשַׁעַר בַּת רַבִּים
הֲלֹא לְמִשְׁמַע אֹזֶן דָּאֲבָה נַפְשֵׁנוּ.

שליח הציבור:

עֲוֹנוֹת אֲבוֹתֵינוּ הֶחֱרִיבוּ נָוֶה, וְחַטֹּאתֵינוּ הֶאֱרִיכוּ קִצּוֹ
אֲבָל זִכְרוֹן דְּבָרִים תְּהֵא סְלִיחָתֵנוּ, וְעִנּוּי נַפְשֵׁנוּ תְּהֵא כַפָּרָתֵנוּ
עַל כֵּן בְּרַחֲמֶיךָ הָרַבִּים נָתַתָּ לָנוּ אֶת יוֹם הַכִּפּוּרִים הַזֶּה
וְאֶת יוֹם מְחִילַת הֶעָוֹן הַזֶּה, לִסְלִיחַת עָוֹן וּלְכַפָּרַת פֶּשַׁע.

יוֹם אָסוּר בַּאֲכִילָה / יוֹם אָסוּר בִּשְׁתִיָּה
יוֹם אָסוּר בִּרְחִיצָה / יוֹם אָסוּר בְּסִיכָה
יוֹם אָסוּר בְּתַשְׁמִישׁ הַמִּטָּה / יוֹם אָסוּר בִּנְעִילַת הַסַּנְדָּל
יוֹם שִׂימַת אַהֲבָה וְרֵעוּת / יוֹם עֲזִיבַת קִנְאָה וְתַחֲרוּת
יוֹם שֶׁתִּמְחַל לְכָל עֲוֹנוֹתֵינוּ.

וּבָעֵת וּבָעוֹנָה הַזֹּאת
גָּלוּי וְיָדוּעַ לִפְנֵי כִסֵּא כְבוֹדֶךָ
שֶׁאֵין לָנוּ כְּיָמִים רִאשׁוֹנִים
לֹא כֹהֵן גָּדוֹל לְהַקְרִיב קָרְבָּן
וְלֹא מִזְבֵּחַ לְהַעֲלוֹת עָלָיו עוֹלָה וְכָלִיל.

שליח הציבור:

וּמֵרֹב עֲוֹנֵינוּ אֵין לָנוּ

הכול:

סימן א״ב כפול

לֹא אִשִּׁים וְלֹא אָשָׁם / לֹא בַדִּים וְלֹא בְלוּלָה
לֹא גוֹרָל וְלֹא גַחֲלֵי אֵשׁ / לֹא דְבִיר וְלֹא דַקָּה
לֹא הֵיכָל וְלֹא הַזָּיָה / לֹא וִדּוּי וְלֹא וָעַד
לֹא זֶבַח וְלֹא זְרִיקָה / לֹא חַטָּאת וְלֹא חֲלָבִים
לֹא טְבִילָה וְלֹא טָהֳרָה / לֹא יְרוּשָׁלַיִם וְלֹא יַעַר הַלְּבָנוֹן
לֹא כִיּוֹר וְלֹא כַנּוֹ / לֹא לְבוֹנָה וְלֹא לֶחֶם הַפָּנִים
לֹא מִזְבֵּחַ וְלֹא מִנְחָה / לֹא נִיחֹחַ וְלֹא נְסָכִים
לֹא סֹלֶת וְלֹא סַמִּים / לֹא עֵרֶךְ וְלֹא עוֹלָה
לֹא פָרֹכֶת וְלֹא פַר חַטָּאת / לֹא צִיּוֹן וְלֹא צִיץ הַזָּהָב
לֹא קְטֹרֶת וְלֹא קָרְבָּן / לֹא רֹקַח וְלֹא רֵיחַ נִיחֹחַ
◂ לֹא שַׁי וְלֹא שְׁלָמִים / לֹא תוֹדָה וְלֹא תְמִידִים.

שליח הציבור:

כִּי בַעֲוֹנוֹתֵינוּ וּבַעֲוֹנוֹת אֲבוֹתֵינוּ
חָסַרְנוּ כָּל אֵלֶּה.
וּמֵעֵת חָסַרְנוּ כָּל אֵלֶּה

הכול:

סימן תשר״ק (כפול)

תָּכְפוּ עָלֵינוּ צָרוֹת / תְּלָאוֹת עָבְרוּ רֹאשֵׁנוּ
שִׁחַרְנוּ יְשׁוּעָה וָאַיִן / שָׁלוֹם וְהִנֵּה קְפָדָה
רַבּוּ הַקָּמִים עָלֵינוּ / רָמוּ וְגַם נָשְׂאוּ רֹאשׁ
קָצְנוּ בְּעֹל עַלִּיזִים / קָשֶׁה עָלֵינוּ סִבְלָם
צְבִי אֶרֶץ חֲנֻפָה עָלֵינוּ / צָמְחָה וְלֹא לִבְרָכָה
פָּנִינוּ לְהַרְבֵּה וְהִנֵּה מְעַט / פַּח נֶפֶשׁ בָּא בַאֲסָמֵינוּ
עָשְׁקוּ זֵיתִים שַׁמְנָם / עֲשׁוּתָם, וְלֹא מָלְאוּ שֶׁפֶק
סְמָדַר אִם יַרְבֶּה כֶּרֶם / סָבְאוּ לֹא יַשְׁפִּיעַ יֶקֶב
נֵאָרְרוּ אִבֵּי שָׂדֶה / נִלְקְחוּ מַטְעַמֵּי אֹכֶל
מִמִּכְלְאוֹת צֹאן עֲדָרִים דָּלְלוּ / מִגֵּז וּמִמִּיץ וּמֵהֶרָיוֹן
לְזָנָב וְלֹא לְרֹאשׁ הוּשַׁתְנוּ / לָעֶבֶט, וְלֹא הָעֲבֹט לָנוּ
כֹּחֵנוּ לָרִיק וּבֶהָלָה / כָּלָה מִבְּלִי שָׂכָר
יַד כָּל עָמֵל בְּכִשְׁרוֹן / יָרְדָה, וְאֵין מִי יַחֲזִיק
טִלְטְלוּ מַיִם וְעַד יָם / טַרְפָּם לֹא סָפַק לָמוֹ
חֲשֵׁכָה לְעַיִן מִשְׁתַּכֵּר / חֹשֵׁב שְׂכָרוֹ לְמַפָּח
זְעָמוּ מַלְוֶה וְלֹוֶה / זֶה בְּזֶה שָׁלְחוּ מֵעָתָּה
וְנִלְאוּ יְדֵי מַמְצִיאֵי יָד / וְעָשִׁיר לֹא חוֹנֵן רָשׁ
הֵן אֶרֶץ נִמְכְּרָה בְּיַד רָעִים / הָמוֹן בָּהּ לֹא מָצְאוּ רֶוַח
דְּבִיר בֵּית אֱלֹהֵינוּ שָׁמֵם / דְּרָכֵינוּ מֵאֲנוּ לְהַצְלִיחַ
גִּיל נְוֵה שַׁבָּת / גִּילָה לִלְבָבֵנוּ מַה נָּעַל
בְּאֵין אֳרַחַת אָב תָּמִיד / בְּכֵן בֶּטֶן בָּנִים תֶּחְסַר
▸ אֲדוֹן בַּיִת, כְּאוֹרֵחַ בַּמָּלוֹן / אֵיפֹה נִמְצָא מָנוֹחַ.

שליח הציבור:

וּמִשֶּׁחָרֵב בֵּית מִקְדָּשֵׁנוּ

סימן תשר״ק

הכול:

תַּנּוּת צָרוֹת לֹא נוּכַל / שֶׁבֶר בְּכָל יוֹם וַאֲנָחָה
רָבְתָה בָנוּ חַלְחָלָה / קֶרֶן יָרְדָה עַד עָפָר
צָרֵי עַיִן מָצְאוּ יָד / פּוֹעֲלֵי שֶׁקֶר עָשׂוּ חָיִל
עוֹשֵׂי צְדָקָה לֹא נִרְאוּ / שׂוֹנְאֵי בֶצַע לֹא עָמָדוּ
נִדְמֵינוּ כִּכְלִי רִיק / מִכֹּל נִשְׁאַרְנוּ עֲרֻמִּים
לֹא נָבִיא וְלֹא חָזוֹן בָּנוּ / כְּעִוְרִים נְגַשֵּׁשׁ וְנֵלֵךְ
יוֹם יוֹם נֹאמַר מַה בְּסוֹפֵנוּ / טוֹב מָוֶת מֵחַיִּים אָמַרְנוּ
חַיֵּינוּ תְּלוּאִים מִנֶּגֶד / זָרִים לְרֹאשׁ, וַאֲנַחְנוּ לְזָנָב
וּמַה נַּעֲשֶׂה, וְחַטֹּאתֵינוּ עָשׂוּ / הֵן אָנוּ כְּלֹא הָיִינוּ
דַּלִּים נִבְזִים וּשְׁפָלִים / גְּעוּלִים מְאוּסִים וּבְזוּיִים
בְּנֵי נֵכָר מָשְׁלוּ בָנוּ / אָמַרְנוּ נִגְזַרְנוּ אָבָדְנוּ
› אָדוֹן הָקֵל עָלֵינוּ / וּשְׁלַח יֶשַׁע לְגָאֳלֵנוּ.

שליח הציבור:

אֱלֹהֵינוּ וֵאלֹהֵי אֲבוֹתֵינוּ

סימן א״ת ב״ש

הכול:

אַל תַּעַשׂ עִמָּנוּ כָּלָה / תֹּאחֵז יָדְךָ בַּמִּשְׁפָּט
בְּבֹא תוֹכֵחָה לְנֶגְדֶּךָ / שְׁמֵנוּ מִסִּפְרְךָ אַל תֶּמַח
גִּשְׁתְּךָ לַחְתֹּם מוּסָר / רַחֲמֶיךָ יְקַדְּמוּ רָגְזֶךָ
דַּלּוּת מַעֲשִׂים בְּשׁוּרֶךָ / קָרֵב צֶדֶק מֵאֵלֶיךָ
הוֹרֵנוּ מַה שֶּׁנִּצְעַק לְפָנֶיךָ / צַו יְשׁוּעָתֵנוּ בְּמַפְגִּיעַ
וְתָשִׁיב שְׁבוּת אָהֳלֵי תָם / פְּתָחָיו רְאֵה כִּי שָׁמֵמוּ
זְכֹר שַׁחְתָּ לֹא תִשָּׁכַח / עֵדוּת מִפִּי זַרְעוֹ
חוֹתַם תְּעוּדָה תַּתִּיר / סוֹדְךָ שִׂים בְּלִמּוּדֶךָ
טַבּוּר אַגַּן הַסַּהַר / נָא אַל יֶחְסַר הַמָּזֶג
יָדַע אֶת אֲשֶׁר יְדָעוּךָ / מַגֵּר עַם לֹא יְדָעוּךָ
› כִּי תָשִׁיב לְבִצָּרוֹן / לְכוּדִים אֲסִירֵי הַתִּקְוָה.

שליח הציבור:

וְהֵן אָנוּ עַתָּה

סימן תשר״ק

הכול:

כְּתוֹעִים וְאֵין לְבַקֵּשׁ / כִּשְׁבוּיִים וְאֵין לְשׁוֹבֵב
כִּרְעֵבִים וְאֵין לְהַאֲכִיל / כִּקְנוּיִים וְאֵין לִקְנוֹת
כִּצְמֵאִים וְאֵין לְהַשְׁקוֹת / כִּפְתָאִים וְאֵין לְלַמֵּד
כַּעֲיֵפִים וְאֵין לְהָשִׁיב / כִּשְׂנוּאִים וְאֵין לֶאֱהֹב
כְּנֶהֱדָפִים וְאֵין לְקָרֵב / כִּמְנֻדִּים וְאֵין לְהַתִּיר
כִּלְקוּחִים וְאֵין אֲדוֹנִים / כִּכְפוּפִים וְאֵין לִזְקֹף
כִּיתוֹמִים וְאֵין לָהֶם אָב / כִּטְמֵאִים וְאֵין לְטַהֵר
כַּחֲסֵרִים וְאֵין לְמַלְאוֹת / כִּזְנוּחִים וְאֵין לִזְכֹּר
כְּהוֹמִים וְאֵין לָהֶם מְנוּחָה / כְּדַלִּים וְאֵין לְחָנְנָם
כְּגֵרִים וְאֵין לְקַבֵּל / כִּבְזוּיִים וְאֵין לְכַבֵּד
◂ כַּאֲבֵלִים וְאֵין מְנַחֵם / כַּאֲנוּסִים וְאֵין מָנוֹס.

שליח הציבור:

אֱלֹהֵינוּ וֵאלֹהֵי אֲבוֹתֵינוּ

סימן תשר״ק

הכול:

אִם תָּעִינוּ לֹא תַתְעֵנוּ / אִם שָׁגַגְנוּ לֹא תַשְׁלֵנוּ
אִם רָחַקְנוּ קָרֵב נָא / אִם קָרַבְנוּ לֹא תִרְחָק
אִם צָעַקְנוּ לֹא תַעְלִים / אִם פָּשַׁעְנוּ לֹא תִפְרָע
אִם עָוִינוּ לֹא תַסְתִּיר / אִם סַרְנוּ לֹא תָסוּר
אִם נָקַמְנוּ לֹא תִטֹּר / אִם מָרִינוּ לֹא כְמִרְיֵנוּ
אִם לַצְנוּ לֹא תִלְחַם / אִם כִּחַשְׁנוּ לֹא תְכַלֶּה
אִם יָרַדְנוּ לֹא תַטְבִּיעַ / אִם טָעִינוּ לֹא תְטַאטְאֵנוּ
אִם חָבַלְנוּ לֹא תְחַבֵּל / אִם זַדְנוּ לֹא תִזְכֹּר
אִם וִכַּחְנוּ לֹא תוֹכִיחַ / אִם הִרְשַׁעְנוּ לֹא תֶהְדֹּף
אִם דָּפַקְנוּ לֹא תִדְחֶה / אִם גָּעַלְנוּ לֹא תִגְעַל
◂ אִם בָּאנוּ לֹא תִמְאַס / אִם אָשַׁמְנוּ לֹא תְאַבֵּד.

שליח הציבור:

וּמֵרֹב עֲוֹנֵינוּ

הכול:

סימן תשר״ק

תַּאֲוַת לֵב לֹא הִשַּׂגְנוּ / שֶׁקֶט קִוִּינוּ וַיָּבֹא רֹגֶז
רוּם קֶרֶן וְהִנֵּה שִׁפְלָה / קָרְבָה יְשׁוּעָה אָמַרְנוּ וְנִתְרַחֲקָה
צִפִּינוּ לְטוֹבָה וּבָרְחָה מִמֶּנּוּ / פַּח נֶפֶשׁ בָּא בַּאֲסָמֵינוּ
עִצָּבוֹן בְּמִשְׁלַח יָדֵינוּ / שִׂמְחָה עָרְבָה מֵאֶרֶץ
נֶאֱרוּ יְבוּלֵי בִרְכוֹתֶיהָ / מְעַט מֵהַרְבֵּה נָבִיא
לַחְמָהּ לְרָזוֹן וְלֹא לְשֹׂבַע / כֹּחָהּ לֹא תוֹסִיף תֵּת
יְדֵי עֲמֵלֶיהָ מוֹטָטוּ / טַרְפָּם לֹא יִמְצְאוּ בָהּ
חֵלֶב מִשְׁמַנֶּיהָ לְזָרִים / זְמוֹרוֹת עֲדָנֶיהָ לְנָכְרִים
וְנִמְכְּרָה אֶרֶץ בְּיַד רָעִים / הוֹן בֶּצַע לֹא מָצְאוּ בָהּ
דִּמִּינוּ גַם מִמְצֹא יָד / גָּלָה שְׂכַר הַיְצוּרִים
› בֵּית מִקְדַּשׁ אֵל חָרֵב / אָסַף חֶסֶד מִכָּל אֱנוֹשׁ.

שליח הציבור:

אֱלֹהֵינוּ וֵאלֹהֵי אֲבוֹתֵינוּ

הכול:

סימן א״ב

תֹּאמַר לִמְחוֹת אֲשָׁמֵינוּ / תָּבֹא לְחַדֵּשׁ יָמֵינוּ
תְּגַלֶּה שְׁנַת שְׁלוֹמֵנוּ / תַּדְגִּיל לְגַדֵּל אֶת שְׁמֵנוּ
תֶּהְדֹּף מֵהֲדוֹם מִתְקוֹמְמֵינוּ / תּוֹפִיעַ מִמָּרוֹם לְרוֹמְמֵנוּ
תִּזְכֹּר רַחֲמֶיךָ לְרַחֲמֵנוּ / תָּחִישׁ מְנַחֵם לְנַחֲמֵנוּ
תְּטַהֵר שִׁמְצַת גֵּוֵינוּ / תְּיַדַּע כִּי אַתָּה הוּא אֱלֹהֵינוּ
תְּכַפֵּר עֲוֹן זְדוֹנֵנוּ / תִּלְוִי רֹאשׁ תִּתֵּן לְהַחֲיֵנוּ
תִּמְחַל עִקְּשׁוּת מִרְיֵנוּ / תִּנְאַם לְהַעֲצִים פִּרְיֵנוּ
תַּסְכִּית שְׁפִיכַת שִׂיחֵנוּ / תַּעֲנֶה עֶתֶר פִּצְחֵנוּ
תִּפְנֶה לְקוֹמֵם מִזְבְּחֵנוּ / תַּצְדִּיק נִיב שְׂפָתֵינוּ
תְּקָרֵב קֵץ מְשִׁיחֵנוּ / תִּרְצֶה רֵיחַ נִיחוֹחֵנוּ
› תְּשׁוֹבֵב מִקְצְווֹת נִדּוּחֵינוּ / תִּתְמְכֵנוּ, וּכְאֵזוֹר תַּדְבִּיקֵנוּ.

שליח הציבור:

אֱלֹהֵינוּ וֵאלֹהֵי אֲבוֹתֵינוּ

סימן א״ב

הכול:

אוֹרְךָ תַּזְרִיחַ לַחֲשׁוּכָה / בְּרַחֲמִים תָּשׁוּב אֵלֶיהָ
גַּלֵּה יוֹם נָקָם בְּלֵב / דְּבָרְךָ תִּשְׁלַח וְתִרְפָּאֵנוּ
הָאֵר פָּנֶיךָ אֵלֵינוּ / וְאַל תִּשְׁכָּחֵנוּ לָנֶצַח
זְכוּת הֲרָרֵי קֶדֶם זְכֹר / חַטֹּאת נְעוּרִים אַל תִּזְכֹּר
טֻמְאָה מֵעָלֵינוּ תָסִיר / יְדִידוּת נַפְשְׁךָ אַל תִּשְׁכַּח
כְּלוּלוֹת אַהֲבָתֵנוּ תִּזְכֹּר / לֶכְתֵּנוּ אַחֲרֶיךָ בַּמִּדְבָּר
מָשְׁכֵנוּ וְנָרוּץ אַחֲרֶיךָ / נְחֵנוּ וַהֲבִיאֵנוּ אֶל חֲדָרֶיךָ
סְעָדֵנוּ וְסָמְכֵנוּ וּנְחִיֶה / עֵת כִּי תַשְׁמִיעֵנוּ קוֹלֶךָ
פְּצֵנוּ מִשְּׁאוֹן גַּלִּים / צוּלָה תַּחֲרִיב בְּאַפֶּךָ
קוּמָה בַּחֲרוֹנְךָ עַל גֵּאִים / רוֹמָה בְעֻזְּךָ וְרוֹמֵם שְׁפָלִים
שְׁבֹר זְרוֹעַ מַלְכוּת רֶשַׁע / תִּמְלֹךְ לְבַדְּךָ בְּקוֹרְאֵי שְׁמֶךָ
תּוֹדִיעַ לְעֵין כָּל אֻמִּים / כִּי אֵין אֱלוֹהַּ בִּלְעָדֶיךָ
◂ כִּי תְבִיאֵנוּ לְהַר קָדְשֶׁךָ / וּתְשַׂמְּחֵנוּ בְּבֵית תְּפִלָּתֶךָ.

שליח הציבור:

אֱלֹהֵינוּ וֵאלֹהֵי אֲבוֹתֵינוּ

סימן א״ב משולש

הכול:

אֹפֶל אַלְמָנָה תָּאִיר / בֹּהוּ בוֹכִיָּה תַּבְהִיק
גִּיל גַּלְמוּדָה תַּגִּישׁ / דֶּלֶף דִּמְעָתָהּ תַּדְמִים
הַר הַשָּׁמֵם תְּהַדֵּר / וְתָשׁוּב, וְאֵלָיו תּוֹפִיעַ
זֹהַר זְבוּלְךָ תַּזְרִיחַ / חֲדַר חֻפָּתְךָ תְּחַדֵּשׁ
טֶנֶף טֻמְאָתָהּ תְּטַהֵר / יְפִי יְקָרַת תְּיַסְּדָהּ
כַּדְכֹּד כְּבוּדָּה תְּכוֹנְנֶהָ / לְאוֹרָהּ לְאֻמִּים תְּלַוֶּה
מֶלֶךְ, מִכְּבוֹדְךָ תְּמַלְּאֶהָ / נֵצַח נְצָחִים תְּנוֹסְסָהּ
שֹׂבַע שְׂמָחוֹת תַּשְׂבִּיעָהּ / עֲנַן עָשָׁן תְּעַטְּרָהּ
פִּנַּת פִּתְחֶיהָ תְּפָאֵר / צֶדֶק צְנוּעִים תַּצְמִיחַ
קָמֵי קְהָלֶיהָ תָּקִיא / רֶגֶשׁ רְגָלִים תָּרִיץ

שְׁבָטִים שְׂכְחַת תְּשׁוֹבֵב / תִּקְרָא, תִּשְׁרֹק, תִּתְקַע
◂ תְּבִיאֵם לְהַר קָדְשֶׁךָ / וּתְשַׂמְּחֵם בְּבֵית תְּפִלָּתֶךָ.

שליח הציבור:

אֱלֹהֵינוּ וֵאלֹהֵי אֲבוֹתֵינוּ

הכול: סימן תשר״ק

תִּתֵּן אַחֲרִית לְעַמֶּךָ / תָּשִׁיב מִקְדָּשׁ לְתוֹכֵנוּ
תְּרוֹמֵם הַר מְרוֹם הָרִים / תְּקוֹמֵם קֶרֶן גְּדוּעָה
תַּצְהִיר מַחֲשַׁכֵּי אִוּוּי / תְּפָאֵר יוֹשֶׁבֶת בָּדָד
תַּעְטֶה בָּהּ מְלוּכָה לְבַדֶּךָ / תָּסִיר חֶרְפָּה מֵעִיר
תְּנַעֵר זֵדִים מִזְּבוּלֶךָ / תַּמְצִיא צְדָקָה לַעֲדָתֶךָ
תְּלַבֵּב אֶת רַעְיָתֶךָ / תִּכְרֹת לָהּ בְּרִית חֲדָשָׁה
תִּיקַר נַפְשָׁהּ בְּעֵינֶיךָ / תְּטַהֲרֶנָּה בְּמַיִם טְהוֹרִים
תַּחֲנֶה בְּעִיר חָנָה דָוִד / תְּזַקֵּף קוֹמַת תְּמָרָה
תּוֹדִיעַ לַכֹּל אַהֲבָתֵנוּ / תְּהַלֵּךְ בְּקֶרֶב מַחֲנוֹתֵינוּ
תִּדְרֹשׁ גְּאֻלָּה לְגָלוּתֵנוּ / תְּגַלֶּה קֵץ לְקִנּוּתֵנוּ
◂ תָּבֹא מְהֵרָה לְנַחֲמֵנוּ / תַּאֲמִירֵנוּ לָךְ וְנַאֲמִירְךָ לָנוּ.

הפיוט האחרון בסדרה הוא פיוט סליחה, המשלב וידוי על חטאי ישראל ומצדיק את הדין.

שליח הציבור:

וּמֵרֹב עֲוֹנֵינוּ

הכול: סימן תשר״ק

תָּעִינוּ מֵאַחֲרֶיךָ / שָׁגַגְנוּ מִמִּצְוֹתֶיךָ
רָחַקְנוּ מִבֵּית חַיֵּינוּ / קִלְקַלְנוּ אָרְחוֹת עוֹלָם
צְעָדֵינוּ לֹא יִשַּׁרְנוּ / פָּשַׁעְנוּ לְשֵׁם קָדְשֶׁךָ
עֲזַבְנוּ תוֹרָתֶךָ / סַרְנוּ מֵאִמְרֵי פִיךָ
נִאַצְנוּךָ בְּמַעֲשֵׂה יָדֵינוּ / מָרִינוּ וּמָרַדְנוּ בָךְ
לֹא הִקְשַׁבְנוּ לְדִבְרֵי נְבִיאֶיךָ / כִּעַסְנוּךָ וְלֹא בִקַּשְׁנוּךָ
יִרְאָתְךָ מִלֵּב שָׁכַחְנוּ / טַהֲרָתְךָ בְּמַעֲשֵׂינוּ טִמֵּאנוּ
חָטָאנוּ לְךָ יהוה אֱלֹהֵינוּ / זְעַמְנוּךָ מֵרֹב עֲוֹנֵינוּ

וְאִמַּצְנוּ אֶת לְבָבֵנוּ / הִקְשִׁינוּ אֶת עָרְפֵּנוּ
דְּבָרְךָ אָחוֹר הִשְׁלַכְנוּ / גְּדֻלָּתְךָ לֹא הִגַּדְנוּ
בֵּיתְךָ נֶהֱרַס בַּעֲוֹנֵינוּ / אִוּוּיְךָ נִתַּץ בַּחֲטָאֵינוּ.

שליח הציבור:

מַה נְּדַבֵּר, פְּנֵי מֵישָׁרִים דּוֹבֵר, וּמַה נַּעֲנֶה, לְמִמֶּנּוּ מַעֲנֶה
וּמַה נִּצְטַדְּקָה, פְּנֵי לוֹבֵשׁ צְדָקָה, גְּמָלָנוּ טוֹבוֹת וְשִׁלַּמְנוּ רָעוֹת
וּמַה יֶּשׁ לָנוּ עוֹד צְדָקָה לִזְעֹק פְּנֵי מֶלֶךְ.

בימות הראשונים נהגו לומר סליחות ווידוי לפני חתימת הברכה הרביעית (סידור רס״ג).
במאתיים השנים האחרונות בקהילות אשכנז הפסיקו לומר פיוטים וי״ג מידות
(פרט לתפילות ערבית ונעילה), ומתחילים מיד בפסוקי סליחות.

הכול:

תהלים כה זְכֹר־רַחֲמֶיךָ יהוה וַחֲסָדֶיךָ, כִּי מֵעוֹלָם הֵמָּה:
תהלים עט אַל־תִּזְכָּר־לָנוּ עֲוֹנֹת רִאשֹׁנִים, מַהֵר יְקַדְּמוּנוּ רַחֲמֶיךָ כִּי דַלּוֹנוּ מְאֹד:
זָכְרֵנוּ יהוה בִּרְצוֹן עַמֶּךָ, פָּקְדֵנוּ בִּישׁוּעָתֶךָ.
תהלים עד זְכֹר עֲדָתְךָ קָנִיתָ קֶּדֶם, גָּאַלְתָּ שֵׁבֶט נַחֲלָתֶךָ, הַר־צִיּוֹן זֶה שָׁכַנְתָּ בּוֹ:
זְכֹר יהוה חִבַּת יְרוּשָׁלָֽיִם, אַהֲבַת צִיּוֹן אַל תִּשְׁכַּח לָנֶצַח.
תהלים קלז זְכֹר יהוה לִבְנֵי אֱדוֹם אֵת יוֹם יְרוּשָׁלָֽםִ
הָאֹמְרִים עָרוּ עָרוּ, עַד הַיְסוֹד בָּהּ:
תהלים קב אַתָּה תָקוּם תְּרַחֵם צִיּוֹן, כִּי־עֵת לְחֶנְנָהּ, כִּי־בָא מוֹעֵד:
שמות לב זְכֹר לְאַבְרָהָם לְיִצְחָק וּלְיִשְׂרָאֵל עֲבָדֶיךָ
אֲשֶׁר נִשְׁבַּעְתָּ לָהֶם בָּךְ וַתְּדַבֵּר אֲלֵהֶם
אַרְבֶּה אֶת־זַרְעֲכֶם כְּכוֹכְבֵי הַשָּׁמָיִם
וְכָל־הָאָרֶץ הַזֹּאת אֲשֶׁר אָמַרְתִּי אֶתֵּן לְזַרְעֲכֶם, וְנָחֲלוּ לְעֹלָם:
דברים ט זְכֹר לַעֲבָדֶיךָ לְאַבְרָהָם לְיִצְחָק וּלְיַעֲקֹב
אַל־תֵּפֶן אֶל־קְשִׁי הָעָם הַזֶּה, וְאֶל־רִשְׁעוֹ וְאֶל־חַטָּאתוֹ:

קהל ואחריו שליח הציבור:

במדבר יב אַל־נָא תָשֵׁת עָלֵינוּ חַטָּאת אֲשֶׁר נוֹאַלְנוּ וַאֲשֶׁר חָטָאנוּ:
חָטָאנוּ צוּרֵנוּ, סְלַח לָנוּ יוֹצְרֵנוּ.

גם כיום מקובל לומר פיוט ׳חָטָאנוּ׳ (ראה עמ׳ 502) לתפילת מוסף – ׳אֵלֶּה אֶזְכְּרָה׳,
המתאר את עשרת הרוגי מלכות. במקור אמר את הפיוט שליח הציבור,
והקהל ענה רק את הפזמון ׳חָטָאנוּ צוּרֵנוּ, סְלַח לָנוּ יוֹצְרֵנוּ׳.
כיום נוהגים שהקהל ושליח הציבור אומרים את כולו:
יש קהילות שבהן הכול אומרים זוג בתים בכל פעם, ושליח הציבור מסיים
בקול את סוף הבית השני מביניהם, ואין עונים אחריו ׳חָטָאנוּ׳.

סימן א״ב יהודה חזק

אֵלֶּה אֶזְכְּרָה, וְנַפְשִׁי עָלַי אֶשְׁפְּכָה
כִּי בְלָעוּנוּ זֵדִים כְּעֻגָה בְּלִי הֲפוּכָה
כִּי בִימֵי קֵיסָר לֹא עָלְתָה אֲרוּכָה
לַעֲשָׂרָה הֲרוּגֵי מְלוּכָה.

בְּלָמְדוֹ סֵפֶר מִפִּי מְשׁוּלֵי עֲרֵמַת
וְהֵבִין וְדִקְדֵּק בְּדָת רְשׁוּמַת
וּפָתַח בְּוְאֵלֶּה הַמִּשְׁפָּטִים, וְחִשֵּׁב מְזִמַּת
וְגֹנֵב אִישׁ וּמְכָרוֹ וְנִמְצָא בְיָדוֹ, מוֹת יוּמָת: שמות כא
חָטָאנוּ צוּרֵנוּ, סְלַח לָנוּ יוֹצְרֵנוּ.

גָּבַהּ לֵב בְּלִיַּעַל עוֹבֵד אֱלִילִים
וְצִוָּה לְמַלְּאוֹת פַּלְטֵירוֹ נְעָלִים
וְקָרָא לַעֲשָׂרָה חֲכָמִים גְּדוֹלִים
מְבִינֵי דָת וּטְעָמֶיהָ בְּפִלְפּוּלִים.

דִּינוּ מִשְׁפָּט זֶה לַאֲשׁוּרוֹ
וְאַל תְּעַוְּתוּהוּ, בְּכָזָב לְאָמְרוֹ
כִּי אִם הוֹצִיאוּהוּ לַאֲמִתּוֹ וּלְאוֹרוֹ
כִּי־יִמָּצֵא אִישׁ גֹּנֵב נֶפֶשׁ מֵאֶחָיו מִבְּנֵי יִשְׂרָאֵל וְהִתְעַמֶּר־בּוֹ וּמְכָרוֹ: דברים כד
חָטָאנוּ צוּרֵנוּ, סְלַח לָנוּ יוֹצְרֵנוּ.

הֵם כְּעָנוּ לוֹ, וּמֵת הַגַּנָּב הַהוּא
נָם, אַיֵּה אֲבוֹתֵיכֶם, אֲשֶׁר אֲחִיהֶם מְכָרוּהוּ

לְאֹרְחַת יִשְׁמְעֵאלִים סְחָרוּהוּ
וּבְעַד נַעֲלַיִם נְתָנוּהוּ.

וְאַתֶּם קַבְּלוּ דִּין שָׁמַיִם עֲלֵיכֶם
כִּי מִימֵיהֶם לֹא נִמְצָא כָּכֶם
וְאִם הָיוּ בַחַיִּים, הָיִיתִי דָנָם לִפְנֵיכֶם
וְאַתֶּם תִּשְׂאוּ עֲוֹן אֲבוֹתֵיכֶם. חָטָאנוּ צוּרֵנוּ, סְלַח לָנוּ יוֹצְרֵנוּ.

זְמַן תְּנָה לָנוּ שְׁלֹשָׁה יָמִים
עַד שֶׁנֵּדַע אִם נִגְזַר הַדָּבָר מִמְּרוֹמִים
אִם אֲנַחְנוּ חַיָּבִים וַאֲשֵׁמִים
נִסְבֹּל בִּגְזֵרַת מָלֵא רַחֲמִים.

חָלוּ וְזָעוּ וְנָעוּ כֻלָּמוֹ
עַל רַבִּי יִשְׁמָעֵאל כֹּהֵן גָּדוֹל נָתְנוּ עֵינֵימוֹ
לְהַזְכִּיר אֶת הַשֵּׁם, לַעֲלוֹת לַאֲדוֹנֵימוֹ
לָדַעַת אִם יָצְאָה הַגְּזֵרָה מֵאֵת אֱלֹהֵימוֹ.

חָטָאנוּ צוּרֵנוּ, סְלַח לָנוּ יוֹצְרֵנוּ.

טִהֵר רַבִּי יִשְׁמָעֵאל עַצְמוֹ, וְהִזְכִּיר אֶת הַשֵּׁם בְּסִלּוּדִים
וְעָלָה לַמָּרוֹם, וְשָׁאַל מֵאֵת הָאִישׁ לְבוּשׁ הַבַּדִּים
וְנָם לוֹ, קַבְּלוּ עֲלֵיכֶם צַדִּיקִים וִידִידִים
כִּי שָׁמַעְתִּי מֵאֲחוֹרֵי הַפַּרְגּוֹד כִּי בְּזֹאת אַתֶּם נִלְכָּדִים.

יָרַד וְהִגִּיד לַחֲבֵרָיו מַאֲמַר אֵל
וְצִוָּה בְלִיַּעַל לְהָרְגָם בְּכֹחַ וָלְאֵל
וּשְׁנַיִם מֵהֶם הוֹצִיאוּ תְּחִלָּה, שֶׁהֵם גְּדוֹלֵי יִשְׂרָאֵל
רַבִּי יִשְׁמָעֵאל כֹּהֵן גָּדוֹל, וְרַבָּן שִׁמְעוֹן בֶּן גַּמְלִיאֵל נְשִׂיא יִשְׂרָאֵל.

חָטָאנוּ צוּרֵנוּ, סְלַח לָנוּ יוֹצְרֵנוּ.

כְּרֹת רֹאשׁוֹ תְּחִלָּה הִרְבָּה מִנּוּ לִבְעוֹן
וְנָם, הָרְגֵנִי תְחִלָּה וְאַל אֶרְאֶה בְּמִיתַת מְשָׁרֵת דָּר מָעוֹן
לְהַפִּיל גּוֹרָלוֹת צִוָּה צִפְעוֹן
וְנָפַל הַגּוֹרָל עַל רַבָּן שִׁמְעוֹן.

לִשְׁפֹּךְ דָּמוֹ מִהֵר כְּשׁוֹר פָּר
וּכְשֶׁנֶּחְתַּךְ רֹאשׁוֹ, נְטָלוֹ וְצָרַח עָלָיו בְּקוֹל מַר כַּשּׁוֹפָר
אֵי הַלָּשׁוֹן הַמְמַהֶרֶת לְהוֹרוֹת אִמְרֵי שֶׁפֶר
בַּעֲוֹנוֹת, אֵיךְ עַתָּה לוֹחֶכֶת אֶת הֶעָפָר.

חָטָאנוּ צוּרֵנוּ, סְלַח לָנוּ יוֹצְרֵנוּ.

מַה מְּאֹד בָּכָה עָלָיו בַּחֲרָדָה
בַּת בְּלִיַּעַל לְקוֹל בְּכִיָּתוֹ עָמְדָה
תֹּאַר יָפְיוֹ בְּלִבָּהּ חָמְדָה
וְשָׁאֲלָה מֵאֵת אָבִיהָ, חַיָּתוֹ לְהַעֲמִידָה.

נִאֵץ בְּלִיַּעַל דָּבָר זֶה לַעֲשׂוֹתוֹ
לְהַפְשִׁיט עוֹרוֹ מֵעַל פָּנָיו, שָׁאֲלָה מֵאִתּוֹ
וְלֹא עִכֵּב דָּבָר זֶה לַעֲשׂוֹתוֹ
וּכְשֶׁהִגִּיעַ לִמְקוֹם תְּפִלִּין, וְצָרַח בְּקוֹל מַר לְיוֹצֵר נִשְׁמָתוֹ.

חָטָאנוּ צוּרֵנוּ, סְלַח לָנוּ יוֹצְרֵנוּ.

שַׂרְפֵי מַעְלָה צָעֲקוּ בְּמָרָה
זוֹ תּוֹרָה וְזוֹ שְׂכָרָהּ, עוֹטֶה כַּשַּׂלְמָה אוֹרָה
אוֹיֵב מְנָאֵץ שִׁמְךָ הַגָּדוֹל וְהַנּוֹרָא
וּמְחָרֵף וּמְגַדֵּף עַל דִּבְרֵי תוֹרָה.

עָנְתָה בַּת קוֹל מִשָּׁמַיִם
אִם אֶשְׁמַע קוֹל אַחֵר, אֶהֱפֹךְ אֶת הָעוֹלָם לְמַיִם
לְתֹהוּ וָבֹהוּ אָשִׁית הֲדוֹמַיִם
גְּזֵרָה הִיא מִלְּפָנַי, קַבְּלוּהָ מְשַׁעַשְׁעֵי דָת יוֹמַיִם.

חָטָאנוּ צוּרֵנוּ, סְלַח לָנוּ יוֹצְרֵנוּ.

פְּקִידִים נֶהֶרְגוּ, מֵאַחֲרֵי שֶׁבֶת בָּתֵּי כְנֵסִיּוֹת
מְלֵאֵי מִצְוֹת כְּרִמּוֹן וּכְזָוִיּוֹת
וְהוֹצִיאוּ אֶת רַבִּי עֲקִיבָא, דּוֹרֵשׁ כִּתְרֵי אוֹתִיּוֹת
וְסָרְקוּ בְשָׂרוֹ בְּמַסְרְקוֹת פִּיפִיּוֹת.

צִוָּה לְהוֹצִיא רַבִּי חֲנַנְיָא בֶּן תְּרַדְיוֹן מִבֵּית אוּלַמּוֹ
וּבַחֲבִילֵי זְמוֹרוֹת שָׂרְפוּ גָלְמוֹ
וּסְפוֹגִין שֶׁל צֶמֶר שָׂמוּ עַל לִבּוֹ לְעַכֵּב עַצְמוֹ
וּכְשֶׁנִּסְתַּלְּקוּ מִיָּד נִשְׂרַף וְסֵפֶר תּוֹרָה עִמּוֹ.
חָטָאנוּ צוּרֵנוּ, סְלַח לָנוּ יוֹצְרֵנוּ.

קוֹנְנוּ קְדוֹשִׁים, עַם לֹא אַלְמָן
כִּי עַל דָּבָר מוּעָט נֶהֶרְגוּ וְנִשְׁפַּךְ דָּמָן
לְקַדֵּשׁ שֵׁם שָׁמַיִם מָסְרוּ עַצְמָן
בַּהֲרִיגַת רַבִּי חֻצְפִּית הַמְתֻרְגְּמָן.

רְעָדָה תֹאחֵז כָּל שׁוֹמֵעַ שִׁמּוּעַ
וְתִזַּל כָּל עַיִן דִּמּוּעַ
וְנֶהְפַּךְ לְאֵבֶל כָּל שַׁעֲשׁוּעַ
בַּהֲרִיגַת רַבִּי אֶלְעָזָר בֶּן שַׁמּוּעַ. חָטָאנוּ צוּרֵנוּ, סְלַח לָנוּ יוֹצְרֵנוּ.

שִׁחֲתוּנִי צוֹרְרַי וּמְעַנַּי
וּמִלְּאוּ כְרֵסָם מֵעֲדָנַי
וְהִשְׁקוּנִי מֵי רוֹשׁ וְלַעֲנַי
בַּהֲרִיגַת רַבִּי חֲנִינָא בֶּן חֲכִינָי.

תָּקְפוּ עָלֵינוּ מִצְוֹת לְהָפֵר
וּמֵאֲנוּ לָקַחַת הוֹן וָכֹפֶר
כִּי אִם נְפָשׁוֹת הַהוֹגוֹת אִמְרֵי שֶׁפֶר
כְּמוֹ רַבִּי יְשֵׁבָב הַסּוֹפֵר. חָטָאנוּ צוּרֵנוּ, סְלַח לָנוּ יוֹצְרֵנוּ.

יְחֲתוּנוּ בְּנֵי עֲדִינָה הַשּׁוֹמֵמָה
הֵרֵעוּ לָנוּ מִכָּל מַלְכֵי אֲדָמָה
וְהָרְגוּ מֶנּוּ כַּמָּה וְכַמָּה
בַּהֲרִיגַת רַבִּי יְהוּדָה בֶּן דָּמָה.

דִּבַּרְתָּ, בֵּית־יַעֲקֹב אֵשׁ וּבֵית יוֹסֵף לֶהָבָה: עובדיה א
הֵן עַתָּה קַשׁ אוֹרָם כָּבָה
חַי, וְעַךְ קוֹמָתָם בְּבִיעוּר יוֹם הַבָּא
כִּי הֵמָּה הִסְכִּימוּ לַהֲרֹג עֲשָׂרָה צַדִּיקִים
עִם רַבִּי יְהוּדָה בֶּן בָּבָא.
חָטָאנוּ צוּרֵנוּ, סְלַח לָנוּ יוֹצְרֵנוּ.

זֹאת קְרָאַתְנוּ וְסִפַּרְנוּ בְּשִׁנּוּן
וְשָׁפַכְנוּ לֵב שָׁפוּל וְאָנוּן
מִמָּרוֹם הַסְכֵּת תַּחֲנוּן
יהוה יהוה אֵל רַחוּם וְחַנּוּן: שמות לד

חַנּוּן הַבִּיטָה מִמְּרוֹמִים
תִּשְׁפֹּכֶת דַּם הַצַּדִּיקִים וְתַמְצִית דָּמִים
תִּרְאֶה בְּפַרְגּוֹדָךְ, וְהַעֲבֵר כְּתָמִים
אֵל מֶלֶךְ יוֹשֵׁב עַל כִּסֵּא רַחֲמִים. חָטָאנוּ צוּרֵנוּ, סְלַח לָנוּ יוֹצְרֵנוּ.

הכול:

זְכָר לָנוּ בְּרִית אָבוֹת כַּאֲשֶׁר אָמַרְתָּ:
וְזָכַרְתִּי אֶת־בְּרִיתִי יַעֲקוֹב ויקרא כו
וְאַף אֶת־בְּרִיתִי יִצְחָק
וְאַף אֶת־בְּרִיתִי אַבְרָהָם אֶזְכֹּר
וְהָאָרֶץ אֶזְכֹּר:

זְכֹר לָנוּ בְּרִית רִאשׁוֹנִים כַּאֲשֶׁר אָמַרְתָּ:
ויקרא כו וְזָכַרְתִּי לָהֶם בְּרִית רִאשֹׁנִים
אֲשֶׁר הוֹצֵאתִי־אֹתָם מֵאֶרֶץ מִצְרַיִם לְעֵינֵי הַגּוֹיִם
לִהְיוֹת לָהֶם לֵאלֹהִים, אֲנִי יהוה:

עֲשֵׂה עִמָּנוּ כְּמָה שֶׁהִבְטַחְתָּנוּ:
ויקרא כו וְאַף גַּם־זֹאת בִּהְיוֹתָם בְּאֶרֶץ אֹיְבֵיהֶם
לֹא־מְאַסְתִּים וְלֹא־גְעַלְתִּים לְכַלֹּתָם
לְהָפֵר בְּרִיתִי אִתָּם
כִּי אֲנִי יהוה אֱלֹהֵיהֶם:

הָשֵׁב שְׁבוּתֵנוּ וְרַחֲמֵנוּ כְּמָה שֶׁכָּתוּב:
דברים ל וְשָׁב יהוה אֱלֹהֶיךָ אֶת־שְׁבוּתְךָ וְרִחֲמֶךָ
וְשָׁב וְקִבֶּצְךָ מִכָּל־הָעַמִּים אֲשֶׁר הֱפִיצְךָ יהוה אֱלֹהֶיךָ שָׁמָּה:

קַבֵּץ נִדָּחֵינוּ כְּמָה שֶׁכָּתוּב:
דברים ל אִם־יִהְיֶה נִדַּחֲךָ בִּקְצֵה הַשָּׁמָיִם
מִשָּׁם יְקַבֶּצְךָ יהוה אֱלֹהֶיךָ וּמִשָּׁם יִקָּחֶךָ:

מְחֵה פְשָׁעֵינוּ כָּעָב וְכֶעָנָן כְּמָה שֶׁכָּתוּב:
ישעיה מד מָחִיתִי כָעָב פְּשָׁעֶיךָ וְכֶעָנָן חַטֹּאותֶיךָ
שׁוּבָה אֵלַי כִּי גְאַלְתִּיךָ:

מְחֵה פְשָׁעֵינוּ לְמַעַנְךָ כַּאֲשֶׁר אָמַרְתָּ:
ישעיה מג אָנֹכִי אָנֹכִי הוּא מֹחֶה פְשָׁעֶיךָ לְמַעֲנִי
וְחַטֹּאתֶיךָ לֹא אֶזְכֹּר:

הַלְבֵּן חֲטָאֵינוּ כַּשֶּׁלֶג וְכַצֶּמֶר כְּמָה שֶׁכָּתוּב:
ישעיה א לְכוּ־נָא וְנִוָּכְחָה יֹאמַר יהוה
אִם־יִהְיוּ חֲטָאֵיכֶם כַּשָּׁנִים כַּשֶּׁלֶג יַלְבִּינוּ
אִם־יַאְדִּימוּ כַתּוֹלָע כַּצֶּמֶר יִהְיוּ:

זְרֹק עָלֵינוּ מַיִם טְהוֹרִים וְטַהֲרֵנוּ כְּמָה שֶׁכָּתוּב:
וְזָרַקְתִּי עֲלֵיכֶם מַיִם טְהוֹרִים וּטְהַרְתֶּם יחזקאל לו
מִכֹּל טֻמְאוֹתֵיכֶם וּמִכָּל־גִּלּוּלֵיכֶם אֲטַהֵר אֶתְכֶם:

כַּפֵּר חֲטָאֵינוּ בַּיּוֹם הַזֶּה וְטַהֲרֵנוּ, כְּמָה שֶׁכָּתוּב:
כִּי־בַיּוֹם הַזֶּה יְכַפֵּר עֲלֵיכֶם לְטַהֵר אֶתְכֶם ויקרא טז
מִכֹּל חַטֹּאתֵיכֶם לִפְנֵי יהוה תִּטְהָרוּ:

רַחֵם עָלֵינוּ וְאַל תַּשְׁחִיתֵנוּ כְּמָה שֶׁכָּתוּב:
כִּי אֵל רַחוּם יהוה אֱלֹהֶיךָ דברים ד
לֹא יַרְפְּךָ וְלֹא יַשְׁחִיתֶךָ
וְלֹא יִשְׁכַּח אֶת־בְּרִית אֲבוֹתֶיךָ
אֲשֶׁר נִשְׁבַּע לָהֶם:

מוֹל אֶת לְבָבֵנוּ לְאַהֲבָה אֶת שְׁמֶךָ כְּמָה שֶׁכָּתוּב:
וּמָל יהוה אֱלֹהֶיךָ אֶת־לְבָבְךָ וְאֶת־לְבַב זַרְעֶךָ דברים ל
לְאַהֲבָה אֶת־יהוה אֱלֹהֶיךָ
בְּכָל־לְבָבְךָ וּבְכָל־נַפְשְׁךָ
לְמַעַן חַיֶּיךָ:

הִמָּצֵא לָנוּ בְּבַקָּשָׁתֵנוּ כְּמָה שֶׁכָּתוּב:
וּבִקַּשְׁתֶּם מִשָּׁם אֶת־יהוה אֱלֹהֶיךָ וּמָצָאתָ דברים ד
כִּי תִדְרְשֶׁנּוּ בְּכָל־לְבָבְךָ וּבְכָל־נַפְשֶׁךָ:

תְּבִיאֵנוּ אֶל הַר קָדְשֶׁךָ, וְשַׂמְּחֵנוּ בְּבֵית תְּפִלָּתֶךָ כְּמָה שֶׁכָּתוּב:
וַהֲבִיאוֹתִים אֶל־הַר קָדְשִׁי ישעיה נו
וְשִׂמַּחְתִּים בְּבֵית תְּפִלָּתִי
עוֹלֹתֵיהֶם וְזִבְחֵיהֶם לְרָצוֹן עַל־מִזְבְּחִי
כִּי בֵיתִי בֵּית־תְּפִלָּה יִקָּרֵא לְכָל־הָעַמִּים:

פותחים את ארון הקודש.

בקהילות רבות נוהגים לומר את הפסוקים בסדר הבא:
׳שְׁמַע קוֹלֵנוּ׳, ׳הֲשִׁיבֵנוּ׳, ׳אַל תַּשְׁלִיכֵנוּ מִלְּפָנֶיךָ׳, ׳אַל תַּשְׁלִיכֵנוּ לְעֵת זִקְנָה׳ בקול,
שליח הציבור אומר פסוק פסוק ואחריו הקהל; ׳אַל תַּעַזְבֵנוּ׳, ׳עֲשֵׂה עִמָּנוּ׳
׳אֲמָרֵינוּ הַאֲזִינָה׳, ׳יִהְיוּ לְרָצוֹן׳, ׳כִּי לְךָ ה׳׳ בלחש.
הקהל ואחריו שליח הציבור אומרים פסוק פסוק עד ׳אַל תַּעַזְבֵנוּ׳:

שְׁמַע קוֹלֵנוּ, יהוה אֱלֹהֵינוּ, חוּס וְרַחֵם עָלֵינוּ
וְקַבֵּל בְּרַחֲמִים וּבְרָצוֹן אֶת תְּפִלָּתֵנוּ.
איכה ה **הֲשִׁיבֵנוּ יהוה אֵלֶיךָ וְנָשׁוּבָה, חַדֵּשׁ יָמֵינוּ כְּקֶדֶם:**
אֲמָרֵינוּ הַאֲזִינָה יהוה, בִּינָה הֲגִיגֵנוּ.
יִהְיוּ לְרָצוֹן אִמְרֵי פִינוּ וְהֶגְיוֹן לִבֵּנוּ לְפָנֶיךָ, יהוה צוּרֵנוּ וְגוֹאֲלֵנוּ.
אַל תַּשְׁלִיכֵנוּ מִלְּפָנֶיךָ, וְרוּחַ קָדְשְׁךָ אַל תִּקַּח מִמֶּנּוּ.
אַל תַּשְׁלִיכֵנוּ לְעֵת זִקְנָה, כִּכְלוֹת כֹּחֵנוּ אַל תַּעַזְבֵנוּ.

אַל תַּעַזְבֵנוּ יהוה, אֱלֹהֵינוּ אַל תִּרְחַק מִמֶּנּוּ.
עֲשֵׂה עִמָּנוּ אוֹת לְטוֹבָה, וְיִרְאוּ שׂוֹנְאֵינוּ וְיֵבֹשׁוּ
כִּי אַתָּה יהוה עֲזַרְתָּנוּ וְנִחַמְתָּנוּ.
כִּי לְךָ יהוה הוֹחָלְנוּ, אַתָּה תַעֲנֶה אֲדֹנָי אֱלֹהֵינוּ.

סוגרים את ארון הקודש.

שליח הציבור:

אֱלֹהֵינוּ וֵאלֹהֵי אֲבוֹתֵינוּ
אַל תַּעַזְבֵנוּ, וְאַל תִּטְּשֵׁנוּ, וְאַל תַּכְלִימֵנוּ, וְאַל תָּפֵר בְּרִיתְךָ אִתָּנוּ
קָרְבֵנוּ לְתוֹרָתֶךָ, לַמְּדֵנוּ מִצְוֹתֶיךָ
הוֹרֵנוּ דְרָכֶיךָ, הַט לִבֵּנוּ לְיִרְאָה אֶת שְׁמֶךָ
וּמוֹל אֶת לְבָבֵנוּ לְאַהֲבָתֶךָ, וְנָשׁוּב אֵלֶיךָ בֶּאֱמֶת וּבְלֵב שָׁלֵם
וּלְמַעַן שִׁמְךָ הַגָּדוֹל תִּמְחֹל וְתִסְלַח לַעֲוֹנֵינוּ
תהלים כה **כַּכָּתוּב בְּדִבְרֵי קָדְשֶׁךָ: לְמַעַן־שִׁמְךָ יהוה, וְסָלַחְתָּ לַעֲוֹנִי כִּי רַב־הוּא:**

הכול:

אֱלֹהֵינוּ וֵאלֹהֵי אֲבוֹתֵינוּ
סְלַח לָנוּ, מְחַל לָנוּ, כַּפֶּר לָנוּ.

כִּי אָנוּ עַמֶּךָ וְאַתָּה אֱלֹהֵינוּ אָנוּ בָנֶיךָ וְאַתָּה אָבִינוּ
אָנוּ עֲבָדֶיךָ וְאַתָּה אֲדוֹנֵנוּ אָנוּ קְהָלֶךָ וְאַתָּה חֶלְקֵנוּ
אָנוּ נַחֲלָתֶךָ וְאַתָּה גוֹרָלֵנוּ אָנוּ צֹאנֶךָ וְאַתָּה רוֹעֵנוּ
אָנוּ כַרְמֶךָ וְאַתָּה נוֹטְרֵנוּ אָנוּ פְעֻלָּתֶךָ וְאַתָּה יוֹצְרֵנוּ
אָנוּ רַעְיָתֶךָ וְאַתָּה דוֹדֵנוּ אָנוּ סְגֻלָּתֶךָ וְאַתָּה אֱלֹהֵינוּ
אָנוּ עַמֶּךָ וְאַתָּה מַלְכֵּנוּ אָנוּ מַאֲמִירֶיךָ וְאַתָּה מַאֲמִירֵנוּ.

שליח הציבור אומר שורה שורה, והקהל חוזר אחריו:

אָנוּ עַזֵּי פָנִים וְאַתָּה רַחוּם וְחַנּוּן
אָנוּ קְשֵׁי עֹרֶף וְאַתָּה אֶרֶךְ אַפַּיִם
אָנוּ מְלֵאֵי עָוֹן וְאַתָּה מָלֵא רַחֲמִים
אָנוּ יָמֵינוּ כְּצֵל עוֹבֵר וְאַתָּה־הוּא וּשְׁנוֹתֶיךָ לֹא יִתָּמּוּ: תהלים קב

שליח הציבור:

אֱלֹהֵינוּ וֵאלֹהֵי אֲבוֹתֵינוּ
תָּבוֹא לְפָנֶיךָ תְּפִלָּתֵנוּ, וְאַל תִּתְעַלַּם מִתְּחִנָּתֵנוּ.
שֶׁאֵין אָנוּ עַזֵּי פָנִים וּקְשֵׁי עֹרֶף לוֹמַר לְפָנֶיךָ
יהוה אֱלֹהֵינוּ וֵאלֹהֵי אֲבוֹתֵינוּ
צַדִּיקִים אֲנַחְנוּ וְלֹא חָטָאנוּ. אֲבָל אֲנַחְנוּ וַאֲבוֹתֵינוּ חָטָאנוּ.

כשמתוודה, מכה באגרופו על החזה כנגד הלב (מג״א תרז, ג, בשם מדרש קהלת).

אָשַׁמְנוּ, בָּגַדְנוּ, גָּזַלְנוּ, דִּבַּרְנוּ דֹפִי
הֶעֱוִינוּ, וְהִרְשַׁעְנוּ, זַדְנוּ, חָמַסְנוּ, טָפַלְנוּ שֶׁקֶר
יָעַצְנוּ רָע, כִּזַּבְנוּ, לַצְנוּ, מָרַדְנוּ, נִאַצְנוּ, סָרַרְנוּ
עָוִינוּ, פָּשַׁעְנוּ, צָרַרְנוּ, קִשִּׁינוּ עֹרֶף
רָשַׁעְנוּ, שִׁחַתְנוּ, תִּעַבְנוּ, תָּעִינוּ, תִּעְתָּעְנוּ.

סַרְנוּ מִמִּצְוֹתֶיךָ וּמִמִּשְׁפָּטֶיךָ הַטּוֹבִים, וְלֹא שָׁוָה לָנוּ.
וְאַתָּה צַדִּיק עַל כָּל־הַבָּא עָלֵינוּ נחמיה ט
כִּי־אֱמֶת עָשִׂיתָ, וַאֲנַחְנוּ הִרְשָׁעְנוּ:

הִרְשַׁעְנוּ וּפָשַׁעְנוּ, לָכֵן לֹא נוֹשָׁעְנוּ
וְתֵן בְּלִבֵּנוּ לַעֲזֹב דֶּרֶךְ רֶשַׁע
וְחִישׁ לָנוּ יֶשַׁע
כַּכָּתוּב עַל יַד נְבִיאֶךָ
יַעֲזֹב רָשָׁע דַּרְכּוֹ, וְאִישׁ אָוֶן מַחְשְׁבֹתָיו ישעיה נה
וְיָשֹׁב אֶל־יהוה וִירַחֲמֵהוּ, וְאֶל־אֱלֹהֵינוּ כִּי־יַרְבֶּה לִסְלוֹחַ:

שליח הציבור:

אֱלֹהֵינוּ וֵאלֹהֵי אֲבוֹתֵינוּ
סְלַח וּמְחַל לַעֲוֹנוֹתֵינוּ
בְּיוֹם (בשבת: הַשַּׁבָּת הַזֶּה וּבְיוֹם) הַכִּפּוּרִים הַזֶּה
וְהֵעָתֵר לָנוּ בִּתְפִלָּתֵנוּ
מְחֵה וְהַעֲבֵר פְּשָׁעֵינוּ וְחַטֹּאתֵינוּ מִנֶּגֶד עֵינֶיךָ
וְכֹף אֶת יִצְרֵנוּ לְהִשְׁתַּעְבֶּד לָךְ
וְהַכְנַע עָרְפֵּנוּ לָשׁוּב אֵלֶיךָ בֶּאֱמֶת
וְחַדֵּשׁ כִּלְיוֹתֵינוּ לִשְׁמֹר פִּקּוּדֶיךָ
וּמוֹל אֶת לְבָבֵנוּ לְאַהֲבָה וּלְיִרְאָה אֶת שְׁמֶךָ
כַּכָּתוּב בְּתוֹרָתֶךָ
וּמָל יהוה אֱלֹהֶיךָ אֶת־לְבָבְךָ וְאֶת־לְבַב זַרְעֶךָ דברים ל
לְאַהֲבָה אֶת־יהוה אֱלֹהֶיךָ
בְּכָל־לְבָבְךָ וּבְכָל־נַפְשְׁךָ, לְמַעַן חַיֶּיךָ:
הַזְּדוֹנוֹת וְהַשְּׁגָגוֹת אַתָּה מַכִּיר
הָרָצוֹן וְהָאֹנֶס, הַגְּלוּיִים וְהַנִּסְתָּרִים
לְפָנֶיךָ הֵם גְּלוּיִים וִידוּעִים.

מָה אָנוּ, מֶה חַיֵּינוּ, מֶה חַסְדֵּנוּ, מַה צִּדְקוֹתֵינוּ
מַה יְּשׁוּעָתֵנוּ, מַה כֹּחֵנוּ, מַה גְּבוּרָתֵנוּ
מַה נֹּאמַר לְפָנֶיךָ, יהוה אֱלֹהֵינוּ וֵאלֹהֵי אֲבוֹתֵינוּ
הֲלֹא כָּל הַגִּבּוֹרִים כְּאַיִן לְפָנֶיךָ
וְאַנְשֵׁי הַשֵּׁם כְּלֹא הָיוּ
וַחֲכָמִים כִּבְלִי מַדָּע, וּנְבוֹנִים כִּבְלִי הַשְׂכֵּל
כִּי רֹב מַעֲשֵׂיהֶם תֹּהוּ, וִימֵי חַיֵּיהֶם הֶבֶל לְפָנֶיךָ
וּמוֹתַר הָאָדָם מִן־הַבְּהֵמָה אָיִן, כִּי הַכֹּל הָבֶל: קהלת ג

מַה נֹּאמַר לְפָנֶיךָ יוֹשֵׁב מָרוֹם
וּמַה נְּסַפֵּר לְפָנֶיךָ שׁוֹכֵן שְׁחָקִים
הֲלֹא כָּל הַנִּסְתָּרוֹת וְהַנִּגְלוֹת אַתָּה יוֹדֵעַ.

הפיוט ׳אַתָּה מֵבִין׳ (עמ׳ 504) הוא הרחבה של הפיסקה ׳אַתָּה יוֹדֵעַ רָזֵי עוֹלָם׳ למטה.
היום נוהגים לומר רק את שני הבתים האחרונים שבו.

שליח הציבור ואחריו הקהל:

שִׁמְךָ מֵעוֹלָם עוֹבֵר עַל פֶּשַׁע
שַׁוְעָתֵנוּ תַּאֲזִין, בְּעָמְדֵנוּ לְפָנֶיךָ בִּתְפִלָּה

תַּעֲבֹר עַל פֶּשַׁע לְעַם שָׁבֵי פֶשַׁע
תִּמְחֶה פְשָׁעֵינוּ מִנֶּגֶד עֵינֶיךָ.

שליח הציבור אומר, והקהל אומר אתו בלחש:

אַתָּה יוֹדֵעַ רָזֵי עוֹלָם וְתַעֲלוּמוֹת סִתְרֵי כָּל חָי.
אַתָּה חוֹפֵשׂ כָּל חַדְרֵי בָטֶן וּבוֹחֵן כְּלָיוֹת וָלֵב.
אֵין דָּבָר נֶעְלָם מִמֶּךָּ וְאֵין נִסְתָּר מִנֶּגֶד עֵינֶיךָ.
וּבְכֵן, יְהִי רָצוֹן מִלְּפָנֶיךָ, יהוה אֱלֹהֵינוּ וֵאלֹהֵי אֲבוֹתֵינוּ
שֶׁתְּכַפֵּר לָנוּ עַל כָּל חַטֹּאתֵינוּ
וְתִסְלַח לָנוּ עַל כָּל עֲוֹנוֹתֵינוּ
וְתִמְחַל לָנוּ עַל כָּל פְּשָׁעֵינוּ.

על כל חטא שמונה, מכה באגרופו על החזה כנגד הלב.

עַל חֵטְא שֶׁחָטָאנוּ לְפָנֶיךָ בְּאֹנֶס וּבְרָצוֹן
וְעַל חֵטְא שֶׁחָטָאנוּ לְפָנֶיךָ בְּאִמּוּץ הַלֵּב

עַל חֵטְא שֶׁחָטָאנוּ לְפָנֶיךָ בִּבְלִי דָעַת
וְעַל חֵטְא שֶׁחָטָאנוּ לְפָנֶיךָ בְּבִטּוּי שְׂפָתָיִם

עַל חֵטְא שֶׁחָטָאנוּ לְפָנֶיךָ בְּגִלּוּי עֲרָיוֹת
וְעַל חֵטְא שֶׁחָטָאנוּ לְפָנֶיךָ בְּגָלוּי וּבַסָּתֶר

עַל חֵטְא שֶׁחָטָאנוּ לְפָנֶיךָ בְּדַעַת וּבְמִרְמָה
וְעַל חֵטְא שֶׁחָטָאנוּ לְפָנֶיךָ בְּדִבּוּר פֶּה

עַל חֵטְא שֶׁחָטָאנוּ לְפָנֶיךָ בְּהוֹנָאַת רֵעַ
וְעַל חֵטְא שֶׁחָטָאנוּ לְפָנֶיךָ בְּהַרְהוֹר הַלֵּב

עַל חֵטְא שֶׁחָטָאנוּ לְפָנֶיךָ בִּוְעִידַת זְנוּת
וְעַל חֵטְא שֶׁחָטָאנוּ לְפָנֶיךָ בְּוִדּוּי פֶּה

עַל חֵטְא שֶׁחָטָאנוּ לְפָנֶיךָ בְּזִלְזוּל הוֹרִים וּמוֹרִים
וְעַל חֵטְא שֶׁחָטָאנוּ לְפָנֶיךָ בְּזָדוֹן וּבִשְׁגָגָה

עַל חֵטְא שֶׁחָטָאנוּ לְפָנֶיךָ בְּחֹזֶק יָד
וְעַל חֵטְא שֶׁחָטָאנוּ לְפָנֶיךָ בְּחִלּוּל הַשֵּׁם

עַל חֵטְא שֶׁחָטָאנוּ לְפָנֶיךָ בְּטֻמְאַת שְׂפָתָיִם
וְעַל חֵטְא שֶׁחָטָאנוּ לְפָנֶיךָ בְּטִפְשׁוּת פֶּה

עַל חֵטְא שֶׁחָטָאנוּ לְפָנֶיךָ בְּיֵצֶר הָרָע
וְעַל חֵטְא שֶׁחָטָאנוּ לְפָנֶיךָ בְּיוֹדְעִים וּבְלֹא יוֹדְעִים

וְעַל כֻּלָּם אֱלוֹהַּ סְלִיחוֹת סְלַח לָנוּ, מְחַל לָנוּ, כַּפֶּר לָנוּ.

עַל חֵטְא שֶׁחָטָאנוּ לְפָנֶיךָ בְּכַחַשׁ וּבְכָזָב
וְעַל חֵטְא שֶׁחָטָאנוּ לְפָנֶיךָ בְּכַפַּת שֹׁחַד

עַל חֵטְא שֶׁחָטָאנוּ לְפָנֶיךָ בְּלָצוֹן
וְעַל חֵטְא שֶׁחָטָאנוּ לְפָנֶיךָ בְּלָשׁוֹן הָרָע

עַל חֵטְא שֶׁחָטָאנוּ לְפָנֶיךָ בְּמַשָּׂא וּבְמַתָּן
וְעַל חֵטְא שֶׁחָטָאנוּ לְפָנֶיךָ בְּמַאֲכָל וּבְמִשְׁתֶּה

עַל חֵטְא שֶׁחָטָאנוּ לְפָנֶיךָ בְּנֶשֶׁךְ וּבְמַרְבִּית
וְעַל חֵטְא שֶׁחָטָאנוּ לְפָנֶיךָ בִּנְטִיַּת גָּרוֹן

עַל חֵטְא שֶׁחָטָאנוּ לְפָנֶיךָ בְּשִׂיחַ שִׂפְתוֹתֵינוּ
וְעַל חֵטְא שֶׁחָטָאנוּ לְפָנֶיךָ בְּשִׂקּוּר עָיִן

עַל חֵטְא שֶׁחָטָאנוּ לְפָנֶיךָ בְּעֵינַיִם רָמוֹת
וְעַל חֵטְא שֶׁחָטָאנוּ לְפָנֶיךָ בְּעַזּוּת מֶצַח

וְעַל כֻּלָּם אֱלוֹהַּ סְלִיחוֹת סְלַח לָנוּ, מְחַל לָנוּ, כַּפֶּר לָנוּ.

עַל חֵטְא שֶׁחָטָאנוּ לְפָנֶיךָ בִּפְרִיקַת עֹל
וְעַל חֵטְא שֶׁחָטָאנוּ לְפָנֶיךָ בִּפְלִילוּת

עַל חֵטְא שֶׁחָטָאנוּ לְפָנֶיךָ בִּצְדִיַּת רֵעַ
וְעַל חֵטְא שֶׁחָטָאנוּ לְפָנֶיךָ בְּצָרוּת עָיִן

עַל חֵטְא שֶׁחָטָאנוּ לְפָנֶיךָ בְּקַלּוּת רֹאשׁ
וְעַל חֵטְא שֶׁחָטָאנוּ לְפָנֶיךָ בְּקַשְׁיוּת עֹרֶף

עַל חֵטְא שֶׁחָטָאנוּ לְפָנֶיךָ בְּרִיצַת רַגְלַיִם לְהָרַע
וְעַל חֵטְא שֶׁחָטָאנוּ לְפָנֶיךָ בִּרְכִילוּת

עַל חֵטְא שֶׁחָטָאנוּ לְפָנֶיךָ בִּשְׁבוּעַת שָׁוְא
וְעַל חֵטְא שֶׁחָטָאנוּ לְפָנֶיךָ בְּשִׂנְאַת חִנָּם

עַל חֵטְא שֶׁחָטָאנוּ לְפָנֶיךָ בִּתְשׂוּמֶת יָד
וְעַל חֵטְא שֶׁחָטָאנוּ לְפָנֶיךָ בְּתִמְהוֹן לֵבָב

וְעַל כֻּלָּם אֱלוֹהַּ סְלִיחוֹת סְלַח לָנוּ, מְחַל לָנוּ, כַּפֶּר לָנוּ.

וְעַל חֲטָאִים שֶׁאָנוּ חַיָּבִים עֲלֵיהֶם עוֹלָה
וְעַל חֲטָאִים שֶׁאָנוּ חַיָּבִים עֲלֵיהֶם חַטָּאת
וְעַל חֲטָאִים שֶׁאָנוּ חַיָּבִים עֲלֵיהֶם קָרְבָּן עוֹלֶה וְיוֹרֵד
וְעַל חֲטָאִים שֶׁאָנוּ חַיָּבִים עֲלֵיהֶם אָשָׁם וַדַּאי וְתָלוּי
וְעַל חֲטָאִים שֶׁאָנוּ חַיָּבִים עֲלֵיהֶם מַכַּת מַרְדּוּת
וְעַל חֲטָאִים שֶׁאָנוּ חַיָּבִים עֲלֵיהֶם מַלְקוּת אַרְבָּעִים
וְעַל חֲטָאִים שֶׁאָנוּ חַיָּבִים עֲלֵיהֶם מִיתָה בִּידֵי שָׁמָיִם
וְעַל חֲטָאִים שֶׁאָנוּ חַיָּבִים עֲלֵיהֶם כָּרֵת וַעֲרִירִי
וְעַל חֲטָאִים שֶׁאָנוּ חַיָּבִים עֲלֵיהֶם אַרְבַּע מִיתוֹת בֵּית דִּין
סְקִילָה, שְׂרֵפָה, הֶרֶג, וְחֶנֶק.
עַל מִצְוַת עֲשֵׂה
וְעַל מִצְוַת לֹא תַעֲשֶׂה.
בֵּין שֶׁיֵּשׁ בָּהּ קוּם עֲשֵׂה
וּבֵין שֶׁאֵין בָּהּ קוּם עֲשֵׂה.
אֶת הַגְּלוּיִים לָנוּ וְאֶת שֶׁאֵינָם גְּלוּיִים לָנוּ
אֶת הַגְּלוּיִים לָנוּ, כְּבָר אֲמַרְנוּם לְפָנֶיךָ, וְהוֹדִינוּ לְךָ עֲלֵיהֶם
וְאֶת שֶׁאֵינָם גְּלוּיִים לָנוּ, לְפָנֶיךָ הֵם גְּלוּיִים וִידוּעִים
כַּדָּבָר שֶׁנֶּאֱמַר: הַנִּסְתָּרֹת לַיהוה אֱלֹהֵינוּ דברים כט
וְהַנִּגְלֹת לָנוּ וּלְבָנֵינוּ עַד־עוֹלָם
לַעֲשׂוֹת אֶת־כָּל־דִּבְרֵי הַתּוֹרָה הַזֹּאת:

רצף פסוקים זה עוסק בסליחת עוונות. במחזורים עתיקים שולבו פיוטים בין פסוק לפסוק, אך כבר מאות בשנים שנוהגים לומר רק את משפטי המעבר שבין הפסוקים.

שליח הציבור ממשיך:

וְדָוִד עַבְדְּךָ אָמַר לְפָנֶיךָ
שְׁגִיאוֹת מִי־יָבִין, מִנִּסְתָּרוֹת נַקֵּנִי: תהלים יט
נַקֵּנוּ יהוה אֱלֹהֵינוּ מִכָּל פְּשָׁעֵינוּ, וְטַהֲרֵנוּ מִכָּל טֻמְאוֹתֵינוּ
וּזְרֹק עָלֵינוּ מַיִם טְהוֹרִים וְטַהֲרֵנוּ
כַּכָּתוּב עַל יַד נְבִיאֶךָ, וְזָרַקְתִּי עֲלֵיכֶם מַיִם טְהוֹרִים, וּטְהַרְתֶּם יחזקאל לו
מִכֹּל טֻמְאוֹתֵיכֶם וּמִכָּל־גִּלּוּלֵיכֶם אֲטַהֵר אֶתְכֶם:

אַל תִּירָא יַעֲקֹב
שׁוּבוּ בָנִים שׁוֹבָבִים, שׁוּבָה יִשְׂרָאֵל.
הִנֵּה לֹא־יָנוּם וְלֹא יִישָׁן, שׁוֹמֵר יִשְׂרָאֵל: תהלים קכא
כַּכָּתוּב עַל יַד נְבִיאֶךָ, שׁוּבָה יִשְׂרָאֵל עַד יהוה אֱלֹהֶיךָ הושע יד
כִּי כָשַׁלְתָּ בַּעֲוֺנֶךָ:
וְנֶאֱמַר, קְחוּ עִמָּכֶם דְּבָרִים, וְשׁוּבוּ אֶל־יהוה שם
אִמְרוּ אֵלָיו, כָּל־תִּשָּׂא עָוֺן וְקַח־טוֹב, וּנְשַׁלְּמָה פָרִים שְׂפָתֵינוּ:

וְאַתָּה רַחוּם מְקַבֵּל שָׁבִים
וְעַל הַתְּשׁוּבָה מֵרֹאשׁ הִבְטַחְתָּנוּ, וְעַל הַתְּשׁוּבָה עֵינֵינוּ מְיַחֲלוֹת לָךְ.

בתפילת מוסף נהגו להוסיף כאן פיוט תוכחה. היום נוהגים לומר רק את הפזמון שלו, המבוסס על מחלוקת בית שמאי ובית הלל (עירובין יג ע"ב).

מְנוּיָה וּגְמוּרָה, בְּסוֹד חַכְמֵי תוֹרָה
אַשְׁרֵי מִי שֶׁלֹּא נִבְרָא.

וּמֵאַהֲבָתְךָ יהוה אֱלֹהֵינוּ, שֶׁאָהַבְתָּ אֶת יִשְׂרָאֵל עַמֶּךָ
וּמֵחֶמְלָתְךָ מַלְכֵּנוּ, שֶׁחָמַלְתָּ עַל בְּנֵי בְרִיתֶךָ
נָתַתָּ לָּנוּ יהוה אֱלֹהֵינוּ אֶת יוֹם
(בשבת: **הַשַּׁבָּת הַזֶּה לִקְדֻשָּׁה וְלִמְנוּחָה, וְאֶת יוֹם**) **צוֹם הַכִּפּוּרִים הַזֶּה**
לִמְחִילַת חֵטְא וְלִסְלִיחַת עָוֺן וּלְכַפָּרַת פָּשַׁע.

הפיוט ׳יוֹם אָתָא לְכַפֵּר׳ המיוחס לר׳ אלעזר הקליר, בנוי כמו הפיוט המקביל לו ׳יוֹם אֲשֶׁר אֲשָׁמֵנוּ׳ הנאמר בשחרית (ראה עמ׳ 232). בקהילות רבות נוהגים היום להשמיט חלק מבתיו. הפיוט המלא בעמ׳ 590.

מקובל ששליח הציבור אומר את הפיוט, והקהל אומר עמו את הפסוקים ואת הבית ׳בַּעֲבוּר כְּבוֹד שִׁמְךָ׳.

סימן א״ב

יוֹם אָתָא לְכַפֵּר פִּשְׁעֵי יְשֵׁנָה / הַיּוֹם בְּבוֹאוֹ אַחַת בַּשָּׁנָה.

כַּכָּתוּב בְּתוֹרָתֶךָ

ויקרא טז וְהָיְתָה־זֹּאת לָכֶם לְחֻקַּת עוֹלָם

לְכַפֵּר עַל־בְּנֵי יִשְׂרָאֵל מִכָּל־חַטֹּאתָם, אַחַת בַּשָּׁנָה:

יוֹם זֶה נִתַּן תְּעוּדָה לְעַם זֶה

הַיּוֹם חַל בּוֹ צִיר, סְלַח נָא לַעֲוֹן הָעָם הַזֶּה.

כַּכָּתוּב בְּתוֹרָתֶךָ

במדבר יד סְלַח־נָא לַעֲוֹן הָעָם הַזֶּה כְּגֹדֶל חַסְדֶּךָ

וְכַאֲשֶׁר נָשָׂאתָה לָעָם הַזֶּה מִמִּצְרַיִם וְעַד־הֵנָּה:

וְשָׁם נֶאֱמַר

וַיֹּאמֶר יהוה, סָלַחְתִּי כִּדְבָרֶךָ:

בַּעֲבוּר כְּבוֹד שִׁמְךָ

הִמָּצֵא לָנוּ מוֹחֵל וְסוֹלֵחַ / סְלַח נָא לְמַעַן שְׁמֶךָ.

יוֹם מְחִילָה בִּשַּׂרְתָּ לְצִיר בְּרֶשֶׁם / הַיּוֹם נִתְיַצַּבְתָּ עִמּוֹ, וְקָרָאתָ בְשֵׁם.

כַּכָּתוּב בְּתוֹרָתֶךָ

שמות לד וַיֵּרֶד יהוה בֶּעָנָן, וַיִּתְיַצֵּב עִמּוֹ שָׁם

וַיִּקְרָא בְשֵׁם, יהוה:

וַיַּעֲבֹר יהוה עַל־פָּנָיו וַיִּקְרָא

יהוה, יהוה, אֵל רַחוּם וְחַנּוּן, אֶרֶךְ אַפַּיִם, וְרַב־חֶסֶד וֶאֱמֶת:

נֹצֵר חֶסֶד לָאֲלָפִים, נֹשֵׂא עָוֹן וָפֶשַׁע וְחַטָּאָה, וְנַקֵּה:

בַּעֲבוּר כְּבוֹד שִׁמְךָ

הִמָּצֵא לָנוּ רַחוּם וְחַנּוּן / רַחֵם נָא לְמַעַן שְׁמֶךָ.

יום שְׁמָמוֹת הֵיכָלְךָ הַבִּיטָה / הַיּוֹם תָּחֹן אָזְנְךָ הַטֵּה לְהַבִּיטָה.

כַּכָּתוּב בְּדִבְרֵי קָדְשֶׁךָ
הַטֵּה אֱלֹהַי אָזְנְךָ וּשֲׁמָע דניאל ט
פְּקַח עֵינֶיךָ וּרְאֵה שֹׁמְמֹתֵינוּ
וְהָעִיר אֲשֶׁר־נִקְרָא שִׁמְךָ עָלֶיהָ
כִּי לֹא עַל־צִדְקֹתֵינוּ אֲנַחְנוּ מַפִּילִים תַּחֲנוּנֵינוּ לְפָנֶיךָ
כִּי עַל־רַחֲמֶיךָ הָרַבִּים:
אֲדֹנָי שְׁמָעָה
אֲדֹנָי סְלָחָה
אֲדֹנָי הַקְשִׁיבָה וַעֲשֵׂה אַל־תְּאַחַר
לְמַעַנְךָ אֱלֹהַי
כִּי־שִׁמְךָ נִקְרָא עַל־עִירְךָ וְעַל־עַמֶּךָ:

בַּעֲבוּר כְּבוֹד שְׁמֶךָ
הַמָּצֵא לָנוּ שׁוֹמֵעַ תְּפִלָּה / שְׁמַע תְּפִלָּתֵנוּ לְמַעַן שְׁמֶךָ.

גם הפיוט ׳מִי אֵל כָּמְוֹךָ׳ בנוי במתכונתו של הפיוט המקביל לו
הנאמר בשחרית (עמ׳ 234).
נוהגים שאחר כל שורה ששליח הציבור אומר, הקהל עונה ׳מִי אֵל כָּמְוֹךָ׳.
בקהילות רבות נוהגים לדלג על חלק מהפיוט.
הפיוט המלא בעמ׳ 592.

מִי אֵל כָּמְוֹךָ.

סימן א״ב

אַדִּיר וְנָאוֹר / בּוֹרֵא דֹּק וָחֶלֶד מִי אֵל כָּמְוֹךָ
גּוֹלֶה עֲמֻקּוֹת / דּוֹבֵר צְדָקוֹת מִי אֵל כָּמְוֹךָ
הָדוּר בִּלְבוּשׁוֹ / וְאֵין זוּלָתוֹ מִי אֵל כָּמְוֹךָ
זוֹקֵף כְּפוּפִים / חוֹנֵן דַּלִּים מִי אֵל כָּמְוֹךָ
טְהוֹר עֵינַיִם / יוֹשֵׁב שָׁמַיִם מִי אֵל כָּמְוֹךָ
שׁוֹכֵן שְׁחָקִים / תּוֹמֵךְ תְּמִימִים מִי אֵל כָּמְוֹךָ
נוֹשֵׂא עָוֹן / וְעוֹבֵר עַל פֶּשַׁע מִי אֵל כָּמְוֹךָ

שליח הציבור אומר, והקהל אומר אתו בלחש:

כַּכָּתוּב עַל יַד נְבִיאֶךָ

מיכה ז מִי־אֵל כָּמְוֹךָ נֹשֵׂא עָוֹן וְעֹבֵר עַל־פֶּשַׁע לִשְׁאֵרִית נַחֲלָתוֹ
לֹא־הֶחֱזִיק לָעַד אַפּוֹ כִּי־חָפֵץ חֶסֶד הוּא:
יָשׁוּב יְרַחֲמֵנוּ, יִכְבֹּשׁ עֲוֹנֹתֵינוּ, וְתַשְׁלִיךְ בִּמְצֻלוֹת יָם כָּל־חַטֹּאתָם:
וְכָל חַטֹּאת עַמְּךָ בֵּית יִשְׂרָאֵל תַּשְׁלִיךְ
בִּמְקוֹם אֲשֶׁר לֹא יִזָּכְרוּ וְלֹא יִפָּקְדוּ, וְלֹא יַעֲלוּ עַל לֵב לְעוֹלָם.
שם תִּתֵּן אֱמֶת לְיַעֲקֹב, חֶסֶד לְאַבְרָהָם
אֲשֶׁר־נִשְׁבַּעְתָּ לַאֲבֹתֵינוּ מִימֵי קֶדֶם:

בשבת מוסיפים את המילים שבסוגריים.

אֱלֹהֵינוּ וֵאלֹהֵי אֲבוֹתֵינוּ
מְחַל לַעֲוֹנוֹתֵינוּ בְּיוֹם (הַשַּׁבָּת הַזֶּה וּבְיוֹם) הַכִּפּוּרִים הַזֶּה
מְחֵה וְהַעֲבֵר פְּשָׁעֵינוּ וְחַטֹּאתֵינוּ מִנֶּגֶד עֵינֶיךָ
כָּאָמוּר
ישעיה מג אָנֹכִי אָנֹכִי הוּא מֹחֶה פְשָׁעֶיךָ לְמַעֲנִי
וְחַטֹּאתֶיךָ לֹא אֶזְכֹּר:
וְנֶאֱמַר
ישעיה מד מָחִיתִי כָעָב פְּשָׁעֶיךָ וְכֶעָנָן חַטֹּאותֶיךָ
שׁוּבָה אֵלַי כִּי גְאַלְתִּיךָ:
וְנֶאֱמַר
ויקרא טז כִּי־בַיּוֹם הַזֶּה יְכַפֵּר עֲלֵיכֶם לְטַהֵר אֶתְכֶם
מִכֹּל חַטֹּאתֵיכֶם לִפְנֵי יהוה תִּטְהָרוּ:

(אֱלֹהֵינוּ וֵאלֹהֵי אֲבוֹתֵינוּ, רְצֵה נָא בִמְנוּחָתֵנוּ)
קַדְּשֵׁנוּ בְּמִצְוֹתֶיךָ וְתֵן חֶלְקֵנוּ בְּתוֹרָתֶךָ
שַׂבְּעֵנוּ מִטּוּבֶךָ, וְשַׂמַּח נַפְשֵׁנוּ בִּישׁוּעָתֶךָ

(וְהַנְחִילֵנוּ יהוה אֱלֹהֵינוּ בְּאַהֲבָה וּבְרָצוֹן שַׁבַּת קָדְשֶׁךָ
וְיָנוּחוּ בוֹ כָּל יִשְׂרָאֵל מְקַדְּשֵׁי שְׁמֶךָ)
וְטַהֵר לִבֵּנוּ לְעָבְדְּךָ בֶּאֱמֶת.
כִּי אַתָּה סָלְחָן לְיִשְׂרָאֵל וּמָחֳלָן לְשִׁבְטֵי יְשֻׁרוּן בְּכָל דּוֹר וָדוֹר
וּמִבַּלְעָדֶיךָ אֵין לָנוּ מֶלֶךְ מוֹחֵל וְסוֹלֵחַ אֶלָּא אָתָּה.
בָּרוּךְ אַתָּה יהוה
מֶלֶךְ מוֹחֵל וְסוֹלֵחַ לַעֲוֹנוֹתֵינוּ, וְלַעֲוֹנוֹת עַמּוֹ בֵּית יִשְׂרָאֵל
וּמַעֲבִיר אַשְׁמוֹתֵינוּ בְּכָל שָׁנָה וְשָׁנָה
מֶלֶךְ עַל כָּל הָאָרֶץ, מְקַדֵּשׁ (הַשַּׁבָּת וְ)יִשְׂרָאֵל וְיוֹם הַכִּפּוּרִים.

עבודה

רְצֵה יהוה אֱלֹהֵינוּ בְּעַמְּךָ יִשְׂרָאֵל, וְלִתְפִלָּתָם שְׁעֵה
וְהָשֵׁב אֶת הָעֲבוֹדָה לִדְבִיר בֵּיתֶךָ
וְאִשֵּׁי יִשְׂרָאֵל וּתְפִלָּתָם, מְהֵרָה בְּאַהֲבָה תְקַבֵּל בְּרָצוֹן
וּתְהִי לְרָצוֹן תָּמִיד עֲבוֹדַת יִשְׂרָאֵל עַמֶּךָ.

אם כוהנים עולים לברך, אומרים כאן ׳וְתֶעֱרַב׳.

קהל וש״ץ: וְתֶעֱרַב עָלֶיךָ עֲתִירָתֵנוּ כְּעוֹלָה וּכְקָרְבָּן. אָנָּא רַחוּם, בְּרַחֲמֶיךָ הָרַבִּים הָשֵׁב שְׁכִינָתְךָ לְצִיּוֹן עִירְךָ, וְסֵדֶר הָעֲבוֹדָה לִירוּשָׁלָיִם. וְתֶחֱזֶינָה עֵינֵינוּ בְּשׁוּבְךָ לְצִיּוֹן בְּרַחֲמִים. וְשָׁם נַעֲבָדְךָ בְּיִרְאָה כִּימֵי עוֹלָם וּכְשָׁנִים קַדְמוֹנִיּוֹת.

ש״ץ: בָּרוּךְ אַתָּה יהוה שֶׁאוֹתְךָ לְבַדְּךָ בְּיִרְאָה נַעֲבֹד.

ממשיכים ׳מודים׳ בעמוד הבא.

אם אין כוהנים העולים לברך, אומר:

וְתֶחֱזֶינָה עֵינֵינוּ בְּשׁוּבְךָ לְצִיּוֹן בְּרַחֲמִים.
בָּרוּךְ אַתָּה יהוה, הַמַּחֲזִיר שְׁכִינָתוֹ לְצִיּוֹן.

הודאה

כורע ב׳מוֹדִים׳ ואינו זוקף עד אמירת השם.

ימוֹדִים אֲנַחְנוּ לָךְ
שָׁאַתָּה הוּא יהוה אֱלֹהֵינוּ
וֵאלֹהֵי אֲבוֹתֵינוּ לְעוֹלָם וָעֶד.
צוּר חַיֵּינוּ, מָגֵן יִשְׁעֵנוּ
אַתָּה הוּא לְדוֹר וָדוֹר.
נוֹדֶה לְּךָ וּנְסַפֵּר תְּהִלָּתֶךָ
עַל חַיֵּינוּ הַמְּסוּרִים בְּיָדֶךָ
וְעַל נִשְׁמוֹתֵינוּ הַפְּקוּדוֹת לָךְ
וְעַל נִסֶּיךָ שֶׁבְּכָל יוֹם עִמָּנוּ
וְעַל נִפְלְאוֹתֶיךָ וְטוֹבוֹתֶיךָ
שֶׁבְּכָל עֵת, עֶרֶב וָבֹקֶר וְצָהֳרָיִם.
הַטּוֹב, כִּי לֹא כָלוּ רַחֲמֶיךָ
וְהַמְרַחֵם, כִּי לֹא תַמּוּ חֲסָדֶיךָ
כִּי מֵעוֹלָם קִוִּינוּ לָךְ.

כששליח הציבור אומר ׳מוֹדִים׳, הקהל אומר בלחש (סוטה מ ע״א):

ימוֹדִים אֲנַחְנוּ לָךְ
שָׁאַתָּה הוּא יהוה אֱלֹהֵינוּ
וֵאלֹהֵי אֲבוֹתֵינוּ
אֱלֹהֵי כָל בָּשָׂר
יוֹצְרֵנוּ, יוֹצֵר בְּרֵאשִׁית.
בְּרָכוֹת וְהוֹדָאוֹת
לְשִׁמְךָ הַגָּדוֹל וְהַקָּדוֹשׁ
עַל שֶׁהֶחֱיִיתָנוּ וְקִיַּמְתָּנוּ.
כֵּן תְּחַיֵּנוּ וּתְקַיְּמֵנוּ
וְתֶאֱסֹף גָּלֻיּוֹתֵינוּ
לְחַצְרוֹת קָדְשֶׁךָ
לִשְׁמֹר חֻקֶּיךָ וְלַעֲשׂוֹת רְצוֹנֶךָ
וּלְעָבְדְּךָ בְּלֵבָב שָׁלֵם
עַל שֶׁאֲנוּ מוֹדִים לָךְ.
בָּרוּךְ אֵל הַהוֹדָאוֹת.

וְעַל כֻּלָּם יִתְבָּרַךְ וְיִתְרוֹמַם וְיִתְנַשֵּׂא שִׁמְךָ מַלְכֵּנוּ
תָּמִיד לְעוֹלָם וָעֶד.

קהל ואחריו שליח הציבור:

אָבִינוּ מַלְכֵּנוּ, זְכֹר רַחֲמֶיךָ וּכְבֹשׁ כַּעַסְךָ
וְכַלֵּה דֶבֶר, וְחֶרֶב, וְרָעָב, וּשְׁבִי
וּמַשְׁחִית, וְעָוֹן, וּמַגֵּפָה, וּפֶגַע רַע
וְכָל מַחֲלָה, וְכָל תַּקָּלָה, וְכָל קְטָטָה
וְכָל מִינֵי פֻרְעָנִיּוֹת, וְכָל גְּזֵרָה רָעָה
וְשִׂנְאַת חִנָּם מֵעָלֵינוּ וּמֵעַל כָּל בְּנֵי בְרִיתֶךָ.

קהל ואחריו שליח הציבור:

וּכְתֹב לְחַיִּים טוֹבִים כָּל בְּנֵי בְרִיתֶךָ.

שליח הציבור ממשיך:

וְכֹל הַחַיִּים יוֹדְוּךָ סֶּלָה
וִיהַלְלוּ וִיבָרְכוּ אֶת שִׁמְךָ הַגָּדוֹל בֶּאֱמֶת לְעוֹלָם כִּי טוֹב
הָאֵל יְשׁוּעָתֵנוּ וְעֶזְרָתֵנוּ סֶלָה, הָאֵל הַטּוֹב.
ּבָּרוּךְ אַתָּה יהוה, הַטּוֹב שִׁמְךָ וּלְךָ נָאֶה לְהוֹדוֹת.

ברכת כוהנים

אם יותר מכוהן אחד עולה לדוכן, הגבאי קורא:

כֹּהֲנִים

הכוהנים מברכים:

בָּרוּךְ אַתָּה יהוה אֱלֹהֵינוּ מֶלֶךְ הָעוֹלָם, אֲשֶׁר קִדְּשָׁנוּ בִּקְדֻשָּׁתוֹ שֶׁל אַהֲרֹן, וְצִוָּנוּ לְבָרֵךְ אֶת עַמּוֹ יִשְׂרָאֵל בְּאַהֲבָה.

שליח הציבור מקריא מילה במילה, והכוהנים אחריו:

יְבָרֶכְךָ יהוה וְיִשְׁמְרֶךָ: קהל: אָמֵן במדבר ו
יָאֵר יהוה פָּנָיו אֵלֶיךָ וִיחֻנֶּךָּ: קהל: אָמֵן
יִשָּׂא יהוה פָּנָיו אֵלֶיךָ וְיָשֵׂם לְךָ שָׁלוֹם: קהל: אָמֵן

שליח הציבור ממשיך ׳שִׂים שָׁלוֹם׳.

הקהל אומר:

אַדִּיר בַּמָּרוֹם שׁוֹכֵן בִּגְבוּרָה, אַתָּה שָׁלוֹם וְשִׁמְךָ שָׁלוֹם. יְהִי רָצוֹן שֶׁתָּשִׂים עָלֵינוּ וְעַל כָּל עַמְּךָ בֵּית יִשְׂרָאֵל חַיִּים וּבְרָכָה לְמִשְׁמֶרֶת שָׁלוֹם.

הכוהנים אומרים:

רִבּוֹנוֹ שֶׁל עוֹלָם, עָשִׂינוּ מַה שֶּׁגָּזַרְתָּ עָלֵינוּ, אַף אַתָּה עֲשֵׂה עִמָּנוּ כְּמוֹ שֶׁהִבְטַחְתָּנוּ. הַשְׁקִיפָה מִמְּעוֹן קָדְשְׁךָ מִן־הַשָּׁמַיִם, וּבָרֵךְ אֶת־עַמְּךָ אֶת־יִשְׂרָאֵל, וְאֵת הָאֲדָמָה אֲשֶׁר נָתַתָּה לָנוּ, כַּאֲשֶׁר נִשְׁבַּעְתָּ לַאֲבֹתֵינוּ, אֶרֶץ זָבַת חָלָב וּדְבָשׁ: דברים כו

אם אין כוהנים העולים לדוכן, שליח הציבור אומר:

אֱלֹהֵינוּ וֵאלֹהֵי אֲבוֹתֵינוּ, בָּרְכֵנוּ בַּבְּרָכָה הַמְשֻׁלֶּשֶׁת בַּתּוֹרָה, הַכְּתוּבָה עַל יְדֵי מֹשֶׁה עַבְדֶּךָ, הָאֲמוּרָה מִפִּי אַהֲרֹן וּבָנָיו כֹּהֲנִים עַם קְדוֹשֶׁיךָ, כָּאָמוּר

יְבָרֶכְךָ יהוה וְיִשְׁמְרֶךָ: קהל: כֵּן יְהִי רָצוֹן במדבר ו
יָאֵר יהוה פָּנָיו אֵלֶיךָ וִיחֻנֶּךָּ: קהל: כֵּן יְהִי רָצוֹן
יִשָּׂא יהוה פָּנָיו אֵלֶיךָ וְיָשֵׂם לְךָ שָׁלוֹם: קהל: כֵּן יְהִי רָצוֹן

שלום

שִׂים שָׁלוֹם טוֹבָה וּבְרָכָה
חַיִּים חֵן וָחֶסֶד וְרַחֲמִים
עָלֵינוּ וְעַל כָּל יִשְׂרָאֵל עַמֶּךָ.
בָּרְכֵנוּ אָבִינוּ כֻּלָּנוּ כְּאֶחָד בְּאוֹר פָּנֶיךָ
כִּי בְאוֹר פָּנֶיךָ נָתַתָּ לָּנוּ יהוה אֱלֹהֵינוּ
תּוֹרַת חַיִּים וְאַהֲבַת חֶסֶד
וּצְדָקָה וּבְרָכָה וְרַחֲמִים וְחַיִּים וְשָׁלוֹם.
וְטוֹב יִהְיֶה בְּעֵינֶיךָ לְבָרְכֵנוּ
וּלְבָרֵךְ אֶת כָּל עַמְּךָ יִשְׂרָאֵל
בְּכָל עֵת וּבְכָל שָׁעָה בִּשְׁלוֹמֶךָ.

הקהל ושליח הציבור אומרים:

בְּסֵפֶר חַיִּים, בְּרָכָה וְשָׁלוֹם, וּפַרְנָסָה טוֹבָה
וּגְזֵרוֹת טוֹבוֹת, יְשׁוּעוֹת וְנֶחָמוֹת
נִזָּכֵר וְנִכָּתֵב לְפָנֶיךָ
אֲנַחְנוּ וְכָל עַמְּךָ בֵּית יִשְׂרָאֵל
לְחַיִּים טוֹבִים וּלְשָׁלוֹם.

שליח הציבור ממשיך:

וְנֶאֱמַר
כִּי־בִי יִרְבּוּ יָמֶיךָ, וְיוֹסִיפוּ לְּךָ שְׁנוֹת חַיִּים: משלי ט
לְחַיִּים טוֹבִים תִּכְתְּבֵנוּ, אֱלֹהִים חַיִּים
כָּתְבֵנוּ בְּסֵפֶר הַחַיִּים.
כַּכָּתוּב
וְאַתֶּם הַדְּבֵקִים בַּיהוה אֱלֹהֵיכֶם דברים ד
חַיִּים כֻּלְּכֶם הַיּוֹם:

פותחים את ארון הקודש.

נוהגים לומר כאן שבע שורות מהפיוט 'הַיּוֹם תְּאַמְּצֵנוּ'. הפיוט המלא בעמ' 592.
הפיוט המלא בעמ' 592.

הקהל אומר את השורות אחת אחת, ושליח הציבור חוזר עליהן.
לאחר שליח הציבור הקהל עונה 'אָמֵן' וממשיך בשורה הבאה.

סימן א"ב

הַיּוֹם תְּאַמְּצֵנוּ. אָמֵן
הַיּוֹם תְּבָרְכֵנוּ. אָמֵן
הַיּוֹם תְּגַדְּלֵנוּ. אָמֵן
הַיּוֹם תִּדְרְשֵׁנוּ לְטוֹבָה. אָמֵן
הַיּוֹם תִּשְׁמַע שַׁוְעָתֵנוּ. אָמֵן
הַיּוֹם תְּקַבֵּל בְּרַחֲמִים וּבְרָצוֹן אֶת תְּפִלָּתֵנוּ. אָמֵן
הַיּוֹם תִּתְמְכֵנוּ בִּימִין צִדְקֶךָ. אָמֵן

סוגרים את ארון הקודש.

שליח הציבור ממשיך:

כְּהַיּוֹם הַזֶּה תְּבִיאֵנוּ, שָׂשִׂים וּשְׂמֵחִים בְּבִנְיָן שָׁלֵם.
כַּכָּתוּב: וַהֲבִיאוֹתִים אֶל־הַר קָדְשִׁי, וְשִׂמַּחְתִּים בְּבֵית תְּפִלָּתִי ישעיה נו
עוֹלֹתֵיהֶם וְזִבְחֵיהֶם לְרָצוֹן עַל־מִזְבְּחִי
כִּי בֵיתִי בֵּית־תְּפִלָּה יִקָּרֵא לְכָל־הָעַמִּים:
וְנֶאֱמַר: וַיְצַוֵּנוּ יהוה לַעֲשׂוֹת אֶת־כָּל־הַחֻקִּים הָאֵלֶּה דברים ו
לְיִרְאָה אֶת־יהוה אֱלֹהֵינוּ, לְטוֹב לָנוּ כָּל־הַיָּמִים לְחַיֹּתֵנוּ כְּהַיּוֹם הַזֶּה:
וְנֶאֱמַר: וּצְדָקָה תִּהְיֶה־לָּנוּ, כִּי־נִשְׁמֹר לַעֲשׂוֹת אֶת־כָּל־הַמִּצְוָה הַזֹּאת שם
לִפְנֵי יהוה אֱלֹהֵינוּ, כַּאֲשֶׁר צִוָּנוּ:
וּצְדָקָה וּבְרָכָה וְרַחֲמִים וְחַיִּים וְשָׁלוֹם
יִהְיֶה לָנוּ וּלְכָל יִשְׂרָאֵל עַד הָעוֹלָם.

בָּרוּךְ אַתָּה יהוה, הַמְבָרֵךְ אֶת עַמּוֹ יִשְׂרָאֵל בַּשָּׁלוֹם.

שליח הציבור מסיים בלחש:

יִהְיוּ לְרָצוֹן אִמְרֵי־פִי וְהֶגְיוֹן לִבִּי לְפָנֶיךָ, יהוה צוּרִי וְגֹאֲלִי: תהלים יט

קדיש שלם

ש״ץ: יִתְגַּדַּל וְיִתְקַדַּשׁ שְׁמֵהּ רַבָּא (קהל: אָמֵן)
בְּעָלְמָא דִּי בְרָא כִרְעוּתֵהּ
וְיַמְלִיךְ מַלְכוּתֵהּ
וְיַצְמַח פֻּרְקָנֵהּ וִיקָרֵב מְשִׁיחֵהּ (קהל: אָמֵן)
בְּחַיֵּיכוֹן וּבְיוֹמֵיכוֹן וּבְחַיֵּי דְכָל בֵּית יִשְׂרָאֵל
בַּעֲגָלָא וּבִזְמַן קָרִיב, וְאִמְרוּ אָמֵן. (קהל: אָמֵן)

קהל וש״ץ: יְהֵא שְׁמֵהּ רַבָּא מְבָרַךְ לְעָלַם וּלְעָלְמֵי עָלְמַיָּא.

ש״ץ: יִתְבָּרַךְ וְיִשְׁתַּבַּח וְיִתְפָּאַר וְיִתְרוֹמַם וְיִתְנַשֵּׂא
וְיִתְהַדָּר וְיִתְעַלֶּה וְיִתְהַלָּל
שְׁמֵהּ דְּקֻדְשָׁא בְּרִיךְ הוּא (קהל: אָמֵן)
לְעֵלָּא לְעֵלָּא מִכָּל בִּרְכָתָא וְשִׁירָתָא, תֻּשְׁבְּחָתָא וְנֶחֱמָתָא
דַּאֲמִירָן בְּעָלְמָא, וְאִמְרוּ אָמֵן. (קהל: אָמֵן)

תִּתְקַבַּל צְלוֹתְהוֹן וּבָעוּתְהוֹן דְּכָל בֵּית יִשְׂרָאֵל
קֳדָם אֲבוּהוֹן דִּי בִשְׁמַיָּא, וְאִמְרוּ אָמֵן. (קהל: אָמֵן)

יְהֵא שְׁלָמָא רַבָּא מִן שְׁמַיָּא
וְחַיִּים טוֹבִים עָלֵינוּ וְעַל כָּל יִשְׂרָאֵל, וְאִמְרוּ אָמֵן. (קהל: אָמֵן)

כורע ופוסע שלוש פסיעות לאחור. קד לשמאל, לימין ולפנים באמירת:

עֹשֶׂה הַשָּׁלוֹם בִּמְרוֹמָיו
הוּא יַעֲשֶׂה שָׁלוֹם, עָלֵינוּ
וְעַל כָּל יִשְׂרָאֵל, וְאִמְרוּ אָמֵן. (קהל: אָמֵן)

ברוב הקהילות אין אומרים ׳אֵין כֵּאלֹהֵינוּ׳ ולא ׳עָלֵינוּ׳ אחרי התפילה, משום שבתקופת הראשונים לא הייתה כלל הפסקה, והיו ממשיכים במנחה מיד אחרי סוף מוסף.
לדעת היעב״ץ, אם מפסיקים אחרי מוסף יש לומר ׳עָלֵינוּ׳ (עמ׳ 487)
אך רוב העולם אינו נוהג כן.

מנחה ליום הכיפורים

תפילת מנחה

"וְעָרְבָה לַה' מִנְחַת יְהוּדָה וִירוּשָׁלָם כִּימֵי עוֹלָם וּכְשָׁנִים קַדְמֹנִיּוֹת" (מלאכי ג, ד).
ראוי לומר לפני תפילת מנחה את סדר הקרבנות בעמ' 145-142
(פרשת הכיור, פרשת התמיד, סדר הקטורת עד אחרי 'אָנָּא, בְּכֹחַ').

בשונה משאר שבתות וימים טובים, אין אומרים 'אַשְׁרֵי' 'וּבָא לְצִיּוֹן' במנחה, אלא דוחים אותם כדי להפסיק בין מנחה לנעילה (סידור רש"י, ריד), ומתחילים בהוצאת ספר תורה.

הוצאת ספר תורה

פותחים את ארון הקודש. הקהל עומד על רגליו.

וַיְהִי בִּנְסֹעַ הָאָרֹן וַיֹּאמֶר מֹשֶׁה במדבר י
קוּמָה יהוה וְיָפֻצוּ אֹיְבֶיךָ וְיָנֻסוּ מְשַׂנְאֶיךָ מִפָּנֶיךָ:
כִּי מִצִּיּוֹן תֵּצֵא תוֹרָה וּדְבַר־יהוה מִירוּשָׁלָםִ: ישעיה ב
בָּרוּךְ שֶׁנָּתַן תּוֹרָה לְעַמּוֹ יִשְׂרָאֵל בִּקְדֻשָּׁתוֹ.

בְּרִיךְ שְׁמֵהּ דְּמָרֵא עָלְמָא, בְּרִיךְ כִּתְרָךְ וְאַתְרָךְ. יְהֵא רְעוּתָךְ עִם עַמָּךְ יִשְׂרָאֵל לְעָלַם, וּפֻרְקַן יְמִינָךְ אַחֲזִי לְעַמָּךְ בְּבֵית מַקְדְּשָׁךְ, וּלְאַמְטוּיֵי לָנָא מִטּוּב נְהוֹרָךְ, וּלְקַבֵּל צְלוֹתַנָא בְּרַחֲמִין. יְהֵא רַעֲוָא קֳדָמָךְ דְּתוֹרִיךְ לַן חַיִּין בְּטִיבוּ, וְלֶהֱוֵי אֲנָא פְקִידָא בְּגוֹ צַדִּיקַיָּא, לְמִרְחַם עָלַי וּלְמִנְטַר יָתִי וְיָת כָּל דִּי לִי וְדִי לְעַמָּךְ יִשְׂרָאֵל. אַנְתְּ הוּא זָן לְכֹלָּא וּמְפַרְנֵס לְכֹלָּא, אַנְתְּ הוּא שַׁלִּיט עַל כֹּלָּא, אַנְתְּ הוּא דְּשַׁלִּיט עַל מַלְכַיָּא, וּמַלְכוּתָא דִּילָךְ הִיא. אֲנָא עַבְדָּא דְקֻדְשָׁא בְּרִיךְ הוּא, דְּסָגֵדְנָא קַמֵּהּ וּמִקַּמֵּי דִּיקַר אוֹרַיְתֵהּ בְּכָל עִדָּן וְעִדָּן. לָא עַל אֱנָשׁ זוהר ויקהל

תרגום

ברוך שמו של אדון העולם, ברוך כתרך ומקומך. יהי רצונך עם עמך ישראל לעולם, וישועת ימינך הראה לעמך בבית מקדשך, ולהביא לנו מטוב אורך, ולקבל תפילותינו ברחמים. יהי רצון מלפניך שתאריך לנו חיים בטוב, ואהיה אני נמנה בתוך הצדיקים, לרחם עלי ולשמור אותי ואת כל אשר לי ואשר לעמך ישראל. אתה הוא זן לכול ומפרנס לכול, אתה הוא שליט על הכול, אתה הוא השליט על המלכים, והמלכות שלך היא. אני עבדו של הקדוש ברוך הוא, משתחוה לפניו ולפני כבוד תורתו בכל עת ועת. לא על אדם אני בטוח ולא על מלאך

רְחִיצְנָא וְלָא עַל בַּר אֱלָהִין סְמִיכְנָא, אֶלָּא בֶּאֱלָהָא דִשְׁמַיָּא, דְּהוּא אֱלָהָא קְשׁוֹט, וְאוֹרַיְתֵהּ קְשׁוֹט, וּנְבִיאוֹהִי קְשׁוֹט, וּמַסְגֵּא לְמֶעְבַּד טַבְוָן וּקְשׁוֹט. • בֵּהּ אֲנָא רָחִיץ, וְלִשְׁמֵהּ קַדִּישָׁא יַקִּירָא אֲנָא אֵמַר תֻּשְׁבְּחָן. יְהֵא רַעֲוָא קֳדָמָךְ דְּתִפְתַּח לִבַּאי בְּאוֹרַיְתָא, וְתַשְׁלִים מִשְׁאֲלִין דְּלִבַּאי וְלִבָּא דְכָל עַמָּךְ יִשְׂרָאֵל לְטָב וּלְחַיִּין וְלִשְׁלָם.

שליח הציבור מקבל את ספר התורה בימינו, קד לעבר ארון הקודש, פונה לקהל ואומר:

גַּדְּלוּ לַיהוה אִתִּי וּנְרוֹמְמָה שְׁמוֹ יַחְדָּו: תהלים לד

סוגרים את ארון הקודש. שליח הציבור הולך אל הבימה, והקהל אומר:

לְךָ יהוה הַגְּדֻלָּה וְהַגְּבוּרָה וְהַתִּפְאֶרֶת וְהַנֵּצַח וְהַהוֹד, כִּי־כֹל בַּשָּׁמַיִם וּבָאָרֶץ: לְךָ יהוה הַמַּמְלָכָה וְהַמִּתְנַשֵּׂא לְכֹל לְרֹאשׁ: דברי הימים א׳ כט

רוֹמְמוּ יהוה אֱלֹהֵינוּ וְהִשְׁתַּחֲווּ לַהֲדֹם רַגְלָיו, קָדוֹשׁ הוּא: רוֹמְמוּ יהוה אֱלֹהֵינוּ וְהִשְׁתַּחֲווּ לְהַר קָדְשׁוֹ, כִּי־קָדוֹשׁ יהוה אֱלֹהֵינוּ: תהלים צט שם

אַב הָרַחֲמִים הוּא יְרַחֵם עַם עֲמוּסִים, וְיִזְכֹּר בְּרִית אֵיתָנִים, וְיַצִּיל נַפְשׁוֹתֵינוּ מִן הַשָּׁעוֹת הָרָעוֹת, וְיִגְעַר בְּיֵצֶר הָרָע מִן הַנְּשׂוּאִים, וְיָחֹן אוֹתָנוּ לִפְלֵיטַת עוֹלָמִים, וִימַלֵּא מִשְׁאֲלוֹתֵינוּ בְּמִדָּה טוֹבָה יְשׁוּעָה וְרַחֲמִים.

מניח את הספר על הבימה, והגבאי מכריז:

וְתִגָּלֶה וְתֵרָאֶה מַלְכוּתוֹ עָלֵינוּ בִּזְמַן קָרוֹב, וְיָחֹן פְּלֵיטָתֵנוּ וּפְלֵיטַת עַמּוֹ בֵּית יִשְׂרָאֵל לְחֵן וּלְחֶסֶד וּלְרַחֲמִים וּלְרָצוֹן וְנֹאמַר אָמֵן. הַכֹּל הָבוּ גֹדֶל לֵאלֹהֵינוּ וּתְנוּ כָבוֹד לַתּוֹרָה. *כֹּהֵן קְרַב, יַעֲמֹד (פלוני בֶּן פלוני) הַכֹּהֵן.

*אם אין כוהן, הגבאי קורא ללוי או לישראל ואומר:

/אֵין כָּאן כֹּהֵן, יַעֲמֹד (פלוני בֶּן פלוני) בִּמְקוֹם כֹּהֵן./

בָּרוּךְ שֶׁנָּתַן תּוֹרָה לְעַמּוֹ יִשְׂרָאֵל בִּקְדֻשָּׁתוֹ.

הקהל ואחריו הגבאי:

וְאַתֶּם הַדְּבֵקִים בַּיהוה אֱלֹהֵיכֶם חַיִּים כֻּלְּכֶם הַיּוֹם: דברים ד

אני סמוך, אלא באלהי השמים, שהוא אלהים אמת, ותורתו אמת, ונביאיו אמת, ומרבה לעשות חסד ואמת. בו אני בטוח, ולשמו הקדוש הנכבד אני אומר תשבחות. יהי רצון מלפניך שתפתח לבי בתורה, ותמלא משאלות לבי ולב כל עמך ישראל לטובה ולחיים ולשלום.

קודם הברכה על העולה לראות היכן קוראים ולנשק את ספר התורה.
בשעת הברכה אוחז בעמודי הספר.

עולה: בָּרְכוּ אֶת יהוה הַמְבֹרָךְ.

קהל: בָּרוּךְ יהוה הַמְבֹרָךְ לְעוֹלָם וָעֶד.

עולה: בָּרוּךְ יהוה הַמְבֹרָךְ לְעוֹלָם וָעֶד.
בָּרוּךְ אַתָּה יהוה אֱלֹהֵינוּ מֶלֶךְ הָעוֹלָם
אֲשֶׁר בָּחַר בָּנוּ מִכָּל הָעַמִּים וְנָתַן לָנוּ אֶת תּוֹרָתוֹ.
בָּרוּךְ אַתָּה יהוה, נוֹתֵן הַתּוֹרָה.

לאחר הקריאה העולה מנשק את ספר התורה ומברך:

עולה: בָּרוּךְ אַתָּה יהוה אֱלֹהֵינוּ מֶלֶךְ הָעוֹלָם
אֲשֶׁר נָתַן לָנוּ תּוֹרַת אֱמֶת
וְחַיֵּי עוֹלָם נָטַע בְּתוֹכֵנוּ.
בָּרוּךְ אַתָּה יהוה, נוֹתֵן הַתּוֹרָה.

קריאת התורה

וַיְדַבֵּר יהוה אֶל־מֹשֶׁה לֵּאמֹר: דַּבֵּר אֶל־בְּנֵי יִשְׂרָאֵל וְאָמַרְתָּ ויקרא יח, א–ל
אֲלֵהֶם אֲנִי יהוה אֱלֹהֵיכֶם: כְּמַעֲשֵׂה אֶרֶץ־מִצְרַיִם אֲשֶׁר יְשַׁבְתֶּם־
בָּהּ לֹא תַעֲשׂוּ וּכְמַעֲשֵׂה אֶרֶץ־כְּנַעַן אֲשֶׁר אֲנִי מֵבִיא אֶתְכֶם
שָׁמָּה לֹא תַעֲשׂוּ וּבְחֻקֹּתֵיהֶם לֹא תֵלֵכוּ: אֶת־מִשְׁפָּטַי תַּעֲשׂוּ
וְאֶת־חֻקֹּתַי תִּשְׁמְרוּ לָלֶכֶת בָּהֶם אֲנִי יהוה אֱלֹהֵיכֶם: וּשְׁמַרְתֶּם
אֶת־חֻקֹּתַי וְאֶת־מִשְׁפָּטַי אֲשֶׁר יַעֲשֶׂה אֹתָם הָאָדָם וָחַי בָּהֶם
אֲנִי יהוה: אִישׁ אִישׁ אֶל־כָּל־שְׁאֵר בְּשָׂרוֹ לֹא תִקְרְבוּ שני
לְגַלּוֹת עֶרְוָה אֲנִי יהוה: עֶרְוַת אָבִיךָ וְעֶרְוַת אִמְּךָ לֹא
תְגַלֵּה אִמְּךָ הִוא לֹא תְגַלֶּה עֶרְוָתָהּ: עֶרְוַת אֵשֶׁת־
אָבִיךָ לֹא תְגַלֵּה עֶרְוַת אָבִיךָ הִוא: עֶרְוַת אֲחוֹתְךָ
בַת־אָבִיךָ אוֹ בַת־אִמֶּךָ מוֹלֶדֶת בַּיִת אוֹ מוֹלֶדֶת חוּץ לֹא תְגַלֶּה
עֶרְוָתָן: עֶרְוַת בַּת־בִּנְךָ אוֹ בַת־בִּתְּךָ לֹא תְגַלֶּה עֶרְוָתָן

כִּי עֶרְוָתְךָ הֵנָּה׃ עֶרְוַת בַּת־אֵשֶׁת אָבִיךָ מוֹלֶדֶת אָבִיךָ
אֲחוֹתְךָ הִוא לֹא תְגַלֶּה עֶרְוָתָהּ׃ עֶרְוַת אֲחוֹת־אָבִיךָ
לֹא תְגַלֵּה שְׁאֵר אָבִיךָ הִוא׃ עֶרְוַת אֲחוֹת־אִמְּךָ לֹא
תְגַלֵּה כִּי־שְׁאֵר אִמְּךָ הִוא׃ עֶרְוַת אֲחִי־אָבִיךָ לֹא
תְגַלֵּה אֶל־אִשְׁתּוֹ לֹא תִקְרָב דֹּדָתְךָ הִוא׃ עֶרְוַת כַּלָּתְךָ
לֹא תְגַלֵּה אֵשֶׁת בִּנְךָ הִוא לֹא תְגַלֶּה עֶרְוָתָהּ׃ עֶרְוַת
אֵשֶׁת־אָחִיךָ לֹא תְגַלֵּה עֶרְוַת אָחִיךָ הִוא׃ עֶרְוַת
אִשָּׁה וּבִתָּהּ לֹא תְגַלֵּה אֶת־בַּת־בְּנָהּ וְאֶת־בַּת־בִּתָּהּ לֹא תִקַּח
לְגַלּוֹת עֶרְוָתָהּ שַׁאֲרָה הֵנָּה זִמָּה הִוא׃ וְאִשָּׁה אֶל־אֲחֹתָהּ לֹא
תִקָּח לִצְרֹר לְגַלּוֹת עֶרְוָתָהּ עָלֶיהָ בְּחַיֶּיהָ׃ וְאֶל־אִשָּׁה בְּנִדַּת
טֻמְאָתָהּ לֹא תִקְרַב לְגַלּוֹת עֶרְוָתָהּ׃ וְאֶל־אֵשֶׁת עֲמִיתְךָ לֹא־תִתֵּן
שְׁכָבְתְּךָ לְזָרַע לְטָמְאָה־בָהּ׃ וּמִזַּרְעֲךָ לֹא־תִתֵּן לְהַעֲבִיר לַמֹּלֶךְ
שלישי וְלֹא תְחַלֵּל אֶת־שֵׁם אֱלֹהֶיךָ אֲנִי יהוה׃ וְאֶת־זָכָר לֹא תִשְׁכַּב
מִשְׁכְּבֵי אִשָּׁה תּוֹעֵבָה הִוא׃ וּבְכָל־בְּהֵמָה לֹא־תִתֵּן שְׁכָבְתְּךָ
לְטָמְאָה־בָהּ וְאִשָּׁה לֹא־תַעֲמֹד לִפְנֵי בְהֵמָה לְרִבְעָהּ תֶּבֶל הוּא׃
אַל־תִּטַּמְּאוּ בְּכָל־אֵלֶּה כִּי בְכָל־אֵלֶּה נִטְמְאוּ הַגּוֹיִם אֲשֶׁר־אֲנִי
מְשַׁלֵּחַ מִפְּנֵיכֶם׃ וַתִּטְמָא הָאָרֶץ וָאֶפְקֹד עֲוֺנָהּ עָלֶיהָ וַתָּקִא
הָאָרֶץ אֶת־יֹשְׁבֶיהָ׃ וּשְׁמַרְתֶּם אַתֶּם אֶת־חֻקֹּתַי וְאֶת־מִשְׁפָּטַי
וְלֹא תַעֲשׂוּ מִכֹּל הַתּוֹעֵבֹת הָאֵלֶּה הָאֶזְרָח וְהַגֵּר הַגָּר בְּתוֹכְכֶם׃
כִּי אֶת־כָּל־הַתּוֹעֵבֹת הָאֵל עָשׂוּ אַנְשֵׁי־הָאָרֶץ אֲשֶׁר לִפְנֵיכֶם
וַתִּטְמָא הָאָרֶץ׃ וְלֹא־תָקִיא הָאָרֶץ אֶתְכֶם בְּטַמַּאֲכֶם אֹתָהּ
כַּאֲשֶׁר קָאָה אֶת־הַגּוֹי אֲשֶׁר לִפְנֵיכֶם׃ כִּי כָּל־אֲשֶׁר יַעֲשֶׂה מִכֹּל
הַתּוֹעֵבֹת הָאֵלֶּה וְנִכְרְתוּ הַנְּפָשׁוֹת הָעֹשֹׂת מִקֶּרֶב עַמָּם׃ וּשְׁמַרְתֶּם
אֶת־מִשְׁמַרְתִּי לְבִלְתִּי עֲשׂוֹת מֵחֻקּוֹת הַתּוֹעֵבֹת אֲשֶׁר נַעֲשׂוּ
לִפְנֵיכֶם וְלֹא תִטַּמְּאוּ בָּהֶם אֲנִי יהוה אֱלֹהֵיכֶם׃

הגבהה וגלילה

כאשר מגביהים את ספר התורה, הקהל אומר:

וְזֹאת הַתּוֹרָה אֲשֶׁר־שָׂם מֹשֶׁה לִפְנֵי בְּנֵי יִשְׂרָאֵל: דברים ד

עַל־פִּי יהוה בְּיַד מֹשֶׁה: במדבר ט

יש מוסיפים: עֵץ־חַיִּים הִיא לַמַּחֲזִיקִים בָּהּ וְתֹמְכֶיהָ מְאֻשָּׁר: משלי ג

דְּרָכֶיהָ דַרְכֵי־נֹעַם וְכָל־נְתִיבֹתֶיהָ שָׁלוֹם:

אֹרֶךְ יָמִים בִּימִינָהּ, בִּשְׂמֹאולָהּ עֹשֶׁר וְכָבוֹד:

יהוה חָפֵץ לְמַעַן צִדְקוֹ יַגְדִּיל תּוֹרָה וְיַאְדִּיר: ישעיה מב

ברכה לפני ההפטרה

לפני קריאת ההפטרה בנביא, המפטיר מברך:

בָּרוּךְ אַתָּה יהוה אֱלֹהֵינוּ מֶלֶךְ הָעוֹלָם אֲשֶׁר בָּחַר בִּנְבִיאִים טוֹבִים, וְרָצָה בְדִבְרֵיהֶם הַנֶּאֱמָרִים בֶּאֱמֶת. בָּרוּךְ אַתָּה יהוה, הַבּוֹחֵר בַּתּוֹרָה וּבְמֹשֶׁה עַבְדּוֹ וּבְיִשְׂרָאֵל עַמּוֹ וּבִנְבִיאֵי הָאֱמֶת וָצֶדֶק.

הפטרה – ספר יונה

וַיְהִי֙ דְּבַר־יהוה אֶל־יוֹנָ֥ה בֶן־אֲמִתַּ֖י לֵאמֹֽר: ק֠וּם לֵ֧ךְ אֶל־נִֽינְוֵ֛ה הָעִ֥יר הַגְּדוֹלָ֖ה וּקְרָ֣א עָלֶ֑יהָ כִּֽי־עָלְתָ֥ה רָעָתָ֖ם לְפָנָֽי: וַיָּ֤קָם יוֹנָה֙ לִבְרֹ֣חַ תַּרְשִׁ֔ישָׁה מִלִּפְנֵ֖י יהוה וַיֵּ֨רֶד יָפ֜וֹ וַיִּמְצָ֥א אָנִיָּ֣ה ׀ בָּאָ֣ה תַרְשִׁ֗ישׁ וַיִּתֵּ֨ן שְׂכָרָ֜הּ וַיֵּ֤רֶד בָּהּ֙ לָב֤וֹא עִמָּהֶם֙ תַּרְשִׁ֔ישָׁה מִלִּפְנֵ֖י יהוה: וַֽיהוה הֵטִ֤יל רֽוּחַ־גְּדוֹלָה֙ אֶל־הַיָּ֔ם וַיְהִ֥י סַֽעַר־גָּד֖וֹל בַּיָּ֑ם וְהָ֣אֳנִיָּ֔ה חִשְּׁבָ֖ה לְהִשָּׁבֵֽר: וַיִּֽירְא֣וּ הַמַּלָּחִ֗ים וַֽיִּזְעֲקוּ֮ אִ֣ישׁ אֶל־אֱלֹהָיו֒ וַיָּטִ֨לוּ אֶת־הַכֵּלִ֜ים אֲשֶׁ֤ר בָּֽאֳנִיָּה֙ אֶל־הַיָּ֔ם לְהָקֵ֖ל מֵעֲלֵיהֶ֑ם וְיוֹנָ֗ה יָרַד֙ אֶל־יַרְכְּתֵ֣י הַסְּפִינָ֔ה וַיִּשְׁכַּ֖ב וַיֵּרָדַֽם: וַיִּקְרַ֤ב אֵלָיו֙ רַ֣ב הַחֹבֵ֔ל וַיֹּ֥אמֶר ל֖וֹ מַה־לְּךָ֣ נִרְדָּ֑ם ק֚וּם קְרָ֣א אֶל־אֱלֹהֶ֔יךָ אוּלַ֞י יִתְעַשֵּׁ֧ת הָאֱלֹהִ֛ים לָ֖נוּ וְלֹ֥א נֹאבֵֽד: וַיֹּאמְר֞וּ אִ֣ישׁ אֶל־רֵעֵ֗הוּ לְכוּ֙ וְנַפִּ֣ילָה גוֹרָל֔וֹת וְנֵ֣דְעָ֔ה בְּשֶׁלְּמִ֛י הָרָעָ֥ה הַזֹּ֖את לָ֑נוּ וַיַּפִּ֙לוּ֙ גּֽוֹרָל֔וֹת וַיִּפֹּ֥ל

הַגּוֹרָל עַל־יוֹנָה: וַיֹּאמְרוּ אֵלָיו הַגִּידָה־נָּא לָנוּ בַּאֲשֶׁר לְמִי־הָרָעָה הַזֹּאת לָנוּ מַה־מְּלַאכְתְּךָ וּמֵאַיִן תָּבוֹא מָה אַרְצֶךָ וְאֵי־מִזֶּה עַם אָתָּה: וַיֹּאמֶר אֲלֵיהֶם עִבְרִי אָנֹכִי וְאֶת־יְהוָה אֱלֹהֵי הַשָּׁמַיִם אֲנִי יָרֵא אֲשֶׁר־עָשָׂה אֶת־הַיָּם וְאֶת־הַיַּבָּשָׁה: וַיִּירְאוּ הָאֲנָשִׁים יִרְאָה גְדוֹלָה וַיֹּאמְרוּ אֵלָיו מַה־זֹּאת עָשִׂיתָ כִּי־יָדְעוּ הָאֲנָשִׁים כִּי־מִלִּפְנֵי יְהוָה הוּא בֹרֵחַ כִּי הִגִּיד לָהֶם: וַיֹּאמְרוּ אֵלָיו מַה־נַּעֲשֶׂה לָּךְ וְיִשְׁתֹּק הַיָּם מֵעָלֵינוּ כִּי הַיָּם הוֹלֵךְ וְסֹעֵר: וַיֹּאמֶר אֲלֵיהֶם שָׂאוּנִי וַהֲטִילֻנִי אֶל־הַיָּם וְיִשְׁתֹּק הַיָּם מֵעֲלֵיכֶם כִּי יוֹדֵעַ אָנִי כִּי בְשֶׁלִּי הַסַּעַר הַגָּדוֹל הַזֶּה עֲלֵיכֶם: וַיַּחְתְּרוּ הָאֲנָשִׁים לְהָשִׁיב אֶל־הַיַּבָּשָׁה וְלֹא יָכֹלוּ כִּי הַיָּם הוֹלֵךְ וְסֹעֵר עֲלֵיהֶם: וַיִּקְרְאוּ אֶל־יְהוָה וַיֹּאמְרוּ אָנָּה יְהוָה אַל־נָא נֹאבְדָה בְּנֶפֶשׁ הָאִישׁ הַזֶּה וְאַל־תִּתֵּן עָלֵינוּ דָּם נָקִיא כִּי־אַתָּה יְהוָה כַּאֲשֶׁר חָפַצְתָּ עָשִׂיתָ: וַיִּשְׂאוּ אֶת־יוֹנָה וַיְטִלֻהוּ אֶל־הַיָּם וַיַּעֲמֹד הַיָּם מִזַּעְפּוֹ: וַיִּירְאוּ הָאֲנָשִׁים יִרְאָה גְדוֹלָה אֶת־יְהוָה וַיִּזְבְּחוּ־זֶבַח לַיהוָה וַיִּדְּרוּ נְדָרִים: וַיְמַן יְהוָה דָּג גָּדוֹל לִבְלֹעַ אֶת־יוֹנָה וַיְהִי יוֹנָה בִּמְעֵי הַדָּג שְׁלֹשָׁה יָמִים וּשְׁלֹשָׁה לֵילוֹת: וַיִּתְפַּלֵּל יוֹנָה אֶל־יְהוָה אֱלֹהָיו מִמְּעֵי הַדָּגָה: וַיֹּאמֶר קָרָאתִי מִצָּרָה לִי אֶל־יְהוָה וַיַּעֲנֵנִי מִבֶּטֶן שְׁאוֹל שִׁוַּעְתִּי שָׁמַעְתָּ קוֹלִי: וַתַּשְׁלִיכֵנִי מְצוּלָה בִּלְבַב יַמִּים וְנָהָר יְסֹבְבֵנִי כָּל־מִשְׁבָּרֶיךָ וְגַלֶּיךָ עָלַי עָבָרוּ: וַאֲנִי אָמַרְתִּי נִגְרַשְׁתִּי מִנֶּגֶד עֵינֶיךָ אַךְ אוֹסִיף לְהַבִּיט אֶל־הֵיכַל קָדְשֶׁךָ: אֲפָפוּנִי מַיִם עַד־נֶפֶשׁ תְּהוֹם יְסֹבְבֵנִי סוּף חָבוּשׁ לְרֹאשִׁי: לְקִצְבֵי הָרִים יָרַדְתִּי הָאָרֶץ בְּרִחֶיהָ בַעֲדִי לְעוֹלָם וַתַּעַל מִשַּׁחַת חַיַּי יְהוָה אֱלֹהָי: בְּהִתְעַטֵּף עָלַי נַפְשִׁי אֶת־יְהוָה זָכָרְתִּי וַתָּבוֹא אֵלֶיךָ תְּפִלָּתִי אֶל־הֵיכַל קָדְשֶׁךָ: מְשַׁמְּרִים הַבְלֵי־שָׁוְא חַסְדָּם יַעֲזֹבוּ: וַאֲנִי בְּקוֹל תּוֹדָה אֶזְבְּחָה־לָּךְ אֲשֶׁר נָדַרְתִּי אֲשַׁלֵּמָה יְשׁוּעָתָה לַיהוָה: וַיֹּאמֶר יְהוָה לַדָּג

וַיָּקֵא אֶת־יוֹנָה אֶל־הַיַּבָּשָׁה׃ וַיְהִי דְבַר־יהוה אֶל־יוֹנָה
שֵׁנִית לֵאמֹר׃ קוּם לֵךְ אֶל־נִינְוֵה הָעִיר הַגְּדוֹלָה וּקְרָא אֵלֶיהָ
אֶת־הַקְּרִיאָה אֲשֶׁר אָנֹכִי דֹּבֵר אֵלֶיךָ׃ וַיָּקָם יוֹנָה וַיֵּלֶךְ אֶל־נִינְוֵה
כִּדְבַר יהוה וְנִינְוֵה הָיְתָה עִיר־גְּדוֹלָה לֵאלֹהִים מַהֲלַךְ שְׁלֹשֶׁת
יָמִים׃ וַיָּחֶל יוֹנָה לָבוֹא בָעִיר מַהֲלַךְ יוֹם אֶחָד וַיִּקְרָא וַיֹּאמַר
עוֹד אַרְבָּעִים יוֹם וְנִינְוֵה נֶהְפָּכֶת׃ וַיַּאֲמִינוּ אַנְשֵׁי נִינְוֵה בֵּאלֹהִים
וַיִּקְרְאוּ־צוֹם וַיִּלְבְּשׁוּ שַׂקִּים מִגְּדוֹלָם וְעַד־קְטַנָּם׃ וַיִּגַּע הַדָּבָר
אֶל־מֶלֶךְ נִינְוֵה וַיָּקָם מִכִּסְאוֹ וַיַּעֲבֵר אַדַּרְתּוֹ מֵעָלָיו וַיְכַס שַׂק
וַיֵּשֶׁב עַל־הָאֵפֶר׃ וַיַּזְעֵק וַיֹּאמֶר בְּנִינְוֵה מִטַּעַם הַמֶּלֶךְ וּגְדֹלָיו
לֵאמֹר הָאָדָם וְהַבְּהֵמָה הַבָּקָר וְהַצֹּאן אַל־יִטְעֲמוּ מְאוּמָה אַל־
יִרְעוּ וּמַיִם אַל־יִשְׁתּוּ׃ וְיִתְכַּסּוּ שַׂקִּים הָאָדָם וְהַבְּהֵמָה וְיִקְרְאוּ
אֶל־אֱלֹהִים בְּחָזְקָה וְיָשֻׁבוּ אִישׁ מִדַּרְכּוֹ הָרָעָה וּמִן־הֶחָמָס אֲשֶׁר
בְּכַפֵּיהֶם׃ מִי־יוֹדֵעַ יָשׁוּב וְנִחַם הָאֱלֹהִים וְשָׁב מֵחֲרוֹן אַפּוֹ וְלֹא
נֹאבֵד׃ וַיַּרְא הָאֱלֹהִים אֶת־מַעֲשֵׂיהֶם כִּי־שָׁבוּ מִדַּרְכָּם הָרָעָה
וַיִּנָּחֶם הָאֱלֹהִים עַל־הָרָעָה אֲשֶׁר־דִּבֶּר לַעֲשׂוֹת־לָהֶם וְלֹא עָשָׂה׃
וַיֵּרַע אֶל־יוֹנָה רָעָה גְדוֹלָה וַיִּחַר לוֹ׃ וַיִּתְפַּלֵּל אֶל־יהוה וַיֹּאמַר
אָנָּה יהוה הֲלוֹא־זֶה דְבָרִי עַד־הֱיוֹתִי עַל־אַדְמָתִי עַל־כֵּן קִדַּמְתִּי
לִבְרֹחַ תַּרְשִׁישָׁה כִּי יָדַעְתִּי כִּי אַתָּה אֵל־חַנּוּן וְרַחוּם אֶרֶךְ אַפַּיִם
וְרַב־חֶסֶד וְנִחָם עַל־הָרָעָה׃ וְעַתָּה יהוה קַח־נָא אֶת־נַפְשִׁי מִמֶּנִּי
כִּי טוֹב מוֹתִי מֵחַיָּי׃ וַיֹּאמֶר יהוה הַהֵיטֵב חָרָה לָךְ׃ וַיֵּצֵא יוֹנָה
מִן־הָעִיר וַיֵּשֶׁב מִקֶּדֶם לָעִיר וַיַּעַשׂ לוֹ שָׁם סֻכָּה וַיֵּשֶׁב תַּחְתֶּיהָ
בַּצֵּל עַד אֲשֶׁר יִרְאֶה מַה־יִּהְיֶה בָּעִיר׃ וַיְמַן יהוה־אֱלֹהִים קִיקָיוֹן
וַיַּעַל ׀ מֵעַל לְיוֹנָה לִהְיוֹת צֵל עַל־רֹאשׁוֹ לְהַצִּיל לוֹ מֵרָעָתוֹ
וַיִּשְׂמַח יוֹנָה עַל־הַקִּיקָיוֹן שִׂמְחָה גְדוֹלָה׃ וַיְמַן הָאֱלֹהִים תּוֹלַעַת
בַּעֲלוֹת הַשַּׁחַר לַמָּחֳרָת וַתַּךְ אֶת־הַקִּיקָיוֹן וַיִּיבָשׁ׃ וַיְהִי ׀ כִּזְרֹחַ

הַשֶּׁמֶשׁ וַיְמַן אֱלֹהִים רוּחַ קָדִים חֲרִישִׁית וַתַּךְ הַשֶּׁמֶשׁ עַל־רֹאשׁ יוֹנָה וַיִּתְעַלָּף וַיִּשְׁאַל אֶת־נַפְשׁוֹ לָמוּת וַיֹּאמֶר טוֹב מוֹתִי מֵחַיָּי: וַיֹּאמֶר אֱלֹהִים אֶל־יוֹנָה הַהֵיטֵב חָרָה־לְךָ עַל־הַקִּיקָיוֹן וַיֹּאמֶר הֵיטֵב חָרָה־לִי עַד־מָוֶת: וַיֹּאמֶר יהוה אַתָּה חַסְתָּ עַל־הַקִּיקָיוֹן אֲשֶׁר לֹא־עָמַלְתָּ בּוֹ וְלֹא גִדַּלְתּוֹ שֶׁבִּן־לַיְלָה הָיָה וּבִן־לַיְלָה אָבָד: וַאֲנִי לֹא אָחוּס עַל־נִינְוֵה הָעִיר הַגְּדוֹלָה אֲשֶׁר יֶשׁ־בָּהּ הַרְבֵּה מִשְׁתֵּים־עֶשְׂרֵה רִבּוֹ אָדָם אֲשֶׁר לֹא־יָדַע בֵּין־יְמִינוֹ לִשְׂמֹאלוֹ וּבְהֵמָה רַבָּה:

ויש מוסיפים:

מִי־אֵל כָּמוֹךָ נֹשֵׂא עָוֹן וְעֹבֵר עַל־פֶּשַׁע לִשְׁאֵרִית נַחֲלָתוֹ לֹא־ מיכה ז,יח-כ
הֶחֱזִיק לָעַד אַפּוֹ כִּי־חָפֵץ חֶסֶד הוּא: יָשׁוּב יְרַחֲמֵנוּ יִכְבֹּשׁ עֲוֹנֹתֵינוּ וְתַשְׁלִיךְ בִּמְצֻלוֹת יָם כָּל־חַטֹּאתָם: תִּתֵּן אֱמֶת לְיַעֲקֹב חֶסֶד לְאַבְרָהָם אֲשֶׁר־נִשְׁבַּעְתָּ לַאֲבֹתֵינוּ מִימֵי קֶדֶם:

ברכות לאחר ההפטרה

אחר קריאת ההפטרה המפטיר מברך:

בָּרוּךְ אַתָּה יהוה אֱלֹהֵינוּ מֶלֶךְ הָעוֹלָם, צוּר כָּל הָעוֹלָמִים, צַדִּיק בְּכָל הַדּוֹרוֹת, הָאֵל הַנֶּאֱמָן, הָאוֹמֵר וְעוֹשֶׂה, הַמְדַבֵּר וּמְקַיֵּם, שֶׁכָּל דְּבָרָיו אֱמֶת וָצֶדֶק. נֶאֱמָן אַתָּה הוּא יהוה אֱלֹהֵינוּ וְנֶאֱמָנִים דְּבָרֶיךָ, וְדָבָר אֶחָד מִדְּבָרֶיךָ אָחוֹר לֹא יָשׁוּב רֵיקָם, כִּי אֵל מֶלֶךְ נֶאֱמָן וְרַחֲמָן אָתָּה. בָּרוּךְ אַתָּה יהוה, הָאֵל הַנֶּאֱמָן בְּכָל דְּבָרָיו.

רַחֵם עַל צִיּוֹן כִּי הִיא בֵּית חַיֵּינוּ, וְלַעֲלוּבַת נֶפֶשׁ תּוֹשִׁיעַ בִּמְהֵרָה בְיָמֵינוּ. בָּרוּךְ אַתָּה יהוה, מְשַׂמֵּחַ צִיּוֹן בְּבָנֶיהָ.

שַׂמְּחֵנוּ יהוה אֱלֹהֵינוּ בְּאֵלִיָּהוּ הַנָּבִיא עַבְדֶּךָ, וּבְמַלְכוּת בֵּית דָּוִד מְשִׁיחֶךָ, בִּמְהֵרָה יָבוֹא וְיָגֵל לִבֵּנוּ. עַל כִּסְאוֹ לֹא יֵשֶׁב זָר, וְלֹא יִנְחֲלוּ עוֹד אֲחֵרִים אֶת כְּבוֹדוֹ, כִּי בְשֵׁם קָדְשְׁךָ נִשְׁבַּעְתָּ לּוֹ שֶׁלֹּא יִכְבֶּה נֵרוֹ לְעוֹלָם וָעֶד. בָּרוּךְ אַתָּה יהוה, מָגֵן דָּוִד.

הכנסת ספר תורה

פותחים את ארון הקודש, והקהל עומד על רגליו. שליח הציבור נוטל את ספר התורה ואומר:

יְהַלְלוּ אֶת־שֵׁם יהוה, כִּי־נִשְׂגָּב שְׁמוֹ, לְבַדּוֹ תהלים קמח

הקהל אומר:

הוֹדוֹ עַל־אֶרֶץ וְשָׁמָיִם:
וַיָּרֶם קֶרֶן לְעַמּוֹ, תְּהִלָּה לְכָל־חֲסִידָיו
לִבְנֵי יִשְׂרָאֵל עַם קְרֹבוֹ, הַלְלוּיָהּ:

כאשר מלווים את ספר התורה לארון הקודש, אומרים:

לְדָוִד מִזְמוֹר, לַיהוה הָאָרֶץ וּמְלוֹאָהּ, תֵּבֵל וְיֹשְׁבֵי בָהּ: כִּי־הוּא עַל־יַמִּים תהלים כד
יְסָדָהּ, וְעַל־נְהָרוֹת יְכוֹנְנֶהָ: מִי־יַעֲלֶה בְהַר־יהוה, וּמִי־יָקוּם בִּמְקוֹם
קָדְשׁוֹ: נְקִי כַפַּיִם וּבַר־לֵבָב, אֲשֶׁר לֹא־נָשָׂא לַשָּׁוְא נַפְשִׁי וְלֹא נִשְׁבַּע
לְמִרְמָה: יִשָּׂא בְרָכָה מֵאֵת יהוה, וּצְדָקָה מֵאֱלֹהֵי יִשְׁעוֹ: זֶה דּוֹר דֹּרְשָׁו,
מְבַקְשֵׁי פָנֶיךָ, יַעֲקֹב, סֶלָה: שְׂאוּ שְׁעָרִים רָאשֵׁיכֶם, וְהִנָּשְׂאוּ פִּתְחֵי עוֹלָם,
וְיָבוֹא מֶלֶךְ הַכָּבוֹד: מִי זֶה מֶלֶךְ הַכָּבוֹד, יהוה עִזּוּז וְגִבּוֹר, יהוה גִּבּוֹר
מִלְחָמָה: שְׂאוּ שְׁעָרִים רָאשֵׁיכֶם, וּשְׂאוּ פִּתְחֵי עוֹלָם, וְיָבֹא מֶלֶךְ הַכָּבוֹד:
◂ מִי הוּא זֶה מֶלֶךְ הַכָּבוֹד, יהוה צְבָאוֹת הוּא מֶלֶךְ הַכָּבוֹד, סֶלָה:

מכניסים את ספר התורה לארון הקודש ואומרים:

וּבְנֻחֹה יֹאמַר, שׁוּבָה יהוה רִבְבוֹת אַלְפֵי יִשְׂרָאֵל: במדבר י
קוּמָה יהוה לִמְנוּחָתֶךָ, אַתָּה וַאֲרוֹן עֻזֶּךָ: תהלים קלב
כֹּהֲנֶיךָ יִלְבְּשׁוּ־צֶדֶק, וַחֲסִידֶיךָ יְרַנֵּנוּ:
בַּעֲבוּר דָּוִד עַבְדֶּךָ אַל־תָּשֵׁב פְּנֵי מְשִׁיחֶךָ:
כִּי לֶקַח טוֹב נָתַתִּי לָכֶם, תּוֹרָתִי אַל־תַּעֲזֹבוּ: משלי ד
עֵץ־חַיִּים הִיא לַמַּחֲזִיקִים בָּהּ, וְתֹמְכֶיהָ מְאֻשָּׁר: משלי ג
דְּרָכֶיהָ דַרְכֵי־נֹעַם וְכָל־נְתִיבֹתֶיהָ שָׁלוֹם:
◂ הֲשִׁיבֵנוּ יהוה אֵלֶיךָ וְנָשׁוּבָה, חַדֵּשׁ יָמֵינוּ כְּקֶדֶם: איכה ה

סוגרים את ארון הקודש.

חצי קדיש

ש״ץ: יִתְגַּדַּל וְיִתְקַדַּשׁ שְׁמֵהּ רַבָּא (קהל: אָמֵן)
בְּעָלְמָא דִּי בְרָא כִרְעוּתֵהּ
וְיַמְלִיךְ מַלְכוּתֵהּ
וְיַצְמַח פֻּרְקָנֵהּ וִיקָרֵב מְשִׁיחֵהּ (קהל: אָמֵן)
בְּחַיֵּיכוֹן וּבְיוֹמֵיכוֹן וּבְחַיֵּי דְכָל בֵּית יִשְׂרָאֵל
בַּעֲגָלָא וּבִזְמַן קָרִיב, וְאִמְרוּ אָמֵן. (קהל: אָמֵן)

קהל וש״ץ: יְהֵא שְׁמֵהּ רַבָּא מְבָרַךְ לְעָלַם וּלְעָלְמֵי עָלְמַיָּא.

ש״ץ: יִתְבָּרַךְ וְיִשְׁתַּבַּח וְיִתְפָּאַר וְיִתְרוֹמַם וְיִתְנַשֵּׂא
וְיִתְהַדָּר וְיִתְעַלֶּה וְיִתְהַלָּל
שְׁמֵהּ דְּקֻדְשָׁא בְּרִיךְ הוּא (קהל: אָמֵן)
לְעֵלָּא לְעֵלָּא מִכָּל בִּרְכָתָא וְשִׁירָתָא
תֻּשְׁבְּחָתָא וְנֶחֱמָתָא
דַּאֲמִירָן בְּעָלְמָא, וְאִמְרוּ אָמֵן. (קהל: אָמֵן)

עמידה

״המתפלל צריך שיכוין בלבו פירוש המלות שמוציא בשפתיו; ויחשוב כאלו שכינה כנגדו ויסיר כל המחשבות הטורדות אותו עד שתשאר מחשבתו וכוונתו זכה בתפלתו״ (שו״ע צח, א).

פוסע שלוש פסיעות לפנים כמי שנכנס לפני המלך.
עומד ומתפלל בלחש מכאן ועד ׳וּכְשָׁנִים קַדְמֹנִיּוֹת׳ בעמ׳ 384.

כורע במקומות המסומנים ב׳, קד לפנים במילה הבאה וזוקף בשם.

דברים לב: כִּי שֵׁם יהוה אֶקְרָא, הָבוּ גֹדֶל לֵאלֹהֵינוּ:
תהלים נא: אֲדֹנָי, שְׂפָתַי תִּפְתָּח, וּפִי יַגִּיד תְּהִלָּתֶךָ:

אבות

׳בָּרוּךְ אַתָּה יהוה, אֱלֹהֵינוּ וֵאלֹהֵי אֲבוֹתֵינוּ
אֱלֹהֵי אַבְרָהָם, אֱלֹהֵי יִצְחָק, וֵאלֹהֵי יַעֲקֹב
הָאֵל הַגָּדוֹל הַגִּבּוֹר וְהַנּוֹרָא, אֵל עֶלְיוֹן

גּוֹמֵל חֲסָדִים טוֹבִים, קוֹנֵה הַכֹּל
וְזוֹכֵר חַסְדֵי אָבוֹת
וּמֵבִיא גוֹאֵל לִבְנֵי בְנֵיהֶם, לְמַעַן שְׁמוֹ בְּאַהֲבָה.

זָכְרֵנוּ לְחַיִּים, מֶלֶךְ חָפֵץ בַּחַיִּים
וְכָתְבֵנוּ בְּסֵפֶר הַחַיִּים
לְמַעַנְךָ אֱלֹהִים חַיִּים.

מֶלֶךְ עוֹזֵר וּמוֹשִׁיעַ וּמָגֵן.
בָּרוּךְ אַתָּה יהוה, מָגֵן אַבְרָהָם.

אם שכח לומר ׳זָכְרֵנוּ לְחַיִּים׳, אינו חוזר.

גבורות

אַתָּה גִּבּוֹר לְעוֹלָם, אֲדֹנָי
מְחַיֵּה מֵתִים אַתָּה, רַב לְהוֹשִׁיעַ
בארץ ישראל: מוֹרִיד הַטָּל
מְכַלְכֵּל חַיִּים בְּחֶסֶד, מְחַיֵּה מֵתִים בְּרַחֲמִים רַבִּים
סוֹמֵךְ נוֹפְלִים, וְרוֹפֵא חוֹלִים
וּמַתִּיר אֲסוּרִים
וּמְקַיֵּם אֱמוּנָתוֹ לִישֵׁנֵי עָפָר.
מִי כָמְוֹךָ, בַּעַל גְּבוּרוֹת, וּמִי דּוֹמֶה לָּךְ
מֶלֶךְ, מֵמִית וּמְחַיֶּה וּמַצְמִיחַ יְשׁוּעָה.

מִי כָמְוֹךָ אַב הָרַחֲמָן
זוֹכֵר יְצוּרָיו לְחַיִּים בְּרַחֲמִים.

וְנֶאֱמָן אַתָּה לְהַחֲיוֹת מֵתִים.
בָּרוּךְ אַתָּה יהוה, מְחַיֵּה הַמֵּתִים.

אם שכח לומר ׳מִי כָמְוֹךָ אַב הָרַחֲמָן׳, אינו חוזר.

קדושת השם

אַתָּה קָדוֹשׁ וְשִׁמְךָ קָדוֹשׁ
וּקְדוֹשִׁים בְּכָל יוֹם יְהַלְלְוּךָ סֶּלָה
כִּי אֵל מֶלֶךְ גָּדוֹל וְקָדוֹשׁ אָתָּה.

לְדוֹר וָדוֹר הַמְלִיכוּ לָאֵל, כִּי הוּא לְבַדּוֹ מָרוֹם וְקָדוֹשׁ.

וּבְכֵן יִתְקַדַּשׁ שִׁמְךָ יהוה אֱלֹהֵינוּ עַל יִשְׂרָאֵל עַמֶּךָ
וְעַל יְרוּשָׁלַיִם עִירֶךָ
וְעַל צִיּוֹן מִשְׁכַּן כְּבוֹדֶךָ
וְעַל מַלְכוּת בֵּית דָּוִד מְשִׁיחֶךָ
וְעַל מְכוֹנְךָ וְהֵיכָלֶךָ.

וּבְכֵן תֵּן פַּחְדְּךָ יהוה אֱלֹהֵינוּ עַל כָּל מַעֲשֶׂיךָ
וְאֵימָתְךָ עַל כָּל מַה שֶּׁבָּרָאתָ
וְיִירָאוּךָ כָּל הַמַּעֲשִׂים, וְיִשְׁתַּחֲווּ לְפָנֶיךָ כָּל הַבְּרוּאִים
וְיֵעָשׂוּ כֻלָּם אֲגֻדָּה אֶחָת לַעֲשׂוֹת רְצוֹנְךָ בְּלֵבָב שָׁלֵם
כְּמוֹ שֶׁיָּדַעְנוּ יהוה אֱלֹהֵינוּ שֶׁהַשָּׁלְטָן לְפָנֶיךָ
עֹז בְּיָדְךָ וּגְבוּרָה בִּימִינֶךָ
וְשִׁמְךָ נוֹרָא עַל כָּל מַה שֶּׁבָּרָאתָ.

וּבְכֵן תֵּן כָּבוֹד יהוה לְעַמֶּךָ
תְּהִלָּה לִירֵאֶיךָ וְתִקְוָה טוֹבָה לְדוֹרְשֶׁיךָ
וּפִתְחוֹן פֶּה לַמְיַחֲלִים לָךְ.
שִׂמְחָה לְאַרְצֶךָ, וְשָׂשׂוֹן לְעִירֶךָ
וּצְמִיחַת קֶרֶן לְדָוִד עַבְדֶּךָ
וַעֲרִיכַת נֵר לְבֶן יִשַׁי מְשִׁיחֶךָ בִּמְהֵרָה בְיָמֵינוּ.

וּבְכֵן צַדִּיקִים יִרְאוּ וְיִשְׂמָחוּ, וִישָׁרִים יַעֲלֹזוּ
וַחֲסִידִים בְּרִנָּה יָגִילוּ
וְעוֹלָתָה תִּקְפָּץ פִּיהָ
וְכָל הָרִשְׁעָה כֻּלָּהּ כְּעָשָׁן תִּכְלֶה
כִּי תַעֲבִיר מֶמְשֶׁלֶת זָדוֹן מִן הָאָרֶץ.

וְתִמְלֹךְ אַתָּה הוּא יהוה אֱלֹהֵינוּ
מְהֵרָה לְבַדֶּךָ עַל כָּל מַעֲשֶׂיךָ
בְּהַר צִיּוֹן מִשְׁכַּן כְּבוֹדֶךָ
וּבִירוּשָׁלַיִם עִיר קָדְשֶׁךָ
כַּכָּתוּב בְּדִבְרֵי קָדְשֶׁךָ
יִמְלֹךְ יהוה לְעוֹלָם, אֱלֹהַיִךְ צִיּוֹן לְדֹר וָדֹר, הַלְלוּיָהּ: תהלים קמו

קָדוֹשׁ אַתָּה וְנוֹרָא שְׁמֶךָ
וְאֵין אֱלוֹהַּ מִבַּלְעָדֶיךָ
כַּכָּתוּב, וַיִּגְבַּהּ יהוה צְבָאוֹת בַּמִּשְׁפָּט ישעיה ה
וְהָאֵל הַקָּדוֹשׁ נִקְדַּשׁ בִּצְדָקָה:
בָּרוּךְ אַתָּה יהוה, הַמֶּלֶךְ הַקָּדוֹשׁ.

קדושת היום

אַתָּה בְחַרְתָּנוּ מִכָּל הָעַמִּים
אָהַבְתָּ אוֹתָנוּ וְרָצִיתָ בָּנוּ
וְרוֹמַמְתָּנוּ מִכָּל הַלְּשׁוֹנוֹת
וְקִדַּשְׁתָּנוּ בְּמִצְוֹתֶיךָ
וְקֵרַבְתָּנוּ מַלְכֵּנוּ לַעֲבוֹדָתֶךָ
וְשִׁמְךָ הַגָּדוֹל וְהַקָּדוֹשׁ עָלֵינוּ קָרָאתָ.

בשבת מוסיפים את המילים שבסוגריים.

וַתִּתֶּן לָנוּ יהוה אֱלֹהֵינוּ בְּאַהֲבָה אֶת יוֹם
(הַשַּׁבָּת הַזֶּה לִקְדֻשָּׁה וְלִמְנוּחָה, וְאֶת יוֹם)
הַכִּפּוּרִים הַזֶּה, לִמְחִילָה וְלִסְלִיחָה וּלְכַפָּרָה
וְלִמְחָל בּוֹ אֶת כָּל עֲוֹנוֹתֵינוּ
(בְּאַהֲבָה) מִקְרָא קֹדֶשׁ, זֵכֶר לִיצִיאַת מִצְרָיִם.

אֱלֹהֵינוּ וֵאלֹהֵי אֲבוֹתֵינוּ
יַעֲלֶה וְיָבוֹא וְיַגִּיעַ, וְיֵרָאֶה וְיֵרָצֶה וְיִשָּׁמַע
וְיִפָּקֵד וְיִזָּכֵר זִכְרוֹנֵנוּ וּפִקְדוֹנֵנוּ
וְזִכְרוֹן אֲבוֹתֵינוּ
וְזִכְרוֹן מָשִׁיחַ בֶּן דָּוִד עַבְדֶּךָ
וְזִכְרוֹן יְרוּשָׁלַיִם עִיר קָדְשֶׁךָ
וְזִכְרוֹן כָּל עַמְּךָ בֵּית יִשְׂרָאֵל, לְפָנֶיךָ, לִפְלֵיטָה לְטוֹבָה
לְחֵן וּלְחֶסֶד וּלְרַחֲמִים
לְחַיִּים וּלְשָׁלוֹם
בְּיוֹם הַכִּפּוּרִים הַזֶּה.
זָכְרֵנוּ יהוה אֱלֹהֵינוּ בּוֹ לְטוֹבָה
וּפָקְדֵנוּ בוֹ לִבְרָכָה
וְהוֹשִׁיעֵנוּ בוֹ לְחַיִּים טוֹבִים.
וּבִדְבַר יְשׁוּעָה וְרַחֲמִים
חוּס וְחָנֵּנוּ וְרַחֵם עָלֵינוּ וְהוֹשִׁיעֵנוּ
כִּי אֵלֶיךָ עֵינֵינוּ
כִּי אֵל מֶלֶךְ חַנּוּן וְרַחוּם אָתָּה.

אֱלֹהֵינוּ וֵאלֹהֵי אֲבוֹתֵינוּ
מְחַל לַעֲוֹנוֹתֵינוּ בְּיוֹם (הַשַּׁבָּת הַזֶּה וּבְיוֹם) הַכִּפּוּרִים הַזֶּה
מְחֵה וְהַעֲבֵר פְּשָׁעֵינוּ וְחַטֹּאתֵינוּ מִנֶּגֶד עֵינֶיךָ
כָּאָמוּר
אָנֹכִי אָנֹכִי הוּא מֹחֶה פְשָׁעֶיךָ לְמַעֲנִי ישעיה מג
וְחַטֹּאתֶיךָ לֹא אֶזְכֹּר:
וְנֶאֱמַר
מָחִיתִי כָעָב פְּשָׁעֶיךָ וְכֶעָנָן חַטֹּאותֶיךָ ישעיה מד
שׁוּבָה אֵלַי כִּי גְאַלְתִּיךָ:
וְנֶאֱמַר
כִּי־בַיּוֹם הַזֶּה יְכַפֵּר עֲלֵיכֶם לְטַהֵר אֶתְכֶם ויקרא טז
מִכֹּל חַטֹּאתֵיכֶם לִפְנֵי יהוה תִּטְהָרוּ:

(אֱלֹהֵינוּ וֵאלֹהֵי אֲבוֹתֵינוּ, רְצֵה נָא בִמְנוּחָתֵנוּ)
קַדְּשֵׁנוּ בְּמִצְוֹתֶיךָ וְתֵן חֶלְקֵנוּ בְּתוֹרָתֶךָ
שַׂבְּעֵנוּ מִטּוּבֶךָ, וְשַׂמַּח נַפְשֵׁנוּ בִּישׁוּעָתֶךָ
(וְהַנְחִילֵנוּ יהוה אֱלֹהֵינוּ בְּאַהֲבָה וּבְרָצוֹן שַׁבַּת קָדְשֶׁךָ
וְיָנוּחוּ בָם כָּל יִשְׂרָאֵל מְקַדְּשֵׁי שְׁמֶךָ)
וְטַהֵר לִבֵּנוּ לְעָבְדְּךָ בֶּאֱמֶת.
כִּי אַתָּה סָלְחָן לְיִשְׂרָאֵל וּמָחֳלָן לְשִׁבְטֵי יְשֻׁרוּן בְּכָל דּוֹר וָדוֹר
וּמִבַּלְעָדֶיךָ אֵין לָנוּ מֶלֶךְ מוֹחֵל וְסוֹלֵחַ אֶלָּא אָתָּה.
בָּרוּךְ אַתָּה יהוה
מֶלֶךְ מוֹחֵל וְסוֹלֵחַ לַעֲוֹנוֹתֵינוּ, וְלַעֲוֹנוֹת עַמּוֹ בֵּית יִשְׂרָאֵל
וּמַעֲבִיר אַשְׁמוֹתֵינוּ בְּכָל שָׁנָה וְשָׁנָה
מֶלֶךְ עַל כָּל הָאָרֶץ, מְקַדֵּשׁ (הַשַּׁבָּת וְ)יִשְׂרָאֵל וְיוֹם הַכִּפּוּרִים.

עבודה

רְצֵה יהוה אֱלֹהֵינוּ בְּעַמְּךָ יִשְׂרָאֵל, וְלִתְפִלָּתָם שְׁעֵה
וְהָשֵׁב אֶת הָעֲבוֹדָה לִדְבִיר בֵּיתֶךָ
וְאִשֵּׁי יִשְׂרָאֵל וּתְפִלָּתָם, מְהֵרָה בְּאַהֲבָה תְקַבֵּל בְּרָצוֹן
וּתְהִי לְרָצוֹן תָּמִיד עֲבוֹדַת יִשְׂרָאֵל עַמֶּךָ.
וְתֶחֱזֶינָה עֵינֵינוּ בְּשׁוּבְךָ לְצִיּוֹן בְּרַחֲמִים.
בָּרוּךְ אַתָּה יהוה, הַמַּחֲזִיר שְׁכִינָתוֹ לְצִיּוֹן.

הודאה

כורע ב׳מודים׳ ואינו זוקף עד אמירת השם (סידור השל״ה).

ימוֹדִים אֲנַחְנוּ לָךְ
שָׁאַתָּה הוּא יהוה אֱלֹהֵינוּ וֵאלֹהֵי אֲבוֹתֵינוּ לְעוֹלָם וָעֶד.
צוּר חַיֵּינוּ, מָגֵן יִשְׁעֵנוּ אַתָּה הוּא לְדוֹר וָדוֹר.
נוֹדֶה לְּךָ וּנְסַפֵּר תְּהִלָּתֶךָ, עַל חַיֵּינוּ הַמְּסוּרִים בְּיָדֶךָ
וְעַל נִשְׁמוֹתֵינוּ הַפְּקוּדוֹת לָךְ, וְעַל נִסֶּיךָ שֶׁבְּכָל יוֹם עִמָּנוּ
וְעַל נִפְלְאוֹתֶיךָ וְטוֹבוֹתֶיךָ שֶׁבְּכָל עֵת, עֶרֶב וָבֹקֶר וְצָהֳרָיִם.
הַטּוֹב, כִּי לֹא כָלוּ רַחֲמֶיךָ, וְהַמְרַחֵם, כִּי לֹא תַמּוּ חֲסָדֶיךָ
כִּי מֵעוֹלָם קִוִּינוּ לָךְ.
וְעַל כֻּלָּם יִתְבָּרַךְ וְיִתְרוֹמַם וְיִתְנַשֵּׂא שִׁמְךָ מַלְכֵּנוּ
תָּמִיד לְעוֹלָם וָעֶד.
וּכְתֹב לְחַיִּים טוֹבִים כָּל בְּנֵי בְרִיתֶךָ.
וְכֹל הַחַיִּים יוֹדְוּךָ סֶּלָה
וִיהַלְלוּ וִיבָרְכוּ אֶת שִׁמְךָ הַגָּדוֹל בֶּאֱמֶת לְעוֹלָם כִּי טוֹב
הָאֵל יְשׁוּעָתֵנוּ וְעֶזְרָתֵנוּ סֶלָה, הָאֵל הַטּוֹב.
יבָּרוּךְ אַתָּה יהוה, הַטּוֹב שִׁמְךָ וּלְךָ נָאֶה לְהוֹדוֹת.

אם שכח לומר ׳וּכְתֹב לְחַיִּים טוֹבִים׳, אינו חוזר.

שלום

שִׂים שָׁלוֹם טוֹבָה וּבְרָכָה
חַיִּים חֵן וָחֶסֶד וְרַחֲמִים
עָלֵינוּ וְעַל כָּל יִשְׂרָאֵל עַמֶּךָ.
בָּרְכֵנוּ אָבִינוּ כֻּלָּנוּ כְּאֶחָד בְּאוֹר פָּנֶיךָ
כִּי בְאוֹר פָּנֶיךָ נָתַתָּ לָּנוּ יהוה אֱלֹהֵינוּ
תּוֹרַת חַיִּים וְאַהֲבַת חֶסֶד
וּצְדָקָה וּבְרָכָה וְרַחֲמִים וְחַיִּים וְשָׁלוֹם.
וְטוֹב יִהְיֶה בְּעֵינֶיךָ לְבָרְכֵנוּ וּלְבָרֵךְ אֶת כָּל עַמְּךָ יִשְׂרָאֵל
בְּכָל עֵת וּבְכָל שָׁעָה בִּשְׁלוֹמֶךָ.

בְּסֵפֶר חַיִּים, בְּרָכָה וְשָׁלוֹם, וּפַרְנָסָה טוֹבָה
וּגְזֵרוֹת טוֹבוֹת, יְשׁוּעוֹת וְנֶחָמוֹת
נִזָּכֵר וְנִכָּתֵב לְפָנֶיךָ אֲנַחְנוּ וְכָל עַמְּךָ בֵּית יִשְׂרָאֵל
לְחַיִּים טוֹבִים וּלְשָׁלוֹם.

בָּרוּךְ אַתָּה יהוה, הַמְבָרֵךְ אֶת עַמּוֹ יִשְׂרָאֵל בַּשָּׁלוֹם.

אם שכח לומר ׳בְּסֵפֶר חַיִּים׳, אינו חוזר.

יש מוסיפים:

יִהְיוּ לְרָצוֹן אִמְרֵי־פִי וְהֶגְיוֹן לִבִּי לְפָנֶיךָ, יהוה צוּרִי וְגֹאֲלִי: תהלים יט

אֱלֹהֵינוּ וֵאלֹהֵי אֲבוֹתֵינוּ
תָּבוֹא לְפָנֶיךָ תְּפִלָּתֵנוּ, וְאַל תִּתְעַלַּם מִתְּחִנָּתֵנוּ.
שֶׁאֵין אָנוּ עַזֵּי פָנִים וּקְשֵׁי עֹרֶף לוֹמַר לְפָנֶיךָ
יהוה אֱלֹהֵינוּ וֵאלֹהֵי אֲבוֹתֵינוּ
צַדִּיקִים אֲנַחְנוּ וְלֹא חָטָאנוּ.
אֲבָל אֲנַחְנוּ וַאֲבוֹתֵינוּ חָטָאנוּ.

כשמתוודה, מכה באגרופו על החזה כנגד הלב (מג״א תרז, ג, בשם מדרש קהלת).

אָשַׁמְנוּ, בָּגַדְנוּ, גָּזַלְנוּ, דִּבַּרְנוּ דֹפִי
הֶעֱוִינוּ, וְהִרְשַׁעְנוּ, זַדְנוּ, חָמַסְנוּ, טָפַלְנוּ שֶֽׁקֶר
יָעַצְנוּ רָע, כִּזַּבְנוּ, לַצְנוּ, מָרַדְנוּ, נִאַצְנוּ, סָרַרְנוּ
עָוִינוּ, פָּשַׁעְנוּ, צָרַרְנוּ, קִשִּׁינוּ עֹֽרֶף
רָשַׁעְנוּ, שִׁחַתְנוּ, תִּעַבְנוּ, תָּעִינוּ, תִּעְתָּֽעְנוּ.

סַֽרְנוּ מִמִּצְוֹתֶֽיךָ וּמִמִּשְׁפָּטֶֽיךָ הַטּוֹבִים, וְלֹא שָֽׁוָה לָֽנוּ.
וְאַתָּה צַדִּיק עַל כָּל־הַבָּא עָלֵֽינוּ כִּי־אֱמֶת עָשִֽׂיתָ נחמיה ט
וַאֲנַֽחְנוּ הִרְשָֽׁעְנוּ:

מַה נֹּאמַר לְפָנֶֽיךָ יוֹשֵׁב מָרוֹם
וּמַה נְּסַפֵּר לְפָנֶֽיךָ שׁוֹכֵן שְׁחָקִים
הֲלֹא כָּל הַנִּסְתָּרוֹת וְהַנִּגְלוֹת אַתָּה יוֹדֵֽעַ.

אַתָּה יוֹדֵֽעַ רָזֵי עוֹלָם וְתַעֲלוּמוֹת סִתְרֵי כָּל חָי.
אַתָּה חוֹפֵשׂ כָּל חַדְרֵי בָֽטֶן וּבוֹחֵן כְּלָיוֹת וָלֵב.
אֵין דָּבָר נֶעְלָם מִמֶּֽךָּ וְאֵין נִסְתָּר מִנֶּֽגֶד עֵינֶֽיךָ.
וּבְכֵן, יְהִי רָצוֹן מִלְּפָנֶֽיךָ, יהוה אֱלֹהֵֽינוּ וֵאלֹהֵי אֲבוֹתֵֽינוּ
שֶׁתְּכַפֵּר לָֽנוּ עַל כָּל חַטֹּאתֵֽינוּ
וְתִסְלַח לָֽנוּ עַל כָּל עֲוֹנוֹתֵֽינוּ
וְתִמְחַל לָֽנוּ עַל כָּל פְּשָׁעֵֽינוּ.

על כל חטא שמונה, מכה באגרופו על החזה כנגד הלב.

עַל חֵטְא שֶׁחָטָֽאנוּ לְפָנֶֽיךָ בְּאֹֽנֶס וּבְרָצוֹן
וְעַל חֵטְא שֶׁחָטָֽאנוּ לְפָנֶֽיךָ בְּאִמּוּץ הַלֵּב

עַל חֵטְא שֶׁחָטָֽאנוּ לְפָנֶֽיךָ בִּבְלִי דָֽעַת
וְעַל חֵטְא שֶׁחָטָֽאנוּ לְפָנֶֽיךָ בְּבִטּוּי שְׂפָתָֽיִם

עַל חֵטְא שֶׁחָטָאנוּ לְפָנֶיךָ בְּגִלּוּי עֲרָיוֹת
וְעַל חֵטְא שֶׁחָטָאנוּ לְפָנֶיךָ בְּגָלוּי וּבַסָּתֶר

עַל חֵטְא שֶׁחָטָאנוּ לְפָנֶיךָ בְּדַעַת וּבְמִרְמָה
וְעַל חֵטְא שֶׁחָטָאנוּ לְפָנֶיךָ בְּדִבּוּר פֶּה

עַל חֵטְא שֶׁחָטָאנוּ לְפָנֶיךָ בְּהוֹנָאַת רֵעַ
וְעַל חֵטְא שֶׁחָטָאנוּ לְפָנֶיךָ בְּהִרְהוּר הַלֵּב

עַל חֵטְא שֶׁחָטָאנוּ לְפָנֶיךָ בִּוְעִידַת זְנוּת
וְעַל חֵטְא שֶׁחָטָאנוּ לְפָנֶיךָ בְּוִדּוּי פֶּה

עַל חֵטְא שֶׁחָטָאנוּ לְפָנֶיךָ בְּזִלְזוּל הוֹרִים וּמוֹרִים
וְעַל חֵטְא שֶׁחָטָאנוּ לְפָנֶיךָ בְּזָדוֹן וּבִשְׁגָגָה

עַל חֵטְא שֶׁחָטָאנוּ לְפָנֶיךָ בְּחֹזֶק יָד
וְעַל חֵטְא שֶׁחָטָאנוּ לְפָנֶיךָ בְּחִלּוּל הַשֵּׁם

עַל חֵטְא שֶׁחָטָאנוּ לְפָנֶיךָ בְּטֻמְאַת שְׂפָתָיִם
וְעַל חֵטְא שֶׁחָטָאנוּ לְפָנֶיךָ בְּטִפְשׁוּת פֶּה

עַל חֵטְא שֶׁחָטָאנוּ לְפָנֶיךָ בְּיֵצֶר הָרָע
וְעַל חֵטְא שֶׁחָטָאנוּ לְפָנֶיךָ בְּיוֹדְעִים וּבְלֹא יוֹדְעִים

וְעַל כֻּלָּם אֱלוֹהַּ סְלִיחוֹת סְלַח לָנוּ, מְחַל לָנוּ, כַּפֶּר לָנוּ.

עַל חֵטְא שֶׁחָטָאנוּ לְפָנֶיךָ בְּכַחַשׁ וּבְכָזָב
וְעַל חֵטְא שֶׁחָטָאנוּ לְפָנֶיךָ בְּכַפַּת שֹׁחַד

עַל חֵטְא שֶׁחָטָאנוּ לְפָנֶיךָ בְּלָצוֹן
וְעַל חֵטְא שֶׁחָטָאנוּ לְפָנֶיךָ בְּלָשׁוֹן הָרָע

עַל חֵטְא שֶׁחָטָאנוּ לְפָנֶיךָ בְּמַשָּׂא וּבְמַתָּן
וְעַל חֵטְא שֶׁחָטָאנוּ לְפָנֶיךָ בְּמַאֲכָל וּבְמִשְׁתֶּה

עַל חֵטְא שֶׁחָטָאנוּ לְפָנֶיךָ בְּנֶשֶׁךְ וּבְמַרְבִּית
וְעַל חֵטְא שֶׁחָטָאנוּ לְפָנֶיךָ בִּנְטִיַּת גָּרוֹן

עַל חֵטְא שֶׁחָטָאנוּ לְפָנֶיךָ בְּשִׂיחַ שִׂפְתוֹתֵינוּ
וְעַל חֵטְא שֶׁחָטָאנוּ לְפָנֶיךָ בְּשִׂקּוּר עָיִן

עַל חֵטְא שֶׁחָטָאנוּ לְפָנֶיךָ בְּעֵינַיִם רָמוֹת
וְעַל חֵטְא שֶׁחָטָאנוּ לְפָנֶיךָ בְּעַזּוּת מֶצַח

וְעַל כֻּלָּם אֱלוֹהַּ סְלִיחוֹת סְלַח לָנוּ, מְחַל לָנוּ, כַּפֶּר לָנוּ.

עַל חֵטְא שֶׁחָטָאנוּ לְפָנֶיךָ בִּפְרִיקַת עֹל
וְעַל חֵטְא שֶׁחָטָאנוּ לְפָנֶיךָ בִּפְלִילוּת

עַל חֵטְא שֶׁחָטָאנוּ לְפָנֶיךָ בִּצְדִיַּת רֵעַ
וְעַל חֵטְא שֶׁחָטָאנוּ לְפָנֶיךָ בְּצָרוּת עָיִן

עַל חֵטְא שֶׁחָטָאנוּ לְפָנֶיךָ בְּקַלּוּת רֹאשׁ
וְעַל חֵטְא שֶׁחָטָאנוּ לְפָנֶיךָ בְּקַשְׁיוּת עֹרֶף

עַל חֵטְא שֶׁחָטָאנוּ לְפָנֶיךָ בְּרִיצַת רַגְלַיִם לְהָרַע
וְעַל חֵטְא שֶׁחָטָאנוּ לְפָנֶיךָ בִּרְכִילוּת

עַל חֵטְא שֶׁחָטָאנוּ לְפָנֶיךָ בִּשְׁבוּעַת שָׁוְא
וְעַל חֵטְא שֶׁחָטָאנוּ לְפָנֶיךָ בְּשִׂנְאַת חִנָּם

עַל חֵטְא שֶׁחָטָאנוּ לְפָנֶיךָ בִּתְשׂוּמֶת יָד
וְעַל חֵטְא שֶׁחָטָאנוּ לְפָנֶיךָ בְּתִמְהוֹן לֵבָב

וְעַל כֻּלָּם אֱלוֹהַּ סְלִיחוֹת סְלַח לָנוּ, מְחַל לָנוּ, כַּפֶּר לָנוּ.

וְעַל חֲטָאִים שֶׁאָנוּ חַיָּבִים עֲלֵיהֶם עוֹלָה
וְעַל חֲטָאִים שֶׁאָנוּ חַיָּבִים עֲלֵיהֶם חַטָּאת
וְעַל חֲטָאִים שֶׁאָנוּ חַיָּבִים עֲלֵיהֶם קָרְבַּן עוֹלֶה וְיוֹרֵד
וְעַל חֲטָאִים שֶׁאָנוּ חַיָּבִים עֲלֵיהֶם אָשָׁם וַדַּאי וְתָלוּי
וְעַל חֲטָאִים שֶׁאָנוּ חַיָּבִים עֲלֵיהֶם מַכַּת מַרְדּוּת
וְעַל חֲטָאִים שֶׁאָנוּ חַיָּבִים עֲלֵיהֶם מַלְקוּת אַרְבָּעִים
וְעַל חֲטָאִים שֶׁאָנוּ חַיָּבִים עֲלֵיהֶם מִיתָה בִּידֵי שָׁמָיִם
וְעַל חֲטָאִים שֶׁאָנוּ חַיָּבִים עֲלֵיהֶם כָּרֵת וַעֲרִירִי
וְעַל חֲטָאִים שֶׁאָנוּ חַיָּבִים עֲלֵיהֶם אַרְבַּע מִיתוֹת בֵּית דִּין
סְקִילָה, שְׂרֵפָה, הֶרֶג, וְחֶנֶק.
עַל מִצְוַת עֲשֵׂה וְעַל מִצְוַת לֹא תַעֲשֶׂה.
בֵּין שֶׁיֵּשׁ בָּהּ קוּם עֲשֵׂה וּבֵין שֶׁאֵין בָּהּ קוּם עֲשֵׂה.
אֶת הַגְּלוּיִים לָנוּ וְאֶת שֶׁאֵינָם גְּלוּיִים לָנוּ
אֶת הַגְּלוּיִים לָנוּ, כְּבָר אֲמַרְנוּם לְפָנֶיךָ, וְהוֹדִינוּ לְךָ עֲלֵיהֶם
וְאֶת שֶׁאֵינָם גְּלוּיִים לָנוּ, לְפָנֶיךָ הֵם גְּלוּיִים וִידוּעִים
כַּדָּבָר שֶׁנֶּאֱמַר
הַנִּסְתָּרֹת לַיהוה אֱלֹהֵינוּ, וְהַנִּגְלֹת לָנוּ וּלְבָנֵינוּ עַד־עוֹלָם דברים כט
לַעֲשׂוֹת אֶת־כָּל־דִּבְרֵי הַתּוֹרָה הַזֹּאת:
כִּי אַתָּה סָלְחָן לְיִשְׂרָאֵל וּמָחֳלָן לְשִׁבְטֵי יְשֻׁרוּן בְּכָל דּוֹר וָדוֹר
וּמִבַּלְעָדֶיךָ אֵין לָנוּ מֶלֶךְ מוֹחֵל וְסוֹלֵחַ אֶלָּא אָתָּה.

אֱלֹהַי
עַד שֶׁלֹּא נוֹצַרְתִּי אֵינִי כְדַאי
וְעַכְשָׁיו שֶׁנּוֹצַרְתִּי, כְּאִלּוּ לֹא נוֹצַרְתִּי
עָפָר אֲנִי בְּחַיָּי, קַל וָחֹמֶר בְּמִיתָתִי.
הֲרֵי אֲנִי לְפָנֶיךָ כִּכְלִי מָלֵא בוּשָׁה וּכְלִמָּה.

יְהִי רָצוֹן מִלְּפָנֶיךָ, יהוה אֱלֹהַי וֵאלֹהֵי אֲבוֹתַי, שֶׁלֹּא אֶחֱטָא עוֹד.
וּמַה שֶּׁחָטָאתִי לְפָנֶיךָ, מְחֹק בְּרַחֲמֶיךָ הָרַבִּים
אֲבָל לֹא עַל יְדֵי יִסּוּרִים וָחֳלָיִם רָעִים.

ברכות יז. אֱלֹהַי
נְצֹר לְשׁוֹנִי מֵרָע וּשְׂפָתַי מִדַּבֵּר מִרְמָה
וְלִמְקַלְלַי נַפְשִׁי תִדֹּם, וְנַפְשִׁי כֶּעָפָר לַכֹּל תִּהְיֶה.
פְּתַח לִבִּי בְּתוֹרָתֶךָ, וְאַחֲרֵי מִצְוֹתֶיךָ תִּרְדֹּף נַפְשִׁי.
וְכָל הַקָּמִים וְהַחוֹשְׁבִים עָלַי רָעָה
מְהֵרָה הָפֵר עֲצָתָם וְקַלְקֵל מַחֲשַׁבְתָּם.

יש המוסיפים תחינה זו (קיצור של"ה, 'אור הישר'):

יְהִי רָצוֹן מִלְּפָנֶיךָ, יהוה אֱלֹהַי וֵאלֹהֵי אֲבוֹתַי
שֶׁלֹּא תַעֲלֶה קִנְאַת אָדָם עָלַי, וְלֹא קִנְאָתִי עַל אֲחֵרִים
וְשֶׁלֹּא אֶכְעֹס הַיּוֹם, וְשֶׁלֹּא אַכְעִיסֶךָ
וְתַצִּילֵנִי מִיֵּצֶר הָרָע, וְתֵן בְּלִבִּי הַכְנָעָה וַעֲנָוָה.
מַלְכֵּנוּ וֵאלֹהֵינוּ, יַחֵד שִׁמְךָ בְּעוֹלָמֶךָ
בְּנֵה עִירָךְ, יַסֵּד בֵּיתָךְ וְשַׁכְלֵל הֵיכָלָךְ
וְקַבֵּץ קִבּוּץ גָּלֻיּוֹת, וּפְדֵה צֹאנָךְ וְשַׂמַּח עֲדָתָךְ.

עֲשֵׂה לְמַעַן שְׁמֶךָ, עֲשֵׂה לְמַעַן יְמִינֶךָ
עֲשֵׂה לְמַעַן תּוֹרָתֶךָ, עֲשֵׂה לְמַעַן קְדֻשָּׁתֶךָ.
תהלים ס לְמַעַן יֵחָלְצוּן יְדִידֶיךָ, הוֹשִׁיעָה יְמִינְךָ וַעֲנֵנִי:
תהלים יט יִהְיוּ לְרָצוֹן אִמְרֵי פִי וְהֶגְיוֹן לִבִּי לְפָנֶיךָ, יהוה צוּרִי וְגֹאֲלִי:

כורע ופוסע שלוש פסיעות לאחור. קד לשמאל, לימין ולפנים באמירת:

עֹשֶׂה הַשָּׁלוֹם בִּמְרוֹמָיו
הוּא יַעֲשֶׂה שָׁלוֹם, עָלֵינוּ וְעַל כָּל יִשְׂרָאֵל, וְאִמְרוּ אָמֵן.

יְהִי רָצוֹן מִלְּפָנֶיךָ יהוה אֱלֹהֵינוּ וֵאלֹהֵי אֲבוֹתֵינוּ
שֶׁיִּבָּנֶה בֵּית הַמִּקְדָּשׁ בִּמְהֵרָה בְיָמֵינוּ, וְתֵן חֶלְקֵנוּ בְּתוֹרָתֶךָ
וְשָׁם נַעֲבָדְךָ בְּיִרְאָה כִּימֵי עוֹלָם וּכְשָׁנִים קַדְמוֹנִיּוֹת.
מלאכי ג וְעָרְבָה לַיהוה מִנְחַת יְהוּדָה וִירוּשָׁלָםִ כִּימֵי עוֹלָם וּכְשָׁנִים קַדְמֹנִיּוֹת:

חזרת הש״ץ למנחה

״וּבְמִנְחַת הָעֶרֶב קַמְתִּי מִתַּעֲנִיתִי, וּבְקָרְעִי בִגְדִי וּמְעִילִי, וָאֶכְרְעָה עַל־בִּרְכַּי וָאֶפְרְשָׂה כַפַּי אֶל־ה׳ אֱלֹהָי״ (עזרא ט, ה).

פותחים את ארון הקודש.

שליח הציבור פוסע שלוש פסיעות לפנים וחוזר על התפילה בקול רם.
כורע במקומות המסומנים ב׳, קד לפנים במילה הבאה וזוקף בשם.

יש אומרים בלחש: **כִּי שֵׁם יהוה אֶקְרָא, הָבוּ גֹדֶל לֵאלֹהֵינוּ:** דברים לב

אֲדֹנָי, שְׂפָתַי תִּפְתָּח, וּפִי יַגִּיד תְּהִלָּתֶךָ: תהלים נא

אבות

׳בָּרוּךְ אַתָּה יהוה, אֱלֹהֵינוּ וֵאלֹהֵי אֲבוֹתֵינוּ
אֱלֹהֵי אַבְרָהָם, אֱלֹהֵי יִצְחָק, וֵאלֹהֵי יַעֲקֹב
הָאֵל הַגָּדוֹל הַגִּבּוֹר וְהַנּוֹרָא, אֵל עֶלְיוֹן
גּוֹמֵל חֲסָדִים טוֹבִים, קוֹנֵה הַכֹּל, וְזוֹכֵר חַסְדֵי אָבוֹת
וּמֵבִיא גוֹאֵל לִבְנֵי בְנֵיהֶם, לְמַעַן שְׁמוֹ בְּאַהֲבָה.

לפני ה׳קרובה׳ של מנחה אין אומרים פיוט ׳רשות׳ ארוך.
שליח הציבור אומר ׳מִסּוֹד חֲכָמִים וּנְבוֹנִים׳ וממשיך ׳אֵיתָן הִכִּיר אֱמוּנָתֶךָ׳.

מִסּוֹד חֲכָמִים וּנְבוֹנִים / וּמִלֶּמֶד דַּעַת מְבִינִים
אֶפְתְּחָה פִּי בִּתְפִלָּה וּבְתַחֲנוּנִים
לְחַלּוֹת וּלְחַנֵּן פְּנֵי מֶלֶךְ מוֹחֵל וְסוֹלֵחַ לַעֲוֹנִים.

את פיוטי ה׳מגן׳, ׳מחיה׳ ו׳משלש׳ למנחה של יום הכיפורים חיבר ר׳ אליה בר מרדכי.
מדובר בשלושה פיוטים קצרים העוסקים בשלושת האבות.

נוהגים שהקהל אומר את שלושת הפיוטים, ושליח הציבור אומר
בקול רק את השורות המסומנות ב•. יש קהילות שבהן אין אומרים
את ה׳קרובה׳, ובהן ממשיכים ׳זָכְרֵנוּ לְחַיִּים׳ בעמוד הבא.

מגן – סימן א״ב

אֵיתָן הִכִּיר אֱמוּנָתֶךָ / בְּדוֹר לֹא יָדְעוּ לִרְצוֹתֶךָ
גָּהַץ בְּךָ וְיָדַע יִרְאָתֶךָ / דָּץ לְהוֹדִיעַ לַכֹּל הֲדָרָתֶךָ
הִדְרִיךְ תּוֹעִים בִּנְתִיבָתֶךָ / וְנִקְרָא אָב לְאֻמָּתֶךָ

זָהֵר לַעֲשׂוֹת דְּבָרְתֶךָ / חָפֵץ לַחֲסוֹת בְּצֵל שְׁכִינָתֶךָ
טִעֵם לָעוֹבְרִים כַּלְכָּלָתֶךָ / יָדַע לַשָּׁבִים כִּי אֵין בִּלְתֶּךָ
› כִּי הֶאֱמִין בְּךָ לְחַלּוֹתֶךָ / לִטַּע אֵשֶׁל וּלְהַזְכִּיר גְּבוּרוֹתֶיךָ.

הכול:

צְדָקָה תֵּחָשֵׁב לָנוּ / בְּצֶדֶק אָב סְלַח לָנוּ
› לֹא כַחֲטָאֵינוּ תַּעֲשֶׂה לָנוּ / מָגִנֵּנוּ כִּי לְךָ יִחַלְנוּ.

יש נוהגים שהקהל אומר בקול, ושליח הציבור חוזר אחריו:

זָכְרֵנוּ לְחַיִּים, מֶלֶךְ חָפֵץ בַּחַיִּים
וְכָתְבֵנוּ בְּסֵפֶר הַחַיִּים, לְמַעַנְךָ אֱלֹהִים חַיִּים.

שליח הציבור ממשיך:

מֶלֶךְ עוֹזֵר וּמוֹשִׁיעַ וּמָגֵן.
ּבָּרוּךְ אַתָּה יהוה, מָגֵן אַבְרָהָם.

גבורות

אַתָּה גִּבּוֹר לְעוֹלָם, אֲדֹנָי
מְחַיֵּה מֵתִים אַתָּה, רַב לְהוֹשִׁיעַ
בארץ ישראל: מוֹרִיד הַטָּל
מְכַלְכֵּל חַיִּים בְּחֶסֶד, מְחַיֵּה מֵתִים בְּרַחֲמִים רַבִּים
סוֹמֵךְ נוֹפְלִים, וְרוֹפֵא חוֹלִים, וּמַתִּיר אֲסוּרִים
וּמְקַיֵּם אֱמוּנָתוֹ לִישֵׁנֵי עָפָר.
מִי כָמְוֹךָ, בַּעַל גְּבוּרוֹת, וּמִי דּוֹמֶה לָּךְ
מֶלֶךְ, מֵמִית וּמְחַיֶּה וּמַצְמִיחַ יְשׁוּעָה.

ה׳מחיה׳ עוסק ביצחק, ומתאר את עקדתו.
בקהילות שבהן אין נוהגים לומר ׳קרובה׳, ממשיכים ׳מִי כָמְוֹךָ אַב הָרַחֲמָן׳ בעמוד הבא.

מחיה – סימן א״ב (המשך מהפיוט הקודם)

מְאֹהָב וְיָחִיד לְאִמּוֹ / נַפְשׁוֹ לָטֶבַח בְּהַשְׁלִימוֹ
שְׂרָפִים צָעֲקוּ מִמְּרוֹמוֹ / עוֹנִים חוּסָה, לָאֵל מְרַחֲמוֹ

פּוֹדֶה וּמַצִּיל רְחֵמוֹ / צוּ שֶׂה תְּמוּרוֹ בִּמְקוֹמוֹ
קָשַׁב אַל תִּשְׁפֹּךְ דָּמוֹ / רְחָפוֹ רַחוּם לִמְרוֹמוֹ
שְׁמָרוֹ וְקִיְּמוֹ לִשְׁמוֹ / שְׁפַר תָּאֳרוֹ כְּנֹגַהּ יוֹמוֹ
‹ תַּרְאֵהוּ הַיּוֹם כְּשָׂרוּף בְּאוּלַמּוֹ / תִּזְכֹּר עֲקֵדָתוֹ וְתָחֹן עַמּוֹ.

הכול:

לְפָנָיו יְקִימֵנוּ וְנִחְיֶה / בְּצֶדֶק אָב נִחְיֶה
‹ יהוה מֵמִית וּמְחַיֶּה / בְּטְלָלָיו רְדוּמִים יְחַיֶּה.

יש נוהגים שהקהל אומר בקול, ושליח הציבור חוזר אחריו:

מִי כָמְוֹךָ אָב הָרַחֲמָן
זוֹכֵר יְצוּרָיו לְחַיִּים בְּרַחֲמִים.

שליח הציבור ממשיך:

וְנֶאֱמָן אַתָּה לְהַחֲיוֹת מֵתִים.
בָּרוּךְ אַתָּה יהוה, מְחַיֵּה הַמֵּתִים.

ה׳משלש׳ עוסק ביעקב, שדמותו חקוקה בכיסא הכבוד (בראשית רבה פב, ב).
בקהילות שבהן אין נוהגים לומר ׳קרובה׳, ממשיכים ׳יִמְלֹךְ ה׳ לְעוֹלָם׳ למטה.

משלש – סימן אלייה בירבי מרדכי

אֶרְאֶלִּים בְּשֵׁם תָּם מַמְלִיכִים / לְמֶלֶךְ מַלְכֵי הַמְּלָכִים
יָפְיוֹ לָשׁוּר בַּכֵּס הוֹלְכִים / יְלָדָיו הַיּוֹם צָגִים כְּמַלְאָכִים
הַמַּקְדִּישִׁים וְתַחַן עוֹרְכִים / בְּיוֹם זֶה אֵיבָה מַשְׁלִיכִים
יַחַד בְּשֵׁם אֲבִיהֶם מְבָרְכִים / רָם לְרַצּוֹת בִּדְבָרִים רַכִּים
בִּזְכוּת תָּם יָצִיץ מֵחֲרַכִּים / יָהּ יָאִיר עֵינֵי חֲשֵׁכִים
מֶלֶךְ נִצָּב בַּעֲדַת בְּרוּכִים / רוֹצֶה בְּעַמּוֹ יְפָאֵר נְמוּכִים
דּוֹפְקִים בִּתְפִלָּה לְהַשְׁכִּים / כְּטוֹב וְסַלָּח עִמָּם יַסְכִּים
‹ יַשְׁמִיעַ לֹא תֵבוֹשׁוּ דַּכִּים / יֹאמַר לָכֵן לְבֵית הַמְחַכִּים.

שליח הציבור והקהל אומרים:

יִמְלֹךְ יהוה לְעוֹלָם, אֱלֹהַיִךְ צִיּוֹן לְדֹר וָדֹר, הַלְלוּיָהּ: תהלים קמו
וְאַתָּה קָדוֹשׁ, יוֹשֵׁב תְּהִלּוֹת יִשְׂרָאֵל: אֵל נָא. תהלים כב

שליח הציבור אומר את שלושת החרוזים הבאים, והקהל חוזר אחרי כל אחד מהם.
חרוזים אלה הם שורות הפזמון של הפיוטים ׳אֶדֶר בְּתְאַר מָכוֹן׳
ו׳אֲפָאֵר לְמַלְכִּי בַּקֹּדֶשׁ׳ (בעמ׳ 594-596).

אֱמוּנַת אֹם נוֹטֶרֶת / לְמַעַנְךָ עֲזוֹר לַנִּשְׁאֶרֶת
זַעֲקָהּ רְצֵה נָא כִּקְטֹרֶת / קָדוֹשׁ.

יְכַפֵּר וְיִסְלַח / אֵל טוֹב וְסַלָּח / נוֹרָא וְקָדוֹשׁ.

תְּפִלָּתֵנוּ מִמְּעוֹנוֹת / יְקַבֵּל כְּקָרְבָּנוֹת / הָאֵל קָדוֹשׁ.

שליח הציבור:

וּבְכֵן, שְׂרָפִים עֹמְדִים מִמַּעַל לוֹ: ישעיה ו

החרוז הבא הוא הפזמון של הפיוט ׳אֶרְאֶלֵּי הוֹד׳ (בעמ׳ 596).
שליח הציבור אומר, והקהל חוזר אחריו:

מִיכָאֵל מִיָּמִין מְהַלֵּל / וְגַבְרִיאֵל מִשְּׂמֹאל מְמַלֵּל
בַּשָּׁמַיִם אֵין כָּאֵל / וּבָאָרֶץ מִי כְּעַמְּךָ יִשְׂרָאֵל.

שליח הציבור:

וּבְכֵן לְךָ תַעֲלֶה קְדֻשָּׁה, כִּי אַתָּה אֱלֹהֵינוּ מֶלֶךְ מוֹחֵל וְסוֹלֵחַ.

הסילוק ׳כִּי רְכוּבוֹ׳ בעמ׳ 598.

קדושה

בבתי כנסת המתפללים בנוסח אשכנז, אומרים כאן:

נַעֲרִיצְךָ וְנַקְדִּישְׁךָ כְּסוֹד שִׂיחַ שַׂרְפֵי קֹדֶשׁ, הַמַּקְדִּישִׁים שִׁמְךָ בַּקֹּדֶשׁ, כַּכָּתוּב עַל יַד
נְבִיאֶךָ: וְקָרָא זֶה אֶל־זֶה וְאָמַר ישעיה ו
וממשיכים ׳קָדוֹשׁ, קָדוֹשׁ, קָדוֹשׁ׳ בעמוד הבא.

בחזרת הש״ץ הקהל עומד ואומר קדושה.
במקומות המסומנים ב°, המתפלל מתרומם על קצות אצבעותיו.

קהל ואחריו שליח הציבור:

כֶּתֶר יִתְּנוּ לְךָ, יהוה אֱלֹהֵינוּ, מַלְאָכִים הֲמוֹנֵי מַעְלָה
עִם עַמְּךָ יִשְׂרָאֵל קְבוּצֵי מַטָּה
יַחַד כֻּלָּם קְדֻשָּׁה לְךָ יְשַׁלֵּשׁוּ כַּדָּבָר הָאָמוּר עַל יַד נְבִיאֶךָ
וְקָרָא זֶה אֶל־זֶה וְאָמַר ישעיה ו

קהל ואחריו שליח הציבור:

ישעיה ו קָדוֹשׁ, קָדוֹשׁ, קָדוֹשׁ, יהוה צְבָאוֹת, מְלֹא כָל־הָאָרֶץ כְּבוֹדוֹ:
כְּבוֹדוֹ מָלֵא עוֹלָם, מְשָׁרְתָיו שׁוֹאֲלִים זֶה לָזֶה
אַיֵּה מְקוֹם כְּבוֹדוֹ לְהַעֲרִיצוֹ
לְעֻמָּתָם מְשַׁבְּחִים וְאוֹמְרִים

קהל ואחריו שליח הציבור:

יחזקאל ג בָּרוּךְ כְּבוֹד־יהוה מִמְּקוֹמוֹ:
מִמְּקוֹמוֹ הוּא יִפֶן בְּרַחֲמָיו לְעַמּוֹ
וְיָחֹן עַם הַמְיַחֲדִים שְׁמוֹ עֶרֶב וָבֹקֶר בְּכָל יוֹם תָּמִיד
פַּעֲמַיִם בְּאַהֲבָה שְׁמַע אוֹמְרִים

קהל ואחריו שליח הציבור:

דברים ו שְׁמַע יִשְׂרָאֵל, יהוה אֱלֹהֵינוּ, יהוה אֶחָד:
הוּא אֱלֹהֵינוּ, הוּא אָבִינוּ, הוּא מַלְכֵּנוּ, הוּא מוֹשִׁיעֵנוּ
וְהוּא יוֹשִׁיעֵנוּ וְיִגְאָלֵנוּ שֵׁנִית, וְיַשְׁמִיעֵנוּ בְּרַחֲמָיו לְעֵינֵי כָּל חַי לֵאמֹר
הֵן גָּאַלְתִּי אֶתְכֶם אַחֲרִית כְּרֵאשִׁית
במדבר טו לִהְיוֹת לָכֶם לֵאלֹהִים, אֲנִי יהוה אֱלֹהֵיכֶם:

קהל ואחריו שליח הציבור:

תהלים ח אַדִּיר אַדִּירֵנוּ, יהוה אֲדֹנֵינוּ, מָה־אַדִּיר שִׁמְךָ בְּכָל־הָאָרֶץ:
זכריה יד וְהָיָה יהוה לְמֶלֶךְ עַל־כָּל־הָאָרֶץ
בַּיּוֹם הַהוּא יִהְיֶה יהוה אֶחָד וּשְׁמוֹ אֶחָד:

שליח הציבור:

וּבְדִבְרֵי קָדְשְׁךָ כָּתוּב לֵאמֹר

קהל ואחריו שליח הציבור:

תהלים קמו יִמְלֹךְ יהוה לְעוֹלָם, אֱלֹהַיִךְ צִיּוֹן לְדֹר וָדֹר, הַלְלוּיָהּ:

שליח הציבור:

לְדוֹר וָדוֹר נַגִּיד גָּדְלֶךָ, וּלְנֵצַח נְצָחִים קְדֻשָּׁתְךָ נַקְדִּישׁ
וְשִׁבְחֲךָ אֱלֹהֵינוּ מִפִּינוּ לֹא יָמוּשׁ לְעוֹלָם וָעֶד
כִּי אֵל מֶלֶךְ גָּדוֹל וְקָדוֹשׁ אָתָּה.

בבתי כנסת המתפללים בנוסח אשכנז, אין אומרים ׳לְדוֹר וָדוֹר׳.

לְדוֹר וָדוֹר הַמְלִיכוּ לָאֵל, כִּי הוּא לְבַדּוֹ מָרוֹם וְקָדוֹשׁ.

קהל ושליח הציבור אומרים יחד:

חֲמוֹל עַל מַעֲשֶׂיךָ
וְתִשְׂמַח בְּמַעֲשֶׂיךָ
וְיֹאמְרוּ לְךָ חוֹסֶיךָ
בְּצַדֶּקְךָ עֲמוּסֶיךָ
תֻּקְדַּשׁ אָדוֹן עַל כָּל מַעֲשֶׂיךָ

כִּי מַקְדִּישֶׁיךָ בִּקְדֻשָּׁתְךָ קִדַּשְׁתָּ
נָאֶה לְקָדוֹשׁ פְּאֵר מִקְּדוֹשִׁים.

שליח הציבור ממשיך:

בְּאֵין מֵלִיץ יֹשֶׁר מוּל מַגִּיד פֶּשַׁע
תַּגִּיד לְיַעֲקֹב דְּבַר, חֹק וּמִשְׁפָּט
וְצַדְּקֵנוּ בַּמִּשְׁפָּט, הַמֶּלֶךְ הַמִּשְׁפָּט.

עוֹד יִזְכֹּר לָנוּ אַהֲבַת אֵיתָן, אֲדוֹנֵינוּ
וּבַבֵּן הַנֶּעֱקַד יַשְׁבִּית מְדַיְּנֵינוּ
וּבִזְכוּת הַתָּם יוֹצִיא הַיּוֹם לְצֶדֶק דִּינֵנוּ
כִּי־קָדוֹשׁ הַיּוֹם לַאֲדֹנֵינוּ: נחמיה ח

וּבְכֵן יִתְקַדַּשׁ שִׁמְךָ יהוה אֱלֹהֵינוּ
עַל יִשְׂרָאֵל עַמֶּךָ
וְעַל יְרוּשָׁלַיִם עִירֶךָ
וְעַל צִיּוֹן מִשְׁכַּן כְּבוֹדֶךָ
וְעַל מַלְכוּת בֵּית דָּוִד מְשִׁיחֶךָ
וְעַל מְכוֹנְךָ וְהֵיכָלֶךָ.

וּבְכֵן תֵּן פַּחְדְּךָ יהוה אֱלֹהֵינוּ עַל כָּל מַעֲשֶׂיךָ
וְאֵימָתְךָ עַל כָּל מַה שֶּׁבָּרָאתָ
וְיִירָאוּךָ כָּל הַמַּעֲשִׂים, וְיִשְׁתַּחֲווּ לְפָנֶיךָ כָּל הַבְּרוּאִים
וְיֵעָשׂוּ כֻלָּם אֲגֻדָּה אַחַת לַעֲשׂוֹת רְצוֹנְךָ בְּלֵבָב שָׁלֵם
כְּמוֹ שֶׁיָּדַעְנוּ יהוה אֱלֹהֵינוּ שֶׁהַשָּׁלְטָן לְפָנֶיךָ
עֹז בְּיָדְךָ וּגְבוּרָה בִּימִינֶךָ
וְשִׁמְךָ נוֹרָא עַל כָּל מַה שֶּׁבָּרָאתָ.

וּבְכֵן תֵּן כָּבוֹד יהוה לְעַמֶּךָ
תְּהִלָּה לִירֵאֶיךָ וְתִקְוָה טוֹבָה לְדוֹרְשֶׁיךָ
וּפִתְחוֹן פֶּה לַמְיַחֲלִים לָךְ
שִׂמְחָה לְאַרְצֶךָ, וְשָׂשׂוֹן לְעִירֶךָ
וּצְמִיחַת קֶרֶן לְדָוִד עַבְדֶּךָ
וַעֲרִיכַת נֵר לְבֶן יִשַׁי מְשִׁיחֶךָ בִּמְהֵרָה בְיָמֵינוּ.

וּבְכֵן צַדִּיקִים יִרְאוּ וְיִשְׂמָחוּ, וִישָׁרִים יַעֲלֹזוּ
וַחֲסִידִים בְּרִנָּה יָגִילוּ, וְעוֹלָתָה תִּקְפָּץ פִּיהָ
וְכָל הָרִשְׁעָה כֻּלָּהּ כְּעָשָׁן תִּכְלֶה
כִּי תַעֲבִיר מֶמְשֶׁלֶת זָדוֹן מִן הָאָרֶץ.

וְתִמְלֹךְ אַתָּה הוּא יהוה אֱלֹהֵינוּ
מְהֵרָה לְבַדֶּךָ עַל כָּל מַעֲשֶׂיךָ
בְּהַר צִיּוֹן מִשְׁכַּן כְּבוֹדֶךָ
וּבִירוּשָׁלַיִם עִיר קָדְשֶׁךָ
כַּכָּתוּב בְּדִבְרֵי קָדְשֶׁךָ
יִמְלֹךְ יהוה לְעוֹלָם, אֱלֹהַיִךְ צִיּוֹן לְדֹר וָדֹר, הַלְלוּיָהּ: תהלים קמו

קָדוֹשׁ אַתָּה וְנוֹרָא שְׁמֶךָ, וְאֵין אֱלוֹהַ מִבַּלְעָדֶיךָ

כַּכָּתוּב, וַיִּגְבַּה יהוה צְבָאוֹת בַּמִּשְׁפָּט ישעיה ה

וְהָאֵל הַקָּדוֹשׁ נִקְדַּשׁ בִּצְדָקָה:

בָּרוּךְ אַתָּה יהוה, הַמֶּלֶךְ הַקָּדוֹשׁ.

קדושת היום

אַתָּה בְחַרְתָּנוּ מִכָּל הָעַמִּים

אָהַבְתָּ אוֹתָנוּ וְרָצִיתָ בָּנוּ

וְרוֹמַמְתָּנוּ מִכָּל הַלְּשׁוֹנוֹת

וְקִדַּשְׁתָּנוּ בְּמִצְוֹתֶיךָ

וְקֵרַבְתָּנוּ מַלְכֵּנוּ לַעֲבוֹדָתֶךָ

וְשִׁמְךָ הַגָּדוֹל וְהַקָּדוֹשׁ עָלֵינוּ קָרָאתָ.

בשבת מוסיפים את המילים שבסוגריים.

וַתִּתֶּן לָנוּ יהוה אֱלֹהֵינוּ בְּאַהֲבָה אֶת יוֹם

(הַשַּׁבָּת הַזֶּה לִקְדֻשָּׁה וְלִמְנוּחָה, וְאֶת יוֹם)

הַכִּפּוּרִים הַזֶּה, לִמְחִילָה וְלִסְלִיחָה וּלְכַפָּרָה

וְלִמְחָל בּוֹ אֶת כָּל עֲווֹנוֹתֵינוּ

(בְּאַהֲבָה) מִקְרָא קֹדֶשׁ, זֵכֶר לִיצִיאַת מִצְרָיִם.

אֱלֹהֵינוּ וֵאלֹהֵי אֲבוֹתֵינוּ

יַעֲלֶה וְיָבוֹא וְיַגִּיעַ, וְיֵרָאֶה וְיֵרָצֶה וְיִשָּׁמַע

וְיִפָּקֵד וְיִזָּכֵר זִכְרוֹנֵנוּ וּפִקְדוֹנֵנוּ וְזִכְרוֹן אֲבוֹתֵינוּ

וְזִכְרוֹן מָשִׁיחַ בֶּן דָּוִד עַבְדֶּךָ, וְזִכְרוֹן יְרוּשָׁלַיִם עִיר קָדְשֶׁךָ

וְזִכְרוֹן כָּל עַמְּךָ בֵּית יִשְׂרָאֵל, לְפָנֶיךָ, לִפְלֵיטָה לְטוֹבָה

לְחֵן וּלְחֶסֶד וּלְרַחֲמִים, לְחַיִּים וּלְשָׁלוֹם

בְּיוֹם הַכִּפּוּרִים הַזֶּה.

זׇכְרֵנוּ יהוה אֱלֹהֵינוּ בּוֹ לְטוֹבָה, וּפׇקְדֵנוּ בוֹ לִבְרָכָה
וְהוֹשִׁיעֵנוּ בוֹ לְחַיִּים טוֹבִים.
וּבִדְבַר יְשׁוּעָה וְרַחֲמִים
חוּס וְחׇנֵּנוּ וְרַחֵם עָלֵינוּ וְהוֹשִׁיעֵנוּ
כִּי אֵלֶיךָ עֵינֵינוּ, כִּי אֵל מֶלֶךְ חַנּוּן וְרַחוּם אָתָּה.

בימות הראשונים נהגו לומר סליחות ווידוי לפני חתימת הברכה הרביעית (סידור רס״ג). במאתיים השנים האחרונות הפסיקו לומר בקהילות אשכנז פיוטים וי״ג מידות (פרט לתפילות ערבית ונעילה), ומתחילים מיד בפסוקי סליחות.

הכול:

זְכֹר־רַחֲמֶיךָ יהוה וַחֲסָדֶיךָ, כִּי מֵעוֹלָם הֵמָּה: תהלים כה
אַל־תִּזְכׇּר־לָנוּ עֲוֺנֹת רִאשֹׁנִים תהלים עט
מַהֵר יְקַדְּמוּנוּ רַחֲמֶיךָ כִּי דַלּוֹנוּ מְאֹד:
זׇכְרֵנוּ יהוה בִּרְצוֹן עַמֶּךָ, פׇּקְדֵנוּ בִּישׁוּעָתֶךָ.
זְכֹר עֲדָתְךָ קָנִיתָ קֶּדֶם, גָּאַלְתָּ שֵׁבֶט נַחֲלָתֶךָ, הַר־צִיּוֹן זֶה שָׁכַנְתָּ בּוֹ: תהלים עד
זְכֹר יהוה חִבַּת יְרוּשָׁלָםִ, אַהֲבַת צִיּוֹן אַל תִּשְׁכַּח לָנֶצַח.
זְכֹר יהוה לִבְנֵי אֱדוֹם אֵת יוֹם יְרוּשָׁלָםִ תהלים קלז
הָאֹמְרִים עָרוּ עָרוּ, עַד הַיְסוֹד בָּהּ:
אַתָּה תָקוּם תְּרַחֵם צִיּוֹן, כִּי־עֵת לְחֶנְנָהּ, כִּי־בָא מוֹעֵד: תהלים קב
זְכֹר לְאַבְרָהָם לְיִצְחָק וּלְיִשְׂרָאֵל עֲבָדֶיךָ שמות לב
אֲשֶׁר נִשְׁבַּעְתָּ לָהֶם בָּךְ וַתְּדַבֵּר אֲלֵהֶם
אַרְבֶּה אֶת־זַרְעֲכֶם כְּכוֹכְבֵי הַשָּׁמָיִם
וְכׇל־הָאָרֶץ הַזֹּאת אֲשֶׁר אָמַרְתִּי אֶתֵּן לְזַרְעֲכֶם, וְנָחֲלוּ לְעֹלָם:
זְכֹר לַעֲבָדֶיךָ לְאַבְרָהָם לְיִצְחָק וּלְיַעֲקֹב דברים ט
אַל־תֵּפֶן אֶל־קְשִׁי הָעָם הַזֶּה וְאֶל־רִשְׁעוֹ וְאֶל־חַטָּאתוֹ:

קהל ואחריו שליח הציבור:

אַל־נָא תָשֵׁת עָלֵינוּ חַטָּאת אֲשֶׁר נוֹאַלְנוּ וַאֲשֶׁר חָטָאנוּ: במדבר יב
חָטָאנוּ צוּרֵנוּ, סְלַח לָנוּ יוֹצְרֵנוּ.

גם כיום נוהגים ברוב הקהילות לומר פיוט ׳חָטָאנוּ׳ (ראה עמ׳ 502) לתפילת מנחה – ׳אֵל נָא, רְפָא נָא׳, המתאר כיצד הקב״ה ענה לתפילתם של אבות האומה.
יש קהילות שבהן אומרים פיוט זה כפיוט ׳חָטָאנוּ׳ בכל תעניות ציבור.
במקור את הפיוט אמר שליח הציבור, והקהל ענה רק את הפזמון ׳חָטָאנוּ צוּרֵנוּ, סְלַח לָנוּ יוֹצְרֵנוּ׳. כיום נוהגים שהקהל ושליח הציבור אומרים את כולו:
יש קהילות שבהן הכול אומרים זוג בתים בכל פעם, ושליח הציבור מסיים בקול את סוף הבית השני מביניהם, ואין עונים אחריו ׳חָטָאנוּ׳.

סימן א״ב

אֵל נָא, רְפָא נָא תַּחֲלוּאֵי גֶּפֶן פּוֹרִיָּה
בּוֹשָׁה וְחָפְרָה, וְאֻמְלַל פִּרְיָהּ
גְּאָלֶנָּה מִשַּׁחַת וּמִמַּכָּה טְרִיָּה.
עֲנֵנוּ כְּשֶׁעָנִיתָ לְאַבְרָהָם אָבִינוּ בְּהַר הַמּוֹרִיָּה.
חָטָאנוּ צוּרֵנוּ, סְלַח לָנוּ יוֹצְרֵנוּ.

דְּגָלֵי עָם, פְּדוּיֵי בִּזְרוֹעַ חָשׂוּף
הַצֵּל מִנֶּגֶף וְאַל יִהְיוּ לִשְׁסוּף
וְתַעֲנֶה קְרִיאָתֵנוּ וּלְמַעֲשֵׂה יָדֶיךָ תִּכְסֹף
עֲנֵנוּ כְּשֶׁעָנִיתָ לַאֲבוֹתֵינוּ עַל יַם סוּף.
חָטָאנוּ צוּרֵנוּ, סְלַח לָנוּ יוֹצְרֵנוּ.

זְכוּת צוּר חֻצַּב הַיּוֹם לָנוּ תְגַל
חֲשָׂכֵנוּ מֵאֶנֶף וּנְחֵנוּ בְּיֹשֶׁר מַעְגָּל
טַהֵר טֻמְאָתֵנוּ וְלִמְאוֹר תּוֹרָתְךָ עֵינֵינוּ גַל
עֲנֵנוּ כְּשֶׁעָנִיתָ לִיהוֹשֻׁעַ בַּגִּלְגָּל.
חָטָאנוּ צוּרֵנוּ, סְלַח לָנוּ יוֹצְרֵנוּ.

יָהּ, רְאֵה דֶּשֶׁן עָקוּד, וְהַצְמַח לָנוּ תְרוּפָה
כַּלֵּה שֹׁד וָשֶׁבֶר, סַעַר וְסוּפָה
לַמְּדֵנוּ וְחַכְּמֵנוּ אִמְרָתְךָ הַצְּרוּפָה
עֲנֵנוּ כְּשֶׁעָנִיתָ לִשְׁמוּאֵל בַּמִּצְפָּה.
חָטָאנוּ צוּרֵנוּ, סְלַח לָנוּ יוֹצְרֵנוּ.

מְתֻמָּם מְרַחֵם, שָׁרָשָׁיו אַל תְּקַמֵּל
נַקֵּנוּ מִכֶּתֶם וְשֶׁמֶץ, וְלֹא נֶאֱמַל
סַעֲדֵנוּ וְנִוָּשְׁעָה, וְאָרְחוֹת חֲסָדֶיךָ נִגָּמֵל
עֲנֵנוּ כְּשֶׁעָנִיתָ לְאֵלִיָּהוּ בְּהַר הַכַּרְמֶל.

חָטָאנוּ צוּרֵנוּ, סְלַח לָנוּ יוֹצְרֵנוּ.

עוֹדְדֵנוּ בְּצֶדֶק מָשׁוּי מִמַּיִם, וְכַפֵּר זָדוֹן וּמְשׁוּגָה
פְּדֵנוּ מִמְּהוּמַת מָוֶת, וְאָחוֹר כָּל נְסוֹגָה
צַוֵּה יְשׁוּעָתֵנוּ, וּבַעֲוֹנוֹתֵינוּ אַל נִתְמוֹגְגָה
עֲנֵנוּ כְּשֶׁעָנִיתָ לְיוֹנָה בִּמְעֵי הַדָּגָה.

חָטָאנוּ צוּרֵנוּ, סְלַח לָנוּ יוֹצְרֵנוּ.

קְדֻשַּׁת אִישׁ חֲסִידֶךָ זְכֹר לִיפַת פַּעֲמַיִם
רַחֲמֶיךָ תְּעוֹרֵר כִּי לָקִינוּ בְּכִפְלַיִם
שׁוּבֵנוּ תֹּקֶף לְיִרְאָתֶךָ וְלֹא נֶחֱשַׁף שׁוּלַיִם
עֲנֵנוּ כְּשֶׁעָנִיתָ לְדָוִד וְלִשְׁלֹמֹה בְנוֹ בִּירוּשָׁלָיִם.

חָטָאנוּ צוּרֵנוּ, סְלַח לָנוּ יוֹצְרֵנוּ.

הכול:

זְכָר לָנוּ בְּרִית אָבוֹת כַּאֲשֶׁר אָמַרְתָּ:
וְזָכַרְתִּי אֶת־בְּרִיתִי יַעֲקוֹב ויקרא כו
וְאַף אֶת־בְּרִיתִי יִצְחָק
וְאַף אֶת־בְּרִיתִי אַבְרָהָם אֶזְכֹּר
וְהָאָרֶץ אֶזְכֹּר:

זְכֹר לָנוּ בְּרִית רִאשׁוֹנִים כַּאֲשֶׁר אָמַרְתָּ:
ויקרא כו וְזָכַרְתִּי לָהֶם בְּרִית רִאשֹׁנִים
אֲשֶׁר הוֹצֵאתִי־אֹתָם מֵאֶרֶץ מִצְרַיִם לְעֵינֵי הַגּוֹיִם
לִהְיוֹת לָהֶם לֵאלֹהִים, אֲנִי יהוה:

עֲשֵׂה עִמָּנוּ כְּמָה שֶׁהִבְטַחְתָּנוּ:
ויקרא כו וְאַף גַּם־זֹאת בִּהְיוֹתָם בְּאֶרֶץ אֹיְבֵיהֶם
לֹא־מְאַסְתִּים וְלֹא־גְעַלְתִּים לְכַלֹּתָם
לְהָפֵר בְּרִיתִי אִתָּם
כִּי אֲנִי יהוה אֱלֹהֵיהֶם:

הָשֵׁב שְׁבוּתֵנוּ וְרַחֲמֵנוּ כְּמָה שֶׁכָּתוּב:
דברים ל וְשָׁב יהוה אֱלֹהֶיךָ אֶת־שְׁבוּתְךָ וְרִחֲמֶךָ
וְשָׁב וְקִבֶּצְךָ מִכָּל־הָעַמִּים אֲשֶׁר הֱפִיצְךָ יהוה אֱלֹהֶיךָ שָׁמָּה:

קַבֵּץ נִדָּחֵינוּ כְּמָה שֶׁכָּתוּב:
דברים ל אִם־יִהְיֶה נִדַּחֲךָ בִּקְצֵה הַשָּׁמָיִם
מִשָּׁם יְקַבֶּצְךָ יהוה אֱלֹהֶיךָ וּמִשָּׁם יִקָּחֶךָ:

מְחֵה פְשָׁעֵינוּ כָּעָב וְכֶעָנָן כְּמָה שֶׁכָּתוּב:
ישעיה מד מָחִיתִי כָעָב פְּשָׁעֶיךָ וְכֶעָנָן חַטֹּאותֶיךָ
שׁוּבָה אֵלַי כִּי גְאַלְתִּיךָ:

מְחֵה פְשָׁעֵינוּ לְמַעַנְךָ כַּאֲשֶׁר אָמַרְתָּ:
ישעיה מג אָנֹכִי אָנֹכִי הוּא מֹחֶה פְשָׁעֶיךָ לְמַעֲנִי
וְחַטֹּאתֶיךָ לֹא אֶזְכֹּר:

הַלְבֵּן חֲטָאֵינוּ כַּשֶּׁלֶג וְכַצֶּמֶר כְּמָה שֶׁכָּתוּב:
ישעיה א לְכוּ־נָא וְנִוָּכְחָה יֹאמַר יהוה
אִם־יִהְיוּ חֲטָאֵיכֶם כַּשָּׁנִים כַּשֶּׁלֶג יַלְבִּינוּ
אִם־יַאְדִּימוּ כַתּוֹלָע כַּצֶּמֶר יִהְיוּ:

זְרֹק עָלֵינוּ מַיִם טְהוֹרִים וְטַהֲרֵנוּ כְּמָה שֶׁכָּתוּב:
וְזָרַקְתִּי עֲלֵיכֶם מַיִם טְהוֹרִים וּטְהַרְתֶּם יחזקאל לו
מִכֹּל טֻמְאוֹתֵיכֶם וּמִכָּל־גִּלּוּלֵיכֶם אֲטַהֵר אֶתְכֶם:

כַּפֵּר חֲטָאֵינוּ בַּיּוֹם הַזֶּה וְטַהֲרֵנוּ, כְּמָה שֶׁכָּתוּב:
כִּי־בַיּוֹם הַזֶּה יְכַפֵּר עֲלֵיכֶם לְטַהֵר אֶתְכֶם ויקרא טז
מִכֹּל חַטֹּאתֵיכֶם לִפְנֵי יהוה תִּטְהָרוּ:

רַחֵם עָלֵינוּ וְאַל תַּשְׁחִיתֵנוּ כְּמָה שֶׁכָּתוּב:
כִּי אֵל רַחוּם יהוה אֱלֹהֶיךָ דברים ד
לֹא יַרְפְּךָ וְלֹא יַשְׁחִיתֶךָ
וְלֹא יִשְׁכַּח אֶת־בְּרִית אֲבוֹתֶיךָ
אֲשֶׁר נִשְׁבַּע לָהֶם:

מוֹל אֶת לְבָבֵנוּ לְאַהֲבָה אֶת שְׁמֶךָ כְּמָה שֶׁכָּתוּב:
וּמָל יהוה אֱלֹהֶיךָ אֶת־לְבָבְךָ וְאֶת־לְבַב זַרְעֶךָ דברים ל
לְאַהֲבָה אֶת־יהוה אֱלֹהֶיךָ
בְּכָל־לְבָבְךָ וּבְכָל־נַפְשְׁךָ
לְמַעַן חַיֶּיךָ:

הִמָּצֵא לָנוּ בְּבַקָּשָׁתֵנוּ כְּמָה שֶׁכָּתוּב:
וּבִקַּשְׁתֶּם מִשָּׁם אֶת־יהוה אֱלֹהֶיךָ וּמָצָאתָ דברים ד
כִּי תִדְרְשֶׁנּוּ בְּכָל־לְבָבְךָ וּבְכָל־נַפְשֶׁךָ:

תְּבִיאֵנוּ אֶל הַר קָדְשֶׁךָ, וְשַׂמְּחֵנוּ בְּבֵית תְּפִלָּתֶךָ כְּמָה שֶׁכָּתוּב:
וַהֲבִיאוֹתִים אֶל־הַר קָדְשִׁי ישעיה נו
וְשִׂמַּחְתִּים בְּבֵית תְּפִלָּתִי
עוֹלֹתֵיהֶם וְזִבְחֵיהֶם לְרָצוֹן עַל־מִזְבְּחִי
כִּי בֵיתִי בֵּית־תְּפִלָּה יִקָּרֵא לְכָל־הָעַמִּים:

פותחים את ארון הקודש.

בקהילות רבות נוהגים לומר את הפסוקים בסדר הבא:
׳שְׁמַע קוֹלֵנוּ׳, ׳הֲשִׁיבֵנוּ׳, ׳אַל תַּשְׁלִיכֵנוּ מִלְּפָנֶיךָ׳, ׳אַל תַּשְׁלִיכֵנוּ לְעֵת זִקְנָה׳ בקול,
שליח הציבור אומר פסוק פסוק ואחריו הקהל; ׳אַל תַּעַזְבֵנוּ׳, ׳עֲשֵׂה עִמָּנוּ׳
׳אֲמָרֵינוּ הַאֲזִינָה׳, ׳יִהְיוּ לְרָצוֹן׳, ׳כִּי לְךָ ה׳׳ בלחש.

הקהל ואחריו שליח הציבור אומרים פסוק פסוק עד ׳אַל תַּעַזְבֵנוּ׳:

שְׁמַע קוֹלֵנוּ, יהוה אֱלֹהֵינוּ, חוּס וְרַחֵם עָלֵינוּ
וְקַבֵּל בְּרַחֲמִים וּבְרָצוֹן אֶת תְּפִלָּתֵנוּ.
איכה ה הֲשִׁיבֵנוּ יהוה אֵלֶיךָ וְנָשׁוּבָה, חַדֵּשׁ יָמֵינוּ כְּקֶדֶם:
אֲמָרֵינוּ הַאֲזִינָה יהוה, בִּינָה הֲגִיגֵנוּ.
יִהְיוּ לְרָצוֹן אִמְרֵי פִינוּ וְהֶגְיוֹן לִבֵּנוּ לְפָנֶיךָ, יהוה צוּרֵנוּ וְגוֹאֲלֵנוּ.
אַל תַּשְׁלִיכֵנוּ מִלְּפָנֶיךָ, וְרוּחַ קָדְשְׁךָ אַל תִּקַּח מִמֶּנּוּ.
אַל תַּשְׁלִיכֵנוּ לְעֵת זִקְנָה, כִּכְלוֹת כֹּחֵנוּ אַל תַּעַזְבֵנוּ.

אַל תַּעַזְבֵנוּ יהוה, אֱלֹהֵינוּ אַל תִּרְחַק מִמֶּנּוּ.
עֲשֵׂה עִמָּנוּ אוֹת לְטוֹבָה, וְיִרְאוּ שׂוֹנְאֵינוּ וְיֵבֹשׁוּ
כִּי אַתָּה יהוה עֲזַרְתָּנוּ וְנִחַמְתָּנוּ.
כִּי לְךָ יהוה הוֹחָלְנוּ, אַתָּה תַעֲנֶה אֲדֹנָי אֱלֹהֵינוּ.

סוגרים את ארון הקודש.

שליח הציבור:

אֱלֹהֵינוּ וֵאלֹהֵי אֲבוֹתֵינוּ
אַל תַּעַזְבֵנוּ, וְאַל תִּטְּשֵׁנוּ, וְאַל תַּכְלִימֵנוּ, וְאַל תָּפֵר בְּרִיתְךָ אִתָּנוּ
קָרְבֵנוּ לְתוֹרָתֶךָ, לַמְּדֵנוּ מִצְוֹתֶיךָ
הוֹרֵנוּ דְרָכֶיךָ, הַט לִבֵּנוּ לְיִרְאָה אֶת שְׁמֶךָ
וּמוֹל אֶת לְבָבֵנוּ לְאַהֲבָתֶךָ, וְנָשׁוּב אֵלֶיךָ בֶּאֱמֶת וּבְלֵב שָׁלֵם
וּלְמַעַן שִׁמְךָ הַגָּדוֹל תִּמְחֹל וְתִסְלַח לַעֲוֹנֵינוּ
תהלים כה כַּכָּתוּב בְּדִבְרֵי קָדְשֶׁךָ: לְמַעַן־שִׁמְךָ יהוה, וְסָלַחְתָּ לַעֲוֹנִי כִּי רַב־הוּא:

הכול:

אֱלֹהֵינוּ וֵאלֹהֵי אֲבוֹתֵינוּ
סְלַח לָנוּ, מְחַל לָנוּ, כַּפֶּר לָנוּ.

כִּי אָנוּ עַמֶּךָ וְאַתָּה אֱלֹהֵינוּ אָנוּ בָנֶיךָ וְאַתָּה אָבִינוּ
אָנוּ עֲבָדֶיךָ וְאַתָּה אֲדוֹנֵינוּ אָנוּ קְהָלֶךָ וְאַתָּה חֶלְקֵנוּ
אָנוּ נַחֲלָתֶךָ וְאַתָּה גוֹרָלֵנוּ אָנוּ צֹאנֶךָ וְאַתָּה רוֹעֵנוּ
אָנוּ כַרְמֶךָ וְאַתָּה נוֹטְרֵנוּ אָנוּ פְעֻלָּתֶךָ וְאַתָּה יוֹצְרֵנוּ
אָנוּ רַעְיָתֶךָ וְאַתָּה דוֹדֵנוּ אָנוּ סְגֻלָּתֶךָ וְאַתָּה אֱלֹהֵינוּ
אָנוּ עַמֶּךָ וְאַתָּה מַלְכֵּנוּ אָנוּ מַאֲמִירֶיךָ וְאַתָּה מַאֲמִירֵנוּ.

שליח הציבור אומר שורה שורה, והקהל חוזר אחריו:

אָנוּ עַזֵּי פָנִים וְאַתָּה רַחוּם וְחַנּוּן
אָנוּ קְשֵׁי עֹרֶף וְאַתָּה אֶרֶךְ אַפַּיִם
אָנוּ מְלֵאֵי עָוֹן וְאַתָּה מָלֵא רַחֲמִים
אָנוּ יָמֵינוּ כְּצֵל עוֹבֵר וְאַתָּה־הוּא וּשְׁנוֹתֶיךָ לֹא יִתָּמּוּ: תהלים קב

שליח הציבור:

אֱלֹהֵינוּ וֵאלֹהֵי אֲבוֹתֵינוּ
תָּבוֹא לְפָנֶיךָ תְּפִלָּתֵנוּ, וְאַל תִּתְעַלַּם מִתְּחִנָּתֵנוּ.
שֶׁאֵין אָנוּ עַזֵּי פָנִים וּקְשֵׁי עֹרֶף לוֹמַר לְפָנֶיךָ
יהוה אֱלֹהֵינוּ וֵאלֹהֵי אֲבוֹתֵינוּ
צַדִּיקִים אֲנַחְנוּ וְלֹא חָטָאנוּ. אֲבָל אֲנַחְנוּ וַאֲבוֹתֵינוּ חָטָאנוּ.

כשמתוודה, מכה באגרופו על החזה כנגד הלב (מג״א תרז, ג, בשם מדרש קהלת).

אָשַׁמְנוּ, בָּגַדְנוּ, גָּזַלְנוּ, דִּבַּרְנוּ דֹפִי
הֶעֱוִינוּ, וְהִרְשַׁעְנוּ, זַדְנוּ, חָמַסְנוּ, טָפַלְנוּ שֶׁקֶר
יָעַצְנוּ רָע, כִּזַּבְנוּ, לַצְנוּ, מָרַדְנוּ, נִאַצְנוּ, סָרַרְנוּ
עָוִינוּ, פָּשַׁעְנוּ, צָרַרְנוּ, קִשִּׁינוּ עֹרֶף
רָשַׁעְנוּ, שִׁחַתְנוּ, תִּעַבְנוּ, תָּעִינוּ, תִּעְתָּעְנוּ.

סַרְנוּ מִמִּצְוֹתֶיךָ וּמִמִּשְׁפָּטֶיךָ הַטּוֹבִים, וְלֹא שָׁוָה לָנוּ.
נחמיה ט וְאַתָּה צַדִּיק עַל כָּל־הַבָּא עָלֵינוּ
כִּי־אֱמֶת עָשִׂיתָ, וַאֲנַחְנוּ הִרְשָׁעְנוּ:

הִרְשַׁעְנוּ וּפָשַׁעְנוּ, לָכֵן לֹא נוֹשָׁעְנוּ
וְתֵן בְּלִבֵּנוּ לַעֲזֹב דֶּרֶךְ רֶשַׁע
וְחִישׁ לָנוּ יֶשַׁע
כַּכָּתוּב עַל יַד נְבִיאֶךָ
ישעיה נה יַעֲזֹב רָשָׁע דַּרְכּוֹ, וְאִישׁ אָוֶן מַחְשְׁבֹתָיו
וְיָשֹׁב אֶל־יהוה וִירַחֲמֵהוּ, וְאֶל־אֱלֹהֵינוּ כִּי־יַרְבֶּה לִסְלוֹחַ:

שליח הציבור:

אֱלֹהֵינוּ וֵאלֹהֵי אֲבוֹתֵינוּ
סְלַח וּמְחַל לַעֲוֹנוֹתֵינוּ
בְּיוֹם (בשבת: הַשַּׁבָּת הַזֶּה וּבְיוֹם) הַכִּפּוּרִים הַזֶּה
וְהֵעָתֵר לָנוּ בִּתְפִלָּתֵנוּ
מְחֵה וְהַעֲבֵר פְּשָׁעֵינוּ וְחַטֹּאתֵינוּ מִנֶּגֶד עֵינֶיךָ
וְכֹף אֶת יִצְרֵנוּ לְהִשְׁתַּעְבֶּד לָךְ
וְהַכְנַע עָרְפֵּנוּ לָשׁוּב אֵלֶיךָ בֶּאֱמֶת
וְחַדֵּשׁ כִּלְיוֹתֵינוּ לִשְׁמֹר פִּקּוּדֶיךָ
וּמוֹל אֶת לְבָבֵנוּ לְאַהֲבָה וּלְיִרְאָה אֶת שְׁמֶךָ
כַּכָּתוּב בְּתוֹרָתֶךָ
דברים ל וּמָל יהוה אֱלֹהֶיךָ אֶת־לְבָבְךָ וְאֶת־לְבַב זַרְעֶךָ
לְאַהֲבָה אֶת־יהוה אֱלֹהֶיךָ
בְּכָל־לְבָבְךָ וּבְכָל־נַפְשְׁךָ, לְמַעַן חַיֶּיךָ:
הַזְּדוֹנוֹת וְהַשְּׁגָגוֹת אַתָּה מַכִּיר
הָרָצוֹן וְהָאֹנֶס, הַגְּלוּיִים וְהַנִּסְתָּרִים
לְפָנֶיךָ הֵם גְּלוּיִים וִידוּעִים.

מָה אָנוּ, מֶה חַיֵּינוּ, מֶה חַסְדֵּנוּ, מַה צִּדְקוֹתֵינוּ
מַה יְּשׁוּעָתֵנוּ, מַה כֹּחֵנוּ, מַה גְּבוּרָתֵנוּ
מַה נֹּאמַר לְפָנֶיךָ, יהוה אֱלֹהֵינוּ וֵאלֹהֵי אֲבוֹתֵינוּ
הֲלֹא כָּל הַגִּבּוֹרִים כְּאַיִן לְפָנֶיךָ
וְאַנְשֵׁי הַשֵּׁם כְּלֹא הָיוּ
וַחֲכָמִים כִּבְלִי מַדָּע, וּנְבוֹנִים כִּבְלִי הַשְׂכֵּל
כִּי רֹב מַעֲשֵׂיהֶם תֹּהוּ, וִימֵי חַיֵּיהֶם הֶבֶל לְפָנֶיךָ
וּמוֹתַר הָאָדָם מִן־הַבְּהֵמָה אָיִן, כִּי הַכֹּל הָבֶל: קהלת ג

מַה נֹּאמַר לְפָנֶיךָ יוֹשֵׁב מָרוֹם
וּמַה נְּסַפֵּר לְפָנֶיךָ שׁוֹכֵן שְׁחָקִים
הֲלֹא כָּל הַנִּסְתָּרוֹת וְהַנִּגְלוֹת אַתָּה יוֹדֵעַ.

הפיוט ׳אַתָּה מֵבִין׳ (עמ׳ 504), הוא הרחבה של הפיסקה ׳אַתָּה יוֹדֵעַ רָזֵי עוֹלָם׳ למטה.
היום נוהגים לומר רק את שני הבתים האחרונים שבו.

שליח הציבור ואחריו הקהל:

שִׁמְךָ מֵעוֹלָם עוֹבֵר עַל פֶּשַׁע
שַׁוְעָתֵנוּ תַּאֲזִין, בְּעָמְדֵנוּ לְפָנֶיךָ בִּתְפִלָּה

תַּעֲבֹר עַל פֶּשַׁע לְעַם שָׁבֵי פֶשַׁע
תִּמְחֶה פְשָׁעֵינוּ מִנֶּגֶד עֵינֶיךָ.

שליח הציבור אומר, והקהל אומר אתו בלחש:

אַתָּה יוֹדֵעַ רָזֵי עוֹלָם וְתַעֲלוּמוֹת סִתְרֵי כָּל חָי.
אַתָּה חוֹפֵשׂ כָּל חַדְרֵי בָטֶן וּבוֹחֵן כְּלָיוֹת וָלֵב.
אֵין דָּבָר נֶעְלָם מִמֶּךָּ וְאֵין נִסְתָּר מִנֶּגֶד עֵינֶיךָ.
וּבְכֵן, יְהִי רָצוֹן מִלְּפָנֶיךָ, יהוה אֱלֹהֵינוּ וֵאלֹהֵי אֲבוֹתֵינוּ
שֶׁתְּכַפֵּר לָנוּ עַל כָּל חַטֹּאתֵינוּ
וְתִסְלַח לָנוּ עַל כָּל עֲוֹנוֹתֵינוּ
וְתִמְחַל לָנוּ עַל כָּל פְּשָׁעֵינוּ.

על כל חטא שמונה, מכה באגרופו על החזה כנגד הלב.

עַל חֵטְא שֶׁחָטָאנוּ לְפָנֶיךָ בְּאֹנֶס וּבְרָצוֹן
וְעַל חֵטְא שֶׁחָטָאנוּ לְפָנֶיךָ בְּאִמּוּץ הַלֵּב

עַל חֵטְא שֶׁחָטָאנוּ לְפָנֶיךָ בִּבְלִי דָעַת
וְעַל חֵטְא שֶׁחָטָאנוּ לְפָנֶיךָ בְּבִטּוּי שְׂפָתָיִם

עַל חֵטְא שֶׁחָטָאנוּ לְפָנֶיךָ בְּגִלּוּי עֲרָיוֹת
וְעַל חֵטְא שֶׁחָטָאנוּ לְפָנֶיךָ בְּגָלוּי וּבַסָּתֶר

עַל חֵטְא שֶׁחָטָאנוּ לְפָנֶיךָ בְּדַעַת וּבְמִרְמָה
וְעַל חֵטְא שֶׁחָטָאנוּ לְפָנֶיךָ בְּדִבּוּר פֶּה

עַל חֵטְא שֶׁחָטָאנוּ לְפָנֶיךָ בְּהוֹנָאַת רֵעַ
וְעַל חֵטְא שֶׁחָטָאנוּ לְפָנֶיךָ בְּהַרְהוֹר הַלֵּב

עַל חֵטְא שֶׁחָטָאנוּ לְפָנֶיךָ בִּוְעִידַת זְנוּת
וְעַל חֵטְא שֶׁחָטָאנוּ לְפָנֶיךָ בְּוִדּוּי פֶּה

עַל חֵטְא שֶׁחָטָאנוּ לְפָנֶיךָ בְּזִלְזוּל הוֹרִים וּמוֹרִים
וְעַל חֵטְא שֶׁחָטָאנוּ לְפָנֶיךָ בְּזָדוֹן וּבִשְׁגָגָה

עַל חֵטְא שֶׁחָטָאנוּ לְפָנֶיךָ בְּחֹזֶק יָד
וְעַל חֵטְא שֶׁחָטָאנוּ לְפָנֶיךָ בְּחִלּוּל הַשֵּׁם

עַל חֵטְא שֶׁחָטָאנוּ לְפָנֶיךָ בְּטֻמְאַת שְׂפָתָיִם
וְעַל חֵטְא שֶׁחָטָאנוּ לְפָנֶיךָ בְּטִפְשׁוּת פֶּה

עַל חֵטְא שֶׁחָטָאנוּ לְפָנֶיךָ בְּיֵצֶר הָרָע
וְעַל חֵטְא שֶׁחָטָאנוּ לְפָנֶיךָ בְּיוֹדְעִים וּבְלֹא יוֹדְעִים

וְעַל כֻּלָּם אֱלוֹהַּ סְלִיחוֹת סְלַח לָנוּ, מְחַל לָנוּ, כַּפֶּר לָנוּ.

עַל חֵטְא שֶׁחָטָאנוּ לְפָנֶיךָ בְּכַחַשׁ וּבְכָזָב
וְעַל חֵטְא שֶׁחָטָאנוּ לְפָנֶיךָ בְּכַפַּת שֹׁחַד

עַל חֵטְא שֶׁחָטָאנוּ לְפָנֶיךָ בְּלָצוֹן
וְעַל חֵטְא שֶׁחָטָאנוּ לְפָנֶיךָ בְּלָשׁוֹן הָרָע

עַל חֵטְא שֶׁחָטָאנוּ לְפָנֶיךָ בְּמַשָּׂא וּבְמַתָּן
וְעַל חֵטְא שֶׁחָטָאנוּ לְפָנֶיךָ בְּמַאֲכָל וּבְמִשְׁתֶּה

עַל חֵטְא שֶׁחָטָאנוּ לְפָנֶיךָ בְּנֶשֶׁךְ וּבְמַרְבִּית
וְעַל חֵטְא שֶׁחָטָאנוּ לְפָנֶיךָ בִּנְטִיַּת גָּרוֹן

עַל חֵטְא שֶׁחָטָאנוּ לְפָנֶיךָ בְּשִׂיחַ שִׂפְתוֹתֵינוּ
וְעַל חֵטְא שֶׁחָטָאנוּ לְפָנֶיךָ בְּשִׂקּוּר עָיִן

עַל חֵטְא שֶׁחָטָאנוּ לְפָנֶיךָ בְּעֵינַיִם רָמוֹת
וְעַל חֵטְא שֶׁחָטָאנוּ לְפָנֶיךָ בְּעַזּוּת מֶצַח

וְעַל כֻּלָּם אֱלוֹהַּ סְלִיחוֹת סְלַח לָנוּ, מְחַל לָנוּ, כַּפֶּר לָנוּ.

עַל חֵטְא שֶׁחָטָאנוּ לְפָנֶיךָ בִּפְרִיקַת עֹל
וְעַל חֵטְא שֶׁחָטָאנוּ לְפָנֶיךָ בִּפְלִילוּת

עַל חֵטְא שֶׁחָטָאנוּ לְפָנֶיךָ בִּצְדִיַּת רֵעַ
וְעַל חֵטְא שֶׁחָטָאנוּ לְפָנֶיךָ בְּצָרוּת עָיִן

עַל חֵטְא שֶׁחָטָאנוּ לְפָנֶיךָ בְּקַלּוּת רֹאשׁ
וְעַל חֵטְא שֶׁחָטָאנוּ לְפָנֶיךָ בְּקַשְׁיוּת עֹרֶף

עַל חֵטְא שֶׁחָטָאנוּ לְפָנֶיךָ בְּרִיצַת רַגְלַיִם לְהָרַע
וְעַל חֵטְא שֶׁחָטָאנוּ לְפָנֶיךָ בִּרְכִילוּת

עַל חֵטְא שֶׁחָטָאנוּ לְפָנֶיךָ בִּשְׁבוּעַת שָׁוְא
וְעַל חֵטְא שֶׁחָטָאנוּ לְפָנֶיךָ בְּשִׂנְאַת חִנָּם

עַל חֵטְא שֶׁחָטָאנוּ לְפָנֶיךָ בִּתְשׂוּמֶת יָד
וְעַל חֵטְא שֶׁחָטָאנוּ לְפָנֶיךָ בְּתִמְהוֹן לֵבָב

וְעַל כֻּלָּם אֱלוֹהַּ סְלִיחוֹת סְלַח לָנוּ, מְחַל לָנוּ, כַּפֶּר לָנוּ.

וְעַל חֲטָאִים שֶׁאָנוּ חַיָּבִים עֲלֵיהֶם עוֹלָה
וְעַל חֲטָאִים שֶׁאָנוּ חַיָּבִים עֲלֵיהֶם חַטָּאת
וְעַל חֲטָאִים שֶׁאָנוּ חַיָּבִים עֲלֵיהֶם קָרְבַּן עוֹלֶה וְיוֹרֵד
וְעַל חֲטָאִים שֶׁאָנוּ חַיָּבִים עֲלֵיהֶם אָשָׁם וַדַּאי וְתָלוּי
וְעַל חֲטָאִים שֶׁאָנוּ חַיָּבִים עֲלֵיהֶם מַכַּת מַרְדּוּת
וְעַל חֲטָאִים שֶׁאָנוּ חַיָּבִים עֲלֵיהֶם מַלְקוּת אַרְבָּעִים
וְעַל חֲטָאִים שֶׁאָנוּ חַיָּבִים עֲלֵיהֶם מִיתָה בִּידֵי שָׁמָיִם
וְעַל חֲטָאִים שֶׁאָנוּ חַיָּבִים עֲלֵיהֶם כָּרֵת וַעֲרִירִי
וְעַל חֲטָאִים שֶׁאָנוּ חַיָּבִים עֲלֵיהֶם אַרְבַּע מִיתוֹת בֵּית דִּין
סְקִילָה, שְׂרֵפָה, הֶרֶג, וְחֶנֶק.
עַל מִצְוַת עֲשֵׂה וְעַל מִצְוַת לֹא תַעֲשֶׂה.
בֵּין שֶׁיֵּשׁ בָּהּ קוּם עֲשֵׂה וּבֵין שֶׁאֵין בָּהּ קוּם עֲשֵׂה.
אֶת הַגְּלוּיִים לָנוּ וְאֶת שֶׁאֵינָם גְּלוּיִים לָנוּ
אֶת הַגְּלוּיִים לָנוּ, כְּבָר אֲמַרְנוּם לְפָנֶיךָ, וְהוֹדִינוּ לְךָ עֲלֵיהֶם
וְאֶת שֶׁאֵינָם גְּלוּיִים לָנוּ, לְפָנֶיךָ הֵם גְּלוּיִים וִידוּעִים
כַּדָּבָר שֶׁנֶּאֱמַר
הַנִּסְתָּרֹת לַיהוה אֱלֹהֵינוּ, וְהַנִּגְלֹת לָנוּ וּלְבָנֵינוּ עַד־עוֹלָם דברים כט
לַעֲשׂוֹת אֶת־כָּל־דִּבְרֵי הַתּוֹרָה הַזֹּאת:

רצף פסוקים זה עוסק בסליחת עוונות. במחזורים עתיקים שולבו פיוטים בין פסוק לפסוק, אך כבר מאות בשנים שנוהגים לומר רק את משפטי המעבר שבין הפסוקים.

שליח הציבור ממשיך:

וְדָוִד עַבְדְּךָ אָמַר לְפָנֶיךָ
שְׁגִיאוֹת מִי־יָבִין, מִנִּסְתָּרוֹת נַקֵּנִי: תהלים יט
נַקֵּנוּ יהוה אֱלֹהֵינוּ מִכָּל פְּשָׁעֵינוּ, וְטַהֲרֵנוּ מִכָּל טֻמְאוֹתֵינוּ
וּזְרֹק עָלֵינוּ מַיִם טְהוֹרִים וְטַהֲרֵנוּ
כַּכָּתוּב עַל יַד נְבִיאֶךָ
וְזָרַקְתִּי עֲלֵיכֶם מַיִם טְהוֹרִים, וּטְהַרְתֶּם יחזקאל לו
מִכֹּל טֻמְאוֹתֵיכֶם וּמִכָּל־גִּלּוּלֵיכֶם אֲטַהֵר אֶתְכֶם:

אַל תִּירָא יַעֲקֹב
שׁוּבוּ בָנִים שׁוֹבָבִים, שׁוּבָה יִשְׂרָאֵל.
הִנֵּה לֹא־יָנוּם וְלֹא יִישָׁן, שׁוֹמֵר יִשְׂרָאֵל: תהלים קכא
כַּכָּתוּב עַל יַד נְבִיאֶךָ
שׁוּבָה יִשְׂרָאֵל עַד יהוה אֱלֹהֶיךָ כִּי כָשַׁלְתָּ בַּעֲוֺנֶךָ: הושע יד
וְנֶאֱמַר, קְחוּ עִמָּכֶם דְּבָרִים, וְשׁוּבוּ אֶל־יהוה שם
אִמְרוּ אֵלָיו, כָּל־תִּשָּׂא עָוֺן וְקַח־טוֹב, וּנְשַׁלְּמָה פָרִים שְׂפָתֵינוּ:

וְאַתָּה רַחוּם מְקַבֵּל שָׁבִים
וְעַל הַתְּשׁוּבָה מֵרֹאשׁ הִבְטַחְתָּנוּ
וְעַל הַתְּשׁוּבָה עֵינֵינוּ מְיַחֲלוֹת לָךְ.

וּמֵאַהֲבָתְךָ, יהוה אֱלֹהֵינוּ, שֶׁאָהַבְתָּ אֶת יִשְׂרָאֵל עַמֶּךָ
וּמֵחֶמְלָתְךָ מַלְכֵּנוּ, שֶׁחָמַלְתָּ עַל בְּנֵי בְרִיתֶךָ
נָתַתָּ לָּנוּ יהוה אֱלֹהֵינוּ אֶת יוֹם
(בשבת: הַשַּׁבָּת הַזֶּה לִקְדֻשָּׁה וְלִמְנוּחָה, וְאֶת יוֹם) צוֹם הַכִּפּוּרִים הַזֶּה
לִמְחִילַת חֵטְא וְלִסְלִיחַת עָוֺן וּלְכַפָּרַת פֶּשַׁע.

במקומות רבים נוהגים לדלג עד ׳מִימֵי קֶדֶם׳ כדי להספיק להגיע בזמן לתפילת נעילה, וממשיכים ׳אֱלֹהֵינוּ וֵאלֹהֵי אֲבוֹתֵינוּ מְחַל לַעֲוֹנוֹתֵינוּ׳ בעמ׳ 408.

הפיוט ׳יוֹם אֲשֶׁר הוּחַק׳, המיוחס לר׳ אלעזר הקליר, בנוי כמו הפיוט המקביל לו ׳יוֹם אֲשֶׁר אֲשָׁמֵנוּ׳ הנאמר בשחרית (ראה עמ׳ 232). בקהילות רבות נוהגים היום להשמיט חלק מבתיו. הפיוט המלא בעמ׳ 598.

מקובל ששליח הציבור אומר את הפיוט, והקהל אומר עמו את הפסוקים ואת הבית ׳בַּעֲבוּר כְּבוֹד שִׁמְךָ׳.

סימן א״ב

יוֹם אֲשֶׁר הוּחַק לְכַפָּרָתֵנוּ / הַיּוֹם בּוֹ תְּבַשְּׂרֵנוּ צוּרֵנוּ תִּטְהָרוּ.

כַּכָּתוּב בְּתוֹרָתֶךָ

ויקרא טז כִּי־בַיּוֹם הַזֶּה יְכַפֵּר עֲלֵיכֶם לְטַהֵר אֶתְכֶם
מִכֹּל חַטֹּאתֵיכֶם, לִפְנֵי יהוה תִּטְהָרוּ:

יוֹם מַנְחִיל דָּת שׁוּעַ בְּעַד דּוֹר / הַיּוֹם נָשָׂא לוֹ, בְּבַקְּשׁוֹ סְלַח נָא.

כַּכָּתוּב בְּתוֹרָתֶךָ

במדבר יד סְלַח־נָא לַעֲוֺן הָעָם הַזֶּה כְּגֹדֶל חַסְדֶּךָ
וְכַאֲשֶׁר נָשָׂאתָה לָעָם הַזֶּה מִמִּצְרַיִם וְעַד־הֵנָּה:
וְשָׁם נֶאֱמַר
וַיֹּאמֶר יהוה, סָלַחְתִּי כִּדְבָרֶךָ:

בַּעֲבוּר כְּבוֹד שִׁמְךָ
הִמָּצֵא לָנוּ מוֹחֵל וְסוֹלֵחַ / סְלַח נָא לְמַעַן שְׁמֶךָ.

יוֹם קוֹרְאֵי בְשִׁמְךָ יִמָּלֵטוּ / הַיּוֹם רַחֵם עָלֵינוּ, כְּאָז קָרָא בְשֵׁם.

כַּכָּתוּב בְּתוֹרָתֶךָ

שמות לד וַיֵּרֶד יהוה בֶּעָנָן, וַיִּתְיַצֵּב עִמּוֹ שָׁם
וַיִּקְרָא בְשֵׁם, יהוה:
וַיַּעֲבֹר יהוה עַל־פָּנָיו וַיִּקְרָא
יהוה, יהוה, אֵל רַחוּם וְחַנּוּן, אֶרֶךְ אַפַּיִם, וְרַב־חֶסֶד וֶאֱמֶת:
נֹצֵר חֶסֶד לָאֲלָפִים, נֹשֵׂא עָוֹן וָפֶשַׁע וְחַטָּאָה, וְנַקֵּה:

בַּעֲבוּר כְּבוֹד שִׁמְךָ
הִמָּצֵא לָנוּ רַחוּם וְחַנּוּן / רַחֵם נָא לְמַעַן שְׁמֶךָ.

יוֹם שְׁמָמוֹת הֵיכָלְךָ תַּבִּיט /
הַיּוֹם תַּעֲשֶׂה לְמַעַן שְׁמְךָ, כְּנָם אִישׁ חֲמוּדוֹת.

כַּכָּתוּב בְּדִבְרֵי קָדְשֶׁךָ
הַטֵּה אֱלֹהַי אָזְנְךָ וּשֲׁמָע, פְּקַח עֵינֶיךָ וּרְאֵה שֹׁמְמֹתֵינוּ דניאל ט
וְהָעִיר אֲשֶׁר־נִקְרָא שִׁמְךָ עָלֶיהָ
כִּי לֹא עַל־צִדְקֹתֵינוּ אֲנַחְנוּ מַפִּילִים תַּחֲנוּנֵינוּ לְפָנֶיךָ
כִּי עַל־רַחֲמֶיךָ הָרַבִּים:
אֲדֹנָי שְׁמָעָה, אֲדֹנָי סְלָחָה, אֲדֹנָי הַקְשִׁיבָה וַעֲשֵׂה אַל־תְּאַחַר
לְמַעַנְךָ אֱלֹהַי, כִּי־שִׁמְךָ נִקְרָא עַל־עִירְךָ וְעַל־עַמֶּךָ:

בַּעֲבוּר כְּבוֹד שְׁמְךָ
הַמָּצֵא לָנוּ שׁוֹמֵעַ תְּפִלָּה / שְׁמַע תְּפִלָּתֵנוּ לְמַעַן שְׁמֶךָ.

גם הפיוט ׳מִי אֵל כָּמְוֹךָ׳ בנוי במתכונתו של הפיוט המקביל לו
הנאמר בשחרית (עמ׳ 234).
נוהגים שאחר כל שורה ששליח הציבור אומר, הקהל עונה ׳מִי אֵל כָּמְוֹךָ׳.
בקהילות רבות נוהגים לדלג על חלק מהפיוט. הפיוט המלא בעמ׳ 601.

מִי אֵל כָּמְוֹךָ.

סימן א״ב

אָדוֹן אַבִּיר / בְּמַעֲשָׂיו כַּבִּיר מִי אֵל כָּמְוֹךָ
גּוֹלֶה עֲמֻקּוֹת / דּוֹבֵר צְדָקוֹת מִי אֵל כָּמְוֹךָ
הַצּוּר תָּמִים / וּמָלֵא רַחֲמִים מִי אֵל כָּמְוֹךָ
כּוֹבֵשׁ כְּעָסִים / לְהַצְדִּיק עֲמוּסִים מִי אֵל כָּמְוֹךָ

שליח הציבור אומר, והקהל אומר אתו בלחש:

כַּכָּתוּב עַל יַד נְבִיאֶךָ
מִי־אֵל כָּמְוֹךָ נֹשֵׂא עָוֹן וְעֹבֵר עַל־פֶּשַׁע לִשְׁאֵרִית נַחֲלָתוֹ מיכה ז
לֹא־הֶחֱזִיק לָעַד אַפּוֹ כִּי־חָפֵץ חֶסֶד הוּא:
יָשׁוּב יְרַחֲמֵנוּ, יִכְבֹּשׁ עֲוֹנֹתֵינוּ, וְתַשְׁלִיךְ בִּמְצֻלוֹת יָם כָּל־חַטֹּאתָם:
וְכָל חַטֹּאת עַמְּךָ בֵּית יִשְׂרָאֵל תַּשְׁלִיךְ
בִּמְקוֹם אֲשֶׁר לֹא יִזָּכְרוּ וְלֹא יִפָּקְדוּ, וְלֹא יַעֲלוּ עַל לֵב לְעוֹלָם.
תִּתֵּן אֱמֶת לְיַעֲקֹב, חֶסֶד לְאַבְרָהָם, אֲשֶׁר־נִשְׁבַּעְתָּ לַאֲבֹתֵינוּ מִימֵי קֶדֶם: שם

בשבת מוסיפים את המילים שבסוגריים.

אֱלֹהֵינוּ וֵאלֹהֵי אֲבוֹתֵינוּ
מְחַל לַעֲוֹנוֹתֵינוּ בְּיוֹם (הַשַּׁבָּת הַזֶּה וּבְיוֹם) הַכִּפּוּרִים הַזֶּה
מְחֵה וְהַעֲבֵר פְּשָׁעֵינוּ וְחַטֹּאתֵינוּ מִנֶּגֶד עֵינֶיךָ
כָּאָמוּר
ישעיה מג אָנֹכִי אָנֹכִי הוּא מֹחֶה פְשָׁעֶיךָ לְמַעֲנִי
וְחַטֹּאתֶיךָ לֹא אֶזְכֹּר:
וְנֶאֱמַר
ישעיה מד מָחִיתִי כָעָב פְּשָׁעֶיךָ וְכֶעָנָן חַטֹּאותֶיךָ
שׁוּבָה אֵלַי כִּי גְאַלְתִּיךָ:
וְנֶאֱמַר
ויקרא טז כִּי־בַיּוֹם הַזֶּה יְכַפֵּר עֲלֵיכֶם לְטַהֵר אֶתְכֶם
מִכֹּל חַטֹּאתֵיכֶם לִפְנֵי יהוה תִּטְהָרוּ:

(אֱלֹהֵינוּ וֵאלֹהֵי אֲבוֹתֵינוּ, רְצֵה נָא בִמְנוּחָתֵנוּ)
קַדְּשֵׁנוּ בְּמִצְוֹתֶיךָ וְתֵן חֶלְקֵנוּ בְּתוֹרָתֶךָ
שַׂבְּעֵנוּ מִטּוּבֶךָ, וְשַׂמַּח נַפְשֵׁנוּ בִּישׁוּעָתֶךָ
(וְהַנְחִילֵנוּ יהוה אֱלֹהֵינוּ בְּאַהֲבָה וּבְרָצוֹן שַׁבַּת קָדְשֶׁךָ
וְיָנוּחוּ בָם כָּל יִשְׂרָאֵל מְקַדְּשֵׁי שְׁמֶךָ)
וְטַהֵר לִבֵּנוּ לְעָבְדְּךָ בֶּאֱמֶת.
כִּי אַתָּה סָלְחָן לְיִשְׂרָאֵל וּמָחֳלָן לְשִׁבְטֵי יְשֻׁרוּן בְּכָל דּוֹר וָדוֹר
וּמִבַּלְעָדֶיךָ אֵין לָנוּ מֶלֶךְ מוֹחֵל וְסוֹלֵחַ אֶלָּא אָתָּה.
בָּרוּךְ אַתָּה יהוה
מֶלֶךְ מוֹחֵל וְסוֹלֵחַ לַעֲוֹנוֹתֵינוּ, וְלַעֲוֹנוֹת עַמּוֹ בֵּית יִשְׂרָאֵל
וּמַעֲבִיר אַשְׁמוֹתֵינוּ בְּכָל שָׁנָה וְשָׁנָה
מֶלֶךְ עַל כָּל הָאָרֶץ, מְקַדֵּשׁ (הַשַּׁבָּת וְ)יִשְׂרָאֵל וְיוֹם הַכִּפּוּרִים.

עבודה

רְצֵה יהוה אֱלֹהֵינוּ בְּעַמְּךָ יִשְׂרָאֵל, וְלִתְפִלָּתָם שְׁעֵה
וְהָשֵׁב אֶת הָעֲבוֹדָה לִדְבִיר בֵּיתֶךָ
וְאִשֵּׁי יִשְׂרָאֵל וּתְפִלָּתָם, מְהֵרָה בְּאַהֲבָה תְקַבֵּל בְּרָצוֹן
וּתְהִי לְרָצוֹן תָּמִיד עֲבוֹדַת יִשְׂרָאֵל עַמֶּךָ.
וְתֶחֱזֶינָה עֵינֵינוּ בְּשׁוּבְךָ לְצִיּוֹן בְּרַחֲמִים.
בָּרוּךְ אַתָּה יהוה, הַמַּחֲזִיר שְׁכִינָתוֹ לְצִיּוֹן.

הודאה

כורע ב׳מודים׳ ואינו זוקף עד אמירת השם.

׳מוֹדִים אֲנַחְנוּ לָךְ
שָׁאַתָּה הוּא יהוה אֱלֹהֵינוּ
וֵאלֹהֵי אֲבוֹתֵינוּ לְעוֹלָם וָעֶד.
צוּר חַיֵּינוּ, מָגֵן יִשְׁעֵנוּ
אַתָּה הוּא לְדוֹר וָדוֹר.
נוֹדֶה לְּךָ וּנְסַפֵּר תְּהִלָּתֶךָ
עַל חַיֵּינוּ הַמְּסוּרִים בְּיָדֶךָ
וְעַל נִשְׁמוֹתֵינוּ הַפְּקוּדוֹת לָךְ
וְעַל נִסֶּיךָ שֶׁבְּכָל יוֹם עִמָּנוּ
וְעַל נִפְלְאוֹתֶיךָ וְטוֹבוֹתֶיךָ
שֶׁבְּכָל עֵת
עֶרֶב וָבֹקֶר וְצָהֳרָיִם.
הַטּוֹב, כִּי לֹא כָלוּ רַחֲמֶיךָ
וְהַמְרַחֵם, כִּי לֹא תַמּוּ חֲסָדֶיךָ
כִּי מֵעוֹלָם קִוִּינוּ לָךְ.

כששליח הציבור אומר ׳מודים׳, הקהל אומר בלחש (סוטה מ ע״א):

׳מוֹדִים אֲנַחְנוּ לָךְ
שָׁאַתָּה הוּא יהוה אֱלֹהֵינוּ
וֵאלֹהֵי אֲבוֹתֵינוּ
אֱלֹהֵי כָל בָּשָׂר
יוֹצְרֵנוּ, יוֹצֵר בְּרֵאשִׁית.
בְּרָכוֹת וְהוֹדָאוֹת
לְשִׁמְךָ הַגָּדוֹל וְהַקָּדוֹשׁ
עַל שֶׁהֶחֱיִיתָנוּ וְקִיַּמְתָּנוּ.
כֵּן תְּחַיֵּנוּ וּתְקַיְּמֵנוּ
וְתֶאֱסֹף גָּלֻיּוֹתֵינוּ
לְחַצְרוֹת קָדְשֶׁךָ
לִשְׁמֹר חֻקֶּיךָ
וְלַעֲשׂוֹת רְצוֹנֶךָ וּלְעָבְדְּךָ
בְּלֵבָב שָׁלֵם
עַל שֶׁאֲנוּ מוֹדִים לָךְ.
בָּרוּךְ אֵל הַהוֹדָאוֹת.

וְעַל כֻּלָּם יִתְבָּרַךְ וְיִתְרוֹמַם וְיִתְנַשֵּׂא שִׁמְךָ מַלְכֵּנוּ
תָּמִיד לְעוֹלָם וָעֶד.

קהל ואחריו שליח הציבור:

אָבִינוּ מַלְכֵּנוּ, זְכֹר רַחֲמֶיךָ וּכְבֹשׁ כַּעַסְךָ
וְכַלֵּה דֶבֶר, וְחֶרֶב, וְרָעָב
וּשְׁבִי, וּמַשְׁחִית, וְעָוֹן
וּמַגֵּפָה, וּפֶגַע רַע
וְכָל מַחֲלָה, וְכָל תַּקָּלָה
וְכָל קְטָטָה, וְכָל מִינֵי פֻרְעָנִיּוֹת
וְכָל גְּזֵרָה רָעָה, וְשִׂנְאַת חִנָּם
מֵעָלֵינוּ וּמֵעַל כָּל בְּנֵי בְרִיתֶךָ.

קהל ואחריו שליח הציבור:

וּכְתֹב לְחַיִּים טוֹבִים כָּל בְּנֵי בְרִיתֶךָ.

שליח הציבור ממשיך:

וְכֹל הַחַיִּים יוֹדְוּךָ סֶּלָה
וִיהַלְלוּ וִיבָרְכוּ אֶת שִׁמְךָ הַגָּדוֹל בֶּאֱמֶת לְעוֹלָם כִּי טוֹב
הָאֵל יְשׁוּעָתֵנוּ וְעֶזְרָתֵנוּ סֶלָה, הָאֵל הַטּוֹב.
בָּרוּךְ אַתָּה יהוה, הַטּוֹב שִׁמְךָ וּלְךָ נָאֶה לְהוֹדוֹת.

הכוהנים אינם נושאים כפיהם במנחה (תענית כו ע״ב), ושליח הציבור אומר:

אֱלֹהֵינוּ וֵאלֹהֵי אֲבוֹתֵינוּ, בָּרְכֵנוּ בַּבְּרָכָה הַמְשֻׁלֶּשֶׁת בַּתּוֹרָה, הַכְּתוּבָה עַל יְדֵי מֹשֶׁה עַבְדֶּךָ, הָאֲמוּרָה מִפִּי אַהֲרֹן וּבָנָיו כֹּהֲנִים עַם קְדוֹשֶׁיךָ, כָּאָמוּר

במדבר ו יְבָרֶכְךָ יהוה וְיִשְׁמְרֶךָ: קהל: כֵּן יְהִי רָצוֹן
יָאֵר יהוה פָּנָיו אֵלֶיךָ וִיחֻנֶּךָּ: קהל: כֵּן יְהִי רָצוֹן
יִשָּׂא יהוה פָּנָיו אֵלֶיךָ וְיָשֵׂם לְךָ שָׁלוֹם: קהל: כֵּן יְהִי רָצוֹן

שלום

שִׂים שָׁלוֹם טוֹבָה וּבְרָכָה
חַיִּים חֵן וָחֶסֶד וְרַחֲמִים
עָלֵינוּ וְעַל כָּל יִשְׂרָאֵל עַמֶּךָ.
בָּרְכֵנוּ אָבִינוּ כֻּלָּנוּ כְּאֶחָד בְּאוֹר פָּנֶיךָ
כִּי בְאוֹר פָּנֶיךָ נָתַתָּ לָּנוּ יהוה אֱלֹהֵינוּ
תּוֹרַת חַיִּים וְאַהֲבַת חֶסֶד
וּצְדָקָה וּבְרָכָה וְרַחֲמִים וְחַיִּים וְשָׁלוֹם.
וְטוֹב יִהְיֶה בְּעֵינֶיךָ לְבָרְכֵנוּ
וּלְבָרֵךְ אֶת כָּל עַמְּךָ יִשְׂרָאֵל
בְּכָל עֵת וּבְכָל שָׁעָה בִּשְׁלוֹמֶךָ.

קהל ואחריו שליח הציבור:

בְּסֵפֶר חַיִּים, בְּרָכָה וְשָׁלוֹם, וּפַרְנָסָה טוֹבָה
וּגְזֵרוֹת טוֹבוֹת, יְשׁוּעוֹת וְנֶחָמוֹת
נִזָּכֵר וְנִכָּתֵב לְפָנֶיךָ
אֲנַחְנוּ וְכָל עַמְּךָ בֵּית יִשְׂרָאֵל, לְחַיִּים טוֹבִים וּלְשָׁלוֹם.

שליח הציבור ממשיך:

בָּרוּךְ אַתָּה יהוה, הַמְבָרֵךְ אֶת עַמּוֹ יִשְׂרָאֵל בַּשָּׁלוֹם.

שליח הציבור מסיים את חזרת הש״ץ בלחש:

יִהְיוּ לְרָצוֹן אִמְרֵי־פִי וְהֶגְיוֹן לִבִּי לְפָנֶיךָ, יהוה צוּרִי וְגֹאֲלִי: תהלים יט

בשבת אין אומרים 'אָבִינוּ מַלְכֵּנוּ'.
כמו כן, גם כאשר יום הכיפורים חל בחול,
אין אומרים 'אָבִינוּ מַלְכֵּנוּ' אם לא נותר די זמן עד השקיעה.

פותחים את ארון הקודש.

אָבִינוּ מַלְכֵּנוּ, חָטָאנוּ לְפָנֶיךָ.

אָבִינוּ מַלְכֵּנוּ, אֵין לָנוּ מֶלֶךְ אֶלָּא אָתָּה.

אָבִינוּ מַלְכֵּנוּ, עֲשֵׂה עִמָּנוּ לְמַעַן שְׁמֶךָ.

אָבִינוּ מַלְכֵּנוּ, חַדֵּשׁ עָלֵינוּ שָׁנָה טוֹבָה.

אָבִינוּ מַלְכֵּנוּ, בַּטֵּל מֵעָלֵינוּ כָּל גְּזֵרוֹת קָשׁוֹת.

אָבִינוּ מַלְכֵּנוּ, בַּטֵּל מַחְשְׁבוֹת שׂוֹנְאֵינוּ.

אָבִינוּ מַלְכֵּנוּ, הָפֵר עֲצַת אוֹיְבֵינוּ.

אָבִינוּ מַלְכֵּנוּ, כַּלֵּה כָּל צַר וּמַשְׂטִין מֵעָלֵינוּ.

אָבִינוּ מַלְכֵּנוּ, סְתֹם פִּיּוֹת מַשְׂטִינֵנוּ וּמְקַטְרְגֵינוּ.

אָבִינוּ מַלְכֵּנוּ, כַּלֵּה דֶּבֶר וְחֶרֶב וְרָעָב וּשְׁבִי וּמַשְׁחִית וְעָוֹן וּשְׁמַד מִבְּנֵי בְרִיתֶךָ.

אָבִינוּ מַלְכֵּנוּ, מְנַע מַגֵּפָה מִנַּחֲלָתֶךָ.

אָבִינוּ מַלְכֵּנוּ, סְלַח וּמְחַל לְכָל עֲוֹנוֹתֵינוּ.

אָבִינוּ מַלְכֵּנוּ, מְחֵה וְהַעֲבֵר פְּשָׁעֵינוּ וְחַטֹּאתֵינוּ מִנֶּגֶד עֵינֶיךָ.

אָבִינוּ מַלְכֵּנוּ, מְחֹק בְּרַחֲמֶיךָ הָרַבִּים כָּל שִׁטְרֵי חוֹבוֹתֵינוּ.

מכאן עד 'סְלִיחָה וּמְחִילָה' שליח הציבור אומר כל משפט בקול רם, והקהל אחריו:

אָבִינוּ מַלְכֵּנוּ, הַחֲזִירֵנוּ בִּתְשׁוּבָה שְׁלֵמָה לְפָנֶיךָ.

אָבִינוּ מַלְכֵּנוּ, שְׁלַח רְפוּאָה שְׁלֵמָה לְחוֹלֵי עַמֶּךָ.

אָבִינוּ מַלְכֵּנוּ, קְרַע רֹעַ גְּזַר דִּינֵנוּ.

אָבִינוּ מַלְכֵּנוּ, זָכְרֵנוּ בְּזִכְרוֹן טוֹב לְפָנֶיךָ.

אָבִינוּ מַלְכֵּנוּ, כָּתְבֵנוּ בְּסֵפֶר חַיִּים טוֹבִים.

אָבִינוּ מַלְכֵּנוּ, כָּתְבֵנוּ בְּסֵפֶר גְּאֻלָּה וִישׁוּעָה.

אָבִינוּ מַלְכֵּנוּ, כָּתְבֵנוּ בְּסֵפֶר פַּרְנָסָה וְכַלְכָּלָה.

אָבִינוּ מַלְכֵּנוּ, כָּתְבֵנוּ בְּסֵפֶר זְכֻיּוֹת.

אָבִינוּ מַלְכֵּנוּ, כָּתְבֵנוּ בְּסֵפֶר סְלִיחָה וּמְחִילָה. עד כאן בקול.

אָבִינוּ מַלְכֵּנוּ, הַצְמַח לָנוּ יְשׁוּעָה בְּקָרוֹב.

אָבִינוּ מַלְכֵּנוּ, הָרֵם קֶרֶן יִשְׂרָאֵל עַמֶּךָ.

אָבִינוּ מַלְכֵּנוּ, הָרֵם קֶרֶן מְשִׁיחֶךָ.

אָבִינוּ מַלְכֵּנוּ, מַלֵּא יָדֵינוּ מִבִּרְכוֹתֶיךָ.

אָבִינוּ מַלְכֵּנוּ, מַלֵּא אֲסָמֵינוּ שָׂבָע.

אָבִינוּ מַלְכֵּנוּ, שְׁמַע קוֹלֵנוּ, חוּס וְרַחֵם עָלֵינוּ.

אָבִינוּ מַלְכֵּנוּ, קַבֵּל בְּרַחֲמִים וּבְרָצוֹן אֶת תְּפִלָּתֵנוּ.

אָבִינוּ מַלְכֵּנוּ, פְּתַח שַׁעֲרֵי שָׁמַיִם לִתְפִלָּתֵנוּ.

אָבִינוּ מַלְכֵּנוּ, זְכֹר כִּי עָפָר אֲנָחְנוּ.

אָבִינוּ מַלְכֵּנוּ, נָא אַל תְּשִׁיבֵנוּ רֵיקָם מִלְּפָנֶיךָ.

אָבִינוּ מַלְכֵּנוּ, תְּהֵא הַשָּׁעָה הַזֹּאת שְׁעַת רַחֲמִים וְעֵת רָצוֹן מִלְּפָנֶיךָ.

אָבִינוּ מַלְכֵּנוּ, חֲמֹל עָלֵינוּ וְעַל עוֹלָלֵינוּ וְטַפֵּנוּ.

אָבִינוּ מַלְכֵּנוּ, עֲשֵׂה לְמַעַן הֲרוּגִים עַל שֵׁם קָדְשֶׁךָ.

אָבִינוּ מַלְכֵּנוּ, עֲשֵׂה לְמַעַן טְבוּחִים עַל יִחוּדֶךָ.

אָבִינוּ מַלְכֵּנוּ, עֲשֵׂה לְמַעַן בָּאֵי בָאֵשׁ וּבַמַּיִם עַל קִדּוּשׁ שְׁמֶךָ.

אָבִינוּ מַלְכֵּנוּ, נְקֹם לְעֵינֵינוּ נִקְמַת דַּם עֲבָדֶיךָ הַשָּׁפוּךְ.

אָבִינוּ מַלְכֵּנוּ, עֲשֵׂה לְמַעַנְךָ אִם לֹא לְמַעֲנֵנוּ.

אָבִינוּ מַלְכֵּנוּ, עֲשֵׂה לְמַעַנְךָ וְהוֹשִׁיעֵנוּ.

אָבִינוּ מַלְכֵּנוּ, עֲשֵׂה לְמַעַן רַחֲמֶיךָ הָרַבִּים.

אָבִינוּ מַלְכֵּנוּ, עֲשֵׂה לְמַעַן שִׁמְךָ הַגָּדוֹל הַגִּבּוֹר וְהַנּוֹרָא, שֶׁנִּקְרָא עָלֵינוּ.

◂ אָבִינוּ מַלְכֵּנוּ, חָנֵּנוּ וַעֲנֵנוּ, כִּי אֵין בָּנוּ מַעֲשִׂים
עֲשֵׂה עִמָּנוּ צְדָקָה וָחֶסֶד וְהוֹשִׁיעֵנוּ.

סוגרים את ארון הקודש.

קדיש שלם

ש״ץ: יִתְגַּדַּל וְיִתְקַדַּשׁ שְׁמֵהּ רַבָּא (קהל: אָמֵן)
בְּעָלְמָא דִּי בְרָא כִרְעוּתֵהּ
וְיַמְלִיךְ מַלְכוּתֵהּ
וְיַצְמַח פֻּרְקָנֵהּ וִיקָרֵב מְשִׁיחֵהּ (קהל: אָמֵן)
בְּחַיֵּיכוֹן וּבְיוֹמֵיכוֹן וּבְחַיֵּי דְכָל בֵּית יִשְׂרָאֵל
בַּעֲגָלָא וּבִזְמַן קָרִיב
וְאִמְרוּ אָמֵן. (קהל: אָמֵן)

קהל וש״ץ: יְהֵא שְׁמֵהּ רַבָּא מְבָרַךְ לְעָלַם וּלְעָלְמֵי עָלְמַיָּא.

ש״ץ: יִתְבָּרַךְ וְיִשְׁתַּבַּח וְיִתְפָּאַר וְיִתְרוֹמַם וְיִתְנַשֵּׂא
וְיִתְהַדָּר וְיִתְעַלֶּה וְיִתְהַלָּל
שְׁמֵהּ דְּקֻדְשָׁא בְּרִיךְ הוּא (קהל: אָמֵן)
לְעֵלָּא לְעֵלָּא מִכָּל בִּרְכָתָא וְשִׁירָתָא
תֻּשְׁבְּחָתָא וְנֶחֱמָתָא, דַּאֲמִירָן בְּעָלְמָא
וְאִמְרוּ אָמֵן. (קהל: אָמֵן)

תִּתְקַבַּל צְלוֹתְהוֹן וּבָעוּתְהוֹן דְּכָל בֵּית יִשְׂרָאֵל
קֳדָם אֲבוּהוֹן דִּי בִשְׁמַיָּא
וְאִמְרוּ אָמֵן. (קהל: אָמֵן)

יְהֵא שְׁלָמָא רַבָּא מִן שְׁמַיָּא
וְחַיִּים טוֹבִים עָלֵינוּ וְעַל כָּל יִשְׂרָאֵל
וְאִמְרוּ אָמֵן. (קהל: אָמֵן)

כורע ופוסע שלוש פסיעות לאחור. קד לשמאל, לימין ולפנים באמירת:

עֹשֶׂה הַשָּׁלוֹם בִּמְרוֹמָיו
הוּא יַעֲשֶׂה שָׁלוֹם עָלֵינוּ וְעַל כָּל יִשְׂרָאֵל
וְאִמְרוּ אָמֵן. (קהל: אָמֵן)

נעילה ליום הכיפורים

תפילת נעילה

"אפילו הישיבה גרידא בבית האלהים יש בה משום השראת
אווירה טובה על רוח ונפש, שהרי מהרהרים בה' וביעודו של המקום,
להתנשא אל ה' ולטהר את עצמו לפניו" (רש"ר הירש).

אַשְׁרֵי יוֹשְׁבֵי בֵיתֶךָ, עוֹד יְהַלְלוּךָ סֶּלָה: תהלים פד
אַשְׁרֵי הָעָם שֶׁכָּכָה לּוֹ, אַשְׁרֵי הָעָם שֶׁיהוה אֱלֹהָיו: תהלים קמד
תְּהִלָּה לְדָוִד תהלים קמה
אֲרוֹמִמְךָ אֱלוֹהַי הַמֶּלֶךְ, וַאֲבָרְכָה שִׁמְךָ לְעוֹלָם וָעֶד:
בְּכָל־יוֹם אֲבָרְכֶךָּ, וַאֲהַלְלָה שִׁמְךָ לְעוֹלָם וָעֶד:
גָּדוֹל יהוה וּמְהֻלָּל מְאֹד, וְלִגְדֻלָּתוֹ אֵין חֵקֶר:
דּוֹר לְדוֹר יְשַׁבַּח מַעֲשֶׂיךָ, וּגְבוּרֹתֶיךָ יַגִּידוּ:
הֲדַר כְּבוֹד הוֹדֶךָ, וְדִבְרֵי נִפְלְאֹתֶיךָ אָשִׂיחָה:
וֶעֱזוּז נוֹרְאוֹתֶיךָ יֹאמֵרוּ, וּגְדוּלָּתְךָ אֲסַפְּרֶנָּה:
זֵכֶר רַב־טוּבְךָ יַבִּיעוּ, וְצִדְקָתְךָ יְרַנֵּנוּ:
חַנּוּן וְרַחוּם יהוה, אֶרֶךְ אַפַּיִם וּגְדָל־חָסֶד:
טוֹב־יהוה לַכֹּל, וְרַחֲמָיו עַל־כָּל־מַעֲשָׂיו:
יוֹדוּךָ יהוה כָּל־מַעֲשֶׂיךָ, וַחֲסִידֶיךָ יְבָרְכוּכָה:
כְּבוֹד מַלְכוּתְךָ יֹאמֵרוּ, וּגְבוּרָתְךָ יְדַבֵּרוּ:
לְהוֹדִיעַ לִבְנֵי הָאָדָם גְּבוּרֹתָיו, וּכְבוֹד הֲדַר מַלְכוּתוֹ:
מַלְכוּתְךָ מַלְכוּת כָּל־עֹלָמִים, וּמֶמְשַׁלְתְּךָ בְּכָל־דּוֹר וָדֹר:
סוֹמֵךְ יהוה לְכָל־הַנֹּפְלִים, וְזוֹקֵף לְכָל־הַכְּפוּפִים:
עֵינֵי־כֹל אֵלֶיךָ יְשַׂבֵּרוּ, וְאַתָּה נוֹתֵן־לָהֶם אֶת־אָכְלָם בְּעִתּוֹ:
פּוֹתֵחַ אֶת־יָדֶךָ, וּמַשְׂבִּיעַ לְכָל־חַי רָצוֹן:
צַדִּיק יהוה בְּכָל־דְּרָכָיו, וְחָסִיד בְּכָל־מַעֲשָׂיו:
קָרוֹב יהוה לְכָל־קֹרְאָיו, לְכֹל אֲשֶׁר יִקְרָאֻהוּ בֶאֱמֶת:

רְצוֹן־יְרֵאָיו יַעֲשֶׂה, וְאֶת־שַׁוְעָתָם יִשְׁמַע, וְיוֹשִׁיעֵם:
שׁוֹמֵר יהוה אֶת־כָּל־אֹהֲבָיו, וְאֵת כָּל־הָרְשָׁעִים יַשְׁמִיד:
◂ תְּהִלַּת יהוה יְדַבֶּר פִּי, וִיבָרֵךְ כָּל־בָּשָׂר שֵׁם קָדְשׁוֹ לְעוֹלָם וָעֶד:
תהלים קטו וַאֲנַחְנוּ נְבָרֵךְ יָהּ מֵעַתָּה וְעַד־עוֹלָם, הַלְלוּיָהּ:

"אמר ר' יונתן: גדולה תשובה, שמקרבת את הגאולה, שנאמר: 'וּבָא לְצִיּוֹן גּוֹאֵל, וּלְשָׁבֵי פֶשַׁע בְּיַעֲקֹב'. מה טעם 'ובא לציון גואל'? – משום דשבי פשע ביעקב" (יומא פו ע"ב).

ישעיה נט וּבָא לְצִיּוֹן גּוֹאֵל, וּלְשָׁבֵי פֶשַׁע בְּיַעֲקֹב, נְאֻם יהוה:
וַאֲנִי זֹאת בְּרִיתִי אוֹתָם, אָמַר יהוה
רוּחִי אֲשֶׁר עָלֶיךָ וּדְבָרַי אֲשֶׁר־שַׂמְתִּי בְּפִיךָ
לֹא־יָמוּשׁוּ מִפִּיךָ וּמִפִּי זַרְעֲךָ וּמִפִּי זֶרַע זַרְעֲךָ
אָמַר יהוה, מֵעַתָּה וְעַד־עוֹלָם:

תהלים כב ◂ וְאַתָּה קָדוֹשׁ יוֹשֵׁב תְּהִלּוֹת יִשְׂרָאֵל:
ישעיה ו וְקָרָא זֶה אֶל־זֶה וְאָמַר ◂
קָדוֹשׁ, קָדוֹשׁ, קָדוֹשׁ, יהוה צְבָאוֹת
מְלֹא כָל־הָאָרֶץ כְּבוֹדוֹ:
תרגום יונתן ישעיה ו וּמְקַבְּלִין דֵּין מִן דֵּין וְאָמְרִין,
קַדִּישׁ בִּשְׁמֵי מְרוֹמָא עִלָּאָה בֵּית שְׁכִינְתֵהּ
קַדִּישׁ עַל אַרְעָא עוֹבַד גְּבוּרְתֵהּ
קַדִּישׁ לְעָלַם וּלְעָלְמֵי עָלְמַיָּא, יהוה צְבָאוֹת
מַלְיָא כָל אַרְעָא זִיו יְקָרֵהּ.

יחזקאל ג ◂ וַתִּשָּׂאֵנִי רוּחַ, וָאֶשְׁמַע אַחֲרַי קוֹל רַעַשׁ גָּדוֹל ◂
בָּרוּךְ כְּבוֹד־יהוה מִמְּקוֹמוֹ:
תרגום יונתן יחזקאל ג וּנְטָלַתְנִי רוּחָא, וּשְׁמָעִית בַּתְרַי קָל זִיעַ סַגִּיא, דִּמְשַׁבְּחִין וְאָמְרִין
בְּרִיךְ יְקָרָא דַיהוה מֵאֲתַר בֵּית שְׁכִינְתֵהּ.

יהוה יִמְלֹךְ לְעֹלָם וָעֶד: שמות טו

יהוה מַלְכוּתֵהּ קָאֵם לְעָלַם וּלְעָלְמֵי עָלְמַיָּא. תרגום אונקלוס שמות טו

יהוה אֱלֹהֵי אַבְרָהָם יִצְחָק וְיִשְׂרָאֵל אֲבֹתֵינוּ, שָׁמְרָה־זֹּאת לְעוֹלָם דברי הימים א, כט
לְיֵצֶר מַחְשְׁבוֹת לְבַב עַמֶּךָ, וְהָכֵן לְבָבָם אֵלֶיךָ: וְהוּא רַחוּם יְכַפֵּר תהלים עח
עָוֹן וְלֹא־יַשְׁחִית, וְהִרְבָּה לְהָשִׁיב אַפּוֹ, וְלֹא־יָעִיר כָּל־חֲמָתוֹ:
כִּי־אַתָּה אֲדֹנָי טוֹב וְסַלָּח, וְרַב־חֶסֶד לְכָל־קֹרְאֶיךָ: צִדְקָתְךָ צֶדֶק תהלים פו תהלים קיט
לְעוֹלָם וְתוֹרָתְךָ אֱמֶת: תִּתֵּן אֱמֶת לְיַעֲקֹב, חֶסֶד לְאַבְרָהָם, אֲשֶׁר־ מיכה ז
נִשְׁבַּעְתָּ לַאֲבֹתֵינוּ מִימֵי קֶדֶם: בָּרוּךְ אֲדֹנָי יוֹם יוֹם יַעֲמָס־לָנוּ, תהלים סח
הָאֵל יְשׁוּעָתֵנוּ סֶלָה: יהוה צְבָאוֹת עִמָּנוּ, מִשְׂגָּב לָנוּ אֱלֹהֵי יַעֲקֹב תהלים מו
סֶלָה: יהוה צְבָאוֹת, אַשְׁרֵי אָדָם בֹּטֵחַ בָּךְ: יהוה הוֹשִׁיעָה, הַמֶּלֶךְ תהלים פד תהלים כ
יַעֲנֵנוּ בְיוֹם־קָרְאֵנוּ:

בָּרוּךְ הוּא אֱלֹהֵינוּ שֶׁבְּרָאָנוּ לִכְבוֹדוֹ, וְהִבְדִּילָנוּ מִן הַתּוֹעִים, וְנָתַן לָנוּ תּוֹרַת אֱמֶת, וְחַיֵּי עוֹלָם נָטַע בְּתוֹכֵנוּ. הוּא יִפְתַּח לִבֵּנוּ בְּתוֹרָתוֹ, וְיָשֵׂם בְּלִבֵּנוּ אַהֲבָתוֹ וְיִרְאָתוֹ וְלַעֲשׂוֹת רְצוֹנוֹ וּלְעָבְדוֹ בְּלֵבָב שָׁלֵם, לְמַעַן לֹא נִיגַע לָרִיק וְלֹא נֵלֵד לַבֶּהָלָה.

יְהִי רָצוֹן מִלְּפָנֶיךָ יהוה אֱלֹהֵינוּ וֵאלֹהֵי אֲבוֹתֵינוּ, שֶׁנִּשְׁמֹר חֻקֶּיךָ
בָּעוֹלָם הַזֶּה, וְנִזְכֶּה וְנִחְיֶה וְנִרְאֶה וְנִירַשׁ טוֹבָה וּבְרָכָה, לִשְׁנֵי
יְמוֹת הַמָּשִׁיחַ וּלְחַיֵּי הָעוֹלָם הַבָּא. לְמַעַן יְזַמֶּרְךָ כָבוֹד וְלֹא יִדֹּם, תהלים ל
יהוה אֱלֹהַי, לְעוֹלָם אוֹדֶךָּ: בָּרוּךְ הַגֶּבֶר אֲשֶׁר יִבְטַח בַּיהוה, וְהָיָה ירמיה יז
יהוה מִבְטַחוֹ: בִּטְחוּ בַיהוה עֲדֵי־עַד, כִּי בְּיָהּ יהוה צוּר עוֹלָמִים: ישעיה כו
› וְיִבְטְחוּ בְךָ יוֹדְעֵי שְׁמֶךָ, כִּי לֹא־עָזַבְתָּ דֹרְשֶׁיךָ, יהוה: יהוה חָפֵץ תהלים ט ישעיה מב
לְמַעַן צִדְקוֹ, יַגְדִּיל תּוֹרָה וְיַאְדִּיר:

חצי קדיש

ש״ץ: יִתְגַּדַּל וְיִתְקַדַּשׁ שְׁמֵהּ רַבָּא (קהל: אָמֵן)
בְּעָלְמָא דִּי בְרָא כִרְעוּתֵהּ
וְיַמְלִיךְ מַלְכוּתֵהּ
וְיַצְמַח פֻּרְקָנֵהּ וִיקָרֵב מְשִׁיחֵהּ (קהל: אָמֵן)
בְּחַיֵּיכוֹן וּבְיוֹמֵיכוֹן וּבְחַיֵּי דְכָל בֵּית יִשְׂרָאֵל
בַּעֲגָלָא וּבִזְמַן קָרִיב, וְאִמְרוּ אָמֵן. (קהל: אָמֵן)

קהל וש״ץ: יְהֵא שְׁמֵהּ רַבָּא מְבָרַךְ לְעָלַם וּלְעָלְמֵי עָלְמַיָּא.

ש״ץ: יִתְבָּרַךְ וְיִשְׁתַּבַּח וְיִתְפָּאַר וְיִתְרוֹמַם וְיִתְנַשֵּׂא
וְיִתְהַדָּר וְיִתְעַלֶּה וְיִתְהַלָּל
שְׁמֵהּ דְּקֻדְשָׁא בְּרִיךְ הוּא (קהל: אָמֵן)
לְעֵלָּא לְעֵלָּא מִכָּל בִּרְכָתָא וְשִׁירָתָא, תֻּשְׁבְּחָתָא וְנֶחֱמָתָא
דַּאֲמִירָן בְּעָלְמָא, וְאִמְרוּ אָמֵן. (קהל: אָמֵן)

עמידה

״המתפלל צריך שיכוון בלבו פירוש המלות שמוציא בשפתיו; ויחשוב כאלו שכינה כנגדו ויסיר כל המחשבות הטורדות אותו עד שתשאר מחשבתו וכוונתו זכה בתפלתו״ (שו״ע צח, א).

פוסע שלוש פסיעות לפנים כמי שנכנס לפני המלך.

עומד ומתפלל בלחש מכאן ועד ׳וּכְשָׁנִים קַדְמֹנִיּוֹת׳ בעמ׳ 432.

כורע במקומות המסומנים ב׳, קד לפנים במילה הבאה וזוקף בשם.

כִּי שֵׁם יהוה אֶקְרָא, הָבוּ גֹדֶל לֵאלֹהֵינוּ: דברים לב

אֲדֹנָי, שְׂפָתַי תִּפְתָּח, וּפִי יַגִּיד תְּהִלָּתֶךָ: תהלים נא

אבות

׳בָּרוּךְ אַתָּה יהוה, אֱלֹהֵינוּ וֵאלֹהֵי אֲבוֹתֵינוּ
אֱלֹהֵי אַבְרָהָם, אֱלֹהֵי יִצְחָק, וֵאלֹהֵי יַעֲקֹב
הָאֵל הַגָּדוֹל הַגִּבּוֹר וְהַנּוֹרָא, אֵל עֶלְיוֹן

גּוֹמֵל חֲסָדִים טוֹבִים, קוֹנֵה הַכֹּל
וְזוֹכֵר חַסְדֵי אָבוֹת
וּמֵבִיא גוֹאֵל לִבְנֵי בְנֵיהֶם, לְמַעַן שְׁמוֹ בְּאַהֲבָה.

זָכְרֵנוּ לְחַיִּים, מֶלֶךְ חָפֵץ בַּחַיִּים
וְחָתְמֵנוּ בְּסֵפֶר הַחַיִּים
לְמַעַנְךָ אֱלֹהִים חַיִּים.

מֶלֶךְ עוֹזֵר וּמוֹשִׁיעַ וּמָגֵן.
בָּרוּךְ אַתָּה יהוה, מָגֵן אַבְרָהָם.

אם שכח לומר ׳זָכְרֵנוּ לְחַיִּים׳, אינו חוזר,
וכן אם אמר ׳וְכָתְבֵנוּ׳ במקום ׳וְחָתְמֵנוּ׳, אינו חוזר.

גבורות

אַתָּה גִּבּוֹר לְעוֹלָם, אֲדֹנָי
מְחַיֵּה מֵתִים אַתָּה, רַב לְהוֹשִׁיעַ
בארץ ישראל: מוֹרִיד הַטָּל
מְכַלְכֵּל חַיִּים בְּחֶסֶד, מְחַיֵּה מֵתִים בְּרַחֲמִים רַבִּים
סוֹמֵךְ נוֹפְלִים, וְרוֹפֵא חוֹלִים, וּמַתִּיר אֲסוּרִים
וּמְקַיֵּם אֱמוּנָתוֹ לִישֵׁנֵי עָפָר.
מִי כָמְוֹךָ, בַּעַל גְּבוּרוֹת, וּמִי דּוֹמֶה לָּךְ
מֶלֶךְ, מֵמִית וּמְחַיֶּה וּמַצְמִיחַ יְשׁוּעָה.

מִי כָמְוֹךָ אָב הָרַחֲמָן
זוֹכֵר יְצוּרָיו לְחַיִּים בְּרַחֲמִים.

וְנֶאֱמָן אַתָּה לְהַחֲיוֹת מֵתִים.
בָּרוּךְ אַתָּה יהוה, מְחַיֵּה הַמֵּתִים.

אם שכח לומר ׳מִי כָמְוֹךָ אַב הָרַחֲמָן׳, אינו חוזר.

קדושת השם

אַתָּה קָדוֹשׁ וְשִׁמְךָ קָדוֹשׁ
וּקְדוֹשִׁים בְּכָל יוֹם יְהַלְלוּךָ סֶּלָה
כִּי אֵל מֶלֶךְ גָּדוֹל וְקָדוֹשׁ אָתָּה.

לְדוֹר וָדוֹר הַמְלִיכוּ לָאֵל, כִּי הוּא לְבַדּוֹ מָרוֹם וְקָדוֹשׁ.

וּבְכֵן יִתְקַדֵּשׁ שִׁמְךָ יהוה אֱלֹהֵינוּ עַל יִשְׂרָאֵל עַמֶּךָ
וְעַל יְרוּשָׁלַיִם עִירֶךָ
וְעַל צִיּוֹן מִשְׁכַּן כְּבוֹדֶךָ
וְעַל מַלְכוּת בֵּית דָּוִד מְשִׁיחֶךָ
וְעַל מְכוֹנְךָ וְהֵיכָלֶךָ.

וּבְכֵן תֵּן פַּחְדְּךָ יהוה אֱלֹהֵינוּ עַל כָּל מַעֲשֶׂיךָ
וְאֵימָתְךָ עַל כָּל מַה שֶּׁבָּרָאתָ
וְיִירָאוּךָ כָּל הַמַּעֲשִׂים, וְיִשְׁתַּחֲווּ לְפָנֶיךָ כָּל הַבְּרוּאִים
וְיֵעָשׂוּ כֻלָּם אֲגֻדָּה אֶחָת לַעֲשׂוֹת רְצוֹנְךָ בְּלֵבָב שָׁלֵם
כְּמוֹ שֶׁיָּדַעְנוּ יהוה אֱלֹהֵינוּ שֶׁהַשָּׁלְטָן לְפָנֶיךָ
עֹז בְּיָדְךָ וּגְבוּרָה בִּימִינֶךָ
וְשִׁמְךָ נוֹרָא עַל כָּל מַה שֶּׁבָּרָאתָ.

וּבְכֵן תֵּן כָּבוֹד יהוה לְעַמֶּךָ
תְּהִלָּה לִירֵאֶיךָ וְתִקְוָה טוֹבָה לְדוֹרְשֶׁיךָ
וּפִתְחוֹן פֶּה לַמְיַחֲלִים לָךְ
שִׂמְחָה לְאַרְצֶךָ, וְשָׂשׂוֹן לְעִירֶךָ
וּצְמִיחַת קֶרֶן לְדָוִד עַבְדֶּךָ
וַעֲרִיכַת נֵר לְבֶן יִשַׁי מְשִׁיחֶךָ בִּמְהֵרָה בְיָמֵינוּ.

וּבְכֵן צַדִּיקִים יִרְאוּ וְיִשְׂמָחוּ, וִישָׁרִים יַעֲלֹזוּ
וַחֲסִידִים בְּרִנָּה יָגִילוּ, וְעוֹלָתָה תִּקְפָּץ פִּיהָ
וְכָל הָרִשְׁעָה כֻּלָּהּ כְּעָשָׁן תִּכְלֶה
כִּי תַעֲבִיר מֶמְשֶׁלֶת זָדוֹן מִן הָאָרֶץ.

וְתִמְלֹךְ אַתָּה הוּא יהוה אֱלֹהֵינוּ
מְהֵרָה לְבַדֶּךָ עַל כָּל מַעֲשֶׂיךָ
בְּהַר צִיּוֹן מִשְׁכַּן כְּבוֹדֶךָ
וּבִירוּשָׁלַיִם עִיר קָדְשֶׁךָ
כַּכָּתוּב בְּדִבְרֵי קָדְשֶׁךָ
יִמְלֹךְ יהוה לְעוֹלָם, אֱלֹהַיִךְ צִיּוֹן לְדֹר וָדֹר, הַלְלוּיָהּ: תהלים קמו

קָדוֹשׁ אַתָּה וְנוֹרָא שְׁמֶךָ
וְאֵין אֱלוֹהַּ מִבַּלְעָדֶיךָ
כַּכָּתוּב, וַיִּגְבַּהּ יהוה צְבָאוֹת בַּמִּשְׁפָּט ישעיה ה
וְהָאֵל הַקָּדוֹשׁ נִקְדַּשׁ בִּצְדָקָה:
בָּרוּךְ אַתָּה יהוה, הַמֶּלֶךְ הַקָּדוֹשׁ.

אם שכח לומר את הפיסקאות המתחילות 'לְדוֹר וָדוֹר', אינו חוזר,
אך אם חתם 'הָאֵל הַקָּדוֹשׁ' כברוב ימות השנה, חוזר לראש.

קדושת היום

אַתָּה בְחַרְתָּנוּ מִכָּל הָעַמִּים
אָהַבְתָּ אוֹתָנוּ וְרָצִיתָ בָּנוּ
וְרוֹמַמְתָּנוּ מִכָּל הַלְּשׁוֹנוֹת
וְקִדַּשְׁתָּנוּ בְּמִצְוֹתֶיךָ
וְקֵרַבְתָּנוּ מַלְכֵּנוּ לַעֲבוֹדָתֶךָ
וְשִׁמְךָ הַגָּדוֹל וְהַקָּדוֹשׁ עָלֵינוּ קָרָאתָ.

בשבת מוסיפים את המילים שבסוגריים.

וַתִּתֶּן לָנוּ יהוה אֱלֹהֵינוּ בְּאַהֲבָה אֶת יוֹם
(הַשַּׁבָּת הַזֶּה לִקְדֻשָּׁה וְלִמְנוּחָה, וְאֶת יוֹם)
הַכִּפּוּרִים הַזֶּה, לִמְחִילָה וְלִסְלִיחָה וּלְכַפָּרָה
וְלִמְחָל בּוֹ אֶת כָּל עֲוֹנוֹתֵינוּ
(בְּאַהֲבָה) מִקְרָא קֹדֶשׁ, זֵכֶר לִיצִיאַת מִצְרָיִם.

אֱלֹהֵינוּ וֵאלֹהֵי אֲבוֹתֵינוּ
יַעֲלֶה וְיָבוֹא וְיַגִּיעַ, וְיֵרָאֶה וְיֵרָצֶה וְיִשָּׁמַע
וְיִפָּקֵד וְיִזָּכֵר זִכְרוֹנֵנוּ וּפִקְדוֹנֵנוּ
וְזִכְרוֹן אֲבוֹתֵינוּ
וְזִכְרוֹן מָשִׁיחַ בֶּן דָּוִד עַבְדֶּךָ
וְזִכְרוֹן יְרוּשָׁלַיִם עִיר קָדְשֶׁךָ
וְזִכְרוֹן כָּל עַמְּךָ בֵּית יִשְׂרָאֵל, לְפָנֶיךָ, לִפְלֵיטָה לְטוֹבָה
לְחֵן וּלְחֶסֶד וּלְרַחֲמִים
לְחַיִּים וּלְשָׁלוֹם
בְּיוֹם הַכִּפּוּרִים הַזֶּה.
זָכְרֵנוּ יהוה אֱלֹהֵינוּ בּוֹ לְטוֹבָה
וּפָקְדֵנוּ בוֹ לִבְרָכָה
וְהוֹשִׁיעֵנוּ בוֹ לְחַיִּים טוֹבִים.
וּבִדְבַר יְשׁוּעָה וְרַחֲמִים
חוּס וְחָנֵּנוּ וְרַחֵם עָלֵינוּ וְהוֹשִׁיעֵנוּ
כִּי אֵלֶיךָ עֵינֵינוּ
כִּי אֵל מֶלֶךְ חַנּוּן וְרַחוּם אָתָּה.

אֱלֹהֵינוּ וֵאלֹהֵי אֲבוֹתֵינוּ
מְחַל לַעֲוֹנוֹתֵינוּ בְּיוֹם (הַשַּׁבָּת הַזֶּה וּבְיוֹם) הַכִּפּוּרִים הַזֶּה
מְחֵה וְהַעֲבֵר פְּשָׁעֵינוּ וְחַטֹּאתֵינוּ מִנֶּגֶד עֵינֶיךָ
כָּאָמוּר
אָנֹכִי אָנֹכִי הוּא מֹחֶה פְשָׁעֶיךָ לְמַעֲנִי ישעיה מג
וְחַטֹּאתֶיךָ לֹא אֶזְכֹּר:
וְנֶאֱמַר
מָחִיתִי כָעָב פְּשָׁעֶיךָ וְכֶעָנָן חַטֹּאותֶיךָ ישעיה מד
שׁוּבָה אֵלַי כִּי גְאַלְתִּיךָ:
וְנֶאֱמַר
כִּי־בַיּוֹם הַזֶּה יְכַפֵּר עֲלֵיכֶם לְטַהֵר אֶתְכֶם ויקרא טז
מִכֹּל חַטֹּאתֵיכֶם לִפְנֵי יהוה תִּטְהָרוּ:

(אֱלֹהֵינוּ וֵאלֹהֵי אֲבוֹתֵינוּ, רְצֵה נָא בִמְנוּחָתֵנוּ)
קַדְּשֵׁנוּ בְּמִצְוֹתֶיךָ וְתֵן חֶלְקֵנוּ בְּתוֹרָתֶךָ
שַׂבְּעֵנוּ מִטּוּבֶךָ, וְשַׂמַּח נַפְשֵׁנוּ בִּישׁוּעָתֶךָ
(וְהַנְחִילֵנוּ יהוה אֱלֹהֵינוּ בְּאַהֲבָה וּבְרָצוֹן שַׁבַּת קָדְשֶׁךָ
וְיָנוּחוּ בָם כָּל יִשְׂרָאֵל מְקַדְּשֵׁי שְׁמֶךָ)
וְטַהֵר לִבֵּנוּ לְעָבְדְּךָ בֶּאֱמֶת.
כִּי אַתָּה סָלְחָן לְיִשְׂרָאֵל וּמָחֳלָן לְשִׁבְטֵי יְשֻׁרוּן בְּכָל דּוֹר וָדוֹר
וּמִבַּלְעָדֶיךָ אֵין לָנוּ מֶלֶךְ מוֹחֵל וְסוֹלֵחַ אֶלָּא אָתָּה.
בָּרוּךְ אַתָּה יהוה
מֶלֶךְ מוֹחֵל וְסוֹלֵחַ לַעֲוֹנוֹתֵינוּ, וְלַעֲוֹנוֹת עַמּוֹ בֵּית יִשְׂרָאֵל
וּמַעֲבִיר אַשְׁמוֹתֵינוּ בְּכָל שָׁנָה וְשָׁנָה
מֶלֶךְ עַל כָּל הָאָרֶץ, מְקַדֵּשׁ (הַשַּׁבָּת וְ)יִשְׂרָאֵל וְיוֹם הַכִּפּוּרִים.

עבודה

רְצֵה יהוה אֱלֹהֵינוּ בְּעַמְּךָ יִשְׂרָאֵל, וְלִתְפִלָּתָם שְׁעֵה
וְהָשֵׁב אֶת הָעֲבוֹדָה לִדְבִיר בֵּיתֶךָ
וְאִשֵּׁי יִשְׂרָאֵל וּתְפִלָּתָם, מְהֵרָה בְּאַהֲבָה תְקַבֵּל בְּרָצוֹן
וּתְהִי לְרָצוֹן תָּמִיד עֲבוֹדַת יִשְׂרָאֵל עַמֶּךָ.
וְתֶחֱזֶינָה עֵינֵינוּ בְּשׁוּבְךָ לְצִיּוֹן בְּרַחֲמִים.
בָּרוּךְ אַתָּה יהוה, הַמַּחֲזִיר שְׁכִינָתוֹ לְצִיּוֹן.

הודאה

כורע ב׳מוֹדִים׳ ואינו זוקף עד אמירת השם (סידור השל״ה).

ׂמוֹדִים אֲנַחְנוּ לָךְ
שָׁאַתָּה הוּא יהוה אֱלֹהֵינוּ וֵאלֹהֵי אֲבוֹתֵינוּ לְעוֹלָם וָעֶד.
צוּר חַיֵּינוּ, מָגֵן יִשְׁעֵנוּ אַתָּה הוּא לְדוֹר וָדוֹר.
נוֹדֶה לְּךָ וּנְסַפֵּר תְּהִלָּתֶךָ
עַל חַיֵּינוּ הַמְּסוּרִים בְּיָדֶךָ
וְעַל נִשְׁמוֹתֵינוּ הַפְּקוּדוֹת לָךְ
וְעַל נִסֶּיךָ שֶׁבְּכָל יוֹם עִמָּנוּ
וְעַל נִפְלְאוֹתֶיךָ וְטוֹבוֹתֶיךָ
שֶׁבְּכָל עֵת, עֶרֶב וָבֹקֶר וְצָהֳרָיִם.
הַטּוֹב, כִּי לֹא כָלוּ רַחֲמֶיךָ
וְהַמְרַחֵם, כִּי לֹא תַמּוּ חֲסָדֶיךָ
כִּי מֵעוֹלָם קִוִּינוּ לָךְ.
וְעַל כֻּלָּם יִתְבָּרַךְ וְיִתְרוֹמַם וְיִתְנַשֵּׂא שִׁמְךָ מַלְכֵּנוּ
תָּמִיד לְעוֹלָם וָעֶד.

וּכְתֹב לְחַיִּים טוֹבִים כָּל בְּנֵי בְרִיתֶךָ.

וְכֹל הַחַיִּים יוֹדְוּךָ סֶּלָה
וִיהַלְלוּ וִיבָרְכוּ אֶת שִׁמְךָ הַגָּדוֹל בֶּאֱמֶת לְעוֹלָם כִּי טוֹב
הָאֵל יְשׁוּעָתֵנוּ וְעֶזְרָתֵנוּ סֶלָה, הָאֵל הַטּוֹב.
׳בָּרוּךְ אַתָּה יהוה, הַטּוֹב שִׁמְךָ וּלְךָ נָאֶה לְהוֹדוֹת.

אם שכח לומר ׳וַחֲתֹם לְחַיִּים טוֹבִים׳, אינו חוזר,
וכן אם אמר ׳וּכְתֹב׳ במקום ׳וַחֲתֹם׳, אינו חוזר.

שלום

שִׂים שָׁלוֹם טוֹבָה וּבְרָכָה, חַיִּים חֵן וָחֶסֶד וְרַחֲמִים
עָלֵינוּ וְעַל כָּל יִשְׂרָאֵל עַמֶּךָ.
בָּרְכֵנוּ אָבִינוּ כֻּלָּנוּ כְּאֶחָד בְּאוֹר פָּנֶיךָ
כִּי בְאוֹר פָּנֶיךָ נָתַתָּ לָּנוּ יהוה אֱלֹהֵינוּ
תּוֹרַת חַיִּים וְאַהֲבַת חֶסֶד
וּצְדָקָה וּבְרָכָה וְרַחֲמִים וְחַיִּים וְשָׁלוֹם.
וְטוֹב יִהְיֶה בְּעֵינֶיךָ לְבָרְכֵנוּ וּלְבָרֵךְ אֶת כָּל עַמְּךָ יִשְׂרָאֵל
בְּכָל עֵת וּבְכָל שָׁעָה בִּשְׁלוֹמֶךָ.

בְּסֵפֶר חַיִּים, בְּרָכָה וְשָׁלוֹם, וּפַרְנָסָה טוֹבָה
וּגְזֵרוֹת טוֹבוֹת, יְשׁוּעוֹת וְנֶחָמוֹת
נִזָּכֵר וְנֵחָתֵם לְפָנֶיךָ, אֲנַחְנוּ וְכָל עַמְּךָ בֵּית יִשְׂרָאֵל
לְחַיִּים טוֹבִים וּלְשָׁלוֹם.
בָּרוּךְ אַתָּה יהוה, הַמְבָרֵךְ אֶת עַמּוֹ יִשְׂרָאֵל בַּשָּׁלוֹם.

אם שכח לומר ׳בְּסֵפֶר חַיִּים׳, אינו חוזר,
וכן אם אמר ׳וְנִכָּתֵב׳ במקום ׳וְנֵחָתֵם׳, אינו חוזר.

יש מוסיפים:

יִהְיוּ לְרָצוֹן אִמְרֵי־פִי וְהֶגְיוֹן לִבִּי לְפָנֶיךָ, יהוה צוּרִי וְגֹאֲלִי: תהלים יט

אֱלֹהֵינוּ וֵאלֹהֵי אֲבוֹתֵינוּ
תָּבוֹא לְפָנֶיךָ תְּפִלָּתֵנוּ, וְאַל תִּתְעַלַּם מִתְּחִנָּתֵנוּ.
שֶׁאֵין אֲנוּ עַזֵּי פָנִים וּקְשֵׁי עֹרֶף לוֹמַר לְפָנֶיךָ
יהוה אֱלֹהֵינוּ וֵאלֹהֵי אֲבוֹתֵינוּ
צַדִּיקִים אֲנַחְנוּ וְלֹא חָטָאנוּ.
אֲבָל אֲנַחְנוּ וַאֲבוֹתֵינוּ חָטָאנוּ.

כשמתוודה, מכה באגרופו על החזה כנגד הלב
(מג״א תרז, ג, בשם מדרש קהלת).

אָשַׁמְנוּ, בָּגַדְנוּ, גָּזַלְנוּ, דִּבַּרְנוּ דֹפִי
הֶעֱוִינוּ, וְהִרְשַׁעְנוּ, זַדְנוּ, חָמַסְנוּ, טָפַלְנוּ שֶׁקֶר
יָעַצְנוּ רָע, כִּזַּבְנוּ, לַצְנוּ, מָרַדְנוּ, נִאַצְנוּ, סָרַרְנוּ
עָוִינוּ, פָּשַׁעְנוּ, צָרַרְנוּ, קִשִּׁינוּ עֹרֶף
רָשַׁעְנוּ, שִׁחַתְנוּ, תִּעַבְנוּ, תָּעִינוּ, תִּעְתָּעְנוּ.

סַרְנוּ מִמִּצְוֹתֶיךָ וּמִמִּשְׁפָּטֶיךָ הַטּוֹבִים, וְלֹא שָׁוָה לָנוּ.
וְאַתָּה צַדִּיק עַל כָּל־הַבָּא עָלֵינוּ כִּי־אֱמֶת עָשִׂיתָ נחמיה ט
וַאֲנַחְנוּ הִרְשָׁעְנוּ:

מַה נֹּאמַר לְפָנֶיךָ יוֹשֵׁב מָרוֹם,
וּמַה נְּסַפֵּר לְפָנֶיךָ שׁוֹכֵן שְׁחָקִים
הֲלֹא כָּל הַנִּסְתָּרוֹת וְהַנִּגְלוֹת אַתָּה יוֹדֵעַ.

״נעילה היא תפילה יתירה, ר״ל אינה כשאר תפילות...
אלא שנהגו לשנות הנוסח מעט, מ׳אַתָּה יוֹדֵעַ רָזֵי עוֹלָם׳
ואילך ל׳אַתָּה נוֹתֵן יָד לְפוֹשְׁעִים׳״ (מאירי, יומא פו ע״ב).

אַתָּה נוֹתֵן יָד לְפוֹשְׁעִים, וִימִינְךָ פְשׁוּטָה לְקַבֵּל שָׁבִים
וַתְּלַמְּדֵנוּ יהוה אֱלֹהֵינוּ לְהִתְוַדּוֹת לְפָנֶיךָ עַל כָּל עֲוֹנוֹתֵינוּ
לְמַעַן נֶחְדַּל מֵעֹשֶׁק יָדֵינוּ

וּתְקַבְּלֵנוּ בִּתְשׁוּבָה שְׁלֵמָה לְפָנֶיךָ כְּאִשִּׁים וּכְנִיחוֹחִים
לְמַעַן דְּבָרֶיךָ אֲשֶׁר אָמָרְתָּ.
אֵין קֵץ לְאִשֵּׁי חוֹבוֹתֵינוּ, וְאֵין מִסְפָּר לְנִיחוֹחֵי אַשְׁמוֹתֵינוּ
וְאַתָּה יוֹדֵעַ שֶׁאַחֲרִיתֵנוּ רִמָּה וְתוֹלֵעָה
לְפִיכָךְ הִרְבֵּיתָ סְלִיחָתֵנוּ.

מָה אָנוּ, מֶה חַיֵּינוּ, מֶה חַסְדֵּנוּ, מַה צִּדְקוֹתֵינוּ
מַה יְשׁוּעָתֵנוּ, מַה כֹּחֵנוּ, מַה גְּבוּרָתֵנוּ
מַה נֹּאמַר לְפָנֶיךָ, יהוה אֱלֹהֵינוּ וֵאלֹהֵי אֲבוֹתֵינוּ
הֲלֹא כָּל הַגִּבּוֹרִים כְּאַיִן לְפָנֶיךָ
וְאַנְשֵׁי הַשֵּׁם כְּלֹא הָיוּ
וַחֲכָמִים כִּבְלִי מַדָּע
וּנְבוֹנִים כִּבְלִי הַשְׂכֵּל
כִּי רֹב מַעֲשֵׂיהֶם תֹּהוּ
וִימֵי חַיֵּיהֶם הֶבֶל לְפָנֶיךָ
וּמוֹתַר הָאָדָם מִן־הַבְּהֵמָה אָיִן קהלת ג
כִּי הַכֹּל הָבֶל:

אַתָּה הִבְדַּלְתָּ אֱנוֹשׁ מֵרֹאשׁ
וַתַּכִּירֵהוּ לַעֲמֹד לְפָנֶיךָ.
כִּי מִי יֹאמַר לְךָ מַה תִּפְעָל
וְאִם יִצְדַּק מַה יִּתֶּן לָךְ.

וַתִּתֶּן לָנוּ יהוה אֱלֹהֵינוּ בְּאַהֲבָה אֶת יוֹם צוֹם הַכִּפּוּרִים הַזֶּה
קֵץ וּמְחִילָה וּסְלִיחָה עַל כָּל עֲוֹנוֹתֵינוּ
לְמַעַן נֶחְדַּל מֵעֹשֶׁק יָדֵינוּ
וְנָשׁוּב אֵלֶיךָ לַעֲשׂוֹת חֻקֵּי רְצוֹנְךָ בְּלֵבָב שָׁלֵם.

וְאַתָּה בְּרַחֲמֶיךָ הָרַבִּים רַחֵם עָלֵינוּ
כִּי לֹא תַחְפֹּץ בְּהַשְׁחָתַת עוֹלָם
שֶׁנֶּאֱמַר
ישעיה נה דִּרְשׁוּ יהוה בְּהִמָּצְאוֹ
קְרָאֻהוּ בִּהְיוֹתוֹ קָרוֹב:
וְנֶאֱמַר
ישעיה נה יַעֲזֹב רָשָׁע דַּרְכּוֹ, וְאִישׁ אָוֶן מַחְשְׁבֹתָיו
וְיָשֹׁב אֶל־יהוה וִירַחֲמֵהוּ
וְאֶל־אֱלֹהֵינוּ כִּי־יַרְבֶּה לִסְלוֹחַ:
וְאַתָּה אֱלוֹהַּ סְלִיחוֹת, חַנּוּן וְרַחוּם
אֶרֶךְ אַפַּיִם וְרַב חֶסֶד וֶאֱמֶת, וּמַרְבֶּה לְהֵיטִיב
וְרוֹצֶה אַתָּה בִּתְשׁוּבַת רְשָׁעִים
וְאֵין אַתָּה חָפֵץ בְּמִיתָתָם
שֶׁנֶּאֱמַר
יחזקאל לג אֱמֹר אֲלֵיהֶם, חַי־אָנִי נְאֻם אֲדֹנָי יֱהֹוִה
אִם־אֶחְפֹּץ בְּמוֹת הָרָשָׁע
כִּי אִם־בְּשׁוּב רָשָׁע מִדַּרְכּוֹ, וְחָיָה
שׁוּבוּ שׁוּבוּ מִדַּרְכֵיכֶם הָרָעִים
וְלָמָּה תָמוּתוּ בֵּית יִשְׂרָאֵל:
וְנֶאֱמַר
יחזקאל יח הֶחָפֹץ אֶחְפֹּץ מוֹת רָשָׁע
נְאֻם אֲדֹנָי יֱהֹוִה
הֲלוֹא בְּשׁוּבוֹ מִדְּרָכָיו וְחָיָה:
וְנֶאֱמַר
יחזקאל יח כִּי לֹא אֶחְפֹּץ בְּמוֹת הַמֵּת
נְאֻם אֲדֹנָי יֱהֹוִה
וְהָשִׁיבוּ וִחְיוּ:

כִּי אַתָּה סָלְחָן לְיִשְׂרָאֵל וּמָחֳלָן לְשִׁבְטֵי יְשֻׁרוּן בְּכָל דּוֹר וָדוֹר
וּמִבַּלְעָדֶיךָ אֵין לָנוּ מֶלֶךְ מוֹחֵל וְסוֹלֵחַ אֶלָּא אָתָּה.

אֱלֹהַי
עַד שֶׁלֹּא נוֹצַרְתִּי אֵינִי כְדַאי
וְעַכְשָׁיו שֶׁנּוֹצַרְתִּי, כְּאִלּוּ לֹא נוֹצַרְתִּי
עָפָר אֲנִי בְּחַיָּי, קַל וָחֹמֶר בְּמִיתָתִי.
הֲרֵי אֲנִי לְפָנֶיךָ כִּכְלִי מָלֵא בוּשָׁה וּכְלִמָּה.
יְהִי רָצוֹן מִלְּפָנֶיךָ, יהוה אֱלֹהַי וֵאלֹהֵי אֲבוֹתַי
שֶׁלֹּא אֶחֱטָא עוֹד.
וּמַה שֶּׁחָטָאתִי לְפָנֶיךָ, מְחֹק בְּרַחֲמֶיךָ הָרַבִּים
אֲבָל לֹא עַל יְדֵי יִסּוּרִים וָחֳלָיִם רָעִים.

אֱלֹהַי ברכות יז.
נְצֹר לְשׁוֹנִי מֵרָע וּשְׂפָתַי מִדַּבֵּר מִרְמָה
וְלִמְקַלְלַי נַפְשִׁי תִדֹּם, וְנַפְשִׁי כֶּעָפָר לַכֹּל תִּהְיֶה.
פְּתַח לִבִּי בְּתוֹרָתֶךָ, וְאַחֲרֵי מִצְוֹתֶיךָ תִּרְדֹּף נַפְשִׁי.
וְכָל הַקָּמִים וְהַחוֹשְׁבִים עָלַי רָעָה
מְהֵרָה הָפֵר עֲצָתָם וְקַלְקֵל מַחֲשַׁבְתָּם.

יש המוסיפים תחינה זו (קיצור של״ה, ׳אור הישר׳):
יְהִי רָצוֹן מִלְּפָנֶיךָ, יהוה אֱלֹהַי וֵאלֹהֵי אֲבוֹתַי
שֶׁלֹּא תַעֲלֶה קִנְאַת אָדָם עָלַי, וְלֹא קִנְאָתִי עַל אֲחֵרִים
וְשֶׁלֹּא אֶכְעֹס הַיּוֹם, וְשֶׁלֹּא אַכְעִיסֶךָ
וְתַצִּילֵנִי מִיֵּצֶר הָרָע, וְתֵן בְּלִבִּי הַכְנָעָה וַעֲנָוָה.
מַלְכֵּנוּ וֵאלֹהֵינוּ, יַחֵד שִׁמְךָ בְּעוֹלָמֶךָ
בְּנֵה עִירָךְ, יַסֵּד בֵּיתָךְ וְשַׁכְלֵל הֵיכָלָךְ
וְקַבֵּץ קִבּוּץ גָּלֻיּוֹת, וּפְדֵה צֹאנָךְ וְשַׂמַּח עֲדָתָךְ.

עֲשֵׂה לְמַעַן שְׁמֶךָ, עֲשֵׂה לְמַעַן יְמִינֶךָ
עֲשֵׂה לְמַעַן תּוֹרָתֶךָ, עֲשֵׂה לְמַעַן קְדֻשָּׁתֶךָ.

תהלים ס לְמַעַן יֵחָלְצוּן יְדִידֶיךָ, הוֹשִׁיעָה יְמִינְךָ וַעֲנֵנִי:

תהלים יט יִהְיוּ לְרָצוֹן אִמְרֵי פִי וְהֶגְיוֹן לִבִּי לְפָנֶיךָ, יהוה צוּרִי וְגֹאֲלִי:

כורע ופוסע שלוש פסיעות לאחור. קד לשמאל, לימין ולפנים באמירת:

עֹשֶׂה הַשָּׁלוֹם בִּמְרוֹמָיו
הוּא יַעֲשֶׂה שָׁלוֹם, עָלֵינוּ וְעַל כָּל יִשְׂרָאֵל
וְאִמְרוּ אָמֵן.

יְהִי רָצוֹן מִלְּפָנֶיךָ יהוה אֱלֹהֵינוּ וֵאלֹהֵי אֲבוֹתֵינוּ
שֶׁיִּבָּנֶה בֵּית הַמִּקְדָּשׁ בִּמְהֵרָה בְיָמֵינוּ
וְתֵן חֶלְקֵנוּ בְּתוֹרָתֶךָ
וְשָׁם נַעֲבָדְךָ בְּיִרְאָה כִּימֵי עוֹלָם וּכְשָׁנִים קַדְמֹנִיּוֹת.

מלאכי ג וְעָרְבָה לַיהוה מִנְחַת יְהוּדָה וִירוּשָׁלָםִ כִּימֵי עוֹלָם וּכְשָׁנִים קַדְמֹנִיּוֹת:

חזרת הש"ץ לנעילה

"ותכלית יום הכיפורים הוא תפילת נעילה, ואז [הוא נקרא] 'יום הכיפורים',
כי יום כיפורים מכפר בסופו.
ושם קבעו אנשי כנסת הגדולה לומר בנוסח התפילה:
'וַתִּתֶּן לָנוּ ה' אֱלֹהֵינוּ בְּאַהֲבָה אֶת יוֹם צוֹם הַכִּפּוּרִים הַזֶּה,
קֵץ וּמְחִילָה וּסְלִיחָה עַל כָּל עֲוֹנוֹתֵינוּ, לְמַעַן נֶחְדַּל מֵעֹשֶׁק יָדֵינוּ'"
(של"ה חולין, נר מצווה נד).

פותחים את ארון הקודש.

שליח הציבור פוסע שלוש פסיעות לפנים כמי שנכנס לפני המלך.
כורע במקומות המסומנים ב', קד לפנים במילה הבאה וזוקף בשם.

יש אומרים בלחש: **כִּי שֵׁם יהוה אֶקְרָא, הָבוּ גֹדֶל לֵאלֹהֵינוּ:** דברים לב

אֲדֹנָי, שְׂפָתַי תִּפְתָּח, וּפִי יַגִּיד תְּהִלָּתֶךָ: תהלים נא

אבות

'בָּרוּךְ אַתָּה יהוה, אֱלֹהֵינוּ וֵאלֹהֵי אֲבוֹתֵינוּ
אֱלֹהֵי אַבְרָהָם, אֱלֹהֵי יִצְחָק, וֵאלֹהֵי יַעֲקֹב
הָאֵל הַגָּדוֹל הַגִּבּוֹר וְהַנּוֹרָא, אֵל עֶלְיוֹן
גּוֹמֵל חֲסָדִים טוֹבִים, קוֹנֵה הַכֹּל
וְזוֹכֵר חַסְדֵי אָבוֹת
וּמֵבִיא גוֹאֵל לִבְנֵי בְנֵיהֶם, לְמַעַן שְׁמוֹ בְּאַהֲבָה.

לפני ה'קרובה' של מנחה אין אומרים פיוט 'רשות' ארוך.
שליח הציבור אומר 'מִסּוֹד חֲכָמִים וּנְבוֹנִים' וממשיך 'אָב יְדָעֲךָ מִנֹּעַר'.

מִסּוֹד חֲכָמִים וּנְבוֹנִים
וּמִלֶּמֶד דַּעַת מְבִינִים
אֶפְתְּחָה פִּי בִּתְפִלָּה וּבְתַחֲנוּנִים
לְחַלּוֹת וּלְחַנֵּן פְּנֵי מֶלֶךְ מוֹחֵל וְסוֹלֵחַ לַעֲוֹנִים.

את פיוטי ה׳מגן׳, ׳מחיה׳ ו׳משלש׳ לתפילת נעילה של יום הכיפורים חיבר ר׳ אלעזר הקליר. למעשה, מדובר בפיוט אחד המסודר על סדר הא״ב, ועוסק בתפילתם של שלושת האבות. בפיוט בקשה שכשם שתפילותיהם נענו, כן יעלו תפילותינו לרצון לפני ה׳.

מאחר שהפיוטים קצרים ובגלל מבנה האמירה הנהוג בהם, הקהל אומר שורה אחת, ושליח הציבור אומר בקול את השורה הבאה, המסומנות ב-› (השווה ל׳מגן׳ הארוך ׳אֹמֶץ אַמִּצְתָּ עָשׂוֹר׳ בעמ׳ 202). יש קהילות שבהן אין אומרים את ה׳קרובה׳ וממשיכים ׳זָכְרֵנוּ לְחַיִּים׳ למטה.

מגן – סימן א״ב

אָב יְדָעֲךָ מִנֹּעַר / בְּחַנְתּוֹ בְּעֶשֶׂר, בַּל עֲבוֹר בְּרֹאשׁ תַּעַר

› גָּשׁ לְחַלּוֹתְךָ כְּנַעַר וְלֹא כְבַעַר / דְּגָלָיו לָבֹא בְּזֶה הַשַּׁעַר.

אֱמוּנִים גָּשׁוּ לְנַצְּחָךְ אָיֹם / נֶצַח כָּל הַיּוֹם

› עֲבוּר כִּי פָנָה יוֹם / גּוֹנְנֵנוּ בְּצֶדֶק יוֹשֵׁב כְּחֹם הַיּוֹם.

יש נוהגים שהקהל אומר בקול, ושליח הציבור חוזר אחריו:

זָכְרֵנוּ לְחַיִּים, מֶלֶךְ חָפֵץ בַּחַיִּים
וְחָתְמֵנוּ בְּסֵפֶר הַחַיִּים, לְמַעַנְךָ אֱלֹהִים חַיִּים.

שליח הציבור ממשיך:

מֶלֶךְ עוֹזֵר וּמוֹשִׁיעַ וּמָגֵן.
בָּרוּךְ אַתָּה יהוה, מָגֵן אַבְרָהָם.

גבורות

אַתָּה גִּבּוֹר לְעוֹלָם, אֲדֹנָי
מְחַיֵּה מֵתִים אַתָּה, רַב לְהוֹשִׁיעַ
בארץ ישראל: מוֹרִיד הַטָּל
מְכַלְכֵּל חַיִּים בְּחֶסֶד
מְחַיֵּה מֵתִים בְּרַחֲמִים רַבִּים
סוֹמֵךְ נוֹפְלִים, וְרוֹפֵא חוֹלִים, וּמַתִּיר אֲסוּרִים
וּמְקַיֵּם אֱמוּנָתוֹ לִישֵׁנֵי עָפָר.
מִי כָמוֹךָ, בַּעַל גְּבוּרוֹת, וּמִי דּוֹמֶה לָּךְ
מֶלֶךְ, מֵמִית וּמְחַיֶּה וּמַצְמִיחַ יְשׁוּעָה.

בקהילות שבהן אין נוהגים לומר ׳קרובה׳, ממשיכים ׳מִי כָמְוֹךָ אַב הָרַחֲמָן׳ למטה.

מחיה

הַנִּקְרָא לְאָב זֶרַע / וְנִפְנָה לָסוּר מִמּוֹקְשֵׁי רַע

◂ זָעַק וְחִנֵּן, וְשִׂיחָה לֹא גָרַע / חִסֵּן בְּרָכָה בַּאֲשֶׁר זָרַע.

יָהּ שִׁמְךָ בָּנוּ יֶעֱרַב / וְיֶשְׁעֲךָ לָנוּ תְּקָרֵב

◂ גְּאַל נָא מִקֶּרֶב / הַחֲיֵינוּ בְּטַל, כְּשָׁח לִפְנוֹת עָרֶב.

יש נוהגים שהקהל אומר בקול, ושליח הציבור חוזר אחריו:

מִי כָמְוֹךָ אַב הָרַחֲמָן
זוֹכֵר יְצוּרָיו לְחַיִּים בְּרַחֲמִים.

שליח הציבור ממשיך:

וְנֶאֱמָן אַתָּה לְהַחֲיוֹת מֵתִים.
בָּרוּךְ אַתָּה יהוה, מְחַיֵּה הַמֵּתִים.

בקהילות שבהן אין נוהגים לומר ׳קרובה׳, ממשיכים ׳יִמְלֹךְ ה׳ לְעוֹלָם׳ למטה.

משלש

טֶבַע זִיו תָּאֳרָה / יָהּ חֲקָקוֹ בְּכֵס יְקָרָה

◂ כְּשָׁר תָּם מְקוֹם מַה נּוֹרָא / לְעֵת קָץ חָז וַיִּירָא.

שליח הציבור והקהל אומרים חרוז חרוז:

יִמְלֹךְ יהוה לְעוֹלָם תהלים קמו
אֱלֹהַיִךְ צִיּוֹן לְדֹר וָדֹר, הַלְלוּיָהּ:

וְאַתָּה קָדוֹשׁ, יוֹשֵׁב תְּהִלּוֹת יִשְׂרָאֵל:
אֵל נָא.

שְׁמַע נָא, סְלַח נָא הַיּוֹם
עֲבוּר כִּי פָנָה יוֹם
וּנְהַלֶּלְךָ נוֹרָא וְאָיֹם
קָדוֹשׁ.

שליח הציבור ממשיך:

וּבְכֵן לְךָ תַעֲלֶה קְדֻשָּׁה
כִּי אַתָּה אֱלֹהֵינוּ מֶלֶךְ מוֹחֵל וְסוֹלֵחַ.

׳וְהַשַּׁעַר לֹא־יִסָּגֵר עַד־הָעָרֶב׳ (יחזקאל מו, ב).

בניגוד לתפילות שחרית ומנחה בקהילות רבות נוהגים לומר את ה׳סילוק׳ לנעילה.
ויש שאין אומרים אותו, ומתחילים את הקדושה בתיבת ׳נַעֲרִיצְךָ׳ (למטה).
גם הנוהגים לומר אותו, אומרים רק את חלקו. הפיוט המלא בעמ׳ 602.

סילוק – סימן א״ב

שַׁעֲרֵי אַרְמוֹן מְהֵרָה תִפְתַּח לְבוֹאֲרֵי אָמוֹן
שַׁעֲרֵי גְנוּזִים מְהֵרָה תִפְתַּח לְדָתְךָ אֲחוּזִים
שַׁעֲרֵי הֵיכַל הַנֶּחְמָדִים מְהֵרָה תִפְתַּח לְוַעוּדִים
שַׁעֲרֵי זְבוּל מַחֲנַיִם מְהֵרָה תִפְתַּח לְחַכְלִילִי עֵינַיִם
שַׁעֲרֵי טָהֳרָה מְהֵרָה תִפְתַּח לְיָפָה וּבָרָה
שַׁעֲרֵי כֶּתֶר הַמְיֻמָּן מְהֵרָה תִפְתַּח לְלֹא אַלְמָן.

וּבָהֶם תְּעֻרַץ וְתֻקְדַּשׁ, כְּסוֹד שִׂיחַ שַׂרְפֵי קֹדֶשׁ
הַמַּקְדִּישִׁים שִׁמְךָ בַּקֹּדֶשׁ

קדושה

בבתי כנסת המתפללים בנוסח אשכנז, אומרים כאן ׳כַּכָּתוּב׳, או ׳נַעֲרִיצְךָ׳ אם לא אמרו ׳סילוק׳.

נַעֲרִיצְךָ וְנַקְדִּישְׁךָ כְּסוֹד שִׂיחַ שַׂרְפֵי קֹדֶשׁ, הַמַּקְדִּישִׁים שִׁמְךָ בַּקֹּדֶשׁ, כַּכָּתוּב עַל יַד
ישעיה ו נְבִיאֶךָ: וְקָרָא זֶה אֶל־זֶה וְאָמַר

וממשיכים ׳קָדוֹשׁ, קָדוֹשׁ, קָדוֹשׁ׳ בעמוד הבא.

בחזרת הש״ץ הקהל עומד ואומר קדושה.
במקומות המסומנים ב°, המתפלל מתרומם על קצות אצבעותיו.

קהל ואחריו שליח הציבור:

כֶּתֶר יִתְּנוּ לְךָ, יהוה אֱלֹהֵינוּ, מַלְאָכִים הֲמוֹנֵי מַעְלָה
עִם עַמְּךָ יִשְׂרָאֵל קְבוּצֵי מַטָּה
יַחַד כֻּלָּם קְדֻשָּׁה לְךָ יְשַׁלֵּשׁוּ כַּדָּבָר הָאָמוּר עַל יַד נְבִיאֶךָ
ישעיה ו וְקָרָא זֶה אֶל־זֶה וְאָמַר

קהל ואחריו שליח הציבור:

קָדוֹשׁ, קָדוֹשׁ, קָדוֹשׁ, יהוה צְבָאוֹת, מְלֹא כָל־הָאָרֶץ כְּבוֹדוֹ:
כְּבוֹדוֹ מָלֵא עוֹלָם, מְשָׁרְתָיו שׁוֹאֲלִים זֶה לָזֶה
אַיֵּה מְקוֹם כְּבוֹדוֹ לְהַעֲרִיצוֹ
לְעֻמָּתָם מְשַׁבְּחִים וְאוֹמְרִים

קהל ואחריו שליח הציבור:

בָּרוּךְ כְּבוֹד־יהוה מִמְּקוֹמוֹ: יחזקאל ג
מִמְּקוֹמוֹ הוּא יִפֶן בְּרַחֲמָיו לְעַמּוֹ
וְיָחֹן עַם הַמְיַחֲדִים שְׁמוֹ עֶרֶב וָבֹקֶר בְּכָל יוֹם תָּמִיד
פַּעֲמַיִם בְּאַהֲבָה שְׁמַע אוֹמְרִים

קהל ואחריו שליח הציבור:

שְׁמַע יִשְׂרָאֵל, יהוה אֱלֹהֵינוּ, יהוה אֶחָד: דברים ו
הוּא אֱלֹהֵינוּ, הוּא אָבִינוּ, הוּא מַלְכֵּנוּ, הוּא מוֹשִׁיעֵנוּ
וְהוּא יוֹשִׁיעֵנוּ וְיִגְאָלֵנוּ שֵׁנִית, וְיַשְׁמִיעֵנוּ בְּרַחֲמָיו לְעֵינֵי כָּל חַי לֵאמֹר
הֵן גָּאַלְתִּי אֶתְכֶם אַחֲרִית כְּבְרֵאשִׁית
לִהְיוֹת לָכֶם לֵאלֹהִים, אֲנִי יהוה אֱלֹהֵיכֶם: במדבר טו

קהל ואחריו שליח הציבור:

אַדִּיר אַדִּירֵנוּ, יהוה אֲדֹנֵינוּ, מָה־אַדִּיר שִׁמְךָ בְּכָל־הָאָרֶץ: תהלים ח
וְהָיָה יהוה לְמֶלֶךְ עַל־כָּל־הָאָרֶץ זכריה יד
בַּיּוֹם הַהוּא יִהְיֶה יהוה אֶחָד וּשְׁמוֹ אֶחָד:

שליח הציבור:

וּבְדִבְרֵי קָדְשְׁךָ כָּתוּב לֵאמֹר

קהל ואחריו שליח הציבור:

יִמְלֹךְ יהוה לְעוֹלָם, אֱלֹהַיִךְ צִיּוֹן לְדֹר וָדֹר, הַלְלוּיָהּ: תהלים קמו

שליח הציבור:

לְדוֹר וָדוֹר נַגִּיד גָּדְלֶךָ, וּלְנֵצַח נְצָחִים קְדֻשָּׁתְךָ נַקְדִּישׁ
וְשִׁבְחֲךָ אֱלֹהֵינוּ מִפִּינוּ לֹא יָמוּשׁ לְעוֹלָם וָעֶד
כִּי אֵל מֶלֶךְ גָּדוֹל וְקָדוֹשׁ אָתָּה.

בבתי כנסת המתפללים בנוסח אשכנז, אין אומרים ׳לְדוֹר וָדוֹר׳.

לְדוֹר וָדוֹר הַמְלִיכוּ לָאֵל, כִּי הוּא לְבַדּוֹ מָרוֹם וְקָדוֹשׁ.

הכול:

חֲמֹל עַל מַעֲשֶׂיךָ
וְתִשְׂמַח בְּמַעֲשֶׂיךָ
וְיֹאמְרוּ לְךָ חוֹסֶיךָ
בְּצַדֶּקְךָ עֲמוּסֶיךָ
תֻּקְדַּשׁ אָדוֹן עַל כָּל מַעֲשֶׂיךָ

כִּי מַקְדִּישֶׁיךָ בִּקְדֻשָּׁתְךָ קִדַּשְׁתָּ
נָאֶה לְקָדוֹשׁ פְּאֵר מִקְּדוֹשִׁים.

שליח הציבור ממשיך:

בְּאֵין מֵלִיץ יֹשֶׁר מוּל מַגִּיד פֶּשַׁע
תַּגִּיד לְיַעֲקֹב דְּבַר, חֹק וּמִשְׁפָּט
וְצַדְּקֵנוּ בַּמִּשְׁפָּט, הַמֶּלֶךְ הַמִּשְׁפָּט.

עוֹד יִזְכָּר לָנוּ אַהֲבַת אֵיתָן, אֲדוֹנֵינוּ
וּבַבֵּן הַנֶּעֱקָד יַשְׁבִּית מְדַיְּנֵינוּ
וּבִזְכוּת הַתָּם יוֹצִיא הַיּוֹם לְצֶדֶק דִּינֵנוּ
כִּי־קָדוֹשׁ הַיּוֹם לַאֲדֹנֵינוּ: נחמיה ח

שליח הציבור ממשיך:

וּבְכֵן יִתְקַדַּשׁ שִׁמְךָ יהוה אֱלֹהֵינוּ
עַל יִשְׂרָאֵל עַמֶּךָ
וְעַל יְרוּשָׁלַיִם עִירֶךָ
וְעַל צִיּוֹן מִשְׁכַּן כְּבוֹדֶךָ
וְעַל מַלְכוּת בֵּית דָּוִד מְשִׁיחֶךָ
וְעַל מְכוֹנְךָ וְהֵיכָלֶךָ.

קדושת השם

וּבְכֵן תֵּן פַּחְדְּךָ יהוה אֱלֹהֵינוּ עַל כָּל מַעֲשֶׂיךָ
וְאֵימָתְךָ עַל כָּל מַה שֶּׁבָּרָאתָ
וְיִירָאוּךָ כָּל הַמַּעֲשִׂים, וְיִשְׁתַּחֲווּ לְפָנֶיךָ כָּל הַבְּרוּאִים
וְיֵעָשׂוּ כֻלָּם אֲגֻדָּה אַחַת לַעֲשׂוֹת רְצוֹנְךָ בְּלֵבָב שָׁלֵם
כְּמוֹ שֶׁיָּדַעְנוּ יהוה אֱלֹהֵינוּ שֶׁהַשָּׁלְטָן לְפָנֶיךָ
עֹז בְּיָדְךָ וּגְבוּרָה בִּימִינֶךָ
וְשִׁמְךָ נוֹרָא עַל כָּל מַה שֶּׁבָּרָאתָ.

וּבְכֵן תֵּן כָּבוֹד יהוה לְעַמֶּךָ
תְּהִלָּה לִירֵאֶיךָ וְתִקְוָה טוֹבָה לְדוֹרְשֶׁיךָ
וּפִתְחוֹן פֶּה לַמְיַחֲלִים לָךְ
שִׂמְחָה לְאַרְצֶךָ, וְשָׂשׂוֹן לְעִירֶךָ
וּצְמִיחַת קֶרֶן לְדָוִד עַבְדֶּךָ
וַעֲרִיכַת נֵר לְבֶן יִשַׁי מְשִׁיחֶךָ בִּמְהֵרָה בְיָמֵינוּ.

וּבְכֵן צַדִּיקִים יִרְאוּ וְיִשְׂמָחוּ, וִישָׁרִים יַעֲלֹזוּ
וַחֲסִידִים בְּרִנָּה יָגִילוּ, וְעוֹלָתָה תִּקְפָּץ פִּיהָ
וְכָל הָרִשְׁעָה כֻּלָּהּ כְּעָשָׁן תִּכְלֶה
כִּי תַעֲבִיר מֶמְשֶׁלֶת זָדוֹן מִן הָאָרֶץ.

וְתִמְלֹךְ אַתָּה הוּא יהוה אֱלֹהֵינוּ
מְהֵרָה לְבַדֶּךָ עַל כָּל מַעֲשֶׂיךָ
בְּהַר צִיּוֹן מִשְׁכַּן כְּבוֹדֶךָ, וּבִירוּשָׁלַיִם עִיר קָדְשֶׁךָ
כַּכָּתוּב בְּדִבְרֵי קָדְשֶׁךָ
יִמְלֹךְ יהוה לְעוֹלָם, אֱלֹהַיִךְ צִיּוֹן לְדֹר וָדֹר, הַלְלוּיָהּ: תהלים קמו

קָדוֹשׁ אַתָּה וְנוֹרָא שְׁמֶךָ
וְאֵין אֱלוֹהַּ מִבַּלְעָדֶיךָ
כַּכָּתוּב
ישעיה ה וַיִּגְבַּהּ יהוה צְבָאוֹת בַּמִּשְׁפָּט
וְהָאֵל הַקָּדוֹשׁ נִקְדַּשׁ בִּצְדָקָה:
בָּרוּךְ אַתָּה יהוה, הַמֶּלֶךְ הַקָּדוֹשׁ.

קדושת היום
אַתָּה בְחַרְתָּנוּ מִכָּל הָעַמִּים
אָהַבְתָּ אוֹתָנוּ וְרָצִיתָ בָּנוּ
וְרוֹמַמְתָּנוּ מִכָּל הַלְּשׁוֹנוֹת
וְקִדַּשְׁתָּנוּ בְּמִצְוֹתֶיךָ
וְקֵרַבְתָּנוּ מַלְכֵּנוּ לַעֲבוֹדָתֶךָ
וְשִׁמְךָ הַגָּדוֹל וְהַקָּדוֹשׁ עָלֵינוּ קָרָאתָ.

בשבת מוסיפים את המילים שבסוגריים.
וַתִּתֶּן לָנוּ יהוה אֱלֹהֵינוּ בְּאַהֲבָה אֶת יוֹם
(הַשַּׁבָּת הַזֶּה לִקְדֻשָּׁה וְלִמְנוּחָה, וְאֶת יוֹם) הַכִּפּוּרִים הַזֶּה,
לִמְחִילָה וְלִסְלִיחָה וּלְכַפָּרָה
וְלִמְחָל בּוֹ אֶת כָּל עֲווֹנוֹתֵינוּ
(בְּאַהֲבָה) מִקְרָא קֹדֶשׁ, זֵכֶר לִיצִיאַת מִצְרָיִם.

אֱלֹהֵינוּ וֵאלֹהֵי אֲבוֹתֵינוּ
יַעֲלֶה וְיָבוֹא וְיַגִּיעַ, וְיֵרָאֶה וְיֵרָצֶה וְיִשָּׁמַע
וְיִפָּקֵד וְיִזָּכֵר זִכְרוֹנֵנוּ וּפִקְדוֹנֵנוּ

וְזִכְרוֹן אֲבוֹתֵינוּ
וְזִכְרוֹן מָשִׁיחַ בֶּן דָּוִד עַבְדֶּךָ
וְזִכְרוֹן יְרוּשָׁלַיִם עִיר קָדְשֶׁךָ
וְזִכְרוֹן כָּל עַמְּךָ בֵּית יִשְׂרָאֵל, לְפָנֶיךָ, לִפְלֵיטָה לְטוֹבָה
לְחֵן וּלְחֶסֶד וּלְרַחֲמִים, לְחַיִּים וּלְשָׁלוֹם
בְּיוֹם הַכִּפּוּרִים הַזֶּה.
זָכְרֵנוּ יהוה אֱלֹהֵינוּ בּוֹ לְטוֹבָה
וּפָקְדֵנוּ בוֹ לִבְרָכָה
וְהוֹשִׁיעֵנוּ בוֹ לְחַיִּים טוֹבִים.
וּבִדְבַר יְשׁוּעָה וְרַחֲמִים חוּס וְחָנֵּנוּ וְרַחֵם עָלֵינוּ וְהוֹשִׁיעֵנוּ
כִּי אֵלֶיךָ עֵינֵינוּ, כִּי אֵל מֶלֶךְ חַנּוּן וְרַחוּם אָתָּה.

״וצריך ש״ץ לקצר בסליחות ופסוקים שבאמצע התפילה״ (שו״ע תרכג, ב).
בתפילת נעילה אומרים סליחות, אך מקצרים אותן מאוד. כבר בימות הראשונים התקבל המנהג ששליח הציבור אומר רק את חרוזי הפזמון של מרבית פיוטי הסליחות, והקהל חוזר אחריו. החרוז הראשון הוא הפזמון של פיוט הפתיחה 'אָז לִפְנוֹת עֶרֶב'; השני והשלישי הם חרוזי פזמון קבועים, הבאים בכמה פיוטים שונים.

שליח הציבור והקהל אומרים שורה שורה:

פְּתַח לָנוּ שַׁעַר / בְּעֵת נְעִילַת שַׁעַר
כִּי פָנָה יוֹם.

הַיּוֹם יִפְנֶה / הַשֶּׁמֶשׁ יָבֹא וְיִפְנֶה
נָבוֹאָה שְׁעָרֶיךָ.

אָנָּא אֵל נָא
שָׂא נָא, סְלַח נָא, מְחַל נָא, חֲמָל נָא, רַחֶם נָא, כַּפֶּר נָא
כְּבֹשׁ חֵטְא וְעָוֹן.

״כיון שרואה שנתחייב העולם כליה, עומד מכסא הדין ויושב על כסא רחמים״ (עבודה זרה ג ע״ב). בתפילת נעילה נוהגים לומר י״ג מידות שבע פעמים.

שליח הציבור והקהל:

אֵל מֶלֶךְ יוֹשֵׁב עַל כִּסֵּא רַחֲמִים, מִתְנַהֵג בַּחֲסִידוּת.
מוֹחֵל עֲוֹנוֹת עַמּוֹ, מַעֲבִיר רִאשׁוֹן רִאשׁוֹן.
מַרְבֶּה מְחִילָה לְחַטָּאִים, וּסְלִיחָה לְפוֹשְׁעִים.
עֹשֶׂה צְדָקוֹת עִם כָּל בָּשָׂר וָרוּחַ, לֹא כְרָעָתָם תִּגְמֹל.
◂ אֵל, הוֹרֵיתָ לָּנוּ לוֹמַר שְׁלֹשׁ עֶשְׂרֵה
זְכָר לָנוּ הַיּוֹם בְּרִית שְׁלֹשׁ עֶשְׂרֵה
כְּהוֹדַעְתָּ לֶעָנָו מִקֶּדֶם, כְּמוֹ שֶׁכָּתוּב:
וַיֵּרֶד יהוה בֶּעָנָן, וַיִּתְיַצֵּב עִמּוֹ שָׁם, וַיִּקְרָא בְשֵׁם, יהוה: שמות לד

קהל ואחריו שליח הציבור:

וַיַּעֲבֹר יהוה עַל־פָּנָיו וַיִּקְרָא שמות לד

שליח הציבור והקהל אומרים בקול:

יהוה, יהוה, אֵל רַחוּם וְחַנּוּן, אֶרֶךְ אַפַּיִם, וְרַב־חֶסֶד וֶאֱמֶת:
נֹצֵר חֶסֶד לָאֲלָפִים, נֹשֵׂא עָוֹן וָפֶשַׁע וְחַטָּאָה, וְנַקֵּה:

הכול:

וְסָלַחְתָּ לַעֲוֹנֵנוּ וּלְחַטָּאתֵנוּ, וּנְחַלְתָּנוּ:
סְלַח לָנוּ אָבִינוּ כִּי חָטָאנוּ
מְחַל לָנוּ מַלְכֵּנוּ כִּי פָשָׁעְנוּ.
כִּי־אַתָּה אֲדֹנָי טוֹב וְסַלָּח תהלים פו
וְרַב־חֶסֶד לְכָל־קֹרְאֶיךָ:

כִּי־עִמְּךָ הַסְּלִיחָה, לְמַעַן תִּוָּרֵא: תהלים קל
אִם־עֲוֹנוֹת תִּשְׁמָר־יָהּ, אֲדֹנָי מִי יַעֲמֹד: שם
כְּרַחֵם אָב עַל בָּנִים, כֵּן תְּרַחֵם יהוה עָלֵינוּ.

לַיהוה הַיְשׁוּעָה, עַל־עַמְּךָ בִרְכָתֶךָ סֶּלָה: תהלים ג
יהוה צְבָאוֹת עִמָּנוּ, מִשְׂגָּב לָנוּ אֱלֹהֵי יַעֲקֹב סֶלָה: תהלים מו
יהוה צְבָאוֹת, אַשְׁרֵי אָדָם בֹּטֵחַ בָּךְ: תהלים פד
יהוה הוֹשִׁיעָה, הַמֶּלֶךְ יַעֲנֵנוּ בְיוֹם־קָרְאֵנוּ: תהלים כ

יש מדלגים מכאן ועד ׳וּמִי יַעֲמֹד׳ (למטה).

סְלַח־נָא לַעֲוֹן הָעָם הַזֶּה כְּגֹדֶל חַסְדֶּךָ במדבר יד
וְכַאֲשֶׁר נָשָׂאתָה לָעָם הַזֶּה מִמִּצְרַיִם וְעַד־הֵנָּה:
וְשָׁם נֶאֱמַר

קהל ואחריו שליח הציבור:

וַיֹּאמֶר יהוה, סָלַחְתִּי כִּדְבָרֶךָ:

הכול:

הַטֵּה אֱלֹהַי אָזְנְךָ וּשְׁמָע דניאל ט
פְּקַח עֵינֶיךָ וּרְאֵה שֹׁמְמֹתֵינוּ וְהָעִיר אֲשֶׁר־נִקְרָא שִׁמְךָ עָלֶיהָ
כִּי לֹא עַל־צִדְקֹתֵינוּ אֲנַחְנוּ מַפִּילִים תַּחֲנוּנֵינוּ לְפָנֶיךָ
כִּי עַל־רַחֲמֶיךָ הָרַבִּים:
אֲדֹנָי שְׁמָעָה, אֲדֹנָי סְלָחָה, אֲדֹנָי הַקְשִׁיבָה וַעֲשֵׂה אַל־תְּאַחַר
לְמַעַנְךָ אֱלֹהַי כִּי־שִׁמְךָ נִקְרָא עַל־עִירְךָ וְעַל־עַמֶּךָ:

החרוזים הבאים הם סופו של הפיוט ׳תַּעֲלַת צֳרִי׳, שכתב ר׳ שלמה הבבלי. בקהילות רבות נוהגים לומר באמצעו י״ג מידות פעם נוספת. הפיוט המלא בעמ׳ 602.

שליח הציבור והקהל אומרים חרוז חרוז:

וּמִי יַעֲמֹד, חֵטְא אִם תִּשְׁמֹר / וּמִי יָקוּם, דִּין אִם תִּגְמֹר
הַסְּלִיחָה עִמְּךָ הִיא, סָלַחְתִּי לֵאמֹר / הָרַחֲמִים גַּם לְךָ מִדָּתְךָ לִכְמֹר.

דִּכְדּוּךְ דַּלּוּתֵנוּ רְאֵה, אַל תְּכַלִּים / דַּעַת נְתִיב דְּרָכֶיךָ חֶפְצֵנוּ תַשְׁלִים
גָּדוֹל וְקָטֹן רוּחַ שֶׁכֶל הַחֲלִים / גִּבּוֹרֵי כֹחַ, רְצוֹנְךָ חַזֵּק וְהַאֲלִים.

בְּצִלְּךָ שֶׁבֶת שָׁבִים קַבֵּל נְדָבָה / בֵּיתְךָ יַפְרִיחוּ וְלֹא יוֹסִיפוּ לְדַאֲבָה
אוֹבֵד וְנִדָּח תַּשְׁבִּית, נוֹגֵשׂ וּמַדְהֵבָה / אָז יַעֲלוּ וְיֵרָאוּ בְּרוּחַ נְדִיבָה.

יש קהילות שבהן אין אומרים ׳אֵל מֶלֶךְ׳ וי״ג מידות,
וממשיכים ׳שְׁלוֹם פָּרִים שְׂפָתֵינוּ׳ (למטה).

שליח הציבור והקהל:

אֵל מֶלֶךְ יוֹשֵׁב עַל כִּסֵּא רַחֲמִים, מִתְנַהֵג בַּחֲסִידוּת.
מוֹחֵל עֲוֹנוֹת עַמּוֹ, מַעֲבִיר רִאשׁוֹן רִאשׁוֹן.
מַרְבֶּה מְחִילָה לְחַטָּאִים, וּסְלִיחָה לְפוֹשְׁעִים.
עֹשֶׂה צְדָקוֹת עִם כָּל בָּשָׂר וָרוּחַ, לֹא כְרָעָתָם תִּגְמֹל.
◂ אֵל, הוֹרֵיתָ לָּנוּ לוֹמַר שְׁלֹשׁ עֶשְׂרֵה
זְכֹר לָנוּ הַיּוֹם בְּרִית שְׁלֹשׁ עֶשְׂרֵה
כְּהוֹדַעְתָּ לֶעָנָו מִקֶּדֶם, כְּמוֹ שֶׁכָּתוּב:
וַיֵּרֶד יהוה בֶּעָנָן, וַיִּתְיַצֵּב עִמּוֹ שָׁם, וַיִּקְרָא בְשֵׁם, יהוה: שמות לד

קהל ואחריו שליח הציבור:

וַיַּעֲבֹר יהוה עַל־פָּנָיו וַיִּקְרָא שמות לד

שליח הציבור והקהל אומרים בקול:

יהוה, יהוה, אֵל רַחוּם וְחַנּוּן, אֶרֶךְ אַפַּיִם, וְרַב־חֶסֶד וֶאֱמֶת:
נֹצֵר חֶסֶד לָאֲלָפִים, נֹשֵׂא עָוֹן וָפֶשַׁע וְחַטָּאָה, וְנַקֵּה:

הכול:

וְסָלַחְתָּ לַעֲוֹנֵנוּ וּלְחַטָּאתֵנוּ, וּנְחַלְתָּנוּ:
סְלַח לָנוּ אָבִינוּ כִּי חָטָאנוּ, מְחַל לָנוּ מַלְכֵּנוּ כִּי פָשָׁעְנוּ.
כִּי־אַתָּה אֲדֹנָי טוֹב וְסַלָּח, וְרַב־חֶסֶד לְכָל־קֹרְאֶיךָ: תהלים פו

המשך הפיוט שלעיל

שְׁלוֹם פָּרִים שְׂפָתֵינוּ תִּכּוֹן אֱמֶת / לְכַתֵּנוּ אַחֲרֶיךָ בְּתֹם וְיֹשֶׁר הַעֲמֵת
מֵלִיץ יֹשֶׁר קַבֵּל, וּמַלְשִׁינֵי צַמֵּת / הֶחָפֵץ בַּחַיִּים וְלֹא בְּמוֹת הַמֵּת.

הֲקִימֵנוּ בְּאוֹר פָּנֶיךָ וְחֶשְׁבּוֹן יִתְמַצֶּה / קִיּוּם מֶרֶדֶת שַׁחַת כֹּפֶר יִמָּצֵא
טֶרֶם נִקְרָא עוֹד דִּבּוּר יֵצֵא / נִדְבוֹת פִּינוּ יהוה נָא רְצֵה.

שליח הציבור והקהל:

אֵל מֶלֶךְ יוֹשֵׁב עַל כִּסֵּא רַחֲמִים, מִתְנַהֵג בַּחֲסִידוּת.
מוֹחֵל עֲוֹנוֹת עַמּוֹ, מַעֲבִיר רִאשׁוֹן רִאשׁוֹן.
מַרְבֶּה מְחִילָה לְחַטָּאִים, וּסְלִיחָה לְפוֹשְׁעִים.
עֹשֶׂה צְדָקוֹת עִם כָּל בָּשָׂר וָרוּחַ, לֹא כְרָעָתָם תִּגְמֹל.
› אֵל, הוֹרֵיתָ לָּנוּ לוֹמַר שְׁלֹשׁ עֶשְׂרֵה
זְכָר לָנוּ הַיּוֹם בְּרִית שְׁלֹשׁ עֶשְׂרֵה
כְּהוֹדַעְתָּ לֶעָנָו מִקֶּדֶם, כְּמוֹ שֶׁכָּתוּב:
וַיֵּרֶד יהוה בֶּעָנָן, וַיִּתְיַצֵּב עִמּוֹ שָׁם, וַיִּקְרָא בְשֵׁם, יהוה: שמות לד

קהל ואחריו שליח הציבור:

וַיַּעֲבֹר יהוה עַל־פָּנָיו וַיִּקְרָא שמות לד

שליח הציבור והקהל אומרים בקול:

יהוה, יהוה, אֵל רַחוּם וְחַנּוּן, אֶרֶךְ אַפַּיִם, וְרַב־חֶסֶד וֶאֱמֶת:
נֹצֵר חֶסֶד לָאֲלָפִים, נֹשֵׂא עָוֹן וָפֶשַׁע וְחַטָּאָה, וְנַקֵּה:

הכול:

וְסָלַחְתָּ לַעֲוֹנֵנוּ וּלְחַטָּאתֵנוּ, וּנְחַלְתָּנוּ:
סְלַח לָנוּ אָבִינוּ כִּי חָטָאנוּ, מְחַל לָנוּ מַלְכֵּנוּ כִּי פָשָׁעְנוּ.
כִּי־אַתָּה אֲדֹנָי טוֹב וְסַלָּח, וְרַב־חֶסֶד לְכָל־קֹרְאֶיךָ: תהלים פו

החרוזים הבאים הם סופו של הפיוט ׳אָדוֹן מוֹעֵד׳, שכתב ר׳ יוסף בר יצחק מאורליאנש.
הפיוט המלא בעמ׳ 604.

שליח הציבור והקהל אומרים חרוז חרוז:

מְרֻבִּים צָרְכֵי עַמְּךָ, וְדַעְתָּם קְצָרָה /
מַחְסוֹרָם וּמִשְׁאֲלוֹתָם בַּל יוּכְלוּ לְסַפְּרָה
נָא בִּינָה הֲגִיגֵנוּ טֶרֶם נִקְרָא / הָאֵל הַגָּדֹל הַגִּבֹּר וְהַנּוֹרָא: דברים י

סָפוּ וְגַם כָּלוּ יוֹדְעֵי פְגִיעָה / סֵדֶר תְּפִלּוֹת בְּמַעֲנֵה לְשׁוֹנָם לְהַבִּיעָה
עֲרֻמִּים נוֹתַרְנוּ, וְרַבְּתָה בָּנוּ הָרָעָה / עַל כֵּן לֹא הִשַּׂגְתָּנוּ יְשׁוּעָה.

פָּנִים אֵין לָנוּ פָּנֶיךָ לְחַלּוֹת / פָּשַׁעְנוּ וּמָרַדְנוּ וְהֶעֱוִינוּ מְסִלּוֹת
צְדָקָה לְךָ לְבַד נְבַקֵּשׁ בְּמַעַרְכֵי תְהִלּוֹת / הָעֹמְדִים בְּבֵית־יהוה בַּלֵּילוֹת: תהלים קלד

קָדוֹשׁ, רְאֵה כִּי פַס מֵלִיץ כַּשּׁוּרָה / קַבֵּל נִיבִי כְּמַרְבִּית תְּשׁוּרָה
רִנָּתִי הַיּוֹם תְּהֵא בְּכִתְרְךָ קְשׁוּרָה / אֵל נֶאְזָר בִּגְבוּרָה.

שַׁוְעָתִי שְׁעֵה וּתְפִלָּתִי תְּהֵא נְעִימָה / שְׁמַע פְּגִיעָתִי כִּפְגִיעָה תַּמָּה
תְּחָקְקֵנוּ לְחַיִּים וְתֵיטִיב הַחֲתִימָה / תֹּלֶה אֶרֶץ עַל־בְּלִימָה: איוב כו

שליח הציבור והקהל:

אֵל מֶלֶךְ יוֹשֵׁב עַל כִּסֵּא רַחֲמִים, מִתְנַהֵג בַּחֲסִידוּת.
מוֹחֵל עֲוֹנוֹת עַמּוֹ, מַעֲבִיר רִאשׁוֹן רִאשׁוֹן.
מַרְבֶּה מְחִילָה לְחַטָּאִים, וּסְלִיחָה לְפוֹשְׁעִים.
עֹשֶׂה צְדָקוֹת עִם כָּל בָּשָׂר וָרוּחַ, לֹא כְרָעָתָם תִּגְמֹל.
◂ אֵל, הוֹרֵיתָ לָּנוּ לוֹמַר שְׁלֹשׁ עֶשְׂרֵה
זְכָר לָנוּ הַיּוֹם בְּרִית שְׁלֹשׁ עֶשְׂרֵה
כְּהוֹדַעְתָּ לֶעָנָו מִקֶּדֶם, כְּמוֹ שֶׁכָּתוּב:
וַיֵּרֶד יהוה בֶּעָנָן, וַיִּתְיַצֵּב עִמּוֹ שָׁם, וַיִּקְרָא בְשֵׁם, יהוה: שמות לד

קהל ואחריו שליח הציבור:

וַיַּעֲבֹר יהוה עַל־פָּנָיו וַיִּקְרָא שמות לד

שליח הציבור והקהל אומרים בקול:

יהוה, יהוה, אֵל רַחוּם וְחַנּוּן, אֶרֶךְ אַפַּיִם, וְרַב־חֶסֶד וֶאֱמֶת:
נֹצֵר חֶסֶד לָאֲלָפִים, נֹשֵׂא עָוֹן וָפֶשַׁע וְחַטָּאָה, וְנַקֵּה:

הכול:

וְסָלַחְתָּ לַעֲוֹנֵנוּ וּלְחַטָּאתֵנוּ, וּנְחַלְתָּנוּ:
סְלַח לָנוּ אָבִינוּ כִּי חָטָאנוּ, מְחַל לָנוּ מַלְכֵּנוּ כִּי פָשָׁעְנוּ.
כִּי־אַתָּה אֲדֹנָי טוֹב וְסַלָּח, וְרַב־חֶסֶד לְכָל־קֹרְאֶיךָ: תהלים פו

המשך הפיוט שלעיל

יָדְךָ פְּשֹׁט, וְקַבֵּל תְּשׁוּבָתִי בְּמַעֲמָדִי / סְלַח נָא וּמְחַל רֹעַ מַעְבָּדִי

פְּנֵה וַעֲסֹק בְּטוּבַת מְשַׁחֲרֶיךָ, דּוֹדִי וּמְעוֹדְדִי / וְאַתָּה יהוה מָגֵן בַּעֲדִי: תהלים ג

שליח הציבור והקהל:

אֵל מֶלֶךְ יוֹשֵׁב עַל כִּסֵּא רַחֲמִים, מִתְנַהֵג בַּחֲסִידוּת.

מוֹחֵל עֲוֹנוֹת עַמּוֹ, מַעֲבִיר רִאשׁוֹן רִאשׁוֹן.

מַרְבֶּה מְחִילָה לְחַטָּאִים, וּסְלִיחָה לְפוֹשְׁעִים.

עֹשֶׂה צְדָקוֹת עִם כָּל בָּשָׂר וָרוּחַ, לֹא כְרָעָתָם תִּגְמֹל.

◂ אֵל, הוֹרֵיתָ לָּנוּ לוֹמַר שְׁלֹשׁ עֶשְׂרֵה

זְכָר לָנוּ הַיּוֹם בְּרִית שְׁלֹשׁ עֶשְׂרֵה

כְּהוֹדַעְתָּ לֶעָנָו מִקֶּדֶם, כְּמוֹ שֶׁכָּתוּב:

וַיֵּרֶד יהוה בֶּעָנָן, וַיִּתְיַצֵּב עִמּוֹ שָׁם, וַיִּקְרָא בְשֵׁם, יהוה: שמות לד

קהל ואחריו שליח הציבור:

וַיַּעֲבֹר יהוה עַל־פָּנָיו וַיִּקְרָא שמות לד

שליח הציבור והקהל אומרים בקול:

יהוה, יהוה, אֵל רַחוּם וְחַנּוּן, אֶרֶךְ אַפַּיִם, וְרַב־חֶסֶד וֶאֱמֶת:

נֹצֵר חֶסֶד לָאֲלָפִים, נֹשֵׂא עָוֹן וָפֶשַׁע וְחַטָּאָה, וְנַקֵּה:

הכול:

וְסָלַחְתָּ לַעֲוֹנֵנוּ וּלְחַטָּאתֵנוּ, וּנְחַלְתָּנוּ:

סְלַח לָנוּ אָבִינוּ כִּי חָטָאנוּ, מְחַל לָנוּ מַלְכֵּנוּ כִּי פָשָׁעְנוּ.

כִּי־אַתָּה אֲדֹנָי טוֹב וְסַלָּח, וְרַב־חֶסֶד לְכָל־קֹרְאֶיךָ: תהלים פו

זְכֹר בְּרִית אַבְרָהָם וַעֲקֵדַת יִצְחָק

וְהָשֵׁב שְׁבוּת אָהֳלֵי יַעֲקֹב

וְהוֹשִׁיעֵנוּ לְמַעַן שְׁמֶךָ.

החרוזים הבאים – מקורם בכמה פיוטים. שני הראשונים מהפיוט 'אָבַדְנוּ מֵאֶרֶץ טוֹבָה בְּחִפָּזוֹן' שחיבר ר' גרשם מאור הגולה (הפיוט המלא בעמ' 606); 'אֶנְקַת מְסַלְדֶיךָ' הוא חרוז פזמון הבא בכמה פיוטים שונים – לדוגמה, בפיוט שלאחר נפילת אפיים בערב ראש השנה; 'יִשְׂרָאֵל נוֹשַׁע בַּה'' הוא הבית הראשון מפיוט שחיבר שפטיה בן אמיתי, הנאמר כפזמון בסליחות שלפני ראש השנה, ובסליחות בה"ב; 'יַחְבִּיאֵנוּ צֵל יָדוֹ' הוא הבית הראשון מפיוט שחיבר ר' יצחק ב"ר שמואל, שנאמר כפזמון בסליחות למוסף בחלק מהמנהגים; 'יַשְׁמִיעֵנוּ סָלַחְתִּי' הוא הבית הראשון של פיוט שחיבר ר' שלמה ב"ר שמואל, ונאמר כפזמון לסליחות בשבוע שלפני ראש השנה.

שליח הציבור והקהל אומרים חרוז חרוז:

גּוֹאֵל חָזָק, לְמַעַנְךָ פְּדֵנוּ / רְאֵה כִּי אָזְלַת יָדֵנוּ
שׁוּר כִּי אָבְדוּ חֲסִידֵינוּ / מַפְגִּיעַ אֵין בַּעֲדֵנוּ
וְשׁוּב בְּרַחֲמִים עַל שְׁאֵרִית יִשְׂרָאֵל / וְהוֹשִׁיעֵנוּ לְמַעַן שְׁמֶךָ.

הָעִיר הַקֹּדֶשׁ וְהַמְּחוֹזוֹת / הָיוּ לְחֶרְפָּה וּלְבִזּוֹת
וְכָל מַחֲמַדֶּיהָ טְבוּעוֹת וּגְנוּזוֹת / וְאֵין שִׁיּוּר, רַק הַתּוֹרָה הַזֹּאת
וְהָשֵׁב שְׁבוּת אָהֳלֵי יַעֲקֹב / וְהוֹשִׁיעֵנוּ לְמַעַן שְׁמֶךָ.

אֶנְקַת מְסַלְדֶיךָ / תַּעַל לִפְנֵי כִסֵּא כְבוֹדֶךָ
מַלֵּא מִשְׁאֲלוֹת עַם מְיַחֲדֶיךָ / שׁוֹמֵעַ תְּפִלַּת בָּאֵי עָדֶיךָ.

יִשְׂרָאֵל נוֹשַׁע בַּיהוה תְּשׁוּעַת עוֹלָמִים: ישעיה מה
גַּם הַיּוֹם יִוָּשְׁעוּ מִפִּיךָ, שׁוֹכֵן מְרוֹמִים
כִּי אַתָּה רַב סְלִיחוֹת וּבַעַל הָרַחֲמִים.

יַחְבִּיאֵנוּ צֵל יָדוֹ / תַּחַת כַּנְפֵי הַשְּׁכִינָה
חֹן יָחֹן, כִּי יִבְחֹן / לֵב עָקֹב לְהָכִינָה
קוּמָה נָא אֱלֹהֵינוּ, עֻזָּה עֻזִּי נָא / יהוה לְשַׁוְעָתֵנוּ הַאֲזִינָה.

יַשְׁמִיעֵנוּ סָלַחְתִּי / יֹשֵׁב בְּסֵתֶר עֶלְיוֹן: תהלים צא
בִּימִין יֶשַׁע / לְהִוָּשַׁע / עַם עָנִי וְאֶבְיוֹן
בְּשַׁוְעֵנוּ אֵלֶיךָ / נוֹרָאוֹת בְּצֶדֶק תַּעֲנֵנוּ
יהוה, הֱיֵה עוֹזֵר לָנוּ.

יש קהילות שבהן אומרים כאן 'אֵל מֶלֶךְ' וי"ג מידות עד 'לְכָל־קֹרְאֶיךָ' (בעמוד הקודם).

פיוט זה – חיברו אמיתי בן שפטיה, מראשוני פייטני איטליה, והוא מבוסס על י״ג מידות. בקהילות שבהן אומרים סליחות בה״ב, הוא נאמר כפזמון ליום האחרון. יש שהסתייגו מלשון הבית השני, כיוון שיש בו פנייה ישירה למידת הרחמים, והציעו נוסח חלופי (הגרי״ד סולובייצ׳יק).

שליח הציבור והקהל:

יהוה, יהוה, אֵל רַחוּם וְחַנּוּן, אֶרֶךְ אַפַּיִם, וְרַב־חֶסֶד וֶאֱמֶת: שמות לד
נֹצֵר חֶסֶד לָאֲלָפִים, נֹשֵׂא עָוֹן וָפֶשַׁע וְחַטָּאָה, וְנַקֵּה:
וְסָלַחְתָּ לַעֲוֹנֵנוּ וּלְחַטָּאתֵנוּ, וּנְחַלְתָּנוּ:

שליח הציבור אומר בית בית והקהל אחריו:

סימן אמתי

אֶזְכְּרָה אֱלֹהִים וְאֶהֱמָיָה
בִּרְאוֹתִי כָּל עִיר עַל תִּלָּהּ בְּנוּיָה
וְעִיר הָאֱלֹהִים מֻשְׁפֶּלֶת עַד שְׁאוֹל תַּחְתִּיָּה
וּבְכָל זֹאת, אָנוּ לְיָהּ וְעֵינֵינוּ לְיָהּ.

מִדַּת הָרַחֲמִים עָלֵינוּ הִתְגַּלְגְּלִי
וְלִפְנֵי קוֹנֵךְ תְּחִנָּתֵךְ הַפִּילִי
וּבְעַד עַמֵּךְ רַחֲמִים שַׁאֲלִי
כִּי כָל לֵבָב דַּוָּי וְכָל רֹאשׁ לָחֳלִי.

יש אומרים בית זה בנוסח שונה:

מִדַּת הָרַחֲמִים עָלֵינוּ נִתְגַּלְגְּלָה / וְלִפְנֵי קוֹנֵנוּ תְּחִנָּתֵנוּ נַפִּילָה
וּבְעַד עַמֵּנוּ רַחֲמִים נִשְׁאֲלָה / כִּי כָל לֵבָב דַּוָּי וְכָל רֹאשׁ לְמַחֲלָה.

תָּמַכְתִּי יְתֵדוֹתַי בִּשְׁלֹשׁ עֶשְׂרֵה תֵבוֹת
וּבְשַׁעֲרֵי דְמָעוֹת, כִּי לֹא נִשְׁלָבוֹת
לָכֵן שָׁפַכְתִּי שִׂיחַ פְּנֵי בוֹחֵן לִבּוֹת
בָּטוּחַ אֲנִי בְּאֵלֶּה, וּבִזְכוּת שְׁלֹשֶׁת אָבוֹת.

יְהִי רָצוֹן מִלְּפָנֶיךָ, שׁוֹמֵעַ קוֹל בְּכִיּוֹת
שֶׁתָּשִׂים דִּמְעוֹתֵינוּ בְּנֹאדְךָ לִהְיוֹת
וְתַצִּילֵנוּ מִכָּל גְּזֵרוֹת אַכְזָרִיּוֹת
כִּי לְךָ לְבַד עֵינֵינוּ תְלוּיוֹת.

שליח הציבור והקהל:

אֵל מֶלֶךְ יוֹשֵׁב עַל כִּסֵּא רַחֲמִים, מִתְנַהֵג בַּחֲסִידוּת.
מוֹחֵל עֲוֹנוֹת עַמּוֹ, מַעֲבִיר רִאשׁוֹן רִאשׁוֹן.
מַרְבֶּה מְחִילָה לְחַטָּאִים, וּסְלִיחָה לְפוֹשְׁעִים.
עֹשֶׂה צְדָקוֹת עִם כָּל בָּשָׂר וָרוּחַ, לֹא כְרָעָתָם תִּגְמֹל.
• אֵל, הוֹרֵיתָ לָּנוּ לוֹמַר שְׁלֹשׁ עֶשְׂרֵה
זְכָר לָנוּ הַיּוֹם בְּרִית שְׁלֹשׁ עֶשְׂרֵה
כְּהוֹדַעְתָּ לֶעָנָו מִקֶּדֶם, כְּמוֹ שֶׁכָּתוּב:
וַיֵּרֶד יהוה בֶּעָנָן, וַיִּתְיַצֵּב עִמּוֹ שָׁם, וַיִּקְרָא בְשֵׁם, יהוה: שמות לד

קהל ואחריו שליח הציבור:

וַיַּעֲבֹר יהוה עַל־פָּנָיו וַיִּקְרָא שמות לד

שליח הציבור והקהל אומרים בקול:

יהוה, יהוה, אֵל רַחוּם וְחַנּוּן, אֶרֶךְ אַפַּיִם, וְרַב־חֶסֶד וֶאֱמֶת:
נֹצֵר חֶסֶד לָאֲלָפִים, נֹשֵׂא עָוֹן וָפֶשַׁע וְחַטָּאָה, וְנַקֵּה:

הכול:

וְסָלַחְתָּ לַעֲוֹנֵנוּ וּלְחַטָּאתֵנוּ, וּנְחַלְתָּנוּ:
סְלַח לָנוּ אָבִינוּ כִּי חָטָאנוּ, מְחַל לָנוּ מַלְכֵּנוּ כִּי פָשָׁעְנוּ.
כִּי־אַתָּה אֲדֹנָי טוֹב וְסַלָּח, וְרַב־חֶסֶד לְכָל־קֹרְאֶיךָ: תהלים פו

׳רַחֵם נָא׳ הוא חרוז הפתיחה והבית האחרון של הפיוט ׳אָז כְּעֵינֵי עֲבָדִים אֶל יַד אֲדוֹנִים׳, החותם את הבקשות על הגשם בהושענא רבה.

שליח הציבור והקהל אומרים חרוז חרוז:

רַחֵם נָא קְהַל עֲדַת יְשֻׁרוּן
סְלַח וּמְחַל עֲוֹנָם
וְהוֹשִׁיעֵנוּ אֱלֹהֵי יִשְׁעֵנוּ.

שַׁעֲרֵי שָׁמַיִם פְּתַח
וְאוֹצָרְךָ הַטּוֹב לָנוּ תִפְתַּח
תּוֹשִׁיעֵנוּ וְרִיב אַל תִּמְתַּח
וְהוֹשִׁיעֵנוּ אֱלֹהֵי יִשְׁעֵנוּ.

שליח הציבור והקהל:

אֵל מֶלֶךְ יוֹשֵׁב עַל כִּסֵּא רַחֲמִים, מִתְנַהֵג בַּחֲסִידוּת.
מוֹחֵל עֲוֹנוֹת עַמּוֹ, מַעֲבִיר רִאשׁוֹן רִאשׁוֹן.
מַרְבֶּה מְחִילָה לְחַטָּאִים, וּסְלִיחָה לְפוֹשְׁעִים.
עֹשֶׂה צְדָקוֹת עִם כָּל בָּשָׂר וָרוּחַ, לֹא כְרָעָתָם תִּגְמֹל.
› אֵל, הוֹרֵיתָ לָנוּ לוֹמַר שְׁלֹשׁ עֶשְׂרֵה
זְכָר לָנוּ הַיּוֹם בְּרִית שְׁלֹשׁ עֶשְׂרֵה
כְּהוֹדַעְתָּ לֶעָנָו מִקֶּדֶם, כְּמוֹ שֶׁכָּתוּב:
וַיֵּרֶד יהוה בֶּעָנָן, וַיִּתְיַצֵּב עִמּוֹ שָׁם, וַיִּקְרָא בְשֵׁם, יהוה: שמות לד

קהל ואחריו שליח הציבור:

וַיַּעֲבֹר יהוה עַל־פָּנָיו וַיִּקְרָא שמות לד

שליח הציבור והקהל אומרים בקול:

יהוה, יהוה, אֵל רַחוּם וְחַנּוּן, אֶרֶךְ אַפַּיִם, וְרַב־חֶסֶד וֶאֱמֶת:
נֹצֵר חֶסֶד לָאֲלָפִים, נֹשֵׂא עָוֹן וָפֶשַׁע וְחַטָּאָה, וְנַקֵּה:

הכול:

וְסָלַחְתָּ לַעֲוֹנֵנוּ וּלְחַטָּאתֵנוּ, וּנְחַלְתָּנוּ:
סְלַח לָנוּ אָבִינוּ כִּי חָטָאנוּ
מְחַל לָנוּ מַלְכֵּנוּ כִּי פָשָׁעְנוּ.
כִּי־אַתָּה אֲדֹנָי טוֹב וְסַלָּח, וְרַב־חֶסֶד לְכָל־קֹרְאֶיךָ: תהלים פו

בניגוד לשאר תפילות יום הכיפורים וימים אחרים שבהם אומרים סליחות, בתפילת נעילה אין אומרים ׳זְכֹר־רַחֲמֶיךָ׳ ו׳שְׁמַע קוֹלֵנוּ׳, אלא עוברים לווידוי מיד לאחר שאמרו י״ג מידות בפעם האחרונה.

הכול:

אֱלֹהֵינוּ וֵאלֹהֵי אֲבוֹתֵינוּ
סְלַח לָנוּ, מְחַל לָנוּ, כַּפֶּר לָנוּ.

כִּי אָנוּ עַמֶּךָ וְאַתָּה אֱלֹהֵינוּ אָנוּ בָנֶיךָ וְאַתָּה אָבִינוּ
אָנוּ עֲבָדֶיךָ וְאַתָּה אֲדוֹנֵנוּ אָנוּ קְהָלֶךָ וְאַתָּה חֶלְקֵנוּ
אָנוּ נַחֲלָתֶךָ וְאַתָּה גוֹרָלֵנוּ אָנוּ צֹאנֶךָ וְאַתָּה רוֹעֵנוּ
אָנוּ כַרְמֶךָ וְאַתָּה נוֹטְרֵנוּ אָנוּ פְעֻלָּתֶךָ וְאַתָּה יוֹצְרֵנוּ
אָנוּ רַעְיָתֶךָ וְאַתָּה דוֹדֵנוּ אָנוּ סְגֻלָּתֶךָ וְאַתָּה אֱלֹהֵינוּ
אָנוּ עַמֶּךָ וְאַתָּה מַלְכֵּנוּ אָנוּ מַאֲמִירֶיךָ וְאַתָּה מַאֲמִירֵנוּ.

שליח הציבור אומר שורה שורה, והקהל חוזר אחריו:

אָנוּ עַזֵּי פָנִים וְאַתָּה רַחוּם וְחַנּוּן
אָנוּ קְשֵׁי עֹרֶף וְאַתָּה אֶרֶךְ אַפַּיִם
אָנוּ מְלֵאֵי עָוֹן וְאַתָּה מָלֵא רַחֲמִים
אָנוּ יָמֵינוּ כְּצֵל עוֹבֵר וְאַתָּה־הוּא וּשְׁנוֹתֶיךָ לֹא יִתָּמּוּ: תהלים קב

שליח הציבור:

אֱלֹהֵינוּ וֵאלֹהֵי אֲבוֹתֵינוּ
תָּבוֹא לְפָנֶיךָ תְּפִלָּתֵנוּ
וְאַל תִּתְעַלַּם מִתְּחִנָּתֵנוּ.
שֶׁאֵין אָנוּ עַזֵּי פָנִים וּקְשֵׁי עֹרֶף לוֹמַר לְפָנֶיךָ
יהוה אֱלֹהֵינוּ וֵאלֹהֵי אֲבוֹתֵינוּ
צַדִּיקִים אֲנַחְנוּ וְלֹא חָטָאנוּ.
אֲבָל אֲנַחְנוּ וַאֲבוֹתֵינוּ חָטָאנוּ.

כשמתוודה, מכה באגרופו על החזה כנגד הלב
(מג״א תרז, ג, בשם מדרש קהלת).

אָשַׁמְנוּ, בָּגַדְנוּ, גָּזַלְנוּ, דִּבַּרְנוּ דֹפִי
הֶעֱוִינוּ, וְהִרְשַׁעְנוּ, זַדְנוּ, חָמַסְנוּ, טָפַלְנוּ שֶׁקֶר
יָעַצְנוּ רָע, כִּזַּבְנוּ, לַצְנוּ, מָרַדְנוּ, נִאַצְנוּ, סָרַרְנוּ
עָוִינוּ, פָּשַׁעְנוּ, צָרַרְנוּ, קִשִּׁינוּ עֹרֶף
רָשַׁעְנוּ, שִׁחַתְנוּ, תִּעַבְנוּ, תָּעִינוּ, תִּעְתָּעְנוּ.

סַרְנוּ מִמִּצְוֹתֶיךָ וּמִמִּשְׁפָּטֶיךָ הַטּוֹבִים, וְלֹא שָׁוָה לָנוּ.
וְאַתָּה צַדִּיק עַל כָּל־הַבָּא עָלֵינוּ, כִּי־אֱמֶת עָשִׂיתָ, וַאֲנַחְנוּ הִרְשָׁעְנוּ: נחמיה ט

מַה נֹּאמַר לְפָנֶיךָ יוֹשֵׁב מָרוֹם, וּמַה נְּסַפֵּר לְפָנֶיךָ שׁוֹכֵן שְׁחָקִים
הֲלֹא כָּל הַנִּסְתָּרוֹת וְהַנִּגְלוֹת אַתָּה יוֹדֵעַ.

אַתָּה נוֹתֵן יָד לְפוֹשְׁעִים, וִימִינְךָ פְשׁוּטָה לְקַבֵּל שָׁבִים
וַתְּלַמְּדֵנוּ יהוה אֱלֹהֵינוּ לְהִתְוַדּוֹת לְפָנֶיךָ עַל כָּל עֲוֹנוֹתֵינוּ
לְמַעַן נֶחְדַּל מֵעֹשֶׁק יָדֵינוּ
וּתְקַבְּלֵנוּ בִּתְשׁוּבָה שְׁלֵמָה לְפָנֶיךָ כְּאִשִּׁים וּכְנִיחוֹחִים
לְמַעַן דְּבָרֶיךָ אֲשֶׁר אָמָרְתָּ.
אֵין קֵץ לְאִשֵּׁי חוֹבוֹתֵינוּ, וְאֵין מִסְפָּר לְנִיחוֹחֵי אַשְׁמוֹתֵינוּ
וְאַתָּה יוֹדֵעַ שֶׁאַחֲרִיתֵנוּ רִמָּה וְתוֹלֵעָה, לְפִיכָךְ הִרְבֵּיתָ סְלִיחָתֵנוּ.

מָה אָנוּ, מֶה חַיֵּינוּ, מֶה חַסְדֵּנוּ, מַה צִּדְקוֹתֵינוּ
מַה יְשׁוּעָתֵנוּ, מַה כֹּחֵנוּ, מַה גְּבוּרָתֵנוּ
מַה נֹּאמַר לְפָנֶיךָ, יהוה אֱלֹהֵינוּ וֵאלֹהֵי אֲבוֹתֵינוּ
הֲלֹא כָּל הַגִּבּוֹרִים כְּאַיִן לְפָנֶיךָ, וְאַנְשֵׁי הַשֵּׁם כְּלֹא הָיוּ
וַחֲכָמִים כִּבְלִי מַדָּע, וּנְבוֹנִים כִּבְלִי הַשְׂכֵּל
כִּי רֹב מַעֲשֵׂיהֶם תֹּהוּ, וִימֵי חַיֵּיהֶם הֶבֶל לְפָנֶיךָ
וּמוֹתַר הָאָדָם מִן־הַבְּהֵמָה אָיִן, כִּי הַכֹּל הָבֶל: קהלת ג

בשבת מוסיפים את המילים שבסוגריים.

אַתָּה הִבְדַּלְתָּ אֱנוֹשׁ מֵרֹאשׁ
וַתַּכִּירֵהוּ לַעֲמֹד לְפָנֶיךָ.
כִּי מִי יֹאמַר לְךָ מַה תִּפְעָל
וְאִם יִצְדַּק מַה יִּתֶּן לָךְ.
וַתִּתֶּן לָנוּ, יהוה אֱלֹהֵינוּ
בְּאַהֲבָה אֶת יוֹם (הַשַּׁבָּת הַזֶּה וְאֶת יוֹם)
צוֹם הַכִּפּוּרִים הַזֶּה
קֵץ וּמְחִילָה וּסְלִיחָה עַל כָּל עֲוֹנוֹתֵינוּ
לְמַעַן נֶחְדַּל מֵעֹשֶׁק יָדֵינוּ
וְנָשׁוּב אֵלֶיךָ לַעֲשׂוֹת חֻקֵּי רְצוֹנְךָ בְּלֵבָב שָׁלֵם.

וְאַתָּה בְּרַחֲמֶיךָ הָרַבִּים רַחֵם עָלֵינוּ
כִּי לֹא תַחְפֹּץ בְּהַשְׁחָתַת עוֹלָם
שֶׁנֶּאֱמַר
דִּרְשׁוּ יהוה בְּהִמָּצְאוֹ ישעיה נה
קְרָאֻהוּ בִּהְיוֹתוֹ קָרוֹב:
וְנֶאֱמַר
יַעֲזֹב רָשָׁע דַּרְכּוֹ ישעיה נה
וְאִישׁ אָוֶן מַחְשְׁבֹתָיו
וְיָשֹׁב אֶל־יהוה וִירַחֲמֵהוּ
וְאֶל־אֱלֹהֵינוּ כִּי־יַרְבֶּה לִסְלוֹחַ:
וְאַתָּה אֱלוֹהַּ סְלִיחוֹת, חַנּוּן וְרַחוּם
אֶרֶךְ אַפַּיִם וְרַב חֶסֶד וֶאֱמֶת
וּמַרְבֶּה לְהֵיטִיב
וְרוֹצֶה אַתָּה בִּתְשׁוּבַת רְשָׁעִים
וְאֵין אַתָּה חָפֵץ בְּמִיתָתָם

שֶׁנֶּאֱמַר

אֱמֹר אֲלֵיהֶם, חַי־אָנִי נְאֻם אֲדֹנָי יֱהֹוִה יחזקאל לג
אִם־אֶחְפֹּץ בְּמוֹת הָרָשָׁע כִּי אִם־בְּשׁוּב רָשָׁע מִדַּרְכּוֹ, וְחָיָה
שׁוּבוּ שׁוּבוּ מִדַּרְכֵיכֶם הָרָעִים
וְלָמָּה תָמוּתוּ בֵּית יִשְׂרָאֵל:

וְנֶאֱמַר

הֶחָפֹץ אֶחְפֹּץ מוֹת רָשָׁע, נְאֻם אֲדֹנָי יֱהֹוִה יחזקאל יח
הֲלוֹא בְּשׁוּבוֹ מִדְּרָכָיו, וְחָיָה:

וְנֶאֱמַר

כִּי לֹא אֶחְפֹּץ בְּמוֹת הַמֵּת, נְאֻם אֲדֹנָי יֱהֹוִה, וְהָשִׁיבוּ וִחְיוּ: יחזקאל יח

כִּי אַתָּה סָלְחָן לְיִשְׂרָאֵל וּמָחֳלָן לְשִׁבְטֵי יְשֻׁרוּן בְּכָל דּוֹר וָדוֹר
וּמִבַּלְעָדֶיךָ אֵין לָנוּ מֶלֶךְ מוֹחֵל וְסוֹלֵחַ אֶלָּא אָתָּה.

בשבת מוסיפים את המילים שבסוגריים.

אֱלֹהֵינוּ וֵאלֹהֵי אֲבוֹתֵינוּ
מְחַל לַעֲוֹנוֹתֵינוּ בְּיוֹם (הַשַּׁבָּת הַזֶּה וּבְיוֹם) הַכִּפּוּרִים הַזֶּה
מְחֵה וְהַעֲבֵר פְּשָׁעֵינוּ וְחַטֹּאתֵינוּ מִנֶּגֶד עֵינֶיךָ

כָּאָמוּר

אָנֹכִי אָנֹכִי הוּא מֹחֶה פְשָׁעֶיךָ לְמַעֲנִי ישעיה מג
וְחַטֹּאתֶיךָ לֹא אֶזְכֹּר:

וְנֶאֱמַר

מָחִיתִי כָעָב פְּשָׁעֶיךָ וְכֶעָנָן חַטֹּאותֶיךָ ישעיה מד
שׁוּבָה אֵלַי כִּי גְאַלְתִּיךָ:

וְנֶאֱמַר

כִּי־בַיּוֹם הַזֶּה יְכַפֵּר עֲלֵיכֶם לְטַהֵר אֶתְכֶם ויקרא טז
מִכֹּל חַטֹּאתֵיכֶם לִפְנֵי יהוה תִּטְהָרוּ:

(אֱלֹהֵינוּ וֵאלֹהֵי אֲבוֹתֵינוּ, רְצֵה נָא בִמְנוּחָתֵנוּ)
קַדְּשֵׁנוּ בְּמִצְוֹתֶיךָ וְתֵן חֶלְקֵנוּ בְּתוֹרָתֶךָ
שַׂבְּעֵנוּ מִטּוּבֶךָ, וְשַׂמַּח נַפְשֵׁנוּ בִּישׁוּעָתֶךָ
(וְהַנְחִילֵנוּ יהוה אֱלֹהֵינוּ בְּאַהֲבָה וּבְרָצוֹן שַׁבַּת קָדְשֶׁךָ
וְיָנוּחוּ בָם כָּל יִשְׂרָאֵל מְקַדְּשֵׁי שְׁמֶךָ)
וְטַהֵר לִבֵּנוּ לְעָבְדְּךָ בֶּאֱמֶת.
כִּי אַתָּה סָלְחָן לְיִשְׂרָאֵל
וּמָחֳלָן לְשִׁבְטֵי יְשֻׁרוּן בְּכָל דּוֹר וָדוֹר
וּמִבַּלְעָדֶיךָ אֵין לָנוּ מֶלֶךְ מוֹחֵל וְסוֹלֵחַ אֶלָּא אָתָּה.
בָּרוּךְ אַתָּה יהוה
מֶלֶךְ מוֹחֵל וְסוֹלֵחַ לַעֲווֹנוֹתֵינוּ
וְלַעֲווֹנוֹת עַמּוֹ בֵּית יִשְׂרָאֵל
וּמַעֲבִיר אַשְׁמוֹתֵינוּ בְּכָל שָׁנָה וְשָׁנָה
מֶלֶךְ עַל כָּל הָאָרֶץ
מְקַדֵּשׁ (הַשַּׁבָּת וְ)יִשְׂרָאֵל וְיוֹם הַכִּפּוּרִים.

עבודה

רְצֵה יהוה אֱלֹהֵינוּ בְּעַמְּךָ יִשְׂרָאֵל
וְלִתְפִלָּתָם שְׁעֵה
וְהָשֵׁב אֶת הָעֲבוֹדָה לִדְבִיר בֵּיתֶךָ
וְאִשֵּׁי יִשְׂרָאֵל וּתְפִלָּתָם, מְהֵרָה בְּאַהֲבָה תְקַבֵּל בְּרָצוֹן
וּתְהִי לְרָצוֹן תָּמִיד עֲבוֹדַת יִשְׂרָאֵל עַמֶּךָ.
וְתֶחֱזֶינָה עֵינֵינוּ בְּשׁוּבְךָ לְצִיּוֹן בְּרַחֲמִים.
בָּרוּךְ אַתָּה יהוה, הַמַּחֲזִיר שְׁכִינָתוֹ לְצִיּוֹן.

הודאה

כורע ב׳מוֹדִים׳ ואינו זוקף עד אמירת השם.

ימוֹדִים אֲנַֽחְנוּ לָךְ

שָׁאַתָּה הוּא יהוה אֱלֹהֵֽינוּ

וֵאלֹהֵי אֲבוֹתֵֽינוּ לְעוֹלָם וָעֶד.

צוּר חַיֵּֽינוּ, מָגֵן יִשְׁעֵֽנוּ

אַתָּה הוּא לְדוֹר וָדוֹר.

נוֹדֶה לְּךָ וּנְסַפֵּר תְּהִלָּתֶֽךָ

עַל חַיֵּֽינוּ הַמְּסוּרִים בְּיָדֶֽךָ

וְעַל נִשְׁמוֹתֵֽינוּ הַפְּקוּדוֹת לָךְ

וְעַל נִסֶּֽיךָ שֶׁבְּכָל יוֹם עִמָּֽנוּ

וְעַל נִפְלְאוֹתֶֽיךָ וְטוֹבוֹתֶֽיךָ

שֶׁבְּכָל עֵת, עֶֽרֶב וָבֹֽקֶר וְצָהֳרָֽיִם.

הַטּוֹב, כִּי לֹא כָלוּ רַחֲמֶֽיךָ

וְהַמְרַחֵם, כִּי לֹא תַֽמּוּ חֲסָדֶֽיךָ

כִּי מֵעוֹלָם קִוִּֽינוּ לָךְ.

כששליח הציבור אומר ׳מוֹדִים׳, הקהל אומר בלחש (סוטה מ ע״א):

ימוֹדִים אֲנַֽחְנוּ לָךְ

שָׁאַתָּה הוּא יהוה אֱלֹהֵֽינוּ

וֵאלֹהֵי אֲבוֹתֵֽינוּ

אֱלֹהֵי כָל בָּשָׂר

יוֹצְרֵֽנוּ, יוֹצֵר בְּרֵאשִׁית.

בְּרָכוֹת וְהוֹדָאוֹת

לְשִׁמְךָ הַגָּדוֹל וְהַקָּדוֹשׁ

עַל שֶׁהֶחֱיִיתָֽנוּ וְקִיַּמְתָּֽנוּ.

כֵּן תְּחַיֵּֽנוּ וּתְקַיְּמֵֽנוּ

וְתֶאֱסֹף גָּלֻיּוֹתֵֽינוּ

לְחַצְרוֹת קָדְשֶֽׁךָ

לִשְׁמֹר חֻקֶּֽיךָ וְלַעֲשׂוֹת רְצוֹנֶֽךָ

וּלְעָבְדְּךָ בְּלֵבָב שָׁלֵם

עַל שֶׁאֲנַֽחְנוּ מוֹדִים לָךְ.

בָּרוּךְ אֵל הַהוֹדָאוֹת.

וְעַל כֻּלָּם יִתְבָּרַךְ וְיִתְרוֹמַם וְיִתְנַשֵּׂא שִׁמְךָ מַלְכֵּֽנוּ תָּמִיד לְעוֹלָם וָעֶד.

קהל ואחריו שליח הציבור:

אָבִֽינוּ מַלְכֵּֽנוּ, זְכֹר רַחֲמֶֽיךָ וּכְבֹשׁ כַּעַסְךָ

וְכַלֵּה דֶֽבֶר, וְחֶֽרֶב, וְרָעָב, וּשְׁבִי, וּמַשְׁחִית, וְעָוֹן

וּמַגֵּפָה, וּפֶֽגַע רַע, וְכָל מַחֲלָה, וְכָל תַּקָּלָה, וְכָל קְטָטָה

וְכָל מִינֵי פֻרְעָנִיּוֹת, וְכָל גְּזֵרָה רָעָה, וְשִׂנְאַת חִנָּם

מֵעָלֵֽינוּ וּמֵעַל כָּל בְּנֵי בְרִיתֶֽךָ.

קהל ואחריו שליח הציבור:

וַחֲתֹם לְחַיִּים טוֹבִים כָּל בְּנֵי בְרִיתֶךָ.

שליח הציבור ממשיך:

וְכֹל הַחַיִּים יוֹדְוּךָ סֶּלָה
וִיהַלְלוּ וִיבָרְכוּ אֶת שִׁמְךָ הַגָּדוֹל בֶּאֱמֶת לְעוֹלָם כִּי טוֹב
הָאֵל יְשׁוּעָתֵנוּ וְעֶזְרָתֵנוּ סֶלָה, הָאֵל הַטּוֹב.
בָּרוּךְ אַתָּה יהוה, הַטּוֹב שִׁמְךָ וּלְךָ נָאֶה לְהוֹדוֹת.

אם עדיין לא שקעה השמש, הכוהנים עולים לדוכן לברך.
אם איחרו, יש מתירים לעלות לדוכן עד שלוש עשרה דקות וחצי
אחרי השקיעה (׳יחווה דעת׳ ח״ו, מ), ויש מקלים בכל זמן בין השמשות,
לפני צאת הכוכבים (׳תפילה כהלכתה׳ בשם רי״ש אלישיב).

ברכת כוהנים

אם יותר מכוהן אחד עולה לדוכן, הגבאי קורא:

כֹּהֲנִים

הכוהנים מברכים:

בָּרוּךְ אַתָּה יהוה אֱלֹהֵינוּ מֶלֶךְ הָעוֹלָם, אֲשֶׁר קִדְּשָׁנוּ בִּקְדֻשָּׁתוֹ שֶׁל אַהֲרֹן, וְצִוָּנוּ לְבָרֵךְ אֶת עַמּוֹ יִשְׂרָאֵל בְּאַהֲבָה.

שליח הציבור מקריא מילה במילה, והכוהנים אחריו:

במדבר ו **יְבָרֶכְךָ יהוה וְיִשְׁמְרֶךָ:** קהל: אָמֵן
יָאֵר יהוה פָּנָיו אֵלֶיךָ וִיחֻנֶּךָּ: קהל: אָמֵן
יִשָּׂא יהוה פָּנָיו אֵלֶיךָ וְיָשֵׂם לְךָ שָׁלוֹם: קהל: אָמֵן

שליח הציבור ממשיך ׳שִׂים שָׁלוֹם׳.

הכוהנים אומרים:

דברים כו **רִבּוֹנוֹ שֶׁל עוֹלָם, עָשִׂינוּ מַה שֶּׁגָּזַרְתָּ עָלֵינוּ, אַף אַתָּה עֲשֵׂה עִמָּנוּ כְּמוֹ שֶׁהִבְטַחְתָּנוּ. הַשְׁקִיפָה מִמְּעוֹן קָדְשְׁךָ מִן־הַשָּׁמַיִם, וּבָרֵךְ אֶת־עַמְּךָ אֶת־יִשְׂרָאֵל, וְאֵת הָאֲדָמָה אֲשֶׁר נָתַתָּה לָנוּ, כַּאֲשֶׁר נִשְׁבַּעְתָּ לַאֲבֹתֵינוּ, אֶרֶץ זָבַת חָלָב וּדְבָשׁ:**

הקהל אומר:

אַדִּיר בַּמָּרוֹם שׁוֹכֵן בִּגְבוּרָה, אַתָּה שָׁלוֹם וְשִׁמְךָ שָׁלוֹם. יְהִי רָצוֹן שֶׁתָּשִׂים עָלֵינוּ וְעַל כָּל עַמְּךָ בֵּית יִשְׂרָאֵל חַיִּים וּבְרָכָה לְמִשְׁמֶרֶת שָׁלוֹם.

אם אין כוהנים העולים לדוכן, שליח הציבור אומר:

אֱלֹהֵינוּ וֵאלֹהֵי אֲבוֹתֵינוּ, בָּרְכֵנוּ בַּבְּרָכָה הַמְשֻׁלֶּשֶׁת בַּתּוֹרָה, הַכְּתוּבָה עַל יְדֵי מֹשֶׁה עַבְדֶּךָ, הָאֲמוּרָה מִפִּי אַהֲרֹן וּבָנָיו כֹּהֲנִים עַם קְדוֹשֶׁיךָ, כָּאָמוּר

יְבָרֶכְךָ יהוה וְיִשְׁמְרֶךָ: קהל: כֵּן יְהִי רָצוֹן — במדבר ו

יָאֵר יהוה פָּנָיו אֵלֶיךָ וִיחֻנֶּךָּ: קהל: כֵּן יְהִי רָצוֹן

יִשָּׂא יהוה פָּנָיו אֵלֶיךָ וְיָשֵׂם לְךָ שָׁלוֹם: קהל: כֵּן יְהִי רָצוֹן

שלום

שִׂים שָׁלוֹם טוֹבָה וּבְרָכָה
חַיִּים חֵן וָחֶסֶד וְרַחֲמִים עָלֵינוּ וְעַל כָּל יִשְׂרָאֵל עַמֶּךָ.
בָּרְכֵנוּ אָבִינוּ כֻּלָּנוּ כְּאֶחָד בְּאוֹר פָּנֶיךָ
כִּי בְאוֹר פָּנֶיךָ נָתַתָּ לָּנוּ יהוה אֱלֹהֵינוּ
תּוֹרַת חַיִּים וְאַהֲבַת חֶסֶד
וּצְדָקָה וּבְרָכָה וְרַחֲמִים וְחַיִּים וְשָׁלוֹם.
וְטוֹב יִהְיֶה בְּעֵינֶיךָ לְבָרְכֵנוּ
וּלְבָרֵךְ אֶת כָּל עַמְּךָ יִשְׂרָאֵל בְּכָל עֵת וּבְכָל שָׁעָה בִּשְׁלוֹמֶךָ.

בְּסֵפֶר חַיִּים, בְּרָכָה וְשָׁלוֹם, וּפַרְנָסָה טוֹבָה
וּגְזֵרוֹת טוֹבוֹת, יְשׁוּעוֹת וְנֶחָמוֹת
נִזָּכֵר וְנֵחָתֵם לְפָנֶיךָ, אֲנַחְנוּ וְכָל עַמְּךָ בֵּית יִשְׂרָאֵל
לְחַיִּים טוֹבִים וּלְשָׁלוֹם.

יש מוסיפים כאן ׳וְנֶאֱמַר: כִּי־בִי יִרְבּוּ יָמֶיךָ׳ (עמ׳ 358), כמו במוסף,
וממשיכים לפי הסדר (׳הַיּוֹם תְּאַמְּצֵנוּ׳, ׳כְּהַיּוֹם הַזֶּה תְּבִיאֵנוּ׳) עד לסיום הברכה.

בָּרוּךְ אַתָּה יהוה, הַמְבָרֵךְ אֶת עַמּוֹ יִשְׂרָאֵל בַּשָּׁלוֹם.

שליח הציבור מסיים בלחש:

יִהְיוּ לְרָצוֹן אִמְרֵי־פִי וְהֶגְיוֹן לִבִּי לְפָנֶיךָ, יהוה צוּרִי וְגֹאֲלִי: — תהלים יט

אומרים ׳אָבִינוּ מַלְכֵּנוּ׳ גם אם יום הכיפורים חל בשבת.

שליח הציבור והקהל אומרים פסוק פסוק,
ואם התפילה התארכה, וכבר קרב סוף הצום, נוהגים לומר בקול רק
מ׳הַחֲזִירֵנוּ בִּתְשׁוּבָה׳ עד ׳סְלִיחָה וּמְחִילָה׳, כבשאר ימות השנה.

פותחים את ארון הקודש.

אָבִינוּ מַלְכֵּנוּ, חָטָאנוּ לְפָנֶיךָ.

אָבִינוּ מַלְכֵּנוּ, אֵין לָנוּ מֶלֶךְ אֶלָּא אָתָּה.

אָבִינוּ מַלְכֵּנוּ, עֲשֵׂה עִמָּנוּ לְמַעַן שְׁמֶךָ.

אָבִינוּ מַלְכֵּנוּ, חַדֵּשׁ עָלֵינוּ שָׁנָה טוֹבָה.

אָבִינוּ מַלְכֵּנוּ, בַּטֵּל מֵעָלֵינוּ כָּל גְּזֵרוֹת קָשׁוֹת.

אָבִינוּ מַלְכֵּנוּ, בַּטֵּל מַחְשְׁבוֹת שׂוֹנְאֵינוּ.

אָבִינוּ מַלְכֵּנוּ, הָפֵר עֲצַת אוֹיְבֵינוּ.

אָבִינוּ מַלְכֵּנוּ, כַּלֵּה כָּל צַר וּמַשְׂטִין מֵעָלֵינוּ.

אָבִינוּ מַלְכֵּנוּ, סְתֹם פִּיּוֹת מַשְׂטִינֵנוּ וּמְקַטְרְגֵינוּ.

אָבִינוּ מַלְכֵּנוּ, כַּלֵּה דֶּבֶר וְחֶרֶב וְרָעָב וּשְׁבִי וּמַשְׁחִית וְעָוֹן וּשְׁמַד
מִבְּנֵי בְרִיתֶךָ.

אָבִינוּ מַלְכֵּנוּ, מְנַע מַגֵּפָה מִנַּחֲלָתֶךָ.

אָבִינוּ מַלְכֵּנוּ, סְלַח וּמְחַל לְכָל עֲוֹנוֹתֵינוּ.

אָבִינוּ מַלְכֵּנוּ, מְחֵה וְהַעֲבֵר פְּשָׁעֵינוּ וְחַטֹּאתֵינוּ מִנֶּגֶד עֵינֶיךָ.

אָבִינוּ מַלְכֵּנוּ, מְחֹק בְּרַחֲמֶיךָ הָרַבִּים כָּל שִׁטְרֵי חוֹבוֹתֵינוּ.

אָבִינוּ מַלְכֵּנוּ, הַחֲזִירֵנוּ בִּתְשׁוּבָה שְׁלֵמָה לְפָנֶיךָ.

אָבִינוּ מַלְכֵּנוּ, שְׁלַח רְפוּאָה שְׁלֵמָה לְחוֹלֵי עַמֶּךָ.

אָבִינוּ מַלְכֵּנוּ, קְרַע רֹעַ גְּזַר דִּינֵנוּ.

אָבִינוּ מַלְכֵּנוּ, זָכְרֵנוּ בְּזִכָּרוֹן טוֹב לְפָנֶיךָ.

אָבִינוּ מַלְכֵּנוּ, חָתְמֵנוּ בְּסֵפֶר חַיִּים טוֹבִים.

אָבִינוּ מַלְכֵּנוּ, חָתְמֵנוּ בְּסֵפֶר גְּאֻלָּה וִישׁוּעָה.

אָבִֽינוּ מַלְכֵּֽנוּ, חָתְמֵֽנוּ בְּסֵֽפֶר פַּרְנָסָה וְכַלְכָּלָה.

אָבִֽינוּ מַלְכֵּֽנוּ, חָתְמֵֽנוּ בְּסֵֽפֶר זְכֻיּוֹת.

אָבִֽינוּ מַלְכֵּֽנוּ, חָתְמֵֽנוּ בְּסֵֽפֶר סְלִיחָה וּמְחִילָה.

אָבִֽינוּ מַלְכֵּֽנוּ, הַצְמַח לָֽנוּ יְשׁוּעָה בְּקָרוֹב.

אָבִֽינוּ מַלְכֵּֽנוּ, הָרֵם קֶֽרֶן יִשְׂרָאֵל עַמֶּֽךָ.

אָבִֽינוּ מַלְכֵּֽנוּ, הָרֵם קֶֽרֶן מְשִׁיחֶֽךָ.

אָבִֽינוּ מַלְכֵּֽנוּ, מַלֵּא יָדֵֽינוּ מִבִּרְכוֹתֶֽיךָ.

אָבִֽינוּ מַלְכֵּֽנוּ, מַלֵּא אֲסָמֵֽינוּ שָׂבָע.

אָבִֽינוּ מַלְכֵּֽנוּ, שְׁמַע קוֹלֵֽנוּ, חוּס וְרַחֵם עָלֵֽינוּ.

אָבִֽינוּ מַלְכֵּֽנוּ, קַבֵּל בְּרַחֲמִים וּבְרָצוֹן אֶת תְּפִלָּתֵֽנוּ.

אָבִֽינוּ מַלְכֵּֽנוּ, פְּתַח שַׁעֲרֵי שָׁמַֽיִם לִתְפִלָּתֵֽנוּ.

אָבִֽינוּ מַלְכֵּֽנוּ, זְכֹר כִּי עָפָר אֲנָֽחְנוּ.

אָבִֽינוּ מַלְכֵּֽנוּ, נָא אַל תְּשִׁיבֵֽנוּ רֵיקָם מִלְּפָנֶֽיךָ.

אָבִֽינוּ מַלְכֵּֽנוּ, תְּהֵא הַשָּׁעָה הַזֹּאת שְׁעַת רַחֲמִים וְעֵת רָצוֹן מִלְּפָנֶֽיךָ.

אָבִֽינוּ מַלְכֵּֽנוּ, חֲמוֹל עָלֵֽינוּ וְעַל עוֹלָלֵֽינוּ וְטַפֵּֽנוּ.

אָבִֽינוּ מַלְכֵּֽנוּ, עֲשֵׂה לְמַֽעַן הֲרוּגִים עַל שֵׁם קָדְשֶֽׁךָ.

אָבִֽינוּ מַלְכֵּֽנוּ, עֲשֵׂה לְמַֽעַן טְבוּחִים עַל יִחוּדֶֽךָ.

אָבִֽינוּ מַלְכֵּֽנוּ, עֲשֵׂה לְמַֽעַן בָּאֵי בָאֵשׁ וּבַמַּֽיִם עַל קִדּוּשׁ שְׁמֶֽךָ.

אָבִֽינוּ מַלְכֵּֽנוּ, נְקֹם לְעֵינֵֽינוּ נִקְמַת דַּם עֲבָדֶֽיךָ הַשָּׁפוּךְ.

אָבִֽינוּ מַלְכֵּֽנוּ, עֲשֵׂה לְמַֽעַנְךָ אִם לֹא לְמַעֲנֵֽנוּ.

אָבִֽינוּ מַלְכֵּֽנוּ, עֲשֵׂה לְמַֽעַנְךָ וְהוֹשִׁיעֵֽנוּ.

אָבִֽינוּ מַלְכֵּֽנוּ, עֲשֵׂה לְמַֽעַן רַחֲמֶֽיךָ הָרַבִּים.

אָבִֽינוּ מַלְכֵּֽנוּ, עֲשֵׂה לְמַֽעַן שִׁמְךָ הַגָּדוֹל הַגִּבּוֹר וְהַנּוֹרָא שֶׁנִּקְרָא עָלֵֽינוּ.

אָבִֽינוּ מַלְכֵּֽנוּ, חָנֵּֽנוּ וַעֲנֵֽנוּ, כִּי אֵין בָּֽנוּ מַעֲשִׂים
עֲשֵׂה עִמָּֽנוּ צְדָקָה וָחֶֽסֶד וְהוֹשִׁיעֵֽנוּ.

שליח הציבור ואחריו הקהל:

דברים ו **שְׁמַע יִשְׂרָאֵל, יהוה אֱלֹהֵינוּ, יהוה אֶחָד:**

שליח הציבור אומר שלוש פעמים והקהל אחריו:

בָּרוּךְ שֵׁם כְּבוֹד מַלְכוּתוֹ לְעוֹלָם וָעֶד.

שליח הציבור אומר שבע פעמים והקהל אחריו:

יהוה הוּא הָאֱלֹהִים.

סוגרים את ארון הקודש.

קדיש שלם

ש״ץ: **יִתְגַּדַּל וְיִתְקַדַּשׁ שְׁמֵהּ רַבָּא** (קהל: אָמֵן)
בְּעָלְמָא דִּי בְרָא כִרְעוּתֵהּ
וְיַמְלִיךְ מַלְכוּתֵהּ
וְיַצְמַח פֻּרְקָנֵהּ וִיקָרֵב מְשִׁיחֵהּ (קהל: אָמֵן)
בְּחַיֵּיכוֹן וּבְיוֹמֵיכוֹן וּבְחַיֵּי דְכָל בֵּית יִשְׂרָאֵל
בַּעֲגָלָא וּבִזְמַן קָרִיב
וְאִמְרוּ אָמֵן. (קהל: אָמֵן)

קהל וש״ץ: **יְהֵא שְׁמֵהּ רַבָּא מְבָרַךְ לְעָלַם וּלְעָלְמֵי עָלְמַיָּא.**

ש״ץ: **יִתְבָּרַךְ וְיִשְׁתַּבַּח וְיִתְפָּאַר וְיִתְרוֹמַם וְיִתְנַשֵּׂא**
וְיִתְהַדָּר וְיִתְעַלֶּה וְיִתְהַלָּל
שְׁמֵהּ דְּקֻדְשָׁא בְּרִיךְ הוּא (קהל: אָמֵן)
לְעֵלָּא לְעֵלָּא מִכָּל בִּרְכָתָא וְשִׁירָתָא
תֻּשְׁבְּחָתָא וְנֶחֱמָתָא
דַּאֲמִירָן בְּעָלְמָא
וְאִמְרוּ אָמֵן. (קהל: אָמֵן)

נוהגים לתקוע בשופר במוצאי יום הכיפורים (תשובת הגאונים, ׳שערי תשובה׳ סז).
יש נוהגים לתקוע באמצע קדיש תתקבל (כמו במוסף לראש השנה),
ויש תוקעים אחר הקדיש – וכן נוהגים אם עדיין לא הגיע זמן צאת החג.

תוקעים:

תקיעה

יש מוסיפים:

שברים תרועה תקיעה גדולה

תִּתְקַבַּל צְלוֹתְהוֹן וּבָעוּתְהוֹן דְּכָל בֵּית יִשְׂרָאֵל
קֳדָם אֲבוּהוֹן דִּי בִשְׁמַיָּא
וְאִמְרוּ אָמֵן. (קהל: אָמֵן)

יְהֵא שְׁלָמָא רַבָּא מִן שְׁמַיָּא
וְחַיִּים טוֹבִים עָלֵינוּ וְעַל כָּל יִשְׂרָאֵל
וְאִמְרוּ אָמֵן. (קהל: אָמֵן)

כורע ופוסע שלוש פסיעות לאחור. קד לשמאל, לימין ולפנים באמירת:

עֹשֶׂה הַשָּׁלוֹם בִּמְרוֹמָיו
הוּא יַעֲשֶׂה שָׁלוֹם
עָלֵינוּ וְעַל כָּל יִשְׂרָאֵל
וְאִמְרוּ אָמֵן. (קהל: אָמֵן)

לַשָּׁנָה הַבָּאָה בִּירוּשָׁלַיִם הַבְּנוּיָה.

ערבית למוצאי יום הכיפורים

ערבית למוצאי יום הכיפורים

"וַיִּירְאוּ יֹשְׁבֵי קְצָוֹת מֵאוֹתֹתֶיךָ, מוֹצָאֵי־בֹקֶר וָעֶרֶב תַּרְנִין" (תהלים סה, ט).

"תרנין – לך את הבריות... בבקר אומרים ברוך יוצר המאורות,
ובערב ברוך המעריב ערבים" (רש"י שם).

גם בקהילות שבהן אומרים 'שִׁיר הַמַּעֲלוֹת' וקדיש לפני 'וְהוּא רַחוּם',
אין אומרים אותם במוצאי יום הכיפורים.

וְהוּא רַחוּם, יְכַפֵּר עָוֹן וְלֹא־יַשְׁחִית תהלים עח
וְהִרְבָּה לְהָשִׁיב אַפּוֹ, וְלֹא־יָעִיר כָּל־חֲמָתוֹ:
יהוה הוֹשִׁיעָה, הַמֶּלֶךְ יַעֲנֵנוּ בְיוֹם־קָרְאֵנוּ: תהלים כ

קריאת שמע וברכותיה

שליח הציבור כורע בתיבת 'בָּרְכוּ' וזוקף בשם. הקהל כורע בתיבת 'בָּרוּךְ' וזוקף בשם,
ושליח הציבור כורע שוב כאשר הוא חוזר אחריהם.

ש"ץ: **בָּרְכוּ**
אֶת יהוה הַמְבֹרָךְ.

קהל: בָּרוּךְ יהוה הַמְבֹרָךְ לְעוֹלָם וָעֶד.

ש"ץ: בָּרוּךְ יהוה הַמְבֹרָךְ לְעוֹלָם וָעֶד.

בָּרוּךְ אַתָּה יהוה אֱלֹהֵינוּ מֶלֶךְ הָעוֹלָם
אֲשֶׁר בִּדְבָרוֹ מַעֲרִיב עֲרָבִים, בְּחָכְמָה פּוֹתֵחַ שְׁעָרִים
וּבִתְבוּנָה מְשַׁנֶּה עִתִּים וּמַחֲלִיף אֶת הַזְּמַנִּים
וּמְסַדֵּר אֶת הַכּוֹכָבִים בְּמִשְׁמְרוֹתֵיהֶם בָּרָקִיעַ כִּרְצוֹנוֹ.
בּוֹרֵא יוֹם וָלָיְלָה, גּוֹלֵל אוֹר מִפְּנֵי חֹשֶׁךְ וְחֹשֶׁךְ מִפְּנֵי אוֹר

◂ וּמַעֲבִיר יוֹם וּמֵבִיא לָיְלָה
וּמַבְדִּיל בֵּין יוֹם וּבֵין לָיְלָה
יהוה צְבָאוֹת שְׁמוֹ.
אֵל חַי וְקַיָּם תָּמִיד, יִמְלֹךְ עָלֵינוּ לְעוֹלָם וָעֶד.
בָּרוּךְ אַתָּה יהוה, הַמַּעֲרִיב עֲרָבִים.

אַהֲבַת עוֹלָם בֵּית יִשְׂרָאֵל עַמְּךָ אָהָבְתָּ
תּוֹרָה וּמִצְוֹת, חֻקִּים וּמִשְׁפָּטִים, אוֹתָנוּ לִמַּדְתָּ
עַל כֵּן יהוה אֱלֹהֵינוּ בְּשָׁכְבֵנוּ וּבְקוּמֵנוּ נָשִׂיחַ בְּחֻקֶּיךָ
וְנִשְׂמַח בְּדִבְרֵי תַלְמוּד תּוֹרָתֶךָ וּבְמִצְוֹתֶיךָ לְעוֹלָם וָעֶד
◂ כִּי הֵם חַיֵּינוּ וְאֹרֶךְ יָמֵינוּ
וּבָהֶם נֶהְגֶּה יוֹמָם וָלָיְלָה.
וְאַהֲבָתְךָ אַל תָּסִיר מִמֶּנּוּ לְעוֹלָמִים.
בָּרוּךְ אַתָּה יהוה, אוֹהֵב עַמּוֹ יִשְׂרָאֵל.

"יקרא קריאת שמע בכוונה – באימה, ביראה, ברתת וזיע" (שו"ע סא, א).

המתפלל ביחידות אומר:

אֵל מֶלֶךְ נֶאֱמָן

מכסה את עיניו בידו ואומר בכוונה ובקול רם:

דברים ו שְׁמַע יִשְׂרָאֵל, יהוה אֱלֹהֵינוּ, יהוה ׀ אֶחָד:

בלחש: בָּרוּךְ שֵׁם כְּבוֹד מַלְכוּתוֹ לְעוֹלָם וָעֶד.

דברים ו וְאָהַבְתָּ אֵת יהוה אֱלֹהֶיךָ, בְּכָל־לְבָבְךָ וּבְכָל־נַפְשְׁךָ וּבְכָל־
מְאֹדֶךָ: וְהָיוּ הַדְּבָרִים הָאֵלֶּה, אֲשֶׁר אָנֹכִי מְצַוְּךָ הַיּוֹם, עַל־לְבָבֶךָ:
וְשִׁנַּנְתָּם לְבָנֶיךָ וְדִבַּרְתָּ בָּם, בְּשִׁבְתְּךָ בְּבֵיתֶךָ וּבְלֶכְתְּךָ בַדֶּרֶךְ,
וּבְשָׁכְבְּךָ וּבְקוּמֶךָ: וּקְשַׁרְתָּם לְאוֹת עַל־יָדֶךָ וְהָיוּ לְטֹטָפֹת בֵּין
עֵינֶיךָ: וּכְתַבְתָּם עַל־מְזֻזוֹת בֵּיתֶךָ וּבִשְׁעָרֶיךָ:

וְהָיָה אִם־שָׁמֹעַ תִּשְׁמְעוּ אֶל־מִצְוֺתַי אֲשֶׁר אָנֹכִי מְצַוֶּה אֶתְכֶם דברים יא
הַיּוֹם, לְאַהֲבָה אֶת־יהוה אֱלֹהֵיכֶם וּלְעָבְדוֹ, בְּכָל־לְבַבְכֶם וּבְכָל־
נַפְשְׁכֶם: וְנָתַתִּי מְטַר־אַרְצְכֶם בְּעִתּוֹ, יוֹרֶה וּמַלְקוֹשׁ, וְאָסַפְתָּ דְגָנֶךָ
וְתִירֹשְׁךָ וְיִצְהָרֶךָ: וְנָתַתִּי עֵשֶׂב בְּשָׂדְךָ לִבְהֶמְתֶּךָ, וְאָכַלְתָּ וְשָׂבָעְתָּ:
הִשָּׁמְרוּ לָכֶם פֶּן־יִפְתֶּה לְבַבְכֶם, וְסַרְתֶּם וַעֲבַדְתֶּם אֱלֹהִים אֲחֵרִים
וְהִשְׁתַּחֲוִיתֶם לָהֶם: וְחָרָה אַף־יהוה בָּכֶם, וְעָצַר אֶת־הַשָּׁמַיִם
וְלֹא־יִהְיֶה מָטָר, וְהָאֲדָמָה לֹא תִתֵּן אֶת־יְבוּלָהּ, וַאֲבַדְתֶּם מְהֵרָה
מֵעַל הָאָרֶץ הַטֹּבָה אֲשֶׁר יהוה נֹתֵן לָכֶם: וְשַׂמְתֶּם אֶת־דְּבָרַי
אֵלֶּה עַל־לְבַבְכֶם וְעַל־נַפְשְׁכֶם, וּקְשַׁרְתֶּם אֹתָם לְאוֹת עַל־יֶדְכֶם,
וְהָיוּ לְטוֹטָפֹת בֵּין עֵינֵיכֶם: וְלִמַּדְתֶּם אֹתָם אֶת־בְּנֵיכֶם לְדַבֵּר בָּם,
בְּשִׁבְתְּךָ בְּבֵיתֶךָ, וּבְלֶכְתְּךָ בַדֶּרֶךְ וּבְשָׁכְבְּךָ וּבְקוּמֶךָ: וּכְתַבְתָּם
עַל־מְזוּזוֹת בֵּיתֶךָ וּבִשְׁעָרֶיךָ: לְמַעַן יִרְבּוּ יְמֵיכֶם וִימֵי בְנֵיכֶם עַל
הָאֲדָמָה אֲשֶׁר נִשְׁבַּע יהוה לַאֲבֹתֵיכֶם לָתֵת לָהֶם, כִּימֵי הַשָּׁמַיִם
עַל־הָאָרֶץ:

וַיֹּאמֶר יהוה אֶל־מֹשֶׁה לֵּאמֹר: דַּבֵּר אֶל־בְּנֵי יִשְׂרָאֵל וְאָמַרְתָּ במדבר טו
אֲלֵהֶם, וְעָשׂוּ לָהֶם צִיצִת עַל־כַּנְפֵי בִגְדֵיהֶם לְדֹרֹתָם, וְנָתְנוּ עַל־
צִיצִת הַכָּנָף פְּתִיל תְּכֵלֶת: וְהָיָה לָכֶם לְצִיצִת, וּרְאִיתֶם אֹתוֹ,
וּזְכַרְתֶּם אֶת־כָּל־מִצְוֺת יהוה וַעֲשִׂיתֶם אֹתָם, וְלֹא תָתֻרוּ אַחֲרֵי
לְבַבְכֶם וְאַחֲרֵי עֵינֵיכֶם, אֲשֶׁר־אַתֶּם זֹנִים אַחֲרֵיהֶם: לְמַעַן תִּזְכְּרוּ
וַעֲשִׂיתֶם אֶת־כָּל־מִצְוֺתָי, וִהְיִיתֶם קְדֹשִׁים לֵאלֹהֵיכֶם: אֲנִי יהוה
אֱלֹהֵיכֶם, אֲשֶׁר הוֹצֵאתִי אֶתְכֶם מֵאֶרֶץ מִצְרַיִם, לִהְיוֹת לָכֶם
לֵאלֹהִים, אֲנִי יהוה אֱלֹהֵיכֶם:

אֱמֶת

שליח הציבור חוזר ואומר:

◂ יהוה אֱלֹהֵיכֶם אֱמֶת

וֶאֱמוּנָה כָּל זֹאת וְקַיָּם עָלֵינוּ
כִּי הוּא יהוה אֱלֹהֵינוּ וְאֵין זוּלָתוֹ
וַאֲנַחְנוּ יִשְׂרָאֵל עַמּוֹ.
הַפּוֹדֵנוּ מִיַּד מְלָכִים, מַלְכֵּנוּ
הַגּוֹאֲלֵנוּ מִכַּף כָּל הֶעָרִיצִים.
הָאֵל הַנִּפְרָע לָנוּ מִצָּרֵינוּ
הַמְשַׁלֵּם גְּמוּל לְכָל אוֹיְבֵי נַפְשֵׁנוּ.
הָעוֹשֶׂה גְדוֹלוֹת עַד אֵין חֵקֶר
נִסִּים וְנִפְלָאוֹת עַד אֵין מִסְפָּר.
הַשָּׂם נַפְשֵׁנוּ בַּחַיִּים, וְלֹא־נָתַן לַמּוֹט רַגְלֵנוּ: תהלים סו
הַמַּדְרִיכֵנוּ עַל בָּמוֹת אוֹיְבֵינוּ
וַיָּרֶם קַרְנֵנוּ עַל כָּל שׂוֹנְאֵינוּ.
הָעוֹשֶׂה לָּנוּ נִסִּים וּנְקָמָה בְּפַרְעֹה
אוֹתוֹת וּמוֹפְתִים בְּאַדְמַת בְּנֵי חָם.
הַמַּכֶּה בְעֶבְרָתוֹ כָּל בְּכוֹרֵי מִצְרָיִם
וַיּוֹצֵא אֶת עַמּוֹ יִשְׂרָאֵל מִתּוֹכָם לְחֵרוּת עוֹלָם.
◂ הַמַּעֲבִיר בָּנָיו בֵּין גִּזְרֵי יַם סוּף
אֶת רוֹדְפֵיהֶם וְאֶת שׂוֹנְאֵיהֶם בִּתְהוֹמוֹת טִבַּע
וְרָאוּ בָנָיו גְּבוּרָתוֹ, שִׁבְּחוּ וְהוֹדוּ לִשְׁמוֹ
וּמַלְכוּתוֹ בְּרָצוֹן קִבְּלוּ עֲלֵיהֶם.
מֹשֶׁה וּבְנֵי יִשְׂרָאֵל, לְךָ עָנוּ שִׁירָה בְּשִׂמְחָה רַבָּה
וְאָמְרוּ כֻלָּם
מִי־כָמֹכָה בָּאֵלִם יהוה שמות טו
מִי כָּמֹכָה נֶאְדָּר בַּקֹּדֶשׁ
נוֹרָא תְהִלֹּת עֹשֵׂה פֶלֶא:

◂ מַלְכוּתְךָ רָאוּ בָנֶיךָ, בּוֹקֵעַ יָם לִפְנֵי מֹשֶׁה
זֶה אֵלִי עָנוּ, וְאָמְרוּ
יהוה יִמְלֹךְ לְעֹלָם וָעֶד: שמות טו

◂ וְנֶאֱמַר
כִּי־פָדָה יהוה אֶת־יַעֲקֹב, וּגְאָלוֹ מִיַּד חָזָק מִמֶּנּוּ: ירמיה לא
בָּרוּךְ אַתָּה יהוה, גָּאַל יִשְׂרָאֵל.

הַשְׁכִּיבֵנוּ יהוה אֱלֹהֵינוּ לְשָׁלוֹם
וְהַעֲמִידֵנוּ מַלְכֵּנוּ לְחַיִּים טוֹבִים וּלְשָׁלוֹם
וּפְרֹשׂ עָלֵינוּ סֻכַּת שְׁלוֹמֶךָ, וְתַקְּנֵנוּ בְּעֵצָה טוֹבָה מִלְּפָנֶיךָ
וְהוֹשִׁיעֵנוּ מְהֵרָה לְמַעַן שְׁמֶךָ.
וְהָגֵן בַּעֲדֵנוּ, וְהָסֵר מֵעָלֵינוּ אוֹיֵב, דֶּבֶר וְחֶרֶב וְרָעָב וְיָגוֹן
וְהָסֵר שָׂטָן מִלְּפָנֵינוּ וּמֵאַחֲרֵינוּ, וּבְצֵל כְּנָפֶיךָ תַּסְתִּירֵנוּ.
כִּי אֵל שׁוֹמְרֵנוּ וּמַצִּילֵנוּ אָתָּה
כִּי אֵל מֶלֶךְ חַנּוּן וְרַחוּם אָתָּה.
◂ וּשְׁמֹר צֵאתֵנוּ וּבוֹאֵנוּ לְחַיִּים וּלְשָׁלוֹם מֵעַתָּה וְעַד עוֹלָם.
בָּרוּךְ אַתָּה יהוה, שׁוֹמֵר עַמּוֹ יִשְׂרָאֵל לָעַד.

ברוב הקהילות ממשיכים חצי קדיש בעמוד הבא. בחו״ל יש הנוהגים להוסיף:

בָּרוּךְ יהוה לְעוֹלָם, אָמֵן וְאָמֵן: בָּרוּךְ יהוה מִצִּיּוֹן, שֹׁכֵן יְרוּשָׁלָםִ, הַלְלוּיָהּ: תהלים פט תהלים קלה
בָּרוּךְ יהוה אֱלֹהִים אֱלֹהֵי יִשְׂרָאֵל, עֹשֵׂה נִפְלָאוֹת לְבַדּוֹ: וּבָרוּךְ שֵׁם כְּבוֹדוֹ תהלים עב
לְעוֹלָם, וְיִמָּלֵא כְבוֹדוֹ אֶת־כָּל־הָאָרֶץ, אָמֵן וְאָמֵן: יְהִי כְבוֹד יהוה לְעוֹלָם, תהלים קד
יִשְׂמַח יהוה בְּמַעֲשָׂיו: יְהִי שֵׁם יהוה מְבֹרָךְ מֵעַתָּה וְעַד־עוֹלָם: כִּי לֹא־יִטֹּשׁ תהלים קיג שמואל א׳ יב
יהוה אֶת־עַמּוֹ בַּעֲבוּר שְׁמוֹ הַגָּדוֹל, כִּי הוֹאִיל יהוה לַעֲשׂוֹת אֶתְכֶם לוֹ לְעָם:
וַיַּרְא כָּל־הָעָם וַיִּפְּלוּ עַל־פְּנֵיהֶם וַיֹּאמְרוּ, יהוה הוּא הָאֱלֹהִים, יהוה הוּא מלכים א׳ יח
הָאֱלֹהִים: וְהָיָה יהוה לְמֶלֶךְ עַל־כָּל־הָאָרֶץ, בַּיּוֹם הַהוּא יִהְיֶה יהוה אֶחָד זכריה יד
וּשְׁמוֹ אֶחָד: יְהִי־חַסְדְּךָ יהוה עָלֵינוּ, כַּאֲשֶׁר יִחַלְנוּ לָךְ: הוֹשִׁיעֵנוּ יהוה תהלים לג תהלים קו
אֱלֹהֵינוּ, וְקַבְּצֵנוּ מִן־הַגּוֹיִם, לְהוֹדוֹת לְשֵׁם קָדְשֶׁךָ, לְהִשְׁתַּבֵּחַ בִּתְהִלָּתֶךָ:

תהלים פו כָּל־גּוֹיִם אֲשֶׁר עָשִׂיתָ, יָבוֹאוּ וְיִשְׁתַּחֲווּ לְפָנֶיךָ, אֲדֹנָי, וִיכַבְּדוּ לִשְׁמֶךָ: כִּי־גָדוֹל
תהלים עט אַתָּה וְעֹשֵׂה נִפְלָאוֹת, אַתָּה אֱלֹהִים לְבַדֶּךָ: וַאֲנַחְנוּ עַמְּךָ וְצֹאן מַרְעִיתֶךָ,
נוֹדֶה לְּךָ לְעוֹלָם, לְדוֹר וָדֹר נְסַפֵּר תְּהִלָּתֶךָ:

בָּרוּךְ יהוה בַּיּוֹם, בָּרוּךְ יהוה בַּלָּיְלָה, בָּרוּךְ יהוה בְּשָׁכְבֵנוּ, בָּרוּךְ יהוה
איוב יב בְּקוּמֵנוּ. כִּי בְיָדְךָ נַפְשׁוֹת הַחַיִּים וְהַמֵּתִים. אֲשֶׁר בְּיָדוֹ נֶפֶשׁ כָּל־חָי, וְרוּחַ
תהלים לא כָּל־בְּשַׂר־אִישׁ: בְּיָדְךָ אַפְקִיד רוּחִי, פָּדִיתָה אוֹתִי יהוה אֵל אֱמֶת: אֱלֹהֵינוּ
שֶׁבַּשָּׁמַיִם, יַחֵד שִׁמְךָ וְקַיֵּם מַלְכוּתְךָ תָּמִיד, וּמְלֹךְ עָלֵינוּ לְעוֹלָם וָעֶד.

יִרְאוּ עֵינֵינוּ וְיִשְׂמַח לִבֵּנוּ, וְתָגֵל נַפְשֵׁנוּ בִּישׁוּעָתְךָ בֶּאֱמֶת, בֶּאֱמֹר לְצִיּוֹן מָלַךְ אֱלֹהָיִךְ. יהוה מֶלֶךְ, יהוה מָלָךְ, יהוה יִמְלֹךְ לְעֹלָם וָעֶד. ‹ כִּי הַמַּלְכוּת שֶׁלְּךָ הִיא, וּלְעוֹלְמֵי עַד תִּמְלֹךְ בְּכָבוֹד. כִּי אֵין לָנוּ מֶלֶךְ אֶלָּא אָתָּה. בָּרוּךְ אַתָּה יהוה, הַמֶּלֶךְ בִּכְבוֹדוֹ תָּמִיד, יִמְלֹךְ עָלֵינוּ לְעוֹלָם וָעֶד וְעַל כָּל מַעֲשָׂיו.

חצי קדיש

ש״ץ: יִתְגַּדַּל וְיִתְקַדַּשׁ שְׁמֵהּ רַבָּא (קהל: אָמֵן)
בְּעָלְמָא דִּי בְרָא כִרְעוּתֵהּ
וְיַמְלִיךְ מַלְכוּתֵהּ
וְיַצְמַח פֻּרְקָנֵהּ וִיקָרֵב מְשִׁיחֵהּ (קהל: אָמֵן)
בְּחַיֵּיכוֹן וּבְיוֹמֵיכוֹן וּבְחַיֵּי דְכָל בֵּית יִשְׂרָאֵל
בַּעֲגָלָא וּבִזְמַן קָרִיב, וְאִמְרוּ אָמֵן. (קהל: אָמֵן)

קהל וש״ץ: יְהֵא שְׁמֵהּ רַבָּא מְבָרַךְ לְעָלַם וּלְעָלְמֵי עָלְמַיָּא.

ש״ץ: יִתְבָּרַךְ וְיִשְׁתַּבַּח וְיִתְפָּאַר וְיִתְרוֹמַם וְיִתְנַשֵּׂא
וְיִתְהַדָּר וְיִתְעַלֶּה וְיִתְהַלָּל
שְׁמֵהּ דְּקֻדְשָׁא בְּרִיךְ הוּא (קהל: אָמֵן)
לְעֵלָּא מִן כָּל בִּרְכָתָא
וְשִׁירָתָא, תֻּשְׁבְּחָתָא וְנֶחֱמָתָא
דַּאֲמִירָן בְּעָלְמָא, וְאִמְרוּ אָמֵן. (קהל: אָמֵן)

עמידה

"המתפלל צריך שיכוין בלבו פירוש המלות שמוציא בשפתיו; ויחשוב כאלו שכינה כנגדו ויסיר כל המחשבות הטורדות אותו עד שתשאר מחשבתו וכוונתו זכה בתפלתו" (שו"ע צח, א).

פוסע שלוש פסיעות לפנים כמי שנכנס לפני המלך.
עומד ומתפלל בלחש מכאן ועד ׳וּכְשָׁנִים קַדְמֹנִיּוֹת׳ בעמ׳ 480.

כורע במקומות המסומנים ב׳, קד לפנים במילה הבאה וזוקף בשם.

תהלים נא
אֲדֹנָי, שְׂפָתַי תִּפְתָּח, וּפִי יַגִּיד תְּהִלָּתֶךָ:

אבות

׳בָּרוּךְ אַתָּה יהוה, אֱלֹהֵינוּ וֵאלֹהֵי אֲבוֹתֵינוּ
אֱלֹהֵי אַבְרָהָם, אֱלֹהֵי יִצְחָק, וֵאלֹהֵי יַעֲקֹב
הָאֵל הַגָּדוֹל הַגִּבּוֹר וְהַנּוֹרָא, אֵל עֶלְיוֹן
גּוֹמֵל חֲסָדִים טוֹבִים, קוֹנֵה הַכֹּל
וְזוֹכֵר חַסְדֵי אָבוֹת
וּמֵבִיא גוֹאֵל לִבְנֵי בְנֵיהֶם, לְמַעַן שְׁמוֹ בְּאַהֲבָה.
מֶלֶךְ עוֹזֵר וּמוֹשִׁיעַ וּמָגֵן.
׳בָּרוּךְ אַתָּה יהוה, מָגֵן אַבְרָהָם.

גבורות

אַתָּה גִּבּוֹר לְעוֹלָם, אֲדֹנָי
מְחַיֵּה מֵתִים אַתָּה, רַב לְהוֹשִׁיעַ
בארץ ישראל: מוֹרִיד הַטָּל
מְכַלְכֵּל חַיִּים בְּחֶסֶד, מְחַיֵּה מֵתִים בְּרַחֲמִים רַבִּים
סוֹמֵךְ נוֹפְלִים, וְרוֹפֵא חוֹלִים, וּמַתִּיר אֲסוּרִים
וּמְקַיֵּם אֱמוּנָתוֹ לִישֵׁנֵי עָפָר.
מִי כָמְוֹךָ, בַּעַל גְּבוּרוֹת, וּמִי דּוֹמֶה לָּךְ
מֶלֶךְ, מֵמִית וּמְחַיֶּה וּמַצְמִיחַ יְשׁוּעָה.
וְנֶאֱמָן אַתָּה לְהַחֲיוֹת מֵתִים.
בָּרוּךְ אַתָּה יהוה, מְחַיֵּה הַמֵּתִים.

קדושת השם

אַתָּה קָדוֹשׁ וְשִׁמְךָ קָדוֹשׁ וּקְדוֹשִׁים בְּכָל יוֹם יְהַלְלוּךָ סֶּלָה
כִּי אֵל מֶלֶךְ גָּדוֹל וְקָדוֹשׁ אָתָּה.
בָּרוּךְ אַתָּה יהוה, הָאֵל הַקָּדוֹשׁ.

אם אמר 'הַמֶּלֶךְ הַקָּדוֹשׁ' כבעשרת ימי תשובה, אינו חוזר.

דעת

אַתָּה חוֹנֵן לְאָדָם דַּעַת, וּמְלַמֵּד לֶאֱנוֹשׁ בִּינָה.
אַתָּה חוֹנַנְתָּנוּ לְמַדַּע תּוֹרָתֶךָ, וַתְּלַמְּדֵנוּ לַעֲשׂוֹת חֻקֵּי רְצוֹנֶךָ
וַתַּבְדֵּל יהוה אֱלֹהֵינוּ בֵּין קֹדֶשׁ לְחוֹל
בֵּין אוֹר לְחֹשֶׁךְ, בֵּין יִשְׂרָאֵל לָעַמִּים
בֵּין יוֹם הַשְּׁבִיעִי לְשֵׁשֶׁת יְמֵי הַמַּעֲשֶׂה.
אָבִינוּ מַלְכֵּנוּ, הָחֵל עָלֵינוּ הַיָּמִים הַבָּאִים לִקְרָאתֵנוּ לְשָׁלוֹם
חֲשׂוּכִים מִכָּל חֵטְא וּמְנֻקִּים מִכָּל עָוֹן וּמְדֻבָּקִים בְּיִרְאָתֶךָ.
וְחָנֵּנוּ מֵאִתְּךָ חָכְמָה בִּינָה וָדָעַת.
בָּרוּךְ אַתָּה יהוה, חוֹנֵן הַדָּעַת.

תשובה

הֲשִׁיבֵנוּ אָבִינוּ לְתוֹרָתֶךָ, וְקָרְבֵנוּ מַלְכֵּנוּ לַעֲבוֹדָתֶךָ
וְהַחֲזִירֵנוּ בִּתְשׁוּבָה שְׁלֵמָה לְפָנֶיךָ.
בָּרוּךְ אַתָּה יהוה, הָרוֹצֶה בִּתְשׁוּבָה.

סליחה

נוהגים להכות כנגד הלב במקומות המסומנים ב°.

סְלַח לָנוּ אָבִינוּ כִּי °חָטָאנוּ
מְחַל לָנוּ מַלְכֵּנוּ כִּי °פָשָׁעְנוּ
כִּי אֵל טוֹב וְסַלָּח אָתָּה.
בָּרוּךְ אַתָּה יהוה, חַנּוּן הַמַּרְבֶּה לִסְלֹחַ.

גאולה

רְאֵה נָא בְעָנְיֵנוּ, וְרִיבָה רִיבֵנוּ
וּגְאָלֵנוּ גְאֻלָּה שְׁלֵמָה מְהֵרָה לְמַעַן שְׁמֶךָ
כִּי אֵל גּוֹאֵל חָזָק אָתָּה.
בָּרוּךְ אַתָּה יהוה, גּוֹאֵל יִשְׂרָאֵל.

רפואה

רְפָאֵנוּ יהוה וְנֵרָפֵא
הוֹשִׁיעֵנוּ וְנִוָּשֵׁעָה, כִּי תְהִלָּתֵנוּ אָתָּה
וְהַעֲלֵה אֲרוּכָה וּמַרְפֵּא לְכָל תַּחֲלוּאֵינוּ וּלְכָל מַכְאוֹבֵינוּ
רְפוּאָה שְׁלֵמָה לְכָל מַכּוֹתֵינוּ

המתפלל על חולה מוסיף:

יְהִי רָצוֹן מִלְּפָנֶיךָ יהוה אֱלֹהַי וֵאלֹהֵי אֲבוֹתַי, שֶׁתִּשְׁלַח מְהֵרָה רְפוּאָה שְׁלֵמָה מִן הַשָּׁמַיִם רְפוּאַת הַנֶּפֶשׁ וּרְפוּאַת הַגּוּף לַחוֹלֶה פלוני בֶּן פלונית/ לַחוֹלָה פלונית בַּת פלונית בְּתוֹךְ שְׁאָר חוֹלֵי יִשְׂרָאֵל.

כִּי אֵל מֶלֶךְ רוֹפֵא נֶאֱמָן וְרַחֲמָן אָתָּה.
בָּרוּךְ אַתָּה יהוה, רוֹפֵא חוֹלֵי עַמּוֹ יִשְׂרָאֵל.

ברכת השנים

בָּרֵךְ עָלֵינוּ יהוה אֱלֹהֵינוּ אֶת הַשָּׁנָה הַזֹּאת
וְאֶת כָּל מִינֵי תְבוּאָתָהּ, לְטוֹבָה
וְתֵן בְּרָכָה עַל פְּנֵי הָאֲדָמָה
וְשַׂבְּעֵנוּ מִטּוּבָהּ
וּבָרֵךְ שְׁנָתֵנוּ כַּשָּׁנִים הַטּוֹבוֹת לִבְרָכָה
כִּי אֵל טוֹב וּמֵטִיב אַתָּה, וּמְבָרֵךְ הַשָּׁנִים.
בָּרוּךְ אַתָּה יהוה, מְבָרֵךְ הַשָּׁנִים.

קיבוץ גלויות

תְּקַע בְּשׁוֹפָר גָּדוֹל לְחֵרוּתֵנוּ
וְשָׂא נֵס לְקַבֵּץ גָּלֻיּוֹתֵינוּ
וְקַבְּצֵנוּ יַחַד מְהֵרָה מֵאַרְבַּע כַּנְפוֹת הָאָרֶץ לְאַרְצֵנוּ.
בָּרוּךְ אַתָּה יהוה, מְקַבֵּץ נִדְחֵי עַמּוֹ יִשְׂרָאֵל.

השבת המשפט

הָשִׁיבָה שׁוֹפְטֵינוּ כְּבָרִאשׁוֹנָה
וְיוֹעֲצֵינוּ כְּבַתְּחִלָּה
וְהָסֵר מִמֶּנּוּ יָגוֹן וַאֲנָחָה
וּמְלֹךְ עָלֵינוּ מְהֵרָה אַתָּה יהוה לְבַדְּךָ בְּחֶסֶד וּבְרַחֲמִים
בְּצֶדֶק וּבְמִשְׁפָּט.
בָּרוּךְ אַתָּה יהוה, מֶלֶךְ אוֹהֵב צְדָקָה וּמִשְׁפָּט.

אם אמר 'הַמֶּלֶךְ הַמִּשְׁפָּט' כבעשרת ימי תשובה, אינו חוזר.

ברכת המינים

וְלַמַּלְשִׁינִים אַל תְּהִי תִקְוָה וְכָל הַמִּינִים כְּרֶגַע יֹאבֵדוּ
וְכָל אוֹיְבֵי עַמְּךָ מְהֵרָה יִכָּרֵתוּ
וְהַזֵּדִים מְהֵרָה תְעַקֵּר וּתְשַׁבֵּר וּתְמַגֵּר
וּתְכַלֵּם וְתַשְׁפִּילֵם וְתַכְנִיעֵם בִּמְהֵרָה בְיָמֵינוּ.
בָּרוּךְ אַתָּה יהוה, שׁוֹבֵר אוֹיְבִים וּמַכְנִיעַ זֵדִים.

על הצדיקים

עַל הַצַּדִּיקִים וְעַל הַחֲסִידִים
וְעַל זִקְנֵי שְׁאֵרִית עַמְּךָ בֵּית יִשְׂרָאֵל
וְעַל פְּלֵיטַת בֵּית סוֹפְרֵיהֶם
וְעַל גֵּרֵי הַצֶּדֶק, וְעָלֵינוּ
יֶהֱמוּ נָא רַחֲמֶיךָ, יהוה אֱלֹהֵינוּ

וְתֵן שָׂכָר טוֹב לְכָל הַבּוֹטְחִים בְּשִׁמְךָ בֶּאֱמֶת
וְשִׂים חֶלְקֵנוּ עִמָּהֶם
וּלְעוֹלָם לֹא נֵבוֹשׁ, כִּי בְךָ בָטָחְנוּ
וְעַל חַסְדְּךָ הַגָּדוֹל בֶּאֱמֶת נִשְׁעָנְנוּ.
בָּרוּךְ אַתָּה יהוה, מִשְׁעָן וּמִבְטָח לַצַּדִּיקִים.

בניין ירושלים

וְלִירוּשָׁלַיִם עִירְךָ בְּרַחֲמִים תָּשׁוּב
וְתִשְׁכֹּן בְּתוֹכָהּ כַּאֲשֶׁר דִּבַּרְתָּ
וּבְנֵה אוֹתָהּ בְּקָרוֹב בְּיָמֵינוּ בִּנְיַן עוֹלָם
וְכִסֵּא דָוִד עַבְדְּךָ מְהֵרָה לְתוֹכָהּ תָּכִין.
בָּרוּךְ אַתָּה יהוה, בּוֹנֵה יְרוּשָׁלָיִם.

מלכות בית דוד

אֶת צֶמַח דָּוִד עַבְדְּךָ מְהֵרָה תַצְמִיחַ, וְקַרְנוֹ תָּרוּם בִּישׁוּעָתֶךָ
כִּי לִישׁוּעָתְךָ קִוִּינוּ כָּל הַיּוֹם.
בָּרוּךְ אַתָּה יהוה, מַצְמִיחַ קֶרֶן יְשׁוּעָה.

שומע תפילה

אָב הָרַחֲמָן
שְׁמַע קוֹלֵנוּ יהוה אֱלֹהֵינוּ
חוּס וְרַחֵם עָלֵינוּ, וְקַבֵּל בְּרַחֲמִים וּבְרָצוֹן אֶת תְּפִלָּתֵנוּ
כִּי אֵל שׁוֹמֵעַ תְּפִלּוֹת וְתַחֲנוּנִים אָתָּה
וּמִלְּפָנֶיךָ מַלְכֵּנוּ רֵיקָם אַל תְּשִׁיבֵנוּ
חָנֵּנוּ וַעֲנֵנוּ וּשְׁמַע תְּפִלָּתֵנוּ
כִּי אַתָּה שׁוֹמֵעַ תְּפִלַּת כָּל פֶּה.
בָּרוּךְ אַתָּה יהוה, שׁוֹמֵעַ תְּפִלָּה.

עבודה

רְצֵה יהוה אֱלֹהֵינוּ בְּעַמְּךָ יִשְׂרָאֵל, וְלִתְפִלָּתָם שְׁעֵה
וְהָשֵׁב אֶת הָעֲבוֹדָה לִדְבִיר בֵּיתֶךָ
וְאִשֵּׁי יִשְׂרָאֵל וּתְפִלָּתָם, מְהֵרָה בְּאַהֲבָה תְקַבֵּל בְּרָצוֹן
וּתְהִי לְרָצוֹן תָּמִיד עֲבוֹדַת יִשְׂרָאֵל עַמֶּךָ.
וְתֶחֱזֶינָה עֵינֵינוּ בְּשׁוּבְךָ לְצִיּוֹן בְּרַחֲמִים.
בָּרוּךְ אַתָּה יהוה, הַמַּחֲזִיר שְׁכִינָתוֹ לְצִיּוֹן.

הודאה

כורע ב׳מוֹדִים׳ ואינו זוקף עד אמירת השם (סידור השל״ה).

ימוֹדִים אֲנַחְנוּ לָךְ
שָׁאַתָּה הוּא יהוה אֱלֹהֵינוּ וֵאלֹהֵי אֲבוֹתֵינוּ לְעוֹלָם וָעֶד.
צוּר חַיֵּינוּ, מָגֵן יִשְׁעֵנוּ אַתָּה הוּא לְדוֹר וָדוֹר.
נוֹדֶה לְּךָ וּנְסַפֵּר תְּהִלָּתֶךָ
עַל חַיֵּינוּ הַמְּסוּרִים בְּיָדֶךָ וְעַל נִשְׁמוֹתֵינוּ הַפְּקוּדוֹת לָךְ
וְעַל נִסֶּיךָ שֶׁבְּכָל יוֹם עִמָּנוּ וְעַל נִפְלְאוֹתֶיךָ וְטוֹבוֹתֶיךָ
שֶׁבְּכָל עֵת, עֶרֶב וָבֹקֶר וְצָהֳרָיִם.
הַטּוֹב, כִּי לֹא כָלוּ רַחֲמֶיךָ
וְהַמְרַחֵם, כִּי לֹא תַמּוּ חֲסָדֶיךָ
כִּי מֵעוֹלָם קִוִּינוּ לָךְ.
וְעַל כֻּלָּם יִתְבָּרַךְ וְיִתְרוֹמַם וְיִתְנַשֵּׂא שִׁמְךָ מַלְכֵּנוּ
תָּמִיד לְעוֹלָם וָעֶד.
וְכֹל הַחַיִּים יוֹדוּךָ סֶּלָה
וִיהַלְלוּ וִיבָרְכוּ אֶת שִׁמְךָ הַגָּדוֹל בֶּאֱמֶת לְעוֹלָם כִּי טוֹב
הָאֵל יְשׁוּעָתֵנוּ וְעֶזְרָתֵנוּ סֶלָה, הָאֵל הַטּוֹב.
יבָּרוּךְ אַתָּה יהוה, הַטּוֹב שִׁמְךָ וּלְךָ נָאֶה לְהוֹדוֹת.

שלום

יש אומרים 'שִׂים שָׁלוֹם' (עמ' 459).

שָׁלוֹם רָב עַל יִשְׂרָאֵל עַמְּךָ תָּשִׂים לְעוֹלָם
כִּי אַתָּה הוּא מֶלֶךְ אָדוֹן לְכָל הַשָּׁלוֹם.
וְטוֹב יִהְיֶה בְּעֵינֶיךָ לְבָרְכֵנוּ
וּלְבָרֵךְ אֶת כָּל עַמְּךָ יִשְׂרָאֵל
בְּכָל עֵת וּבְכָל שָׁעָה בִּשְׁלוֹמֶךָ.
בָּרוּךְ אַתָּה יהוה, הַמְבָרֵךְ אֶת עַמּוֹ יִשְׂרָאֵל בַּשָּׁלוֹם.

יש מוסיפים:

יִהְיוּ לְרָצוֹן אִמְרֵי פִי וְהֶגְיוֹן לִבִּי לְפָנֶיךָ, יהוה צוּרִי וְגֹאֲלִי: תהלים יט

אֱלֹהַי, נְצֹר לְשׁוֹנִי מֵרָע וּשְׂפָתַי מִדַּבֵּר מִרְמָה ברכות יז
וְלִמְקַלְלַי נַפְשִׁי תִדֹּם, וְנַפְשִׁי כֶּעָפָר לַכֹּל תִּהְיֶה.
פְּתַח לִבִּי בְּתוֹרָתֶךָ, וְאַחֲרֵי מִצְוֹתֶיךָ תִּרְדֹּף נַפְשִׁי.
וְכָל הַקָּמִים וְהַחוֹשְׁבִים עָלַי רָעָה
מְהֵרָה הָפֵר עֲצָתָם וְקַלְקֵל מַחֲשַׁבְתָּם.

יש המוסיפים תחינה זו (קיצור של"ה, 'אור הישר'):

יְהִי רָצוֹן מִלְּפָנֶיךָ, יהוה אֱלֹהַי וֵאלֹהֵי אֲבוֹתַי
שֶׁלֹּא תַעֲלֶה קִנְאַת אָדָם עָלַי, וְלֹא קִנְאָתִי עַל אֲחֵרִים
וְשֶׁלֹּא אֶכְעֹס הַיּוֹם, וְשֶׁלֹּא אַכְעִיסֶךָ
וְתַצִּילֵנִי מִיֵּצֶר הָרָע, וְתֵן בְּלִבִּי הַכְנָעָה וַעֲנָוָה.
מַלְכֵּנוּ וֵאלֹהֵינוּ, יַחֵד שִׁמְךָ בְּעוֹלָמֶךָ
בְּנֵה עִירָךְ, יַסֵּד בֵּיתָךְ וְשַׁכְלֵל הֵיכָלָךְ
וְקַבֵּץ קִבּוּץ גָּלֻיּוֹת, וּפְדֵה צֹאנְךָ וְשַׂמַּח עֲדָתֶךָ.

עֲשֵׂה לְמַעַן שְׁמֶךָ, עֲשֵׂה לְמַעַן יְמִינֶךָ
עֲשֵׂה לְמַעַן תּוֹרָתֶךָ, עֲשֵׂה לְמַעַן קְדֻשָּׁתֶךָ.
לְמַעַן יֵחָלְצוּן יְדִידֶיךָ, הוֹשִׁיעָה יְמִינְךָ וַעֲנֵנִי: תהלים ס
יִהְיוּ לְרָצוֹן אִמְרֵי פִי וְהֶגְיוֹן לִבִּי לְפָנֶיךָ, יהוה צוּרִי וְגֹאֲלִי: תהלים יט

כורע ופוסע שלוש פסיעות לאחור. קד לשמאל, לימין ולפנים באמירת:

עֹשֶׂה שָׁלוֹם בִּמְרוֹמָיו

הוּא יַעֲשֶׂה שָׁלוֹם, עָלֵינוּ וְעַל כָּל יִשְׂרָאֵל, וְאִמְרוּ אָמֵן.

יְהִי רָצוֹן מִלְּפָנֶיךָ יהוה אֱלֹהֵינוּ וֵאלֹהֵי אֲבוֹתֵינוּ
שֶׁיִּבָּנֶה בֵּית הַמִּקְדָּשׁ בִּמְהֵרָה בְיָמֵינוּ וְתֵן חֶלְקֵנוּ בְּתוֹרָתֶךָ
וְשָׁם נַעֲבָדְךָ בְּיִרְאָה כִּימֵי עוֹלָם וּכְשָׁנִים קַדְמוֹנִיּוֹת.
מלאכי ג וְעָרְבָה לַיהוה מִנְחַת יְהוּדָה וִירוּשָׁלָםִ כִּימֵי עוֹלָם וּכְשָׁנִים קַדְמוֹנִיּוֹת:

קדיש שלם

ש״ץ: **יִתְגַּדַּל וְיִתְקַדַּשׁ שְׁמֵהּ רַבָּא** (קהל: אָמֵן)
בְּעָלְמָא דִּי בְרָא כִרְעוּתֵהּ
וְיַמְלִיךְ מַלְכוּתֵהּ
וְיַצְמַח פֻּרְקָנֵהּ וִיקָרֵב מְשִׁיחֵהּ (קהל: אָמֵן)
בְּחַיֵּיכוֹן וּבְיוֹמֵיכוֹן וּבְחַיֵּי דְכָל בֵּית יִשְׂרָאֵל
בַּעֲגָלָא וּבִזְמַן קָרִיב, וְאִמְרוּ אָמֵן. (קהל: אָמֵן)

קהל וש״ץ: **יְהֵא שְׁמֵהּ רַבָּא מְבָרַךְ לְעָלַם וּלְעָלְמֵי עָלְמַיָּא.**

ש״ץ: **יִתְבָּרַךְ וְיִשְׁתַּבַּח וְיִתְפָּאַר וְיִתְרוֹמַם וְיִתְנַשֵּׂא**
וְיִתְהַדָּר וְיִתְעַלֶּה וְיִתְהַלָּל שְׁמֵהּ דְּקֻדְשָׁא בְּרִיךְ הוּא (קהל: אָמֵן)
לְעֵלָּא מִן כָּל בִּרְכָתָא וְשִׁירָתָא, תֻּשְׁבְּחָתָא וְנֶחֱמָתָא
דַּאֲמִירָן בְּעָלְמָא, וְאִמְרוּ אָמֵן. (קהל: אָמֵן)

תִּתְקַבַּל צְלוֹתְהוֹן וּבָעוּתְהוֹן דְּכָל בֵּית יִשְׂרָאֵל
קֳדָם אֲבוּהוֹן דִּי בִשְׁמַיָּא, וְאִמְרוּ אָמֵן. (קהל: אָמֵן)

יְהֵא שְׁלָמָא רַבָּא מִן שְׁמַיָּא
וְחַיִּים טוֹבִים עָלֵינוּ וְעַל כָּל יִשְׂרָאֵל, וְאִמְרוּ אָמֵן. (קהל: אָמֵן)

כורע ופוסע שלוש פסיעות לאחור. קד לשמאל, לימין ולפנים באמירת:

עֹשֶׂה שָׁלוֹם בִּמְרוֹמָיו

הוּא יַעֲשֶׂה שָׁלוֹם, עָלֵינוּ וְעַל כָּל יִשְׂרָאֵל, וְאִמְרוּ אָמֵן. (קהל: אָמֵן)

ברוב הקהילות אין אומרים 'שִׁיר לַמַּעֲלוֹת' ולא את הקדיש שאחריו,
אלא ממשיכים 'עָלֵינוּ' (בעמוד הבא), וכן מנהג אשכנז.

שִׁיר לַמַּעֲלוֹת, אֶשָּׂא עֵינַי אֶל־הֶהָרִים, מֵאַיִן יָבֹא עֶזְרִי: עֶזְרִי מֵעִם יהוה, תהלים קכא
עֹשֵׂה שָׁמַיִם וָאָרֶץ: אַל־יִתֵּן לַמּוֹט רַגְלֶךָ, אַל־יָנוּם שֹׁמְרֶךָ: הִנֵּה לֹא־
יָנוּם וְלֹא יִישָׁן, שׁוֹמֵר יִשְׂרָאֵל: יהוה שֹׁמְרֶךָ, יהוה צִלְּךָ עַל־יַד יְמִינֶךָ:
יוֹמָם הַשֶּׁמֶשׁ לֹא־יַכֶּכָּה, וְיָרֵחַ בַּלָּיְלָה: יהוה יִשְׁמָרְךָ מִכָּל־רָע, יִשְׁמֹר
אֶת־נַפְשֶׁךָ: יהוה יִשְׁמָר־צֵאתְךָ וּבוֹאֶךָ, מֵעַתָּה וְעַד־עוֹלָם:

קדיש יתום

אבל: **יִתְגַּדַּל וְיִתְקַדַּשׁ שְׁמֵהּ רַבָּא** (קהל: אָמֵן)
בְּעָלְמָא דִּי בְרָא כִרְעוּתֵהּ
וְיַמְלִיךְ מַלְכוּתֵהּ
וְיַצְמַח פֻּרְקָנֵהּ וִיקָרֵב מְשִׁיחֵהּ (קהל: אָמֵן)
בְּחַיֵּיכוֹן וּבְיוֹמֵיכוֹן וּבְחַיֵּי דְכָל בֵּית יִשְׂרָאֵל
בַּעֲגָלָא וּבִזְמַן קָרִיב, וְאִמְרוּ אָמֵן. (קהל: אָמֵן)

קהל ואבל: **יְהֵא שְׁמֵהּ רַבָּא מְבָרַךְ לְעָלַם וּלְעָלְמֵי עָלְמַיָּא.**

אבל: **יִתְבָּרַךְ וְיִשְׁתַּבַּח וְיִתְפָּאַר וְיִתְרוֹמַם וְיִתְנַשֵּׂא**
וְיִתְהַדָּר וְיִתְעַלֶּה וְיִתְהַלָּל
שְׁמֵהּ דְּקֻדְשָׁא בְּרִיךְ הוּא (קהל: אָמֵן)
לְעֵלָּא מִן כָּל בִּרְכָתָא וְשִׁירָתָא
תֻּשְׁבְּחָתָא וְנֶחֱמָתָא
דַּאֲמִירָן בְּעָלְמָא, וְאִמְרוּ אָמֵן. (קהל: אָמֵן)

יְהֵא שְׁלָמָא רַבָּא מִן שְׁמַיָּא
וְחַיִּים טוֹבִים עָלֵינוּ וְעַל כָּל יִשְׂרָאֵל, וְאִמְרוּ אָמֵן. (קהל: אָמֵן)

כורע ופוסע שלוש פסיעות לאחור. קד לשמאל, לימין ולפנים באמירת:

עֹשֶׂה שָׁלוֹם בִּמְרוֹמָיו
הוּא יַעֲשֶׂה שָׁלוֹם, עָלֵינוּ וְעַל כָּל יִשְׂרָאֵל, וְאִמְרוּ אָמֵן. (קהל: אָמֵן)

האומר קדיש, מוסיף (׳ברכי יוסף׳ בשם האר״י):

בָּרְכוּ אֶת יהוה הַמְבֹרָךְ.

הקהל עונה: **בָּרוּךְ יהוה הַמְבֹרָךְ לְעוֹלָם וָעֶד.**

והאומר קדיש חוזר: **בָּרוּךְ יהוה הַמְבֹרָךְ לְעוֹלָם וָעֶד.**

יש בתי כנסת שבהם שליח הציבור מבדיל (עמ׳ 489).
מי שעומד להבדיל בביתו, מוטב שיתכוון שלא לצאת ידי חובתו.
אם יום הכיפורים חל במוצאי שבת, יש אומרים כאן ׳וְיִתֶּן־לְךָ׳ (עמ׳ 490).

אומרים ׳עָלֵינוּ׳ בעמידה ומשתחווים במקום המסומן ב׳°.

עָלֵינוּ לְשַׁבֵּחַ לַאֲדוֹן הַכֹּל, לָתֵת גְּדֻלָּה לְיוֹצֵר בְּרֵאשִׁית
שֶׁלֹּא עָשָׂנוּ כְּגוֹיֵי הָאֲרָצוֹת, וְלֹא שָׂמָנוּ כְּמִשְׁפְּחוֹת הָאֲדָמָה
שֶׁלֹּא שָׂם חֶלְקֵנוּ כָּהֶם וְגוֹרָלֵנוּ כְּכָל הֲמוֹנָם.
שֶׁהֵם מִשְׁתַּחֲוִים לְהֶבֶל וָרִיק וּמִתְפַּלְלִים אֶל אֵל לֹא יוֹשִׁיעַ.
°וַאֲנַחְנוּ כּוֹרְעִים וּמִשְׁתַּחֲוִים וּמוֹדִים
לִפְנֵי מֶלֶךְ מַלְכֵי הַמְּלָכִים, הַקָּדוֹשׁ בָּרוּךְ הוּא
שֶׁהוּא נוֹטֶה שָׁמַיִם וְיוֹסֵד אָרֶץ, וּמוֹשַׁב יְקָרוֹ בַּשָּׁמַיִם מִמַּעַל
וּשְׁכִינַת עֻזּוֹ בְּגָבְהֵי מְרוֹמִים.
הוּא אֱלֹהֵינוּ, אֵין עוֹד.
אֱמֶת מַלְכֵּנוּ, אֶפֶס זוּלָתוֹ
דברים ד כַּכָּתוּב בְּתוֹרָתוֹ, וְיָדַעְתָּ הַיּוֹם וַהֲשֵׁבֹתָ אֶל־לְבָבֶךָ
כִּי יהוה הוּא הָאֱלֹהִים בַּשָּׁמַיִם מִמַּעַל וְעַל־הָאָרֶץ מִתָּחַת, אֵין עוֹד:

וְעַל כֵּן נְקַוֶּה לְּךָ יהוה אֱלֹהֵינוּ, לִרְאוֹת מְהֵרָה בְּתִפְאֶרֶת עֻזֶּךָ
לְהַעֲבִיר גִּלּוּלִים מִן הָאָרֶץ, וְהָאֱלִילִים כָּרוֹת יִכָּרֵתוּן
לְתַקֵּן עוֹלָם בְּמַלְכוּת שַׁדַּי.
וְכָל בְּנֵי בָשָׂר יִקְרְאוּ בִשְׁמֶךָ, לְהַפְנוֹת אֵלֶיךָ כָּל רִשְׁעֵי אָרֶץ.
יַכִּירוּ וְיֵדְעוּ כָּל יוֹשְׁבֵי תֵבֵל
כִּי לְךָ תִּכְרַע כָּל בֶּרֶךְ, תִּשָּׁבַע כָּל לָשׁוֹן.
לְפָנֶיךָ יהוה אֱלֹהֵינוּ יִכְרְעוּ וְיִפֹּלוּ, וְלִכְבוֹד שִׁמְךָ יְקָר יִתֵּנוּ
וִיקַבְּלוּ כֻלָּם אֶת עֹל מַלְכוּתֶךָ, וְתִמְלֹךְ עֲלֵיהֶם מְהֵרָה לְעוֹלָם וָעֶד.

כִּי הַמַּלְכוּת שֶׁלְּךָ הִיא וּלְעוֹלְמֵי עַד תִּמְלֹךְ בְּכָבוֹד
כַּכָּתוּב בְּתוֹרָתֶךָ, יהוה יִמְלֹךְ לְעֹלָם וָעֶד: שמות טו
◂ וְנֶאֱמַר, וְהָיָה יהוה לְמֶלֶךְ עַל־כָּל־הָאָרֶץ זכריה יד
בַּיּוֹם הַהוּא יִהְיֶה יהוה אֶחָד וּשְׁמוֹ אֶחָד:

יש מוסיפים:

אַל־תִּירָא מִפַּחַד פִּתְאֹם וּמִשֹּׁאַת רְשָׁעִים כִּי תָבֹא: משלי ג
עֻצוּ עֵצָה וְתֻפָר, דַּבְּרוּ דָבָר וְלֹא יָקוּם, כִּי עִמָּנוּ אֵל: ישעיה ח
וְעַד־זִקְנָה אֲנִי הוּא, וְעַד־שֵׂיבָה אֲנִי אֶסְבֹּל, אֲנִי עָשִׂיתִי וַאֲנִי אֶשָּׂא וַאֲנִי אֶסְבֹּל וַאֲמַלֵּט: ישעיה מו

קדיש יתום

אבל: יִתְגַּדַּל וְיִתְקַדַּשׁ שְׁמֵהּ רַבָּא (קהל: אָמֵן)
בְּעָלְמָא דִּי בְרָא כִרְעוּתֵהּ
וְיַמְלִיךְ מַלְכוּתֵהּ
וְיַצְמַח פֻּרְקָנֵהּ וִיקָרֵב מְשִׁיחֵהּ (קהל: אָמֵן)
בְּחַיֵּיכוֹן וּבְיוֹמֵיכוֹן וּבְחַיֵּי דְכָל בֵּית יִשְׂרָאֵל
בַּעֲגָלָא וּבִזְמַן קָרִיב, וְאִמְרוּ אָמֵן. (קהל: אָמֵן)

קהל ואבל: יְהֵא שְׁמֵהּ רַבָּא מְבָרַךְ לְעָלַם וּלְעָלְמֵי עָלְמַיָּא.

אבל: יִתְבָּרַךְ וְיִשְׁתַּבַּח וְיִתְפָּאַר וְיִתְרוֹמַם וְיִתְנַשֵּׂא
וְיִתְהַדָּר וְיִתְעַלֶּה וְיִתְהַלָּל שְׁמֵהּ דְּקֻדְשָׁא בְּרִיךְ הוּא (קהל: אָמֵן)
לְעֵלָּא מִן כָּל בִּרְכָתָא וְשִׁירָתָא, תֻּשְׁבְּחָתָא וְנֶחֱמָתָא
דַּאֲמִירָן בְּעָלְמָא, וְאִמְרוּ אָמֵן. (קהל: אָמֵן)

יְהֵא שְׁלָמָא רַבָּא מִן שְׁמַיָּא
וְחַיִּים טוֹבִים עָלֵינוּ וְעַל כָּל יִשְׂרָאֵל, וְאִמְרוּ אָמֵן. (קהל: אָמֵן)

כורע ופוסע שלוש פסיעות לאחור. קד לשמאל, לימין ולפנים באמירת:

עֹשֶׂה שָׁלוֹם בִּמְרוֹמָיו
הוּא יַעֲשֶׂה שָׁלוֹם עָלֵינוּ וְעַל כָּל יִשְׂרָאֵל, וְאִמְרוּ אָמֵן. (קהל: אָמֵן)

יש קהילות המוסיפות כאן את המזמור
'לְדָוִד, ה' אוֹרִי וְיִשְׁעִי' (עמ' 246) וקדיש יתום, וכן מנהג אשכנז.

קידוש לבנה

אומרים קידוש לבנה תחת כיפת השמים בזמן שהלבנה נראית.

תהלים קמח הַלְלוּיָהּ, הַלְלוּ אֶת־יהוה מִן־הַשָּׁמַיִם, הַלְלוּהוּ בַּמְּרוֹמִים:
הַלְלוּהוּ כָל־מַלְאָכָיו, הַלְלוּהוּ כָּל־צְבָאָו:
הַלְלוּהוּ שֶׁמֶשׁ וְיָרֵחַ, הַלְלוּהוּ כָּל־כּוֹכְבֵי אוֹר:
הַלְלוּהוּ שְׁמֵי הַשָּׁמָיִם, וְהַמַּיִם אֲשֶׁר מֵעַל הַשָּׁמָיִם:
יְהַלְלוּ אֶת־שֵׁם יהוה, כִּי הוּא צִוָּה וְנִבְרָאוּ:
וַיַּעֲמִידֵם לָעַד לְעוֹלָם, חָק־נָתַן וְלֹא יַעֲבוֹר:

יש הנוהגים להוסיף:

תהלים ח כִּי־אֶרְאֶה שָׁמֶיךָ מַעֲשֵׂה אֶצְבְּעֹתֶיךָ, יָרֵחַ וְכוֹכָבִים אֲשֶׁר כּוֹנָנְתָּה:
מָה־אֱנוֹשׁ כִּי־תִזְכְּרֶנּוּ, וּבֶן־אָדָם כִּי תִפְקְדֶנּוּ:

הֲרֵינִי מוּכָן וּמְזֻמָּן לְקַיֵּם הַמִּצְוָה לְקַדֵּשׁ הַלְּבָנָה
לְשֵׁם יִחוּד קֻדְשָׁא בְּרִיךְ הוּא וּשְׁכִינְתֵּהּ
עַל יְדֵי הַהוּא טָמִיר וְנֶעְלָם בְּשֵׁם כָּל יִשְׂרָאֵל.

מסתכל בלבנה ומברך:

סנהדרין מב. בָּרוּךְ אַתָּה יהוה אֱלֹהֵינוּ מֶלֶךְ הָעוֹלָם
אֲשֶׁר בְּמַאֲמָרוֹ בָּרָא שְׁחָקִים, וּבְרוּחַ פִּיו כָּל צְבָאָם
חֹק וּזְמַן נָתַן לָהֶם שֶׁלֹּא יְשַׁנּוּ אֶת תַּפְקִידָם.
שָׂשִׂים וּשְׂמֵחִים לַעֲשׂוֹת רְצוֹן קוֹנָם
פּוֹעֵל אֱמֶת שֶׁפְּעֻלָּתוֹ אֱמֶת.
וְלַלְּבָנָה אָמַר שֶׁתִּתְחַדֵּשׁ
עֲטֶרֶת תִּפְאֶרֶת לַעֲמוּסֵי בָטֶן
שֶׁהֵם עֲתִידִים לְהִתְחַדֵּשׁ כְּמוֹתָהּ
וּלְפָאֵר לְיוֹצְרָם עַל שֵׁם כְּבוֹד מַלְכוּתוֹ.
בָּרוּךְ אַתָּה יהוה, מְחַדֵּשׁ חֳדָשִׁים.

אומר שלוש פעמים כל פסוק מן הפסוקים הבאים (מסכת סופרים).

בָּרוּךְ יוֹצְרֵךְ, בָּרוּךְ עוֹשֵׂךְ, בָּרוּךְ קוֹנֵךְ, בָּרוּךְ בּוֹרְאֵךְ.

מרקד כנגד הלבנה שלוש פעמים, ובכל פעם אומר:

כְּשֵׁם שֶׁאֲנִי רוֹקֵד כְּנֶגְדֵּךְ
וְאֵינִי יָכוֹל לִנְגֹּעַ בָּךְ
כָּךְ לֹא יוּכְלוּ כָּל אוֹיְבַי לִנְגֹּעַ בִּי לְרָעָה.

תִּפֹּל עֲלֵיהֶם אֵימָתָה וָפַחַד, בִּגְדֹל זְרוֹעֲךָ יִדְּמוּ כָּאָבֶן: שמות טו

אומר את הפסוק הקודם גם בסדר הפוך (סידור הרוקח):

כָּאָבֶן יִדְּמוּ זְרוֹעֲךָ בִּגְדֹל, וָפַחַד אֵימָתָה עֲלֵיהֶם תִּפֹּל.

מזכיר את מלכות דוד שנמשלה ללבנה (רמ״א תכו, ב, על פי ר׳ בחיי על בראשית לח, ל):

דָּוִד מֶלֶךְ יִשְׂרָאֵל חַי וְקַיָּם.

מברך שלוש פעמים את חברו (מסכת סופרים), וכיום המנהג הוא לברך שלושה אנשים שונים:

שָׁלוֹם עֲלֵיכֶם.

ועונים לו:

עֲלֵיכֶם שָׁלוֹם.

ואומר שלוש פעמים:

סִימָן טוֹב וּמַזָּל טוֹב
יְהֵא לָנוּ וּלְכָל יִשְׂרָאֵל, אָמֵן.

נהגו להוסיף פסוקים אלה, על פי מנהג ר״י החסיד (מובא במג״א תכו, י).

קוֹל דּוֹדִי הִנֵּה־זֶה בָּא שיר השירים ב
מְדַלֵּג עַל־הֶהָרִים, מְקַפֵּץ עַל־הַגְּבָעוֹת:
דּוֹמֶה דוֹדִי לִצְבִי אוֹ לְעֹפֶר הָאַיָּלִים
הִנֵּה־זֶה עוֹמֵד אַחַר כָּתְלֵנוּ
מַשְׁגִּיחַ מִן־הַחַלֹּנוֹת, מֵצִיץ מִן־הַחֲרַכִּים:

נהגו להוסיף שני מזמורים אלה (מג״א שם בשם השל״ה).

תהלים קכא שִׁיר לַמַּעֲלוֹת, אֶשָּׂא עֵינַי אֶל־הֶהָרִים, מֵאַיִן יָבֹא עֶזְרִי: עֶזְרִי מֵעִם יהוה, עֹשֵׂה שָׁמַיִם וָאָרֶץ: אַל־יִתֵּן לַמּוֹט רַגְלֶךָ, אַל־יָנוּם שֹׁמְרֶךָ: הִנֵּה לֹא־יָנוּם וְלֹא יִישָׁן, שׁוֹמֵר יִשְׂרָאֵל: יהוה שֹׁמְרֶךָ, יהוה צִלְּךָ עַל־יַד יְמִינֶךָ: יוֹמָם הַשֶּׁמֶשׁ לֹא־יַכֶּכָּה, וְיָרֵחַ בַּלָּיְלָה: יהוה יִשְׁמָרְךָ מִכָּל־רָע, יִשְׁמֹר אֶת־נַפְשֶׁךָ: יהוה יִשְׁמָר־צֵאתְךָ וּבוֹאֶךָ, מֵעַתָּה וְעַד־עוֹלָם:

תהלים קנ הַלְלוּיָהּ, הַלְלוּ־אֵל בְּקָדְשׁוֹ, הַלְלְוּהוּ בִּרְקִיעַ עֻזּוֹ: הַלְלְוּהוּ בִגְבוּרֹתָיו, הַלְלְוּהוּ כְּרֹב גֻּדְלוֹ: הַלְלְוּהוּ בְּתֵקַע שׁוֹפָר, הַלְלְוּהוּ בְּנֵבֶל וְכִנּוֹר: הַלְלְוּהוּ בְתֹף וּמָחוֹל, הַלְלְוּהוּ בְּמִנִּים וְעֻגָב: הַלְלְוּהוּ בְצִלְצְלֵי־שָׁמַע, הַלְלְוּהוּ בְּצִלְצְלֵי תְרוּעָה: כֹּל הַנְּשָׁמָה תְּהַלֵּל יָהּ, הַלְלוּיָהּ:

סנהדרין מב. תָּנָא דְּבֵי רַבִּי יִשְׁמָעֵאל: אִלְמָלֵי לֹא זָכוּ יִשְׂרָאֵל אֶלָּא לְהַקְבִּיל פְּנֵי אֲבִיהֶם שֶׁבַּשָּׁמַיִם פַּעַם אַחַת בַּחֹדֶשׁ, דַּיָּם. אָמַר אַבַּיֵּי: הִלְכָּךְ צָרִיךְ לְמֵימְרָא מְעֻמָּד. מִי זֹאת עֹלָה מִן־הַמִּדְבָּר, מִתְרַפֶּקֶת עַל־דּוֹדָהּ: שיר השירים ח

וִיהִי רָצוֹן מִלְּפָנֶיךָ יהוה אֱלֹהַי וֵאלֹהֵי אֲבוֹתַי, לְמַלֹּאת פְּגִימַת הַלְּבָנָה וְלֹא יִהְיֶה בָּהּ שׁוּם מִעוּט. וִיהִי אוֹר הַלְּבָנָה כְּאוֹר הַחַמָּה וּכְאוֹר שִׁבְעַת יְמֵי בְרֵאשִׁית, כְּמוֹ שֶׁהָיְתָה קֹדֶם מִעוּטָהּ, שֶׁנֶּאֱמַר: בראשית א אֶת־שְׁנֵי הַמְּאֹרֹת הַגְּדֹלִים: וְיִתְקַיֵּם בָּנוּ מִקְרָא שֶׁכָּתוּב: וּבִקְשׁוּ הושע ג אֶת־יהוה אֱלֹהֵיהֶם וְאֵת דָּוִד מַלְכָּם: אָמֵן.

תהלים סז לַמְנַצֵּחַ בִּנְגִינֹת, מִזְמוֹר שִׁיר: אֱלֹהִים יְחָנֵּנוּ וִיבָרְכֵנוּ, יָאֵר פָּנָיו אִתָּנוּ סֶלָה: לָדַעַת בָּאָרֶץ דַּרְכֶּךָ, בְּכָל־גּוֹיִם יְשׁוּעָתֶךָ: יוֹדְוּךָ עַמִּים אֱלֹהִים, יוֹדְוּךָ עַמִּים כֻּלָּם: יִשְׂמְחוּ וִירַנְּנוּ לְאֻמִּים, כִּי־תִשְׁפֹּט עַמִּים מִישֹׁר, וּלְאֻמִּים בָּאָרֶץ תַּנְחֵם סֶלָה: יוֹדְוּךָ עַמִּים אֱלֹהִים, יוֹדְוּךָ עַמִּים כֻּלָּם: אֶרֶץ נָתְנָה יְבוּלָהּ, יְבָרְכֵנוּ אֱלֹהִים אֱלֹהֵינוּ: יְבָרְכֵנוּ אֱלֹהִים, וְיִירְאוּ אוֹתוֹ כָּל־אַפְסֵי־אָרֶץ:

אומרים 'עָלֵינוּ' בעמידה ומשתחווים במקום המסומן ב°.

עָלֵינוּ לְשַׁבֵּחַ לַאֲדוֹן הַכֹּל, לָתֵת גְּדֻלָּה לְיוֹצֵר בְּרֵאשִׁית
שֶׁלֹּא עָשָׂנוּ כְּגוֹיֵי הָאֲרָצוֹת, וְלֹא שָׂמָנוּ כְּמִשְׁפְּחוֹת הָאֲדָמָה
שֶׁלֹּא שָׂם חֶלְקֵנוּ כָּהֶם וְגוֹרָלֵנוּ כְּכָל הֲמוֹנָם.
שֶׁהֵם מִשְׁתַּחֲוִים לְהֶבֶל וָרִיק וּמִתְפַּלְלִים אֶל אֵל לֹא יוֹשִׁיעַ.
°וַאֲנַחְנוּ כּוֹרְעִים וּמִשְׁתַּחֲוִים וּמוֹדִים
לִפְנֵי מֶלֶךְ מַלְכֵי הַמְּלָכִים, הַקָּדוֹשׁ בָּרוּךְ הוּא
שֶׁהוּא נוֹטֶה שָׁמַיִם וְיוֹסֵד אָרֶץ, וּמוֹשַׁב יְקָרוֹ בַּשָּׁמַיִם מִמַּעַל
וּשְׁכִינַת עֻזּוֹ בְּגָבְהֵי מְרוֹמִים.
הוּא אֱלֹהֵינוּ, אֵין עוֹד.
אֱמֶת מַלְכֵּנוּ, אֶפֶס זוּלָתוֹ
כַּכָּתוּב בְּתוֹרָתוֹ, וְיָדַעְתָּ הַיּוֹם וַהֲשֵׁבֹתָ אֶל־לְבָבֶךָ דברים ד
כִּי יהוה הוּא הָאֱלֹהִים בַּשָּׁמַיִם מִמַּעַל וְעַל־הָאָרֶץ מִתָּחַת, אֵין עוֹד:

וְעַל כֵּן נְקַוֶּה לְּךָ יהוה אֱלֹהֵינוּ, לִרְאוֹת מְהֵרָה בְּתִפְאֶרֶת עֻזֶּךָ
לְהַעֲבִיר גִּלּוּלִים מִן הָאָרֶץ, וְהָאֱלִילִים כָּרוֹת יִכָּרֵתוּן
לְתַקֵּן עוֹלָם בְּמַלְכוּת שַׁדַּי.
וְכָל בְּנֵי בָשָׂר יִקְרְאוּ בִשְׁמֶךָ, לְהַפְנוֹת אֵלֶיךָ כָּל רִשְׁעֵי אָרֶץ.
יַכִּירוּ וְיֵדְעוּ כָּל יוֹשְׁבֵי תֵבֵל כִּי לְךָ תִּכְרַע כָּל בֶּרֶךְ, תִּשָּׁבַע כָּל לָשׁוֹן.
לְפָנֶיךָ יהוה אֱלֹהֵינוּ יִכְרְעוּ וְיִפֹּלוּ, וְלִכְבוֹד שִׁמְךָ יְקָר יִתֵּנוּ
וִיקַבְּלוּ כֻלָּם אֶת עֹל מַלְכוּתֶךָ, וְתִמְלֹךְ עֲלֵיהֶם מְהֵרָה לְעוֹלָם וָעֶד.
כִּי הַמַּלְכוּת שֶׁלְּךָ הִיא וּלְעוֹלְמֵי עַד תִּמְלֹךְ בְּכָבוֹד
כַּכָּתוּב בְּתוֹרָתֶךָ, יהוה יִמְלֹךְ לְעֹלָם וָעֶד: שמות טו
◂ וְנֶאֱמַר, וְהָיָה יהוה לְמֶלֶךְ עַל־כָּל־הָאָרֶץ זכריה יד
בַּיּוֹם הַהוּא יִהְיֶה יהוה אֶחָד וּשְׁמוֹ אֶחָד:

יש מוסיפים:

אַל־תִּירָא מִפַּחַד פִּתְאֹם וּמִשֹּׁאַת רְשָׁעִים כִּי תָבֹא: משלי ג
עֻצוּ עֵצָה וְתֻפָר, דַּבְּרוּ דָבָר וְלֹא יָקוּם, כִּי עִמָּנוּ אֵל: ישעיה ח
וְעַד־זִקְנָה אֲנִי הוּא, וְעַד־שֵׂיבָה אֲנִי אֶסְבֹּל, אֲנִי עָשִׂיתִי וַאֲנִי אֶשָּׂא וַאֲנִי אֶסְבֹּל וַאֲמַלֵּט: ישעיה מו

קדיש יתום

אבל: יִתְגַּדַּל וְיִתְקַדַּשׁ שְׁמֵהּ רַבָּא (קהל: אָמֵן)
בְּעָלְמָא דִּי בְרָא כִרְעוּתֵהּ
וְיַמְלִיךְ מַלְכוּתֵהּ
וְיַצְמַח פֻּרְקָנֵהּ וִיקָרֵב מְשִׁיחֵהּ (קהל: אָמֵן)
בְּחַיֵּיכוֹן וּבְיוֹמֵיכוֹן וּבְחַיֵּי דְכָל בֵּית יִשְׂרָאֵל
בַּעֲגָלָא וּבִזְמַן קָרִיב, וְאִמְרוּ אָמֵן. (קהל: אָמֵן)

קהל ואבל: יְהֵא שְׁמֵהּ רַבָּא מְבָרַךְ לְעָלַם וּלְעָלְמֵי עָלְמַיָּא.

אבל: יִתְבָּרַךְ וְיִשְׁתַּבַּח וְיִתְפָּאַר וְיִתְרוֹמַם וְיִתְנַשֵּׂא
וְיִתְהַדָּר וְיִתְעַלֶּה וְיִתְהַלָּל
שְׁמֵהּ דְּקֻדְשָׁא בְּרִיךְ הוּא (קהל: אָמֵן)
לְעֵלָּא מִן כָּל בִּרְכָתָא וְשִׁירָתָא, תֻּשְׁבְּחָתָא וְנֶחֱמָתָא
דַּאֲמִירָן בְּעָלְמָא, וְאִמְרוּ אָמֵן. (קהל: אָמֵן)

יְהֵא שְׁלָמָא רַבָּא מִן שְׁמַיָּא
וְחַיִּים טוֹבִים עָלֵינוּ וְעַל כָּל יִשְׂרָאֵל, וְאִמְרוּ אָמֵן. (קהל: אָמֵן)

כורע ופוסע שלוש פסיעות לאחור. קד לשמאל, לימין ולפנים באמירת:
עֹשֶׂה שָׁלוֹם בִּמְרוֹמָיו
הוּא יַעֲשֶׂה שָׁלוֹם
עָלֵינוּ וְעַל כָּל יִשְׂרָאֵל, וְאִמְרוּ אָמֵן. (קהל: אָמֵן)

נוהגים לשיר:

טוֹבִים מְאוֹרוֹת שֶׁבָּרָא אֱלֹהֵינוּ, יְצָרָם בְּדַעַת בְּבִינָה וּבְהַשְׂכֵּל
כֹּחַ וּגְבוּרָה נָתַן בָּהֶם, לִהְיוֹת מוֹשְׁלִים בְּקֶרֶב תֵּבֵל.

מְלֵאִים זִיו וּמְפִיקִים נֹגַהּ, נָאֶה זִיוָם בְּכָל הָעוֹלָם
שְׂמֵחִים בְּצֵאתָם וְשָׂשִׂים בְּבוֹאָם, עוֹשִׂים בְּאֵימָה רְצוֹן קוֹנָם.

פְּאֵר וְכָבוֹד נוֹתְנִים לִשְׁמוֹ, צָהֳלָה וְרִנָּה לְזֵכֶר מַלְכוּתוֹ
קָרָא לַשֶּׁמֶשׁ וַיִּזְרַח אוֹר, רָאָה וְהִתְקִין צוּרַת הַלְּבָנָה.

סדר הבדלה

במוצאי יום הכיפורים אין אומרים פסוקי ברכה לפני ההבדלה ואין מברכים על הבשמים.
אך אם יום הכיפורים חל בשבת, מבדילים בנוסח הרגיל.

המבדיל לוקח בידו כוס יין ואומר:

הִנֵּה אֵל יְשׁוּעָתִי אֶבְטַח, וְלֹא אֶפְחָד ישעיה יב
כִּי־עָזִּי וְזִמְרָת יָהּ יהוה, וַיְהִי־לִי לִישׁוּעָה:
וּשְׁאַבְתֶּם־מַיִם בְּשָׂשׂוֹן, מִמַּעַיְנֵי הַיְשׁוּעָה:
לַיהוה הַיְשׁוּעָה, עַל־עַמְּךָ בִרְכָתֶךָ סֶּלָה: תהלים ג
יהוה צְבָאוֹת עִמָּנוּ, מִשְׂגָּב לָנוּ אֱלֹהֵי יַעֲקֹב סֶלָה: תהלים מו
יהוה צְבָאוֹת, אַשְׁרֵי אָדָם בֹּטֵחַ בָּךְ: תהלים פד
יהוה הוֹשִׁיעָה, הַמֶּלֶךְ יַעֲנֵנוּ בְיוֹם־קָרְאֵנוּ: תהלים כ
לַיְּהוּדִים הָיְתָה אוֹרָה וְשִׂמְחָה וְשָׂשֹׂן וִיקָר: כֵּן תִּהְיֶה לָּנוּ. אסתר ח
כּוֹס־יְשׁוּעוֹת אֶשָּׂא, וּבְשֵׁם יהוה אֶקְרָא: תהלים קטז

המבדיל לאחרים, מוסיף:

סַבְרִי מָרָנָן

בָּרוּךְ אַתָּה יהוה אֱלֹהֵינוּ מֶלֶךְ הָעוֹלָם, בּוֹרֵא פְּרִי הַגָּפֶן.

ביום חול המבדיל ממשיך בברכת 'בּוֹרֵא מְאוֹרֵי הָאֵשׁ' (למטה).

אם חל במוצאי שבת, המבדיל לוקח בידו את הבשמים ומברך:

בָּרוּךְ אַתָּה יהוה אֱלֹהֵינוּ מֶלֶךְ הָעוֹלָם, בּוֹרֵא מִינֵי בְשָׂמִים.

לאחר שהריח את הבשמים, מברך:

בָּרוּךְ אַתָּה יהוה אֱלֹהֵינוּ מֶלֶךְ הָעוֹלָם, בּוֹרֵא מְאוֹרֵי הָאֵשׁ.

המבדיל מסתכל באצבעותיו לאור 'נר ששבת' כדי ליהנות מהאור.

אחר כך חוזר ולוקח את הכוס בידו ומברך:

בָּרוּךְ אַתָּה יהוה אֱלֹהֵינוּ מֶלֶךְ הָעוֹלָם
הַמַּבְדִּיל בֵּין קֹדֶשׁ לְחֹל, בֵּין אוֹר לְחֹשֶׁךְ
בֵּין יִשְׂרָאֵל לָעַמִּים
בֵּין יוֹם הַשְּׁבִיעִי לְשֵׁשֶׁת יְמֵי הַמַּעֲשֶׂה.
בָּרוּךְ אַתָּה יהוה, הַמַּבְדִּיל בֵּין קֹדֶשׁ לְחֹל.

פסוקי ברכה

במוצאי יום הכיפורים שחל בשבת אומרים פסוקי ברכה לקראת השבוע שיבוא.
יש מקהילות מערב אירופה שאמרו נוסח מקוצר ודילגו על חלק מהפסקאות –
אלו הכתובות באות קטנה (סידור עבודת ישראל).

בראשית כז וְיִתֶּן־לְךָ הָאֱלֹהִים מִטַּל הַשָּׁמַיִם וּמִשְׁמַנֵּי הָאָרֶץ, וְרֹב דָּגָן וְתִירֹשׁ:
יַעַבְדוּךָ עַמִּים וְיִשְׁתַּחֲוֻ לְךָ לְאֻמִּים, הֱוֵה גְבִיר לְאַחֶיךָ וְיִשְׁתַּחֲווּ לְךָ
בְּנֵי אִמֶּךָ, אֹרְרֶיךָ אָרוּר וּמְבָרְכֶיךָ בָּרוּךְ:

בראשית כח וְאֵל שַׁדַּי יְבָרֵךְ אֹתְךָ וְיַפְרְךָ וְיַרְבֶּךָ, וְהָיִיתָ לִקְהַל עַמִּים: וְיִתֶּן־לְךָ אֶת־
בִּרְכַּת אַבְרָהָם, לְךָ וּלְזַרְעֲךָ אִתָּךְ, לְרִשְׁתְּךָ אֶת־אֶרֶץ מְגֻרֶיךָ אֲשֶׁר־נָתַן
בראשית מט אֱלֹהִים לְאַבְרָהָם: מֵאֵל אָבִיךָ וְיַעְזְרֶךָּ וְאֵת שַׁדַּי וִיבָרְכֶךָּ, בִּרְכֹת שָׁמַיִם
מֵעָל בִּרְכֹת תְּהוֹם רֹבֶצֶת תָּחַת, בִּרְכֹת שָׁדַיִם וָרָחַם: בִּרְכֹת אָבִיךָ גָּבְרוּ
עַל־בִּרְכֹת הוֹרַי עַד־תַּאֲוַת גִּבְעֹת עוֹלָם, תִּהְיֶיןָ לְרֹאשׁ יוֹסֵף וּלְקָדְקֹד
דברים ז נְזִיר אֶחָיו: וַאֲהֵבְךָ וּבֵרַכְךָ וְהִרְבֶּךָ, וּבֵרַךְ פְּרִי־בִטְנְךָ וּפְרִי־אַדְמָתֶךָ,
דְּגָנְךָ וְתִירֹשְׁךָ וְיִצְהָרֶךָ, שְׁגַר־אֲלָפֶיךָ וְעַשְׁתְּרֹת צֹאנֶךָ, עַל הָאֲדָמָה
אֲשֶׁר־נִשְׁבַּע לַאֲבֹתֶיךָ לָתֶת לָךְ: בָּרוּךְ תִּהְיֶה מִכָּל־הָעַמִּים, לֹא־יִהְיֶה
בְךָ עָקָר וַעֲקָרָה וּבִבְהֶמְתֶּךָ: וְהֵסִיר יהוה מִמְּךָ כָּל־חֹלִי, וְכָל־מַדְוֵי
מִצְרַיִם הָרָעִים אֲשֶׁר יָדַעְתָּ, לֹא יְשִׂימָם בָּךְ, וּנְתָנָם בְּכָל־שֹׂנְאֶיךָ:

בראשית מח הַמַּלְאָךְ הַגֹּאֵל אֹתִי מִכָּל־רָע יְבָרֵךְ אֶת־הַנְּעָרִים, וְיִקָּרֵא בָהֶם שְׁמִי וְשֵׁם
דברים א אֲבֹתַי אַבְרָהָם וְיִצְחָק, וְיִדְגּוּ לָרֹב בְּקֶרֶב הָאָרֶץ: יהוה אֱלֹהֵיכֶם הִרְבָּה אֶתְכֶם,
וְהִנְּכֶם הַיּוֹם כְּכוֹכְבֵי הַשָּׁמַיִם לָרֹב: יהוה אֱלֹהֵי אֲבוֹתֵכֶם יֹסֵף עֲלֵיכֶם כָּכֶם אֶלֶף
פְּעָמִים, וִיבָרֵךְ אֶתְכֶם כַּאֲשֶׁר דִּבֶּר לָכֶם:

דברים כח בָּרוּךְ אַתָּה בָּעִיר, וּבָרוּךְ אַתָּה בַּשָּׂדֶה: בָּרוּךְ אַתָּה בְּבֹאֶךָ, וּבָרוּךְ אַתָּה
בְּצֵאתֶךָ: בָּרוּךְ טַנְאֲךָ וּמִשְׁאַרְתֶּךָ: בָּרוּךְ פְּרִי־בִטְנְךָ וּפְרִי אַדְמָתְךָ וּפְרִי
בְהֶמְתֶּךָ, שְׁגַר אֲלָפֶיךָ וְעַשְׁתְּרוֹת צֹאנֶךָ: יְצַו יהוה אִתְּךָ אֶת־הַבְּרָכָה
בַּאֲסָמֶיךָ וּבְכֹל מִשְׁלַח יָדֶךָ, וּבֵרַכְךָ בָּאָרֶץ אֲשֶׁר־יהוה אֱלֹהֶיךָ נֹתֵן
לָךְ: יִפְתַּח יהוה לְךָ אֶת־אוֹצָרוֹ הַטּוֹב אֶת־הַשָּׁמַיִם, לָתֵת מְטַר־אַרְצְךָ
בְּעִתּוֹ, וּלְבָרֵךְ אֵת כָּל־מַעֲשֵׂה יָדֶךָ, וְהִלְוִיתָ גּוֹיִם רַבִּים וְאַתָּה לֹא תִלְוֶה:

כִּי־יהוה אֱלֹהֶיךָ בֵּרַכְךָ כַּאֲשֶׁר דִּבֶּר־לָךְ, וְהַעֲבַטְתָּ גּוֹיִם רַבִּים וְאַתָּה דברים טו
לֹא תַעֲבֹט, וּמָשַׁלְתָּ בְּגוֹיִם רַבִּים וּבְךָ לֹא יִמְשֹׁלוּ: אַשְׁרֶיךָ יִשְׂרָאֵל, מִי דברים לג
כָמוֹךָ, עַם נוֹשַׁע בַּיהוה, מָגֵן עֶזְרֶךָ וַאֲשֶׁר־חֶרֶב גַּאֲוָתֶךָ, וְיִכָּחֲשׁוּ אֹיְבֶיךָ
לָךְ, וְאַתָּה עַל־בָּמוֹתֵימוֹ תִדְרֹךְ:

מָחִיתִי כָעָב פְּשָׁעֶיךָ וְכֶעָנָן חַטֹּאותֶיךָ, שׁוּבָה אֵלַי כִּי גְאַלְתִּיךָ: רָנּוּ שָׁמַיִם ישעיה מד
כִּי־עָשָׂה יהוה, הָרִיעוּ תַּחְתִּיּוֹת אָרֶץ, פִּצְחוּ הָרִים רִנָּה, יַעַר וְכָל־עֵץ בּוֹ,
כִּי־גָאַל יהוה יַעֲקֹב וּבְיִשְׂרָאֵל יִתְפָּאָר: גֹּאֲלֵנוּ, יהוה צְבָאוֹת שְׁמוֹ, קְדוֹשׁ ישעיה מז
יִשְׂרָאֵל:

יִשְׂרָאֵל נוֹשַׁע בַּיהוה תְּשׁוּעַת עוֹלָמִים, לֹא־תֵבֹשׁוּ וְלֹא־תִכָּלְמוּ עַד־ ישעיה מה
עוֹלְמֵי עַד: וַאֲכַלְתֶּם אָכוֹל וְשָׂבוֹעַ, וְהִלַּלְתֶּם אֶת־שֵׁם יהוה אֱלֹהֵיכֶם יואל ב
אֲשֶׁר־עָשָׂה עִמָּכֶם לְהַפְלִיא, וְלֹא־יֵבֹשׁוּ עַמִּי לְעוֹלָם: וִידַעְתֶּם כִּי
בְקֶרֶב יִשְׂרָאֵל אָנִי, וַאֲנִי יהוה אֱלֹהֵיכֶם וְאֵין עוֹד, וְלֹא־יֵבֹשׁוּ עַמִּי
לְעוֹלָם: כִּי־בְשִׂמְחָה תֵצֵאוּ וּבְשָׁלוֹם תּוּבָלוּן, הֶהָרִים וְהַגְּבָעוֹת יִפְצְחוּ ישעיה נה
לִפְנֵיכֶם רִנָּה, וְכָל־עֲצֵי הַשָּׂדֶה יִמְחֲאוּ־כָף: הִנֵּה אֵל יְשׁוּעָתִי אֶבְטַח, ישעיה יב
וְלֹא אֶפְחָד, כִּי־עָזִּי וְזִמְרָת יָהּ יהוה, וַיְהִי־לִי לִישׁוּעָה: וּשְׁאַבְתֶּם־מַיִם
בְּשָׂשׂוֹן, מִמַּעַיְנֵי הַיְשׁוּעָה: וַאֲמַרְתֶּם בַּיּוֹם הַהוּא, הוֹדוּ לַיהוה קִרְאוּ
בִשְׁמוֹ, הוֹדִיעוּ בָעַמִּים עֲלִילֹתָיו, הַזְכִּירוּ כִּי נִשְׂגָּב שְׁמוֹ: זַמְּרוּ יהוה כִּי
גֵאוּת עָשָׂה, מוּדַעַת זֹאת בְּכָל־הָאָרֶץ: צַהֲלִי וָרֹנִּי יוֹשֶׁבֶת צִיּוֹן, כִּי־גָדוֹל
בְּקִרְבֵּךְ קְדוֹשׁ יִשְׂרָאֵל: וְאָמַר בַּיּוֹם הַהוּא, הִנֵּה אֱלֹהֵינוּ זֶה קִוִּינוּ לוֹ ישעיה כה
וְיוֹשִׁיעֵנוּ, זֶה יהוה קִוִּינוּ לוֹ, נָגִילָה וְנִשְׂמְחָה בִּישׁוּעָתוֹ:

בֵּית יַעֲקֹב לְכוּ וְנֵלְכָה בְּאוֹר יהוה: וְהָיָה אֱמוּנַת עִתֶּיךָ, חֹסֶן יְשׁוּעֹת חָכְמַת ישעיה ב ישעיה לב
וָדָעַת, יִרְאַת יהוה הִיא אוֹצָרוֹ: וַיְהִי דָוִד לְכָל־דְּרָכָו מַשְׂכִּיל, וַיהוה עִמּוֹ: שמואל א׳ יח

פָּדָה בְשָׁלוֹם נַפְשִׁי מִקְּרָב־לִי, כִּי־בְרַבִּים הָיוּ עִמָּדִי: וַיֹּאמֶר הָעָם אֶל־שָׁאוּל, תהלים נה שמואל א׳ יד
הֲיוֹנָתָן יָמוּת אֲשֶׁר עָשָׂה הַיְשׁוּעָה הַגְּדוֹלָה הַזֹּאת בְּיִשְׂרָאֵל, חָלִילָה, חַי־יהוה
אִם־יִפֹּל מִשַּׂעֲרַת רֹאשׁוֹ אַרְצָה, כִּי־עִם־אֱלֹהִים עָשָׂה הַיּוֹם הַזֶּה, וַיִּפְדּוּ הָעָם
אֶת־יוֹנָתָן וְלֹא־מֵת: וּפְדוּיֵי יהוה יְשֻׁבוּן וּבָאוּ צִיּוֹן בְּרִנָּה, וְשִׂמְחַת עוֹלָם עַל־ ישעיה לה
רֹאשָׁם, שָׂשׂוֹן וְשִׂמְחָה יַשִּׂיגוּ, וְנָסוּ יָגוֹן וַאֲנָחָה:

תהלים ל / דברים כג הָפַכְתָּ מִסְפְּדִי לְמָחוֹל לִי, פִּתַּחְתָּ שַׂקִּי, וַתְּאַזְּרֵנִי שִׂמְחָה: וְלֹא־אָבָה יהוה
אֱלֹהֶיךָ לִשְׁמֹעַ אֶל־בִּלְעָם, וַיַּהֲפֹךְ יהוה אֱלֹהֶיךָ לְּךָ אֶת־הַקְּלָלָה לִבְרָכָה, כִּי
ירמיה לא אֲהֵבְךָ יהוה אֱלֹהֶיךָ: אָז תִּשְׂמַח בְּתוּלָה בְּמָחוֹל, וּבַחֻרִים וּזְקֵנִים יַחְדָּו, וְהָפַכְתִּי
אֶבְלָם לְשָׂשׂוֹן, וְנִחַמְתִּים, וְשִׂמַּחְתִּים מִיגוֹנָם:

ישעיה נז בּוֹרֵא נִיב שְׂפָתָיִם, שָׁלוֹם שָׁלוֹם לָרָחוֹק וְלַקָּרוֹב אָמַר יהוה, וּרְפָאתִיו:
דברי הימים א׳ יב וְרוּחַ לָבְשָׁה אֶת־עֲמָשַׂי רֹאשׁ הַשָּׁלִישִׁים, לְךָ דָוִיד וְעִמְּךָ בֶן־יִשַׁי, שָׁלוֹם
שָׁלוֹם לְךָ וְשָׁלוֹם לְעֹזְרֶךָ, כִּי עֲזָרְךָ אֱלֹהֶיךָ, וַיְקַבְּלֵם דָּוִיד וַיִּתְּנֵם בְּרָאשֵׁי
שמואל א׳ כה הַגְּדוּד: וַאֲמַרְתֶּם כֹּה לֶחָי, וְאַתָּה שָׁלוֹם וּבֵיתְךָ שָׁלוֹם וְכֹל אֲשֶׁר־לְךָ
תהלים כט שָׁלוֹם: יהוה עֹז לְעַמּוֹ יִתֵּן, יהוה יְבָרֵךְ אֶת־עַמּוֹ בַשָּׁלוֹם:

מגילה לא. אָמַר רַבִּי יוֹחָנָן: בְּכָל מָקוֹם שֶׁאַתָּה מוֹצֵא גְּדֻלָּתוֹ שֶׁל הַקָּדוֹשׁ בָּרוּךְ
הוּא, שָׁם אַתָּה מוֹצֵא עַנְוְתָנוּתוֹ. דָּבָר זֶה כָּתוּב בַּתּוֹרָה, וְשָׁנוּי בַּנְּבִיאִים,
דברים י וּמְשֻׁלָּשׁ בַּכְּתוּבִים. כָּתוּב בַּתּוֹרָה: כִּי יהוה אֱלֹהֵיכֶם הוּא אֱלֹהֵי הָאֱלֹהִים
וַאֲדֹנֵי הָאֲדֹנִים, הָאֵל הַגָּדֹל הַגִּבֹּר וְהַנּוֹרָא, אֲשֶׁר לֹא־יִשָּׂא פָנִים וְלֹא יִקַּח
שֹׁחַד: וּכְתִיב בָּתְרֵהּ: עֹשֶׂה מִשְׁפַּט יָתוֹם וְאַלְמָנָה, וְאֹהֵב גֵּר לָתֶת לוֹ לֶחֶם
ישעיה נז וְשִׂמְלָה: שָׁנוּי בַּנְּבִיאִים, דִּכְתִיב: כִּי כֹה אָמַר רָם וְנִשָּׂא שֹׁכֵן עַד וְקָדוֹשׁ
שְׁמוֹ, מָרוֹם וְקָדוֹשׁ אֶשְׁכּוֹן, וְאֶת־דַּכָּא וּשְׁפַל־רוּחַ, לְהַחֲיוֹת רוּחַ שְׁפָלִים
תהלים סח וּלְהַחֲיוֹת לֵב נִדְכָּאִים: מְשֻׁלָּשׁ בַּכְּתוּבִים, דִּכְתִיב: שִׁירוּ לֵאלֹהִים, זַמְּרוּ
שְׁמוֹ, סֹלּוּ לָרֹכֵב בָּעֲרָבוֹת בְּיָהּ שְׁמוֹ, וְעִלְזוּ לְפָנָיו: וּכְתִיב בָּתְרֵהּ: אֲבִי
יְתוֹמִים וְדַיַּן אַלְמָנוֹת, אֱלֹהִים בִּמְעוֹן קָדְשׁוֹ:

מלכים א׳ ח יְהִי יהוה אֱלֹהֵינוּ עִמָּנוּ כַּאֲשֶׁר הָיָה עִם־אֲבֹתֵינוּ, אַל־יַעַזְבֵנוּ וְאַל־יִטְּשֵׁנוּ:
דברים ד / ישעיה נא וְאַתֶּם הַדְּבֵקִים בַּיהוה אֱלֹהֵיכֶם, חַיִּים כֻּלְּכֶם הַיּוֹם: כִּי־נִחַם יהוה צִיּוֹן, נִחַם
כָּל־חָרְבֹתֶיהָ, וַיָּשֶׂם מִדְבָּרָהּ כְּעֵדֶן וְעַרְבָתָהּ כְּגַן־יהוה, שָׂשׂוֹן וְשִׂמְחָה יִמָּצֵא
ישעיה מב בָהּ, תּוֹדָה וְקוֹל זִמְרָה: יהוה חָפֵץ לְמַעַן צִדְקוֹ, יַגְדִּיל תּוֹרָה וְיַאְדִּיר:

תהלים קכח שִׁיר הַמַּעֲלוֹת, אַשְׁרֵי כָּל־יְרֵא יהוה, הַהֹלֵךְ בִּדְרָכָיו: יְגִיעַ כַּפֶּיךָ כִּי תֹאכֵל,
אַשְׁרֶיךָ וְטוֹב לָךְ: אֶשְׁתְּךָ כְּגֶפֶן פֹּרִיָּה בְּיַרְכְּתֵי בֵיתֶךָ, בָּנֶיךָ כִּשְׁתִלֵי זֵיתִים,
סָבִיב לְשֻׁלְחָנֶךָ: הִנֵּה כִי־כֵן יְבֹרַךְ גָּבֶר יְרֵא יהוה: יְבָרֶכְךָ יהוה מִצִּיּוֹן,
וּרְאֵה בְּטוּב יְרוּשָׁלָםִ, כֹּל יְמֵי חַיֶּיךָ: וּרְאֵה־בָנִים לְבָנֶיךָ, שָׁלוֹם עַל־יִשְׂרָאֵל:

בקהילות שבהן אומרים ׳וְיִתֶּן־לְךָ׳ בבית הכנסת, ממשיכים ׳עָלֵינוּ׳ בעמ׳ 482.

סדר ברית מילה

כשמביאים את הילד, הקהל עומד על רגליו ואומר (ספר המנהיג):

בָּרוּךְ הַבָּא.

פסוק זה נדרש בזוהר (לך לך, עו ע״ב)
על הבחירה בישראל הבאה לידי ביטוי בברית המילה.

המוהל: **אַשְׁרֵי תִּבְחַר וּתְקָרֵב, יִשְׁכֹּן חֲצֵרֶיךָ** תהלים סה

הקהל: **נִשְׂבְּעָה בְּטוּב בֵּיתֶךָ, קְדֹשׁ הֵיכָלֶךָ:**

האב לוקח את בנו ואומר בלחש:

אִם־אֶשְׁכָּחֵךְ יְרוּשָׁלָםִ, תִּשְׁכַּח יְמִינִי: תהלים קלז
תִּדְבַּק לְשׁוֹנִי לְחִכִּי אִם־לֹא אֶזְכְּרֵכִי
אִם־לֹא אַעֲלֶה אֶת־יְרוּשָׁלַםִ עַל רֹאשׁ שִׂמְחָתִי:

מנהג ארץ ישראל הוא שהאב אומר את הפסוקים הבאים בקול רם, והקהל אחריו:

שְׁמַע יִשְׂרָאֵל, יהוה אֱלֹהֵינוּ, יהוה אֶחָד: דברים ו

פעמיים: **יהוה מֶלֶךְ, יהוה מָלָךְ, יהוה יִמְלֹךְ לְעוֹלָם וָעֶד.**

פעמיים: **אָנָּא יהוה הוֹשִׁיעָה נָּא** תהלים קיח

פעמיים: **אָנָּא יהוה הַצְלִיחָה נָא:**

לאחר שאליהו הנביא קינא לקיום ברית המילה,
שנאמר ״קַנֹּא קִנֵּאתִי לַה׳ אֱלֹהֵי צְבָאוֹת,
כִּי־עָזְבוּ בְרִיתְךָ בְּנֵי יִשְׂרָאֵל״ (מל״א יט, יד),
הקב״ה ציווה עליו שיהא נוכח בכל טקס מילה (שיבולי הלקט).

מניחים את הילד על כיסא אליהו, והמוהל אומר:

זֶה הַכִּסֵּא שֶׁל אֵלִיָּהוּ הַנָּבִיא זָכוּר לַטּוֹב.

בראשית מט לִישׁוּעָתְךָ קִוִּיתִי יהוה:

תהלים קיט שִׂבַּרְתִּי לִישׁוּעָתְךָ יהוה, וּמִצְוֹתֶיךָ עָשִׂיתִי:

אֵלִיָּהוּ מַלְאַךְ הַבְּרִית, הִנֵּה שֶׁלְּךָ לְפָנֶיךָ, עֲמֹד עַל יְמִינִי וְסָמְכֵנִי.

תהלים קיט שִׂבַּרְתִּי לִישׁוּעָתְךָ יהוה:

שָׂשׂ אָנֹכִי עַל־אִמְרָתֶךָ, כְּמוֹצֵא שָׁלָל רָב:

שָׁלוֹם רָב לְאֹהֲבֵי תוֹרָתֶךָ, וְאֵין־לָמוֹ מִכְשׁוֹל:

תהלים סה אַשְׁרֵי תִּבְחַר וּתְקָרֵב, יִשְׁכֹּן חֲצֵרֶיךָ

והקהל עונה:

נִשְׂבְּעָה בְּטוּב בֵּיתֶךָ, קְדֹשׁ הֵיכָלֶךָ:

הסנדק מקבל את הילד על ברכיו, והמוהל מברך:

בָּרוּךְ אַתָּה יהוה אֱלֹהֵינוּ מֶלֶךְ הָעוֹלָם
אֲשֶׁר קִדְּשָׁנוּ בְּמִצְוֹתָיו וְצִוָּנוּ עַל הַמִּילָה.

ומיד אבי הבן מברך:

בָּרוּךְ אַתָּה יהוה אֱלֹהֵינוּ מֶלֶךְ הָעוֹלָם
אֲשֶׁר קִדְּשָׁנוּ בְּמִצְוֹתָיו
וְצִוָּנוּ לְהַכְנִיסוֹ בִּבְרִיתוֹ שֶׁל אַבְרָהָם אָבִינוּ.

בארץ ישראל נוהגים שהאב מברך ׳שֶׁהֶחֱיָנוּ׳ (רמב״ם):

בָּרוּךְ אַתָּה יהוה אֱלֹהֵינוּ מֶלֶךְ הָעוֹלָם
שֶׁהֶחֱיָנוּ וְקִיְּמָנוּ וְהִגִּיעָנוּ לַזְּמַן הַזֶּה.

הקהל עונה:

אָמֵן. כְּשֵׁם שֶׁנִּכְנַס לַבְּרִית
כֵּן יִכָּנֵס לְתוֹרָה וּלְחֻפָּה וּלְמַעֲשִׂים טוֹבִים.

אחר המילה מברך (שבת קלז ע״ב):

בָּרוּךְ אַתָּה יהוה אֱלֹהֵינוּ מֶלֶךְ הָעוֹלָם, בּוֹרֵא פְּרִי הַגָּפֶן.

בָּרוּךְ אַתָּה יהוה אֱלֹהֵינוּ מֶלֶךְ הָעוֹלָם, אֲשֶׁר קִדֵּשׁ יְדִיד מִבֶּטֶן, וְחֹק בִּשְׁאֵרוֹ שָׂם, וְצֶאֱצָאָיו חָתַם בְּאוֹת בְּרִית קֹדֶשׁ. עַל כֵּן בִּשְׂכַר זֹאת, אֵל חַי חֶלְקֵנוּ צוּרֵנוּ צַוֵּה לְהַצִּיל יְדִידוּת שְׁאֵרֵנוּ מִשַּׁחַת, לְמַעַן בְּרִיתוֹ אֲשֶׁר שָׂם בִּבְשָׂרֵנוּ. בָּרוּךְ אַתָּה יהוה, כּוֹרֵת הַבְּרִית.

המברך אומר:

אֱלֹהֵינוּ וֵאלֹהֵי אֲבוֹתֵינוּ, קַיֵּם אֶת הַיֶּלֶד הַזֶּה לְאָבִיו וּלְאִמּוֹ, וְיִקָּרֵא שְׁמוֹ בְּיִשְׂרָאֵל (פלוני בֶּן פלוני). **יִשְׂמַח הָאָב בְּיוֹצֵא חֲלָצָיו**
משלי כג **וְתָגֵל אִמּוֹ בִּפְרִי בִטְנָהּ, כַּכָּתוּב: יִשְׂמַח־אָבִיךָ וְאִמֶּךָ, וְתָגֵל**
יחזקאל טז **יוֹלַדְתֶּךָ: וְנֶאֱמַר: וָאֶעֱבֹר עָלַיִךְ וָאֶרְאֵךְ מִתְבּוֹסֶסֶת בְּדָמָיִךְ,**
תהלים קה **וָאֹמַר לָךְ בְּדָמַיִךְ חֲיִי, וָאֹמַר לָךְ בְּדָמַיִךְ חֲיִי: וְנֶאֱמַר: זָכַר לְעוֹלָם**
בְּרִיתוֹ, דָּבָר צִוָּה לְאֶלֶף דּוֹר: אֲשֶׁר כָּרַת אֶת־אַבְרָהָם, וּשְׁבוּעָתוֹ
לְיִשְׂחָק: וַיַּעֲמִידֶהָ לְיַעֲקֹב לְחֹק, לְיִשְׂרָאֵל בְּרִית עוֹלָם: וְנֶאֱמַר:
בראשית כא **וַיָּמָל אַבְרָהָם אֶת־יִצְחָק בְּנוֹ בֶּן־שְׁמֹנַת יָמִים, כַּאֲשֶׁר צִוָּה אֹתוֹ**
תהלים קיח **אֱלֹהִים: הוֹדוּ לַיהוה כִּי־טוֹב, כִּי לְעוֹלָם חַסְדּוֹ:**

הקהל עונה:

הוֹדוּ לַיהוה כִּי־טוֹב, כִּי לְעוֹלָם חַסְדּוֹ:

המברך ממשיך:

(פלוני בֶּן פלוני) **זֶה הַקָּטָן גָּדוֹל יִהְיֶה, כְּשֵׁם שֶׁנִּכְנַס לַבְּרִית, כֵּן יִכָּנֵס לְתוֹרָה וּלְחֻפָּה וּלְמַעֲשִׂים טוֹבִים.**

נותנים מעט מהיין לתינוק ולאם.

אומרים ׳עָלֵינוּ׳ ואחריו קדיש יתום (עמ׳ 487-488).
ממשיכים ׳אַשְׁרֵי׳ בעמ׳ 266.

פיוטים וסליחות שנוהגים לומר בקצת קהילות

פיוטים וסליחות לתפילת ערבית

פיוטי סליחות

בדורות האחרונים פשט המנהג לקצר את פיוט הסליחות הראשון 'אָמְנָם אֲשָׁמֵינוּ', המיוחס ליוסי בן יוסי, הפייטן הקדום ביותר הידוע לנו בשמו. במקור לאחר כל שורה אי־זוגית הקהל אמר את השורה 'דַּרְכְּךָ אֱלֹהֵינוּ לְהַאֲרִיךְ אַפֶּךָ', ולאחר כל שורה זוגית את השורה 'לְמַעַנְךָ אֱלֹהֵינוּ עֲשֵׂה'. היום גם בקהילות שבהן אומרים את הפיוט במלואו, הקהל אומר אותו יחד ושליח הציבור חוזר רק על השורה האחרונה.

הכול:

סימן א״ב (מרובע)

אָמְנָם אֲשָׁמֵינוּ עָצְמוּ מִסַּפֵּר / אַנְחוֹת דּוֹרֵנוּ רַבּוּ מִלְּדַבֵּר
אֲשֶׁר לֹא הִקְשַׁבְנוּ גְּעָרָה כְּמֵבִין / אֲפָפוּנוּ מַכּוֹת, כִּכְסִיל הֵזַדְנוּ.
דַּרְכְּךָ אֱלֹהֵינוּ לְהַאֲרִיךְ אַפֶּךָ / לָרָעִים וְלַטּוֹבִים, וְהִיא תְהִלָּתֶךָ.

בְּדַבֶּרְךָ לָנוּ שׁוּבָה, פָּנֵינוּ הִסְתַּרְנוּ / בְּמִרְמָה בִּקַּשְׁנוּךָ, וְאֵלֶיךָ לֹא שַׁבְנוּ
בְּטוֹב לֹא דְרַשְׁנוּךָ, בְּרֹב כֹּל שְׁכַחְנוּךָ / בְּעֵת הַצַּר לָנוּ אֵיךְ תִּמָּצֵא.
לְמַעַנְךָ אֱלֹהֵינוּ עֲשֵׂה, וְלֹא לָנוּ / רְאֵה עֲמִידָתֵנוּ דַּלִּים וְרֵיקִים.

גְּבוּרוֹת אֵין בָּנוּ אֲשֶׁר בָּם נָבוֹא / גְּדוּעֵי זְרוֹעַ בְּפֹעַל, בְּתֵת שָׂכָר בְּשִׁנּוּ
גָּמַרְנוּ וְאָכַלְנוּ צִדְקַת אֲבוֹתֵינוּ / גַּם קֶרֶן גַּם פְּרִי, לֹא מָלְאוּ שֶׁפֶק.
דַּרְכְּךָ אֱלֹהֵינוּ לְהַאֲרִיךְ אַפֶּךָ / לָרָעִים וְלַטּוֹבִים, וְהִיא תְהִלָּתֶךָ.

דְּכָאוּ מֶנּוּ שְׂכִיּוֹת הַחֶמְדָּה / דּוֹפְקֵי דְלָתֶיךָ בְּכֹחַ וּגְבוּרָה
דִּבְרֵי בְּגַאֲוָה נַעֲשֵׂינוּ, עֲשֵׂה לָנוּ כְּרַחֲמֶיךָ / דְּחֵה מִשְׁפַּט חֶרֶב הַמִּתְהַפֶּכֶת.
לְמַעַנְךָ אֱלֹהֵינוּ עֲשֵׂה, וְלֹא לָנוּ / רְאֵה עֲמִידָתֵנוּ דַּלִּים וְרֵיקִים.

הוּרַקְנוּ וְהֻצַּגְנוּ כְּקַשׁ מִדָּגָן / הָיִינוּ כַּמֹּץ וְאֵין דּוֹרֵשׁ לְאָסְפוֹ
הֲלֹא בְּהִלָּקַח דָּגָן בְּעִתּוֹ / הָצַת לְשׁוֹן אֵשׁ בְּקַשׁ הַיָּבֵשׁ.
דַּרְכְּךָ אֱלֹהֵינוּ לְהַאֲרִיךְ אַפֶּךָ / לָרָעִים וְלַטּוֹבִים, וְהִיא תְהִלָּתֶךָ.

וּמַה נְּדַבֵּר וּמַה נִּצְטַדָּק / וּמַה נֹּאמַר, וְיוּצַק חֵן בְּשִׂפְתוֹתֵינוּ
וּמִי בַעַל דְּבָרִים יְדַבֵּר צָחוֹת / וּבְפִתְחוֹן פִּיו לֹא יִכָּלֵם.
לְמַעַנְךָ אֱלֹהֵינוּ עֲשֵׂה, וְלֹא לָנוּ / רְאֵה עֲמִידָתֵנוּ דַּלִּים וְרֵיקִים.

זֶה דַּרְכֵּנוּ כֶּסֶל, נָחַלְנוּ אִוֶּלֶת / זֵדִים חוֹטְאִים זוֹלְלִים וְסֹבְאִים
זִכִּיתִי לִבִּי, מִי יוּכַל שִׂיחַ / זֶרַע קְבוּרַת רֶחֶם בָּא וְהוֹלֵךְ בְּהֶבֶל.

דַּרְכְּךָ אֱלֹהֵינוּ לְהַאֲרִיךְ אַפֶּךָ / לָרָעִים וְלַטּוֹבִים, וְהִיא תְהִלָּתֶךָ.

חָזוּת וּמוֹפֵת הִתְוִינוּ בָּאָרֶץ / חֲתוּמֵי בְּאוֹת בְּרִית וְחֻקִּים יְשָׁרִים
חֻשַּׁבְנוּ זֶרַע קֹדֶשׁ, בָּנִים לְאֵל חָי / חִלַּלְנוּ וְנִקְרֵאנוּ אִם טְמֵאַת הַשֵּׁם.

לְמַעַנְךָ אֱלֹהֵינוּ עֲשֵׂה, וְלֹא לָנוּ / רְאֵה עֲמִידָתֵנוּ דַּלִּים וְרֵיקִים.

טְהוֹר עֵינַיִם מֵרְאוֹת בְּרָע / טֶרֶם לֹא רָאָה עָמָל בְּיַעֲקֹב
טֶרֶף לֹא לָנוּ נִכְסְפָה נַפְשֵׁנוּ /טָבַחְנוּ רַב וְצָעִיר כְּבְלִיעַת דָּגִים.

דַּרְכְּךָ אֱלֹהֵינוּ לְהַאֲרִיךְ אַפֶּךָ / לָרָעִים וְלַטּוֹבִים, וְהִיא תְהִלָּתֶךָ.

יָהּ בְּדַלּוּתֵנוּ צְדָקָה חֲנַנְתָּנוּ / יָד בָּנוּ הֶחֱזַקְתָּ בְּעֵת מָטָה יָדֵינוּ
יָדַעְתָּנוּ, זֹאת עֲשׂוּ וִחְיוּ / יָדַיִם לֹא חָלוּ בָנוּ כַּהֲפוּכַת רָגַע.

לְמַעַנְךָ אֱלֹהֵינוּ עֲשֵׂה, וְלֹא לָנוּ / רְאֵה עֲמִידָתֵנוּ דַּלִּים וְרֵיקִים.

כַּחוֹתָם עַל לֵב שַׂמְתָּנוּ מַלְכֵּנוּ / כְּנֶפֶשׁ קְשׁוּרָה בְנֶפֶשׁ, בַּעֲבוֹתוֹת אַהֲבָה
כִּי נִתְרוֹעַע חֲבוּר עֲצָבִים / כְּעֵת חָלַק לִבֵּנוּ, אָשַׁמְנוּ מֵעָתָּה.

דַּרְכְּךָ אֱלֹהֵינוּ לְהַאֲרִיךְ אַפֶּךָ / לָרָעִים וְלַטּוֹבִים, וְהִיא תְהִלָּתֶךָ.

לְהֵיטִיב אָמַרְתָּ, אֹמֶר לֹא הִפַּלְתָּ / לֹא שִׁקֵּר בָּנוּ דְּבַר אֱמוּנָתֶךָ
לֵב וּפֶה לֹא הִשְׁוִינוּ, כְּכֶסֶף עַל חֶרֶשׂ / לַעַג שְׂפַת חֲלָקוֹת, בְּלֵב וָלֵב דִּבַּרְנוּ.

לְמַעַנְךָ אֱלֹהֵינוּ עֲשֵׂה, וְלֹא לָנוּ / רְאֵה עֲמִידָתֵנוּ דַּלִּים וְרֵיקִים.

מַכַּת הוֹלֵךְ עַל גָּחוֹן הִקְדַּמְתָּ / מוּסָר לִמַּדְתָּ לְבַעֲלֵי לָשׁוֹן
מֵעֹנֶשׁ לֵץ לֹא יֶחְכַּם פֶּתִי / מַכֵּה רֵעַ בַּסֵּתֶר, דַּנְתָּ בְּגַחֲלֵי רְתָמִים.

דַּרְכְּךָ אֱלֹהֵינוּ לְהַאֲרִיךְ אַפֶּךָ / לָרָעִים וְלַטּוֹבִים, וְהִיא תְהִלָּתֶךָ.

נָתַתָּ מוֹרָא עַל לֵב אֲנָשִׁים / נֶדֶר וּשְׁבוּעַת שֵׁם, בֵּין שְׁנֵיהֶם חוֹקַקְתָּ
נַמְתָּ הוֹצֵאתִיהָ עַל נִשְׁבָּעִים לַשֶּׁקֶר / נִפְרַצְנוּ בְּאָלָה עַד אָבְלָה הָאָרֶץ.

לְמַעַנְךָ אֱלֹהֵינוּ עֲשֵׂה, וְלֹא לָנוּ / רְאֵה עֲמִידָתֵנוּ דַּלִּים וְרֵיקִים.

סָבַלְתָּ עוֹלָם כְּרַגְלַיִם לַפֶּסַח / סְמַכְתּוֹ בֶּאֱמֶת וּמִשְׁפָּט וְשָׁלוֹם
סִלַּפְנוּ מִשְׁפָּט, וְגַם כָּשְׁלָה אֱמֶת / סוֹבַבְנוּ לְבַקֵּשׁ שָׁלוֹם, וָאָיִן.
דַּרְכְּךָ אֱלֹהֵינוּ לְהַאֲרִיךְ אַפֶּךָ / לָרָעִים וְלַטּוֹבִים, וְהִיא תְהִלָּתֶךָ.

עֶלְיוֹן אַתָּה בְּכִסֵּא רָם וְנִשָּׂא / עֵינֶיךָ מַבִּיטוֹת שָׁפָל וְדַכָּא
עֲנָוָה בַּקְּשׁוּ פְּצַת, וְתִסְתְּרוּ מֵאָף / עֲזוּנוּ בְּגַבְהוּת לֵב, וְרָמוּ עֵינֵינוּ.
לְמַעַנְךָ אֱלֹהֵינוּ עֲשֵׂה, וְלֹא לָנוּ / רְאֵה עֲמִידָתֵנוּ דַּלִּים וְרֵיקִים.

פָּנֶיךָ תָמִיד בְּחֶמְדַּת אֲרָצוֹת / פָּקַדְתָּ וַתְּשׁוֹקְקֶהָ, וַתַּצְמִיחַ מִגְדֶּיהָ
פֶּן יִקְבַּע אָדָם אֱלֹהִים / פְּרִי יְבוּלָהּ תַּתָּה לְמַעֲשֵׂר, וְכִחֲשׁוּ מִגְדֶּיהָ.
דַּרְכְּךָ אֱלֹהֵינוּ לְהַאֲרִיךְ אַפֶּךָ / לָרָעִים וְלַטּוֹבִים, וְהִיא תְהִלָּתֶךָ.

צִיָּה יָצַרְתָּ לִמְלֶאכֶת שָׁנִים / צָבָא לֶאֱנוֹשׁ עֲלֵי אֶרֶץ, לִמְלֶאכֶת יָמִים
צִוִּיתָ לְמַרְגּוֹעַ שְׁבִיעִי, וְלֹא נַחְנוּ / צְבִי לִשְׁמֹט שְׁבִיעִית, וְהִיא לֹא שָׁבָתָה.
לְמַעַנְךָ אֱלֹהֵינוּ עֲשֵׂה, וְלֹא לָנוּ / רְאֵה עֲמִידָתֵנוּ דַּלִּים וְרֵיקִים.

קִדַּמְנוּ פָנֶיךָ, כִּמְחִיר בְּיַד כְּסִיל / קְנוֹת צִדְקוֹתֶיךָ בְּתוֹדָה בְּלִי לֵב
קַבֵּל כְּנִיחֹחַ מְעַט בִּצְדָקָה / קַח נָא אֲמָרֵינוּ כְּקֹמֶץ מִנְחַת דָּל.
דַּרְכְּךָ אֱלֹהֵינוּ לְהַאֲרִיךְ אַפֶּךָ / לָרָעִים וְלַטּוֹבִים, וְהִיא תְהִלָּתֶךָ.

רַדְנוּ, לוֹא נָבוֹא, בְּמִרְיֵנוּ אָמַרְנוּ / רָם, בָּנוּ הִכְפַּפְתָּ כִּבְרוֹשׁ רַעֲנָן
רִחַקְתָּ בִשְׂמֹאל, קָרֵב בְּיָמִין / רְאֵה שְׂאֹר לְבָבֵנוּ, יֵצֶר הַנְּעוּרִים.
לְמַעַנְךָ אֱלֹהֵינוּ עֲשֵׂה, וְלֹא לָנוּ / רְאֵה עֲמִידָתֵנוּ דַּלִּים וְרֵיקִים.

שֵׁבֶט לְגֵו כְּסִיל, וְכַעַס בְּחֵיק אֱוִיל / שׁוֹט כְּלִמַּת עֳנִי עָלָה בְּחֶלְקֵנוּ
שׁוּר נָא וְחַלְּצֵנוּ כְּעָנִי בְעָנְיוֹ / שַׁחַת אִם נֵרֵד, יְקַדְּמוּנוּ רַחֲמֶיךָ.
דַּרְכְּךָ אֱלֹהֵינוּ לְהַאֲרִיךְ אַפֶּךָ / לָרָעִים וְלַטּוֹבִים, וְהִיא תְהִלָּתֶךָ.

תַּעֲלֶה אֲרוּכָה לְעָלֶה נִדָּף / תִּנָּחֵם עַל עָפָר וָאֵפֶר
תַּשְׁלִיךְ חֲטָאֵינוּ, וְתָחֹן מַעֲשֶׂיךָ / תֵּרֶא כִּי אֵין אִישׁ, עֲשֵׂה עִמָּנוּ צְדָקָה.
לְמַעַנְךָ אֱלֹהֵינוּ עֲשֵׂה וְלֹא לָנוּ / רְאֵה עֲמִידָתֵנוּ דַּלִּים וְרֵיקִים.

ממשיכים ׳אֵל מֶלֶךְ יוֹשֵׁב׳ בעמ׳ 69.

פיוט 'חָטָאנוּ' (ראה עמ' 78) לתפילת ערבית מאת ר' שמעון בר יצחק,
מראשוני פייטני אשכנז. במקור אמר את הפיוט שליח הציבור,
והקהל ענה רק את הפזמון 'חָטָאנוּ צוּרֵנוּ, סְלַח לָנוּ יוֹצְרֵנוּ'.
כיום נוהגים שהקהל ושליח הציבור אומרים את כולו:
יש קהילות שבהן הכול אומרים זוג בתים בכל פעם, ושליח הציבור
מסיים בקול את סוף הבית השני מביניהם, ואין עונים אחריו 'חָטָאנוּ'.

סימן א״ב (משולש)

אוֹתְךָ אֶדְרֹשׁ וְאֵלֶיךָ אֶתְוַדַּע / גָּדוֹל בִּיהוּדָה וּבְיִשְׂרָאֵל נוֹדָע
תהלים נא הֵן אַתָּה חֲקַרְתָּנוּ וַתֵּדָע / כִּי־פְשָׁעַי אֲנִי אֵדָע:

אֵדַע אֲבָל אֲשֵׁמִים אֲנַחְנוּ / וּמֵהֲמוֹן רַחֲמֶיךָ לֹא זֻנַּחְנוּ
תהלים לג הֵן אֵלָיו כַּפֵּיִם שִׁטַּחְנוּ / כִּי בְשֵׁם קָדְשׁוֹ בָטָחְנוּ:

חָטָאנוּ צוּרֵנוּ, סְלַח לָנוּ יוֹצְרֵנוּ.

בָּטַחְנוּ בְשִׁמְךָ לְנֶפֶשׁ תַּאֲוָה / וְהִפְקַדְנוּ מָגֵן בְּלִי גַאֲוָה
איוב כב הֵן בְּמָעֻזְּךָ לַדַּל תִּקְוָה / כִּי־הִשְׁפִּילוּ וַתֹּאמֶר גֵּוָה:

גֵּוָה גֵּאִים עָלַי מַגְדִּילִים / רֹגֶז שְׂבֵעִים וְלֹא נֶחְדָּלִים
איוב כ הֵן גָּלַל הַמֵּצִיק מִתְדַּלְדְּלִים / כִּי־רִצַּץ עָזַב דַּלִּים:

חָטָאנוּ צוּרֵנוּ, סְלַח לָנוּ יוֹצְרֵנוּ.

דַּלִּים דִּינְךָ פָּחֲדוּ וְרָהוּ / בָּאִים כְּמוֹדֶה וְעוֹזֵב לְרַחֲמֵהוּ
ויקרא כג הֵן דָּפְיָם הַיּוֹם תְּכַפְּרֵהוּ / כִּי יוֹם כִּפֻּרִים הוּא:

הוּא הוֹד וְהָדָר יִלְבַּשׁ / יָשׁוּב יְרַחֵם, וְעָוֹן יִכְבֹּשׁ
איוב ה הֵן הֶמְתֵּק בְּפִי כִּדְבַשׁ / כִּי הוּא יַכְאִיב וְיֶחְבָּשׁ:

חָטָאנוּ צוּרֵנוּ, סְלַח לָנוּ יוֹצְרֵנוּ.

וְיֶחְבַּשׁ וְלִשְׁמוֹ כֹּל יוֹדוּ / כִּי יָסִיר מַשְּׂאוֹת כָּבְדוּ
שמות יח הֵן וְעַמּוֹ לְפָנָיו יִתְוַדּוּ / כִּי בַדָּבָר אֲשֶׁר זָדוּ:

זָדוּ זְדוֹנוֹת וּשְׁגָגוֹת שְׁגוּיִים / סְלַח נָא בְּפִימוֹ הֲגוּיִים
תהלים לו הֵן זַכֵּם לְתֶחִי אַחוּיִים / כִּי־עִמְּךָ מְקוֹר חַיִּים:

חָטָאנוּ צוּרֵנוּ, סְלַח לָנוּ יוֹצְרֵנוּ.

חַיִּים חֹן לְעַם מְנַטְּלָךְ / לֵבָב עִקֵּשׁ מֵהֶם בְּבַטְּלָךְ
הֵן חַשְׁרַת מֵי טֹהַר בְּהַטִּילָךְ / כִּי טַל אוֹרֹת טַלֶּךָ: ישעיה כו

טַלְּךָ טְלָאֶיךָ בּוֹ לְהִתְכַּפֵּר / הָעֵת תַּמְצִיאֵם סְלִיחָה וָכֹפֶר
הֵן טַהֲרֵם, כָּאָמוּר בַּסֵּפֶר / כִּי־בַיּוֹם הַזֶּה יְכַפֵּר: ויקרא טז

חָטָאנוּ צוּרֵנוּ, סְלַח לָנוּ יוֹצְרֵנוּ.

יְכַפֵּר יִרְצֶה כְּאָז בְּהַעֲלָיוֹתַי / בִּהְיוֹת אֲרִיאֵל בְּבֹחַן עֲלִיּוֹתַי
הֵן יָדַעְתָּ פִּקּוּק חֻלְיוֹתַי / כִּי־אַתָּה קָנִיתָ כִלְיֹתָי: תהלים קלט

כִּלְיוֹתַי כְּטוּחַי אָכִין לְעָבְדוֹ / וְתֶעֱרַב לְפָנָיו תְּחִנַּת עַבְדּוֹ
הֵן כַּבֵּד יְכַבֵּד מְכַבְּדוֹ / כִּי־נִשְׂגָּב שְׁמוֹ לְבַדּוֹ: תהלים קמח

חָטָאנוּ צוּרֵנוּ, סְלַח לָנוּ יוֹצְרֵנוּ.

לְבַדּוֹ לוֹ לְהִתְחוֹלֵל כָּל אֱנוֹשׁ / אָוֶן לֹא יִתְבּוֹנֵן לֶאֱנוֹשׁ
הֵן לֹא טוֹב לַצַּדִּיק לַעֲנֹשׁ / כִּי־יִרְבֶּה אֱלוֹהַּ מֵאֱנוֹשׁ: איוב לג

מֵאֱנוֹשׁ מִמַּעֲשָׂיו יָגֹרְתִּי וְאֵימָתִי / פֶּן אֶכָּשֵׁל כַּאֲשֶׁר אָשַׁמְתִּי
הֵן מְיַחֵל שִׁוִּיתִי וְדוֹמַמְתִּי / כִּי־אַחֲרֵי שׁוּבִי נִחַמְתִּי: ירמיה לא

חָטָאנוּ צוּרֵנוּ, סְלַח לָנוּ יוֹצְרֵנוּ.

נִחַמְתִּי נֶפֶשׁ נַעֲנָה לְהָשֵׁם / הִתְוַדּוּת הַיּוֹם נִסְתָּר וּמְפֻרְסָם
הֵן נֶצַח לְכִפּוּר הוּשַׂם / כִּי בְרִית עוֹלָם שָׂם: שמואל ב׳ כג

שָׂם סְלִיחָה לְהוֹעִיל לְלַמְּדִי / תְּשׁוּבָה מְכַפֶּרֶת כְּזִבְחֵי תְמִידִי
הֵן סִימָה בְּצִלּוֹ לְהַעֲמִידִי / כִּי־יָדַע דֶּרֶךְ עִמָּדִי: איוב כג

חָטָאנוּ צוּרֵנוּ, סְלַח לָנוּ יוֹצְרֵנוּ.

עִמָּדִי עֲשׂוֹת חֶסֶד בְּהַפְלִיאָךְ / כִּי תְבַקֵּר צֹאנְךָ וּטְלָאֶיךָ
הֵן עָלֶיךָ יַעֲזֹב חֵילֶךָ / כִּי־אֶזְכְּרָה מִקֶּדֶם פִּלְאֶךָ: תהלים עז

פִּלְאֲךָ פֹּעַל יְרֵאֶיךָ לִנְצֹרָם / הֱיוֹת יִרְאַת יהוה אוֹצָרָם
הֵן פְּלִילֵינוּ לֵידַע בְּהִתְבַּצְּרָם / כִּי לֹא כְצוּרֵנוּ צוּרָם: דברים לב

חָטָאנוּ צוּרֵנוּ, סְלַח לָנוּ יוֹצְרֵנוּ.

צוֹרָם צוּר יִשְׂרָאֵל וּקְדוֹשׁוֹ / יֹאמְרוּ בַגּוֹיִם לְעֵינֵיהֶם בְּהִתְקַדְּשׁוֹ
הֵן צָמְחָה יְשׁוּעָה לִמְקַדִּישׁוֹ / כִּי־הִשְׁקִיף מִמְּרוֹם קָדְשׁוֹ: תהלים קב

קְדוֹשׁוֹ קוֹמֵם קָדָשָׁיו לְהַקְרִיבָם / לְהַצִּיב הוֹד שְׁכִינָתוֹ בְּקִרְבָּם
הֵן קוּמוּ יֵחַתּוּ מְרִיבָם / כִּי־יהוה יָרִיב רִיבָם: משלי כב

חָטָאנוּ צוּרֵנוּ, סְלַח לָנוּ יוֹצְרֵנוּ.

רִיבָם רִיב שׂוֹטְנֵיהֶם לְבַלֵּם / יִדְּמוּ קָטֵגוֹרִים פֶּה לְאַלֵּם
הֵן רַעְיָתְךָ תְּהַלֶּלְךָ לְעוֹלָם / כִּי־אַחֲרִית לְאִישׁ שָׁלוֹם: תהלים לז

שָׁלוֹם שְׂפַת לְהַזְרִיחַ נְהָרָה / הֲגִיגֵנוּ בִּין כְּמִנְחָה טְהוֹרָה
הֵן שִׁכְנְךָ תַּגִּיהַּ בְּאוֹרָה / כִּי מִצִּיּוֹן תֵּצֵא תוֹרָה: מיכה ד

חָטָאנוּ צוּרֵנוּ, סְלַח לָנוּ יוֹצְרֵנוּ.

תּוֹרָה שָׁמְעוּ נֶאֱמָנֶיךָ בְּסִינַי / רְצוּיָה יְצוּרָה חֲקוּקָה לְעֵינָי
הֵן הַיּוֹם יְכַפֵּר לַאֲמוּנַי / כִּי אֵל רַחוּם יהוה: דברים ד

יהוה יְנַהֲלֵנוּ עַלְמוּת לְנַהֲגָה / וְיָסִיר מִמֶּנּוּ אַף וְתוּגָה
הֵן יַעֲבִיר זָדוֹן לִמְשׁוּגָה / כִּי לְכָל־הָעָם בִּשְׁגָגָה: במדבר טו

חָטָאנוּ צוּרֵנוּ, סְלַח לָנוּ יוֹצְרֵנוּ.

ממשיכים ׳זְכָר לָנוּ בְּרִית׳ בעמ׳ 78.

לאחר הסליחות אומרים סדר וידוי. הסדר כולל פיוט פתיחה ׳כִּי אָנוּ עַמֶּךָ׳,
הווידוי הרגיל ׳אָשַׁמְנוּ, בָּגַדְנוּ׳, פיוט מעבר ׳אַתָּה מֵבִין׳, ווידוי ארוך שבו
כל שורה מתחילה ׳עַל חֵטְא׳. הפיוט ׳אַתָּה מֵבִין׳ מיוחס בסידורים עתיקים
לר׳ אליה הזקן (איטליה, המאה הי״א), אך חוקרי ימינו משערים
שהוא קדום אף יותר. כיום בקהילות רבות אין נוהגים
לומר את כולו, אלא רק את שתי השורות האחרונות.

הכול:

סימן א״ב (כפול)

אַתָּה מֵבִין תַּעֲלוּמוֹת לֵב / אֶפֶס לְךָ נִגְלוֹת וְגַם נִסְתָּרוֹת.
בָּאנוּ בִדְבָרִים לְפַתּוֹתְךָ בָּם / בְּרִשְׁעֵנוּ אַל תֵּפֶן, וְלֹא בְמַעֲלָלֵינוּ.
גִּשְׁתֵּנוּ בְּיוֹם זֶה כִּירֵא וְחָרֵד / גֵּאֶה כְּרַחוּם לְמַעַנְךָ עֲשֵׂה חֶסֶד.

דִּין אַל תְּמַתַּח מוּל עָפָר וָאֵפֶר / דַּע אַחֲרִיתֵנוּ רִמָּה וְתוֹלֵעָה.
הַאִם שָׁגַגְנוּ וְנֶעְלַם מִמֶּנּוּ / הֲלֹא אַתָּה לְבַד מֵבִין שְׁגִיאוֹת
וְאַל תַּחְשֹׁב לָנוּ כְּעוֹשֶׂה בְּזָדוֹן / וִדּוּי שְׂפָתֵינוּ שְׁעֵה בְּעֵת רָצוֹן.
זֶה כַּפֵּר לָנוּ, הוֹדַע וְלֹא הוֹדַע / זָדוֹן וְנֶעְלָם, עֲשֵׂה וְלֹא תַעֲשֶׂה.
חַלְּצֵנוּ מֵעֹנֶשׁ כָּרֵת וּמִיתָה / חֲמֹל עַל חֹמֶר מַעֲשֵׂה יָדֶיךָ.
טָפַּשְׁנוּ בְּרֹעַ יֵצֶר אֲשֶׁר מִנְּעוּרֵינוּ / טָמוּן בְּקִרְבֵּנוּ כְּרֶשֶׁת לְפְעָמֵינוּ.
יוֹצְרֵנוּ וְעוֹשֵׂנוּ, יוֹדֵעַ יִצְרֵנוּ / יֶהֱמוּ רַחֲמֶיךָ וְאַל תַּשְׁחִיתֵנוּ.
כִּי מִלְּפָנֶיךָ מִי יִסָּתֵר / כֹּל גָּלוּי לְךָ כָּאוֹר וְכַצָּהֳרַיִם.
לְבֵית דִּין הוֹרֵיתָ אַרְבַּע מִיתוֹת / לְמַעַנְךָ עֲשֵׂה, וּמֵהֶם חַלְּצֵנוּ.
מֵאָז יְצַרְתָּנוּ, חֲקַרְתָּנוּ וַתֵּדַע / מַעֲשֵׂינוּ, כִּי הֵמָּה עָמָל וָאָוֶן.
נְצֹר נַפְשׁוֹתֵינוּ, כִּי בְיָדְךָ כָּל נֶפֶשׁ / נָא תִיקַר נֶפֶשׁ, מִמְּעָנֵי לְךָ נֶפֶשׁ.
סְקִילָה, שְׂרֵפָה, הֶרֶג וְחֶנֶק / סוֹדָם גִּלִּיתָ לְיוֹדְעֵי אֲמִתֶּךָ.
עַל כָּל פְּשָׁעֵינוּ, אֱלוֹהַּ, כַּפֵּר לָנוּ / עַל יָדוּעַ לָנוּ, וְעַל נֶעְלָם מִמֶּנּוּ.
פְּשָׁעֵינוּ הוֹדִינוּ לְךָ, חוֹקֵר לֵב / פְּדֵנוּ מֵחֵטְא, נַקֵּנוּ מֵעָוֹן.
צוּר, אַל תֵּפֶן בֶּאֱנוֹשׁ חָצִיר / צְדָקָה עֲשֵׂה עִמָּנוּ, כְּעָשִׂיתָ עִם כָּל חָי.
קִדַּמְנוּ בַנֶּשֶׁף, קָרָבְנוּ בְשַׁוַע / קָרְבֵנוּ אֵלֶיךָ, קְשֹׁב קְרִיאָתֵנוּ.
רִשְׁעֵנוּ אַל תֵּפֶן, רַחֲמֵנוּ וְנִצְטַדְּקָה / רַחֲמֶיךָ יְבֹאוּנוּ, רַחוּם וְחַנּוּן.
שִׁמְךָ מֵעוֹלָם עוֹבֵר עַל פֶּשַׁע / שַׁוְעָתֵנוּ תַּאֲזִין, בְּעָמְדֵנוּ לְפָנֶיךָ בִּתְפִלָּה
תַּעֲבֹר עַל פֶּשַׁע לְעַם שָׁבֵי פֶשַׁע / תִּמְחֶה פְשָׁעֵינוּ מִנֶּגֶד עֵינֶיךָ.

ממשיכים ׳אַתָּה יוֹדֵעַ רָזֵי עוֹלָם׳
בערבית בעמ׳ 84, בשחרית בעמ׳ 228,
במוסף בעמ׳ 347 ובמנחה בעמ׳ 401.

פיוטים לתפילת שחרית

יוצר ליום הכיפורים

פיוט ה'יוצר' ליום הכיפורים כתוב בתבנית הנקראת 'קיקלר': שליח הציבור אומר כל בית, והקהל עונה אחריו פזמון קבוע (או כמה חרוזי פזמון, המתחלפים במחזוריות קבועה). חרוז הפזמון השני הוא כבפיוטי 'חָטָאנוּ' (ראה עמ' 502), אך הפייטן אינו מתמקד בווידוי על חטאי ישראל, אלא בהבטחה של הקב"ה לסלוח להם.

שליח הציבור אומר שורה שורה, והקהל חוזר אחריו:

סְלַח לְגוֹי קָדוֹשׁ / בְּיוֹם קָדוֹשׁ / מָרוֹם וְקָדוֹשׁ.
חָטָאנוּ צוּרֵנוּ / סְלַח לָנוּ יוֹצְרֵנוּ.

סימן א"ב

אָז בְּיוֹם כִּפּוּר סְלִיחָה הוֹרֵיתָ / אוֹר וּמְחִילָה לְעַם זוּ קָנִיתָ.
בְּסָלְחֲךָ לַעֲוֹנוֹת וַחֲטָאֵי עֵדָה / בֶּעָשׂוֹר סְמוּכִים בְּבֵית הַוַּעַד.

סְלַח לְגוֹי קָדוֹשׁ / בְּיוֹם קָדוֹשׁ / מָרוֹם וְקָדוֹשׁ.

גָּבְרוּ חֲטָאִים בַּאֲנִי יְשֵׁנָה / גַּשׁ יוֹם אֶחָד בִּימֵי שָׁנָה.
דּוֹבְבוּ בְּתַחֲנוּן לְמוֹחֵל וְסוֹלֵחַ / דּוֹפְקֵי בִתְשׁוּבָה לְיוֹצֵר אוֹר וְסַלָּח.

חָטָאנוּ צוּרֵנוּ / סְלַח לָנוּ יוֹצְרֵנוּ.

הַמְתֵּק הָאוֹר לִסְלִיחָתִי / הָעֵת תַּעֲנֶה, וְתֹאמַר סָלַחְתִּי.
וְתָאִיר עֵינֵינוּ וְתַעֲבֹר עַל פֶּשַׁע / וְחוֹטְאֵי בִשְׁגָגָה אַל נָא תָמִית בְּרֶשַׁע.

סְלַח לְגוֹי קָדוֹשׁ / בְּיוֹם קָדוֹשׁ / מָרוֹם וְקָדוֹשׁ.

זֵדְנוּ וְהִרְשַׁעְנוּ בְּרֹעַ מַעֲלָלֵינוּ / זֶה צַדִּיק אַתָּה, עַל כָּל הַבָּא עָלֵינוּ.
חָטָאנוּ לְךָ מֶלֶךְ עוֹלָמִים / חָנְכֵנוּ בְּאוֹרֶךָ, וְלֹא נֵצֵא נִכְלָמִים.

חָטָאנוּ צוּרֵנוּ / סְלַח לָנוּ יוֹצְרֵנוּ.

טוֹב וְסַלָּח לְךָ הִיא הַצְּדָקָה / טַהֲרֵנוּ בְּמַעְיָנְךָ, לוֹבֵשׁ צְדָקָה.
יוֹמָם וָלַיְלָה שָׁפַכְנוּ לֵב וָנֶפֶשׁ / יִזְרַח לָנוּ אוֹר בְּכִפּוּר עִנּוּי נֶפֶשׁ.

סְלַח לְגוֹי קָדוֹשׁ / בְּיוֹם קָדוֹשׁ / מָרוֹם וְקָדוֹשׁ.

כְּחַנּוּן תְּחַפֵּשׂ סִתְרֵי מַעֲשִׂים / כְּרַחוּם תִּסְלַח עֲוֹנוֹת עֲמוּסִים.
לְמַעַן נָרוּץ בְּאוֹר פָּנֶיךָ / לֹא נֵצֵא הַיּוֹם רֵיקָם מִלְּפָנֶיךָ.
חָטָאנוּ צוּרֵנוּ / סְלַח לָנוּ יוֹצְרֵנוּ.

מַלְבִּין כַּשֶּׁלֶג חֲטָאֵי עַמָּךְ / מְקוֹר חַיִּים וָחֶסֶד עִמָּךְ.
נְבוֹאָה עָדֶיךָ, זוֹכֵר הַבְּרִית / נַהֲלֵנוּ בְּאוֹרֶךָ, כְּמוֹ נִסְתָּר בְּנַחַל כְּרִית.
סְלַח לְגוֹי קָדוֹשׁ / בְּיוֹם קָדוֹשׁ / מָרוֹם וְקָדוֹשׁ.

שַׂר הַמְכַפֵּר בְּעַד צֹאן מַרְעִית / סָמְכֵנוּ בְּאוֹרְךָ כְּסוּכַּת מַרְאִית.
עֲנֵנוּ אָבִינוּ מִמַּעֲמַקִּים / עוֹרֵר כְּאוֹר נֹגַהּ שׁוֹשַׁנַּת הָעֲמָקִים.
חָטָאנוּ צוּרֵנוּ / סְלַח לָנוּ יוֹצְרֵנוּ.

פְּתַח לָנוּ שַׁעַר, וְתַעֲלֶה תְּפִלָּה / פָּנֶיךָ נְחַלֶּה שׁוֹכֵן מַעְלָה.
צֵאתֵנוּ תְּנַקֶּה, וּבְחֵטְא לֹא נִתְנַזֵּק / צְרָפֵנוּ כַּכֶּסֶף שִׁבְעָתַיִם מְזֻקָּק.
סְלַח לְגוֹי קָדוֹשׁ / בְּיוֹם קָדוֹשׁ / מָרוֹם וְקָדוֹשׁ.

קָרְבֵנוּ לְיֶשְׁעֲךָ בְּאוֹר שְׁנֵי עֳפָרִים / קוֹרְאֵי קְדֻשַּׁת יוֹם כִּפּוּרִים.
רְעֵנוּ כְּמִקֶּדֶם וְתָדִירֵנוּ יִנְהַר / רַחוּם הַקְשִׁיבָה וַעֲשֵׂה אַל תְּאַחַר.
חָטָאנוּ צוּרֵנוּ / סְלַח לָנוּ יוֹצְרֵנוּ.

שְׁפַכְנוּ כַּמַּיִם אַבְנֵי לִבּוֹת / שַׁחַר אוֹר יַגִּיהַּ בּוֹחֵן לְבָבוֹת.
תְּחַטְּאֵנוּ בְּאֵזוֹב, וְנִטְהַר בְּיוֹם סְלִיחָתִי / תַּקְשִׁיב סְלַח נָא, וְתֹאמַר סָלַחְתִּי.
סְלַח לְגוֹי קָדוֹשׁ / בְּיוֹם קָדוֹשׁ / מָרוֹם וְקָדוֹשׁ.

ביום חול ממשיכים ׳הַמֵּאִיר לָאָרֶץ׳ בעמ׳ 177,
ובשבת ממשיכים ׳הַכֹּל יוֹדוּךָ׳ בעמ׳ 178.

אופן ליום הכיפורים

הפיוט השני בברכות קריאת שמע (ולמנהג קהילות אשכנז, האחרון שאומרים ביום הכיפורים) מכונה ׳אופן׳, כיוון שהוא מחליף את שורת המעבר ׳וְהָאוֹפַנִּים וְחַיּוֹת הַקֹּדֶשׁ׳ שבין שני פסוקי הקדושה.

שליח הציבור ואחריו הקהל:

בָּרוּךְ שֵׁם כְּבוֹד מַלְכוּתוֹ.

שליח הציבור ואחריו הקהל:

מַלְכוּתוֹ בִּקְהַל עֲדָתִי / וּכְבוֹדוֹ הִיא אֱמוּנָתִי
אֵלָיו בְּקַשְׁתִּי / לְכַפֵּר עֲוֹן חַטָּאתִי
וּבְיוֹם צוֹם כִּפּוּר סְלִיחָתִי / יַעֲנֶה וְיֹאמַר, סָלַחְתִּי.

שליח הציבור אומר שורה שורה, והקהל עונה אחריו ׳בָּרוּךְ שֵׁם כְּבוֹד מַלְכוּתוֹ׳. את הפזמון אומרים הכול יחד:

סימן א״ב

קָדוֹשׁ אַדִּיר בַּעֲלִיָּתוֹ   בָּרוּךְ שֵׁם כְּבוֹד מַלְכוּתוֹ.
קָדוֹשׁ בִּתְשׁוּבָה שָׁת סְלִיחָתוֹ   בָּרוּךְ שֵׁם כְּבוֹד מַלְכוּתוֹ.

מַלְכוּתוֹ בִּקְהַל עֲדָתִי / וּכְבוֹדוֹ הִיא אֱמוּנָתִי
אֵלָיו בְּקַשְׁתִּי / לְכַפֵּר עֲוֹן חַטָּאתִי
וּבְיוֹם צוֹם כִּפּוּר סְלִיחָתִי / יַעֲנֶה וְיֹאמַר, סָלַחְתִּי.

קָדוֹשׁ גִּלָּה לְעַמּוֹ סוֹד דָּתוֹ   בָּרוּךְ שֵׁם כְּבוֹד מַלְכוּתוֹ.
קָדוֹשׁ דָּץ עַל כַּפָּרַת צֹאן מַרְעִיתוֹ   בָּרוּךְ שֵׁם כְּבוֹד מַלְכוּתוֹ.

מַלְכוּתוֹ בִּקְהַל עֲדָתִי / וּכְבוֹדוֹ הִיא אֱמוּנָתִי
אֵלָיו בְּקַשְׁתִּי / לְכַפֵּר עֲוֹן חַטָּאתִי
וּבְיוֹם צוֹם כִּפּוּר סְלִיחָתִי / יַעֲנֶה וְיֹאמַר, סָלַחְתִּי.

קָדוֹשׁ הַסּוֹלֵחַ לַאֲיֻמָּתוֹ   בָּרוּךְ שֵׁם כְּבוֹד מַלְכוּתוֹ.
קָדוֹשׁ וְעַמּוֹ יְמַלְּלוּ גְבוּרָתוֹ   בָּרוּךְ שֵׁם כְּבוֹד מַלְכוּתוֹ.

מַלְכוּתוֹ בִּקְהַל עֲדָתִי / וּכְבוֹדוֹ הִיא אֱמוּנָתִי
אֵלָיו בְּקַשְׁתִּי / לְכַפֵּר עֲוֹן חַטָּאתִי
וּבְיוֹם צוֹם כִּפּוּר סְלִיחָתִי / יַעֲנֶה וְיֹאמַר, סָלַחְתִּי.

קָדוֹשׁ זוֹכֵר אֲיֻמָּה בְּאַהֲבָתוֹ בָּרוּךְ שֵׁם כְּבוֹד מַלְכוּתוֹ.
קָדוֹשׁ חָפֵץ בְּעִנּוּי נֶפֶשׁ תַּמָּתוֹ בָּרוּךְ שֵׁם כְּבוֹד מַלְכוּתוֹ.

מַלְכוּתוֹ בִּקְהַל עֲדָתִי / וּכְבוֹדוֹ הִיא אֱמוּנָתִי
אֵלָיו בְּקַשְׁתִּי / לְכַפֵּר עֲוֹן חַטָּאתִי
וּבְיוֹם צוֹם כִּפּוּר סְלִיחָתִי / יַעֲנֶה וְיֹאמַר, סָלַחְתִּי.

קָדוֹשׁ טַהֵר טְמֵאִים בְּמֵי זְרִיקָתוֹ בָּרוּךְ שֵׁם כְּבוֹד מַלְכוּתוֹ.
קָדוֹשׁ יַלְבִּין כַּשֶּׁלֶג חֲטָאֵי סְגֻלָּתוֹ בָּרוּךְ שֵׁם כְּבוֹד מַלְכוּתוֹ.

מַלְכוּתוֹ בִּקְהַל עֲדָתִי / וּכְבוֹדוֹ הִיא אֱמוּנָתִי
אֵלָיו בְּקַשְׁתִּי / לְכַפֵּר עֲוֹן חַטָּאתִי
וּבְיוֹם צוֹם כִּפּוּר סְלִיחָתִי / יַעֲנֶה וְיֹאמַר, סָלַחְתִּי.

קָדוֹשׁ כַּפֵּר לְעַמְּךָ יִשְׂרָאֵל שִׁגְגָתוֹ בָּרוּךְ שֵׁם כְּבוֹד מַלְכוּתוֹ.
קָדוֹשׁ לְיוֹם אֶחָד בַּשָּׁנָה שָׁת קְרִיאָתוֹ בָּרוּךְ שֵׁם כְּבוֹד מַלְכוּתוֹ.

מַלְכוּתוֹ בִּקְהַל עֲדָתִי / וּכְבוֹדוֹ הִיא אֱמוּנָתִי
אֵלָיו בְּקַשְׁתִּי / לְכַפֵּר עֲוֹן חַטָּאתִי
וּבְיוֹם צוֹם כִּפּוּר סְלִיחָתִי / יַעֲנֶה וְיֹאמַר, סָלַחְתִּי.

קָדוֹשׁ מוֹחֵל וְסוֹלֵחַ לַעֲדָתוֹ בָּרוּךְ שֵׁם כְּבוֹד מַלְכוּתוֹ.
קָדוֹשׁ נִרְאָה בְּהַר מְרוֹם הָרִים עֲמִידָתוֹ בָּרוּךְ שֵׁם כְּבוֹד מַלְכוּתוֹ.

מַלְכוּתוֹ בִּקְהַל עֲדָתִי / וּכְבוֹדוֹ הִיא אֱמוּנָתִי
אֵלָיו בְּקַשְׁתִּי / לְכַפֵּר עֲוֹן חַטָּאתִי
וּבְיוֹם צוֹם כִּפּוּר סְלִיחָתִי / יַעֲנֶה וְיֹאמַר, סָלַחְתִּי.

קָדוֹשׁ סוֹלֵחַ וְטוֹב לְסוֹבְלֵי עֹל יִרְאָתוֹ בָּרוּךְ שֵׁם כְּבוֹד מַלְכוּתוֹ.
קָדוֹשׁ עָוֹן יְכַפֵּר, וְלֹא יָעִיר כָּל חֲמָתוֹ בָּרוּךְ שֵׁם כְּבוֹד מַלְכוּתוֹ.

מַלְכוּתוֹ בִּקְהַל עֲדָתִי / וּכְבוֹדוֹ הִיא אֱמוּנָתִי
אֵלָיו בְּקַשְׁתִּי / לְכַפֵּר עֲוֹן חַטָּאתִי
וּבְיוֹם צוֹם כִּפּוּר סְלִיחָתִי / יַעֲנֶה וְיֹאמַר, סָלַחְתִּי.

קָדוֹשׁ פְּשָׁעִים מַעֲבִיר בְּצִדְקָתוֹ בָּרוּךְ שֵׁם כְּבוֹד מַלְכוּתוֹ.
קָדוֹשׁ צוֹם הֶעָשׂוֹר יְקַבֵּל לִתְשׁוּבָתוֹ בָּרוּךְ שֵׁם כְּבוֹד מַלְכוּתוֹ.

מַלְכוּתוֹ בִּקְהַל עֲדָתִי / וּכְבוֹדוֹ הִיא אֱמוּנָתִי
אֵלָיו בַּקָּשָׁתִי / לְכַפֵּר עֲוֹן חַטָּאתִי
וּבְיוֹם צוֹם כִּפּוּר סְלִיחָתִי / יַעֲנֶה וְיֹאמַר, סָלַחְתִּי.

קָדוֹשׁ קְדוֹשִׁים יַעֲרִיצוּ קְדֻשָּׁתוֹ בָּרוּךְ שֵׁם כְּבוֹד מַלְכוּתוֹ.
קָדוֹשׁ רַחוּם וְחַנּוּן, וְאֵין זוּלָתוֹ בָּרוּךְ שֵׁם כְּבוֹד מַלְכוּתוֹ.

מַלְכוּתוֹ בִּקְהַל עֲדָתִי / וּכְבוֹדוֹ הִיא אֱמוּנָתִי
אֵלָיו בַּקָּשָׁתִי / לְכַפֵּר עֲוֹן חַטָּאתִי
וּבְיוֹם צוֹם כִּפּוּר סְלִיחָתִי / יַעֲנֶה וְיֹאמַר, סָלַחְתִּי.

קָדוֹשׁ שׁוֹכֵן שְׁחָקִים בִּמְכוֹן שִׁבְתּוֹ בָּרוּךְ שֵׁם כְּבוֹד מַלְכוּתוֹ.
קָדוֹשׁ תַּרְשִׁישִׁים יַגִּידוּ תִּפְאַרְתּוֹ בָּרוּךְ שֵׁם כְּבוֹד מַלְכוּתוֹ.

מַלְכוּתוֹ בִּקְהַל עֲדָתִי / וּכְבוֹדוֹ הִיא אֱמוּנָתִי
אֵלָיו בַּקָּשָׁתִי / לְכַפֵּר עֲוֹן חַטָּאתִי
וּבְיוֹם צוֹם כִּפּוּר סְלִיחָתִי / יַעֲנֶה וְיֹאמַר, סָלַחְתִּי.

כאשר אומרים אופן מחליפים את חרוז המעבר ׳וְהָאוֹפַנִּים וְחַיּוֹת הַקֹּדֶשׁ׳ בחרוז ׳וְהַחַיּוֹת יְשׁוֹרֵרוּ׳ בעמ׳ 182.

פיוטים לחזרת הש״ץ

ב׳קרובות׳ ליום הכיפורים נהגו באשכנז לומר פיוט ׳תוכחה׳ לאחר ה׳מחיה׳. פיוט זה אינו חלק מקורי מה׳קרובה׳, וגם מבחינה תוכנית – בעוד שב׳קרובה׳ שליח הציבור פונה אל הקב״ה בשם הכלל, ה׳תוכחה׳ הוא פיוט אישי מאוד. במקור את הפיוט אמר שליח הציבור, והקהל ענה רק את שורת הפזמון ׳עַד יוֹם מוֹתוֹ׳, ובכך הדגיש את האמונה בסליחה של הקב״ה בניגוד לקדרות האופפת את גוף הפיוט, המדבר על חולשת האדם. היום בקהילות שבהן אומרים את ה׳תוכחה׳, נוהגים שהקהל אומר את כולו, ואת הפזמון אומרים רק בתחילת הפיוט ובסופו.

שליח הציבור ואחריו הקהל:

עַד יוֹם מוֹתוֹ תְּחַכֶּה לוֹ לִתְשׁוּבָה / לְהַנְטוֹתוֹ לִתְחִיָּה.

הכול:

סימן א״ב

אֱנוֹשׁ מַה יִּזְכֶּה / וּצְבָא דֹק / לֹא זַכּוּ בְעֵינֶיךָ.
בַּלְּהָחִים אִם / תִּבְעַר הָאֵשׁ / מַה בֶּחָצִיר יָבֵשׁ.

עַד יוֹם מוֹתוֹ תְּחַכֶּה לוֹ לִתְשׁוּבָה / לְהַנְטוֹתוֹ לִתְחִיָּה.

גָּלוּי לְךָ / חֹשֶׁךְ כְּמוֹ אוֹר / מְשׁוֹטֵט כֹּל בָּעַיִן.
דִּירָתְךָ בַּסֵּתֶר / וּגְלוּיוֹת לְךָ / כָּל נִסְתָּרוֹת.

עַד יוֹם מוֹתוֹ תְּחַכֶּה לוֹ לִתְשׁוּבָה / לְהַנְטוֹתוֹ לִתְחִיָּה.

הַדָּן יְחִידִי / וְהוּא בְאֶחָד / וּמִי יְשִׁיבֶנּוּ.
וְעַל גּוֹי וְעַל אָדָם / יַחַד יִנְטֶה קָו / וְאֵין מִי יַרְשִׁיעַ.

עַד יוֹם מוֹתוֹ תְּחַכֶּה לוֹ לִתְשׁוּבָה / לְהַנְטוֹתוֹ לִתְחִיָּה.

זֹאת יָבִין יְצִיר / וְלֹא יַתְעוּ יֵצֶר / לַחֲטֹא לַיּוֹצֵר.
חֲתֻלַּת בְּאֵרוֹ / חֲפִירַת בּוֹרוֹ / חֶשְׁבּוֹן בּוֹרְאוֹ.

עַד יוֹם מוֹתוֹ תְּחַכֶּה לוֹ לִתְשׁוּבָה / לְהַנְטוֹתוֹ לִתְחִיָּה.

טָמֵא מִשְּׂאֵרוֹ / וּמְטַמֵּא בְּעוֹדוֹ / וּמְטַמֵּא בְּמוֹתוֹ.
יְמֵי חַיָּיו תֹּהוּ / וְלֵילוֹתָיו בֹּהוּ / וְעִנְיָנָיו הֶבֶל.

עַד יוֹם מוֹתוֹ תְּחַכֶּה לוֹ לִתְשׁוּבָה / לְהַנְטוֹתוֹ לִתְחִיָּה.

כַּחֲלוֹם מֵהָקִיץ / נִדְמֶה, בַּלָּהוֹת / יְבַעֲתוּהוּ תָמִיד.
לַיְלָה לֹא יִשְׁכַּב / יוֹמָם לֹא יָנוּחַ / עַד יֵרֵדֵם בַּקֶּבֶר.

עַד יוֹם מוֹתוֹ תְּחַכֶּה לוֹ לִתְשׁוּבָה / לְהַנְטוֹתוֹ לִתְחִיָּה.

מַה יִּתְאוֹנֵן / אָדָם חָי / דַּיּוֹ אֲשֶׁר הוּא חָי.
נוֹלַד לְעָמָל / אַשְׁרָיו אִם יְהִי / יְגִיעוֹ בְּדַת אֱמֶת.
עַד יוֹם מוֹתוֹ תְּחַכֶּה לוֹ לִתְשׁוּבָה / לְהַנְטוֹתוֹ לִתְחִיָּה.

סוֹפוֹ / עַל רֹאשׁוֹ מוֹכִיחַ / וְלָמָּה יַחֲנִיף.
עוֹד חוֹתָמוֹ / מְעִידוֹ עַל פָּעֳלוֹ / וּמַה יִּגְנֹב דָּעַת.
עַד יוֹם מוֹתוֹ תְּחַכֶּה לוֹ לִתְשׁוּבָה / לְהַנְטוֹתוֹ לִתְחִיָּה.

פּוֹעֵל צְדָקוֹת / אִם יְהִי, יְלַוּוּהוּ / לְבֵית עוֹלָמוֹ.
צוֹפֶה בְּחָכְמָה / אִם יְהִי, עִמּוֹ / תִּתְלוֹנֵן בְּכֶלַחוֹ.
עַד יוֹם מוֹתוֹ תְּחַכֶּה לוֹ לִתְשׁוּבָה / לְהַנְטוֹתוֹ לִתְחִיָּה.

קָצוּף בְּדָמִים / וּמִרְמָה אִם יְהִי / חֲרוּצִים יָמָיו.
רְצוֹנוֹ וְחֶפְצוֹ / בִּהְיוֹת בְּמוּסָר / יָנוּב בְּשֵׂיבָה טוֹבָה.
עַד יוֹם מוֹתוֹ תְּחַכֶּה לוֹ לִתְשׁוּבָה / לְהַנְטוֹתוֹ לִתְחִיָּה.

שֵׁם טוֹב אִם יִקְנֶה / מִשְּׁמוֹת נָעִים / אֲשֶׁר יִקָּרֵא.
תַּחַת כֵּן / מִיּוֹם לֵדָה / יוֹם מִיתָה הוּטָב.

שליח הציבור ואחריו הקהל:

עַד יוֹם מוֹתוֹ תְּחַכֶּה לוֹ לִתְשׁוּבָה / לְהַנְטוֹתוֹ לִתְחִיָּה.

ממשיכים ׳מִי כָמוֹךָ אַב הָרַחֲמָן׳ בעמ׳ 204.

שני הפיוטים הבאים הם ׳קיקלרים׳ (ראה עמ׳ 506) בעלי שני חרוזי פזמון הנאמרים לסירוגין. ה׳קיקלר׳ ׳מוֹרֶה חַטָּאִים׳ מבוסס על מזמור קמה, ונוהגים שהקהל אומר את הצלע השלישית בכל בית, המוכרת לו מהמזמור. לאחר כל שלושה בתים, הקהל אומר גם אחד מחרוזי הפזמון.

שליח הציבור והקהל אומרים חרוז חרוז:

אָנָּא סְלַח נָא / פֶּשַׁע וְעָוֹן שָׂא נָא
וְכֹחֲךָ יִגְדַּל נָא. קָדוֹשׁ.

אָנָּא רַחוּם כַּפֵּר / עֲוֹן צָגִים, תְּהִלָּתְךָ לְסַפֵּר
וְיָחֹקּוּ לְחַיִּים בַּסֵּפֶר. קָדוֹשׁ.

סימן משלם בירבי קלונימוס חזק [כפול]

ש״ץ: מוֹרֶה חַטָּאִים סֶלֶל לְהִתְהַלֵּךְ / מְלַמֵּד לְהַדְרִיכִי בְּדֶרֶךְ אֵלֵךְ
קהל: אֲרוֹמִמְךָ אֱלוֹהַי הַמֶּלֶךְ: תהלים קמה

ש״ץ: שַׁחַר וָנֶשֶׁף אֲיַחֵד לְהַמְלִיכָךְ / שׁוֹכֵן עַד וְאֵין כְּעֶרְכָּךְ
קהל: בְּכָל־יוֹם אֲבָרְכֶךָּ:

ש״ץ: לִבִּי חָרֵד עֲבוֹדָתְךָ לְתָמִיד / לְהַעֲרִיץ קְדֻשָּׁתְךָ בְּמִשְׁמָר אֶעֱמֹד
קהל: גָּדוֹל יהוה וּמְהֻלָּל מְאֹד:

אָנָּא סְלַח נָא / פֶּשַׁע וְעָוֹן שָׂא נָא
וְכֹחֲךָ יִגְדַּל נָא. קָדוֹשׁ.

ש״ץ: מְיַחֲלִים לְחַסְדְּךָ זֶרַע עֲמוּסֶיךָ / מַלֵּא מִשְׁאֲלוֹתָם, וְיִשְׂמְחוּ חוֹסֶיךָ
קהל: דּוֹר לְדוֹר יְשַׁבַּח מַעֲשֶׂיךָ:

ש״ץ: בְּחִלּוּי וָצוֹם גָּשִׁים לְעָבְדֶךָ / בְּרוּאִים, כִּי הֵם לִכְבוֹדֶךָ
קהל: הֲדַר כְּבוֹד הוֹדֶךָ:

ש״ץ: יְקָר מַלְכוּתְךָ בְּרַעַד יַאֲמִירוּ / יְחוּדְךָ בְּזָר לֹא יָמִירוּ
קהל: וֶעֱזוּז נוֹרְאוֹתֶיךָ יֹאמֵרוּ:

אָנָּא רַחוּם כַּפֵּר / עֲוֹן צָגִים, תְּהִלָּתְךָ לְסַפֵּר
וְיָחֲקוּ לְחַיִּים בְּסֵפֶר. קָדוֹשׁ.

ש״ץ: רֹן פְּגִיעוֹת לְפָנֶיךָ יַרְבִּיעוּ / רַחַשׁ הִלּוּלְךָ בַּיּוֹם יְשַׁבֵּעוּ
קהל: זֵכֶר רַב־טוּבְךָ יַבִּיעוּ:

ש״ץ: בֹּקֶר אֶעֱרָךְ לְךָ חִנּוּנַי / בִּפְנוֹת עֶרֶב תִּמְחֶה זְדוֹנַי
קהל: חַנּוּן וְרַחוּם יהוה:

ש״ץ: יָהּ, צוּר, כַּפֵּר אֶשְׁכֹּל / יִכְבֹּשׁ עֲוֹנֵינוּ וְיֹאמְרוּ הַכֹּל
קהל: טוֹב־יהוה לַכֹּל:

אָנָּא סְלַח נָא / פֶּשַׁע וְעָוֹן שָׂא נָא
וְכֹחֲךָ יִגְדַּל נָא. קָדוֹשׁ.

ש״ץ: קוֹמֵם אִוּוּי קִרְיַת מְשׂוֹשֶׂךָ / קְדֻשַּׁת אַבְנֵי נֵזֶר בְּנוֹסְסֶךָ
קהל: יוֹדוּךָ יהוה כָּל־מַעֲשֶׂיךָ:

ש״ץ: לְוִיֶּיךָ וַחֲסִידֶיךָ בְּנֹעַם יְזַמֵּרוּ / לְבוּשֵׁי שֵׂרָד רֶקַח יִתַּמֵּרוּ
קהל: כְּבוֹד מַלְכוּתְךָ יֹאמֵרוּ:

ש״ץ: וּשְׁתוּלִים בְּנָוְךָ יַפְרִיחוּ בְּחַצְרוֹתָיו / וְיָנוּבוּן בְּשֵׂיבָה, דְּשֵׁנִים בְּטִירוֹתָיו
קהל: לְהוֹדִיעַ לִבְנֵי הָאָדָם גְּבוּרֹתָיו:

אָנָּא רַחוּם כַּפֵּר / עָוֹן צָגִים, תְּהִלָּתְךָ לְסַפֵּר
וְיָחֹקוּ לְחַיִּים בַּסֵּפֶר. קָדוֹשׁ.

ש״ץ: נִצְחָךְ יְנַגְּנוּ תְּמִימִים וּשְׁלֵמִים / נָשְׂאֲךָ כִּסְאֲךָ בְּבֵית עוֹלָמִים
קהל: מַלְכוּתְךָ מַלְכוּת כָּל־עֹלָמִים:

ש״ץ: יַחַד בְּכַנֶּסְךָ לְשִׁכְנְךָ גְּאוּלִים / יַלְבִּישׁוּךָ עֹז כְּעוֹבְרֵי גַלִּים
קהל: סוֹמֵךְ יהוה לְכָל־הַנֹּפְלִים:

ש״ץ: מַבִּיעֵי טוּבְךָ בְּוַעַד יִתְחַבֵּרוּ / מְחִים חֵשֶׁב תַּחַן יְדַבֵּרוּ
קהל: עֵינֵי־כֹל אֵלֶיךָ יְשַׂבֵּרוּ:

אָנָּא סְלַח נָא / פֶּשַׁע וְעָוֹן שָׂא נָא
וְכֹחֲךָ יִגְדַּל נָא. קָדוֹשׁ.

ש״ץ: וְדוּיִם יְנוּחַח שַׁי עָדֶיךָ / וִישַׁלֵּם פָּרִים אֶרֶשׁ עֵדֶיךָ
קהל: פּוֹתֵחַ אֶת־יָדֶךָ:

ש״ץ: סֶלָה בְּרַחֲמָיו יָצִיץ מֵחֲרַכָּיו / סְלַח יַרְבֶּה לְעַם מְבָרְכָיו
קהל: צַדִּיק יהוה בְּכָל־דְּרָכָיו:

ש״ץ: חִין יֶשַׁע מְגוּי מִקְרָאָיו / חֹן יָחֹן קוֹרְאֵי מִקְרָאָיו
קהל: קָרוֹב יהוה לְכָל־קֹרְאָיו:

אָנָּא רַחוּם כַּפֵּר / עָוֹן צָגִים, תְּהִלָּתְךָ לְסַפֵּר
וְיָחֹקוּ לְחַיִּים בַּסֵּפֶר. קָדוֹשׁ.

ש״ץ: זֶה אֵלִי, פֶּלֶא עוֹשֶׂה / זַעֲקֵנוּ יֶרֶץ וְשׂוֹטְנֵינוּ יְעַשֶּׂה

קהל: רְצוֹן־יְרֵאָיו יַעֲשֶׂה:

ש״ץ: קִוּוּי יִתֵּן לְלוֹ מַשְׁלִיךְ יְהָבָיו / קָדוֹשׁ פְּשָׁעֵינוּ יְכַסֶּה בַּאֲהָבָיו

קהל: שׁוֹמֵר יהוה אֶת־כָּל־אֹהֲבָיו:

ש״ץ: קַבֵּל צִקּוּנִי כִּבְמִכְלַל יֹפִי / קוֹלִי תַאֲזִין וְתַצְלִיל דֹּפִי

קהל: תְּהִלַּת יהוה יְדַבֶּר פִּי:

אָנָּא סְלַח נָא / פֶּשַׁע וְעָוֹן שָׂא נָא
וְכֹחֲךָ יִגְדַּל נָא. קָדוֹשׁ.

מחבר ה׳קרובה׳ לשחרית, ר׳ משולם בר קלונימוס, חתם את שמו במילות שני חרוזי הפזמון של ה׳קיקלר׳ הבא.

שליח הציבור והקהל אומרים חרוז חרוז:

מֶלֶךְ שׁוֹכֵן עַד / לְבַדְּךָ מְלֹךְ עֲדֵי עַד / הָאֵל קָדוֹשׁ.
מֶלֶךְ מַאֲזִין שַׁוְעָה / לְעַמּוֹ מֵחִישׁ יְשׁוּעָה / נוֹרָא וְקָדוֹשׁ.

הכול:

סימן א״ב (כפול)

אֶדֶר יְקָר אֵלִי / אֲחַוֶּה בְּאֶרֶשׁ מִלּוּלִי.
מֶלֶךְ שׁוֹכֵן עַד / לְבַדְּךָ מְלֹךְ עֲדֵי עַד / הָאֵל קָדוֹשׁ.

בְּחֵךְ אַנְעִים זֶמֶר / בְּנִיב אַבִּיעַ אֹמֶר.
מֶלֶךְ מַאֲזִין שַׁוְעָה / לְעַמּוֹ מֵחִישׁ יְשׁוּעָה / נוֹרָא וְקָדוֹשׁ.

גְּבוּרוֹתָיו מִי יְמַלֵּל / גָּדְלוֹ מִי יְפַלֵּל.
מֶלֶךְ שׁוֹכֵן עַד / לְבַדְּךָ מְלֹךְ עֲדֵי עַד / הָאֵל קָדוֹשׁ.

דֹּק מְרוֹפֵף בִּגְעָרָה / דַּרְכּוֹ סוּפָה וּסְעָרָה.
מֶלֶךְ מַאֲזִין שַׁוְעָה / לְעַמּוֹ מֵחִישׁ יְשׁוּעָה / נוֹרָא וְקָדוֹשׁ.

הַנֶּאְדָּר מִקּוֹלוֹת מַיִם / הוֹדוֹ כִּסָּה שָׁמַיִם.
מֶלֶךְ שׁוֹכֵן עַד / לְבַדְּךָ מְלֹךְ עֲדֵי עַד / הָאֵל קָדוֹשׁ.

וּסְבִיבָיו שַׂרְפֵי אֵלִים / וּמִפַּחְדּוֹ זָעִים וְחָלִים.

מֶלֶךְ מַאֲזִין שַׁוְעָה / לְעַמּוֹ מֵחִישׁ יְשׁוּעָה / נוֹרָא וְקָדוֹשׁ.

זָךְ בִּשְׁמֵי מְעוֹנִים / זַעַק שְׁעֵה מִמִּתְעַנִּים.

מֶלֶךְ שׁוֹכֵן עַד / לְבַדּוֹ מְלֹךְ מֶלֶךְ עֲדֵי עַד / הָאֵל קָדוֹשׁ.

חַשְׁרַת סְבִיב סֻכּוֹ / חַשְׁמַל בְּלִי לְסוֹכוֹ.

מֶלֶךְ מַאֲזִין שַׁוְעָה / לְעַמּוֹ מֵחִישׁ יְשׁוּעָה / נוֹרָא וְקָדוֹשׁ.

טוֹב יוֹדֵעַ חוֹסָיו / טָהוֹר מַצְדִּיק עֲמוּסָיו.

מֶלֶךְ שׁוֹכֵן עַד / לְבַדּוֹ מְלֹךְ מֶלֶךְ עֲדֵי עַד / הָאֵל קָדוֹשׁ.

יוֹשֵׁב בְּסֵתֶר עֶלְיוֹן / יְקַר עֹז חֶבְיוֹן.

מֶלֶךְ מַאֲזִין שַׁוְעָה / לְעַמּוֹ מֵחִישׁ יְשׁוּעָה / נוֹרָא וְקָדוֹשׁ.

כּוֹנֵן שַׁחַק בִּתְבוּנָה / כָּל מַעֲשֵׂהוּ בֶּאֱמוּנָה.

מֶלֶךְ שׁוֹכֵן עַד / לְבַדּוֹ מְלֹךְ מֶלֶךְ עֲדֵי עַד / הָאֵל קָדוֹשׁ.

לוֹבֵשׁ עֹז וּגְדֻלָּה / לוֹ נָאוָה תְהִלָּה.

מֶלֶךְ מַאֲזִין שַׁוְעָה / לְעַמּוֹ מֵחִישׁ יְשׁוּעָה / נוֹרָא וְקָדוֹשׁ.

מוֹשֵׁל עוֹלָם בִּגְבוּרָה / מוֹחֶה פִּשְׁעֵי בָרָה.

מֶלֶךְ שׁוֹכֵן עַד / לְבַדּוֹ מְלֹךְ מֶלֶךְ עֲדֵי עַד / הָאֵל קָדוֹשׁ.

נָאוֹר וְאַדִּיר בַּהֲדָרוֹ / נוֹשֵׂא עֲוֹן עֶדְרוֹ.

מֶלֶךְ מַאֲזִין שַׁוְעָה / לְעַמּוֹ מֵחִישׁ יְשׁוּעָה / נוֹרָא וְקָדוֹשׁ.

סוֹכֵת שִׂיחוֹת עֲרָבוֹת / סֹלּוּ לָרֹכֵב בָּעֲרָבוֹת: תהלים סח

מֶלֶךְ שׁוֹכֵן עַד / לְבַדּוֹ מְלֹךְ מֶלֶךְ עֲדֵי עַד / הָאֵל קָדוֹשׁ.

עָף עַל כְּרוּבוֹ / עוֹנֶה לְעַם קְרוֹבוֹ.

מֶלֶךְ מַאֲזִין שַׁוְעָה / לְעַמּוֹ מֵחִישׁ יְשׁוּעָה / נוֹרָא וְקָדוֹשׁ.

פּוֹקֵד צִבְאוֹת גְּדוּדָיו / פּוֹדֶה נֶפֶשׁ עֲבָדָיו.

מֶלֶךְ שׁוֹכֵן עַד / לְבַדּוֹ מְלֹךְ מֶלֶךְ עֲדֵי עַד / הָאֵל קָדוֹשׁ.

צִדְקוֹ עֶלְיוֹנִים מַגִּידִים / צְבָא תַחְתּוֹנִים מוֹדִים.

מֶלֶךְ מַאֲזִין שַׁוְעָה / לְעַמּוֹ מֵחִישׁ יְשׁוּעָה / נוֹרָא וְקָדוֹשׁ.

קָדוֹשׁ, יוֹשֵׁב תְּהִלּוֹת: / קְנוּיָיו מַשִּׂיג מְחִילוֹת. תהלים כב
מֶלֶךְ שׁוֹכֵן עַד / לְבַדְּךָ מֶלֶךְ עֲדֵי עַד / הָאֵל קָדוֹשׁ.

רָם וְנִשָּׂא וְגֵאֶה / רוֹאֶה שָׁפָל וְנִכְאֶה.
מֶלֶךְ מַאֲזִין שַׁוְעָה / לְעַמּוֹ מֵחִישׁ יְשׁוּעָה / נוֹרָא וְקָדוֹשׁ.

שׁוֹכֵן בְּרוּם עֲלִיּוֹת / שַׁלִּיט בְּדוּךְ תַּחְתִּיּוֹת.
מֶלֶךְ שׁוֹכֵן עַד / לְבַדְּךָ מֶלֶךְ עֲדֵי עַד / הָאֵל קָדוֹשׁ.

תּוֹמֵךְ זְרוֹעוֹת עוֹלָם / תַּקִּיף וּמִכֹּל נֶעְלָם.
מֶלֶךְ מַאֲזִין שַׁוְעָה / לְעַמּוֹ מֵחִישׁ יְשׁוּעָה / נוֹרָא וְקָדוֹשׁ.

הפיוט הבא מתאר את תפילת ישראל. בכל בית שלוש צלעות מחורזות – האותיות שבראש שתי הצלעות הראשונות מסודרות על סדר א״ת ב״ש, והצלע השלישית היא תחילתו של פסוק סליחות.

שליח הציבור:

וּבְכֵן, וְאַתָּה כְּרַחוּם סְלַח לָנוּ.

הכול:

אָנָּא אֱלֹהִים חַיִּים / תִּכְתֹּב דְּבֵקֶיךָ לַחַיִּים
כִּי־עִמְּךָ מְקוֹר חַיִּים: וְאַתָּה כְּרַחוּם סְלַח לָנוּ. תהלים לו

בְּעֵת רָצוֹן תַּעֲנֶה תְּחִנָּתִי / שִׁמְעָה יהוה צֶדֶק, הַקְשִׁיבָה רִנָּתִי: תהלים יז
אַל־תַּעְלֵם אָזְנְךָ לְרַוְחָתִי לְשַׁוְעָתִי: וְאַתָּה כְּרַחוּם סְלַח לָנוּ. איכה ג

גַּעְיַת קוֹרְאֶיךָ בִּתְפִלַּת שַׁחַר / רְצֵה וְהַלְבֵּן אָדֹם כְּצַחַר
אֲדֹנָי הַקְשִׁיבָה וַעֲשֵׂה אַל־תְּאַחַר: וְאַתָּה כְּרַחוּם סְלַח לָנוּ. דניאל ט

דַּלּוֹתִי וְלִי יְהוֹשִׁיעַ: / קוֹיֶיךָ בַּל תַּרְשִׁיעַ תהלים קטז
מְדַבֵּר בִּצְדָקָה רַב לְהוֹשִׁיעַ: וְאַתָּה כְּרַחוּם סְלַח לָנוּ. ישעיה סג

הַצְּפוּפִים יַחַד לְעָבְדֶךָ / צִבְאוֹת צֹאן יָדֶךָ
הַרְאֵנוּ יהוה חַסְדֶּךָ: וְאַתָּה כְּרַחוּם סְלַח לָנוּ. תהלים פה

וּמַרְבִּים תַּחַן וָעֶתֶר / פֶּלֶל לַחֲשֵׁנוּ הֶעָתֵר
אַתָּה אֵל מִסְתַּתֵּר: וְאַתָּה כְּרַחוּם סְלַח לָנוּ. ישעיה מה

זַעֲקֵנוּ שְׁעֵה אוֹתָנוּ לִצְדָקָה / עֶרֶךְ שׁוּעֵנוּ כְּתִמּוֹר דַּקָּה מִן הַדַּקָּה
דניאל ט לְךָ אֲדֹנָי הַצְּדָקָה: וְאַתָּה כְּרַחוּם סְלַח לָנוּ.

חָטָאנוּ בְּאֵזוֹב וְטַהֲרֵנוּ / סְמָכֵנוּ, סִתְרֵנוּ וְשָׂבְרֵנוּ
ישעיה סד אֲנַחְנוּ הַחֹמֶר וְאַתָּה יֹצְרֵנוּ: וְאַתָּה כְּרַחוּם סְלַח לָנוּ.

טָהוֹר קְשֹׁב חִנּוּנַי / נַקֵּנִי מִכֶּתֶם עֲוֹנַי
ירמיה יז מִקְוֵה יִשְׂרָאֵל יהוה: וְאַתָּה כְּרַחוּם סְלַח לָנוּ.

יֶהֱמוּ מֵעֶיךָ עָלֵינוּ / מַהֵר רַחֲמֶיךָ יְקַדְּמוּנוּ
ישעיה סג אַתָּה יהוה אָבִינוּ: וְאַתָּה כְּרַחוּם סְלַח לָנוּ.

כְּרַחוּם תְּכַפֵּר עָוֹן / לַכֹּל תִּשָּׂא עָוֹן
ישעיה סד וְאַל־לָעַד תִּזְכֹּר עָוֹן: וְאַתָּה כְּרַחוּם סְלַח לָנוּ.

הפיוט הבא מובא רק במחזורי מורח אירופה, אך בית הפתיחה שלו (שבאחדים מהמחזורים מופיע כפזמון) נאמר היום גם בקהילות שנוהגות למעט באמירת פיוטים. יש שייחסוהו לר׳ יוסף אבן אביתור, מראשוני פייטני ספרד.

שליח הציבור ואחריו הקהל:

הַיּוֹם יִכָּתֵב / בְּסֵפֶר הַזִּכְרוֹנוֹת / הַחַיִּים וְהַמָּוֶת.
אָנָּא כַּנָּה / עוּרִי נָא / הִתְעוֹרְרִי נָא / עִמְדִי נָא
הִתְיַצְּבִי נָא / קוּמִי נָא / חֲלִי נָא
בְּעַד הַנֶּפֶשׁ חַנִּי נָא / פְּנֵי דָּר עֶלְיוֹן.

סימן א״ב הכול:

אֲיֻמָּה בָּחַר / יַלְבִּין כְּצֶמֶר צָחַר בִּתְפִלַּת הַשַּׁחַר.
בַּטָּחוֹת חוֹקֵר / צֹאן עֶדְרוֹ יְבַקֵּר בְּעֵת תָּמִיד הַבֹּקֶר.
גּוֹשֵׁם וְעוֹצֵר / גָּלוּתֵנוּ יְקַצֵּר בְּזֹאת תְּפִלַּת יוֹצֵר.

הַיּוֹם יִכָּתֵב / בְּסֵפֶר הַזִּכְרוֹנוֹת / הַחַיִּים וְהַמָּוֶת.
אָנָּא כַּנָּה / עוּרִי נָא / הִתְעוֹרְרִי נָא / עִמְדִי נָא
הִתְיַצְּבִי נָא / קוּמִי נָא / חֲלִי נָא
בְּעַד הַנֶּפֶשׁ חַנִּי נָא / פְּנֵי דָּר עֶלְיוֹן.

דְּרוֹר אַל תְּאַחַר / כִּי גְרוֹנֵנוּ נִחַר   בִּתְפִלַּת הַשַּׁחַר.
הַכֹּל סוֹקֵר / הַמַּסְטִין יַכְחִישׁ וִישַׁקֵּר   בְּעֵת תְּמִיד הַבֹּקֶר.
וּמְזִמָּה לֹא יִבָּצֵר / מִצָּרוֹתֵינוּ יֵצֵר   בְּזֹאת תְּפִלַּת יוֹצֵר.

הַיּוֹם יִכָּתֵב / בְּסֵפֶר הַזִּכְרוֹנוֹת / הַחַיִּים וְהַמָּוֶת.
אָנָּא כַּנָּה / עוּרִי נָא / הִתְעוֹרְרִי נָא / עִמְדִי נָא
הִתְיַצְּבִי נָא / קוּמִי נָא / חַלִּי נָא
בְּעַד הַנֶּפֶשׁ חַנִּי נָא / פְּנֵי דָר עֶלְיוֹן.

זָחוּל סְחַרְחַר / בֶּטַח יִרְבַּץ וְיִסְחַר   בִּתְפִלַּת הַשַּׁחַר.
חַיָּתְךָ יַקֵּר / בְּנֵי שֵׁת לְקַרְקֵר   בְּעֵת תְּמִיד הַבֹּקֶר.
טָהוֹר וְנוֹצֵר / סְגֻלָּתוֹ לְחַיִּים יְעַצֵּר   בְּזֹאת תְּפִלַּת יוֹצֵר.

הַיּוֹם יִכָּתֵב / בְּסֵפֶר הַזִּכְרוֹנוֹת / הַחַיִּים וְהַמָּוֶת.
אָנָּא כַּנָּה / עוּרִי נָא / הִתְעוֹרְרִי נָא / עִמְדִי נָא
הִתְיַצְּבִי נָא / קוּמִי נָא / חַלִּי נָא
בְּעַד הַנֶּפֶשׁ חַנִּי נָא /פְּנֵי דָר עֶלְיוֹן.

יְדִיד מֵרֶחֶם מִשְׁחָר / יוֹשִׁיעַ טֶרֶם מָחָר   בִּתְפִלַּת הַשַּׁחַר.
כּוֹבֵשׁ הָרִים וְעוֹקֵר / לְטוֹבָה עַמּוֹ יְבַקֵּר   בְּעֵת תְּמִיד הַבֹּקֶר.
מִקְדָּשְׁךָ וּמִזְבֵּחַ וְהֶחָצֵר / נָא כְּקַדְמָתָם תְּבַצֵּר   בְּזֹאת תְּפִלַּת יוֹצֵר.

הַיּוֹם יִכָּתֵב / בְּסֵפֶר הַזִּכְרוֹנוֹת / הַחַיִּים וְהַמָּוֶת.
אָנָּא כַּנָּה / עוּרִי נָא / הִתְעוֹרְרִי נָא / עִמְדִי נָא
הִתְיַצְּבִי נָא / קוּמִי נָא / חַלִּי נָא
בְּעַד הַנֶּפֶשׁ חַנִּי נָא /פְּנֵי דָר עֶלְיוֹן.

סְעוּרָה וּשְׁבוּרָה כְּפֶחָר / פְּצֵה מֵרִיב וְחַרְחַר   בִּתְפִלַּת הַשַּׁחַר.
קָרְנוֹת עֹשֶׁר יְעַקֵּר / שְׁתוּלִים בְּבֵיתוֹ לְיַקֵּר   בְּעֵת תְּמִיד הַבֹּקֶר.
יוֹרֶה וּמַלְקוֹשׁ הַפְצֵר / סַפֵּק לְחוֹרֵשׁ וְקוֹצֵר   בְּזֹאת תְּפִלַּת יוֹצֵר.

הַיּוֹם יִכָּתֵב / בְּסֵפֶר הַזִּכְרוֹנוֹת / הַחַיִּים וְהַמָּוֶת.
אָנָּא כַּנָּה / עוּרִי נָא / הִתְעוֹרְרִי נָא / עִמְדִי נָא
הִתְיַצְּבִי נָא / קוּמִי נָא / חַלִּי נָא
בְּעַד הַנֶּפֶשׁ חַנִּי נָא /פְּנֵי דָר עֶלְיוֹן.

הפיוט הבא מתאר את ישראל הבאים לפני הקב״ה ומבקשים רחמים.
באמצעו הפייטן פונה לקב״ה ומבקש גאולה בעבורם.

שליח הציבור ואחריו הקהל:

וּבְכֵן, אַךְ חַנּוּן אַתָּה, וְרַחוּם לְכָל פֹּעַל.

הכול:

סימן א״ב

אַךְ אָתִים בְּחִין לְפָנֶיךָ   כִּי אַתָּה רַחוּם לְכָל פֹּעַל.
אַךְ בּוֹטְחִים בְּחַסְדְּךָ אֱמוּנֶיךָ   כִּי אַתָּה רַחוּם לְכָל פֹּעַל.
אַךְ גּוֹעִים וּמַרְגִּישִׁים שְׁכֵנֶךָ   כִּי אַתָּה רַחוּם לְכָל פֹּעַל.
אַךְ דַּלּוּ עֵינֵיהֶם לִמְעוֹנֶךָ   חַנּוּן וְרַחוּם לְכָל פֹּעַל.

אַךְ הוֹגִים לַעֲנוֹת עֲנָוֶיךָ   כִּי אַתָּה רַחוּם לְכָל פֹּעַל.
אַךְ וְעוֹדִים בְּנִצּוּחַ לְנַגְּנָךְ   כִּי אַתָּה רַחוּם לְכָל פֹּעַל.
אַךְ זוֹעֲקִים יַחַד הֲמוֹנֶיךָ   כִּי אַתָּה רַחוּם לְכָל פֹּעַל.
אַךְ חוֹכִים יְשׁוּעוֹת חָסְנֶךָ   חַנּוּן וְרַחוּם לְכָל פֹּעַל.

אַךְ טְבוּלִים בְּטֹהַר לְחַנְּנָךְ   כִּי אַתָּה רַחוּם לְכָל פֹּעַל.
אַךְ יוֹדוּ לְשִׁמְךָ בָּנֶיךָ   כִּי אַתָּה רַחוּם לְכָל פֹּעַל.
אַךְ כַּפֵּר לְעַם מַאֲמִינֶיךָ   כִּי אַתָּה רַחוּם לְכָל פֹּעַל.
אַךְ לֹא לָנוּ כִּי אִם לְמַעֲנֶךָ   חַנּוּן וְרַחוּם לְכָל פֹּעַל.

אַךְ מַגֵּר מִתְקוֹמְמֵי צְפוּנֶיךָ   כִּי אַתָּה רַחוּם לְכָל פֹּעַל.
אַךְ נַשֵּׂא זֶרַע בְּחוּנֶיךָ   כִּי אַתָּה רַחוּם לְכָל פֹּעַל.
אַךְ סְלִיחָה תַּרְבֶּה לְמִתְעַנֶּיךָ   כִּי אַתָּה רַחוּם לְכָל פֹּעַל.
אַךְ עֲנֵם מִשְּׁמֵי מְעוֹנֶךָ   חַנּוּן וְרַחוּם לְכָל פֹּעַל.

אַךְ פְּצֵם מֵהֶמְיַת שְׁאוֹנֶךָ   כִּי אַתָּה רַחוּם לְכָל פֹּעַל.
אַךְ צַדֵּק גּוֹי נְבוֹנֶיךָ   כִּי אַתָּה רַחוּם לְכָל פֹּעַל.
אַךְ קוֹמֵם קֶדֶם קִנְיָנֶךָ   כִּי אַתָּה רַחוּם לְכָל פֹּעַל.
אַךְ רוֹמֵם תֵּל אַרְמוֹנֶךָ   כִּי אַתָּה רַחוּם לְכָל פֹּעַל.
אַךְ שְׁעֵה לַחַשׁ מִתְחַנְּנֶיךָ   כִּי אַתָּה רַחוּם לְכָל פֹּעַל.
אַךְ תְּמִכֵם וְחָשְׂכֵם מֵחֲרוֹנֶךָ   חַנּוּן וְרַחוּם לְכָל פֹּעַל.

ממשיכים ׳וּבְכֵן, אִמְרוּ לֵאלֹהִים׳ בעמ׳ 207.

זו הגרסה המלאה של הפיוט המובא בעמ׳ 211-212.

וּבְכֵן, גְּדוֹלִים מַעֲשֵׂי אֱלֹהֵינוּ.

סימן א״ב בשילוב תשר״ק

מַעֲשֵׂה אֱלֹהֵינוּ

אֵין מִי בַשַּׁחַק יַעֲרָךְ לוֹ / בִּבְנֵי אֵלִים יִדְמֶה לוֹ
גְּבֹהִים עָלָה לְמוֹשָׁב לוֹ / דָּרֵי גַיְא כַּחֲגָבִים לְמוּלוֹ
לָכֵן יִתְגָּאֶה, הַצּוּר תָּמִים פָּעֳלוֹ: דברים לב

מַעֲשֵׂה אֱנוֹשׁ

תַּחְבּוּלוֹתָיו מְזִמָּה / שִׁבְתּוֹ בְּתוֹךְ מִרְמָה
רְפִידָתוֹ רִמָּה / קָבוּר בִּסְעִיף אֲדָמָה
וְאֵיךְ יִתְגָּאֶה, אָדָם לַהֶבֶל דָּמָה: תהלים קמד

מַעֲשֵׂה אֱלֹהֵינוּ

הַמְשֵׁל וָפַחַד עִמּוֹ / וְהַרְבֵּה פְדוּת עִמּוֹ איוב כה
זַעַק וְלַחַשׁ עַמּוֹ / חָשׁ וּמַאֲזִין מִמְּרוֹמוֹ
לָכֵן יִתְגָּאֶה, יהוה צְבָאוֹת שְׁמוֹ: ישעיה מח

מַעֲשֵׂה אֱנוֹשׁ

צְעָדָיו דַּרְכֵי תֹהוּ / פְּעֻלָּתוֹ מַעֲשֵׂה בֹהוּ
עֶשְׁתּוֹנוֹתָיו אָבְדוּ וְנִדְהוּ / סַרְעַפָּיו בָּטְלוּ וְדָהוּ
וְאֵיךְ יִתְגָּאֶה, הֶבֶל וְעִנְיַן רָע הוּא: קהלת ד

מַעֲשֵׂה אֱלֹהֵינוּ

טֶרֶף נָתַן לִירֵאָיו / יֹבִילוּ שַׁי לְמוֹרָאָיו תהלים קיא
כִּתֵּי גְדוּדֵי צְבָאָיו / לֹא יְשׁוּרוּ כְּבוֹד מַרְאָיו
לָכֵן יִתְגָּאֶה, הִנֵּה עֵין יהוה אֶל־יְרֵאָיו: תהלים לג

מַעֲשֵׂה אֱנוֹשׁ

נִרְדָּם בִּתְנוּמוֹת / מָלֵא חֵמוֹת
לוֹבֵשׁ חֵטְא וַאֲשָׁמוֹת / כַּעַס וּכְלִמּוֹת
וְאֵיךְ יִתְגָּאֶה, נִמְשַׁל כַּבְּהֵמוֹת: תהלים מט

מַעֲשֵׂה אֱלֹהֵינוּ

מַלְאָכָיו עוֹשֶׂה רוּחוֹת / נִקְדָּשׁ בְּשִׁירוֹת וְתִשְׁבָּחוֹת
סוֹכֵת שְׁפִיכַת שִׂיחוֹת / עוֹנֶה וּמַעֲמִיד רְוָחוֹת
לָכֵן יִתְגָּאֶה, אֱלֹהֵי הָרוּחֹת: במדבר טז

מַעֲשֵׂה אֱנוֹשׁ

יָמָיו גְּרוּעִים / טוֹבָה חֲשׂוּכִים וּמְנוּעִים
חֲטָאָיו מַכְרִיעִים / זְכֻיּוֹתָיו מְגֹרָעִים
וְאֵיךְ יִתְגָּאֶה, כָּל־יְמֵי עָנִי רָעִים: משלי טו

מַעֲשֵׂה אֱלֹהֵינוּ

פּוֹדֶה מִשַּׁחַת עֲמוּסָיו / צוּר יוֹדֵעַ חוֹסָיו
קָדוֹשׁ מַפְלִיא נִסָּיו / רַחוּם לִמְרַצָּיו וּמַכְעִיסָיו
לָכֵן יִתְגָּאֶה, וְרַחֲמָיו עַל־כָּל־מַעֲשָׂיו: תהלים קמה

מַעֲשֵׂה אֱנוֹשׁ

וּמִתְאַוֶּה לַכֹּל / הַשֵּׂג תַּאֲוָה לֹא יָכוֹל
דָּוֶה וְדוֹאֵג מִכֹּל / גֹּוֵעַ אַחַר כֹּל
וְאֵיךְ יִתְגָּאֶה, כִּי לֹא בְמוֹתוֹ יִקַּח הַכֹּל: תהלים מט

מַעֲשֵׂה אֱלֹהֵינוּ

שׁוֹמֵעַ שַׁוְעוֹת / שׁוֹעֶה עֶרֶךְ שׁוּעוֹת
תּוֹרוֹתָיו מְשַׁעַשְׁעוֹת / תַּכְסִיסוֹ כּוֹבַע יְשׁוּעוֹת
לָכֵן יִתְגָּאֶה, הָאֵל לָנוּ אֵל לְמוֹשָׁעוֹת: תהלים סח

מַעֲשֵׂה אֱנוֹשׁ

בָּהוּל בְּפַחְדּוֹ / בַּחַיִּים בְּעוֹדוֹ
אָצוּר בְּחֶלְדּוֹ / אֶבֶן נֶגֶף לְאֵידוֹ
וְאֵיךְ יִתְגָּאֶה, לֹא־יֵרֵד אַחֲרָיו כְּבוֹדוֹ: תהלים מט

ממשיכים ׳וּבְכֵן, לְנוֹרָא עֲלֵיהֶם׳ בעמ׳ 213.

ביום הכיפורים נהגו בקהילות אשכנז להרבות באמירת 'רהיטים' (ראה עמ' 207). בדרך כלל שליח הציבור אמר בקול את שורת הפתיחה הפותחת בתיבת 'וּבְכֵן', הקהל אמר את הפיוט בלחש, ושליח הציבור חזר בקול על השורה האחרונה. כיום ברוב הקהילות נוהגים לדלג על מרבית ה'רהיטים', ולאחר 'עַל יִשְׂרָאֵל אֱמוּנָתוֹ' אומרים רק את 'הָאַדֶּרֶת וְהָאֱמוּנָה', שאף אינו חלק מה'קרובה' המקורית.

השורה הפותחת את הפיוט 'אַפְסֵי אֶרֶץ בִּדְבָרוֹ הֵקִים' היא חלקו השני של הפסוק הפותח את הפיוט הקודם, 'עַל יִשְׂרָאֵל אֱמוּנָתוֹ' – אך מבחינה תוכנית הקשר בין שני הפיוטים אינו מובהק: לאחר תיאור בחירת ישראל הפייטן מתאר את גדולת ה' הבאה לידי ביטוי בבריאה, ומסיים בברית עם ישראל.

שליח הציבור:

וּבְכֵן, וְעֻזּוֹ בַּשְּׁחָקִים.

הכול:

סימן א"ב

אַפְסֵי אֶרֶץ בִּדְבָרוֹ הֵקִים / בְּיִרְאָה לְעָבְדוֹ מִתְלַהֲקִים
גּוֹלֶה מִנִּי חֹשֶׁךְ עֲמֻקִים / דְּבַר עַבְדּוֹ מֵקִים
הַחוֹצֵב לֶהָבוֹת וּבְרָקִים / וְתֵבֵל מְאִירִים וּמַבְהִיקִים
זוֹכֵר בְּרִית מְצוּקִים / חַסְדּוֹ גָּדוֹל מֵעַל לְמוּצָקִים
טוֹב לְמָעוֹז, לְאֵלָיו דְּבוּקִים / יְחִיּוּ כֹּל בּוֹ דְּבֵקִים
כִּי מֵרוּחוֹ הָרִים מִתְפָּרְקִים / לֹא יָכִילוּ זַעְמוֹ צוּרִים וְצוּקִים
מִפַּחְדּוֹ יִתְבַּקְּעוּ עֲמָקִים / נְמוֹגִים וְכַדּוֹנַג נְמַקִּים
סוּפָה וּסְעָרָה דְּרָכוֹ נֶאֱבָקִים / עָנָן מִדְרַךְ רַגְלָיו כַּאֲבָקִים
פְּדוּת שָׁלַח לְעַם לוֹ חֲשׁוּקִים / צִוָּה לְעוֹלָם בְּרִיתוֹ לִנְשׁוּקִים
קְנוּיִים לוֹ וּבִימִינוֹ נֶחֱבָקִים / רָצִים אַחֲרָיו וּבוֹ נִדְבָּקִים
◂ **שַׁוְעָם שׁוֹמֵעַ מִמַּעֲמַקִּים / תִּפְאֶרֶת עֹז לְשׁוֹשַׁנַּת הָעֲמָקִים.**

השורה הפותחת את הפיוט הבא לקוחה מתהלים לה, י: "כָּל עַצְמֹתַי תֹּאמַרְנָה, ה' מִי כָמוֹךָ", אך לתיאור גדולת ה' בבריאה מתאים יותר הפסוק מתהלים עא, יט: "וְצִדְקָתְךָ אֱלֹהִים עַד־מָרוֹם, אֲשֶׁר־עָשִׂיתָ גְדֹלוֹת, אֱלֹהִים מִי כָמוֹךָ". מכל מקום שני הפסוקים לקוחים מפרקים שהם ביסודם תפילה לישועת ה', ולזה המשורר מכוון בסוף הפיוט.

שליח הציבור:

וּבְכֵן, יהוה מִי כָמוֹךָ.

הכול:

סימן א"ב

מִי כָמוֹךָ אַדִּיר בַּמְּרוֹמִים   מִי כָמוֹךָ בּוֹרֵא כֵס וַהֲדוֹמִים
מִי כָמוֹךָ גִּבּוֹר וּמוֹשִׁיעַ   מִי כָמוֹךָ דּוֹבֵר בִּצְדָקָה רַב לְהוֹשִׁיעַ

מִי כָמְוֹךָ הוֹד וְהָדָר לוֹבֵשׁ מִי כָמְוֹךָ חֵטְא וְעָוֹן כּוֹבֵשׁ
מִי כָמְוֹךָ זַךְ בָּעֶלְיוֹנִים מִי כָמְוֹךָ חָסִין בְּאַלְפֵי שִׁנְאַנִּים
מִי כָמְוֹךָ טוֹב וּמֵטִיב מִי כָמְוֹךָ יְשָׁרִים לְהֵיטִיב
מִי כָמְוֹךָ כּוֹנֵס כַּנֵּד מֵי הַיָּם מִי כָמְוֹךָ לְהָשִׁיב מִמְּצֻלוֹת יָם
מִי כָמְוֹךָ מָדַד בְּשָׁעֳלוֹ מַיִם מִי כָמְוֹךָ נֶאְדָּר מִקּוֹלוֹת מַיִם
מִי כָמְוֹךָ שָׂם עָבִים רְכוּבוֹ מִי כָמְוֹךָ עוֹזֵר וְיוֹדֵעַ חוֹסֵי בוֹ
מִי כָמְוֹךָ פּוֹעֵל יְשׁוּעוֹת מִי כָמְוֹךָ צוֹעֲקָיו לְהַשְׁעוֹת
מִי כָמְוֹךָ קָדוֹשׁ וְנוֹרָא שְׁמוֹ מִי כָמְוֹךָ רוֹצֶה בְעַמּוֹ
◂ מִי כָמְוֹךָ שׁוֹמֵר הַבְּרִית וְהַחֶסֶד מִי כָמְוֹךָ תִּתֵּן אֱמֶת לְיַעֲקֹב
וּלְאַבְרָהָם חֶסֶד.

את הפיוט הבא פותח פסוק שלם, הלקוח מפרק שבו דוד מבקש מה׳ הצלה מיד אויביו. בפיוט זה המשורר משתמש בהשוואה הכפולה שבפסוק כדי להדגיש את עליונותו האינסופית של הקב״ה על צבא מרום, ואת פעולותיו בארץ על כל מלכי הארץ.

שליח הציבור:

תהלים פו וּבְכֵן, אֵין־כָּמְוֹךָ בָאֱלֹהִים, אֲדֹנָי, וְאֵין כְּמַעֲשֶׂיךָ:

הכול:

סימן א״ב

אֵין כָּמְוֹךָ בְּאַדִּירֵי מַעְלָה וְאֵין כְּמַעֲשֶׂיךָ בִּבְרוּרֵי מַטָּה
אֵין כָּמְוֹךָ בִּגְדוּדֵי מַעְלָה וְאֵין כְּמַעֲשֶׂיךָ בְּדָרֵי מַטָּה
אֵין כָּמְוֹךָ בַּהֲמוֹנֵי מַעְלָה וְאֵין כְּמַעֲשֶׂיךָ בְּוַעוּדֵי מַטָּה
אֵין כָּמְוֹךָ בְּזַכֵּי מַעְלָה וְאֵין כְּמַעֲשֶׂיךָ בְּחֵילֵי מַטָּה
אֵין כָּמְוֹךָ בִּטְהוֹרֵי מַעְלָה וְאֵין כְּמַעֲשֶׂיךָ בִּיקִירֵי מַטָּה
אֵין כָּמְוֹךָ בִּכְרוּבֵי מַעְלָה וְאֵין כְּמַעֲשֶׂיךָ בִּלְגְיוֹנֵי מַטָּה
אֵין כָּמְוֹךָ בְּמַלְאֲכֵי מַעְלָה וְאֵין כְּמַעֲשֶׂיךָ בִּנְגִידֵי מַטָּה
אֵין כָּמְוֹךָ בְּשַׂרְפֵי מַעְלָה וְאֵין כְּמַעֲשֶׂיךָ בְּעָרִיצֵי מַטָּה
אֵין כָּמְוֹךָ בִּפְלִיאֵי מַעְלָה וְאֵין כְּמַעֲשֶׂיךָ בִּצְבָאוֹת מַטָּה
אֵין כָּמְוֹךָ בִּקְדוֹשֵׁי מַעְלָה וְאֵין כְּמַעֲשֶׂיךָ בְּרוֹזְנֵי מַטָּה
◂ אֵין כָּמְוֹךָ בְּשִׁנְאַנֵּי מַעְלָה וְאֵין כְּמַעֲשֶׂיךָ בְּתַקִּיפֵי מַטָּה.

ממשיכים ׳וּבְכֵן, נַאְדִּרְךָ׳ עמ׳ 214.

במערכת ה'רהיטים' כפי שנכתבה במקור, הפיוט הזה, המתאר כיצד ישראל משבחים את הקב"ה, על משקל הפסוק "אֶת־ה' הֶאֱמַרְתָּ הַיּוֹם" (דברים כו, יז), הוא מסקנת הפיוט הקודם 'אֵין כָּמוֹךָ... וְאֵין כְּמַעֲשֶׂיךָ'. אך במחזורי קהילות אשכנז שילבו ביניהם את הפיוט 'הָאַדֶּרֶת וְהָאֱמוּנָה' (עמ' 214), דהיינו, האמרת הקב"ה אינה מסקנה ישירה מגדולתו, אלא תגובה לחוויה המרוממת של 'הָאַדֶּרֶת וְהָאֱמוּנָה'.

שליח הציבור:

וּבְכֵן, נַאֲמִירְךָ אֱלֹהֵינוּ בְּאֵימָה.

הכול:

סימן א"ב (כפול)

נַאֲמִירְךָ בְּאֵימָה / נְבָרֶכְךָ בְּבִינָה
נְגַדֶּלְךָ בִּגְדֻלָּה / נִדְרָשְׁךָ בְּדֵעָה
נְהַדְּרָךְ בְּהוֹדָיָה / נוֹדְךָ בְּוְעִידָה
נְזַכִּירְךָ בְּזִמְרָה / נְחַסְּנָךְ בְּחִילָה
נְטַעִימָךְ בְּטָהֳרָה / נְיַחֲדָךְ בְּיִרְאָה
נְכַבֶּדְךָ בִּכְרִיעָה / נְלַבְּבָךְ בִּלְמִידָה
נַמְלִיכָךְ בִּמְלוּכָה / נְנַצְּחָךְ בִּנְעִימָה
נְשַׂגְּבָךְ בְּשִׂירָה / נַעֲרִיצָךְ בַּעֲנָוָה
נְפָאֲרָךְ בִּפְצִיחָה / נְצַלְצְלָךְ בְּצָהֳלָה
נַקְדִּישָׁךְ בִּקְרִיאָה / נְרוֹמְמָךְ בִּרְנָנָה
◂ נְשׁוֹרְרָךְ בְּשִׁבְחָה / נַתְמִידָךְ בִּתְהִלָּה.

שני הפיוטים הבאים מבוססים על מזמור צט בתהלים. הביטוי 'קָדוֹשׁ הוּא' חוזר בניסוחים שונים שלוש פעמים לאורך המזמור, כמעין פזמון. וכן גם בפיוט.

שליח הציבור:

וּבְכֵן, רוֹמְמוּ יהוה אֱלֹהֵינוּ וְהִשְׁתַּחֲווּ לַהֲדֹם רַגְלָיו קָדוֹשׁ הוּא: תהלים צט

הכול:

סימן א"ב

רוֹמְמוּ אֵל מֶלֶךְ נֶאֱמָן — קָדוֹשׁ הוּא, בָּרוּךְ בְּכָל זְמָן
רוֹמְמוּ גּוֹמֵל חֲסָדִים — קָדוֹשׁ הוּא, דָּתוֹתָיו דּוֹדִים
רוֹמְמוּ הַנִּקְדָּשׁ בִּצְדָקָה — קָדוֹשׁ הוּא וּמַאֲזִין צְעָקָה

רוֹמְמוּ זֵרַת שְׁחָקִים קָדוֹשׁ הוּא, חִכּוֹ מַמְתַקִּים
רוֹמְמוּ טוֹב לַכֹּל קָדוֹשׁ הוּא, יוֹדֵעַ הַכֹּל
רוֹמְמוּ כָּבוֹד אוֹמֵר כֻּלּוֹ בְּהֵיכָלוֹ קָדוֹשׁ הוּא, לְהַקְדִּישׁוֹ וּלְעַלּוֹ
רוֹמְמוּ מוֹנֶה מִסְפָּר לַכּוֹכָבִים קָדוֹשׁ הוּא, נִצָּב בַּעֲדַת כְּרוּבִים
רוֹמְמוּ סוֹבֵל בִּזְרוֹעוֹ עוֹלָם קָדוֹשׁ הוּא, עִזּוּז וּמִכֹּל נֶעְלָם
רוֹמְמוּ פּוֹנֶה וְחוֹנֵן יְדִידִים קָדוֹשׁ הוּא, צִדְקָתוֹ שָׁמַיִם מַגִּידִים
רוֹמְמוּ קָרוֹב לְקוֹרְאָיו קָדוֹשׁ הוּא, רוֹצֶה יְרֵאָיו
◂ רוֹמְמוּ שׁוֹמֵעַ תְּפִלּוֹת קָדוֹשׁ הוּא, תִּפְאַרְתּוֹ בְּמַקְהֵלוֹת.

שליח הציבור:

תהלים צט
וּבְכֵן, רוֹמְמוּ יהוה אֱלֹהֵינוּ וְהִשְׁתַּחֲווּ לְהַר קָדְשׁוֹ
כִּי־קָדוֹשׁ יהוה אֱלֹהֵינוּ:

הכול:

סימן א״ב

רוֹמְמוּ אַדִּיר וְנוֹרָא כִּי קָדוֹשׁ הוּא, בְּרוּחוֹ שָׁמַיִם שִׁפְרָה
רוֹמְמוּ גְּדֻלָּתוֹ בִּקְהַל יְשָׁרִים כִּי קָדוֹשׁ הוּא, דּוֹבֵר צְדָקוֹת, מַגִּיד מֵישָׁרִים
רוֹמְמוּ הַנַּעֲרָץ בִּקְדֻשָּׁה כִּי קָדוֹשׁ הוּא, וְהִלּוּכוֹ בִּקְדֻשָּׁה
רוֹמְמוּ זוֹכֵר בְּרִית אָבוֹת כִּי קָדוֹשׁ הוּא, חוֹצֵב לֶהָבוֹת
רוֹמְמוּ טָהוֹר שׁוֹלֵחַ בְּרָקִים כִּי קָדוֹשׁ הוּא, יוֹסֵד אֲרָקִים
רוֹמְמוּ כִּסְאוֹ הֵכִין בִּשְׁמֵי רוּמָה כִּי קָדוֹשׁ הוּא, לוֹכֵד חֲכָמִים בְּעָרְמָה
רוֹמְמוּ מוֹחֶה כָעָב פְּשָׁעִים כִּי קָדוֹשׁ הוּא, נוֹתֵן יָד לְפוֹשְׁעִים
רוֹמְמוּ שַׂגִּיא, שָׁנָיו לְאֵין חֵקֶר כִּי קָדוֹשׁ הוּא, עֶשְׁתּוֹנוֹת חוֹקֵר
רוֹמְמוּ פּוֹדֶה נֶפֶשׁ עֲבָדָיו כִּי קָדוֹשׁ הוּא, צַדִּיק, קֹשֶׁט מַעְבָּדָיו
רוֹמְמוּ קוֹנֵה שָׁמַיִם וָאָרֶץ כִּי קָדוֹשׁ הוּא, רָם הַמַּבִּיט לִקְצוֹת הָאָרֶץ
◂ רוֹמְמוּ שׁוֹכֵן עַד וְקָדוֹשׁ שְׁמוֹ כִּי קָדוֹשׁ הוּא, תְּהִלָּתוֹ כִּשְׁמוֹ.

"אֵל אֱמוּנָה וְאֵין עָוֶל, צַדִּיק וְיָשָׁר הוּא" (דברים לב, ד).

שליח הציבור:

וּבְכֵן, כִּי אַתָּה אֵל אֱמוּנָה.

סימן א"ב

הכול:

אֱמוּנָתְךָ בָּעֶלְיוֹנִים בְּרִיתְךָ בַּתַּחְתּוֹנִים
גְּדֻלָּתְךָ בָּעֶלְיוֹנִים דָּתְךָ בַּתַּחְתּוֹנִים
הוֹדְךָ בָּעֶלְיוֹנִים וְעוּדְךָ בַּתַּחְתּוֹנִים
זְבוּלְךָ בָּעֶלְיוֹנִים חֲנָיָתְךָ בַּתַּחְתּוֹנִים
טָהֳרָתְךָ בָּעֶלְיוֹנִים יִרְאָתְךָ בַּתַּחְתּוֹנִים
כְּבוֹדְךָ בָּעֶלְיוֹנִים לִמּוּדְךָ בַּתַּחְתּוֹנִים
מְעוֹנְךָ בָּעֶלְיוֹנִים נָוְךָ בַּתַּחְתּוֹנִים
סֻכָּתְךָ בָּעֶלְיוֹנִים עֲדָתְךָ בַּתַּחְתּוֹנִים
פְּאֵרְךָ בָּעֶלְיוֹנִים צִדְקָתְךָ בַּתַּחְתּוֹנִים
קְדֻשָּׁתְךָ בָּעֶלְיוֹנִים רוֹמְמוּתְךָ בַּתַּחְתּוֹנִים
◂ שְׁכִינָתְךָ בָּעֶלְיוֹנִים תְּהִלָּתְךָ בַּתַּחְתּוֹנִים.

שליח הציבור:

וּבְכֵן, תַּעֲרָץ וְתֻקְדָּשׁ.

סימן א"ב

הכול:

הַנִּקְדָּשׁ בְּאַלְפֵי אֲלָפִים הַנֶּעֱרָץ בִּבְרָקִים קַלִּים
הַנִּקְדָּשׁ בְּגַעַשׁ גַּלְגַּלִּים הַנֶּעֱרָץ בְּדַהֲרַת אוֹפַנִּים
הַנִּקְדָּשׁ בַּהֲמוֹנֵי עִירִין הַנֶּעֱרָץ בְּוַעַד קַדִּישִׁין
הַנִּקְדָּשׁ בְּזִקִּים זוֹרְחִים הַנֶּעֱרָץ בַּחֲצוּבֵי לֶהָבִים
הַנִּקְדָּשׁ בְּטֶכֶס טְהוֹרִים הַנֶּעֱרָץ בִּיקָדִים יוֹקְדִים
הַנִּקְדָּשׁ בְּכִתֵּי כְרוּבִים הַנֶּעֱרָץ בְּלַהֲקַת לוֹהֲטִים
הַנִּקְדָּשׁ בְּמַחֲנוֹת מַלְאָכִים הַנֶּעֱרָץ בְּנֹעַם נוֹגְנִים
הַנִּקְדָּשׁ בִּשְׂרָפִים עוֹמְדִים הַנֶּעֱרָץ בְּעֹז אֶרְאֶלִּים
הַנִּקְדָּשׁ בִּפְרוּדֵי אֲגַפַּיִם הַנֶּעֱרָץ בְּצִלְצוּל מַשִּׁיקוֹת כְּנָפַיִם
הַנִּקְדָּשׁ בְּקוֹלָם בֶּהָמוֹן הַנֶּעֱרָץ בְּרִבּוֹ רִבְוָן
◂ הַנִּקְדָּשׁ בְּשֶׁקֶט שִׁנְאַנִּים הַנֶּעֱרָץ בְּתֹכֶן תַּלְתַּלִּים.

לאחר אמירת ה'רהיטים' עוברים לפיוטים העוסקים בקדושה הנאמרת בפמליה של מעלה ובפי ישראל. הפיוט הבא מתאר לסירוגין את המלאכים ואת ישראל, לעתים בדימויים קשים לפענות.

שליח הציבור ואחריו הקהל:

לְיוֹשֵׁב תְּהִלּוֹת / לְרוֹכֵב עֲרָבוֹת / קָדוֹשׁ וּבָרוּךְ.

הכול:

סימן א״ב (כפול)

אֵילֵי שַׁחַק חֲצוּבֵי לֶהָבִים **אוֹמְרִים קָדוֹשׁ**
אַדִּירֵי כָל חֵפֶץ הַנֶּאֱהָבִים **אוֹמְרִים בָּרוּךְ**
בְּלוּלֵי קֶרַח וְשֶׁלֶג וְשַׁלְהָבִים **אוֹמְרִים קָדוֹשׁ**
בַּדֵּי צֶדֶק, גָּזֵי זְהָבִים **קָדוֹשׁ וּבָרוּךְ.**

לְיוֹשֵׁב תְּהִלּוֹת / לְרוֹכֵב עֲרָבוֹת / קָדוֹשׁ וּבָרוּךְ.

יחזקאל א **גַּבַּהּ לָהֶם וְיִרְאָה לָהֶם** **אוֹמְרִים קָדוֹשׁ**
גִּבּוֹרֵי כֹחַ בְּמִשְׁכְּנוֹת אָהֳלֵיהֶם **אוֹמְרִים בָּרוּךְ**
דָּאֵי בִכְנָף מְכַסִּים פְּנֵיהֶם **אוֹמְרִים קָדוֹשׁ**
דּוֹרְשֵׁי דָתוֹת, דְּבֵקִים בֵּאלֹהֵיהֶם **קָדוֹשׁ וּבָרוּךְ.**

לְיוֹשֵׁב תְּהִלּוֹת / לְרוֹכֵב עֲרָבוֹת / קָדוֹשׁ וּבָרוּךְ.

הֲמוֹנֵי עִירִין וְסוֹד קַדִּישִׁין **אוֹמְרִים קָדוֹשׁ**
הוֹגֵי שַׁעֲשׁוּעַ, מַטַּע קְדוֹשִׁים **אוֹמְרִים בָּרוּךְ**
וְעוֹדֵי מַעַל גְּוִיָּתָם כְּתַרְשִׁישִׁים **אוֹמְרִים קָדוֹשׁ**
וְחוֹלֵי אַהַב, סְמוּכֵי בָאֲשִׁישִׁים **קָדוֹשׁ וּבָרוּךְ.**

לְיוֹשֵׁב תְּהִלּוֹת / לְרוֹכֵב עֲרָבוֹת / קָדוֹשׁ וּבָרוּךְ.

זְבוּדֵי זֹהַר כְּעֵין חַשְׁמַלִּים **אוֹמְרִים קָדוֹשׁ**
זוֹקְקֵי שִׁבְעָתַיִם בֵּרוּר מִלִּים **אוֹמְרִים בָּרוּךְ**
חֹסֶן חַיָּלִים, וְרִבְבוֹת אֵלִים **אוֹמְרִים קָדוֹשׁ**
חֲנִיטֵי כֹשֶׁר, בְּנֵי אֵלִים **קָדוֹשׁ וּבָרוּךְ.**

לְיוֹשֵׁב תְּהִלּוֹת / לְרוֹכֵב עֲרָבוֹת / קָדוֹשׁ וּבָרוּךְ.

טְכוּסֵי טְהַר, חֲדָשֵׁי בְקָרִים   אוֹמְרִים קָדוֹשׁ
טְעוּנֵי מוֹרָאֲךָ בְּצִוּוּי עִקָּרִים   אוֹמְרִים בָּרוּךְ
יְדִידוּן יְדִידוּן בְּחִיל נִזְקָרִים   אוֹמְרִים קָדוֹשׁ
יוֹדְעֵי בִין, מִפְּנִינִים יְקָרִים   קָדוֹשׁ וּבָרוּךְ.
לְיוֹשֵׁב תְּהִלּוֹת / לְרוֹכֵב עֲרָבוֹת / קָדוֹשׁ וּבָרוּךְ.

כְּסוּיֵי אַרְבַּע, מְרֻבְּעֵי פָנִים   אוֹמְרִים קָדוֹשׁ
כְּרוּתֵי בְרִית פָּנִים בְּפָנִים   אוֹמְרִים בָּרוּךְ
לְבוּשֵׁי בַדִּים, זַכִּים וְחַפִּים   אוֹמְרִים קָדוֹשׁ
לוֹבְשֵׁי לְבָנִים, נְעִימִים וְיָפִים   קָדוֹשׁ וּבָרוּךְ.
לְיוֹשֵׁב תְּהִלּוֹת / לְרוֹכֵב עֲרָבוֹת / קָדוֹשׁ וּבָרוּךְ.

מְשָׁרְתִים נָאִים רָמִים וּגְבוֹהִים   אוֹמְרִים קָדוֹשׁ
מְלַמְּדֵי חֻקִּים, מְשִׁיבֵי נְכוֹחִים   אוֹמְרִים בָּרוּךְ
נוֹגְנֵי נֹעַם סִפִּים מְרוֹפְפִים   אוֹמְרִים קָדוֹשׁ
נָאווּ לְחַיֵּי כְעָגוּר מְצַפְצְפִים   קָדוֹשׁ וּבָרוּךְ.
לְיוֹשֵׁב תְּהִלּוֹת / לְרוֹכֵב עֲרָבוֹת / קָדוֹשׁ וּבָרוּךְ.

סְכוּכֵי אֶבְרָה כְּקָלָל נוֹצְצִים   אוֹמְרִים קָדוֹשׁ
סְגוּלֵי מֵעַמִּים בְּיִרְאָה מַעֲרִיצִים   אוֹמְרִים בָּרוּךְ
עוֹמְדִים מִמַּעַל בִּדְבָרוֹ נְחוּצִים   אוֹמְרִים קָדוֹשׁ
עוֹרְכֵי עֹז בְּרַעַד שְׁבוּצִים   קָדוֹשׁ וּבָרוּךְ.
לְיוֹשֵׁב תְּהִלּוֹת / לְרוֹכֵב עֲרָבוֹת / קָדוֹשׁ וּבָרוּךְ.

פָּנִים וְלֹא עֹרֶף נִתְאָמִים   אוֹמְרִים קָדוֹשׁ
פְּרוּשִׁים לְךָ אֲחוּיִם וּמְתֻאָמִים   אוֹמְרִים בָּרוּךְ
צְבָאוֹת עֶלְיוֹנִים גֵּאִים וְרָמִים   אוֹמְרִים קָדוֹשׁ
צְבָאוֹת תַּחְתּוֹנִים לִרְצוֹתְךָ מַעֲרִימִים   קָדוֹשׁ וּבָרוּךְ.
לְיוֹשֵׁב תְּהִלּוֹת / לְרוֹכֵב עֲרָבוֹת / קָדוֹשׁ וּבָרוּךְ.

קוֹרְאֵי בְשִׁלּוּשׁ זֵר תִּפְאָרָה אוֹמְרִים קָדוֹשׁ
קוֹרְאֵי פַּעֲמַיִם חֲטִיבַת אֲמִירָה אוֹמְרִים בָּרוּךְ
רַגְלֵיהֶם עֲמִידַת רֶגֶל יְשָׁרָה אוֹמְרִים קָדוֹשׁ
רְצוּיֵי שַׁדַּי, מְשׁוֹרְרֵי שִׁירָה קָדוֹשׁ וּבָרוּךְ.

לְיוֹשֵׁב תְּהִלּוֹת / לְרוֹכֵב עֲרָבוֹת / קָדוֹשׁ וּבָרוּךְ.

שַׁנְאַנֵּי שֶׁקֶט, שָׁלוֹם בְּמַחֲנָם אוֹמְרִים קָדוֹשׁ
שׁוֹקְדֵי דְלָתוֹת בְּשִׂיחַ מַעֲנָם אוֹמְרִים בָּרוּךְ
תְּלוּלֵי תַּעַף בְּשֶׁפֶר הֶגְיוֹנָם אוֹמְרִים קָדוֹשׁ
תְּמִימֵי דֶרֶךְ לְרִבּוֹנָם וְקוֹנָם קָדוֹשׁ וּבָרוּךְ.

שליח הציבור אומר והקהל חוזר אחריו:

לְיוֹשֵׁב תְּהִלּוֹת / לְרוֹכֵב עֲרָבוֹת / קָדוֹשׁ וּבָרוּךְ.

הפיוט הבא היה האחרון לפני ה׳סילוק׳, לפני שהוסיפו את הפיוט ׳לָאֵל עוֹרֵךְ דִּין׳. קישוטי התבנית של הפיוט מורכבים יותר מבפיוטים אחרים – הן באקרוסטיכון בראש הצלעות הן בסוגרים של כל בית, שהם תיאור השרפים בנבואת ישעיה (ו, ב-ג).

שליח הציבור:

וּבְכֵן, שְׂרָפִים עֹמְדִים מִמַּעַל לוֹ: ישעיה ו

שליח הציבור אומר, והקהל חוזר אחריו:

זֶה אֶל זֶה שׁוֹאֲלִים / אַיֵּה אֵל אֵלִים
אָנָה שׁוֹכֵן מְעָלִים / וְכֻלָּם מַעֲרִיצִים וּמַקְדִּישִׁים וּמְהַלְלִים.

הכול:

סימן אא״ב גג״ד

אֵין מִסְפָּר לִגְדוּדֵי צְבָא חֵילוֹ / אֲזוּרִים אֵימָה, אֲחוּזִים פַּחַד חִילוֹ
בְּרַעַד וְרֶתֶת וְרֶטֶט צָגִים לְעֻלּוֹ שְׂרָפִים עוֹמְדִים מִמַּעַל לוֹ: ישעיה ו

זֶה אֶל זֶה שׁוֹאֲלִים / אַיֵּה אֵל אֵלִים
אָנָה שׁוֹכֵן מְעָלִים / וְכֻלָּם מַעֲרִיצִים וּמַקְדִּישִׁים וּמְהַלְלִים.

גְּוִיָּתָם כְּתַרְשִׁישׁ, תְּהִלָּה יַשְׁמִיעוּ יַחַד / גֹּבַהּ וְגָאוֹן עֲדָיו יְחוּדוֹ לְיַחַד
דּוֹהֲרִים, גּוֹהֲרִים, לְאֶחָד וּשְׁמוֹ אֶחָד שֵׁשׁ כְּנָפַיִם שֵׁשׁ כְּנָפַיִם לְאֶחָד:

זֶה אֶל זֶה שׁוֹאֲלִים / אַיֵּה אֵל אֵלִים
אָנָה שׁוֹכֵן מְעָלִים / וְכֻלָּם מַעֲרִיצִים וּמַקְדִּישִׁים וּמְהַלְלִים.

הַנֶּאְדָּר בַּקֹּדֶשׁ, רַב טוּב מַצְפּוּנָיו / הוֹד וְהָדָר וָעֹז בְּחֶבְיוֹנֵי פְּנִינָיו
וּמִמֶּנּוּ יָגוּרוּ אֵלִים וְיִתְחַבְּאוּ מִפָּנָיו בִּשְׁתַּיִם יְכַסֶּה פָנָיו:
זֶה אֶל זֶה שׁוֹאֲלִים / אַיֵּה אֵל אֵלִים
אָנָה שׁוֹכֵן מְעָלִים / וְכֻלָּם מַעֲרִיצִים וּמַקְדִּישִׁים וּמְהַלְלִים.

זְרוֹתֵי זֹהַר מַרְעִיף נִטְפֵי אֲגָלָיו / זַכֵּי שְׁמֵי טֹהַר תֻּכּוּ לְרַגְלָיו
חָלִים, חַתִּים, חֲפוּזִים, אֲיֻמִּים נִדְגָּלָיו וּבִשְׁתַּיִם יְכַסֶּה רַגְלָיו:
זֶה אֶל זֶה שׁוֹאֲלִים / אַיֵּה אֵל אֵלִים
אָנָה שׁוֹכֵן מְעָלִים / וְכֻלָּם מַעֲרִיצִים וּמַקְדִּישִׁים וּמְהַלְלִים.

טָסִים וְדָאִים בְּדִמְיוֹן נֶשֶׁר מְעוֹפֵף / טִיסָתָם כַּבָּזָק, סְבִיב כֵּס לְעוֹפֵף
יַשְׁמִיעוּ הִנֵּנוּ, בְּמִשְׁלַחַת קוֹנָם בְּהִתְעוֹפֵף וּבִשְׁתַּיִם יְעוֹפֵף:
זֶה אֶל זֶה שׁוֹאֲלִים / אַיֵּה אֵל אֵלִים
אָנָה שׁוֹכֵן מְעָלִים / וְכֻלָּם מַעֲרִיצִים וּמַקְדִּישִׁים וּמְהַלְלִים.

כְּסוּיֵי שֵׁשׁ שֵׁשׁ יַעֲרִיצוּ בְּלָאט מַחֲזֶה / כַּבִּיר וְרַב כֹּחַ, וְשָׁפָל יֶחֱזֶה
לְהַקְדִּישׁוֹ בְּפַחַד נִרְשִׁים זֶה מִזֶּה וְקָרָא זֶה אֶל־זֶה:
זֶה אֶל זֶה שׁוֹאֲלִים / אַיֵּה אֵל אֵלִים
אָנָה שׁוֹכֵן מְעָלִים / וְכֻלָּם מַעֲרִיצִים וּמַקְדִּישִׁים וּמְהַלְלִים.

מוֹשֵׁל בִּגְבוּרָה, עָשׂ כֹּל בְּמַאֲמָר / מְנִיעִים אֻמּוֹת הַסִּפִּים קְדֻשָּׁתוֹ לוֹמַר
נוֹצְצִים, נוֹגְהִים, לְפָנָיו יַנְעִימוּ מַאֲמָר וְקָרָא זֶה אֶל־זֶה וְאָמַר:
זֶה אֶל זֶה שׁוֹאֲלִים / אַיֵּה אֵל אֵלִים
אָנָה שׁוֹכֵן מְעָלִים / וְכֻלָּם מַעֲרִיצִים וּמַקְדִּישִׁים וּמְהַלְלִים.

שַׂרְפֵי הוֹד יַכְתִּירוּ זֵר לְקָדוֹשׁ / סֹלּוּ לָרוֹכֵב בָּעֲרָבוֹת, מָרוֹם וְקָדוֹשׁ
עוֹנִים כֻּלָּם כְּאֶחָד שִׁלּוּשׁ קָדוֹשׁ קָדוֹשׁ קָדוֹשׁ קָדוֹשׁ:
זֶה אֶל זֶה שׁוֹאֲלִים / אַיֵּה אֵל אֵלִים
אָנָה שׁוֹכֵן מְעָלִים / וְכֻלָּם מַעֲרִיצִים וּמַקְדִּישִׁים וּמְהַלְלִים.

פְּלִיאִים אַלְפֵי אֲלָפִים וְרִבֵּי רִבּוֹאוֹת / פּוֹצְחִים הַלֵּל וְזִמְרָה לֵאלֹהֵי הַצְּבָאוֹת
צוּר עוֹלָמִים בְּתוֹךְ צְבָאוֹ אוֹת יהוה צְבָאוֹת:
זֶה אֶל זֶה שׁוֹאֲלִים / אַיֵּה אֵל אֵלִים
אָנָה שׁוֹכֵן מְעָלִים / וְכֻלָּם מַעֲרִיצִים וּמַקְדִּישִׁים וּמְהַלְלִים.

קוֹרֵא הַדּוֹרוֹת, דָּר בִּשְׁמֵי עֶרֶץ / קַלּוֹת סְעָרָה תַּעַשׂ דְּבָרוֹ בָּאָרֶץ
רָם וְנִשָּׂא דִּבֵּר וַיִּקְרָא אָרֶץ מְלֹא כָל־הָאָרֶץ:

זֶה אֶל זֶה שׁוֹאֲלִים / אַיֵּה אֵל אֵלִים
אָנָה שׁוֹכֵן מְעָלִים / וְכֻלָּם מַעֲרִיצִים וּמַקְדִּישִׁים וּמְהַלְלִים.

שׁוֹכֵן עַד, וְנִשְׂגָּב שְׁמוֹ לְבַדּוֹ / שָׁמַיִם וּשְׁמֵי שָׁמַיִם לֹא יְכַלְכְּלוּ הוֹדוֹ
תֹּקֶף תַּרְשִׁישִׁים וְאֵלִים צָר לִכְבוֹדוֹ מְלֹא כָל־הָאָרֶץ כְּבוֹדוֹ:

זֶה אֶל זֶה שׁוֹאֲלִים / אַיֵּה אֵל אֵלִים
אָנָה שׁוֹכֵן מְעָלִים / וְכֻלָּם מַעֲרִיצִים וּמַקְדִּישִׁים וּמְהַלְלִים.

ממשיכים ׳וּבְכֵן, לְךָ הַכֹּל יַכְתִּירוּ׳ עמ׳ 216.

סילוק לשחרית

ה׳סילוק׳ (ראה עמ׳ 298) הוא שיא ה׳קרובה׳ מבחינה ספרותית,
אך דווקא משום כך, בהרבה קהילות אין אומרים אותו, שכן הוא מורכב
וקשה במיוחד. כיום מקובל לומר רק את ה׳סילוקים׳ למוסף (ואף בו אומרים
את ׳וּנְתַנֶּה תֹּקֶף׳ במקום ה׳סילוק׳ המקורי) ולנעילה. בגלל מורכבותו
נהגו בקהילות שבהן אמרו אותו, שהקהל אומר את רובו בלחש,
ושליח הציבור אומר רק את הקטעים המסומנים ב▸.

הכול:

סימן תשר״ק משולש

מִי יְתַנֶּה תֹּקֶף תְּהִלָּתֶךָ / מִי יְשַׁנֵּן שִׁעוּר שִׁבְחֶךָ
מִי יְרַנֵּן רֹב רוֹמְמוּתֶךָ / מִי יְקַצֵּב קְרִיאַת קְדֻשָּׁתֶךָ
מִי יְצַפְצֵף צְבִי צִדְקוֹתֶיךָ / מִי יְפָרֵשׁ פִּלְאֵי פְאֵרֶךָ
מִי יַעֲרֹךְ עֶצֶם עֻזֶּךָ / מִי יָשִׂיחַ שֶׂגֶב סִלְסוּלֶךָ
מִי יְנוֹבֵב נוֹי נִצְחֶךָ / מִי יְמַלֵּל מַעַשׂ מוֹרָאֶךָ

מִי יְלַהֵג לְמַד לִקְחֶךָ / מִי יָכִיל כֵּס כְּבוֹדֶךָ
מִי יְיַדַּע יְפִי יְקָרֶךָ / מִי יַטִּיף טוּב טַעְמֶךָ
מִי יְחַוֶּה חֵקֶר חִידוֹתֶיךָ / מִי יָזִיז זִיו זָהֳרֶךָ
מִי יוֹרֶה וַעַד וָתִיקוּתֶךָ / מִי יְהַגֶּה הוֹד הֲדָרָתֶךָ
מִי יְדַלֶּה דֵּעַ דָּתוֹתֶיךָ / מִי יַגִּיד גֹּדֶל גְּבוּרָתֶךָ
מִי יְבָאֵר בֵּאוּר בִּינָתֶךָ / מִי יֹאמַר אֹמֶץ אֱיָלוּתֶךָ.

שליח הציבור:

כִּי כְשִׁמְךָ כֵּן תְּהִלָּתֶךָ / כִּתְהִלָּתְךָ כֵּן אִמְרָתֶךָ

הכול:

סימן א"ב

כְּאִמְרָתְךָ כֵּן בְּרִיָּתֶךָ / כִּבְרִיָּתְךָ כֵּן גְּדֻלָּתֶךָ
כִּגְדֻלָּתְךָ כֵּן דַּעְתֶּךָ / כְּדַעְתְּךָ כֵּן הֲלִיכָתֶךָ
כַּהֲלִיכָתְךָ כֵּן וְעִידָתֶךָ / כְּוְעִידָתְךָ כֵּן זְהָרָתֶךָ
כְּזְהָרָתְךָ כֵּן חִפָּתֶךָ / כְּחִפָּתְךָ כֵּן טְהָרָתֶךָ
כְּטְהָרָתְךָ כֵּן יִשְׁרָתֶךָ / כְּיִשְׁרָתְךָ כֵּן כְּמִירָתֶךָ
כִּכְמִירָתְךָ כֵּן לְבִישָׁתֶךָ / כִּלְבִישָׁתְךָ כֵּן מִדָּתֶךָ
כְּמִדָּתְךָ כֵּן נְעִימָתֶךָ / כִּנְעִימָתְךָ כֵּן שְׂרָרוּתֶךָ
כִּשְׂרָרוּתְךָ כֵּן עֲנָוָתֶךָ / כְּעַנְוָתְךָ כֵּן פְּרִישׁוּתֶךָ
כִּפְרִישׁוּתְךָ כֵּן צְנִיעוּתֶךָ / כִּצְנִיעוּתְךָ כֵּן קְדֻשָּׁתֶךָ
כִּקְדֻשָּׁתְךָ כֵּן רוֹמְמוּתֶךָ / כְּרוֹמְמוּתְךָ כֵּן שִׁבְחֶךָ
כְּשִׁבְחֲךָ כֵּן תִּפְאַרְתֶּךָ.

שליח הציבור:

וְשִׁמְךָ מְרוֹמָם עַל כָּל בְּרָכָה וּתְהִלָּה

הכול:

סימן תשר"ק (כפול)

עַל כָּל תֹּקֶף וְתִפְאָרָה / עַל כָּל שֶׁבַח וְשִׁירָה
עַל כָּל רֶנֶן וּרְחִישָׁה / עַל כָּל קִדּוּשׁ וּקְרִיאָה
עַל כָּל צִפְצוּף וְצָהֳלָה / עַל כָּל פְּאֵר וּפְצִיחָה
עַל כָּל עֹז וַעֲנָיָה / עַל כָּל סִפּוּר וְשִׂיחָה
עַל כָּל נִצּוּחַ וּנְגִינָה / עַל כָּל מַעַן וּמִלָּה
עַל כָּל לִבּוּב וּלְהִיגָה / עַל כָּל כָּבוֹד וּכְרִיעָה
עַל כָּל יִחוּד וְיִרְאָה / עַל כָּל טַעַם וְטָהֳרָה
עַל כָּל חֹסֶן וְחִידָה / עַל כָּל זֶמֶר וְזִמְרָה
עַל כָּל וִדּוּי וְתוֹדָה / עַל כָּל הַלֵּל וְהוֹדָיָה
עַל כָּל דִּבּוּב וְדֵעָה / עַל כָּל גֹּדֶל וְגַאֲוָה
עַל כָּל בִּטּוּי וּבְרָכָה / עַל כָּל אֹמֶר וַאֲמִירָה.

אֱלֹהֵי הָאֱלֹהִים וַאֲדֹנֵי הָאֲדוֹנִים / מֶלֶךְ עַל כָּל מְלָכִים
מוֹשֵׁל עַל כָּל מוֹשְׁלִים / אָיֹם עַל כָּל אֲיֻמִּים
נוֹרָא עַל כָּל נוֹרָאִים / רָם עַל כָּל רָמִים
גֵּאֶה עַל כָּל גֵּאִים / נִשָּׂא עַל כָּל נִשָּׂאִים
גָּבֹהַּ עַל כָּל גְּבֹהִים / וּמַבִּיט אֶל עֲנִיִּים וּנְכֵאִים
וְאֶת שַׁחִים וְדַכָּאִים / לְהַחֲיוֹת לֵב נִדְכָּאִים
רוּחַ שְׁפָלִים וְחֵלְכָּאִים / עַל כֵּן גָּדַלְתָּ יהוה אֱלֹהִים
וְנַעֲלֵיתָ עַל כָּל אֱלֹהִים / כִּי אֵין כָּמוֹךָ בָאֱלֹהִים
וְאֵין זוּלָתְךָ אֱלֹהֵי הָאֱלֹהִים.

שָׁמַיִם וּשְׁמֵי שָׁמַיִם כְּבוֹדְךָ מְסַפְּרִים / כַּנְפוֹת הָאָרֶץ זְמִירוֹת לְךָ מַשְׁמִיעִים
שַׂרְפֵי הַקֹּדֶשׁ קְדֻשָּׁתְךָ מַקְדִּישִׁים / אוֹפַנֵּי הַמֶּרְכָּבָה כְּבוֹדְךָ מְבָרְכִים
כּוֹכְבֵי בֹקֶר יַחַד מְרַנְּנִים / יָרִיעוּ כָּל בְּנֵי אֱלֹהִים
מִשְׁבְּרֵי יָם שִׁמְךָ מַאְדִּרִים / הַרְרֵי גֹבַהּ וַעֲצֵי יַעַר מְרַנְּנִים
נְהָרוֹת כַּף מְמַחֲאִים / חַיְתוֹ אֶרֶץ וְזִיז שָׂדַי שָׂרִים כְּחוֹלְלִים
תַּנִּינִים וְכָל תְּהוֹמוֹת מְהַלְלִים כְּבַחֲלִילִים
וְכָל יְצוּרֵי בְרֵאשִׁית פּוֹצְחִים הִלּוּלִים / לְשֵׁם קָדְשְׁךָ, אֵל אֵלִים
וְכֻלָּם אֵלֶיךָ מְשַׂבְּרִים וּמְיַחֲלִים / לָתֵת לָהֶם צֵיד מַאֲכָלִים
הַתַּחְתּוֹנִים מִפְּתִיחַת יָדְךָ נִזּוֹנִים וּמִתְכַּלְכְּלִים
וְהָעֶלְיוֹנִים מִזִּיו הוֹדְךָ שְׂבֵעִים וּמִתְמַלְאִים
כִּי כְבוֹדְךָ, שָׁמַיִם וָאָרֶץ מְלֵאִים.

שליח הציבור:

וּמִי כְּעַמְּךָ יִשְׂרָאֵל גּוֹי אֶחָד בָּאָרֶץ: דברי הימים א׳ יז
הַמַּאֲמִירִים אֲדֹנוּתֶךָ / הַמְיַחֲדִים אֱלָהוּתֶךָ / הַמְבָרְכִים שֵׁם כְּבוֹד מַלְכוּתֶךָ
הַמְסַפְּרִים תְּהִלָּתֶךָ / הָעוֹרְכִים תַּחַן לַחֲלוֹתֶךָ / הַמַּנְעִימִים זֶמֶר לְעַלּוּתֶךָ
הַמַּאֲרִיכִים רֹן לִרְצוֹתֶךָ / הַשּׁוֹפְכִים שִׂיחַ לְפַתּוֹתֶךָ / וְהֵם עַמְּךָ וְנַחֲלָתֶךָ

הכול:

צֹאנְךָ וְצֹאן מַרְעִיתֶךָ / קֹדֶשׁ רֵאשִׁית תְּבוּאָתֶךָ / קֶדֶם קִנְיָנְךָ וּסְגֻלָּתֶךָ
חֶלְקְךָ וְחֶבֶל שִׁפְרָתֶךָ / יִשְׂרָאֵל תִּפְאַרְתֶּךָ / יְשֻׁרוּן מִבְחַר מְנָתֶךָ

הַדְּבֵקִים בֶּאֱמוּנָתֶךָ / הַהוֹגִים בְּדָתֶךָ / הַחֲפֵצִים בְּתוֹרָתֶךָ
הָעוֹסְקִים בְּיִרְאָתֶךָ / הַתְּמִידִים בַּעֲבוֹדָתֶךָ
הַנִּכְסָפִים לְחַצְרוֹת בֵּיתֶךָ / הַכְּמֵהִים בְּקֹדֶשׁ חֲזוֹתֶךָ / הַתְּאֵבִים לְקִרְבָתֶךָ
הַנֶּהֱרָגִים עַל תּוֹרָתֶךָ / הַנִּסְקָלִים עַל אַהֲבָתֶךָ / הַנִּשְׂרָפִים עַל עֵדוֹתֶיךָ
הַנֶּחֱנָקִים וְנִטְבָּחִים וְנִטְבָּעִים וְנִתְלִים וְנִקְבָּרִים חַיִּים עַל יִחוּד קְדֻשָּׁתֶךָ
הַקְּרוּאִים עֲדָתֶךָ / יְסוֹד אֲגֻדָּתֶךָ
וְאַתָּה אֵל גָּדוֹל בִּגְדֻלָּתֶךָ / וְהֵם עֵדֶיךָ, כִּי אֵין בִּלְתֶּךָ.

וּמַה יַּעְצֹר כֹּחַ יְלוּד אִשָּׁה / נוֹצָר מִטִּפָּה בְּאוּשָׁה
וּמַה יָּעֹז, עֻזְּךָ לְדָרְשָׁה / שִׁבְחֲךָ בְּפֶה לְפָרְשָׁה
נִצְחֲךָ בְּנִיב לְאָרְשָׁה / לְהַטִּיף צָקוּן וּלְחִישָׁה
לְהַפִּיל תְּחִנָּה וּבַקָּשָׁה / וּמִחְיָתוֹ עָלָיו קָשָׁה
וְדַרְכּוֹ מְעֻקָּשָׁה / וּנְתִיבָתוֹ נְתוּסָה וּנְתוּשָׁה
וְחַטָּאתוֹ עַל לוּחַ חֲרוּשָׁה / חֲקוּקָה וּמְפֹרָשָׁה
וְגָז וְעָף בְּחִישָׁה / וְגֹוֵעַ וּמֵת בַּחֲלוּשָׁה
וּגְוִיָּתוֹ בַּגַּיְא נְטוּשָׁה / בְּתַחְתִּית אֶרֶץ רְטוּשָׁה
בְּאִישׁוֹן חֹשֶׁךְ כְּפוּשָׁה / בְּאַשְׁמַנִּים רְפוּשָׁה
בַּטָּמוּן חֲבוּשָׁה / כְּמֵשָׁה וִיבֵשָׁה
נְמַסָּה וַעֲבֵשָׁה / בַּיַּבֶּשֶׁת מְיֻבָּשָׁה / וְכֻלּוֹ מָלֵא בוּשָׁה.
וּמַה יַּעֲצִים עֶתֶר וְגִישָׁה / וְיָשִׂיחַ וְיֶהֱמֶה בִּרְגִישָׁה.

וּמֵאָז הַכֹּל צָפוּי לְפָנֶיךָ / וְאֵין לְהֵחָבֵא מִפָּנֶיךָ
וְאֵין לְהִסָּתֵר מֵעֵינֶיךָ / כִּי בַּכֹּל מְשׁוֹטְטוֹת עֵינֶיךָ.
וְגָלוּי לְךָ כִּי יְצִיר חֹמֶר הוּא / הֶבֶל הֲבָלִים הוּא
עָלֶה נִדָּף הוּא / קַשׁ יָבֵשׁ הוּא
חֶרֶשׂ אֶת חַרְשֵׂי אֲדָמָה הוּא / וּבַמֶּה נֶחְשָׁב הוּא.
אֱנוֹשׁ אָנוּשׁ הוּא / כִּי כִשְׁמוֹ כֵּן הוּא
אָדָם, אֵפֶר דָּם מָרָה הוּא / בָּשָׂר, בּוּשָׁה סְרִיחָה רִמָּה הוּא
מְיֻחָם בְּחֵטְא הוּא / מְחוֹלָל בְּעָוֹן הוּא.

וְיֵצֶר לִבּוֹ רַע מִנְּעוּרָיו / חוֹרֵשׁ רַע בִּמְגוּרָיו / אוֹרֵב לוֹ בְּמִסְתָּרָיו
מְקַנֵּן כְּנָחָשׁ בִּסְתָרָיו / כִּזְבוּב בְּמִפְתְּחֵי חֲדָרָיו
מְבָאִישׁ הָעִסָּה בְּזֻהֲמוּת שְׂאוֹרָיו / מְסִיתוֹ לְהַטּוֹת אֲשׁוּרָיו
הוֹוֶה לוֹ בְּעוֹכְרָיו / חָשׁוּב לוֹ כְּצָרָיו
וְהוּא רֹאשׁ לְכָל צוֹרְרָיו / מֵצַר לוֹ בְּכָל מְצָרָיו
צוֹדֶה לוֹ בְּכָל עֲבָרָיו / מַרְגִּיז בְּכָל אֵבָרָיו
מַעֲצִיבוֹ בִּדְבָרָיו / מַחֲטִיאוֹ בְּרֹעַ הִרְהוּרָיו
מִתְנַקֵּשׁ לְהַפִּילוֹ בְּמַכְמוֹרָיו / מִתְנַכֵּל לְדַחוֹתוֹ בְּמַהֲמֹרָיו
וְצַר עָלָיו בִּמְצוּרָיו / לוּלֵא אַתָּה עוֹזֵר לוֹ מִצָּרָיו.

וּבְכָל יוֹם וָיוֹם מִתְחַדֵּשׁ עָלָיו / חוֹשֵׁב מַחֲשָׁבוֹת עָלָיו
לְהִתְגּוֹלֵל וּלְהִתְנַפֵּל עָלָיו / לְעַקְּשׁוֹ בְּאָרְחוֹת עֲקַלְקַלָּיו
לְהַאֲשִׁימוֹ בְּאַשְׁמַת גִּעוּלָיו / לְהַלְעִיטוֹ בְּמֶסֶךְ תַּרְעֵלָיו
וְאֵינֶנּוּ דוֹרֵשׁ לְשָׁלוֹם אֵלָיו / פַּחִים טוֹמֵן לְרַגְלָיו / רֶשֶׁת פּוֹרֵשׂ לְיַד מַעְגָּלָיו
מוֹקְשִׁים שָׁת בִּמְסִלּוֹתָיו / כּוֹרֶה שַׁחַת בִּשְׁבִילָיו
לָמוּג לֵב וּלְהַרְבּוֹת מִכְשׁוֹלָיו / וּכְהוֹלֵם פָּעַם, הוֹלְמוֹ בְּכֵילַפּוֹת וְכַשִּׁילָיו
עַל כֵּן יֹאמְרוּ מוֹשְׁלֵי מְשָׁלָיו / אִי לַבַּיִת שֶׁמְּהָרְסָיו וּמַחֲרִיבָיו מִשֶּׁלּוֹ
וּמַה יִּצְדַּק בְּמִפְעָלָיו / וּמַה יִּזְכֶּה בְּמַעֲלָלָיו
כִּי שׁוֹדֵד בָּא בִּגְבוּלָיו / לְשׁוֹדְדוֹ, לְלַחֲמוֹ בְּרֹב תַּחְבּוּלָיו.

לָכֵן הִקְדַּמְתָּ רְפוּאָה וּתְעָלָה / וְהֶעֱלִיתָ אֲרוּכָה לְנַהֲלָאָה וְנַחְלָה
וְהֵכַנְתָּ צְרִי וְחִתּוּל, לְלֹא חַתָּלָה / וְהִגַּהְתָּ מָזוֹר, לְהַרְטוֹת מַחֲלָה
וְקָבַעְתָּ יוֹם זֶה לִסְלִיחָה וּמְחִילָה / לָבֹא שְׁעָרֶיךָ בְּתוֹדָה וּבִתְהִלָּה
לְקַדֵּם פָּנֶיךָ בְּתוֹדָה וּבְחִילָה / לְהִזָּכֵר בּוֹ רְבוּצֵי מַכְפֵּלָה
בְּעֵת רָצוֹן לִשְׁמֹעַ תְּפִלָּה / לְהַעֲבִיר כָּל שֶׁמֶץ וְתִפְלָה
לְהָנִיא כָּל אָוֶן וְתָהֳלָה / לְהַצְמִיחַ צְדָקָה וּתְהִלָּה
לְהָפֵר כַּעַס וּלְהַרְבּוֹת חֶמְלָה / לְהָרִים מִכְשׁוֹל וּלְהָסִיר תַּקָּלָה
לְפַנּוֹת דֶּרֶךְ וּלְיַשֵּׁר מְסִלָּה / לָתֵת לְשׁוֹבָבִים טָהֳרָה וּטְבִילָה
לְהַעֲמִיד רֶוַח וְהַצָּלָה / לְהַשְׁלִיךְ עָוֹן בְּעִמְקֵי מְצוּלָה
לָשֵׂאת זָדוֹן וּמְעִילָה.

וּמִכָּל יָמִים, יוֹם זֶה קִדַּשְׁתָּ / וְעַל כָּל יָמִים אוֹתוֹ עִלִּיתָ
וּבוֹ מִכָּל יוֹם בָּחַרְתָּ / וּמִיְּצָרוּ, אוֹתוֹ לְךָ יִחַדְתָּ
וּלְדוֹר דֵּעַ כֹּחוֹ יִדַּעְתָּ / וְאֹדֶם דִּי זָהָב, בּוֹ וִתַּרְתָּ
וּמִכְתָּב חָרוּת לֶעָנָו נָתַתָּ / וְסָלַחְתִּי כִּדְבָרֶךָ בִּשַּׂרְתָּ
וְעַל הָרָעָה נִחַמְתָּ / וְעַל בָּנֶיךָ רִחַמְתָּ
וּכְגֹבַהּ שָׁמַיִם, חַסְדְּךָ לָמוֹ הִגְבַּרְתָּ / וְכִרְחֹק מִזְרָח מִמַּעֲרָב, פִּשְׁעָם הִרְחַקְתָּ
וּזְכוּת הַרְרֵי קֶדֶם זָכַרְתָּ / וּכְאָב אֶת בֵּן אוֹתָם רָצִיתָ
וְעַל כָּל אֹם רֹאשָׁם נִשֵּׂאתָ / וְקַרְנָם בְּכָבוֹד רוֹמַמְתָּ
וּמִשֵּׁפֶל הִגְבַּהְתָּמוֹ, וְהִתְלַלְתָּ / וְאוֹת לְטוֹבָה עִמָּהֶם עָשִׂיתָ
וְחִבָּתָם לַכֹּל הֶרְאֵיתָ / וְאַהֲבָתָם לְעֵין כֹּל גִּלִּיתָ
וְלִשְׁכֹּן בְּתוֹכָם תָּאַבְתָּ / וְלַחֲנוֹת בֵּינֵימוֹ חָמַדְתָּ / וְלָשֶׁבֶת בְּוַעֲדָם אִוִּיתָ
וְעַיִן בְּעַיִן לָמוֹ נִרְאֵיתָ / וּבֵין כְּרוּבִים כְּבוֹדְךָ צִמְצַמְתָּ
וַעֲנַן יְקָרְךָ עַל כַּפֹּרֶת הִצַּעְתָּ / וַעֲנַן הַקְּטֹרֶת לְכַסּוֹתוֹ הַיּוֹם פָּקַדְתָּ
וּמֵאָז לִסְלִיחָה אוֹתוֹ שַׂמְתָּ / וּלְכַפָּרָה אוֹתוֹ יִסַּדְתָּ
וּמִצְוֹתָיו בְּדָתְךָ צִוִּיתָ / וְכָתַבְתָּ וְשָׁנִיתָ וְשִׁלַּשְׁתָּ
וְאַזְהָרוֹתָיו פֵּרַשְׁתָּ / וַעֲנָשָׁיו פִּלַּשְׁתָּ
וְקָרְבְּנוֹתָיו קָצַבְתָּ / וְעֵרֶךְ עֲבוֹדוֹתָיו סָדַרְתָּ / וְרִצּוּי הַזָּיוֹתָיו סָפַרְתָּ
וְרִקּוּחַ תִּימְרוֹתָיו הֶעֱדַפְתָּ / וְסֵדֶר מַעַרְכוֹתָיו הוֹסַפְתָּ
וְטֹהַר טְבִילוֹתָיו מָנִיתָ / וְקִדּוּשׁ רְחִיצוֹתָיו חִשַּׁבְתָּ
וְאַזְכָּרוֹתָיו בְּשֵׂכֶל סִיַּמְתָּ / וְתוֹדוֹתָיו וִדּוּיָיו סָכַמְתָּ / וְעִנּוּיָיו בְּפֶקֶד רָשַׁמְתָּ
וְלֹבֶן עֲטִיּוֹתָיו חִוִּיתָ / וּפִזּוּי שְׂרָדָיו הוֹרֵיתָ / וְעִלּוּי מַחְלְצוֹתָיו בֵּאַרְתָּ
וְשִׁנּוּי מַחְלְפוֹתָיו לִמַּדְתָּ / וְלִקְדוֹשֶׁיךָ אוֹתָם מָסַרְתָּ
וְכָל תּוֹרוֹתָיו הוֹדַעְתָּ / וְכָל דָּתוֹתָיו חָקַרְתָּ
וְכָל מִשְׁפָּטָיו חָרַצְתָּ / וְכָל חֻקּוֹתָיו חָקַקְתָּ
וְכָל גְּזֵרוֹתָיו גָּזַרְתָּ / וְכָל עִנְיָנָיו חָרַתָּ
וְחֶבְלוֹ מִכֹּל הִנְעַמְתָּ / וְחֶלְשׁוֹ לִמְאֹד הִשְׁפַּרְתָּ
חֹפֶשׁ לִרְצוּצִים אוֹתוֹ שִׁוִּיתָ / דְּרוֹר לִשְׁבוּיִים אוֹתוֹ הִתְוִיתָ
פְּקַח קוֹחַ לַאֲסוּרִים אוֹתוֹ תִּכַּנְתָּ / יוֹם עָשׂוֹר לָעֲשִׂירִיָּה חָקַקְתָּ

שליח הציבור:

שַׁבַּת שַׁבָּתוֹן לְשׁוֹבְתֵי עֹנֶג שַׁתָּה / יוֹם כִּפּוּר לְנוֹתְנֵי כֹּפֶר תִּתָּה.

הכול:

לְכַפֵּר עֲוֹנוֹת / לִמְחֹל זְדוֹנוֹת

לְכַלֵּא פְשָׁעִים / לְהָתֵם חֲטָאִים

לְטַהֵר טְמֵאִים / לְהָדִיחַ דָּמִים

לְצַחְצֵחַ כְּתָמִים / לְהַרְחִיץ צוֹאִים

לְהַלְבִּין כַּשֶּׁלֶג שָׁנִים / לְצַחֵר כַּצֶּמֶר אוֹדְמִים

לְמָרֵק חוֹבִים / לְנַקּוֹת חָבִים

לְזַכּוֹת אֲשֵׁמִים / לְזַכְּכֵךְ אֲשָׁמִים

לְוַתֵּר לְנִתְאָמִים / לִסְלֹחַ לְכָל עֲדַת תְּמִימִים.

וְעַמְּךָ בְּיוֹם זֶה יַחַד נֶאֱגָדִים / וּבְחִין לְפָנֶיךָ נוֹעָדִים

וּשְׁכִינָתְךָ עִמָּם מוֹעֲדִים / וְנֶעֱצָרִים וּמִתְוַעֲדִים

וּבְיִרְאָה אוֹתְךָ עוֹבְדִים / וּבְאֵימָה עוֹמְדִים / וּבְגִילָה רוֹעֲדִים

וּבְחִילָה מְסַלְּדִים / וּפִשְׁעֵיהֶם מִתְוַדִּים

וּמִשְׁתַּחֲוִים וּמוֹדִים / וְכוֹרְעִים וּבוֹרְכִים וְסוֹגְדִים / וְאַרְצָה לְךָ קוֹדִים

וְדַלְתוֹתֶיךָ שׁוֹקְדִים / וּכְאֶחָד נֶאֱחָדִים / וְיִחוּדְךָ מְיַחֲדִים

וּקְדֻשָּׁתְךָ מְעִידִים / וֶאֱמוּנָתְךָ מְסַהֲדִים / וְצִדְקָתְךָ מַגִּידִים

וְחַסְדְּךָ וַאֲמִתְּךָ לֹא מְכַחֲדִים / וְעוֹרְכִים שֶׁוַע בְּמַעֲמָדִים

וּמִזְרִיחָה וְעַד שְׁקִיעָה שִׁבְחֲךָ מַתְמִידִים

וּפְגִיעוֹת חָמֵשׁ, מֵאֶמֶשׁ מְעַתְּדִים / מוּל עֲבוֹדוֹת חָמֵשׁ בְּעַתּוּדִים

וּלְשִׁמְךָ מְהוֹדִים / בְּכָל עֹז וּמְאֹדִים.

וְכֻלָּם צָמִים וּמִתְעַנִּים

יַחַד, אָבוֹת וּבָנִים / גְּדוֹלִים וּקְטַנִּים / בַּחוּרִים וּזְקֵנִים

וּמַרְבִּים חִנּוּנִים / וּמְדַבְּרִים תַּחֲנוּנִים / וְעוֹרְכִים רְנָנִים

וּמְרַנְּנִים וּמִתְחַנְּנִים / לְפָנֶיךָ, אֲדֹנֵי הָאֲדוֹנִים

לִפְדּוֹתָם מִכֹּבֶד עֲוֹנִים / וְלִמְחוֹת פְּשָׁעֵימוֹ כַּעֲנָנִים

לְשַׁעוֹת שַׁוְעָם מִמְּעוֹנִים / לְהַאֲזִין מֵהֶם שִׂיחַ מַעֲנִים
כִּי הֵם דַּלִּים וְאֶבְיוֹנִים / וּבְצִלְּךָ מִתְלוֹנְנִים
וּבְאֶבְרָתְךָ מִתְגּוֹנְנִים / וּבְסִתְרְךָ נִצְפָּנִים / וּבְךָ נִשְׁעָנִים
וּכְעֵינֵי עֲבָדִים אֶל יַד אֲדוֹנִים / וּכְעֵינֵי שִׁפְחָה אֶל יַד גְּבִרְתָּהּ, לְךָ פוֹנִים
לְהַרְבּוֹת לָמוֹ פִּדְיוֹנִים / לְכַבְּסָם מִצַּחַן דִּפְיוֹנִים
לְהַצְלִיל בְּצוּל זְדוֹנִים / לְשַׁתֵּק בַּעֲלֵי דִינִים
לְאַלֵּם מְלָשְׁנִים / לוֹטְשֵׁי חִצִּים וְכִידוֹנִים / לְהָשִׁיב חֶרֶב לִנְדָנִים
לְהַגְבִּיר מְלִיצֵי יֹשֶׁר וְזִכְיוֹנִים / וּלְהַחֲסִים קַטֵּגוֹרִים, עִמָּהֶם מְדַיְּנִים
וְסֵדֶר סְלִיחָה מְכִינִים / וְדִבְרֵי רִצּוּי מְכַוְּנִים
וּבְרִית שְׁלֹשׁ עֶשְׂרֵה מִדּוֹת אוֹפַנִּים / אֲשֶׁר אִלַּפְתָּ לְנֶאֱמָן, בְּחֶזְיוֹנִים
בַּעֲבוּר כְּבוֹדְךָ עַל פָּנִים / בְּדַבֶּרְךָ עִם צִיר פָּנִים אֶל פָּנִים
וְכָל הַיּוֹם בָּם מִתְגַּלְגְּלִים וְנֶאֱפָנִים / וְעֶרֶךְ וִדּוּי מְשַׁנְּנִים / וְצִדְקוֹתֶיךָ מְתַנִּים
לִזְכֹּר לָמוֹ שְׁלֹשֶׁת אֵתָנִים / וְיוֹם קִדּוּשׁ חִתּוּנִים
לְחַלְּצָם מֵרֹאשׁ פְּתָנִים / לְהַדְרִיכָם מִפֶּרֶךְ מְעַנִּים
לְדַלּוֹתָם מִדִּכּוּי תַּנִּים / לְהַעֲלוֹתָם מִבּוֹר שְׁאוֹנִים
לְנַתֵּק מֵהֶם מוֹסְרוֹת שׂוֹטְנִים / לְפַצּוֹתָם מִלַּעַג שַׁאֲנַנִּים
לְהַצִּילָם מִגְּאֵיוֹנִים / לְהָשִׁיב שְׁבוּתָם כְּיוֹנִים
לְמַלְּטָם מִתֹּפֶת דֵּרָאוֹנִים / מִלַּהַט מִתְהַפֶּכֶת בְּדִמְיוֹנִים
רִשְׁפֵּי לַהַב וְעִשּׁוּנִים / מְדוּרַת אֵשׁ וְאוּדִים עֲשֵׁנִים
לְנַצֵּחֲךָ בְּשִׁיר, כְּעַל שׁוֹשַׁנִּים.
וְרִבּוֹתֵי קֹדֶשׁ, צְבָא עֶלְיוֹנִים / בְּשׁוּרָם כִּי תַצְדִּיק בָּנִים
אֲשֶׁר לַעֲבָדִים לְךָ נִקְנִים / יִתְמְהוּ זֶה לָזֶה בְּתִמְהוֹנִים
וְכִתֵּי כִתִּים, הֲמוֹנִים הֲמוֹנִים / יַשְׁמִיעוּ וְיֹאמְרוּ בְּאֶרֶשׁ שְׁנוּנִים

שליח הציבור:

מִי אֵל כָּמוֹךָ, נוֹשֵׂא עָוֹן זֶרַע אֱמוּנִים / וְעוֹבֵר עַל פֶּשַׁע נִטְעֵי נַעֲמָנִים
אַשְׁרֵי הָעָם שֶׁכָּכָה לּוֹ, עוֹנִים / וְאַשְׁרֵי הָעָם שֶׁיהוה אֱלֹהָיו, רוֹנְנִים
וְיַקְדִּישׁוּךָ עֶלְיוֹנִים / וְיַעֲרִיצוּךָ תַּחְתּוֹנִים.

סימן א״ב (כפול)

**וְאָז אֵילִים יַאֲדִירְוּךָ / בְּרָקִים יְבָרְכְוּךָ / גְּדוּדִים יְגַדְּלְוּךָ / דּוֹלְקִים יִדְרְשְׁוּךָ
הֲמֻלָּה יְהַדְּרְוּךָ / וָתִיקִים יוֹדְוּךָ / זַכִּים יַזְכִּירְוּךָ / חַיָּלִים יְחַסְּנְוּךָ
טְהוֹרִים יַטְעִימְוּךָ / יְקָרִים יְיַחֲדְוּךָ / כַּבִּירִים יַכְתִּירְוּךָ / לְהָטִים יְלַבְּבְוּךָ
מַלְאָכִים יַמְלִיכְוּךָ / נְגֹנִים יְנַצְּחְוּךָ / שְׂרָפִים יְסַלְּדְוּךָ / עִירִין יַעֲלְוּךָ
פְּלִיאִים יְפָאֲרְוּךָ / צְבָאוֹת יְצַלְצְלְוּךָ / קַלִּים יַקְדִּישְׁוּךָ / רְבָבוֹת יְרוֹמְמְוּךָ
שִׁנְאַנִּים יְשַׁבְּחְוּךָ / תַּרְשִׁישִׁים יַתְמִידְוּךָ / קְדֻשָּׁה מְשֻׁלֶּשֶׁת.**

קהל ואחריו שליח הציבור:

**כֶּתֶר יִתְּנוּ לְךָ, יהוה אֱלֹהֵינוּ, מַלְאָכִים הֲמוֹנֵי מַעְלָה
עִם עַמְּךָ יִשְׂרָאֵל קְבוּצֵי מַטָּה**

קהל ואחריו שליח הציבור:

**יַחַד כֻּלָּם קְדֻשָּׁה לְךָ יְשַׁלֵּשׁוּ כַּדָּבָר הָאָמוּר עַל יַד נְבִיאֶךָ
וְקָרָא זֶה אֶל־זֶה וְאָמַר** ישעיה ו

קהל ואחריו שליח הציבור:

קָדוֹשׁ, קָדוֹשׁ, קָדוֹשׁ, יהוה צְבָאוֹת, מְלֹא כָל הָאָרֶץ כְּבוֹדוֹ:

ממשיכים ׳כְּבוֹדוֹ מָלֵא עוֹלָם׳ בעמ׳ 217,
ובקהילות שבהן אומרים פיוטים בתוך הקדושה, ממשיכים למטה.

פיוטי קדושה לשחרית

פיוטים אלה נכתבו כדי להחליף את פיסקאות המעבר הקצרות בין פסוקי הקדושה. יש קהילות שבהן אומרים אותם בסוף הקדושה, כדי שלא לוותר על אמירת הקדושה ופיסקאות המעבר שבה (׳מעשה רב׳ רה). בקהילות אלה אומרים את הקדושה ברצף, ובסוף הקדושה חוזרים לכאן.

אם אומרים פיוטים בתוך הקדושה, הקהל אומר בלחש:

**כְּבוֹדוֹ מָלֵא עוֹלָם, מְשָׁרְתָיו שׁוֹאֲלִים זֶה לָזֶה
אַיֵּה מְקוֹם כְּבוֹדוֹ לְהַעֲרִיצוֹ
לְעֻמָּתָם מְשַׁבְּחִים וְאוֹמְרִים**

מערכת פיוטי הקדושה לתפילת שחרית אינם אלה שנכתבו כחלק מה׳קרובה׳, אלא ארבעה פיוטים שכתב ר׳ אלעזר הקליר.

הקהל ממשיך:

סימן א״ב

אֵל בְּרוֹב עֵצוֹת תִּכֵּן אֶת רְוּחַ / טֶרֶם בִּרְכוּב טָס, וַיֵּדֶא עַל־כַּנְפֵי־רְוּחַ: תהלים יח

גַּם פֶּלֶס וּמִשְׁקָל עָשָׂה לָרְוּחַ / טֶרֶם דְּבָרוֹ, בִּזְרִיזוּת תַּעַשׂ הָרְוּחַ

הֲלֹא עַל סְעָרָה הֶעֱמִיד הָרְוּחַ / טֶרֶם וּמֵאוֹצָר יוֹצִיא אֶת הָרְוּחַ

זֶה הַיָּם הַגָּדוֹל, יָטִיל בּוֹ אֶת הָרְוּחַ

שליח הציבור:

טֶרֶם חֵל נוֹזְלִים יַעֲרִים הָרְוּחַ

טַעַם יְפוֹצֵץ אֵל, וְיַעֲמִיד הָרְוּחַ / טֶרֶם יִזְּלוּ מַיִם, יַשִּׁיב הָרְוּחַ

הכול:

לָכֵן כָּל לַיִל בְּיָדוֹ תָּפְקַד כָּל רְוּחַ / טֶרֶם לְאֶצְלוֹ תָּשׁוּב הָרְוּחַ

מְרֻקָּם בְּצַלְמוֹ, נָפַח בּוֹ נִשְׁמַת רְוּחַ / טֶרֶם נְשָׁמָה אֵלָיו תֵּאָסֵף עִם רְוּחַ

סְלוּל גַּן, נָטַע מִתְהַלֵּךְ לָרְוּחַ / טֶרֶם עַל פְּנֵי גֵיא הֶעֱבִיר הָרְוּחַ

פָּץ עֲבוּר מוֹרְדִים, לֹא יָדוֹן רְוּחַ / טֶרֶם צָרְחוּ סוּר, וַיִּכְלוּ מֵרְוּחַ

קֶדֶם כֹּל, נִקְרָא אֱלֹהֵי הָרְוּחַ

שליח הציבור:

טֶרֶם רִחֵף עַל פְּנֵי מַיִם רְוּחַ

שִׁלְטוֹן לֹא שָׂם לִיצִיר, לִכְלוֹא אֶת הָרְוּחַ / טֶרֶם תְּנָה מְנַגֵּן, אָנָה אֵלֵךְ מֵרְוּחַ

לָכֵן כָּל אֲשֶׁר בְּאַפָּיו נִשְׁמַת רְוּחַ / אָכֵן בֶּאֱנוֹשׁ הִיא הָרְוּחַ

יְסַלְּדוּ, יְסַלְסְלוּ, לָאֵל בּוֹרֵא רְוּחַ / כְּחַיָּה וְאוֹפָן, יָבוֹא בָם רְוּחַ.

במקור שליח הציבור הוסיף רק ׳לְעֻמָּתָם מְשַׁבְּחִים וְאוֹמְרִים׳.
היום בקהילות שבהן אומרים פיוטים בתוך הקדושה, הוא חוזר ואומר ׳כְּבוֹדוֹ מָלֵא עוֹלָם׳:

כְּבוֹדוֹ מָלֵא עוֹלָם, מְשָׁרְתָיו שׁוֹאֲלִים זֶה לָזֶה
אַיֵּה מְקוֹם כְּבוֹדוֹ לְהַעֲרִיצוֹ
לְעֻמָּתָם מְשַׁבְּחִים וְאוֹמְרִים

קהל ואחריו שליח הציבור:

יחזקאל ג ·בָּרוּךְ כְּבוֹד־יהוה מִמְּקוֹמוֹ:

אם אומרים פיוטים בתוך הקדושה, הקהל אומר בלחש:

מִמְּקוֹמוֹ הוּא יִפֶן בְּרַחֲמָיו לְעַמּוֹ
וְיָחֹן עַם הַמְיַחֲדִים שְׁמוֹ
עֶרֶב וָבֹקֶר בְּכָל יוֹם תָּמִיד
פַּעֲמַיִם בְּאַהֲבָה שְׁמַע אוֹמְרִים

הקהל ממשיך:

סימן א״ב

תָּמִיד תִּתְלוֹנֵן בְּיָדְךָ כָּל נֶפֶשׁ / שְׁגָגוֹת וּזְדוֹנוֹת, לְךָ תוֹדֶה הַנֶּפֶשׁ
רָצִיתָ לְהַמְצִיא כֹּפֶר לְנֶפֶשׁ / קָדוֹשׁ, לְבַעֲבוּר תְּבָרֶכְךָ כָּל נֶפֶשׁ
צוֹם אֶבְחָרֵהוּ, קָרָאתָ עִנּוּי נֶפֶשׁ / פֶּשַׁע בְּלֹא דַעַת, לֹא טוֹב לְנֶפֶשׁ
עָמָל וְכָל פֹּעַל לֹא יִמָּלְאוּ נֶפֶשׁ

שליח הציבור:

סִכּוּךְ אֵבָרִים תְּמַלֵּא חַיַּת נֶפֶשׁ / נֶעְלָם מִכֹּל נְהַם יְצִיאַת הַנֶּפֶשׁ
מִיתָה מְמָרֶקֶת עֲוֹן חַטַּאת נֶפֶשׁ

הכול:

לָכֵן בְּכָל צָרָה אֶשְׁפֹּךְ לְךָ אֶת הַנֶּפֶשׁ / כְּצִפּוֹר מִפַּח, לְמַלֵּט בָּנוּ נֶפֶשׁ
יַחֵד כָּל הַנְּפָשׁוֹת לְךָ כְּאַחַת נֶפֶשׁ / טְהוֹרֶיךָ הֶחְדַּלְתָּ מִכָּל טְמֵא נֶפֶשׁ
חֶשְׁבּוֹן וְדִין בְּעֵת תֵּת כָּל נֶפֶשׁ / זַכָּה וּטְהוֹרָה בִּהְיוֹת הַנֶּפֶשׁ
וְשׁוּבִי לִמְנוּחָיְכִי, תֹּאמַר לַנֶּפֶשׁ / הֲלֹא בִּצְרוֹר הַחַיִּים תְּצֹרַר הַנֶּפֶשׁ
דּוֹרְשֵׁי הֶגְיוֹן דָּת מְשִׁיבַת נֶפֶשׁ

שליח הציבור:

גּוֹי וְנָכְרִי בְּהָעִיפָם נֶפֶשׁ / בְּכַף הַקֶּלַע תְּקַלַּע מֵהֶם הַנֶּפֶשׁ
אֵלֶיךָ אֵל, בְּאֹמֶן אֶשָּׂא אֶת הַנֶּפֶשׁ

לָכֵן בְּכָל לֵב וּבְכָל מְאֹד וּבְכָל נֶפֶשׁ
אֲיַחֵד זִכְרְךָ תָּמִיד, נֶשֶׁף וָשַׁחַר, עַד אַשְׁלִים לְךָ אֶת הַנֶּפֶשׁ.

במקור שליח הציבור הוסיף רק ׳פַּעֲמַיִם בְּאַהֲבָה שְׁמַע אוֹמְרִים׳.
היום בקהילות שבהן אומרים פיוטים בתוך הקדושה, הוא חוזר ואומר ׳מִמְּקוֹמוֹ הוּא יִפֶן׳:

מִמְּקוֹמוֹ הוּא יִפֶן בְּרַחֲמָיו לְעַמּוֹ, וְיָחֹן עַם הַמְיַחֲדִים שְׁמוֹ עֶרֶב וָבֹקֶר בְּכָל יוֹם תָּמִיד, פַּעֲמַיִם בְּאַהֲבָה שְׁמַע אוֹמְרִים

קהל ואחריו שליח הציבור:

שְׁמַע יִשְׂרָאֵל, יהוה אֱלֹהֵינוּ, יהוה אֶחָד: דברים ו

אם אומרים פיוטים בתוך הקדושה, הקהל אומר בלחש:

הוּא אֱלֹהֵינוּ, הוּא אָבִינוּ, הוּא מַלְכֵּנוּ, הוּא מוֹשִׁיעֵנוּ
וְהוּא יוֹשִׁיעֵנוּ וְיִגְאָלֵנוּ שֵׁנִית
וְיַשְׁמִיעֵנוּ בְּרַחֲמָיו לְעֵינֵי כָּל חַי לֵאמֹר
הֵן גָּאַלְתִּי אֶתְכֶם אַחֲרִית כְּרֵאשִׁית, לִהְיוֹת לָכֶם לֵאלֹהִים: במדבר טו

הקהל ממשיך:

סימן א״ת ב״ש

אֵלֶיךָ וְעָדֶיךָ יָבֹא כָּל בָּשָׂר / תַּחַת כִּי מַעֲשֶׂיךָ לֹא כְּמַעֲשֵׂה בָשָׂר
בְּיָדְךָ תֶּאֱסַף רוּחַ כָּל בָּשָׂר / שֶׁאַתָּה הוּא אֱלֹהֵי הָרוּחוֹת לְכָל בָּשָׂר
גַּם לְרִמָּה הוּא וּבוּי בָּשָׂר / רַע פֶּה הוּא הַמַּחְטִיא בָּשָׂר
דּוֹר שֶׁטֶף, כְּהִשְׁחִית וְעָשׁ זִמַּת בָּשָׂר / קָפַצְתָּ וְנַמְתָּ, בְּשַׁגַּם הוּא בָשָׂר: בראשית ו
הֲלֹא בְקָצְפְּךָ עַל חַטֹּאת בָּשָׂר / צוּר, זָכוֹר תִּזְכֹּר כִּי הֵמָּה בָשָׂר
וְלָכֵן בְּיָדְךָ אֶפֹּל, וְלֹא בִידֵי בָשָׂר / פְּקֻדַּת דִּינְךָ לֹא כְּדִינֵי בָשָׂר
זֶה אַתָּה הוּא, אֱלֹהֵי הָרוּחוֹת לְכָל בָּשָׂר / עוֹרֵךְ וְנוֹתֵן לֶחֶם לְכָל בָּשָׂר
חַי לְכָל הַחַי קָרָאתָ בָשָׂר / סִכַּכְתָּ גִּיד וָעֶצֶם, וְאָרַגְתָּ עוֹר וּבָשָׂר
טְהוֹרָה תְטַמֵּא כְּזַיִת בָּשָׂר / נָא לָכֵן אוֹי לְבָשָׂר מִפְּנֵי בָשָׂר
יְלֵל צָרִים שָׁמַעְנוּ, וְסָמַר בָּנוּ בָשָׂר

שליח הציבור:

מֵעֶיךָ יֶהֱמוּ עַל כָּל בָּשָׂר / כְּבוֹד שֵׁם קָדְשְׁךָ יְבָרֵךְ כָּל בָּשָׂר
לְמוֹעֵד דָּתְךָ מַרְפֵּא לְכָל בָּשָׂר / לָכֵן לְעֵת תִּשְׁפֹּךְ רוּחֲךָ עַל כָּל בָּשָׂר
גִּלּוּי כְּבוֹדְךָ יִרְאֶה כָּל בָּשָׂר / וּבְהַשְׁמִיעֲךָ שֵׁנִית, יַהַס כָּל בָּשָׂר.

במקור שליח הציבור הוסיף רק ׳לִהְיוֹת לָכֶם לֵאלֹהִים׳.
היום בקהילות שבהן אומרים פיוטים בתוך הקדושה, הוא חוזר ואומר ׳הוּא אֱלֹהֵינוּ׳:

הוּא אֱלֹהֵינוּ, הוּא אָבִינוּ, הוּא מַלְכֵּנוּ, הוּא מוֹשִׁיעֵנוּ
וְהוּא יוֹשִׁיעֵנוּ וְיִגְאָלֵנוּ שֵׁנִית
וְיַשְׁמִיעֵנוּ בְּרַחֲמָיו לְעֵינֵי כָּל חַי לֵאמֹר
הֵן גָּאַלְתִּי אֶתְכֶם אַחֲרִית כְּרֵאשִׁית
לִהְיוֹת לָכֶם לֵאלֹהִים במדבר טו

הכול:

אֲנִי יהוה אֱלֹהֵיכֶם:

אם אומרים פיוטים בתוך הקדושה, הקהל אומר בלחש:

אַדִּיר אַדִּירֵנוּ, יהוה אֲדֹנֵינוּ, מָה־אַדִּיר שִׁמְךָ בְּכָל־הָאָרֶץ: תהלים ח
וְהָיָה יהוה לְמֶלֶךְ עַל־כָּל־הָאָרֶץ זכריה יד
בַּיּוֹם הַהוּא יִהְיֶה יהוה אֶחָד וּשְׁמוֹ אֶחָד:

הקהל ממשיך:

סימן א״ב

אֵלֶיךָ תְּלוּיוֹת עֵינֵינוּ — יהוה אֲדֹנֵינוּ
בָּרוּךְ בְּמַקְהֵלוֹת עַמְּךָ — מָה אַדִּיר שִׁמְךָ

גְּאָלֵנוּ שֵׁנִית מִמְּעַנֵּינוּ — יהוה אֲדֹנֵינוּ
דָּר בִּשְׁמֵי מְרוֹמְךָ — מָה אַדִּיר שִׁמְךָ

הֵן לְךָ הֶאֱמַרְנוּ — יהוה אֲדֹנֵינוּ
וּמִי כְּעַם מְרוֹמְמֵי שִׁמְךָ — מָה אַדִּיר שִׁמְךָ

זְכוֹר בְּרִית אֵתָנֵינוּ — יהוה אֲדֹנֵינוּ
חַי כִּי אֵין זָר עִמְּךָ — מָה אַדִּיר שִׁמְךָ

טָהוֹר לְשִׁמְךָ קִנֵּנוּ — יהוה אֲדֹנֵינוּ
יְחִידִי הַדָּן בְּעוֹלָמְךָ — מָה אַדִּיר שִׁמְךָ

כֹּחֲךָ יִגְדַּל מַלְכֵּנוּ | יהוה אֲדֹנֵינוּ
לִבֵּנוּ רָחַשׁ לְרוֹמֶמְךָ | מָה אַדִּיר שִׁמְךָ

מִנֹּף בִּזְרֹעַ גְּאַלְתָּנוּ | יהוה אֲדֹנֵינוּ
נְהַלֶּלְךָ כְּאֵילֵי מְרוֹמְךָ | מָה אַדִּיר שִׁמְךָ

סְעָדֵנוּ וְסָמְכֵנוּ | יהוה אֲדֹנֵינוּ
עֲנֵנוּ, וְנוֹדֶה לְשִׁמְךָ | מָה אַדִּיר שִׁמְךָ

פְּדֵנוּ וְחָנֵּנוּ | יהוה אֲדֹנֵינוּ
צוּר עוֹלָמִים שִׁמְךָ | מָה אַדִּיר שִׁמְךָ

קוֹמְמֵנוּ וַהֲקִימֵנוּ | יהוה אֲדֹנֵינוּ
רַחֲמֶיךָ יְקַדְּמוּ זַעַמְךָ | מָה אַדִּיר שִׁמְךָ

שְׁמַע קוֹל תַּחֲנוּנֵינוּ | יהוה אֲדֹנֵינוּ
תִּתְרוֹמֵם מִנְּשׂוּאֵי רַחְמְךָ | מָה אַדִּיר שִׁמְךָ

שליח הציבור:

שִׁמְךָ אֵל לְבַבְנוּ / יְחוּדְךָ יַחַד הִנְעַמְנוּ.

במקור שליח הציבור הוסיף רק 'וּבְדִבְרֵי קָדְשְׁךָ כָּתוּב לֵאמֹר'.
היום בקהילות שבהן אומרים פיוטים בתוך הקדושה, הוא חוזר ואומר 'אַדִּיר אַדִּירֵנוּ':

אַדִּיר אַדִּירֵנוּ, יהוה אֲדֹנֵינוּ, מָה־אַדִּיר שִׁמְךָ בְּכָל־הָאָרֶץ: תהלים ח
וְהָיָה יהוה לְמֶלֶךְ עַל־כָּל־הָאָרֶץ זכריה יד
בַּיּוֹם הַהוּא יִהְיֶה יהוה אֶחָד וּשְׁמוֹ אֶחָד:

שליח הציבור:

וּבְדִבְרֵי קָדְשְׁךָ כָּתוּב לֵאמֹר

קהל ואחריו שליח הציבור:

יִמְלֹךְ יהוה לְעוֹלָם, אֱלֹהַיִךְ צִיּוֹן לְדֹר וָדֹר, הַלְלוּיָהּ: תהלים קמו

ממשיכים 'לְדוֹר וָדוֹר נַגִּיד גָּדְלֶךָ' בעמ' 217.

והיטים

ה׳קרובה׳ לשחרית אינה מסתיימת בפיוטי הקדושה, אלא ב׳רהיטים׳ (ראה עמ׳ 207).
את שלושת ה׳רהיטים׳ הראשונים חיבר ר׳ משולם בן קלונימוס, והם כנראה חלק מה׳קרובה׳ המקורית. בפיוטים אלה ר׳ משולם מתאר את גדולת ה׳ ושלטונו בעולם הטבע. אפשר שבמקור נכתבו להיות פיוטי מעבר בין פסוקי הקדושה ׳ה׳ אֲדֹנֵינוּ, מָה־אַדִּיר שִׁמְךָ בְּכָל־הָאָרֶץ׳ ׳וְהָיָה יהוה לְמֶלֶךְ עַל־כָּל־הָאָרֶץ, בַּיּוֹם הַהוּא יִהְיֶה יהוה אֶחָד וּשְׁמוֹ אֶחָד׳ (לעיל).

שליח הציבור אומר את הפסוק, ולאחר מכן את מילות הפתיחה לכל פיוט. הקהל אומר את הפיוט בלחש, ושליח הציבור אומר את השורה האחרונה בקול (מסומנת ב▸).

וּבְכֵן, יהוה אֲדֹנֵינוּ מָה־אַדִּיר שִׁמְךָ בְּכָל־הָאָרֶץ: תהלים ח

הכול:

סימן א״ב

הָאַדִּיר בִּשְׁמֵי עֲלִיּוֹת / הַבּוֹחֵן סְרָעַף וּכְלָיוֹת
הַגָּד מֵרֵאשִׁית אוֹתִיּוֹת / הַדָּן בְּצֶדֶק בְּרִיּוֹת
הָהָיָה קֶדֶם כָּל הֱיוֹת / וְהֹוֶה, וְעָתִיד לִהְיוֹת
הַזָּן וּמֵכִין לְכֹל מִחְיוֹת / הַחוֹנֶה עַל אַרְבַּע חַיּוֹת
הַטִּפֵּחַ גָּבְהֵי תְלוּלִיּוֹת / הַיָּסַד רְקוּעָה עַל מֵיּוֹת
הַכּוֹנֵן מֵישָׁרִים וְזָכִיּוֹת / הַלֹּחֵשׁ עַמּוֹ, מַאֲזִין בְּשַׁוְעִיּוֹת
הַמְכַנֵּס נִדְחֵי גָּלִיּוֹת / הַנְּפוּצוֹתָם מְקַבֵּץ מֵאַרְבַּע זָוִיּוֹת
הַסּוֹכֵת פֶּלֶל פִּיּוֹת / הָעוֹנֶה לְקוֹרְאָיו מִתַּחְתִּיּוֹת
הַפּוֹדֶה נֶפֶשׁ עֲבָדָיו מִשְּׁאִיּוֹת / הַצּוּר צַדִּיק, רַב עֲלִילִיּוֹת
הַקּוֹרֵא לְמֵי הַיָּם, וְשָׁפְכָם בְּדָכִיּוֹת / הָרָם וְנִשָּׂא בְּכֵס שְׁבִיבִיּוֹת
▸ הַשּׁוֹכֵן בְּשֶׁקֶד חֲצוּבֵי שַׁלְהָבִיּוֹת / הַתּוֹמֵךְ מְחֻלָּיו וְעֵינֵיהֶם לוֹ תְלוּיוֹת.

שליח הציבור:

וּבְכֵן, מְעֹנָה אֱלֹהֵי קֶדֶם וּמִתַּחַת זְרֹעֹת עוֹלָם: דברים לג

הכול:

סימן תשר״ק

הַתִּכֵּן וּמִתַּחַת זְרֹעֹת עוֹלָם / הַשָּׂר כֹּל, וּמֶנּוּ לֹא נֶעְלָם
הָרוֹפֵא לִשְׁבוּרֵי לֵב וּמְחַתֵּל מַחֲלָם / הַקֹּרֵא הַדּוֹרוֹת מֵרֹאשׁ וּמְכַלְכְּלָם
הַצָּר בְּיָהּ עוֹלָמִים וְסוֹבְלָם / הַפּוֹשֵׁט יָד לַשָּׁבִים וּמְקַבְּלָם
הָעוֹזֵר לַשָּׁמַיִם בּוֹ כִּסְלָם / הַסּוֹלֶה שׂוֹגִים, נוֹשְׂאֵי עֵץ פִּסְלָם
הַנּוֹתֵן בָּעַזִּים נְתִיבָה לְהַסְלִילָם / הַמֵּכִין מָאוֹר וָשֶׁמֶשׁ בְּמַסְלוּלָם
הַלְּבוּשׁוֹ כַּשֶּׁלֶג, בָּנָיו לְהַלְבִּין מַעֲלָם / הַכַּצֶּמֶר נְקִי שְׂעָרוֹ, לְנַקּוֹת גֹּעֳלָם

הַיָּשָׁר וּמְלַמֵּד פּוֹשְׁעִים לְהוֹעִילָם / הַטּוֹב וּמוֹרֶה חַטָּאִים דֶּרֶךְ לְהַשְׂכִּילָם
הַחוֹבֵשׁ אֶרֶץ עֲמוּסָיו לְהַתְעִילָם / הַזּוֹכֵר בְּרִית רִאשׁוֹנִים מִלְּגָעֳלָם
הַוֵּכַח עִוְּוִים מַצְלִיל, מִשָּׁאוֹן לְהַעֲלָם /
הַהִצִּיב גְּבוּלוֹת עַמִּים לְמִסְפָּרָם לְעַלָּם
הַדּוֹדָם וְחוֹשְׁקָם בְּאַהֲבָתוֹ, וּבְחֶמְלָתוֹ גְּאָלָם
הַגּוֹנְנָם וּמַצִּילָם לְנַטְּלָם וּלְנַשְּׂאָם כִּימֵי עוֹלָם
‹ הַבּוֹרְאָם בְּרִיָּה חֲדָשָׁה, עוֹשָׂם וּבוֹעֲלָם / הָאוֹמֵר, חַי אָנֹכִי לְעֹלָם: דברים לב

שליח הציבור:

וּבְכֵן, אֱלֹהֵי עוֹלָם יהוה, בּוֹרֵא קְצוֹת הָאָרֶץ, לֹא יִיעַף וְלֹא יִיגָע ישעיה מ
אֵין חֵקֶר לִתְבוּנָתוֹ:

הכול:

סימן א״ת ב״ש

הָאֹמֵן כִּפֵּי שְׁחָקִים וְהִקְצִיבָם / הַתִּכְּנָם בְּזֶרֶת וְעִם רֶגֶב הִשְׁלִיבָם
הַבּוֹרֵא קְצוֹת הָאָרֶץ וְהִרְחִיבָם / הַשָּׁת מְמַדָּם וְעַמּוּדֵי מַחֲצָבָם
הַגּוֹלֵל אוֹר וְחֹשֶׁךְ בִּנְתִיבוֹת קַוָּם / הָרוֹגַע יַמִּים וּמָחַץ רְהָבָם
הַדִּכְּאָם לְמָקוֹם יָסַד, וְחוֹל הִסְבִּיבָם / הַקִּוָּם וְכִנְּסָם כַּנֵּד, וְהֶעֱמִיק מִקְוָם
הַהִשְׁרִיצָם תַּנִּינִים, וְעַיִט וְדָגָה הִרְבָּם / הַצָּו וּמֵכִין לָמוֹ צֵיד אִבָּם
הַוּתֵּק הָרִים וּבְקָעוֹת, וְהִצְמִיחַ תְּנוּבָם / הַפּוֹעֵל יְצוּרִים וְחַיּוֹת לִרְעוֹת טוּבָם
הַזִּמֵּן כָּל גְּבוּלוֹת אֶרֶץ וְהִצִּיבָם / הַעִתּוֹתֵי קַיִץ וְחֹרֶף הִקִּיפָם וְהִסְבִּיבָם
הַחוֹכָיו מְאַשֵּׁר, מַשְׁלִיכֵי עָלָיו יְהָבָם /
הַסּוֹמְכָם לְשַׂבְּעָם בְּצַחְצָחוֹת בְּלִי לְהַרְעִיבָם
הַטֹּרֶף נָתַן לִירֵאָיו, מֵעֹנִי לְשַׂגְּבָם / הַנּוֹתֵן יוֹרֶה וּמַלְקוֹשׁ בְּעִתָּם לְהַרְבִּיבָם
הַיִּמֵּן סְלִיחָה לַשּׁוֹבָבִים לַהֲשִׁיבָם /
הַמְטַהֲרָם בִּזְרִיקַת טְהוֹרִים, בְּצִלּוֹ לְהוֹשִׁיבָם
‹ הַכּוֹנֵן כִּסְאוֹ לַמִּשְׁפָּט, לְאֻמִּים לְיַשְּׁבָם /
לָכֵן בְּמָלְכוֹ יִשְׂמְחוּ אִיִּים רַבִּים בְּהִתְיַשְּׁבָם.

יש המשמיטים את פסוק החתימה.

כַּכָּתוּב, יהוה מָלָךְ תָּגֵל הָאָרֶץ, יִשְׂמְחוּ אִיִּים רַבִּים: תהלים צז
עָנָן וַעֲרָפֶל סְבִיבָיו, צֶדֶק וּמִשְׁפָּט מְכוֹן כִּסְאוֹ:

שורת ה׳רהיטים׳ הבאה מיוחסת לר׳ קלונימוס הזקן מלוקה. כל ׳רהיט׳ דורש מילה אחרת של הפסוק בירמיה י, ז – המתאר כיצד האמונה בבורא עומדת ביסוד כל מערכות האמונות הרווחות בקרב הגויים (ראה דרשות הר״ן, דרוש ט, וההשוואה שהוא עורך למנחות קי ע״א). תיאור מפורט זה הוא פתיחה לפיסקאות המרחיבות את ברכת קדושת ה׳, המתחילות ׳וּבְכֵן תֵּן פַּחְדְּךָ׳.

שליח הציבור אומר את הפסוק, ואז את מילות הפתיחה לכל פיוט. הקהל אומר את הפיוט בלחש, ושליח הציבור אומר את השורה האחרונה בקול (מסומנת ב◂).

ירמיה י

וּבְכֵן, מִי לֹא יִרָאֲךָ מֶלֶךְ הַגּוֹיִם, כִּי לְךָ יָאָתָה
כִּי בְכָל־חַכְמֵי הַגּוֹיִם וּבְכָל־מַלְכוּתָם מֵאֵין כָּמוֹךָ:

וּבְכֵן, מִי

סימן א״ב (כפול)

מִי אַדִּיר אַפְסֶךָ מִי בָרוּךְ בִּלְתֶּךָ מִי גִבּוֹר כְּגִילֶךָ
מִי דָגוּל כִּדְמוּתֶךָ מִי הָדוּר כְּהִלּוּלֶךָ מִי וַדַּי כְּוִעוּדֶךָ
מִי זַכַּי זוּלָתֶךָ מִי חָסִין חִלּוּפֶךָ מִי טָהוֹר כְּטַכְסִיסֶךָ
מִי יָרוּי כְּיִחוּדֶךָ מִי כוֹבֵשׁ כְּכַמִּירָתֶךָ מִי לוֹבֵשׁ כִּלְבָנֶךָ
מִי מָרוֹם מִלְּבַדֶּךָ מִי נָכוֹן נִכְחֶךָ מִי סוֹאֵן כִּסְאָתֶךָ
מִי עָץ כַּעֲלִילוֹתֶיךָ מִי פוֹעֵל כְּפָלְאֶךָ מִי צוֹאֵל כְּצִנָּתֶךָ
מִי קִנֵּץ קְדֻשָּׁתֶךָ מִי רָוֶה רִנְּנוּתֶיךָ ◂ מִי שְׁמַע שִׁירוּתֶיךָ
מִי תְמֵם תִּפְאַרְתֶּךָ.

וּבְכֵן, מִי לֹא

סימן א״ת ב״ש

לֹא אָמֹר אָמַרְתָּ, וְנָפַל דָּבָר
תָּמִיד תְּהִלָּתְךָ בְּפִי כֹל יְדֻבַּר.
לֹא בַקְּשׁוּנִי תֹהוּ הָיָה נְאֻמֶּךָ
שִׁמְךָ מִגְדַּל עֹז לָרָצִים לְעַמֶּךָ.
לֹא גְבוּל שַׂמְתָּ, וּפָרְצוּ אַדִּירִים
רָבִים וְגוֹעֲשִׁים, וְלִשְׁבִירַת חֻקֶּיךָ נִגְרָרִים.
לֹא דָבָר רֵק עֲשׂוֹת מִשְׁמַרְתֶּךָ
קַיָּם סֶלָה וָעֶד קֹשֶׁט אִמְרָתֶךָ.
לֹא הַגַּתָּ לִמְחוֹת שֵׁם דְּבֵקֶיךָ
צָמְאָה נַפְשָׁם לִנְעִימַת יְמִין חִבּוּקֶיךָ.

לֹא וִתַּרְתָּ לִשְׁפִיכַת דַּם חֲסִידֶיךָ
פָּקַדְתָּ שָׁלוֹם הִבְטַחְתָּ לְיוֹדְעֵי סוֹדֶךָ.
לֹא זִלְזַלְתָּ מַאֲמָרֶיךָ, כֶּאֱנוֹשׁ לְכַזֵּב
עֵדוּת דְּבָרְךָ בַּשָּׁמַיִם נִצָּב מֵהַכְזֵב.
לֹא חָפֵץ רֶשַׁע אַתָּה מֵעוֹלָם
סִתְרְךָ מָנוֹס, לָלוּן עַם עוֹלָם.
לֹא טוֹב פַּצְתָּ הֱיוֹת לְבַד
נָאוֹר כִּי לְךָ הַשֶּׂגֶב יְלֻבַּד.
לֹא יֹשֶׁר מִשְׁפָּטֶיךָ לְכָל גּוֹי הוֹדַעְתָּ
מְחִיַּת פֶּשַׁע, לְעַם זוּ יָדַעְתָּ.
◂ לֹא כַּחֲטָאֵינוּ תַּעַשׂ, לוֹבֵשׁ צְדָקָה
לַחֲשֵׁנוּ הַיּוֹם תֵּשַׁע, כִּתְמוֹר דַּקָּה מִן הַדַּקָּה.

וּבְכֵן, מִי לֹא יִרָאֲךָ

סימן א״ב

יְרָאֲךָ, אָדוֹן, פֹּעַל לְמַעַנְךָ פָּעַלְתָּ
בְּכֹחַ מַעֲשֶׂיךָ גָּדַלְתָּ, וּמְאֹד נַעֲלֵיתָ.
יְרָאֲךָ, גָּבֹהַּ, כָּל אֲשֶׁר תַּחְתֶּיךָ
דָּגוּל בִּמְרוֹמֵי רָמִים, הוֹד תַּחֲנוֹתֶיךָ.
יְרָאֲךָ הֲמוֹן עִירִין הַצָּגִים סְבִיבֶךָ
וְיִנְעִימוּ שִׁיר, בְּהִתְחַדְּשָׁם בִּנְהַר שְׁבִיבֶיךָ.
יְרָאֲךָ זֹהַר זִקִּים וְגַלְגַּלֵּי רְעָמֶיךָ
חַי, הַצּוּרִים נִתְּצוּ מִפְּנֵי זַעְמֶךָ.
יְרָאֲךָ טִיף בְּרָקִים הַמַּבְרִיקִים לְדַעְתֶּךָ
יֹאמְרוּ הִנֵּנוּ, בְּהִשְׁתַּלְּחָם עֲשׂוֹת מִשְׁמַעְתֶּךָ.
יְרָאֲךָ כְּרוּב וְאוֹפָן וְאַלְפֵי שִׁנְאַנֶּיךָ
לַהַב חֲנִית, חִצֵּי שְׁנוּנֶיךָ.
יְרָאֲךָ מְלוֹן כִּפָּה וּדְבוּקַת רְגָבֶיךָ
נָסִים מִגַּעֲרָתְךָ זִיב מֶשֶׁךְ גַּבֶּיךָ.

יְרָאֲךָ סֶגֶל חֶבְלְךָ וְנַחֲלַת שִׁפְרָתֶךָ
עַמְּךָ בְּבוֹר לֵבָב יִכּוֹן לִקְרָאתֶךָ.
יְרָאֲךָ פָּקִיד וְשַׂר וְכָל שׁוֹפֵט
צֹאן יָדְךָ הַיּוֹם לְהִשָּׁפֵט.
יְרָאֲךָ קָנוּי וְקוֹנוֹ, עוֹצֵר וְלִגְיוֹנוֹ
רוֹבֶה וְעַלְמָה, חַלָּשׁ וְתוֹפֵשׂ פִּגְיוֹנוֹ.
◂ יְרָאֲךָ שְׁכַן נָפוֹת וְכָל פְּלָכִים
תִּתְרוֹמֵם לָעַד, מֶלֶךְ מַלְכֵי הַמְּלָכִים.

וּבְכֵן, מִי לֹא יְרָאֲךָ מֶלֶךְ

סימן תשר״ק

מֶלֶךְ תָּר כָּל סִתְרֵי גְנָזִים
שִׁמְךָ יִתְפָּאַר נֶצַח, חֲכַם הָרָזִים.
מֶלֶךְ רִבּוֹתֵי רֶכֶב מַחֲנוֹת קְדוֹשֶׁיךָ
קְרֵבֶיךָ יֹאמְרוּ, נוֹרָא אֱלֹהִים מִמִּקְדָּשֶׁיךָ.
מֶלֶךְ צָר לִכְבוֹדוֹ כָּל יְצוּרִים
פְּלִיאַת מַעֲשָׂיו יוֹדְעִים כְּאִישׁוֹן נְצוּרִים.
מֶלֶךְ עִזּוּז וְגִבּוֹר, לָעַד יִתְהַלָּל
סֶלָה מֶלֶךְ הַכָּבוֹד, גָּדוֹל וּמְהֻלָּל.
מֶלֶךְ נוֹרָא, תְּהִלָּתוֹ מָלְאָה הָאָרֶץ
מָרוֹם וְקָדוֹשׁ, נוֹרָא לְמַלְכֵי־אָרֶץ. תהלים עו
מֶלֶךְ, לִגְדֻלָּתוֹ אֵין חֵקֶר וְקִצְבָּה
כָּבוֹד בְּהֵיכָלוֹ תְּבַשֵּׂר צָבָא נִצָּבָה.
מֶלֶךְ יְמִינוֹ תָרוּם, יָדוֹ תָעֹז
טְהוֹרִים יַאְדִּירוּ, טוֹב יהוה לְמָעוֹז.
מֶלֶךְ חֲסִין יָהּ נֶאְדָּר בַּקֹּדֶשׁ
זַכִּים יִשְׁתַּחֲווּ לַיהוה בְּהַדְרַת קֹדֶשׁ.
מֶלֶךְ, וֶאֱמֶת יהוה לְעוֹלָם הַלְלוּיָהּ
הִלּוּל עָשׂוֹר, כֹּל הַנְּשָׁמָה תְּהַלֵּל יָהּ.

מֶלֶךְ דּוֹבֵר צֶדֶק, מַגִּיד מֵישָׁרִים
גְּזֵרוֹתָיו תּוֹרוֹת אֱמֶת וּמִשְׁפָּטִים יְשָׁרִים.
· מֶלֶךְ בָּרוּךְ בְּפִי כָל גְּוִיָּה
אַדֶּרֶת תִּפְאַרְתּוֹ בְּרוּם וּבְתַחַת חֲוִיָּה.

וּבְכֵן, מִי לֹא יִרָאֲךָ מֶלֶךְ הַגּוֹיִם

סימן א"ב

הַגּוֹיִם אֶפֶס וְתֹהוּ נֶגְדְּךָ חֲשׁוּבִים
בְּחוּנֶיךָ בְּדוּדִים, וְעִמָּם לֹא נֶחְשָׁבִים.
הַגּוֹיִם גְּדֵלִים מַעֲשֵׂה תַעְתּוּעַ וַהֲבָלִים
דְּבֵקֶיךָ בְּדוּלִים מִסּוּגְדֵי לְעֵץ בּוּלִים.
הַגּוֹיִם הָכִין פֶּסֶל מְבַקְשִׁים חָרָשִׁים
וְתִיקֶיךָ בְּהַשְׁכֵּם וְהַעֲרֵב יִחוּדְךָ פּוֹרְשִׁים.
הַגּוֹיִם זְהָבָם לַאֲפֻדַּת מַסֵּכָה מְכִינִים
חֲרֵדֵי דְבָרְךָ לְעָבְדְךָ בְּיִרְאָה מוּכָנִים.
הַגּוֹיִם טוֹעֲנִים בַּכָּתֵף יֶתֶר צְלִיָּתָם
יְדוּעֶיךָ כּוֹרְעִים לְךָ בְּפִקּוּק חֻלְיוֹתָם.
הַגּוֹיִם כֶּסֶף מְצַפִּים עֵץ פִּסְלָם
לְקוֹחֶיךָ בְּחֶבְיוֹן עֻזְּךָ יָשִׂימוּ כִסְלָם.
הַגּוֹיִם מְכַנִּים קְדֻשָּׁתְךָ לְעוּל הַזִּמָּה
נְשׂוּאֶיךָ מְשַׁקְּצִים יִחוּם אֵשֶׁת הַזִּמָּה.
הַגּוֹיִם סֶמֶל תְּמוּנַת נֶאֱלָח מַאֲלִיהִים
עַמְּךָ מְעִידִים אַדְנוּתְךָ, אֱלֹהֵי הָאֱלֹהִים.
הַגּוֹיִם פֶּגֶר מוּבָס פַּחֲזוּת תַּבְלִיתָם
צְבָאֶיךָ קָדוֹשׁ אַתָּה יוֹשֵׁב תְּהִלּוֹתָם.
הַגּוֹיִם קוֹרְאִים לְלֹא מוֹשִׁיעַ וּמוֹעִיל
רֵעֶיךָ נִשְׁעָנִים בְּךָ, מְלַמֵּד לְהוֹעִיל.
· הַגּוֹיִם שֶׁקֶר נִסְכָּם וְלֹא אֵמוּן
תְּמִימֶיךָ אֹמֶן אֱמוּנָתְךָ בְּוַעְדָּם יֵאָמוּן.

וּבְכֵן, מִי לֹא יְרָאֲךָ מֶלֶךְ הַגּוֹיִם, כִּי

סימן תשר״ק

כִּי תוֹדָה יִתְּנוּ לְךָ שָׁבִים
שׁוֹפְכִים לֵב נִכְחֲךָ, מִיַּד נִקְשָׁבִים.
כִּי רָם אַתָּה, לְכֹל לְרֹאשׁ מִתְנַשֵּׂא
קָדוֹשׁ תְּהִלּוֹת, שִׁמְךָ עָוֹן נוֹשֵׂא.
כִּי צִדְקוֹתֶיךָ כְּהַרְרֵי אֵל מְפֻרָעִים
פְּרִי נוֹשְׂאִים, מִחְיַת תְּנוּב וְזֵרְעִים.
כִּי עִמְּךָ הַחֶסֶד וְהַסְּלִיחָה לְהִוָּרֵא
סְלֹל חַיֵּי עַד לַחַטָּאִים תּוֹרֶה.
כִּי נְכֵה לֵבָב וּשְׁפַל תִּרְאֶה
מִדָּתְךָ לֹא כְבָשָׂר, לָעֵינַיִם יִרְאֶה.
כִּי לְמַבָּטְךָ כָּל מִפְעָל סָקוּר
כָּמוּס וְגַם סָתוּם אִתְּךָ חָקוּר.
כִּי יָדְךָ פְשׁוּטָה תּוֹהִים לְקַבֵּל
טֶרֶם יִקְרָא נַעֲנָה לְךָ קוֹבֵל.
כִּי חַסְדְּךָ גָּדוֹל מֵעַל חֲזָקִים
זוֹרְעֵי לִצְדָקָה, לְפִיו קָצַר זְקוּקִים.
כִּי וְעֹז מַלְכוּתְךָ אָהֵב מִשְׁפָּט
הַעַל כֵּן נִקְרֵאתָ אֱלֹהֵי הַמִּשְׁפָּט.
כִּי דַּרְכְּךָ לְשַׁתֵּף רַחֲמִים בְּדִינֶךָ
גָּדוֹל, בִּשְׁתֵּי הַמִּדּוֹת הִטְבַּעְתָּ אֲדָנֶיךָ.
◂ כִּי בְּהִכָּנַע, עַל הָרָעָה תִּנָּחֵם
אַפְּךָ תָּשִׁיב, אֲנוּפֵי קִצְפְּךָ לְנַחֵם.

וּבְכֵן, מִי לֹא יְרָאֲךָ מֶלֶךְ הַגּוֹיִם, כִּי לְךָ

סימן א״ת ב״ש

לְךָ אֶדֶר נָאֶה מִכָּל פֶּה כִּי תְהִלָּתְךָ רַחוּם, אַף כּוֹפֶה.
לְךָ בִּגְרוֹן חֲסִידִים רֹן יִתְאַמָּר כִּי שׁוֹעַ לֹא נִכַּר בְּךָ נֶאֱמָר.
לְךָ גֵּאוּת יִתְלַבֵּשׁ וְעֹז יִתְאַזָּר כִּי רָמִים תִּשְׁפֹּט, בִּגְבוּרָה נֶאְזָר.

לְךָ דְּמִיָּה תְּהִלָּה בְּיֹפִי מִכְלָל   כִּי קְדֻשָּׁתְךָ מְשַׁלְּשִׁים נִצְצֵי כְּעֵין קָלָל.
לְךָ הֶמְיַת נִצִּים עֹז מַאְדִּירִים   כִּי צִוִּיתָם חֹק, וְלֹא נֶעְדָּרִים.
לְךָ וָוֵי דֹק מִגַּעֲרָתְךָ מִתְרוֹפְפִים   כִּי פָנִים מְכַסִּים מֵאֵימָתְךָ שְׂרָפִים.
לְךָ זְמִירוֹת מִכְּנַף הָאָרֶץ פּוֹשְׁטִים   כִּי עֵינֶיךָ בְּכָל פִּנּוֹתֶיהָ מְשׁוֹטְטִים.
לְךָ חַדְשֵׁי בְקָרִים אֱמוּנָה מַרְבִּים   כִּי סוּר לְמִשְׁמַעְתְּךָ חָשִׁים כְּרוּבִים.
לְךָ טִפּוּחַ חֲזָקִים וְצֶעֱקַת מוּצָקִים   כִּי נָעֳמְךָ פּוֹצְחִים אֶרְאֶלִּים וּמְצוּקִים.
לְךָ יְחַלֵּק עֶצֶם וְאִישׁוֹן יַנְשִׁיף   כִּי מֵאָז גְּבוּלָם רוּחֲךָ הִנְשִׁיף.
◂ לְךָ כֹּחַ וּגְבוּרָה לְחַזֵּק וּלְגַדֵּל   כִּי לְשִׁמְךָ כָּל לָשׁוֹן תְּגַדֵּל.

וּבְכֵן, מִי לֹא יִרָאֲךָ מֶלֶךְ הַגּוֹיִם, כִּי לְךָ יָאָתָה

סימן תשר״ק

יָאֲתָה תְּהִלָּה וָעֹז לְבַקֹּדֶשׁ נֶאְדָּר   וּמִי שָׁקוּל גֶּשֶׁת גָּדְלוֹ לְאַדָּר.
יָאֲתָה רוֹמֵמוֹת לְרָם בְּכֹחוֹ יַשְׂגִּיב   וּמִי קָשׁוּט שִׁנּוּן שִׁבְחוֹ לְהַשְׂגִּיב.
יָאֲתָה צְפִירָה וְתִפְאֶרֶת לְמֶלֶךְ הַכָּבוֹד   וּמִי פְּתָחָיו בּוֹא בְּיִרְאָה לַעֲבֹד.
יָאֲתָה עֲנוֹת תּוֹדָה לָאֵל הַנֶּאֱמָן   וּמִי סָפוּן הַדֵּר הוֹדוֹ לְהִתְאַמָּן.
יָאֲתָה נֵצַח וּמֶמְשָׁלָה לְחַי עוֹלָמִים   וּמִי מִלֵּל וְלֹא הָחְסַם בִּבְלוּמִים.
יָאֲתָה לְסַפֵּר מַלְאֲכוֹת נוֹרָא תְּהִלּוֹת   וּמִי כְּעֶרְכְּךָ, בֵּאוּרָם בִּשֵּׂר בְּמַקְהֵלוֹת.
יָאֲתָה יִחוּד שֵׁם הַנִּכְבָּד לְהָעִידָה   וּמִי טָכוּס טְעָן עֻלּוֹ בִּרְעָדָה.
יָאֲתָה חַסְדֵי צוּר, סֶלָה לְהַזְכִּיר   וּמִי זַךְ דֶּבֶק דְּרָכָיו לְהַכִּיר.
יָאֲתָה וַדַּאי וָתִיק לְסַלֵּד בִּרְנָנָה   וּמִי הָגוּן, הֵילֶם הִלּוּלוֹ לְגָרְנָה.
יָאֲתָה דְּרֹשׁ צַדִּיק בְּכָל עוֹנָה   וּמִי גָהוּץ, שֵׁרוּת שִׁבְחוֹ לְהַמְעִינָה.
◂ יָאֲתָה בְּרָכוֹת הֵעָטוֹת צַדִּיק לְעֵילוֹם   וּמִי אָנֹכִי בָּא עַד הֲלֹם.

וּבְכֵן, מִי לֹא יִרָאֲךָ מֶלֶךְ הַגּוֹיִם, כִּי לְךָ יָאָתָה, כִּי

סימן א״ב (מרובע)

כִּי אֲדוּקֵי אֵשׁ בְּאֵימָה יְאַפְּדוּךָ   כִּי בְּרִיתֵי בָשָׂר בִּבְרָכָה יְבַלְעֲדוּךָ.
כִּי גְדוּדֵי גֹבַהּ בְּגַהַר יַגִּידוּךָ   כִּי דְבֵקֵי דִבְרָתְךָ בְּדִיצָה יְדִידוּךָ.
כִּי הוֹמֵי הֲמֻלָּה בְּהֶגֶה יְהוֹדוּךָ   כִּי וְהוֹגֵי וָתִיקוּתְךָ בְּוַעֲדָם יוֹדוּךָ.
כִּי זַכֵּי זְבוּל בִּזְמִרָתָם יְזַבְּדוּךָ   כִּי חַפֵּי חֶלֶד בְּחִכָּם יְחַדּוּךָ.

כִּי טַפְסְרֵי טֹהַר בְּטַעְמָם יַטִּידוּךָ | כִּי יוֹדְעֵי יִרְאָתְךָ בְּיִחוּלָם יְיַחֲדוּךָ.
כִּי כִתֵּי כְרוּבִים בְּכַנְפֵיהֶם יְכַבְּדוּךָ | כִּי לְמֵדֵי לִקְחֲךָ בְּלַהֲקָם יְלַבְּדוּךָ.
כִּי מַחֲנוֹת מְעוֹפְפִים בְּמַהֲלָלָם יַמְאִידוּךָ | כִּי נְשׂוּאֵי נְשָׁרִים בְּנָאֳמָם יְנַגִּידוּךָ.
כִּי סְכוּכֵי סַךְ בְּסִלּוּד יְסַגְּדוּךָ | כִּי עוֹמְסֵי עֻלְּךָ בְּעֹז יְעִידוּךָ.
כִּי פְלִיאֵי פֶלֶא בְּפֶלֶל יְפַחֲדוּךָ | כִּי צוֹעֲקֵי צָקוּן בְּצָרָתָם יַצְעִידוּךָ.
כִּי קְדוּחֵי קֶדַח בְּקָרְאָם יַקְדִּוּךָ | כִּי רוֹגְשֵׁי רִצְפָּתְךָ בְּרֶטֶט יְרַעֲדוּךָ.
◂ כִּי שְׁבִיבֵי שַׁלְהָבוֹת בְּשֵׂכֶל יְשַׁהֲדוּךָ | כִּי תוֹמְכֵי תֹם בִּתְהִלָּה יַתְמִידוּךָ.

וּבְכֵן, מִי לֹא יִרָאֲךָ מֶלֶךְ הַגּוֹיִם, כִּי לְךָ יָאָתָה, כִּי בְּכָל

סימן א״ב

בְּכָל אוֹן אוֹסִיף אֹמֶץ לְגַדְּלָךְ | בָּרוּךְ בֵּרוּר שֵׁם כְּבוֹד גָּדְלָךְ.
בְּכָל גּוּף וּנְשָׁמָה יְשַׂגֵּב הִלּוּלָךְ | בָּרוּךְ דּוֹבְבִים לְךָ נִטְעֵי אָהֳלָךְ.
בְּכָל הוֹן מִתְאַהֵב מַלְכוּת עֻלָּךְ | בָּרוּךְ וְקָדוֹשׁ, פּוֹצְחִים יְרֵאֶיךָ לְעֻלָּךְ.
בְּכָל זָוִית מְקֻטָּר וּמֻגָּשׁ לָךְ | בָּרוּךְ חֲרֵדִים לְהַמְאוֹת יוֹדְעֶיךָ בְּשֶׁלָּךְ.
בְּכָל טוּחַ יוֹעֵץ חִסְיוֹן צִלָּךְ | בָּרוּךְ יֹאמְרוּ מְשַׁעַשְׁעֵי אָמוֹן אֶצְלָךְ.
בְּכָל כֶּסֶל יְיַחֲדוּ אֱלָהוּתְךָ קְהָלָךְ | בָּרוּךְ לַעֲנוֹת אַחַר חֲטִיבַת חֵילָךְ.
בְּכָל מִדַּת חֶסֶד וְקַו מִשְׁקוֹלָךְ | בָּרוּךְ נוֹאֲמִים תְּאֵבֵי אֱזֹן לְקוֹלָךְ.
בְּכָל שִׂיחַ וְשַׁעַר שָׁמֵי שִׂכְלָךְ | בָּרוּךְ עֲנִיָּתָם בְּאֹמֶר יָפֶה כֻלָּךְ.
בְּכָל פְּתִיחַת מְפֹרָשׁ צְצֵי מִגְדָּלָךְ | בָּרוּךְ צַהַל הַחִלָּם עֹז לְהַגְדִּילָךְ.
בְּכָל קֵץ הִפְלֵאתָ נִסִּים לְגַדְּלָךְ | בָּרוּךְ רַחֲשָׁם עַל הַצָּת חֲרוּלָךְ.
◂ בְּכָל שֶׁכֶן בְּהִתְעַדְּנָם מִמְּגָדֵי אֶשְׁלָךְ | בָּרוּךְ תְּמִימֶיךָ יִתְּנוּ לְךָ מִשֶּׁלָּךְ.

וּבְכֵן, מִי לֹא יִרָאֲךָ מֶלֶךְ הַגּוֹיִם, כִּי לְךָ יָאָתָה, כִּי בְּכָל־חַכְמֵי

סימן תשר״ק

חַכְמֵי תֹם דֶּרֶךְ הַמְאַחֲלִים לְכוֹן
שַׁחַר מְעוֹרְרִים לִקְרָאתְךָ הִכּוֹן.
חַכְמֵי רְבֵי תוֹרוֹת הַיְשָׁרִים בְּלִבּוֹתָם
קוֹדִים וּמִשְׁתַּחֲוִים, רְצוֹת נִדְבָתָם.
חַכְמֵי צֵרוּף אוֹתִיּוֹת שֵׁם עִלּוּמֶךָ
פּוֹקְדִים שְׁקֹד סֵפֶף אוּלָמֶךָ.

חַכְמֵי עֵדוּת קֹשֶׁט אִמְרֵי אֲמִתֶּךָ
סוֹקְדִים שַׁוּוֹת לְנֶגְדָּם אֵימָתֶךָ.
חַכְמֵי נְאֻם צוֹפִים וּפִיּוּף מִדְבָּרֶךָ
מִלְחָמָה מְשִׁיבִים בְּשַׁעֲרֵי דְבִירֶךָ.
חַכְמֵי לֶמֶד הַמּוֹעִיל מִפִּיךָ חַנּוּן
כָּבוֹד שָׂמִים לְשִׁמְךָ בְּחִנּוּן.
חַכְמֵי יִרְאַת אֱלֹהִים, מוֹשֵׁל צַדִּיק
טוּבְךָ קוֹוִים, קָרוֹב וּמַצְדִּיק.
חַכְמֵי חִפּוּשׂ מַטְמוֹנֵי חָכְמָה וָדַעַת
זְקוּקִים זַמֵּר גֵּאוּת מוּדַעַת.
חַכְמֵי וִדּוּי עֲבוֹדַת יוֹם הַסְּלִיחָה
הוֹמִים בְּתַחֲנוּן, שְׁמָעָה וּסְלָחָה.
חַכְמֵי דְבָרִים קָחַת, שׁוּב עָדֶיךָ
גּוֹעִים, אָנָּא זְכֹר לַעֲבָדֶיךָ.
‹ חַכְמֵי בְּטוּחֵי בִּבְרִית כְּרוּתָה לְמִדּוֹתֶיךָ
אֶנְקָתָם אֱזֹן, דּוֹפְקֵי דַלְתוֹתֶיךָ.

וּבְכֵן, מִי לֹא יִרָאֲךָ מֶלֶךְ הַגּוֹיִם
כִּי לְךָ יָאָתָה, כִּי בְכָל־חַכְמֵי הַגּוֹיִם

סימן א״ב

הַגּוֹיִם אֵימִים, זַמְזוּמִים, קֵדָר וַאֲדוּמִים
בִּלְעָם, קַלְעֵם, גְּמוּמִים דְּמוּמִים.
הַגּוֹיִם גֹּמֶר וּמָגוֹג, אַשְׁכְּנַז וְרוֹמִים
דַּכְאֵם, הַכְאֵם, זְעוּמִים מָחֳרָמִים.
הַגּוֹיִם הַגְרִים, קְטוּרִים, לוּדִים וַאֲרָמִים
וּכְחֵם, שַׂכְחֵם, מִתַּחַת רָמִים.
הַגּוֹיִם זֶרַח, נַחַת, מִזִּים וְשַׁמִּים
חַסְּמֵם, כַּרְסְמֵם, שִׂימֵם שׁוֹמֵמִים.
הַגּוֹיִם טֶבַח, גַּחַם וְיֶתֶר רְאוּמִים
יַסְּרֵם, הֲסִירֵם מִהְיוֹת אֻמִּים.

הַגּוֹיִם כַּפְתּוֹרִים, כַּסְלוּחִים, לְטוּשִׁים וּלְאֻמִּים
לַפְּתֵם, כַּפְּתֵם, סְעוּרִים רְעוּמִים.
הַגּוֹיִם מִבְשָׂם וְאַדְבְּאֵל, מִשְׁמָעִים וְדוּמִים
נַפְּצֵם שִׁיתֵם הַדָּמִים.
הַגּוֹיִם סְבָא וַחֲוִילָה, סַבְתְּכָא וּרְעָמִים
עַקְּרֵם, קַרְקְרֵם דְּוּיִים עֲמוּמִים.
הַגּוֹיִם פְּלֶשֶׁת, עַמּוֹן, אַשּׁוּר וְעֵילָמִים
צַמְּתֵם, הֲמִיתֵם, תְּנֵם לְמַהֲלוּמִים.
הַגּוֹיִם קִיר וּמוֹאָב, לוּדִים וַעֲנָמִים
רַטְּשֵׁם, נַטְּשֵׁם דַּקִּים צְנוּמִים.
הַגּוֹיִם שֵׁשַׁךְ וּמָדַי, כִּתִּים וְלֵב קָמִים ◂
תַּעֲבֵם, הֲעִיבֵם לְאֵין תְּקוּמִים.

וּבְכֵן, מִי לֹא יִרָאֲךָ מֶלֶךְ הַגּוֹיִם
כִּי לְךָ יָאָתָה, כִּי בְכָל־חַכְמֵי הַגּוֹיִם וּבְכָל

סימן תשר״ק

וּבְכָל תְּקֶף יְאֻמַּן עֹז הִלּוּלֶךְ
שַׁלְוַת שׁוֹדְדִים וְשַׁאֲנַנּוּתָם בְּהֵילִילָךְ.
וּבְכָל רֶגֶשׁ יְמַתֵּק סוֹד אֱמוּנֶיךָ
קַרְנוֹת צַדִּיקִים, בְּרוֹמְמָךְ בְּאַרְמוֹנֶיךָ.
וּבְכָל צַעַד יְפַזֵּז וִיכַרְכֵּר לְכַבְּדָךְ
פַּאֲתֵי בוֹגְדִים, מֵאֶרֶץ בְּאַבְּדָךְ.
וּבְכָל עֹצֶם יוֹשַׁר שִׁיר לְעַלָּךְ
סְגוּלֶיךָ מִמַּחַץ מַכָּתָם, בְּהִתְעִילָךְ.
וּבְכָל נְפוֹת יְנֻעַם זֶמֶר לְגַדְּלָךְ
מַלְכֵי אֲדָמָה מִכְּבוֹדָם בְּהַדִּלָךְ.
וּבְכָל לָשׁוֹן יְשֻׂגַּב שִׁמְךָ לְבַדֶּךָ
כַּנַּת נִטְעָךְ, בֶּטַח בְּבַדְּדָךְ.
וּבְכָל יָד יְהֻיַּד שֵׁמַע צִלְצוּלָךְ
טִירוֹת טְמֵאִים, מֵחַסֵּן בְּנַצְּלָךְ.

וּבְכָל חֶנֶּה וְסִיַּע, קוֹמֶךָ וְשׁוּבָךְ
זְרוּיֶיךָ לְרִבְבוֹת אֲלָפֵיהֶם בַּהֲשִׁיבָךְ.
וּבְכָל וְכֵל יַמְלִיכוּ אֲדוֹנוּת יִחוּדָךְ
הֲמוֹן עָרִיצִים, לַאֲבַדּוֹן בְּהַכְחִידָךְ.
וּבְכָל דֶּרֶךְ יוֹשֵׁחַ עֹצֶם חֵילָךְ
גּוֹיָךְ בְּשַׁמְּחָךְ כְּיַחֵל לָךְ.
› וּבְכָל בְּרָכוֹת יִתְרוֹמֵם שֵׁם קָדְשָׁךְ
אֱמוּנֶיךָ, נְעוּרֵימוֹ כַּנֶּשֶׁר בְּחַדְּשָׁךְ.

וּבְכֵן, מִי לֹא יִרָאֲךָ מֶלֶךְ הַגּוֹיִם, כִּי לְךָ יָאָתָה
כִּי בְכָל־חַכְמֵי הַגּוֹיִם וּבְכָל־מַלְכוּתָם

סימן א״ת ב״ש

מַלְכוּתָם בְּאַבְּדָךְ עוֹבְדֵי פְּסִילֵי נְסָכִים
תִּכּוֹן מַלְכוּתְךָ, מֶלֶךְ מַלְכֵי הַמְּלָכִים.
מַלְכוּתָם בְּבַלְּעָךְ בּוֹטְחֵי הֶבֶל תַּעְתּוּעִים
שָׁמַיִם וָאָרֶץ שִׁבְחָךְ יְהוּ מַבִּיעִים.
מַלְכוּתָם בְּגַדְּעָךְ מְקִימֵי אֲשֵׁרִים וְחַמָּנִים
רוֹמְמוּתֶיךָ יִקְרְאוּ בְגָרוֹן, הֲמוֹנִים הֲמוֹנִים.
מַלְכוּתָם בְּדַכְּאָךְ דּוֹרְשֵׁי קֶטֶב תֹּהוּ וּבְעָלִים
קְדֻשָּׁה וָעֹז תְּיַסֵּד, כְּמִפִּי עוֹלְלִים.
מַלְכוּתָם בְּהָרְסָךְ הַמִּתְהַלְלִים בָּאֱלִילִים
צִדְקוֹתֶיךָ יַגִּידוּ בָּאִיִּים, אֵל אֵלִים.
מַלְכוּתָם בְּוּכְחָךְ הַמִּטַּהֲרִים וְהַמִּתְקַדְּשִׁים
פְּאֵר מְלוּכָה יַנְחִלוּ נִטְעֵי כַנַּת קְדוֹשִׁים.
מַלְכוּתָם בְּזַעְמָךְ שָׁטֵי כָזָב, פּוֹנֵי אֶל רְהָבִים
עִלּוּי כְּבוֹד שִׁמְךָ יִתְּנוּ כָל בְּאַהֲבִים.
מַלְכוּתָם בְּחָשְׂפָּךְ סוֹגְדֵי מַעֲשֵׂה חֲרָשִׁים
סִפּוּר מַעֲשֶׂיךָ בְּרִנָּה יִפְצְחוּ מֵאֲרִישִׁים.
מַלְכוּתָם בְּטַאטְאָךְ טוֹעֲנֵי עֲצַבִּים עֲשׂוּיִים פְּרָקִים
נֹעַם דֵּעַ יִרְאָתְךָ יִתְמַלְּאוּן אֲרָקִים.

מַלְכוּתָם בְּיָדְךָ כּוֹרְעֵי נִסְבָּל מַשָּׂא לַעֲיֵפָה
מִשְׁתַּחֲוִים כָּל בָּשָׂר לְפָנֶיךָ, עֹשֵׂה שַׁחַר וְעֵיפָה.
· מַלְכוּתָם בְּכַלּוֹתְךָ לְנַעֵר רְשָׁעִים מִן הָאָרֶץ
לָכֵן בְּמָלְכוֹ יִשְׂמְחוּ הַשָּׁמַיִם וְתָגֵל הָאָרֶץ.

ירמיה י
וּבְכֵן, מִי לֹא יִרָאֲךָ מֶלֶךְ הַגּוֹיִם, כִּי לְךָ יָאָתָה
כִּי בְכָל־חַכְמֵי הַגּוֹיִם וּבְכָל־מַלְכוּתָם מֵאֵין כָּמוֹךָ:

סימן א״ב

מֵאֵין כָּמוֹךָ בְּאַמְּצְךָ שָׁמַיִם וּשְׁמֵי שָׁמַיִם
מֵאֵין כָּמוֹךָ בְּבָלְלְךָ אֵשׁ וּמַיִם.
מֵאֵין כָּמוֹךָ בְּגָלְלְךָ אִישׁוֹן חֹשֶׁךְ וָאֹפֶל
מֵאֵין כָּמוֹךָ בְּדָלְקְךָ אוֹר מִמַּאֲפֵל.
מֵאֵין כָּמוֹךָ בְּהַבְדִּילְךָ רָקִיעַ בְּמֶחֶץ
מֵאֵין כָּמוֹךָ בְּוַעַדְךָ לְהַקְווֹת זְדוֹנֵי שַׁחַץ.
מֵאֵין כָּמוֹךָ בְּזַכָּךְ צִבְאוֹת זַכִּים וְנוֹרָאִים
מֵאֵין כָּמוֹךָ בְּחַסְנְךָ חֲיָלֵי פְלִיאִים.
מֵאֵין כָּמוֹךָ בְּטַכְּסָךְ מוֹצָא דֶשֶׁא וּוְרָדִים
מֵאֵין כָּמוֹךָ בְּיַצְּבָךְ גַּן לְהַצְמִיחַ מְגָדִים.
מֵאֵין כָּמוֹךָ בְּכַלְּלָךְ גֹּדֶל שְׁנֵי הַמְּאוֹרוֹת
מֵאֵין כָּמוֹךָ בְּלַהֲבָךְ עָשׁ כְּסִיל וְכִימָה וּמַזָּרוֹת.
מֵאֵין כָּמוֹךָ בְּמַלְּלָךְ יִשְׁרְצוּ אַדִּירִים
מֵאֵין כָּמוֹךָ בְּנָאֳמָךְ לְעוֹפֵף טָסֵי אֲוִירִים.
מֵאֵין כָּמוֹךָ בְּשַׂגְּבָךְ רֶמֶשׂ מִמְּעֵי צִיָּה
מֵאֵין כָּמוֹךָ בְּעָצְמָךְ נֶפֶשׁ בְּהֵמָה וְחַיָּה.
מֵאֵין כָּמוֹךָ בְּפָקְדָךְ אֵבוּס בְּהַרְרֵי אֶלֶף מִסְבּוֹ
מֵאֵין כָּמוֹךָ בְּצַוּוֹתְךָ לִוְיָתָן זֶה יָצַרְתָּ לְשַׂחֶק בּוֹ.
מֵאֵין כָּמוֹךָ בְּקַבְּצָךְ עָפָר מֵרִגְבֵי אֲדָמָה
מֵאֵין כָּמוֹךָ בְּרָקְמָךְ חוֹתַם תָּכְנִית מָלֵא חָכְמָה.
· מֵאֵין כָּמוֹךָ בְּשָׁבְתְךָ יוֹם מִיָּמִים
מֵאֵין כָּמוֹךָ בְּתַקְּנָךְ שִׁכְלוּל שְׁנֵי עוֹלָמִים.

הָ׳רהיט׳ האחרון, שאף הוא לר׳ משולם בן קלונימוס, משבח את ישראל:

וּבְכֵן, שְׁמַע יִשְׂרָאֵל, יהוה אֱלֹהֵינוּ, יהוה אֶחָד: דברים ו

סימן א״ב (כפול)

הָאֲזוּרִים בְּאַהַב אוֹמְרִים יהוה אֱלֹהֵינוּ
הַבָּאִים בִּבְרִית עוֹנִים יהוה אֶחָד.
הַגְּאוּלִים בְּגִיל אוֹמְרִים יהוה אֱלֹהֵינוּ
הַדְּרוּשִׁים בְּדֵעַ עוֹנִים יהוה אֶחָד.
הַהוֹמִים בְּהֶגֶה אוֹמְרִים יהוה אֱלֹהֵינוּ
הַוָּתִיקִים בְּוַעַד עוֹנִים יהוה אֶחָד.
הַזְּבוּדִים בְּזֶבֶד אוֹמְרִים יהוה אֱלֹהֵינוּ
הַחֲנוּנִים בְּחַיִל עוֹנִים יהוה אֶחָד.
הַטְּכוּסִים בְּטַעַם אוֹמְרִים יהוה אֱלֹהֵינוּ
הַיְחוּסִים בְּיַחַס עוֹנִים יהוה אֶחָד.
הַכְּלוּלִים בְּכֶתֶר אוֹמְרִים יהוה אֱלֹהֵינוּ
הַלְּקוּחִים לוֹ לְעָם עוֹנִים יהוה אֶחָד.
הַמּוּלִים בְּמֶתֶק אוֹמְרִים יהוה אֱלֹהֵינוּ
הַנְּשׂוּאִים בְּנֹעַם עוֹנִים יהוה אֶחָד.
הַסְּגוּלִים בְּסֶגֶל אוֹמְרִים יהוה אֱלֹהֵינוּ
הָעֲמוּסִים בְּעֹז עוֹנִים יהוה אֶחָד.
הַפְּדוּיִים בִּפְאֵר אוֹמְרִים יהוה אֱלֹהֵינוּ
הַצְּנוּעִים בְּצֶדֶק עוֹנִים יהוה אֶחָד.
הַקּוֹרְאִים בְּקֶשֶׁב אוֹמְרִים יהוה אֱלֹהֵינוּ
הָרוֹגְשִׁים בְּרֹן עוֹנִים יהוה אֶחָד.
◂ **הַשּׁוֹאֲגִים בְּשֶׁקֶד אוֹמְרִים יהוה אֱלֹהֵינוּ**
הַתְּמוּכִים בְּתַאַב עוֹנִים יהוה אֶחָד.

בקהילות רבות נוהגים ששליח הציבור חותם:

תִּשְׂגַּב לְבַדֶּךָ, וְתִמְלֹךְ עַל כֹּל בְּיִחוּד
כַּכָּתוּב עַל יַד נְבִיאֶךָ, וְהָיָה יהוה לְמֶלֶךְ עַל־כָּל־הָאָרֶץ זכריה יד
בַּיּוֹם הַהוּא יִהְיֶה יהוה אֶחָד וּשְׁמוֹ אֶחָד:

ממשיכים ׳לְדוֹר וָדוֹר הַמְלִיכוּ לָאֵל׳ בעמ׳ 218.

ברוב קהילות אשכנז אמרו כפיוט ׳חָטָאנוּ׳ לשחרית את הפיוט הבא, שחיבר ר׳ קלונימוס בן יהודה ממגנצא, שהיה עד לגזרות תתנ״ו וכתב עליהן כמה קינות. גם בפיוט זה נימת הווידוי משנית יחסית, והפייטן מדגיש את סבלות ישראל בגלות, ומשתמש בתיאורם כאמצעי לדרבן את הקהל לתשובה.

במקור את הפיוט אמר שליח הציבור, והקהל ענה רק את הפזמון ׳חָטָאנוּ צוּרֵנוּ, סְלַח לָנוּ יוֹצְרֵנוּ׳. כיום נוהגים שהקהל ושליח הציבור אומרים את כולו: יש קהילות שבהן הכול אומרים זוג בתים בכל פעם, ושליח הציבור מסיים בקול את סוף הבית השני מבינהם, ואין עונים אחריו ׳חָטָאנוּ׳.

סימן א״ב קלונימוס [בן יהודה] חזק

אֲדַבְּרָה תַּחֲנוּנִים כְּרָשׁ וְאֶבְכֶּה / בְּעִנּוּי נֶפֶשׁ קְהָלִי אֲבַכֶּה
כִּי נִקַּף כַּבַּרְזֶל סִבְכִי / בָּכוּ הָעָם הַרְבֵּה בֶכֶה: עזרא י

בֶּכֶה הִשְׂבִּיעַנִי כְּגֶדַע קַרְנִי / לַעֲנָה וָרֹאשׁ וּמְרוֹרִים הִרְוַנִי
הִדְמַמְתִּי, וְנָם קוּמִי רֹנִּי / יָגַעְתִּי בְקָרְאִי, נִחַר גְּרוֹנִי: תהלים סט

חָטָאנוּ צוּרֵנוּ, סְלַח לָנוּ יוֹצְרֵנוּ.

גְּרוֹנִי הָנְשַׁת קְרוֹא אֲרוּכָה / קַוֵּה נַחַת, וְהִנֵּה פְרוּכָה
נוֹדַדְתִּי כְּצִפּוֹר וְדַרְכִּי נִסְרְכָה / מִפְּנֵי קֶשֶׁת דְּרוּכָה: ישעיה כא

דְּרוּכָה לָשׁוֹן מְקַנְאַי וּרְחָבָה / מְצָרֶבֶת פָּנִים כַּחֲשַׁשׁ לֶהָבָה
נַתְּקֵם מִמַּצָּבָם בְּהַשְׁלֵךְ וּסְחִיבָה / וְלִהַט אֹתָם הַיּוֹם הַבָּא: מלאכי ג

חָטָאנוּ צוּרֵנוּ, סְלַח לָנוּ יוֹצְרֵנוּ.

הַבָּא כְּאַרְיֵה בְּמַאְרָב לָדוּר / וְהַיּוֹצֵא צוֹדֶה תְּתִי לְמָגוֹר
כָּל רָעָתָם לְפָנֶיךָ תֶאֱגֹר / וְהָרֵק חֲנִית וּסְגֹר: תהלים סט

וּסְגֹר מוֹצָאָם וּמוֹבָאָם וְיִדְמָמוּ / בַּלַּע פַּלַּג לְשׁוֹנָם וְיִזְמְמוּ
הֲרֹס שִׁנֵּימוֹ בְּפִימוֹ וִיהַמְּמוּ / לָקַחַת נַפְשִׁי זָמָמוּ: תהלים לא

חָטָאנוּ צוּרֵנוּ, סְלַח לָנוּ יוֹצְרֵנוּ.

זָמְמוּ לָרוּץ בְּצַוָּאר אֵלֶיךָ / נוֹעֲצוּ לִכְרֹת בְּרִית עָלֶיךָ
הֲדִיחוּ מִמְּעוֹנְךָ צִבְאוֹת חֲיָלֶיךָ / עָלֶיךָ יַעֲזֹב חֵלֶכָה: תהלים י

חֵילְךָ מִתְחַבֵּא מִפַּחַד קָטָבְךָ / בְּךָ יָרוּץ לְהִשְׂתַּגֵּב בְּהַחֲטִיבְךָ
בְּשַׁעַן וַאֲהֵבְךָ וְהִרְבְּךָ וְהֵיטִבְךָ / מָה רַב טוּבְךָ: תהלים לא

חָטָאנוּ צוּרֵנוּ, סְלַח לָנוּ יוֹצְרֵנוּ.

טוּבְךָ יֹאבֶה שְׁאָר יָשׁוּב / מִתְנַפֵּל בְּהִמָּצְאֲךָ אֵלֶיךָ לָשׁוּב
קוֹחַ דִּבְרֵי כִבּוּשִׁים וָשׁוּב / מִי־יוֹדֵעַ יָשׁוּב: יונה ג

יָשׁוּב חֲרוֹנְךָ וְאַל תְּכַלֵּנוּ / כִּי שָׁנֵינוּ כְּהֶגֶה כִלִּינוּ
בְּדֶרֶךְ זוּ נֵלֵךְ הַשְׂכִּילֵנוּ / הֵן הַבֶּט־נָא עַמְּךָ כֻלָּנוּ: ישעיה סד

חָטָאנוּ צוּרֵנוּ, סְלַח לָנוּ יוֹצְרֵנוּ.

כֻּלָּנוּ יַחַד נְחַלֶּה פָנָיו / נַזְכִּיר בְּרִית יְקָרַת פְּנִינָיו
בְּצֶדֶק לַחֲזוֹתֵנוּ אוֹר פָּנָיו / יְקִמֵנוּ וְנִחְיֶה לְפָנָיו: הושע ו

לְפָנָיו מְצַפְצֵף, מֵעָפָר לַהֲקִימוֹ / עַם מְיַחֲדוֹ בְּשָׁכְבוֹ וּבְקוּמוֹ
נֶצַח מְחַכִּים לְיוֹם קוּמוֹ / בָּרוּךְ כְּבוֹד־יהוה מִמְּקוֹמוֹ: יחזקאל ג

חָטָאנוּ צוּרֵנוּ, סְלַח לָנוּ יוֹצְרֵנוּ.

מִמְּקוֹמוֹ יָצִף כַּחַשׁ רִטְפּוּשִׁי / לְפָאֵר יָמִיר אֵפֶר כִּפּוּשִׁי
מֵעֹצֶב עֲבוֹדָה קָשָׁה לְהַנְפִּישִׁי / כִּי־שָׂבְעָה בְרָעוֹת נַפְשִׁי: תהלים פח

נַפְשִׁי תִשְׁתּוֹחַח לְשִׁמּוּם מְסִלָּה / דְּדוּי סַךְ לְנֻוךָ סְלוּלָה
מַשְׁמִיעֵי שָׁלוֹם, מְשׁוֹב לְכִבְלָה / יְכוֹנְנֶהָ עַד־עוֹלָם סֶלָה: תהלים מח

חָטָאנוּ צוּרֵנוּ, סְלַח לָנוּ יוֹצְרֵנוּ.

סֶלָה דְרַשְׁתִּיךָ וְלֹא נְטַשְׁתַּנִי / בְּהִתְפַּשְּׁטִי, בְּצֵל יָדְךָ כִּסִּיתָנִי
מֵאֵשׁ וּמִמַּיִם לָרְוָיָה הוֹצֵאתָנִי / וּמִקַּרְנֵי רֵמִים עֲנִיתָנִי: תהלים כב

עֲנִיתָנִי בְּכָל עֵת, בְּהִתְעַטְּפִי / הוֹשַׁטְתָּ יְמִינְךָ בְּאַהַב לְגַפְּפִי
וְעַתָּה מוֹשִׁיעִי לֹא תַרְפִּי / תְּהִלַּת יהוה יְדַבֶּר פִּי: תהלים קמה

חָטָאנוּ צוּרֵנוּ, סְלַח לָנוּ יוֹצְרֵנוּ.

פִּי יַגִּיד תְּהִלָּתְךָ תִקְוָתֵנוּ / אַל יִמְעֲטוּ לְפָנֶיךָ תְּלָאוֹתֵינוּ
כְּגֹדֶל חַסְדְּךָ, מַלֵּט מִשְּׁחִיתוֹתֵינוּ / כִּי לֹא עַל־צִדְקֹתֵינוּ: דניאל ט

צִדְקֹתֵינוּ דַּלּוּ, וְלִמְאֹד קָצָרוּ / עֲוֹנֵינוּ רַבּוּ וְהַטּוֹב עָצָרוּ
חַטָּאֵי אָבוֹת לַבָּנִים נֶאֱצָרוּ / זָרְעוּ חִטִּים וְקֹצִים קָצָרוּ: ירמיה יב

חָטָאנוּ צוּרֵנוּ, סְלַח לָנוּ יוֹצְרֵנוּ.

קָצְרוּ יְרִיבַי קָמוֹת אִבִי / דִּמּוּ לְהַכְרִית יִשְׁיִשִׁי וְרוּבִי
קְרָאתִיךָ, מֵעֹשֶׁק זֵדִים לְעָרְבִי / שָׁפְטֵנִי אֱלֹהִים וְרִיבָה רִיבִי: תהלים מג

רִיבִי בְּחַפְשְׂךָ יְשָׁרִי תְּבַקֵּר / צִדְקַת הוֹרִים לְפָנֶיךָ תְּחַקֵּר
מַצְדִּיקֵי יִקְרַב וּמַרְשִׁיעֵי יְעַקֵּר / יִסָּכֵר פִּי דוֹבְרֵי־שָׁקֶר: תהלים סג

חָטָאנוּ צוּרֵנוּ, סְלַח לָנוּ יוֹצְרֵנוּ.

שֶׁקֶר דּוֹבֵר לֹא יָבֹא / לְנֶגֶד עֵינֶיךָ, כִּי תְתַעֵבוֹ
שָׁמְרֵנִי רֶגֶל גַּאֲוָה מִבּוֹא / וּמִשֹּׁאַת רְשָׁעִים כִּי תָבֹא: משלי ג

תָּבוֹא לְפָנֶיךָ אֱלֹהֵי קֶדֶם / תַּאֲוַת מִתְעַנִּים, פָּנֶיךָ לְקַדֵּם
תֶּעֱרַב מִנְחָתָם כְּשָׁנִים מִקֶּדֶם / זְכֹר עֲדָתְךָ קָנִיתָ קֶּדֶם: תהלים עד

חָטָאנוּ צוּרֵנוּ, סְלַח לָנוּ יוֹצְרֵנוּ.

קֶדֶם מִפְעָלֶיךָ יהוה אֲדוֹנִי / עֵצָתְךָ לִכְתֹּב כְּתֻבַּת נְדָנִי
בְּנִתָּהּ מֵרָחוֹק חֻקֶּיךָ לְהַעִידֵנִי / בָּרוּךְ אַתָּה יהוה, לַמְּדֵנִי: תהלים קיט

לַמְּדֵנִי לְהוֹעִיל, מֵמִית וּמְחַיֶּה / צִוִּיתָ וַיַּעֲמֹד, אֲמַרְתָּ וַיְּהִיֶּה
הוֹרֵנִי דְּרָכֶיךָ וְתָמִים אֶהְיֶה / עֵדְוֹתֶיךָ לְעוֹלָם, הֲבִינֵנִי וְאֶחְיֶה: שם

חָטָאנוּ צוּרֵנוּ, סְלַח לָנוּ יוֹצְרֵנוּ.

וְאֶחְיֶה וְזַרְעִי לְפָנֶיךָ יִכּוֹן / וּתְפִלָּתִי כִּקְטֹרֶת תָּמִיד תִּכּוֹן
בְּעַד עֵינֶיךָ בְּבֹאִי לְרַכֵּן / נָכוֹן לִבִּי אֱלֹהִים, נָכוֹן: תהלים נז

נָכוֹן וְקַיָּם, אֲבוֹתֵינוּ סִפְּרוּ / עֹדֶף טוּבוֹתֶיךָ חֲטָאֵינוּ כַּפֵּרוּ
לְבָנֵם גַּם עַתָּה וְיוֹפָרוּ / וּפְנֵיהֶם אַל־יֶחְפָּרוּ: תהלים לד

חָטָאנוּ צוּרֵנוּ, סְלַח לָנוּ יוֹצְרֵנוּ.

יֶחְפְּרוּ פְּנֵי מַכְבִּידֵי מוּעָקֵנוּ / יִלְבְּשׁוּ בֹשֶׁת בְּהוֹצָאַת צִדְקֵנוּ
יָבוֹא וְאַל יֶחֱרַשׁ לְצַדְּקֵנוּ / יהוה שֹׁפְטֵנוּ יהוה מְחֹקְקֵנוּ: ישעיה לג

מְחוֹקְקֵנוּ הַדְּרֵשׁ לְאֹם נוֹשָׁעָה / הַשְׁאִיבָהּ בְּשָׂשׂוֹן מִמַּעַיְנֵי הַיְשׁוּעָה
שַׂמַּח נַפְשׁוֹתֵינוּ, בְּחֻקֶּיךָ לְהִשְׁתַּעְשְׁעָה / וְהָאֵר פָּנֶיךָ וְנִוָּשֵׁעָה: תהלים פ

חָטָאנוּ צוּרֵנוּ, סְלַח לָנוּ יוֹצְרֵנוּ.

וְנִוָּשֵׁעָה בְּשָׁפְכֵנוּ לְפָנֶיךָ שִׂיחָה / הֵעָתֵר לָנוּ עֲוֹנֵינוּ לְסָלְחָה
חַנּוּן כִּי עִמְּךָ הַסְּלִיחָה / אֲדֹנָי שְׁמָעָה, אֲדֹנָי סְלָחָה: דניאל ט

סְלָחָה וְלֹא נֵצֵא דְּחוּיִים / פְּשָׁעֵינוּ יִהְיוּ כָּעָב מְחוּיִים
נִחְיֶה לֵאוֹר בְּאוֹר הַחַיִּים / כִּי־עִמְּךָ מְקוֹר חַיִּים: תהלים לו

חָטָאנוּ צוּרֵנוּ, סְלַח לָנוּ יוֹצְרֵנוּ.

חַיִּים וָחֶסֶד אֵלִי זֶה / תָּחֹן שְׁאֵרִית הָעָם הַזֶּה
גָּשִׁים לְהַקְדִּישׁ בְּקוֹל זֶה / וְקָרָא זֶה אֶל־זֶה: ישעיה ו

זֶה יִכְתֹּב יָדוֹ לְקָדוֹשׁ / וְזֶה חָדָשׁ לַבְּקָר יִגְדֹּשׁ
מִזֶּה וּמִזֶּה שִׁלּוּשׁ קָדוֹשׁ / וְאָמַר קָדוֹשׁ קָדוֹשׁ קָדוֹשׁ: שם

חָטָאנוּ צוּרֵנוּ, סְלַח לָנוּ יוֹצְרֵנוּ.

קָדוֹשׁ בְּבוֹא אֵלָיו הַקּוֹל / כַּף שִׁבֹּלֶת יַכְרִיעַ לִשְׁקֹל
נַקּוֹת קוֹרְאָיו כְּמַרְעִישֵׁי קוֹל / וָאֶשְׁמַע אַחֲרַי קוֹל: יחזקאל ג

קוֹל גָּדוֹל כְּהַשְׁמִיעַ לִרְחוּמִים / קַבְּלוּ מַלְכוּתִי מִמְּקוֹרֵי רַחֲמִים
יִזְכֹּר הַיּוֹם לְסָבִיב מִתְחַמִּים / אֵל מֶלֶךְ יוֹשֵׁב עַל כִּסֵּא רַחֲמִים.

חָטָאנוּ צוּרֵנוּ, סְלַח לָנוּ יוֹצְרֵנוּ.

ממשיכים ׳זְכָר לָנוּ בְּרִית אָבוֹת׳ בעמ׳ 222.

זו הגרסה המלאה של הפיוט המובא בעמ׳ 232-233.

סימן א״ת ב״ש

יוֹם אֲשֶׁר אֲשָׁמֵנוּ יְצֻלַּל וְיִסָּגֵר / הַיּוֹם תִּסְלַח לְכָל עֲדַת בְּנֵי יִשְׂרָאֵל וְלַגֵּר הַגָּר.

כַּכָּתוּב בְּתוֹרָתֶךָ
וְנִסְלַח לְכָל־עֲדַת בְּנֵי יִשְׂרָאֵל במדבר טו
וְלַגֵּר הַגָּר בְּתוֹכָם
כִּי לְכָל־הָעָם בִּשְׁגָגָה:

יוֹם בָּגַדְנוּ תִּשָּׂא וְתִסְלַח / הַיּוֹם שִׁמְךָ יֵאָמֵן, אֵל טוֹב וְסַלָּח.

כַּכָּתוּב בְּדִבְרֵי קָדְשֶׁךָ
כִּי־אַתָּה אֲדֹנָי טוֹב וְסַלָּח, וְרַב־חֶסֶד לְכָל־קֹרְאֶיךָ: תהלים פו

יוֹם גָּעַלְנוּ חֻקֶּיךָ, שָׁכַח וְעָזַב / הַיּוֹם רַחֲמֵנוּ וְנָשׁוּב וְדֶרֶךְ רֶשַׁע נַעֲזֹב.

כַּכָּתוּב עַל יַד נְבִיאֶךָ

ישעיה נה יַעֲזֹב רָשָׁע דַּרְכּוֹ, וְאִישׁ אָוֶן מַחְשְׁבֹתָיו

וְיָשֹׁב אֶל־יהוה וִירַחֲמֵהוּ, וְאֶל־אֱלֹהֵינוּ כִּי־יַרְבֶּה לִסְלוֹחַ:

יוֹם דְּפָיֵינוּ אָנָּא שָׂא נָא / הַיּוֹם קְשֹׁב תַּחֲנוּנֵינוּ, וּבְתַחֲנוּן סְלַח נָא.

כַּכָּתוּב בְּתוֹרָתֶךָ

במדבר יד סְלַח־נָא לַעֲוֹן הָעָם הַזֶּה כְּגֹדֶל חַסְדֶּךָ

וְכַאֲשֶׁר נָשָׂאתָה לָעָם הַזֶּה מִמִּצְרַיִם וְעַד־הֵנָּה:

וְשָׁם נֶאֱמַר, וַיֹּאמֶר יהוה, סָלַחְתִּי כִּדְבָרֶךָ:

בַּעֲבוּר כְּבוֹד שְׁמְךָ

הִמָּצֵא לָנוּ מוֹחֵל וְסוֹלֵחַ / סְלַח נָא לְמַעַן שְׁמֶךָ.

יוֹם הֵזַדְנוּ בְּרִיתְךָ לְהָפֵר / הַיּוֹם צוּל עָוֹן יְבֻלַּע וּכְרַחוּם כַּפֵּר.

כַּכָּתוּב בְּדִבְרֵי קָדְשֶׁךָ

תהלים עח וְהוּא רַחוּם, יְכַפֵּר עָוֹן וְלֹא־יַשְׁחִית

וְהִרְבָּה לְהָשִׁיב אַפּוֹ, וְלֹא־יָעִיר כָּל־חֲמָתוֹ:

יוֹם וְעוֹתֵנוּ יְשֻׁכַּח וְיִתְעָב / הַיּוֹם פְּשָׁעֵינוּ מְחֵה כָעָב.

כַּכָּתוּב עַל יַד נְבִיאֶךָ

ישעיה מד מָחִיתִי כָעָב פְּשָׁעֶיךָ וְכֶעָנָן חַטֹּאותֶיךָ

שׁוּבָה אֵלַי כִּי גְאַלְתִּיךָ:

יוֹם זְדוֹנֵנוּ הַעֲבֵר כֶּעָנָן / הַיּוֹם עֲנֵנוּ כְּיוֹם רִדְתְּךָ בֶּעָנָן.

כַּכָּתוּב בְּתוֹרָתֶךָ

שמות לד וַיֵּרֶד יהוה בֶּעָנָן, וַיִּתְיַצֵּב עִמּוֹ שָׁם, וַיִּקְרָא בְשֵׁם, יהוה:

וַיַּעֲבֹר יהוה עַל־פָּנָיו וַיִּקְרָא

יהוה, יהוה, אֵל רַחוּם וְחַנּוּן, אֶרֶךְ אַפַּיִם, וְרַב־חֶסֶד וֶאֱמֶת:

נֹצֵר חֶסֶד לָאֲלָפִים, נֹשֵׂא עָוֹן וָפֶשַׁע וְחַטָּאָה, וְנַקֵּה:

בַּעֲבוּר כְּבוֹד שְׁמְךָ

הִמָּצֵא לָנוּ רַחוּם וְחַנּוּן / רַחֵם נָא לְמַעַן שְׁמֶךָ.

יוֹם חִנּוּנְךָ עֲנוּ, בַּעֲדֵנוּ תִּזְכֹּר / הַיּוֹם סְלַח לַעֲוֹנֵנוּ, וְחֵטְא אַל תִּזְכֹּר.

כַּכָּתוּב בְּדִבְרֵי קָדְשֶׁךָ
אַל־תִּזְכָּר־לָנוּ עֲוֹנֹת רִאשֹׁנִים תהלים עט
מַהֵר יְקַדְּמוּנוּ רַחֲמֶיךָ כִּי דַלּוֹנוּ מְאֹד:

יוֹם טָעוּתֵנוּ יְבֻקַּשׁ וָאַיִן / הַיּוֹם נְאֻם הַקֵּם, יְבֻקַּשׁ עָוֹן וָאַיִן.

כַּכָּתוּב עַל יַד נְבִיאֶךָ
בַּיָּמִים הָהֵם וּבָעֵת הַהִיא, נְאֻם־יהוה ירמיה נ
יְבֻקַּשׁ אֶת־עֲוֹן יִשְׂרָאֵל וְאֵינֶנּוּ
וְאֶת־חַטֹּאת יְהוּדָה
וְלֹא תִמָּצֶאינָה כִּי אֶסְלַח לַאֲשֶׁר אַשְׁאִיר:

יוֹם יִדְרְשׁוּן מְצָרֵף וּמְטַהֵר / הַיּוֹם מִכָּל חַטֹּאתֵינוּ אוֹתָנוּ תְּטַהֵר.

כַּכָּתוּב בְּתוֹרָתֶךָ
כִּי־בַיּוֹם הַזֶּה יְכַפֵּר עֲלֵיכֶם לְטַהֵר אֶתְכֶם ויקרא טז
מִכֹּל חַטֹּאתֵיכֶם לִפְנֵי יהוה תִּטְהָרוּ:

יוֹם כָּל תִּשָּׂא עָוֹן, בְּתַחֲנוּן אֲבַטֵּה / הַיּוֹם לְשַׁוְעָתֵנוּ אָזְן הַטֵּה.

כַּכָּתוּב בְּדִבְרֵי קָדְשֶׁךָ
הַטֵּה אֱלֹהַי אָזְנְךָ וּשֲׁמָע דניאל ט
פְּקַח עֵינֶיךָ וּרְאֵה שֹׁמְמֹתֵינוּ
וְהָעִיר אֲשֶׁר־נִקְרָא שִׁמְךָ עָלֶיהָ
כִּי לֹא עַל־צִדְקֹתֵינוּ אֲנַחְנוּ מַפִּילִים תַּחֲנוּנֵינוּ לְפָנֶיךָ
כִּי עַל־רַחֲמֶיךָ הָרַבִּים:
אֲדֹנָי שְׁמָעָה
אֲדֹנָי סְלָחָה
אֲדֹנָי הַקְשִׁיבָה וַעֲשֵׂה אַל־תְּאַחַר
לְמַעַנְךָ אֱלֹהַי כִּי־שִׁמְךָ נִקְרָא עַל־עִירְךָ וְעַל־עַמֶּךָ:

בַּעֲבוּר כְּבוֹד שִׁמְךָ
הִמָּצֵא לָנוּ שׁוֹמֵעַ תְּפִלָּה / שְׁמַע תְּפִלָּתֵנוּ לְמַעַן שְׁמֶךָ.

זו הגרסה המלאה של הפיוט הממשיך 'מִי אֵל כָּמְוֹךָ' (עמ' 234), שחיבר ר' אלעזר הקליר. הפיוט מסודר על סדר ברכות תפילת העמידה ליום חול (לפי מנהג ארץ ישראל הקדום).

מִי אֵל כָּמְוֹךָ.

סימן א"ב

אֲהַלֶּלְךָ בְּקוֹל רָם / מָגֵן אַבְרָהָם	מִי אֵל כָּמְוֹךָ
בְּיָדְךָ מְמִתִים / מְחַיֵּה הַמֵּתִים	מִי אֵל כָּמְוֹךָ
גָּדְלְךָ אֶדְרֹשׁ / הַמֶּלֶךְ הַקָּדוֹשׁ	מִי אֵל כָּמְוֹךָ
דּוֹרֵשׁ אִמְרֵי דַעַת / חוֹנֵן הַדָּעַת	מִי אֵל כָּמְוֹךָ
הָאוֹמֵר שׁוּבָה / הָרוֹצֶה בִּתְשׁוּבָה	מִי אֵל כָּמְוֹךָ
וּמוֹחֵל וְסוֹלֵחַ / הַמַּרְבֶּה לִסְלְחַ	מִי אֵל כָּמְוֹךָ
זַךְ וּמִתְהַלֵּל / גּוֹאֵל יִשְׂרָאֵל	מִי אֵל כָּמְוֹךָ
חוֹבֵשׁ וּמְבַלֶּה / רוֹפֵא חוֹלִי	מִי אֵל כָּמְוֹךָ
טוֹב יָמִים וְשָׁנִים / מְבָרֵךְ הַשָּׁנִים	מִי אֵל כָּמְוֹךָ
יָהּ לְיִשְׂרָאֵל / מְקַבֵּץ נִדְחֵי יִשְׂרָאֵל	מִי אֵל כָּמְוֹךָ
כּוֹנֵן כֵּס מִשְׁפָּט / הַמֶּלֶךְ הַמִּשְׁפָּט	מִי אֵל כָּמְוֹךָ
לְךָ לְבַדְּךָ מְיַחֲדִים / מַכְנִיעַ זֵדִים	מִי אֵל כָּמְוֹךָ
מְדַבֵּר וּמֵקִים / מִבְטָח לַצַּדִּיקִים	מִי אֵל כָּמְוֹךָ
נוֹתֵן אוֹר יוֹמַיִם / בּוֹנֵה יְרוּשָׁלַיִם	מִי אֵל כָּמְוֹךָ
סְלַח לְנִדְגָּלָה / שׁוֹמֵעַ תְּפִלָּה	מִי אֵל כָּמְוֹךָ
עֶלְיוֹן אֱמוּנוֹת / סוֹלֵחַ עֲוֹנוֹת	מִי אֵל כָּמְוֹךָ
פִּינוּ תְּפִלָּה יְמַלֵּל / לִמְקַדֵּשׁ יִשְׂרָאֵל	מִי אֵל כָּמְוֹךָ
צַפֵּה נָא בְּמַאֲבָד / שֶׁאוֹתְךָ לְבַדְּךָ בְּיִרְאָה נַעֲבֹד	מִי אֵל כָּמְוֹךָ
קוֹל רִנָּה וְתוֹדוֹת / הַטּוֹב לְךָ לְהוֹדוֹת	מִי אֵל כָּמְוֹךָ
רָם בָּרֵךְ קְהַל הֲמוֹנַי / יְבָרֶכְךָ יהוה	מִי אֵל כָּמְוֹךָ
שְׁכִינָתְךָ שָׁלוֹם / עוֹשֵׂה הַשָּׁלוֹם	מִי אֵל כָּמְוֹךָ
תָּבֹא בְּרָכָה אֲלֵיכֶם / וְנֹאמַר תְּפִלָּה עֲלֵיכֶם	מִי אֵל כָּמְוֹךָ
תַּעֲבֹר עַל פֶּשַׁע / לְעַם שָׁבֵי פֶשַׁע	מִי אֵל כָּמְוֹךָ

ממשיכים 'כַּכָּתוּב עַל יַד נְבִיאֶךָ' בעמ' 234.

פיוטים לתפילת מוסף

כמו ב׳קרובה׳ לתפילת שחרית גם במוסף נהגו לומר פיוט ׳תוכחה׳ לאחר ה׳מחיה׳ (ראה עמ׳ 511). פיוט זה מעמת בין גדולת הקב״ה לחסרונותיו של האדם, וקורא לתשובה. בקהילות פולין נהגו לדלג על הפיוטים שבהם ישנו תיאור שפלותו של האדם. במקור את הפיוט אמר שליח הציבור, והקהל ענה רק את שורת הפזמון ׳עוֹד בּוֹ נִשְׁמָתוֹ׳, המדגיש כיצד למרות הכול, הקב״ה מצפה לתשובת האדם, ומבטיח למחול לו. כיום בקהילות שבהן אומרים את ה׳תוכחה׳, נוהגים שהקהל אומר את כולו, ואת הפזמון אומרים רק בתחילת הפיוט ובסופו.

שליח הציבור ואחריו הקהל:

עוֹד בּוֹ נִשְׁמָתוֹ / יְקַו תְּשׁוּבַת יְצִיר אַדְמָתוֹ
לְהַחֲיוֹתוֹ לְהֵיטִיב אַחֲרִיתוֹ.

סימן א״ב

אֱנוֹשׁ אֵיךְ יִצְדַּק פְּנֵי יוֹצְרוֹ / וְהַכֹּל גָּלוּי לוֹ, תַּעֲלוּמוֹ וְסִתְרוֹ
בְּזֹאת יְכֻפַּר עֲוֹנוֹ וְיִגָּהֶה מְזוֹרוֹ / אִם יָשׁוּב טֶרֶם יִכְבֶּה נֵרוֹ.

גַּם חֹשֶׁךְ לֹא יַחְשִׁיךְ מִמֶּנּוּ / אִם יַסְתִּיר פָּנִים, הוּא יְשׁוּרֶנּוּ
דָּפְיוֹ וְרִשְׁעוֹ עַל פָּנָיו יַעֲנֶנּוּ / יִתְרוֹן לוֹ, אִם בְּחַיָּיו יוֹדֶנּוּ.

הֵן שָׁמַיִם לֹא זַכּוּ בְּעֵינָיו / וְאַף כִּי נִתְעָב בַּאֲשָׁמָיו וּבַעֲוֹנָיו
וְזֵד לָמָּה לֹא יָבִין בְּרַעְיוֹנָיו / הֲלֹא יוֹמוֹ וְאֵידוֹ נֹכַח פָּנָיו.

זְהָבוֹ וּסְגֻלַּת עָשְׁרוֹ לֹא יוֹעִילֶנּוּ / לָתֵת כָּפְרוֹ בְּיוֹם עֶבְרָה, לְהוֹעִילֶנּוּ
חֶסֶד וּצְדָקָה, אִם רוֹדֵף בְּעוֹדֶנּוּ / לְפָנָיו יַהֲלֹךְ וּכְבוֹד בּוֹרְאוֹ יַאַסְפֶנּוּ.

טוֹב לַגֶּבֶר לִשָּׂא עֹל תּוֹרָה / לְקַיֵּם חֻקֶּיהָ בְּאַהֲבָה וּבְיִרְאָה וּבְטָהֳרָה
יְמֵי חַיָּיו תַּנְחֶנּוּ מְסִלָּה יְשָׁרָה / תִּנְצְרֶנּוּ בִּקְבוּרָה וְלִתְחִי תְּשִׂיחֶנּוּ לְעֶזְרָה.

יש מדלגים מכאן עד ׳כְּגְמוּלוֹ לְפָרְעוֹ׳.

כָּשַׁל בְּיִצְרוֹ וְלֵב הוֹתַל הִטָּהוּ / יִתְאוֹנֵן עַל חֶטְאוֹ אֲשֶׁר חָטָא
לֹא יִשְׁנֶה בְּאִוַּלְתּוֹ בָּהּ לְשׁוֹטְטָה / וְקוֹנוֹ יְקַבְּלוֹ, כִּי יְמִינוֹ פְּשׁוּטָה.

מְצַפֶּה לַאֲדָמָה וְגַם לְרִמָּה וְרִקָּבוֹן / וְלָמָּה לֹא יָשִׁית לְלִבּוֹ עֶלְבּוֹן
נִבְעָר מִדַּעַת וְלָמָּה מוֹסִיף עָוֹן / וְהוּא עָתִיד לִתֵּן דִּין וְחֶשְׁבּוֹן.

סוֹפוֹ וּתְחִלָּתוֹ יְהַרְהֵר בְּכָל עוֹנָתוֹ / לֹא יַשִּׁיאֶנּוּ יִצְרוֹ לְהַחֲטִיאוֹ וּלְעַוְּתוֹ
עֲבוּר עַל פָּנָיו תִּהְיֶה יִרְאָתוֹ / אַשְׁרָיו אִם יַשְׁלִים בְּטָהֳרָה יְחִידָתוֹ.

פִּתְחֵי פִיו יִשְׁמֹר הֱיוֹת בְּנַחַת / וְלֹא בְגַאֲוָה וָבוּז וְלָשׁוֹן נִצַּחַת
צַעֲדוֹ בְּבוֹאוֹ לֹא יָקוּץ בְּתוֹכַחַת / יִזְכֶּה לְהָשִׁיב נַפְשׁוֹ מִנִּי שָׁחַת.

קִוּוּי לְעַצְמוֹ לֹא יִמְנַע מֵרֵעוֹ / וְלִזְכוּת יְדִינֵנוּ וְיַעֲבֹר עַל פִּשְׁעוֹ
רַחוּם בָּהּ בְּמִדָּה בְּצֶדֶק יַכְרִיעוֹ / וְלֹא יְשַׁלֵּם לוֹ כִּגְמוּלוֹ לְפָרְעוֹ.

עד כאן נוהגים לדלג.

שַׁדַּי הִנְנוּ בְיָדְךָ כְּיוֹצֵר חֹמֶר / רְצוֹנְךָ לְהַחֲיוֹת וְלֹא לְהָמִית וּלְגַמֵּר
תְּיַשֵּׁר לְבָבֵנוּ בְּיִרְאָתְךָ לְהַחֲטִיב וּלְהַאֲמֵר /
וְקַיְּמֵנוּ לְחַיִּים, וְנוֹדְךָ לְעוֹלָם וּנְזַמֵּר.

עוֹד בּוֹ נִשְׁמָתוֹ / יְקַו תְּשׁוּבַת יְצִיר אַדְמָתוֹ / לְהַחֲיוֹתוֹ, לְהֵיטִיב אַחֲרִיתוֹ.

ממשיכים 'מִי כָמוֹךָ אָב הָרַחֲמָן' בעמ' 290.

ל'קיקלר' (ראה עמ' 506) 'אֶשָּׂא דֵעִי לְמֵרָחוֹק' שלושה חרוזי פזמון הנאמרים לסירוגין, ומתייחסים לשלושה מאפיינים של היום: היותו יום שבתון האסור במלאכה כבשבת; היותו יום כפרת עוונותיהם של ישראל; היותו יום תענית. גם בתי הפיוט מתאימים לחרוזי הפזמון: הראשון והרביעי מתייחסים לעלייה לרגל של המקווים להיחשב 'כְּצָג בָּאִיתוֹן' (שער האיתון הוא השער שבו נכנסים לעזרה – יחזקאל מ, טו ורש"י שם); השני והחמישי מתארים את הקב"ה השומע את תפילות ישראל; השלישי והשישי הם ווידוי על עוונות ישראל. הבית החותם הוא תפילה לגאולה.

שליח הציבור והקהל אומרים חרוז חרוז:

נֶחְשַׁב כְּצָג בָּאִיתוֹן / דְּחוֹת בִּפְלִילֵי עֲקַלָּתוֹן
וְנַקְדִּישְׁךָ בְּשַׁבַּת שַׁבָּתוֹן / קָדוֹשׁ.

הַיּוֹם בְּפָתְחֲךָ סְפָרִים / חֹן אֹם שִׁמְךָ מְפָאֲרִים
וְנַקְדִּישְׁךָ בְּיוֹם הַכִּפּוּרִים / קָדוֹשׁ.

מַשְׂטִין בְּכֶבֶל אֱסֹר / וְתִקְוַת אֲסִירֵי בְּשֹׂר
וְנַקְדִּישְׁךָ בְּצוֹם הֶעָשׂוֹר / קָדוֹשׁ.

הכול:

סימן אלעזר בירבי קליר (כפול בחלקו)

אֶשָּׂא דֵעִי לְמֵרָחוֹק / שְׁעוֹן בְּאַת מֵרָחוֹק / בְּפָעֳלוֹ צָרֵי דְחֹק.
אֲסַפְּרָה אֶל חֹק / מִסְּכוֹ בְּלִי לִרְחֹק / חַיִּים לִי לָחֹק.
לְשֹׁד כְּחֶתֶף יִמְחֹק / לוֹחֲמִי לְבַל יִשְׂחֹק / וִימַלֵּא פִי שְׂחוֹק.

נֶחְשַׁב כְּצָג בָּאִיתוֹן / דְּחוֹת בִּפְלִילֵי עֲקַלָּתוֹן / וְנַקְדִּישְׁךָ בְּשַׁבַּת שַׁבָּתוֹן / קָדוֹשׁ.

עוֹרְכֵי שֶׁוַע לָרֹב / חִין עֶרְכָּם יֶעֱרַב / פְּנֵי אֱלֹהֵי מִקָּרוֹב.
עֲתִירָתִי אָז תִּקְרַב / עֲבֵרָתִי כַּל תֶּאֱרַב / אֵלַי לְבַל קְרֹב.
זוֹמֵם אֹם יְזָרֵב / עֲדַת אֵל לַחֲרֹב / אֶשְׁעַן בְּמַצְדִּיק וְקָרוֹב.

הַיּוֹם בְּפָתְחֲךָ סְפָרִים / חֹן אֹם שִׁמְךָ מְפָאֲרִים / וְנַקְדִּישְׁךָ בְּיוֹם הַכִּפּוּרִים / קָדוֹשׁ.

רֶשַׁע אֹם הִכְרִיעִי / זְכָר לִי רוֹעִי / צִדְקוֹ עַתָּה לְרוֹעֲעִי.
רְעֵה צֹאן מַרְעִי / בְּמִרְעֶה טוֹב לְהַרְעִי / וּבְאוֹר חַיִּים לְזָרְעִי.
בַּעֲוֹן אֹרַח רִבְעִי / וּבְקוּ נְטִיַּת מֵרְעִי / נָא אַל יֵאָרְעִי.

מַשְׂטִין בְּכֶבֶל אֱסֹר / וְתִקְוַת אֲסִירֵי בְּשֹׂר / וְנַקְדִּישְׁךָ בְּצוֹם הֶעָשׂוֹר / קָדוֹשׁ.

יַסְכִּיתוּ שׁוּבוּ לְבִצָּרוֹן / גָּשִׁים פְּנֵי אָרוֹן / לְהַעֲצִים אֲרֶשֶׁת רֹן.
יְחַלּוּ רִאשׁוֹן וְאַחֲרוֹן / מַשְׁבִּית אַף וְחָרוֹן / בְּזֹאת יָבֹא אַהֲרֹן.
רוֹעֲשִׁים קְרֹא בְגָרוֹן / פִּלּוּס אֲטוּמֵי חֶבְרוֹן / מְצֹא מְחִילַת וִתָּרוֹן.

נֶחְשַׁב כְּצָג בְּאֵיתוֹן / דְּחוֹת בִּפְלִילֵי עֲקַלָּתוֹן / וְנַקְדִּישְׁךָ בְּשַׁבַּת שַׁבָּתוֹן / קָדוֹשׁ.

בְּשִׁבְתּוֹ בְּכֵס רִיב / יְרִיבַי לְעֵינַי יָרִיב / יָהּ נִצָּב לָרִיב.
בּוֹזְזֵי חָרֹב יַחֲרִיב / כְּמוֹ קַדְמוֹנִים הֶחֱרִיב / וְנַאֲקִי לְפָנָיו יַקְרִיב.
יְצַג אֹתִי בְּרִיב / מְלִיצַי שַׁי לְהַקְרִיב / וְשִׂיחִי לְגֹחִי יַעֲרִיב.

הַיּוֹם בְּפָתְחֲךָ סְפָרִים / חֹן אֹם שִׁמְךָ מְפָאֲרִים / וְנַקְדִּישְׁךָ בְּיוֹם הַכִּפּוּרִים / קָדוֹשׁ.

קוֹל אָרִים כַּשּׁוֹפָר / בְּמַתַּן אִמְרֵי שֶׁפֶר / לִפְנֵי חֲזָקִים שִׁפֵּר.
קֶצֶב שְׂעִירִים וּפָר / בְּנִיב שְׂפָתַיִם יְסֻפָּר / וּבְכֵן שׂוֹטֵן יֶחְפָּר.
לְפִלּוּסִים כְּכוֹכְבֵי מִסְפָּר / וְשָׁחִים עַד עָפָר / בִּצְעָם וְעִוּוּיָם יְכֻפָּר.

מַשְׂטִין בְּכֶבֶל אֱסֹר / וְתִקְוַת אֲסִירֵי בְּשֹׂר / וְנַקְדִּישְׁךָ בְּצוֹם הֶעָשׂוֹר / קָדוֹשׁ.

יַשְׁלִגוּ אֲדֻמֵּי שָׁנִים / שֶׁל כָּל יְמוֹת הַשָּׁנִים / חֲדָשִׁים וְגַם יְשָׁנִים.
יַלְבִּינוּ כְּתָמֵי שׁוֹשַׁנִּים / וְיוּשְׁבוּ לְתַעֲרָם שְׁנוּנִים / בְּפִלּוּל אֲשֶׁר מְשַׁנְּנִים.
רַחֲצוּ וְהִזַּכּוּ מֵעֲשׁוּנִים / לְאִוֶּלֶת מִהְיוֹת שׁוֹנִים / וְעַל מִבְטָחֵימוֹ שְׁעוּנִים.

נֶחְשַׁב כְּצָג בְּאֵיתוֹן / דְּחוֹת בִּפְלִילֵי עֲקַלָּתוֹן / וְנַקְדִּישְׁךָ בְּשַׁבַּת שַׁבָּתוֹן / קָדוֹשׁ

מחבר ה'קרובה' למוסף, ר' אלעזר הקליר, חתם את שמו במילות
שני חרוזי הפזמון של ה'קיקלר' הבא, שעיקרו שבחו של מקום.

שליח הציבור והקהל אומרים חרוז חרוז:

אֶת לַחֲשִׁי עֲנֵה נָא / זַעֲקִי רְצֵה נָא
הָאֵל קָדוֹשׁ.
אָדוֹן לְקוֹל עַמֶּךָ / זְכֹר רַחֲמֶיךָ
נוֹרָא וְקָדוֹשׁ.

הכול:

סימן א"ב

אֵין עֲרֹךְ אֵלֶיךָ / בֵּין עֹצֶם מִפְעָלֶיךָ
גִּישַׁת הֲמוֹן מְיַחֲלֶיךָ / דְּרֹשׁ לְגַבֵּר חֲיָלֶיךָ.

אֶת לַחֲשִׁי עֲנֵה נָא / זַעֲקִי רְצֵה נָא / הָאֵל קָדוֹשׁ.

הוֹגֵי הֲמֻלַּת קֹדֶשׁ / וּמְהַלְלִים בְּהַדְרַת קֹדֶשׁ
זֶרַע תְּבוּאַת קֹדֶשׁ / חָשׁב כְּאֵילֵי קֹדֶשׁ.

אָדוֹן לְקוֹל עַמֶּךָ / זְכֹר רַחֲמֶיךָ / נוֹרָא וְקָדוֹשׁ.

טַפְסְרֵי מְרֻבְּעֵי פָנִים / יְיַשְּׁרְוּךָ עִם אוֹפַנִּים
כְּבַקָּרְךָ כָּל פְּנִים / לְבִלְתִּי נְשֹׂא פָנִים.

אֶת לַחֲשִׁי עֲנֵה נָא / זַעֲקִי רְצֵה נָא / הָאֵל קָדוֹשׁ.

מִתְנַשֵּׂא לְכֹל לְרֹאשׁ / נוֹעֵץ אַחֲרִית מֵרֹאשׁ
סְלִיחָה לַשּׁוֹבָבִים דְּרֹשׁ / עֲוֹנָם לָשֵׂאת כְּמֵרֹאשׁ.

אָדוֹן לְקוֹל עַמֶּךָ / זְכֹר רַחֲמֶיךָ / נוֹרָא וְקָדוֹשׁ.

פְּרוּדֵי כְנַף רְנָנִים / צִדְקוֹתֶיךָ חַי מְרַנְּנִים
קוֹל שַׁאַג מְחַנְּנִים / רְצֵה בְּחִין וּבְתַחֲנוּנִים.

אֶת לַחֲשִׁי עֲנֵה נָא / זַעֲקִי רְצֵה נָא / הָאֵל קָדוֹשׁ.

שִׁנְאַן רִבְבוֹת אֲלָפִים / שׁוֹאֲגִים וְלַבְּקָרִים מִתְחַלְּפִים
תֹּקֶף יַשִּׁיגוּ אַלּוּפִים / תּוֹדָה וְזִמְרָה מְאַלְּפִים.

אָדוֹן לְקוֹל עַמֶּךָ / זְכֹר רַחֲמֶיךָ / נוֹרָא וְקָדוֹשׁ.

לאחר שני ה'קיקלרים' נהגו בכל הקהילות לומר פיוט בעל הפזמון 'וְאַתָּה כְּרַחוּם סְלַח לָנוּ' הן בשחרית (עמ' 517) הן במוסף. ייתכן שהפיוט המקורי שכתב הקליר אבד. מכל מקום, פיוטים שונים נאמרו במנהג אשכנז המערבי והמזרחי. בקהילות מערב אירופה נהגו לומר את הפיוט 'אָנָּא, אֱזֹן שַׁוְעַת חִנּוּן'. במנהג פולין, שהוא הנפוץ ביותר בדורות האחרונים, אמרו את הפיוט הבא.

שליח הציבור:

וּבְכֵן, וְאַתָּה כְּרַחוּם סְלַח לָנוּ.

הכול:

סימן א"ב

אַל תִּזְכָּר לָנוּ עֲוֹנוֹתֵינוּ / הִנָּקֵם לָנוּ מִצָּרֵינוּ
כְּכֹל אֲשֶׁר גְּמָלוּ עָלֵינוּ. וְאַתָּה כְּרַחוּם סְלַח לָנוּ.

בְּשִׁמְךָ נִקְרָא וְתַעֲנֵנוּ / וְתִשְׁבֹּר אֶת עֻלֵּנוּ
וְאַתָּה תִּמְלֹךְ עָלֵינוּ. וְאַתָּה כְּרַחוּם סְלַח לָנוּ.

גַּדֵּל רַחֲמֶיךָ תּוֹדִיעַ / וּמַלְכוּתְךָ עָלֵינוּ תוֹפִיעַ
וּכְאָז אוֹתָנוּ תוֹשִׁיעַ. וְאַתָּה כְּרַחוּם סְלַח לָנוּ.

דְּבָרְךָ נִצָּב לְעוֹלָם / זְכָר נָא אֲבוֹת הָעוֹלָם
וְהָקֵם בְּרִיתְךָ לְעוֹלָם. וְאַתָּה כְּרַחוּם סְלַח לָנוּ.

הֵרָצֶה לָנוּ כְּמֵאָז / וְהַשְׁמֵד הַגּוֹי הָעַז
וְנִלְמַד נֶחֱמָדִים מִפָּז. וְאַתָּה כְּרַחוּם סְלַח לָנוּ.

וְהַשְׁקִיפָה מִמְּעוֹן קָדְשֶׁךָ / וְקוֹמֵם אֶת מִקְדָּשֶׁךָ
וְנַעֲרִיץ בְּכָל יוֹם קְדֻשָּׁתֶךָ. וְאַתָּה כְּרַחוּם סְלַח לָנוּ.

זְכֹר צִדְקַת רִאשׁוֹנִים / וּסְלַח נָא לָאַחֲרוֹנִים
וְתוֹשִׁיבֵם אֶל אֲרֻבּוֹתֵיהֶם כְּיוֹנִים. וְאַתָּה כְּרַחוּם סְלַח לָנוּ.

חוּסָה עַל צֹאן מַרְעִיתֶךָ / וּבָרֵךְ אֶת נַחֲלָתֶךָ
וְלַמְּדֵם כְּאָז דָּתֶךָ. וְאַתָּה כְּרַחוּם סְלַח לָנוּ.

טָהוֹר תַּרְאֶה כְּבוֹדֶךָ / וְתוֹדִיעַ בָּנוּ הוֹדֶךָ
וְנִסְבֹּל עֹל מוֹרָאֲךָ וְיִחוּדֶךָ. וְאַתָּה כְּרַחוּם סְלַח לָנוּ.

יְרֵאֶיךָ יִשְׂמְחוּ בָךְ / וּבְכָל יוֹם יִשְׁתַּחֲווּ לָךְ
וְגוֹי וּמַמְלָכָה יַעַבְדוּ לָךְ. וְאַתָּה כְּרַחוּם סְלַח לָנוּ.

כְּרַחֲמֶיךָ עֲשֵׂה עִמָּנוּ / כִּי בְכָל יוֹם לְךָ קָרָאנוּ
יהוה צְבָאוֹת עִמָּנוּ. וְאַתָּה כְּרַחוּם סְלַח לָנוּ.

לְבַדְּךָ תִּמְלֹךְ כְּמֵרֵאשִׁית / וְתָשִׁית עֵינֶיךָ בְּרֵאשִׁית
בִּמְקוֹם כּוֹנַנְתָּ מֵרֵאשִׁית. וְאַתָּה כְּרַחוּם סְלַח לָנוּ.

מַלְכוּתְךָ עָלֵינוּ תְּגַלֶּה / נוֹרְאוֹתֶיךָ נֶחֱזֶה וְנִתְעַלֶּה
וּמִצִּיּוֹן בְּרַחֲמֶיךָ תִּגָּלֶה. וְאַתָּה כְּרַחוּם סְלַח לָנוּ.

נְחֵנוּ בַּאֲמִתֶּךָ / וְשַׂמְּחֵנוּ בִּישׁוּעָתֶךָ
כִּי אֲנַחְנוּ עַמְּךָ וְנַחֲלָתֶךָ. וְאַתָּה כְּרַחוּם סְלַח לָנוּ.

שִׂימֵנוּ בְּרָכָה בָּאָרֶץ / וּתְנַעֵר רְשָׁעִים מֵאֶרֶץ
וְנֵשֵׁב לָבֶטַח בָּאָרֶץ. וְאַתָּה כְּרַחוּם סְלַח לָנוּ.

עֲנֵנוּ בִּדְבַר אֲמִתֶּךָ / וְהוֹשִׁיעֵנוּ בֶּאֱמוּנָתֶךָ
כִּי אֲנַחְנוּ צֹאן מַרְעִיתֶךָ. וְאַתָּה כְּרַחוּם סְלַח לָנוּ.

פָּנֶיךָ הָאֵר בְּצִיּוֹן / וּמְלֹךְ עָלֵינוּ בְּצִבְיוֹן
וְתָסִיר טֻמְאָה מִצִּיּוֹן. וְאַתָּה כְּרַחוּם סְלַח לָנוּ.

צַדִּיק אַתָּה בַּכֹּל / וְרַחֲמֶיךָ גְּדוֹלִים עַל כֹּל
מִיָּדְךָ הוּא, וּלְךָ הַכֹּל. וְאַתָּה כְּרַחוּם סְלַח לָנוּ.

קָרוֹב אַתָּה לְכָל קוֹרְאֶיךָ / רַחֵם עַל מַמְלִיכֶיךָ
כִּי הֵם מַעֲשֵׂה יָדֶיךָ. וְאַתָּה כְּרַחוּם סְלַח לָנוּ.

רַחוּם, סְלַח נָא לְעָוֹן / כִּי כָל אָדָם מָלֵא עָוֹן
וְאַתָּה תְּכַפֵּר עָוֹן. וְאַתָּה כְּרַחוּם סְלַח לָנוּ.

שִׁמְךָ בָּנוּ נִקְרָא, וְאַל תַּנִּיחֵנוּ / נִקְרָאֲךָ וְאַתָּה תַּעֲנֵנוּ
וּלְמַעַנְךָ הָאֵר עֵינֵינוּ. וְאַתָּה כְּרַחוּם סְלַח לָנוּ.

תָּאֵר פָּנֶיךָ תַּרְאֵנוּ / וּבְתוֹרָתְךָ תְּחַכְּמֵנוּ
וּבְמִרְעֶה טוֹב וְשָׁמֵן תִּרְעֵנוּ. וְאַתָּה כְּרַחוּם סְלַח לָנוּ.

גם בפיוט זה התפצלו מנהגי אשכנז. במחזורים עתיקים אחדים קדמו לפיוט כמה ׳רהיטים׳ (ראה עמ׳ 207), אך כבר בימי הביניים פסקו מלאומרם, והמשיכו בפיוט בסגנון הפיוט לשחרית ׳אַךְ אָתִים בְּחִין לְפָנֶיךָ׳ (עמ׳ 520). הפיוט למנהג פולין דומה מאוד לפיוט של שחרית. בקהילות מערב אירופה נהגו לומר פיוט דומה פחות המתחיל ׳אַךְ אֵין לָנוּ אֱלוֹהַּ מִבַּלְעָדֶיךָ׳.

שליח הציבור:

וּבְכֵן, אַךְ חַנּוּן אַתָּה, וְרַחוּם לְכָל פֹּעַל.

הכול:

סימן א״ב

אַךְ אוֹמְרִים בְּחִין לְפָנֶיךָ כִּי אַתָּה רַחוּם לְכָל פֹּעַל.
אַךְ בָּאִים וּמִשְׁתַּחֲוִים לְפָנֶיךָ כִּי אַתָּה רַחוּם לְכָל פֹּעַל.
אַךְ גָּשִׁים בִּתְפִלָּה לְפָנֶיךָ כִּי אַתָּה רַחוּם לְכָל פֹּעַל.
אַךְ דּוֹרְשִׁים בְּדָתְךָ יוֹמָם וָלַיְלָה חַנּוּן וְרַחוּם לְכָל פֹּעַל.

אַךְ הוֹגִים בְּהַלֵּל וּבְתִשְׁבָּחוֹת כִּי אַתָּה רַחוּם לְכָל פֹּעַל.
אַךְ וְאוֹמְרִים, סְלַח נָא לַעֲוֹנֵנוּ כִּי אַתָּה רַחוּם לְכָל פֹּעַל.
אַךְ זוֹעֲקִים בִּתְחִנָּה וּבְתַחֲנוּנִים לְפָנֶיךָ כִּי אַתָּה רַחוּם לְכָל פֹּעַל.
אַךְ חוֹקְרִים סוֹד בְּרִיתְךָ / כִּי אֵין בִּלְתֶּךָ חַנּוּן וְרַחוּם לְכָל פֹּעַל.

אַךְ טוֹעֲנִים שְׁמַע יִשְׂרָאֵל / כִּי אֵין כָּאֵל כִּי אַתָּה רַחוּם לְכָל פֹּעַל.
אַךְ יוֹדְעִים שֵׁם הַמְפֹרָשׁ / וּבְפִיהֶם יִתְפָּרֵשׁ כִּי אַתָּה רַחוּם לְכָל פֹּעַל.
אַךְ כֻּלָּם הַיּוֹם כְּמַלְאָכִים / קְדֻשָּׁה לְפָנֶיךָ עוֹרְכִים כִּי אַתָּה רַחוּם לְכָל פֹּעַל.
אַךְ לְבוּשֵׁיהֶם נְקִיִּים / וְכֻלָּם צָמִים וּמִתְעַנִּים חַנּוּן וְרַחוּם לְכָל פֹּעַל.

אַךְ מַעֲשֵׂיהֶם מַגִּידִים / וַחֲטָאֵיהֶם בְּפִיהֶם מְתַנִּים
סְלַח נָא עוֹנִים כִּי אַתָּה רַחוּם לְכָל פֹּעַל.
אַךְ נִקְרָאִים הַיּוֹם / וְסָלַחְתִּי לָכֶם הַיּוֹם
וּטְהַרְתֶּם לִפְנֵי הַיּוֹם כִּי אַתָּה רַחוּם לְכָל פֹּעַל.
אַךְ סְפוּרִים כְּחוֹל הַיָּם / וַעֲוֹנוֹתֵיהֶם תַּשְׁלִיךְ בִּמְצוּלוֹת יָם
בְּשָׁפְכָם לֵב כַּמַּיִם כִּי אַתָּה רַחוּם לְכָל פֹּעַל.
אַךְ עוֹנִים אַרְבַּע קְדֻשּׁוֹת / לִפְנֵי חוֹקֵר כְּלָיוֹת
וְיוֹדֵעַ כָּל נִסְתָּרוֹת חַנּוּן וְרַחוּם לְכָל פֹּעַל.

אַךְ פָּקְדֵם לְחַיִּים / וְטַהֲרֵם בְּמַיִם חַיִּים
כִּי עִמְּךָ מְקוֹר חַיִּים כִּי אַתָּה רַחוּם לְכָל פֹּעַל.
אַךְ צוֹעֲקִים, אָנָּא אֵל נָא / וְחֵטְא כַּפֶּר נָא
לַעֲדַת מִי מָנָה כִּי אַתָּה רַחוּם לְכָל פֹּעַל.
אַךְ קוֹלָם בְּרַעַשׁ מַרְעִישִׁים / קָדוֹשׁ קָדוֹשׁ קָדוֹשׁ, קוֹרְאִים
אָבוֹת וּבָנִים כִּי אַתָּה רַחוּם לְכָל פֹּעַל.
אַךְ רִאשׁוֹן וְאַחֲרוֹן אַתָּה / חַנּוּן וְרַחוּם אַתָּה
לְמַעַנְךָ עֲשֵׂה גַּם עַתָּה כִּי אַתָּה רַחוּם לְכָל פֹּעַל.
אַךְ שְׁמַע תְּפִלָּתֵנוּ / בְּקָרְאֵנוּ אֵלֶיךָ עֲנֵנוּ
אֱלֹהֵי צִדְקֵנוּ כִּי אַתָּה רַחוּם לְכָל פֹּעַל.
אַךְ תּוֹלִים לְךָ עֵינֵיהֶם / עֲנֵם וּשְׁמַע בְּקוֹל תְּפִלּוֹתֵיהֶם
סְלַח נָא לַעֲוֹנוֹתֵיהֶם חַנּוּן וְרַחוּם לְכָל פֹּעַל.

זו הגרסה המלאה של הפיוט המובא בעמ׳ 293-294.

וּבְכֵן, אִמְרוּ לֵאלֹהִים, מַה־נּוֹרָא מַעֲשֶׂיךָ: תהלים סו

סימן א״ב (אותיות מנצפ״ך, ש, ת כפולות)

אִמְרוּ לֵאלֹהִים
אֵל מֶלֶךְ בְּעוֹלָמוֹ / מֵחִישׁ פְּדוּת עַמּוֹ
לְקַיֵּם אֶת דְּבַר נְאֻמוֹ / כִּי סְלִיחָה עִמּוֹ
הוֹדוּ לַיהוה קִרְאוּ בִשְׁמוֹ: דברי הימים א׳ טז

אִמְרוּ לֵאלֹהִים
בָּרוּךְ וּמְהֻלָּל בְּרֹב גָּדְלוֹ / מֵחִישׁ סְלִיחָה לִקְהָלוֹ
לְהַרְאוֹת לַכֹּל גָּדְלוֹ / מָדַד מַיִם בְּשָׁעֳלוֹ
שִׁירוּ לוֹ זַמְּרוּ־לוֹ:

אִמְרוּ לֵאלֹהִים
גּוֹאֵל עַם קְדוֹשׁוֹ / בִּסְלִיחָה לְהַקְדִּישׁוֹ
לְכוֹנֵן בֵּית מִקְדָּשׁוֹ / לָכֵן זֶרַע אַבְרָהָם קְדוֹשׁוֹ
הִתְהַלְלוּ בְּשֵׁם קָדְשׁוֹ:

אִמְרוּ לֵאלֹהִים
דָּגוּל וּמְהֻלָּל בִּרְקִיעַ עֻזּוֹ / סוֹלֵחַ לְעַם זוּ בְּזוֹ
בְּדַבֵּר עֻזּוֹ וּמָעֻזּוֹ / לָכֵן אַתֶּם עַם עֲדַת מָעֻזּוֹ
דִּרְשׁוּ יהוה וְעֻזּוֹ:

אִמְרוּ לֵאלֹהִים
הַכֹּל בְּמַאֲמָר עָשָׂה / וְהוּא פָעַל וְעָשָׂה
סוֹלֵחַ לְאֹם עֲמוּסָה / לָכֵן עַם בּוֹ חָסָה
זִכְרוּ נִפְלְאֹתָיו אֲשֶׁר עָשָׂה:

אִמְרוּ לֵאלֹהִים
וּמֵקִים דְּבַר עַבְדּוֹ / עַל אֶרֶץ וְשָׁמַיִם הוֹדוֹ
סוֹלֵחַ לְעַם מְיַחֲדוֹ / אֲשֶׁר נִקְרְאוּ בִּדְבַר סוֹדוֹ
זֶרַע יִשְׂרָאֵל עַבְדּוֹ:

אִמְרוּ לֵאלֹהִים
זֶה רֹקַע הָאָרֶץ / הַיּוֹשֵׁב עַל חוּג הָאָרֶץ
סוֹלֵחַ לְגוֹי אֶחָד בָּאָרֶץ / לָכֵן אִמְרוּ לְיוֹסֵד אָרֶץ
הוּא יהוה אֱלֹהֵינוּ, בְּכָל־הָאָרֶץ:

אִמְרוּ לֵאלֹהִים
חַי בִּמְעוֹנָתוֹ / חַנּוּן וְחוֹנֵן עֲדָתוֹ
יָשׁוּב בְּרַחֲמִים לְבֵיתוֹ / לָכֵן בָּאֵי בִבְרִיתוֹ
זִכְרוּ לְעוֹלָם בְּרִיתוֹ:

אִמְרוּ לֵאלֹהִים
טַפֵּי נַחֲלָתוֹ / טְלָאֵי יְרֻשָּׁתוֹ
יְקַיֵּם עָלֵימוֹ אִמְרָתוֹ / כְּחָקוּק בְּתוֹרָתוֹ
אֲשֶׁר כָּרַת אֶת־אַבְרָהָם, וּשְׁבוּעָתוֹ:

אִמְרוּ לֵאלֹהִים
יוֹעֵץ מֵישָׁרִים לְחֹק / יְרֵאָיו לְחַיִּים לָחֹק
סוֹלֵחַ חֵטְא הַנֵּחוּק / כְּנִשְׁמַע לָרוֹעֶה מֵרָחוֹק
וַיַּעֲמִידֶהָ לְיַעֲקֹב לְחֹק:

אִמְרוּ לֵאלֹהִים
כָּל יְצִיר בָּרָא בְּמַעַן / סוֹלֵחַ לָעָם עָלוֹ טָעַן
וְלֹא יִזָּכֵר עוֹד יַעַן וּבְיַעַן / כְּהִבְטִיחַ לָעָם בּוֹ שָׁעַן
לֵאמֹר, לְךָ אֶתֵּן אֶרֶץ־כְּנָעַן:

אִמְרוּ לֵאלֹהִים
כָּל בַּשָּׁלִישׁ עָפָר / סוֹלֵחַ לָעָם, וְהָיָה מִסְפָּר
וּפִשְׁעָם עוֹד לֹא יְסֻפָּר / לְהַרְבּוֹתָם כַּחוֹל וְאֵין מִסְפָּר
בִּהְיוֹתְכֶם מְתֵי מִסְפָּר:

אִמְרוּ לֵאלֹהִים
לֹא עָשָׂה כֵן לְכָל גּוֹי / לָקַח לוֹ גוֹי מִקֶּרֶב גּוֹי
סוֹלֵחַ עֲוֹנוֹת גּוֹי / עַם חָכָם וְנָבוֹן הַגּוֹי
וַיִּתְהַלְּכוּ מִגּוֹי אֶל־גּוֹי:

אִמְרוּ לֵאלֹהִים
מֵחִישׁ לְעַמּוֹ הוֹקֵם / וּמְכַפֵּר פִּשְׁעֵי חֵיקָם
מַטְרִיפָם לֶחֶם חֻקָּם / וּמְמַהֵר יוֹם נָקָם
לֹא־הִנִּיחַ לְאִישׁ לְעָשְׁקָם:

אִמְרוּ לֵאלֹהִים
מֶלֶךְ לְעוֹלָמִים חַי / מֵמִית וּמְחַיֶּה כָּל חַי
לָכֵן יוֹדוּהוּ חַי חַי / וְהִזְהִיר לְרֵעַי וְאַחַי
אַל־תִּגְּעוּ בִּמְשִׁיחָי:

אִמְרוּ לֵאלֹהִים
נוֹרָא חָזָק וְאָיֹם / וְהוּא אֵל עֶלְיוֹן
וּמַנְחִיל עֹז חֶבְיוֹן / וּמְשׁוֹרְרִים לְפָנָיו בְּכָל יוֹם
שִׁירוּ לַיהוה כָּל־הָאָרֶץ, בַּשְּׂרוּ מִיּוֹם־אֶל־יוֹם:

אִמְרוּ לֵאלֹהִים
נוֹרָא שׁוֹכֵן מְרוֹמִים / סוֹלֵחַ פִּשְׁעֵי אֲשֵׁמִים
וּמְפַעְנֵחַ נֶעֱלָמִים / וְאַתֶּם מְעוּטֵי עַמִּים
סַפְּרוּ בַגּוֹיִם אֶת־כְּבוֹדוֹ, בְּכָל־הָעַמִּים:

אִמְרוּ לֵאלֹהִים
סֶלָה מְשֻׁבָּח וּמְהֻלָּל / בְּפִי כָּל נְשָׁמָה יִתְהַלָּל
סוֹלֵחַ לְעַם יְהַלֵּל / כְּשֶׁיַּעֲטֹף וְיִתְפַּלֵּל
כִּי גָדוֹל יהוה וּמְהֻלָּל:

אִמְרוּ לֵאלֹהִים
עֶלְיוֹן עַל כָּל אֵלִים / הַנִּכְתָּר בְּהִלּוּלִים
סוֹלֵחַ לְעַם נִגְאָלִים / וּמַעֲבִיר מֵאֶרֶץ גִּלּוּלִים
כִּי כָּל־אֱלֹהֵי הָעַמִּים אֱלִילִים:

אִמְרוּ לֵאלֹהִים
פּוֹעֵל יְשׁוּעוֹת צְפוּנָיו / וּמִסְתַּכֵּל בְּכָל פִּנָּיו
סוֹלֵחַ לְעַם עָנָו / וּבְכָל יוֹם מְשׁוֹרְרִים לְפָנָיו
הוֹד וְהָדָר לְפָנָיו:

אִמְרוּ לֵאלֹהִים
פֶּלֶא עֹשֶׂה עַד מְאֹד / נִקְרָא מֶלֶךְ הַכָּבוֹד
סוֹלֵחַ לְעַמּוֹ לוֹ הוֹד / הַלּוֹבֵשׁ הָדָר וָהוֹד
הָבוּ לַיהוה מִשְׁפְּחוֹת עַמִּים, הָבוּ לַיהוה כָּבוֹד:

אִמְרוּ לֵאלֹהִים
צוּר אֲכַבְּדֶנּוּ בְּמִנְחָה / מֵסִיר יָגוֹן וַאֲנָחָה
מֵחִישׁ לְעַמּוֹ רְוָחָה / בֹּאוּ שְׁעָרָיו בְּשִׂמְחָה
הָבוּ לַיהוה כְּבוֹד שְׁמוֹ, שְׂאוּ מִנְחָה:

אִמְרוּ לֵאלֹהִים

צוּר עוֹלָמִים, בְּכֵס נָכוֹן / בֵּית עוֹלָמִים לְשִׁבְתּוֹ מָכוֹן
סוֹלֵחַ לְאוֹמְרֵי תְּפִלָּתִי תִּכּוֹן / לְנֵצַח נְצָחִים מַלְכוּתוֹ תִּכּוֹן
חִילוּ מִלְּפָנָיו כָּל־הָאָרֶץ, אַף־תִּכּוֹן:

אִמְרוּ לֵאלֹהִים

קָדוֹשׁ יוֹשֵׁב שָׁמַיִם / בַּמָּרוֹם אַדִּיר כַּמַּיִם
סוֹלֵחַ לְעוֹבְרֵי בַמַּיִם / מְכוֹנֵן לַנֶּחֱרָב פַּעֲמַיִם
בְּיָסְדוֹ יְרוּשָׁלַיִם לָעַד, יִשְׂמְחוּ הַשָּׁמַיִם:

אִמְרוּ לֵאלֹהִים

רָם דָּרַךְ סוּסוֹ בַּיָּם / לִגְזָרִים גָּזַר יָם
וּמַשְׁלִיךְ עֲוֹנוֹת בִּמְצוּלוֹת יָם / עַד לֹא יָדַע אִישׁ אַיָּם
כִּפְּרוֹ בְּעֻזּוֹ יָם, יִרְעַם הַיָּם:

אִמְרוּ לֵאלֹהִים

שַׁדַּי כְּיָשֵׁן נֵעוֹר / לְכוֹנֵן בֵּית הַיַּעַר
כִּי כִרְסְמוֹ חֲזִיר מִיַּעַר / וּפָנָה אֶל תְּפִלַּת הָעַרְעָר
אָז יְרַנְּנוּ עֲצֵי הַיָּעַר:

אִמְרוּ לֵאלֹהִים

שַׁדַּי אֵין בִּלְעָדוֹ / הַכֹּל פֹּעַל יָדוֹ
סוֹלֵחַ לִקְהַל יְדִידוֹ / הַמּוֹדִים עַל טוּבוֹ וְחַסְדּוֹ
הוֹדוּ לַיהוה כִּי טוֹב, כִּי לְעוֹלָם חַסְדּוֹ:

אִמְרוּ לֵאלֹהִים

תָּמִים אֵל יִשְׁעֵנוּ / מִצָּרָה תּוֹשִׁיעֵנוּ
וּמְכַפֵּר חַטֹּאת פִּשְׁעֵינוּ / וּמַאֲזִין שִׂיחַ שַׁוְעֵנוּ
וְאִמְרוּ, הוֹשִׁיעֵנוּ אֱלֹהֵי יִשְׁעֵנוּ:

אִמְרוּ לֵאלֹהִים

תַּקִּיף אֱלֹהֵי עוֹלָם / דְּבָרוֹ נִצָּב לְעוֹלָם
וְהוּא מִכֹּל נֶעְלָם / וַאֲנוּ מְהַלְלִים שְׁמוֹ לְעוֹלָם
בָּרוּךְ יהוה אֱלֹהֵי יִשְׂרָאֵל מִן־הָעוֹלָם וְעַד־הָעֹלָם:

זו הגרסה המלאה של הפיוט המובא בעמ׳ 295-296.

וּבְכֵן, גְּדוֹלִים מַעֲשֵׂי אֱלֹהֵינוּ.

סימן א״ב בשילוב תשר״ק

מַעֲשֵׂה אֱלֹהֵינוּ
אַדִּיר בְּוִעוּדוֹ / בָּרוּם וּבְתַחַת הוֹדוֹ
גִּלָּה אוֹר לְעוֹבְדוֹ / דְּבָרוֹ מֵקִים לְעַבְדּוֹ
לָכֵן יִתְגָּאֶה, אֵין עוֹד מִלְּבַדּוֹ: דברים ד

מַעֲשֵׂה אֱנוֹשׁ
תַּחֲרוּת רַחֲמָיו / שֶׁקֶר נְאֻמָיו
רַבִּים אֲשָׁמָיו / קֹצֶר יָמָיו
וְאֵיךְ יִתְגָּאֶה, אֱנוֹשׁ כֶּחָצִיר יָמָיו: תהלים קג

מַעֲשֵׂה אֱלֹהֵינוּ
הַמַּכִּיר עוֹלְמֵי עַד / וְסוֹפֵר וּמוֹנֶה עֲדֵי עַד
זִיו מוֹשָׁבוֹ נוֹעַד / חֶלֶד צוֹפֶה בְּמִסְעָד
לָכֵן יִתְגָּאֶה, הַמַּבִּיט לָאָרֶץ וַתִּרְעָד: תהלים קד

מַעֲשֵׂה אֱנוֹשׁ
צִמָּאוֹן בְּקִרְבּוֹ / פַּחַד בְּלִבּוֹ
עָוֹן בְּחֻבּוֹ / שִׂנְאָה בְּאִבּוֹ
וְאֵיךְ יִתְגָּאֶה, כִּי רוּחַ עָבְרָה־בּוֹ: תהלים קג

מַעֲשֵׂה אֱלֹהֵינוּ
טוֹעֵן הֲדוֹמוֹ / יוֹדֵעַ עוֹלָמוֹ
כִּלָּלוֹ בְּנָאֳמוֹ / לָעַד לַהֲקִימוֹ
לָכֵן יִתְגָּאֶה, יהוה צְבָאוֹת שְׁמוֹ: ישעיה מז

מַעֲשֵׂה אֱנוֹשׁ
נִכְנַס עִמּוֹ / מְזוֹן לַחְמוֹ
לוֹהֵט בְּנָאֳמוֹ / כּוֹעֵס בְּיוֹמוֹ
וְאֵיךְ יִתְגָּאֶה, וְלֹא־יַכִּירֶנּוּ עוֹד מְקוֹמוֹ: תהלים קג

מַעֲשֵׂה אֱלֹהֵינוּ

מוֹשֵׁל בְּמִפְעָלוֹ / נוֹרָא עַל זְבוּלוֹ
סִלּוּדוֹ כְּגָדְלוֹ / עֻזּוֹ בְּרֹב חֵילוֹ
לָכֵן יִתְגָּאֶה, שְׂרָפִים עֹמְדִים מִמַּעַל לוֹ: ישעיה ו

מַעֲשֵׂה אֱנוֹשׁ

יִשְׁתַּחֲוֶה לַמֶּלֶךְ / טַרְפּוֹ לִמְצֹא מְהַלֵּךְ
חִבּוּר עָצְבּוֹ מַשְׁלֵךְ / זֶה עֲמָלוֹ לָרִיק יֵלֵךְ
וְאֵיךְ יִתְגָּאֶה, כִּי־בַהֶבֶל בָּא וּבַחֹשֶׁךְ יֵלֵךְ: קהלת ו

מַעֲשֵׂה אֱלֹהֵינוּ

פְּאֵרוֹ בִּשְׁמֵי מְעוֹנַי / צוֹפֶה וּמַבִּיט לְעֵינַי
קִלּוּס שְׁמוֹ בַּהֲמוֹנַי / רוֹדֶה בְּקֶרֶב מוֹנַי
לָכֵן יִתְגָּאֶה, גְּדֹלִים מַעֲשֵׂי יהוה: תהלים קיא

מַעֲשֵׂה אֱנוֹשׁ

וּמְבַקֵּשׁ חַיִל וּמַחְסֶה / הוּא פְשָׁעָיו יְכַסֶּה
דּוֹרֵךְ וּבָא עִם חוֹמְסַי / גּוֹזֵל עֲנִיֵּי רָמוּסַי
וְאֵיךְ יִתְגָּאֶה, וּבַחֹשֶׁךְ שְׁמוֹ יְכֻסֶּה: קהלת ו

מַעֲשֵׂה אֱנוֹשׁ

תַּחְבּוּלוֹתָיו מְזִמָּה / שִׁבְתּוֹ בְּתוֹךְ מִרְמָה
רְפִידָתוֹ רִמָּה / קָבוּר בִּסְעִיף אֲדָמָה
וְאֵיךְ יִתְגָּאֶה, אָדָם לַהֶבֶל דָּמָה: תהלים קמד

אֲבָל מַעֲשֵׂה אֱלֹהֵינוּ

שַׁדַּי רוֹקַע אֶרֶץ עַל בְּלִימָה / שׁוֹכְנֶיהָ בְּלִי הֱיוֹת לְשַׁמָּה
תִּכֵּן עַל מַיִם אֲדָמָה / תָּקֵף שְׁמוֹ לְרוֹמְמָה
לָכֵן יִתְגָּאֶה, עֹטֶה־אוֹר כַּשַּׂלְמָה: תהלים קד

מַעֲשֵׂה אֱנוֹשׁ

בְּנָע וָנָד בָּאָרֶץ / בְּקוּמוֹ לְשׁוֹטֵט בָּאָרֶץ
אִם עוֹדֶנּוּ הַיּוֹם בָּאָרֶץ / אֵינֶנּוּ מָחָר עֲלֵי אָרֶץ
וְאֵיךְ יִתְגָּאֶה, כִּי אָדָם אֵין צַדִּיק בָּאָרֶץ: קהלת ז

ממשיכים ׳וּבְכֵן, לְנוֹרָא עֲלֵיהֶם׳ בעמ׳ 296.

בתפילת מוסף נהגו בקהילות אשכנז לוותר על ה׳רהיטים׳ ולעבור מיד לפיוטים העוסקים בקדושה הנאמרת בפמליה של מעלה ובפי ישראל.
הפיוט הבא מקביל לפיוט ׳אֵילֵי שַׁחַק חֲצוּבֵי לֶהָבִים׳ (עמ׳ 528).

שליח הציבור ואחריו הקהל:

לְיוֹשֵׁב תְּהִלּוֹת / לְרוֹכֵב עֲרָבוֹת / קָדוֹשׁ וּבָרוּךְ.

הכול:

סימן א״ב (כפול)

אַמִּיצֵי שְׁחָקִים מִמַּעַל / וְכָל צְבָא מַעַל אוֹמְרִים קָדוֹשׁ
אֱמוּנֵי אַהֲבָה / וְצִמְחֵי רְבָבָה אוֹמְרִים בָּרוּךְ
בְּכִתֵּי מַלְאָכִים / שְׁמוֹ מַמְלִיכִים אוֹמְרִים קָדוֹשׁ
בְּנֵי בְחוּרֵי בְרִית / לְזוֹכֵר הַבְּרִית קָדוֹשׁ וּבָרוּךְ.

לְיוֹשֵׁב תְּהִלּוֹת / לְרוֹכֵב עֲרָבוֹת / קָדוֹשׁ וּבָרוּךְ.

גִּבּוֹרֵי כֹחַ / לְאַמִּיץ וְשַׂגִּיא כֹחַ אוֹמְרִים קָדוֹשׁ
גְּדוֹלֵי צְדָקָה / לַנִּקְדָּשׁ בִּצְדָקָה אוֹמְרִים בָּרוּךְ
דְּמוּת אַרְבַּע פָּנִים / לְכָל צַד פּוֹנִים אוֹמְרִים קָדוֹשׁ
דִּגְלֵי נְצוּרָה / לְעִמָּם בְּצָרָה קָדוֹשׁ וּבָרוּךְ.

לְיוֹשֵׁב תְּהִלּוֹת / לְרוֹכֵב עֲרָבוֹת / קָדוֹשׁ וּבָרוּךְ.

הֲמוֹן צְבָא הֲמֻלָּה / לְשׁוֹכֵן מַעְלָה אוֹמְרִים קָדוֹשׁ
הוֹלְכֵי דֶרֶךְ תָּמִים / לְהַצּוּר תָּמִים אוֹמְרִים בָּרוּךְ
וְרָצִים וְשָׁבִים / טַעַם צוּר מַקְשִׁיבִים אוֹמְרִים קָדוֹשׁ
וְקוֵֹי יְשׁוּעוֹת / וְחוֹכֵי סְלִיחוֹת קָדוֹשׁ וּבָרוּךְ.

לְיוֹשֵׁב תְּהִלּוֹת / לְרוֹכֵב עֲרָבוֹת / קָדוֹשׁ וּבָרוּךְ.

זְמִירוֹת רַבּוֹת / זַכֵּי שְׁמֵי עֲרָבוֹת אוֹמְרִים קָדוֹשׁ
זֶרַע מַטַּע אֱמֶת / לְאֵל אֱלֹהִים אֱמֶת אוֹמְרִים בָּרוּךְ
חַשְׁמַלִּים עִזִּים / לְעוֹשֶׂה חֲזִיזִים אוֹמְרִים קָדוֹשׁ
חוֹנִים וְנוֹשְׂאִים / לְמַעְלָה נְשִׂיאִים קָדוֹשׁ וּבָרוּךְ.

לְיוֹשֵׁב תְּהִלּוֹת / לְרוֹכֵב עֲרָבוֹת / קָדוֹשׁ וּבָרוּךְ.

טַפְסְרֵי מְרוֹמִים / לְרָם עַל רָמִים אוֹמְרִים קָדוֹשׁ
טְבוּ אֹהָלָיו / יוֹנְקָיו וְעוֹלָלָיו אוֹמְרִים בָּרוּךְ
יְדִידוֹן הוֹלְכִים / כּוֹרְעִים וּבוֹרְכִים אוֹמְרִים קָדוֹשׁ.
יוֹשְׁבֵי אֹהֶל וּמִשְׁכָּן / לְבִתוֹכָם שָׁכָן קָדוֹשׁ וּבָרוּךְ.

לְיוֹשֵׁב תְּהִלּוֹת / לְרוֹכֵב עֲרָבוֹת / קָדוֹשׁ וּבָרוּךְ.

כִּתֵּי הֲמוֹנִים / עִם חַיּוֹת וְאוֹפַנִּים אוֹמְרִים קָדוֹשׁ
כֶּתֶר נוֹתְנִים / בְּנֵי אֵיתָנִים אוֹמְרִים בָּרוּךְ
לַהֲקַת שְׁבִיבִים / וְאֵשׁ לְהָבִים אוֹמְרִים קָדוֹשׁ
לְמַעֲנוֹ גּוֹי אֶחָד / לְשֵׁם אֵל הַמְיֻחָד קָדוֹשׁ וּבָרוּךְ.

לְיוֹשֵׁב תְּהִלּוֹת / לְרוֹכֵב עֲרָבוֹת / קָדוֹשׁ וּבָרוּךְ.

מְסוֹכְכִים מְרוֹפְפִים / בְּכַנְפֵיהֶם מְעוֹפְפִים אוֹמְרִים קָדוֹשׁ
מְנַצְּחִים לְהַתְמִיד / בְּכָל יוֹם תָּמִיד אוֹמְרִים בָּרוּךְ
נוֹרָאִים בְּנִפְלָאוֹת / לְצֶדֶק נוֹרָאוֹת אוֹמְרִים קָדוֹשׁ
נְדִיבֵי עַמְּךָ / מְסַלְסְלִים לְשִׁמְךָ קָדוֹשׁ וּבָרוּךְ.

לְיוֹשֵׁב תְּהִלּוֹת / לְרוֹכֵב עֲרָבוֹת / קָדוֹשׁ וּבָרוּךְ.

שְׂרָפִים עוֹמְדִים / מִשְׁתַּחֲוִים וּמוֹדִים אוֹמְרִים קָדוֹשׁ
סוֹלְדֵי בְחִילָה / לְנוֹרָא עֲלִילָה אוֹמְרִים בָּרוּךְ
עֵינַיִם מְלֵאִים / כְּתַרְשִׁישׁ מְמֻלָּאִים אוֹמְרִים קָדוֹשׁ
עוֹנִים בְּמַקְהֵלוֹת / בְּלַחַשׁ וְקוֹלוֹת קָדוֹשׁ וּבָרוּךְ.

לְיוֹשֵׁב תְּהִלּוֹת / לְרוֹכֵב עֲרָבוֹת / קָדוֹשׁ וּבָרוּךְ.

פְּנֵיהֶם כִּבְרָקִים מְאִירִים / וּפַז בֶּגֶד פְּאוּרִים אוֹמְרִים קָדוֹשׁ
פְּדוּיֵי בִזְרוֹעַ חָזָק / לְגוֹאֲלָם חָזָק אוֹמְרִים בָּרוּךְ
צְבָאוֹת שָׁמַיִם / לְרוֹכֵב שָׁמַיִם אוֹמְרִים קָדוֹשׁ
צֹאן קָדָשִׁים / מֵטַע קְדוֹשִׁים קָדוֹשׁ וּבָרוּךְ.

לְיוֹשֵׁב תְּהִלּוֹת / לְרוֹכֵב עֲרָבוֹת / קָדוֹשׁ וּבָרוּךְ.

קַלִּים לְצוּרָם / קוֹרְאִים לְיוֹצְרָם אוֹמְרִים קָדוֹשׁ
קְהִלּוֹת יַעֲקֹב / בְּלִי לֵב עָקֹב אוֹמְרִים בָּרוּךְ
רַגְלֵיהֶם כְּעֵגֶל / וְאוֹפַן מִתְגַּלְגֵּל אוֹמְרִים קָדוֹשׁ
רְצוּיִים לְבוֹרְאָם / לְרָם אֲשֶׁר בְּרָאָם קָדוֹשׁ וּבָרוּךְ.

לְיוֹשֵׁב תְּהִלּוֹת / לְרוֹכֵב עֲרָבוֹת / קָדוֹשׁ וּבָרוּךְ.

שׁוֹכְנֵי בְּצֵל שַׁדַּי / שְׁנוֹתָם אֵין דַּי אוֹמְרִים קָדוֹשׁ
שׁוֹמְרִים חֲקוּקִים / מִצְוֹת וְחֻקִּים אוֹמְרִים בָּרוּךְ
תֹּקֶף תַּרְשִׁישִׁים / בִּמְרוֹם חָשִׁים אוֹמְרִים קָדוֹשׁ
תְּמִימִים בְּדַרְכֵיהֶם / וּבְמַעֲשֵׂה יְדֵיהֶם קָדוֹשׁ וּבָרוּךְ.

לְיוֹשֵׁב תְּהִלּוֹת / לְרוֹכֵב עֲרָבוֹת / קָדוֹשׁ וּבָרוּךְ.

פיוט זה הוא האחרון לפני ה'סילוק'. הוא מקביל לפיוט של שחרית
'אֵין מִסְפָּר לִגְדוּדֵי צְבָא חֵילוֹ' (עמ' 530) הן במבנהו הן בתוכנו,
ומבוסס על תיאור השרפים בנבואת ישעיה (ו, ב-ג).

שליח הציבור:

אֵלּוּ לְאֵלּוּ שׁוֹאֲלִים / אֵלּוּ לְאֵלּוּ מְמַלְּלִים
אָנָה שׁוֹכֵן מְעָלִים / לְהַעֲרִיצוֹ, לְהַקְדִּישׁוֹ בִּפְאֵר מְסַלְסְלִים.

הכול:

סימן אא"ב גג"ד

אֵילֵי מָרוֹם אוֹמְרִים הִלּוּלוֹ / אוֹפַן וְגַלְגַּל מַבִּיעִים סִלְסוּלוֹ
בְּאֵימָה וּבְיִרְאָה מַכְתִּירִים שֵׁם גָּדְלוֹ שְׂרָפִים עֹמְדִים מִמַּעַל לוֹ:

אֵלּוּ לְאֵלּוּ שׁוֹאֲלִים / אֵלּוּ לְאֵלּוּ מְמַלְּלִים
אָנָה שׁוֹכֵן מְעָלִים / לְהַעֲרִיצוֹ, לְהַקְדִּישׁוֹ בִּפְאֵר מְסַלְסְלִים.

גִּבּוֹרֵי כֹחַ בְּרַעַד וּבְפַחַד / גֵּאֶה וְגָבֹהַּ לְיַחֵד לְאֶחָד
דְּמָמָה דַקָּה דָּאִים בְּלִי כַחַד שֵׁשׁ כְּנָפַיִם שֵׁשׁ כְּנָפַיִם לְאֶחָד:

אֵלּוּ לְאֵלּוּ שׁוֹאֲלִים / אֵלּוּ לְאֵלּוּ מְמַלְּלִים
אָנָה שׁוֹכֵן מְעָלִים / לְהַעֲרִיצוֹ, לְהַקְדִּישׁוֹ בִּפְאֵר מְסַלְסְלִים.

הַיּוֹשֵׁב יְחִידִי עַל אוֹפַנָּיו / הַדּוֹבֵר דָּבָר דָּבוּר עַל אָפְנָיו
וָרָצוֹא וָשׁוֹב כַּבָּזָק לְפָנָיו בִּשְׁתַּיִם יְכַסֶּה פָנָיו:

אֵלּוּ לְאֵלּוּ שׁוֹאֲלִים / אֵלּוּ לְאֵלּוּ מְמַלְּלִים
אָנָה שׁוֹכֵן מְעָלִים / לְהַעֲרִיצוֹ, לְהַקְדִּישׁוֹ בִּפְאֵר מְסַלְסְלִים.

זְהַר הָרָקִיעַ כְּעֵין חַשְׁמַלָּיו / זוֹעֵף בַּיָּם וַיֶּהֱמוּ גַלָּיו
חִיל שָׂרָף אֵימָה עָלָיו וּבִשְׁתַּיִם יְכַסֶּה רַגְלָיו:

אֵלּוּ לְאֵלּוּ שׁוֹאֲלִים / אֵלּוּ לְאֵלּוּ מְמַלְּלִים
אָנָה שׁוֹכֵן מְעָלִים / לְהַעֲרִיצוֹ, לְהַקְדִּישׁוֹ בִּפְאֵר מְסַלְסְלִים.

טַפְסְרֵי קָלָל כְּעֵין נְחֹשֶׁת יְצַפְצֵף / טָהוֹר עֵינַיִם עֲלֵיהֶם יְחוֹפֵף
יְדוֹד, יְכַסֶּה פָנָיו בְּלִי מִתְרוֹפֵף וּבִשְׁתַּיִם יְעוֹפֵף:

אֵלּוּ לְאֵלּוּ שׁוֹאֲלִים / אֵלּוּ לְאֵלּוּ מְמַלְּלִים
אָנָה שׁוֹכֵן מְעָלִים / לְהַעֲרִיצוֹ, לְהַקְדִּישׁוֹ בִּפְאֵר מְסַלְסְלִים.

כַּבִּיר כֹּחַ הוּא אֵלִי זֶה / כִּי לֹא בָזָה עֱנוּת עַם עָנִי וְנִבְזֶה
לְהַקְדִּישׁוֹ יַחַד, נִרְשָׁם זֶה מִזֶּה וְקָרָא זֶה אֶל־זֶה:

אֵלּוּ לְאֵלּוּ שׁוֹאֲלִים / אֵלּוּ לְאֵלּוּ מְמַלְּלִים
אָנָה שׁוֹכֵן מְעָלִים / לְהַעֲרִיצוֹ, לְהַקְדִּישׁוֹ בִּפְאֵר מְסַלְסְלִים.

מֶלֶךְ מְהֻלָּל בְּפִיהֶם גָּמַר / מוֹרָאוֹ עֲלֵיהֶם תָּמִיד לְהִשָּׁמֵר
נִשָּׂא וְנֶעְלָם הִלּוּלוֹ לוֹמַר וְקָרָא זֶה אֶל־זֶה וְאָמַר:

אֵלּוּ לְאֵלּוּ שׁוֹאֲלִים / אֵלּוּ לְאֵלּוּ מְמַלְּלִים
אָנָה שׁוֹכֵן מְעָלִים / לְהַעֲרִיצוֹ, לְהַקְדִּישׁוֹ בִּפְאֵר מְסַלְסְלִים.

שָׂרָף מְכֻנֶּה אֶחָד קָדוֹשׁ / סִלּוּד אוֹמֵר לְבָרוּךְ וְקָדוֹשׁ
עוֹנִים בִּקְדֻשָּׁה לָאֵל הַקָּדוֹשׁ קָדוֹשׁ קָדוֹשׁ קָדוֹשׁ:

אֵלּוּ לְאֵלּוּ שׁוֹאֲלִים / אֵלּוּ לְאֵלּוּ מְמַלְּלִים
אָנָה שׁוֹכֵן מְעָלִים / לְהַעֲרִיצוֹ, לְהַקְדִּישׁוֹ בִּפְאֵר מְסַלְסְלִים.

פְּאֵר וְשֶׁבַח לַאֲדוֹן הַצְּבָאוֹת / פּוֹצְחִים בְּרִנָּה מַלְאֲכֵי צְבָאוֹת
צְבָא מָרוֹם גְּדֻלָּתָם מַצְבִּיאוֹת   יהוה צְבָאוֹת:

אֵלּוּ לְאֵלּוּ שׁוֹאֲלִים / אֵלּוּ לְאֵלּוּ מְמַלְּלִים
אָנָה שׁוֹכֵן מְעֻלִּים / לְהַעֲרִיצוֹ, לְהַקְדִּישׁוֹ בִּפְאֵר מְסַלְסְלִים.

קָדוֹשׁ שׁוֹכֵן עֲלֵיהֶם בְּעֶרֶץ / קַלִּים לָרוּץ עַד קְצֵה הָאָרֶץ
רָם וְנִשָּׂא, יוֹשֵׁב עַל חוּג הָאָרֶץ   מְלֹא כָל־הָאָרֶץ:

אֵלּוּ לְאֵלּוּ שׁוֹאֲלִים / אֵלּוּ לְאֵלּוּ מְמַלְּלִים
אָנָה שׁוֹכֵן מְעֻלִּים / לְהַעֲרִיצוֹ, לְהַקְדִּישׁוֹ בִּפְאֵר מְסַלְסְלִים.

שָׁמַיִם וּשְׁמֵי שָׁמַיִם כִּסָּה הוֹדוֹ / שְׁחָקִים מְמַעַל פֹּעַל יָדוֹ
תּוֹלֶה תֵבֵל בִּזְרוֹעַ יָדוֹ   מְלֹא כָל־הָאָרֶץ כְּבוֹדוֹ:

אֵלּוּ לְאֵלּוּ שׁוֹאֲלִים / אֵלּוּ לְאֵלּוּ מְמַלְּלִים
אָנָה שׁוֹכֵן מְעֻלִּים / לְהַעֲרִיצוֹ, לְהַקְדִּישׁוֹ בִּפְאֵר מְסַלְסְלִים.

ויש מוסיפים (או מחליפים בשתי השורות הקודמות):

שִׁנְאַן רִבּוֹתַיִם אַלְפֵי וְעוֹדוֹ / שָׁבִים כַּבָּזָק לְפָאֵר הוֹדוֹ
תַּקִּיף אֵין עוֹד מִלְּבַדּוֹ   מְלֹא כָל־הָאָרֶץ כְּבוֹדוֹ:

אֵלּוּ לְאֵלּוּ שׁוֹאֲלִים / אֵלּוּ לְאֵלּוּ מְמַלְּלִים
אָנָה שׁוֹכֵן מְעֻלִּים / לְהַעֲרִיצוֹ, לְהַקְדִּישׁוֹ בִּפְאֵר מְסַלְסְלִים.

ממשיכים 'וּבְכֵן, לְךָ תַעֲלֶה' בעמ' 298.

פיוטי קדושה למוסף

פיוטים אלה נכתבו כדי להחליף את פיסקאות המעבר הקצרות בין פסוקי הקדושה. יש קהילות שבהן אומרים אותם בסוף הקדושה, כדי שלא לוותר על אמירת הקדושה ופיסקאות המעבר שבה (׳מעשה רב׳ רה). בקהילות אלה אומרים את הקדושה ברצף, ובסוף הקדושה חוזרים לכאן.

אם אומרים פיוטים בתוך הקדושה, הקהל אומר בלחש:

כְּבוֹדוֹ מָלֵא עוֹלָם, מְשָׁרְתָיו שׁוֹאֲלִים זֶה לָזֶה
אַיֵּה מְקוֹם כְּבוֹדוֹ לְהַעֲרִיצוֹ
לְעֻמָּתָם מְשַׁבְּחִים וְאוֹמְרִים

מערכת פיוטי הקדושה לתפילת מוסף מבוססת על המדרש המובא בתנחומא, נשא יט (והשווה לפסחים נד ע״א): ״שבעה דברים נבראו עד שלא נברא העולם, אלו הן: כסא הכבוד, והתורה, ובית המקדש, ואבות העולם, וישראל, ושמו של משיח והתשובה. ויש אומרים אף גן עדן, וגיהנם״.
נוהגים שהקהל אומר את פיוטי הקדושה יחד, ושליח הציבור אומר בקול רק את השורות המסומנות ב־▸.

הכול:

אָז מִלְּפְנֵי בְרֵאשִׁית / דָּת וָכֵס הֵשִׁית

סימן א״ב כפול

אֲמָנָה יוֹם יוֹם / אֲצוּלָה אִתּוֹ בְחֶבְיוֹן
בְּאָרָה לְשַׁעֲשׁוּעִים / בָּהּ לְנַקּוֹת חֵטְא עִם מְשׁוּעִים
גְּמַר בַּעֲצָתָהּ כֹּל בְּאֹמֶר / גֹּשָׁה לְחַנֵּן בְּעַד כָּל יְצוּרֵי חֹמֶר
דִּגְלָהּ לִפְנֵי מְכוֹן שֶׁבֶת / דְּרוֹר יֶשַׁע כְּעֵדָה בְּמַחֲשֶׁבֶת
הוּכְנָה עַד לֹא עוֹלָם / הֱיוֹת מֵלִיץ יֹשֶׁר לְעַם עוֹלָם
וּשְׁנֵי אַלְפֵי רִבְבוֹת גְּדוּדִים / וּכְמוֹ הֵם כְּרוּבִים אָז בָּם מִתְגּוֹדְדִים
זָקוּף לְמִסְפָּרָם מְרֻבִּים / זִיו סַפִּיר כֵּס מַרְכִּיבִים
חַשְׁרַת מַיִם עִם חֶשְׁכַת מַיִם /
חָבוּל בִּמְצוּלוֹת מַיִם, חֵטְא שׁוֹפְכֵי לֵב כַּמַּיִם
טֹרַח נוֹשֵׂא, וְנִרְאֶה נִשָּׂא / טוֹעֵן מַשָּׂא בְּקוֹל כָּל תְּשֻׁאָה
▸ **יִתְרַעֲשׁוּ אוֹפָן וְגַלְגַּל / יָקֵשׁ עַם זוּ, לְהַאֲפִין וּלְגַלְגַּל**
כְּרוּב וְחַיָּה רוֹפְפִים / בְּכַנְפֵי נֶשֶׁר מְעוֹפְפִים
כְּאֵב זוּ מַרְפִּים / עֲנוֹת לְעֻמַּת שְׂרָפִים

במקור שליח הציבור הוסיף רק ׳לְעֻמָּתָם מְשַׁבְּחִים וְאוֹמְרִים׳.
היום בקהילות שבהן אומרים פיוטים בתוך הקדושה, הוא חוזר ואומר ׳כְּבוֹדוֹ מָלֵא עוֹלָם׳:

כְּבוֹדוֹ מָלֵא עוֹלָם, מְשָׁרְתָיו שׁוֹאֲלִים זֶה לָזֶה
אַיֵּה מְקוֹם כְּבוֹדוֹ לְהַעֲרִיצוֹ
לְעֻמָּתָם מְשַׁבְּחִים וְאוֹמְרִים

קהל ואחריו שליח הציבור:

בָּרוּךְ כְּבוֹד־יהוה מִמְּקוֹמוֹ: יחזקאל ג

אם אומרים פיוטים בתוך הקדושה, הקהל אומר בלחש:

מִמְּקוֹמוֹ הוּא יִפֶן בְּרַחֲמָיו לְעַמּוֹ, וְיָחֹן עַם הַמְיַחֲדִים שְׁמוֹ
עֶרֶב וָבֹקֶר בְּכָל יוֹם תָּמִיד, פַּעֲמַיִם בְּאַהֲבָה שְׁמַע אוֹמְרִים

הכול:

אָז מִלְּפְנֵי בְרֵאשִׁית / אָבוֹת וּבָנִים הֵשִׁית

סימן א״ב כפול (המשך מהפיוט הקודם)

לָתֵת אֲרֻכָּה / לְהַעֲלוֹת אֲרוּכָה
מֵאָז צָפָם / מֵחֲרוֹת קִצְפָּם
נוֹעַץ וְהֵבִין / נְאָצוֹת לְהַלְבִּין
סָקַר עֲשׂוֹת נְכֹחָה / סִיּוּם לְיוֹם תּוֹכֵחָה
עָלוּ בְמַחֲשָׁבָה יַחַד / עֲתִירָתָם לְמַלְּטָם מִפַּחַד
פּוֹדָם הֶעֱלָם מִקֶּדֶם / פֶּשַׁע לְנַקּוֹת מִקְּנוּיַת קֶדֶם
צְפֵה בְּוַעַד יוֹם זֶה / צוֹעֲקִים, סְלַח נָא לַעֲוֹן הָעָם הַזֶּה: במדבר יד
קָרָא הַדּוֹרוֹת מֵרֹאשׁ / קֹשֶׁט אָב, לַבָּנִים הֵכִין לִדְרוֹשׁ
רַבּוּ רַחֲמָיו וַחֲסָדָיו / רְצוֹת רְחוּמָיו וַחֲסִידָיו
שֶׁהֵם יְדִידָיו / שִׁכְלוּל מַעֲבָדָיו
תָּמִיד מְעִידָיו / כִּי אֵין בִּלְעָדָיו.

במקור שליח הציבור הוסיף רק ׳פַּעֲמַיִם בְּאַהֲבָה שְׁמַע אוֹמְרִים׳.
היום בקהילות שבהן אומרים פיוטים בתוך הקדושה, הוא חוזר ואומר ׳מִמְּקוֹמוֹ הוּא יִפֶן׳:

מִמְּקוֹמוֹ הוּא יִפֶן בְּרַחֲמָיו לְעַמּוֹ, וְיָחֹן עַם הַמְיַחֲדִים שְׁמוֹ
עֶרֶב וָבֹקֶר בְּכָל יוֹם תָּמִיד, פַּעֲמַיִם בְּאַהֲבָה שְׁמַע אוֹמְרִים

קהל ואחריו שליח הציבור:

שְׁמַע יִשְׂרָאֵל, יהוה אֱלֹהֵינוּ, יהוה אֶחָד: דברים ו

אם אומרים פיוטים בתוך הקדושה, הקהל אומר בלחש:

הוּא אֱלֹהֵינוּ, הוּא אָבִינוּ, הוּא מַלְכֵּנוּ, הוּא מוֹשִׁיעֵנוּ
וְהוּא יוֹשִׁיעֵנוּ וְיִגְאָלֵנוּ שֵׁנִית
וְיַשְׁמִיעֵנוּ בְּרַחֲמָיו לְעֵינֵי כָּל חַי לֵאמֹר
הֵן גָּאַלְתִּי אֶתְכֶם אַחֲרִית כְּרֵאשִׁית, לִהְיוֹת לָכֶם לֵאלֹהִים: במדבר טו

הכול:

אָז מִלִּפְנֵי בְרֵאשִׁית / נָוֶה וְיִנּוֹן הֵשִׁית

סימן תשר״ק כפול

תַּלְפִּיּוֹת, מָרוֹם מֵרִאשׁוֹן / תִּכֵּן טֶרֶם כָּל עַם וְלָשׁוֹן
שִׁכְנוֹ עָץ שָׁם לְהַשְׁרוֹת / שׁוֹגִים לְהַדְרִיךְ בְּדַרְכֵי יְשָׁרוֹת
רֶשַׁע אִם הֶאְדִּים / רַחֲצוּ וְהִזַּכּוּ הִקְדִּים
קֶצֶף אִם קָצַף בְּאֵיֻמָּתוֹ / קָדוֹשׁ לֹא יָעִיר כָּל חֲמָתוֹ
צְמַתְנוּ בְּבִצְעֵנוּ עַד עָתָּה / צוּרֵנוּ עָלֵינוּ לֹא גָעֲתָה
פָּנָה מֶנּוּ מְשִׁיחַ צִדְקֵנוּ / פְּלָצֻנוּ, וְאֵין מִי לְצַדְּקֵנוּ
עֲוֹנוֹתֵינוּ וְעֹל פְּשָׁעֵינוּ / עוֹמֵס, וְהוּא מְחֹלָל מִפְּשָׁעֵינוּ
סוֹבֵל עַל שֶׁכֶם חַטֹּאתֵינוּ / סְלִיחָה מְצוֹא לַעֲוֹנוֹתֵינוּ
נִרְפָּא לָנוּ בַּחֲבוּרָתוֹ / נֶצַח, בְּרִיָּה חֲדָשָׁה עֵת לִבְרֹאתוֹ
◂ מֵחוּג הַעֲלֵהוּ / מִשֵּׂעִיר הַדְלֵהוּ
לְהַשְׁמִיעֵנוּ בְּהַר הַלְּבָנוֹן / שֵׁנִית בְּיַד יִנּוֹן.

במקור שליח הציבור הוסיף רק ׳לִהְיוֹת לָכֶם לֵאלֹהִים׳.
היום בקהילות שבהן אומרים פיוטים בתוך הקדושה, הוא חוזר ואומר ׳הוּא אֱלֹהֵינוּ׳:

הוּא אֱלֹהֵינוּ, הוּא אָבִינוּ, הוּא מַלְכֵּנוּ, הוּא מוֹשִׁיעֵנוּ
וְהוּא יוֹשִׁיעֵנוּ וְיִגְאָלֵנוּ שֵׁנִית, וְיַשְׁמִיעֵנוּ בְּרַחֲמָיו לְעֵינֵי כָּל חַי לֵאמֹר
הֵן גָּאַלְתִּי אֶתְכֶם אַחֲרִית כְּרֵאשִׁית, לִהְיוֹת לָכֶם לֵאלֹהִים במדבר טו

הכול:

אֲנִי יהוה אֱלֹהֵיכֶם:

אם אומרים פיוטים בתוך הקדושה, הקהל אומר בלחש:

אַדִּיר אַדִּירֵנוּ, יהוה אֲדֹנֵינוּ, מָה־אַדִּיר שִׁמְךָ בְּכָל־הָאָרֶץ: תהלים ח

וְהָיָה יהוה לְמֶלֶךְ עַל־כָּל־הָאָרֶץ זכריה יד

בַּיּוֹם הַהוּא יִהְיֶה יהוה אֶחָד וּשְׁמוֹ אֶחָד:

אָז מִלִּפְנֵי בְרֵאשִׁית / שִׁבְעָה אֵלֶּה הֵשִׁית

סימן תשר״ק כפול (המשך מהפיוט הקודם)

כְּיוֹנִים מֵעֵת נוֹלָדוּ / כְּתוּרִים, בְּטֶרֶם הָרִים יֻלָּדוּ
יְצָרָם וְאֶצְלוֹ כִּלָּלוֹ / יַחַד לִפְנֵי גְבָעוֹת חוֹלָלוּ
טִפֵּל בְּאִבָּם תְּשׁוּבָה / טְבוּעָה הִיא לְבַת הַשּׁוֹבֵבָה
חִתְּלָהּ צֳרִי לְחַטָּאִים / חוֹבֵשׁ לְנִטְעֵי נְטָעִים
זְדוֹנוֹת וּשְׁגָגוֹת בָּהּ דְּחוֹת / זַעַף וְעֶבְרָה בָהּ לִמְחוֹת
וּמִלִּפְנֵי עָשׂוֹר עֲשָׂרָה / וְעֵדָה לְמַרְפֵּא סוֹרֵרָה
הִנְנוּ, אָתָנוּ לְךָ אָיֹם / הַבִּיטָה וּרְאֵה בְּשִׁבְרוֹן לֵב הַיּוֹם
דַּלִּיּוֹת שֹׁקַיִם וּמַצַּב רַגְלַיִם / דְּרִיכַת מָתְנַיִם וּמַעַד קַרְסֻלָּיִם
גָּשִׁים יְחֵפִים, בְּעִנּוּי עֲיֵפִים / גִּישׁוֹת מְאַלְּפִים כְּשִׁירוֹת מְעוֹפְפִים
◂ בְּךָ מִתְהַדְּרִים / בְּשִׁמְךָ נֶאְדָּרִים
אַמְּצָךְ מַאְדִּירִים / אַדִּיר בָּאַדִּירִים, בְּקוֹל אַדִּירִים.

יש האומרים כאן את הפיוט ׳אֵלֶיךָ תְּלוּיוֹת עֵינֵינוּ׳ בעמ׳ 544, כמו בשחרית.

במקור שליח הציבור הוסיף רק ׳וּבְדִבְרֵי קָדְשְׁךָ כָּתוּב לֵאמֹר׳.
היום בקהילות שבהן אומרים פיוטים בתוך הקדושה, הוא חוזר ואומר ׳אַדִּיר אַדִּירֵנוּ׳:

אַדִּיר אַדִּירֵנוּ, יהוה אֲדֹנֵינוּ, מָה־אַדִּיר שִׁמְךָ בְּכָל־הָאָרֶץ: תהלים ח

וְהָיָה יהוה לְמֶלֶךְ עַל־כָּל־הָאָרֶץ זכריה יד

בַּיּוֹם הַהוּא יִהְיֶה יהוה אֶחָד וּשְׁמוֹ אֶחָד:

שליח הציבור:

וּבְדִבְרֵי קָדְשְׁךָ כָּתוּב לֵאמֹר

קהל ואחריו שליח הציבור:

•יִמְלֹךְ יהוה לְעוֹלָם, אֱלֹהַיִךְ צִיּוֹן לְדֹר וָדֹר, הַלְלוּיָהּ: תהלים קמו

ממשיכים ׳לְדוֹר וָדוֹר נַגִּיד גָּדְלֶךָ׳ בעמ׳ 301.

זו הגרסה המלאה של הפיוט המובא בעמ' 352-353.

סימן א"ת ב"ש

יוֹם אָתָא לְכַפֵּר פִּשְׁעֵי יְשֵׁנָה / הַיּוֹם בִּיאָתוֹ אַחַת בַּשָּׁנָה.

כַּכָּתוּב בְּתוֹרָתֶךָ

וַיִּקְרָא טז וְהָיְתָה־זֹּאת לָכֶם לְחֻקַּת עוֹלָם

לְכַפֵּר עַל־בְּנֵי יִשְׂרָאֵל מִכָּל־חַטֹּאתָם, אַחַת בַּשָּׁנָה:

יוֹם גִּשְׁתֵּנוּ בְּתַחֲנוּנִים לַעֲמֹד / הַיּוֹם דָּפְיֵנוּ אִם תִּשְׁמֹר, מִי יַעֲמֹד.

כַּכָּתוּב בְּדִבְרֵי קָדְשֶׁךָ

תהלים קל אִם־עֲוֺנוֹת תִּשְׁמָר־יָהּ

אֲדֹנָי מִי יַעֲמֹד:

יוֹם הֲגִיגֵנוּ תַּאֲזִין וְתָבִין / הַיּוֹם וִדּוּיֵנוּ תִּשְׁמַע וְחַטֹּאתֵינוּ תַּלְבִּין.

כַּכָּתוּב עַל יַד נְבִיאֶךָ

ישעיה א לְכוּ־נָא וְנִוָּכְחָה, יֹאמַר יהוה

אִם־יִהְיוּ חֲטָאֵיכֶם כַּשָּׁנִים, כַּשֶּׁלֶג יַלְבִּינוּ

אִם־יַאְדִּימוּ כַתּוֹלָע, כַּצֶּמֶר יִהְיוּ:

יוֹם זֶה נִתַּן תְּעוּדָה לְעַם זֶה / הַיּוֹם חַל בּוֹ צִיר, סְלַח נָא לַעֲוֺן הָעָם הַזֶּה.

כַּכָּתוּב בְּתוֹרָתֶךָ

במדבר יד סְלַח־נָא לַעֲוֺן הָעָם הַזֶּה כְּגֹדֶל חַסְדֶּךָ

וְכַאֲשֶׁר נָשָׂאתָה לָעָם הַזֶּה מִמִּצְרַיִם וְעַד־הֵנָּה:

וְשָׁם נֶאֱמַר

וַיֹּאמֶר יהוה, סָלַחְתִּי כִּדְבָרֶךָ:

בַּעֲבוּר כְּבוֹד שְׁמֶךָ

הַמְצֵא לָנוּ מוֹחֵל וְסוֹלֵחַ / סְלַח נָא לְמַעַן שְׁמֶךָ.

יוֹם טוֹב מֵאֶלֶף הוֹרֵיתָ לְעַמֶּךָ / הַיּוֹם יְוַדַּע כִּי הַסְּלִיחָה עִמָּךְ.

כַּכָּתוּב בְּדִבְרֵי קָדְשֶׁךָ

תהלים קל כִּי־עִמְּךָ הַסְּלִיחָה, לְמַעַן תִּוָּרֵא:

יוֹם כּוֹנַנְתָּ לְהַצְלִיל כְּתָמִים / הַיּוֹם לִמְחוֹת כָּעָב פֶּשַׁע בְּחוּרֵי מֵעַמִּים.

כַּכָּתוּב עַל יַד נְבִיאֶךָ

ישעיה מד מָחִיתִי כָעָב פְּשָׁעֶיךָ וְכֶעָנָן חַטֹּאותֶיךָ, שׁוּבָה אֵלַי כִּי גְאַלְתִּיךָ:

יוֹם מְחִילָה בִּשַּׂרְתָּ לְצִיר בְּרֶשֶׁם / הַיּוֹם נִתְיַצַּבְתָּ עִמּוֹ, וְקָרָאתָ בְּשֵׁם.

כַּכָּתוּב בְּתוֹרָתֶךָ

וַיֵּרֶד יהוה בֶּעָנָן, וַיִּתְיַצֵּב עִמּוֹ שָׁם שמות לד

וַיִּקְרָא בְשֵׁם, יהוה:

וַיַּעֲבֹר יהוה עַל־פָּנָיו וַיִּקְרָא

יהוה, יהוה, אֵל רַחוּם וְחַנּוּן, אֶרֶךְ אַפַּיִם, וְרַב־חֶסֶד וֶאֱמֶת:

נֹצֵר חֶסֶד לָאֲלָפִים, נֹשֵׂא עָוֹן וָפֶשַׁע וְחַטָּאָה, וְנַקֵּה:

בַּעֲבוּר כְּבוֹד שְׁמְךָ

הַמָּצֵא לָנוּ רַחוּם וְחַנּוּן / רַחֵם נָא לְמַעַן שְׁמֶךָ.

יוֹם שַׂמְתּוֹ לִסְלִיחָה סוֹלֵחַ וּמוֹחֵל / הַיּוֹם עִמְּךָ פְּדוּת וּלְךָ אֲיַחֵל.

כַּכָּתוּב בְּדִבְרֵי קָדְשֶׁךָ

יַחֵל יִשְׂרָאֵל אֶל־יהוה כִּי־עִם־יהוה הַחֶסֶד תהלים קל

וְהַרְבֵּה עִמּוֹ פְדוּת:

יוֹם פְּשָׁעֵינוּ בְּלֵב יָם תְּמַצֶּה / הַיּוֹם צֶדֶק תְּחַפֵּשׂ, וְרַע לֹא יִמָּצֵא.

כַּכָּתוּב עַל יַד נְבִיאֶךָ

בַּיָּמִים הָהֵם וּבָעֵת הַהִיא, נְאֻם־יהוה, יְבֻקַּשׁ אֶת־עֲוֹן יִשְׂרָאֵל וְאֵינֶנּוּ ירמיה נ

וְאֶת־חַטֹּאת יְהוּדָה, וְלֹא תִמָּצֶאינָה, כִּי אֶסְלַח לַאֲשֶׁר אַשְׁאִיר:

יוֹם קְרִיאַת תַּחֲנוּנִים לְסַפֵּר / הַיּוֹם רִשְׁעֵנוּ בּוֹ יִתְכַּפֵּר.

כַּכָּתוּב בְּתוֹרָתֶךָ

כִּי־בַיּוֹם הַזֶּה יְכַפֵּר עֲלֵיכֶם לְטַהֵר אֶתְכֶם מִכֹּל חַטֹּאתֵיכֶם, לִפְנֵי יהוה תִּטְהָרוּ: ויקרא טז

יוֹם שֹׁמְמוֹת הֵיכָלְךָ הַבִּיטָה / הַיּוֹם תָּחֹן אָזְנְךָ הַטֵּה לְהַבִּיטָה.

כַּכָּתוּב בְּדִבְרֵי קָדְשֶׁךָ

הַטֵּה אֱלֹהַי אָזְנְךָ וּשְׁמָע דניאל ט

פְּקַח עֵינֶיךָ וּרְאֵה שֹׁמְמֹתֵינוּ, וְהָעִיר אֲשֶׁר־נִקְרָא שִׁמְךָ עָלֶיהָ

כִּי לֹא עַל־צִדְקֹתֵינוּ אֲנַחְנוּ מַפִּילִים תַּחֲנוּנֵינוּ לְפָנֶיךָ, כִּי עַל־רַחֲמֶיךָ הָרַבִּים:

אֲדֹנָי שְׁמָעָה, אֲדֹנָי סְלָחָה, אֲדֹנָי הַקְשִׁיבָה וַעֲשֵׂה אַל־תְּאַחַר

לְמַעַנְךָ אֱלֹהַי, כִּי־שִׁמְךָ נִקְרָא עַל־עִירְךָ וְעַל־עַמֶּךָ:

בַּעֲבוּר כְּבוֹד שְׁמְךָ

הַמָּצֵא לָנוּ שׁוֹמֵעַ תְּפִלָּה / שְׁמַע תְּפִלָּתֵנוּ לְמַעַן שְׁמֶךָ.

זו הגרסה המלאה של הפיוט הממשיך ׳מִי אֵל כָּמְוֹךָ׳ עמ׳ 353.

מִי אֵל כָּמְוֹךָ.

סימן א״ב

אַדִּיר וְנָאוֹר / בּוֹרֵא דֹּק וָחֶלֶד	מִי אֵל כָּמְוֹךָ
גּוֹלֶה עֲמֻקּוֹת / דּוֹבֵר צְדָקוֹת	מִי אֵל כָּמְוֹךָ
הָדוּר בִּלְבוּשׁוֹ / וְאֵין זוּלָתוֹ	מִי אֵל כָּמְוֹךָ
זוֹקֵף כְּפוּפִים / חוֹנֵן דַּלִּים	מִי אֵל כָּמְוֹךָ
טְהוֹר עֵינַיִם / יוֹשֵׁב שָׁמַיִם	מִי אֵל כָּמְוֹךָ
כּוֹבֵשׁ עֲוֹנוֹת / לוֹבֵשׁ צְדָקוֹת	מִי אֵל כָּמְוֹךָ
מֶלֶךְ מְלָכִים / נוֹרָא וְנִשְׂגָּב	מִי אֵל כָּמְוֹךָ
סוֹמֵךְ נוֹפְלִים / עוֹנֶה עֲשׁוּקִים	מִי אֵל כָּמְוֹךָ
פּוֹדֶה וּמַצִּיל / צוֹעֶה בְּרֹב כֹּחוֹ	מִי אֵל כָּמְוֹךָ
קָרוֹב לְקוֹרְאָיו / רָם וּמַאֲזִין שַׁוְעָה	מִי אֵל כָּמְוֹךָ
שׁוֹכֵן שְׁחָקִים / תּוֹמֵךְ תְּמִימִים	מִי אֵל כָּמְוֹךָ
נוֹשֵׂא עָוֹן / וְעוֹבֵר עַל פֶּשַׁע	מִי אֵל כָּמְוֹךָ

ממשיכים ׳כַּכָּתוּב עַל יַד נְבִיאֶךָ׳ בעמ׳ 354.

זו הגרסה המלאה של הפיוט המובא בעמ׳ 359.

סימן א״ב

הַיּוֹם תְּאַמְּצֵנוּ.	אָמֵן
הַיּוֹם תְּבָרְכֵנוּ.	אָמֵן
הַיּוֹם תְּגַדְּלֵנוּ.	אָמֵן
הַיּוֹם תִּדְרְשֵׁנוּ לְטוֹבָה.	אָמֵן
הַיּוֹם תְּהַדְּרֵנוּ.	אָמֵן
הַיּוֹם תְּוַעֲדֵנוּ.	אָמֵן
הַיּוֹם תִּזְכְּרֵנוּ בְּרַחֲמֶיךָ.	אָמֵן
הַיּוֹם תְּחַסְּנֵנוּ.	אָמֵן
הַיּוֹם תְּטַהֲרֵנוּ מִכָּל חֵטְא.	אָמֵן
הַיּוֹם תְּיַשְּׁרֵנוּ לְפָנֶיךָ.	אָמֵן

הַיּוֹם תְּכַבְּדֵנוּ. אָמֵן

הַיּוֹם תְּלַבְּבֵנוּ. אָמֵן

הַיּוֹם תְּמַלְּטֵנוּ מִכָּל רָע. אָמֵן

הַיּוֹם תְּנַקֵּנוּ מֵעָוֹן. אָמֵן

הַיּוֹם תִּסְמְכֵנוּ. אָמֵן

הַיּוֹם תַּעֲנֵנוּ. אָמֵן

הַיּוֹם תִּפְקְדֵנוּ לְחַיִּים וְלִבְרָכָה. אָמֵן

הַיּוֹם תְּצַדְּקֵנוּ. אָמֵן

הַיּוֹם תְּקוֹמְמֵנוּ. אָמֵן

הַיּוֹם תְּרַחֲמֵנוּ. אָמֵן

הַיּוֹם תִּשְׁמַע שַׁוְעָתֵנוּ. אָמֵן

הַיּוֹם תִּתְמְכֵנוּ. אָמֵן

הַיּוֹם תִּשְׁמַע שַׁוְעָתֵנוּ. אָמֵן

הַיּוֹם תְּקַבֵּל בְּרַחֲמִים וּבְרָצוֹן אֶת תְּפִלָּתֵנוּ. אָמֵן

הַיּוֹם תִּתְמְכֵנוּ בִּימִין צִדְקֶךָ. אָמֵן

ממשיכים 'כְּהַיּוֹם הַזֶּה' בעמ' 359.

פיוטים לתפילת מנחה

ה׳קיקלר׳ (ראה עמ׳ 506) לתפילת מנחה הוא פשוט יחסית, בחרוז פזמון יחיד.
פיוט זה לקוח מה׳קרובה׳ ׳אוֹדְךָ בְּקוֹל עָרֵב׳ לקליר, שנאמרה
במנהג רומא, והוא מתאר את תפילת ישראל.

שליח הציבור אומר והקהל חוזר אחריו:

אֱמוּנַת אֹם נוֹטֶרֶת / לְמַעַנְךָ עֲזוֹר לַנִּשְׁאֶרֶת
זַעֲקָהּ רְצֵה נָא כִּקְטֹרֶת / קָדוֹשׁ.

הכול:
סימן אלעזר בירבי קיליר (משולש)

אֶדֶר בְּתֹאַר מָכוֹן / אֹהֶל בַּאֲמִתְּךָ תִּכּוֹן / אֶחָד בּוֹ לִשְׁכֹּן.
לָחַשׁ לֶקַח יִכּוֹן / לָעַד בְּאִוּוּי לִשְׁכֹּן / לְעוֹלָמִים שָׁם שָׁכֹן.
עִתּוּד אָרוֹן יִכּוֹן / עִדּוּר אַרְמוֹן יִתְכּוֹן / עֲתִירָה בּוֹ תִּכּוֹן.

אֱמוּנַת אֹם נוֹטֶרֶת / לְמַעַנְךָ עֲזוֹר לַנִּשְׁאֶרֶת
זַעֲקָהּ רְצֵה נָא כִּקְטֹרֶת / קָדוֹשׁ.

זְעֹק לְפָנֶיךָ בָּאתִי / זָךְ, אֱזֹן זַעֲקָתִי / זַעֲקִי בְּחִין תְּחִנָּתִי.
רְצֵה רֶנֶן רְחִישָׁתִי / רֵאשִׁית רֶגֶשׁ דְּרִישָׁתִי / רִבּוּי רֹן רְגִישָׁתִי.
בְּחַנְּנִי לְךָ לְחִישָׁתִי / בְּיֹשֶׁר וְעוֹד תְּהִלָּתִי / בָּרֵר רִצּוּי תְּפִלָּתִי.

אֱמוּנַת אֹם נוֹטֶרֶת / לְמַעַנְךָ עֲזוֹר לַנִּשְׁאֶרֶת
זַעֲקָהּ רְצֵה נָא כִּקְטֹרֶת / קָדוֹשׁ.

יַעַל תַּחַן עֲתֶרֶת / יֻצַּג כְּמוֹ עֲטֶרֶת / יָרֹן בְּכִפּוּר נִשְׁאֶרֶת.
רַחַשׁ בְּמַעֲנֶה עוֹתֶרֶת / רוֹנְנָה בִּמְחִילַת הָעֲתֶרֶת / רַוֵּה בְּעֹז וְתִפְאֶרֶת.
בִּיאַת בַּת מְיֻשֶּׁרֶת / בְּמַעֲנֶה לְהַסְלַח מְשׁוֹרֶרֶת / הֱיוֹת עֲתִירָתָהּ כִּקְטֹרֶת.

אֱמוּנַת אֹם נוֹטֶרֶת / לְמַעַנְךָ עֲזוֹר לַנִּשְׁאֶרֶת
זַעֲקָהּ רְצֵה נָא כִּקְטֹרֶת / קָדוֹשׁ.

יַחַנּוּ בְּחִנְּךָ חֲנוּנֶיךָ / יִסְלַח מַעַל מְיַמְּנֶיךָ / יוֹזְמוּ, שְׁמֹר שְׁנוּנֶיךָ.
קַלַּע קְשִׁי קְנוּיֶיךָ / קָרֵב אֵלֶיךָ קִנְיָנֶיךָ / קוֹמֵם קְהַל אֱמוּנֶיךָ.
יָבֹא יוֹם רִנּוּנֶיךָ / יְרַנְּנוּ בוֹ הֲמוֹנֶיךָ / יִהְיוּ נִצָּבִים לְפָנֶיךָ.

אֱמוּנַת אֹם נוֹטֶרֶת / לְמַעַנְךָ עֲזוֹר לַנִּשְׁאֶרֶת
זַעֲקָהּ רְצֵה נָא כִּקְטֹרֶת / קָדוֹשׁ.

לְעַם לְךָ קָרֵב / לוֹחֲשֵׁי לַזָּר הֶחָרֵב / לִוּוּי רְבָם זָרֵב.
יֶשְׁחַת לִדְרוֹס קוֹרֵב / לְעוֹבְדֶיךָ בְּיִרְאָה עָרֵב / נֶשֶׁף וְשַׁחַר וָעֶרֶב.
רֶגֶשׁ הִנֵּה הִנָּם תְּקָרֵב / קֵץ גְּאֻלָּה וְאוֹרָה קָרֵב / לַמִּתְחַנְּנִים בְּמִנְחַת עָרֶב.

אֱמוּנַת אֹם נוֹטֶרֶת / לְמַעַנְךָ עֲזוֹר לְנִשְׁאֶרֶת
זַעֲקָהּ רְצֵה נָא כִּקְטֹרֶת / קָדוֹשׁ.

לפיוט הבא, שמחברו אינו ידוע, שני חרוזי פזמון.

שליח הציבור אומר שורה שורה, והקהל חוזר אחריו:

יְכַפֵּר וְיִסְלַח / אֵל טוֹב וְסַלָּח
נוֹרָא וְקָדוֹשׁ.

תְּפִלָּתֵנוּ מִמְּעוֹנוֹת / יְקַבֵּל כְּקָרְבָּנוֹת
הָאֵל קָדוֹשׁ.

הכול:

סימן א״ב

אֲפָאֵר לְמַלְכִּי בַּקֹּדֶשׁ בְּיוֹם אַךְ בֶּעָשׂוֹר לַחֹדֶשׁ.
גּוֹאֲלִי וּמוֹשִׁיעִי דָּגוּל, רוֹכֵב שְׁבִיעִי.

יְכַפֵּר וְיִסְלַח / אֵל טוֹב וְסַלָּח
נוֹרָא וְקָדוֹשׁ.

הָאֵל יַשְׁקִיף וְיֶחֱזֶה וְיִמְחוֹל לַעֲוֹן הָעָם הַזֶּה.
זֶה בְּתוֹדָה עֲנוּהוּ חַלּוּהוּ, כִּי יוֹם כִּפּוּרִים הוּא.

תְּפִלָּתֵנוּ מִמְּעוֹנוֹת / יְקַבֵּל כְּקָרְבָּנוֹת
הָאֵל קָדוֹשׁ.

טְעֵנוּ בְּמִקְדַּשׁ קֹדֶשׁ יוֹם מִקְרָא קֹדֶשׁ.
כּוֹנְנוּ לֵב אַתֶּם לָצוּם הַיּוֹם, וְעִנִּיתֶם.

יְכַפֵּר וְיִסְלַח / אֵל טוֹב וְסַלָּח
נוֹרָא וְקָדוֹשׁ.

מִפֶּשַׁע לְנַקּוֹתְכֶם נָא כּוֹנְנוּ לָאֵל נַפְשׁוֹתֵיכֶם.
סֶלָה יַאֲזִין שִׂיחַתְכֶם עִבְדוּהוּ בְּהַקְרָבַתְכֶם.

תְּפִלָּתֵנוּ מִמְּעוֹנוֹת / יְקַבֵּל כְּקָרְבָּנוֹת
הָאֵל קָדוֹשׁ.

פְּדוּתֵנוּ לֹא תֶחֱשֶׁה צַעֲקָתֵנוּ קְשֹׁב כְּקָרְבַּן אִשֶּׁה.
קִרְאוּ לְיוֹשֵׁב מְעוֹנַי רוֹצוּ לְסַלְסֵל לַיהוה.
יְכַפֵּר וְיִסְלַח / אֵל טוֹב וְסַלָּח
נוֹרָא וְקָדוֹשׁ.

שׁוֹכֵן שִׁבְעָה תְּחִנָּתֵנוּ שְׁמָעָה.
תְּקַבֵּל תְּפִלָּתֵנוּ תַּעֲבִיר תִּפְלוּתֵנוּ.
תְּפִלָּתֵנוּ מִמְּעוֹנוֹת / יְקַבֵּל כְּקָרְבָּנוֹת
הָאֵל קָדוֹשׁ.

זהו פיוט הכנה ל'סילוק'. הוא מקביל בנושאו לפיוט 'אֵין מִסְפָּר לִגְדוּדֵי צְבָא חֵילוֹ' הנאמר בשחרית (עמ' 530), אך בעל מבנה פשוט יותר.

שליח הציבור:

וּבְכֵן, שְׂרָפִים עֹמְדִים מִמַּעַל לוֹ: ישעיה ו

שליח הציבור ואחריו הקהל:

מִיכָאֵל מִיָּמִין מְהַלֵּל
וְגַבְרִיאֵל מִשְּׂמֹאל מְמַלֵּל
בַּשָּׁמַיִם אֵין כָּאֵל
וּבָאָרֶץ מִי כְּעַמְּךָ יִשְׂרָאֵל.

הכול:

סימן א״ב

אֶרְאֶלֵּי הוֹד פּוֹצְחִים הִלּוּלוֹ / בְּרֶתֶת וָזִיעַ מְפָאֲרִים סִלְסוּלוֹ
גָּשִׁים וּבָאִים בְּשִׁנּוּן פִּלּוּלוֹ / שְׂרָפִים עֹמְדִים מִמַּעַל לוֹ:
מִיכָאֵל מִיָּמִין מְהַלֵּל / וְגַבְרִיאֵל מִשְּׂמֹאל מְמַלֵּל
בַּשָּׁמַיִם אֵין כָּאֵל / וּבָאָרֶץ מִי כְּעַמְּךָ יִשְׂרָאֵל.

דָּגוּל מֵרְבָבָה הוּא בְּלִי כַחַד / הַמַּבִּיט לָאָרֶץ וַתִּרְעַד וַתִּפְחַד
וְעִמּוֹ צְבָא הַמְשֵׁל וָפַחַד / שֵׁשׁ כְּנָפַיִם שֵׁשׁ כְּנָפַיִם לְאֶחָד:
מִיכָאֵל מִיָּמִין מְהַלֵּל / וְגַבְרִיאֵל מִשְּׂמֹאל מְמַלֵּל
בַּשָּׁמַיִם אֵין כָּאֵל / וּבָאָרֶץ מִי כְּעַמְּךָ יִשְׂרָאֵל.

זִקִּים וּבְרָקִים מַרְעִידִים לְפָנָיו / חֲרֵדִים לְהַרְעִיד כָּל פִּנָּיו
טָסִים בְּאַרְבַּע פִּנּוֹת מַצְפּוּנָיו / בִּשְׁתַּיִם יְכַסֶּה פָנָיו:
מִיכָאֵל מִיָּמִין מְהַלֵּל / וְגַבְרִיאֵל מִשְּׂמֹאל מְמַלֵּל
בַּשָּׁמַיִם אֵין כָּאֵל / וּבָאָרֶץ מִי כְּעַמְּךָ יִשְׂרָאֵל.

יְרֵאִים וַחֲרֵדִים גְּדוּדֵי חֲיָלָיו / כָּל מַלְאָכָיו וְחַיָּלֵי דְגָלָיו
לְמוּלוֹ יָרוּצוּ לְגַדְּלוֹ בְּמִכְלוּלָיו / וּבִשְׁתַּיִם יְכַסֶּה רַגְלָיו:
מִיכָאֵל מִיָּמִין מְהַלֵּל / וְגַבְרִיאֵל מִשְּׂמֹאל מְמַלֵּל
בַּשָּׁמַיִם אֵין כָּאֵל / וּבָאָרֶץ מִי כְּעַמְּךָ יִשְׂרָאֵל.

מַיִם וְעַד יָם בְּרֶגַע מְעוֹפֵף / נוֹרָא בַּל יְכוֹלִים לָשׁוּר וּלְצַפְצֵף
סְבִיבוֹת כִּסֵּא מִתְחוֹפֵף / וּבִשְׁתַּיִם יְעוֹפֵף:
מִיכָאֵל מִיָּמִין מְהַלֵּל / וְגַבְרִיאֵל מִשְּׂמֹאל מְמַלֵּל
בַּשָּׁמַיִם אֵין כָּאֵל / וּבָאָרֶץ מִי כְּעַמְּךָ יִשְׂרָאֵל.

עוֹרְכִים עִנְיַן עִזּוּזוֹ לוֹמַר / פְּאֵר פִּקּוּד פֶּלֶל לִגְמַר
צִפְצוּף צַהַל צֶדֶק כְּנֶאֱמַר / וְקָרָא זֶה אֶל־זֶה וְאָמַר:
מִיכָאֵל מִיָּמִין מְהַלֵּל / וְגַבְרִיאֵל מִשְּׂמֹאל מְמַלֵּל
בַּשָּׁמַיִם אֵין כָּאֵל / וּבָאָרֶץ מִי כְּעַמְּךָ יִשְׂרָאֵל.

קִלּוּס קְדֻשּׁוֹת קָדוֹשׁ קוֹרְאוֹת / רִבּוֹ רִבְוָן עֵינַיִם מְלֵאוֹת
שׁוֹכֵן עַד מַעֲרִיצִים בִּיצִיאוֹת / קָדוֹשׁ, קָדוֹשׁ, קָדוֹשׁ, יהוה צְבָאוֹת:
מִיכָאֵל מִיָּמִין מְהַלֵּל / וְגַבְרִיאֵל מִשְּׂמֹאל מְמַלֵּל
בַּשָּׁמַיִם אֵין כָּאֵל / וּבָאָרֶץ מִי כְּעַמְּךָ יִשְׂרָאֵל.

תַּקִּיף מֵרְבָבָה מְפֹאָרִים לְסַלְּדוֹ / תִּלֵּי תִלִּים עוֹמְדִים לְכַבְּדוֹ
תֵּבֵל וְכָל דָּרֶיהָ מַקְדִּישִׁים הוֹדוֹ / מְלֹא כָל־הָאָרֶץ כְּבוֹדוֹ:
מִיכָאֵל מִיָּמִין מְהַלֵּל / וְגַבְרִיאֵל מִשְּׂמֹאל מְמַלֵּל
בַּשָּׁמַיִם אֵין כָּאֵל / וּבָאָרֶץ מִי כְּעַמְּךָ יִשְׂרָאֵל.

שליח הציבור:

וּבְכֵן לְךָ תַעֲלֶה קְדֻשָּׁה, כִּי אַתָּה אֱלֹהֵינוּ מֶלֶךְ מוֹחֵל וְסוֹלֵחַ.

סילוק למנחה

את ה'סילוק' למנחה חיבר ינאי.
סגנונו קצר ופשוט, בלא חתימה או חריזה.

כִּי רְכוּבוֹ בָּעֲרָבוֹת / וְעֻזּוֹ בַּשְּׁחָקִים
וּזְרוֹעוֹ בִּמְעוֹנָה / וְקִדּוּשׁוֹ בִּזְבוּל / וְאֵימָתוֹ בָּעֲרָפֶל
וּמוֹרָאוֹ בִּשְׁמֵי שָׁמַיִם / וְקַשְׁתּוֹ בַּשָּׁמַיִם / וְקוֹלוֹ עַל הַמָּיִם
וּמוֹשָׁבוֹ בְּרוּם / וּמַבָּטוֹ בְּתַחַת
מִמַּעְלָה קָדוֹשׁ / וּמִמַּטָּה בָּרוּךְ
מִמַּיִם אַדִּיר / וּמִנְּהָרוֹת קוֹל / וּמֵאֶרֶץ זֶמֶר
וּמֵעֵצִים רֶנֶן / וּמֵהָרִים רֶקֶד / וּמִגְּבָעוֹת שִׁיר
וּמִכָּל בְּרִיָּה תֹּקֶף / וּמִכָּל רֹאשׁ כֶּפֶף
וּמִכָּל עַיִן רֶמֶז / וּמִכָּל אֹזֶן שֶׁמַע
וּמִכָּל פֶּה הוֹדָיָה / וּמִכָּל לָשׁוֹן שֶׁבַח / וּמִכָּל גָּרוֹן רֹן
וּמִכָּל לֵב רַחַשׁ / וּמִכָּל קֶרֶב הִגָּיוֹן
וּמִכָּל בֶּרֶךְ כְּרִיעָה / וּמִכָּל קוֹמָה הִשְׁתַּחֲוָיָה
וּמִזְּקֵנִים כָּבוֹד / וּמֵאֲנָשִׁים וְנָשִׁים שִׁיר
וּמִבַּחוּרִים וּבְתוּלוֹת הַלֵּל / וּמֵעוֹלְלִים וְיוֹנְקִים עֹז
וּמִדּוֹר לְדוֹר גְּבוּרָה / וּמֵעוֹלָם וְעַד עוֹלָם בְּרָכָה
כִּי כֻלָּם בָּרָאתָ לְמַעֲנָךְ
יִקְרְאוּ זֶה לָזֶה / וְיַעֲנוּ זֶה לָזֶה / וְיֹאמְרוּ זֶה לָזֶה
גּוֹשׁוּ, עוּשׁוּ, חוּשׁוּ / וְנַעֲרִיץ לְמֶלֶךְ הַכָּבוֹד
הָאֵל הַנַּעֲרָץ וְהַנִּקְדָּשׁ בַּקֹּדֶשׁ.

ממשיכים 'כֶּתֶר' בעמ' 388.

זו הגרסה המלאה של הפיוט המובא בעמ' 406-407.

סימן א"ב

יוֹם אֲשֶׁר הוּחַק לְכַפָּרָתֵנוּ / הַיּוֹם בּוֹ תְּבַשְּׂרֵנוּ צוּרֵנוּ תִּטְהָרוּ.

כַּכָּתוּב בְּתוֹרָתֶךָ
ויקרא טז כִּי־בַיּוֹם הַזֶּה יְכַפֵּר עֲלֵיכֶם לְטַהֵר אֶתְכֶם מִכֹּל חַטֹּאתֵיכֶם
לִפְנֵי יהוה תִּטְהָרוּ:

יוֹם גְּעוֹל עֲוֹנֵינוּ יְכֻבַּס / הַיּוֹם דְּווּת חַטָּאֵינוּ יְטֹהָר.

כַּכָּתוּב בְּדִבְרֵי קָדְשֶׁךָ

הֶרֶב כַּבְּסֵנִי מֵעֲוֹנִי, וּמֵחַטָּאתִי טַהֲרֵנִי: תהלים נא

יוֹם הַכְנַע יֵצֶר שׁוֹבָבִים / הַיּוֹם וִיטֹהֲרוּ, עֲוֹנָם בְּסָלְחָךְ.

כַּכָּתוּב עַל יַד נְבִיאֶךָ

וְטִהַרְתִּים מִכָּל־עֲוֹנָם אֲשֶׁר חָטְאוּ־לִי ירמיה לג

וְסָלַחְתִּי לְכָל־עֲוֹנוֹתֵיהֶם אֲשֶׁר חָטְאוּ־לִי וַאֲשֶׁר פָּשְׁעוּ בִי:

יוֹם זֶה יַחְמֹל עָלֵינוּ כְּאָב עַל בָּנִים / הַיּוֹם חֵטְא זְדוֹנָם יְכַפֵּר וְיִסְלַח.

כַּכָּתוּב בְּתוֹרָתֶךָ

וְנִסְלַח לְכָל־עֲדַת בְּנֵי יִשְׂרָאֵל, וְלַגֵּר הַגָּר בְּתוֹכָם במדבר טו

כִּי לְכָל־הָעָם בִּשְׁגָגָה:

יוֹם טוֹב גְּמוּלֵנוּ, אֵל לֹא יִשְׁכַּח / הַיּוֹם יִרְפָּא וְיִסְלַח לְכָל תַּחֲלוּאֵי נַפְשֵׁנוּ.

כַּכָּתוּב בְּדִבְרֵי קָדְשֶׁךָ

הַסֹּלֵחַ לְכָל־עֲוֹנֵכִי, הָרֹפֵא לְכָל־תַּחֲלוּאָיְכִי: תהלים קג

יוֹם כָּעָב יִמָּחוּ פְּשָׁעֵינוּ / הַיּוֹם לְבַקֵּשׁ חַטֹּאתֵינוּ וְאֵינָם.

כַּכָּתוּב עַל יַד נְבִיאֶךָ

בַּיָּמִים הָהֵם וּבָעֵת הַהִיא, נְאֻם־יהוה ירמיה נ

יְבֻקַּשׁ אֶת־עֲוֹן יִשְׂרָאֵל וְאֵינֶנּוּ

וְאֶת־חַטֹּאת יְהוּדָה, וְלֹא תִמָּצֶאינָה

כִּי אֶסְלַח לַאֲשֶׁר אַשְׁאִיר:

יוֹם מַנְחִיל דָּת שׁוּעַ בְּעַד דּוֹר / הַיּוֹם נָשָׂא לוֹ, בְּבַקְשׁוֹ סְלַח נָא.

כַּכָּתוּב בְּתוֹרָתֶךָ

סְלַח־נָא לַעֲוֹן הָעָם הַזֶּה כְּגֹדֶל חַסְדֶּךָ במדבר יד

וְכַאֲשֶׁר נָשָׂאתָה לָעָם הַזֶּה מִמִּצְרַיִם וְעַד־הֵנָּה:

וְשָׁם נֶאֱמַר

וַיֹּאמֶר יהוה, סָלַחְתִּי כִּדְבָרֶךָ:

בַּעֲבוּר כְּבוֹד שְׁמָךְ

הִמָּצֵא לָנוּ מוֹחֵל וְסוֹלֵחַ / סְלַח נָא לְמַעַן שְׁמֶךָ.

יוֹם סוֹלְחִי יָחִישׁ מִלִּשְׁמֹר הֶעָוֹן / הַיּוֹם עִמָּנוּ הַשֶּׁוַע וְעִמְּךָ הַסְּלִיחָה.

כַּכָּתוּב בְּדִבְרֵי קָדְשֶׁךָ
כִּי־עִמְּךָ הַסְּלִיחָה תהלים קל
לְמַעַן תִּוָּרֵא:

יוֹם פְּתַח כֵּן פֶּתַח לִמְיַדְּעֶיךָ / הַיּוֹם צָעִיר וָרַב לְסוֹלֵחַ יַכִּירוּ.

כַּכָּתוּב עַל יַד נְבִיאֶךָ
וְלֹא יְלַמְּדוּ עוֹד אִישׁ אֶת־רֵעֵהוּ וְאִישׁ אֶת־אָחִיו לֵאמֹר ירמיה לא
דְּעוּ אֶת־יהוה
כִּי כוּלָּם יֵדְעוּ אוֹתִי לְמִקְטַנָּם וְעַד־גְּדוֹלָם נְאֻם־יהוה
כִּי אֶסְלַח לַעֲוֺנָם, וּלְחַטָּאתָם לֹא אֶזְכָּר־עוֹד:

יוֹם קוֹרְאֵי בְשִׁמְךָ יִמָּלֵטוּ / הַיּוֹם רַחֵם עָלֵינוּ, כְּאָז קָרָא בְשֵׁם.

כַּכָּתוּב בְּתוֹרָתֶךָ
וַיֵּרֶד יהוה בֶּעָנָן, וַיִּתְיַצֵּב עִמּוֹ שָׁם שמות לד
וַיִּקְרָא בְשֵׁם, יהוה:
וַיַּעֲבֹר יהוה עַל־פָּנָיו וַיִּקְרָא
יהוה, יהוה, אֵל רַחוּם וְחַנּוּן, אֶרֶךְ אַפַּיִם, וְרַב־חֶסֶד וֶאֱמֶת:
נֹצֵר חֶסֶד לָאֲלָפִים, נֹשֵׂא עָוֺן וָפֶשַׁע וְחַטָּאָה, וְנַקֵּה:

בַּעֲבוּר כְּבוֹד שִׁמְךָ
הַמָּצֵא לָנוּ רַחוּם וְחַנּוּן / רַחֵם נָא לְמַעַן שְׁמֶךָ.

יוֹם שְׁמְמוֹת הֵיכָלְךָ תַּבִּיט / הַיּוֹם תַּעֲשֶׂה לְמַעַן שְׁמֶךָ, כְּנָם אִישׁ חֲמוּדוֹת.

כַּכָּתוּב בְּדִבְרֵי קָדְשֶׁךָ
הַטֵּה אֱלֹהַי אָזְנְךָ וּשְׁמָע דניאל ט
פְּקַח עֵינֶיךָ וּרְאֵה שֹׁמְמֹתֵינוּ, וְהָעִיר אֲשֶׁר־נִקְרָא שִׁמְךָ עָלֶיהָ
כִּי לֹא עַל־צִדְקֹתֵינוּ אֲנַחְנוּ מַפִּילִים תַּחֲנוּנֵינוּ לְפָנֶיךָ
כִּי עַל־רַחֲמֶיךָ הָרַבִּים:
אֲדֹנָי שְׁמָעָה, אֲדֹנָי סְלָחָה, אֲדֹנָי הַקְשִׁיבָה וַעֲשֵׂה אַל־תְּאַחַר
לְמַעַנְךָ אֱלֹהַי, כִּי־שִׁמְךָ נִקְרָא עַל־עִירְךָ וְעַל־עַמֶּךָ:

בַּעֲבוּר כְּבוֹד שִׁמְךָ
הִמָּצֵא לָנוּ שׁוֹמֵעַ תְּפִלָּה / שְׁמַע תְּפִלָּתֵנוּ לְמַעַן שְׁמֶךָ.

זו הגרסה המלאה של הפיוט הממשיך ׳מִי אֵל כָּמְוֹךָ׳ (עמ׳ 407).

מִי אֵל כָּמְוֹךָ.

סימן א״ב

אָדוֹן אַבִּיר / בְּמַעֲשָׂיו כַּבִּיר	מִי אֵל כָּמְוֹךָ
גּוֹלֶה עֲמֻקּוֹת / דּוֹבֵר צְדָקוֹת	מִי אֵל כָּמְוֹךָ
הַצּוּר תָּמִים / וּמָלֵא רַחֲמִים	מִי אֵל כָּמְוֹךָ
זוֹכֵר חֲסָדִים / חוֹמֵל חֲסִידִים	מִי אֵל כָּמְוֹךָ
טוֹב לַכֹּל / יוֹדֵעַ הַכֹּל	מִי אֵל כָּמְוֹךָ
כּוֹבֵשׁ כְּעָסִים / לְהַצְדִּיק עֲמוּסִים	מִי אֵל כָּמְוֹךָ
מֶלֶךְ עוֹלָם / נִשָּׂא וְנֶעְלָם	מִי אֵל כָּמְוֹךָ
סוֹלֵחַ חֲטָאוֹת / עוֹשֶׂה נִפְלָאוֹת	מִי אֵל כָּמְוֹךָ
פּוֹתֵחַ וּמַשְׂבִּיעַ / צַדִּיק וּמוֹשִׁיעַ	מִי אֵל כָּמְוֹךָ
קוֹרֵא דּוֹרוֹת / רוֹצֶה עֲתִירוֹת	מִי אֵל כָּמְוֹךָ
שׁוֹמֵר שְׁבוּעוֹת / שׁוֹמֵעַ שַׁוְעוֹת	מִי אֵל כָּמְוֹךָ
תּוֹכֵן עֲלִילוֹת / תַּקִּיף בַּתְּהִלּוֹת	מִי אֵל כָּמְוֹךָ

ממשיכים ׳כַּכָּתוּב עַל יַד נְבִיאֶךָ׳ בעמ׳ 407.

פיוטים לתפילת נעילה

זו הגרסה המלאה של ה׳סילוק׳ המובא בעמ׳ 436.

סימן א״ב

שַׁעֲרֵי אַרְמוֹן מְהֵרָה תִפְתַּח לְבוֹאֲרֵי אָמוֹן
שַׁעֲרֵי גְנוּזִים מְהֵרָה תִפְתַּח לְדָתְךָ אֲחוּזִים
שַׁעֲרֵי הֵיכָל הַנֶּחֱמָדִים מְהֵרָה תִפְתַּח לְוְעוּדִים
שַׁעֲרֵי זְבוּל מַחֲנַיִם מְהֵרָה תִפְתַּח לְחַכְלִילִי עֵינַיִם
שַׁעֲרֵי טְהָרָה מְהֵרָה תִפְתַּח לְיָפָה וּבָרָה
שַׁעֲרֵי כֶּתֶר הַמְיֻמָּן מְהֵרָה תִפְתַּח לְלֹא אַלְמָן.
שַׁעֲרֵי מְקוֹם עֵינֶיךָ וְלִבֶּךָ מְהֵרָה תִפְתַּח לְנוֹאֲמֵי טוּבֶךָ
שַׁעֲרֵי סֵפֶר עַל מְהֵרָה תִפְתַּח לְעַמְּךָ לְהַעַל
שַׁעֲרֵי פְתָחִים סְגוּרִים מְהֵרָה תִפְתַּח לְצַדִּיקִים גְּמוּרִים
שַׁעֲרֵי קִרְיַת חָנָה מְהֵרָה תִפְתַּח לְרְחוּמֶיךָ לְהִתְחַנְּנָה
שַׁעֲרֵי שְׁעָרִים הַקְּבוּעִים מְהֵרָה תִפְתַּח לְאַחִים וְרֵעִים
שַׁעֲרֵי תְשׁוּבָה מְהֵרָה תִפְתַּח לְחוֹלַת אַהֲבָה

ממשיכים ׳כֶּתֶר׳ בעמ׳ 436.

סליחות

בתפילת נעילה נוהגים לומר סליחות, אך מקצרים אותן (ראה עמ׳ 441).
להלן הנוסח המלא של שלוש הסליחות הראשונות, אם יש זמן לאומרן במלואן.

את הסליחה ׳תַּעֲלַת צָרֵי׳ כתב ר׳ שלמה הבבלי, שהיגר לאיטליה והיה מראשוני הפייטנים באירופה. הפיוט מתאפיין בתיאור צערם של היהודים בגולה, בד בבד עם קבלת הדין והציפייה לגאולה. היום מקובל לומר רק את חמשת הבתים האחרונים, שבהם גוברת נימת התקווה. יש קהילות שבהן אומרים י״ג מידות אחרי ׳אָז יַעֲלוּ וְיֵרָאוּ בְּרוּחַ נְדִיבָה׳ (בעמוד הבא) ופעם נוספת בסוף הפיוט.

סימן תשר״ק (כפול) שלמה הקטן

תַּעֲלַת צָרֵי תֶּרֶף, וְחוֹבֵשׁ לְמָזוֹר / תַּחְבּוּלוֹת מִלְחֶמֶת, וְרַב יוֹעֵץ לַעֲזוֹר
שׁוֹטֵט אַיִן לְבַד בְּךָ לַחֲזוֹר / שַׁעַן שַׁעֲשׁוּעַ תַּנְחוּם דְּבֵקֶיךָ כָּאֵזוֹר.

רָעָתֵנוּ רַבָּה, דִּבָּה מִסָּבִיב מָגוֹר / רִפְיוֹן וְרֶטֶט וְאֵין גִּבּוֹר לַחְגֹּר
קֶשֶׁת נוֹשֵׂא אֲלֻמּוֹת יַדְמִים קָטֵגוֹר / קִיחַת מֶשֶׁךְ הַזֶּרַע לְהַקְנוֹת סָנֵגוֹר.

צַחְצוּחַ תַּצְלִיחַ לְכְלוּךְ גִּנַּת אֱגוֹזֶיךָ / צְרוּפֵי אֵימֶיךָ, קְצוּפֵי הֶרְגֵּשׁ רָגְזֶךָ
פְּרֹט חוֹבָם דַּבְּרָנִים וּכְרָחֵל נִגְזָזֶיךָ / פִּתְחוֹן זְכִיּוֹתָם חֹן נָא מִגַּזֶּיךָ.

עֲבָרוּ בָּאִים בִּזְרוֹעַ וְנַחַת דֶּשֶׁן / עַרְעֵר הָעוֹלָלוֹת וְאָכְלַת שִׁלּוּחַ הַשֵּׁן
סָע חָזוֹן וְרָזוֹן וְזָח הַחֹשֶׁן / שִׂיחַ תְּפִלַּת הָעֲטוּפִים תֵּפֶן מִלְּעַשֵּׁן.

נוֹצֵחַ לוֹ נוֹחַ וּמִדָּתְךָ תִּנָּכֵר / נוֹתֵן כֹּחַ לְהִנָּצֵחַ, שָׂמֵחַ וּמִשְׁתַּכֵּר
מִשְׁפְּטֵי צִדְקֶךָ וְלֹא בְשֶׁטֶף וְהַכֵּר / מְדַבֵּר בִּצְדָקָה, נָס לְעֶזְרָה מִלְּנַכֵּר.

לֹא לָעוֹלָם תִּטּוֹר, טוּבְךָ כַּבִּיר / לֹא כַחֲטָאֵינוּ תִּגְמֹל וּמִדָּה תַחְבִּיר
כִּי כִגְבֹהַּ שָׁמַיִם חֶסֶד תַּגְבִּיר / כִּרְחוֹק מִזְרָח מִמַּעֲרָב פְּשָׁעֵינוּ תַּעֲבִיר.

יִצְרֵנוּ בְּיֹשֶׁר שְׁבִילְךָ קַשֵּׁט בָּרוּר / יַחַד בְּלִי עֵקֶב אַחֲרֶיךָ גָרוּר
טְעַן עֻלְּךָ כֹּף, כְּבֹשׁ סֵרוּר / טִיף מֵי טֹהַר לְהַמְתִּיק מֵרוּר.

חָצִיר וְקַשׁ יָבֵשׁ וְנִדָּף עָלֶה / חֲשׁוּבִים הִנֵּנוּ כְּצִיץ הַשָּׂדֶה עוֹלֶה
זְכֹר כִּי אֲנַחְנוּ עָפָר וּבָלֶה / זְכֹר כִּי חַיֵּינוּ צֵל וְכָלֶה.

וּמִי יַעֲמֹד, חֵטְא אִם תִּשְׁמֹר / וּמִי יָקוּם, דִּין אִם תִּגְמֹר
הַסְּלִיחָה עִמְּךָ הִיא, סָלַחְתִּי לֵאמֹר / הָרַחֲמִים גַּם לְךָ מִדָּתְךָ לִכְמֹר.

דִּכְדּוּךְ דַּלּוּתֵנוּ רְאֵה, אַל תַּכְלִים / דַּעַת נְתִיב דְּרָכֶיךָ חֶפְצֵנוּ תַשְׁלִים
גָּדוֹל וְקָטֹן רוּחַ שֵׂכֶל הַחֲלִים / גִּבּוֹרֵי כֹחַ, רְצוֹנְךָ חַזֵּק וְהַאֲלִים.

בְּצִלְּךָ שֶׁבֶת שָׁבִים קַבֵּל נְדָבָה / בֵּיתְךָ יַפְרִיחוּ וְלֹא יוֹסִיפוּ לְדַאֲבָה
אוֹבֵד וְנִדָּח תַּשְׁבִּית, נוֹגֵשׂ וּמַדְהֵבָה / אָז יַעֲלוּ וְיֵרָאוּ בְּרוּחַ נְדִיבָה.

יש קהילות שבהן אומרים כאן ׳אֵל מֶלֶךְ׳ וי״ג מידות עד ׳לְכָל־קֹרְאֶיךָ׳ (בעמוד הבא).

שְׁלוֹם פָּרִים שְׂפָתֵינוּ תִּכּוֹן אֱמֶת / לֶכְתֵּנוּ אַחֲרֶיךָ בְּתֹם וְיֹשֶׁר הַעֲמֵת
מֵלִיץ יֹשֶׁר קַבֵּל, וּמַלְשְׁנִי צַמֵּת / הֶחָפֵץ בַּחַיִּים וְלֹא בְּמוֹת הַמֵּת.

הֲקִימֵנוּ בְּאוֹר פָּנֶיךָ וְחֶשְׁבּוֹן יִתְמַצֶּה / קִיּוּם מֶרֶדֶת שַׁחַת כֹּפֶר יִמָּצֵא
טֶרֶם נִקְרָא עוֹד דִּבּוּר יֵצֵא / נִדְבוֹת פִּינוּ יהוה נָא רְצֵה.

שליח הציבור והקהל:

אֵל מֶלֶךְ יוֹשֵׁב עַל כִּסֵּא רַחֲמִים, מִתְנַהֵג בַּחֲסִידוּת.
מוֹחֵל עֲוֹנוֹת עַמּוֹ, מַעֲבִיר רִאשׁוֹן רִאשׁוֹן.
מַרְבֶּה מְחִילָה לְחַטָּאִים, וּסְלִיחָה לְפוֹשְׁעִים.
עֹשֶׂה צְדָקוֹת עִם כָּל בָּשָׂר וָרוּחַ, לֹא כְרָעָתָם תִּגְמֹל.
› אֵל, הוֹרֵיתָ לָּנוּ לוֹמַר שְׁלֹשׁ עֶשְׂרֵה
זְכָר לָנוּ הַיּוֹם בְּרִית שְׁלֹשׁ עֶשְׂרֵה
כְּהוֹדַעְתָּ לֶעָנָו מִקֶּדֶם, כְּמוֹ שֶׁכָּתוּב:
וַיֵּרֶד יהוה בֶּעָנָן, וַיִּתְיַצֵּב עִמּוֹ שָׁם, וַיִּקְרָא בְשֵׁם, יהוה: שמות לד

קהל ואחריו שליח הציבור:

וַיַּעֲבֹר יהוה עַל־פָּנָיו וַיִּקְרָא שמות לד

שליח הציבור והקהל אומרים בקול:

יהוה, יהוה, אֵל רַחוּם וְחַנּוּן, אֶרֶךְ אַפַּיִם, וְרַב־חֶסֶד וֶאֱמֶת:
נֹצֵר חֶסֶד לָאֲלָפִים, נֹשֵׂא עָוֹן וָפֶשַׁע וְחַטָּאָה, וְנַקֵּה:

הכול:

וְסָלַחְתָּ לַעֲוֹנֵנוּ וּלְחַטָּאתֵנוּ, וּנְחַלְתָּנוּ:
סְלַח לָנוּ אָבִינוּ כִּי חָטָאנוּ, מְחַל לָנוּ מַלְכֵּנוּ כִּי פָשָׁעְנוּ.
כִּי־אַתָּה אֲדֹנָי טוֹב וְסַלָּח, וְרַב־חֶסֶד לְכָל־קֹרְאֶיךָ: תהלים פו

את הסליחה הבאה כתב ר׳ יוסף מאורליאנש, תלמידו של רבינו תם הנזכר פעמים אחדות בתוספות, הוא מחבר הפירוש ׳בכור שור׳ על התורה. פיוט זה אישי מאוד, ובולטת בו נימת ההתחטאות והווידוי. הצלע הרביעית בכל בית היא ציטוט או פרפרזה של פסוק מהמקרא. היום מקובל לומר רק את הבתים ׳מַרְבִּים צָרְכֵי עַמְּךָ׳ עד ׳תְּלֵה אֶרֶץ עַל־בְּלִימָה׳, י״ג מידות, הבית המתחיל ׳יָדְךָ פְּשֹׁט׳ ושוב י״ג מידות, ואין אומרים את שני הבתים האחרונים.

סימן א״ב יוסף בר יצחק

אָדוֹן מוֹעֵד כְּתִקַּח, מֵישָׁרִים לִשְׁפֹּט בְּתַעֲצוּמֶיךָ /
אֶתְיַצְּבָה בְּפֶלֶץ לְחַלּוֹת פָּנֶיךָ לְרוֹמְמֶךָ
בְּמַעֲשַׂי לֹא נִשְׁעַנְתִּי, כִּי אִם בְּרַחֲמֶיךָ / יהוה עֲשֵׂה לְמַעַן שְׁמֶךָ: ירמיה יד

גָּזוּ אֱמוּנִים, גִּבּוֹרֵי כֹחַ בְּמֶרֶץ / גַּם גּוֹדְרֵי גָדֵר וְעוֹמְדֵי בַפֶּרֶץ
דּוֹרְשֵׁי חֶפְצָם בְּכֹחַ מְשׁוֹכֵן שְׁמֵי עֶרֶץ / אָבַד חָסִיד מִן־הָאָרֶץ: מיכה ז

הֵן קַלּוֹתִי, וּמָה אָשִׁיב בְּמוֹ פִי / הִנְנִי צָעִיר, וּכְאַיִן מִפְּעֻלּוֹת כַּפִּי
וְאֵיךְ אֲקַוֶּה, וַאֲנִי רַב דֹּפִי / הֱיוֹת לְרָצוֹן אִמְרֵי פִי.

זָחַלְתִּי וָאִירָא מֵחַוּוֹת דֵּעִי / זְדוֹנִי יָגֹרְתִּי, וּמֶרֶד פִּשְׁעִי
חַנּוּן רַחֲמֵנִי בְּהִתְוַדּוֹתִי וְעָזְבִי רִשְׁעִי / שְׁמַע קוֹל תַּחֲנוּנַי, אֵלֶיךָ בְּשַׁוְּעִי.

טָעִיתִי וְהִנְנִי שָׁב וּמִתְוַדֶּה עֲשׂוֹת רְצוֹנְךָ טְהָר עֵינַיִם, חָשְׁבֵנִי כְּשָׁלֵם לְפָנֶיךָ
יָהּ הַכְּנֵס לִי לִפְנִים מִשּׁוּרַת דִּינֶךָ / וְאֵדָעֲךָ, לְמַעַן אֶמְצָא־חֵן בְּעֵינֶיךָ: שמות לג

כֹּחֲךָ יִגְדַּל נָא, וּבִתְפִלָּתִי הִתְנָאֶה / כִּתְפִלַּת זָקֵן וְרָגִיל וּפִרְקוֹ נָאֶה
לְבָבִי הַנִּשְׁבָּר, הַנִּדְכֶּה וְהַנִּכְאֶה / הַבֵּט מִשָּׁמַיִם וּרְאֵה: ישעיה סג

מְרֻבִּים צָרְכֵי עַמְּךָ, וְדַעְתָּם קְצָרָה / מַחְסוֹרָם וּמִשְׁאֲלוֹתָם בַּל יוּכְלוּ לְסַפְּרָה
נָא בִּינָה הֲגִיגֵנוּ טֶרֶם נִקְרָא / הָאֵל הַגָּדֹל הַגִּבֹּר וְהַנּוֹרָא: דברים י

סָפוּ וְגַם כָּלוּ יוֹדְעֵי פְגִיעָה / סֵדֶר תְּפִלּוֹת בְּמַעֲנֶה לְשׁוֹנָם לְהַבִּיעָה
עֲרֻמִּים נוֹתַרְנוּ, וְרַבְּתָה בָּנוּ הָרָעָה / עַל כֵּן לֹא הִשִּׂיגַתְנוּ יְשׁוּעָה.

פָּנִים אֵין לָנוּ פָּנֶיךָ לְחַלּוֹת / פָּשַׁעְנוּ וּמָרַדְנוּ וְהֶעֱוִינוּ מְסִלּוֹת
צְדָקָה לְךָ לְבַד נְבַקֵּשׁ בְּמַעַרְכֵי תְהִלּוֹת / הָעֹמְדִים בְּבֵית־יהוה בַּלֵּילוֹת: תהלים קלד

קָדוֹשׁ, רְאֵה כִּי פַס מֵלִיץ כַּשּׁוּרָה / קַבֵּל נִיבִי כְּמַרְבִּית תְּשׁוּרָה
רִנָּתִי הַיּוֹם תְּהֵא בְּכִתְרְךָ קְשׁוּרָה / אֵל נֶאְזָר בִּגְבוּרָה.

שַׁוְעָתִי שְׁעֵה וּתְפִלָּתִי תְּהֵא נְעִימָה / שְׁמַע פְּגִיעָתִי כִּפְגִיעָה תַמָּה
תְּחַקְּקֵנוּ לְחַיִּים וְתֵיטִיב הַחֲתִימָה / תֹּלֶה אֶרֶץ עַל־בְּלִימָה: איוב כו

ממשיכים ׳אֵל מֶלֶךְ יוֹשֵׁב׳ בעמוד הקודם.

יָדְךָ פְּשֹׁט, וְקַבֵּל תְּשׁוּבָתִי בְּמַעֲמָדִי / סְלַח נָא וּמְחַל רֹעַ מַעְבָּדַי
פְּנֵה וַעֲסֹק בְּטוֹבַת מְשַׁחֲרֶיךָ, דּוֹדַי וּמְעוֹדְדַי / וְאַתָּה יהוה מָגֵן בַּעֲדִי: תהלים ג

בקהילות שבהן מקצרים את הפיוט, ממשיכים ׳אֵל מֶלֶךְ יוֹשֵׁב׳ (בעמוד הקודם).

בָּזֶה אַל תִּבְזֶה הוֹד מִלּוּלִי / רוֹמַמְתִּי הוֹדְךָ לְפִי עֲנִיּוּת שִׂכְלִי
חבקוק ג מַלֵּא לְטוֹבָה תַּאֲוָתִי וּמִשְׁאָלִי / יֱהֹוִה אֲדֹנָי חֵילִי:

יֶעֱרַב שִׂיחִי, וְהֵעָתֵר בִּתְפִלָּה / צְרֹף לְחֶשְׁבּוֹן כָּל מִלָּה וּמִלָּה
תהלים פד חֲשֹׁב קָדוֹשׁ מַעֲמָדִי כְּמִנְחָה בְלוּלָה / הַאֲזִינָה אֱלֹהֵי יַעֲקֹב סֶלָה:

ממשיכים ׳אֵל מֶלֶךְ יוֹשֵׁב׳ בעמ׳ 604.

את הסליחה הבאה כתב ר׳ גרשם ׳מאור גולה׳ ממגנצא. פיוט זה מתאר בהרחבה ובפירוט את סבלם של היהודים בגולה, בדימויים עזים אף מאלה של הפיוט ׳תַּעֲלַת צֳרִי׳ (עמ׳ 602). פיוטים רבים נכתבו סביב שני חרוזי הפזמון, וכבר בסדר רב עמרם גאון רמז להם. הפיוט המוכר הקדום ביותר הוא של ר׳ שלמה הבבלי ׳אַשְׁמָתֵנוּ כִּי רַבָּה׳, הנאמר היום בסליחות לצום גדליה כמנהג ליטא.

היום מקובל לומר רק שניים מבתי הפיוט, ואף לא לומר י״ג מידות אחריו, ולהמשיך אחריו ׳אֶנְקַת מְסַלְּדֶיךָ׳. נוסח מורחב יותר (אך לא הפיוט מלא) אומרים בסליחות לערב ראש השנה.

זְכֹר בְּרִית אַבְרָהָם וַעֲקֵדַת יִצְחָק
וְהָשֵׁב שְׁבוּת אָהֳלֵי יַעֲקֹב
וְהוֹשִׁיעֵנוּ לְמַעַן שְׁמֶךָ.

סימן א״ב (כפול) גרשם בר יהודה חזק

אָבַדְנוּ מֵאֶרֶץ טוֹבָה בְּחִפָּזוֹן / אָרְכוּ הַיָּמִים, וְדָבַר כָּל חָזוֹן
בְּיִשְׂרָאֵל חָדְלוּ פְּרָזוֹן / בְּמִשְׁמַנֵּינוּ שֻׁלַּח רָזוֹן

וְשׁוּב בְּרַחֲמִים עַל שְׁאֵרִית יִשְׂרָאֵל / וְהוֹשִׁיעֵנוּ לְמַעַן שְׁמֶךָ.

גּוֹלָה אַחַר גּוֹלָה / גָּלְתָה יְהוּדָה כֻּלָּהּ
דָּוָה כָּל הַיּוֹם וְכָלָה / דּוֹרֵשׁ וּמְבַקֵּשׁ אֵין לָהּ

וְהָשֵׁב שְׁבוּת אָהֳלֵי יַעֲקֹב / וְהוֹשִׁיעֵנוּ לְמַעַן שְׁמֶךָ.

הָעִיר הַקֹּדֶשׁ וְהַמְּחוֹזוֹת / הָיוּ לְחֶרְפָּה וּלְבִזּוֹת
וְכָל מַחֲמַדֶּיהָ טְבוּעוֹת וּגְנוּזוֹת / וְאֵין שִׁיּוּר, רַק הַתּוֹרָה הַזֹּאת

וְשׁוּב בְּרַחֲמִים עַל שְׁאֵרִית יִשְׂרָאֵל / וְהוֹשִׁיעֵנוּ לְמַעַן שְׁמֶךָ.

זִקְנֵי יְהוּדָה וְיוֹשְׁבֵי יְרוּשָׁלַיִם / זֵר גְּאוֹנָם נִרְמַס בְּרַגְלַיִם
חָטְאוּ בְּכֶפֶל, וְלָקוּ בְּכִפְלַיִם / חָשְׁפָה עַל פָּנֵימוֹ שׁוּלַיִם
וְהָשֵׁב שְׁבוּת אָהֳלֵי יַעֲקֹב / וְהוֹשִׁיעֵנוּ לְמַעַן שְׁמֶךָ.

טָשׂ כְּנֶשֶׁר מְבַקֵּשׁ נַפְשָׁם / טָבַח בַּחוּרֵיהֶם בְּבֵית מִקְדָּשָׁם
יָסַפְתָּ לְיַסְּרָם וּלְעָנְשָׁם / יְלָדִים עַל אֵם לְרַטְּשָׁם
וְשׁוּב בְּרַחֲמִים עַל שְׁאֵרִית יִשְׂרָאֵל / וְהוֹשִׁיעֵנוּ לְמַעַן שְׁמֶךָ.

כֻּבַּשְׁנוּ לַעֲבָדִים וְנִתְיַגַּעְנוּ / כְּנַסְנוּ מֵהָאֲרִי, הַדֹּב פְּגָעָנוּ
לָחַץ נָמֵר, עַד כִּי יָגַעְנוּ / לְבֵט נוֹבֵר וְלֹא הִרְגַּעְנוּ
וְהָשֵׁב שְׁבוּת אָהֳלֵי יַעֲקֹב / וְהוֹשִׁיעֵנוּ לְמַעַן שְׁמֶךָ.

מִכָּל מְשַׁעְבְּדֵי אֹם שְׁלִישִׁיָּה / מְשָׁכָה וְאָרְכָה מַלְכוּת רְבִיעִיָּה
נָתְנָה עֹל בַּרְזֶל עַל עֲנִיָּה / נֶהֶיְתָה תַּאֲנִיָּה וַאֲנִיָּה
וְשׁוּב בְּרַחֲמִים עַל שְׁאֵרִית יִשְׂרָאֵל / וְהוֹשִׁיעֵנוּ לְמַעַן שְׁמֶךָ.

שְׂרִידֵי עַם עֹל מַלְכוּתְךָ קִבֵּל / שׂוֹנֵא דוֹחֵק, מַשְׁחִית וּמְחַבֵּל
עָלֶיךָ לִפְרֹק, הַנָּאֶה וּמִתְקַבֵּל / עֶצֶב נִבְזֶה לֶאֱלוֹהַּ לְקַבֵּל
וְהָשֵׁב שְׁבוּת אָהֳלֵי יַעֲקֹב / וְהוֹשִׁיעֵנוּ לְמַעַן שְׁמֶךָ.

פֶּצַע וְחַבּוּרָה וּמַכָּה טְרִיָּה / פָּצְתָה עָלֶיךָ בַּת הָעִבְרִיָּה
צַר לָהּ, מַר לָהּ, בְּאֶרֶץ נָכְרִיָּה / צְדוּהָ כַּצִּפּוֹר מֵהַר הַמּוֹרִיָּה
וְשׁוּב בְּרַחֲמִים עַל שְׁאֵרִית יִשְׂרָאֵל / וְהוֹשִׁיעֵנוּ לְמַעַן שְׁמֶךָ.

קָשְׁטְ עָשִׂיתָ כִּי הִרְשָׁעְנוּ / קָצַפְתָּ עָלֵינוּ כִּי פָּשָׁעְנוּ
רְצוֹנְךָ לַעֲשׂוֹת, הִרְהַרְנוּ וְחִשַּׁבְנוּ / רֶשַׁע נַעֲזֹב, וְעָדֶיךָ שַׁבְנוּ
וְהָשֵׁב שְׁבוּת אָהֳלֵי יַעֲקֹב / וְהוֹשִׁיעֵנוּ לְמַעַן שְׁמֶךָ.

שׁוּב מֵחֲרוֹן אַפֶּךָ / שַׁכֵּךְ כַּעַסְךָ וְקִצְפֶּךָ
תִּזְכֹּר רַחֵם בְּזַעְפֶּךָ / תּוֹשִׁיעַ עַם חוֹסֶיךָ וּמְצַפֶּיךָ
וְשׁוּב בְּרַחֲמִים עַל שְׁאֵרִית יִשְׂרָאֵל / וְהוֹשִׁיעֵנוּ לְמַעַן שְׁמֶךָ.

גּוֹאֵל חָזָק, לְמַעַנְךָ פְּדֵנוּ / רְאֵה כִּי אָזְלַת יָדֵנוּ
שׁוּר כִּי אָבְדוּ חֲסִידֵינוּ / מַפְגִּיעַ אֵין בַּעֲדֵנוּ
וְהָשֵׁב שְׁבוּת אָהֳלֵי יַעֲקֹב / וְהוֹשִׁיעֵנוּ לְמַעַן שְׁמֶךָ.

בְּרִית אָבוֹת וְאִמָּהוֹת וְהַשְּׁבָטִים / רַחֲמֶיךָ וַחֲסָדֶיךָ בְּרִבּוֹת עִתִּים
יָהּ זְכֹר לְמֻכִּים וְנִמְרָטִים / וְעָלֶיךָ כָּל הַיּוֹם נִשְׁחָטִים
וְשׁוּב בְּרַחֲמִים עַל שְׁאֵרִית יִשְׂרָאֵל / וְהוֹשִׁיעֵנוּ לְמַעַן שְׁמֶךָ.

דּוֹרֵשׁ דָּמִים, דּוּן דִּינֵנוּ / הָשֵׁב שִׁבְעָתַיִם אֶל חֵיק מְעַנֵּינוּ
חִנָּם נִמְכַּרְנוּ, וְלֹא בְכֶסֶף פְּדֵנוּ / זְקֹף בֵּית מִקְדָּשְׁךָ הַשָּׁמֵם לְעֵינֵינוּ
וְהָשֵׁב שְׁבוּת אָהֳלֵי יַעֲקֹב / וְהוֹשִׁיעֵנוּ לְמַעַן שְׁמֶךָ.

ממשיכים ׳אֲנָקַת מְסַלְדֶיךָ׳ בעמ׳ 448.

סדר העבודה

אמיץ כח

סדר העבודה
אמיץ כח

למנהג אשכנז סדר העבודה בתפילת מוסף הוא הפיוט 'אַמִּיץ כֹּחַ', שכתב ר' משולם בן קלונימוס. פיוט זה מאוחר לפיוט 'אַתָּה כּוֹנַנְתָּ' ולשונו קשה יותר להבנה, אך יש שכתבו שהוא מתאים יותר לפרטי ההלכה (מג"א תקכא, ד) מ'אַתָּה כּוֹנַנְתָּ'. בפיוט זה לא נזכרו כל עבודות היום, ויש עבודות שנזכרו בהבלעה בלבד. ככלל, מדובר בעבודות הנעשות הרחק מעיני הציבור. מסתבר שבניגוד ל'אַתָּה כּוֹנַנְתָּ', שממנו יכלו השומעים ללמוד את סדר עבודת יום הכיפורים, מגמתו של 'אַמִּיץ כֹּחַ' שונה: הוא משחזר את חוויית העם הכמה לסליחה, מתאר בהרחבה את ימי ההכנה שלפני יום הכיפורים, מפרט את העבודות שאותן היה יכול לראות העם העומד בעזרה ועוקב אחר הכוהן הגדול, ומסיים בתיאור של שמחת העם והעולם כולו במחילת העוון.

אופן אמירת הפיוט דומה לאופן אמירת 'אַתָּה כּוֹנַנְתָּ'.

סימן א"ב (מרובע) – משלם בירבי קלונימוס חזק

אַמִּיץ כֹּחַ, כַּבִּיר וְרַב אוֹנִים / אֲשֶׁר מִי יַעֲשֶׂה כְּמַעַשׂ גְּבוּרוֹתֶיךָ
אֹמֶץ עֲלִיּוֹת קֵרִיתָ עַל קָרִים / אַף יִסַּדְתָּ תֵּבֵל עַל בְּלִימָה.
בִּהְיוֹת עוֹלָם חֹשֶׁךְ, צַלְמָוֶת וְעֵיפָה / בְּמַעֲטֵה לְבוּשְׁךָ אוֹר בֹּקֶר הִגַּהְתָּ
בֵּין זֵידוֹנִים חַצְתָּ כְּקֶרַח הַנּוֹרָא / בְּצוּל הִקְוִיתָם לְבַל יְכַסּוּן חֶלֶד.
גִּלִּיתָ פְּנֵי נֶשִׁי, וְהֵנֵצָה תְנוּבָה / גַּן מִקֶּדֶם טָעַתָּ לְשַׁעֲשׁוּעַ מַאֲמִירֶיךָ
גֶּדֶל מְאוֹרוֹת תַּתָּה בִּרְקִיעַ עֻזֶּךָ / גַּם צְבָא מַזָּרוֹת עִמָּם צִוִּיתָ.
דֵּי שָׁחִים וְדָאִים מִשַּׁעַל צַרְתָּ / דִּמְיוֹן בָּרִיחַ לְכֵרַת יוֹשְׁבֵי גַנִּים
דְּבוּקַת רְגָבִים הוֹצִיאָה רוֹמְשִׂים וְשׁוֹאֲפִים /
דָּר קָנֶה וּבִצָּה לַאֲרוּחַת קְרוּאֶיךָ.
הֵכַנְתָּ טֶבַח וָמֶסֶךְ, וְסוֹעֵד אָיִן / הִקְרַצְתָּ גֹּלֶם מֵחֹמֶר בְּתַבְנִית חוֹתָמֶךָ
הֵפַחְתָּ בְּחֶלְדּוֹ טֹהַר נֶשֶׁם מִזְּבוּלֶךָ / הָרְדָּם וּמִצַּלְעוֹ עֵזֶר לוֹ יִעַדְתָּ.
וְצִוִּיתוֹ בְּלִי לְעֹט מֵעֵץ הַדַּעַת / וְהֵפֵר צִוּוּי כְּפֶתִי בְּהַשָּׁאַת זוֹחֵל
וְעֻנַּשׁ בְּזֵעַת אַף לִטְרֹף חֻקּוֹ / וְאִוֶּלֶת בְּצִירִים, וְעָרוּם עָפָר לַחְמוֹ.
זֵרוּי רִבְעוֹ הִקְפֵּיתָ בְּבֶטֶן חוֹמֶדֶת / זֶרַע וְהוֹלִידָה אִכָּר וְרוֹעֵה צֹאן
זֶבַח וָשַׁי הִגִּישׁוּ לְמוּלָךְ יַחַד / זָעַמְתָּ בְּרַב, וְשַׁעְתָּ תְּשׁוּרַת צָעִיר.
חֵמֶל רַחֲמָיו שִׁחֵת, וְעָרַף אָח / חִלָּה פָנֶיךָ, וְשַׂמְתָּ לוֹ אוֹת

חַלּוּ שָׁלִישִׁים קְרֹא בְשִׁמְךָ לַסָּמֵל /
חֵיל נוֹזְלִים קָרָאתָ וּשְׁטָפוּם וְאָבָדוּ.
טָעוּ גֵאִים וּפָצוּ סוּר לְנֶגְדֶּךָ / טֹרְפוּ בְּחֹם הוֹמִים, יְזֹרְבוּ נִצְמָתוּ
טְעוּן גֹּפֶר נוֹשַׁע כְּסַגְּרַתְּ בַּעֲדוֹ / טְפוּלָיו הִפְרֵיתָ וּמָלְאוּ פְּנֵי צִיָּה.
יָעֲצוּ נֶאֱחָדִים לָרוּם עַד לַשַּׁחַק / יֻקְשׁוּ נְפֹצוּ בְּרוּחַ סֹעָה וָסָעַר
יְדִיד אִתּוּי עֵבֶר יְדַעְךָ בָּעוֹלָם / יְחוּם זְקָנָיו הֶעֱלָה לְךָ לְכָלִיל.
כְּשֶׁה תָמִים בְּחַר אִישׁ תָּם / כְּחָשַׁק יְשִׁיבַת אֹהֶל וְנִמְשַׁךְ אַחֲרֶיךָ
כֹּשֶׁר חֲנִיטֵי יוֹף הוֹצֵאתָ מֵחֲלָצָיו / כֻּלּוֹ זֶרַע אֱמֶת וְאֵין דֹּפִי.
לְשָׁרֶתְךָ אִוִּיתָ לֵוִי אִישׁ חֲסִידֶךָ / לְהַבְדִּיל מִגִּזְעוֹ מְקֻדָּשׁ קֹדֶשׁ קָדָשִׁים
לִקְשֹׁר נֵזֶר קֹדֶשׁ וְלַעֲטוֹת אוּרִים / לֵישֵׁב כִּכְבוּדָה פְּנִימָה יָמִים שִׁבְעָה.
מַחֲזִיקֵי אֲמָנָה, שָׁבוּעַ קֹדֶם לֶעָשׂוֹר /
מַפְרִישִׁים כֹּהֵן הָרֹאשׁ כְּדַת הַמִּלּוּאִים
› מַזִּים עָלָיו מֵי חַטָּאת לְטַהֲרוֹ /
מַקְטִיר וּמֵיטִיב וְזוֹרֵק, לְהִתְרַגֵּל בַּעֲבוֹדָה.

כַּכָּתוּב בְּתוֹרָתֶךָ
כַּאֲשֶׁר עָשָׂה בַּיּוֹם הַזֶּה, צִוָּה יהוה לַעֲשֹׂת לְכַפֵּר עֲלֵיכֶם: ויקרא ח

הכול:

נִלְוִים אֵלָיו נְבוֹנִים יְשִׁישֵׁי שַׁעַר / נוֹאֲמִים לוֹ, קְרָא נָא בְּפִיךָ
נֹגַהּ תְּשִׁיעִי יַעֲמִידוּהוּ בְּשַׁעַר קָדִים / נוֹי זִבְחֵי יוֹם לְפָנָיו יַעֲבִירוּ.
סֻמַּךְ בִּיאַת שֶׁמֶשׁ צֵידוֹ יְמַעִיטוּ / סַאַב לְבָן פֶּן בְּרֶדֶם יִקְרֵהוּ
סָבֵי שִׁבְטוֹ, לְלַמֵּד חֵפֶן יוֹלִיכוּהוּ / סַמִּים לְתַמֵּר בִּפְנִים אוֹתוֹ יַשְׁבִּיעוּ.
סָמַר בְּשָׂרוֹ וְהִדְמִיעַ כִּי נֶחְשַׁד / סָרוּ גַּם הֵם וּבֶכֶה הִגִּירוּ
שִׂיחַ מִדְרָשׁ בְּפֶה וּבִכְתָב הִגָּיוֹן / סְבִיבָיו יְשַׁנְּנוּ לְעוֹרְרוֹ עַד חֲצוֹת.
עָלְצוּ תְּרֹם דֶּשֶׁן בְּפַיִס רִאשׁוֹן / עוֹד יָפִיסוּ לְדַשּׁוּן פְּנִימִי וּמְנוֹרָה
עֵקֶב קְטֹרֶת פַּיִס חֲדָשִׁים יְשַׁלֵּשׁוּ / עֵרֶךְ נְתָחִים יַחַד פַּיִס הָרְבִיעִי.
עָלָה בְּרַק הַשַּׁחַר כְּנִם הַצּוֹפֶה / עָלָיו פֵּרְשׂוּ מָסָךְ בּוּץ לְהַצְנִיעַ

עֵרָה סוּתוֹ, טָבַל וְעָט זְהָבִים / עָמַד וְקִדֵּשׁ, וְקֵרֵץ תְּמִיד הַשַּׁחַר.
פִּקֵּד לְמָרְקוֹ וְהוּא קִבֵּל וְזָרַק / פֵּרַשׁ הִקְטִיר וְהֵטִיב, הִקְרִיב וְנִסֵּךְ
פְּעֻלַּת כָּלִיל הִשְׁלִים וְעָשׂ כְּסֵדֶר / פֵּרְשׁוּ סְדִין לָבָן עוֹד כְּבָרִאשׁוֹנָה.
פְּרָוָה בַּקֹּדֶשׁ, שָׁם קִדֵּשׁ וּפָשַׁט / פָּסַע וְטָבַל, לְבָנִים עָט וְקִדֵּשׁ
פְּלוּסִים עֶרְכָּם מָנִים שְׁמוֹנָה עָשָׂר /
פְּאוּרִים לְשָׁרֵת בָּם לְמֶלֶךְ הַכָּבוֹד.
פָּרוֹ מֻצָּב בֵּין אוּלָם לַמִּזְבֵּחַ / פָּנָיו יָמָּה וְרֹאשׁוֹ נֶגְבָּה מְעֻקָּם
‹ פָּגַשׁ וְסָמַךְ יָדָיו עַל רֹאשׁוֹ / פְּשָׁעָיו הוֹדָה, וּבְחָבוֹ לֹא טָמַן.

שליח הציבור אומר, והקהל אומר אתו בלחש:

וְכָךְ הָיָה אוֹמֵר
אָנָּא הַשֵּׁם / חָטָאתִי, עָוִיתִי, פָּשַׁעְתִּי לְפָנֶיךָ אֲנִי וּבֵיתִי.
אָנָּא בַשֵּׁם / כַּפֶּר נָא לַחֲטָאִים וְלַעֲוֹנוֹת וְלַפְּשָׁעִים
שֶׁחָטָאתִי וְשֶׁעָוִיתִי וְשֶׁפָּשַׁעְתִּי לְפָנֶיךָ אֲנִי וּבֵיתִי.
כַּכָּתוּב בְּתוֹרַת מֹשֶׁה עַבְדֶּךָ מִפִּי כְבוֹדֶךָ
כִּי־בַיּוֹם הַזֶּה יְכַפֵּר עֲלֵיכֶם לְטַהֵר אֶתְכֶם ויקרא טז
מִכֹּל חַטֹּאתֵיכֶם לִפְנֵי יהוה

וְהַכֹּהֲנִים וְהָעָם הָעוֹמְדִים בָּעֲזָרָה
כְּשֶׁהָיוּ שׁוֹמְעִים אֶת הַשֵּׁם הַנִּכְבָּד וְהַנּוֹרָא
מְפֹרָשׁ יוֹצֵא מִפִּי כֹהֵן גָּדוֹל, בִּקְדֻשָּׁה וּבְטָהֳרָה

הקהל ושליח הציבור כורעים ומשתחווים.

הָיוּ כּוֹרְעִים וּמִשְׁתַּחֲוִים וּמוֹדִים, וְנוֹפְלִים עַל פְּנֵיהֶם
וְאוֹמְרִים
בָּרוּךְ שֵׁם כְּבוֹד מַלְכוּתוֹ לְעוֹלָם וָעֶד.

הכול קמים על רגליהם, ושליח הציבור אומר:

וְאַף הוּא הָיָה מִתְכַּוֵּן לִגְמֹר אֶת הַשֵּׁם כְּנֶגֶד הַמְבָרְכִים
וְאוֹמֵר לָהֶם, תִּטְהָרוּ:
וְאַתָּה בְּטוּבְךָ הַגָּדוֹל מְעוֹרֵר רַחֲמֶיךָ, וְסוֹלֵחַ לְאִישׁ חֲסִידֶךָ.

הכול:

צָעַד לֵילֵךְ לוֹ לְמִזְרַח עֲזָרָה / צֶמֶד שְׂעִירִים שָׁם, מֵהוֹן עֵדָה
צְמוּדִים אֲחוּיִים, שָׁוִים בְּתֹאַר וּבְקוֹמָה / צָגִים לְכַפֵּר עֲוֹן בַּת הַשּׁוֹבֵבָה.
צְהוּב חֲלָשִׁים טָרַף וְהֶעֱלָה מִקַּלְפִּי / צָנַח וְהִגְרִיל לַשֵּׁם גָּבֹהַּ וְלַצּוּק.
צָעַק בְּקוֹל רָם, לַיהוה חַטָּאת / צוֹתְתָיו עָנוּ וּבֵרְכוּ אֶת הַשֵּׁם.
צֶבַע זְהוֹרִית קָשַׁר בְּרֹאשׁ מִשְׁתַּלֵּחַ / צִיגְתוֹ אִמֵּן נֶגֶד בֵּית שִׁלּוּחַ
◂ צָלַח וּבָא אֵצֶל פָּרוֹ שֵׁנִית / צַחֲנָתוֹ וְשֶׁלְּמַטֵּהוּ, פְּנֵי צוּר הִתְוַדָּה.

שליח הציבור אומר, והקהל אומר אתו בלחש:

וְכָךְ הָיָה אוֹמֵר
אָנָּא הַשֵּׁם / חָטָאתִי, עָוִיתִי, פָּשַׁעְתִּי לְפָנֶיךָ
אֲנִי וּבֵיתִי וּבְנֵי אַהֲרֹן עַם קְדוֹשֶׁךָ.
אָנָּא בַּשֵּׁם / כַּפֶּר נָא לַחֲטָאִים וְלַעֲוֹנוֹת וְלַפְּשָׁעִים
שֶׁחָטָאתִי וְשֶׁעָוִיתִי וְשֶׁפָּשַׁעְתִּי לְפָנֶיךָ
אֲנִי וּבֵיתִי וּבְנֵי אַהֲרֹן עַם קְדוֹשֶׁךָ.
כַּכָּתוּב בְּתוֹרַת מֹשֶׁה עַבְדֶּךָ מִפִּי כְבוֹדֶךָ
כִּי־בַיּוֹם הַזֶּה יְכַפֵּר עֲלֵיכֶם לְטַהֵר אֶתְכֶם ויקרא טז
מִכֹּל חַטֹּאתֵיכֶם לִפְנֵי יהוה

וְהַכֹּהֲנִים וְהָעָם הָעוֹמְדִים בָּעֲזָרָה
כְּשֶׁהָיוּ שׁוֹמְעִים אֶת הַשֵּׁם הַנִּכְבָּד וְהַנּוֹרָא
מְפֹרָשׁ יוֹצֵא מִפִּי כֹהֵן גָּדוֹל, בִּקְדֻשָּׁה וּבְטָהֳרָה

הקהל ושליח הציבור כורעים ומשתחווים.

הָיוּ כּוֹרְעִים וּמִשְׁתַּחֲוִים וּמוֹדִים, וְנוֹפְלִים עַל פְּנֵיהֶם
וְאוֹמְרִים
בָּרוּךְ שֵׁם כְּבוֹד מַלְכוּתוֹ לְעוֹלָם וָעֶד.

הכול קמים על רגליהם, ושליח הציבור אומר:

וְאַף הוּא הָיָה מִתְכַּוֵּן לִגְמֹר אֶת הַשֵּׁם כְּנֶגֶד הַמְבָרְכִים
וְאוֹמֵר לָהֶם, תִּטְהָרוּ:
וְאַתָּה בְּטוּבְךָ הַגָּדוֹל מְעוֹרֵר רַחֲמֶיךָ, וְסוֹלֵחַ לְשֵׁבֶט מְשָׁרְתֶיךָ.

הכול:

קָח מַאֲכֶלֶת חַדָּה וּשְׁחָטוֹ כְּסֵדֶר / קִבֵּל דָּם בְּמִזְרָק וּנְתָנוֹ לַמְּמָרֵס
קְרִישָׁתוֹ יָמֵס עַד עֵת הַזָּיָה / קָפוּי פֶּן יְהִי, וְתֶעְדַּר סְלִיחָה.
קָח לוֹחֲשׁוֹת חַת בְּמַחְתַּת פַּרְוַיִם / קָלָה, וְגֶלֶד רַךְ וַאֲרֻכַּת יָד
קָדַר לְתוֹכָהּ שְׁלֹשֶׁת קַבִּין גֶּחָלִים / קֵרְבוּ לוֹ בָּזָךְ וּגְדוּשַׁת דַּקָּה.
קָלַט וְחָפַן, וְהֵרִיק לְתוֹךְ בָּזָךְ / קָפַץ מַחְתָּה בַּיָּמִין וּבָזָךְ בַּשְּׂמֹאל
קִישׁ צְעָדָיו בַּפָּרֹכוֹת וְקָרַב לַבַּדִּים / קְטֹרֶת שָׂם בֵּינֵימוֹ וְעִשֵּׁן וְיָצָא.
רוֹבֶה מְמָרֵס, מֶנּוּ נָטַל דָּם / רָץ וְנִכְנַס וְקָם בֵּין שַׁדַּיִם
› רִצּוּי הַזָּיוֹת טָבַל, וְהִצְלִיף בְּמִנְיָן / רוּם מַעְלָה אַחַת וּמַטָּה שֶׁבַע.

שליח הציבור מונה, והקהל מונה אחריו:

וְכָךְ הָיָה מוֹנֶה

אַחַת	אַחַת וְאַחַת
אַחַת וּשְׁתַּיִם	אַחַת וְשָׁלֹשׁ
אַחַת וְאַרְבַּע	אַחַת וְחָמֵשׁ
אַחַת וָשֵׁשׁ	אַחַת וָשֶׁבַע.

הכול:

רָץ וְהִנִּיחוֹ בַּכַּן וְשָׁחַט שָׂעִיר / רִצָּה וְקִבֵּל דָּמוֹ בְּאַגַּן קֹדֶשׁ
› רֶגֶל וְעָמַד מְקוֹם וְעוֹד אָרוֹן / רִצָּה הַזָּיוֹת כְּמַעֲשֵׂה דַּם פַּר.

שליח הציבור מונה, והקהל מונה אחריו:

וְכָךְ הָיָה מוֹנֶה

אַחַת	אַחַת וְאַחַת
אַחַת וּשְׁתַּיִם	אַחַת וְשָׁלֹשׁ
אַחַת וְאַרְבַּע	אַחַת וְחָמֵשׁ
אַחַת וָשֵׁשׁ	אַחַת וָשֶׁבַע.

הכול:

רָהַט וְהִנִּיחוֹ, וְדַם פַּר נָטַל / רַגְלָיו הֵרִיץ, וְצָג חוּץ לַבּוֹדֶלֶת
רִקְמֵי פָרֹכֶת יַז כְּמִשְׁפַּט כַּפֹּרֶת / רָגַשׁ שָׁנָה, וְהִזָּה מִדַּם שָׂעִיר.
שָׁב וּבְלָלָם וְחִטֵּא מִזְבַּח סָגוּר / שֶׁבַע עַל טָהֳרוֹ וּבְקַרְנָיו אַרְבַּע
▸ שָׁקַד וּבָא אֵצֶל שָׂעִיר הֶחָי / שִׁגְיוֹן עַם וּזְדוֹנוֹ יוֹדֶה לָאֵל.

שליח הציבור אומר, והקהל אומר אתו בלחש:

וְכָךְ הָיָה אוֹמֵר

אָנָּא הַשֵּׁם / חָטְאוּ, עָווּ, פָּשְׁעוּ לְפָנֶיךָ עַמְּךָ בֵּית יִשְׂרָאֵל.
אָנָּא בַשֵּׁם / כַּפֶּר נָא לַחֲטָאִים וְלַעֲוֹנוֹת וְלַפְּשָׁעִים
שֶׁחָטְאוּ וְשֶׁעָווּ וְשֶׁפָּשְׁעוּ לְפָנֶיךָ עַמְּךָ בֵּית יִשְׂרָאֵל.
כַּכָּתוּב בְּתוֹרַת מֹשֶׁה עַבְדֶּךָ מִפִּי כְבוֹדֶךָ
כִּי־בַיּוֹם הַזֶּה יְכַפֵּר עֲלֵיכֶם לְטַהֵר אֶתְכֶם ויקרא טז
מִכֹּל חַטֹּאתֵיכֶם לִפְנֵי יהוה

וְהַכֹּהֲנִים וְהָעָם הָעוֹמְדִים בָּעֲזָרָה
כְּשֶׁהָיוּ שׁוֹמְעִים אֶת הַשֵּׁם הַנִּכְבָּד וְהַנּוֹרָא
מְפֹרָשׁ יוֹצֵא מִפִּי כֹהֵן גָּדוֹל, בִּקְדֻשָּׁה וּבְטָהֳרָה

הקהל ושליח הציבור כורעים ומשתחווים.

הָיוּ כּוֹרְעִים וּמִשְׁתַּחֲוִים וּמוֹדִים, וְנוֹפְלִים עַל פְּנֵיהֶם
וְאוֹמְרִים
בָּרוּךְ שֵׁם כְּבוֹד מַלְכוּתוֹ לְעוֹלָם וָעֶד.

הכול קמים על רגליהם, ושליח הציבור אומר:

וְאַף הוּא הָיָה מִתְכַּוֵּן לִגְמֹר אֶת הַשֵּׁם כְּנֶגֶד הַמְבָרְכִים
וְאוֹמֵר לָהֶם, תִּטְהָרוּ:
וְאַתָּה בְּטוּבְךָ הַגָּדוֹל מְעוֹרֵר רַחֲמֶיךָ וְסוֹלֵחַ לַעֲדַת יְשֻׁרוּן.

הכול:

שִׁגְּרוֹ בְּיַד עִתִּי לְמִדְבָּר עָז / שֶׁמֶץ כִּתְמֵי זוֹ שְׂאֵת לִגְזֵרָה
שֵׁן סֶלַע הֲדָפוֹ וְגִלְגַּל וְיָרַד / שְׁבָרוּ עֲצָמָיו כְּנֶפֶץ כְּלִי יוֹצֵר.
שְׁחוּזָה אָחַז, פָּר וְשָׂעִיר קָרַע / שָׁלַף אֵמוּרִים, וּגְוִיּוֹת קָלַע לִשְׂרֹף
שָׁאַג סִדְרֵי יוֹם, קִדֵּשׁ וּפָשַׁט / שִׁלֵּשׁ וְטָבַל, פִּיֵּם עָט וְקִדֵּשׁ.
תָּכַף וְעָשׂ אֵילוֹ וְאֵיל עָם / תְּרַב חַטָּאוֹת וּמוּסָפִין הִקְרִיב כַּחֹק
תָּר וְקִדֵּשׁ, פָּשַׁט וְטָבַל וְקִדֵּשׁ / תַּכְרִיךְ בַּדִּים עָט וְנִכְנַס לַדְּבִיר.
תְּכוּנַת כְּלֵי קְטֹרֶת הוֹצִיא וְקִדֵּשׁ / תִּלְבֹּשֶׁת מַדָּיו הִפְשִׁיט וְגָנַז נֶצַח.
תִּרְגֵּל וְטָבַל, חֲרוּצִים עָט וְקִדֵּשׁ / תָּמִיד הִסְדִּיר וְתִמֵּר, וְנֵרוֹת הֶעֱלָה.
תֶּכֶל עֲבוֹדוֹת, יָד וָרֶגֶל קִדֵּשׁ / תִּמֵּם טְבִילוֹת חָמֵשׁ וְקִדּוּשִׁים עֲשָׂרָה
תֹּאַר מְגַמָּתוֹ כְּצֵאת הַשֶּׁמֶשׁ בִּגְבוּרָה / תָּקַף וְדָץ וְעָטָה בִּגְדֵי הוֹנוֹ.
תַּמָּה תְּלֻוֶּה צִיר נֶאֱמָן לַבַּיִת / תָּגֵל בְּהִתְבַּשֵּׂר, הָשְׁלַג אֹדֶם תּוֹלָע
תַּעֲדֶה יֶשַׁע, תַּעְטֶה מְעִיל צֶדֶק / תָּפִיק צָהֳלָה, תַּבִּיעַ דִּיץ וְחֶדְוָה.
תְּלוּלֵי רוּם הִרְעִיפוּ זַרְזִיף טַלָּם / תַּלְמֵי שַׁדַי רָווּ תֵּת יְבוּלָם
תּוֹדָה נָתְנוּ אוֹסְפֵי זֶרַע שָׁלוֹם / תְּהִלָּה בִּשְּׂרוּ נוֹשְׂאֵי אֲלֻמּוֹת בְּרֶנֶן.
תַּחְתִּיּוֹת אֶרֶץ צְבִי זֶמֶר שִׁמֵּעוּ / תְּנוּ צִדְקוֹתָיו חֲצַץ הוֹלְכֵי נְתִיבוֹת

תִּקְוַת שׁוֹלְחָיו, אֵמוּן לֹא אַכְזָב / תּוֹחַלְתָּם כְּצִנַּת שֶׁלֶג בְּיוֹם קָצִיר.
מְצוֹאָתָם רְחָצוּ, מִטֶּנֶף צַחֲנָם זַכּוּ /
שְׁלֵמִים תְּמִימִים, בְּבֹר כַּפֵּימוֹ זְכוּכוּ
לְהַגִּיד כִּי מְטַהֲרָם מְקוֹר מַיִם חַיִּים /
מִקְוֵה יִשְׂרָאֵל מְנַקָּם, מֵימָיו נֶאֱמָנוּ.
בְּטֹהַר וּבְנִקָּיוֹן יִנָּקוּ וְיִטְהָרוּ / יְחֻדְּשׁוּ כַּחֲדָשִׁים בְּבָקְרִים, מִכְּתָם יִצְחָצָחוּ
רוֹמְמוֹת אֵל יֶהְגּוּ בִגְרוֹנָם / בִּלְשׁוֹנָם רֹן, בְּפִימוֹ שִׁיר חָדָשׁ.
יָגִילוּ בְרַעַד, יַעַבְדוּ בְיִרְאָה / קְדוֹשׁ יִשְׂרָאֵל מְקַדֵּשׁ קְדוֹשִׁים
לְשַׁנֵּן, לְרַנֵּן, לְתוֹפֵף וּלְצַלְצֵל / וּלְנַצֵּחַ בִּנְגִינוֹת וּלְהַנְעִים זֶמֶר.
נֶחֱבָקִים בְּעֹז יָמִין רוֹמֵמָה / יַחַד נִתְמָכִים בִּמְלָאָה צֶדֶק
מְשׁוּכִים לָבוֹא שְׁעָרָיו בִּרְנָנָה / וְשָׂשׂוֹן וְשִׂמְחָה יַשִּׂיגוּ נֶצַח.
שָׂשִׂים וְגָלִים בִּשְׁמוֹ כָּל הַיּוֹם / חָדִים בְּשִׂמְחָה אֶת פָּנָיו
◂ זִיו אוֹרָם כַּשַּׁחַר יִבָּקַע / קוֹלָם יִשְׂאוּ וְיָרֹנּוּ בִּגְאוֹן צוּר עוֹלָמִים.
תהלים קמד אַשְׁרֵי הָעָם שֶׁכָּכָה לּוֹ, אַשְׁרֵי הָעָם שֶׁיהוה אֱלֹהָיו:

הכול:

וְיוֹם טוֹב הָיָה עוֹשֶׂה כֹּהֵן גָּדוֹל לְכָל אוֹהֲבָיו
כְּשֶׁנִּכְנַס בְּשָׁלוֹם וְיָצָא בְשָׁלוֹם בְּלִי פֶגַע.

וְכָךְ הָיְתָה תְּפִלָּתוֹ שֶׁל כֹּהֵן גָּדוֹל בְּיוֹם הַכִּפּוּרִים
בְּצֵאתוֹ מִבֵּית קֹדֶשׁ הַקֳּדָשִׁים בְּשָׁלוֹם בְּלִי פֶגַע.

יְהִי רָצוֹן מִלְּפָנֶיךָ, יהוה אֱלֹהֵינוּ וֵאלֹהֵי אֲבוֹתֵינוּ
שֶׁתְּהֵא הַשָּׁנָה הַזֹּאת הַבָּאָה עָלֵינוּ וְעַל כָּל עַמְּךָ בֵּית יִשְׂרָאֵל

סימן א״ב

שְׁנַת אוֹצָרְךָ הַטּוֹב תִּפְתַּח לָנוּ
שְׁנַת אָסֵם / שְׁנַת בְּרָכָה
שְׁנַת גְּזֵרוֹת טוֹבוֹת מִלְּפָנֶיךָ

שְׁנַת דָּגָן תִּירוֹשׁ וְיִצְהָר
שְׁנַת הַרְוָחָה וְהַצְלָחָה
שְׁנַת וְעוּד בֵּית מִקְדָּשֶׁךָ / שְׁנַת זוֹל
שְׁנַת חַיִּים טוֹבִים מִלְּפָנֶיךָ
שָׁנָה טְלוּלָה, וּגְשׁוּמָה אִם שְׁחוּנָה
שְׁנַת יַמְתִּיקוּ מְגָדִים אֶת תְּנוּבָתָם
שְׁנַת כַּפָּרָה עַל כָּל עֲוֹנוֹתֵינוּ
שְׁנַת לַחְמֵנוּ וּמֵימֵינוּ תְּבָרֵךְ
שְׁנַת מַשָּׂא וּמַתָּן / שְׁנַת נָבוֹא לְמִקְדָּשֵׁנוּ
שְׁנַת שֹׂבַע / שְׁנַת עֹנֶג
שְׁנַת פְּרִי בִטְנֵנוּ וּפְרִי אַדְמָתֵנוּ תְּבָרֵךְ
שְׁנַת צֵאתֵנוּ וּבוֹאֵנוּ תְּבָרֵךְ
שְׁנַת קְהָלֵנוּ תּוֹשִׁיעַ / שְׁנַת רַחֲמֶיךָ יִכָּמְרוּ עָלֵינוּ
שְׁנַת שָׁלוֹם וְשַׁלְוָה
שָׁנָה שֶׁלֹּא תַפִּיל אִשָּׁה אֶת פְּרִי בִטְנָהּ
שָׁנָה שֶׁתּוֹלִיכֵנוּ קוֹמְמִיּוּת לְאַרְצֵנוּ
שָׁנָה שֶׁלֹּא יִצְטָרְכוּ עַמְּךָ בֵּית יִשְׂרָאֵל זֶה לָזֶה
וְלֹא לְעַם אַחֵר
בְּתִתְּךָ בְּרָכָה בְּמַעֲשֵׂה יְדֵיהֶם.
◂ וְעַל אַנְשֵׁי הַשָּׁרוֹן הָיָה אוֹמֵר
יְהִי רָצוֹן מִלְּפָנֶיךָ, יהוה אֱלֹהֵינוּ וֵאלֹהֵי אֲבוֹתֵינוּ
שֶׁלֹּא יֵעָשׂוּ בָתֵּיהֶם קִבְרֵיהֶם.

אֱמֶת, מַה נֶּהְדָּר הָיָה כֹּהֵן גָּדוֹל
בְּצֵאתוֹ מִבֵּית קָדְשֵׁי הַקֳּדָשִׁים בְּשָׁלוֹם בְּלִי פֶגַע.

ממשיכים ׳כְּאֹהֶל הַנִּמְתָּח בְּדָרֵי מַעְלָה׳ בעמ׳ 326.

קורן ירושלים